창조문학연구총서

몰미입의 시학

문학박사
철학박사
문학예술인
이영지 李英芝

창조문학사

□ 머리말

이 책은 『물[마임]의 시학』 입니다. 물 생명수1) 연구입니다. 물이 생명수인 것은 히브리어 물=마임=מים[히브리어 마임]=מַיִם[마임]에서 찾을 수 있습니다. 물 מים[마임]의 가운데 글자 י[요드]는 숨 쉼 ה[헤]의 어근2)입니다. 따라서 물=마임=מים[마임]=מַיִם[마임]은 숨 쉬는 물 생명수입니다.

물=마임=מַיִם[마임]성경문법은 쌍수입니다. 남성 둘입니다. 하나님과 예수 두 분이라는 거대한 주제입니다. 말씀 씨앗입니다. 제가 연구하는 물의 사역 『물[마임]의 시학』은 말씀 사역입니다. 성서 대부분의 단락 첫 문장은 동사로 시작됩니다. 물의 사역입니다. 이동입니다. 성서에는 과거완료와 미래완료 곧 현재형뿐입니다. 용법은 하나님의 손 요드 י[요드]역할과 십자가 의미를 지닌 ת[타브 십자가 의미]가 있습니다. 물 위에 운행하시는 하나님 역사입니다.

이 책 『물[마임]의 시학』 저서는 2013년 『물의 신학과 문학』 이후 10년 만에 출판하게 된 책입니다. 이 경로는 저의 문학박사학위논문 「烏瞰圖[오감도]의 구조와 상징에 관한 연구」3)와 철학박사학위 논문 『물 מַיִם[마임]에 대한

---

1) "오호라 너의 모든 목마른 자들아 물로 나아오라" 사 55:1

2) 참조: 한사무엘, 히브리어 무료강좌-15 '페-눈 동사라멧-헤동사. 「라멘(ל) -헤(ה)동사: 칼 완료형」 인터넷 동영상:. ① 라메드(ל)-헤(ה)는 모임이다. ② 대부분의 라메드(ל)-헤(ה) 동사의 어근은 요드(י) ③ 자음과 연결되면 요드(י) 살아난다. ④ 요드(י)와 인접한 자음은 연강점이 사라진다.

3) 이영지, 「오감도의 구조와 상징에 관한 연구」(서울: 명지대학교, 출판부 1985).

신학과 문학의 비교연구』2008[1]와 『물의 신학과 문학』2013[2]을 거치면서 『물마임의 시학』2023에 이르게 되었습니다.

물은 윗물과 아랫물을 가진 쌍수입니다. 물이 하늘로 오르는 쌍 수 물 두 개는 깨끗한 물이 되는 물의 이동 조건입니다. 물 위에 하나님 영이 운행합니다. 물에게 말을 잘 하여 주면 아름다운 별 모양을 보여줍니다. 물에게 감사한 마음으로 대하면 물이 아름다운 그림으로 고맙습니다 합니다. 사랑을 보여줍니다. 생수의 강이 넘치는 에덴동산 물 그리고 요단강과 홍해의 물, 갈릴리 바닷물 한강의 물 모두 대답을 들려줍니다. 물에게 말을 전해주고 받습니다. 말하는 이의 마음을 전합니다.

깨끗한 물은 생명수입니다. 사랑의 말씀을 먹을 수 있습니다. 하나님의 말씀이 저에게는 시적 언어로 탈바꿈합니다. 그러기에 황송하고 행복합니다. "예수께서 대답하여 이르시되… 내가 주는 물을 마시는 자는 영원히 목마르지 아니하리니 내가 주는 물은 그 속에서 영생하도록 솟아나는 샘물이 되리라"[3]하셨습니다. 물이 말씀이 됩니다.

우리는 물의 사역을 할 수 있습니다. 말씀의 사역입니다. 물은 우리의 마음[4]이 좌절하지 않고 일어나라 격려합니다. 마 מַ마 ~…하며 시작하는 히브리어 문법은

---

1) 물(마임)의 초월성과 현실성과 회복성에 관한 연구(2008.2 서울기독대학원,국회도서관소장).// 『물의 신학과 문학』(서울:창조문학사, 2013)./ 『물의 신학과 물의 시학』(서울:창조문학사, 2017).

2) 이영지, 『물의 신학과 문학』(서울:창조문학사, 2013).

3) 요 4:13~14.

4) מַיִם(마임 · 물).

분사문법인데 말씀사역의 증거입니다. 위로와 격려로 아랫물에서 윗물로 일어나라! 격려입니다.

물은 아주 간절히 바라는 사랑의 실천 꿈![1] 일어나라![2]를 알립니다. 변화하라, 거듭나라 일어나라 …라고[3]합니다. 우리말 "…라고"가 말씀전하는 우리말이 로고스 말씀입니다. 차를 '타보다'의 '타보다' 복 '타보다'[4] 모두 우리말 그대로입니다. 지팡이=שִׁבְטְךָ[쉬브테하· 주의 지팡이, 시편 23:4]도 있습니다. 우리말 막대기조차 모세의 손에서 쓰인 그 지팡이 막대 מַטֶּה[마테· 지팡이, 출 4:2]입니다. 저는 이 지팡이를 짚고 하나님 역사하심의 이 논문 사역 물 사역 『물[마임]의 시학』의 메신저입니다.

저에게는 요즈음 들어 알게 된 수 1의 11회가 문학연구로 급상승 중입니다. 저에게 발견된 동기는 제 전공 이상의 오감도 시제 4호를 연구하다가 거꾸로 된 숫자 987654321 모두가 11회 반복된다는 사실에서입니다. 「천부경」의 一[한자 일]도 11회[5]입니다. 천부경이 1을 11회 반복하고 이상 시 시제 4호 거꾸로 된 모든 네모안의 글자가 11회 반복합니다. 10에 1을 더한 숫자 시학은 일어나라! 입니다. 일어나라! 걸어라! 입니다.

---

1) קוּם(쿰 · 일어나다, 창 37:7).

2) Frederick E. Greenspahn, An introduction to Aramaic(Society of Biblical Literature Atlanta, Georia, 2003), 86.

3) הָדָר(하다르 · 위엄, κἑλλος, glory, 신 33:17).

4) תָּבוֹאתָה(타보다 · 복이 임할지어다, ελΘοiσαv, lrt the blessing come, 신 33"16).

5) 1회째 2회째 3회째 4회째 5회째 6회째 7회째 8회째 9회째10회째11회째

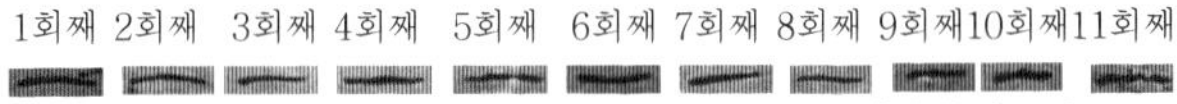

-「천부경」의 一표시

하도河圖 안쪽 수 1+2+3+4=10입니다. 의미 י요드입니다. 이 י요드는 완전수 10에 일1을 더해 11 일어나라입니다.

숨 쉼 헤 ה헤와 손 요드י요드와 합하는 야 יָה야가 여호와의 약자 יָה 야יָה야 사 38:11 '야'가 있습니다. 야=יָה 할렐루야의 야입니다. 우리들이 늘 가까운 사람에게 야! 라고 부르는 발음이 외람되게 같습니다.

물의 사역은 숨 쉼 ה헤[1]를 전하는 메시지입니다. 하나님 의미를 지닌 요드י요드 여호와 יהוה여호와 ה헤 수치 5 + ו바브 수치 6 + ה헤 수치 5 + י요드 수치 10의 요드י여호와의 의미, 예수님의 의미 1에 1이 나란히 있는 11 일어날 두 발로 걸어라를 지시하는 일어나라! 명령입니다. 이 증거는 여호와 히브리어안에 숨 쉼이 두 번 있습니다. 바로 ה헤 수치 5 + ו바브 수치 6합 11이 그 증거입니다. 일어나라! ו바브 수치 6 + ה헤 수치 5 11 일어나라! 그 증거는 십자가 사건의 못이 있습니다. 구체적인 사물어 못이 들어가 십자가 사건 후 부활하여 일어나는 메시지입니다. 야곱 아들 요셉은 11째 아들 그리고 한글 모음자모도 11자입니다. 모두 일어나라! 메시지입니다. 아버지 어머님들이 아침마다 자녀들을 향해 일어나라! 합니다.

홍문표 시인의 시에 모두 일어나라! 시가 있습니다.

> 모두가 일어선다.
> 모두가 기고만장이다
> …

---

1) 한사무엘, 히브리어 무료강좌-15 '페-눈 동사라멧-헤동사. 「라멧(ל)-헤(ה)동사: 칼 완료형」 인터넷 동영상.

태초의 아침으로
모두가 일어선다

–홍문표 「모두가 일어선다」[1)]에서

우주변화를 알린 단군조선 초기 낙수洛水가 전해집니다. 대홍수를 다스린 지혜자 우는 단군조선의 부루태자로부터 받은 오행치수법五行治水法 곧 물을 다스리는 낙서洛書입니다. 이 학설이 실크로드로 그리스에까지 전해진 우주 수학河圖 하도은 숙종 때 최석정이 구수략에서 도道가 물 중심으로 생기는[2)]일임을 알립니다. 물[3)]이 하늘로 솟는[4)] 수직성[5)]임을 알립니다.

하나님과 백성간의 고리는 사랑입니다. 우리 삶의 가치는 하나님의 손과 예수님의 손에 보호받는 나날[6)] 그 삶[7)]의 나날[8)]입니다. 사랑 실천 그 전부입니다.

임의 선정 50권 시집 자료 중 조운 시조가 있습니다.

---

1). 「일어선다」(홍문표 시, 2023년 2월 24일 창조문학대상 시상식 행사)., 7페이지.

2) 1646~1715: 崔錫鼎, 數生於者 原者 數之本也 所以 本始而生 數者也. 物必有本 故 水原爲首(九數略, 甲編). 윤태주, 『최석정의 구수략에 나타난 수리 사상과 유럽수학 수용에 대한 고찰』(대구: 경북대 출판사, 1988), 9.

3) Gaston Bachelard, 『물과 꿈: *L'equ et les Rêves*』, 이가림 역(서울: 문예출판사, 1998), 83. 김현, 『바슐라르 연구』(서울: 민음사, 1981), 53, 192~195.

4) 이영지, "물과 불의 시조 창작적 一例" 『새 국어 교육』 제 52호(서울: 한국국어 교육 학회、1996), 7~11.

5) 이영지, 『한국 시조 문학론』(서울: 양문각, 1994), 70~71.

6) יָמִים(얍임 · 여러날, 레 15: 25)과 머무는 날 יָמִים(얍임 · 날들,민 9: 19, 20).

7) 베르그송 외, "지속의 관념," 『時間과 自由意志』, 정석해 역(서울: 삼성출판사, 1976), 111~112.

8) יָמִים(얍임, 신 5: 33).

사람이 몇 생이나 닦아야 물이 되며 몇 겁이나 전화해야 금강의 물이 되나 금강의 물이 되나

샘도 강도 바다도 말고 옥류 수렴 진주 담과 만폭동 다 고만두고 구름 비 눈과 서리 비로봉 새벽안개 풀끝에 이슬 되어 구슬구슬 맺혔다가 연주 팔담 함께 흘러

구룡연 천척절애에 한 번 굴러 보느냐

~ 조운의 「구룡폭포」[1]

절망하지 않고 일어나는 물의 의미를 한 작 품 내에서 물 · 샘 · 강 · 바다 · 옥류 · 진주 담 · 구름 · 눈 · 서리 · 새벽안개 · 이슬 · 구슬구슬 · 팔담 · 구룡연 14회[2] 반복합니다. 말씀사역입니다. 예수님 족보[3]와 관련됩니다. 일어나라! 말씀을 알립니다. 2차[4] 초월성[5] 입니다.

시인들에게 물의 사역이 있습니다. 일어나라 위로하고 격려하는 말씀 사역입니다. 성경에 일어나 이미지 반복[6][사 148:13]이 있습니다.

---

1) 조운, 『조운 시조집』(한양: 조선사, 1947), 35.

2) Ibid.

3) Stephen F. Baker, 『수리철학: *Philosophy of Mathematics(Prentice~Hall Foundation of Philosphy Series)*』, 이종권 옮김(서울: 종로 서적출판주식회사, 1983), 88~92.

4) 홍문표, 『시 창작 원리』, 363.

5) Ibid, 『기독교 문학의 이론』, 357.

6) 깎아 만들고 아침에 일어나 일어나[출 34:4] 그들이 아침에 일어나[출 32:6 삿 32:6] 그들이 아침에 일찍이 일어나[삼상 1:9] 그들이 일찍이 일어날세[삼상 9:26] 그 이튿날 아침에 일찍이 일어나[삼상 5:4] 기드온이 일찍이 일어나[삿 6:38] 나흘 만에 일찍이 일어나[삿 19:5] 다윗이 아침에 일찍이 일어나서[삼상 17:20] 당신은 일찌기 일어나[삿 9:33] 라반이 일찌기 일어나[창 31:55] 백성과 함께 일찌기 일어나서[수 8:14] 백성들이 일찌기 일어나서[대하 20:20] 백성이 일찌기 일어나서[삿 7:1 21:4] 사람이 이튿날 일찌기 일어나[삼상 5:3]사람들이 아침에 일찌기 일어나[삿 6:28] 사무엘이 사울을 만나려고 아침에 일찌기 일어나[삼상 15:12] 새벽에 일어나[삼상 29:10] 아브라함이 아침에 일찌기 일어나[삼창 21:14, 22:3] 아비멜렉이 그 아침에 일찌기 일

아침에 일찍이 일어나[창 19:27, 20:8, 14, 22:3, 24:54, 26:31, 28:18, 31:55; 출 8:20, 9:13 34:4 민 14:40 사 51:11] ⋯→ 모세가 바로에게 가는 아침: 아침에 일찍이 일어나[출 7:15, 8:20, 9:13, 24:4] ⋯→ 하나님의 영광을 보는 아침: 아침에 일찍이 일어나[출 16:7, 16:13, 21, 24, 19:16] ⋯→ 모세가 하나님의 일을 하는 아침: 아침에 일찍이 일어나[출 18:13, 14, 23:18, 24:4, 27:21] ⋯→ 한 어린 양을 아침에 드리는: 아침에 일찍이 일어나[출 29:39, 29:39, 29:41, 30:7, 34:2, 4; 레 6:12, 20] ⋯→

과연 내 손이 땅의 기초를 정하였고 내 오른손이 하늘에 폈나니 내가 부르면 천지가 일제히 서느니라

-사 48:13

…물로 솟아나게 하셨느니라

-사 48:21

우리나라는 코리아로 불립니다. 이 이름 관련 유추가능성을 외람스럽게도 성경 쿠리아 κυρίου[마 3:3]로 해 봅니다. 이 관련은 실담문자[悉曇文字] 중천축[中天竺] Siddam alphabet 코리언 Kuru˜rian= Kuiya= Ariyan race=Korean= 구리句麗= 고려高麗 구루句漏=located in the most northern ranges of the Hima^laya 동이족 언어[1]가 있습니다.

성경의 쿠리에입니다.

쿠리에 쿠리에 κύριε κύριε[마 7:21]
쿠리에 쿠리에 κύριε κύριε[마 7:22][2]
쿠리에 Κύριε[요 11:32] 쿠리에 Κύριε[요 11:34, 39:12]
쿠리우 Κυρίου[요 12:13]

어나[창 20:8] 아침에 일어나[출 19:27] 압살롬이 일찍이 일어나[삼하 15:2] 야곱이 아침에 일찌기 일어나[삼창 28:18] 여호수아가 아침에 일찍 일어나서[수 3:1, 6:12] 오천인을 쳤으므로 아침에 일찌기 일어나[사 37:36] 우리가 일찌기 일어나서[삼아 17:20] 이른 아침에 일어나[삼 24:4] 자기 사람들로 더불어 일찌기 아침에 일어나[삼상 29:11] 주무시고 일찌기 일어나[출 29:39] 하인으로 더불어 일어나[삿 19:9] 히스기야 왕이 일찌기 일어나[삼대하 29:20]

1) 강상원 · 「사라진(沈沒) 무제국~ 東夷族에 母國」(서울: 朝鮮世宗太學院 · 2013). · 82.

2) 마태 17: 12, 15: λέγων κύριε, 등 등. דָּבָר λόγοι(신 28:69)

쿠리에 · 쿠리오스[1] 41회[신명기 28장]가 있습니다.

물과 피를 다 쏟으신 십자가 앞 이름표 네 단어 앞자를 모으면 외람되게 여호와יְהוָה[여호와][2]!입니다. 예수십자가 앞 이름표에 하나님 아버지 이름이 발견 됩니다. 감사합니다.

우리들에게 밤낮으로 불리어 지는 "아빠!"가 성경에 있습니다. 아버지와 아들이 같이 있는 "아빠!"가 물 언어와 관련됩니다.

-2023. 이영지

---

1) יְהוָה:κύριος(쿠리오스· 신 28:1, 8, 8, 11, 12, 13, 21, 22, 24, 25, 27, 28, 35. , 37, 48, 49, 52, 53, 59, 61, 63, 63, 64, 65, 68, 69), κύριός(쿠리호스· 신 28:20, 36), κυρίου(쿠리우· 신 28:1, 2, 9, 10, 15, 45, 62; 신 29:9), κυρίῳ(쿠리우· 신 28:47) κύριον(쿠리온· 신 28:58), κύριος ὁ Θεός σου(쿠리오스 호 데오스 수· 신 28:7, 9, 11),

2) 최명애, 『알기 쉬운 성서 히브리어 기초와 그 의미』(서울:쿰란출판사, 2006).

물마임의 시학

차례

□ 머리말

제1장 물 생명수

제1절 물 생명수

성경에서 물은 히브리어 물=마임=מים마임=מַיִם마임이다. 물 두 개 ם맴 מ맴[1]이다. 뜻은 정액[2]이다. 생명을 만드는 물 두 개=מים마임=מַיִם[3] 물 쌍수이다. 남성명사이다. 씨앗을 가진 남성 둘이다.

물=마임=מים마임=מַיִם마임글자에는 능력의 손 י요드가 있다. 물 쌍수는 하나님과 예수 두 분이다. 이 엄청난 도전을 성경은 거대한 주제로 알린다. 물의 사역은 물의 이동이다. 하나님의 옳은 손, 오른 손 י요드에 의해 사람은 살기도 하고 죽기도 한다. 이러한 신학성이 물과 물 사이에 들어 있다. 언어 물=마임=מים마임=מַיִם마임[4]은 곧 하나님 말씀 옷을 입은 쌍수 물 마임[5]이다. 첫 글자 물 מַ마에서 둘째 יִם임으로 이동한다. 좋은 물로 흐르기 위해서다. 이 흐름은 첫째 물 → 둘째 물 · 하나님 →

---

1) מ(멤) ם(멤).
2) 잠 18:4; 시 1:3; 렘 10:13; 겔 47:1.
3) מַיִם(마임 · 물).
4) מַיִם(마임 · 물).
5) מַיִם(마임).

예수님 · 예수 ⇢ 그리스도 · 첫 아담 ⇢ 둘째아담 · 옛사람 ⇢ 새사람 · 구약 ⇢ 신약 · 겉사람 ⇢ 속사람 ⇢ · 더러운 물 ⇢ 좋은 물로 움직[1]인다.

물[2]은 히브리어로 물[3]=할례! 이다. 하나님이 우리에게 그렇게 할레? 하시며 바꾸신다. 우리를 다스리고 복주시는 말씀 물이다. 물 마 임에는 대한민국의 한글 미음[4] ㅁ이 둘[5]이다.

우리들은 늘 사랑하는 임 혹은 님이라고 말 할 때 '임' 개념 마…임! 이다. 물=מים=מַיִם[마임][6]이다. 물과 물 사이에 임 ים[임][7]이 있다. 견강문법 적용이다. 물은 מ=מַ[마][8]로 מַיִם[마임][9]과 길게 발음하는 마아임=מים=מָיִם[마아임][10]이 있다.

---

1) 하나님이 이르시되 물 가운데 궁창이 있어 물과 물로 나누라 하시고 하나님이 궁창을 만드사 궁창 아래의 물과 궁창 위의 물로 나누게 하시니 그대로 되니라(창 1:6~7).

2) מַיִם(마임).

3) מוּל(물·할례, 앞, 신 30:6).

4) ם(ㅁ(한글).

5) 한글 ם(미음) 즉 미음 또한 히브리어와 같은 ㅁ(미음)글자가 둘이다. 한글 창제의 비밀이기도 이 반복 리듬은 ㄱ은 기역, ㄴ은 니은..히읗으로 쓰여지면서 ㄱ이 반복 ㄴ이 반복...ㅎ이 반복, 모두 반복의 리듬을 가진다.

6) יִם(임) + מַ.

7) יִם(임).

8) מַ(마).

9) מַיִם(마임):창 1: 6, 7: 6, 18: 4, 21: 19, 43: 24; 출 7: 18, 21, 15: 8, 23, 17: 1, 6; 민 20: 2, 11, 33: 14; 삿 15: 19; 욥 14: 19; 시 18: 16, 69: 2; 아 8: 7; 시 69: 2, 16; 사 17: 13, 30: 14, 사 35: 6; 40: 12. 43: 20, 44: 12, 48: 21, 49: 10; 렘 14: 3, 15: 18, 17: 13, 18: 14; 겔 1: 24; 암 4: 8; 슥 9: 11. 등.

10) 물 מָיִם: 창 37: 24; 신 8: 15; 왕상 18: 35, 19: 6; 왕하 3: 17; 시 65: 10, 78: 16, 105: 41; 시 65: 10, 107: 35, 114: 8(2); 전 2: 6; 아 5: 12; 사 41: 18; 욜 1: 20, 4: 18 등.

1. 물 · 쌍수

1). 물 마임

물은 정관사가 붙는 짧은 발음 그 물 הַמַּיִם[하마임1)]이 있다. 긴 발음 הַמָּיִם[하 마아 임2)]이 있다. 물 마임מַיִם[· 마임)3)] 사역은 말씀 뜻을 지님으로써 하나님 일을 한다. 짧게 발음되는 물 마임מַיִם[· 마임4)]은 하나님의 이적이 보여 지는 물 사역이다. 사람이 물을 먹고자 했을 때 악취가 나서 마시지 못하는 쓴 물5) 마라 מַר[마르6)]도 있다. 한국인들은 그렇게 하지 마라의 '마라'라는 말을 쓴다. 타이르거나 야단칠 때의 말 '…마라'이다. 그래서 한국어와 히브리어 닮음의 유사성이 보인다.

이스라엘 백성이 애굽을 떠나 신 광야에 이르러 물을 먹고자 하였으나 먹지 못한 쓴 물 מָר[마르7)]가 있다. 이유는 사람이 머리가 되려 할 때 는 쓴 물이 되어 먹지 못하게 하시는 하나님의 말씀 '...마라'이다. 이 명

---

1) 애굽: 창 1: 7(2), 9, 10, 21, 7: 17, 18, 24, 8: 3(2), 7, 8, 11, 13, 9: 15, 16: 7, 21: 15; 출 14: 26, 28, 15: 25; 민 5: 22, 24, 27; 수 3: 13, 16 등.

2) הַמָּיִם(하마아임): 창 1: 2, 6, 7: 18, 20, 8: 1, 26: 20; 출 14: 21 등.

3) מַיִם(마임 · 물).

4) מַיִם(마임 · 물, 창 1: 6).

5) מַיִם(마임 · 물, 출 15: 23).

6) מַיִם(마임 · 물, 출 7: 18, 21).

7) 출 15: 23.

령1) 말씀 …마라 מָרָה[마아라아]!2)는 한국식으로 말하자면 어르신들이 아래 사람들에게 교훈으로 '…마라' 하심을 들어 볼 수 있다. 하나님이 그렇게 하지 마라라고 함에

---

1) מַר(마르).① 여인을 여호와 앞에 세우고 그 머리를 풀게하고 생각하게 하는 소제물 곧 의심의 소제물을 그 두 손에 두고 제사장은 저주가 되게 할 쓴 물을 מֵי הַמָּרִים(메하마림, 민 5: 18) 자기 손에 들고(민 5: 18)

② 여인에게 맹세시켜 그에게 이르기를 네가 네 남편을 두고 실행하 여 사람과 동침하여 더럽힌 일이 없으면 저주가 되게 하는 이 쓴 물의 מִמֵּי הַמָּרִים(밈메 하마림, 민 5: 18) 해독을 면하리라(민 5: 19).

③ 제사장이 저주의 말을 두루마리에 써서 그 글자를 그 쓴 물에 אֶת~מִמֵּי הַמָּרִים(에트~밈메 하마림 ~민 5: 23) 빨아 넣고(민 5: 23).

④ 여인으로 그 저주가 되게 하는 쓴 물을 마시게 할지니 그 저주가 되게 하는 물이 그의 속에 들어가서 쓰리라 לְמָרִים(렘마림, 민 5: 24).

2) מָרָה(마아라아 · 거역): ① 이는 신 광야에서 회중이 분쟁 할 제 너희가 내 명을 거역하고 מְרִיתֶם(메리 템, 민 27: 14) 그 물 가에서 나의 거룩함을 그들의 목전에 나타내지 아니 하였음이니라 이 물은 신 광야 가데스의 므리바 물이니라(민 27: 14).

② 그러나 너희가 올라가기를 즐겨 아니하고 너희 하나님 여호와의 명을 거역하여 וַתַּמְרוּ(바템메루, 신 1: 43) 내가 너희에게 고하였으나 너희가 듣지 아니하고 여호와의 명을 거역하고 천자히 산지로 올라가매(신 1: 43)

③ 너는 광야에서 네 하나님 여호와를 격노케 하던 일을 잊지 말고 기억하라 네가 애급 땅에서 나오던 날부터 이곳에 이르기까지 늘 여호와를 거역하였으되 מַמְרִים(맘메림, 신 9: 7)

④ 여호와께서 너희를 가데스 바네아에서 떠나게 하실 때에 이르시기를 너희는 올라가서 내가 너희에게 준 땅을 얻으라 하시되 너희가 너희 하나님 여호와의 명령을 거역하여 וַתַּמְרוּ(바템메루, 신 9: 23) 믿지 아니하고 그 말씀을 듣지 아니하였나니(신 9: 23).

⑤ 내가 너희를 알던 날부터 오므로 너희가 항상 여호와를 거역하였느니라 מַמְרִים(맘메림, 신 9: 24).

⑥ 내가 너희의 패역함과 목이 곧은 것을 아나니 오늘날 내가 생존하여 너희와 함께하여도 너희가 여호와를 거역하였거든 מַמְרִים(맘메림, 신 31: 27) 하물며 내가 죽은 후의 일이랴(신 31: 27)

⑦ 너희가 만일 여호와를 경외하여 그를 섬기며 그 목소리를 듣고 여호와의 명령을 거역하지 הַמְרוּ(함메루, 삼상 12: 14) 아니하며 또 너희와 너희를 다스리는 왕이 너희 하나님 여호와를 좇으면 좋으니라마는(삼상 12: 14).

⑧ 너희가 만일 여호와의 목소리를 듣지 아니하고 여호와의 명령을 거역하면 וּמְרִיתֶם(움메리템, 삼상 12: 15) 여호와의 손이 너희의 열조를 치신 것 같이 너희를 치실 것이라(삼상 12: 15).

참조: 삼상 15: 23; 삼하 18: 13; 대하 24: 20; 스 4: 19, 스 9: 14; 느 9: 17, 26; 에 3: 3; 욥 6: 10, 욥 9: 4, 욥 34: 37; 시 66: 7, 시 68: 6, 시 106: 7, 시 106: 33, 시 106: 43, 시 107: 11; 사 1: 2, 사 31: 6, 사 50: 5; 렘 4: 17, 렘 51: 5; 애 1: 18; 단 3: 28, 단 5: 23; 호 7: 14.

도 거역하여 생기는 쓴 맛은 인생의 쓴 맛이다. 사람들은 인생을 고해니 소태처럼 쓴 세상이니· 괴로움의 바다니 하는 말을 한다. 르비딤에서도 백성들이 마실 수 없는 물 מַר마르[1] 마라가 있다. 마라 מַר마르[2]는 악의 뜻을 지닌다. 호렙산 반석 위에 하나님을 대신하여 모세가 반석을 친 물 마르 מַר마르[3]이다. 두 번 지팡이로 반석을 치매 나오는 쓴 물 מַר마르[4]이다. 모세는 가나안에 들어가지 못하였다. 예수님만이 반석을 두 번 칠 수 있는데 모세가 감히 반석을 두 번 쳤다.

이스라엘 백성들이 마실 수 있는 물의 사역은 간단하다. 물의 사역이라는 말은 시적 어법으로 물의 의인화에 속한다. 몸 시학 언어이다. 물의 순리 곧 말씀을 순종하면 단 물을 먹는다. 하나님의 백성들이 입으로 자랑만하면[5] 이기고 돌아 와 정금 면류관[6]을 얻는다. 하나님[7]은 사막에서 물[8]을 솟게 하시어 먹게 하시었다. 그러나 물은 하나님 사랑보다는 못한 물[9]이다.[10] 절대 사랑일 때의 말씀 물을 먹고서야 잘 살 수 있다.

---

1) מַיִם(마임 · 물, 출 17: 1, 민 33: 14).
2) מָרָה(메라 · 악, 욥 2: 3).
3) מַיִם(마임 · 물, 출 17: 6).
4) מַיִם(마임 · 물, 민 20: 11).
5)(시편 20편).
6)(시 21편).
7) דְּבָרָיו ~ כֹּל(콜~데바라이브 · 행하시는 것, 욥 33: 13).
8) מַיִם(마임 · 물, 사 35: 6).
9) מַיִם(마임, 아 8: 7).

2). 물 마아 임

길게 발음되는 물=마아임=מים마아 임=מָיִם마아 임[1]이 있다. 이 물 쌍수에는 그 예로, 요셉=יוסף요셉=יוֹסֵף요셉이 형들에게 붙잡히어 구덩이 속에 들어갔으나 하나님이 웅덩이에 물מַיִם 마아 임[2]을 없게 하셨을 때의 물이다. 이 물은 야곱이 번제물과 나무 위에 물을 세 번 부으매 단으로 흐르는 물 마아 임=מָיִם마아 임[3]이다. 하나님 강에 가득한 물=마아 임=מָיִם마아 임[4] · 반석에서 시내를 내사 흐르게 하신 물=마아 임=מָיִם마아 임[5] · 마른 땅에 강 같이 흐르는 물=마아임=מָיִם마아 임[6]이다. 물=마아임=מָיִם마아 임은 하나님이 만드신 말씀, 사랑의 물이다. 물에 아름다운 말을 전하면 물의 육각형 모양이 아름답게 형성[7]된다. 물이 하나님 말씀을 전한다.

제사장들은 직분의 막대מטה 막대 출 4:2기 들고 이리가라 저리 가라 지시하며 하나님의 지팡이=지프테아שבטך 쉬프테하 시편 23:4를 사용한다. 우리말 막대מטה 마테 지팡이, 출 4:2말 그대로이다. 성경언어 막대이다.

1) מָיִם(마아임).
2) מָיִם(마아임, 신 8: 15).
3) מָיִם(마아임, 왕상 18: 35).
4) מָיִם(마아임, 시 65: 10).
5) מָיִם(마아임, 시 78: 16).
6) מָיִם(마아임, 시 105: 41).
7) Emoto, Masaru.,『물은 답을 알고 있다: Mizu wa Kotae wo Shitteiru』2, 양억관 옮김(서울: 나무 심는 사람, 2003), 33~64.

3). 그 물 하마임

정관사가 있는 짧게 발음되는 그 물=하마임=המים하마임=הַמַּיִם하마임[1]이 있다. 특정한 사건과 관련되는 천하[2]의 물 중 하늘 아래 그 물[3]이다. 이 물은 꿈[4]이 일어서는 의미로 찾아진다. 아브라함은 마음을 모아 · 이 물을 모아 일어섰다.[5] 물이 일어섰다. 셋째 물이다.

하늘 아래 물은 밑에 있다고 미트하트מתחת 미트하트[6]로 발음된다. 우리말 '밑에'이다. 닿았다תחת타하트[7]이다. 그 밑에 닿은 그 물=하마임=המים=הַמַּיִם하마임[8]은 40일 동안의 홍수 그 물=하마임=המים=הַמַּיִם하마임[9]이다. 그 물=하마임=המים=הַמַּיִם하마임[10]은 150일 동안의 대홍수 그 물[11]이다. 하나님 명령으로 물러간 그 물=하마임=המים=מַּיִם

1) הַמַּיִם(하마임, 창 1: 7, 7).

2) 천하: 창 1: 9, 6: 17, 7: 19, 18: 18, 22: 18, 26: 4; 출 9: 14, 16, 17: 14, 33: 16; 신 2: 25, 4: 19, 7: 24, 9: 14, 25: 19, 29: 20; 삼하 6: 22; 왕상 4: 34, 10: 23, 24; 왕하 5: 15, 14: 27, 19: 15, 19: 19; 대하 9: 22, 23; 욥 28: 24, 37: 3, 41: 11; 시 79: 8; 전 2: 3, 3: 1; 사 25: 8, 37: 16, 20; 애 2: 15, 3: 66, 4: 12; 단 4: 1, 7: 23, 7: 27, 9: 12, 11: 4; 합 2: 20; 습 3: 20; 슥 12: 3, 14: 9, 17; 마 4: 8, 16: 26, 26: 13; 막 8: 36, 14: 9, 16: 15; 눅 2: 1, 4: 5, 9: 25; 행 1: 23, 2: 5, 4: 12, 11: 28, 17: 6, 31, 19: 27, 24: 5; 골 1: 6, 23; 계 12: 9, 16: 14.

3) הַמַּיִם(하마임 · 그 물, 창 1: 9, 10).

4) קוּם(쿰 · 일어나다, 사 58:12).

5) 창 1:9.

6) מִתַּחַת(미트하트 · τὸ ὑποκάτω).

7) תַּחַת(타하트).

8) הַמַּיִם(하마임, 창 1: 7, 7).

9) הַמַּיִם(하마임, 창 1: 7, 7).

10) הַמַּיִם(하마임, 창 1: 7, 7).

11) הַמַּיִם(하마임, 창 1: 7, 7).

הַ하마임1)이다. 차츰 없어진 그 물=하마임=הַמַּיִם=הַמַּיִם하마임2)이다. 물이 차츰 마르는 그 물=하마임=הַמַּיִם=הַמַּיִם하마임3)이다. 다시 목마르는 물4)이다. 지면에 걷힌 그 물=하마임=הַמַּיִם=הַמַּיִם하마임5)이다. 하갈 가죽부대 안 그 물=하마아임=הַמַּיִם하마임=הַמַּיִם하마임6)이다.

이 아래7) 물의 반대는 위8) 물이다. 표현은 알로 표현된다. 하나님께 번제 드려지는 물알이다. 하나님에

---

1) הַמַּיִם(하마임, 창 1: 7, 7).
2) הַמַּיִם(하마임, 창 1: 7, 7).
3) הַמַּיִם(하마임, 창 1: 7, 7).
4) 4:13.
5) הַמַּיִם(하마임, 창 1: 7, 7).
6) הַמַּיִם(하마임, 창 1: 7, 7).
7) 아래: 창 1: 7, 18: 4, 8, 21: 15, 24: 9, 31: 34, 35: 4, 8, 47: 29, 49: 15, 25; 출 17: 12, 20: 4, 24: 4, 10, 25: 35, 26: 19, 21, 24, 25, 33, 27: 5, 28: 26, 27, 30: 4, 32: 19, 36: 29, 37: 21, 27, 38: 4, 39: 20; 레 15: 10, 27: 32; 신 4: 11, 18, 49, 5: 8, 12: 2, 28: 13, 23, 33: 3, 13, 27; 수 11: 3, 17, 13: 5, 14: 1, 16: 3, 18: 13, 21: 3, 21: 9, 24: 26; 삿 1: 7, 4: 5, 6: 11, 19, 7: 8, 9: 6; 룻 2: 12; 삼상 7: 11, 14: 2; 삼상 22: 6, 31: 13; 삼하 18: 9, 22: 10, 39; 왕상 4: 12, 25, 7: 24, 29, 44; 왕상 8: 6, 9: 17, 13: 14, 14: 23, 19: 4, 5; 왕하 9: 25, 16: 4, 17: 10, 19: 30; 대상 6: 31, 54, 7: 24, 10: 12, 28: 21; 대하 4: 3, 4: 15, 5: 7, 8: 5, 28: 4, 32: 30; 스 7: 11; 욥 9: 13, 18: 16, 30: 7, 40: 21, 41: 30; 시 8: 6, 17: 8, 18: 9, 38, 36: 7, 47: 3, 50: 4, 57: 1, 68: 30, 91: 1, 4, 140: 3; 15: 24; 전 1: 3, 9, 13, 14, 2: 11, 17, 18, 19, 20, 22, 3: 16, 21, 4: 1, 3, 7, 15, 13, 18, 6: 1, 12, 8: 9, 15, 17, 9: 3, 6, 9, 11, 13, 10: 5; 아 8: 5; 사 10: 4, 16, 14: 9, 11, 22: 9, 24: 5, 28: 15, 37: 31, 51: 6, 57: 5, 60: 14; 렘 2: 20, 3: 6, 13, 8: 2, 10: 11, 31: 37, 33: 13, 38: 12, 48: 45, 52: 20; 애 4: 20; 겔 6: 13, 10: 20, 17: 6, 23, 20: 37, 31: 6, 12, 17, 40: 18, 19, 41: 7, 42: 9; 단 4: 14, 21, 6: 26; 호 4: 13, 14: 7; 욜 1: 17; 암 2: 9; 옵 1: 7; 욘 4: 5; 미 1: 4, 4: 4; 슥 3: 10; 마 2: 16, 5: 15, 8: 9, 22: 44, 23: 37; 27: 51; 막 4: 21, 5: 22, 7: 25, 28, 12: 36, 14: 66, 15: 38; 눅 5: 8, 7: 8, 8: 16, 35, 41, 10: 39, 11: 33, 13: 34, 17: 24, 20: 20; 요 1: 48, 50, 8: 23; 행 2: 19, 23: 25, 27: 16; 롬 3: 9, 19, 6: 14, 15, 7: 14, 23, 16: 20; 고전 9: 20, 21; 고전 10: 1, 10, 15: 27; 갈 3: 10, 13, 22, 23, 3: 25, 4: 2, 3, 4, 5, 21; 5: 18; 엡 1: 22; 빌 2: 10; 딤전 6: 1; 히 7: 11; 약 2: 3; 벧전 5: 6; 벧후 2: 9; 계 5: 3, 13, 6: 9, 12: 1.
8) 위 עַל(알).

의해 일어선 그 물=하마임=המים=הַמַּיִם[하마임]1)이다. 모세가 바다 위로 손을 내밀자 애급 군대 위에 물이 덮여진 그 물2)이다. 그 물 하 마 임3)은 쓴 물에 물 사역자가 나무를 던지면 먹게 되는 그 물4)이다. 여호와의 궤를 멘 제사장들의 발바닥이 요단 물을 밟고 멈추면 물이 끊겨지는 그 물 하마임5)이다. 엘리야가 겉옷으로 이리저리 치는 그 물이다. 애급 물6)이다. 갈라지는 그 물7)이다. 고치는 그 물8)이다. 단 둘레에 가득한 그 물 하마임9)이다. 홍수로 인간을 멸하지 않으신다는 언약 그 물10)이다. 하늘로 오르는 물이다.

물은 창세기 1장 둘째 날에 두 개 윗물과 아랫물로 갈라진다. 그 물11)은 하늘과 땅을 구분한다. 예수님의 십자가 사건 암시 물이다. 하늘과 땅이 갈라져 구분된 7대 절기에서 나타나는 무교절의 물이다. 무교절은 하나님을 믿는 백성들이 어려움을 맡는 때이다.

물의 역사는 대 홍수 사건을 들 수 있다. 위기 사항

---

1) הַמַּיִם(하마임, 창 1: 7, 7).
2) הַמַּיִם(하마임, 창 1: 7, 7).
3) 그 물 הַמַּיִם(하마임, 출 14: 28).
4) הַמַּיִם(하마임, 창 1: 7, 7).
5) 그 물 הַמַּיִם(하마임, 수 3: 13, 16).
6) 그 물 הַמַּיִם(하마임, 왕하 2: 8).
7) 그 물 הַמַּיִם(하마임, 왕하 2: 14).
8) 그 물 הַמַּיִם(하마임, 왕하 2: 21~22).
9) 그 물 הַמַּיִם(하마임, 왕상 18: 35).
10) 그 물 하 마임הַמַּיִם(하마임, 창 9: 15).
11) 그 물 애급.

에 있을 때 애급 군대를 물속에 집어넣고 사장시킨 하나님의 역사의 물이다. 이러한 물의 사역은 많은 양의 믈 대 홍수이다. 번제 드려지는 물이다. 하나님 위력의 물 역사이다. 삶 또한 하나님의 편에 설 때 말씀 사역자의 단 물이 된다.

하나님은 사람의 몸에 물을 많이 있게 하셨다. 살게 하셨다. 사람의 입 속에서 물이 나와 말씀이 나와 다른 사람을 살리기도 하고 죽이기도 한다. 그러기에 사람의 인생이 어떻게 살아야 하는지를 알린다. 성경은 특별한 일에 대하여 언어 앞에 정관사 하=ה[하]를 붙인다. 숨 쉼 표시의 어근은 하나님의 손 요드 י[요드]1)이다.

사람의 목숨은 숨 쉬어야 산다. 아무리 과학이 발달하여도 사람의 목숨은 천명이다. 숨 쉬는 호흡이다.

성경 시편 150:6 구절이다.

> 호흡이 있는 자마다 여호와를 찬양할지어다
> הַלְלוּ~יָהּ[할렐루야] יָהּ[야] תְּהַלֵּל[테할렐] הַנְּשָׁמָה[하니솨마] כֹּל[콜]
> 야~할렐루 ~여호와를 찬양할지어다 호흡이 있는 자마다

할렐루야를 부르며 하나님이 주시는 숨을 쉰다. ה[헤] 즉 여호와와 예수의 글자 앞에 놓이는 י[요드]가 어근이다. 바로 숨 쉼 ה[헤]로 바뀐 것2)이다.

---

1) 참조: 한사무엘, 히브리어 무료강좌-15 '페-눈 동사라멧-헤동사. 「라멘(ל) -헤(ה)동사: 칼 완료형」 인터넷 동영상:. ① 라메드(ל)-헤(ה)는 모임이다. ② 대부분의 라메드(ל)-헤(ה) 동사의 어근은 요드(י) ③ 자음과 연결되면 요드(י) 살아난다. ④ 요드(י)와 인접한 자음은 연강점이 사라진다.

4). 그 물 하 마 아 임

성경에 완만하고 길게 발음하는 그 물 하 마 아 임=המים[하마임]=הַמַּיִם[하마 아임][1)]이 있다. 하늘 궁창 가운데의 그 물 하 마 아 임=המים[하마아임]=הַמַּיִם[하마아임][2)]이다. 방주가 뜬 그 물 이며 잡신을 덮는 그 물 הַמַּיִם[하 마 아 임][3)]이다. 이삭의 그 물 הַמַּיִם[하 마 아 임][4)]이다. 그 물[5)]은 하나님의 신이 수면에 있어서 하나님이 백성에게 베푸시는 물 위의 사역이다. 예수님이 베드로야 물 위로 걸으라 하심에 물 위에 걸어가는 물의 사역 그 물 하 마 아 임=המים[하마아임]=הַמַּיִם[하마아임]이다.

사람들이 세상 밑 곧 아래를 내려다보며 두려워하면 빠지는 물이다. 성경은 뚜렷이 물이 쌍수인 이유를 위로 하나님을 쳐다보면 꿈이 일어서게 했다. 아래를 보면 빠진다. 물은 이 사랑과 말씀의 전달을 목표로 한다. 예수님은 베드로야 물위로 걸어라 하시었다.

---

2) 한사무엘, 히브리어 무료강좌-15 '페-눈 동사라멧-헤동사. 「라멘(ל)-헤(ה)동사: 칼 완료형」 인터넷 동영상.

1) 그 물 הַמַּיִם(하마아임, 창 1: 2).

2) 그 물 הַמַּיִם(하마아임, 창 1: 6).

3) 그 물 הַמַּיִם(하마아임, 창 7: 18, 20).

4) 그 물 הַמַּיִם(하마아임, 창 26: 20).

5) לָמָיִם(창 1: 6) · לַמַּיִם(왕하 2: 21) · וְהַמַּיִם(창 7: 19, 8: 5; 출 14: 22, 29) · אֵין~מָיִם(신 8: 15) · אֶת~הַמַּיִם(창 1: 22; 왕하 3: 20, 22) · וְהִנֵּה~מַיִם(왕하 3: 20) · וַיְכַסּוּ~מַיִם(시 106: 11) · יִזְּלוּ~מָיִם(시 147: 18) · יִזַּל~מַיִם(출 24: 7) · מְעַט~מַיִם(창 18: 4, 24: 17) · מִמַּעֲמַקֵּי~ מָיִם(시 69: 2, 14) · מַעַיְנֵי~מַיִם(왕하 3: 19) · מִן~הַמַּיִם(출 2: 10) · עַל~ עֵין הַמַּיִם(창 16: 7) · עַל~ עֵין הַמַּיִם(창 16: 7) · וְכָל~מַעְיַן~מַיִם(왕하 3: 25) 등.

2. 물 · 복수[複數]

히브리어 물은 쌍수 말고도 복수가 있다. 물을 하나 둘로 셀 수 없지만 성경에는 복수 물이 있다. 물바다=얌밈=ימים[얌밈]=יַמִים[얌밈]과 나날들=얌임=ימים[얌임]=יַמִים[얌임]이다. 똑 같은 히브리어지만 발음부호표시에 의해서 서로 다른 뜻을 알린다.

아주 시적이다. 인간의 삶이 바다의 삶이다. 물의 복수인 물바다=얌밈=ימים[얌밈]=יַמִים[얌밈]과 나날들=얌임=ימים[얌밈]=יַמִים[얌밈]은 모두 노아 홍수와 관련된다. 목적형 라메드=ל[라메드][1] 용법을 사용하여 이 세상의 거친 파도를 없애주신다. 먹을 수 없는 물을 먹을 수 있는 물로 만드신다. 이 때 라메드 ל[라메드]가 표시된다. 물바다=얌밈=ימים[얌밈]=יַמִים[얌밈]과 나날들=얌임=ימים[얌밈]=יַמִים[얌밈]에 놓여 모두 같이 사용된다.

사람들은 나름대로 삶의 목적을 둔다. 부모님은 자식들을 위한 삶을 산다. 자식을 가진 부모님들은 사랑하는 자녀를 위한다. 목적을 달성하기 위하여 세상의 파도를 충분히 이겨나갈 수 있는 힘을 얻는다.

---

1) ל(라메드).

3. 물 · 단수^單數^

1). 하나님의 강 푸르고[1]

성경에 물 단수 하나님의 강=푸르고=페레그=פֶּלֶג^페레그^[2]가 있다. 하나님은 강을 푸르게 하시어 이 땅을 우리에게 주시었다.[3] 하나님이 그의 말씀을 주야로 묵상하는 자에게 하나님의 강=푸르고=페레그=פֶּלֶג^페레그^[4]를 주시었다. 하나님만이 강을 푸르게[5] 하실 수 있다. 하나님의 강=푸르고=페레그=פֶּלֶג^페레그^는 입 파아פּ^파아^[6]에서 말씀이 푸르게[7] 나올 수 있게 하시었다. 하나님의 강이 푸르다. 지금도 우리나라에 남아 있는 부여지명이 우리민족이 푸른 민족임을 알린다. 부소산이 있다. 푸른 산이다. 큰 산이다. 푸르게 뜻의 차자음을 지닌 청구[8]아파트도 있다. 하나님에게 기대는 언덕이 있다. 큰 언덕이다. 크다는 뜻 대한민국 코리아가 있다.

---

1) פֶּלֶג(페레그, 시 65: 10).
2) 강 פֶּלֶג(페레그, 시 65: 10).
3) 시 65: 9.
4) 알 페레그; עַל~פֶּלֶג(알~페레그).
5) עַל~פַּלְגֵי(알~ 파르게, 시 1:3).
6) פּ(파아).
7) פַּלַג(파라그).
8) 三聖記 安含老 大師. 李裕岦(삼성기 안함로 이유립대사) 桓檀古記(한단고기)의 三聖記(삼성기)…倍達桓雄(배달한웅)은 定有天下之號也(정유천하지호야): 천하를 평정하여 그 도읍한 곳을 신시~後徒靑邱國(후도청구국): 뒤에 청구국으로 옮겨 傳十八世(전십팔세): 心操佛山(심조불산) 桓檀古記(한단고기) 三聖記(삼성기)의 神市歷代記(신시역대기)에 대하여

2). 하나님의 강 내 강과 일반 강

하나님의 강은 내 강이다. 우리 강이다. 내 강은 내가 하나님으로부터 받은 은혜의 강이다. 푸르게=페레그=פלג[페레그]=פֶּלֶג[페레그] 강이다. 강이 흐른다. 시냇물이 졸졸 흐른다. 물이 졸졸 흐르는 시냇물=나할=נחל[나할]=נַחַל[나할]이다. 내 할 일이 있는 뜻을 지닌 시냇물이다. 졸졸 흐르며 바쁘게 내 할 일을 하는 사람이 있다. 내 할 일은 이 땅을 푸르게 하는 일이다. 내 삶이다. 흐르는 강이다. 나하르=נהר=נָהָר[나하르][1] 강이 있다. 내가 하러 가는 강이다. 나일강 예오르 · 요단강 야르덴[2]이 있다. 흐르는 강이다.

우물 브엘[3] · 새벽 우물 샘 모자[4] · 더러움을 씻는 지혜의 샘 마코르[5] · 샘 우물 엔[6] 등 모두 단수이다. 이 단수의 물들은 물 하나하나 낱개가 아니라 이 물 낱낱이 모이어 흐르는 강 하나님의 일을 하는 강이다. 단 하나의 강=나하르=נהר=נָהָר[나하르]이다.

졸졸 흐르는 시냇물=나할=נחל[나할]=נַחַל[나할]과 힘차게

---

1) נָהָר(나하르 · 강, 시 105: 41) · וְנָהָר(베나하르 · 그리고 강, 창 2: 10, 14) · וְשֵׁם־הַנָּהָר(그리고 이름이 그 강, 창 2: 13)

2) יַרְדֵּן(야르덴).

3) בְּאֵר(브엘).

4) מֹצָא(모짜아).

5) מָקוֹר(마코르).

6) עַיִן(엔).

흐르는 강=나하르=נהר나하르=נָהָר나하르 차이는 시냇물=나할=נחל나할=נַחַל나할과 강=나하르=נהר나하르=נָהָר나하르 이다. 시냇물은 졸졸 흘러서 영원한 집에 들고픈 시냇물이다. 강 나하르는 영원히 숨 쉬는 나하르이다. 이 둘은 모두 하나님의 이야기를 전한다. 나일강=예오르=יאר예오르=יְאֹר예오르도 하나님이 명령하는 강이다. 어두에 하나님이 주관하시는 하나님의 손=예=י예=יְ예가 있어 하나님 일을 하는 강이다. 나일강에서 이스라엘 백성을 죽이려 뒤쫓아 오는 애굽 군대를 하나님은 물속에 넣었다.

큰 강들이 단수로 제시되는 이유는 하나님이 그 강을 전체로 움직이심에서이다. 전체로 움직이는 일은 온 산이 푸르러 질 때이다. 물의 동적 이동은 하나님에게로 가기 위하여서다. 일제히 소리 지르며 물이 강을 지나 바다로 흘러간다. 성경의 강은 하나님을 향한 곳 예루살렘으로 흘러간다.

강은 하나님이 숨 쉬게 하기 때문에 살아 있다. 살아 있어서 주위의 나무들과 풀들과 고기들을 살게 한다. 물의 사역이다. 물은 홀로 살아 있는 것이 아니라 어울려 너와 나의 구별 없이 하나가 되게 한다. 살아있는 것들을 푸르게 하는 하나님의 강이다.

우리말에 그렇게 할레라는 말이 있다. 성경의 할례는 물 의미의 말이다. 하나님의 백성들은 늘 물을 아낀다.

제2절 생명 물

물을 먹고 우리는 살아간다. 혼자만 먹고 잘 사는 것이 아니라 상대방의 의견을 물으며 의좋게 살아간다. 좋은 물을 먹는다. 물로 하여 하나님의 백성이 된다. 말씀으로 하여 하나님의 백성들이 살아간다. 살면서 우리는 좋은 말을 한다. 마음의 말을 한다.

마음에서 나오는 말을 한다. 말하기 위해 물을 먹는다. 물 마 임מים=מַיִם=מָיִם=마 임이다. 나의 임 מים=מַיִם=מָיִם=마 임이다. 임은 나의 주인이다. 내 앞에 있는 나의 임은 나의 주인이다. 주님 섬기듯 사람을 섬기며 어른을 존경한다. 내 앞에 있는 분을 섬긴다. 복을 받는다. 물이다. 생명이다.

사람이라는 말은 우리가 늘 쓰는 살아라! 살다의 전성명사이다. 이 '살아'발음은 사라나 사람 언어는 살아의 전성명사 살음이다. 슈메르어 아카드어[1]에 똑 같은 한국말 사람이라는 발음은 아카드어로도 사람[2]이다. 사람들은 삶을 살다가 사라진다. 아브람의 아내 사라가

---

1) 엄원식 편, 「아카드어 문법」(대전: 침례신학대학교출판부, 1997), 39: "아가드 인 들은 수메르인 들로부터 음절~부호뿐만 아니라 단어~부호(표의문자)도 인수받았다. 그리하여 그들은 마치 이것들이 아카드어 단어와 동일한 것처럼 읽었다. 그리하여 수메르어 부호 lugal, "king"으로 읽으며 아카드어 본문에 나타날 때는 이것이 마치 왕을 위한 아카드어 단어 šarrum이었던 것처럼 šarrum"king"으로 읽으며, 따라서 아카드어에서 단어~부호로 LUGAL(혹은 LUGAL~um)이나 음절에 따라 ša~ar~ru~um, šar~ru~um, šar~rum으로도 기록될 수 있다.

2) LUGAL~am=šarram Ibid. 42.

있다. 사라의 본래 이름은 사래이다. 살레이다. 너 살레! 하나님은 사래라 하지 말고 사라라 말씀하시었다. 살아 있는 사람의 몸에는 물과 피가 있다. 우리들은 몇 해나 살았누라고 묻는다. 아카드어에 복수를 가리키는 살았누 šarrānũ[1]가 있다. 히브리어 살았누의 어미 우=ו=ו=우[2]는 복수의미다. 우리들은 우의 이 '우'를 아주 좋아한다. 우리들, 우리남편, 우리 집 등등이 있다. 아카드어 놈[3]이 사람 뜻이다. 우리말 왕도 놈이고 사람도 놈이다. 사람은 왕이다. 같은 발음이다. 사람은 하나님의 형상대로 지었기에 아주 귀한 존재 왕이다. 사람 생명이 이 세상에서 살날들을 가리킨다. 생명을 가진 산 날 동안 숨을 쉬며 사는 게 사람이다. 숨이 있어서 사람이다. 숨 또한 아카드어 숨[4]이라 한다. 숨은 사람이 살아 있는 동안 쉬는 호흡을 가진 사람은 물을 먹고 산다.

물은 먹는 물과 영적인 양식 물이 있는 쌍수다. 쌍수 물은 여호와[5]의 글자가 지닌 살기위하여 "to live" 숨쉬기 위하여 이다. 헤ה 헤[6]하고 숨 쉬며 산다. 숨 쉼이 두 번 되는 여호와[7]는 한국말 '하여'[8]가 기본형이다.

---

1) Ibid, 41. 69.
2) 우(וּ).
3) Ibid, 42.
4) šu~ul~mu~u~um=šulmum rhe health.
5) יְהוָה(여호와) 내지 에흐예 אֶהְיֶה(에흐예 나는 스스로 있는자, 출 3:14).
6) ה(헤).
7) יְהוָה(여호와)와 에흐예 אֶהְיֶה(에흐예).
8) הָיָה(하야).

하나님이 하시는 하여[1]는 하사[2]와 같은 숨구멍 헤ה 헤[3]가 두 번 있다. 여호와의 약자[4] 야=יה=יָה 야를 우리는 누구를 부를 때 누구야의 '야'이다. 친구야, …야 늘 이 야를 우리는 늘 쓴다. 이 야는 하나님을 의미한다. 날마다 밤마다 부르는 이 야로 우리는 복을 받는다. 수치 10이다. 하나님의 문법은 하나님과 아드님의 손을 사용하시어 ה헤 즉 여호와와 예수의 글자 앞에 놓이는 י요드가 숨 쉼 ה헤로 바꾸어[5]숨 순다. 이 숨 쉼 ה헤는 어근이 י요드다. 숨 쉬게 하신이[6]의 손이다. 하나님이 우리를 살아 숨 쉬게 한 여호와[7]이시다. 숨 쉬[8]게 하신이로 하여 우리에게는 역사 에너지[9]가 있다. 그 옛날 우리조상들 나라에서 의미가 찾아진다.

---

1) יה(하야).

2) הוה(하바).

3) "히브리어 알파벳," *The Stephen Korean Text of the Hebrew Old Testament,* Biblia Hebraica Stuttgartensia(BHS) and Numerically Coded to Strong's Exhaustive Concordance 上(서울: 원어성경편집부, 2000). 일러두기에서 ה.

4) George V. Wigram, 『구약 성구사전: *The Korean's Hebrew and Chaldee Concordance of the Old Testament*』, 김만풍 역(서울: 기독교문화협회, 1993). 히브리어 알파벳 도표의 ה.

5) 한사무엘, 히브리어 무료강좌-15 '페-눈 동사라멧-헤동사. 「라멘(ל)-헤(ה)동사: 칼 완료형」.

6) 엄원식, 348.

7) יְהוָה(여호와).

8) "히브리어 알파벳," *The Stephen Korean Text of the Hebrew Old Testament,* Biblia Hebraica Stuttgartensia(BHS) and Numerically Coded to Strong's Exhaustive Concordance 上(서울: 원어성경편집부, 2000). 일러두기에서 ה.

9) 강 상원 · 「사라진(沈沒) 무제국~ 東夷族에 母國』(서울: 朝鮮世宗太學院 · 2013). · 64. 波茶留之國 Pancalas=桓仁國: 동서 20,000리 남북 50,000리. Pancalas in Pa~Mil lofty Heights of Him~a Laya Mt.

제2장 물의 리듬

제1절 물에 마음이 비추인다

사람이 아름다운 생각을 하면 물이 아름다운 결정체를 만든다.[1] 물이 사람의 말을 알아듣는다. 물은 살아있는 증거다. 물이 숨을 쉰다. 이 말은 물이 아무리 몸 안에 들어온다 하더라도 목숨은 하나님이 살리셔야 숨을 쉰다.

시인은 물로 그리움의 시[2]를 쓴다. 말, 말씀으로 초월의 시[3]를 쓴다. 이때 물은 단순한 물이 아닌 2차적 의미로 바뀐다. 시의 특성이다. 바로 물이 쌍수인바 이 물로 하나님은 깨끗한 물을 바라셨다. 이 사역을 시인이 담당한다. 물은 시적으로 말하면 1차적으로 물리적인 먹이 물 생수이고 2차적 의미로는 생명수로 바뀐다. 물에 마음이 비춰이면 사람의 마음도 비추인다.[4]

---

1) Emoto, Masaru.,『물은 답을 알고 있다: *Mizu wa Kotae wo Shitteiru* 』1 양억관 옮김(서울: 나무 심는 사람, 2003).

2) Ginestier, Paul, The Poet and the Machine()North Carolina: The University of North Carolina Press, 1984).

3) C. W. E. Bigsby, Dada and Surrealism(Methen, & ico Ltd, 1972), 39.

1. 물의 신학과 문학

사람은 물을 마신다. 하나님은 깊은 수원에서 만들어 내시는 그의 물을 그의 백성에게 흡족히 마시우신[1]다. 인체는 심장 75% · 혈액 94% · 폐 85% · 심장 75% · 척추 99% · 눈 95% · 간 70% · 콩팥 93% · 적혈구 69~65 % · 피부 70% · 두뇌 7~80% · % · 근육 70 ~80% · 뼈 22% · 치아 4% · 혈액 75% · 뇌혈액 85% 가 물로 이루어져 있다. 특히 생명을 유지하려 매일 2.5ℓ의 물을 먹어야 한다. 물[2] 마 후 30초 후 혈액에 도달하고 1분후면 뇌조직과 생식기에 도달 · 10분후면 피구 · 20분 후면 심장 · 간 · 신장 각종 장기에 영향을 준다. 사람 체중에서 물이 1~2%만 빠져 나가도 갈증 · 5%가 빠져나가면 반 혼수상태 · 12%만 물이 없으면 사람은 죽는다. 역추적 하면 사람은 물 위에 떠 있다. 물 위에 영이 있다.

사람의 양 한계성[3]든 하나님 강에 물이 가득하게[4] 하시어 국화 수 · 납설수인 선달에 온 눈 물 · 추로수인 가을의 아침이슬 등이다. 이 물은 사람에게 치유의 효과[5]를 준다.

---

4) 시 27: 19.
1) 시 78: 15.
2) 욥 28: 25.
3) 신 28: 65; 대상 14: 12 등.
4) 시 65: 9.

주역에 물 기호 ☵괘가 있다. 스며들며 흐르는[1] 순리[2]로 이해[3]한다. 이퇴계에게는 인간본성의 성인 진리인 경 철학[4]을 가지는 상재신앙[5]이 그에게 있었다. 그는 상재신앙으로 일관 물의 시를 썼다. 이름도 물 수변을 사용한다. 李滉이황은 물에 비치는 사람마음 곧 다투지 않는[6] 포용력이 물에 비췬다[7] 하였다. 형 온계溫溪도 아침이슬 해瀣 아침이슬자를 쓴다. 온계溫溪 퇴계退溪 모두 그들의 이름에 물水 변이 있다.

철학과 관련 마방진이 있다. 황하의 지류 낙수에서 올라온 거북이 등에 그려진 하늘河圖 · 땅洛書의 학설이다. 숨겨진 하늘의 수 양수 2 4 6 8 10과 四象 45수 철학 洛書와 땅의 이치를 알리는 음수 1 3 5 7의 河圖河圖 사상은 11지체원리十一之体原理를 가지면서 우리 조상 배달

---

5) 양동식 역편, 『고전속의 물 이야기』(서울: 태광미디어, 2000)., 15~25.

1) 이영지, 『한국 시조 문학론』(서울: 양문각, 1997) 152~157. Quach, Binh The, The Formative and Transformative Power of Symbol: water in the Gospel of John and the "Laozi(Ann Arbor: Company, UMI, 2002), 94.

2) 上善若水.

3) Red Pine, *The Chinese text is taken from Lao~tzu's Taoteching*(SanFrancisco: Mercury House, 1996), 16.

4) 敬: 이황, 『퇴계전서』 5책(서울: 성균관대 대동 문화 연구원, 1981). 22책(서울: 퇴계학 연구원. 1987). 금장태, 『성학10도와 퇴계 철학의 구조』(서울: 서울 대학교, 2001), 8, 23.

5)임수무, '쉽게 배우는 성학10도' 퇴계의 생애, 성학10도 상소문의 이해 -2020.7.7.(임수무 계명대 명예교수). 임수무교수는 성학 10도 중 9도에서 이황은 상재신앙이 있음을 알린다. 이황은 하나님 경배신앙이 있었음을 상재라는 말에서 찾는다고 하였다.

6) 流水不爭先.

7) 海不讓水.

태호 복희씨[배달 5세 환웅의 막내아들]의 사상이 지금까지 전해 본 연구자로 하여금 「천부경」에서 일어나라! 이상시학[李箱詩學]일어나라를 알게 했다.

「천부경」은 그 구체적인 특징을 一1의 11회 반복으로 일어나라! 일어나 걸어가라! 격려한다. 「천부경」의 一[한자 일]이 11회 반복된다.

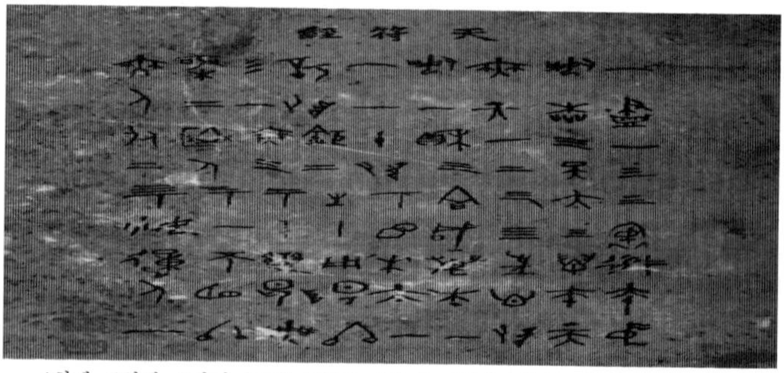

1회째 2회째 3회째 4회째 5회째 6회째 7회째 8회째 9회째 10회째11회째

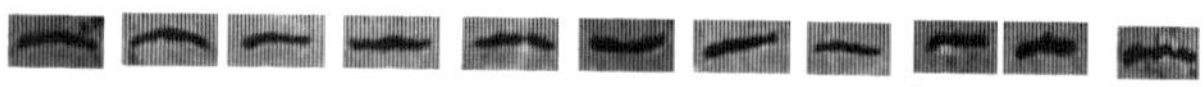

-「천부경」의 一표시

11을 기호화하여 일어나라!를 전한다. 일어나 걸어라의 동적 이동성이「천부경」에 있다. 천부경에서의 1은 11회 반복한다. 두 발로 일어나라 걸어라를 시적 이미지 메시지로 한다. 성경은 거의 대부분 문장에 이 이동메시지를 동사로 시작한다. 움직이라 이동하라이다. 11은 완전수 하나님의 능력이 작용되는 이치로 두 발로 걸어라의 동적 메시지이다.

동적 이동 메시지는 단군조선 초기 낙수[洛水]로 대홍수를 다스린 지혜자 우로부터라고 전해진다. 단군조선의 부루태자로부터 받은 오행치수법[五行治水法]을으로 물을 다스리는 낙서이다. 이 학설은 실크로드로 그리스에까지 전해지며 신교문화 우주 수학[河圖 · 낙서의 상수학]을 알린다.[1] 철학 상수학[象數學]은 조선 숙종 때 최석정이 구수략에서 물은 도[道]에서 생긴다[2] 했다. 물의 사역은 하도와 낙서 메시지 모두에 있다.

하도[河圖]는 땅의 이치를 1에서 10까지로 한다.

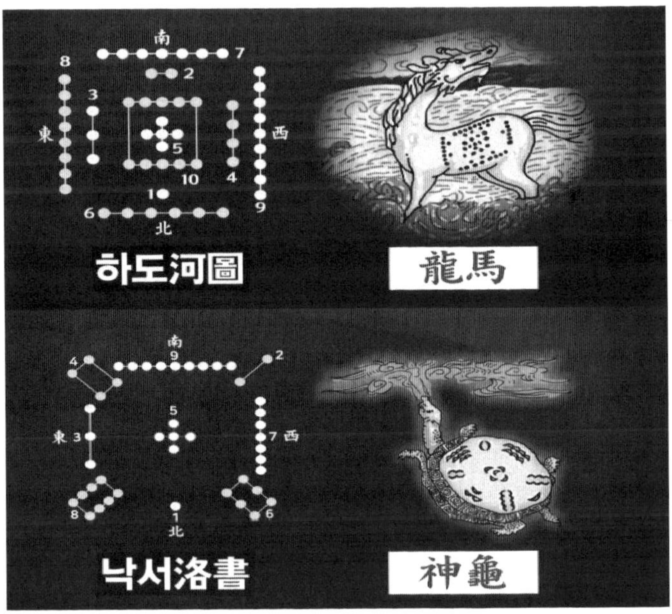

1) 미국 수학자 프랭크 스웨츠[Frank Swetz]는 낙서[洛書]로 서양 마방진[magic square · 6세기경 인도 · 9~10세기경 · 유럽]을 12세기 후에야 생기게 한다.

2) 1646~1715: 崔錫鼎, 數生於者 原者 數之本也 所以 本始而生 數者也. 物必有本 故 水原爲首(九數略, 甲編). 윤태주, 『최석정의 구수략에 나타난 수리 사상과 유럽수학 수용에 대한 고찰』 (대구: 경북대학교 출판사, 1988), 9.

이 10의 자리 י요드는 숨 쉼 ה헤1)의미다. 하나님의 손 י요드로 숨 쉼 ה헤를 알린다. ה헤의 어근은 하나님의 손 י요드이다. '야!' יָה야2)이다. יָה야3) 숨 쉼이다.

나타내고자 하는 의미를 지닌 우리의 나날에 대한 안내 온 날 · ם멤 수치 40 + י요드 수치 10 + מ멤 수치 40 + י요드 수치 10=100은 하도의 55와 낙서의 45를 합한 100이 있다. 100은 10 (4+0)+(1+0)+(4+0)+(1+0)=10 의 10곱이다. 10과 100이 동일 의미다.

이 여호와 יְהוָה여호와에 비밀이 있다. ה헤 수치 5 + ו바브 수치 6 + ה헤 수치 5 + י요드 수치 10=26이다. 하나님 여호와의 의미 26의 반은 13이다. 예수님의 지시 수이다. 이 두 분의 손에 보호받는 백성 날4)의 삶5)의 날6)이다. 13수치는 사랑의미이다. 시편 23편의 중심 되는 주님=아타하=אתה아타하=אַתָּה아타하7) 언어 양쪽 26회째에 주님

---

1) 한사무엘, 히브리어 무료강좌-15 '페-눈 동사라멧-헤동사. 「라멘(ל)-헤(ה)동사: 칼 완료형」.

2) יה(야 · 여호와의 준말)=5+10.

3) ה(5) + י(10) 엄원식, 348.

4) יָמִים(얌임 · 여러날, 레 15: 25)과 머무는 날 יָמִים(얌임 · 날들,민 9: 19, 20).

5) 베르그송 외, "지속의 관념,"『時間과 自由意志』, 정석해 역(서울: 삼성출판사, 1976), 111~112.

6) יָמִים(얌임, 신 5: 33).

7) רֹעִי로이 · 나의 목사시니 יְהוָה여호와 לְדָוִד다윗의 מִזְמוֹר시 · 미즈모르 시 23:1
אֶחְסָר에흐사르 · 내가 부족함이 לֹא로 · 없으시리로다
יַרְבִּיצֵנִי야르비제나 · 그가 나를 누이시며 דֶּשֶׁא데쉐아 · 푸른초 בִּנְאוֹת빈느오트 · 장에 시 23:2
יְנַהֲלֵנִי예나할레나 · 안도하시도다 מְנֻחוֹת메누호트 · 쉴람한 מֵי·메 · 물 עַל~알 · 가로
יַנְחֵנִי야느헤나 · 인도하시는도다 יְשׁוֹבֵב·예소베브 · 소생시키시고 נַפְשִׁי나프쉬 · 내 영혼을 시편23:3
שְׁמוֹ쉐모 · 자기 이름을 לְמַעַן레마안 · 위하여 צֶדֶק·제테크 · 의 בְמַעְגְּלֵי~베마으겔레 · 길로
אֵלֵךְ앨래흐 · 내가 다닐지라도 שֻׁלְחָן술루탄 · 상 לְפָנַי레프네 · 내게 תַּעֲרֹךְ타아로흐 · 주께서 베푸시고
צַלְמָוֶת잘르마베브 사망의 음침한 בְּגֵיא브네이 · 골짜기로 כִּי~אֵלֵךְ키~엘레흐 · 내가 다닐 גַּם감 · 찌라도 시 23:4
אַתָּה아타 · 주께서 כִּי~키 · 때문에 רָע라 · 해를 אִירָא이라 · 두려워하지 לֹא~로 · 않을 것은 מִשְׁעַנְתֶּךָ 미스아느테

자리가 있다. 물[1]이 하늘로 솟는[2] 수직성[3]이다.

사람이 몇 생이나 닦아야 물이 되며 몇 겁이나 전화해야 금강의 물이 되나 금강의 물이 되나
샘도 강도 바다도 말고 옥류 수렴 진주 담과 만폭동 다 고만두고 구름 비 눈과 서리 비로봉 새벽안개 풀끝에 이슬 되어 구슬구슬 맺혔다가 연주 팔담 함께 흘러
구룡연 천척절애에 한 번 굴러 보느냐

~ 조운의 「구룡폭포」[4]

조운 시조는 물이미지를 14회[5]로 한다. 신학적 의미[6] 1차 의미에서 2차 의미[7] 초월성[8]으로 한다.

[9]이다.

하 · 막대기가 מִשְׁשַׁבְתֶּךָ쉬브아테하 · 주의 지팡이와 עִמָּדִי임마디 · 나와 함께 יְנַחֲמֻנִי예나하무니 · 나를 안위하시나이다
הֵמָּה헴마 · 그것들이 שֻׁלְחָן수르탄 · 상을 לְפָנַי레파나이 · 내게 תַּעֲרֹךְ타아로흐 · 주께서 베푸시고 시 23:5 בַּשֶּׁמֶן바세멘
· 기름으로 דִּשַּׁנְתָּ디스네타 · 바르셨으니 צֹרְרָי조르리아 · 내 원수의 נֶגֶא내게드 · 목전에서 רְוָיָה레바야 · 넘치나이다 כּוֹסִי
코쉬 · 내 잔이 רֹאשִׁי로쉬 · 내 머리에 וָחֶסֶד바헤쉐드 · 인자하심이 טוֹב토브 · 선하심과 אַךְ아흐 · 정녕 시 23:6
חַיָּי하야 · 나의 생에 יְמֵי예메 · 날 כָּל~콜 · 형 יִרְדְּפוּנִי이르데푸니 · 나를 따르리니 יְהוָה · 여호와 · 여호와 בְּבֵית~
· 비베이트 · 집에 וְשַׁבְתִּי · 베솨므타 · 내가~거하리로다 יָמִים양밈 · 영 לְאֹרֶךְ · 레오레흐 · 원히

1) Gaston Bachelard, 『물과 꿈: *L'equ et les Rêves*』, 이가림 역(서울: 문예출판사, 1998), 83. 김현, 『바슐라르 연구』(서울: 민음사, 1981), 53, 192~195.

2) 이영지, "물과 불의 시조 창작적 一例" 『새 국어 교육』 제 52호(서울: 한국국어 교육 학회、1996), 7~11.

3) 이영지, 『한국 시조 문학론』(서울: 양문각, 1994), 70~71.

4) 조운, 『조운 시조집』(한양: 조선사, 1947), 35.

5) Ibid.

6) Stephen F. Baker, 『수리철학: *Philosophy of Mathematics(Prentice~Hall Foundation of Philosphy Series)*』, 이종권 옮김(서울: 종로 서적출판주식회사, 1983), 88~92.

7) 홍문표, 『시 창작 원리』, 363.

8) Ibid, 『기독교 문학의 이론』, 357.

9) 홍문표, 사마리아 여인과 야곱의 우물(요 4:10~15) 설교문 「한국문인교회」(서울, 동천아가데미5층, 2012. 11.11. 늦은 4시)

2. 그리움 정서

소설가 김동리[1]는 무녀도에서 모화가 욱이의 예수 믿음 때문에 아들을 죽게 하고 모화도 물에 빠져 죽는다. 물을 통한 재생이미지[2]이다. 불교 시인 서정주가 말한 물의 변화를 기독교 시학[3]으로 알린다. 시인은 님을 대신하는 비나 눈물로 언어를 바꾸면서 그리움의 정서[4]야말로 마음을 너그럽게 하고 행복하게 하고 즐겁게 하고 그리고 눈으로 보는 모든 사물을 좋은 눈으로 바라보게 한다 하였다. 마음눈이 아름다운 사람은 모든 것이 고맙고 그리고 무엇이든 베풀고 싶다. 가지지 않아도 배부르다.

가만히 오는 비가
락수져서 소리하니

오마지 안흔이가
일도 없이 기다려져

~ 최남선 「혼자 안져서」[5]에서

그대 그리움이
고요히 젖는 이 밤

---

1) 김동리, 1913~1995년『무녀도』(중앙지, 1936).

2) 김윤식,『한국근대문학사와의 대화』(서울: 새미, 2002), 396.

3) 문정희,『서정주 시 연구』, 서울여자대학교 박사 학위 논문(서울: 서울여자대학교, 1993), 7.

4) 이영지, “20세기 시조 문학의 위치,”『존재의 미학』(서울: 이화 문화사, 2001), 651, 653.

5) 최남선,『백팔번뇌』(서울: 한성 도서 주식회사, 1926). 20.

한결 외로움도
보배냥 오붓하고

실실이 푸는 그 사연
장지 밖에 듣는다

~ 이영도 「비」[1)]

물의 성질을 가진 비는 1차적 의미에서 그리움이라는 2차적 의미 눈물로 바뀐다. 시인은 시적 화자와 그리운 대상과의 연결을 그리움, 보고 싶음의 2차적 의미로 비를 통해 바꾼다.

최남선의「조선 유람가」는 무궁화를 상징성으로 한다. 다음은 「조선 유람가」이다.

한 팔을 남南에 던져 금수삼천리
무궁화 향내 덥힌 대조한반도大朝 韓半島
산아니 놉흐시냐 물이 곱고나
백화가 얽흐러 진 문화의 동산

~ 최남선 「조선 유람가」[2)]

물 소재 시는 그리움이라는 마음의 정서로 바뀌어진다. 시인 50시인 중 한용운 시인의 순수 유추는 64%이었다. 한용운[3)]의 님은 186회[4)] 그리운 것은 모두 님[5)]이다. 사랑하는 여성을 위해 암자에서 쓴 시라는

1) 이영도,『청저집』(서울: 금강, 1954). 40.
2) 최남선『조선유람』(서울: 동명사, 1947), 6.
3) 한용운,『님의 침묵』(한성: 한성 도서 주식회사, 1926). 1~166.
4) 이영지, "현대시에 타나난 순수 유추적 님의 분석,"『명지 어문학』14 (서울: 명지 대학교 국어 국문학과, 1982), 185~216.
5) 한용운, Ibid, '군말.

이야기가 구전되지만 당시 나라 잃음 서러움을 극복한 의미로서 은유[1)]된다. 김소월[2)]시도 사랑하는 여성과의 이루지 못할 사랑을 ㄱ음가로 한다. 「산유화」 시에서 김소월은 마음속의 울음을 우리나라의 문학 정서를 영원성으로 한다. 좋은 시[3)]일수록 2차적 의미가 시에서 드러난다.

김영랑이 『영랑시집』의 7항을 "눈물에 실려 가면 달빛으로 눈물을 말릴 가 보다"[4)] 하였다. 이슬처럼 고운 눈물의 주인공이 된다. 갖 결혼한 아내와의 사별 때문에 시인의 깊은 눈물이 정서로 자리 잡는다. 눈물의 영롱한 이슬시학이다. 눈물이 하늘로 향해 오르는 불꽃[5)]이다. 순수한 마음[6)]의 눈물이다.

박목월의 "가시내사 가시내사 가시내사"[7)]의 눈물은 카타르시스[8)]의 눈물로 내면[內面] 목소리이다.

---

1) 이영지, Ibid.

2) 김소월, 『진달래꽃』(서울, 한성 도서 주식회사, 1939) 2~234.

3) 이영지, "소월 시에 있어서의 긴장관계," 『명지 어문학』 30(서울: 명지대학교 국어 국문학과, 2000), 171~193.

4) 김영랑, 『영랑 시집』(서울: 문학 사상사, 1934), 7.

5) Gaston Bachelard, 『촛불의 미학: 』, 이가림 역(서울: 문예출판사, 1981), 100.

6) 이영지, "한용운의 당신 시어," 현대시에 나타난 순수유추적 님의 분석, 『명지 어문학』 제 14호, 195.

7) 박목월, 『청록집』(서울: 문학 사상사, 1946). 26~27.

8) Johannes Hirschberger, "아리스토텔레스" 『서양 철학사: *Geschichte Der Philosophie*』 上, 강성위 역(서울: 이문출판사, 1988), 201, 297.

1). 물과 마음자리의 정서

퇴계는 마음을 잘 다스리는 방법을 물로 표현하였다.

저 푸른 맑은 안개 들 앉은 땅을 사서
드맑은 시냇물을 가까이 옮겨 왔다
서로들 깊이 사랑할 물과 돌이 사는데
~ 이황의 『퇴계집』「계거잡흥」[1]에서* 필자 역

퇴계는 시냇가의 외딴 집으로 옮겨가서 살았던 이유를 순응하는 물의 순리로 묘사한다. 깊은 철학으로 승화한 자연 속에 있는[2] 물을 하나님을 경외하는 경 사상이 도출 되게 한다.

퇴계는 물을 파아란 물의 마음안정으로 한다.

이슬의 파아란 풀 물가에 제잘제잘
아아주 작은 연못 모래도 안 보이고
저 새는 하늘 구름 드 날며 오가지만
제비가 맑디맑은 물결칠까 정말정말 두렵다
~ 이황『퇴계집』「야당野塘」[3]*필자 역

성서에 물이 파아랗다의 파아라=פרה= פָּרָה파아라와 파래서=פריץ=פְּרִיץ파래서[4]가 있나. 물로 마음을 얻는 마음의

---

1) 買地靑霞外/ 移居碧溪傍/ 沈取唯水石 ~ 이황의『퇴계집』「계거잡흥溪居雜興」에서

2) 금장태,『퇴계의 삶과 철학』(서울: 서울 대학교, 2001), 175.

3) 露草夭夭繞水涯/ 小塘淸活淨無沙/ 雲飛鳥過元相管/ 只惟時時燕蹴波 ~ 이황『퇴계집』「野塘」.

4) פָּרָה(파아라아 · 파아라아, 출 1:7; 사 11:1) · פְּרִיץ(프로쯔 · 푸르게 · 창성, 출 1:12).

행복 향기[1]이다. 퇴계는 이=理[2]의 값어치를 극히 높고 상대가 없으며 명할 뿐 명을 받지 않는[3] 절대의 상재[4] 곧 하나님 흔적으로 한다. 하늘 뜻을 받드는 경 철학은 한걸음 뒤로 물러서 마음의 물로 성리학 전통의 하늘과 사람 관계를 알린다. 천명도[5]의 하늘 명령을 받은 성=性의 이理로 한다. 이 理라는 본체론을 깊은 물에서 건져낸다.

하늘에 대한 경외심이 이퇴계에서 발견되는 것은 천리를 지킨 신앙심[6]에 가깝다. 숨 쉴 수 있어서이다. 거경 궁리[7]론을 내세운 퇴계의 경외철학은 하늘의 명령에 대한 순종을 든다. 사람에 대한 사랑이 거의 신앙적[8]이다. 심心 · 성性 · 정情을 명령이라 받든다. 깊은 산속 난초가 깊은 산 속에서 향기를 발함을 비유한 이황은 동서양을 막론한다. 독일철학에서도 이 영향으로 철학의 이론이 발달 근거, 매화시를 통해 인간 높이의 신에 가까운 도의 경지[9]를 이루게 한다.

---

1)溪居雜興 끝 수, Ibid,

2) 이.

3) 李 滉, 『퇴계집』 續集 圈 十三, 十七: "苔李達李天機, ..此理極尊無對, 命物而不命於物故也."

4) 上帝.

5) 장재의 심통성정론에 근거한 성리학적 심개념 → 권근 → 정지운(鄭之雲)의 「천명도 天命圖」→ 이황의 「심통성정도 心統性情圖」 이황은 마음의 다양한 양상과 경(敬)을 통하여 마음을 주재하는 수양론적 심학.

6) 금장태., 11.

7) 居敬窮理).

8) Ibid, 144.

9) 이광호, 동양고전 「향기로운 삶의 길을 열다」 『성학십도』.플라톤

2). 수 5와 히브리어 숨 쉼 자리

이 퇴계의 사람의 숨 쉼으로 보는 하늘의 명령 절대시의 경敬 철학은 가히 신앙 차원이다. 이퇴계의 상재신앙이다. 곧 태극보다 더 높은 위치에 계신 하나님에 대한 인식이다. 태극이라 한 이 퇴계의 마음 한가운데에는 상재신앙의 사랑이 앉아 있다.

수로는 5이다. 색채는 황색이다. 땅의 숨 쉼 어머니의 마음[1]의 중심자리이다. 히브리인들은 항상 그 중심부에 하나님[2]을 두었다. 문학에서도 마음의 중심 자리에 절대자가 있다. 이 흔적은 5의 자리이다. 숨 쉼의 ה헤[3]이다. 마음 중심의 사랑은 아파[4]하는 아파[5]이다. ה헤는 예수 글자 앞 י요드가 숨 쉼 ה헤[6]이다. ה헤 이 י요드가 숨 쉼 ה헤로 바뀐 것[7]이다. 일어나라! '야!' 여호와의 준말 야[8]이다. 야[9] 야[10] 숨 쉼이다.

아카데미 TV.

1) 이영지, "땅과 땅,"『한국 시조 문학론』(서울: 양문각, 1997), 151~152.

2) Klaus Scybold, "시편의 우주관,"『시편입문: *Introducing the Psalms*』, 이군호 옮김(서울: 대한 기독교 서회, 2002), 201~203.

3) ה(헤 · 5).

4) אַהֲבָה(아하바 · 그 사랑이, 아 2: 4, 3: 10) · אַהֲבָה(아하바아 · 사랑은, 아 8: 6) · אַהֲבָה(아하바아 · 사랑함으로, 아 2: 5).

5) אַף(아프 · 참음, 창 19: 1) · אַפַּיִם(아파임 · 엎드리어, δροω, 창 19: 1).

6) 한사무엘, 히브리어 무료강좌-15 '페-눈 동사라멧-헤동사. 「라멘(ל)-헤(ה)동사: 칼 완료형」.

7) 한사무엘, 히브리어 무료강좌-15 '페-눈 동사라멧-헤동사. 「라멘(ל)-헤(ה)동사: 칼 완료형」.

8) יה(야 · 여호와의 준말)=5+10.

(1). 우리나라 전통 시 시조와 그 둘레

한국의 시조작품 철학은 초 · 중 · 종장이 합하여 43[1] 마방진 수를 가진다. 이 리듬[2]은 3 · 4 · 3 · 4 · 3 · 4 · 3 · 4 · 3 · 5 · 4 · 3의 리듬으로 가치기준을 삼는다. 초장 3 · 4 · 3 · 4의 14자와 중장 3 · 4 · 3 · 4의 14자와 종장 장 3 · 5 · 4 · 3의 15자를 합한 43자의 마방진 리듬이다. 이 중에서 가장 중심수 마지막 종장에서 알리는 5의 리듬이다. 황금 분할 비율 오각형 3등분 가장 짧은 선과 긴 선의 비율

1:1.6180339887…황금분할비율이다.

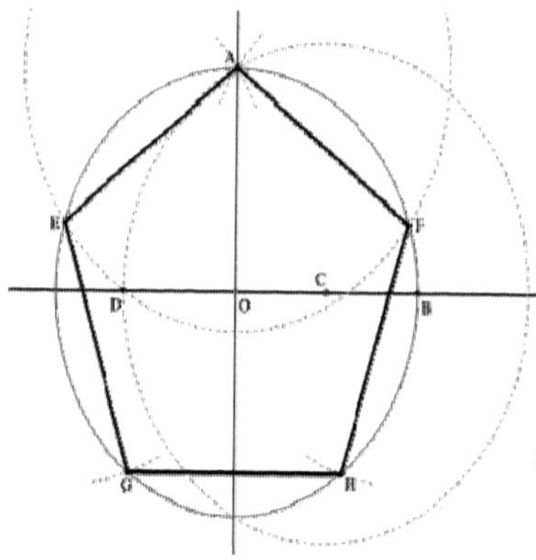

[3]

9) יה(야).
10) ה(5) + י(10) 엄원식, 348.
1) 이영지, “한달의 색채,” 『한국 시조 문학론』 140~144.
2) Ibid, “15와 5+5+5의 사랑의미,” 『한국 시조 문학론』, 135.
3) 「짐보」 웨일스(Jimmy Donal "Jimbo" Wales, 1966년8월 7일~):2001년 공개된 위키백과에 기록. 피타코라스가 주장 우주의 가장 아름다운 조화.

시와 시조의 가장 큰 장점은 은유이다. 몸 시학[홍문표학설]이다. 인간자체의 진리를 모자람으로 한다. 시와 시조가 성경의 진리와 동일성이 되는 원동력이다. 그 증거는 별 모양의 오각형에서이다. 조화와 아름다움, 즉 미학의 서정성이다. 이 서정성 오각형의 신비는 완전한 도형 안의 오각형1)이 있다. 한 원은 절대 상징인데 이 안 별이 그려지고 나머지는 여백 곧 모자람의 미학으로 있게 한다. 우주 신비의 유추는 오각형 리듬이다.

문학에의 접근은 문학이 그리움을 전제로 한다. 오각형은 별 모양인데 한 원안에 오각형이 상징하는 모자람의 미학을 전제로 한다. 별은 문학 특히 시와 시조와 그리고 성경에서는 한 별을 예칭[例稱]하여 예수그리스도를 지칭한다. 시인들은 이 별을 그리운 대상의 사물화로 지칭한다.

---

1) 이 정오각형 한 각의 크기는 108도이고 내각의 합은 540°이며 한 변의 길이가 a인 정오각형의 넓이이다.

$$A = \frac{5a^2}{4}\cot\frac{\pi}{5} = \frac{a^2}{4}\sqrt{25+10\sqrt{5}} \approx 1.72048a^2$$

이다.

(초록색)점 O를 중심으로 하는 원은 O 위의 점 A를 골라 직선 OA를 그려 직선 OA와 수직인 직선을 그린다. 이 직선이 원 O와 만나는 곳을 점 B라고 한다. 점 O와 점 B의 가운데에 있는 점 C를 그린다.

(빨간색) 점 C를 중심으로 하면서 점 A를 지나가는 원을 그린다. 원 C가 직선 OB와 만나는 곳을 점 D라고 한다.(이때 원 C가 직선 OB와 만나는 점은 두 개가 있다. 이 중 원 O 안에 있는 점)

(파란색) 점 A를 중심으로 하면서 점 D를 지나가는 원을 그린다. 원 A가 원 O와 만나는 두 점을 각각 점 E와 점 F라고 한다. 점 E를 중심으로 하면서 점 A를 지나가는 원을 그린다. 원 E가 원 O와 만나는 곳을 점 G라고 한다. 점 F를 중심으로 하면서 점 A를 지나가는 원을 그린다. 원 F가 원 O와 만나는 곳을 점 H라고 한다.(검정색) 오각형 AEGHF를 그린다.

(2). 시조와 시와 성경의 동일성

한용운은『님의 침묵』에서 당신을 296회[1] · 시인 홍문표는『늘 푸른 강물이듯이』[2]에서 당신을 51회 사용한다. 홍문표 시인은 기독교 시인답게 1, 2, 3, 4, 5, 6, 7, 8, 9호에 당신 시어가 없다가 10호에 가서야 처음으로 당신이라 부른다. 만해가 하나의 점이 곧 우주의 원리와 통하는 동심원의 원리 불교적 관점이라면, 홍문표 시인은 기독교 시인으로서 믿음의 하나님에게 대한 존칭으로 호칭 5부 은유다.

이 5라는 숫자와 관련되는 오각형에 대한 5의 개념이 있다. 그리고 오월과 시인 시집을 5부로 나누는 홍문표 시인이 있다. 홍문표 시인의 경우 시는 '먼 훗날 다시 지상에서' 당신이 15회이다. 5의 3번을 이루는 내재적 리듬이다. 당신의 전체리듬은 5~5~10~5~5~10~3~3의 흐름을 지닌다. 곧 5~5~10, 5~5~10의 반복 리듬이고 3~3 또한 3의 반복 리듬이다. 곧 10~10~10~3~3의 리듬이고 5로 구분되는 리듬이다. 내재율 리듬의 수 5와 10의 의소는 성경의 생명에 대한 의미지수 ה 헤 · 5의 숫자 개념 5의 반복 리듬이다.

시적 신화소 5는 엄원식의 수비학에서의 5와 연계되며 윤태주의 마방진 중심수 5와 비교된다.

---

1) 이영지, "한용운의 당신 시어," 현대시에 나타난 순수 유추적 님의 분석, 188.

2) 홍문표,『늘 푸른 강물이듯이』(서울: 양문각, 2000).

* 엄원식 제시 중심수와 윤태주의 마방진 비교

* 표 A~1: 윤태주가 제시한 마방진			* 표 A~2: 엄원식이 제시한 수비학			
2	9	4	4	9	2	
7	5	3	3	5	7 =	28
6	1	8	8	1	6	

히브리 수 5=헤=ה[헤]로 숨 쉼 의미다. 5를 가운데로 한 마방진 이상 시「시제 5호」는 신의 존재에 대한 절대성을 드러낸다. 하나님이 생명을 잉태시키는 흔적이다. ה[헤] 즉 여호와와 예수의 글자 앞에 놓이는 י[요드]가 숨 쉬 ה[헤][1]다. 일어나라이다. 이상 시「시제 5호」는 안으로 숨어든 시적 화자가 동 · 서 · 남 · 북의 흔적을 제한 살아남 흔적을 4각 모서리들이 떨어져 있게 하는 시이다. 생명 살리심의 숨구멍의 사방 열림은 알아봐[2]의미이다. 이 사방 네 모서리가 뚫려 생명이 살아남.[3]네 모서리마다 다 뚫려 숨 쉼 은유 시제 5호는 시제 5호 '전후좌우를 제하는 유일의 흔적에 대하여' 사상철학[四象哲學]을 드러낸다. 숨 쉼 흔적 숨 쉼 표시=헤=ה[헤이]다. 하나님이 생명을 잉태시키는 흔적이다. 하나님이 생명을 잉태시키는 일은 하나님의 일이다.

---

1) 한사무엘, 히브리어 무료강좌-15 '페-눈 동사라멧-헤동사. 「라멘(ל)-헤(ה)동사: 칼 완료형」.

2) אַרְבָּה(아르바 · 넷, 창 18: 29; 느 7:43).

3) Ibid,『이상 시 연구』, 27.

[* 이상 시 「시제 5호」의 4각 모서리 숨 쉼 이미지]

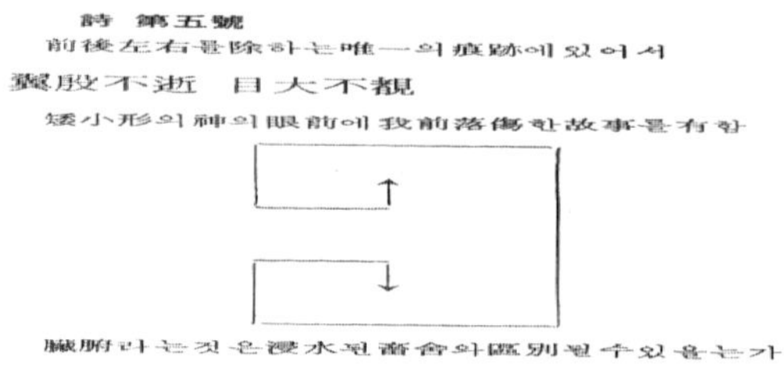

~ 이상 「오감도 시제 5호」

ה[헤] 즉 숨쉼 이미지는 히브리어 여호와와 예수의 글자 앞에 놓이는 י[요드]가 숨 쉬 ה[헤][1]는 문법 일어나라다.
전통시조 중심자리의 신비이다.

[* 시조의 중심 자리 종장 초구 그 5째 자리]

초장 　　　　　　　　중장 　　　종장
2 　대립 혹은 순응의 짝 2 　↘
　　　　　　　　　　　　(5째 자리)>* 1 　2 　3 　4[2]
3 　대립 혹은 순응의 짝 3 　↗
4 　대립 혹은 순응의 짝 4 　↗

[* 우리나라 전통 시에서의 감탄의 의미]

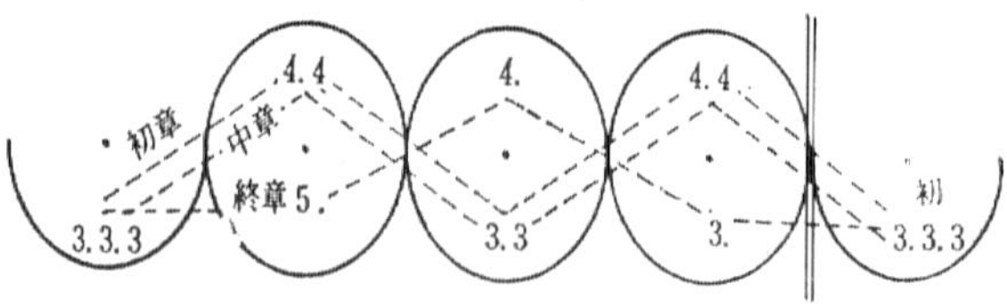

1) 한사무엘, 히브리어 무료강좌-15 '페-눈 동사라멧-헤동사. 「라멘(ל)-헤(ה)동사: 칼 완료형」.

2) Ibid, "시조와 이상, 동천시를 중심으로," 『시조 창작 리듬 론』 (서울: 양문각, 1998), 347.

3). 17과 유월절과 생명살림

하나님이 만든 세상을 스스로 좋았더라 하시는 감탄은 우리나라 시조 종장에서 감탄의 3글자로 구성된다. 이 감탄의 자리 5째 자리는 17의 의미지수이다.

17은 신성수다. 시조와 이상 시에서 발견된다.

5(손 · 9호)
↓
6(손바닥 · 10호) ⇢ 5(손 · 11호) ← 6(손바닥 · 12호)=17
↑
5(팔 · 13호) ← 12(손자국 · 14호)=17
⇢ 25(악수 · 15호)

~ 이상 시 「오감도 시제 9」~「시제 15호」에서

이상 시 오감도에서 문장 수 5 오감도 시제 9호 · 5 오감도 시제 11호 · 5오감도 시제 13호는 수직리듬 15로 합이 15가 되면서 양옆으로 각기 10호와 6호에서 각기 6회의 문장수로 17을 만들어 낸다. 13호의 5회와 143). 호에서 문장수가 12로 하여 합이 또 17을 만들어 낸다. 중앙 문장회수 5와 배치 자리 값 문장회수 17이다. 신학신성수와 밀접 곧 좌 · 우 균등의 합수[1]이다. 문장 회수 5가 자연스레 중앙에 오면서 그 좌 · 우 균등 배열에서의 문장 회수 합계 17이다. 영국 에이레 리머릭과 시조 비교 연구[2]에서도 공통점이 발견되었다.

---

1) Ibid, 『한국 시조 문학론』, 132. 『이상 시 연구』, 160.

2) 이영지, "시조와 리머릭의 비교," 『새국어 교육』 33(서울: 새국어 교육사, 1981), 242.

기독교 시인 홍문표 시에서도, 17의 신비한 하나님 나의 존재는 당신시어보다 17회가 더 많다.[1] 17은 연금술[2]이다. 17은 유월절 정월 십사일과 3일 후의 17일 즉 예수님이 돌아가신 날자와 타임머신을 탄 정월 14일과 부활 후의 3일을 합한 숫자이다. 17일은 유월절 정월 14일을 지난 3일이 더해진 데에서이다. 유월절 후 어린양을 잡는 날[3]은 예수님이 돌아가시고 3일 만에 부활하신 날 17일은 하나님이 생명을 살리시는 날이다. 이 17의 신비는 창세기 17장에서 하나님이 아브람 이름을 아브라함이라 하라 하시었고 사래를 사라라 하라 하시었다. 그리고 할례를 행하라 하시었다. 1에서 17까지 더하면 153이다. 베드로는 고기 153마리[4]를 잡는다.

물 위에 운행하시는 하나님의 신[5] 흔적 17이 이상 시 「오감도」 10호 · 11호 · 13호의 문장 수가 6 + 5 + 6= 17수에서 찾아진 이 17은 이상 시 오감도의 시적 화자가 손으로 사수하며 홍수를 지킨다. 그런데 그 리듬이 좌 · 우 균등리듬이다. 의미리듬에서도 하나님의 손에 의한다. 바로 비둘기 12호는 평화 상징이다. 수직리듬의 손 9호 · 손 11호 · 팔 13호로 홍수를 막는다.

---

1) Ibid, 388.

2) 자비르(Jabir ibn Hayyan, 721~815 AD)는 1: 3: 5: 8에 근거한 17: Peter Abelard, *History of Science Fall 2006*(Floriad: Technology Semesterm, 2006), 12. 12.

3) 출 12: 18; 레 23: 5; 민 9: 5, 28: 16; 대하 35: 1.

4) 요 21: 11.

5) 창 1: 2.

노아 홍수 때 애급 군대들이 하나님 백성들을 쫓아오자 하나님은 맞불[1)]로 막았듯이 이상 시도 아주 큼직한 손 15호 시어로 한다. 하나님 손 곧 큼직한 손이 시적 화자에게 악수를 청한다.

시 작품은 언제나 시인에게서 위대한 진리를 시적 은유 몸시학홍문표 학설로 한다. 이상시인은 그의 단명한 나이임에도 불구하고 「오감도烏瞰圖」 안에 가장 우수한 상상력을 동원하여 하나님의 능력의 손을 나타내었다. 시제 15호에서 인생 삶의 진가는 시의 소재 큼직한 손이 살려주어야 살 수 있음을 시적 주제로 한다.

주인공이 신과 악수를 함으로써 삶이 지속됨을 시의 줄거리로 한다.

---

1) ① 내가 홍수 מַיִם ~ הַמַּבּוּל ~ אֶת(에트 ~ 하맙불 ~ 마임, 출 6:17)를 땅에 일으켜 무릇 생명의 기식 있는 육체를 천하에서 멸절하리니 땅에 있는 자가 다 죽으리라 ② 홍수 וְהַמַּבּוּל(베하맙불, 창 7:6)가 땅에 있을 때에 노아가 육백세라 노아가 아들들과 아내와 자부들과 함께 홍수 הַמַּבּוּל ~ מֵי(메~하맙불, 창 7:7) 를 피하여 방주에 들어갔고 ③ 칠일 후에 홍수 הַמַּבּוּל ~ וּמֵי(우메~하맙불, 창 7:10)가 땅에 덮이니(창 7:17) 홍수 הַמַּבּוּל(하맙불, 창 7:17)가 땅에 사십일을 있었는지라 물이 많아져 방주가 땅에서 떠올랐고

④ 내가 너희와 언약을 세우리니 다시는 모든 생물을 홍수 הַמַּבּוּל ~ מִמֵּי(밈메 하맙불, 창 9:11)로 멸하지 아니할 것이라 땅을 짐볼할 홍수가 다시 있지 아니하리라 내가 나와 너희와 및 혈기 있는 모든 생물 사이의 내 언약을 기억하리니 다시는 물이 모든 혈기 있는 자를 멸하는 홍수 לְמַבּוּל(레맙불, 창 9:15)가 되지 아니할지라 ⑤ 홍수 הַמַּבּוּל(하맙불, 창 9:28) 후에 노아가 삼백오십년을 지내었고 노아의 아들 셈과 함과 야벳의 후예는 이러하니라 홍수 הַמַּבּוּל(하맙불, 창 10:1)후에 그들이 아들들을 낳았으니 ⑥ 이들은 노아 자손의 족속들이요 그 세계와 나라대로라 홍수 הַמַּבּוּל(하맙불, 창 10:32) 후에 이들에게서 땅의 열국 백성이 나뉘었더라 셈의 후예는 이러하니라 셈은 일백세 곧 홍수 הַמַּבּוּל(하맙불, 창 11:10) 후 이년에 아르박삿을 낳았고 ⑦ 여호와께서 홍수 לַמַּבּוּל((라맙불, 시 29:10) 때에 좌정하셨음이여 여호와께서 영영토록 왕으로 좌정하시도다

3. 향기시학

1). 향기

하나님의 형상 따라 지어진 사람의 생애는 향기로운 삶을 살 수 있다. 향기 발생은 바람을 전제로 한다. 공기의 이동에서 나오는 전달메시지다. 사람에게서 나오는 숨소리의 혝은 성서에서 "이 말씀을 하시고 저희를 향하사 숨을 내쉬며 가라사대 성령을 받으라"요 20:22 하였다. 이 때 성서는 숨을 ἐνεφύσησειν he breathed=Λάβετε πνεύμβ ἅγον Receive Spirit Holy라 하였다.

'바람'은 '바라'의 'ㅁ' 전성명사다. '바라'는 성서에서 '바라= בָּרָא바라1)로 '창조= 베레쉬트 바라= בָּרָא바라 אשית בְּרֵ베레쉬트 창 1:1이다. 하나님이 바라는 것은 모든 생물, 사람에게 숨 쉬기 파동을 바라셨다. 이를 뒷받침한 하나님 말씀이 물위에 하나님의 영이 운행하신다.

생명문제는 '영 · 바람= 루아흐=רוּחַ'2) 글자 그대로 그 분 머리 안에 들어감 곧 그 분의 명령을 따르는 일이다. '물'글자를 바로 세우면 '말'이다. 말씀이다. 말씀을 성서는 '로고' 우리말 '…라고'이다. 우리말에 '그 분이 …라고 말씀하셨다'한다. 말씀은 생명을 살린다. 물 위

---

1) בָּרָא 바라 · 창조, 창 1:1,
2) רוּחַ(루아흐/바람 · 영 · 신령, 창 1:2).

에 말씀이 있다.

'영 · 바람= 루아흐= רוּחַ[루아흐]'1)와 비교되는 판= table= לוח= לוּחַ[룰아흐 신 10:5]가 있다. 우리말 판 짠다 이다. 우리 조상이 판짠 별과 해와 달이 우주공간을 선회하는 나라 조선= 朝鮮2)이 있다. 'Pan ca las' 판 잘라다. 대홍수를 피해 마고지방 히말랴 부근으로 삶의 장소를 옮긴 우리 조상 조선=朝鮮이 있다. 동방의 빛, 태양이 뜨는 곳에서 한 판 인생의 삶을 살았다. 영= 바람= 루아흐= רוח=רוּחַ[루아흐]와 밀접한 한 판의 판= table = לוח=לוּחַ[룰아흐 신 10:5] 흔적 판짜라가 있다.

영= 바람= 루아흐= רוח=רוּחַ[루아흐]의 첫 글자 ר= 레쉬= 머리다. 판= table= לוח=לוּחַ[룰아흐] 목적이며 ל= 라멕= …를 위하여' 존재한다.

판을 잘 짜 사는 삶은 복 받은 삶이다.

마 6:20:
너희 가난한 자는 복이 있나니 하나님의 나라가 너희 것임이요
…의를 위하여 핍박을 받은 자는 복이 있나니,(마 5:10~21)
-Μακάριοι οἱ δεδωγμένοι ἐνεκεν δικαίοσύνης,[의를 위하여 핍박을 받은 자는 복이 있나니, blessed(are) the(ones) having been persecuted for the sake righteousness, ANMP DNMP APNMP VPRPNMP PG PG NGFS], ὅτι αὐτῶν ἐστιν ἡ βασιλεία τῶν οὐρανῶν[저희가 하나님의 아들이라 칭함을 받을 것임이요 for of them is the kingdom of the heavens CS NP호계 VIPAZS DNPS NNFS DGMP]

…너희 가난한 자는 복이 있나니 하나님의 나라가 저희 것임이

1) רוּחַ(루아흐/바람 · 영 · 신령, 창 1:2).

2) 강상원. 한국의 한자발음 원리는 싼스크리트어와 일치하고 있다(판찰라방송, 2017.7.4.)/ 朝鮮 Sapiens 梵語/ 한자는 중국것이 아니다(판찰라방송, 19161227).

요 지금 주린 자는 복이 있나니 너희가 배부름을 받을 것임이요 지금 우는 자는 복이 있나니 너희가 웃을 것임이요(눅 6:20~21)

20…Μακάριοι οἱ πτωχοί, ὁτι ὑμετέρα ἐστίν βασιλεία τοῦ Θεοῦ 21 μακάριοι οἱ πεινώντες νύν, ὁτι χορτασθήσεσθε μακάριοι οἱ χραίοντες νύν, ὁτι γελάσετε(마카리오이 오이 프투코이, 호티 휘메테라 에스틴 바실레이아 우 데오 21 마카리오이 오이 페이눈테스 눈, 호티 코르타스데세스데 마카리오이 오이 크라이온테스 눈, 호티 겔라세테)

—막, ΚΑΤΑ ΛΟΥΚΑΝ 6:20~21

요한복음 5:3에 심령이 가난한 자는 복이 있나니 천국이 저희 것임이요-Μακάριοι οἱ 복이 있나니 blessed(are) the(ones) DNMP ANMP πτωχοί τῷ πνέματι 심령이 난한 자 poor in spiri APNMP DDNS NDNSt ὅτι αὐτῶν ἐστι 그들에게 있나니 for of them is NPOMZP VIPA —ZS ἡ βασιλεία τῶν οὐρανῶν 천국이 the kingdom of the heavens NNFS DOMP NGMP

:4 애통하는 자는 복이 있나니 저희가 위로를 받을 것임이요-Μακάριοι οἱ πενθοῦντες, 애통하는 자는 복이 있나니 blessed(are) the(ones) mourning ANMP DNMP APPNMP, ὅτι αὐτοί παρακλήθήσονται 저희가 위로를 받을 것임이요 for they shall be comforted CS NPNMZP VIPAZP

:5 온유한자는 복이 있나니 저희가 땅을 기업으로 받을 것임이요-Μακάριοι οἱ πραεις, 온유한 자는 복이 있나니 blessed(are) the meek ANMP DNMP APPNMP, ὅτι αὐτοί καλῃρονομήσουσιν τὴν γὴν 저희가 땅을 기업으로 받을 것임이요 for they shall inherit the earth CS NPNMZP VIFAZP DAFS NAPS

:6 의에 주리고 목마른 자는 복이 있나니 저희가 배부를 것임이요-Μακάριοι οἱ πεινῶντες καἱ διφῶντες τἠν δικαιοσὑνην, 의에 주리고 목자른 자는 복이 있나니 blessed(are) the(ones) hungering and thirsting righteousness ANMP DNMP APPNMP VPPANMP, ὅτι αὐτοἱ κακορτασθἡσοται 저희가 배부를 것임이요 for they shall be satisfied CS NPNNZP VIFPZP

ληρονομἡσουσιν τἠν γἡν 저희가 땅을 기업으로 받을 것임이요 for they shall inherit the earth CS NPNMZP VIFAZP DAFS NAPS

:7 긍휼이 여기는 자는 복이 있나니 저희가 긍휼이 여김을 받을 것임이요 -Μακάριοι οἱ ἐλεἡμονες, 긍휼이 겨니는 자는 복이 있나니 blessed(are) the merciful ANMP DNMP APPNMS VPPANMP, ὅτι αὐτοἱ ἐλεἡἡσνται 저희가 긍휼이 여김을 받을 것임이요 for they obtain mercy CS NPNMZP VIFPZP

:8 마음이 청결한 자는 복이 있나니, 저희가 하나님을 볼것임이요 -Μακάριοι οἱ καδαροἱ δἡ καρδἱα, 마음이 청결한 자는 복이 있나니, blessed(are) the clean heart ANMP DNMP APNMP DDFS NDFS, ὅτι αὐτοἱ τὁν Θεὁν ὄψονται 저희가 하나님을 볼 것임이요 for they God shall see NPNMZP DAMP NOMS VIFPZP

:9 화평케 하는 자는 복이 있나니, 저희가 하나님의 하들이라 칭함을 받을 것임이요 -Μακάριοι οἱ εἰρηνοποιοἱ, 화평케 하는 자는 복이 있나니, blessed(are) the peacemakers, ANMP DNMP APNMP, ὅτι αὐτοἱ υἱοἱ Θεὁύ κλθἡσοται 저희가 하나님의 아들이라 칭함을 받을 것임이요 for sons of God shall be called NPNMZP DAMP NGMS

VIFPZP

:10 의를 위하여 핍박을 받은 자는 복이 있나니 천국이 저희 것이라 –Μακάριοι οἱ δεδωγμένοι ἕνεκεν δικαίοσύνης, 의를 위하여 핍박을 받은 자는 복이 있나니, blessed(are) the(ones) having been persecuted for the sake righteousness, ANMP DNMP APNMP VPRPNMP PG PG NGFS, ὅτι αὐτῶν ἐστιν ἡ βασιλεία τῶν οὐρανῶν저희가 하나님의 아들이라 칭함을 받을 것임이요 for of them is the kingdom of the heavens CS NP호케 VIPAZS DNPS NNFS DGMP

:11 나를 인하여 너희를 욕하고 핍박하고 거짓으로 너희를 거스려 모든 악한 일을 할 때에는 너희에게 복이 있나니

–Μακάριοι ἐςτε ὅταν ὀνεδίσωσιν ὑμάς καὶ δυώζω σιν καὶ εἴπωσιν παν πονηρόν καΘ ἐμώψευδόμενοι ἐν εκεν ἐμού ,나를 인하여 너희를 욕하고 핍박하고 거짓으로 너희를 거스려 모든 악한 말을 할 때에는 너희에게 복이 있나니, blessed are ye when they reproachyou and persecute and say all evil against you lying for the said of me, ANMP VIPAYP CS VSAAZP NPAYP VSAAZP CC VSAAZP AANS APANS PG NPGYP VPPNMP PG NPGXS

우리말 복이 성경에서 '마카리오이'다. '마카경북 영주 지방의 언어는 '모두' 뜻의 사투리다. 곧 모두 이리오라이다. 주님께 오는 사람들은 영의 사람들이다. 우리 조상들이 전 세계의 반이나 차지하고 살던 말버릇 기적이다.

(1). 상전이相轉移의 향기

하나님이 예수님을 시켜 마카 이리오라 하신 복=마카이리오라의 복은 히브리어로 '벼락'이다. 우리말 벼락부자가 있다. 어머니들이 딸을 향해 '이 벼락 맞을 년'이라 했다. 복 받을 딸이 그 의미다.

물 위에서 흔적을 남긴 바람 향기는 영성의 숨쉬기다. 여호와=יְהוָה여호와의 וָ바는 하나님 아들 예수가 못 박힘을 못=ו바[1]로 하며 급 상전이相轉移 한다. 베=ו베와 요드=י요드손, 하나님이 세상을 이기는 맞불작전 십자가상 예수님! יְהוָה여호와 글자 안에 예수십자가 사건이다. 점화온도로 급 상전이相轉移한다. 하나님은 그의 백성들을 성령의 사람이 되게 하시었다.

봐 이레=ויירא=וַיַּרְא바이레[2] 7회 같은 말씀이 있다.

[* 하나님이 전해주는 말씀 א알레프를 가진 וַיַּרְא, 7회][3]

וַתּוֹצֵא 창 1:12	תַּדְשֵׁא 창 1:11	וַיִּקְרָא 창 1:5	וַיַּרְא 창 1:4	בָּרָא 창 1:1
↓	↓	↓	↓	↓
וַתּוֹצֵא 창 1:24	דֶּשֶׁא 창 1:11	קָרָא 창 1:5	יֵרָא 창 1:10	וַיִּבְרָא 창 1:21
	↓	↓	↓	↓
	דֶּשֶׁא 창 1:12	וַיִּקְרָא 창 1:8	וַיַּרְא 창 1:12	וַיִּבְרָא 창 1:27
		↓	↓	↓
		וַיִּקְרָא 창 1:10	וַיַּרְא 창 1:18	בָּרָא 창 1:27
		↓	↓	↓
		קָרָא 창 1:10	וַיַּרְא 칭 1:21	בָּרָא 칭 1:27
			↓	↓
			וַיַּרְא 창 1:25	בָּרָא 창 2:3
			↓	
			וַיַּרְא 창 1:39	

– 창세기 1장 1– 2장 3절까지

1) 최명애, 『알기 쉬운 성서 히브리어 기초와 그 의미』(서울:쿰란출판사, 2006).

2) וַיַּרְא(바이레아 · 하나님이 감찰, 보시니, 창 1:31).

3) 이영지, 『물의 신학과 물의 시학』(서울:창조문학사, 2017).,293.

그리고 봐라=בָּרָא[바라]1) 봐 이쁘라=וַיִּבְרָא[봐 이쁘라]2) 봐 이거라=וַיִּקְרָא[봐 이거라]3) 하시면서 시인을 초청하신다. 성령의 시인은 배우고 배우는 성서의 현재형 아=א[아]4)로 하신 하나님의 세상을 향한 하나님 맞불 작전에 하나님의 사람들은 향기로운 상전이[相轉移]의 숨 쉬는 시의 쓰기를 한다. 하늘이 쏟아낸 향기를 얻는다. 영을 얻는다.

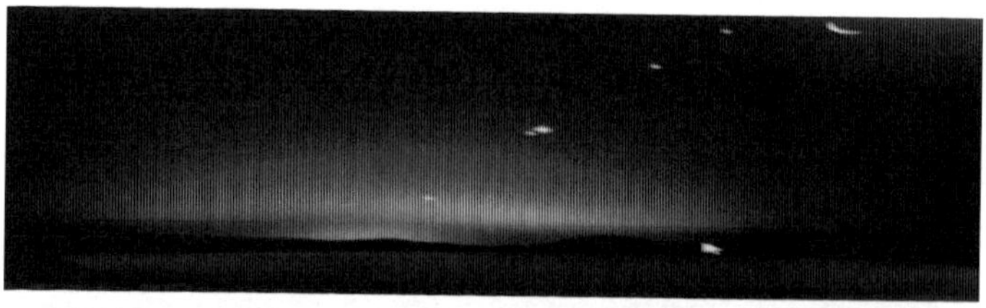

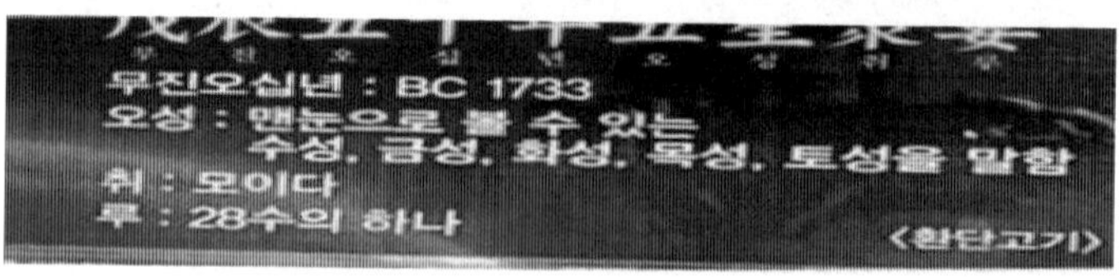

하늘에 오색별 향기 오색향기의 천문 기록 곧 하늘에 찬란한 다섯별 기록[1733]이 있다. 환단고기[桓檀古記] 단군

1) בָּרָא(바라 · 창조 완료) 4회.
2) וַיִּבְרָא(바이쁘라 · 하나님이 창조하시고 계시는) 6회.
3) וַיִּקְרָא(바이크라 · 하나님이 초청) 5회.
4) א(알레프 · 하나님의 법을 알고파 배움).

세기[檀君世記] 무진오십년오성취루[茂辰 五十年五星聚婁]다. 우리 조상들이 남겼다. 나대일과 박창범 천문학박사 공동 논문「ON ASTRONOMICL RECORDS OF DANGUN PERIOD」연구가 있다.

나대일·박창범 천문학박사가 공동 논문

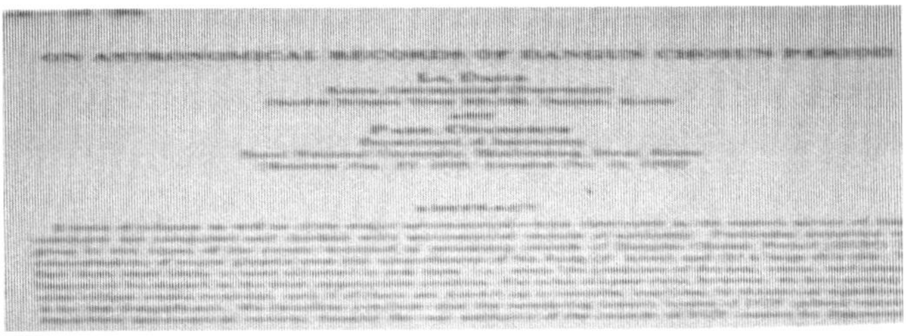

박석재에 의해 스타린나스라는 미국소프트 컴퓨터[1]에서 확인, 하나님이 그의 비밀을 드러내는 아름다운 진리가 있다. 늘 배우고 익혀 하나님 자녀가 또 그 분의 사랑방법을 배우고 다 배우고 또 배워 뜨거운 가슴 점화온도의 경지에 선다. 그리고는 가르치는 스승[2]이 된다. 성서 진리를 전하는 시인의 뜨거운 가슴이 있다.

성서 히브리어 첫 글자 알레프 א[알레프]를 통해 열심히 연습하며 배우는 자의 모습이 있다.

---

1) 박석재, 서울대천문학과학와 석사, 미국텍사스대 오스틴캠퍼스 천문학박사, 한국천문원위원을 거쳐 한국천문연구원책임연구원으로 그리고 다시 한국천문원장울 지냄/ 분류 대한민국의 천문학자, 대전고등학교 동문, 연세대 교수와 숭실대 교수를 거쳐 서울대학교수/1991-1992 한국아마추어천문학회회장, 1999-2005 한국천문학회 책임연구원. 천억을 들여 세계 망원경설치에 1조대의 망원경설치에 가입 2005-2011 한국천문학회회장(위키백과 기록).

2) 한사무엘, '히브리어 무료 강좌 12-'완료시제연습'(인터넷강좌, 히브리대학구약성서학박사 2019.4.27).

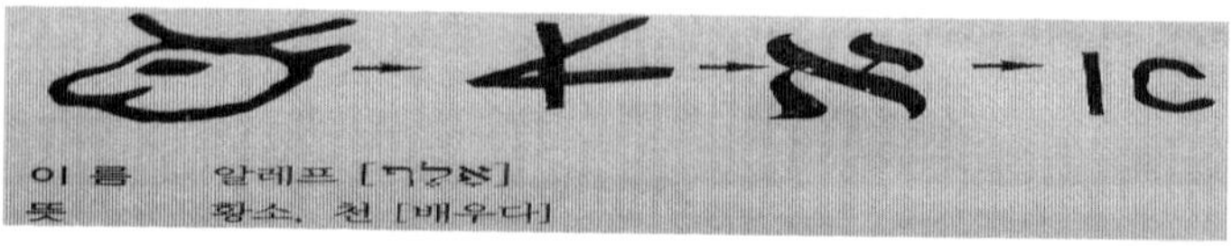

히브리어 23자의 알파벳 자음 중 첫 번째 자음 알레프 אָלֶף[알레프]는 동사로서 배우다 이다. 창조주의 신적인 요소를 배워야 함[1)]이다. 1000 אָלֶף[알레프]는 천 1000으로 신의 뜻 하나님의 자녀로서 배우고 또 배우면 잘 가르친다는 히브리사상을 내포한다.

성서는 성서를 배우는 자에게 그 증거 점화온도가 높아진다. 가열되어 그 분이 베푸는 사랑을 배운다. 사람의 지혜는 끊임없이 하나님을 배우는 자에게 그 영광을 진행형[2)]으로 한다. 성경은 매우 익살스러워서 알레프 א[알레프]를 23회로 나타내서 창세기 2장 3절을 은유화 한다. 성경은 그 글자가 쓰여 진 위치까지 시의 은유로 한다.

물 위에 바람 곧 하나님의 영이 뜬다고 성경은 말하고 있다.

---

1) 최명애, 『알기쉬운 성서 히브리어 기초와 그 의미』(서울:쿰란출판사, 1085)., 64∼66)/ 이민영, 『기초 히브리어』(삶 배움터 성서원어연구원 교육교재)., 64.

2) Alger F. Johns, 『성서아람어 문법:*A Short Grammwa of Biblical Aramaic*』, 김이곤 역(오산:한신 대학교 출판부, 2002), 9.

(2). 하나님 안에서 숨 쉼의 상전이[相轉移]

상전이[相轉移]란 말은 에너지 팽창 현상을 말하는 과학 용어이다. 우리가 육안으로 볼 수 있는 얼음 얼기의 빅벵 현상을 예로 들 수 있다. 얼음 얼기의 시작은 어느 특정부분이 많이 얼거나 적게 얼기 시작하는 과정을 거친다. 얼음녹기애도 마찬가지이다.

인생의 상전이[相轉移] 영성의 숨쉬기는 하나님의 아들 십자가 사건이 יְהוָה[여호와] 글자 안에서 발견되는 일이다. 우리에게도 보이는 점화온도로 급 상전이[相轉移]이다. 사람에게도 향기가 있을 수 있는 향기시학으로 팽창한다. 생애 배움의 생애 상전이[相轉移]는 물위로 걸으라는 명령 따라 움직이는 일이다. 비평정학1)이다.

우리말 그대로의 끄나풀이 성서에 있다. 날개이다. 하늘 향한 그 끄나풀을 놓지 않음이다. 히브리어로 '끄나풀' 날개 펴다 '끄나핌'이다. 우리말 '끄나플'이다.

① 그 날개로[포르세 끄나파임] כְּפַיִם שׂ VQPMPG NFD stretch forth their wings ἐκτε ίνοντες τάς πτέρυγας … 그 날개로 [베카트페헴] בְּכַנְפֵיהֶם with their wing 출 25:20

② 날개가[끄나파임]כְּנָפַיִם NFD wings 사 6:2

③ 날개가 있고[끄나파임]כְּנָפַיִם NFD had wings 겔 1:6

④ 숨기지 아니하시리니[베로-이크네프] יִכָּנֵף וְלֹא
(C.ABN-VNIMZS yet -not be removed into a corner 사 30:20

우리말 끄나풀이 발음그대로 성서에서 날개이다. 이

1) "批評政學의 수립과 그 방법," 조선일보, 1936. 21~22.

끄나풀은 성서에서 쌍수이다. 양쪽 날개다. 균형을 삶의 철칙으로 한 이 온화한 고향 성품 그대로 성서나 우리말 표현 그대로 포르르 날아간다. 날개는 균형을 지킨다. 날개는 하나님이 숨기지 아니하시는 시의 하늘로 폴폴 나른다. 하나님이 이끄는 끄나풀로 시인 날개를 펴고 그 분의 은혜에 따르는 자유로움이 있다.

홍문표「五月의 강가에서」시가 있다.

시 시작이 "오월의 하늘"이다.

①. 오월의 하늘에 강물이 흐른다
②. 오색 빛 초롱으로 치장
③. 태양
…
①. 바람이 불면 언어는
②. 날개를 펴고
③. 五月의 하늘을 나른다

'五月의 하늘에' 강물이 흐른다. 하늘에 흐르는 강물이다. 말미에서도 '오월의 하늘을 나른다' 2회 리듬이 있다. 첫 시작 "오월의 하늘"을 창세기 첫장에서 2장 3절까지를 '오월의 하늘'에 예속시킨다. 시 「5월의 강가」 오월의 하늘은 홍문표 에덴시학 연구 발판[1]인 하늘의 물이고 강이다. 날개이다. 말씀이 오월이 하늘에 펼쳐진다. 오월하늘 오색 빛이다.

1) 이영지, 『홍문표 에덴시학(詩學) 연구』(서울:창조문학사, 2019).

2). 점화온도

(1). 별의 탄생

시인 홍문표의 오월 하늘에 빛이 있다. 하늘에 오색무늬 별이 있다.

흔드는 잎 새마다
쏟아지는 빛깔
구슬처럼 영롱한 5월의 하늘이다
-「대숲에 부는 바람」에서

오색 빛 무지개
그 화려한 하늘가로 치솟는
-「너의 이력서」에서

오색 빛 꽃무늬 해살진다
-「가을 散調」에서

오색무늬 비단길
-「三月의 언덕에 올라」에서

님의 땅은
오색 빛 가을로 이글거리고
-「오세암 입구」에서

무심한 오월의 허공에
인고의 마지막 숨결이 얼룩진다
-「소복」에서

온몸을 살라 절규하던 별들의 꽃비
-「목자의 뜰」에서

하늘도 푸르고
그대의 가슴도 물씬 풋내가 터지는

五月
용광로처럼 뜨거운 마음들이

-「출발의 팡파레」에서

오월은 우리 조상의 하늘을 알리는 전달향기다.

'쏟아지는 빛깔/ 구슬처럼 영롱한 5월「대숲에 부는 바람」
오색 빛/ 그 화려한 하늘가「너의 이력서」
오색 빛 꽃무늬「가을 산조」
오색무늬 비단길「3월의 언덕에 올라」
오월의 빛깔「바닷가에서 Ⅱ」
오색 빛「오세암 입구」
별들의 꽃비「목자의 뜰」

오색 무늬 하늘이 있다.

온통 하늘에 가득한 향기는
죽음처럼 무서운 유혹입니다

-「꽃의 설화」에서

별들을 쏟아 놓은 꽃밭이다

-「言語의 꽃밭에서」에서

오색향기는 천문 기록에 남아 하늘을 우러러 별을 보며 기록한 환단고기桓檀古記 단군세기檀君世紀에 있다.

점화온도라는 어려운 말을 쉽게 성서는 여리고 성 함락으로 보여준다. 이스라엘 백성들이 아무 말도 하지 않고 여리고 성을 6일 동안 한 바퀴씩 매일 돌고 일곱째 날 같은 방식으로 7번 돌고난 직후 제사장들이 양각 나팔 붊을 신호로 일제히 백성들이 함성을 내 지르니까 성벽이 무너져 내린다. 점화 온도수 6:16로다.

양성체 -양자陽子라고도 함- 물량 둘이 +플러스 성질을 가져서 멀리서는 서로들 닥아 오지만 아주 가까운 거리에서는 다시 멀어지게 되는 바로 이때 이 양자 보다 더 강한 핵 전자로 하여 다시 멀어지지 아니하고 핵융합이 될 때의 온도가 점화온도이다. 이 점화온도에 의하여 별이 탄생 이 핵융합을 만드는 온도 섭씨는 천만도= 핵융합[1] 일어나는 온도, 별을 만드는 온도이다.

하늘의 별은 우주 전체에서 5%밖에 안 된다. 나머지는 알 수 없는 진공이다. 이 행운의 별을 시인 시인이 노래할 수 있는 기적을 하나님은 허락하신 홍 시인의 '오월의 강가에서' 시가 있다. 시인은 새벽하늘에 빛나는 오색 빛의 별을 보고 시를 쓴다. 영의 세계가 홍 시인의 시에 나타난다. 신앙과는 관련 없을 것 같은 과학자가 영의 문제를 언급한다. 과학의 대가 박재석 천문학박사의 영성 언급[2]이다.

---

1) 박석재: 「오늘의 역사 9강 원자 에너지를 탄생시킨 양자물리학 별을 빛나게 하는 핵융합, 백조가 된 블랙홀, 물질과 진공, 태초와 종말」(2020. 6. 16. 싱생방송)

2) 우주가 탄생해 약 10억년이 지나는 동안 최초의 천체들이 태어났다. 우주는 대부분 수소와 헬름으로 구성되어 있지만 끊임없이 별의 핵융합 과정에 의해 언젠가는 수소와 헬륨이 고갈된 것이다. 그러면 더 이상 별의 탄생은 일어나지 않을 것이다. 따라서 은하들은, 중성자성 불렉홀 같은 별들의 시체만을 지니게 될 것이다. 앞으로 약 1조년 뒤 일이다. 더 이상의 미래를 언급하는 것이 과연 의미가 있을까 결국 현대우주들도 극한의 시간과 공존에 이르면 과학이라는 어울리지 않는 모습이 돼버린다. 동양에서 사유를 바탕으로 한 우주론과 서양에서 수식으로 얻어낸 우주론이 근본적으로는 영성적 판단에 의존할 수밖에 없는 것이다

- 박재석 「하늘의 역사」에서

(2). 점화온도로 탄생시킨 U리듬

천문학박사 박석재가 말하는 영성의 분야 견해처럼 환단 고기의 오색별은 21세기 오늘날에도 육안으로 볼 수 있다. 그리고 시인의 마음으로도 시인은 하늘의 별을 보며 노래할 수 있다.

우주를 지배하는 것이 핵융합이다. 이 활발하게 일어나는 양성자를 전자하나가 돌고 있다. 이 프러스 성질을 가진 전기량이 같은 헬륨은 양성자 2개를 가진다. 바싹 붙어 원자력 가까이 있을 때 작용 수소원자 핵 즉 양성자 핵 네게가 모이면 헬륨핵이 된다. 같은 양성자가 모였다가 만날 수 없기에 헤어지기 전 높은 온도가 일어남의 현상인 점화온도에 의하여 별이 탄생[1]한다. 프러스 성격을 지닌 양성자가 서로 가까이 닥아 오다가 일정한 거리에서 둘 모두 양성자이므로 헤어지려 하는 순간 이 보다 더 강한 핵 전자 힘에 의해 붙으면서 별이 탄생한다. 이 별이 그 옛날 기록자에 의해 수성 금성 토성 목성 토성이 하늘에 나타난 것을 기록한 환단 고기가 있다. 무진년 오성취루라는 기록1733년 7월 12일이 있다.

성서의 점화온도로 탄생시킨 하늘길이 있다. 영성으로서의 가치는 하늘로 시작하고 하늘로 끝난다.

---

1) 박석재, 천문학박사(대한사랑이사장); 「하늘의 역사 9강 원자에너지를 탄생시킨 양자물리학/ 별을 빛나게 하는 핵융합」(STB 상생방송 2020. 6. 16).

＊ 하늘로 시작하여 하늘로 끝나는 성령의 점화온도 U 리듬

①. 창 1:1~1:31:

그 하늘 הַשָּׁמַיִם하솨마임, 창 1:1~이하 창 생략) ⟶ 그 물 הַמַּיִם하마임, 1:2 ⟶ 그 물 הַמַּיִם하마임, 1:6 ⟶ 물 מַיִם마임, 1:6 ⟶ 좋은 물을 만들기 위하여 לַמַּיִם라마임, 1:6 ⟶ 그 물 הַמַּיִם하마임, 1:7 ⟶ 그 물 הַמַּיִם하마임, 1:7 ⟶ 하늘 שָׁמַיִם솨마임, 18 ⟶ 그 물 הַמַּיִם하마임, 1:9 ⟶ 그 하늘 הַשָּׁמַיִם하솨마임, 1:9 ⟶ 그 물 הַמַּיִם하마임, 1:10 ⟶ 그 하늘 הַשָּׁמַיִם하솨마임, 1:14 ⟶ 그 하늘 הַשָּׁמַיִם하솨마임, 1:15 ⟶ 그 하늘 הַשָּׁמַיִם하솨마임, 1:17 ⟶ 그 물 הַמַּיִם하마임, 1:20 ⟶ 그 하늘 הַשָּׁמַיִם하솨마임, 1:20 ⟶ 그 물 הַמַּיִם하마임, 1:21 ⟶ 그 물 전체 אֶת־הַמַּיִם에트~하마임, 1:22 ⟶ 그 하늘 הַשָּׁמַיִם하솨마임, 1:26 ⟶ 그 하늘 הַשָּׁמַיִם하솨마임, 1:28 ⟶ 그 하늘 הַשָּׁמַיִם하솨마임, 1:30 ⟶

②. 2:1~50:26:

그 하늘 הַשָּׁמַיִם하솨마임, 2:1 ⟶ 그 하늘 הַשָּׁמַיִם하솨마임, 2:4 ⟶ 그리고 그 하늘 וְשָׁמַיִם베솨마임, 2:4 ⟶ 그 하늘 הַשָּׁמַיִם하솨마임, 2:19 ⟶ 그 하늘 הַשָּׁמַיִם하솨마임, 2:20 ⟶ 그 하늘 הַשָּׁמַיִם하솨마임, 6:7 ⟶ 그 물 מַיִם마임, 6:17 ⟶ 그 하늘 הַשָּׁמַיִם하솨마임, 6:17 ⟶ 그 하늘 הַשָּׁמַיִם하솨마임, 7:3 ⟶ 물 מַיִם마임, 7:6 ⟶ 그 하늘 הַשָּׁמַיִם하솨마임, 7:11 ⟶ 그 물 הַמַּיִם하마임, 7:17 ⟶ 그 물 הַמַּיִם하마임, 7:18 ⟶ 그 물 הַמַּיִם하마임, 7:18 ⟶ 그리고 그 물 וְהַמַּיִם베하마임, 7:19 ⟶ 모든 그 하늘 כָּל־הַשָּׁמַיִם콜~하솨마임, 7:19 ⟶ 그 물 הַמַּיִם하마임, 7:20 ⟶ 그 하늘 הַשָּׁמַיִם하솨마임, 7:23 ⟶ 그 물 הַמַּיִם하마임, 7:24 ⟶ 그 물 הַמַּיִם하마임, 8:1 ⟶ 그 하늘 הַשָּׁמַיִם하솨마임, 8:2 ⟶ 그 하늘 הַשָּׁמַיִם하솨마임, 8:2 ⟶ 그 물 הַמַּיִם하마임, 8:3 ⟶ 그 물 הַמַּיִם 8:3 ⟶ 그 물 וְהַמַּיִם베하마임 8:5 ⟶ 그 물 הַמַּיִם하마임 8:7 ⟶ 그 물 הַמַּיִם하마임 8:8 ⟶ 그렇게 때문에 물이다 כִּי־מַיִם키~마임, 8:9 ⟶ 그 물 הַמַּיִם하마임 8:11 ⟶ 그 물 הַמַּיִם하마임 8:13 ⟶ 그 하늘 הַשָּׁמַיִם하솨마임, 9:2 ⟶ 그 물 הַמַּיִם하마임, 9:15 ⟶ 하늘안 בַשָּׁמַיִם바솨마임, 11:4 ⟶ 하늘 שָׁמַיִם솨마임, 14:19, 22 ⟶ 그 하늘 הַשָּׁמַיְמָה하솨마임마, 15:5 ⟶ 그 물 הַמַּיִם하마임, 16:7 ⟶ 물 מַיִם마임, 18:4 ⟶ 그 하늘 הַשָּׁמַיִם하솨마임, 19:24, 21:17 ⟶ 물 מַיִם마임, 21:19 ⟶ 물 מַיִם마임, 21:19 ⟶ 그 물 הַמַּיִם하마임, 21:25 ⟶ 그 하늘 הַשָּׁמַיִם하솨마임, 22:11 ⟶ 그 하늘 הַשָּׁמַיִם하솨마임, 22:15 ⟶ 그 하늘 הַשָּׁמַיִם하솨마임, 22:17, 24:7 ⟶ 그 물 הַמַּיִם하마임, 24:13 ⟶ 물 מַיִם마임, 24:13 ⟶ 물 מַיִם마임, 24:17 ⟶ 또한 물 וּמַיִם우마임, 24:32 ⟶ 그 물 הַמַּיִם하마임, 24:43 ⟶ 물 מַיִם마임, 24:43 ⟶ 그 하늘 הַשָּׁמַיִם하솨마임, 26:4 ⟶ 그 물 הַמַּיִם하마임, 26:18 ⟶ 물 מַיִם마임, 26:19 ⟶ 그 물 הַמַּיִם하마임, 26:20 ⟶ 물 מַיִם마임, 26:32 ⟶ 그 하늘 הַשָּׁמַיִם하솨마임, 27:28, 39, 28:17 ⟶ 그 물 הַמַּיִם하마임, 30:38 ⟶ 물 מַיִם마임, 37:24 ⟶ 물과 같이 כַּמַּיִם카마임, 49:4 ⟶ 하늘 שָׁמַיִם솨아마임, 49:25

(3). 점화온도 사랑온도

①. 창 1:1~1:31:에서 그 하늘 הַשָּׁמַיִם 하솨마임, 창 1:1으로 시작하여 그 하늘 הַשָּׁמַיִם 하솨마임, 1:30 U리듬 ②. 2:1~50:26: 그 하늘 הַשָּׁמַיִם 하솨마임, 2:1U에서 시작하여 그 하늘 הַשָּׁמַיִם 하솨마임, 49:25리듬은 창세기가 전하는 예수스 크리스도스의 자리를 두 개의 하늘 언어 길로 열어놓는다. 창세기 그 가치는 하늘 길을 알려 주기 때문이다.

성서의 진리는 하나님의 자녀가 그 분의 사랑방법을 배우고 더 배우고 또 배워 뜨거운 가슴 점화온도의 경지에 서게 한다. 그 결과는 가르치는 스승이 된[1]다. 성서 진리를 전하는 스승의 뜨거운 가슴이 있다.

אָלֶף 알레프는 천 1000의 의미이며 신의 뜻을 가르친다. 하나님의 자녀로서 배우고 또 배우면 잘 가르친다는 히브리사상을 내포한다. 성서는 성서를 배우는 자에게 그 증거 점화온도로 가는 길을 여러 곳에서 제시한다. 그 중에 그 분이 베푸는 사랑이 우리의 삶에서 끝나지 가지 않았음을 진행형 의미로 제시[2]한다.

---

1) 한사무엘, '히브리어 무료 강좌 12-'완료시제연습'(인터넷강좌, 히브리대학구약성서학박사 2019.4.27.)

2) Alger F. Johns, 『성서아람어 문법:*A Short Grammwa of Biblical Aramaic*』, 김이곤 역(오산:한신 대학교 출판부, 2002), 9.

4. 문학과 신학의 그 2차원적 관계

1). 이차원의 공통성

(1). 사람다움 · 백성다움 · 시인다움

성서는 אָלֶף[알레프 창 1:1~2:3]가 23회 사용된다. אָלֶף[알레프]는 진행형이다. 하나님이 ① 창조완료 봐라בָּרָא[바라] 4회 ② 창조하는 거 봐 이빼라וַיִּבְרָא[바 이빼라] 2회 ③ 지금도 우리를 감찰하고 계시는 봐 이레וַיַּרְא[바 이레] 7회 ④ 초청하시는 봐 이거라וַיִּקְרָא[바이크라] 5회 ⑤ 싹 봐 됐어וַדְּשֵׁא[바 뎄어] 3회 ⑥ 인도 봐 됐제וַתּוֹצֵא[바토제아] 3회 이다. 성서는 거의 모든 문장이 동사 즉 행동어로 시작된다. 그 분의 형상 닮기로 예수 그리스도=ὁ χριστός[호 크리스토스 눅 23:35, 39]까지 움직인다. 행동 진행형이다. 지금도 우리를 사랑하시는 하나님 표시다.

어미형 알레프 א 알레프의 창세기 1:1~2:3까지 진행 메시지의 우리 인생 시간 언약구조약속은 배우고 더 배우고 하며 실행하면 복을 받는 결과에 이른다.

그 분을 닮아 절대가가 지닌 향기의 그림자로 사는 삶은 사람다움 *his kingship*으로 사는 일이다. 이 말이 아카드어1)에서 발견된다. 슈메르어에서 발견된다. 향기

---

1) 엄원식, 『아카드어 문법』(대전:침례신학대학교 출판부, 1997)., 241.

는 자라=צלל =צֶלֶל[자라]1)로 표현된다. 우리말 그대로 자라 이다. 자라는 결과 시인의 향기2)가 된다. 몰입하여 나데다נדיב =נָדִיב[나데]3) 곧 몸부림치며 언어낸 자람 향기시인은 열심히 공부하여 가르치는 역할을 담당한다.

예나 지금이나 남편과 자식들이 잘 되기를 바라는 여인들의 소망표출은 일반 여염집 아낙네를 비롯하여 갖가지 모양으로 기원하고 기도하고 절하는 모습으로 나타난다. 그 모습은 기원하는 삼매경에 돌입하면서 중얼중얼 입을 들썩거리기까지 한다. 기도 즉 기원이다. 그 신비를 전하는 桓檀古記[환단고기]의 天符經[천부경]이 있다. 전해지는 天符經[천부경]은 그 안에 1 一을 11회 반복한다. 기원하는 말은 일어서라 일어나라 격려 형식문이다.

천부경 언어가 지닌 가치는 문명발생지라는 수메르 문화를 전해준 스멜국이 桓檀古記[환단고기]에서 알려진다. 天符經[천부경]은 鹿圖[녹도]4)문자의 원형이다. 지금도 잘 활용하고 있는 윷놀이 형태에서 옛 모습을 찾을 수 있다. 그 증거로 윷판이 있다. 승리를 위한 즐거운 설날에 하는 기원 놀이이다. 윷판이 있다. 천부경과 연계된다. 그림도이다. 天符經[천부경]은 숫자가 나열되어 있고 그 중에서 1을 11회 반복 현대적 표현으로 繪畫詩[천부경회화시]다.

---

1) צֶלֶל(제렐 · 그늘 · 그림자, 욥 40:22, 아 2:17, 렘 6:1).

2) בְּצַלְמוֹ(브잘레모 · P.NMS.MZS, in his own image, 창 1:27):

3) נָדִיב(나디브 · 귀한, 아 6:12 · 귀한 자의, 아 7:2).

4) 邊光賢, 월간 '뉴휴먼 단(丹)'의 2000년 11월호에 기고(2000년 10월 8일)글 인용.

한반도 전역의 고인돌에는 간혹 그 덮개돌이나 앞 마구리 돌, 또는 낮게 박혀있는 문지방돌에서 하나 또는 여러 개의 알구멍[性穴성혈]들이 새겨져 있다. 특이한 현상은 여러 개의 고인돌이 있을 경우 그 중 1 ~ 2개의 덮개돌에서만 알구멍 性穴성혈들이 있다. 유추 가능은 역량을 갖고 있었던 무덤 주인공에게 그 후세들이 도움과 구원을 얻으려는 기원의 한 방법이다. 변광현은 이와 관련 천부경 또한 후세들이 도움과 구원을 얻으려는 기원의 한 방법표시라 했다. 칠곡 신동이나 중남부지방, 즉 沃川천옥천, 漆谷칠곡, 慶州경주 등지에 새겨져 있다. 남해안 가까이의 咸安함안에 이르러서는 알 구멍 주변에 마치 수면의 파문처럼 고리 꼴 무늬가 여러 겹 덧붙여 있다고 변광현은 연구하고 있다. 더구나 알구멍의 원과 그 둘레의 선이 복합된 바위그림=岩刻畵암각화가 있다는 것이다. 그러나 고령 및 경상도 전역과 전라도 일부지방에서는 알구멍이 점차 줄어들고 그 대신 검무늬=劍紋검문나 검자루무늬=劍把紋검파문가 도드라지게 표현[1] 서울 북한산과 안동 등의 고지대 바위에서 윷무늬 柶板紋사판문와 말굽무늬 馬蹄紋마제문이 발견[2]된다.

---

1) 변광현: 『고인돌과 거석문화』., 389 ~ 399. 참조.
변광현의 원시예술 웹페이지 참조
http://myhome.shinbiro.com/~kbyon/petro/kdohang.htm

2) 보통 윷무늬는 평평한 바위 윗면에 새겨져있는데, 매우 작은 크기이거나, 구멍이 깊게 파여져 있어, 실제 윷판으로 사용하기에는 부적당한 것들이다. 그리고 안동 수곡리의 한들 바위에서는 이 윷무늬와 함께 말굽무늬와 활무늬 등 다양한 무늬 들이 새겨져있다. 한국역사민속학회, 『한국의 암각

이러한 우리 조상의 삶에서 현실을 잘 넘어가기 위한 그리고 이웃에게 같이 공유하고자 하는 염원의 가능성은 서로 위로하며 격려하며 삶을 지혜롭게 사는 생활방식이다. 시문을 통하여 전해지는 일상의 격려문으로 통용하는 모형의 천부경은 지금도 전해진다. 기원형식의 연결고리를 통한다. 그것은 알 구멍이나 바위그림이나 모두 경주 석장동 암각화의 다양한 무늬 암각화 유적에서 발견된다. 경주錫丈洞의 금장대 金丈臺금장대 암각화이다. 알구멍이 포함된 검무늬 劍紋검문과 검자루무늬劍把紋 검파문와 그리고 사람 발자국무늬足印紋 족인문와 사슴 발자국 이화문梨花紋에서이다. 고하도古河圖가 녹도문鹿圖文 연결고리 확증은 없지만 태백일사太白逸史 신시본기神市本紀가 남긴 녹도문鹿圖文 기원 암사슴牝鹿우록의 발자국足印설을 유추하게 된다.

암사슴은 빈록牝鹿으로 우록鹿/匕+鹿의 경우 우鹿/匕는 암컷 사슴=鹿록을 말한다. 빈=牝빈은 암컷 소牛우가 의미하는 암컷 빈=牝빈, 빈록=牝鹿우록은 여성강조 즉 사슴=鹿록을 신으로 여기는 여인네다. 신지 혁덕은 여인네들이 만든 어떤 흔적들을 보고 기록할 수 있는 문자를 창안하였다. 그 흔적은 바로 한반도 곳곳에서 발견되는 알구멍과 연결가능성을 유추하게 된다는 것이다.

윷판柶板 사판과 고하도古河圖 고하도와 안동 수곡리 윷 무

화』, 한길사, 1996 참조

늬 암각화 결국 이화문梨花紋으로 나열된 윷판은 간단한 윷판에 부가된 화려한 장식이 있다. 알 구멍들이 선으로 이어지거나, 둥그렇게 늘어서 4등분되는 고리 꼴環形환형이어서다. 이러한 알 구멍의 연결이 점차 각각의 알 구멍에 의미가 부여된다. 고하도古河圖는 이화문이 5겹 다섯 겹 두리 꼴五重同心圓이어서다. 중앙에 5개의 이화문이 십자형으로 놓여있고, 그 둘레에 10개의 이화문이 선으로 연결 원을 만든 바깥에 북 쪽아랫쪽 1개, 남 쪽윗쪽 2개, 동 쪽왼쪽 3개, 서 쪽오른쪽 4개가 선으로 연결, 다시 그 바깥에는 북남동서 방향으로 각각 5개씩 더해진 6, 7, 8, 9개의 이화문들이 늘어있다. 외곽은 원각방형圓角方形, 또는 말 각 방형抹角方形이다. 1부터 10까지의 수로 하나의 겹 두리꼴同心圓 도형이 원래의 하도河圖 고하도古河圖라는 것이다.

전해지는 지금의 자료들이 기원형식의 연결고리로 이어진 것이 천부경이다. 기원형식이다. 전하는 내용은 1을 11회 사용하여 바로 서라! 일어서라!이다. 이 일어서라 메시지가 이상시 오감도 시제 4호에 숨겨져 있다.

녹도문鹿圖文은 녹鹿 사슴 고리로 한 책의 일종 첩帖이다. 숫자 나열이다. 녹도문에서 넷을 하나로 묶어 5라는 의미를 확실히 전해주는 숫자가 있다. 고하도의 그림과의 연결을 가능이다.

(2). 천부경의 일어나라 메시지

一始無始一析三極無	일시무시일척삼극무
盡本天一一地一二人	진본천일일지일이인
一三一積十鉅無櫃化	일삼일적십거무궤화
三天二三地二三人二	삼천이삼지이삼인이
三大三合六生七八九	삼대삼합육생칠팔구
運三四成環五十一妙	운삼사성환오십일묘
衍萬往萬來用變不動	연만왕만래용변부동
本本心本太陽昂明人	본본심본태양앙명인
中天地一一終無終一	중천지일일종무종일[1]

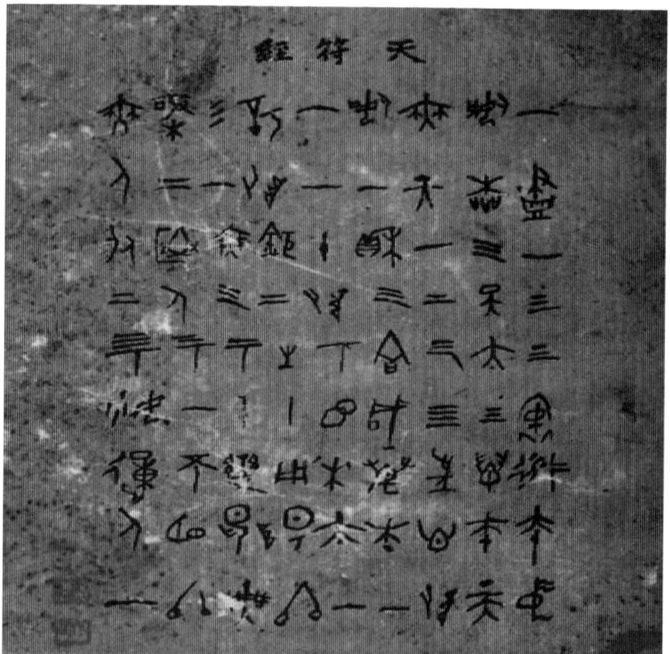

2)

1) 천부경:고려시대 포은 정몽주 옥은 야은 길재와 더불어 오은 吳隱 중에 한 사람인 농은 農隱 유집에서 발견된 천부경이라고 기록되어 있음.

2) 상동.

상고시대의 고문古文에 능통하였던 최고운이 옛 비석에 새겨진 전문篆文을 보고 나름대로 해석한 번역본 가로 세로 9자씩 나열 총 81자이다. 81자 중 31자가 1부터 10까지가 있다 이 중에 1이 11회 반복한다. 수학책[1]이 아니다. 이 메시지는 그 당시 백성들이 모두 일상의 어려움에서 일어서기를 시적 메시지로 전한다. 일어서라 그리고 기운을 내 똑바로 걸어가라!

1을 11회사용하여 숫자로 전하는 메시지는 두 발로 일어서라!로 위로와 용기를 주는 기원문이다. 진가는 숫자로 백성에게 우리 고유의 일어서라 권면하는 몸시학 시다. 1이 11회 반복케 하여 하여 두 발로 굳건히 일어설 것을 권유하는 지침서다.

> 천부경 설은 ①.천부경은 신지 혁덕이 고안하여 녹도문자鹿圖文字로 기록 ②. 자부선생紫府先生이 헌원軒轅에게 주었다는 삼황내문경三皇內文經은 신시神市의 녹서鹿書로 기록 ③. 원동중元董仲이 지은 삼성기三聖記의 주석註釋에서도 고대 문자를 열거하면서 신시神市에 녹서가 있었다[2] 설이다.

녹도鹿圖와 녹서鹿書가 구별된다. 녹도문鹿圖文 천부경은 도圖와 서書의 구분을 명확하게 한다.

---

1) (1) 임승국 번역·주해, 한단고기, 정신세계사, 1987, 232쪽
(2) 변광현, 고인돌과 거석문화, 도서출판 미리내, 2000, 343 ~ 369쪽
원시예술 홈페이지, http://www.AncientArt.pe.kr/studio/chonbu.htm

2) 임승국, 위의 책, 234.

①. 서[書]는 고대의 산법[算法]으로 5 표시를 4개의 줄을 나란하게 긋고 그 중앙에 하나의 긴 줄을 교차하여 하나의 묶음인 5를 표현한 '매듭' 모양이 천부경에 있다. 서[書]는 ②.그어놓은 줄에서 비롯하여 획[劃]이나 필치 서[書]는 글귀 文과 비슷하다. ①.도[圖]는 그 기원이 겹두리꼴=二重同心圓무늬와 ②. 하나의 두리꼴=圓 무늬가 이어진 형상에서 비롯 ③.도[圖]는 동그랗게 그려진 모양의 그림과 도안 등. 그 도[圖]와 서[書] 구분이다.

①. 하도 낙서[河圖洛書1)] 황하에서 용마[龍馬]가 나오면서 등에 나타난 그림[圖]과 하[夏]의 우왕이 홍수를 다스렸을 때에 섬서성[陝西省] 낙수[洛水]에서 나타난 거북이[神龜] 등에 쓰여 져 있었다는 글씨[書]를 말하는데, 그만큼 도[圖]와 서[書]는 처음부터 완전히 구분된다.

②. 이암[李嵒2)]이 지은 단군세기[檀君世紀3)]

천하[天河]에서 거북이[神龜]가 그림도[圖]를 지고 나왔는데, 그 그림이 마치 윷판[柶板]과 비슷하였다.

- 檀君世紀/ 10世檀君 魯乙/ 丙午16년

용마[龍馬]가 천하[天河]에서 나온, 등에는 별무늬[星文]가 있다.

- 檀君世紀/ 36世檀君 買勒/ 辛亥35년[4)]

③. 하도낙서는 용마의 등에서 보이는 그림과 거북이 등에 나타난 글을 말하는데, ④. 단군세기에서는 용마의 등에 나타난 별무늬와 거북이 등에 나타난 윷 무늬라고 구체적으로 말해 준다. 비록

---

1) 복희伏羲 시대에 팔괘八卦와 문자 기원을 알려준다.

2) 행촌杏村 이암李嵒(1297~1364)은 고려 말 공민왕 때 수문하시중 역임. 아우 이교李嶠(?~1361)는 삼성기 하를 쓴 태종의 스승인 원천석(원동중)의 스승, 이암의 손자 이원李原(1368~1430)은 태종의 아들 세종대왕의 스승. [출처] 고려시대 행촌이암의 단군세기|작성자 중심맨

3) 1363년 이암이 단군조선에 관해 저술한 역사서. 연대기는 계연수(桂延壽)의 『환단고기 桓檀古記』에 수록되어 있다. 일찍이 이암은 고려시대 『진역유기 震域遺記』를 저술한 이명(李茗)과 『북부여기 北夫餘記』의 저자 범장(范樟) 등과 더불어 경기도 양주 천보산(天寶山)에 올라갔다가 태소암(太素庵)에서 진기한 고서[古書]를 얻었다고 하는데, 이 때 얻은 고서를 읽고 이 책을 엮은 것으로 추정된다. 이 책은 『태백진훈 太白眞訓』·『농상집요 農桑集要』와 함께 그가 남긴 이른바 '행촌삼서[杏村三書]'의 하나로 꼽힌다. 서(序)에 보면 1363년(공민왕 12) 10월 3일 강화도 해운당(海雲堂)에서 저술된 것으로 되어있다. 1세단군(서기전 2333)부터 47세 단군(서기전 295)까지의 2,000여 년간의 실록을 기록하고 있으며, 북부여 해모수(解慕漱)의 건국(서기전 239) 사실로 이어지도록 되었다.

4) 임승국, 위의 책, 80쪽, 110.

서로의 근거가 다르다고 할지라도 같은 상황을 말하고 있어, 이 둘을 비교하여 그림圖은 윷판과 비슷한 모양이며, 글씨書는 별무늬와 비슷한 모양이라고 변광현은 말한다.[1] 녹도문鹿圖文은 윷 무늬와 비슷한 모양이다. 그림圖옛 윷판놀이는 한민족에게 수 천 년을 넘게 전해지는 가장 친숙한 놀이로서, 윷판柶板과 4개의 막대기인 윷, 그리고 8개의 말馬이 윷놀이 도구의 전부이다. 그런데 이 윷판이라는 것은 4등분되어 있는 원이나 정사각형에서 각각의 선분線分에 동그란 원점圓點 29개가 늘어서 있다. 즉 윷 무늬는 원점과 원점이 서로 선으로 이어진 도형이다.

태백일사太白逸史 신시본기神市本記에 신지 혁덕이 암사슴牝鹿이 뛰어다닌 발자취를 보고 녹도문鹿圖文을 발명하게 되었다고 하였다. 발자국은 다섯 개의 원점이 꽃봉오리처럼 둥그렇게 모여 있는 모양이며, 그러한 발자국들이 이리저리 뛰어다니면서 지표면을 살짝 스치면서 그어진 가느다란 선으로 연결되어 원점과 선이 이어진 형태가 이루어지는 것이다. 더구나 지금처럼 점文點으로 이루어진 하도河圖 이전의 고하도古河圖에서는 점이 아니라 이화문梨花紋, 또는 국화문菊花紋으로 이루어져 있었다. 현재 국립민속박물관에 소장되어 있는 옛 윷판을 보게 되면, 각각의 원점은 이화문이나 여러 문양이 그려져 있고, 그 원점에 놓인 말도 이화문으로 되어있다. 이런 점에서 지금의 윷판에 늘어선 각각의 원점은 원래 여러 개의 원이 모여 있는 이화문이었을 것이다.

또한 태백일사太白逸史 마한세가馬韓世家에서는 윷놀이에 신지 혁덕이 기록한 천부경의 의미가 포함되어 있으며, 더군다나 이 모양으로 환역桓易을 강연하였다고 하였다. 그러니 천부경을 처음으로 기록한 녹도문鹿圖文은 바로 윷판과 매우 비슷한 모양이었으며, 또한 윷판에 나열된 원점은 여러 개의 원이 모여 있는 이화문과 매우 비슷한 모양을 하였으리라 여겨진다고 하였다. 녹도문이 윷판과 비슷한 모양이라고 한다면 최고운이 보고 베꼈다는 비석에 새겨진 전문篆文은 녹도문에서 발전된 형태로서, 점과 선으로 이루어진 글자라고 할 수 있다. 그런데 현재까지 알려진 고대의 문자 가운데 원(○)과 직선(一)으로 조합된 문자는 한반도에서 실제로 사용되는 한글의 기본인 조선시대의 훈민정음訓民正音과 그 원형이라고 할 수 있는 상고시대의 가림토정음加臨土正音이 있으며, 일본과 인도에서도 이와 비슷한 문자들이 발견된다. 일본에서는 한글을 신대문자神

1) 복희伏羲 시대에 팔괘八卦와 문자 기원을 알려준다.

代文字라 하여 제의용으로만 사용되었는데, 대마도對馬島의 복부卜部 아히루阿比留 가문에서 전해지는 아히루阿比留, アヒル 문자는 거의 한글이라고 할 수 있으며, 구주九州의 구가미九鬼 가문에서 전해지는 까스가春日, カスガ 문자는 선보다는 원을 위주로 구성되어 있다.[1] 그리고 인도 남부 구자라트 주에 사용되는 드라비다어Dravidians가 한글과 가장 밀접한 관련을 보여준다. 그런데 한반도 남부지방에서는 이렇게 원과 선으로 이루어진 알구멍性血과 바위그림岩刻畵들이 여러 곳에서 발견되었으며, 일본의 구주九州에서도 발견되었다. ②. 글씨書 별무늬는 다섯 개의 선이 교차하면서 별 모양을 이룬 것을 말하는데, 앞의 것은 동그란 원점圓點과 그 사이의 선의 조합이며, 뒤의 것은 직선의 교차이다. 녹서鹿書는 원점보다 선이 늘어나면서 만들어진 점선이나 괘선卦線, 3효三爻의 형태가 아닐까라고 변광현은 말하고 있다.

천부경天符經은 1에서 10까지 수가 모여 있는 도형이다. 세상의 진리로 좌절하지 말고 일어서기를 희망 권유하는 의미로 1의 수가 11회 반복된다. 몸 시학홍문표학설이다. 이 은유표현은 숫자를 기호로 설명하기 위한 11회로 하여 두 발로 일어서라 안내한다. 지혜=딩행의 진리를 전한다.

최고운이 보고 베꼈다는 옛 비석古碑의 신지神誌 전문篆文은 분명 윷판이나 옛 하도=古河圖와 비슷한 모양이었으며, 그 전대前代의 녹도문鹿圖文이다.[2]

---

1) 시마네현(島根縣)에서 발견된 이즈모(出雲) 문자, 나라현(奈良縣) 동쪽의 이세시 (伊勢市)에서 발견된 이세신궁고자(伊勢神宮古字), 미야자끼현(宮崎縣) 천암호신사(天岩戶神社)에서 발견된 도요쿠니(豊國) 고문자(古文字), 그리고 상까(山窩, サンカ) 문자 등 발견, 이 가운데 일부는 메이지유신(明治維新) 당시에 신대문자의 유행이 일면서 위작 (僞作)된 것으로 보기도 한다.; 김문길, 일본고대문자연구 -신대문자는 우리 한글이다-, 형설출판사, 1992. 일본의 神代文字總攬,
http://www.sannet.ne.jp/userpage/tsuzuki/sinmoji.htm

2) 邊光賢, 월간 '뉴휴먼 단(丹)'의 2000년 11월호에 기고(2000년 10월 8

일부가 아카드어 쐐기문자가 끼어 있고 우리천부경의 자취가 히브리어와도 관련이 있다. 천부경 언어와 아카드어 쐐기문자의 '사람'[1] 우리말 그대로 사람으로 표시된다. 왕을 일컬어 '사람답다'하는 말은 우리방식 언어그대로이다. 이 아카드어와 슈메르 언어[2] 우리말의 같은 언어형식은 역사학자나 언어학자가 아니더라도 본 연구자 행운으로 우리말이 히브리어와 닮았음[3] 연구의 오랜 지속으로 얻어진 행운이다.

한국의. 계절에서 5월은 산야가 파릇하게 그 연하고 싱싱한 향기가 진통하는 때로 환단고기桓檀古記가 전하는 가장 중심자리 사방팔방에서 모여오는 양기 계절 5월은 삼라만상의 파릇파릇 솟아난 향기의 바람 계절이다.

환단고기桓檀古記 책명은 환인桓因 환웅桓雄 단군檀君이고 기록 삼성기三聖記가 있다. 이 이름은 조선왕조 세조실록 수서령收書令에 『고조선비사古朝鮮秘詞』 『대변설大辯說』 『조대기朝代記』 『주기표훈삼성밀기周記表訓三聖密記』 『지공기』 『표훈삼성밀기』 『안함함로원업충삼성기安含老元業仲三聖記』 『도증사량훈道證沙良訓』 『문태산文泰山, 왕거인王居仁, 설

일)글 인용.

1) 엄원식, 『아카드어 문법』(대전:침례신학대학교 출판부, 1997)., 208, 237.

2) 엄원식, 239.

3) 물(마임)의 초월성과 현실성과 회복성에 관한 연구(2008.2 서울기독대학원,국회도서관소장 TD 230-8-320)/ 『물 מַיִם(마임)에 대한 신학과 문학의 비교연구』(서울:창조문학사, 2008)/ 『물의 신학과 문학』(서울:창조문학사, 2013)., 547~732/ 『물의 신학과 물의 시학』(서울:창조문학사, 2017)., 809~1079.

업薜業 등 3인의 기록』 『수찬기소1백여권』 『동천록動天錄』 『마슬록磨虱錄』 『통천록通天錄』 『호중록壺中錄』 『지화록地華錄』 『도선한도참기道詵漢都讖記』 등이 전해진다. 박석재1) 에서 오성五星 화수목금토火水木金土의 오성 기록 무진 오십년 오성취루戊辰五十年五星聚婁 – 『환단고기桓檀古記』 '단군세기檀君世紀' 기록을 알린다.

박재석은 계연수가 BCE 1733년 7월 13일이라고 기록하고 있었음박재석은 컴으로 확인한 결과 1734년 7월 13일을 미국 스타리리나스 마이크로소프트로 확인한다. 씨앗=제라 자루아호 זֶרַע זָרוּעַ제라 자루아호 NMS NMS seed sowing 종자 σπέρμα σπέριμον 레 11:27 씨앗 씨앗이 그 분의 향기로 자라 글로 전해진다.

---

1). 박석재 천문학자 '하늘의 역사 1-9강' 특히 '4강 개천으로 열린 우리의 하늘'과 '9강 원자에너지를 탄생시킨 양자물리학/ 별을 빛나게 하는 핵융합'.

제2절 물의 신학

1. 하나님과 예수님

이크듸스는 곧 예수 크리스트, 하나님의 아들 구세주이다. 인간 물고기를 낚는 청년 예수는 하나님 사랑의 실천 후 물과 피를 다 쏟으시고 십자가에 달리셨다[1]. 사랑의 실천[2]을 한 하나님의 아들[3]이다.

인류의 죄를 사하시려 그의 독생자 아들을 십자가에 희생 제물로 드리는 사랑을 성서는 우리말 아파 히브리어 그대로 אַהֲבָה 아하파 · 사랑[4]이다. 예수님이 십자가에 돌아가시면서 아파한 일은 수치 아파하= ה 아 5 + בָ 파 2 + הֲ 하 5 + א 아 1 = 13 אַהֲבָה 아하파가 증명한다. 사랑의미다. 아가서가 그토록 사랑장이 되는 이유는 여섯째 날에 하나님이 예수님 십자가 사랑을 나타낸 아파[5]이다. 아파 언어는 아가서에서 6회 사용한다. 단 6회로 여섯째 날의 예수님 사랑 과학문예미학을 만든다. 아파하는 사랑 문법아 2:4이 아가서에 있다.

---

1) 막 15:25, 27; 갈 2:20; 요일 5:6, 8.

2) 손원영, Ibid.

3) 민대훈, Ibid.

4) אַהֲבָה(아하파·사랑, 신 10:14; אַהֲבָה 아하바(원형 אַהֲבָה 아하바) :사랑이(.NFS, love, 아 1:10, 3:10) 사랑하므로(.NFS, love, 아 2:5), 사랑하므로 (NFS, of love, 8:6) 사랑은(.NFS, love, 아 8:6), 그 사랑이(.NFS,, was love, 아 2:4)

5) 상동.

אַהֲבָה 아하바 원형 אַהֲבָה 아하바
אַהֲבָה 아하바 그 사랑이 .NFS,, was love, 아 2:4
אַהֲבָה 아하바 사랑하므로.NFS, love, 아 2:5
אַהֲבָה 아하바 사랑이. NFS, love, 아 3:10
אַהֲבָה 아하바 사랑은 NFS, love, 8:6
הָאַהֲבָה 하아하바 네 사랑이 원형 אַהֲבָה 아하바:
내 사랑이 D. NFS, my love, 아 2:7
הָאַהֲבָה 하아하바 사랑하는 자가 (D.NFS, my love, 아 3:5
הָאַהֲבָה 하아하바 이 사랑은 D.NFS, love, 아 8:7
בְּאַהֲבָה 바아하바 사랑과 바꾸려 할지라도
원형 אַהֲבָה 아하바 P.D.NFS, for love, 아 8:7
אֲהֵבוּךָ 아헤부흐 처녀들이 너를 사랑하는구나
원형 אַהֲבָה 아하바:VQACZP.MYS, do-love thee, 아 1:4
אֶת־הָאַהֲבָה 에트 아아하바, 원형 אַהֲבָה 아하바:
사랑하는 자를, D.NFS, my love, 아 8:4
שֶׁאָהֲבָה 쉐아하바 사랑하는 자야
원형 אָהַב 아하브 :사랑하는 자야, R.VQAFZS,
O thou whom - loveth, 아 1:7
שֶׁאָהֲבָה 쉐아하바 사랑하는 자를 R.VQAFZS
him whom - loveth 아 3:1, 2, 3, 4
אַהֲבוּךָ 아하브우하 너를 사랑하는구나
원형 אָהַב :너를 사랑하는구나, VQACZP.MYS
do - love thee, 아 1:3
אַהֲבוּךָ 아하브우하 너를 사랑하는구나
원형 אָהַב :너를 사랑하는구나, VQACZP.MYS
do - love thee, 아 1:4
אַהֲבוּךָ 아하브우하 너를 사랑하는구나
원형 אָהַב :너를 사랑하는구나, VQACZP.MYS
do - love thee, 아 1:3
דּוֹדָהּ 도드흐 그 사랑하는 자, NMS. FZS, her beloved
아 8:5
לְדוֹדִי 레도디 나의 사랑하는 자 위하여
원형 דוד 다윋 P.NMS.CXS, to my beloved
아 4:16, 5:2, 4, 5, 6, 6:2,
.וְדוֹדִי베도디 나의 사랑하는 자는 다윋 C.NMS.CXS
and my beloved is, 아 6:2, 7:11
דודים 도딤 나의 사랑하는 사람들이 원형 דוד 다윋:
NMP, O beloved, 아 5:1,

רַעְיָתִי 라으야티 네 사랑아
원형 רַעְיָה 라아야 NMS.CXS, O my love 아 1:9, 사랑 my love, 아 4:1, 7
רַעְיָתִי 라으야티 네 사랑 원형 רַעְיָה 라아야 NFS.CXS
O my love 아 6:4

이제 13의 히브리어 수치의 비밀이 밝혀진다. 아가서는 다윋의 자손 예수의 사랑을 희생으로 기록한 예수 13대 사랑의 주제로 한다. 솔로몬의 아가서는 다윋의 자손 예수가 아파하는 사랑서다. 미국 성조기는 다윋의 별 13개로 되어 있다. 아가서는 예수와 다윋 그리고 여호와 יְהוָה여호와의 수 값 26 곧 יהוה여호와 수치 ה[5] ו[6] ה[5] י[10]=יהוה=26/2=13 예수님과학문예미학서다.

아가서는 하나님과 예수님과의 부자父子 사랑이야기다. 사랑의 근거는 여호와 수치 26 그 과학문예미학의 반인 13의 사랑의미에서이다. 예수님의 강력한 사랑 메시지는 예수님 족보로 증명된다. 공개된 예수님 족보는 아브라함으로 시작되고 42회째는 그리스도=ὁ χριστός눅 23:35, 39이다. 그 순서가 아브라함 → 다윋까지의 14대로 시작된다. 이 아브라함으로 시작되는 족보는 아브라함의 브라함 글자 숨 쉼 언어이다. 절대자가 말하며 숨을 쉬도록 하셨다. 코에서 숨 쉬는 소리가 들릴거야! 라 하였다. 바로 코에서 나오는 생명소리 숨 쉼 소리가 후하고 들리며 사람은 삶이 시작된 것이다.

여호와 יְהוָה여호와에서 가장 중요시 되는 것은 흐 ה

숨 쉼이다. 숨을 쉬는 글자 흐 ה[헤]가 2회이다. 이 2회 되풀이는 예수 암시다. 언약의 소유자[1] 여호와라는 이름 그 흔적으로의 바람 곧 우리의 생명을 드러내는 그분의 흔적이 여호와 글자에서부터 시작된다.

יְהוָה[여호와] 글자는 원래의 모음자를 뺀 원문 'יהוה[흐]'이다. 숨소리다. 바로 바람 소리이다. 생명소리! 후하고 숨을 내쉬는 바람소리! 사람이 숨을 쉬는 소리! 쉰다는 것은 사람의 생명 문제이다. 이 주제[2]의 여호와 글자 'יהוה[흐]'는 성서학자들이 성서 원문에 모음자를 붙이면서 지금의 'יְהוָה[흐] 야훼'가 되었다.

이 야훼 곧 여호와 숨소리 · 바람소리 · 숨소리 · 살아있음의 흔적은 코로 숨 쉬는 현상이다. 생명의 흔적을 이사야서는 '생명은 코에 있나니 נְשָׁמָה בְּאַפּ[늬사마 베아포][3]"니사 마' 잘 될 거야! 하였다. 절대자가 생명을 세상에 내 놓으면서 생명들을 향해 축복하는 잘 될 거야! 너야 말로 잘 될 거야!

생명이 숨을 쉰다. 코에서 숨 쉬는 소리 여호와הוָה[예호바]! 흐ה[흐] 숨 쉼 וּ[바]봐, 못 흐ה[흐] 숨 쉼 예 יְ[예] 에서이다. 여호와 글자에 있는 바로 ו[베] 글자는 못'[4] 의미다. 이

1) 스멘드(R. Smend, 1970).

2) 성서를 읽다보면 죽이기와 살기의 문제가 계속 반복된다.

3) נְשָׁמָה(느솨마 · 호흡, NFS, breath, 사 2:22) בְּאַפּוֹ(브아포 · 코에 있나니, P.NMS.MZS, in the nostrils, 사 2:22).발음을 니사마라 한다. 우리말에 니사마 잘 살거야같은 말이 있을 수 있다. 바로 사는 일이다. 바로 코로 숨을 쉬기 때문이다.

4) 최명애, 『알기 쉬운 성서 히브리어 기초와 그 의미』(서울:쿰란출판

때 ו베와 י요드와는 십자가상의 예수님을 알린다. יְהוָה여호와 안에 예수십자가 사건이 들어 있다.

문학이론은 먼 나라의 것이 아니다. 현상에서 일어나는 철학이 그 주된 이론의 근거가 되는 것이다. 사람은 숨을 쉰다. 이 숨 쉼의 의미가 그대로 고스란히 드러나는 일은 코와 향기와 여호와가 밀접하다. 하나님 여호와 יְהוָה여호와와 향기 נִיחוֹחַ니호하흐 관계는 숨 쉼 표시 ה헤와 지붕 표시 ח헤트 차이로 구분된다. 여호와의 숨 쉼 ה헤는 하나님으로 하여 숨 쉼 살아있음이 펴져 나가는 외부적인 의미이다. 반면 향기는 ח헤트 차이로 숨 쉼 표시 대신에 지붕 ח헤트가 있어서 텐트 안이다. 안에서 하나님의 일이 역사하는 현재진행형 내음새가 향기이다. 여호와의 일은 외부이고 내부는 코로 맡는 향기이다.

이 내부와 외부의 차이는 유명한 모세와 기름부음이라는 글자에서도 찾아진다. 모세מֹשֶׁה모세는 물에서 건짐 의미다. 반면 기름부음은 마샤מָשַׁח마셔 차이로 기름부음이다. 이 둘의 차이는 외부와 내부로 갈라진다. 전자는 하나님의 숨 쉬게 하여 이어지는 생명체의 모습이다.

예수가 빌라도에 의해 십자가상에서 얻은 이름표가 있다. יֵשׁוּעַ הַנָּצְרִי וּמֶלֶךְ הַיְּהוּדִים예수아으 하나사렉 베멜레크 하예후님이다. 앞 글자만 모으면 יְהוָה여호와다. 이로 여호와의 아들과의 관계는 물과 피를 다 쏟아 내는 일로 반전한다.

사, 2006).

손과 못 자국! 이로 하여 예수 이름표! 이름표는 여호와 글자를 나오게 하고 십자가상에서 이루어진다.

성서에 아주 재미있는 말이 있다. 알았다 여호와יְהוָה
יִרְאַת[알았다 여호와 잠 14:23]이다. 알았다 여호와 누가? 나 여호와가 알았다 하신다. 그래서 그 분은 생명의 샘을 알린다. 생명의 샘 마코르 하임מְקוֹר חַיִּים[메코르 하임 잠 13:27]이 있다. 물이 계속 송송 올라오는 샘이 메코르 하임이다. 물이 계속 송송 올라오는 오는 샘을 성서는 지혜=딩鞹의 샘이라 한다. 이 지혜의 샘은 메코르 하크마 מְקוֹר חָכְמָה[메코르 하크마 잠 18:4]이다.

시의 법칙에서의 중층 리듬이다. 지혜의 샘을 깊은 물이라 한다. 깊은 물 마임 아무킴 מַיִם עֲמֻקִּים[마임 아무킴 18:4]이다. 명철한 사람의 입에서 깊은 물 말씀이 나온다.. 예수님이 물 위를 걸으셨다. 하나님의 신이 물 위에 운행[창 1:2]1)하신다.

①. 하나님의 신은 수면에 운행하시니라(창 1:2)

הַמָּיִם	פְּנֵי	עַל־	מְרַחֶפֶת	אֱלֹהִים	רוּחַ
하마임	페네	-알	미라헤페트	엘로힘	베루아흐
D.NMD	NMP	-NMP	VPPAFS	NMP	C.NFSG
(관명남쌍	명남복	-명남복	피엘동능동여	명남복	접명여단소)

②. 물 가운데 궁창이 있어(창 1:6a)

הַמָּיִם	בְּתוֹךְ	רָקִיעַ	יְהִי
하마임	베토흐	라키아으	예히

---

1) Daniel Delas et Jacques Filliolet, 『*Lingistique et Poètique:* 언어학과 시학』, 유재석, 유재호 옮김 (서울: 인동, 1985), 101.

D.NMD D.NMP NMS VQIMZS
(관.명남쌍 관.명남복 명남단 칼동미남3단)

③. 물과 물로 나뉘게 하리라 (창 1:6b)
לָמָיִם מָיִם בֵּין מַבְדִּיל
라마임 하마임 벤 마쁘딜

D.NMD NMD P P.D.NMS
(관.명남쌍 명남쌍 전 접.관.명남단)

④. 궁창 아래의 물과 궁창 위의 물로 나뉘게 하시매 그대로 되니라(창 1:7)
וַיַּבְדֵּל בֵּין הַמַּיִם אֲשֶׁר מִתַּחַת לָרָקִיעַ וּבֵין הַמַּיִם אֲשֶׁר מֵעַל לָרָקִיעַ
라마임 메알 아쉐르 하마임 우벤 라라키아으 미타하트 아세르 하마임 바야쁘딜
P.D.NMS P.P R D.NMD C.P P.D.NMS P.P R D.NMD P CW.VHIMZS
(접.관.명남단 접.전 관계사관.명남쌍 접.전 접.관.명남단 전.전 관계사 관.명남단 전 바브동미남3단분사)

위의 ①. ②. ③. ④.의 예에서 ①.의 동사 מְרַחֶפֶת[메라헤페트/ 운행하시니라]가 여성형의 피엘능동분사 즉 동사성분을 띈 형용사 이다. 알을 품고 있다. 물에 영이 있다는 말이다. 알이 있다. 이 말은 물 가운데의 하나님의 손 · 예수님의 손이 있어서이다. 손이 움직인다. '물'이 그에게 안겨 있다. 말씀이 있다.

②. 물 중앙에 궁창이다. 하늘 영역이다.

③. 눌을 제시한다.

④. 물 2회 반복리듬이다. 말씀대로 예수님에게서 이루어지는 하나님의 초월성이 있다. 이 땅에서 하늘까지 · 처음과 끝 אֵת[에트], 처음과 끝까지 .....이 있다. 말씀의 자리이다. 물의 이동이 있는 곳에 말씀이 있다. 우리

인생의 처음과 끝까지 말씀이 있다. 물이 있다. 이동되는 이 물은 바람에 의해서, 하나님의 바람으로 서 움직인다. 성서 대부분 동사가 제일 처음 문장에 등장한다.

성서의 물은 윗물과 아랫물이 있다. 물 쌍수는 두 개의 물이다. 문법은 히필능동분사형접두어VHPA이다. 먹을 수 있는 물과 먹을 수 없는 물로 구분한다. 먹을 수 있는 물을 성서는 궁창위로 끌어 올린다.

방법은 하나님의 오른 손이 역사하시어서이다. 우리가 물을 먹을 수 있는 물은 그 분의 오른 손이 움직이어서 하늘로 올려 진 물이다. 여기에 성령의 물이 있다. 성서는 이 성령의 물을 루아흐רוּחַ[루아흐]로 한다. 일명 바람으로 번역되어 진다. 이 영의 물은 그 흔적으로 눈에 보이는 비로 도 표현된다. 하늘에서 은혜의 비가 내린다. 하늘에서 내리는 눈으로도 표현한다. 그리고 바람으로도 표현한다. 이러한 흔적 모두는 성령의 힘이 하늘로부터 오는 일이다. 시적 표현이다. 하늘로부터 오는 일을 성서는 하나님의 신이 수면위에 운행하신다! 했다.

ה[헤] 즉 여호와와 예수의 글자 앞에 놓이는 י[요드]가 숨쉬 ה[헤][1]는 표시로 되는 문법이다. 일어나라이다.

---

1) 한사무엘, 히브리어 무료강좌-15 '페-눈 동사라멧-헤동사. 「라멘(ל)-헤(ה)동사: 칼 완료형」.

1). 여호와 바람

(1). 바람

하나님은 하나님의 일을 모든 사람에게 영 받기를 원하신다.[1] 바람이다. 바람은 천사히 1:7이다. 천사 중 가장 뛰어난 이가 예수히 1:5다. 이 예수의 영을 진영 안에 있는 두 사람에게도 주신다. 향기 바람[2]이 인다. 하나님의 손의 옳으심과 완전을 의미하는 손[3]이 합하여

---

1) 여호와께서 모세에게 이르시되 이스라엘 노인 중에 내가 알기로 백성의 장로와 지도자가 될 만한 자 칠십명을 모아 내게 데리고ㅛ 와 회막에 이르러 거기서 너와 한께 서게하라 내가 강림하여 거기서 너와 말하고 네게 임한 영을 그들에게도 임하게 하리니 그들이 너와 함께 백성의 짐을 담당하고 너 혼자 담당하지 아니하리라 또 백성에게 이르기를 너희의 몸을 거룩히하여 내일 고기 먹기를 기다리라 너희가 울며 이르기를 누가 우리에게 고기를 주어 먹게 하랴 애굽에 있"을 때가 우리에게 좋았다 하는 말이 여호와께 들렸으므로 여호와께서 너희에게 고기를 주어 먹게 하실 것이라 하누나 이틀이나 닷새나 열흘이나 스므날만 먹을 뿐 아니라 냄새도 실어하기까지 한 달 동안 먹게 하시리니 이는 너희가 너희중에 계시는 여호와를 멸시하고 그 앞에서 울며 이르기를 우리가 어찌하여 애굽에서 나왔던가 함이라 하라 모세가 이르되 나와 함께 있는 이 백성의 보행자가 욕심만 명이온데0 주의 말씀이 한 달 동안 고기를 주어 먹게 하겠"다 하시오니 그들을 위하여 양떼와 소떼를 잡은 들 족하오며 바다의 모든 고기를 모은들 족하하오리이까 여호와께서 모세에게 이르시되 여호와의 손이 짧으냐 내가 이제 내 말이 네게 응하는 여부를 보리라 모세가 나가서 여호와의 말씀을 백성에게 알리고 백서으이 잘로 칠십인을 모아 장막에 둘러 세우메0 여호와께서 구름 가운데 강림하시 모세에게 말씀히시고 그에게 임한 영을 칠십장로에게도 임히게 히시니 영이 임하신 떼에 그들이 예언을 하다가 다시는 하지 아니하였더라 그 기명된 자 둘 중 엘딧이라 하는 자와 메닷이라 하는 자 두 사람이 진영에 머물고 장막에 나아가지 아니하였으니 그들에게도 영이 임 하였으므로 진영에서 예언한지라 한 소년이 달려와서 모세에게 전하여 이르되 엘닷과 메닷이 진중에서 예언하나이다 하메 택한 자 중 한 사람 곧 모세를 섬기는 눈의 아들 여호수아가 말하여 이르되 내 주 모세여 그들을 말리소서 모세가 그에게 이르되 네가 나를 두고 시기하느냐 여호와께서 그의 영을 그의 모든 백성에게 주사 다 선지자가 되게 하시기를 원하노라 민 2:23-29.

2) רוּחַ(루아흐 · 향기).

3) י(요드).

져서 된 합성어 곧 힘을 합한 지혜=딩[illegible]1)이다. 여리고 성 곧 달 향기는 여호와께서 좋아하시는 향기2)로 하나님을 만족시키는 향기3)이다. 하나님께 제물 바칠 때 나는 향기바람4)인 여호와=יְהוָה[여호와]5)의 ה[헤]6)의 숨구멍이 있는 삶의 의미이다. 향기 바람=루아흐=רוח=רוּחַ[루아흐]7)는 하나님이 하나님의 백성에게 숨 쉬게 하여 주실 때 나는 향기다. 바람은 천사[히 1:7]이다. 천사 중 가장 뛰어난 이가 예수[히 1:5]다. 바람=루아흐=רוח=רוּחַ[루아흐]8)는 하나님의 신이 수면에 운행하신 곳 하나님이 계심이다. 예수가 숨 쉬는 "이 말씀을 하시고 저희를 향하사 숨을 내쉬며 가라사대 성령을 받으라"[요 20:22]의 숨[ἐνεφύσησεινhe breathed=Λάβετε πνεῦμβ ἅγον Receive Spirit Holy]이다.

여호와 바람은 가장 가깝게 성서의 여호와יְהוָה[여호와] 흐 숨소리 바람 소리 생명소리! 공기 이동이다. 바람은 천사[히 1:7]이다. 천사 중 가장 뛰어난 이가 예수[히 1:5]다. 사람이 숨 쉬는 소리이다. 코로 숨을 들이쉬고 내 쉬는 숨소리 생명의 흔적을 이사야서는 '생명은 코에 있나니 즉 니 사마 배 앞에 נְשָׁמָה בְּאַף [느사마 베아프]9)라 하였다.

---

1) 잠 8:22~31; 욥 28:1~11, 1219, 20~28.
2) רֵיחַ(레아흐 · 향기).
3) רֵיחַ(레아흐 · 향기:창 8:21; 출 29:15; 레 1:9).
4) רוּחַ(루아흐 · 바람).
5) יְהוָה(여호와).
6) ה(헤).
7) רוּחַ(루아흐 · 바람).
8) רוּחַ(루아흐:창 1:2, 창 3:8, 6:17; 출 10:13; 삼상 16:14; 렘 5:13).

너야 말로 너 배 앞이 들락날락하는 숨소리가 있다.

우리들은 바람이라는 말을 잘 쓴다. 무엇을 바라라는 말도 있다. 바람의 ㅁ 미음자를 빼버린 '바라בָּרָא[바라 창조 creater ckd 1:1]가 있다. 무엇을 바라의 바라는 희망사항이다. 하나님의 이 '바라' 문구가 나온 것은 처음의 '베레쉬트בְּרֵאשִׁית[베레시트The first time 창 1:1]에 이어 찾아진다. 맨 처음 바라셨다와 바라의 2회 연속이다. 하나님의 성경 장치는 '베레쉬트בְּרֵאשִׁית[베레시트The first time 창 1:1]를 에레미야 26장과 27장 각기 1절 처음에 2회 사용하신다. 멸망 예고의 예레미야서이지만 그의 백성을 다시 살리시지는 장치를 2회 장치로 알리신다. 이 2회는 예수사건으로 죽을 생명을 숨 쉬기를 바라 살리시는 '물위에 하나님의 영이 운행하신' 구체적인 대책이다. 생명을 위해 영 · 바람 루아흐 רוּחַ[루아흐1)]로 그 분 머리 명령 말씀 따라 생명이 있게 하신다.

세상에는 창조론과 진화론 학설이 있다. 창조론은 성서의 주장이고 후자 진화론은 과학이론에 근거한다. 진화론의 가장 큰 문제점은 창조에 대한 반론이다. 진화론이 지향하는 바로 그 방법은 계속 뒤로 물러가 원인을 찾아내는 바로 생물 아메바까지 간다. 동적이론이

---

9) נְשָׁמָה(느솨마 · 호흡, NFS, breath, 사 2:22) בְּאַפּוֹ(브아포 · 코에 있나니, P.NMS.MZS, in the nostrils, 사 2:22).발음을 니사마라 한다. 우리말에 니사마 잘 살거야같은 말이 있을 수 있다. 바로 사는 일이다. 바로 코로 숨을 쉬기 때문이다.

1) רוּחַ(루아흐/바람 · 영 · 신령, 창 1:2).

다. 움직임! 동적 이론의 최초 근원은 움직임 · 살아있음 · 숨 쉼이다.

절대자의 능력이 외부로 나가 대상을 숨 쉬게 하는 것이 숨 쉼의 물 향기이다. 이와는 달리 내부에서 절대자의 능력으로 기름 부어 짐은 향기이다. 물의 향기가 있다. 물 위에 운행하시는 영은 바람과 향기가 있다. 바람도 향기도 살아 있다. 그 증거는 사람 몸속에 70% 이상 물이 있어서이다. 이 위에 하나님의 영이 있다. 몸속에 있는 물은 살아서 향기를 가진다. 움직인다. 늘 움직이는 물은 향기의 바람을 가진다. 하나님의 사람들은 몸에서 향기난다. 말에서 향기가 난다. 행동에서 향기가 난다. 바람은 천사[히 1:7]이다. 천사 중 가장 뛰어난 이가 예수[히 1:5]가 있어서이다.

향기가 남과 향기가 나지 않음의 차이가 있다. 움직이는 동적 향기의 존재이거나 그렇지 않음이다. 성서의 화두는 생명문제이다. 이 생명문제는 영 · 바람 루아흐 רוּחַ[루아흐][1]가 담당한다. 이 생명문제는 ①.냄새 וַיָּרִיחֻן[예리훈] 기본형이 רוּחַ[루아흐]와 관련된다. 곧 향기로운 냄새를 맡을 수 있어야 한다. ②.생명과 필수적인 관련은 물이다. 물이 글자를 바로 세워놓으면 말이 된다. 말, 말씀이 생명을 살린다. 그 분의 말씀에 따르는 일이다. 글자 그대로 본다면 그 분 머리 안에 들어감 곧 그 분의

---

1) רוּחַ(루아흐/바람 · 영 · 신령, 창 1:2).

명령을 따르는 일이다.

그 분은 물 위에 운행하신다. 물이 움직이지 않으면 향기가 나지 않는다. 바람의 냄새는 바람 원리에 의해 갈 데까지 곧 끝까지 가서야 멈춘다. 곧 어디에 닿는다. 바람이 닿았다תַּחַת타아트[1]. 바람이 밑에 닿앟다מִתַּחַת미테타하트;[2]. 이 바람을 가진 물이 닿아서[3] 전하는 말이 있다. 패라해 פֶּרַח파라하[4]! 전한다. 명령사역이다. 명령 준행치 않으면 망해버리라 명한다.

바람은 명령을 수행한다. 바람은 '...라고' 대상에서 전한다. 우리말 그대로 '...라고' 로고 영의 영역을 전하는 로고스 바이블[5] 말하'…라고' 전하는 자 앞에 그 분의 흔적 파동은 관찰자에 의해 입자 모양[6]을 가진다.

바람은 바람이 '…라고' 들려오는 소리 바람 파동 바람 타고, 시인 사역 바람 '…라고' 흔적을 시로 사역한다. 절대자의 파동은 처음부터 하나님이 바라셨다בְּרֵאשִׁית베레쉬트·최초에, The first time, 창 1:1 렘 26:1. 바람은 천사히 1:7이다. 천사 중 가장 뛰어난 이가 예수히 1:5가 알린다..

---

1) תַּחַת(타하트 · 산 아래, υπό, under 출 24:4, 32:19; 렘 3:6), (대신에 ἀτι instead of 창 4:25, 22:13, 30:15,; 출 21:16; 레 14:42; 삼하 19:13),

2) מִתַּחַת(미타하트 · 아래, ἦν υπυκάτω, were under 창 1:7) מִתַּחַת(미타하트 · 하, υπυκάτω, from under, 창 1:17).

3) תַּחַת(타하트 · 산 아래, υπό, under 출 24:4, 32:19; 렘 3:6),

4) פֶּרַח(페라흐 · 꽃, 화초, 번성, פִּרְחָיה, 뭉 his flower, και τα κρίνα 출 26:31,

5) 분해대조 로고스 성서 · The NIV LOGOS BIBLE The New Testament(서울:로고스, 1992).

6) 홍문표, '양자역학과 은유적 상상력', 「은유의 시학 23-은유와 상상」 홍문표문예창작강좌, 부여: 부여읍사무소, 2023. 6.16, 참조.

(2). 숨 쉼

바라 בָרָא[바라·창조, cleate, 창 1:1] '바라'셔서 천지를 창조하셨다. 그래서 어둠위에 신의 바람 파동이 있다. 사람의 위대함은 신의 바람 소리를 들을 때이다. 절대자 신은 사람을 구원하기 때문이다. 움직이는 사람이 되게 하신 것이다. 시인은 다른 사람을 구원하는 말씀 시로 시인은 사역 '…' 마음의 움직임 곧 힘을 다하고 정성을 다하는 사람에게 "내가 반드시 너를 복주고 복주며 너를 번성케 하고 번성케 하리라"[히브리서 6:14])라고 전하는 사역! 시를 읽는 이들로 하여금 '…라고' 전하여 그 시를 접하는 이에게 마음의 위로와 평안과 절망 넘어 구원의 힘 그 움직임을 전한다.

사람과 관련하면 사람은 숨 쉼 덩어리다. '여호와יְהוָה[여호와]'와 '에흐예אֶהְיֶה[에흐예]'에 숨 쉼 표시가 있다. 동적 이동이 있다. 넘어질 때마다 일어나 살아라! 하시며 감싸 보호하시는 분 손 모양 י[요드]는 글자문장에서 흔 히 볼 수 있는 따옴표이다. 따옴표 ""는 여호와의 말씀 표시인 동시에 예수님의 표시이다. 그 분의 손이 나를 양쪽에서 보호하시어 살아 있다.

①. יְהוָה[여호와] לַיהוָה[라여호와] 창 4:3 8:20
②. אֶהְיֶה[에흐예]
③. יִהְיֶה[에흐예]·הָיָה동사의 VQIMZS3인칭 남성단수,
he shall be, εσται, 그를 여기라, 레 1:8,)

אֲנִי יְהוָה 아니 여호와 · 나는 여호와니라 the ἐγώ LORD레 18:2, 4, 5, 6, 21, 19:2, 3, 10, 12, 14, 16, 19, 25, 28, 30, 32, 33, 34, 36, 20:7, 8, 24, 26, 22:9, 16, 30, 31, 32 등

나는 스스로 있는 자 · 에흐예, אֶהְיֶה 에흐예 · 나는 생명이 있게 하는 자[1)]

예흐예, יִהְיֶה 이흐예·הָיָה(하야 동사의 VQIMZS3인칭 남성단수, hath, he shall be, εσται, 그를 여기라, 레 21:8, 17, is 레위기 21:19

왜 이토록 한 결 같이 숨 쉼 표시 ה 헤가 성경에 가득할까? 이 답은 사람의 살아있음과 죽음 문제이기 때문이다. 사실 성서에서 여호와 יְהוָה 여호와가 7000번이나 거의 장장마다 가득히 여호와 글자가 가득하다. 또 내가 여호와라 אֲנִי יְהוָה 아니 여호와 ·나는 여호와니라도 가득히 얹히며 우리의 갈 길을 인도한다.

우리의 갈길 인도는 특히 두 번 2회 리듬이 특징이다. 모두 두 개의 숨 쉼 ה 헤 자리 매김 ①. ②. ③. 위치가 같다. 동시에 두 개의 숨 쉼 ה 헤 2회이다. 일차적으로 여호와 יְהוָה 여호와의 ה 헤는 창안 · 바깥을 넓나 들게 문이 열려 있다. 그리고 여호와는 이 창 · 숨 쉼 표시에 ו 연결 · 못 의미로 하여 예수님의 손과 못이 연결된다. 십자가 사건을 알린다. 이 분으로 하여 다시 숨 쉴 수 있도록 잇는 ו 바브 못이 יְהוָה 혀호와의 ו 바브 연결 · 못이다.

두 번째 ②. אֶהְיֶה 에흐예와 ③. יִהְיֶה 예으예의 공통점 역시 두

---

1) יה + אֶהְיֶה:Wilelm Rudolph, Hosea, Kommentar zun Alten Testament(Gütersloher:Verlargshaus Gerd Nohn, 1966), 54:호세아는 יְהוָה(여호와) 대신 אֶהְיֶה(에흐예)를 사용하였다. 이 학설은, 김이곤, "고난신학 맥락에서 본 여호와 신명 이해,"『구약성서 성서의 고난신학』,『한국신학논집』 11(천안:한국신학 연구소, 1989), 55-83 참조.

번의 숨 쉼 ה הְ 표시가 있다. ②. אֶהְיֶה에흐예 역시 에 אֶ에와 역시 두 번의 숨 쉼 ה הְ 표시가 있다. ③. יִהְיֶה예흐예의 역시 두 번의 숨 쉼 ה흐 הְ혜다. 이 차이는 יִ예와 אֶ에 차이이다. ②. אֶהְיֶה에흐예 '나는 스스로 있는 자'이다. ③. יִהְיֶה이흐예의 두 번의 손 표시로 한 동사 הָיָה하야 현재형활동상황이다. 따라서 '나는 스스로 있는 자'와 그의 아들 그리고 여호와의 아드님의 손이 못 박힘의 십자가 사건으로 하여 문법 현재형이 알리는 지금도 우리들 속 죄 사건의 현장주소에 있다. 우리들의 숨 쉼 표시가 있다. 두 번씩 반복된다. 이 두 번의 반복도 모자라 현재진행형의 문법이 제시하는 י예 바로 하나님의 손과 그 분의 아드님이 일하심의 표시이다. 성서의 문장의 단어 첫머리에 놓이어 현재진행형을 제시한다. 성서는 이 י예가 단어 앞에 접두어로 놓여 지금도 전능자의 일하심을 보인다. 그 분 아들 자리 곧 예수의 자리다. 생명이 존재하게 됨을 손 י요드로 표시 낱말들 처음에 놓아 그 분이 지금도 우리를 위해 기도하며 활동하고 계심을 알린다. 세상 바다 파도가 일고 바람이 잦은 날에 "나는 여호와니라" 아니 여호와יְהוָה אֲנִי아니 여호와라 하신다. 그 분이 보호자가 되어 우리들의 숨 쉬도록 해 주신다.

ה흐 · 숨 쉼는 '보다 · 창 · 숨 쉼'표시이다. 그래서 여호와 손이 그리고 예수님의 손이 우리 앞에서 일하고 계심을 현재진행형으로 한다. 확실한 증거 여호와יְהוָה여

호와의 ו[바브 · and]이다. 예수님의 못 자국 손을 지시한다. 그럼으로써 여호와יְהוָה[여호와]의 전능자 아드님 예수와 여호와와의 긴밀성이다.

하나님과 아드 עַד[아드]1)님의 관계가 성서에 있다. "이스라엘아 들으라 우리 하나님 여호와는 오직 하나인 여호와시니"2)에서 '들으라 שְׁמַע[쉐마아]'의 끝 자 '아 ע[아]'와 문장 끝 자 '에하드 אֶחָד[에하드]'의 'ד[드]'가 합쳐진 아드 עַד[아드]3) 증거 아드님 아들4) 증거5) 아드 עַד[아드]6)이다.

이 아들은 '여호와 ה ו ה י[여호와]= 5 + 6 + 5 + 10=26의 반 13에서도 드러난다. 여호와의 글자의 수치 26의 반은 13이다. 성서에서의 יְהוָה[여호와] 이름은 모세의 떨기나무 아래 모세의 맨발 사건 때 알리신다. 여호와는 네 신을 벗으라 한다. 아브라함 때에는 전능자 엘 샤다이로 알려 주었지만 490년이 지나서야 모세에 너에게 알려 준다 하시면서 야훼 יְהוָה[여호와] 여호와 스스로 있는 자 에흐예 אֶהְיֶה[에흐예]7)라 하셨다.

---

1) עַד(아드).

2) אֶחָד | יְהוָה אֱלֹהֵינוּ יְהוָה יִשְׂרָאֵל שְׁמַע(쉐마아 이스라엘 엘로헤이누 여호와 | 에하드, 신 6:4).

3) עַד(아드).

4) הָעֵדֻת(하에두트 · 증거) -עַד(아드 · 증거).

5) הָעֵדֻת(하에두트 · 증거, 출 26:34, 27:21, 30:6, 26, 36, 31:7, 39:35, 40:5; 레 24:3; 민 7:89.

6) -עַד(아드 · 증거).

7) יה + אֶהְיֶה:Wilelm Rudolph, Hosea, Kommentar zun Alten Testament(Gütersloher:Verlargshaus Gerd Nohn, 1966), 54:호세아는 יְהוָה(여호와) 대신 אֶהְיֶה(에흐예)를 사용하였다. 이 학설은, 김이곤, "고난신학 맥락에서 본 여호와 신명 이해," 『구약성서 성서의 고난신학』, 『한국신학논집』 11(천안:한국신학 연구소, 1989), 55-83 참조.

십자가를 진 예수의 이름표에서 יְהוָה 여호와가 밝혀진다. 유대왕 나사렛 예수 יֵשֻׁעַ הַנָּצְרִי וּמֶלֶךְ הַיְּהוּדִים 예수아으 하 나자렛 베멜라흐 하예후딤라고 그의 몸 앞에 써 붙여진 단어의 앞 글자만을 모으면 여호와 יְהוָה 여호와다. 하나님과 예수 곧 여호와와 예수의 친밀성이 드러난 예이다. 예수와 여호와의 이름 긴밀성은 하나님의 사랑하시는 아드 עַד 아드[1]님이다. "이스라엘아 들으라 우리 하나님 여호와는 오직 하나인 여호와시니"[2]에서 들으라의 끝자 쉐마아의 아 ע 아와 문장 끝 자 에하드 ד 드를 한데 모아진 아드님이다. 예수님 자리는 41대이고 14대 14대 14대에서 하나 앞선 13 자리 예수의 족보 41회째[3]자리이다.

왜 14대 14대 14대로 하느냐 하는 문제는 다윋의 이름 דָּוִד 다윋의 수치는 4+6+4=14에서 찾아진다. 다윋의 자손 예수라 성서는 말하고 있다. דָּוִד 다윋의 수치 4 דָּ 다 + 6 וִ 윗 + 4 ד 드 = 14이다. 이 음가에서 보면 다윗이 아니라 다윋이다. 다윋의 수치가 14이다. 예수님 족보는 족보 14대 ~ 다시 14대 ~ 다시 14대의 그리스도=ὁ χριστός 눅 23:35, 39 자리로 이어진다. 이 세상에서의 예수 그리스도=ὁ χριστός 눅 23:35, 39 14; 마 1:17[4]대이다.

---

1) עַד(아드).

2) שְׁמַע יִשְׂרָאֵל יְהוָה אֱלֹהֵינוּ יְהוָה | אֶחָד(쉐마아 이스라엘 엘로헤이누 여호와 | 에하드, 신 6:4).

3) ..לְ(라메드 · ..을 위하여, 창 1:1-2:3)는 41회의 반복리듬에서이다. 예수님의 족보는 41회째(마 1:16)이다.

4) 야곱은 마리아의 남편 요셉을 낳았으니 마리아에게서 그리스도라 칭하는 예수가 나시니라(마 1:16). 그런즉 모든 대 수가 아브라함부터 다윋까

예수 증거1) 하나님의 아들2) 아드 עַד아드3)이다. 여호와 ה ו ה י여호와= 5 + 6 + 5 + 10=26의 하나님 고유의 수치의 반이 되는 아들의 수치 13 수數치다. 이 13은 히브리어 사랑 אַהֲבָה아하바 · 사랑 수치 134)이다. 수치가 13=ה5 בָ2 הֲ5 א1이다. 미국국기 성조기에 나타나는 다윗의 별도 13 · 13 · 13 숫자다.

예수자리는 13대째이고 그리스도는 14대이다.

[* 신약 기록의 예수님 족보(아브라함 → 다윗까지 14대)]

①. 믿음의 조상 Αβραάμ:אַבְרָהָם(아브라함
창 17:5; 출 3:6, 마 1:2)
②. 아브라함 아들, 웃음, 이삭 Ισαάκ:יִצְחָק(이쯔하크
창 17:19, 마 1:2)
③. 이삭 아들, 발꿈치, 반석, 야곱 Ἰακώβ:יַעֲקֹב(야코프
창 25:26; 마 1:2)
④. 야곱아들, 실존 소망, 유다 Ἰούδας:יְהוּדָה(예후다
창 29:35 ; 마 1:2)
⑤ 유다아들, 떠오름, 베레스 φάρες:פֶּרֶץ(페레쯔
창 38:29; 마 1:3)
⑥ 르우벤아들, 뜰, 마당, 헤스론 Ἑσρώμ:חֶצְרוֹן(헤쯔론
창 46:9; 마 1:3)
⑦ 헤스론아들, 높음, 람 Ἀράμ:רָם(람
대상 2:9; 마 1:4)

지 열 네 대요 다윗부터 바벨론으로 이거할 때까지 열 네 대요 바벨론으로 이러한 후부터 그리스도까지 열 네 대러라(마 1:17)

1) הָעֵדֻת(하에두트 · 증거, 출 26:34, 27:21, 30:6, 26, 36, 31:7, 39:35, 40:5; 레 24:3; 민 7:89.

2) הָעֵדֻת(하에두트 · 증거) -עַד(아드 · 증거).

3) -עַד(아드 · 증거).

4) וּמַה- נָּעַמְתְּ אַהֲבָה(움마-나으마트 아하바 · 사랑아 어찌 그리 화창한지, 아 7:7).

⑧ 람아들, 자원 백성, 아미나답 Ἀμινδάβ:עַמִּינָדָב(아미나다브
대상 2:10, 마 1:4)
⑨ 아미나다브아들, 경험으로 배운, 나손 Ναασσών:נַחְשׁוֹן(나흐숀
민 1:7; 마 1:4)
⑩ 나숀아들, 옷 입음, 살몬 Σαλμών:שַׂלְמוֹן(쌀몬
룻 4:20; 마 1:4)
⑪ 살몬아들, 기둥, 보아스 Βόες:בֹּעַז(보아즈,
룻 4:21; 마 1:5)
⑫ 보아즈아들, 섬기는 것, 오벳 Ὠβήδ:עוֹבֵד(오베드
룻 4:17; 마 1:5)
⑬ 오베드아들, 다윋의 아버지,이새 Ἰεσσαί:יִשַׁי(이솨이
룻 4:17, 마 1:5)
⑭ 이새아들, 끓는 가슴, 다스리다, 다윋 Δαυίδ:דָּוִד
다비드, 룻 4:20; 마 1:6

- 아브라함에서 다윋까지 14대(마 1:2-1:6)

아브라함 ⇢ 다윋까지의 14대까지이다. 다음은 다시 이어지는 성서에서의 14대까지이다.

[* 신약 기록의 예수님 족보(솔로몬 ⇢ 여고냐까지 14대)]

①. 다윋아들, 평화로운, 솔로몬 Σολομῶνα:שְׁלֹמֹה(쉐로모
삼하 5:14,마 1:6)
②. 솔로몬아들, 백성의 넓힘, 르호보암 Ῥοβοάμ:רְחַבְעָם(레하브암,
왕상 11:23; 마 1:7)
③. 르호보암아들, 실존 소망 양육 아비야 Ἀβιά:אֲבִיָּה(아비야
삼상, 8:2; 마 1:7)
④. 아비야아들 아들, 치료, 아사 Ἀσάφ:אָסָא(아싸
마 1:8)
⑤ 아사아들, 판결자, 여호사밧 Ἰωσαφάτ:יְהוֹשָׁפָט(예호솨파트
삼하 8: 16; 마 1:8)
⑥ 여호사밧아들, 여호와가 높임, 요람 Ἰωράμ:יְהוֹרָם(예호람
왕하 8:16, 마 1:8)

⑦ 요람아들, יְהוָה 위엄, 웃시야 Ὀζίαν:עֻזִּיָּה(우지야
대상 6:24, 마 1:8)
⑧ 웃시아아들, 여호와는 완전하심, 요담 Ἰωαθάμ:יוֹתָם(요탐
삿 9:5, 마 1:9)
⑨ 요담아들, 기업, 아하스 Ἀχάζ881:אָחָז(아하즈
왕하 15:38, 마 1:9)
⑩ 아하스아들, 여호와로 강해짐, 히스기야 Ἑζεκίαν:חִזְקִיָּה(히즈키야
왕하 16:20, 마 1:9)
⑪ 히스기야아들, 망각, 므낫세 Μανασσῆς:מְנַשֶּׁה(메나쉐
창 48:1, 마 1:10)
⑫ 므낫세아들, 확고한, 아몬 Ἀμών:אָמוֹן(아몬
왕상 22:26, 대상 4:14, 마 1:10)
⑬ 아몬아들, 여호와기초 두심, 요시아 Ἰωςίας:יֹאשִׁיָּה(요시야, 왕상 13:2, 마 1:11)
⑭ 여호와께서 세우심, 여고냐 Ἰεχονίαν :יְכָנְיָה(예콘야, 마 1:11)
\- 솔로몬에서 여고냐까지(마 1:6-1:11)

* 14대로 이어지는 일은 예수님의 족보 설명이다.

[* 신약 기록의 예수님 족보(스알디엘 → 그리스도=ὁ χριστός 눅 23:35, 39까지 14대)]

①. 여고냐아들, 간구, 스알디엘 Σαλαθιήλ:שְׁאַלְתִּיאֵל(쉐알티엘
대상 3:17; 학 1:1; 마 1:12)
②. 스알디엘아들, 혼합황폐, 스룹바벨Ζοροβαβέλ:זְרֻבָּבֶל 제루바벨
학 1:1; 슥 4:6; 마 1:12)
③. 스룹바벨아들, 양육으로영광, 아비훗Ἀβιούδ10:אֲחִיהוּד(아히후드
대상 8:3, 마 1:13)
④. 아비훗아들, 일어남의 전능자, 엘리야김 Ἐλιακίμ:אֶלְיָקִים(엘야킴
왕하 18:18, 마 1:13)
⑤ 엘리야김아들, 도움, 아소르 Ἀζώρ:עַזּוּר(아주르
겔 11:1, 마 1:13)
⑥ 아소르아들, 의로움, 사독 Σαδώκ:צָדוֹק(짜도크
삼하 8:17; 대상 6:8; 마 1:14)
⑦ 사독아들, 실존을 소망하여 일어섬, 아킴 Ἀχίμ:יוֹקִים(요킴

왕하 23:34; 렘 37:1; 단 1:1; 대상 4:22; 12:10 · 사독, 마 1:14)

⑧ 아킴아들, 위엄 전능자, 엘리웃 Ἐλιούδ:אֱלִיהוּ(엘리훗 민 23:18; 마 1:14)

⑨ 엘리훗아들, 하나님 돕는 자, 엘르아살 Ἐλεάζαρ:אֶלְעָזָר(엘아자르 출 6:23; 레위 10:6; 마 1:15)

⑩ 엘르아살아들, 선물, 맛단 ΜατΘάν:מַתָּן(마탄 왕하 11:18; 대하 23:17; 마 1:15)

⑪ 맛단아들, 발꿈치, 야곱 Ἰακώβ:יַעֲקֹב(야아코브 창 25:26, 36; 대상 3:24; 마 1:15)

⑫ 야곱아들, 더하고 더하다, 요셉 Ἰωσήφ:יוֹסֵף(야싸프 창 30:24; 욥 42:10; 마 1:16)

⑬ 요셉아들, 여호와가 구원하심, 예수 Ἰησοῦς:יְהוֹשֻׁעַ(예호슈아 출 17:9; 출 33:11; 슥 3:1; 마 1:16)

⑭ 그리스도=ὁ χριστός 눅 23:35, 39 ! Χριστοῦ 창 31:13; 삼상 15:1; 왕상 19:16; 레 4:3; 왕상 2:10; 단 9:25; 마 1:17)(마 :12-1:17)

- 바벨론이거에서 그리스도=ὁ χριστός 눅 23:35, 39까지 (제사장 사독/ 스알디알에서 그리스도=ὁ χριστός 눅 23:35, 39까지)

성서가 제시하는 14대 14대 14대의 숨겨진 비밀은 바로 다윗의 히브리어 다윗 דָּוִד^다윗의 수리 4+6+4=14에서 다윗의 자손 예수여 디엔에이를 성립시킨다.

다윗의 자손 예수 족벌에서 예수 자리는 13대이다. 다윗의 별은 미국의 성조기에서 다윗의 별이 13개로 되어 있다. 예수의 자리 13대의 예수자리가 13대 자리는 여호와 יְהוָה^여호와 의 수값이 26인데 이 반 13자리대가 예수님 자리이다. 수치 ה^{5} ו^{6} ה^{5} י^{10}(10)=26이다. 이 26은 13의 2배이다. 곧 하나님과 아드님의 관계가 2배의 관계임을 드러낸다. 이 13은 하나님과 예수님이 궁극적으로 지향하는 인간 사랑의 사랑메시지이다. 이 사랑 수값이 13이다. 인류의 죄를 사하시려 그의 독생자 아들을 십자가에 희생 제물로 드리는 사랑을 성서는 ה בָאֲהֵ아하파 · 사랑[1)]로 한다. 이 수치가 13숫자이다. 그런데 문제가 있다. 수 값 ה아 5 + בָ파 2 + הֵ하 5 + א아 1[2)] 13이다. אֲהֵבָה아하파 · 사랑, 아 2:4, 7, 3:10; 아 2:4 사랑이다. 예수님이 십자가에 돌아가시면서 아파하고 절규하시었다. 하나님이 아파하시었다. 사랑 원어 אֲהַב아하브이다. ב브 2 + הַ하 5 + א아 1=8이다. 바로 ב브 2 ה하 5 א아 1=8이다.

이 8은 부함과 새로 시작함의 마방진 수다.

9 X 9+7=88
98 X 9+6=888
987 X 9+5=8888
9876 X 9+4=88888
98765 X 9+3=888888
987654 X 9+2=8888888
9876543 X 9+1=88888888
98765432 X 9+0=888888888

하나님의 수학[3)]은 8에서두 명백하다. 창세기 1:1절 수치 들과 맞게 하나님 법의 수가 동일하게 전해진다.

---

1) אֲהֵבָה(아하파 · 사랑, 신 10:14;아 2:4, 7, 3:10; 아 2:4).

2) אֲהֵבָה(아하파 · 사랑, 신 10:14;아 2:4, 7, 3:10; 아 2:4).

3) Don Kistler, 『하나님의 수학: *The Arithmetic of God*』, 서휘웅 옮김 (서울:섬광문화사, 1992), 67-69.

하나님=אֱלֹהִים엘로힘 수치 1+30+5+10+40=86

그리고=-וְאֵת엘베에트 수치 6+1+400=407

하늘=הַשָּׁמַיִם엘하솨마임 수치 5+300+40+10+40=395

=888[1])의 8 수이다.

888은 신약시대의 그리스어의

예수 ζ(10) + η(8) + σ(200) + ο(70) + υ(400) + ς (200)=888이다.

예수 사랑 신학은 8 '부합' 마방진 수가 이를 뒷받침한다. 이 세상의 진리는 특히 하나님의 진리는 이 세상의 모든 분야를 통해 그 뜻의 흔적을 남긴다. 그리고 성서가 그 일점일획이라고 변경 될 수 없음을 공고하듯이 그 이유가 히브리어 숫자가 지닌 마방진 미학으로 하여 그 의미의 뜻이 글자 일획 일점이라도 변경될 때는 온전히 전달 될 수 없는 이유가 된다.

1) Vernon Jenkins MSc, *Technical Journal 1993 The Ultimate Assertion Evidence of Supernatural Disign in the Divine Prologue*
(CEN Tech. J., vol. 7(2), 1993, pp. 184- 196: *The Ultimate Assertion*להם.ברא.בראשת והארץ הארץ. ואת. השמם. את. א. *Evidence of Supernatural Design in the Divine Prologue.* VERNON ... by some divine superglue, is a structure of pure number.
'태초에-בְּרֵאשִׁית(2+200+1+300+10+400=913)'+'하나님이-אֱלֹהִים(1+30+5+10+40=86)' =999 '창조하시니라- בָּרָא(1+200+2=203) + 그리고-אֵת(1+400=401)+'하늘-הַשָּׁמַיִם(5+300+40+10+40=395)=999''하나님이-אֱלֹהִים(1+30+5+10+40=86)' + 땅 הָאָרֶץ(5+1+200+90=296) + '하늘-הַשָּׁמַיִם(5+300+40+10+40=395)= 777'

2). 일어나! 인나!

(1). 일어나! 인나!

어려움과 절망의 고통에서 일어나! 일어나! 사투리로 인나! 말씀이 살아 인나! 우리말 일=日=싫(동국정운)= 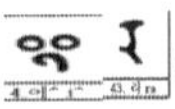(실담어)[1]어나이다 오로지 힘 내 은나 ȅna(하나)[2] 일어나 일어나라!

성경에 인나라는 표현이 있다.

> 예수께서 자기를 나타[인나 · ïva]내지 말라(막 3:12)
> 열둘을 세우[인나 · ïva]셨으니(막 3:14)

이 '…야 인나' 일어나 움직이라! 용기와 희망과 기쁨을 주는 시인의 시 사역이 있다. 부모가 그의 자녀들을 보고 어서 인나! 밥 먹어야지! 학교가야지! 공부해야지! 말씀이 살아 있는 사역을 한다. 우리는 인나! 소리를 들으며 일어나 일을 한다. 시인에게는 시인의 위대함

---

1) 

2) 스테반 원어성서 上(서울:원어성서원 · 2000. · 627 · 레 8:26; 민 29:2; 5 · 8(2) · 10 · 16 · 19 · 20 · 22 · 25 · 28 · 31 · 34 · 36(2) · 38 · · .

바람 사역이 있다. 인나 ἵνα[1] 손잡아 일어나! 그 분 아드님은 38년 된 앉은뱅이더러 일어나 걸어라! 흔나![2] 인나! 일어나!

하나!도 은나 êna라 헬러어 성서는 기록한다. 숫자로 1! 일(一)이다. 우리말의 위대함은 여기에 있다. 정확한 일어나 명령 위치는 -1에서부터 1까지이다. 일으켜 세우는 일이다.

산스크리트어에 우리 인나 일어나 일나 표현이 있다.

1) 인나 · ἵνα, 마 9:6, 26:41:GREEK~ENGLISH NEW TESTAMENT(1971, 21).

2) ग ga घ gha न na ङ ṅa ञ ña ण ṇa ड ḍa द da ध dha ढ ḍha र ra ल la ऋ ṛ · r̥ ॠ ṝ · r म ma व va ब ba भ bha स sa ष ṣa श śa ऌ 4 अ a आ ā इ i ई ī उ u ऊ ū य ya ḷ · l ॡ ḹ · ḹ ए e · ē ऐ ai ओ o औ au ज ja झ jha च ca छ cha क ka ख kha ट ṭa ठ ṭha त ta थ tha प pa फ pha ह ha.

(2). 일나! 인나! 옘메!

우리 민족의 발자취나 남아 있는 산스크리트어다. 우리 엄마 아빠들은 아이들을 아침부터 깨우기 바쁘시다. 일나! 인나!라 외치신다. 어머니들은 아이들이 무엇을 잘 못 만지면 옘메 했다. 그리고 잘 못 걸어 갈까봐 부모님들은 아이들에게 늘 옘매로 지시해주었다. 양쪽에 하나님의 옳은 손이 두 개 있어 늘 삶을 어떻게 살아라! 고 일러 주면 낙망하다가도 일어나 잘 살아간다. 하나님의 말씀이 우리를 감싸고 있다. 물이 사람을 감싸고 있어 일어나 걸어간 인생길이다.

절망에서 일어나서라며 일어나! 인나![1] 일 1[2]어나! 일어나서[3] 일어서 arise! 일=슲[일어나라의 고어]어나! 은나 ȅna[4]! 예를 들 수 있다. 일 그리고 은나 이어서 등은 태양 해를 말한다. 한국에서 쓰이고 한자 날자의 일[日]이다. 우리민족은 하늘과 땅이 힘을 합하여지게 일어 '섰다' '스따'[5].

사람의 생애는 물로 둘러 싸여 있다. 사람 생애를 향

---

1) êna 스테반 원어성서 上(서울:원어성서원 · 2000억. · 627 · 레위기 5:7,

2) 온 땅에 구음이 하나 ëv(은나)이요 언어가 하나ëv(은나)이었더라(창 11:1);
http:· blog.daum.net · paulsong · 15863203 ·

3) 산스크리트어와 한민족사투리 부로그:
http://www.blog.daum.net · paulsong · 15863203.

4) 스테반 원어성서 上(서울:원어성서원 · 2000. · 627 · 레 8:26; 민 29:2; 5 · 8(2) · 10 · 16 · 19 · 20 · 22 · 25 · 28 · 31 · 34 · 36(2) · 38 · · .

5) 강상원, 『東國正韻 실담어 註釋』(서울:明倫學術院 · 2018), 97.

해 성경이나 천부경에서는 일어나! 인나! 한다. 하나님은 그의 양쪽에 하나님 손으로 물을 일으켜 세우며 일어나라 한다. 사람생애에서 늘 듣는 말이다. 사람생애 글자는 다음과 같다.

> יְמֵי(옘메/생애)1) · 나실 인의 삶 יְמֵי(옘메/생애)2) · 사는 날 생애 יְמֵי3)(옘메/생애) · 캄캄한 생애 יְמֵי(옘메/캄캄한 생애)4) · 남은 날 יְמֵי(옘메/남은 날의 생애)5) · 날 יְמֵי(옘메/기울어지는 날의 생애)6)

성서 원문 옘메 יְמֵי옘메/생애7)이다. 물 양쪽에서 하나님 손이 지키고 있다. 이 사람의 몸은 70%나 물이다.

하나님의 손의 옳으심과 완전을 의미하는 손8)이 합하여져서 된 합성어 곧 힘을 합한 지혜9)이다. 여리고 성 곧 달 향기는 여호와께서 좋아하시는 향기10)로 하나님을 만족시키는 향기11)이다. 하나님께 제물 바칠 때 나는 향기바람12)인 여호와=יְהוָה13)의 ה헤14)의 숨구멍 삶

1) יְמֵי(옘메/생애), 민 6:5).
2) יְמֵי(옘메/생애, 민 6:13).
3) 삼하 19:34; 욥 17:1, 11; 시 102:11, 15, 119:84; 전 6:3.
4) יְמֵי(옘메/캄캄한 생애, 전 11:8).
5) יְמֵי(옘메/남은 날의 생애, 시 119:84).
6) יְמֵי(옘메/기울어지는 날의 생애, 왕상 2:1).
7) יְמֵי(옘메/생애, 신 4:9).
8) י(요드).
9) 잠 8:22~31; 욥 28:1~11, 1219, 20~28.
10) רֵיחַ(레아흐 · 향기).
11) רֵיחַ(레아흐 · 향기:창 8:21; 출 29:15; 레 1:9).
12) רוּחַ(루아흐 · 바람).

의 의미이다. 향기 바람=루아흐=רוח=רוּחַ루아흐[1]는 하나님이 하나님의 백성에게 숨 쉬게 하여 주실 때 나는 향기다. 바람=루아흐=רוח=רוּחַ루아흐[2]는 하나님의 신이 수면에 운행하신 곳 하나님이 계심으로서이다. 예수가 숨 쉬는 "이 말씀을 하시고 저희를 향하사 숨을 내쉬며 가라사대 성령을 받으라"요 20:22 이 때의 숨 ἐνεφύσησεινhe breathed=Λάβετε πνεῦμβ ἅγον Receive Spirit Holy이다. 바람 여호와 바람은 가장 가깝게 성서의 여호와יְהוָה여호와 흐 숨소리 바람 소리 생명소리! 공기 이동으로 들리는 사람이 숨을 쉬는 소리이다.

코로 숨을 들이쉬고 내 쉬는 숨소리 생명의 흔적을 이사야서는 '생명은 코에 있나니 즉 니 사마 배 앞에 פּ בְּאַ נְשָׁמָה 느사마 ㅂ아포[3] 너의 배 앞이 들락날락하는 숨소리 형태를 볼 수 있다고 성서는 말하고 있다. '니사 마' 잘 될 거야! 축복하시며 그 분의 허락 절대자가 생명을 세상에 내 놓으시면서 생명들을 향해 축복하시며 잘 될 거야! 이 축복을 받으며 지금 우리는 살고 있다. 관념어 바람과 사물어 바람 사이에서 절대자의 바람이

---

13) יְהוָה(여호와).

14) ה(헤).

1) רוח(루아흐 · 바람).

2) רוּחַ(루아흐:창 1:2, 창 3:8, 6:17; 출 10:13; 삼상 16:14; 렘 5:13).

3) נְשָׁמָה(느솨마 · 호흡, NFS, breath, 사 2:22) בְּאַפּוֹ(브아포 · 코에 있나니, P.NMS.MZS, in the nostrils, 사 2:22).발음을 니사마라 한다. 우리말에 니사마 잘 살거야같은 말이 있을 수 있다. 바로 사는 일이다. 바로 코로 숨을 쉬기 때문이다.

그 모습을 구체화 하며 드러낸다. 방황하고 무너지는 이들에게 강권하는 바람사역이다. 성서의 2회 리듬은유는 예수님의 자리이다. 신인 절대자의 영역 바람을 잇는 구체성이다. 영성의 영역이다. 2중 은유 시이다.

2회의 반복리듬 시사는 성서리듬이다. 창세기 1장에서 하늘과 땅으로 시작되며 두 개의 물로 구체화하고 처음과 끝을 알리는 2회, אֵת에트 · 사람과 주님[1] · 주님과 하나님 · 전쟁 신학의 세겜 언약갱신[2] · 사사 기드온의 두 번의 이슬[3] · 드보라 노래[4]와 모세의 노래 · 여리고 전쟁[5]때 6일과 7일째의 두 번의 흐름 · 사사기 5장에서 2회 리듬 상하구조 · 드보라와 바락 바람이다.

구체성을 지닌 사사기 5장에서의 2회 리듬이 있다.

삿:5	원문	발음	의미	글자의미	회수	순
3절	לַיהוָה	라여호와	그를 위하여	숨쉬려고	2	1
3절	אָנֹכִי	아노히	나	배움 영원히	2	2
4절	נָטְפוּ	나트푸	dropped	지혜입술	2	3
5절	מִפְּנֵי	미프네	앞에서	입술의 은혜	2	54

1) אַתָּה(아타 · 주는).

2) 창 24:15-16장.

3) ①. 보소서 내가 양털 한 뭉치를 타작마당에 두리니 이슬이 양털에만 있고 사면 땅은 마르면 주께서 이미 말씀하심 같이 내 손으로 이스라엘을 구원하실 줄 내가 알겠나이다 하였더니(삿 6:37).

②. 그대로 된지라 이튿날 기드온이 일찌기 일어나서 양털을 취하여 이슬을 짜니 물이 그릇에 가득하더라(삿 6:38).

③. 기드온이 또 하나님께 여짜오되 주여 내게 진노하지 마옵소서 내가 이번만 말하리이다 구하옵나니 나로 다시 한번 양털로 시험하게 하소서 양털만 마르고 사면 땅에는 다 이슬이 있게 하옵소서(삿 6:39).

④. 이 밤에 하나님이 그대로 행하시니 곧 양털만 마르고 사면 땅에는 다 이슬이 있었더라(삿 6:40)

4) 삿 4, 5장.

5) 수 6.

5절	יְהוָה	여호와	하나님	숨쉬게 하는 분	2	6
6절	אֳרָחוֹת	아라호트	대로	머리가 인식하는	2	7
7절	בְּיִשְׂרָאֵל	이스라엘	이스라엘	속죄하심	2	8
10	-עַל	-알	-에	-번제	2	9
11	צִדְקֹת	지드코트	의	향기로움	2	10
12	עוּרִי	우리	일어나라	하나님 눈 안에	2	11
13	-יְרַד	-예라드	강림	하나님가슴이 옴	2	12
19	מַלְכֵים	믈라킴	열왕들	가나안 왕들	2	13
19	נִלְחֲמוּ	니르하무	싸움	전쟁(가나안)	2	14
20	נִלְחֲמוּ	니르하무	싸움	전쟁(이스라엘)	2	15
21	נַחַל(	나할	강	유업	2	16
21	קִידוֹשְׁן	기손	강	옛강	2	17
22	דַּהֲרוֹת	다하로트	달리다	가슴을 내밀었다	2	18
23	לְעֶזְרַת	라즈라트	돕다	와주었다(안도움)	2	19
23	יְהוָה	여호와	여호와	하나님(안도움)	2	20
24	תְּבֹרַךְ	트보라크	복을 받다	하나님 일 하다	2	21
24	מִנָּשִׁים	미나쉼	다른여인들	여자	2	22
27	כָּרַע	카라	구부러지다	굽다	3	23
27	נָפַל	나팔	엎어지다	떨어지다	3	24
28	בְּעַד	브아드	으로, 에서	보이는	2	25
28	מַדּוּעַ	마두아	어찌하여 왜	가슴에 들어오는	2	26
30	שָׁלָל	솰랄	노략물	부서지고(2회)	4	27
30	צְבָעִים	즈바임	채색옷	눈에 드는 향기	3	28
30	לְקָמָה	리크마	처녀	갖고 싶은	2	29

* 사사기 5:1-31까지의 리듬

바람 성령 2회[1]는 상하 리듬[2]으로 아주 강력하게 명령자와 명령을 전하는 사역 2회 바람 리듬[3]이다. 더구나 같은 언어 2회 · 여호와 여호와[4] · 매일매일[5] ·

1) אָנֹכִי לַיהוָה אָנֹכִי אָשִׁירָה אֲזַמֵּר לַיהוָה 아노히 라여호와 아노히 아시라 아자메르 하여호와 · 니 곧 내가 여호와를 노래할 것이요 이스라엘의 하나님 여호와를 찬송하리로다, 삿 5:3.

2) צִדְקֹת יְהוָה צִדְקֹת(지드코트 여호와 지드코트 · 여호와의 의로운 일을 의로우신 일을 창술하라, 삿 5:11.

3) צִדְקוֹת יְהוָה צִדְקֹת(짓드곳 여호와 짓드곳 · 의로우신 일을 여호와의 의로우신 일을 창술하라, 삿 5:11).

4) יְהוָה יְהוָה(여호와 여호와, 출 33:6).

5) יוֹם יוֹם(욤욤 · 매일 매일, 시 61:9, 68:20).

여섯 여섯[1] · 일곱 일곱[2] · 둘 둘[3] · 기는 것 기는 것[4] ···· 치겠고 ···· 치겠고[5] · 모셔 모셔[6] · 모세 반석 두 번 침· 가난한자 가난한 자[7]가 있다. 이 둘의 강조는 십계명 두 돌 판 · 저주와 축복 2회 리듬[8] 저주와 축복[9] · 첫째 돌판 1 – 35장 · 둘째 돌판 36 – 66장[10] 예수님 나이 33세의 2회 리듬이다.

---

1) שֵׁשׁ(쉐스 · 여섯, 대하 1:3; 아 5:12).

2) שִׁבְעָה שִׁבְעָה(쉬브아 쉬브아 · 일곱씩, 창 7:2, 3).

3) שְׁנַיִם שְׁנַיִם(쉐나임 쉐나임 · 둘 씩, 창 7:9).

4) וּבְכָל־הַשֶּׁרֶץ הַשֹּׁרֵץ(베콜–하쉐레쯔 하쉐레쯔 · 기는 것과, 창 7:21).

5) יָדוֹ בַכֹּל וְיַד כֹּל בּוֹ(야도 바콜 베요드 콜 보 · 그 손이 모든 사람을 치겠고 모든 사람의 손이 그를 치겠고, 창 16:12).

6) מֹשֶׁה מֹשֶׁה(모쉐 모쉐, 출 3:4).

7) 신명기 15장과 24장.

8) 신명기 11장.

9) 신명기 28장.

10) * 첫째 돌판:죄와 사랑(1장) ⋯→ 메시야 통치(2장) ⋯→ 질서 무너짐(3장) ⋯→ 남은 자 회복(4장) ⋯→ 포도원 노래(5장) ⋯→ 소망(6장) ⋯→ 임마누엘 표적(7장) ⋯→ 마할살랄하스바스(8장) ⋯→ 메시야 탄생예고(9장) ⋯→ 앗수르의 교만(10장) ⋯→ 메시야 왕국(11장) ⋯→ 감사노래(12장) ⋯→ 심판:바벨론(13장), 앗수르(14장) ⋯→ 모압애가, 심판(15장) ⋯→ 심판(16장) ⋯→ 사마리아(17장) · 구스(18) · 에굽(19장) – 바벨론(20장) · 애돔(21장), 살렘(22장), 두로(23장), 우주적(24장) ⋯→ 새 왕국 찬양(25장 ⋯→ 새 왕국에서(26장⋯→ 새 왕국에서 백성들(27장 ⋯→ 화:에브라임에 임할(28장 · 아리엘에 임할(29장 ⋯→ 친 에굽 정책(30장 ⋯→ 에굽을 의지하지 말라(31장 ⋯→ 메시야 왕 출현(32장 ⋯→ 화:앗수르에 임할(33장, 열방에 임할(34장 ⋯→ 메시야 왕국(35장

* 둘째 돌판:산헤립 침입(36장 · 죽음(37장 ⋯→ 히스기야 죽음(38장 · 실수(39장 ⋯→ 위로말씀(40장 ⋯→ 고레스 왕(41장 ⋯→ 나의 종(42장 ⋯→ 너는 내 것이라(43장 ⋯→ 유일신(44장, 45장 ⋯→ 바벨론 심판:종교(46장 · 정치(47장 ⋯→ 풀무불 사랑(48장 ⋯→ 종의 임무(49장 ⋯→ 종의 순종 · 학자의 혀, 수염(50장 ⋯→ 아브라함부부 위로(51장 ⋯→ 좋은 구원 선포(52장 ⋯→ 고난장(53장 ⋯→ 장막터 · 회복약속(54장 ⋯→ 초대 · 나와 너의 생각(55장 ⋯→ 만민 기도(56장 ⋯→ 우상:음욕(57장 ⋯→ 안식일 · 물댄 동산 · 금식기도(58장 ⋯→ 이스라엘의 죄(59장 ⋯→ 빛을 발하라(60장 ⋯→ 구원소식:가난한자 · 상한 자 · 포로 된 자(61장 ⋯→ 신혼의 기쁨(62장 ⋯→ 삼위일체 하나님(63장 ⋯→토기장이 간구(64장 ⋯→ 기쁨 · 목표:새 하늘과 새 땅(65장.

2. 성경의 수리

성경은 항상 우리들에게 예수님을 이해시키려 한다. 여호와의 히브리어 숫자 합이 26이고 여호와 수치 26의 반 13이 예수자리다. 사랑 의미이다. 별자리도 13이다. 성경에서의 숫자 의미는 비유 아니고는 말씀하시지 않으신 예수님의 많은 비유에 해당된다.

편의상 10까지만 제시한다.

א(1 알레프, 황소 천 시작과 배움, 음가 아)
ב(2 베트, 집, 창조주 사역 장소., 음가 ㅂ)
ג(3 기멜, 낙타, 보답, 진리 사역, 음가 ㄱ)
ד(4 달레트, 문, 종속, 매달림, 장막 문 통과, 음가 ㄷ)
ה(5 헤, 숨구멍, 호흡, 실존, 공기 구멍, 음가 약한 ㅎ)
ו(6 바브, 갈고리, 고리, 연결, 음가 ㅂ 영어의 v)
ז(7 자인, 무기, 연장, 진리 무기, 생산, 음가 ㅈ 영어의 z)
ח(8 헤트, 울타리, 보호, 음가 ㅎ-g와 ㅋ의 중간)
ט(9 테트, 뱀, 지혜, 옳고 옳지 않음의 구별, 음가 t)
י(10 요드, 하나님 손, 능력. 음가 모음 이)[1)]

창세기에서 바로 첫째 날 곧 한 날의 '한' 에하드-דחא(1+8+4=13)이다. 거룩한 연합 의미 '에하드'가 히브리어 13수치이다. 예수와 관련 족보 13수의 14대 14대 그리고 13대 예수님 자리는 42대 크리스도 앞자리 13대

1) VTMMYS:『스테판 원어 성서:The Stephen Korean Text of the Hebrew Old Testament Published by Institute of Biblical Languages』, 서울:원어성서원, 2000. 7., 히브리어 알파벳; 최명애,『알기 쉬운 성서 히브리어 기초와 그 의미』, 서울:쿰란출판사, 2005.

의 족보자리이다. 41회째[1]의 예수 족보자리는 아브라함에서 그리스도=ὁ χριστός[2]까지 총 42대인데 41회는 예수님 자리다. 아브라함 ⇢ 다윗까지 14대[3]로 시작 14대[4] 다음의 * 13대 예수님 자리의 리듬이다.

---

1) ..ל(라메드 · ..을 위하여, 창 1:1-2:3)는 41회의 반복리듬에서이다. 예수님의 족보는 41회째(마 1:16)이다.

2) 야곱은 마리아의 남편 요셉을 낳았으니 마리아에게서 그리스도라 칭하는 예수가 나시니라(마 1:16). 그런즉 모든 대 수가 아브라함부터 다윗까지 열 네 대요 다윗부터 바벨론으로 이거할 때까지 열 네 대요 바벨론으로 이러한 후부터 그리스도까지 열 네 대러라(마 1:17)

3) [* 신약 기록의 예수님 족보(아브라함 ⇢ 다윗까지 14대)]
①. 믿음의 조상 Αβραάμ:אַבְרָהָם(아브라함, 창 17:5; 출 3:6, 마 1:2)
②. 아브라함아들, 웃음, 이삭 Ισαάκ:יִצְחָק(이쯔하크, 창 17:19, 마 1:2)
③. 이삭아들, 발꿈치, 반석, 야곱 Ἰακώβ:יַעֲקֹב(야코프, 창 25:26; 마 1:2)
④. 야곱아들, 실존 소망, 유다 Ἰούδας:יְהוּדָה(예후다, 창 29:35 ; 마 1:2)
⑤ 유다아들, 떠오름, 베레스 φάρες:פֶּרֶץ(페레쯔, 창 38:29; 마 1:3)
⑥ 르우벤아들, 뜰, 마당, 헤스론 Ἐσρώμ:חֶצְרוֹן(헤쯔론, 창 46:9; 마 1:3)
⑦ 헤스론아들, 높음, 람 Ἀράμ:רָם(람, 대상 2:9; 마 1:4)
⑧ 람아들, 자원 백성, 아미나답 Ἀμιναδάβ:עַמִּינָדָב(아미나다브, 대상 2:10, 마 1:4)
⑨ 아미나다브아들, 경험으로 배운, 나손 Ναασσών:נַחְשׁוֹן(나흐손, 민 1:7; 마 1:4)
⑩ 나손아들, 옷 입음, 살몬 Σαλμών:שַׂלְמוֹן(쌀몬, 룻 4:20; 마 1:4)
⑪ 살몬아들, 기둥, 보아스 Βόες:בֹּעַז(보아즈, 룻 4:21; 마 1:5)
⑫ 보아즈아들, 섬기는 것, 오벳 Ὠβήδ:עוֹבֵד(오베드, 룻 4:17; 마 1:5)
⑬ 오베드아들, 다윗의 아버지,이새 Ἰεσσαί:יִשַׁי(이솨이, 룻 4:17, 마 1:5)
⑭ 이새아들, 끓는 가슴, 다스리다, 다윗 Δαυίδ:דָּוִד(다비드, 룻 4:20; 마 1:6
- 아브라함에서 다윗까지 14대(마 1:2-1:6)

4) [* <u>신약 기록의 예수님 족보(솔로몬 ⇢ 여고냐까지 14대)]</u>
[* 신약 기록의 예수님 족보(아브라함 ⇢ 다윗까지 14대)]
①. 다윗아들, 평화로운, 솔로몬 Σολομώνα:שְׁלֹמֹה(쉐로모, 삼하 5:14,마 1:6)
②. 솔로몬아들, 백성의 넓힘, 르호보암 Ροβοάμ:רְחַבְעָם(레하브암, 왕상 11:23; 마 1:7)
③. 르호보암아들 아들, 실존을 소망하는 양육 아비야 Αβιά:אֲבִיָּה(아비야, 삼상, 8:2; 마 1:7)
④. 아비야아들 아들, 치료, 아사 Ἀσάω:אָסָא(아싸, 마 1:8)
⑤ 아사아들, 판결자, 여호사밧 Ἰωσαφάτ:יְהוֹשָׁפָט(예호솨파트, 삼하 8:16; 마 1:8)
⑥ 여호사밧아들, 여호와께서 높이심, 요람 Ἰωράμ:יְהוֹרָם(예호람, 왕하 8:16, 마 1:8)
⑦ 요람아들, יָתָה 위엄, 웃시야 Ὀζίαν:עֻזִּיָּה(우지야, 대상 6:24, 마 1:8
⑧ 웃시아아들, 여호와는 완전하심, 요담 ἸωαΘάμ:יוֹתָם(요탐, 삿 9:5, 마 1:9)
⑨ 요담아들, 기업, 아하스 Ἀχάζ881:אָחָז(아하즈,, 왕하 15:38, 마 1:9)
⑩ 아하스아들, 여호와로 강해짐, 주의 강하심, 히스기야 Ἐζεκίαν:חִזְקִיָּה(히즈키야, 왕하 16:20, 마 1:9)
⑪ 히스기야아들, 망각, 므낫세 Μανασσῆς:מְנַשֶּׁה(메나쉐, 창 48:1, 마 1:10)
⑫ 므낫세아들, 확고한, 아몬 Ἀμών:אָמוֹן(아몬, 왕상 22:26, 대상 4:14, 마 1:10)
⑬ 아몬의 아들, 여호와께서 기초를 두심, 요시아 Ἰωσίας:יֹאשִׁיָּה(요시야, 왕상 13:2, 마 1:11)
⑭ 여호와께서 세우심, 여고냐 Ἰεχονίαν :יְכָנְיָה(예콘야, 마 1:11)
- 솔로몬에서 여고냐까지(마 1:6-1:11)

제3장 알파와 오메가

제1절 알파와 오메가

1. 하나님과 예수님의 거리

1). 예수님에서 하나님까지, 하나님에서 예수님까지

(1). 족보와 고향

성서는 예수님에서 하나님까지, 하나님에서 예수님까지의 거리를 나타낸다. 그 거리를 길게 알리고 있는 누가복음 3장 23절에서부터 누가복음 3장 38까지가 성경에 있다. 예수님으로부터 시작되는 하나님까지의 순서를 알리고 있는데 총 77번째까지로 하고 있다.

아브라함부터 다윗까지 열 네 대요 다윗부터 바벨론으로 이거할 때까지 열 네 대요 바벨론으로부터 그리스도까지 열 네 대러라[마 1:17]라 하면서 아브라함에서 다윗까지 14대[마 1:2~ 1:6]와 솔로몬에서 여고냐까지 14대[마 1:6~ 1:11], 그리고 스알디엘에서 그리스도까지 14대[마 1:12~ 1:17]로 한다. 그리스도 앞자리 곧 13대가 예수 자리이다. 성서의 철학메시지로 전하는 문예향기시학은 그의 사랑하는 백성들이 바로 서 두 발로 잘 걸어가라는 생애의 메시지를 전한다.

성서 문예과학은 예수님에서 하나님까지를 예수님 족보로 한다. 성경은 다음과 같은 순서를 알린다.

* 누가복음 3:23부터 누가복음 3:38까지 족보차례

①. 예수님으로부터 하나님까지

Ἰησοὺς[1] 예수 눅:3:23 ⟶ Ἰώσὴφ[2] 요셉 눅:3:23 ⟶ Ηλί[3] 헬리 눅:3:23 ⟶ ΜαθΘάτ[4] 맛닷 눅:3:24 ⟶ Λευί[5] 레위 눅:3:24 ⟶ Μελχί[6] 멜기 눅:3:24 ⟶ Ἰανναί[7] 안나 눅:3:24 ⟶ Ἰωσὴφ[8] 요셉 눅:3:24 ⟶ ΜατταΘίου[9] 맛다다 눅:3:25 ⟶ Ἀμώς[10] 아모스 눅:3:25 ⟶ Ναούμ[11] 나훔 눅:3:25 ⟶ Ἑσλί[12] 에슬리 눅:3:25 ⟶ Ναγγαί[13] 낙개 눅:3:25 ⟶ ΜάαΘ[14] 마앗 눅:3:26 ⟶ ΜατταΘίου[15] 맛다디아 눅:3:26 ⟶ Σεμείν[16] 서머인 눅:3:26 ⟶ Ἰωὴσχ[17] 요섹 눅:3:26 ⟶ Ἰωδά[18] 요다 눅:3:26 ⟶ Ἰωανάν[19] 요아난 눅:3:27 ⟶ Ῥησα[20] 레사 눅:3:27 ⟶ Ζοροβαβελ[21] 스룹바벨 눅:3:27 ⟶ ΣαλαΘιὴλ[22] 스알디엘 눅:3:27 ⟶ Νερί[23] 네리 눅:3:27 ⟶ Μελχί[24] 멜기 눅:3:28 ⟶ Ἀδδί[25] 앗디 눅:3:28 ⟶ Κωσάμ[26] 고상 눅:3:28 ⟶ Ἑλμαδάμ[27] 엘마담 눅:3:28 ⟶ Ἥρ[28] 에르 눅:3:28 ⟶ Ἰησοῦ[29] 레위 눅:3:29 ⟶ Ἑλιέζερ[30] 엘리에서 눅:3:29 ⟶ Ἰωρίμ[31] 요림레위 눅:3:29 ⟶ ΜαΘΘάτ[32] 맛닷레위 눅:3:29 ⟶ Λευί[33] 레위 눅:3:29 ⟶ Συμεύν[34] 시므온 눅:3:30 ⟶ Ἰούδα[35] 유다 눅:3:30 ⟶ Ἰώσὴφ[36] 요셉 눅:3:30 ⟶ Ἰωνάμ[37] 요남 눅:3:30 ⟶ Ἑλίαχιμ[38] 엘리아김 눅:3:30 ⟶ Μελεά[39] 멜레아 눅:3:31 ⟶ ΜεννάΜελεά[40] 멘나 눅:3:31 ⟶ ΜατταΘάΜελεά[41] 맛다다 눅:3:31 ⟶ ΝαΘάμ[42] 나단 눅:3:31 ⟶ Δαυίδ[43] 다윗 눅:3:31 ⟶ Ἰεσσαί[44] 이새 눅:3:32 ⟶ Ἰωβὴδ[45] 오벳 눅:3:32 ⟶ Βόος4[46] 보아스 눅:3:32 ⟶ Σαλα[47] 살몬 눅:3:32 ⟶ Ναασσων[46] 나손 눅:3:32 ⟶ Ἀμινδαβ[49] 아미나답 눅:3:33 ⟶ Ἀρνί[50] 아니 눅:3:33 ⟶ Ἑσρώμ[51] 헤스론 눅:3:33 ⟶ Φάρες[52] 베레스 눅:3:33 ⟶ Ἰούδα[53] 유다 눅:3:33 ⟶ Ἰακώβ[54] 야곱 눅:3:34 ⟶ Ἰσαάκ[55] 이삭 눅:3:34 ⟶ Ἀβραάμ[56] 아브라함 눅:3:34 ⟶ Θάρα[57] 데라 눅:3:34 ⟶ Ναχώρ[58] 나홀 눅:3:34 ⟶ Σερούχ[59] 스

룩 눅3:35 ---> Ῥαγαύ[60] 르우 눅3:35 ---> Φάλεκ[61] 벨렉 눅3:35 ---> Ἔβερ[62] 헤버 눅3:35 ---> Σαλά[63] 살라 눅3:35 ---> Καϊνάμ[64] 가이난 눅3:35 ---> Ἀρφαξάδ[65] 아박삿 눅3:36 ---> Σήμ[66] 셈 눅3:36 ---> Νῶε[67] 노아 눅3:36 ---> Λάμεχ[68] 레멕 눅3:36 ---> Μαθουσαλά[69] 무드셀라 눅3:37 ---> Ἑνώχ[70] 에녹 눅3:37 ---> Ἰάρετ[71] 야렛 눅3:37 ---> Μαλελεήλ[72] 마할랄렐 눅3:37 ---> Καϊνάμ[73] 가이난 눅3:37 ---> Ἐνώς 74 에노스 눅3:37 ---> Σήθ[75] 셋 눅3:37 ---> Ἀδάμ[76] 아담 눅3:37 ---> Θεού[77] 하나님 눅3:38

이 표시는 성서 누가복음 3:23~38의 본문그대로의 순서이다. 77자리에 하나님이 표시[눅3:38]되어 있다.

②. 하나님으로부터 예수님까지

진리의 순서는 하나님이 제일 처음이시니까 제일처음으로 순서를 바꾸어 볼 수 있다.

하나님[1] ---> 아담[2] ---> 셋[3] ---> 에노스[4] ---> 가이난[5] ---> 마할랄렐[6] ---> 야렛[7] ---> 에녹[8] ---> 무드셀라[9] ---> 레멕[10] ---> 노아[11] ---> 셈[12] ---> 아박삿[13] ---> 가이난[14]---> 살라[15] ---> 헤버[16] ---> 벨렉[17] ---> 르우[18] ---> 스룩 19 ---> 나흘[20] ---> 데라[21] ---> 아브라함[22] ---> 이삭[23] ---> 야곱[24] ---> 유다[5] ---> 베레스[26] ---> 헤스론[27] ---> 아니[28] ---> 아미나답[29] ---> 나손[30] ---> 살몬[31] ---> 보아스[32] ---> 오벳[33] ---> 이새[34] ---> 다윗[35] ---> 나단[35] ---> 맛다다[37] ---> 멘나[38] ---> 멜레아[39]---> 엘리아김[40] ---> 요남[41] ---> 요셉[42] ---> 유다[43] ---> 시므온[44] ---> 레위[45] ---> 맛닷[46] ---> 요림[47] ---> 엘리에서[48] ---> 예수[49]---> 에르[50] ---> 엘마담[51] ---> 고삼[52] ---> 앗디[53] ---> 멜기[54] ---> 네리 55 ---> 스알디엘[56] ---> 스룹바벨[57] ---> 레사[58] ---> 요아난[59] ---> 요다[60] ---> 요섹[61] ---> 서머인[62] ---> 맛다디아[63] ---> 마앗[64] ---> 낙개[65] ---> 에슬리[66] ---> 나훔[67] ---> 아모스[68] ---> 맛다디아[69] ---> 요셉[70] ---> 안나[71] ---> 멜기[72] ---> 레위[73] ---> 맛닷[74] ---> 헬리[75] ---> 요셉[76]---> 예수[77](눅 3:23-38)

하나님을 제일 앞으로 한 하나님에서 시작하여 예수님까지의 거리는 77째 성서문예향기시학 7의 11회다.

①. 여호와 이레

아브라함이 그 땅 이름을 여호와이레 יֵרָאֶה אֲשֶׁר יֵאָמֵר הַיּוֹם בְּהַר יְהוָה יִרְאֶה |
וַיִּקְרָא אַבְרָהָם שֵׁם־הַמָּקוֹם הַהוּא יְהוָה라 하였으므로 오늘까지 사람들이 이르기를 여호와의 산에서 준비되리라 하더라

-창 22:14

②. 일곱이레:

그러므로 너는 깨달아 알찌니라 예루살렘을 중건하라는 영이 날 때부터 기름 부음을 받은 자가 곧 왕이 일어나기까지 일곱이레 שָׁבֻעִים שִׁבְעָה 쇠부임 쉬브아와

- 단 9:25

③.. 칠십 이레

네 백성과 네 거룩한 성을 위하여 칠십 이레 שָׁבֻעִים שָׁבֻעִים 쇠부임 쉬브임로 기한을 정하였나니 허물이 마치며 죄가 끝나며 죄악이 영속되며 영원한 의가 드러나며 이상과 예언이 응하며 또 지극히 거룩한 자가 기름 부음을 받으리라

- 단 9:24

④. 육십 이 이레 הַשָּׁבֻעִים שִׁשִּׁים וּשְׁנַיִם 하쇠부임 쉬쉼 우쇠나임후에 기름 부음을 받은 자가 끊어져 없어질 것이며 장차 한 왕의 백성이 와서 그 성읍과 성소를 훼파하려니와 그의 종말은 홍수에 엄몰됨 같을 것이며 또 끝까지 전쟁이 있으리니 황폐할 것이 작정되었느니라

- 단 9:26

'이레[1)]'를 성서는 7이 두 번 겹친 77로 한다. 70이나

---

1). 전광훈 생방송 Live 오전 11시 전국주일연합예배.

심지어 7 혹은 60도 같이 '이레'로 표시 이 이레 7을 성서는 강조한다. '여호와 이레'는 창세기 22장 14절에 2회 사용[1)]한다.

7의 2회 사용은 성서 족보의 14대를를 말한다. 아브라함이 하나님 명령 따라 그의 아들, 이삭을 번제물로 바치라고 명령하였던 모리아 지역에서 2회 사용, '여호와 이레'이다. 여호와 이레가 고향이되는 것은 다윗이 성전을 지은 곳이 "그 아비 다윗에게 나타난 곳이요"[2)] 이다. 여호와 이레[3)]=יִרְאֶה 이레 창 22:14 고향 개념은 רָאָה 라에 에 יִ 이가 붙는 것이고 이 יִ 이는 숨 쉼 의미와 동일하다. 문법은 VNIMZS=니팔 동사 단순형 중간태 미완료 3인칭 남성 단수이다. '이레'는 현재진행형이다. 헬라어로는 εἰδεν=에덴이다. 이레는 에덴이다. 에덴의 중요성은 천국을 맛보는 날과 관련되어 고향 이미지이다. 전 인류가 나날의 주기를 일주일로 하는데 열왕기 상 8:65에

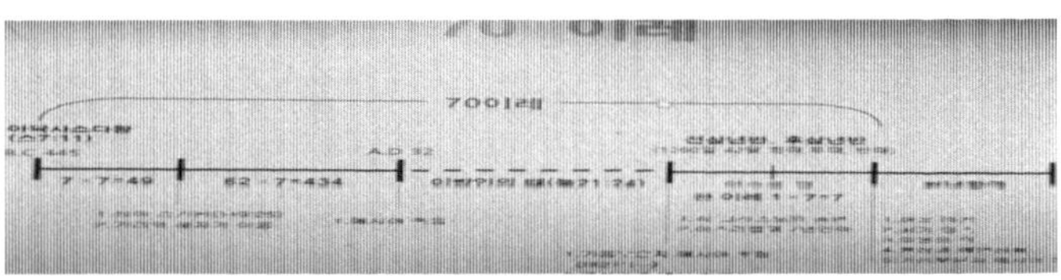

1) 열왕기 상 8:65: 그 때에 솔로몬이 칠일과 칠일 도합 14일 간을 우리 하나님 여호와 앞에서 절기로 지켰는데 하맛 어귀에서부터 애굽강까지의 온 이스라엘의 온 큰 회중이 모여 그와 함께 하였더니.

2). 역대하 3:1.

3) Wigram, V George., The Englishman's Hebrew and Chaldee Concordance of the Old Testament, Grand Rapids, Michigan 49506:Baker Book House, 1843. 김만풍 역, 『구약 성구사전』, 서울:기독교문화사,1993.

서는 연속 되는 날 14일을 특별히 솔로몬이 솔로몬 궁을 완공 하는 날 시작 두 주 축일로 14대의 은유이다.

아브람이 아들을 하나님께 드렸고 이에 하나님이 미리 준비하신 그 장소를 '여호와 이레'라 하였다.

יְהוָה יִרְאֶה 여호와 이레 VQIMZS/NE NE

- 창 22:14

한국 사람들은 이 이레라는 말을 아주 좋아한다. 순수한 한국말 이레[1]이다. 그것은 7이나 70을 '이레'로 하고 있다. 우리말 그대로 이레의 7과 7일과 7일을 합한 이레[2]까지 연속되는 14대 14대는 예수님 족보 설명하는데 사용된다. 더욱 놀라운 것은 60도 또한 이레로 번역된다.

①. 일곱이레=שָׁבֻעִים שִׁבְעָה쇠부임 쉬브아(단 9:25)

②.. 칠십 이레=שָׁבֻעִים שִׁבְעִים 솨부임 쉬브임(단 9:24)

③.. 육십 이레=הַשָּׁבֻעִים שִׁשִּׁים וּשְׁנַיִם 하솨부임 쉬쉼 우쉬나임

-단 9:26

숨 쉴 수 있는 곳 고향은 에덴이다. 창세기 22장 14절은 이 '이레'를 2회 사용 한다. 이 2회 사용은 여호와와 예수 두 분 상징이다. 헬라어 εiδεv=에덴이다. 두

---

1) 이영지, 『물의 신학과 물의 시학』(서울:창조문학사, 2017)., 859.

2) 열왕기 상 8:65: 그 때에 솔로몬이 칠일과 칠일 도합 14일 간을 우리 하나님 여호와 앞에서 절기로 지켰는데 하맛 어귀에서부터 애굽강까지의 온 이스라엘의 온 큰 회중이 모여 그와 함께 하였더니.

번째는 에프데 ὠφδη=앞에 이다. 영어 번역은 it shall be seen이다. 미리 보여주는 곳이다. 누가? 여호와가 미리 보여준 여호와 이레는 하나님이 미리 눈으로 보여준 천국 에덴이다. 미리 보여준 천국은 숨 쉴 수 있는 곳, עֵדֶן[에덴] 에덴의 에=עֵ[눈] 눈이고 데=דֶ[덴] 가슴이다.

하나님이 준비한 여호와 이레 장소는 아브라함 곧 아비와 관련되면서 아브라함의 날이다. 고향이다. 그토록 그리움이미지가 되는 고향 여호와 이레를 얻은 이 지상에서의 천국은 미리 맛볼 수 있다. 믿음으로 얻는 고향은 이 지상에서 행복을 누릴 수 있는 곳이고 이 곳은 아브라함이 그의 아들을 바친 장소이다. 우리의 삶 속에서도 고향을 찾아 행복을 누릴 수 있는 방법을 제시한 곳이다. 내 자신을 다 바쳐서 나를 희생할 수 있는 곳과 기간이 고향에서의 삶이다. 내가 가장 좋아하는 것을 나만이 가지는 것이 아니라 가장 소중한 이에게 바치는 데서 얻어지는 선물이다. 여호와이레 곧 하나님이 준비한 장소이다. 내 마음이 있는 곳 이 고향은 내가 가장 소중하게 가지고 있는 사랑을 바칠 수 있는 마음의 고향이다. 아브라함이 귀한 자기 아들을 바치려 할 때 얻은 장소 이름 창세기 22장 14절 '여호와 이레'는 아브라함을 믿음의 조상이 되게 하도록 눈으로 보여준 현장 고향이다. 고향이란 세월이 지나도 곳이다. 마음의 고향 내 마음이 숨 쉴 수 있는 곳이다.

여호와 이레=יְהוָה יִרְאֶה여호와 이레 VQIMZS/NE NE 창 22:14와 관련 여성들이 착용하는 '브라자'의 '브라' 곧 숨 후! 하고 숨 쉬는 성령의 바람이 있는 곳 고향이다.

> 하나님이 그 사람을 이끌어 에덴동산에 두사
>
> -창 2:15
>
> וַיִּקַּח לקח바이카아 이끌어 CW.VQIMZS And took Kai ἔλαβεν
>
> יְהוָה יהוה 여호와 여호와 하나님이 NE LORD κύριος
>
> אֱלֹהִים אלהים엘로힘 하나님 NMP the God ὁ Θεός
>
> אֶת-הָאָדָם את-אדם 에트- 하아담 아담을 D.NMS the man τόν ἄνθρωπον
>
> וַיַּנִּחֵהוּ נוח 바야니헤후 두사 CW.VHIMZS.MZS.MZS and put him καὶ ἔθετο ἀὐτον
>
> בְגַן-עֵדֶן גן-עדן 베겐- 에덴 에덴-동산에 P.NFSG-NE into the of garden ἐν τῷ παραθείσ
>
> φ
>
> -창 2:15

에덴의 ㄴ은 ן눈=물고기=영원 의미이고 이 때 물고기는 시적 은유로서의 예수님이다. 영어 Eden이다. 에덴은 파라다이스다. 이 헬라어 기록은 분명히 장소를 지시한다. 따라서 이 장소는 고향의미 은유 미리 예수님을 보여준 곳 에덴이다. 성서는 현재진행형 가장 처음 글자 이=י이 성서법칙으로 사람이 이 지상에서 행복하게 살 수 있는 길을 미리 보여주는 준비된 천국이다. εἴδεν에덴 성서의 '이레' 에덴 헬라어 표시 영어 ireh 이레이다. 우리말 '…이레'이다. 우리말 '이레'는 이렇게 하라고 할 때 '이레'이다. 우리들은 이렇게 하라고 '이래해'라고 말한다.

이 지상에서의 천국! 그 분이 눈으로 보여주는 천국이 이 지상에 있다. 살아 있는 존재 숨 쉬며 살아 있는 존재 고향을 가진 사람은 마음속에 고향이 있는 사람이다. 행복한 마음의 고향을 가진 사람은 현재의 고통쯤은 참을 수 있다. 오늘 이 자리에 바로 서서 앞으로 걸어갈 수 있다. 튼튼한 발로 걸을 수 있다. 우리는 항상 일평생 고향 가는 길 위에서 산다. 아주 열심히 하나님 뜻에 맞게 날마다를 살아간다.

고향이미지가 예수님과 관련되는 관계는 숨 쉬며 살아 있는 것들을 바라보는 신앙의 눈이어야만 가능하다. 마음속에 에덴을 가진 사람은 살아 숨 쉬기의 귀중함을 알면서 감사와 찬송이 일상에 있다. 이일에 앞장 선 분이 예수이다.

그는 몸소 사랑실천을 하여 그를 믿는 사람들로 하여 신앙인이 되게 하였고 동시에 성서 전체는 이 천국 가는 길을 안내해준다. 따라서 성서는 이에 앞장선 예수이야기를 전하기 위해 존재한다.

성서가 제시하는 에덴=עֵדֶן[에덴]의 ן[눈][1]은 물고기 은유로 한다. 살아있는 사람이 어떻게 이 지상에서 천국을 누릴 수 있는가! 그것은 사람이 이 지상에 와 어떠한 행로 곧 천국에 가기 위한 사랑실천을 할 수 있는 가

---

1) 눈과 관련 시학은 目(목) · 視(시) · 示(시) · 睩(녹) · 瞻(첨) · 眺(조) · 睹(도)로 논의 될 수 있다.

능성을 열어준다. 그럼으로 고향과 천국과 지상의 천국을 열어가는 길을 제시해준다. 그 본보기로 아브라함이 그의 가장 사랑하는 아들과의 관계를 형성해 주고 있고 이에 하나님은 여호와 이레라 하는 파라다이스로 하나님이 준비한 것을 알려 준다. 얻은 것이다.

믿음의 조상 아브라함은 우리말식으로 표현하면 '아비라 함'이다. 이 사람을 성서는 우르 지방에서 온 이방인이라 한다. 환단 고기에 우루국이 있다. 남북으로 5만 리 동서로 2만 리를 가진 12연방[1)]중 하나이다.

12연방은 『진서晉書』 「사이전四夷傳」에 비리국卑離國 · 양운국養雲國 · 완막한국宛莫汗國 · 구다천국句茶川國. 일군국一群國 · 우루국虞婁國 · 객현한국客賢汗國 · 구모맥국句牟額國 · 육구여국育句餘國 · 사납아국斯納阿國 · 선비이국鮮卑爾國 · 수밀이국須密爾國의 12환국 중에 우르국이 있다.

그 옛날 존재했던 우리 문화권을 알리는 증거이다. 아브라함 언어 기본형 רָאָה라에는 '본다'이다. 아브라함은 아비를 '본다'이다. '이레=יִרְאֶה이레 창세기 22장 14절'의 제일 앞 글자 이 יִ이는 하나님의 뜻의 약자로 하나님이 보게 하심이며 동시에 보호하고 격려하는 이는 현실 우리의

---

1)12환국 이름이 전해온다.『진서(晉書)』「사이전(四夷傳)」에 비리국(卑離國) · 양운국(養雲國) · 완막한국(宛莫汗國) · 구다천국(句茶川國)· 일군국(一群國) · 우루국(虞婁國) · 객현한국(客賢汗國) · 구모맥국((句牟額國) · 육구여국(育句餘國) · 사납아국(斯納阿國) · 선비이국(鮮卑爾國) · 수밀이국(須密爾國)의 12환국이다. 이 광역 공화국은 남북 5 만리 동서 2 만리를 차지:강상원 · 「사라진(沈沒) 무제국- 東夷族에 母國』(서울:朝鮮世宗太學院 · 2013) .,172.

일상에서의 아빠이다.

'아브라함'의 '아브'는 우리말 아빠이다. 우리가 흔히 말하는 아빠라는 말은 '아버지와 아들'표시이다. 아빠라는 말 속에 이미 아버지와 아들이 표시된다. 아들이 있음으로써 아버지라는 말이 성립된다. 아브의 '아'가 아버지이고 아브의 '브'는 아들1)이다. 그런데 알려지는 아빠 abba[아빠]가 있다.

①. 로마서 8:15 for you did not receive the spirit of slavery to fall back into fear, but you received the spirit sonship. Wen we cry, <u>Abba</u>! Father! 16 it is the Spirit himself bearing witness with our spirit that we are children of God,

- ROMANS 8:15-16

롬 8:14 무릇 하나님의 영으로 인도함을 받는 사람은 곧 하나님의 아들이라 15 너희는 다시 무서워하는 종의 영을 받지 아니하고 양자의 영을 받았으므로 우리가 <u>아바</u> 아버지라고 부르짖느니라

- 롬 8:14-16

15 οὐ[우] γάρ[가르] ἐλάβετε[엘라베테] πνεῦμα[프네우마] δουλείας[둘레이아스], π
άλιν[팔린] εἰς[에이스] ψόβον[포본] ἀλλά[알라] ἐλάβετε[엘라베테] πνεῦμα[프네마] υἱο
Θεσίας[위오이아스] ἐν[엔] ᾧ[우] κράζομεν[크락소멘] <u>αββα </u>[아빠]□ὁ[오] πατήρ[파티오]
\. 16 αὐτό[우토] τό[토] πνεῦμα[프네우마] συμμαρτυρεῖ[숨마르투레이] τῷ[투] πνεῦμ
ατι[프네우마티] ἡμῶν[눈] ὅτι[오티] ἐσμέν[에스멘] τέκνα[테크나] Θεοῦ[데우] _[줄 친 부분]
발음 "압바=아버지"2)

- ΠΡΟΣ ΡΩΜ 8:15-16

---

1) Bred TV 마크빌츠의 히브리어 알파벳 제 4강 달레트 ㄱ

2) Wigram, V George. The Korean's Greek Concordance of the NEW Testament, Grand Rapids, Michigan 49506:Baker Book House,

②. 14: 36 And he said Abba, Father, all things are possible to thee; remove this cup from me; yet not what I will, but what thou wilt. - MARK 14:36

14:36 이르시되 아바 아버지여 아버지께는 모든 것이 가능하오니 이 잔을 내게서 옮기시옵소서 그러나 나의 원대로 마옵시고 아버지의 원대로 하옵소서 하시고 - 막 14:36

막 14:36 καί[카이] ἐλεγεν′[엘레겐] αββα[아빠] □ὁ[오] πατὴρ[파테르]\, παν τα[판타] δυνατά[두나타] σοι′παρένεγκε[소이파레네그케] τό[투] ποτήριον[포테리온] τ ουτο[투토] αάπ[아우트] ἐμού[에무] ἀλλ[알] ού[우] τί[티] ἐγώ[에구] Θέλω[데루] ἀλλά[알라] τί[티] συ[수] - ΜΑΡΚΟΣ 14:36

③. 갈 4:6 And because you are sons, God has sent the Spirit of his Son into our hearts, crying, "Abba! Father!" -갈 4:6

4:6 너희가 아들인 고로 하나님이 그 아들의 영을 우리 마음 가운데 보내사 아바 아버지라 부르게 하셨느니라 - 갈 4:6

4:6 Οτι[오티] δέ[데] ἐστε[우테] υίοί[이오이] ἐζαπέστειλεν[엑사페오스테일렌] ὁ[호] Θεός[데오스] τό[토] πνεύμα[프네마]τού[토우] υίού[이오이] αύτού[아우투] είς[에이스] τας [타스] καρδίας[크나르디아스] ἡμών[눈] κλάζον[크락숀], Αββα[아빠] ὁ[호] πατὴρ[파테르] -ΠΡΟΣ ΓΑΛΑΤΑΣ 4:6

이들 영어를 비롯한 외국어가 동일하게 보여주는 abba는 원문대로라면 '아바'도 아니다. '아빠'이다. '압빠'이다. 아주 강한 발음 abba[압빠]이다. 이 아빠가 성서에서 더 확실한 아주 놀라운 우리말 "아빠" 그대로다.

1843. 김만풍 역, 『신약 성구사전』, 서울:기독교문화사,1981.

(2). 예수와 물고기의 비밀암호

우리가 하루에도 수십 번 대한민국 백성이라면 누구나 늘 말하는 '아빠'! 우리가 늘 부르는 이 '아빠'라는 말은 헬라어에나 영어번역에서도 같다(줄친 부분). 글자 하나하나 의미 아들 아빠이다. 아버지와 아들사이이다.

언어해석으로 강상원 박사는 우리언어 찾기 연구에서 아빠의 '아'는 부정 의미이고 '빠'는 더욱 부정하는 의미로서 부정에 부정을 더하는 결과로 얻어진 아빠는 절대적인 존재다.

이 어려운 숙제를 성서는 물고기로 푼다. 과연 이 "아빠"가 무슨 뜻일까" 답이 있다. 이 아빠라는 말, 그것은 놀랍게도 물이나 바다와 관련되고 또 물고기와 관련된다. 더 놀라운 사실은 물고기와 아빠의 연결이 물고기와 예수스크리스도스의 연결고리 아빠가 된다. 아바도 아니다. 아빠!이다.

아빠 ayabba[1)]의 '빠'다. 강하고 센소리 '아압빠'이다.

a~ab~ba → ayabba → (a)yabba → (a)amba → Yamm→ yām

이 흐름이 뜬 금 없이 '아빠'에서 '얌'으로 변한다. 바다=얌 יָם=얌=yam이다. 우가리트어 언어 변화 순서이다. 물고기와 아빠! 글자 변이과정 a-aya-ba=ayabba

1) David Toshio. Tsumura · 57

→ ayabba → ayabba → ayamba → yamm → yām이다. 우리말이 보여주는 아빠[1]이다. '아'부터 시작 → 아브 → 바 → 아빠 → 압바 → 암바 → 얌[2] 흐름이다. 강신[神]이나 바다 신[神] 얌[3]이다. 아빠와 얌[4] 물고기와 아빠와의 관련이다. 물고기와 예수 그리스도까지 연결된다.

얌=ים=יָם얌=yam!은 아가트어에서도 발견 된다. 얌은 늘 홀로 쓰이는 것이 아니라 언제나 바다 신[5]이나 물고기[6]와 관련한다.

---

1) ayabba:David Toshio. Tsumura, 57:In Amarna Akkadian, the sea is always referred to in forms of *ayabba*(EA 74-20, 9:47, 105:13, 114:19, 151-42, 288:33, 340:6), never spelt as *ta-am-tu*(except in Adapa text [356:50 & 51] which is written in a standard Akkadian), I owe this information to DR. R. S. Hess. See also CAD, A · 1(1964), 221(also in Mari & SB literary text), W.F. Albright & W. L. Moran, Rib-Adda of Byblos and the Affairs of Tyre(EA 89)」 JCS 4(1950), 167; cf JA Knudtzin, *Die Ei-Amarna-Tafeln:mit Einleitung und Erläuterungen.* II(Aalen:Otto Zeller, 1915), 1528 on Tâmtu. It might be postulated that the Sumerian loan word *ayabba*(<=a-ab-ba) in West Semitic experienced the following Phonological change:a-aya-ba=>*ayabba*>a(yabba>(a)yabba>(a)yamba>yamm->yām. For EA 89, see now W. L. Moran, *Les Lettes d'El-Amama:Correspondance diplomatique 여 pharaon*(LAPO 13:Paris:Cerf, 1987), 277-8.

2) a-ab-ba=>ayabba>(a)yabba>(a)amba>Yamm>yām.

3) יָם(얌).

4) יָם(얌).

5) sea-yam.

6) David Toshio. Tsumura, 54:In Ugaritic, Ym is often "personified" and refers to q divine enity, the sea-god Yam. However, the term is used as a common noun without any divine personification even in mythological contexts, as in the cases of *Ym(· · thm)* in q. 23 [52]:30, an expression "fish from the sea" dg bym(1. 23[52]:62-63) and a divine epithet *rpt atrt ym* "Lady" Atirat of the sea(1. 4[51]:1:13-14[14:-15], 21[22], III:25, 28-29, 34; 1:6:1:44, 45, 47, 53 [49]:1:16, 17, 19, 25]). cf. Albright's Yahweh and the Gods of

막 6:48 바람이 거스리므로 제자들의 괴로이 노 젓는 것을 보시
고 밤 사경 즈음에 바다 위로 걸어서 저희에게 오사 지나가려고
하시메 49 제자들이 그가 바다위로 걸어오심을 보고 유령인가 하
여 소리 지르니

- 막 6:48-49

막 6:48 He saw the disciple straining at the oars, because
the wind was against them. About the fourth watch of the of
the night he went out to them, walking on the lake. He was
about to pass by them. 49 but when they saw him walking on
the lake, they thought he was a ghost. They cried out

-MARK 6:48-49

48 καί[카이=and] ἰδών[이둔=seeing] αὐτούς[아우투스=them] βασανιζομένους[바사
닉소메누스=being distressed] ἐν[엔=in] τῷ[투=the] ἐλαύνειν[엘라우네인=to row], ἦν[헨=was] γ
άρ[가르=for] ὁ[호=the] ἄνεμος[아네모스=wind] ἐναντίος[에난티오스=contrary] αὐτοίς[아우토
이스=to them] περί[페리=about] τετάρτεν[테타르텐=the fourth] φυλάκήν[풀라켄=watch] τ
ής[테스=of the] νυκτός[누크토스=night] ἔρκεταί[에르케타이=the comes] προς[프로스=toward]
αὐτούς[아우투스=them] περιπατών[페리파우툰=walking] ἐπί[에피=on] τής[테스=the] Θαλ
άσσης[달라세스=sea] καί[카이=and] ήΘελεν[헤델렌=wished] παρελΘείν[파렐데인=to go
by] αὐτούς[아우투스=them] 49 οἱ[오이=but] δἐ[οlep=they] ἰδόντής[이돈테스=seeimg] οὐτο
ν[오우톤=him] ἐπί[에피=on] τής[테스=the] Θαλάσσης[달라세스=see] περίπατούνα[페리파
툰타=walking] ἔδοκσαν[에독크산=tkought] ὅτί[호티=that] φάντασμά[판타스마=a ghost] ἐστ
ιν,[에스틴=it is], καί[카이=dnd] ἀνέκραζαν[아네크락산= sried out]

- ΜΑΡΚΟΣ 6:48-49

바다 위를 걸으시는 예수님에 관한 이야기다. '아빠'

Canaan(London:Athlone Press, 1968), 166 · Hower, cf. The Phrase *aṯrt ṣrm*"(Aṯirat of the Tyrians"(UT 19. 428).

"αββα[아빠]" 아빠이다. 물 위를 걸어 다니는 분은 먹을 것을 제공하는 신이다. 우리 일상에서도 아빠라는 존재는 늘 먹을 것을 제공해 주는 분이다. 한국식 발음 아빠가 오늘날도 카도릭 예배 주보에 등장한다.

복 음 | 요한 3,16-18

영성체송 | 갈라 4,6 참조

너희가 하느님의 자녀이기에 하느님이 당신 아드님의 영을 너희 마음에 보내셨다. 그 영이 "아빠! 아버지!" 하고 외치신다.

서울 주보

우리에게 절대적인 아빠 존재는 무엇이든 가능하게 해 주는 신이다. 우리 문화권에서 그대로 전승되는 <u>오빠</u>도 있다. 오늘날의 한국에서는 한 가정의 아내조차 자기 남편을 "오빠'라 부른다. 애칭 오빠이다.

이 '아빠'와 그리스어의 첫 자와 둘째 자가 반복되어 만들어진 글자'αββα[아빠]'이다. 첫째 알파=Alpha와 베타=Beata와 합하여 된 합성어이다. 헬라어 대문자 'A=Alpha이고 소문자는 α=a=alpha이다. 영어 아빠=abba이다.

강상원1) 박사는 다음과 같이 해석한다.

①. 알파 Alpha의 Al · 무겁다 · 신 protect=보호 · 막다 · 수호
②. pa · 부수다 · food ③. ha · 河 · ᠬ · 하
④. water ⑤ Alpha=물 위에 먹을 음식
⑥ 물 위에 떠 있는 신 ⑦ β · 베타 · 걷다
⑧ ta · 장소 · spot(점, 흔적) · place

---

1)12 강상원 · 「사라진(沈沒) 무제국- 東夷族에 母國』(서울:朝鮮世宗太學院 · 2013)., 64.

αββα는 물 위에 뜬 신이다. 물 위에 있는 아빠는 필히 물과 관련되고 사람과 관련된다. 사람은 70%이상이 물로 되어 있다. 물위를 자유자제로 다닐 수 있는 신이다. 그는 물 안과 그리고 물 위에서 자유 유영한다. 아빠 이미지는 절대 권위자이다.

더 나아가 아빠는 언어의 의미 법칙에서 문법으로 아빠의 '아'는 영어권이나 한국 언어권에서 부정의 의미 '아니'의 '아'이다. 그리고 아빠의 '빠'는 우리말 '빠았다'의 '빠' 곧 파괴의미이다. 역설 법 부정의 부정은 절대 인정이다. 따라서 부정에 부정을 더하는 바로 강하게 부정하여 정설이 되게 하는 역설이다.

예수스 크리스토스Ἰησοῦς Χριστός 예수 그리스도가 물고기 언어와 동일하다. 고기는 헬라어 소문자 이크듸스=ἰχΘύος[이크듸스]이다. 좋은 물고기 뜻[마 13:47-5]을 지닌다.

물고기와 예수스크리스트는 대문자 차이와 소문자 차이이다. 이 물고기는 어부 베드로가 건져 올린 좋고 큰 153마리의 물고기이다. 좋은 물고기 이크툰= ἰχΘύων[요 21:11]이다.

대문자 구성은 하나님의 아들 예수스 크리스토스Ἰησοῦς Χριστός이다. 예수와 물고기와 연관이다. 예수가 베드로에게 명한 헬라어소문자 된 "물로 가서 낚시를 던져 먼저 오르는 고기=이크둔=ἰχΘυν[마 17:27]을 낚아라 하신다. 예수 가로되 그 고기를 건져서 가져가서 <u>그것</u>

의 입을 열면 돈 한 세겔을 얻을 것이라 하셨다. 이 고기를 가져다가 나와 너를 위하여 주라하신다. 이 때 베드로가 하는 일은 물고기의 입을 여는 일이다. 고기의 입을 여는 일을 하는 일은 사람 베드로이다.

성서에 물고기 두 마리가 있다. 물고기 두 마리=이어二漁는 예수스 크리스토스Ἰησοῦς Χριστός[1])와 관련, 이크듸스라는 글자 자체가 물고기와 크리스토스와는 구분된다. 물고기는 소문자 예수스크리스토스는 대문자로 구성된다. 의미가 달라진다. 다만 구성된 글자는 같다.

예수스 크리스도는 이크듸스 = ΙΧΘΥΣ이크듸스다. 이 엄청난 사건이 전개되는 다름 아닌 소문자 표기로는 물고기=이크듸스= ἰχδΘψς이크듸스= 이다. 언어는 동일하다. 놀랍게도 예수크리스도 = 물고기 동일언어이다. 다만 대문자로 구성된 하나님과 그의 아들 예수님 예수그리스도 언어는 ΙΧΘΥΣ이크듸스=이크듸스 대문자이다. 성서 예수 크리스트 곧 ΙΧΘΥΣ이크듸스 지칭이다. 소문자일때 물고기[2]) 표시와 구분된다. 대문자로만 된 이크듸스는 하나님과 예수스 크리스트 두 분이다

성서는 답을 항상 성서 안에 숨겨둔다. 그리고 놀랍게도 구분 야크듸스 יַקְדִּישׁ야크듸스=구분 글자가 같다.

---

1) 김명현공학박사, '하나님의 이름, 야훼(YHWH) 손을 보라 못을 보라(153쉴터교회 with)

2) 요한복음 6:9절에서 제시되는 물고기는 작은 물고기라는 뜻을 지닌 오파사리아ὀψάριαㅇ오파사리아 작은 고기도 있다.

발음차이 일 뿐이다. 메시지는 구분하다이다. 야크디스 יַקְדִּישׁ야크디스=구분의 קְ크의 원숭이처럼 잘 따라 하라! 나뭇가지를 잘 날아다니는 비유 나비와 잔나비다. 성서는 예수스 크리스도와 물고기를 구분하라 의미를 숨기고 있다. 같지 않다이다. 시적 은유다. 성서는 중요한 사건은 항상 그 답을 어디엔가 숨겨 둔다. 야크디스=구분의 קְ크는 원숭이와 거룩하다로 차이가 난다. 그만큼 구별의 차이가 크다. 바로 하나님의 마음을 다 드러내 보이신 글자의미이다.

이사야 6:3절의 십자가 사건을 알린 내용이다.

וְקָרָא קרא 베카라 창화하여 C.VQAMZS And cried

זֶה זה 제 서 AFDMS one

אֶל-זֶה 엘제 로 P- AFDMS another

וְאָמַר אמר 아마르 가로되 C.VQAMZS And said

קָדוֹשׁ קָדוֹשׁ קָדוֹשׁ קדוש קדוש קדוש 카도스 카도스 카도스 거룩하다 거룩하다 거룩하다 AMS AMS AMS Holy holy holy

יְהוָה יהוה 여호와 여호와 NE is the LORD of

צְבָאוֹת צבא 제바오트 만군의 NE 만군의 hoste

מְלֹא מלא 멜로아 충만하도다 NMSG is filled of

כָל-הָאָרֶץ ארץ- כל 콜- 하아래쯔 땅에 NMSG-D-NFS

כְּבוֹדוֹ כבוד 케보드 그 영광이 NMS.MZS his glory

-이사야 6:3

하나님에게 부여되는 거룩하시도다!는 물고기와 구분 = יַקְדִּישׁ[야크딕스 구분] 되게 하고 있다. 구분 곧 글자 יַקְדִּישׁ[야크딕스]=구분을 통하여 하나님의 깊은 가슴에 들어있는 십자가사건 자체를 알린다.

성서는 물고기와 예수스 크리스도스Ἰησοῦς Χριστός를 엄연히 구분하면서 글자 바늘귀를 형상화한 글자로서는 예수님이 어렵게 십자가에 달리시면서 몸에서 물과 피를 쏟으시는 어려운 일을 통과하시는 의미다.

이 구별에 대한 성경 안내는 다음과 같다.

> 여호와께 구별하여 드렸으면יַקְדִּישׁ לַיהוָה[야크딕스 라여호와]= 여호와께 구별하여 드렸으면 VHIMZS P. NE a man sanctify unt the LORD, ἁγιάσῃ τῷ κυρίῳ,
>
> \- 레 27:22

대문자로 된 예수 비밀 암호는 이크딕스 ΙΧΘΥΣ[이크딕스]이다. 첫 아이=Ι[아이]는 예수=Ἰησοῦ[예수]의 첫 글자이다. 우리가 익히 아는 예수1)다. 이크딕스=ΙΧΘΥΣ[이크딕스]의 둘째 엑스=Χ는 크리스토우χριστοῦ[크리스토우]로 읽으며 우리가 익히 아는 그리스도2)이다. 이크딕스=ΙΧΘΥΣ[이크딕스]의 셋째 데오스=Θ는 데오스Θεός[데오스]=하나님=데오스로

---

1) Ἰησοῦς 예수 마 1:1, 16, 18. 21. 25 등:George V. Wigram, 『신약 성구사전: *The Koreans Greek Concordance of the New Testament*』, 고영민,김만풍 역(서울:기독교 문화출판사`, 1981)., 1097

2) Χριστός 크리스도스 마 1:1, 16, 17. 18, 2:4 등:George V. Wigram, 『신약 성구사전: *The Koreans Greek Concordance of the New Testament*』, 고영민,김만풍 역(서울:기독교 문화출판사`, 1981)., 1239

읽으며 우리가 아는 하나님[1]을 말한다. ΙΧΘΥΣ[이크듸스]의 네 번째 Υ는 위오스Υυἱός[위오스]=아들=위오스로 읽으며 우리가 밤낮 잘 부르는 아들[2]을 말한다. 다섯 번째 ΙΧΘΥΣ[이크듸스]의 소테르=Σ는 소테르Σωτεήρ[소테르]로 읽으며 하나님 구세주[3] 뜻이다. 첫 번째 글자와 두 번째 글자 '이크'는 우리말 '아주 크다'의 놀라움 그 자체의 순간 발음이다. 고기로 의미되는 '이크'는 아주 좋은 고기를 말한다.

좋은 고기를 일컬으는 '이크'라는 말이 성서에 있다.

①. 생선ἰχθύν[이크듄 마 7:10]을 달라하면(마 7:10)

②. 물고기 두 마리πέντε ἄρτους καὶ δύο ἰχθύας[펜테 아르투스 카이 듀오 이크듀아스 마 14:17]뿐이이다(마 14:17)

③. 물고기 두 마리를 가지사 λαβών τούς πέντε ἄρτους καὶ δύο ἰχθύας[펜테 아르투스 카이 듀오 이크듀아스 마 14:17](마 14:17)

④. 생선 두어 마리Ἑπτά καὶ ἀλίγα ἰχθύδια[에프타 카이 알 리가 이크듀우디아 마 15:34-36]가 있나이다(마 15:34)

⑤ 바다에 가서 낚시를 던져 먼저 오르는 고기를 가져πρωτον ἰ

---

1) Θεός 데오스 하나님 마 1:23, 3:9, 10. 18, 2:4 등:George V. Wigram, 『신약 성구사전:*The Koreans Greek Concordance of the New Testament*』, 고영민,김만풍 역(서울:기독교 문화출판사`, 1981)., 531, 620(κκριος 퀴리오스 주, 마 1:20 등).

2) υἱος 아들 마 1:21, 23, 25. 3:17. 5:9 등:George V. Wigram, 『신약 성구사전:*The Koreans Greek Concordance of the New Testament*』, 고영민,김만풍 역(서울:기독교 문화출판사`, 1981)., 1003

3) God ὁ Θεός ὁ σωτήρ μου(Ps 24:5; 26:9 Mi 7:7; Lk 1:47 Θεόσ):GREEK-ENGLISH LEXICON of the NEW TESTAMENT and Other Eary Christian Literature 하 William F.Arndt and F. Wilbbur gingrich The university of chicago press and London, 1958., 801:KBornhausen, Der Erlöser27 Θεοσ Σωτεήρ b. den Römern 1:

χθύν ἄρον 프루톤 이크듄 아론 마 17:27 입을 열면 돈 한 세겔을 얻을 것이니 가져다가 나와 너를 위하여 주라 하시니(마 17:27)

⑥ 물고기 두 마리πέντε, καὶ δύο ἰχθύας펜테, 카이 듀오 이크듀아스 막 6:38가 있더이다…예수께서 떡 다섯 개와 물고기 두 마리를 가지사λαβὼν τούς πέντε ἄρτους καὶ δύο ἰχθύας라본 투스 펜테 아르투스 카이 듀오 이크듀아스 마 14:19(마 14:19)

⑦ 생선 두어 마리πέντε καὶ δύο ἰχθύας펜테 카이 듀오 이크듀아스 막 6:38가 있더이다(마 6:38)

⑧ 물고기 두 마리를 가지사λαβὼν τούς πέντε ἄρτους καὶ τούς δύο ἰχθύας라본 투으 펜테 아르투스 카이 누스 듀어 이크듀아스 막 6:41 하늘을 우러러 축사하시고…또 물고기 두 마리ἵνα παρατιθῶσιν αὐτίς, καὶ ἀπό τούς, δυο ἰχθύας인나 파라티듀신 우티스, 파이 아포 두스, 듀오 이크두아스 막 6:41도 모든 사람에게 나누어 주시매(막 6:41)

⑨ …물고기를 열 두 바구니에 차게 거두었으며δώδεκα κοφίνων πληρώματα καὶ ἀπό τών ἰχθύών두데카 코피눈 프레루마타 아포 툰 이크듀운 막 6:43 떡을 먹은 남자가 오천명이었더라(막 6:44)

⑩ 그러한즉 고기를 잡은 것이 심히 많아πλῆθος ἰχθύων프레도스 이크듀운 누 5:6 그물이 찢어진지라(눅 5:6)

⑪ 모든 사람이 고기 잡힌 것τών ἰχθύων툰 이크듀운 누 5:9을 인하여 놀라고(눅 5:9)

⑫ 물고기 두 마리 밖에ἡ αρτοι τεντε καὶ δύο ἰχθύές헤 아르토이 텐데 카이 듀오 이크두에스 누 9:13(눅 9:13)

⑬ 물고기 두 마리를 가지사ἡ τούς πέ αρτοι τεντε καὶ ἰχθύές δύο헤 아르토이 펜테 카이 이크듀으스 두오 누 9:16(눅 9:16)

⑭ 아들이 생선을 달라 하면 생선 대신에ἰχθύν, καὶ ἀντί ἰχθύος이크듀, 파이 안티 이크듀스 누 11:11(눅 11:11)

⑮ 구운 생선 한 토막ἰχθύος ὀπτού μέρος이크우스 호프투 레로스 누 24:42을 드리메(눅 24:42)

⑯ 그물을 배 오른 편에 던지라 그리하면 얻으리라 하건대 이에 던졌더니 고기가 많아τού πλήθους των ἰχθύών[투 프레두스 톤 이크듀온 요 21:6] 그물을 들 수 없더라(요 21:6)

이크라는 말만 옮겨 보면 다음과 같다.

①. 생선= ἰχθύν= 이크듄[마 7:10]

②. 고기를=πρωτον ἰχθύν ἄρον= 프루톤 이크듄 아론[마 17:27]

③. …물고기=ἰχθύών= 이크듀운[막 6:43]

④. 고기=ἰχθύων= 이크듀운[눅 5:6]

⑤ 고기=ἰχθύων= 이크듀운[눅 5:9]

⑥ 생선을 달라 하면 생선 대신에=ἰχθύν, καί ἀντί ἰχθύος= 이크듄, 파이 안티 이크듀스[눅 11:11]

⑦ 구운 생선 한 토막=ἰχθύος ὀπτού μέρος= 이크우스 호프투 레로스[눅 24:42]

⑧ 고기=ἰχθύών= 이크듀온[요 21:6]

고기와 물과 예수 이야기와 한국의 천부경과 연관된다. 천부경이 81자 중 一[한자 一]자 11회 사용 일어나라 명령한다. 예수님도 제자더러 물 위로 걸어가라 명령한다. 사람의 몸이 70% 이상 물로 하여 물 위에 떠 있는 사람 베드로이다. 천부경 81자 중 가장 중심 수는 6이다. 이 6을 중심으로 양쪽으로 갈라진다. 물의 사람이다. 사람의 가장 중심점은 하나님이다. 사람이 하나님 이미지를 지닌다.

2). 고향문제

천부경이 진리와 연관되는 것은 사람의 가치를 고향 이미지에 두는데 있어서이다. 성서에서는 여호와 이레가 있다. 하나님이 준비해 두신 곳이다. 고향문제에 가장 적당한 말은 에덴이다. 에덴=עֵדֶן에덴 글자는 아드=עֵד아드와 ן눈이 합쳐진 합성어이다. 이 아드는 영원한 증거가 되는 아들을 지칭한다. 이 아들=아드=עֵד아드인 영원한 증거 아드=עד아드 · 증거[1] 증거는 "이스라엘아 들으라 우리 하나님 여호와는 오직 하나인 여호와"[2]를 섬기는 일이며 아들[3]=증거[4]는 그분의 아들을 믿는 이들의 삶[5]의 무리[6]중에 나타나는 증인[7]이다.

이 증거들을 성서는 일곱 문예과학으로 알린다.

> 예수께 너희에게 떡이 몇 개나 있느냐 이르되 일곱 개와 작은 생선 두어 마리가 있나이다 하거늘 예수께서 무리에게 명하사 땅에 앉게 하시고 떡 일곱 개와 그 생선을 가지 사 축사하시고 떼어 제자들에게 주시니 제자들이 무리에게 주매 다 배불리 먹고 남은

---

1) George H. Van Kooten · *The Creation of Heaven and Earth* (Leiden: Brill · 2005) · 61:

2) שְׁמַע יִשְׂרָאֵל יְהוָה אֱלֹהֵינוּ יְהוָה | אֶחָד(쉐마아 이스라엘 엘로헤이누 여호와 | 에하드 · 신 6:4)

3) לָעַד(레아드 · 영원까지 · 증거 19:10 · 영원히 · 22:26 · 111:3 · 10 · 12:3 · 9).

4) הָעֵדוּת (하에두트 · 증거)출 25:22 · 26:33 · 34 · 27:21 · 30:6 · 26 · 36 · 31:7 · 39:35,40:3 · 5 · 21; 레 16:13; 민 24:3; 수 4:16.

5) הָעֵדָה(하에다 · 회중가운데서 · 민 26:9)

6) 출 3:1; 신 20:9; 수 6:26; 삿 4:7 · 5:21 이하 생략

7) 출 23:1; 레 5:1; 민 5:13 · 35:30 이하 생략.

조각을 일곱 광주리에 차게 거두었으며[마 15:34-37]

성서의 시적 장치 텍스트다움은 ①.일곱 개 ②.일곱 광주리 등등 다양하다. 구약성서 ①.창세기 41:18~30 ②.신약 마태복음 15:32~39 ③.마가복음14:8~32에서 제시된다.

이 일곱 문예미학은 예수 그리스도의 족보 아브라함 ⇢ 다윋 까지 14대까지가 바로 7 + 7의 7이 2회의 리듬에서 찾아진다. 다윋의 자손 예수는 다윋 דוד[다윋] 글자수치 4+6+4=14에서도 찾아진다. 이 DNA는 훈민정음의 창제원리인 七始[칠시][1]의 자리 연결망을 가진다. 7의 2회 반복 리듬은 예수님 족보[2] 7의 리듬 2회를 3회 반복 42대 그리스도에 이른다. 우리 국민이 좋아하는 은유시학이 되면서 7을 두 번 써서 시의 은유기법으로 칠십칠이라고도 하고 칠칠도 된다.

하나님이 미리 준비해 두신 길 곧 고향 여호와 이레 사람이 이 세상에 와서 고향을 찾는 일은 당연히 예수스 크리스토스에 의한 예수님 족보에 관심을 가진다. 족보 14^{7+7}대 ~ 다시 14^{7+7}대 ~ 다시 14^{7+7}대 그리스도 14[마 1:17][3]대의 앞 13대에 예수다.

---

1) 강상원 · '七始는 天統也ᄅ ᄒᆞ얏스니, 天地人과 四時인 春夏秋冬之始를 말ᄒᆞ는 바' 『東國正韻실담어 註釋』(서울:朝鮮世宗太學院 · 2013)., 178..

2) 이영지, 『한국시조 문예미학 연구』(서울:창조문학사, 2020)., 414-419.

3) 야곱은 마리아의 남편 요셉을 낳았으니 마리아에게서 그리스도라 칭하

(1). 여호와 이레 고향 가는 길

* 예수님 족보-아브라함 ⇢ 다윗까지 14대

①. 믿음 조상 Αβραάμ:אַבְרָהָם 아브람, 창 17:5; 출 3:6, 마 1:2
②. 아브람 ↴ 이삭 Ισαάκ:יִצְחָק 이쯔학, 웃음,창 17:19, 마 1:2
③. 이삭 ↴ 야곱 Ἰακώβ:יַעֲקֹב 야콥, 반석, 창 25:26; 마 1:2
④. 야곱 ↴ 유다 Ἰούδας:יְהוּדָה 예후다, 실존, 창 29:35; 마 1:2
⑤ 유다 ↴ 베레스 φάρες:פֶּרֶץ 페레쯔, 떠오름, 창 38:29; 마 1:3
⑥ 르우벤 ↴ 헤스론 Ἑσρώμ:חֶצְרוֹן 헤쯔론, 뜰, 창 46:9; 마 1:3
⑦ 헤스론 ↴ 람 Ἀράμ:רָם 람, 높음, 대상 2:9; 마 1:4
⑧ 람 ↴ 아미나답 Ἀμιναδάβ:עַמִּינָדָב 아미나답, 자원 백성, 대상 2:10, 마 1:4
⑨ 아미나답 ↴ 나손 Ναασσών:נַחְשׁן 나흐손, 경험, 민 1:7; 마 1:4
⑩ 나손 ↴ 살몬 Σαλμών:שַׂלְמוֹן 쌀몬, 옷 입음, 룻 4:20; 마 1:4
⑪ 살몬 ↴ 보아스 Βόες:בֹּעַז 보아즈, 기둥, 룻 4:21; 마 1:5
⑫ 보아스 ↴ 오벳 Ὠβήδ:עוֹבֵד 오벳 섬기는, 룻 4:17; 마 1:5
⑬ 오베드 ↴ 이새 Ἰεσσαί:יִשַׁי 이솨이, 다윗의 아비 룻 4:17,마 1:5
⑭ 이새 ↴ 다윗 Δαυίδ:דוד(다빋, 끓는 가슴, 룻 4:20; 마 1: 6

– [* 신약 기록의 예수님 족보(아브라함에서 ⇢ 다윗까지 14대)]

신약 기록의 예수님 족보아브라함 ⇢ 다윗까지 14대 14대이다. 다윗 글자 דוד 다윗 숫자 값이 4+6 +4=14이다. 성서는 숫자의 은유를 중요시한다. 이유는 성서는 기록의 수천 년이 내려오면서 원문이 손상되지 않는 글자 그대로 전해오면서 그 비밀을 풀어준다. 그것은 숫자의

는 예수가 나시니라(마 1:16). 그런즉 모든 대 수가 아브라함부터 다윗까지 열 네 대요 다윗부터 바벨론으로 이거할 때까지 열 네 대요 바벨론으로 이러한 후부터 그리스도까지 열 네 대러라(마 1:17)

한 글자만 틀려도 오류가 되기 때문이다. 즉 숫자 값이 틀려 진다. 이 관계로 한자도 오자가 있을 수 없게 되는 결과가 온다. 성서는 일점일획이라도 틀릴 수 없음을 공고하고 있다.

> 진실로 너희에게 이르노니 천지가 없어지기 전에는 율법의 일점 일획도 결코 없어지지 아니하고 다 이루리라
>
> \- 마 5:18

> ἀμην 아멘 truly γάρ 가르 for λέγω 레구 I say ὑμὶν 우민 to you, ἕως ἄν 에우스 안 until παρέλθη 파렐데 pass away ὁ 호 the οὐρανὸς 우라노스 heaven και 카이 and ἡ 헤 the γη 게 earth ἰώτα 이우타 ioth ἐν 엔 one ἡ 헤 or μία 미아 one κεραία 케라이아 point οὐ 오우 by no μὴ 메 neans παρέλθη 파렐데 shall pass away ἀπό 아포 from το ὑ 토우 the νόμου 노모우 law ἕυς ἀν 에우스 안 until πάντα 판타 all thing γένηται 게네타이 come to pass
>
> \- ΜΑΤΘΑΙΟΣ 5:18

예수님 족보 -솔로몬에서 여고냐까지 14대이다.

* 예수님 족보-솔로몬 ⇢ 여고냐 까지 14대

①. 다윗 ↴ 솔로몬 Σολομώνα: שְׁלֹמֹה 쉐로모, 평화, 삼하 5:14, 마 1:6

②. 솔로몬 ↴ 르호보암 Ροβοάμ: רְחַבְעָם 레하브암, 백성의 넓힘, 왕상 11:23; 마 1:7

③. 르호보암 ↴ 아들, 아비야 Αβιά: אֲבִיָּה 아비야, 실존 소망 양육 삼상, 8:2; 마 1:7

④. 아비야 ↴ 아사 Ἀσάφ: אָסָא 아싸, 아들, 치료, 마 1:8

⑤ 아싸 ↴ 여호사밧 Ἰωσαφάτ: יְהוֹשָׁפָט 예호솨밧, 판결자, 삼하 8:16; 마 1:8

⑥ 여호사밧 ↴ 요람 Ἰωράμ: יְהוֹרָם 예호람, 여호와께서 높이심, 왕하 8:16, 마 1:8

⑦ 요람 ↴ 웃시야 Ὀζίαν: עֻזִּיָּה 웃시야, 주의 위엄, 대상 6:24, 마 1:8

⑧ 웃시아 ↴ 요담 Ἰωαθάμ: יוֹתָם 요탐, 여호와 완전, 삿 9:5, 마 1:9

⑨ 요담 ↴ 아하스 Ἀχάζ881: אָחָז 아하스, 기업,, 왕하 15:38, 마 1:9

⑩ 아하스 ↴ 히스기야 Ἐζεκίαν: חִזְקִיָּה 히즈키야, 여호와로 강해짐, 왕하 16:20, 마 1:9

⑪ 히스키야 ↴ 므낫세 Μανασσῆς: מְנַשֶּׁה 메나쉐, 망각, 창 48:1 마 1:10

⑫ 므낫세 ↴ 아몬 Ἀμών: אָמוֹן 아몬, 확고한 왕상 22:26, 대상 4:14 마 1:10

⑬ 아몬 ↴ 요시아 Ἰωσίας: יֹאשִׁיָּה 요시야, 여호와가 기초를 두심, 왕상 13:2, 마 1:11

⑭ 요시아 ↴ 여고냐 Ἰεχονίαν: יְכָנְיָה 예콘야, 여호와께서 세우심, 마 1:11

– 솔로몬에서 여고냐까지마 1:6-1:11

신약 기록 예수님 족보 솔로몬에서 여고냐까지 14대이다. 기록문화는 오랜 역사를 가지는 비밀을 풀어준다. 그래서 14대 14대가 되풀이 되는 분명한 이유를 알리는 여러 장치를 성서는 가지고 있다. 시대가 다르더라도 분명한 사실이 확증된다. 그래서 시대를 넘어서 많은 사람들이 믿고 따르는 일이 반복된다. 예수님 자리 족보는 한 사람이 두 가지의 일을 하는 예수와 크리스도를 알린다.

* 예수님 족보-스알디엘 ⇢ 크리스도스 까지 14대

①. 여고냐 ↴ 스알디엘 Σαλαθιήλ: שְׁאַלְתִּיאֵל 쉐알티엘, 주께 간구, 대상 3:17; 학 1:1; 마 1:12

②. 스알디엘 ↴ 스룹바벨 Ζοροβαβέλ: זְרֻבָּבֶל 제루바벨, 혼합 황폐해짐, 학 1:1; 슥 4:6; 마 1:12

③. 스룹바벨 ↴ 아비훗 Ἀβιούδ10: אֲבִיהוּד 아비후드, 영광스럽게 양육, 대상 8:3, 마 1:13

④. 아비훗 ↴ 엘리야김 Ἐλιακίμ: אֶלְיָקִים 엘야킴, 일어남, 일어섬의 전능자, 왕하 18:18, 마 1:13

⑤ 엘리야김 ↴ 아소르 Ἀζώρ: עַזּוּר 아주르, 도움, 겔 11:1, 마 1:13

⑥ 아소르 ↴ 사독 Σαδώκ: צָדוֹק [짜도크, 의로움, 삼하 8:17; 대상 6:8; 마 1:14]

⑦ 사독 ↴ 아킴 Ἀκίμ: יוֹקִים [요킴, 실존을 소망하여 일어섬, 왕하 23:34; 렘 37:1; 단 1:1; 대상 4:22, 마 1:14]

⑧ 아킴 ↴ 엘리옷 Ἐλιούδ: אֱלִיהוּ [엘리후, 위엄 있는 전능자, 민 23:18; 마 1:14]

⑨ 엘리훗 ↴ 엘르아살 Ἐλεάζαρ: אֶלְעָזָר [엘아자르, 하나님은 돕는 자, 출 6:23; 레위 10:6; 마 1:15]

⑩ 엘르아살 ↴ 맛단 Ματθάν: מַתָּן [마탄, 선물, 왕하 11:18; 대하 23:17; 마 1:15]

⑪ 맛단 ↴ 야곱 Ἰακώβ: יַעֲקֹב [야아코브, 발꿈치, 창 25:26, 36; 대상 3:24; 마 1:15]

⑫ 야곱 ↴ 요셉 Ἰωσήφ: יֹסֵף [야싸프, 거하다, 창 30:24; 욥 42:10; 마 1:16]

⑬ 요셉 ↴ 예수 Ἰησοῦς: יְהוֹשֻׁעַ [예호슈아, 구원, 출 17:9; 출 33:11; 슥 3:1; 마 1:16, 12:1]

⑭ 그리스도 ! Χριστοῦ [마 1:17]

성경의 예수님 족보-스알디엘 ⇢ 그리스도까지 14대 곧 바벨론이거에서 크리스도까지이다. 신약 기록의 예수님 족보 계열은 14 + 14 + 14= 42 대의 자리다. 42대는 크리스도스이다. 앞자리 41대 자리는 예수님이다.

성서는 무한한 비밀을 가지고 있다.

성서가 지니고 있는 비밀은 11회의 7곱, 77에 있다. 두 발로 바로 서라! 메시지다. 하나님으로부터 예수에 이르는 77번째는 믿음의 고향이다. 그 예표는 아들, 이삭을 하나님께 바치려 모리아 산에 오르고 거기서 여호와이레라는 이름을 얻는 고향이미지다.

(2). 고향

성서는 일곱 숫자를 히브리어로 기록하면서도 번역에서 그곳을 여호와 이레라 전해지게 한다. 미리 준비해 둔 고향을 의미하는 것임을 다니엘서를 통해서도 고향은 숨 쉴 수 있는 곳이라 알린다. 이 77 수치다. 여호와 이레이다. 동시에 여호와 하나님 이후 77번째로 예수님은 하나님과의 거리를 직선으로 쌓아 올렸다.

> 단 9:24
>
> :네 백성과 네 거룩한 성을 위하여 일흔 이레를 기한으로 정하였나니 허물이 그치며 죄가 끝나며 죄악이 용서되며 영원한 의가 드러나며 환상과 예언이 응하며 또 지극히 거룩한 이가 기름부음을 받으리라 25 그러므로 너는 깨달아 알지니라 예루살렘을 중건하라는 영을 날 때부터 기름부음을 받은 자 곧 왕이 일어나기까지 일곱이레와 예순 두 이레가 지날것이요 그 곤란한 동안에 성이 중건되어 광장과 거리가 세워질 것이요
>
> - 단 9:24~25

눈으로 보인 고향 7 아인=ע[아인]에서 77=예수님 자리는 마태복음에서 하나님과 예수님과의 거리를 나열하였다.

* 히브리어 알파벳 수치

자음	이름	뜻	발음	수치
א	אָלֶף 알렙	수소 · 나 · 왕	묵음	1
ב	בית 벳	집 · 보호	b v ㅂ	2
ג	גִמֶל 기멜	낙타 · 은혜갚기	g · gh	3
ד	דָלֶת 달렛	문 · 가슴	d · dh	4
ה	הֵא 헤	숨구멍 · 숨 쉼	h	5
ו	וָו 와우	갈고리 · 연결	v	6
ז	זַיִן 자인	무기 · 남자무기	z	7
ח	חית 헤드	울타리 · 지붕	h	8
ט	טית 테드	뱀 · 지혜	t	9
י	יוֹד 요드	손, 하나님 손	i	10
כ	כַף 카프(ך)	굽은 손 · 힘	k · kh	20
ל	לָמֶד 라멧	막대기 · 목적	l	30
מ	מֵם 멤(ם)	물 · 말씀	m	40
נ	נוּן 눈(ן)	물고기 · 신자 · 영원	n	50
ס	סָמֶךְ 싸멕	지주 · 둘레	s	60
ע	עַיִן 아인	눈	y	70
פ	פֵּא 페(ף)	입	p · ph	80
צ	צָדִי 짜데(ץ)	낚시 바늘 · 코	tz	90
ק	קוֹף 코프	바늘귀	q	100
ר	רֵישׁ 레쉬	머리	r	200
שׂ	שִׂין 신	이	s	300
שׁ	שִׁין 쉰	이	sh	
ת	תָו 타우	십자 · 끝	t · th	400

성서의 특징은 아주 익살스럽다. 7 זַיִן자인 남자 성 남성 성 예수님암시의 10배 70의 강력한 메시지다. 11의 두발로 바로 서는 77 자리 예수님은 하나님에게서 예수님까지를 77로 한다. 더구나 사랑을 베푸는 자리 곧 사랑의 실천 장소를 50의 자리로 하여 음식 나누어 주

는 인원을 나타낸다. 명실 공히 칠칠절에 표시한 7의 7배 다음 날 오순절이 있다. 50수치 의미 부여는 히브리어나 헬라어 공히 물고기를 의미한다. 물고기 50 숫자가 쓰인 곳은 예수님이 그의 말씀을 듣느라 배고픈 무리 5000명에게 50명씩 무리지어 앉게 하신 곳이다. 물고기 두 마리 기적이 일어난 성령의 불이 있었다.

오순절의 고향 의식과 관련은 물의 수치기준 표시 50자리 물고기 수치다. 77의 7곱하기 7의 49 그 다음날은 오순절 의미확장은 모세가 출애굽후 하나님으로부터 십계명을 받는 50일째 날이고 고향을 찾은 날이다.

절기	유월절	3일후	43일수	50일
의미	유월절 무교절	예수부활	예수승천	칠칠절 맥추절 오순절
	대속 예수	부활	40일 예수 시험	7일의 7번 다음날 50

1. 이스라엘 자손이 애굽 땅을 떠난 지 삼 개월이 되던 날 그들이 시내 광야에 이르니라 2. 그들이 르비딤을 떠나 시내 광야에 이르러 그 광야에 장막을 치되 이스라엘이 거기 산 앞에 장막을 치니라 3. 모세가 하나님 앞에 올라가니 여호와께서 산에서 그를 불러 말씀하시되 너는 이같이 야곱의 집에 말하고 이스라엘 자손들에게 말하라 4. 내가 애굽 사람에게 어떻게 행하였음과 내가 어떻게 독수리 날개로 너희를 업어 내게로 인도하였음을 너희가 보았느니라 5. 세계가 다 내게 속하였나니 너희가 내 말을 잘 듣고 내 언약을 지키면 너희는 모든 민족 중에서 내 소유가 되겠고

6. 너희가 내게 대하여 제사장 나라가 되며 거룩한 백성이 되리라 너는 이 말을 이스라엘 자손에게 전할지니라 - 출 19:1~9

(3). 사랑실천과 하마쉼

주의 성령이 내게 임하였으니 이는 가난한 자에게 복음을 전하게 하시려고 내게 기쁨을 부으시고 나를 보내 사 포로 된 자에게 자유를, 눈 먼 자에게 다시 보게 됨을 전파하며 눌린 자에게 자유케 하고 19 주의 은혜의 해를 전파하게 하려 하심이라 하였더라

-눅 4:18-19

:18 Πνεύμα κυρίου ἐπ εμέ, ου ἑινεκεν ἐχρισέν με εὐαγγελίσα
σθαι πτχοίς, απίσταλκέν μεκηρύζαι αἰχμαλώτοίς αφεσιν καί τ
υφλοίς ἀνάβλεφιν, ἀποστεί τεθραυσμένους ἐν ἀφέσιν 19 κηρύζ
αι ἐνιαυτόν κυρίου δεκτον

-ΛΟΚΑΣ 4:18-19

물고기자리 50 하마심 הֲמִישִׁים[하미쉼][1)]은 우리식 말 '하마 쉼'이다. 예수님이 너무 일을 잘 하시기 때문에 하나님이 하마, 벌써 쉬심이다. 예수님이 얼마만큼 일을 잘 하시는지를 성서는 하마심 הֲמִישִׁים[하미쉼]으로 표시한다. 말씀으로 숨을 쉬게 하심의 '하마 쉼'의 '하'는 '잘' 의미이고 이어지는 '마심'은 마심 곧 먹음이다.

---

1) 창 6:15, 7:24, 8:3, 9:28, 29, 18:2426, 28, 18:24, 26, 28; 출 18:21, 25, 26:5, 6, 27:12, 13, 18, 30:23, 36, 12, 13, 16, 38:12, 13, 26; 레 23:16, 25:10, 11, 27:3, 16; 민 1:23, 25, 29, 31, 43, 46, 2:6, 2:8, 2:13, 15, 16, 30, 30, 32, 4:3, 23, 39, 36, 8:25, 16:2, 17, 35, 26:10, 34, 47, 52; 신 1:15, 22:27; 수 7:21; 삼상 6:19, 8:12, 삼하 15:1, 24:24; 왕상 1:5, 7:2; 왕상 1:25, 7:2, 6, 9:23, 10:29, 18:4, 13, 19, 22; 왕하 1:9, 10, 11, 12, 13, 14 27, 21:1; 대상 5:21, 8:40, 12:33; 대하 1:17, 2:17, 3:9, 8:10, 18, 26:3, 33:1; 스 2:7, 14, 15, 22, 29, 30, 31, 2:37, 60, 8:3, 6, 26; 느 5:17, 5:15, 7:10, 12, 20, 33, 34, 40, 70; 에 5:4, 7:9; 서 3:3; 겔 40:15, 21, 25, 29, 36, 42:2, 7, 8; 45:2, 48:17; 학 2:16.

(4). 물고기자리 수 50

잘 마심 곧 먹는 문제는 하나님의 말씀을 잘 먹는 일이다. 말씀 잘 마시고 잘 먹는 방법은 무리들을 50씩 나누어 앉게 하시는 일이다. 50 숫자는 반드시 1이라는 숫자부터 시작되는 순서를 가진다.

성서에서 50째가 되기까지의 길이[1]가 있다.

①. 성부 ⇢ ②. 성자 ⇢ ③. 성령 ⇢ ④. 피조물 ⇢ ⑤ 구속 ⇢ ⑥ 세상살이 ⇢ ⑦ 성령 ⇢ ⑧ 살찜 ⇢ ⑨ 종말 예고 ⇢ ⑩ 하나님 질서 ⇢ ⑪ 파괴와 영웅 ⇢ ⑫ 통치 ⇢ ⑬ 혈통 ⇢ ⑭ 영적 ⇢ ⑮ 하나님 은혜 ⇢ ⑯ 일 ⇢ ⑰ 축복 ⇢ ⑱ 즐거움 ⇢ ⑲ 질서 ⇢ ⑳ 기다림 ⇢ ㉑ 영 ⇢ ㉒ 해체 ⇢ ㉓ 절망 넘어 ⇢ ㉔ 통치 ⇢ ㉕ 은혜 ⇢ ㉖ 숨 쉼 ⇢ ㉗ 성령 ⇢ ㉘ 일곱 ⇢ ㉙ 기대 ⇢ ㉚ 사역 ⇢ ㉛ 신성이름 ⇢ ㉜ 하나님의 날 ⇢ ㉝ 예수님 이 세상에 사신 나이 ⇢ ㉞ 세상 알아 봐 ⇢ ㉟ 신성 ⇢ ㊱ 통치 ⇢ ㊲ 가장 이미지 ⇢ ㊳ 순응 ⇢ ㊴ 극복 ⇢ ㊵ 출애굽 ⇢ ㊶ 욕심억제 ⇢ ㊷ 이익 ⇢ ㊸ 결단 ⇢ ㊹ 우연 ⇢ ㊺ 모임 ⇢ ㊻ 오름 ⇢ ㊼ 마디 ⇢ ㊽ 우물 ⇢ ㊾ 개혁 ⇢ ㊿ 기쁨 구원[2]

참으로 묘한 성서의 성령 문제는 ①. 성부 ⇢ ②. 성자 ⇢ ③. 성령으로 시작하여 50째 ㊿ 기쁨 구원까지 오는 결과 필요성을 성서는 다음과 같이 기록한다.

---

1) E. W 벌링거 · 장상선 감수, 『성서에 나타난 숫자 해설』(서울:나단 · 2001) · 345.

2) 이영지, 『한국시조 문예미학 연구』(서울:창조문학사, 1920)., 468~469.

성서가 보여주는 증명은 사람이 성령을 받으면 기쁨이 온다. 자유와 다시 보게 됨이 있다. 말씀을 전파하느라 눌린 자에게는 자유하게 하고 주의 은혜를 얻게 된다. 가장 큰 특징은 성령이 임하면 기쁨의 구원이 있다.

우리나라 사람의 생애에서도 나이 50 때를 '쉰'살 먹었다고 표현한다. '쉰'살은 삶이 익을 대로 익어 찬란한 인생의 황금기여서 여유로움이 있는 때이다. 동시에 천부경 총 81글자 중 50글자는 천부경에 있는 일반글자이다. 나머지 31은 숫자이다. 이 50이라는 숫자의 의미는 물고기 수치 자리이다.

하나님이 천지를 창조하신 궁극적인 목적[1])을 이루는 뜻이 있는 이 기쁨과 구원 의미를 지닌 50은 히브리어로 하미쉼 חֲמִשִּׁים[하미쉼]이라 한다. 우리말 '쉰'자리이다. 히브리어 '하미 쉼'이나 우리말 '쉰'이 연관성으로 느껴지는 쉰[50]=50=50일=50일째는 편안함과 즐거움 기쁨 의미를 넘겨준다.

50수의 자리 물고기 눈 נ[눈]자리는 신앙인과 영원[2])의 의미를 지닌다. 먹을거리 물고기=נ[눈] 히브리어는 영원 의미를 같이 공유한다.

신앙인의 영혼 문제와 관련된다.

---

1) אֱשֶׁת יְהוָה אֱלֹהִים אֶרֶץ וְשָׁמָיִם(아소트 여호와 엘로힘 에레쯔 베솨마임, 창 2:4)

2) E. W 벌링거 · 장상선 감수, 『성서에 나타난 숫자 해설』(서울:나단 · 2001) · 336.

(5). 물고기와 아빠의 자리

50이 전하는 물고기자리 일곱째 날은 여호와가 땅과 바다와 그 가운데 모든 것을 만들고 제 칠일에는 쉬시는 날[출 20:11]이다. 7년에는 휴식년이 되어 땅도 쉰다. 하나님의 사람도 안식년[출 23:12~16]이 된다.

고기와 사람은 물을 먹고 산다. 사람은 말씀의 물을 먹고 말씀 사역한다. 하나님의 형상으로 만들어진 사람은 신의 거룩한 뜻을 배워 익혀 이를 알리는 생애를 가진다. 희 · 노 · 애 · 락이 가장 익숙한 때 아름다운 이야기로 전하는 여유로운 50때이다.

숫자 50의 물고기자리 때는 선정[善政]을 베푸는 때다. 물고기 의미 수=50, 우리말로는 쉰=50이다. 50의 물고기자리 곧 선정을 베푸는 은혜자리다. 예수님은 모인 무리 5000명[요 6:10]에게 50명씩 앉히시었고 먹이시었다.

> 잔디 위에 앉히시고[마 14:19]
> 50명씩 앉은지라[막 6:40]
> 떼를 지어 한 오십 명씩 앉히라[눅 9:14]
> 사람들이 앉으니[요 6:10]

물고기 숫자 자리는 50이다. 그 분이 희생 제물로 돌아가심으로 인한 신자들의 새로운 사는 때이다.

3). 43과 430년

(1). 43일의 마방진

은유의 가장 극적인 초월 의미로서의 열역학 법칙이 있다. 사람의 생애 일평생은 예수님 생애와 관련된다. 사람의 먹고 사는 삶의 문제이다. 입으로 너희가 먹을 찌니라[1] 먹이시며[2] · 저희에게 먹이며[3] 등 생애이야기다.

다윗의 자손 예수 생애는 성경이 제시하는 족보명단 77명 중에서 43번째다. 다윗때이다. 예수는 광야 40일간[막 1:13~14]을 지낸 3일후 십자가에 못 박히시었다. 43일이다. 무덤에서 3일 지나신 후 부활하시어 40일까지 제자들과 같이 지내셨다. 총 43일이다. 이 43일의 마방진 수는 예수님 메시지 43일이다. 예수는 예루살렘으로 돌아가는 길의 광야에서 사색과 기도의 시간과 3일후 부활하시고 다시 오시어서 40일 만에 승천하신다. 총 43일의 메시지이다. 양쪽으로 40일을 둔 가운데 3일이 픽업된다.

> 성령이 곧 예수를 광야로 몰아내신지라 광야에서 사십일을 계시면서 사탄에게 시험을 받으시며 들짐승과 함께 계시니 천사들이

---

1) 신 14:20)·
2) הֶאֱכַלְתָּם(하아가레탐 · 먹이시며, 시 80:5).
3) וַיַּאֲכִילֵה(바야아키레후 · 먹이며, 시 81:16).

수종들더라

-막 1:13~14

예수님의 마방진 수 40+3=43은 예수님이 작정하신 40일 금식기도와 3일후 승천하신 날 43일이나 예수님이 무덤에서 3일간 계시다가 살아나시어 40일 동안 이 세상에 계시는 기간의 오묘한 이 43일 기간이다.

이 43 이미지는 따지자면 시조작품 한 편의 자수에 해당한 43자가 유추되어 진다. 지금까지 공식화 되어 있는 45자 내외라는 공식은 본 연구자가 연구한 바에 따르면 43자수이다. 시조한편은 3 · 4글자로 시작하여 4 · 3으로 끝나는 총 수리 43마방진[1])을 가진다. 시조문학이 가지는 리듬은 3으로 시작 3 · 4 · 3 · 4 · 3 · 4 · 3 · 4 · 3 · 5 · 4 · 3의 끝 3 숫자로 끝나는 법칙이 있다. 끝날 때 시조작품 한 편은 끝 리듬을 4 · 3 리듬으로 한다.

총 합수의 이 43 리듬은 이스라엘 백성이 애급에서 종살이 430년과 유추가 허락되는 기간이다. 시조한편 자수 43은 한 사람의 생애 은유가 시조작품에 녹아 있는 작품이 되게 한다. 시조작품 진가는 한 작품 안에 한 사람의 생애 리듬 이 놓인다. 43리듬의 아름다운 의미유추는 애급 생활 430년이 마감되는 오묘한 마방진이다. 43의 10곱이다.

---

1) 이영지, 『우리 시조문학의 마방진미학』(서울: 문학방송, 2022).

(2). 단 한 번의 사랑실천 길

인생은 단 한 번의 사랑실천을 위해 살아간다. 그 기간은 숨 쉬며 일어서라 권고와 위로를 받는 기간이기에 살아 숨 쉬며 사랑실천을 하는 기간이다. 그리고 한국인의 경우 시조 작품의 12음절이 제시하는 숨은 은유가 있다. 시조작품 끝 음절 3자가 숨어지면서 11음절만 읊어지는 참으로 귀한 은유 몸 시학이 있다. 의미는 두 발로 일어나 힘을 내는 기간이다. 일생이다. 일어나라!! 소리를 들으며 일어나 걷는 생애이다.

이 메시지는 위로 · 격려 · 희망 언어기호 일어나라 두 발로 일어나라! 명령어법이다. 시조작품 특징 3 · 4 리듬을 가지다가 마지막에 4 · 3 리듬을 가지면서 이 끝 3을 생략한다. 문학작품이 지니는 가치이기도 하다. 명분이기도 하다. 구원의 문학이 되게 한다. 12절 중 끝 구 1절을 창하지 않는 선례는 실제 시조작품을 낭송하거나 그리고 음률을 맞출 때 시조 한 편에서 3자를 생략한다. 12음절 중 마지막 한 절을 하노라 류를 생략하는 법칙이다. 실제 시조작품 한 편은 12음절이 아닌 11음절이다.

이 묘한 한국의 시조문학의 4 · 3리듬은 한국 시조문학 작품 한편이 총 43자[1]를 의미한다. 시조한편 리

---

1) 이영지, 『우리 시조문학의 마방진 미학』(서울:문학방송, 2022)., 서문 및 본문 참조.

듬은 인간의 오묘한 숨쉬기 리듬 3 · 4로 시작한다. 그리고 4 · 3으로 끝난다. 총 43자이다. 3 · 4로 시작 그 끝이 4 · 3으로 끝나는 마방진은 아름답게 곧 3의 이름이 가지는 서정시이다. 사람의 한 생애는 사랑으로 시작되어 사랑 의미로 끝나는 서정시이다. 이 의미는 삶의 끝도 3리듬이 가지는 아름다움 묘미다.

인생의 삶은 아름답다. 이 아름다움을 나타내주는 사람의 일생 리듬이 한국 시조문학작품특징이다. 시조작품이 지닌 하나님의 오묘한 안내이다. 바로 열심히 살다가 아름답게 끝나라! 이다. 사람의 생애는 이 세상에 출생하게 된 동기가 그 사람의 의지와는 관계가 없는 부모님으로부터 받은 서정 곧 사랑하기의 결과이다. 생애이다. 사람의 마지막도 인간의 의지와는 관계없이 하나님이 허락한 시기에 끝나는 아름다움이 있다.

그 리듬은 시조작품 리듬 3 · 4 · 3 · 4 · 3 · 4 · 3 · 4 · 3 ·5 · 4 · 3의 총 43자로 마무리 하는 아름다움이다.

소중하게 주어진 사람 생애는 철이 들면서 자신이 걸어가야 할 길이 있다. 그리움의 세계 곧 고향 찾기이다. 그것을 성서는 여호와 이레로 한다. 여호와가 미리 준비해 주신 길로 가는 일이다. 여호와 이레의 곳으로 가는 길이다.

하나님이 준비하신 길은 사람이 사는 땅에서 형성된

다. 바로 내게 주어진 단 한 번의 사랑실천 길이다.

א	אָלֶף 알렙	수소 · 나 · 왕	묶음	1

사람에게는 신의 자녀로 사는 길이 인생길이다. 개인의 인생이 바람직하건 아니 하였건 나 하나만에게 주어진 생애이다. 각 개인에게 특별한 한 가지 일만 잘하게 되는 특별한 달란트가 주어지는 인생이다. 이 일을 성서는 여호수아서에서 왕 31명을 공개하며 밝히고 있다. 31명왕에게 기업을 '하나' 이상을 허락하지 않는다.

기업을 받는 일을 성서는 '하나=אֶחָד[에하드]'로 표시한다.

여호수아서 12장

:9 하나אֶחָד[에하드]는 여리고 왕이요
하나אֶחָד[에하드]는 벧엘 곁의 아이 왕이요
:10 하나אֶחָד[에하드]는 예루살렘 왕이요
하나אֶחָד[에하드]는 헤브론 왕이요
하나אֶחָד[에하드]는 이르뭇 왕이요
:11 하나אֶחָד[에하드]는 라기스 왕이요
:12 하나אֶחָד[에하드]는 에글론 왕이요
하나אֶחָד[에하드]는 게셀 왕이요
:13 하나אֶחָד[에하드]는 드빌 왕이요
하나אֶחָד[에하드]는 게델 왕이요
:14 하나אֶחָד[에하드]는 호르마 왕이요
하나אֶחָד[에하드]는 아랏 왕이요
:15 하나אֶחָד[에하드]는 립나 왕이요
하나אֶחָד[에하드]는 아둘람 왕이요
:16 하나אֶחָד[에하드]는 막게다 왕이요
하나אֶחָד[에하드]는 벧엘 왕이요

:17 하나אֶחָד에하드는 답부아 왕이요
하나אֶחָד에하드는 헤벨 왕이요
:18 하나אֶחָד에하드는 아벡왕이요
하나אֶחָד에하드는 랏사론 왕이요
:19 하나אֶחָד에하드는 마돈 왕이요
하나אֶחָד에하드는 하솔 왕이요
:20 하나אֶחָד에하드는 시므론 므론 왕이요
하나אֶחָד에하드는 악삽 왕이요
:21 하나אֶחָד에하드는 다아낙 왕이요
하나אֶחָד에하드는 므깃도 왕이요
:22 하나אֶחָד에하드는 게데스 왕이요
하나אֶחָד에하드는 갈멜의 욕느암 왕이요
:23 하나אֶחָד에하드는 돌의 높은 곳의 돌 왕이요
하나אֶחָד에하드는 길갈의 고임 왕이요
:24 하나אֶחָד에하드는 디르사 왕이라
도합 삼십 왕이었더라

- 수 12:9~24

사람에게는 한 가지 기업을 받는다. 각 사람에게는 특별한 달란트가 있다는 말이 된다. 한 번의 일생 그리고 단 한 기업만 받은 인생이다. 성서에 의하면 하나님이 허락하는 사람의 기업은 하나이다. 사람의 일생이 천태만상이지만 하나אֶחָד에하드로만 허락되는 기업이다. 세상의 사람 하나하나에게 특별한 하나만을 기업으로 얻는다. 사람이 이 세상에 사는 단 한 번의 인생길은 숫자 하나가 의미하는 왕의 길이다. 단 한 번의 나 '하나=אֶחָד에하드'의 길이다. 나라는 사람의 일이기도 하고 하나님의 길이기도 하다. 이 길은 아브라함의 경우에는 하나님을 위하여 아들을 바치러 가는 길이고 그것을 실천하려 하였던 아브라함의 길, 아비로서의 길이다.

일생은 사랑 실천길이다. 이 장소는 우리 각자의 일생길이다. 사랑을 베푸는 길이다. 사람의 사랑실천 길은 아름다운 인생길이다. 성서는 이 길을 살되 시적으로 살아 라고 하고 있다. 성서는 시인이라는 말을 쓴다. 이 시인들이 하는 일을 성서는 신의 소생이 걸어가는 길이라 하였다.

> 사도행전 17장 :22 바울이 아레오바고 가운데 서서 말하되 아덴
> 사람들아 너희를 보내 범사에 종교설이 많도다 23 내가 두루 다니
> 며 너희의 위하는 것들을 보다가 알지 못하는 신에게 라고 새긴
> 단도 보았으니 그런즉 너희가 알지 못하고 위하는 그것을 내가 너
> 희에게 알게 하리라 24 우주와 그 가운데 있는 만유를 지으신 신
> 께서는 천지의 주제시니 손으로 지은 전에 계시지 아니하시고 25
> 또 무엇이 부족한 것처럼 사람의 손으로 섬김을 받으시는 것이 아
> 니니 이는 만민에게 생명과 호흡과 만물을 친히 주시는 자이심이
> 라 26 인류의 모든 족속을 한 혈통으로 만드사 온 땅에 거하게 하
> 시고 저희의 연대를 정하시며 거주의 경계를 한하셨으니 27 이는
> 사람으로 하나님을 혹 더듬어 찾아 발견케 하려 하심이로되 그는
> 우리 각 사람에게서 멀리 떠나 계시지 아니 하도다 28 우리가 그
> 를 힘입어 살며 기동하며 있느니라 너희 시인 중에서도 어떤 사람
> 들의 말과 같이 우리가 그의 소생이라 하니
>
> 28 이와 같이 신의 소생이 되었은즉
>
> -행 17:22~28

사랑을 베푸는 길을 성서는 사도행전 17:28절에 '신의 소생이 되었은즉'이라 하였다. 사람이 신이라 추켜

세워 질 수 있는 길은 시적인 삶을 사는 일이다. 고향을 찾는 아름다운 마음 곧 시인의 마음으로 산, 길이다.

> 내게 줄로 재어 준 구역은 아름다운 곳에 있음이여 나의 기업이 시로 아름답도다
>
> \- 시 16:5

하늘로부터 받은 권리 하나 곧 내게 줄로 재어준 구역 하나의 기업의 길 하나 אֶחָד[에하드]는 사랑의 길이다. 사랑의 삶을 사는 사람에게 특별한 달란트 하나가 있다. 특별히 잘하는 하나, 기업이 있다.

성서 창세기 첫장의 한 날 원문 하나=에하드=~אחד =~אֶחָד[에하드] 하나는 세 글자이다. 수치 1+8+4=ד^{4}+ח^{8}א^{1}이다. 합계 13 숫자이다.

참으로 한 사람의 생애는 한 번의 길이다. 가 사람 하나하나의 개인 생애이다. 이 길을 걷는 동안 다향하게 길을 걷는 사람도 있다. 그러나 성경은 하나의 길 곧 에하드의 길을 걷는다고 하고 있다.

글자들이 표시하는 바와 같이 אֶחָד[에하드]의 אֶ[에]는 사람이 배우고 배우면 신에 가깝도록 훌륭해 질 수 있음을 알린다. 열심히 배우고 배우는 사람은 가르칠 수 있는 스승이 된다. 어디에서냐 하면 אֶחָד[에하드]의 חָ[하]는 글자가 알리는 바와 같이 소속된 단체에서 가르치는 존재가 된다. אֶחָד[에하드]의 ד[드]와 같이 가슴을 가르친다.

2. 두 분과 고기 두 마리

1). 이크되스

(1). 소문자와 대문자

13의 숫자는 사랑의미이다. 이 13의 비밀은 여호와와 긴밀하다. 히브리어 יהוה여호와 네 글자 ה[5]ו[6]ה[5]י[10]이다. 숫자로도 표시된다. 곧 5 + 6 + 5 + 10 = 26이다. 이 26의 반이 13이다. 13 אֶחָד에하드이다. 낱자 합이다. 신명기 6장 4절에 "이스라엘아 들으라 우리 하나님 여호와는 오직 하나인 여호와시니"1)이다.

"오직 하나이신 여호와"이다.

שְׁמַע יִשְׂרָאֵל יְהוָה אֱלֹהֵינוּ יְהוָה | אֶחָד쉐마아 이스라엘 엘로헤이누 여호와 | 에하드, 신 6:4

성서 원문이다. 특이현상은 글자가 유독 크게 표현된다. 처음 시작 שְׁמַע쉐마아 들으라로 눈에 보이는 그대로 크기가 다른 글자와 다르다. 글자크기가 큰 ע아인이다. 아울러 마지막 글자 אֶחָד에하드 | 에서도 ע아인과 같다. 이 특별한 강조를 성경은 | 로 구분한다. אֶחָד에하드 | 의 ד달

1) שְׁמַע יִשְׂרָאֵל יְהוָה אֱלֹהֵינוּ יְהוָה | אֶחָד(쉐마아 이스라엘 엘로헤이누 여호와 | 에하드, 신 6:4).

[레트] 이다. ע[아인]과 ד[드]을 모으면 עד[아드]이다. 글자자체로는 눈과 가슴이다. 하나님 가슴의 숨은 비밀을 눈으로 보게 함이다. '아드'이다. 글자그대로 '아드'= 아들이다. 예수스 크리스도스의 사건이다. 예수와 크리스트이다. 이 두분의 두는 둘이다. 둘의 '두'는 쌍수 문법이다.

성서의 물고기는 원문 눈 נון[눈]으로 표시된다. 앞 뒤 모두 물고기 표시이다. 더구나 여호수아의 아버지 이름도 눈이다. 이 때 아버지와 아들 관계가 표명된다. 이 눈 글자에서 아주 중요한 신약과 구약성서가 이어지는 증명이다. 바로 물고기 두 마리에 대한 답이다.

눈=נון[눈]의 아들 여호수아 둘이 표시되는 눈=נון[눈] 글자에서 보이는 바 물고기가 두 번 사용된다. 아빠와 아들의 관계이다. 중간 ו[우]를 넣어 물고기 안의 물고기이다. 하나님=Θεο 안에 예수스Ἰησοῦς[예수스]이다. 놀랍게도 이 하나님=Θεο는 둘을 의미한다. 크리스토스Χριστός[크리스토스] 안의 예수님이다. 따라서 크리스도스는 하나님 아드님과 아버지 의미까지 포함된다. 하나님과 예수님 두 분을 의미한다. 참으로 놀라움이다.

눈의 아들 여호수아 눈=נון[눈] 글자가 보여주는 물고기 안에 물고기의 상징은 눈과 여호수아, 하나님과 아들 예수 부자관계를 암시하고 있다. 물고기 두 마리로 비유된다. 참으로 시적 이해가 생산된다.

이 부자관계는 요한복음 5장 17절 18 "하나님을 자기

친 아버지라 하여" 아빠라 부른다. 나와 아버지 관계이다. 31절에는 "내가 아버지로 말미암아"라 하였다. 성서에 아바아버지라 부르는 표현 "아바 아버지[막 14:36 롬 8:15 요 1:12]다. 아빠[갈 4:6]이다. 일반신앙인에게도 허락되는 아빠[갈 4:6]이다. 하나님의 말씀 임할 때 양자로 불리울 수 있는 아빠[갈 4:6 6:4]이다. 아버지와 아들사이가 허락된다.

우가리트어 언어 변화에서 보여주는 얌1) 물고기가 아빠와 관련이 있다. 우리말 권의 세계분포도 증명서가 있다. 다비드 토시오[David Toshio] 학자는 יָם[얌·yam]을 아카드어와 관련 바다를 ayabba[아빠]2)라 하였다. 아빠라는 표현은 우리말 '아빠'의 발음 그대로이다.

요즈음의 자가용 차 뒷면에 달고 다니는 물고기 기호 = IXΘYΣ[이크딕스]가 있다. 영어 ichthys[이크딕스]이다. 1970 년대에는 기독교 아이콘으로 사용되었고 1973 년에도 물병자리 바위 축제로 옮겨진다. 자동차의 뒷면 혹은 펜던트 또는 목걸이 중앙에 예수 또는 ΘÎÎÎΘ로 표현한다. ichthus[이크딕스]는 IXΘYΣ[이크딕스]로 기록3)된다.

그리스도나 크리스트 등은 모두 끝에 복수상징인 '스'가 붙는다.4) 기독교 상징으로 물고기=이치투스5), 십자

---

1) יָם(얌).
2) David Toshio. Tsumura · 57:
3). 옥스포드 영어 사전. 2007
4).위엘레샤 코프먼, 기독교 물고기 기호의 기원은 무엇입니까? christianity today.com(2008. 8. 8).
5). religious tolerance.org(2014. 4. 22)

가와 십자가는 예수 또는 ICTUS이크투스 ἰχΘῦς이크두스[1)]이다. 어원은 오래된 아르메니아 어 ànւկն주크, 리투아니아어 žuvis쥬비스이다. 변곡점은 ὁ ἰχΘῦς호 이크두스에서 τοῦ ἰχΘῦος투 이크두오스로 물고기 두 마리이다. 모두 복수이다. 물고기 두 마리로 한 파생어 ἄνιχΘῦς아니크듀스 ---> ἄπ ιχΘυόομαι아피크듀오오마이 ---> ἄπιχΘῦς아피크듀스 ---> ἰχΘῦῖα이크튜이아 ---> ἰχΘῦϊκός이크두이코스 ---> ἰχΘῦκεντρον이크두켄트론 ---> ἰχΘῦομετἄβολος이크두오메타볼로스 ---> ἰχΘῦοπρᾶτης이크두오프라타티츠 ---> ἰχΘῦοπτρῐ́ς이크두옵테리스이다.

성경이 제시하는 물고기는 한 마리가 아니다. 두 마리이다. 성서는 첫 글자를 대문자와 소문자로 구분하여 그 엄청나게 절대자와 물고기를 구분한다. 물고기 언어를 두 마리의 복수이미지로 전한다. 하나님과 예수님을 두 분으로 표시하는 절대적인 복수 표시를 할 경우 첫 자에 대문자가 등장한다. 물고기일 경우 소문자가 등장한다. 더구나 놀라운 사실은 물고기가 우리말 아빠로 드러나는 예이다. 아빠는 반드시 아버지와 아들관계에서 성립되는 언어 물고기 두 마리이다. 복수 표시 이크듸스이다. 그리스어: ἰχΘύς이크두스→ 영어: ichthýs이크듸스 그리고 대문자 표기로 그리스어: ΙΧΘΥΣ이크듸스 이다. 물고기 두 마리 첫 자를 소문자, 대문자를 크리스트이다.

---

1). 로비슨, 그렉, 크리스찬 록 페스티벌(뉴욕:로젠 출판 유한 공사, 2009), p.7.

(2). 하나가 아니고 둘이다

ἰχθῦς=이크두스 옥스퍼드 사전 참고

ἰχθύς=이크두스뉴욕:하퍼 & 브라더스// 오텐리스, 게오르그1891 학교와 홈릭 사전

ἰχθύς=이크두스 1935 제3판:시카고 대학교

ἰχθύς=이크두스1924 노먼:오클라호마 대학교, 출판1963 슬레이터에서

ἰχθύς=이크두스윌리엄 J.1969 강, 제임스 1979

ἰχθύς=이크두스 그리치쉬-도이치 한뷔르테르부흐. 1875. Vol I, pg. 582

1ἰχθύς=이크두스1959유도-유럽 에티미지즘 사전

ἰχθύς=이크두스 2010 그리스어의 어원사전

이크씨스(그리스어) 그리스어사전: 라우틀리지 & 케건 폴

초기 기독교 신자들이 비밀스럽게 사용한 기독교 상징은 두 개의 곡선을 겹쳐 만든 물고기 모양이다. 원발음 '예수스 크리스토스' 하나님의 아들에서 복수의미가 겹쳐지는 비밀이 숨어 하나님과 예수 두 분, 예수와 크리스트 두 분! 물고기 이크듸스는 '하나님의 아들 구원자 예수 크리스트'의 기막힌 증명서다. 희랍어 머리 글자만 따서 된 물고기 두 마리 '이크듸스'의 비밀이 있다. 원음 크리스토스 Χριστός의 '크리'는 바로 우리말 '크리'이다. 끝의 '듸스'나 '도스'는 복수의미다. 하나님 Θεού 표시의 우리말식 발음 둘δύο=두δύο=도δύο이다.

우리말 둘 곧 하나님과 아들의 둘 지칭이다. 시적 비유 물고기 두 마리가 전해주는 하나님과 아드님의 흔적을 둘의 병치관계로 한다. 고기 두 마리 δύο ϊκΘύας이다. ①. δύο ②. Θύας ③. Θεού이다. 물고기와 하나님 이 글자의 차이는 물고기는 소문자로 시작되고 절대자 이크듸스에서는 대문자로 사용된다. 우리말 '크리'와 '두'와 합하여 가장 큰 분 둘을 지칭하며 비밀리에 소통되는 물고기 두 마리로 서로 교통하는 엄청난 암호이다.

예수님과 하나님의 관계가 물고기에 비유되어 가장 시적인 긴장관계를 형성한 '두 마리'의 '두'는 하나님과 그의 아들의 관계의 시적 은유 뚜렷한 두 번의 징조는 이스라엘에서 드러난다.

> 네 이름을 다시는 야곱이라 부를 것이 아니요 이스라엘이라 부를 것이니 창 32:28

성서는 이 둘의 의미를 단순한 의미가 아니라 큰 분 둘의 의미를 곳곳에서 비밀로 감추시되 들어난 시적 은유이다. 하나님이 그에게 이르시되 네 이름이 야곱이지마는 네 이름을 다시는 야곱이라 부르지 않겠고 이스라엘이 네 이름이 되리라 하시고 그가 그의 이름을 이스라엘이라 부르시고' 축복[창 35장 10]하신다. 처음은 천사가 밤새도록 야곱이 에서와 만나기전 기도하며 씨름하는 야곱을 이스라엘이라 부르라 하였지만 두 번째는 직접 야곱에게 이스라엘[창 35: 10]이라 부르셨다. 이러한 장치는 곳곳에서 들어난다. 벧엘이라는 이름도 하나님과 만난 이 땅이 야곱에 의해 불리어지고[창 35:12] 이후 신약에서 예수님이 태어나는 곳으로 지칭된다. 성서는 선지자들을 통하여 말씀 하신 바 내가 입을 열어 비유로 말하고 창세부터 감 추인 것들을 드러내리라 함을 이루려 하심이라[마 13:3] 한다.

따라서 성서에서 물고기를 반드시 둘의 관계로 하는 성서의 물고기 두 마리 표시는 눈[대상 7:27]의 아들 여호수아의의 부자관계에서 드러난다. 하나님과 하나님 아드님의 관계의 암시 눈=נון[눈] 눈 글자로 그 안 구세주 안에 들면 영원히 살 수 있다의 암시다. 에곤 프리델은 고대의 문화사에서 물고기의 두 마리가 기독교가 점성술 시대를 막을 수 있다 하였다. 성서가 가지는 물고기의 이름에서다. 이 예수스 그리스토스[Ἰησοῦς Χριστός] 그리고 나의 구세주 이크듸스[ΙΧΘΥΣ]다. 이크는 크다는 뜻이다. 뒤스는 둘 의미다.

카타콤이후 300여년의 시간 뒤 기독교의 상징은 물고기에서 예수십자가로 바뀌었다. 예수스 크리스토스Ἰησοῦς Χριστός[예수스 크리스토스] 십자가 기독교의 상징은 기도하고 예배드리기 위해 비밀리에 만나면서 이용한 이 물고기 두 마리에서 그대로 그 흔적을 남긴다.

2). 물고기 이크듸스 암호

(1). 물고기 다섯 글자의 구성

한 사람이 발로 땅위에 물고기 모양의 윗부분의 반을 그리면 다른 사람이 그 나머지 아래 부분 반을 그려 믿음공동체를 알린다.

ÏXΘUΣ 이크듸스
Ï :Iesus=Ἰησοῦς 예수스 :예수
X :Xristus=Χριστός 크리스토스 :크리스트
Θ :Theos=Θησοῦς 데오스 :하나님
U :Huios=Υυίός 위오스 :아들
Σ :Sojomete=Σωτεήρ = Σοξομετε 소조메테 :구원자

기독교 ÏXΘUΣ=이크두스 암호는 ÏXΘUΣ=이크두스 대문자로만 구성되면 절대자표시다. 다섯 글자 ÏXΘYΣ =이크두스 대문자는 각기 뜻을 가진다.

이크듸스인 예수=Ï :Iesus=Ἰησοῦς 예수스 :예수

크리스트=크리스토우스=X :χριστούς=크리스토우스는 큰 것 두 개 '크리'와 지금의 영어 Christ의 끝 t트가 의미하는 '크다'와 십자가표시로 하여 크다 의미가 둘이다. 헬라어에서 τ트로 표시하고 영어에서도 t트로 표시되고 히브리어에서도 ת트로 표시된다.

우리말의 문장글자는 대부분 '…다. 로 끝난다. 이 '…다.는 십자가 의미도 있고 우리말 이해로는 '크다'이다.

(2). 글자형성

하나님의 아들 우리말 예수 그리스트 구세주= 이크디스=ÏΧΘΥΣ=Ἰησοῦς 예수스 ⇢ 크리스토스Χριστός ⇢ 크리스톤=χριστον[눅 20:41] 하나님 Θεός=데오스 ⇢ 아들 Υυἱός=위오스 ⇢ Σ의 앞 자만 모은 ÏΧΘΥΣ=이크디스= 예수[1] 크리스트, 하나님의 아들 구세주 통칭이다.

그런데 소문자로 사용하게 되면 이크디스, 혹은 이크씨스=그리스어:ἰχθύς=이크두스=물고기이다. 물고기 고대 그리스어가 I X Θ U S=이크두스(I χ Θ Y Σ=이크두스이다. 혼용되어 졌다. 초기 기독교인들에 의해 책이 고대 그리스어로 쓰여 진 문자의 두문자어(acronym)로 부터 만들어[2] 졌다. 물고기는 칼리스투스의 지하묘지의 아가펠라 그레카와 성 칼리스터의 성 찬송가와 같은 로마 기념물 소스에서 발견된 물고기 기호 예수 물고기다. IXΘYΣ=이크디스는 로마 박해 시대 신자들이서로 알아보던 암호로서 크리스트를 가리키는 단어이었다.

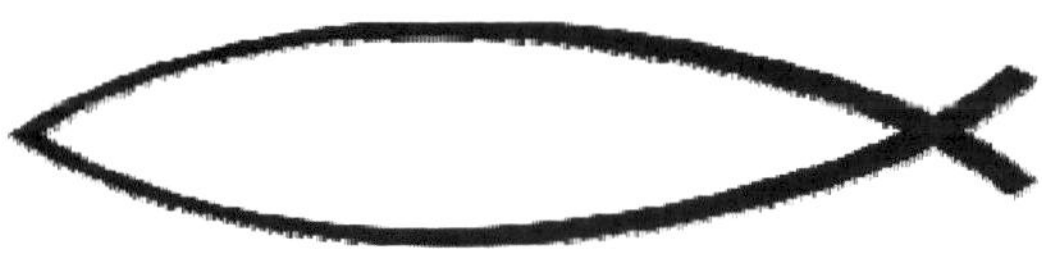

https://commons.wikimedia.org/wiki/File:Ichthus.svg

---

1) 물고기는 눈(영속자)의 아들 여호수아의 의미다.
2) 기독교 오늘, 엘레샤 코프먼,「전문가에게 물어라」

물고기와 예수와의 글자가 동일시로 나타나는 현상은 신약성서 원문에서이다. 물고기와 예수와의 긴밀성은 시적 특유의 설명이 되는 은유이다. 비밀 암호 ΙΧΘΥΣ=이크드스의 첫 Ι는 예수=Ἰησοῦς 예수이다. 우리가 익히 아는 예수[1)]다. ΙΧΘΥΣ=이크드스 둘째 Χ는 그리스토스=Χριστός 크리스트이다. 읽기는 크리스타스이다. 우리가 익히 아는 그리스도[2)]이다. 그리스도 표현은 한국식 콩글리쉬이다. ΙΧΘΥΣ=이크드스의 셋째 Θ는 데오스Θεός 데오스=하나님이다. 큰 분 둘의 의미가 들어있다. 여호와 글자에 이 큰 분 둘의 메시지가 전해진다.

십자가 지신 예수님 앞에 붙은 명패 네 글자의 첫자를 모으면 여호와다. 우리가 아는 하나님[3)]이다. ΙΧΘΥΣ=이크드스 다섯번째 Υ는 위오스Υυἱός 위오스=아들이다. 예수님[4)]을 하나님의 아들로 표시한다. ΙΧΘΥΣ=이크드스 마지막자 Σ는 소테르Σωτεἡρ 구세주이다. 하나님 구세주[5)]이다.

---

1) Ἰησοὺς 예수 마 1:1, 16, 18. 21. 25 등:George V. Wigram, 『신약 성구사전:*The Koreans Greek Concordance of the New Testament*』, 고영민,김만풍 역(서울:기독교 문화출판사`, 1981)., 1097

2) Χριστός 크리스도스 마 1:1, 16, 17. 18, 2:4 등:George V. Wigram, 『신약 성구사전:*The Koreans Greek Concordance of the New Testament*』, 고영민,김만풍 역(서울:기독교 문화출판사`, 1981)., 1239

3) Θεός 데오스 하나님 마 1:23, 3:9, 10. 18, 2:4 등:George V. Wigram, 『신약 성구사전:*The Koreans Greek Concordance of the New Testament*』, 고영민,김만풍 역(서울:기독교 문화출판사`, 1981)., 531, 620(κκριος 퀴리오스 주, 마 1:20 등).

4) υἱος 아들 마 1:21, 23, 25. 3:17. 5:9 등:George V. Wigram, 『신약 성구사전:*The Koreans Greek Concordance of the New Testament*』, 고영민,김만풍 역(서울:기독교 문화출판사`, 1981)., 1003

이 구세주는 단순히 갑자기 나타난 의미기호가 아니다. 이미 옛 초기 카톨릭의 신자들부터 예수를 상징으로 전해기 위해 알려지는 물고기 이크뒤스이다. 고대 그리스어:ἰχθύς 소문자에서 들어난다. 이 때문에 물고기와 예수와의 관련성이 계속 이어진다. 그리스 이크두스*ἰχθύς AD Koine* 그리스어 이크뒤스*ixîîîys* 물고기이다. 예수=*Ἰησοῦς* 예수 크리스트=*Χριστός* 크리스토스의 대문자 구세주 이크듸스ÏΧΘΥΣ 예수=*Ἰησοῦς* 예수 크리스토우=*Χριστός* 크리스토 데오스=*Θεός* 데오스 위오스=Υἱός 위오스 Σ의 앞 자만 모은 약자 곧 예수 크리스트, 하나님의 아들 구세주이다.

주 예수는 크리스트이다. 크리스트의 '크리'는 우리말 '크리이'다. 크리스트의 '트=ת트 히브리어=τ트헬라어=t트 영어 소문자=T영어대문자로 모두 십자가의미[1]이다. 크다는 의미가 두 번 있다. 크리스트라는 글자 안에 크다는 의미 두 번 반복은 부자관계의 암시이다. 이미 눈의 아들 여호수아의 관계에서 여호수아의 아버지 눈 נון눈 눈에서 시작된다. 물고기 두 마리로 표시된다. 재미있는 사실은 우리말 눈도 ㄴ과 ㄴ이 두 번 발음된다. 눈

5) God ὁ Θεός ὁ σωτήρ μου(Ps 24:5; 26:9 Mi 7:7; Lk 1:47 Θεόσ):GREEK-ENGLISH LEXICON of the NEW TESTAMENT and Other Eary Christian Literature 하 William F.Arndt and F. Wilbbur gingrich The university of chicago press and London, 1958., 801:KBornhausen, Der Erlóser27 Θεοσ Σωτεήρ b. den Rómern 1:

1)최명애, 『알기 쉬운 성서, 히브리어 기초와 그 의미』(서울:쿰란출판사, 2005)., 146~148.

은 하늘에서 눈이 내리고 사람이 사물을 보는 눈이 있다. 아울러 하나님과 아들 예수, 그리고 예수와 크리스트 모두 모두 둘이 기본 의소이다.

이 어마어마하게 큰 분과 그리고 위대하다의 아주 큰 분을 우리는 *Xman*엑스맨이라 부른다. 영화에서도 동서양을 불문한다. 한국에서도 첫 글자를 가야문명권의 가림토 문자에서 가장 제일 먼저 발견된 글자가 X엑스가 있다. 헬라어 크리스톤 *Χριστόν*크리스톤 눅 20:41이다.

이의 증거를 허대동 언어학자[1]는 우리민족이 천손민족임을 알린다. 하늘로부터 보호받는 민족이라 알린다. 그는 우리 조상들이 지금의 한글 문자를 만들어 가는 과정을 다양한 토기 및 바위 증거자료에서 찾아 확실하게 알린다. 다양한 새와 짐승들과 그리고 미미한 생물에 이르기까지 함안 박물관에서 아라가야 토기부호의 가야시대문자=양산토기문자에서의 동심원의 눈이 4개 곧 눈 네개 가진 자가 나를 사방팔방으로 보호하는 하늘천손민족만 쓸 수 있는 우리방계문자들을 찾아낸다. 그는 ㄱ과 ㄴ과 ㄷ과 ㄹ이 생겨날 수 있는 근거를 이 *X* 크다의 뜻을 지닌 당시의 표시에서 나왔다고 한다. 회전문자 곧 우리대한민국의 상징이기도 한 회오리바람, 그리고 팔랑개비, 하늘로 용이 승천하는 표시 등

1) 마로니에 방송 '한사모' 고조선 문자 환국대동어문문자부분 허대동 강연, 한뿌리 사랑 세계모임 제 17차 역사포럼 20160525 마로니에 방송.

의 이미지 시발점이라고 가림토 문자 증거를 들어 증명한다. 고조선 이전의 이미 있었던 우리 문자가 김해 박물관 도자기에서 증명된다. 특히 지금의 삽#으로 불리는 우물 정 井 문자관련을 광개토왕 당시 역사에서 증명한다. 가림토 문자에서의 X엑스는 지금도 태권도나 택견의 무도기술에서 하는 자신 보호표시행동이다. 자신이 자신을 보호하는 것이 아니라 하늘의 절대자가 보호해준 가림토 문자 설명 증거이다.

참으로 열역학 법칙이다. 여전히 각 중앙박물관=전국 각 박물관 토기에 새겨진 글자에서 우리 문자 X엑스는 지금 성서에서 보이는 바로 크리스토스Χριστός크리스토스의 첫 글자 X엑스와 직결된다. 열역학 법칙이다. 과학증명이다.

천문학의 기원은 바로 우리나라에서 그 시원을 가진 하늘문자의 첫 문자로 X엑스글자가 허대동 학자가 증거해 낸 가림토 문자가 전해주는, 가림 해 주는 하나님 보호 문자를 증명, 별자리가 그려진 북두칠성의 동심원 근원을 이 X엑스 글자에서 찾는다. 이 X엑스를 돌리면 회전문자가 된다. 빗살무늬가 된다. 우실하 교수는 강원도 고성군 문암리 선사유적을 알린다. 지금 옥기문명시대에서 발견되는 우리 조상들의 옥기문명시대 큰 흐름은 크다는 사실을 X엑스로 알린다. 가야지역 바위 반구대와 울산 박물관이 가진 증거자료를 허대동언어학자는 우리문자로 *X*[엑스]가 있음을 알린다. 열역학 법칙을 알린다. 지금도 우리는 우리나라의 모든 지명들에 큰 대 大[대]자가 있다. 한강대교 대한민국 등등에서이다.

천문학은 하늘을 닮은 존재를 이 지상에서 설명하려 한다. 하늘의 별을 보고 남아 있는 동심원 천문학이 발달되게 한 근거를 남긴다. 한글 원형이 지닌 가장 첫 글자 *X*[엑스]는 절대자 하나님이 보호해주는 마크이다. 익산 박물관에 있다.

히브리어와 헬라어 발음으로 전해지는 예수스 그리스트스 *Ἰησοῦς Χριστός*가 있다. 성서는 원문 예수스 크리스트스*Ἰησοῦς Χριστός*의 고기 두 마리 표시다. 예수님은 고기 두 마리를 앞에 두시고 축사로 5000명을 먹이고도 12광주리를 남겼다. *X*[엑스]자로 제시[눅 20:41]된 예수스 크리스토스*Ἰησοῦς Χριστός*[1] 영생을 얻게 하시는 두 분을 성서는 대문자 X자로 시작 크리스토스=*Χριστός*[눅 20:41]로 한다.

구약성서 거의 장장마다 여호와를 쿠리오스 · 쿠리오 등으로 번역, 대문자 *X*[엑스]로 하지 않는다. 소문자 k[2]

---

1) 김명현공학박사, '하나님의 이름, 야훼(YHWH) 손을 보라 못을 보라(153쉘터교회 with)

2) לַיהוָה(라흐바·여호와를 위하여·κυρίου(쿠리우) 창 3:8, 8, 출 15:3, 16:7, 26, 15:26:신 28:1, 2, 9, 10, 15, 45, 47, 62, 29:9, 28, 30:10; 마 3:3, יְהוָה(야훼·여호와, κυρίου쿠리우) 출 15:26; 신 28:1, 2, 9, 10, 15, 45, 62, 29:9 יְהוָה(야훼·여호와, κύριος 쿠리오스) 레:2:8, 13, 16, 신 28:1, 8, 8, 11, 12, 13, 21, 22, 24, 25, 27, 28, 35, 37, 48, 49, 52, 53, 59, 61, 63, 63, 64, 65, 68, 69, 29:19, 30:1, 3. 3, 4, 5, 6, 7, 9, 16, 20) 신 28:1, 8, 8, 11, 12, 13, 21, 22, 24, 25, 27, 28, 35, , 37, 48, 49, 52, 53, 59,

로 한다. 그 의미를 주인으로 하는데 있다.

가장 소중하고 가장 큰 의미는 예수스 크리스토스*Ἰησοῦς Χριστός Χριστός*이다. 크리스토스 *Χριστός* 크다 의미 두 번이다. '둘=쌍수' 비밀이 알려 지는 크리스트의 t트에 대한 십자가 의미최명애1)다. 크리스도스*Χριστός*의 '도'가 둘 헬라어 듀오δύο이다. '두=δύο=둘δύο' 큰 분 두δύο둘 둘! 물고기 두 마리의 비밀 하나님과 예수 두 분 비밀이 밝혀진다.

헬라어에 나오는 주인 의미의 쿠리오와 유사한 발은 한국 *Korea* 코리아가 있다. 물론 *K*케이로 표시되어 X엑스 표시와 구별된다. 여호와=יְהוָה여호와2)를 κυρίου쿠리오 마 3:3로 헬라어 번역이다. 한국의 코리아는 그 의미를 먹는 꿀강상원학설 꾸리아다. κυρίου쿠리오 마3:3는 悉曇文字실담문자 中天竺중천축 Siddam alphabet: Kuru~rian=Kuiya=race=Korean 구려句麗 고려高麗 구루句漏 located in the most northern ranges of the Hima^laya는 사라진 무제국無帝國 동이족 언어3) 겨레 Kuru, 겨레 Korea4)다. "쿠리에 쿠리에마 7:21" 쿠리에 쿠리에마 7:22 5) 유사성을 유추하게 한다.

61, 63, 63, 64, 65, 68, 69, 29:19, 30:1, 3. 3, 4, 5, 6, 7, 9, 16, 20)

1)최명애, 『알기쉬운성서, 히브리어 기초와 그 의미』(서울:쿰란출판사, 2005)., 92.

2) קִבְעִים(코베임 · 도적질하였으므로, 말 3:9).

3) 강 상원 · 「사라진(沈沒) 무제국~東夷族에 母國』(서울: 朝鮮世宗太學院 · 2013). · 82.

4) 강 상원 · 「사라진(沈沒) 무제국~東夷族에 母國』(서울: 朝鮮世宗太學院 · 2013). · 82.

5) 마태 17: 12, 15: λέγων κύριε, 등 등. דָבָר λόγοι(신 28:69)

2. 이름표

1. 빌라도가 써 붙인 예수명패

(1). 예수이름표

성서는 하나님과의 예수와의 관계를 여호와 יְהוָה[여호와] 글자에서 찾게 했다. 빌라도가 써 붙인 명패가 있다.

성서는 몸에서 피와 물이 다 쏟아져 내린 내 손י=יְ[예]의 못(ו=וְ[봐])자국을 보라한다. 두 번 숨 쉼을 두 번 숨 쉼 ה[헤] ה[헤] 보라 보라! 숨 쉼, 내 손을 보라 한다. 이 ה[헤]는 하나님의 손 예수님의 손 י[요드][1]이다.

> 내 손과 발을 보고 나인 줄 알라 또 나를 만져 보라 영은 살과 뼈가 없으되 너희 보는 바와 같이 나는 있느니라
>
> -눅 24:39

> 내가 그의 손의 못 자국을 보며 내 손가락을 그 못 자국에 넣으며 내 손을 그 옆구리에 넣어 보지 않고는 믿지 아니하겠노라
>
> -요 20:25

> 도마에게 이르시되 네 손가락을 이리 내밀어 내 손을 보고
>
> -요 20:27

숨 쉬게 하시는 손 י[요드 손]으로 하여 손에 못 ו[바브 못 갈고리, 출 27:11,17]이 박힘을 알리는 성서의 둘의 긴밀한 관

---

1) 한사무엘, 히브리어 무료강좌-15 '페-눈 동사라멧-헤동사. 「라멘(ל)-헤(ה)동사: 칼 완료형」 인터넷 동영상.

계 곧 손과 못의 긴밀성으로 하여 여호와를 알게 된다. 그의 아들이 십자가에 못 박히는 일을 보라 한다.

1)

못으로 하여 예수님이 공중높이 달리실 수 있다. 예수님 손은 나무십자가에 박힌다. 갈고리 역할 못 ו 못, 갈

1) 김명현공학박사, '하나님의 이름, 야훼(YHWH) 손을 보라 못을 보라 (153쉴터교회 with)

고기 출 27:11, 17이 으로써 불가불 여호와와 아드님과의 큰 두 분 관계를 잇는다.

십자가에 달리시는 큰 분 '크리'와 십자가 의미 '트'가 지니는 크리스토스=Χριστός크리스토스 확실한 증거가 있다. 오늘날 카돌릭이 그 증거이다. 히브리에서 크다 '가돌로גָּדוֹל 가톨로 창 12:1 גָּדוֹל 출 32:31'이다. 커다란-크낙한=가득한이다. 크리스마스의 크와 커다란의 커와 크낙한의 크와 가득한의 가와 동일하다. 아주 가득하고 커다랗고 크고의 강조 두 번 반복 크리스트다. ①.예수님과 하나님 두 분 ②. 예수와 크리스토스의 둘 관계다.

이 크다 의미를 우리 것에서 더 알아볼 수 있다. 우선 가장 큰 의미가 전해지는 부여夫餘는 고조선 때부터 있던 이름이다. 부여인의 아주 오랜 조상 혈족으로는 북부여인 징기스칸[1]이 있다. 뉴욕타임즈가 정한 세계에서 가장위대한 사람이 있는 이 부여이름은 대부여 · 중부여 · 북부여[2] · 동부여[3] · 남부여 · 서부여 · 요서부여[4]가 있다. 현재 부여명의 지속성이다. 예濊땅에

1) 『몽고비사』에서남김, 부여강 포오강 蒲吾江(중국발음=우리말 부여강)부근 지금의 흑룡강 상류에서 탄생(부여때에는 약수 弱水, 한, 명 때에는 예수濊水):심백강, '사고전서로 살펴본 부여와 고구려'([한사모] 한뿌리사랑 세계모임 제8차 역사포럼_2015. 7. 17)

2) 바이칼동쪽, 심백강, '제35차 여의도 역사포럼/낙랑이 바로서야 한국사가 바로선다' ([한사모] 한뿌리 사랑 세계모임/ 한국상고사_ 2018. 8.25).

3) 상동:송하강 일대와 흑룡강 시베리아 부근 고조선 부여 → 한나라 흉노족 → 당나라 북방 돌골족 → 15세기 모스크바 대공국 → 몽고 → 러시아(150여개 민족, 146개 언어).

4) 이주희, '북부여와 부여사' 대한사랑 역사특강 2019. 10.15.

있던 부여는 대청일통지大淸一統志와 대명일통지大明一統志에 기록되기를 예濊 땅에 예수 · 예하濊水 濊河가 있다 했다. 포여蒲餘=부여夫餘 부여 지역을 포여로蒲與路라 했다. 원나라 금나라때이다. 한나라 명나라 때에는 복여로福餘路=부여夫餘路이다. 부여이름을 넣지 않고는 못 견딜 거대한 광부여光夫餘 자체가 크다의 의미이다. 이 연속성에 해 · 빛 · 밝음 · 불의 뜻을 지닌다. 하늘의 해 · 불 · 밝음의 ㅂ 발음, 부여 이름이 존재하게 된 어근이 된다. 부싯돌 · 불구경이 근거로 남아 있다. 한자명 부여夫餘의 부夫는 지아비 夫자의 한자 차음 곧 한자를 빌어서 나타낸 글자이다. 바로 부부 두 사람 은유로 부각되는 둘 의미가 성서 물고기 두 마리와 긴밀성으로 연결된다. 지아비 부夫자는 하늘天보다 더 큰 의미소로 거대하게 밝은 이름 원소이다. 성서연결고리가 뼈의 혈육을 근거창 2:23로 한다. 또 사람이 죽어 그 뼈가 흩어져 있어도 뼈를 모으는 절대 큰 손에스겔 27:1~14으로 생명이 계속 이어지는 열역학법칙에 부여가 존재한다. 생명이 태어나는 땅, 거대한 부여이미지는 백제[1]와는 구분된다. 백제

---

1) 심백강(한국민족연구원장), '사고전서로 살펴본 요서백제와 신라의 역사/한뿌리사랑 세계모임 제10차 역사포럼(20151022)':백제대국 백제는 北史에 백제왕은 수도를 거발성과 고마성 두 곳에 두었다. 거발성은 요서 진평성(『흠정만주원류고-청나라 국정교과서』)에 있고 고마성은 웅진성 고마(곰)나루=웅진 큰 대국이 증명된다. 양집공도(사신을 그림으로 그린)에 래이마한지속(萊夷馬韓之屬)라 하였다.. 서경은 우공편에 백제를 萊夷원류라 했다. 백제의 왕과 제후를 거느린 대제국(흠정만주원료고-청나라국정교과서)은 주원을 무대로 활동한 대강국, 서북으로 광영 금영 의주와 남쪽으로 해주 동쪽으로 황해도 충청도 전라도에 이름 요동해성과 금주광영으로 백제는

이전에 부여가 먼저 있다. 지금의 부여 이름도 원래 백제의 원 이름 남부여이다. 부여 기록은 단군 통치 연방국가라고 왕조실록세종실록에 ①.조선 ②.고레 ③.예 ④.맥 ⑤동부여 ⑥ 북부여[1] ⑦ 남옥저 ⑧북옥저 ⑨시라'[2]와 더불어 기록된다. 옥기문명권의 빗살 무늬 띠 선상[3]에 지금의 부여가 있다. 이 긴밀성은 부여성곽 모형과 동일한 옥기시대 성곽이 유네스코에 등재되어 있다. 진흙땅 늪지대를 사방 성곽으로 둘러싼 독특한 지금의 부여가 그 증거이다. 이 법은 옥기시대문명권이 진흙땅이었던 늪지대를 성곽으로 만든 특이한 문화재는 8000년 전의 용봉^龍鳳^문화권으로 소급되어 하늘에 제사지내는 천단, 계단식 여신묘 13능의 적석총[4]이 산 증거이다. 부여문화의 특징은 흔히 말하는 곰 토템의 전승이 아니라 봉황 곧 새 토템문화와 일치한 대향로 봉^부여박물관소장^이 증거로 남아있다. 곰토템 문화이전 문화권이다. 여인들이 끼는 옥 반지나 옥침대의 옥기문명권

한반도 서남쪽을 통해 발해로 올라간 지역 -춘추천국시대에는 요서에 도달하고 길림성 부여지국의 대국. 구당서에 광역 6을 두어 군이 60개라 기록.

1) 시베리아 바이칼, 흑룡강부근 약수 곧 부여강이 있었다(심백강).

2) 심백강역사학박사(단군역사학자/민족문화연구원장), '사고전서를 통해 다시 찾은 한민족의 바른 역사'/한 뿌리사랑 세계모임 제36차 역사포럼(20171216), 사고전서로 살펴본 부여와 고구려'/한뿌리사랑 세계모임 제8차 역사포럼(20150719).

3) 우실화(한국항공대학교인문학부교수), '요하문명의 발견과 동북아 상고사'(한뿌리사랑제9차역사포럼, 20150917). '요하문명의 발견과 동북아 상고사의 재편 2부(20160601).

4) 심백강, '사고전서로 살펴본 부여와 고구려'-심백강/한뿌리사랑 세계모임 제8차 역사포럼(20150719).

이 보여주는 여신묘[1] 증거가 있다. 심지어 삼신三神의 형상에 따른 우리조상 이력설우실하 항공대학교 인문학부 교수[2] 그대로 전해진 1만여 년 전 역사다. 우리 선조들의 살았던 영역이 가늠된 옥기문명형성시대가 알려주는 가로세로의 60미터의 피라 밑 7층의 적토층 묘안장 형태는 이집트의 피라미트를 무색케 한다. 음력 4월 8일 석가탄신일 근거만 하더라도 그 시대에 문화행사그대로 전해지는 한국 문화는 지금의 불교의식과는 전연 관련 없는 제천의식에서 비롯된다. 이 부여심백강박사는 열역학 법칙이 적용되는 부여에 크게 솟았다의 부소산이 있다.

①. 아버지 뜻과 ②. 아들의 사랑실천 열역학 법칙 '물고기 두 마리'와 '생선 두 마리'가 전하는 5000명을 먹이고도 남은 기적이 전해진다. 현대 신앙 시에 물고기와 생선의 열역학의 물고기의 비밀 시「오병이어」가 있다. '물고기'와 '생선'이 있다. 물고기는 아주 작은 물고기이고 그것도 아주 작은 생선으로 은유된다. 시인이 '내 물고기와'와 '내 생선'으로 한 두 마리이다.

> 여기 한 아이가 있어 보리떡 나섯 개와 물고기 두 마리를 가지고 있나이다
>
> -요 6:9

1) 女神苗 눈에 옥알 있음(우실하)..

2) 우실화, '요하문명의 발견과 동북아 상고사'(한국항공대학교인문학부교수, 한뿌리사랑제9차역사포럼, 20150917). '요하문명의 발견과 동북아 상고사의 재편 2부(20160601).

(2). 「오병이어」 시

물고기 두 마리[δύο ἴκΘύας 마 14:17, 19; 막 6:38, 막 6:41(2회); 눅 9:13, 16]다. 물고기의 두 마리의 구체성은 이미 여호수아의 아버지 눈=נון[눈]=נוּן[눈]에서 물고기 두 마리1)이다.

아주 작은 물고기[δύο ὀψάρια 요 6:9]가 신앙 시에 있다. 아주 아주 낮추어 자신을 '내 작은 물고기로 비유하는 시가 있다. 하나님의 크신 은혜의 옷을 입은 헌납 시가 있다. 지금도 이 세상에서 하나님이 쏟아 놓는 축복은 아주 작은 자신의 모습을 지닌 겸손으로 절대자에게 닥아 갈 때 기적이 일어난다.

홍문표 시인의 물고기 두 마리2)에 대한 「오병이어」 시이다.

> 비록 보리떡 다섯 개
> 물고기 두 마리 일지라도
> 당신의 손에서는
> 오천 명이 먹고도 남는
> 넉넉한 양식입니다
> 내 가진 것
> 보리떡 다섯 개 그보다 더 작은
> 목숨뿐 일지라도
> 그마저 당신 앞에 내어 놓는
> 믿음이게 하여 주시옵소서

---

1) 이영지, 『홍 문표 에덴시학(詩學)연구』 (서울: 창조문학사 · 2019).47.

2) נ(눈 '물고기 · 영원 · 규정).

내 가진 것
생선 두 마리 그보다 더 작은
부끄러움뿐 일지라도
그마저 당신 앞에 내어 놓고
자비를 구하게 하여 주소서

낮추는 자 하늘 위로 높이시고
높이는 자 땅 밑으로 낮추시는
당신의 공평한 정의

주여
보리떡으로 살아가게 하소서
물고기 두 마리로 살아가게 하소서
그마저 당신 앞에 내어 놓는
가난한 믿음이게 하여 주시옵소서

～ 홍문표 시「오병이어」[1]

홍문표시인의 시집 『지상의 연가 ~늘 푸른 강물이 듯이』는 1992에 발간되었다. 25년이 지나『시몬아 네가 나를 사랑하느냐』신앙시집이 있다. 아주 아주 작은 두 마리 물고기가 된『십자가 십자가』시집 제목조차 두 번의 반복리듬으로 한다.『옥합을 깨트리고』신앙시집 두 권이 된 구체화 되면서 에덴시학 철학으로 자리잡는 축복1)이 있다.

---

1) 이영지, 『홍 문표 에덴시학(詩學)연구』(서울: 창조문학사 · 2019).47∼49,

2. 물 둘

1). 물 둘

물은 성경에서 한 어휘 안에 물이 두 개다. ①이집트[B·C 20C]→ ②시나이[B·C 15~20C]→ ③가나안[B·C 15~20C]→ ④게젤[B·C 10C]→ ⑤페니키아[B·C 9C]→ ⑥현대 מ[멤] → ⑦필기까지 모두 물 두개 흐름이다. 현대 히브리어 물은 페니키아 시대 때에 모습이다.[1)]

아카드어[2)]와 물 언어의 흐름[3)]의 물 2회이다.

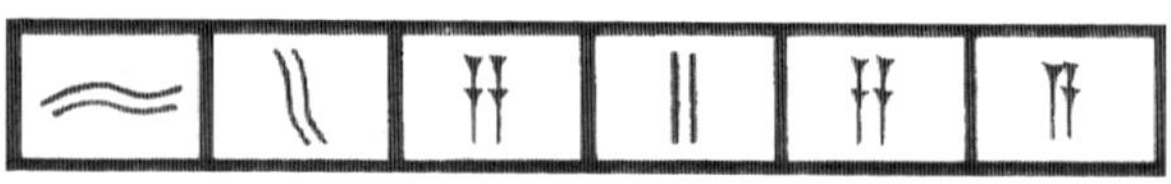

① ② ③ ④ ⑤ ⑥ ⑦

BC 20C → BC 15~20C → BC 15~20C → BC 10C → BC 9C → 현대 → 현대필기

처음 그림은 물의 아카드어의 흐름 역사다. 둘째는 물 멤 흐름 역사다. 물 변천사는 두 번씩 반복된다.

(2). 한글 미음과 히브리어의 맴

---

1) CA. 125 B.C.E, 김영진, 26.
2) 김영진, "히브리어의 언어학적 배경," 『성경 히브리어』, 19.
3) 이민영, 『기초 히브리어』 (서울: 성경원어 연구원, 2005), 75~76.

물 히브리어의 물 둘은 윗물과 아랫물의 나누임 곧 십자가로 갈라지는 예수님 십자가 달리심과 무교절과 연계, 하나님의 물의 이동 · 말씀 이동성이다. '내 맴이지'의 우리말 물은 구물구물 거리는 어리석은 백성이 마음의 말을 잘 전하게 하려 한다. 백성들 모양은 물 이동 · 말씀이동의 살아 있음 표시다. 물을 옆으로 놓아 읽으면 말이 된다. 물은 말씀이다. 물 히브리어 마임의 마는 접두어 형식이고 마를 빼면 임=ים=יִם[임]1)이다. 우리말의 표현으로 임이다. 하나님 마음을 가진 분이 임이다. 임의 첫말 이 יִ[이]는 절대자 그분을 말한다. 이 יִ[이]는 쌍수이다. 십자가에 달리셔서 우리를 살리신 그 분이고 육신의 몸으로 세상에 오신 분의 두 형상이다. 그 분의 말씀 임! 절대자의 물 말씀! 살아있는 구물구물 사람의 흐름 물 흐름이다. 물은 어두 불 분리 전치사 우리말의 표현 미음=ㅁ2)이다. 말씀이 살아 구물구물 거리는 히브리어 물 맴3) 모양이다. 이상 시에 숨쉴 수4) 있는 네모 미음 공간이 있다. 히브리어 맴5)도 네모 모서리가 떨어 져 살아 있음을 표시한다.

---

1) ים..(임).
2) ,,,מ.
3) 맴ㅁם(맴 · 물) · 물 מ(맴 · 물).
4) 이상 시 시제 5호의 모형.
5) מ(멤 · 물).

3). 빛과 어둠

세테[1]와 헤르만[2]과 카이저[3]는 고대 이집트인들의 물에 상상력을 배 두개에 두었다.

[* 한 작은 어선을 통한 성경 언어 물 מַיִם(마임)의 유추]

* 물=마임 מַיִם[마임][4]에는 배가 있다. 그 아래 거대한

1) Kurt. Sethe, Altaegypt. Vorstellungen vom Lauf der Sonne, *SAB* X XII, S(Berlin, 1928), 277.

2) Hees. Hermann, *Totenglaube und Jenseitsvorstellungen der alten Ägypter*(Leipzig, 1926; Berlin: 1956), 64.

3) Kaiser, Otto, *Die Mythische Bedeotong des Meeres in ägypten, Ugarit und Israel*,(Berlin: Waltee de Gruyter & Co, 1962), 20~21.

4) מַיִם(마임 · 물).

심해에서[1] 까만 벌레에게 빛을 주고 있는 그림이다. 한 작은 어선을 통한 물=마임=מים=מַיִם마임[2]은 바다 안의 어선과 그 안의 사람과 이상한 벌레와 여인이 몸이 표시된 네모 모형이 있다. 물 마מָ마[3]가 모두 위아래가 손으로 연결된다. 하나님의 손=요드=י요드 손[4]이 가운데 있다. 지중해 해안, 어느 작은 어선의 아기 전설[5] 이야기라는데 요나의 벌레이야기가 연관되지만 화면을 어둡게 하여 본 바 빛은 하나님의 오른 손[6]에 의해 비친다.

배 안에 10사람이 있다. 그 물[7] 가운데의 하나님의 손이 있다. 하나님의 손은 히브리어로 숫자 10이다. 10사람에게 빛이 비친다. 벌레 양옆에 선 두 여성과 그 양 옆의 남성 8명의 비율 8: 2이다. 사람이 있는 곳은 하나의 큰 배 안이며 사람은 물결 위에 떠 있다. 배 안에 탄 10명의 8: 2 비율은 두 사람에 주목하게 된다. 빛 관련 두 사람이다. 하나님 배에 든 사람 중 두 사람은 사랑 실천[8]자이다. 쌍수 물=마임=מים=מַיִם마임이 나타내는 중요한 의미의 물 표시 둘이다.

---

1) *深海*; 이원희 편저, “히브리의 우주상,” 『실로암 성경도표』 (서울: 성광 문화사, 1984), 107.

2) מַיִם(마임 · 물).

3) מָ(마 · 물).

4) יְ(요드 · 하나님의 손).

5) Stollen(아기).

6) 사 59: 1.

7) מַיִם(마임).

8) 손원영, Ibid.

히브리어 원어 물이 증명한 물=마임=מים=מַיִם[마임]1)의 물 두 개 곧 물=맴=ם[맴]2)과 물 마=마임=מ=מַ[마]3) 사이에 빛을 비추는 하나님의 손=요드=י=יִ[요드]4)가 있다. 쌍수=물=마임=מים=מַיִם[마임]5)이다. 물 두 개는 두 분 자리다.

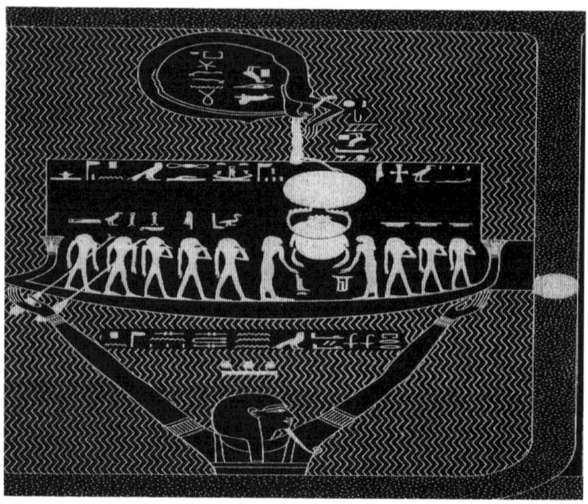

빛이 비친다. 빛이 신 두 분 존재는 성경 전체에서 항상 2회의 리듬으로 나타난다. 두 분 빛이다. 말씀이 빛으로 온다. 하나님으로부터 오는 물은 말씀이다. 물은 남성쌍수다. 하나님과 예수 두 분이다.

---

1) מַיִם(마임 · 물).
2) ם(멤 · 물).
3) מַ(마 · 물).
4) יִ(요드).
5) מַיִם(마임).

사람을 벌레로 표시하는 의미소가 있다. 아주 신분이 낮은 벌레 *der Bildraum*같은 사람이 하늘 신 *그리스도와 관련되게 한다. *Himmelsgöttin*의 아내이고 잉태 이야기까지 언급된 이 자료는 헬데르[1] 이집트 미술[2] 그림 439에서 보인다. “빛이 어둠을 인도한다”[3]는 표제가 붙어 있다. 배와 벌레모양이 똑 같이 되어 있는 자료 언어적 접근으로 본 바 히브리어 토레다[4]와 본문 토라이트[5]와 하토라이트[6]에서이다. 사람을 벌레 의미로 한다. 언어 계보 엘레 톨레도트[7]부터 시작되는 낳다 의미인 얄라드[8]에서 유래된, 토라 · 톨레아아 · 톨레아아트 · 토레아트[9]이다. 엘레[10]는 동물사전에서 찾아진 벌레 토라아트[11]이다.

한국 경상도 지방에서는 갓 낳은 아이를 얼라라 한다. *Kikayon*으로 앞을 잘 못 보는 아직 눈이 열리지 않은 사람을 표시한다. 벌레 같은 인간 벌레 하토라아

---

1) Freiburg. Verg Herder.

2) die Ägyptische Kunst.

3) Die nächtliche Sonnenfahrt.Verg Herder, “Die nächtliche Sonnenfahrt,”*die Ägyptische Kunst*(Citadelles & Mazenod, 2000), 382, 439.

4) תּוֹלְדָה(토레다 · 벌레) · תֹּלְדָה(토레다 · 벌레).

5) תֹּלַעַת(토라아트 · 벌레를, 욘 4: 7):Dr. Jehuda Feliks, *The Animal World of the Bibl*e(Israel, Sinai, 1962), 129.

6) הַתֹּלַעַת(하토라아트 · 벌레가, 신 28: 39).

7) אֵלֶּ תֹּלְדֹת(엘레 톨레도트 · 가족 · 출생 · 계보, 창 2: 4).

8) יָלַד(얄라드).

9) תֹּלַע(토라아) · תּוֹלֵעַ(톨레아아) · תּוֹלֵעַת(톨레아아트) · תֹּלֵעַת(토레아트).

10) אֵלֶּה(엘레).

11) תֹּלַעַת(토라아트 · 벌레를, 욘 4: 7).

트[1] *Ayyla deinba*로 사람이다. 이에 빛을 받는 존재가 있다. 이 때는 복수로 되어 있다. 구체적인 사람을 뜻하는 빛을 받은 사람이다. 보잘 것 없다고 전제되는 벌레가 1차적 의미를 벗어나서 사람이 되는 결과에 이른다. 벌레의미까지 지닌 경솔함 까지 합친 사람의 존재 구물거리는 무리들은 가족이다.

가족 미스파하트[2]는 하나님으로부터 명령 받은바의 가족이다. 가족은 한 지붕 아래 살면서 단련하여 입을 맞추면서 말씀을 전하는 존재들이다. 헬라어로는 가족이 데모스[3]이다. 가족은 한 지붕 아래 살면서 입을 맞춘다. 같은 뜻을 지닌 가족 가치는 우리나라 사람 가족 형태이다.

한 지붕아래서 오랜 삶을 같이 살면서 지혜가 탄생된 것이 판결법이다. 판결 법은 베미스파트[4]라 하는데 지혜와 가족의 성경 언어적 차이는 지혜 테[5]이다. 우리말 '테를 두른다'라는 말이 있다. 하나님의 백성들을 잘 이끌고 가기 위한 판결 법 테를 두른다. 성경은 번제의 문제에서도 절기의 중요성을 매달마다를 기본형 달[6]로 한다. 매 월삭[7] 때 번제를 드리는데 한 지붕아

---

1) הַתֹּלַעַת(하토라아트 · 벌레가, 신 28: 39).
2) מִשְׁפְּחֹת(미스파하트 · 가족, 26장에서만 90여회).
3) δήμοσ(데모스).
4) בְּמִשְׁפַּט(베미스파트 · 판결법, 민 27: 21).
5) ט(테 · 지혜).
6) חֹדֶשׁ חֹדֶשׁ חֹדֶשׁ(호데쉬 호데쉬 호데쉬 · 달 달 달, 민 28: 14).

래서 문을 열어 즉 마음을 열어 자신을 채찍질 하는 모임의 행사가 번제이다. 마음을 연다는 뜻은 하나님을 향하여 라는 뜻이다. 곧 번제는 매달마다 하나님을 향하여 마음을 열어 두는 일을 단련하는 일이다. 영광 의미인 케보디[1] 역시 우리 귀에 익숙한 키보드의 어원개념이다. 배와 벌레 같은 존재인 사람과 물과 배는 빛과 관계되어 진다. 벌레 토라아트[2]뜻은 *Kikayon*, 앞을 잘 못 보는 근시적인 벌레를 하토라아트[3] “*Ayyla deinba*” 이다. 성경은 바알과는 분리된 사람은 요셉=יוסף=יוֹסֵף[요셉]의 아들과 연결된다.

그리고 물 위를 운행, 즉 하나님의 신은 수면에 운행하시니라[4] 하였다. 영의 바람아래 들어간 아기 탄생 설화[5]에서 출생된 자는 벌레[6]가 빛을 받는 존재이다. 빛을 받아 물 곧 말씀을 받아 물 위를 걸어가는 존재 사람이다. 라헬과 관련한 암양의미도 된다. 에브랏이 지닌 열매와 결실과 실과[7]가 있게 되는 사람 둘의 의

---

7) חֹדֶשׁ בְּחָדְשׁוֹ לְחָדְשִׁי(호데쉬 베하데수 레하데쉬 · 매 월삭).

1) כְּבֹדִי(케보디 · 영광, 출 21) · 주의 영광 כְּבֹדֶךָ(케비대하 · 주의 영광, 출 33: 18).

2) תּוֹלַעַת(토라아트 · 벌레, 욘 4: 7).

3) הַתֹּלַעַת(하토라아트 · 벌레, 신 28: 39).

4) 창 1:2.

5) 장일선,『히브리 설화의 문학적 이해』(서울: 대한기독교 출판사, 1997), 38.

6) תּוֹלְדֹתָם(토레도탐 · 난 자, 민 1: 32, 36, 40, 42) 벌레 הַתֹּלַעַת(하토라아트 · 벌레가, 신 28: 39).

7) 창 2: 14, 3: 2; 시 1: 3, 21: 10, 127: 3, 128: 3; 잠 18: 20, 사 11: 1, 14: 29; 렘 51: 63; 호 10: 1.

미이다. 피에릭크[1]는 고대 상형문자와 관련된 라피스 라줄리 목걸이 이미지를 왕비로 한다. 이집트 · 가나안 · 뉴비아고대 나일강 유역 · 리비아옛 북아프리카에서 동일 형[2]이 제시된 사람 존재는 그림의 모형의 속설로 제시[3]한다. 하나님은 어떤 모습으로든지 그 흔적을 둘로 남긴다.

성경말씀이 시대를 뛰어 넘어 회자하는 것은 문학의 특성인 비유로 되어 있어서이다. 예수님도 비유가 아니면 말씀을 하시지 않으셨다. 그래서 사람에게서 물은 절대적인 전달의미를 지니고 둘의 의미인 쌍수로 한다.

사람이 목이 마르면 물을 먹는다. 사람은 늘 말씀을 먹고 산다. 말 한마디로 천 냥 빚을 갚는다는 한국 속담이 있다. 말씀과 물과의 긴밀성은 성경에서 비유로 드러난다. 우리말에도 '물이 올랐다'라는 말이 있다. 한창 연애할 때 얼굴에 물이 올랐다고 한다. 물이 올랐다고 할 때는 말을 잘 한다는 뜻이 있다. 말이 물이 되고 물이 말이 된다는 인식은 한국식 문학 형태의 시 은유법이다. 일찍부터 한국인들은 서정적이어서 시적인 말로 늘 아름다운 표현을 잘 하였다. 그러기에 시적인 삶

---

1) Ada, Feyerick, *Genesis: World of Myths and Patriarchs*(New York: New York University, 1996), 200.

2) Ibid, 76

3) Games B. Pritchard, "Between Genest and Exodus: 400 Years of Egyptian Supremacy」 *The Harper Atlas of the Bible*(Toronto: Harper & Row, 1987), 42.

을 산다. 마음이 넉넉하고 베풀며 일하다가 참 때가 오면 지나가는 사람들도 불러 같이 먹었다. 달을 쳐다보며 우리 한국인들은 달 속에 계수나무가 있고 토끼가 방아를 찧는다는 아름다운 시 어법 실력을 발휘하였다. 한국인들은 정이 유난히 많아 사랑에 울기도 하고 웃기도 한다.

하나님이 그의 백성들이 그에게로 오는 것을 보시는 방법은 물[1]을 통해서다. 물이 있는 하늘을 통해서이다. 왜냐하면 하늘에 물 히브리어가 들어 있어서 이론을 펼 수 있다. 하늘 솨마임=שָׁמַיִם 솨마임[2]을 보면 솨 שָׁ솨 접두사를 빼면 마임 מַיִם마임 물 히브리어 물이 둘이다.

물=마임=מים=מַיִם마임도 쌍수이고 하늘=솨마임=שׁמים=שָׁמַיִם솨마임도 쌍수이다. 그래서 물과 하늘은 아주 밀접하다. 그 밀접성은 하늘과 물의 리듬으로 설명된다.

일반개념으로 쌍이라는 개념은 남녀 그리고 동물들의 암수 등으로 하여 성 개념이 반대되는 것으로 이해된다. 그러나 성경에서의 쌍수는 남성 둘의 개념이다. 하나님과 예수의 두 분이다. 아버지의 잔을 받으시는 예수님이 있다. 8:2 비율이다. 수 2는 하나님과 예수님 2 둘이다. 8의 비유는 많은 사람을 의미 8이미지는 '많다'이다.

---

1) מַיִם(마임 · 물).
2) שָׁמַיִם(솨마임 · 하늘).

3. 물도 둘이고 하늘도 둘이고

(1). 10에서 8:2의 비율

성경은 하늘과 물이 언어를 통해 U리듬[1)]을 만든다.

---

1) .[* 표 2: 하늘과 물의 반복 리듬 찾기]
[* 표 2~1: 문장 텍스트에 따른 하늘과 물 언어의 흐름]

① 1: 1~1: 31: 그 하늘 הַשָּׁמַיִם(하솨마임, 창 1: 1~이하 창 생략) → 그 물 הַמַּיִם(하마임, 1: 2) → 그 물 הַמַּיִם(하마임, 1: 6) → 물 מַיִם(마임, 1: 6) → 좋은 물을 만들기 위하여 לַמָּיִם(라마임, 1: 6) → 그 물 הַמַּיִם(하마임, 1: 7) → 그 물 הַמַּיִם(하마임, 1: 7) → 하늘 שָׁמַיִם(솨마임, 1: 8)→ 그 물 הַמַּיִם(하마임, 1: 9) → 그 하늘 הַשָּׁמַיִם(하솨마임, 1: 9) → 그 물 הַמַּיִם(하마임, 1: 10) → 그 하늘 הַשָּׁמַיִם(하솨마임, 1: 14) → 그 하늘 הַשָּׁמַיִם(하솨마임, 1: 15) → 그 하늘 הַשָּׁמַיִם(하솨마임, 1: 17) → 그 물 הַמַּיִם(하마임, 1: 20) → 그 하늘 הַשָּׁמַיִם(하솨마임, 1: 20) → 그 물 הַמַּיִם(하마임, 1: 21) → 그 물 전체 אֶת~הַמַּיִם(에트~하마임, 1: 22) → 그 하늘 הַשָּׁמַיִם(하솨마임, 1: 26) → 그 하늘 הַשָּׁמַיִם(하솨마임, 1: 28) → 그 하늘 הַשָּׁמַיִם(하솨마임, 1: 30) →

② 2: 1~50: 26: 그 하늘 הַשָּׁמַיִם(하솨마임, 2: 1) → 그 하늘 הַשָּׁמַיִם(하솨마임, 창 2: 4) → 그리고 그 하늘 וְשָׁמַיִם(베솨마임, 2: 5)→ 그 하늘 הַשָּׁמַיִם(하솨마임, 2: 19)→ 그 하늘 הַשָּׁמַיִם(하솨마임, 2: 20) → 그 하늘 הַשָּׁמַיִם(하솨마임, 6: 7) → 그 물 מַיִם(마임, 6: 17)→ 그 하늘 הַשָּׁמַיִם(하솨마임, 6: 17)→ 그 하늘 הַשָּׁמַיִם(하솨마임, 7: 3) → 물 מַיִם(마임, 7: 6)→ 그 하늘 הַשָּׁמַיִם(하솨마임, 7: 11) → 그 물 הַמַּיִם(하마임, 7: 17)→ 그 물 הַמַּיִם(하마임, 7: 18) → 그 물 הַמַּיִם(하마임, 7: 18) → 그리고 그 물 וְהַמַּיִם(베하마임, 7: 19) → 모든 그 하늘 כָּל~הַשָּׁמַיִם(콜~하솨마임, 7: 19) → 그 물 הַמַּיִם(하마임, 7: 20) → 그 하늘 הַשָּׁמַיִם(하솨마임, 7: 23) → 그 물 הַמַּיִם(하마임, 7: 24) → 그 물 הַמַּיִם(하마임, 8: 1) → 그 하늘 הַשָּׁמַיִם(하솨마임, 8: 2)→ 그 하늘 הַשָּׁמַיִם(하솨마임, 8: 2)→ 그 물 הַמַּיִם(하마임, 8: 3) → 그 물 הַמַּיִם(하마임, 8: 3) → 그 물 וְהַמַּיִם(베하마임, 8: 5) → 그 물 הַמַּיִם(하마임, 8: 7) → 그 물 הַמַּיִם(하마임, 8: 8) → 그렇게 때문에 물이다 כִּי~מַיִם(키~마임, 8: 9) → 그 물 הַמַּיִם(하마임, 8: 11) → 그 물 הַמַּיִם(하마임, 8: 13) → 그 하늘 הַשָּׁמַיִם(하솨마임, 9: 2) → 그 물 הַמַּיִם(하마임, 9: 15) → 하늘안 בַשָּׁמַיִם(바솨마임, 11: 4) → 하늘 שָׁמַיִם(솨마임, 14: 19, 22) → 그 하늘 הַשָּׁמַיְמָה(하솨마임마, 15: 5) → 그 물 הַמַּיִם(하마임, 16: 7) → 물 מַיִם(마임, 18: 4) → 그 하늘 הַשָּׁמַיִם(하솨마임, 19: 24, 21: 17) → 물 מַיִם(마임, 21: 19) → 물 מַיִם(마임, 21: 19) → 그 물 הַמַּיִם(하마임, 21: 25) → 그 하늘 הַשָּׁמַיִם(하솨마임, 22: 11) → 그 하늘 הַשָּׁמַיִם(하솨마임, 22: 15) → 그 하늘 הַשָּׁמַיִם(하솨마임, 22: 17, 24: 7) → 그 물 הַמַּיִם(하마임, 24: 13) → 물 מַיִם(마임, 24: 13) → 물 מַיִם(마임, 24: 17) → 또한 물 וּמַיִם(우마임, 24: 32) → 그 물 הַמַּיִם(하마임, 24: 43) → 물 מַיִם(마임, 24: 43) → 그 하늘 הַשָּׁמַיִם(하솨마임, 26: 4) → 그 물 הַמַּיִם(하마임, 26: 18) → 물 מַיִם(마임, 26: 19) → 그 물 הַמַּיִם(하마임, 26: 20) → 물 מַיִם(마임, 26: 32) → 그 하늘 הַשָּׁמַיִם(하솨마임, 27: 28, 39, 28: 17) → 그 물 הַמַּיִם(하마임, 30: 38) → 물 מַיִם(마임, 37: 24) → 물과 같이 כַּמַּיִם(카마임, 49: 4) → 하늘 שָׁמַיִם(솨마임, 49: 25)

창세기 1: 1~ 31에서 발견되는 리듬은 U모양이다. 이 리듬은 창세기 2: 1~50: 26까지 유지된다. 히브리어 나열은 처음에 하나님의 권위 자리인 그 하늘= 하솨마임 =הַשָּׁמַיִם= 하솨마임[1]으로 시작한다. 그리고 역시 하늘의 히브리어 שָׁמַיִם=솨마임[2]으로 끝난다. 그 하늘에서 시작하여 하늘로 끝난다. 그 하늘은 특정한 하늘이고 끝날 때 하늘은 순수 하늘이다. 창세기는 두개의 커다란 2회 리듬을 형성한다.

그 분의 절대자리 둘째 자리인 예수를 드러내고자 한다. 물의 리듬과 하늘의 리듬이 반복 리듬이 되는 이 어울려 두개의 커다란 U리듬을 형성하는 창세기 1[3]장에서 50까지 리듬은 U형태이다. 이 돌아옴=수비=한글말 '쉬'이이다.

하나님께로 돌아오는 일은 아주 쉽다. 쉽[4]게 돌아오다 이다. 그런데도 2:8 비율 두 사람은 돌아오고 8사람은 돌아오지 않는 비율이다. 첫째 돌아오는 비율 2는 그분께 안기기만 하면 되고 그 분 안에 들기만 하면 되는 일이다. 하나님의 아들 품안에 안기는 일이다.

U모형이다. 이 안기는 문제에 대한 답은 마임 히브리어 글자 곧 물 두 개 안에 하나님의 손이 있어서이

---

1) הַשָּׁמַיִם(하솨마임 · 그 하늘, 창 1: 1).
2) שָׁמַיִם(솨마임 · 그 하늘, 49: 25).
3) 창 1: 1~1: 31 ~ 창 2: 4~50.
4) שׁוּב(수브 · 돌아오다, 창 18:14).

다. 물=마임=מים=מַיִם 마임[1] 바로 물 2개 사이 하나님의 옳은 손=י=יְ 요드[2]은 신성 수[3] 10이다. 히브리어 순서 10째이다. 하나님의 오른 손[4]은 하나님께로 돌아 들어오라는 메시지로 늘 두 번의 유턴리듬이다.

물과 관련한 사랑 문제는 하나님과 하나님의 백성간의 문제이다. 당신도 하나님의 백성이 되면 사랑을 받을 수 있다. 그 비율은 2:8이다. 이 비율은 그 분 둘에게 돌아오면 사랑을 받고 복을 누린다 뜻이다. 하나님에게로 돌아오는 비율은 10명중에 2명이다.

돌아와 복을 받은 이유는 여호와와 관련되는 물에서 하나님의 오른 손, 옳은 손이 있음이 증명 된다. 성서 전체에서 두 번 반복되는 일은 하나님으로부터 온 예수님 곧 두 분께 돌아 온다를 유턴리듬으로 한다. 하나님이 그의 백성을 그에게로 돌아오게 하시는 일이다. 그 분이 물을 먹게[5]하시는 일이다.

하늘과 물 두 언어로 형성된 창세기 1장[6]과 2장에서부터 50[7]장 리듬비율 2:8이다.

하늘 하솨마임[8] 안의 물[9]은 남성 쌍수[10]다. 하늘 히

---

1) מַיִם(마임 · 물).

2) יְ(요드 · 하나님의 손, 사 59: 1).

3) Dr. M. Reisel, *The Mysterious Name of Y · H · W · H*(Assen: van Goreun, 1957), 395.

4) י(요드 · 손10):The Anchor Bible Dictionary, 1011.

5) Propp. William Henry, 66.

6) 1: 1~1: 31.

7) 창 2: 4~50: 26.

브리어 안에 있는 물도 쌍수이다. 그리고는 이 안에서 하늘이 세 번 반복1)된다. 아주 강력한 하나님의 메시지이다. 하늘2)도 쌍수이다.

성서가 주는 2:8 비율은 하나님에게 돌아오는 사람과 돌아오지 아니하는 문제이다. 물이 쌍수이고 하늘이 쌍수3)인 것은 사느냐4) 죽느냐의 문제이다.

남성 쌍수인 물 둘은 변화5)를 늘 가진다. 둘씩6) 나눠 분깃을 얻으려 저녁이 되며 아침이 되는7) 흐름을 가진다. 저녁이 된 다음 아침을 맞는 사람은 말씀을 주야로 묵상8) 여섯 번 반복 후 일곱 날에 완성9)된 창세

---

8) הַשָּׁמַיִם(하솨마임 · 그 하늘, 창 1: 1).

9) מַיִם(마임 · , 물, NMD).

10) יְדַיִם(야딤 · 양손, 시 104: 25) · שָׁדַיִם(솨다임 · 유방, 아 4: 5) · מִיֹּמַיִם(미욤마임 · 이틀, 호 6: 2) · שְׁנַיִם(쉐나임 · 한 쌍, 둘씩, 창 6: 19, 20) · פַּעֲמַיִם(파암마임 · 두 번, 창 41: 32, 43: 10; 민 20: 11; 삼상 18: 11; 왕상 11: 9; שְׁתַּיִם(쇠타임 · 갑절, 슥 1: 1 창 11: 10; 왕상 16: 8,왕상 22: 51;암 1: 1) · כַּפַּיִם카파임 · 손, 시 24: 4) · יַיִן(와인 · 포도주, 창 27: 25).

1) 하늘 하늘 하늘 שָׁמַיִם שָׁמַיִם שָׁמַיִם(솨마임의 3회 반복, 신 10: 14).

2) הַשָּׁמַיִם וּשְׁמֵי הַשָּׁמַיִם(하솨마임 우스메 하솨마임, 신 10: 14; 역대하 2:6).

3) שְׁנַיִם(쉐나임): 쌍수는 יְדַיִם(야딤 · 양손, 시 104: 25) · שָׁדַיִם(솨다임 · 유방, 아 4: 5) · שָׁמַיִם(솨마임 · 하늘, 권위, 1: 8) · מִיֹּמַיִם(미욤마임 · 이틀, 호 6: 2) · שְׁנַיִם(쉐나임 · 한 쌍, 둘씩, 창 6: 19, 20) · פַּעֲמַיִם(파암마임 · 두 번, 창 41: 32, 43: 10; 민 20: 11; 삼상 18: 11; 왕상 11: 9; שְׁתַּיִם(쇠타임 · 갑절, 슥 1: 1 창 11: 10; 왕상 16: 8,왕상 22: 51;암 1: 1) · כַּפַּיִם카파임 · 손, 시 24: 4) · יַיִן(와인 · 포도주, 창 27: 25)이 있는데 이들 모두 남성을 가리키는 쌍수이다.

4) שְׁנַיִם(쉐나임 · 둘씩, 창 6:19, 20) · פַּעֲמַיִם(파암밈 · 갑절, 전 6: 6) · הַשְּׁנַיִם(하쇠나임 · 두 사람, 전 4: 12) · שְׁנַיִם שְׁנַיִם(쉐나임 쉐나임 · 둘 씩 둘 씩, 창 7: 9).

5) לְמִינֵהוּ(렘미네후 · 나누기 위해, 창 6: 20).

6) 창 7: 15.

7) 창 1: 1~30.

8) יוֹמָם(욤맘 · 날, 시 1:2).

9) 강성열, “구약 성경의 창조기사와 우리나라의 창세신화 비교,” 『신학

기는 윗물과 아랫물을 가진다. 좋은 물의 개념은 예수님의 십자가에 돌아가심의 무교절을 거친다. 좋은 물로 하나님 이름을 두기 위해[1]서다. 이 하나님 이름을 두는 일에 예수님이 있다. 그것은 예수님 십자가 앞 이름표의 각 단어 앞 글자를 모으면 여호와 글자가 되는데서 그 흔적을 남긴다.

하나님이 물을 내는[2] 목적은 흠 없고[3] 완전한[4] 하나님 아들에 대한 무흠을 들어내시기 위해서다. 세 번 반복으로 무흠[5]을 드러낸 이 흠 없는[6] 예수님을 완전하고 흠 없는[7] 무흠의 예수님! 하나님 옳은 손[8] 예수님이 물을 내신[9]다.

성경은 창세기 1장 전부와 2장 3절까지에서 일곱날을 보이시고 7대 명절을 예시한다. 이스라엘 백성에게 준 유월절[한날 · 한분 · 예수] ⇢ 무교절[둘째날 · 십자가사건] ⇢ 초실절[셋째날 · 부활] ⇢ 오순절[넷째날 · 성령] ⇢ 나팔절[다섯째날 · 재림] ⇢ 속죄절[여섯째날 · 구속] ⇢ 장막절[일곱째날 · 영원]이다.

이해』 제 27집(광주: 호남 신학 대학교, 2004), 32.

1) 신 12: 5, 11, 12: 21, 14: 23, 24, 16: 2,6, 11, 26: 2; 왕상 14: 21.

2) לְמִינֵהוּ(렘미네후, 창 6: 20).

3) תָּמִים(탐밈 · 흠 없는, 민, 28: 9; 시 119: 80; 잠 11: 5; 암 5: 11).

4) 흠없는 תְּמִימִם(테밈밈 · 흠 없는, 레 9: 2; 겔 43: 25, 45: 20, 46: 4.

5) תְּמִימִם(템밈밈 · 흠 없는, 레 9: 2; 민 28: 11, 19, 31, 29: 2, 8, 17, 20, 23, 29, 32, 36; 겔 43: 25, 45: 23, 46: 4.

6) תְּמִימִם(테밈밈 · 흠없는, 레 9: 2; 겔 43: 25, 45: 20, 46: 4.

7) תְּמִימִם(템밈밈 · 흠 없는, 레 9: 2; 민 28: 11, 19, 31, 29: 2, 8, 17, 20, 23, 29, 32, 36; 겔 43: 25, 45: 23, 46: 4.

8) יָ(요드 · 손 ,*ABD,* 1011.

9) John Peter Oleson, Ibid.

복음의 물이 말씀이 흐르는 물을 위한 하나님의 일이다. 이에 순종하지 않으면 우상을 섬기는 백성이 된다. 성경이 제시한 섬긴 황금 송아지를 가루로 빻아 물에 뿌려 이스라엘 백성으로 먹게 한 일[1]이다.

하나님의 역사는 언제나 물의 역사로 임한다. 그것은 물의 이동에서 비롯되는 것이며 이 이동의 역사는 성령이 임하는 흐름이다. 이 흐름은 언제나 아래에서 위로 끌어 올리는 작업이며 이 때 흐름은 강력한 불의 작용이 있다.

이 강력한 불의 작용은 물을 마르게 하며 아주 극심한 일은 물이 말라 버리는 일이다. 그래서 물 마임 מַיִם[마임]이 하늘 솨마아임 שָׁמַיִם[솨마아임] 되는 일이다. 기적이 일어나는 일이다. 그 대표적인 일이 예수 십자가 사건에서 일어나는 예수님의 하늘승천이 된다. 그리고 하늘 우편에 앉으시는 일이다.

예수님과 하나님은 우리들의 세상 이야기에서 육신을 가진 예수님이 된 일이다. 왜 육신의 모습으로 오셨느냐는 죄인의 모습으로 그 형상을 입기 위해서이다. 죄 없으신 주님이 죄 있으신 모습으로 오신 육신의 옷을 입으신 일은 하나님의 계획에서이다. 창세기 1장이 제시하는 이러한 예수님은 사람의 형상을 입어 오신 분, 하나님의 아드님이다.

---

1) 출 32: 20.

(2). 물이 말씀으로

①. ~ 무엇 מה^마 · 무엇 ---> 만나 מן^만 · 만나

우리들은 누구와 만날 때 만나! 하면서 약속 한다. 그런데 이 만나는 발음이 무엇=מה=מָה^마[1]로 "하늘로부터 온"[2]이라는 2차적 의미 만나이다. 물을 지칭하는 마이[3]에 영원을 의미하는 눈[4]이 따라 붙어서 하나님 외에 다른 것은 올 수 없는 철학성을 지닌다. 이스라엘 백성들은 간절히 원하는 무엇을 마[5]라 했다. 물과 마음이 깊이 연결된 이 무엇=마=מה=מָה^마[6]는 누구든[7] 하늘에서 내리는 만나=과자=만=מן=מָן^만[8]를 먹으면 살게 되는 1차적 의미 하늘에서 내려오는 물을 먹는 일이다. 2차적 의미는 하늘에서 내려오는 말씀을 먹는 일이다. 음식도 무엇=마=מה=מָה^마[9]이다. 만나의 뜻을 지닌 이 무엇=마=מה=מָה^마는 성경에서 167회나 사용되었

---

1) מָה(마 · 무엇, 출 16: 31, 33, 35; 신 8: 3, 16; 수 5: 12; 요 6: 31, 6: 49; 히 9: 4; 계 2: 17.

2) ~מָן~הוּא(만~후 · 하늘로부터 온), "מָן(만)" HAL, 564.

3) מַ(마아 · 물).

4) ן(눈 · 물고기).

5) מָה(마 · 이름이 무엇이냐, 창 32: 27) · מָה(마 · 무엇을 찾느냐, 창 37: 15) · מָה(마 · 원하는 무엇, 수 15: 18) · מָה(마 · 무엇을 줄꼬, 왕상 3: 5, 대하 1: 7).

6) מָה(마 · 무엇) 357회 · מָה(마 · 무엇을) 138회 · מָה(마 · 무엇이냐) 30회 · מָה(마 · 무엇을 줄꼬, 대상 3: 5; 대하 1: 7).

7) מָה(마아 · 무엇).

8) מָן(만 · 만나).

9) מָה(마 · 만나).

는데 이스라엘 백성들은 광야에서 40년 동안 지면에 작게 뒹구는 만나=과자=만=מן=מַן[만나]를 먹었다.

우리나라 사람은 대상을 만날 때 만나!라고 한다. 이 똑 같은 만나는 "이것이 무엇이냐?"이다. 시를 통해 이것이 무엇이냐 시인은 말해주려 시를 쓴다.

> 이스라엘 자손이 보고 이것이 무엇인지 알지 못하여 서로 이르되 이것이 무엇이냐 하니 모세가 그들에게 이르되 이는 여호와께서 너희에게 주어 먹게 하신 양식이라(출 16: 15)

이스라엘 백성들이 하늘에서 내려온 만나 음식![1] 땅에 내리는 하나님의 선물을 먹으며 만나며 시내 산에서 첫 경배를 드린다.[2] 가장 바람직한 세계의 일이다. 시로 하늘이야기를 쓸 수 있는 유일한 표시 만나이다. 서로 만나 빵과 포도주와 나무와 과실로 성찬을 만들어 먹는다. 붉은 장미와 흰 장미, 그리고 연꽃[3]으로 둘레를 아름답게 꾸미며 즐기며 만나를 먹는다. 하늘 양식은 젖과 꿀로 밀과 보리와 포도와 무화과와 석류 그리고 올리브와 꿀[4]로 만들어진 만나를 먹는다.

---

1) Gordon J. Wenham, Sanctuary Symbolism in the Garden of Eden Story」 *I Studied Inscriptions from before the Flood: Ancient Near Eastern, Literary, and Linguistic Approaches to Genesis 1~11*, Edited by Richard S. Hess and David Toshio Tsumura(Indiana: Winona Lake, 1994), 402.

2) Propp. William Henry, 23, 36.

3) Northrop. Frye, "Theory or Archetypal Meaning(1) Apocalyptic imagery」 *Anatomy of Criticism,* 141.

4) 신 8: 8~15; 엄원식, 『고대 이스라엘의 토지 이해』(대전: 침례 신학

하늘의 음식을 하나님의 백성들이 먹게 하시는 일은 하나님의 일방적인 사랑방식이다. 그러기에 우리들은 죽지 않고 아직 살아 하늘로부터 온 사람들이 됐다.

> 이 사랑은 많은 물이 꺼치지 못하겠고 홍수라도 엄몰하지 못하나니 사람이 그 온 가산을 다 주고고 사랑과 바꾸려 할지라도 오히려 멸시를 받으리라(아 8: 7)

이에 하나님 백성들이 할 수 있는 일이라곤 사랑을 하는 일 밖에 없다. 물을 초월한 사랑[1]을 전하는 말씀[2]에 녹아 반석을 가르신 데서 물이 흘러나오는 말씀[3]을 먹는다. 그리고 사막에서 물이 솟아 나와 먹고 살아[4] 간다. 그러기에 먹는 일과 살아가는 법칙은 같다.[5] 하늘 음식을 먹으며 주신 분을 기억하는 일은 시를 쓰는 일이다. 더구나 여섯째 날에 이틀분의 만나를 준비하여[6] 주일은 쉬면서 즐기는 삶이란 행복한 삶이다. 다름 아닌 하나님의 사랑을 먹으면서 산다. 우리를 위해 목숨까지 버리신 분의 사랑으로 산다.

말씀[7]인 만나! 하늘에서 내려온[8] 말씀으로 사는 행

대학교, 2000), 21~23.

1) 아 8: 7.

2) 신 8: 3, 16: 계 2: 1.

3) 시 105~41.

4) 시 35: 6.

5) Wang, Fook~kang,"Manna and Torah」 *Manna Revisited: A Study of the Mythological and Interpretative Contexts of Manna*(Ann Arbor: UMI, 1998), 182.

6) 출 16: 29.

복은 그 분이 우리를 먹여 살린 만나[1]때문이다. 하늘로부터 온 떡을 먹는 일은 행복한 사람에게만 해당된다. 땅에서 나는 음식이 아니다.

하늘에서 내려, 주시는 분이 있다. 그리고는 나 혼자만이 아닌 만나를 같이 먹고 같이 사는 더불어 사는 삶의 방법을 배운다. 하늘 양식을 먹었기에 하늘백성다운 삶을 어려운 광야 40년의 생활에도 잘 지낼 수 있었다. 만나는 축복과 병 고침과 만사 형통이미지이다.

다음은 존 캐시안의 '만나' 도식화[2]이다.

① 문자적 ~광야에서 만나=이스라엘에게 준 음식
② 알레고리적 ~성만찬 만나=축복된 성례전
③ 도덕적 ~하나님의 영 만나=영혼이 영적 생명 유지
④ 영적 ~비전 만나=하늘에서 받은 음식

만나는 말씀의 시적 내포이다. 영적 양식을 의미하는 말씀이 물이다. 사막에서 물을 얻는[3] 기쁨이 있다. 시를 통해 시인은 길을 인도한다. 어려움에 처할 때마다 어찌하여? 라고 절규하면서 시로 긴장한다.

---

7) 신 8: 3, 16; 시 105: 41; 계 2: 17.

8) 출 16: 15, 31, 33, 35; 민 11: 6, 7, 9; 수 5: 12; 시 78: 24; 히 9: 4.

1) הוּא ~ מָה(마~후 · 만나) · הוּא ~ מָן(만~후 · 만나). *HAL*, 564.

2) John Cassian; 약 360~435.

3) Barnabas M. Ahern, *A Voice Crying Out in the Desert*(Minnesota: The literary Press, 1996), 183.

②. 물, 어찌하여 나를 버리시나이까

~ 어찌하여 מָה마 ⇢ 해결을 위하여 לָמָה라마

성경은 '어찌하여' 를 328회 사용하였다. 이 328은 글자 숫자 합은 13이다. 13은 그 분 이스라엘 백성들이 "어찌하여 나를 버리셨나이까"[1]하시는 그 분 예수님이다. 이 13수치는 אֶחָד에하드 · 하나, 창 1: 5로 사랑이다. 사랑에는 절규가 따른다.

다윈의 절규[2]와 예수님의 절규가 있다.

> 주는 나의 힘이 되신 하나님이시어늘 어찌하여 나를 버리셨나이까(시 43: 2)
>
> 예수께서 저희에게 이르시되 사람들이 어찌하여 그리스도를 다윗의 자손이라 하느냐(눅 20: 41)
>
> 제 구시 즈음에 예수께서 크게 소리 질러 가라사대 엘리 엘리 라마 사박다니하시니 이는 곧 나의 하나님, 나의 하나님, 어찌하여 나를 버리셨나이까 하는 뜻이라(마 27: 46)

예수님의 처절한 절규는 "엘리 엘리 라마 사박다니하시니이까"이다. 그 분은 이 사랑의 마음을 해결[3]하였다. 하나님은 우리들을 지극히 사랑하사 그의 독생자 아들 예수로 답을 주시었다. 성경은 창세기 1장 전부와 2장 3절까지에서 일곱 날을 보이시고 이 일곱 날의 7

---

1) 시 22: 1, 43: 2,

2) Albert Cook, *Myth &Language*(Bloomington: Indiana University Press, 1980), 270.

3) לָמָה(라마 · 해결을 위하여).

대 절기를 보여주시면서 우리들을 사랑하시었다. 이스라엘 백성에게 준 유월절[한날 · 한분 · 예수] ---> 무교절[둘째날 · 십자가사건] ---> 초실절[셋째날 · 부활] ---> 오순절[넷째날 · 성령] ---> 나팔절[다섯째날 · 재림] ---> 속죄절[여섯째날 · 구속] ---> 장막절[일곱째날 · 영원]이다. 복음의 물이 말씀이 흐르는 물을 위한 하나님의 일이다.

우리들에게 예수님의 피와 살을 먹게 하여 살게 하시는 유월절을 지나게 하신다. 곧 마=~어찌하여=~מה=~מָה마[1]의 호소하는 믿음[2]을 보시고 해결 해 주신 것이다. 어찌하여의 마=~어찌하여=~מה=~מָה마[3]로 시작하여 그 답을 라메드[4]를 붙여 물로서 해결하라며 그렇게 하라마=למה=לָמָה라마[5]하신다. 아멘신학이다.

신앙시의 가능성은 구원의 문학이 되게 한다. 죄악이 12가지라 할지라도[6] 하나님의 방법[7]으로 죄악을 없애 주시는 말씀을 시인에게 시로 찬양을 드리게 하시었다. 물의 흐름을 시로 쓰는 일이다.

---

1) ~מָה(마 · 물을 소망).
2) Ibid.
3) ~מָה(마 · 어찌하여)
4) .לְ(라메드..을 위하여).
5) לָמָה'(라마 · 물로서 해결).
6) 우상 섬김(신 27: 15) · 부모를 경홀이 여김(신 27: 16) · 이웃의 지계표를 옮기는 자(신 27: 17) · 소경으로 길을 잃게 하는 자(신 27: 18) · 고아와 과부의 송사를 억울케 하는 자(신 27: 19) · 계모와 구합하는 자(신 27: 20) · 짐승과 교합하는 자(신 27: 21) · 아비의 딸과 어미의 딸과 규합하는 자(신 27: 22) · 장모와 구합하는 자(신 27: 23) · 이웃을 암살하는 자(신 27: 24) · 무죄 자를 죽이고 뇌물을 받는 자(신 27: 25) · 이 율법의 모든 말씀을 실행치 않는 자(창 27: 26).
7) ..לְ(라메드 · ~ 와 ..을 위하여).

③. 물, 어떻게 서리이까

~ 어떻게 מָה[마] ⟶ 감사감사 אָמֵן אָמֵן[아멘아멘]

시 쓰는 자에게 감사감사 사랑이 있다. 사랑은 하나님이 베푸신다. 어떻게 서리이까라고 묻자 물의 흐름 곧 그대로 따르라! 하신다. 이 때 아멘아멘=אמן אמן[아멘아멘]=אָמֵן אָמֵן[아멘아멘]이 답이다. "아멘아멘" 두 번은 인간인 우리들 마음에 안 들지만 예예하고 대답하는 절대 순종이다. 여호와의 말씀을 배우고 익혀서 따르는 순종 아멘아멘=אמן אמן=אָמֵן אָמֵן[1][아멘아멘]은 정말로 그렇다면 할 수 없지 뭐의 뜻이다. 여호와의 뜻에 무조건적으로 따르는 순종이다. 이스라엘 백성들에게 하나님은 아멘아멘[2]으로 화답하라 명령하신다. 무조건 아멘아멘 하라신 두 번의 아멘은 예수 그리스도의 실행이 있었다.

> * 아멘아멘[3]: ① 이 저주가 되게 하는 이 물이 네 창자에 들어가서 네 배로 붓게 하고 네 넓적다리로 떨어지게 하리라 할 것이요 여인은 아메 아멘[4]할지니라(민 5: 22) ② 에스라가 광대하신 하나님 여호와를 송축하매 모든 백성이 손을 들고 아멘아멘[5]응답하고 몸을 굽혀 얼굴을 땅에 대고 여호와께 경배하였느니라(느 8: 6) ③ 여호와 이스라엘의 하나님을 영원부터 영원까지 찬송할지로다 아멘 아멘[6]시 41: 13)

---

1) אָמֵן.
2) אָמֵן אָמֵן(아멘아멘).
3) אָמֵן אָמֵן(아멘아멘).
4) אָמֵן אָמֵן(아멘아멘).
5) אָמֵן אָמֵן(아멘아멘).
6) אָמֵן אָמֵן(아멘아멘).

④. 어떻게[1]

아모스는 어려운 일을 당하여 해결하여야 할 문제에 부딪칠 때 하나님을 향하여 어떻게[2] 하면 당신을 잘 섬길 수 있을까요?하며 어떻게[3]로, 그를 향하여 절대 신앙으로 하늘에서 기도[4]를 들으시고[5] 인도하셨다.[6]

① 주여 청컨대 사하소서 야곱이 미약하오니 어떻게[7]서리이까 하매(암 7: 2)
② 이에 내가 가로되 주여 청컨대 그치소서 야곱이 미약하오니 어떻게[8] 서리이까 하매(암 7: 5)
③ 암시(암 8: 1~14)

어떻게 하면 좋나요? 이 어떻게의 뜻은 여호와는 다른 신에 비교할 수 없다[9]이다.

① 여호와께서 아브라함에게 이르시되 사라가 왜 웃으며 이르기를 내 가 늙었거늘 어떻게 아들을 낳으리요 하느냐(창 18: 13)
② 모세가 여호와께 부르짖어 가로되 내가 이 백성에게 어떻게 하리이까 그들이 얼마 아니면 내게 돌질 하겠나이다(출 17: 4)
③ 모세가 가로되 청컨대 우리를 떠나지 마소서 당신은 우리가 광야에서 어떻게 진 칠 것을 아나니(민 10: 31)

---

1) מִי(비).
2) 출 2: 23; 민 20: 16; 신 26: 7.
3)מִי(미 · 어떻게).
4) 신 26: 7.
5) 신 26: 8; 느 9: 27~28.
6) 출 12: 51; 신 26: 8; 왕상 8: 51; 시 78: 52, 136: 12; 호 12: 13.
7) מִי(미).
8) מִי(미).
9) Seock ~Tae. Sohn, "A Nomadic Metaphor of Hebrew bible," *JST*, vol. 2(seoul: reformed Theological Seminary, 1995), 106.

하나님은 그 답을 위아래 주님의 말씀, 좌에서 우로 피로 말씀하신다.

오직 간절히 바라보며 어떻게! 하며 매달리며 어떻게,[1] 당신은 여호와[2]라는 아모스[3]를 하나님은 아모스[4]에게 물을 책임[5]지시는[6] 응답[7]사랑 실천[8] 피담[9]과 말씀[10]이 합하여지는 방법을 제시하신다.

* 하나님이 우리 삶을 어떻게 מִי(미)

א
דמ מי ם
ר

그 답을 위아래 주님의 말씀, 좌에서 우로 피 값으로 그 답을 말씀하신다. 물의 말씀으로 예수님 몸 속에 있는 피 값으로 사랑을 나타내 주시었다. 진정한 사랑은 궁극적으로 피 값으로 그 결정적 죄 사함을 드러낼 수 있다. 그 담당은 그 분 예수님이시다.

---

1) מִי(미 · 어떻게).
2) יְהוָה כָמֹכָה בָּאֵלִם ~מִי(미 ~코모카 바엘림 여호와, 출 15: 11).
3) 암 7: 3, 6, 9: 8.
4) 암 9: 8.
5) ~מִי(미 · 어떻게)/
6) Michel Foucault, 『말과 사물: *Les Mots et Les choses*』, 이광래 역 (서울: 민음사, 1987), 124.
7) 이훈구, Ibid.
8) 손원영, Ibid.
9) דָמִים(담밈 · 피).
10) אָמַר(아마르 · 말씀).

3. 말씀방법

1). 말씀

(1). 부드럽게 속삭이듯

하나님은 그의 백성을 향하여 부드럽게 속삭이듯 네움~여호와 יְהוָה~נְאֻם 네움~ 여호와 NSG ~ NE(명사 단수 연계형 ~ 명사) 렘 12:17 13:11 13:25, 겔 5:11 등로 한다. 여호와의 말이니라렘 12:17 15:9 15:20 나 여호와가 말하노라렘 13:11여호와께서 가라사대라렘 13:25 나여호와가 말하노라라렘 15:3 여호와께서 가라사대렘 15:6 16:14, 16 라여호와께서 말씀하시되렘 16:11와 같이렘 16:5,11,14,,46:18,23,26,28,48:9,12,1525,36,38,43,44,47,49:6,13 13, 겔 5:1 하나님의 말씀전달은 부드러운 속삭임으로 하시데 단호하다. 절절마다 יְהוָה~נְאֻם네움~ 여호와 렘 23:28~33를 반복 한다.

이와는 달리 하나님의 강력한 명령 아마르 여호와 יְהוָה~אָמַר아마르~ 여호와 나 여호와가 말하노라 VQAMZS 칼동사완료남성3인칭단수 saits 렘 13:9 13:12, 13.가 있다.

나 여호와가 이르노라 렘 14:15
나 여호와가 말하노라 렘 16:13 17:5
여호와의 말씀에…하셨다 1:2
여호와께서 가라사대 렘 15:11
여호와께서 말씀하시되 렘 15:19 16:5
여호와 말하노라 16:9

와 같이렘 43:10, 15:11,16:3,17:5,21 말씀의 머리 되신 여호와 권능을 전한다. 바요메르 여호와 וַיֹּאמֶר יְהוָה 바요메르 여호와가 이르시되 …하시기로 CW .VQI MZS 접속바브동사(그리고). 칼동사미 완료 남성3인칭단수 that said 렘 13:6, 14:11 와 여호와께서 이르시되 렘 15:1 4,, 15:1, 등에서 그렇게 하라 אִמְרוּ 이메루 VQMMYP 렘 46:14, 17:15 이다.

의젓한 전달메시지의 다바르~여호와 דְּבַר~יְהוָה 다바르 ~ 여호와 NMSG ~ NE(명사 단수 연계형 ~ 명사) 렘 13:2. 15 42:14(2) 43:10, 16:1,11 와 말씀 광포렘 렘 16:1,101 등의 각별한 말씀전하기를 한다. 그분이 십자가에 어떻게![1] 처절히 달리시는지는 "다윋의 자손 예수여"의 어떻게[2]의 길은 하나님 아들이 흘린 피=담=דם=דָּם 담[3]에서이다. 이 때 담이라는 표현은 우리말에 있는 어혈로 피가 뭉치어 있다.

하나님의 백성은 아주 여리고 넘어지기 쉽다. 이 여린 백성걱정은 조선 세종대왕의 한글 창제이유에서도 밝혀진다. 어리석은 백성이 구물거리며 그들이 가진 뜻을 전하고자 하여도 의사를 나타낼 방법이 없다하였다. 훈민정음 창제이유가 된다.

하나님의 말씀은 때로는 부드럽게 때로는 명령으로 때로는 의젓하게 백성을 향하여 말씀하신 방법이다.

말씀전달은 말씀 하신[4] 이를 믿으사[5] 한 지붕 아래

---

1) מִי(미 · 어떻게).
2) מִי(미 · 어떻게).
3) דמים(담밈 · 피).

서 입을 서로 연단하여 입을 모아 한 뜻을 전달한다. 믿음의 사람들, 한 가족 한 지붕 아래서다.

우리는 한 가정의 가족 관계에서 부드럽게 속삭인다. 서로 우리가 되어, 입 맞추며 삶을 평탄하게 살아간다. 이 광경은 비록 서로 혈육 관계가 아니더라도 입을 맞춰 한 가지 말의 단결력으로 서로의 혈육관계처럼 진정한 사랑으로 똘똘 뭉친 신앙의 가족이 있다. 입 모아 한 뜻을 믿음의 사람들이 한 가족이 되어 한 지붕 아래 한 나라 안에서 믿는 백성들은 한 백성 되어 한 뜻으로 입을 모아 하나님 그를 찬양 한다. 날마다 모여서 찬송하고 날마다 모여서 남을 도와주는 일을 한다. 이러한 힘은 개인의 힘이 아니라 서로 어울려 강한 사랑을 나타낼 수 있는 원동력이 된다.

하나님이 하나님의 백성을 사랑하시는 방법은 아들 예수 그리스도를 통해서만 가능하다. 이 방법을 성경은 여호와 이름의 반복 리듬을 통하여 그리고 하나님의 아들을 통해 하나님 사랑을 나타내신다. 살게 하신 증거는 하나님이 하나님의 백성을 얼마나 사랑하시는 말씀으로 영원히 살게 하시었다.

---

4) דָּבַר..אָמַר(다바르..아마르 · 말씀하신, 민 27: 15, 28: 1).
5) מִשְׁפָּחָה(미스파하하 · 가족, 민 26: 5~6).

(2). 회복하는 아멘아멘의 삶

서로의 관계가 회복되는 일은 비록 개개인에게 각기 다른 사정이 있을지라도 아멘아멘 하는 마음일 때 강력한 힘을 발휘한다. 아멘이라는 의미는 비록 내 마음에 들지 않을지라도 예 그렇게 하겠습니다라는 절대복종의 의미가 있다. 성경에서는 이 방법을 아멘아멘으로 표시한다.

이스라엘 백성들은 한 믿음으로 간절한 눈빛을 모아 위를 바라보며[1] 아멘아멘=אָמֵן אָמֵן 아멘아멘[2]이다. 유일한 축복 통로 아멘아멘 이다. 죽음에서 삶으로 가는 길![3] 아멘아멘=אָמֵן אָמֵן 아멘아멘 이다. 그분을 바라보는 절대의 시선! 아멘아멘=אָמֵן אָמֵן 아멘아멘 이다. 성경은 이 두 번 반복으로 하나님의 백성들이 그에게 돌아오는 방법을 제시한다.

동시에 "어떻게 할 수 없지 뭐"의 체념적인, 이스라엘 백성들이 그 길밖에 없음으로 어쩔 수 없이 택한 길이기도 하다. 완전히 의뢰하는 삶의 경배[4]방법이다.

즐거움[5]이며 주 안에서 아멘아멘으로 천국을 갖는 마음이다.

---

1) 사 6: 1~4, 요 12: 41.

2) אָמֵן אָמֵן(아멘아멘, 민 5: 22; 시 89: 53).

3) William L. Holladay, *The Root Šûbh in the Old Testament*(Leiden: E. J. Brill, 1958), 53, 59.

4) 신 26: 11.

5) 신 26: 7, 11; 시 21: 1; 잠 8: 31; 롬 12: 12; 벧전 4: 13.

ל
ן ממ א
ה

위 도표가 표시하듯이 아래위로는 말씀하시고자 함이고 왼쪽으로 움직인 위 모형도는 어찌하여=למה[람마]와 아멘=אמן=אָמֵן[아멘]신앙이 모이어 만들어 낸 모형도이다. 말씀 소망할 때의 아멘아멘하는 신앙 모형도이다. 내가 영원토록 말씀에 굳게 서서 바라 하늘을 향한 자세일 때 삶의 방법이다. 사실 아멘신앙은 내 뜻이 아니지만 그리고 별로 마음에 안 들지만 아멘아멘 신앙자세이다. 최선의 방법으로 아멘아멘을 두 번 반복한다.

이 두 번이라는 의미는 성경에서 신학철학이 되게 한다. 하나님과 예수님 두 분이라는 엄청난 진리를 내포한다. 그래서 아멘아멘 신앙은 서로 어울려 사는 공동체의 살아가기 방법이다.

그리고 배부르기 신학이다. 그분이 물과 피를 쏟으시며 우리의 죄 값을 감해 주시기에 우리의 하나님 아드님이시기에 이분이 있어서 우리들은 즐거이 마시고 먹는다. 다시 태어나는 삶을 산다. 말씀 따라 아멘아멘의 매일 매일의 믿음으로 은혜의 삶을 살기에 배부르다. 그러기에 우리의 삶은 배부르다.

배부르게 되는 방법은 너의 중에 분깃이나 기업이 없는 레위인과 네 성중에 우거하는 객과 및 고아와 과부들로 먹어 배부르게 할 때1)이다.

배부르기 신학과 밥 · 진지 잡수셨습니까? 배부르기 위해서의 성경은 십일조를 말하고 있다. 안식년을 기준으로 3년째 해마다 온 마음과 정성을 다하여 여호와 섬기며 소산의 십일조[1]를 드렸다.[2] 십일조는 레위인과 객과 고아와 과부에게 주어서 네 성문 안에서 먹어 배부르게 하는[3]데 쓰인다. 그 십일조의 십분의 일을 다시 특별히 구별하여 성읍 창고에 저축하여 두었다가, 곧 십일조의 십일조를 나그네나 과부에게 나누어 주었다. 이 구제용 십일조[4]로 구제[5]하였다. 레위인이 십일조의 십일조를 제사장에게 드리는[6] 일 제 2십일조이다. 잔치와 감사로 축복의 시금석[7]이다. 고아와 과부들에게 제 2 십일조로 나누어 먹게 하시는[8] 하나님의 큰 뜻이 있다. 10[9]의 1 만물을 광주리에 담는[10] 이 광주리는 갈대상자[11]와 신학적으로 연결된다.

십일조 문제는 배부르게 하는데 있다.

---

1) 신 14: 29.

1) 민 18: 21; 신 26: 12; 느 10: 38; 암 4: 4; 말 3: 10.

2) 김영진, 『그랜드 종합 주석』(서울: 성경 교재 간행사, 1993)., 신명기 26장 주석.

3) 신 26: 12.

4) 신 14: 28, 29.

5) 신 15: 10.

6) 민 18: 26.

7) 말 3: 10.

8) 신 26: 15.

9) עשר(오사르 · 십, 민 28: 17).

10) 신 26: 2.

11) 출 2: 3.

① 너의 중에 분깃이나 기업이 없는 레위인과 네 성중에 우거하는 객과 및 고아와 과부들로 와서 먹어 배부르게 하라 그리하면 네 하나님 여호와께서 너의 손으로 하는 범사에 네게 복을 주시리라(신 14: 29)

② 제 삼년 곧 십일조를 드리는 해에 네 모든 소산의 십일조 다 내기를 마친 후에 이것을 레위인과 객과 고아와 과부에게 주어서 네 성문 안에서 먹어 배부르게 하라(신 26: 12)

③ 너희가 어찌하여 양식 아닌 것을 위하여 은을 달아 주며 배부르게 못할 것을 위하여 수고하느냐 나를 청종하라 그리하면 너희가 좋은 것을 먹을 것이며 너희 마음이 기름진 것으로 즐거움을 얻으리라(사 55: 2)

땅[1]과 하늘[2]에 하나님의 이름을 나타내려 하는[3] 성경 십일조이다. 위 문장을 보면 한 문장 안에 네 여호와 하나님께[4]를 반복한다. 더구나 두 번째 십일조는 레위인과 고아와 과부에게 성문 안에서 먹어 배부르게[5] 한다. 기업으로 주시기까지 하는[6] 네 하나님 여호와가 총 26회가 쓰인다. 여호와의 수치가 26이다. 이 26의 반은 13이고 이 13은 그 분의 아드님 표시 숫자이다. 사랑의미가 그 분 아드님에게로 이어지는 사랑이다. 사랑한다는 의미 아하바 אַהֲבָה[아하바 · 사랑]가 있다. 아하바אַהֲבָה[아하바아 1+ 5 + 2 + 5=13·그 사랑이, 아 2: 4] 아파와 동일하다.

---

1) 출 34: 26; 신 26: 2; 느 10: 35; 시 67: 6; 사 1: 19; 렘 2: 3; 겔 48: 18.
2) 창 1: 8, 14: 19; 시 18: 9, 33: 6, 50: 6, 57: 11; 합 3: 3; 시 96: 5.
3) 민 26: 2.
4) יְהוָה אֱלֹהֶיךָ(여호와 엘로헤이하 · 여호와 하나님께, 민 26: 2).
5) 신 26: 12.
6) 신명기 26장의 1절부터 드러나는 땅은 정관사 그 הַ(하 · 그)가.

신앙의 문제는 모든 면에서 사랑으로 그 의미를 담을 수 있다. 사랑은 사람의 목숨문제이다. 그 대상이 다름 아닌 예수 그리스도이다. 일상의 삶을 살게 된 예수가 사람의 가장 소중한 생명 문제를 위해 자기 목숨을 버린 일이다. 이 커다란 사랑문제는 바로 희생의 이미지로 전해진다. 사람의 생애는 일회적이다. 이 일회적인 삶의 생애는 목숨이 붙어있는 생명 줄이다.

하나님의 보여주심으로 하여 아멘아멘 하는 삶은 생명 줄을 건지는 일이다. 외람되게 여호와와 예수님과 연결된다. 하나님 자녀들이 배부를 수 있다. 주의 뜻이 이루어지이다의 신학이다. 성경 원문은 숫자로 정확하게 하나님 일을 신묘하게 전한다. 십일조도 신명기 26장에서 "네 하나님" 1회로 "네 하나님 여호와"[1]다.

이 분을 모시고 사는 삶, 네 하나님 여호와는 당신의 하나님 여호와로 바뀐 여호와의 인격으로 내세운[2] 땅[3]에서 선물을 받고 사는 삶의 일이다. 백성이 숨을 쉬도록[4] 해 주시기에 죄에서 돌아와 사는 의로운 삶이다. 하나님은 선하시어 좋으시다[5]. 삶에서 만물을 광주리에 담아 예배를 드리는 삶은 비단 물질뿐만 아니라

1) 신 26:2.
2) נִשְׁבַּע(니스비 · 맹세, 신 26:3).
3) 출 13:5; 신 1:8; 시 37:11, 105:11; 잠 2:22; 사 42:5.
4) ה(헤 · 숨구멍 · 숨 쉼).
5) טוֹב ~ כִּי(키 토브 · 선하기, 좋기 때문에, 창 1: 4, 10, 12, 18, 21, 23, 31).

마음을 담아 사는 삶이다. 노아[1] 방주 때 역청[2]과 찰흙[3]으로 물에 잠기지 않게 사는 삶을 본다. 바로 희생과 속죄금과 속죄소의 든든한 의지로 모세가 그 망망한 바다에서 갈대상자[4]에 담기는 일이다. 바울이 광주리[5]를 타고 들창문으로 성벽을 타고 내려가 사는 일이다. 하늘을 이고 땅에서 사는 이 삶은 하나님 집 안에 들어 사는 삶이다.

맛소라 사본[6]이 내 놓은 대칭구조[7]가 보여주는 물을 중심[8]한 삶이다.

이 좋은 관계는 창세기 1~15장에서 제시된다.

A 하늘
  B 땅
    C 창조하다
    C′ 만들다
  B′ 땅
B′ 하늘[9]

1) 창 13, 8:10.
2) 창 6:13.
3) 출 2:3.
4) 출 2:3.
5) 고후 11:33.
6) MT.
7) 노명관, 『창세기 1~3장과 관련된 요한복음 서언(요 1: 1~18)에 관한 연구』 한국 성서 대학교 대학원 신학과 박사 학위 논문(서울: 한국 성서 대학교 대학원, 2005), 39.
8) מִתַּחַת לָרָקִיעַ..מֵעַל לָרָקִיעַ(미트하트 라라키아..메알 라라키아으 · 궁창 아래와 궁창의 위를 위하여, 창1: 7).
9) Gorden J. Wenham, *Genesis 1~15*(Waco: Word Books, 1987), xxi, 46.

하나님이 아랫물과 윗물 둘로 나누신 이유가 있다. 그 분에게로 되돌아[1] 오는 삶을 말하는데 이 때 하늘이 바로 성경이 말하는 둘째 자리[2] 궁창을 위하여서다. 견고한 거울[3] 모양으로 된 이 말씀을 먹일 물[4]이 든 곳이다. 우리를 위한[5] 궁창[6]이다. 하나님이 봐 있어[7]하신다. 우리나라 사람들은 서로 잘하자며 '아싸'한다. 바로 '봐 있어'[8]로 서로 위로하며 그 분이 엣따=אֵת =אֵת 엣따[9]하시며 주시는 일이다. 그래서 처음과 끝[10]을 구별할 줄 아는 바로 윗물과 아랫물을 구별하며 시를 쓰며 찬양하며 사는 광영을 누린다.

좋은 물을 먹기 위해 사는 삶은 내 앞에 놓인 물[11] 말씀을 먹고 사는 일이다. 물, 말씀을 먹고 사는 삶은 하늘[12]과 더불어 시를 쓰는 시인들의 삶이다. 현실을

---

1) ".לְ"(라 · .를 위하여).

2) 창 1: 7.

3) 욥 37: 18.

4) 창 1: 6.

5) 창 1: 7.

6) הָרָקִיעַ ~אֵת(에트~하라키아 · 궁창, 창 1: 7.

7) וַיַּעַשׂ(바이아스 · 시작하시는, 창 1: 7.

8) וַיַּעַשׂ(바이아스 · 행하다, 창 1: 7, 6: 6; 왕하 18: 4.

9) אֶלְעָשָׂה~ אֵת(에트 엘르아 · 행하시는, 사 2: 39.

10) ~ אֵת(에트).

11) 엄원식, 『구약신학』 (대전: 침례 신학 대학교, 2005), 41: 엄원식은 성경의 시작이 바다가 있는 상태에서 처음이 시작되었다고 본다. 하나님은 인간의 삶을 위하여 물을 제거하고 마른 땅을 내어주시는 모습으로 하고 있다. 즉 바다에서 육지가 드러나는 것이 창조의 시작이라 하였다. 엄원식은 온 땅이 수면으로 덮여 있고 하늘이 없고(온통 물에 가득 찬 공간뿐이라(창 1: 8)하여 땅이 안 보이고(창 1: 9) 채소와 과수가 없고(창 1: 11) 천지가 어두웠다(창 1: 2, 14, 19)고 하고 있다.

12) שָׁמַיִם(솨마임 · 하늘 · 그 권위, 1: 8.

초월[1]하여 하늘 일을 할 수 있는 방법이다. 우리에게 이러한 위대한 사람이 되는 힘이 솟는 신비한 이적이 일어난다. 그럼으로 신약에서는 이 하늘이 우라노이스로 단수가 된다. 바로 주기도문에서 “하늘에서 이룬 것 같이[2] 이 땅에 하나님이 오신 예수님 한 분. 때문에 하늘은 하나님의 권위로 말씀하시는 말씀에 화답하는 아멘아멘 우리사랑의 위대한 힘이 들어 있다. 선하여 좋으신 그분이 하나님의 백성을 그에게로 돌아오게 하는 미완료 형태[3]이기에 하나님께로 들어오는 일이 지금도 이루어진다. 이 사랑을 지금도 그 분이 베푸신다. 구약의 문법이 과거와 미완료뿐인 것도 이 때문이다.

하나님이 구분하시는 궁창 위의 물과 궁창 아래의 물[4]을 시인은 사랑으로 먹으며 뚜렷한 진리를 위해 물로 말씀으로 시를 쓴다. 하나님과 우리는 힘을 내며 아싸[5]한다. 힘을 내서 지금도 나누는[6] 분별력을 키우며 시인들은 시로 하나님 일을 한다. 사실 성경의 히브리어는 오른쪽에서 왼쪽으로 움직이며 쓴다. 이 방법은 옛 한글과 같다. 왜 옛 한글이 왼쪽으로 움직이며 쓰는가는 히브리어가 철저히 왼쪽으로 움직이며 쓰는 것과

---

1) שָׁ(샤).
2) ὡς ἐν οὐρανῷ.
3) 창 1: 7.
4) 창 1: 7
5) וַיַּעַשׂ(바야아스 · 만드시는, 창 1: 7).
6) וַיַּבְדֵּל(바야브델 · 나누는, 창 1: 17).

서로 유추 일치한다. 하나님의 흔적은 사람이 예측할 수 있는 방향을 찾아지게 해 주신다.

하나님이 세상을 향하여 복음을 전해야 하는[1]일은 신앙인이 어두운 세상으로 나가는 일이다. 물의 이동성이다. 이 물의 진행형 이동은 하나님이 하나님의 백성을 사랑으로 돌아오게 하는 뜻이다. 진행 중인 지금의 상황은 지형에서도 그 흔적을 들어낸다. 홍해를 밑바탕으로 한 양쪽의 바다 둘러싸인 사막과 시나이는 예루살렘 옆 사해에서부터 고센 땅 까지 이어진다. 이 흐름은 U 모형이다.

성경[2]은 창세기에서 물을 처음으로 하지 않고 하늘을 먼저로 하고 중간이 물이며 끝은 하늘로 한 U모형이다. 지혜[3]의 잔에 담기는 일이다. U형 예로 이스라엘=ישראל=יִשְׂרָאֵל[이스라엘][4] 글자와 위하여=라메드=ל=엘[5]과 합한 U 리듬 말씀의 잔에 담기는 생활이다.

---

1) 행 8: 4.

2) 1: 1~2: 3.

3) Ed Noort, The Greation of Light in Genesis 1: 1~5」 *The Creation of Heaven and Earth,* Edited George H. van Kooten(Leiden: Brill, 2005), 13.

4) יִשְׂרָאֵל(이스라엘: 창 32: 29, 35: 10, 21, 22, 37: 13, 43: 6, 11, 45: 28, 46: 30, 47: 31, 48: 8, 10, 14, 21; 출 14: 30, 31, 17: 11; 민 16: 34, 20: 21, 21: 1, 2, 17, 21, 24, 25, 31, 22: 2, 24: 2, 5, 25: 1, 3; 신 2: 12, 33: 28, 29; 수 4: 22, 7: 8, 11, 27, 11: 13, 14: 10, 24: 31; 삿 1: 28, 6: 3, 6, 7: 2, 11: 13, 15, 16, 17, 19, 21, 26, 20: 29; 삼상 4: 2, 10, 17; 왕상 8: 30, 33, 38, 12: 19, 18: 31, 20: 20; 왕하 17: 34, 21: 8; 대상 9: 1; 대하 6: 21, 24, 29, 10: 19; 시 14: 7, 53: 7, 105: 23, 114: 1; 사 10: 22, 19: 24, 25, 49: 3; 렘 2: 14, 3: 8, 18: 13; 겔 36: 12, 38: 14; 호 8: 2, 3, 9: 7, 11: 8, 12: 13; 암 5: 2.

5) ל(라메드 ⋯을 위하여).

2). 이스라엘 글자의, 물 잔 U 모양

(1). 시편 8편의 물 잔 U 모양

처음의 하나님의 손으로 하여 잔을 들 수 있는 모양과 더불어[1] ◡모형 즉 U자형을 이룬다. 하나님의 잔 안에 들게 하기 위한 형태를 꼭지 점이 있게 한 이[2]로 하면서 여호와 오른손[3]이 들 고 있는 잔 모양이다.

왼쪽으로 움직이는 히브리어 방향은 하나님이 오른 손으로 잔을 들고 있는 형상이 된다. 세상을 향하여 말씀을 쏟아놓는[4]다. 잔을 들고 있는 왼쪽으로 흐르는 방향이다. 확인방법은 이스라엘을 위하여[5]에서이다. 온 이스라엘[6]을 위하여 또 온 이스라엘을 위하여[7] 이스라엘을 위한 방향 모두[8]가 왼 쪽으로 써 내려간다.

이스라엘 יִשְׂרָאֵל[이스라엘9)] 글자의 יִשְׂרָאֵל[이스라엘] 언어 끝 꼭지 ל[라메드]점과 이 שְׂ[스]로 하여 U 모형에 꼭지 곧 잔

---

1) שְׂ(스 · 연단).

2) יְ(이).

3) יְ(요드).

4) 행 8: 4.

5) לְיִשְׂרָאֵל(레이스라엘 · 이스라엘을 위하여, 창 46: 1; 대하 20: 10; 사 11: 16).

6) יִשְׂרָאֵל ~כָל(창 8: 24; 신 1: 1; 삿 8: 27; 삼상 3: 20, 4: 5, 28: 3; 삼하 16: 21, 17: 13, 왕상 1: 20, 3: 28, 12: 1, 16, 18, 20, 14: 13, 18; 대상 11: 1; 대하 10: 1, 18: 16).

7) יִשְׂרָאֵל ~וְכָל(창 8: 15; 삼상 13: 4, 17: 11; 삼하 3: 37, 4: 1; 왕상 8: 62; 대하 10: 3, 16, 12: 1; 느 7: 72, 12: 47).

8) יִשְׂרָאֵל~ וּלְכָל(울레콜~이스라엘 · 이스라엘이 모두, 단 9: 7).

9) יִשְׂרָאֵל(이스라엘).

을 들 수 있는 모형이다. ;이로 하여 손잡이 형이 된 잔[1]모양이다. 하나님 잔[2]이다.[3] 잔은 하나님의 품안[4]에 드는 상징성이다. 그의 항아리[5]이다. 물 한 동이[6] 요나[7] 이야기 U형[8] 모두 이 모양을 띈다.

노아 홍수 후 하나님은 무지개로 하나님의 백성에게 언약하신다. 무지개[9]는 물병 · 뚜껑 · 단지다. 물 항아리[10]에 물이 담긴다. 물 그릇 안에는 하나님의 연약 궤와 관계된 일[11]이 담긴다. 땅에 물이 담긴 바다[12] 모양 U자 모형 안에 평안이 담기어 흐른다.

동 아시아 대륙 바다 층은 지표에서 약 1천 km의 맨틀에 암석 덩어리가 최고 15%를 가진 물이 북극해 전체보다 많은 양을 가지고 있다. 물이 담겨 있는 물 항

---

1) 사 57: 17; 겔 23: 33.

2) 사 51: 17.

3) Brown, R, E., "cup of Wrath」 *The Gospel According To John i ~xii*(Garden: Doubleday & Company, 1983), 168, 169.

4) Horton Davies, *Bread of Life and Cup of Joy*(Michigan: Grand Rapids, 1993), 225, 262~3.

5) 참조: כדה(카데흐 · 물 항아리, 창 24: 14) · וכדה(베카다 · 그리고 물 항아리, 창 24: 15, 45) · כדה(카다 · 물 항아리, 창 14: 16, 18, 20, 46) · מכדה(미카데흐, 창 24: 43).

6) 막 14: 13, 눅 22: 10: 민대훈, "유월절 식사의 최후의 만찬," 『교수논문집』, 제집,(서울: 서울 기독 대학교, 2004), 46.

7) 홍문표, 『신학적 구원과 시적 구원』(서울: 창조 문학사, 2006), 217.

8) Northrop Frye, 『성경과 문학』, 247~248.

9) 창 9: 13, 14, 16; 겔 1: 28; 계 4: 3, 10: 1.

10) כד(카드 · 물 항아리, 창 24: 15, 20, 43, 45, 46).

11) David H. Aaron, 168.

12) Welliam P. Brown, *Structure, Lole and Idology in the Hebrew and Greek Texts of Genesis 1: 1~23*(Atlanta: Scholars Press, 1993), 145.

아리 모양! 물 한 동이[1]이다. 물을 담고 있는 땅 덩어리 모양 U리듬이다.

시편 8편의 물 잔 U 모양은 여호와로 시작하여 여호와로 끝나는 U리듬이다. 잔모양이다. 시라는 문학 형태에 담긴 시편 8편은 여호와로 시작하여 여호와로 끝난다. 물동이 형태이다. 하나님이 그의 백성을 그에게로 돌아들어오게 하는 U형식[2]이다.

* 시편 8편의 리듬

1절 ... יְהוָה 여호와

2절 ... מִפִּי 미피 · 입으로 말미암아

3절 ... אֶרְאֶה ~ כִּי 키~에르에흐 · 내가. 보오니

4절 .. אֱנוֹשׁ ~ מָה 마~에노쉬 · 사람이 무엇이관대

5절 ... בַתְּחַסְּרֵהוּ 바트하스레후 · 저를 못하게 하시고

6절 ... תַּמְשִׁילֵה 테메쉬레후 · 다스리게 하시고

7절 ... צֹנֶה 쪼네 · 양과

8절 ... צִפּוֹר 지포르 · 새와

9절 ... יְהוָה 여호와

시편 8편의 흐름은 처음과 끝을 יְהוָה 여호와로 하여 하나님의 안에 거하여 구하면 이루게 되는[3] 형식이다.

---

1) 예수께서 제자 중에 둘을 보내심 가라사대 성내로 들어가라 그리하면 물 한 동이를 가지고 가는 사람을 만나리니 그를 따라가서(막 14: 13), 이르시되 보라 너희가 성내로 들어가면 물 한 동이를 가지고 가는 사람을 만나리니 그의 돌아가는 집으로 따라 들어가서(눅 22: 10).

2) Reberto Ouro, The Gerden of Account: The Gerden of Account: The Chiastic Structure of Genesis 2~3(Andrew: Andrew University 2002), 222. 『창세기 1~3장과 관련한 요한 복음 서언(요 1: 1~18)에 관한 연구』 한국 성서 대학교 대학원 박사 학위 논문(서울: 한국 성서 대학교, 2005) 38.

3) 요 15: 7.

이러한 의미는 하나님 안의 생활을 만끽하는 행복감을 표출하였다. 모두 히브리어가 제시하는 하나님 안이라는 의미를 지닌 반복리듬이다. 선지자의 행로[1]나 룻의 시어머니 나오미가 고향을 돌아오는 행로이다. 탕자가 아버지 곁을 떠났다가 다시 돌아오는 행로이다. 야곱이 애급 땅에 들어갔다가 다시 나오는[2] U형이다. 되돌아 온다 수브 히브리어는 우리말식으로 죄에서 하나님 품으로 돌아오기 쉬운=쉬브 돌아옴이다. 우리말 수이 곧 쉬이이다. 하나님께로 쉽게 돌아오는[3] 일은 아주 쉽다. 돌아서기만 하면 구원[4] 된다. 물 마임[5] 곧 임에게 돌아오면 여호와의 오른 손이 들어[6] 살리시는 초월성으로 일상이 회복되는[7] 일[8]이다. 번제 드리는[9] 물길이다. 물을 하늘로 올리는 길이다. 번제를 드리는 일이다. 곧 살아나는 삶이다. 나를 희생하는 일이다.

---

1) 홍문표,『신학적 구원과 시적 구원』(서울: 창조 문학사, 2006), 212~214.

2) 창 47: 29.

3) שׁוּב(수브 · 돌아옴, 창 18:14).

4) Donald E. Gowan,『구약 예언서 신학: *Theology of the Prophetic Books*』, 차준희 옮김(서울: 대한 기독교 서회, 2004), 355.

5) מַיִם(마임)의 יִם(임).

6) 김영진,『성경 히브리어』(서울: 올람 하타낙, 2003), 78.

7) 이영지,『오감도의 구조와 상징에 관한 연구』명지 대학교 대학원 박사 학위 논문(서울: 명지 대학교, 1985), 46~129.

8) 이영지,『물(מַיִם · 마임)의 초월성과 현실성과 회복성 연구~사랑의 U리듬을 중심으로』서울 기독 대학교 대학원 철학박사 학위 논문(서울: 서울 기독 대학교, 2008).

9) 이영지, Ibid, "상승과 하향,"『오감도의 구조와 상징에 관한 연구』, 36~38.

(2). 알파와 오메가

물의 시학이 가지는 위대한 힘은 물이 없으면 모든 것이 멈추어 지는 마력에서이다. 그 마력은 첫째 물의 모양이 6각형에서 암시한다. 다만 인간의 지혜로 만들어 낸 천부경의 기록이 남아 있으며 이 천부경에서 물은 가장 가운데 수이고 그 기록은 숫자 6으로 한다. 이러한 신기한 기적은 물의 모양이 6각형으로 되어 있는 점이다. 둘째 물은 하루도 먹지 않으면 몸의 이상이 오기 시작하는 마력을 지닌다. 어떠한 형태로든지 사람의 생명은 물을 몸속에 집어넣음으로써 존재한다. 이 철학은 마음의 물 곧 마음의 양식도 물 곧 말씀을 먹음으로써 존재한다. 이 존재의 가치는 신비하게도 말씀을 전하는 일이다. 이 경험을 토대로 하여 얻어진 이론은 말씀을 전하면 다른 일은 저절로 이루어지는 일이다. 아무리 부정하려 해도 오늘의 생명 존재는 말씀 전하기가 없으면 생명이 존재하지 않는 일이다. 알파와 오메가는 하나님의 흔적 물로 하여 물이 그 사역을 담당한다. 말씀이 그 사역을 담당한다.

제4장 언약 형식

제1절 언약 형식

하나님이 인생에게 처음과 끝의 삶을 주시면서 엣따=את=אֵת[엣따][1] 받아라 하신 언약이 있다. 엣따[2]의 처음 알렙=א[알렙][3]에서 끝=타브=ת[타브][4]까지 이스라엘 백성에게 일방적으로 엣따=את=אֵת[엣따][5]하셨다. 약속[6] 엣따[7]로 나[8]를 처음부터 끝까지 책임지신 언약 엣따=את=אֵ[엣따][9] 하셨다. 다시=베엣따=ואת=וְאֵת[베엣따][10] 하셨다. 옳다=אתם=אֵתֶם[오탐][11] 옳다=אתו=אֹתוֹ[오토][12] 총 27회다. 여호와 수치 17[13] 과 하나님 약자 י[요드][14]인 10[15]과 합 27회다.

---

1) אֵת(에트 · 처음과 끝, 창 1: 1~2: 3).
2) אֵת(에트 · 처음과 끝).
3) אֵ(에에, 창 1: 1).
4) ת(트, 창 1:1).
5) אֵ,ת(에에트 · 처음과 끝, 창 1: 1)/ אַלֻף(알레프, 삼 22: 25; 욥 15: 5, 33: 33) · אֶלֶף(엘레프, 출 20: 6; 삼상 18: 7; 왕상 3: 4).
6)(메레가).
7) אֶת(에트, 창 1: 2~2: 3).
8) א(알레프 · 나).
9) אֵת(에트).
10) וְאֵת(베에트).
11) אֹתָם(오탐).
12) אֹתוֹ(오토).
13) יְהוָה(여호와 · 여호와)의 ה(5) + ו(6) + ה(5) + י(10=1 + 0)=17.

1. 처음과 끝 엣따의 언약구조

하나님께서 우리에게 엣따하고 주신 약속이 있다. 그것은 예수님 창세기 1장에서의 언약구조이다.

[* 표, 처음과 끝 에트의 언약구조]

① 전체 אֵת 에트 창 1: 1 ···→ 처음과 끝 וְאֵת 베에트 창 1: 1
전체 אֵת 에트 창 1: 4
② אֵת 에트 창 1: 7
③
④ אֵת 에트 창 1: 16 ···→ וְאֵת 베에트 창 1: 16 ···→ וְאֵת 베에트 창 1: 16 ···→ אֹתָם 오톰 창 1: 17
⑤ אֵת 에트 창 1: 21 ···→ וְאֵת 베에트 창 1: 21 ···→ וְאֵת 베에트 창 1: 21
אֵת 에트 창 1: 21 ← אֹתָם 에템 창 1: 22
⑥ אֵת 에트 창 1: 25 ···→ וְאֵת 베에트 창 1: 25 ···→ וְאֵת 베에트 창 1: 25 ···→ וְאֵת 베에트 창 1: 27
אֵת 에트 창 1: 27 ···→ אֹתוֹ 에토 창 1: 27 ···→ אֹתָם 에톰 창 1: 27
אֵת 에트 창 1: 28 ← אֹתָם 에톰 창 1: 28
אֵת 에트 창 1: 29 ···→ אֵת 에트 창 1: 29
אֵת 에트 창 1: 31
⑦ אֵת 에트 창 2: 3 ···→ אֹתוֹ 에토 창 2: 3

---

14) י(요드). 「Hebrew Letters 'yod' He」 ABD: David Noel Freedman, *The Anchor Bible Dictionary*(USA: Double day, 1992), 1011. 여호와의 손.

15) י(요드 · 10); 창세기 1장은 여호와의 말씀으로 시작된다. 그 회수는 10회의 "가라사대"(창 1: 3, 6, 9, 11, 14, 20, 22, 24, 26, 29)로 י(요드 · 10, 그, 하나님)와 관련된다. 이 י(요드)는 신성수로 10을 5+5라 한다던지, 3+7로 계산한다. 참조: א(알렙 · 수소, 1), ב(베트 · 집, 2), ג(기멜 · 낙타, 3), ד(달레트 · 문, 4), ה(헤 · 숨구멍, 5), ו(와우 · 갈고리, 6), ז(자인 · 무기, 7), ח(헤드 · 울타리, 8), ט(테드 · 뱀, 9), י(요드 · 손, 10), כ(카프 · 굽은 손, 20), ל(라멧 · 소몰이막대, 30), מ · ם(멤 · 물, 40), נ · ן(눈 · 물고기, 50), ס(싸멕 · 지주, 버팀대, 60), ע(아인 · 눈, 70), ף · פ(페 · 입, 80), ץ · צ(차데 · 낚시바늘, 90), ק(코프 · 바늘 귀, 100), ר(레쉬 · 머리, 200), שׁ · שׂ(신 · 쉰 · 이, 치아, 300), ת(타우 · 표시, 십자, 400).

1). 의미

인생 처음과 끝을 엣따=את=אֶת엣따하시며 인생들에게 주시는 하나님의 군대=제 봐 암=צבאם=צְבָאָם제바암1)은 12회 반복리듬을 가진다. 바로 우리를 보시는 하나님은 그의 마음에 들면 다시=베엣따=ואת=וְאֵת베엣따2) 하시며 부함 의미를 가지는 철학 8회로 부하3)게 하시었다.

8은 부함의 이미지 마방진 수이다.

9 X 9+7=88
98 X 9+6=888
987 X 9+5=8888
9876 X 9+4=88888
98765 X 9+3=888888
987654 X 9+2=8888888
9876543 X 9+1=88888888
98765432 X 9+0=888888888

8은 하나님의 수학4) 부함 이미지다.

창세기 창 1:1~2:3까지 이 전부=처음과 끝=엣따=את=אֶת엣따 20회 사용한다. 20회는 신성 수 10의 2회 리듬이다. 2회는 첫째 아담이 아닌 두 번째 예수님 자리이다.

---

1) צְבָאָם(쩨바암 · 하나님의 군대, 창 2: 1).

2) וְאֵת(베에트).

3) Garth E. Runion, *The Golden Section*(Dale Seymour Publications: Palo Alto, CA. 1990), 84~85; 『하나님의 수학』,. op. cit, 79~85. וְאֵת(창 1: 1, 16, 16, 21, 21, 25, 25, 29)는 8회는 영적 탄생이미지이다.

4) Don Kistler, 『하나님의 수학: *The Arithmetic of God*』, 서휘웅 옮김(서울: 섬광문화사, 1992), 67~69.

옳다=אָתוֹ 옳다함 אֹתָם[옳다함]까지 인장을 찍으신다. 이 묘한 전하는 말씀은 총 27회다. 일곱 날을 세 번 곱한 뒤의 여섯째 날 예수님은 십자가에 달리시면서 다 이루었다 하시었다. 완성 표현[1] 숫자 비유[2] 증명[3]은 우리나라의 첨성대 27계단의 신비로움도 있어서 별을 바라보며 천체를 연구하는 학문이 발달하였다. 우리 국민은 엣따 하며 주신 선물로 찬란한 신라 1000년의 역사를 이루었다. 전부주신=처음과 끝=엣따=את=אֵת[엣따를]를 주신 주님[4]은 우리의 삶이 예수님을 본받아야 사는 우리의 세월을 알리셨다. 에따 받아라 하며 하나님의 생명, 말씀을 주시었다.

처음과 끝 אֵת 에트에 소망사 ה[하]의 성경자료다.

① 주는 אַתָּה[아타]

주는 אַתָּה[아타]: 흑암을 밝히시는 주[삼하 22:29] · 여호와여 오직 주는[대상 17:26]하나님이시라 · 이스라엘의 하나님 여호와여 주는[대상 29:10] · 여호와 하나님이여 원컨대 주는[삼하 1:9][5]

1) Terry Lucas and Del Washburn, Theomatics, *The Biblical Theology of Numbers in the Bible*(New York Stein and Day, 1978), 21~24.

2) 엄원식, "구약 성경의 수비학에 대한 탐구," 『복음과 실천』 21, op. cit, 12.

3) Morris Kline, 『수학의 확실성: *Mathematics the Loss of Certainty*』, 박세희 옮김(서울: 민음사, 1986), 362~371.

4) אַתָּה(아타 · 주는).

5) 간구하심을 들으시는 하늘에 계신 주(대하 6: 21) · 우리 열조의 하나님 여호와여 주는(대하 20: 6) · 그 앞에 한사람도 서지 못하는 의로우신 이스라엘 하나님 여호와여 주는(스 9: 15) · 모든 것을 지우시고 보존하시는 오직 여호와이신 주 · 은혜로우시며 긍휼하시며 더디 노하시는 여호와 주(시 5: 12) · 모태에서 나올 때부터 내 하나님이신 주는(시 22: 10) · 내 하나님이신 여호와여 그리하여도 나는 주께 의지하는 주는(시 31: 14) · 환난에서 보호하시며 구원의 노래로 나를 에우시리는 주는(시 ;32: 7) · 나의 도움이시오 건지시는 나의 하나님이신 주는(시 40: 17) · 어찌하여 버리시니이까 나의 하

② 주는 אַתָּה[아아타]

주는 אַתָּה[아아타]: 반석이시며 산성이시며 주의 이름으로 인도하시는 주는[시 31:3] · 그물에서 빼어내시는 나의 산성이신 주는[시 31:4] · 주의 보좌는 예로부터 견고히 섰으며 영원부터 계신 주는[시 93:2]

시편 23편에서 가장 중심 되는 주님=아타하=אַתָּה[아타하]1)다. 수치 26회째 26번째에 놓은 주님의 자리다. 우리에게 말씀의 물을 먹게 하시는 그분이시다. 그 분이 사랑하시는 내게 일방적으로 "엣따, 받아라" 하셨다.

나님이신 주는(시 43: 2) · 나의 왕이신 하나님이신 주는(시 44: 5) · 행악자의 비밀한 꾀에서 건지시는 주는(시 64: 2) · 진흙이요 토기장이신 주는(사 64: 8) · 가난과 궁핍에서 건지는 여호와 주는(시 70: 5) · 피할 바위가 되소서 나의 반석이시오 나의 산성이신 주는(시 71: 3) · 어릴 때부터 의지시며 소망이신 주 여호와여 주는(시 71: 5) · 하나님이신 주는(시 86: 10) · 은총의 표징을 보이소시소서 주는 돕고 위로하심의 여호와여 주는(시 86: 10) · 나의 아버지시오 나의 하나님이시오 나의 구원의 바위이신 주는(시 89: 26) · 곧 영원부터 영원까지 주는(시 97: 9) 하나님이시니이다 · 초월의 여호와 주(시 90: 1) 나의 하나님이신 주(시 118: 28) · 율례로 나를 가르치시는 이는 주(시 119: 28) · 의로우시고 정직하신 주(시 119: 137) · 공평한 땅에 인도하시는 주(시 143: 10) · 나의 하나님이신 여호와 주(사 25: 1) · 천지를 조성하신 유일하신 주(사 37: 16) · 스스로 숨어계신 하나님이신 주(사 45: 15) · 아버지이신 구속자의 주(시 63: 16) · 주의 이름이 그 권능으로 크신 주(렘 10: 6) · 나의 피난처신 주(렘 17: 17) · 나를 이끌어 돌이키실 여호와 주(애 5: 19)이다.

1) רֹעִי(로이·나의 목사시니) יְהוָה(여호) לְדָוִד(다윋의) מִזְמוֹר(미즈모르·시) 시편 23:1
אֶחְסָר(에흐사르·내가 부족함이) רא(로·없으이시리로다)
יַרְבִּיצֵנִי(야르비제니·그가 나를 누이시며) דֶּשֶׁא(데쉐아·푸른 초) בִּנְאוֹת(빈느오트·장에)시편 23:2
יְנַהֲלֵנִי(예나할레니·인도하시도다) מְנֻחוֹת(메누호트·쉴만한) מֵי(메·물) ~עַל(알·가로)
יַנְחֵנִי(야느헤니·인도하시는도다) יְשׁוֹבֵב(예소베브·소생시키시고) נַפְשִׁי(나프쉬·내 영혼을) 시편 23:3
שְׁמוֹ(쉐모·자기 이름을) לְמַעַן(레마안·위하여) צֶדֶק(제데크·의) ~בְמַעְגְּלֵי(베마으겔레·길로)
אֵלֵךְ(엘레흐·내가 다닐지라도) שֻׁלְחָן(술루탄·상) לְפָנַי(레프네·내게) תַּעֲרֹךְ(타아로흐·주께서 베푸시고)
צַלְמָוֶת(잘르마베트·사망의 음침한) בְּגֵיא(브네아골짜리로) ~כִּי־אֵלֵךְ(키 엘레흐 ·내가 다닐) גַּם(감·찌라도)시 23:4
אַתָּה(아타·주께서) ~כִּי(키· 때문에) רָע(라·해를) אִירָא(이라·두려워하지) ~לֹא(로·않을 것은)
מִשְׁעַנְתֶּךָ(미스아느테하·막대기가) מִשְׁשַׁבְטְךָ(쉬브아테하·주의 지팡이와) עִמָּדִי(임마디·나와 함께)

יְנַחֲמֻנִי(예나하무니·나를 안위하시나이다) הֵמָּה(헴마·그것들이)
שֻׁלְחָן(수르탄 ·상을) לְפָנַי(레파나이 ·내게[) תַּעֲרֹךְ(타아로흐 주께서 베푸시고) 시시편 23:5
בַשֶּׁמֶן(바세멘·기름으로) דִּשַּׁנְתָּ(디스네타·바르셨으니) צֹרְרָי(조르라이· 내원수의) נֶגֶד(내게드·목전에서)
רְוָיָה(레바야·넘치나이다) כּוֹסִי(코쉬· 내 잔이) רֹאשִׁי(로쉬· 내 머리에)
וָחֶסֶד(바헤세드 ·인자 하심이) טוֹב(토브 ·선하심과[) אַךְ(아흐· 정녕) 시편 23:6
חַיָּי(하야·나의 생에) יְמֵי(예메·날) ~כָּל(콜· 평) יִרְדְּפוּנִי(이르데푸니;·나를 따르리니)
יְהוָה(여호와 여호와) ~בְּבֵית(비베이트· 집에) וְשַׁבְתִּי(베솨므티· 내가~거하리로다)
: ם יָמִים(야밈· 영) לְאֹרֶךְ(레오레흐· 원히)

2). 처음과 끝 매개체 물 · 말씀

하나님이 우리에게 주신 것은 생명과 시간과 공간 하늘과 땅 등이다. 이 안에 인간은 산다. 하늘과 땅의 관계를 성경은 처음과 끝 사이라 하였다. 이 안에는 비와 이슬과 단비로 하나님이 계심[1]을 증명하였다. 위 하늘과 아래 땅이 있어 우리 삶을 위해 잇게 하시었다. 물과 빛은 어둠을 밝게 하는데 사용되어진다. 비는 씨가 잘 자라도록 하늘에서 내린다. 생명[2]에게 빛[3]을 주실 때에 물은 말씀 진리가 빛이 되도록 하였으며 열매 맺도록 궁창위에서 궁창아래의 물을 다스리셨다.

생명의 날 존재하게 한 하나님의 흔적은 궁창이 말씀의 물로 채워[4] 생명의 빛이신 하나님이 낮을 큰 빛으로 주관[5] 궁창[6] 하나님 계신 공간[7] 낮[8]이다. 하나님 다스리시는 공간[9]은 광명이 점점 더 커지고 어둠은 점점 적어지게[10] 하시었다. 언약의 약속이행이다.

---

1) 신 32: 2; 미 6: 6.
2) 요 4: 14.
3) 시 27: 1; 요일 1: 5.
4) 창 1: 22.
5) 창 1: 16.
6) אֶת~ הָרָקִעַ(에트~하라키아 · 궁창).
7) 창 1: 7.
8) אֶת~הַמָּאוֹר הַגָּדֹל לְמֶמְשֶׁלֶת הַיּוֹם(에트~하마오르 핫가돌 렘멤메셸레트 하욤 · 낮을 주관하심, 창 1: 16).
9) לְמֶמְשֶׁלֶת הַיּוֹם(렘멤메셸레트 하욤 · 날을 다스리게 하시려고, 창 1: 16).
10) וְאֶת~הַמָּאוֹר הַקָּטֹן לְמֶמְשֶׁלֶת הַלַּיְלָה(베에트~하마오르 하카톤 렘멤메셸레트 하라이라 · 밤을 주관하심, 창 1: 16).

2. 계약진행의 방향은 저녁부터 아침까지

하나님은 밤의 어둠이 점점 더 작아지게 하시었다. 역으로 아주 크게 라는 표현으로 밤의 어둠이 점점작아지게 하시었다. 핫가돌=크게 돌게=הגדל=הַגָּדֹל핫가돌1)로 점점 더 돌리신 다음 밤을 탈바꿈 시키시었다. 하나님은 밤2)을 밝음으로 바꾸시었다.3) 우리가 인식하는 밤과 낮과는 다른 이 시적 표현은 밤의 어둠이 차츰차츰 밝아지는 현상4)으로 하시었다. 신앙인은 신앙생활을 하는 동안 하나님의 큰 빛으로 말미암아 어둠의 세상을 넉넉히 이기게5) 하시었다. 이 귀중한 비밀을 깨닫게 된 하나님의 백성은 늘 행복하다.

누가 누구를 위하여6)라는 목적적 방향사 히브리어 위하여=ל라메드는가 성경에 자주 있다. 영어 to 부정사 역할이다. 삶의 한정된 처음과 끝 엣따=אֵת엣따7)를 설정하시어 인간들이 이 세상에 사는 동안에 누구를 위하여 사느냐를 밝히신다. 저녁8)에 얻은 약속으로 만찬을

---

1) הַגָּדֹל(핫가돌).

2) הַלַּיְלָה(하라이라 · 그 밤).

3) 이영지, יְהוָה와 물 מַיִם의 상관성 연구, 서울 기독 대학교 추계 학술 세미나 소논문(경기도: 광림 세미나하우스, 2006, 10. 26), 14.

4) לְמֶמְשֶׁלֶת(렘멤메셸레트 · 주관하게 하시며).

5) וְאֶת~הַמָּאוֹר הַקָּטֹן לְמֶמְשֶׁלֶת הַלַּיְלָה(베에트~하마오르 하카톤 렘멤메셸레트 하라이라 · 작은 관명으로 밤을 주관하심, 창 1: 16).

6) לְמֶמְשֶׁלֶת(렘멤메셸레트 · 주관하게 하시며, 창 1:16).

7) ~וְאֵת(베에트 · 그리고 처음과 끝, 창 1: 16).

8) עֶרֶב(에레브 · 저녁: 창 1: 5, 8, 13, 19, 23, 31).

즐기고 다음날 아침[1] 일찍이 일어나 일을 하게 하시었다. '아침에 일찍이 일어나'라고 표현하였다.

성경 문법 저녁이 되며 아침이 되는 순서이다.

> 여호와께서 저녁에는 너희에게 고기를 먹여주시고 아침에는 떡으로 배불리시리니출 16: 8 ⋯→ 저녁에는 메추라기와 와서 진에 덮히고 아침에는 이슬이 진 사면에 있더니출 16: 13 ⋯→ 구름이 저녁부터 아침까지 있다가 아침에 그 구름이 떠오를 때에는 그들이 진행하였고민 9:21 ⋯→ 저녁에는 울음이 기숙할지라도 아침에는 기쁨이 오리로다시 30:5⋯→ 한 결 같이 저녁이 되며 아침이 되는 순서이다. 일어나 일을 하는 아침(아침에 일찍이 일어나창 1:5, 8, 13, 19, 23, 31 . ⋯→ 아침에 일찍이 일어나(아침에 일찍이 일어나창 19:27, 20:8, 14, 22:3, 24:54, 26:31, 28:18, 31:55; 출 34:4 ⋯→ 모세가 바로에게 가는 아침(아침에 일찍이 일어나출 7:15, 8:20, 9:13, 24:4 ⋯→ 하나님의 영광을 보는 아침(아침에 일찍이 일어나출 16:7, 16:13, 21, 24, 19:16 ⋯→ 모세가 하나님의 일을 하는 아침(아침에 일찍이 일어나출 18:13, 14, 23:18, 24:4, 27:21 ⋯→ 한 어린 양을 아침에 드리는(아침에 일찍이 일어나출 29:39, 29:39, 29:41, 30:7, 34:2, 4; 레 6:12, 20

하나님과 우리 사이의 계약을 하나님은 좋았더라=토브=좋아=**תוב**=**תוֹב**토브[2]라 하시었다. 7회 반복[3]이다. 저녁에 하나님과 약속의 만찬을 즐기고 다음 날 아침에 그 약속을 하나님이 이행하시며 좋았다 하시었다.

---

1) **בֹּקֶר**(보케르 · 아침).

2) **כִּי~טוֹב**(키~토브 · 좋았더라).

3) ① 한 날에 어두움을 밝게 할 빛이 있기 시작하매 그 결과가 좋았더라 **כִּי~טוֹב**(키~토브, 창 1: 4) · 둘째 날은 이스라엘 백성을 위하여 하나님이 한 언약(창 1: 1~2: 3)에서 심히 좋았더라가 없다 · ②셋째 날에 하나님이 어둠을 이길 것을 보시고 좋았더라 **כִּי~טוֹב**(키~토브, 창 1: 10) · ③ 같은 날에 그 앨매(이삭)를 가지기 시작하니 결과가 좋았더라 **כִּי~טוֹב**(키~토브, 창 1: 12) · ④ 넷째 날에 차츰 낮이 많아지기 시작하는 그 결과를 보시기에 좋았더라**כִּי~טוֹב**(키~토브, 창 1: 18) · ⑤ 다섯 째 날 모든 것이 구분 짓게 하시지 좋았더라 **כִּי~טוֹב**(키~토브, 창 1: 21) · ⑥ 여섯째 날 물(말씀)안에 충만하시니 좋았더라 **כִּי~טוֹב**(키~토브, 창 1: 25) · ⑦ 지으신 모든 것을 보시니 심히 좋았더라 **כִּי~טוֹב**(키~토브, 창 1: 31)이다.

하나님이 하나님의 백성을 사랑하시어 계속 저녁이 되며 아침이 되는 순서이다. 그의 백성도 아침[1]에 일찍 일어나[2] 일을 하였다. 특히 한국 기독교인들은 새벽예배를 드렸다. 모세의 경우는 아침 일찍[3] 명령 따라 이스라엘 백성을 구하려 왕 바로에게 일찍 나아갔다. 성경의 아침[4]은 하나님의 영광을 보는 아침[5]이다.

아침에는 신선한 공기가 있다. 좋아하는 일에 몰두할 수 있는 가장 적합한 시간은 10시이다. 햇빛이 우리의 몸에 영양소를 넣어주는 과학적 시간이다. 들의 벼가 익어가게 질소가 하늘에서 내려오는 시간이다. 오곡백과가 무르익는 시간이다. 아침 일찍 일어나 맑은 공기를 맞으며 맑은 샘물을 떠 마시며 몸과 마음을 하나님의 마음으로 가득 채웠다. 눈빛이 맑아지며 피부는 고아지며 말소리가 밝아진다. 요셉=יוסף=יוֹסֵף요셉으로 하여 이웃이 형통하게 되었다. 이 환경이 동네 마을 그리고 더 넓은 공간까지 확대되며 차츰 밝은 미래까지 행운을 몰고 오는 아름다운 세월이 된다. 맑은 물을 떠 마시며 맑은 마음 마시며 건강한 사람이 사는 사회는 나라를 위하고 이웃을 사랑하는 사회이다.

---

1) 창1: 5, 8, 13, 19, 23, 31.
2) 창 19: 27, 20: 8, 14, 22: 3, 24: 54, 26: 31, 28: 18, 31: 55; 출 34: 4.
3) 출 7: 15, 8: 20, 9: 13, 24: 4.
4) 출 18: 13, 18: 14, 23: 18, 24: 4,27: 21.
5) 출 16: 7, 16: 13, 16: 21, 24, 19: 16.

제2절 여호와

~여호와 ← 에흐예와 창 1: 2 · 1계명

하나님의 언약은 일곱째 날에 완성 7대 명절을 예시한다. 이스라엘 백성에게 준 유월절[한날 · 한분 · 예수] ---> 무교절[둘째날 · 십자가사건] ---> 초실절[셋째날 · 부활] ---> 오순절[넷째날 · 성령] ---> 나팔절[다섯째날 · 재림] ---> 속죄절[여섯째날 · 구속] ---> 장막절[일곱째날 · 영원] 일곱째 날[1]은 3회 반복된다. 일곱째 날[2] 리듬은 일곱째[3] 날에 완료 여섯 번 반복된 저녁이 되며 아침이 되니[4] 7대 명절 복음의 물이 · 말씀이 흐르는 물을 저녁에서 아침 순서 후 일곱째 날 하나님은 쉬시는 날에 예수님은 주일날 일하신다.

나는 스스로 있는 자라 하신 그 분은 존재를 알린다. 에흐예=אהיה=אֶהְיֶה[에흐예][5]이다. 3인칭으로 표시되는 영원히 존재하는 자 여호와의 사랑은 인간이 신명나게 나[6]로 존재하게 한다. 숨 ה[헤][7]하며 살게 하신다.

---

1) אֵת ~ בַּיּוֹם הַשְּׁבִיעִי(에트~바욤 하십비이 · 일곱째 날) ← בַּיּוֹם הַשְּׁבִיעִי(바욤 하십비이 · 일곱째 날) ← בַּיּוֹם הַשְּׁבִיעִי(바욤 하십비이 · 일곱째 날).

2) אֵת ~ בַּיּוֹם הַשְּׁבִיעִי(에트~바욤 하십비이 · 일곱째 날).

3) 그 지으시던 일이 다하므로 일곱째(창 2: 2)날에 안식 · 일곱째 날은 안식일(레 23: 23) · 일곱째(대상 2: 15)로 다윗을 낳았으며 · 일곱째(계 8: 1) 인 · 일곱째(계 11: 15) 천사 · 일곱째(계 21: 20)는 황옥이요.

4) וַיְהִי עֶרֶב וַיְהִי בֹקֶר(바예히 에레브 바예히 보케르 · 저녁이 되며 아침이 되니).

5) אֶהְיֶה(에흐예 · 나, 출 3: 14).

6) אֶהְיֶה(에흐예 · 나).

7) ה(헤).

1. 여호와와 에흐예

여호와와 에흐예의 어근은 동일하다. 하야=היה=הָיָה[하야][1]이다. 우리들은 하여라는 말을 자주 쓴다. 가운데 하나님의 손 곧 예수님이 있다. 양쪽에 하나님이 우리들에게 숨을 쉬게 숨 쉼=헤=ה[헤]하게 하여 주신다. 두 번 반복한다. 나의 곁에 하나님과 예수님이 있다. 같은 의미로 하바=הוא=הָוָא[하바]와 아바=אוה[1][아바]가 있다. 에흐예=אהיה=אֶהְיֶה[에흐예][2]와 여호와=יהוה=יְהוָה[여호와][3]의 차이다. 에흐예와 여호와는 실존 베=ו[바][4]와 하나님의 손 요드=י[요드][5]로 하여 혼동되어 쓰이[6]기도 하지만 다만 에흐예의 시작 글자 알레프=א[알레프][7]가 하나님의 손으로까지 바뀌어 하나님이 사랑하는 백성 위한 손이다.

하나님의 손이 나에게 오는 과정은 사랑으로 서이다. 숨 쉬게 하시는 일이다. 그 방법은 물이다. 곧 말씀이다. 이 말씀을 통한 동적 움직임은 몸 안에 피가 흐르고 물이 흐르게 하신 그 분에 의해서다. 그 증거를 창

---

1) הָוָא(하바) · אָוָה(아바).

2) אֶהְיֶה(에흐예 · 나, 출 3: 14).

3) יְהוָה(여호와)의 성호: 저는 만군의 하나님 יְהוָה(여호와)시라 יְהוָה(여호와)는 하나님의 기념 칭호니라(호 2: 5).

4) וְ(바).

5) יְ(요드).

6) S. D. Goitein, YHWH the Passionate, The Monothistic Meaning and Origin of The Name YHWH」 *VT* 6(1956): 1~9, 5.

7) אֶ(알레프 · 하나님의 법을 익히고 백우는 나, 1000).

세기는 하나님[1] 곧 히브리어 엘로힘으로 33번 하시었다. 예수님 이 세상에서의 나이로 하셨다. 33[2]회이다. 예수님이 이 세상에서 오시어 사신 나이를 보여줌으로써 정말 하나님이 우리를 위한 희생까지의 나이이다.

하나님은 절대로 혼자 하시지 아니하신다. 성삼위께서 같이 하신다. 사람을 만드실 때에도 우리 셋이서 사람을 만들자 이고 언어를 흩으실 때에도 우리 셋이서 이를 막자 하시었다. 하나님은 하나님의 군대[3]와 같이 절대자의 명령[4]을 수행하신다. 그 일는 하나님의 백성들이 숨을 쉴 수 있게 하시는 일이다. 열어보라시며 하나님의 군대는 하나님의 사랑이 있음을 열어 보여주신다. 현재형이다. 이 현재형은 미래에도 현재형이다. 히브리어 성경 문법은 미래형과 과거완료형 둘로 구성되어 있다.

절대자[5]의 법칙을 김이곤은 방언의 추이로 보는 올브라이트 견해에 따랐다. 그는 모세에게 나타난 조상의 하나님을 회복의 의미와 능력의 하나님[6]이라는 등식[7]

---

1) 창 1: 1~2: 3.

2) 33 의 성경적 근거: 야곱의 자손들 삼십삼인(창 46: 15) · 다윗이 이스라엘과 유다를 다스린 삼십 삼년 동안(삼하 5: 5) · 다윗이 예루살렘을 삼십 삼년 치리(왕상 2: 11; 대상 3: 4, 29: 27).

3) צְבָאִם(쩨바암 · 군대, 창 2: 1 · 군대).

4) 찌바아 צִוָּה(찌바아 · 명령, 출 35: 29) · יְצַוֶּה(예쭈베 · 명하신, 출 34: 34)는 우리말 쨰바.

5) אֶהְיֶה(에흐예 · 나).

6) אֶהְיֶה(에흐예 · 회복 능력의 하나님, 출 3: 14).

7) 김이곤, 『출애굽기 신학』(서울: 한국 신학 연구소, 1989), 57.

을 세웠다. 언약하신, 한 분이신 그는 여호와이고 에흐예이다. 모두 היה 하야 하나님의 손이 움직이어 숨 쉬게 하는 일이다. 그럼으로써 예수님과만 관련된다.

그 이유는 에호예=אהיה=אֶהְיֶה[에흐예]와 여호와=יהוה=וָ
הְ[여호와]의 긴밀성에서 "나는 나다"1) 하시었다. "하나님은 존재한다."2) 스스로 계신3) 하나님은 이 세상의 것들이 존재하도록 만들어 내시는 분4)이다. 올브라이트5)도 동일 사역형 관계 설을 강조하였고 프리드맨과 크로스도도 인정 변호 했다.6) 김이곤은 드리버와 촤일스의 이론을 중시, 인용7)하였다. 프리드맨은 올브라이트의 히프일8) 문법이론9) 에호예10)를 3인칭으로 수정한다. 하우프트~올브라이트는 긍휼과 은혜와 질투 의미가 에흐예에 있으며 여호와의 기능을 반영한다 하였다. 긍휼의 속성은 하나님의 역사적 행위를 통해서11)만이다.

---

1) Eɣω ἐιμι ὀ ώv, I am who I am(70인 역).

2) Roland de Vaux, *The Early History of Israel*. Tr. David Smith(Philadephia: The Westminster Press, 1978), 348.

3) Cross, Canaanite Myth and Hebrew Epic, 63ff.

4) "He who creates what comes into existence," William Foxwell Albright, *Yahweh and the gods of Canaan*(A eisenbrauns, 1968), 171.

5) 15 B.C 『아문(Amun)에게 드리는 찬양시』.

6) Freedman, "The Name of the God of Moses," *JBL* 79(1960), 151~156; F. M. Cross, *Canaanite Myth and Hebrew Epic*(Massachosetts: Harvard University Press, 1976), 65~75.

7) S. R. Driver, *Notes on the Hebrew Text of the Books of Samuel*(2nd ed.; Oxford: 1913), 185~196. B.S. Childs,, *The Book of Exodus*(Cambridge: 1911), 362~363.

8) Hiphil.

9) 출 3: 14.

10) אֶהְיֶה(에흐예).

성경은 하나님으로 번역된 엘로힘[1]이 33번이나 쓰이는 일에 의미를 둔다. 그리고는 군대[2]를 동원시키시는 하나님은 같은 언어로 군대[3]로 희생제물 33세의 예수님을 암시한다. 더 나아가 발음그대로 베자[4]라는 발음으로 희생을 각인시킨다. 이[5] 기본형 하나님의 그렇게[6] 일어난 생명 문제다.

1인칭 에흐예[7]와 3인칭 여호와와의 관계는 전자 구두어와 후자 성호[8] 관계이다. 하나님이 하나님의 백성을 숨 쉬게 하신 의미에서 같다. 르 끌레르끄는 여호와가 하야의 사역형이며 그 뜻은 "Creator eteffector rerum"이라 하였다. 라가르트는 약속의 땅을 존재에로 불러들이는 분[9]이라 하였다. 반대학자 레이몬드도 하야 동사가 사용된 근거가 없다[10] 하면서도 생기다 · 떨어지다 · 되다의 동일한 어원아래 묶고 있다. 때문에

---

11) B.S. Childs, *The Book of Exodus*(Philadelphia: The Westminster Press, 1974), 56, 62~64.

1) 창 1: 1~2: 3.

2) 창 2: 1.

3) זָבַח(짜바흐 · 희생).

4) וְזָבְחוּ(베자베후 · 희생을 드리고, 출 34: 15).

5) אֶהְיֶה(에흐예 · 나).

6) ;הָיָה(하야).

7) אֶהְיֶה(에흐예 · 나, 출 3: 14).

8) 호 12: 5.

9) derjenige welsher das Verheissene in das Desein ruft): 김정철, op. cit, 39.에서 재인용. W. F. Alblbright, Contributions to Biblical Archaeology and Philogy」 *JBL* 43(1924), 375.

10) Raymond Abba, The Divine Name Yahweh」 *JBL* 80(1961), 320~323, 325.

아담의 아내인 하와에 대한 근거를 공동기원으로 김이곤은 보고 있다.[1] 울부라이트는 하야 동사의 히브리어를 사역형으로 와우[2] 동사를 가진 고대형의 예를 구약성경의 아담의 아내인 하와라는 고유명사에서 찾는다. 여호와는 존재하도록 하는 하나님의 의미와 상응하는 사역형이 되어야 한다 하였다. 여호와가 사역형으로 창조하다라는 의미를 가지고 있다는 울부라이트 학파의 논증이 있기 전에 이미 하웁트[3]는 하야 동사의 일인칭 미완료 형태인 나의 의미를 지닌 에흐예를 사역형으로 보았다. 출애굽기 서의 3: 14a를 나는 존재 속으로 들어오는 것을 존재하게 한다 라며 이를 행복한 수정[4]이라 하였다.

하우프트는 여호와를 the One who brings into existence: Creator로 설명하여 학술적이게[5] 하였다. 에

---

1) 김이곤, "고난 신학의 맥락에서 본 여호와의 신명 이해", 62.

2) ו.

3) Haupt.

4) I cause to be what comes into existence: Albright, Contributions to Biblical Archelogy and Philogy」 376. · 유재원『원어성경연구시리즈 모세 오경』(서울: 솔로몬, 1998), 173; 엔더슨(Bernjard W. Anderson)은 흠정역(KJV) 번역자들이 이러한 규정을 이해하지 못해 자음과 모음을 같이 읽음으로써 "여호와"라는 혼종어가 나오게 되었다고 하였다Bwrnhard W. Anderson,『구약신학』최종진 역(서울: 한들 출판사, 2001), 101에서 하르너(Philip B. Harner)는 אֶהְיֶה(에흐예, 출 3: 14)를 ἔγω εἰμι ὁ ὤν(에고 에이미 호 온, LXX)로 보는 것은 비약이라 하였다. 정철주는『요한 복음의 EGO EIMI) 선언에 나타난 기독론 연구』 박사 학위 논문(서울: 호서 대학교 출판부, 2005), 33에서 אֶהְיֶה(에흐예, 출 3: 14)를 ἔγω εἰμι ὁ ὤν(에고 에이미 호 온, LXX)으로 보는 지켄드라크트의 견해 쪽으로 기울고 있다.

5) Haupt, *Der Name Jahwe*(Orientalistische Leteraturzeitung; Leipzig: 1909), 211~214.

호예 아쉐르 에흐예[1]는 본래 미세한 본문 파손을 일으킨 부분이다. 마소라 학자들도 정확한 모음을 붙이지 못해 수정한 문장이라며 "야훼"는 완전 이름이라 했다.

올브라이트는 여호와라는 신명 비서문장 자료의 정설적 가설[2] 제기로서 초기 시리아의 미확인된 비非 셈계 신의 이름인 야후[3]의 후대 확장형의 근거를 들었다. 히브리어 음운론[4]인 독립 형 야후가 B · C 5세기 전에는 없다[5] 하였다. 포로 후기 이후 야후에서 야훼[6]로 진행, 야곱 · 이삭 · 요셉=יוסף=יוֹסֵף요셉[7]의 미완료태의 동사적 이름이라 하였다. 아마르나 판과 페니키아 비문들이나 야브니엘[8]의 가나안적 이름 미 완료태 기능을 들어 여호와는 미완료형의 소원형[9]이라 했다. 크로스는 7~6 B.C 라키쉬와 아라드 서신·하바드의 셈 연구 박물관의 미출판물[10] · 모압의 메솨아 비문[11] · 에돔

---

1) אֶהְיֶה אֲשֶׁר אֶהְיֶה(에흐예 아쉘 에흐예).

2) W.F. Albright, *From the Stone Age to Christianity*(New York: Doubleday & Company, 1940, 1957), 259.

3) יָהוּ(야후).

4) Ibid, "Contributions to Biblical Archaeology and Philology," *JBL* 43(1924), 370.

5) F. M. Cross, Jr., *Canaanite Myth and Hebrew Epic*(Massachusetts: Harvard University Press, 1973, 1976), 61.

6) יַהְוֶה(야훼).

7) 야곱 יַעֲקֹב(야코프) · 이삭 יִצְחָק(이쯔하크) · 요셉=יוסף=יוֹסֵף יָסַף(야싸프).

8) yabnî~el.

9)Albright, "Contributions to Biblical Archaeology and Philology,"371~374.

10) F. M. Cross, Jr., *Canaanite Myth and Hebrew Epic,* 61~62: 라키쉬(Lachish)와 아라드(Arad) 서신 · 하바드(Harvard), 8 B·C 미(未)출판물.

11) 14~13 B·C 남팔레스타인 에돔 지역: 9 B·C 모압의 메솨아(Meša)

지역의 야훼 신명의 동사기능요소를 들었다.

올브라이트는 마리 텍스트[1]의 아모리식 이름들에서 ḥ가 h로 대치된 대표적인 형식이라 하였다. 크로스는 원 히브리어 또는 남 가나안 어의 동사형 명사 연구로서 야후는 야훼의 고대형이 아닌 미 완료태 동사형 명사 여호와의 단축 소원형으로 하야[2]에서 유래한 것으로 가정하였다. 모빙켈은 제의적 견해[3]를 고대 셈족의 동사만으로 구성된 신명이 없었다는 전제[4]하에 제시하였다. 신명의 일종인 그이라는 후[5]가 야후[6]와 통용되었다는 근거는『엘레판타인 파피리』의 비문들에서 어두에 사용되지 않음에서 보여진다 하였고 제의 · 탄원 · 기도시의 "오, 야훼!"의 제의성[7]이라 하였다.

모빙켈은 나는 야훼이니라[8]라는 조문양식[9]에서 여호와를 지시한다며 야[10]는 아라비아어의 오!의 감탄사

비문(碑文)17): F.M. Cross, Jr: 이 비문은 1868년에 발굴된 것으로서 모압왕이 그모스와 모압의 피의 욕망을 만족시키기 위하여 아타로트(Ataroth)의 모든 이스라엘 주민들을 어떻게 학살했는지를 기록해 주고 있다.

1) Mari Text: 18 B·C.

2) הָיָה(hyh<hwh<hwy).

3) S. Mowinckel, "The Name of the God of Moses," *HUCA* 32(1961), 121~132.

4) 사 43: 10, 41: 4; 48,12: 시 102: 28[27] *Ibid.*, 128.

5) הוּ(후! · 그이!, He!).

6) יָהוּ(야후).

7) Elephantine Papyri: *Ibid.*, 128~130.

8) אֲנִי יְהוָה(아니 여호와 · 나는 야훼니라): W. Zimmerli, *I am Yahweh*(Atlanta: John Knox Press, 1982), 1~28.

9) 시 102: 28 사 43: 10.

10) יָה(야).

의미[1]까지 연계하고 야후는 오, 그 분![2] 의미라 했다. 김이곤은 성경이 지니고 있는 신명에 혼용 즉 다신의 개념으로서의 혼용에 대하여[3] 올브라이트가 말한[4] 포로 이후 초기 야후와 야는 생략 이상의 무의미론이라는 관점을 들면서도 축약형 야를 히브리인들이 사용한 것은 옛 관습이며 나는 스스로 있는 자라는 에흐예 아쉐르 에흐예[5]의 에흐예는 모빙켈이 지적한 동사의 어근에서 그 변천과정을 거쳐 떨어지다 · 생기다 · 되다 · 생존하다의 뜻인 하야가 되었다 하였다. 때문에 히브리어 사전의 to live로 동일 어원 아래 묶는[6]다.

김이곤이 여호와=יְהוָה여호와명칭을 הוה 하야로 찾는 이유는 아람과 아랍 방언의 하와[7]어근과 관련했다. 올브라이트는 고유명사에 와우[8]를 고대형의 하와[9]에서

---

1) *Das Heilige*(Breslau, 1922), p.263. n.1.(S. Mowinckel "The Name of the God of Moses" p.131에서 재인용.

2) Oh He!.

3) W. Zimmerli, *I am Yahweh*, 27~28.

4) W.F. Albright, "Further Observations on the Name Yahweh and its Modifications in Proper Names," *JBL* 44(1925), 158~162.

5) אֶהְיֶה אֲשֶׁר אֶהְיֶה(에흐예 아쉐르 에흐예 · 나는 스스로 있는자, 출 3: 14).

6) 게세니우스(Gesenius)의 히브리어 사전의 to be(become 또는 come into existence)와 to live: W. Gesenius, *Hebrew and English Lexicon*(1844), 252, 356, 304. F. Brown, S.R. Driver, and C.A. Briggs *A Hebrew and English Lexicon of the Old Testament*(Oxford: Clarendon Press, 1953, 1976), 224, 295. W.L. Holladay, *A Concise Hebrew and Aramaic Lexicon of the Old Testament*(Michigan: W.B. Eerdmans Publishing Company, 1971), 78.

7) הוה(hwh).

8) ו(와우).

9)חוה(하와 · 아담의 아내 이름):Albright, *Contributions to Biblical Archaeology and Philology*, p.374; M. Noth, *Exodus*(Philadelphia: The Westminster Press, 1962), 44.

찾는다. 레이젤은 하야의 기본형을 הוה[1)]에서 찾고 있다. 본 연구자의 관점은 사람이 되어 일하시는 예수님이 하시어이다.

여호와를 존재 자체[2)]로 보는 견해는 헬라어 에고 에이미 호 온[3)]에서다. 데이빗슨과 노트와 프리젠과 압바와 · 그리고 랏쇼브와 보만[4)] 등등의 학자들이 하야를 기능개념으로 보는 견해[5)]가 있다. 그러나 희랍적 존재론[6)]이 구약사상과 맞지 않는다는 폰 라드[7)]는 미래 동사 하야로 보는 미 완료태[8)]를 아퀼라[9)]의 히브리어본의 글자 한자를 축자적으로 번역하여 희랍어로 옮겨 놓았다는 것이다. 데오도션[10)]에서의 희랍어 번역본으로

---

1) Dr. M. Reisel, *The Mysterious Name of Y · H · W · .H*(Assen: Royal van Goreun Ltd, 1957), 12.

2) ὁ ὢν 또는 τὸ ὄν: R. Abba, "The Divine Name Yahweh," *JBL* 80(1961), 327.

3) ἔγω εἰμι ὁ ὢν(에고 에이미 호 온, LXX)에 근거한 드 보(R. de Vaux)의 견해(출 3,14를 "I am Yahweh"로 번역): R. de Vaux, "The Revelation of the Divine Name YHWH," *Proclamation and Presence*(Richmond: John Knox Press, 1970), 48~75. De Vaux, "Les Textes de Ras Shamra et Lancien Testament," *Revue Biblique*(Paris), 46(1937), 526~555.

4) 데이빗슨(A.B. Davidson)·노트(M. Noth)·프리젠(T.C.Vriezen)·압바(R.Abba) · 랏쇼브(C.M.Ratschow)·보만(Th. Boman).

5) A.B. Davidson, *The Theology of the Old Testament*, 55~56. T.C. Vriezen, *An Outline of Old Testament Theology*, 195(Abba, "The Divine Name Yahweh," 320~328.

6) τὸ ὄν이거나 ὁ ὢν.

7) G. von Rad. *Old Testament Theology, I*, p.180; U. Cassuto, *A Commentary on the Book of Exodus*(Jerusalem: The Magnes Press, 1967, 1974), 37.

8) 출 3: 14.

9) Aquila: 130 AD.

10) Theodotion: 180~190 AD.

서 70인 역을 수정하면서 번역한 것에서 미래형[1] 관점자는 마르틴 부버 · 노트 · 폰 라트 등과 학자들[2]이다.

마르틴 부버는 나는 스스로 있는 자[3]를 애급에 도전하는 신앙의 삶을 그들의 편이 되어 주시리라[4] · 내가 너와 함께 하리라[5] · 내가 네 입과 함께 하리라[6] · 내가 너와 · 또는 너의 입과 함께 있을[7] 신의 약속이라 했다. 카수토는 출 3: 14절과 출 3: 12를 미래에 관한 약속이 현재적으로 재천명이라는 절충적 견해[8]에 있다. 고이텐은 여호와와 에호예[9]의 ו 바 · 실존 ְי[요드]가 하나님의 손과 혼동되어 쓰인다는 관점[10]이다. 시작 나 =א[에] ⟶ 하나님의 손 ר[요드]와 가운데의 동적상태 나 ר[예] ⟶ 실존 ו[바]에서의 동적 이동의 중요성을 들었다. 레이젤은 ר[예] ⟶ ו[바]가 사랑으로 가는[to love][11] 의미라 하였다. 사랑으로 가는 길은 물의 동적 원리이다.

---

1) 출 3: 14.

2)M. Buber, *Moses*(London: East & West Library, 1946), 51~55; G. von Rad, *Old Testament Theology*(New York: Harper & Row, 1962), I, 180; cf. T.C. Vriezen, “ehje aser ehje” *Festschrift für A. Bertholet*(Tübingen: 1950), 478~512.

3) אֶהְיֶה אֲשֶׁר אֶהְיֶה(에흐예 아쉐르 에흐예 · 나는 스스로 있는 자, 출 3: 14).

4) 출 3: 12, 14: M. Buber, *Moses*, 52.

5) 3: 12.

6) 4: 12, 15.

7) 3: 14.

8) U. Cassuto, *A Commentary on the Book of Exodus*, 38.

9) 김정철, 『호세아서의 창조 신앙에 관한 언어학적 연구』, 한신대학교 대학원 신학과 박사 학위 논문(오산: 한신 대학교, 2003), 50.

10) S. D. Goitein, YHWH the Passionate, The Monothistic Meaning and Origin of The Name YHWH」 *VT* 6(1956): 1~9, 5.

11) Dr. M. Reisel, 395.

에호예[1] ⇢ 여호와의 사랑 이동은 구어 ⇢ 성호로 바뀌는 일이다. 하나님의 이름을 위해[2] 백성을 출애굽시키시는 여호와와 에흐예의 변별성에서 보이는 사랑의 관점은 숫자 치[3]가 지닌 신성 수에서이다. 둘에서 하나의 사랑으로 나아가기 원하심이다. 프린스루도 하나님의 사랑으로서만 하나가 될 수 있다[4] 하였다. 물과 관련된 일은 곧 하나님이 자신을 위하여 물의 동적 이동을 하나로 일어나게 일으켜 세우는[5] 일이다. 숫자 치[6]가 보여주는 하나님의 군대[7] 활동성이다.

7의 3곱인 21[8]은 강화[9] 이미지이다. 한국에 3형제에게 의좋게 지낼 것을 유언한 아버지의 이야기가 유명하다. 여호와는 글자 치 26[10] 또한 그 반 13을 사랑의 미로 하고 예수 이미지 수치로 하는 일과 같다. 또한 숫자 치 17[11]을 부활 그리고 승리 수로 나타낸다. 17일

---

1) אֶהְיֶה(출 3: 12, 14(3회), 4: 12; 삼하 7: 14; 시 119: 17.

2) שמות(쇠모트 · 이름을 두려고).

3) אֶהְיֶה(에흐예 · 나)의 ה(헤 · 5) + יֶ(요드 · 10) + הְ(헤 · 5) + אֶ(에 · 1)= 21이 되는 יהו(예호): S. D. Goitein, Ibid.

4) Gert T M Prinsloo, Še'ôl ⇢ Yerûšālayim ← Šāmayim: spatial orientation in the Egyptian Hallel(Psalms 113~118)」 *OTE* 19 · 2(2006), 750.

5) יִקָּווּ(이카부 · 모이고, 창 1: 9).

6) ה(5)+ יֶ(1+0)+ הְ(5)+ אֶ(1)=12.

7) וְכָל~צְבָאָם(베콜~쩨바암 · 그리고 모든 군대, 창 2: 1).

8) ה(5) + יֶ(10) + הְ(5) + אֶ(1)=21.

9) יהו; S. D. Goitein, YHWH the Passionate, The Monothistic Meaning and Origin of The Name YHWH」 *VT* 6(1956): 1~9, 5.

10) ה(5) + וָ(6) + ה(5) + יְ(10)= 26: Ibid.

11) ה(5) + וָ(6) + ה(5) + יְ(1+0)= 17.

은 예수님께서 부활하신 날짜이며 부활 후 3일 만에 3번째로 나타나셔서 153마리의 물고기를 잡게 하시었다. 예수님께서는 유월절인 정월 십사일[1]에 죽으시고 3일 후에, 즉 17일에 죽음과 지옥의 권세를 이기고 승리[2] 하시었다. 여호와는 생명의 중심이 되는 분으로 여호와 야와 봐[3]로 나뉘며 숨 쉬게 하심으로 사람이 숨 쉬는 의미를 분명히 한다. 하나님이시여[4]의 하나님 의미도 지닌 엘은 임금표시이다. 우리나라에서는 용비어천가 125장에서의 '임금 하'의 하[5]에서 찾아지며 백제는 왕을 '어라하'[6]의 '하'가 있다.

우리들이 복 받는 이유는 어른을 공경하여 아주 어르신 곧 신이라 한다. 이처럼 우리들이 늘 말하는 어르신의 신은 성경에서 찾을 수 있다. 남을 존경하고 받들 줄 아는 일은 복의 근원이 된다.

---

1) 레 23: 5; 민 28: 16.
2) 골 2: 15.
3) וה(봐).
4) אֱלוֹהַּ(엘로하, 시 18:32).
5) 허웅 주해, 『龍飛御天歌』(서울: 정음사, 1979), 125장 처음. 님금하...
6) KBS 근초고왕 방영 참조.

1). 1계명에 대한 논증

(1). 살아있게 하시는 분

1계명은 십계명 중 제 1계명으로 알지만 십계명이란 말은 "언약의 말씀 곧 십계[1] 곧 전체 모든 말씀[2]이다. 여호와의 말씀[3]을 말한다. 제 1계명이 10계명을 대신한다.

십계명은 항상 신앙 공동체 안에서 이웃 사람들과 연관을 맺고 살아가는 한 개인이 실천해야 할 지침[4]이다. 우리에게 열손가락이 있는 것은 바라볼 때마다 십계명을 지키도록 힘써[5] 가르치라는 것[6]이다.

1계명은 어느 특정한 부류가 아니라 이스라엘 안에 있는 모든 사람들을 향한[7] 것이다.

구약 성경에서의 10계명은 언약의 말씀 곧 십계[8]이

---

1)(출 34: 28) · 십계명 עֲשֶׂרֶת הַדְּבָרִים(아세래트 핫데바림 · 십계명, 신 4: 13, 10: 4).

2) כָּל ~ הַדְּבָרִים הָאֵלֶּה(콜~핫데바림 하엘라, 출 20: 1).

3) דְּבַר יְהוָה(드바르 여호와, 신 5: 5): 심규섭, 『구약의 십계명 연구』 아세아연합 신학교 신학 대학원 박사학위 논문(서울: 아세아 신학 대학교, 1997), 29.

4) 박준서, "십계명 연구," 『목회 현장의 성경 연구』 제 8회 연신원 목회자 신학 세미나 강의 집(서울: 연세 대학교 연합 신학 대학원, 1989), 65.

5) 박준서, 『십계명 새로 보기』(서울: 한들 출판사, 2002), 22, 재인용.

6) Dennis Olson, Deuteronony and the Death of Moses(Minneapolis: Fottress Press, 1984), 44.

7) Brevard S. Childs, 『구약신학: *Old Testament Theology in a Context*』, 박문재 역(서울: 크리스챤다이제스트, 1998), 78~79.

8) אֵת דִּבְרֵי הַבְּרִית עֲשֶׂרֶת הַדְּבָרִים(에트 디베레 하베리트 아세레트 하데바림 · 언약의 말씀, 곧 십계를, 출 34: 28).

다. 십계명[1]으로 명칭 된다. 십계명에서 1계명은 첫째 계명이라는 개념 보다 10계명 전체를 뜻한다. 10을 하나로 묶은 하나다. 하나[2]로 하나님 손[3]의 관계이다. 이 하나의 개념은 10 · 10 하나다. 그 분 의미이다. 하나님의 손은 그(He)[4]의 의미로 기록되었다. 그러므로 1과 10은 동일적인 의미이다.

절대 하나님[5]은 품 군들을 향하여 행할 수 있었던 한 데나리온의 약속[6]대로 행하신 분이다. 사람의 생애는 한 번 뿐이며 이 한 번의 생애는 바로 하나님의 손에 의해 좌우되는 한 생애이다. 이 한 생애는 개인의 의지대로 살아지는 생애가 아니라 하나님의 뜻을 잘 이행하려할 때 빛이 나며 결과가 좋게 된다. 사람의 생애는 한 데나리온을 받고 어떻게 하느냐에 따라 달라진다. 한 알의 씨앗으로 비유된다. 그럼으로 하여 한번 뿐인 생애가 어떠하든 그것은 하나님의 영광을 드러내기 위한 도구에 불과하다. 동시에 사람의 생애 단 한 마디의 말 한 생애이다. 3500년 전 시내 산에 있는 모세와 이스라엘 백성들에게 여호와께서 주신 참 자유와

---

1) עֲשֶׂרֶת הַדְּבָרִים(에세레트 하 데바림 · 십계명, 신 4: 13) · 십계명 אֶת עֲשֶׂרֶת הַדְּבָרִים(에트 아세레트 하데바림 · 십계명을, 신 10: 4).

2) אֶחָד(에하드, 창 1: 5, 9 등).

3) י(요드).

4) י(요드): 프릿만(David Noel Freedman)이 감수한 ABD 사전: David Noel Freedman, Hebrew Letters yod, He」 *ABD: The Anchor Bible Dictionary*,(New York,: Doubleday, 1992), 1011.

5) 사 43: 10~12, 44: 6.

6) 마 20: 13.

행복을 누리도록 하기 위해 주신[1] 그리스도의 사건에서 성경 가르침이 중심은 신앙 공동체의 삶과 신앙의 근본이 십계명[2]이다.

바로 이를 대표하는 중심핵이 1계명이다. 신앙 공동체를 하나로 묶는 계명이다. 왜 10계명이 이를 대표하는 1계명의 하나로 묶이는지는 한 사람의 생애는 한 번 뿐인데서 시작된다. 이 한 번의 생애에서 사람이 살아가는 동안 계율이 존재하는데 이를 창세기 1장 2절과 1계명 비교에서 물과 관련된 생명이 제시된다. 우리들이 흔히 말하는 왜 사나의 사나 발음이다. 우리 삶은 가깝게는 사랑하는 사람을 위해 산다.

앗싸[3]하면서 만들어진 축복의 사람은 하나님의 손에 의해 만들어졌다. 손뼉을 마주하며 태어난 나는 바로 천지창조의 처음과 계명과의 관련된다. 흑암만이 있을 때[4] 물 위를 운행하시는 분[5]이 태어나게 한 한 사람 나!

---

1) 신 27: 15~25: Walter J. Harrelson, *The Ten Commandment and Human Rights*(Philadelphia: Fartress, 1980), 6~7.

2) Patrick D, Miller Jr,「The Place of Decalogue in the Old Testament and It's Law」 *Interpretation* 43(1989), 229.

3) עָשָׂה(앗싸 · 만들었다).

4) 땅이 혼돈하고 공허하며 흑암이 깊음 위에 있고 וְהָאָרֶץ הָיְתָה תֹהוּ וָבֹהוּ וְחֹשֶׁךְ עַל~ פְּנֵי תְהוֹם(베하아레쯔 하예타 토후 보후 베호세크 알~페네 테홈, 창 1: 2).

5) 하나님의 신은 수면에 운행하시니라 וְרוּחַ אֱלֹהִים מְרַחֶפֶת עַל~ פְּנֵי הַמָּיִם(베루아흐 엘로힘 메라헤페트 알~ 페네 하마임, 창 1: 2).

(2). 얼굴 마주보기

얼굴마주보기는 물의 깊음1)에서 얼굴을 마주보기이다. 얼굴마주보기의 물2)은 독립형 접두 알3)이 붙어 있다. 하나님 능력의 손4)인 알이다. 이 얼이 입5)에게 말을 시킨다. 그래서 땅6)이다. 시킴을 받은 땅에서 온갖 생물들이 자란다. 하나님이 명령하신 땅에서 자기의 얼굴7)을 찾는 일이다. 이 때 하나님은 그 아들과 동일시를 하나님 언어 엘로힘 338)번으로 알린다. 그리고도 모자라 예수의 족보 41회9)로 알린다. 명령하시기를 나 하나10)만을 섬기라 하신다. 다른 신을 섬기지 말라!11) 하나님이 직접 그의 사랑하는 백성들과 얼굴을 마주보며 그들을 살리시려는 계약이 바로 나 하나만을 섬기라이다. 앞에12)서 직접 대면하여 말씀하신다.

---

1) עַל~ פְּנֵי תְהוֹם"(알~페네 테홈 · 깊음 위에).

2) עַל~ פְּנֵי תְהוֹם · · עַל ~ פְּנֵי הַמָּיִם(알 페네 테홈 · 깊음 위에 · · 알페네 하마임 · 수면에, 창 1: 2).

3) עַל~(알).

4) י(요드 · 이).

5) עַל ~ פְּנֵי ~ מַמְרֵא כִּסְרָץ(창 49: 30), עַל ~ פְּנֵי ~ אָבִיו(창 50: 1).

6) 창 11: 9.

7) Robert Louis Wilken, 「Seek His Face Always」 *The Spirit of Early Christian Thought: seeking the face of God*(New Haven & London: Yale University Press, 2003), 80~109.

8) 엘로힘(창 1: 1~2: 3)이 33회째(2: 1)로 예수님 생애 나이를 증명한다.

9) ..ל(라메드 · ..을 위하여, 창 1: 1~2: 3)는 41회의 반복리듬에서이다. 예수님의 족보는 41회째(마 1: 16)이다.

10) 너는 나 외에는 다른 신들을 네게 있게 말찌니라 ba:פָּנָי ~עַלa אֲחֵרִים ים
לֹא~ יִהְיֶה לְךָ אֱלֹהִ,(로 예흐예 레카 엘로힘 아헤림 알~파아나 야, 출 20: 3).

11) 나 외에는 위하는 신들을 네게 있게 말지니라 ךָ אֱלֹהִים אֲחֵרִים עַל~ פָּנָי
לֹא~ יִהְיֶה ל(로 예흐예 레카 엘로힘 아헤림 알~파아나 야, 신 5: 7).

12) עַל~ פְּנֵי(알~ 페네 · 위에, 창 1: 2) · עַל~ פְּנֵי הַמָּיִם(알 페네 하마임 ·

우리 앞에 나야=앞에 나야=פני ~על=פָּנָי ~עַל[알파네1)] 하신다. 얼 파내어 지는 나의 얼굴, 하나님의 얼굴 마주하기이다. 하나님과 나 사이를 얼굴 앞에2) 있는 복수형 얼굴3)들이 우리다. 하나님 앞과 우리들 사이에는 하나님이 사랑하시는 많은 사람들이 있다. 얼굴은 얼이 조각된 얼의 굴이다. 하나님이 조각하시어 파내어야4) 생긴 사람이다. 하나님 손으로 파내어야5) 비로소 앞에6) 보이는 사람이다. 그분 앞에7) 있는 존재들! 그 물 위에8) 드러내 물의 깊음 위에9) 얼굴을 드러내 물 위에 영으로 계신, 말씀의 영으로 늘 위에10) 계시는 하나님은 심연의 깊이11)에서 드러내신다. 그 물12)위에서 보신다. 하나님은 물과 마주하시고 고 물의 존재 사람을

수면에).

1)פָּנָי ~עַלa(알~파나아야 · 나 외에는, 출 20: 3): a~a: 70인 역본(versio LXX interpretum Graeca(secundum Septuragita, Vetus testamentum Graecum auctoritate Societatis Literum Gottingensis editum 1931 sqq., vel, secundum Septuagunta E. A. Rahlfs 1935: 70인 역본에 따른 그리스어 역본(괴팅엔 세투아진트 연구소)에서 편집한 그리스어 구약 성경 · b: sic L(codex Leningradensis B 19A 레닌그라드 사본), mlt Mss(많은즉 20개 이상(삼상과 삼하의 경우: 16~60)의 필사본들) Edd: editio(nes) textus Hebraici 케니코트와 데 로시아 긴스벅이 편집한 히브리어 본문).

2) פָּנָי ~עַל(알~파나아야 · 나 외에는).

3) פָּנִים(피'님).

4) פָּנָי(파나아 · 앞에, 출 20: 신 5: 7).

5) ָי(야).

6) פָּנָי(파나아야 · 앞에).

7) 위에 פְּנֵי ~עַל(알~ 페네 · 위에, 창 1: 2).

8) הַמָּיִם פְּנֵי ~עַל(알 페네 하마임 · 물 위에, 창 1: 2).

9) תְהוֹם פְּנֵי ~ עַל(알 페네 테홈 · 깊음 위에, 창 1: 2).

10) פְּנֵי ~עַל(알~페네 · 이에).

11) תְהוֹם(테홈 · 깊음).

12) הַמָּיִם(하마임 · 그 물).

대하신다. 사람들에게 하나님의 흔적을 보여주시는 하나님은 사람은 물로 신체의 대부분이 구성되게 하셨다. 그래서 정관사 하가 붙은 하마 임=המים=הַמָּיִם 하마 임[1] 하! 마! 임이다. 항상 깊은 곳의 틈[2] 사이로 물이 나와 우리들이 물을 먹을 수 있도록 하시는 임 하마임=מים ה=הַמָּיִם 하마임이다. 우리들 눈에 늘 보이는 임의 흔적이다. 물 알[3]이다.

그러므로 하나님은 물 위에[4] 계신다. 엄히 말씀하시기를 십계명 전체이기도 한 1계명! "나 외에 다른 신을 섬기지 말라"[5] 하신다. 독립형 1계명[6]은 유일신 신앙의 시작이 언제인가가 논의될 수 있는 증거[7]이다. 모든 만물이 물로서 이루어지게 이 일을 하나님은 자신의 흔적 얼굴로 하신다. 나의 얼굴들[8] 곧 이 세상 모든 삼라만상이 하나님 얼굴 흔적이다. 하나님 능력의 손[9]은 하나님 흔적을 세운다.

첫째 날에서 다섯 째 날까지[10]가 있다. 이스라엘 백

---

1) הַמָּיִם(하마임 · 그 물).
2) תְּהוֹם(테홈 · 깊음).
3) ~עַל(알).
4) פְּנֵי ~עַלa(알~페네 · 위에 있고, 창 1: 2).
5) פָּנָ~ עַל(알~파아나 야 · 나 외에는, 출 20: 3).
6) baפָּנָ ~עַלa(알~ 파아나 야 · 나 외에는, 출 20: 3).
7) G. W. Anderson, *The History and Religion of Israel*(Oxford: Oxford University Press, 1966), 14.
8) פָּנָ(파아나 야 · 나 외에는, 출 20: 3; 신 5: 7, NMP.CXS me, ἐμου).
9) ָי(야).
10) הַמָּיִם פְּנֵי~עַל(알~페네 하마임).

성에게 준 유월절한날 · 한분 · 예수 ---> 무교절둘째날 · 십자가사건 ---> 초실절셋째날 · 부활 ---> 오순절넷째날 · 성령 ---> 나팔절다섯째날 · 재림의 하나님의 흔적은 세상에 한 사람도 똑같은 얼굴이 없는데서이다. 알[1] 몸 둥이를 하나님은 여섯째 날에 하늘 높이 다셨다.

신라 시대 박혁거세 알[2]이 있다. 성경의 알[3]은 올라[4] · 올르데[5] · 내 올라[6] · 하 올라[7] · 내 오르다가[8] · 알~올랐다[9] · 알 올랐다[10] · 올랐다[11] 등의 표현된 알[12]로 알이 위로 높이 치솟다[13]의 예수님이 있다.

예수 증거=에드=עד=עֵד아드[14]를 카프만은 '*asú, attalú, burú*로 *(y)dw(w)t*' "*foam of the sea*"에서 *long ú*에 근거[15]하여 땅에서 하늘로 오르는 알[16]로 한다. 항상 ~ 이음표로 하여 하늘에서 땅 까지 잇는 아들[17] 알이다.

---

1) ~עַל(알 · 번제).
2) עֹלַת(올로트 · 번제로, 창 8: 20; 민 28: 23, 29: 38).
3) ~עַל(알 · 번제).
4) עֹלָה(올라 · 번제, 창 22: 2; 민 28: 3, 10, 11, 14, 19, 27, 36).
5) עֹלֹתֶיךָ(올로테하 · 번제를, 신 12: 13).
6) לְעֹלָה(레올라 · 번제를 위하여, 창 22: 13; 레 9: 3).
7) הָעֹלָה(하올라 · 번제, 출 35: 16).
8) לְעֹלֹתֵיכֶם(레올로테켐 · 번제, 민 29: 39).
9) עוֹלַת הַתָּמִיד ~ עַל(알 올라트 하타미드 · 상번제와, 민 28: 24).
10) עֹלַת הַתָּמִיד ~ עַל(알 올라트 하타미드 · 상번제와, 민 28: 10, 15).
11) עֹלַת הַתָּיד(올라트 하타이드 · 상번제와, 민 28: 31).
12) עַל(알 · 번제).
13) Nanfred Lurker, 130.
14) עֵד(에드 · ..까지).
15) Kaufman, *ALA*, 41, 47.
16) ~עַל(알 · 번제).
17) עֵד(에드 · 증거, 창 31:44; 욥 10: 17, 16:8).

2). 다름 아닌 예수님

땅에서 그를 찬양[1]하는 절대자 하늘로 물 그 말씀을 올리시는[2]이가 앉으시는 주의 보좌는 땅 보다 높아 하늘의 궁창[3]이다. 하늘 위에 있는 물[4]보다 높다. 하늘의 하늘[5]보다 높다. 하늘과 모든 하늘의 하늘[6] 속에 존재하시는 하나님이 하늘에서 물이 내려오게 하고 물이 올라가게 한다.

하나님은 나 외에는 다른 신을 섬기지 말라[7] 한다. 올브라이트는 *id*(*ÍD*)~와 *ēd*를 *Id*와 동일시, 강의 신[8]이라 하였다. 이 강의 신이 얍으로도 표현되는데 바로 우리말 아빠라는 우리말 발음 그대로 놀랍게도 예수스 크리스도라는 말과 동일함이다. 그러나 토시오는 물[9]이 에블라와 신화와 관련[10] 하면서도 물[11]이 신화의

---

1) אֶת ~ יְהוָה מִן ~ הָאָרֶץ(에트~ 여호와 민 ~하아레쯔 · 땅에서 여호와를 찬양, 시 148: 7).

2) 욥 36: 27.

3) 창 1: 14.

4) 시 148: 4.

5) שְׁמֵי הַשָּׁמָיִם(쉐메 하솨마아임, NMDG D.NMD, 하늘의 하늘로, 시 148: 4).

6) הַשָּׁמַיִם וּשְׁמֵי הַשָּׁמָיִם (하솨마아임 우 쉐메 하솨마아임 · 하늘과 모든 하늘의 하늘과, D.NMD NMDG D.NMD,신 10: 14).

7) עַל~ פָּנָי(알~파아나 야 · 나 외에는, 출 20: 3)와 עַל~ פָּנָי(알~ 파아나 야 · 나 외에는, 신 5: 7).

8) W. F. Albrijht, The Babylonian Matter in the Predeuteronomic Primeval History(JE) in Gen 1~11. *JBL*(1980), 102.

9) מַיִם(마임 · 물, 창 1: 2).

10)Tsumura, David Toshio, 53.

11) מַיִם(마임 · 물).

얌[1]이 아니라는 결론[2]을 내린다. 그러나 연구한 바에 따르면 얌이 아빠로 표현된다는 사실이다. 물고기와 연관된다. 예수스 크리스토스라는 이크듸스이다. 미첼 피스바네 역시 아주 깊은 물[3]을 예루살렘과 관련하여 하나님과 연관[4]하였다.

하나님 바람이 물 위에 내려꽂힌다.[5] 물이 벌벌 떨고 있다. 물[6]에 생명[7]이 내려 꽂인다. 히브리 우주상은 모든 소속의 큰 틈새[8]를 기술[9] 하늘의 창[10] 물이 쏟아지며 하늘의 물 가죽부대[11]가 비로 내려온다 했다. 틈 곧 깊은 심연[12]이 되는 그 물 하 마 임[13]이다. 얼굴 마주하는 하나님 흔적이다. 그 위의 앞[14]에 계신 그 분

---

1) Yam.

2)yām does not appear in Gen 1: 2 Ibid, 65.

3) תְהוֹם(테홈 · 깊은 물).

4) Michael Fishbane, 「The Waters of Tehom and Temple」 *Biblical Myth and Rabbinic Mythmaking*(Oxford: Oxford University Press, 2003), 124.

5) 이환진, "마르헤페트를 신들의 싸움 신화로 읽기," 『성경 원문 연구』 9,(서울: 대한 성서 공회, 2001). 134.

6) Yam.

7) יָם(얌 · 바다).

8) 민 16: 30.

9)바빌로니아 우주상은 땅 아래에 바다가 있고 그 아래 하계가 있으며 또 그 아래에 사자의 나라가 있다. 이집트의 우주상은 하늘이 있고 그 아래 땅이 있으며 물의 원천이 있는 그 아래에 사자의 거주가 있다. 또한 반대 측의 하늘이 있다는 것이다. 때문에 히브리사람의 인식체계와 비교하여 어느 것이 더 먼저인지는 단언할 수 없다. 참조: 성경교재간행사편집부, 『성경의 역사』 정종화 역(서울: 성경교재간행사, 1977), 22~25.

10) 창 7: 11.

11) 하늘의 병, 욥 38: 37.

12) תְהוֹם(태홈 · 깊음, 창 1: 1~2: 3).

13) הַמָּיִם(하마임 · 그 물).

14) פְּנֵי ~עַל(알 페네 · 위에, 1: 2).

과 얼굴마주 하기는 다름 아닌 예수님과 얼굴대하기이다. 나의 위에 있는 분과 얼굴대하기다.

그래서 틈[1]에서 솟아나는 샘[2]을 심연수라 한다. 깨끗한 물은 알았다[3]고 사역하며 앞에[4] 계신 하나님과 계약을 맺는다. 이러한 비유의 계약 관계는 맞절 형태이다. 하나님의 일방적인 계약[5]이다. 번제 알[6]이 바로 앞에 놓여진다. 하나님이 아들 쓰실 것을 맞절로 계약하신다. 하나님과 하나님의 피 조물들과 얼굴 맞대 맞절하기는 그들을 구제하고자 하시기 위해서다. 하늘과 땅과 맞절하기의 예는 지상에 있는 더 쉬운 비유로 남자와 여자 결혼식 그 만남이다. 하늘의 궁창[7]과 땅[8]이 만난다. 알 파내[9] 아래에 골을 넣는[10] 일이다.

하나님은 그의 사랑하는 백성과 마주하며 계약[11] 하신다. 아담 ⟶ 노아 ⟶ 아브라함 ⟶ 모세의 차례이다. 물[12] 곧 물면이 4개인 물 ם의 글자 흔적으로 나타난다.

---

1) תְּהוֹם(태홈 · 샘, 신 8: 7.

2) וּתְהֹמֹת(우태호모트 · 샘이).

3) עֲיָנֹת(아야노트 · 분천).

4) עַל~ פְּנֵי(알~페네 · 위에, 창 1: 1~2: 3).

5) עַל ~פְּנֵי תְהוֹם · עַל ~פְּנֵי הַמָּיִם(알 페네 태홈 · 깊음 위에 있고 · 알페네 하마임 · 수면 위에,창 1: 2).

6) עַל(알).

7) עַל ~פְּנֵי רְקִיעַ הַשָּׁמָיִם(알~ 페네 레키아으 하솨마임 · 궁창에는, 창 1: 20).

8) עַל~ הָאָרֶץ(알~하아레쯔 · 땅에, 창 1: 20).

9) עַל~ פְּנֵי(알~ 페네 · 면의, 창 1: 29).

10) עַל~ פְּנֵי כָל ~הָאָרֶץ(알~ 페네 콜~하아레쯔 · 온 지면의, 창 1: 29).

11) G. W. Anderson, *The History and Religion of Israel*(Oxdord University Press, 1966), 14.

12) 물 ם(맴) · 물 מ(맴).

3). 하나님과 하나님들

네 번째의 모세를 물에서 건져 이스라엘 백성들을 출 애급 시키시는 하나님이다. 성경의 금기사항 나 외에는 다른 신을 섬기지 말라의 하나님 한 분이다. 나[1]의 자리에는 다른 신이 설자리가 없다. 나 외에는[2]이라는 말의 하나님 당부는 하나님의 아들 예수 외에 다른 신들을 허용하지 않으신다. 다른 신의 번제를 받으시지 않으신다. 주님만이 번제의 대상이 된다. 이 증거는 성경에서 …을 위하여[3]의 라멧 ל라멧 to 부정사를 41회 반복한다. 예수님 족보 41회째[4]이다. 그리고 이도 모자랄세 예수님 나이 숫자를 창세기에서 하나님 엘로힘 33회[5] 구약 첫 장부터 강력 예수님 이야기다.

창세기 창 1:1~2:3은 예수님 생애 나이 33회 반복을 엘로힘으로 한다. 다른 신[6]과는 다른 하나님 일을 옳은 손을 사용하시는 예수님이 엘로힘 33회 반복한다. 예수님만을 강조한다. 하나님의 옳은 손은 물[7]이 쌍수로 증명된다.

---

1) baפָּנָי ~עַלa(알~파아나 야 · 나 외에는, 출 20: 3).
2) פָּנָי ~עַל(알~ 파아나 야 · 나 외에는, 신 5: 7).
3) ..ל(라메드 · ..을 위하여, 창 1: 1~2: 3).
4) 마 1: 16.
5) 창 1: 1~2: 3)이 33회째(2: 1).
6) אֱלֹהִים אֲחֵרִים(엘로힘 아헤림 · 다른 신, 출 20: 3; 신 5: 7).
7) מַיִם(마임 · 물).

양쪽에 물[1]을 두고 가운데의 여호와의 오른 손, 옳은 손[2]으로 일하신다. 창세기 첫장은 예수님을 알린다.

성경은 하나님과 하나님들을 구분한다. 유일하신 하나님과 그렇지 아니한 다른 신[3]이 성경에 있다. 성경은 사람도 신이라 하였다. 신들의 이 복수 의미는 아주 나쁜 신이라기보다 평범한 사람들이다. 그런데도 신이라는 말이 붙은 것은 사람이 하나님으로부터 온 영적 존재이어서이다.

그러나 섬김 문제에서 성경은 단호하다. 제1계명에서 나 이외에는 다른 신을 섬기지 말라신다. 하나님의 일[4]이다. 하나님은 창조자요 왕[5]이시다. 나는 너의 하나님 여호와 로라[6]하시며 10계명 처음에서 명령하신다. 1계명에서 10계명까지이다. 나 여호와가 말하노라 그 때에 내가 이스라엘 모든 가족의 하나님이 되고 그들은 내 백성이 되리라[7]하신 스스로 있는 자[8]이다.

제1계명은 하나님 그 분 한 분을 선언한다. 벤 하우

---

1) ם(멤 · 물)과 물 מַ(마 · 물).

2) י(요드 · 손).

3) 참조: כֵּאלֹהִים(케엘로힘 · 다른 신, 창 3: 5) · הָאֱלֹהִים(하엘로힘 · 다른 신, 창 5: 22, 24) אֱלֹהִים אֲחֵרִים(엘로힘 아헤림 · 다른 신, 출 20: 3; 신 5: 7) אֱלֹהִים אֲחֵרִים(엘로힘 아헤림 · 다른 신).

4) 사 43: 3.

5) 사 43: 15.

6) אָנֹכִי יְהוָה אֱלֹהֶיךָ(아노히 여호와 엘로헤이하 · 나는 너의 하나님 여호와로라, 출 20: 2).

7) 렘 31: 1.

8) יִהְיֶה(예흐예 · 스스로 있는 자, 출 20: 3, 신 5: 7).

젠 학파가 주장한 단일신론henotheism 학설과는 다르다. 김이곤이 주장한 처음이 되시는 분의 명령[1]이다. 하나님과 이스라엘 사이[2]다. 우리 삶에 "너희 섬길 자를 오늘날 택하라"[3]로 요구[4]하신 사이다. 하나님은 우리의 생명을 주시었다. 하나님과 다른 신과의 구별은 다른 신은 우리에게 생명을 주지 못한다. 다른 신들[5]은 유일하신 신이 아니다. 신들은 이러하니라[6]로 알리는 조건은 복수형이다. 엄밀히 말하면 우리들도 신들이 될 수 있다. 열심히 무엇을 연습하면 우수해진다. 그러나 너무 잘 난 체하면 하나님 일을 방해하는 자다. 이 차이이다.

제1계명이 "나는 ..너의 하나님 여호와라"[7]를 처음

---

1) 김이곤, 『출애굽기의 신학』(천안: 한국 신학 연구소, 1992), 123.

2) W. H. Schmidt, 『역사로 본 구약신학: The Faith of the Old Testament』, 강성열 역(서울: 나눔사, 1993), 112.

3) 수 24: 15.

4) 수 24: 16, 18, 21.

5) אֱלֹהִים אֲחֵרִים(아헤림 엘로힘 · 다른 신들); אֲחֵרִים(아헤림 · 방해하는 요소들)은 기본어근이 אָחַר(아하르 · 방해하다, 연기하다), אַחֵר(아헤르 · 다른)이다. * 다른 신들: ① 너는 나 외에는 다른 신들을 네게 있게 말찌니라 ba:פָּנָי ~עַלa אֲחֵרִים אֱלֹהִים לְךָ יִהְיֶה ~לֹא(로 예흐예 레카 엘로힘 아헤림 알~파아나야, 출 20: 3) ② 나 외에는 위하는 신들을 네게 있게 말지니라 פָּנָי ~עַל חֵרִים אֱלֹהִים לְךָ יִהְיֶה --aלֹא(로 예흐예 레기 엘로힘 아헤림 알--파아나 야, 신 5: 7).

6) אֱלוֹהַּ · אֱלוֹהַּ(엘로하 · 엘로하); אֱלֹהִים(엘로힘 · 신들)은 אֱלוֹהַּ · אֱלוֹהַּ(엘로하 · 엘로하)는 אֵלֶּה(엘라하 · 이러하니라, 창 2: 4)로 그 용례(창 36: 1, 9)에서 노아의 족보(창 10: 1) · 셈(창 11: 10) · 아브라함(창 25: 19, 36: 1, 10, 자(민 3: 1) · 루우벤 지파(민13: 4, 26: 42) · 규례와 법도(신 12: 1) · 자손과 성읍(수 21: 8) · 계보(룻 4: 18) · 다윗의 용사들의 이름(삼하 23: 8; 왕상 4: 2) · 왕 계보(대상 1: 23) · 이스마엘의 아들들(대상 1: 31) · 왕 계보(대상 1: 43) · 에훗의 아들(대상 8: 6) · 제사장과 레의 이름(느 12: 1) · 여호와의 말씀을 이스라엘과 유다에게(렘30: 4) · 제단의 척수(겔 43: 13) · 번제를 드리며 피를 뿌리는 규례(겔 43: 18) · 너희는 각기 이웃으로 더불어 진실을 말하며 너희 성문에서 진실하고 화평한 재판을 베풀고(슥 8: 16).

말로 하면서 "너는..다른 신들을 네게 있게 말지니라"1) 하였다. 유일신 하나님2)은 다른 신들3)과 구분된다. 기본형 아하르4)에서 찾아진다. 동사 방해하다이다. 다른 신들5)은 단수 엘로하6)의 복수형어미 임7) 사역자들이다. 하나님 스스로를 위하여8) 존재한다. 다른 신들은 3인칭이다. 얼굴마주하기9)이다. 이 너에게 '너는 나 외에 다른 신을 두지 말라'10)신다. 너인 나 곧 나에게 다른 신을 섬기지 말라의 의미를 넘어서서 너는 할 수 없다. 이 말라11)는 지속적인 부정의 의미이다.

---

7) 출 20: 2.

1) 3절.

2) 출애굽기 20: 3과 신 5: 7.

3) אֱלֹהִים אֲחֵרִים(엘로힘 아헤림 · 다른 신들).

4) אַחֵר(아하르).

5) אֱלֹהִים(엘로힘).

6) אֱלוֹהַּ(엘로하): אֱלוֹהַּ · אֵלֶּה는 "이러하니라"로 번역되는 용례: 노아의 족보(창 10: 1) · 셈(창 11: 10) · 데라(창 11: 27) · 아브라함(창 25: 19) · 에서(창 36: 1) · 야곱(창 37: 2) · 이스라엘(출 6: 14) · 율례(출 21: 1) · 말씀(출 35: 1) · 절기(레 23: 4) · 낳은 자(민 3: 1) · 루우벤 지파(민 13: 4, 26: 42) · 규례와 법도(신 12: 1) · 자손과 성읍(수 21: 1) · 계보(룻 4: 18) · 다윗 용사들의 이름(삼하 23: 8; 왕상 4: 2) · 왕 계보(대상 1: 23) · 이스마엘의 아들들(대상 1: 31) · 에훗의 아들(대상 8: 6) · 제사장과 레위 이름(느 12: 1) · 여호와의 말씀을 이스라엘과 유다에게(렘 30: 4) · 제단의 척수(겔 43: 13) · 번제를 드리며 피를 뿌리는 규례(겔 43: 18) · 진실하고 화평한 재판(슥 8: 16) · 예수 그리스도의 나심(마 1: 18) · 하나님의 말씀(눅 8: 18) · 성령으로 난 사람(요 3: 8) · 제자들(요 21: 1) · 이러하고 אֵלֶּה(엘로하 · 이러하고, 창 25: 12, 36: 9) · 이들(창 36: 13, 17, 18, 20, 24, 25, 26, 27, 28, 29).

8) לְךָ(레카 · 너를 위하여).

9) פָּנַי(파나아야 · 앞, 면, 출 20: 3; 신 5: 7).

10) לֹא(로 · 말라).

11) aכִּי"לֹא(키 로 · 때문에 말라): a libre manuscripti Hebraici nuper prope chirbet qumrān reperti secundum Discoveries in the Judaean Desert 1 sqq 1960 sqq: "유대사막 1에서의 발견 물 들"이 있은 직후의 최

너를 위하여1)의 너라는 대상 지목은 다른 신들을 네게서 허락조차 하지 않으신다. no노2)의 강한 부정이다. 다른 신의 번제는 받으시지 않으시고 다만 예수님의 번제만 받으시겠다 이다.

하나님과 얼굴마주하기의 방법이 있다. 입3)과 관련된다. 말씀되어지는 예수님 입을 부각시킨다. 그리고 물고기4) 언어로 나타낸다. 이 물고기는 영속의 의미를 지닌다. 카스토는 십계명을 다른 신을 제거하는 의미5)라고 하였다. 성경에서 하나님이 아닌 다른 신들6) 엘

근 쿰란 잔해 가까운 곳에서 발견된 히브리어 필사본들: 한동구 번역, "비블리아 헤브라이카 슈투트가르텐시아(BHS)," 『성경 원문 연구』(서울: 대한성서 공회, 1998년 3월 · 제3호), 267.

1) לְךָ(레카).

2) aלֹא"(로 · 말라).

3) פָּנָי(파아나아야, 출 20: 3; 신 5: 7).

4) נ(나).

5)Umberto Cassuto, *A Commentary on the Book of Exodus*(Jerusalm: The Magnse Press, 1992), 241.

6) * 복수이미지를 지닌 אֱלֹהִים(엘로힘 · 신들)

וְאַרְקָא שְׁמַיָּא דִּי אֱלָהַיָּא לְהוֹם תֵּאמְרוּן כִּדְנָה 렘
베아르카 쉐마야 디 엘라하야 레홈 테메룬 키드나 10: 11
지를 천 그 신들은 그들에게 너희는 이르기를 하라 이같이

אֵלֶּה שְׁמַיָּא תְּחוֹת וּמִן~ מֵאַרְעָא יֵאבַדוּ עֲבַדוּ לָא
엘레 쉐마야 테호트 우민 메아르아 예바두 아바두 로
이 하늘 아래 서 땅위에서 망하리라 짓지 아니한

בְּחָכְמָתוֹ תֵּבֵל מֵכִין בְּכֹחוֹ אֶרֶץ עֹשֵׂה
베하크마토 테벨 메킨 베코 아레쯔 오싸 12
그 지혜로 세계를 세우셨고 그 권능으로 땅을 여호와께서 지으셨고

תִּתּוֹ לְקוֹל אֵלֶּה שְׁמַיָּא נָטָה וּבִתְבוּנָתוֹ
티토 레콜 13 ס 엘레 쉐마야 나타 웁비트부나토
하나님이.발하신즉 목소리를 이 하늘 펴셨으며 그 명철로

אֶרֶץ מִקְצֵה נְשִׂאִים וַיַּעֲלֶה שָׁמַיִם מַיִם הֲמוֹן
에레쯔 미크쟈 네시임 바얄레 솨마임 마임 함몬

라하[1]는 천지를 짓지 아니하였다. 여호와는 권능으로 땅을 지으셨고 그 지혜로 세계를 세우셨고 그 명철로 하늘들을 펴셨으며 하나님이 목소리를 발 하신즉 하늘에 많은 물이 생기나니 하였다. 하나님은 땅 끝에서 구름이 오르게, 바람과 번개를 내시는 창조주이시다.

하나님이 아닌 다른 신들이 조각한 신상이 수치를 당하게 하신다. 거짓이며 생기가 없기 때문이다. 목적은 우리를 구원하시기 위해서이다. "너희는 신들이며"[2]라 하시었다. 나를 향하여 하나님이 높이어 주신다.

땅 끝에서 구름이 하나님은 오르게 하시며 하늘에 물이 많은

רוּחַ וַיּוֹצֵא עֹשָׂה לַמָּטָר בְּרָקִים [הָאָרֶץ]
루아흐 야짜 오싸 라마타르 베라킴 [하아레쯔]
바람을 내시거늘 하게하시며 비를 위하여 번개

כָּל הֹבִישׁ מִדַּעַת אָדָם ~כָּל נִבְעַר מֵאֹצְרֹתָיו
콜 호비쉬 미드아트 아담 콜 니브아르 14: 오트로타이브
마다 수치를 당하나니 무식하도다 사라마다 우준하고 그 곳간에서

וְלֹא נִסְכּוֹ שֶׁקֶר כִּי מִפֶּסֶל צוֹרֵף
베로 니스코 쉐케르 키 미파세르 조레프
없음이라 그 부여 받은 우상은 거짓것이요 이는 자기의 조각한 신상으로 하여 금장색

בְּעֵת תַּעְתֻּעִים מַעֲשֵׂה הֵמָּה הֶבֶל 15 : בָּם רוּחַ
베에트 타우임 마아세 헴마 헤벨 밤 루아흐
때에 망령되이 만든것인즉 이것들은 헛것이요 그 속에 생기가

הוּא הַכֹּל ~כִּי יַעֲקֹב חֵלֶק כְאֵלֶּה לֹא 16 : יֹאבֵד פְּקֻדָּתָם
후아 하콜~키 야곱 헬레크 케엘라 로 요베두베쿠다탐
하나님은 만물의 야곱의 분깃은 이같지 아니하시니 멸망할것이나 징벌하실

שְׁמוֹ צְבָאוֹת יְהוָה נַחֲלָתוֹ שֵׁבֶט וְיִשְׂרָאֵל
쉐모 쩨바오트 여호와 나할라토 쉐베트 베이스라엘
그 이름은 만군의 여호와 그 산업의 지파라 이스라엘은

~ 렘 10:11~ 16

1) אֱלָהַיָּא(엘라하야 · 다른 신들).
2) 시 82: 6.

4). 하나님의 힘

하나님의 형상으로 된 사람이 할 수 있는 일을 말씀하시는 것이다. 우리들 인간 각자는 다 신들이라 할 수 있다. 이 때 우리 신들은 유일하신 하나님과 구분된다.

하늘과 땅을 지으신 이는 하나님 그 분뿐이다. 다만 인간들은 이 땅에서 새 하늘과 새 땅을 그로부터 선물받아 잘 살 수 있다. 이 때 잘 산다는 말은 하나님을 잘 믿으면 잘 살 수 있다이다. 하나님의 일[1]을 할 수 있을 때이다. 우상은 생기가 없기[2]에 헛 쫓아 헛 인생이다. 하나님이 우리에게 생기를 넣을 때 힘줄과 살과 가죽으로 덮은 다음에 생기가 나 생명이 된[3] 우리들이다. 하나님이 살라하면 이 세상에서 목숨이 붙어 살아가게 된다. 죽은 자에게 생기가 들어가게 하시는[4]이는 만군의 여호와[5] 하나님이다.

하나님은 사람의 코에 바람을 불어 넣어 생령이 있게[6] 하시었다. 사랑이다. 이것은 은혜이다. 우리들은 하나님의 사랑 일을 조금이나마 갚아야 한다. 그 역할

---

1) 예수께서 가라사대 너희 율법에 기록한바 내가 너희를 신이라 하였노라 하지 아니하였느냐(요 10:34) · 성경은 폐하지 못하나니 하나님의 말씀을 받은 사람들을 신이라 하셨거든(요 10:35).

2)(렘 10: 14, 51: 17).

3) 겔 37: 6.

4) 겔 37: 9, 10.

5) 렘 10: 16.

6) 창 2: 7.

은 입이다. 대화체 형식으로 된 내가 네게[1] 파내=פני=פְּנֵי[파내][2] 만들어진 사람이다. 이 때 파=פ=פְּ[파][3]는 입이다. 이 입은 흔히 사람이 물고기에 비유되고 이 물고기가 지닌 영속성의 의미와 다산의 의미에서 입으로 주를 찬양하면서 살게 되는 존재이다. 유일하게 말을 하는 사람을 말한다. 물고기에 비유되는 사람[4]이 영원할 수 있는 유월절=페스=פסח=פֶּסַח[페스][5]이다.

유월절[한날 · 한분 · 예수] ---> 무교절[둘째날 · 십자가사건] ---> 초실절[셋째날 · 부활] ---> 오순절[넷째날 · 성령] ---> 나팔절[다섯째날 · 재림] ---> 속죄절[여섯째날 · 구속] ---> 장막절[일곱째날 · 영원]의 유월절 즉 하나님을 믿는 믿음이 입증되어야 얻어지는 영원의 사람이다.

입으로 그 분의 일을 하는 일이다. 입과 관련한 하나님의 명령에는 너는 나 외에 다른 신을 두지 말라 이다. 이때 하나님의 음성으로 들려주시는 입이다. 이 입의 강력함은 우상숭배를 너는 하지 말라보다 더 강한 너는 할 수 없느니라 하나님 강권력은 생명을 누리는 행복한 우리 생애[6] 오묘한 일 과거형 하였다=היתה=הָיְתָה[하였다][7]로 하나님께 속하여[8] 다른 신 섬기지 아니하

---

1) לְךָ ~ יִהְיֶה(예흐예~레카).
2) פָּנַי(파아나 야, 출 20: 3; 신 5: 7).
3) פָּנַי(파아나 야 · 얼굴들).
4) נ(나 · 물고기).
5) פֶּסַח(페세흐 · 유월절, 민 28: 16).
6) 남병식, 『생명 모티브를 통해서 본 유대인 선교』, 아세아 연합 신학대학원 박사 학위 논문(경기: 아세아 연합 신학 대학교, 2003), 72

는데서1) 오묘한 생애를 살아간다. 오묘한 일2)의 수치는 ת^{400} + ר^{200} + ת^{400} + ס^{60} + נ^{50} + ה^{5}이다. 철자 수치letter value는 4 + 2 + 4 + 6 + 5 + 5=26으로 여호와의 수치 ה^{5} + ו^{6} + ה^{5} + י^{10}=26과 동일하다. 26의 반 13은 예수님의 족보자리다. 42대의 마지막 14대 자리 중 13의 자리이다.

나 이외에 다른 신을 섬기지 말라는 금기사항은 바로 여호와 의미와 동일시됨으로서 하나님의 절대명령 토라 율법이다. 철자 수치는 ה(5) + ו(6) + ה(5) + י(1 + 0)=17이다. 신성수3)이다. 17은 신의 수이다.

하나님이 주신 생명을 그의 백성들이 예이=יהי=יְהִי예히4)하고 받는다. 하나님의 옳은 손, 오른 손이 양쪽에 있어서, 사람생명은 양쪽 모두에 하나님 옳은 손이 있어서 존재한다. 그래서 알았습니다=예이=יהי=יְהִי예히5)를 3번 반복한다. 사람의 숨 쉼은 하나님에 의하여 생명을 받는 고마움이 절절히 배어난 생명6) 주는 자에 대한

---

7) הָיְתָה(하이타 · 하나님이 계속 있게 한, VQAFZS, 사 25: 4, 33: 2).

8) 신 29: 28.

1) 신 29: 28.

2) הַנִּסְתָּרֹת(한니스타로트 · 오묘한 일, 신 29: 28.

3) 엄원식, "구약 성경의 수비학에 대한 탐구," 『복음과 실천』(대전: 침례 신학 대학교, 1998), 43.

4) יְהִי(예히, 창 1: 3, 6, 14).

5) יְהִי(예히, 창 1: 3, 6, 14).

12 * 생명을 주는 자(창 1: 1~2: 3

① 3글자.

יְהִי(예히 · 하나님이 계속 살고 있게 하시어 살게 되는, QIMZS, 창 1: 3, 6, 14)

고마움이 있다. 진행형 예이[1] 우리가 늘 말하는 이 예이는 히브리어의 칼미래3인칭남성접두어[2]이다. 인도하시는 우리의 절대자에게 우리는 예 한다.

나는 스스로 있는 자의 언어는 27회[3]나 성경에서 반복되면서 언약[4]하신다. 하나님의 옳은 손의 능력을 보여주신 일이다. 구체적인 증명은 창세기 1장에서 32회째까지 되다가 2장 1절에서 일을 마치메라 하시었다. 33회째 언약 예수님의 옳은 손임을 드러내신 오묘한 일 우리들을 위해 일곱 번이나 맹세하신 하나님이시다. 하나님의 유일한 한 분이심을 신성 수[5]로 들어내신 10계명 중 1계명이다. 1계명이 첫째 계명이 아닌 10계명 전체 1계명이다.

이 1계명은 서수개념이 아니라 하나의 뜻이다. 내 마음을 다하고 성품을 다하고 힘을 다하여 네 하나님 여호와를 사랑하라[6]는 바로 하나님 나[7]의 명령이다. 그

---

② 4글자.
הָיְתָה(하예타 · 하나님이 계속 있게 한, VQAFZS)(창1: 2)
וַיְהִי(바예히 · 그리고 하나님이 끝나지 않고 계속하여 살게 하신. CW.VQIMZS,
창 1: 3, 5, 5, 7, 8(2회), 9, 11 13(2), 15, 19(2), 23(2), 24, 30, 31(2)
וִיהִי(비히 · 그리고 하나님이 끝나지 않고 계속하여 살게 하신, 1: 6).
וְהָיוּ(베하이후 · 그들이 빛이 된, 1: 14, 15).
יִהְיֶה(예흐예 · 식물이 계속하여 살게 하신,1: 29).

1) יְהִי(예히 · VQIMZS)와 계속되는 וַיְהִי(바예히 · CW.VQIMZS).
2) 이민영, 『이름』(서울: 삶 대웅터, 1989) 5.
3) 행 20: 28; 갈 2: 1~2; 롬 1: 5~16(희랍어 단어 27개).
4) אֵת(에트).
5) יְהוָה(5 + 6 + 5 + 1 + 0=17).
6) 신 6: 5.
7) 사 43: 10~12, 44: 6.

러므로 이 절대성은 그때그때 하나님의 얼굴 흔적 이미지로 보이시면서 스스로 얼굴을 드러내지 않으신[1]다. 다만 생명[2]을 주시는 자의 절대영역이 그가 하신 일을 뜻하는 발음 '하여'로 한다.

한국인 우리들이 늘 말하는 대답 알았습니다=예이=י
יה=יְהִי예히다. 우리나라 사람들이 복을 받을 수밖에 없는 이유이다. 우리 대한민국 백성들을 하나님은 악에서 내빼 하나님 편으로 하였기[3]에 우리는 하나님 편에서 살아간다. 악에서 내빼서 하여 살아간다. 전쟁을 싫어하는 백의민족 한국민족이다. 그러기에 생명[4]을 주신 분의 바람인 하나님 신[5]을 잡고 우리로 살아간다. 성경

1) 사 45: 15.

2) נֶפֶשׁ חַיָּה(네페쉬 하야 · 생명 , 창 1: 30) · בְּחַיֵּי(베하야 · 생명, 창 27: 46) · חַיֶּיךָ(하야카 · 생명, 신 28: 66, 30: 20; 잠 4: 13) · חַיֵּיכֶם(하야켐 · 생명, 신 32: 47) · חַיַּי(하야이 · 생명, 욥 7: 7; 잠 4: 22, 14: 30) · וְחַיָּתוֹ(베하야토 · 생명, 욥 33: 22, 28) · וְחַיָּתָם(베하야탐 · 생명, 욥 36: 14) · חַיִּים(하임 · 생명, 잠 3: 22, 12: 28, 16: 15, 22: 4).

3) נֶפֶשׁ חַיָּה(네페쉬 하야, 창 1: 30): 내 생명이 חַיַּי(하야이) 한 호흡 같음을 생각하옵소서 나의 눈이 다시 복된 것을 보지 못하리이다(욥 7: 7)에서 보인 생명의 진정한 의미는 살아 있음이다. 하나님이 내 영혼을 건지사 구덩이에 내려가지 않게 하셨으니 내 생명이 וְחַיָּתוֹ(베하야토) 빛을 보겠구나 하리라(욥 33: 28)하였다. 그리하면 이것이 네 영혼의 생명 חַיִּים(하임) 이 되며 네 목에 장식이 되리니(잠 3: 22)이다. 훈계를 굳게 잡아 놓지지 말고 지키라 이것이 네 생명 חַיֶּיךָ(하야카)이니라(잠 4: 13)와 이것은 얻는 자에게 생명이 되며 חַיַּי(하야이) 그 온 육체의 건강이 됨이니라(잠 4: 22)는 것이다. 의로운 길에 생명 חַיִּים(하임)이 있나니 그 길에는 사망이 없느니라(잠 12: 28). 마음의 화평은 육신의 생명이나 시기는 뼈의 썩음이니라(잠 14: 30)하였다. 겸손과 여호와를 경외함의 보응은 재물과 영광과 생명이니라(잠 22: 4)하여 육지에 있어 코로 생명의 기식을 호흡(창 7: 22)함의 중요성과 곧 여호와 하나님이 흙으로 사람을 지으시고 생기를 그 코에 불어 넣으시니 사람이 생령이 된지라(창 2: 7)하였다.

4) נֶפֶשׁ חַיָּה(네페쉬 하야 · 생명, 창 1: 30).

5) רוּחַ(루아흐, 신, 창 1: 2).

에 우리라는 말이 있다. '우리루'라 하는데 이 때 루는 성경 문법상 복수이다. 다함께 살아가는 문법이다. 성경문법도 여성특유의 '우리루'라는 예쁜 발음을 한다. 삶을 잘 살아가기를 원하는 우리이다. 소망사가 붙는다. 생명[1]이 주어짐에 우리는 호흡[2]하며 살아간다.

그러기에 우리는 우상숭배를 할 수 없다. 바로 우상은 생기가 없고[3] 마른 뼈들에게 생기를 넣어[4] 주지 못한다. 우리 하나님만이 마른 뼈에 힘줄과 살과 살가죽으로 덮히게 할 수 있다. 생기[5]가 날 수 있다. 우리의 하나님[6]은 옷니엘이 사사가 될 때 여호와의 신이 임[7]하였으며 기드온[8] · 입다[9] · 야하시엘[10] · 사울이 새 사람이 될 때[11] · 이사야에게 지혜와 총영의 신 여호와의 신이[12] 나타났다. 하나님의 신들이다. 하나님의 신들에게 기름 부으시는 이유는 가난한 자에게 아름다운 소식을 전하게 하려[13]하심이다.

---

1) 전 8: 8.
2) 창 7: 22.
3) 렘 10: 14, 51: 17.
4) 겔 37: 5.
5) 겔 37: 6.
6) 신 10: 17.
7) 삿 3: 10.
8) 삿 6: 34.
9) 삿 11: 29, 13: 25.
10) 대하 20: 14.
11) 삼상 10: 6.
12) 사 11: 2.
13) 사 61: 1.

죽은 자에게 살게[1] 하시는 그분은 생명이 없는 자의 코에 생명을 불어 넣어 생령이 있게[2] 하시어 기적이 되게 한다. 기적은 하나님의 신이 임하[3]면 기적이 일어난다. 하나님의 신이 임하면 예언[4]도 할 수 있다. 우리들에게도 하나님의 신이 임하면 예언[5] 할 수 있다. 욥은 하나님의 신이 나를 지으셨고 전능자의 기운이 나를 살리시느니라[6] 하였다. 하나님은 크고 능하시며 두려우신 하나님이시라 사람을 외모로 보지 아니하시며 뇌물을 받지 아니 하시[7]는 분이다. 하나님은 히브리어로 하나님 엘로힘이다. 아카드어로는 님[8]이다. TO ME 의 존재이다. 하나님이 힘을 가지시고 나에게 힘을 쓰시는 분이시다. 엘[9]은 힘[10]을 가지고 있다. 우리말의 힘! 님은 아카드어와 같다.

---

1) 겔 37: 9.
2) 창 2: 7.
3) 민 24: 2.
4) 삼상 10: 10, 19: 20.
5) 삼상 19: 20.
6) 욥 33: 4.
7) 신 10: 17.
8) 엄원식 편, 『아카드어 문법』(대전: 침례신학대학교, 1997)., 103. 님~to me.
9) אֱל(엘 · 주).
10) הִים(힘 · 힘).

제5장

물과 하늘과의 관계

성서 언어 물은=마임=מים[마임]=מַיִם[마임]1)이다. 하늘은 솨마임=שמים[솨마임]=שָׁמַיִם[솨마임]2)이다. 솨 שָׁ[솨]3)음소 하나만을 더하여 하늘이 솨마임 שָׁמַיִם[솨마임]이 된다. 물 מַיִם[마임]과 하늘 שָׁמַיִם[솨마임] 차이는 물 מַיִם[마임]에 שָׁ[솨]가 더한 것이다. 성경에 몸에 물4)이 말라 버린 뼈 이야기가 등장한다.

> ① 하나님이 내게 이르시되 인자야 이 뼈들이 능히 살겠느냐 하시기로 내가 대답하되 주 여호와여 주께서 아시나이다[겔 37: 3]
> ② 이에 내가 명을 좇아 대언하니 대언할 때에 소리가 나고 움직이더니 이 뼈, 저 뼈가 들어맞아서 뼈들이 서로 연락하더라[겔 37: 7]

이 없음에도 뼈 들이 살아나는 이야기는 셋째 날 아브라함의 날에 처음과 끝 전체5)에 에트=את=אֵת[에트]와 관련된다. 물의 초월성6)이다.

---

1) מַיִם(마임 · 물).
2) מַיִם(마임 · 물).
3) שָׁ(솨 · 연단).
4) מַיִם(마임 · 물).
5) את(에트, 창 1: 1~2: 3).

다음은 에트=אֵת[에트]=אֵת[에트] 구조도이다.

[* 에트=אֵת=אֵת[에트] 구조도]

① 한 날 하늘 ~ אֵת[창 1: 1] ⇢ 땅 וְאֵת[창 1: 1] ⇢
빛 ~ אֵת[창 1: 4] ⇢
② 둘째 날 궁창 ~ אֵת[창 1: 7] ⇢
③ 셋째 날1) ⇢
④ 넷째 날 두 광명 ~ אֵת[창 1: 16] ⇢
큰 광명 ~ אֵת[창 1: 16] ⇢ 작은 광명~ וְאֵת[창 1: 16] ⇢
별들 וְאֵת[창 1: 16] ⇢ 그들 אֹתָם[창 1: 17] ⇢
⑤ 다섯째날 물고기 ~ אֵת[창 1: 21] ⇢ 생물 וְאֵת[창 1: 21] ⇢
새 וְאֵת[창 1: 21] ⇢ 그들 אֹתָם[창 1: 2 2] ⇢
바닷물 ~ אֵת[창 1: 22] ⇢
⑥여섯째 날 짐승 ~ אֵת[창 1: 25] ⇢ 육 축~ וְאֵת[창 1: 25] ⇢
모든 기는 ~ וְאֵת[창 1: 25] ⇢
사람 ~ אֵת[창 1: 27] 그를 אֹתוֹ[창 1: 27] ⇢
그들 אֹתָם[창 1: 27] ⇢
그들 אֹתָם[창 1: 28] ⇢
땅 ~ אֵת[창 1: 28] ⇢
채소 ~ אֵת[창 1: 29] ⇢ 나무 ~ וְאֵת[창 1: 29] ⇢
모든 ~ אֵת[창 1: 31] ⇢
⑦일곱째 날 날 ~ אֵת[창 2: 3] ⇢ 그를 אֹתוֹ[창 2: 3] ⇢

하나님이 엣따=אֵת[에트] 하고 주시는 한 날 부터 일곱째 날까지 똑 같이 배치하고 있다. 그 회수는 14회이다. 이 14회는 신약성경에서 예수님의 족보가 14대 14대 14대로 하는 의미와 동일한 42대이다. 그런데 문제

---

6) 겔 37: 3, 7.

1) 제3일에는 אֵת(에트 · 처음과 끝)가 없다. 다만 הַמַּיִם(하마임 · 그 물)이 한 곳으로 모이어 יִקָּווּ(이카부 · 대망, 창 1: 9)하고 있다. 참조: 왕상 7: 23; 시 25: 3; 사 5: 4, 28: 10, 34: 11, 40: 31.

가 발생한다. 셋째 날에 에트=את=אֵת에트가 없다. 이러한 특이한 현상은 하나님이 명령하여 이 뼈, 저 뼈가 들어맞아서 뼈들이 서로 연락1)되며 피와 살이 있게 하신 엄청난 일과 연관된다. 첫 째 아담 둘째 노아 셋째 아브라함 넷째 모세 다섯째 다윗 여섯째 예수 일곱째 사도의 날로 구분되는 구속사의 관계에서 에트=את에트=אֵת에트가 없는 셋째 날은 아브라함의 때이다.

이 셋째 날 특징은 물이 없음에도 그분 절대자가 명령해서 마른 뼈들이 살아난 때이다. 따라서 하늘2)=솨마임=שמים솨마임=שָׁמַיִם솨마임과 관련한 일은 있는 물=마임=מים마임=מַיִם마임3)이 없게도 되고 없는 물 곧 마른 뼈 상태가 살아나기도 하는 일이다. 에트=את에트=אֵת에트가 없는 셋째 날은 물이 하나로 모이어 뭍과 바다가 구분된다. 그리고 윗물과 아랫물로 구분이 되면서 물이 하나로 모이는 현상이다. 물이 있는 바다와 물이 없는 뭍으로 구분되는 이 때는 에트=את에트=אֵת에트가 없다.

셋째 날은 에트=את에트=אֵת에트가 없는 구분은 첫날 곧 하나의 날 은 한 날=욤 에하드=יום אחד욤 에하드=יוֹם אֶחָד욤 에하드이다. 이 하나의 강은 에덴의 강도 첫째 강이 아니라 한 강이라 하고 표현을 한 강=하에하드=האחד하에하드=הָאֶחָד하에하드4)로 한다. 대한민국 서울에 한 강이 있

---

1) 겔 37: 7.

2) שָׁמַיִם(솨마임 · 하늘).

3) מַיִם(마임 · 물).

다. 이 순서의 개념은 7대 명절구 분에서 확실해 진다. 셋째 날은 부활의 의미 곧 하나님의 역할이 전제된다.

유월절[한날 · 한분 · 예수] ---> 무교절[둘째날 · 십자가사건] ---> 초실절[셋째날 · 부활] ---> 오순절[넷째날 · 성령] ---> 나팔절[다섯째날 · 재림]---> 속죄절[여섯째날 · 구속] ---> 장막절[일곱째날 · 영원]의 셋째 날은 믿음의 조상 아브라함이 물, 말씀으로 일어서는 날이다. 물이 없어도 곧 에트=את[에트]=אֵת[에트]1)가 없어도 7대 명절 중 셋째 날은 물=마임=מים[마임]=מַיִם[마임]2)이 하늘=솨마임=שמים[솨마임]=שָׁמַיִם[솨마임]3)이 되는 날이다. 초실절이다. 이 설명을 셋째 날 부활이다.

일곱째 날 전체 אֵת[에트]4) ---> 그리고 전체 וְאֵת[베에트]5) 조차 없다. 이 날은 물이 일어서 전체 에트6)가 없는 계약7)의 날은 물이 하나로 모이어8) 일어선 날이다.

---

4) שֵׁם הָאֶחָד(쉠 에하드, D AMS τῷ ἑνι 창 2:11).

1) אֵת(에트 · 전체, 창 1: 1~2: 3).

2) מַיִם(마임 · 물).

3) שָׁמַיִם(솨마임 · 하늘).

4) אֵ,ת(에트 · 전체, 창 1: 1).

5) וְאֵ,ת(베에트 · 그리고 전체, 창 1: 1).

6) אֹתוֹ(오토 · 전체, 창 2: 3).

7) John Bright, 『이스라엘의 역사: A History of Israel』, 박문재 역(서울: 크리스챤다이제스트, 2005), 190~243: 존 브라이트는 초기 이스라엘 체제와 신앙지파 동맹을 초기 이스라엘 체제와 신앙지파 동맹을 여호와의 호의와 이스라엘의 응답으로 보았다. 하나님은 헷 족속의 주군 봉신관계와 연관 짓는데 나와 그대 사이의 계약 관계의 특징인 오직 그대만을 위하여라는 계약형식은 헷 족속(BC 2000)에서 시작된다. 그 언어가 나와 그대, 오직 그대만을 위하여, 그대의 마음을 다하여라는 체결특징을 가진다. 헷족속 멸망(BC 1300) ---> 앗시리아와 아람 조약 ---> 신명기 언약(주전 BC 10) [내 조상은 유리하는 아람사람(신 26: 5)] ---> 호세아서에서 두세 번 표시된다.

초창기부터 이스라엘은 여호와의 유대를 알고 있었던 것이고 이스라엘 공동지파동맹은 이스라엘이 하나의 민족으로 탄생시킨 언약에 있다(주전 BC 10)고 보았다. 가장 오래된 시가(출 15: 1~18)에서 여호와의 백성이 여호와

제1절 물이 하늘로 가는 이유

1. 황금률의 탄생

(1). 치아 שׁ[쉰]

물=마임=מים[마임]=מַיִם[마임]이 하늘=솨마임=שמים[솨마임]=שָׁמַיִם[솨마임]이 되는 비율 3:4비율이다. 명함판 사진비율이다. 이 비율은 1:1.6180339887…이다. 한 원안의 오각형이 지닌 우주만상의 가장 아름다운 비율이다. 이 우주 만상에서 가장 아름다운 별이 지닌 5각형과 가장 안정적인 물의 입자 육각형의 비율 1:1.6180339887…이다. 황금률이다. 하나님이 주신 황금비율 물=마임=מים[마임]=מַיִם[마임]과 하늘=솨마임=שמים[솨마임]=שָׁמַיִם[솨마임] 비율이다. 물=마임=מים[마임]=מַיִם[마임] 앞에 치아 글자 שׁ[솨]가 덧붙어 하늘=솨마임=שמים[솨마임]=שָׁמַיִם[솨마임]이다. 물이 하늘이 된 물=마임=מים[마임]=מַיִם[마임]의 초월성이다. 말씀의 초월성이다. 물[1]이 하늘[2]=솨마임=שמים[솨마임]=שָׁמַיִם[솨마임]이 된다.

의 은혜의 관계를 기진 것은 여호와를 왕으로 힌(출 15: 18; 민 23: 21) 인약 관계라 하였다. 이스라엘의 핵이었던 사람들에 의해 공동체의 기억의 뿌리는 시내 산으로 옮겨간 역사적 체험과 더욱 단단해진 신앙 지파동맹의 결성은 "나는 너의 하나님 여호와로라"(출 20: 2)에서 보여 진다. 여호와의 이 관계는 여호와가 자기 백성을 다스린다는 사상이다.

여호와의 왕권개념는 마지막 일들이나 종말예견도 없으며 미래에 대한 소망의 씨앗으로 미래에 대한 신뢰가 된다. 여호와가 하나님의 백성을 약속의 땅으로 인도(출 15: 13~17)한 것은, 보호와 보장(민 24: 3~9), 승리(신 33: 25)가 처음부터 여호와와 하나님의 백성간의 계약이며 이스라엘 신앙이다.

8) יִקָּוו(이카부 · 하나로 모이는, 창 1: 9).

1) מַיִם(마임 · 물).

마임이나 솨마임이나 물이 중심이다. 중앙에 하나님의 옳은 손1)이 있다. 그의 옳은 손, 오른 손은 물을 있게도 하시고 없게도 하시어서 세상 모든 삶과 죽음을 통치하는 하늘=솨마임=שמים[솨마임]=שָׁמַיִם[솨마임2)]이다. 하늘 שָׁמַיִם[솨마임] 첫 글자 솨=ש=שָׁ[솨3)]로 하여 물이 없는 마른 뼈를 하나님이 살리는 생명공식4)이 있다.

[* 물과 하늘의 언어 미와 리듬 3+(3+1)]

שָׁ
מַ
ם　יִ　מַ
ם

위 도해의 가장 중앙에 여호와의 약자=י=יִ[이]는 하나님의 손 혹은 예수님 뜻이다. 위 도해와 같이 사방팔방 모두 물이다. 이 물 가운데 솨=ש[솨]=שָׁ[솨5)]는 하나님의 손이 혹은 하나님의 손이 사방의 물을 마르게 하는 역할이다. שָׁ[솨]가 덧붙어 하늘=솨마임=מים[솨마임]=שָׁמַיִם[솨마임]이다.

물:하늘=3:4 황금비율은 물 מים[마임6)]이나 하늘 שָׁמַיִם[솨마임]이나 모두 물 언어 두 개를 가진 물=마임=מים[마임]=מַיִם[마임] 하늘=솨마임=מים[솨마임]=שָׁמַיִם[솨마임7)] 공식이다. 물8)과

2) שָׁמַיִם(솨마임 · 하늘).

1) 오른 손 יִ(요드 · 이).

2) שָׁמַיִם(솨마임 · 하늘).

3) שָׁ(솨 · 치아).

4) 박호용, 『야훼 인지 공식』 (서울: 성지출판사, 1999), 1; 이 인지 공식이라는 용어는 박호용이 사용하였다.

5) שָׁ(솨 · 연단).

6) מַיִם(마임 · 연단).

하늘[1]언어는 각기 쌍수이다. 하늘=솨마임=שמים솨마임=ם שָׁמָיִ솨마임[2]과 물=마임=מים마임=מַיִם마임은 쌍[3]수다.

> ① 혈육 있는 모든 생물을 너는 각기 암 수 한 쌍씩[4] 방주로 이끌어 들여 너와 함께 생명을 보존케 하되(창 6: 19)
>
> ② 약대가 마시기를 다하매 하나님이 반 세 겔 중 금고리 한 개와 열 세겔 중금 손목 고리 한 쌍[5]을 그에게 주며(창 24: 2역본:개혁)

쌍수임으로 네 개의 물[6]이 모인 사방팔방 물로 둘러 싸인 가운데 하나님 손=요드=י이=יִ이=쌍수이다. 손을 중심으로 4면 곧 물을 관장하시는 하나님이다. 물 위로 걸으신 예수님 의미다. 완전히 결합[7]된 4면은 갈라지는 법이 없다. 물[8] 앞에 치아 שׁ솨[9]가 붙고 하나님의 손[10]이 중앙에 놓인[11] 하늘[12]은 물 3글자와 하늘 4글자

---

7) יִם(임 · 쌍) + מַ(마 · 물).

8) מַיִם(마임 · 물).

1) שָׁמַיִם(솨마임 · 하늘) .

2) שָׁמַיִם(솨마임 · 하늘).

3) 창 1: 16.

4)(שְׁנַיִם מִכֹּל쉐나임 미콜 · 쌍씩).

5) וּשְׁנֵי(우쉐네).

6) מַ · מָ · ם · ם(마 · 물 · 마아 · 물 · 맴 · 물 · 맴 · 물).

7) 겔 1: 11, 2; 잔 넷(출 25: 34, 37: 20) · 놋고리 넷(출 27: 4) · 기둥 넷 받침 넷(출 27: 16) · 금고리 넷(출 37: 3) · 놋그물 네 모퉁이에 채를 넷(출 38: 5) · 소 넷(민 7: 7) · 수레 넷(민 7: 8) · 넷에 물을 채워다가 번제물과 나무 위에 부으라(왕상 18: 33) · 레위 사람 넷(대상 9: 26) · 지혜로운 것 넷(잠 30: 24).

8) מַיִם(마임 · 물).

9) שׁ(솨 · 연단).

10) 하나님의 옳은 손 · 10 יִ(요드 · 이).

11) מַיִם(마임 · 물).

12) שָׁמַיִם(솨마임 · 하늘).

가 서로 전자 수평, 후자 수직이 합하여져서 3+4(3+1) 인지공식을 만든다. 물[1]과 하늘[2]의 인지공식은 4[3]개의 물 맴[4]이 모여 사면[5] 위에 연단 의미인 솨[6]שׁ[솨]가 있고 공통분모 쌍수형의 특징 임=ִים[임]이 각기 쌍수의 모임인 물 네 게임으로 여호와의 의미가 4회이기에 사방팔방으로 일일이 간섭하시는 하나님의 흔적이다.

물[7] 반복과 물[8] 반복[9] 둘이 합하면서 물 4회의 물[10]이 되는 물[11] + 하나님의 손[12] + 물[13]이다.

---

1) מַיִם(마임 · 물).

2) שָׁמַיִם(솨마임 · 하늘).

3) 이 넷의 의미는 성경에서 넷이 완전히 결합하여 한쪽으로 묶인다(겔 1: 11, 20). 잔 넷(출 25: 34, 37: 20), 놋고리 넷(출 27: 4), 기둥이 넷이요 받침이 넷(출 27: 16), 금고리 넷(출 37: 3), 놋 그물 네 모퉁이에 채를 꿸 고리 넷(출 38: 5), 소 넷(민 7: 7), 수레 넷(민 7: 8), 넷에 물을 채워다가 번제물과 나무 위에 부으라(왕상 18: 33), 레위 사람 넷(대상 9: 26), 지혜로운 것 넷(잠 30: 24), 얼굴들의 모양은 넷의 앞은 사람의 얼굴이요 넷의 우편은 사자의 얼굴이요 넷의 좌편은 소의 얼굴이요 넷의 뒤는 독수리의 얼굴이니(겔 1: 10), 상 넷(겔 40: 42), 뿔이 넷(겔 43: 15), 그 등에는 새의 날개 넷이 있고 그 짐승에게도 또 머리 넷이 있으며 또 권세를 받았으며(단 7: 6).

4) ם · מָ · ם · מָ.

5) 이 사면에 대한 이해는 졸저 “시조의 심리 리듬,” 『시조 창작 리듬론』(서울: 양문각, 1998), 209에서 이상 시의 시제 4호와 최석정의 구수략에 있는 두개의 음양 착종면(錯綜面)에서의 4면을 언급하였다.

6) שָׁ(솨 · 치아).

7) ם.

8) מָ.

9) מָ.

10) מַיִם.

11) ם.

12) ִי.

13) מָ.

1). 치아 ש쉰, 신

사람으로서는 할 수 없는 하나님의 기적과 이적은 반드시 물을 통하여 일어난다. 물을 연단하는 의미 글자 솨=ש솨[1]가 붙으며 십자가 모형을 만든다.

성경은 히브리어는 상형 글자인데 글자모양이 사람과 자연들의 모양을 그대로 형상화하여 글자로 만든 것이다. 몸의 물을 다 쏟으시고 십자가에 달리어 가시관을 쓰신 모습 형상화 ש솨는 예수님의 상징 시적 은유 가시관 솨=ש솨[2]이다. 십자가에 달리는 모습이다.

히브리글자는 상형글자이다. 가령 예를 들면 눈을 나타내는 글자는 ע아인은 눈 둘이 달린 모습이다. 하늘=솨마임=שמים솨마임=שָׁמַיִם솨마임[3]은 물=마임=מים마임=מַיִם마임 물에 하늘=솨=ש솨=שָׁ솨[4]가 붙은 3+1[5] 공식이다. 치아 형상 ש솨는 물과 더불어 지혜문학의 일반적인 공식 X+1의 공식을 만든다. 왜 물이 하늘과 밀접한지 글자에서 알려준 잔 모양이기도 하다. 유일하게 예수님만 마실 수 있는 잔 형상화이다. 이 잔[6]에 물이 담기어 있다. 예수님만 마시는 형상화 글자이다. 이 물은 연단

---

1) שָׁ(솨 · 치아, 분해).
2) שָׁ(솨).
3) שָׁמַיִם(솨마임 · 하늘).
4) שָׁ(솨),
5) 이
6) ש(신, 쉰).

되어 없어지면서 하늘 물이다. 갈고 닦아 없어지는 의미다.

물이 하늘에 오를 때는 물이 증발하여 없어지는 과학적 히브리어 언어공식이다. 말씀이 담기어 있다. 하나님과 예수님 희생의 사랑의미가 담긴 치아[1]이다. 그 중에서 שָׁמַיִם[솨마임]의 옳은, 혹은 오른 손이 표시되는 שׁ[솨]가 채택되어 부지런히 가르치는 의미다.

어원 히브리어 שנן[솨넌]은 뾰족하게 하다 · 꿰뚫다 · 부지런히 가르치다 · 찌르다 · 구멍이 뚫리다 연마되는 기능이다.

> ① 칼 같이 자기 혀를 연마하면서[2]
> ② 뱀같이 혀를 날카롭게 하니[3]
> ③ 철이 철을 날카롭게[4] 하는 것같이 사람이 그 친구의 얼굴을 빛나게 하느니라[5]

이 기능은 이 지상의 물과 하늘 윗물을 나누는[6] 기능과는 다르다. 히브리어 쉐네=שבני[쇄네]=שְׁנֵי[쇄네]와 다르다.

무엇을 씹는 생물들의 치아 두 개 중 윗 치아는 하

---

1) שֵׁן(셴): שֵׁן(셴 · 치아, 창 49: 12; 출 21: 24, 27; 레 24: 20; 민 11: 33; 신 19: 21, 32: 24; 삼상 2: 15, 14: 4, 5; 왕상 10: 18; 욥 4: 10, 13: 14, 16: 9, 19: 20, 20: 17, 41: 14; 시 3: 7: 35: 16, 37: 12, 45: 8, 57: 4; 112: 10; 124: 6; 잠 10: 16, 30: 14). 어원 שָׁנַן(솨난 · 뾰족하게 하다, 꿰뚫다, 부지런히 가르치다, 찌르다, 구멍이 뚫리다).

2) שָׁנְנוּ(솨나누, 사 64: 4).

3) שָׁנְנוּ(솨나누, 시 140: 3).

4) שָׁנְנוּ(솨나누).

5) 잠 27: 17.

6) מַבְדִּיל(밋브딜 · 나누는, 창 1: 6): בָּדַל(바달 · 나누다, 다르다, 선택하다).

늘과 궁창을 가리킨다. 하나님 뜻만이 펼쳐지는 공간이다. 분리와 연마의 의미가 복합된 윗 이1)는 하나님이 백성을 연마하시는 의미다. 원래는 한 글자 솨=ש[솨] 였다. שׁ[신]과 שׂ[쉰]으로 갈라졌다. 둘 모두 멧돌과 연단 그리고 가루 만들기이다. 음식을 일곱 번 빻2)기의 되풀이 동작3)이다. 윗 이=솨=4)שׂ[쉰]은 어둠을 뚫고 오른쪽으로 나아가는 연마 의미다.

물과 빻는 일의 하늘5)이 긴밀한 것은 물과 치아 의미가 함께 계속 빻아 내리는 사역 수직 구조이다. 이스라엘 백성의 기도가 하늘로 오르면 이에 응하신 말씀이 내린다. 다윋은 돌멩이로 골리앗을 단숨에 이겼다.

수직 구조 치아로 가루 만드는 일은 윗 치아=솨아=שׂ[쉰]과 아래 치아=신=שׁ[신] 둘이 영적 싹 분깃의 잔 모양이다. 말씀 잔이다. 말씀이 펼쳐진 하늘은 물과 더불어 한 쌍6)이 되면서 대상을 가르쳐 그 분 빛에게 인도된

---

1) שַׁ(솨): 신 6: 7, 32: 41; 시 45: 5, 64: 3, 120: 4, 140: 3; 잠 25: 18; 사 5: 28.

2) כָּתִית(카티트 · 빻아): ① 또 고운 가루 에바 십분지 일에 빻아낸 기름 힌 사분지 일을 섞어서 소제로 드릴 것이니(민 28: 5) ② 또 여호와의 전에서 아세라 상을 내어 예루살렘 바깥 기ㄷ론 시내루 가져다가 거기서 불사르고 빻아서 가루를 만들어 그 가루를 평민의 묘지에 뿌리고(왕하 23: 6) ③ 유다 열왕이 아하스의 다락지붕에 세운 단들과 므낫세가 여호와의 전 두 마당에 세운 단들을 왕이 다 헐고 거기서 빻아 내려서 그 가루를 기드론 시내에 쏟아버리고(왕하 23: 12) ④ 이스라엘로 범죄 케 한 느밧의 아들 여로보암이 벧엘에 세운 단과 산당을 왕이 헐고 또 그 산당을 불사르고 빻아서 가루를 만들며 또 아세라 목상을 불살랐더라(왕하 23: 15).

3) כָּתַת(카타트).

4) שַׁ(솨).

5) שָׁמַיִם(솨마임 · 하늘).

6) שְׁנַיִם(쉐나임 · 한 쌍).

다. 하나님의 뜻이 없는 쉐네=שׁבר쇄네=שְׁנֵר쇄네와는 다르다.[1] 음식이 시어버렸다의 쉐네[2]가 아니다. 하늘[3]이 가진 연마는 하나님의 오른손에 의해서 움직여지며 하나님이 사람의 혀를 연마하신 뒤에 말씀으로 사역시킨다. 사람은 말씀 물을 먹고 입으로 말씀 전한다.

말씀의 잔[4] 안에 7000[5]명을 두었다. 여호와יְהוָה여호와 글자[6] 6632회[7]와 여호와[8] 여호와의 약자 יָהּ 야יָהּ야 사 38:11야יה=יָהּ야[9]와 아도나이אֲדֹנָי아도나이[10] 113회 도합 6745회 그리고 스스로 계신 나 에흐예אֶהְיֶה에흐예[11]와 의 합 7000회수다.

---

1) ① 마병대가 쌍쌍이 오는 것과 나귀 떼와 약대 떼를 보거든 자세히, 유심히 들으라 하셨더니(사 21: 7) ② 마병대가 쌍쌍이 오나이다 하나님이 대답하여 가라사대 함락되었도다 함락되었도다 바벨론이여 그 신들의 조각한 형상이 다 부숴져 땅에 떨어졌도다 하시도다(사 21: 9).

2) צֶמֶד(쩨마드 · 쌍쌍이).

3) שָׁמַיִם(솨마임).

4) שָׁ(솨 · 치아),

5) Ibid.

6) 이협갑 편저, 『기독교 조직 신학』(서울: 기독교문사, 1995), 78.

7) George V. Wigram, 『구약 성구 사전: *The Korean's Hebrew and Chaldee Concordance of the Old Testament*』, 김만풍 역(서울: 기독교문화협회, 1993). 1854~1896.

8) 김정철은 『호세아서의 창조 신앙에 관한 언어학적 연구』, 한신대학교 대학원 신학과 박사 학위 논문(오산: 한신 대학교, 2003)에서 45회를 발표하고 있고 출 3: 14(3회), 4: 12; 신 32: 39; 삼하 7: 14; 욥 6: 2; 사 3: 7; 렘 11: 4, 24: 7, 30: 22, 32: 38; 겔 11: 20, 14: 11, 36: 28, 37: 23; 슥 8: 8로 총 61회로 조사되었다.

9) יָה(야, 여호와의 준말).

10) יה + אֶהְיֶה: Wilelm Rudolph, Hosea, Kommentar zun Alten Testament(Gütersloher: Verlargshaus Gerd Nohn, 1966), 54: 호세아는 יְהוָה(여호와) 대신 אֶהְיֶה(에흐예)를 사용하였다. 이 학설은, 김이곤, "고난신학 맥락에서 본 여호와 신명 이해," 『구약 성경의 고난신학』, 『한국신학논집』 11(천안: 한국신학 연구소, 1989), 55~83 참조.

11) אֶהְיֶה(에흐예 · 나는 생명이 있게 하는 자).

2). 서 너 가지와 죄 서 너 가지

여호와 6632회[1] 야와 아도나이[2] 113회 도합 6745회수다. 그리고 생명이 있게 하신 나 에흐예[3]와 여호와[4] 약자 야[5]와 합 7000회수 기적을 가지는 성경은 3 셋[6] · 셋째 · 세번 · 삼지창 · 삼중의 · 트라이엥글 · 두령 · 삼현금 · 방패든 자 의미를 내세워 설명하려 한다. 셋은 합쳐지는 우주의 힘을 의미한다. 아브라함과 이삭과 야곱 3대에 걸쳐 진 믿음의 조상의 셋은 합하여져서 막강한 힘이 된다. 삼 겹줄[7] 악기 삼현금과 연계된 영적 강건 기쁨 비유다. 몸은 쇠하여도 기쁨으로 주를 청종하고 기뻐하며 주로 인하여 기쁨이 솟아나는 일이다. 우리나라에서도 이 삼 겹줄 아버지 유언전설이 있다.

---

1) George V. Wigram, 『구약 성구 사전: *The Korean's Hebrew and Chaldee Concordance of the Old Testament*』, 김만풍 역(서울: 기독교문화협회, 1993). 1854~1896.

2) יה + אֶהְיֶה: Wilelm Rudolph, Hosea, Kommentar zun Alten Testament(Gütersloher: Verlargshaus Gerd Nohn, 1966), 54: 호세아는 יְהוָה(여호와) 대신 אֶהְיֶה(에흐예)를 사용하였다. 이 학설은, 김이곤, "고난신학 맥락에서 본 여호와 신명 이해," 『구약 성경의 고난신학』, 『한국신학논집』 11(천안: 한국신학 연구소, 1989), 55~83 참조.

3) אֶהְיֶה(에흐예 · 나는 생명이 있게 하는자).

4) 김정철은 『호세아서의 창조 신앙에 관한 언어학적 연구』, 한신대학교 대학원 신학과 박사 학위 논문(오산: 한신 대학교, 2003)에서 45회를 발표하고 있고 출 3: 14(3회), 4: 12; 신 32: 39; 삼하 7: 14; 욥 6: 2; 사 3: 7; 렘 11: 4, 24: 7, 30: 22, 32: 38; 겔 11: 20, 14: 11, 36: 28, 37: 23; 슥 8: 8로 총 61회로 조사되었다.

5) יה(여호와).

6) שָׁלִשׁוֹ(솰로쉬 · 셋) · 셋 שָׁלִשׁ(솰로쉬 · 셋) · 셋 שְׁלוֹשָׁה(쉘로솨 · 셋).

7) הַמְשֻׁלָּשׁ(함메술라쉬 · 삼 겹줄, 전 4: 12).

특히 3에 대한 언급은 우리나라 시조에서이다. 시조는 3 · 4 리듬은 우리말의 특징이 살려진 리듬이다. 그리고 관과 해서는 아니 될 시조의 3은 초 · 중 · 종장의 셋의 의미 특히 그 중에서도 종장의 첫 자인 3자에서 뚜렷한 합하여서 하나를 이루는 비유이다. 이병기는 3음절을 3구를 3[1]자로, 서수생은 3구를 3언으로[2] 이해하였다. 성경에서는 셋째 하늘에 올라간 사무엘과 바울의 예와 더불어 3일[3] · 4일[4] · 사흘[5]과 나흘[6] · 30년[7] · 33[8] · 40년[9] · 300년[10] · 사흘[11]이라 하였다. 셋

1) 이병기, 『국문학 개론』(서울: 일지사, 1965), 108~109.

2) 서수생, 『한국 시가 연구』(서울: 형성 출판사, 1970), 90.

3) 창 22: 4, 31: 22, 34: 25, 40: 20, 42: 17, 18; 출 10: 22, 19: 11, 15, 16; 레 7: 17, 18, 12: 4, 19: 6, 7; 민 7: 24, 10: 33, 19: 12, 19, 31: 19, 33: 8; 수 1: 11, 3: 2, 9: 16, 17; 삿 14: 14, 19: 4, 20: 30; 삼상 20: 5, 21: 5, 30: 1; 삼하 1: 2, 20: 4, 13; 왕상 3: 18, 12: 5, 12; 왕하 20: 5, 8; 대하 7: 10, 5, 12; 스 6: 15, 8: 15, 32, 10: 8, 9; 느 2: 11; 에 3: 12, 13, 4: 16, 5: 1, 8: 9, 12, 9: 1, 17, 18; 호 6: 2; 암 4: 4; 욘 1: 17, 3: 3; 마 16: 21, 17: 23, 20: 19; 눅 9: 22, 13: 32, 18: 33, 24: 7, 46; 행 25: 1; 계 11: 11.

4) 민 7: 30; 왕하 8: 21;대하 20: 26; 스 8: 33; 슥 7: 1.

5) 창 30: 36, 40: 12, 13, 18, 19; 출 3: 18, 5: 3, 8: 27, 15: 22; 수 2: 16, 22; 삼상 9: 20, 20: 19, 30: 12, 13; 왕하 2: 17; 대상 12: 39, 21: 12; 대하 20: 25; 마 12: 40, 15: 32, 26: 61, 27: 40, 63, 64; 막 8: 2, 31, 14: 58, 15: 29; 눅 2: 46, 21; 요 2: 1, 19; 행 9: 9; 행 10: 40, 27: 19, 28: 7, 12, 17; 고전 15: 4; 계 11: 9.

6) 삿 11: 40, 19: 5; 요 11: 17, 39; 행 10: 30.

7) 겔 1: 1.

8) 레 12: 4; 삼하 5: 5; 대상 3: 4, 29: 27.

9) 출 16: 35; 민 14: 33, 34, 32: 13, 33: 38; 신 1: 3, 2: 7, 8: 2,4, 29: 5; 수 5: 6; 삿 3: 11, 5: 31, 8: 28, 13: 1; 삼상 4: 18; 삼하 5: 4; 왕상 2: 11, 11: 42; 왕하 12: 1; 대상 26: 31, 29: 27; 대하 9: 30, 24: 1; 느 9: 21; 시 95: 10; 겔 29: 11, 겔 29: 12, 29: 13; 암 2: 10, 5: 25; 히 3: 9, 3: 17.

10)창 5: 22; 15: 13; 삿 11: 26; 행 7: 6.

11) 창 40: 18.

은 삼위일체의 의미이다.

성경의 3과 4와의 연계성인 이 수는 죄악과 관련된다. 우선 4에 대하여는 애급의 죄악과 관련된다. 출애굽기에서 여호와의 이름이 400번이나 되면서 이스라엘 백성들의 애급에서의 400년간 종살이가 죄악과 관련된다. 그럼으로 하여 서너 가지와의 관련은 십자가형의 3대 4의 사각형적 비율이다. 예수님의 가슴 한 가운데로 모아지며 사랑의 나선 예수님 가슴 안에 한 점 피다.

십자가형의 모양 비율 그대로 예수님 가슴이 되는 십자가에서의 사랑의 피를 흘린 신학적 의미는 예수님의 가슴에서 흘리는 피가 자연계에 흔적이 바로 빨간 꽃에 비유, 바로 아름다운 황금 비율 1:1.6180339887… 이 황금 비율은 활기와 생기를 불어 넣어 주는 황금 비율 3 · 4의 파이비율이라고 17세기 수학자 *Jakob Bernoulli*에 의해 처음으로 공식화 되었다. 계속해서 황금 직 사각형 안으로 점점 더 작은 황금 직 사각형을 만드는 대수 나선[1]을 이루는 안으로의 곡선이다. 황금비율의 3과 4의 흐름 안에서 하나님의 사랑인 햇볕과 물과 공기로 생물들은 산다. 이 비율은 온 자연계에나 삼라만상에 존재하는 리듬 생물이 살아가는 리듬이다.

활기와 생기를 불어 넣어 주어 식물 줄기의 잎의 배

---

1) logarithmic spiral.

열로 피보나치 수들이 발견되는 부활비율은 줄기의 비율 곧 위에서 내려다 볼 때 줄기의 호[1]가 어떤 엽저[2]의 잎의 밑 부분에서 다음 엽저로 형성되어지는 3 · 4의 비율 때문에 햇빛이 비쳐든다. 줄기 둘레에 분획(*fraction*)이 새겨지면서 계속 안으로 접어들어 한 점 꽃 피는 비율이다.

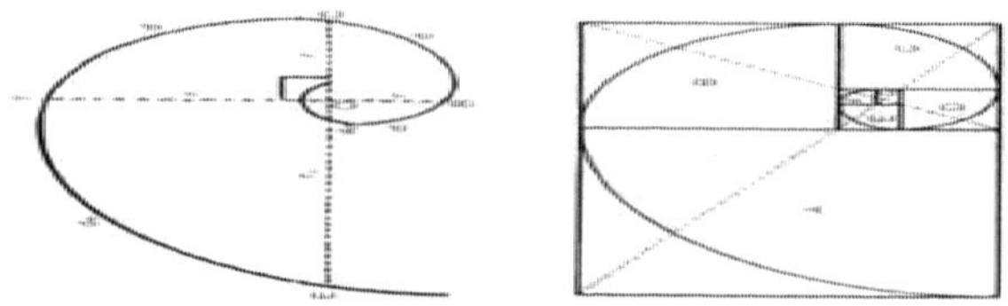

$R_2/R_1 = R_3/R_2 = R_4/R_3 = \ldots = R_n/R_{n-1} = 1.618$

$d_2/d_1 = d_3/d_2 = d_4/d_3 = \ldots = d_n/d_{n-1} = 1.618$

$長BD/BD = 長EC/EC = 1.618$

$EC/BD = 1.618$

이 비율은 숨 쉬는 황금나선구조[3]이다. 사랑의 나선

---

1) arc.

2) leaf base.

3) 생물체 내에서도 정보를 담고 있는 DNA 구조 분자는 폭이 21Å(angstrom, 1억분의 1cm), 나선이 완전히 한 번 회전했을 때의 길이가 34Å으로, 둘 다 피모나치 수이다. Å분자는 문자 그대로 긴 황금 직 사각형 더미[Marl Wahl, *A Mathematical Mystery Tour*,(Tucson: Zephry Press, AZ, 1988), 128]를 이룬다. 원자 세계에서는 4가지의 근본적 비대칭(원자핵의 구조, 핵분열 파편의 분포, 많은 동위 원소의 분포, 방출되는 입자의 분포)를 이루는데 비 부활[J, Wlodarski, *The Golden Ratio and the Fibonacci Numbers in the Word of Atoms'* Fibonacci Quarterly(1963. 12), 61.]은 수소 원자의 양이 변하는 상태에서 핵이 연속적인 에너지 단계로 방사성 에너지를 얻거나 잃을 때, 원자의 전자에서도 피보나치 수(H. E. Huntley, 'Fibonacci and the Atom,' Fibonacci Quarterly(1969. 12), 523~524]가 존재하며 태양 주변의 각 행성의 공전주기를 인접한 행성의 공전주기와 정수(round numbers)에서도 피보나치 수는 해왕성(Neptume)부

형을 만들면서 잎들과 잎들 사이에 햇빛과 공기에 최대한 노출되며 꽃을 피우는 하나님만이 할 수 있다.

이 신비는 느릅나무에서 호는 원주의 1:2이며 너도밤나무와 개암나무는 1:3이며 살구와 참나무 류 2:5 그리고 배와 포플러는 3:8이며 아몬드와 아씨 버드나무는 5:13등으로 아름다운 율을 이룬다. 천지만물은 설계자의 흔적이다. 유클리드[1)]는 수학상의 황금의 수 파이를 한 선분이 동일하지 않은 두 개의 선분으로 나누어진다 하였다. 긴 선분의 비율과 긴 선분에 대한 짧은 선분의 비율이 1:1.6180339887…이다.

이 비율은 모든 자연계에 걸쳐 나타[2)]난다. 마리오 리비어 물리학자는 해바라기 꽃의 씨가 시계 방향과 반시계 방향의 나선 형태로 얽히면서 꽃의 중심을 향한다는 것이다. 이 비율은 한쪽 방향으로 감겨지는 씨앗의 수와 다른 방향으로 감겨지는 씨앗의 수 사이에 특정한 비율 55:34, 89:55, 144:89, 233: 144라는 것이다. 어거스타와 루이스는[3)]는 새로운 잎이 줄기에서 돋아날 때 파이에 의해 결정된 각도에 따라 잎들이 배열됨으로써, 거의 겹쳐지지 않으면서 가장 유효한 방식으로

터 시작해서 태양을 향해 안쪽으로 감에 따라 그 비는 1 · 2, 1 · 3, 2 · 5, 3 · 8, 5 · 13, 8 · 21, 13 · 14를 이룬다.

1) Euclid, B · C. 300 년경.

2) Livio 2003: 65.

3) 1837년 결정 학자(Crystallographer)인 Auguste Bravais와 식물 학자 Louis.

공간이 채워1)진다하였다. 파이 비율은 황금 비율의 또 다른 수학적 특성 파이 수의 제곱을 드러낸다.

단순파이 1.618 X 1.618=2.617924Ibid가 되는 자연계 황금 비율이다. 행선 공전주기 및 식물의 나선 잎 정렬과 피보나치수와의 상호 관계의 윌슨2)설이다.

	관측치	이론치	비율	식물
명왕성	90,000(일)(2: 3 해왕성)			
해왕성	60,193	62,000		
천왕성	30,688	31,000	1: 2	느릅나무
토 성	10,670	10,333	1: 3	너도밤나무
목 성	4,332	4,133	2: 5	살구
소행성들	1,200~2,000	1,550	3: 8	배
화 성	687	596	5: 13	아몬드
지 구	365	366 8·13	8: 21	
금 성	225	277 13·21	8: 21	소나무
수 성	88	87	13: 34	소나무3)

윌슨은 행성 피보나 치=8:13, 13:21를 제시, 전 우주와의 관계에서 부활의 예표비율 태양 주위를 공전하는 행성들의 공전 주기와 식물 주기와 식물 줄기의 잎 배열이 모두 부활의 의미를 내포하고 있다고 주장한다. 황금 비율은 생물과 무생물의 좌 · 우 대칭의 아름다움으로 정확한 하나님의 흔적이다.

마를 바흘은 잎들과 꽃들의 숨 쉼을 황금률4)로 그리

1) Ibid. 66.

2) Marcius Willson.

3) Marcius Willson, *The Fourth Reader of the School and Farmily*, Harper & Broyhers, Publishers, New York, 1860, 216.

고 브로다르스키는 사랑의 나선으로, 훈트리는 하나님의 가슴 속에 한 점 피로 감기면서 하나님 사랑의 빨간 꽃과 열매[1]라 하였다.

황금 율을 리비도[2]가 제시한다.

① 식물들은 수학을 알았는가?[3]
② 하나님의 창조에 나타나 있는 형태, 수, 패턴, 황금비율,[4]
③ 자연 속에 나타나는 피보나치 수 열,[5]
④ *Fibonacci Numbers in Nature, by Jill*[6]
⑤ *Fibonacci Numbers and Nature*[7]
⑥ *Fibonacci Spirals, mathematical art*[8]
⑦ *The Golden Section in Art and Architecture by Jill Britton,*[9]

리비도는 성경적 관점[10]에서 하나님의 황금률 관을 펼쳤고 루니온은 오묘하고도 신비한 이 세계 내의 질서 비율로 십자가의 파이 비율을 하나님과 관련하였다.

---

4) Marl Wahl, *A Mathematical Mystery Tour*(Tucson: Zephry Press, AZ. 1988), 128.

1) H. E. Huntley, Fibonacci and the Atom(Fibonacci Quarterly 12, 1969), 523~524.

2) Livio, M. *The Golden Number. Natural History*(Harvard, 2003), 112, no. 2. Stephen Caesar holds his masters degree in anthropology.

3) http: www.kacr.or.kr · library · itemview.asp?no=706

4) http: www.kacr.or.kr · library · itemview.asp?no=1629

5) http: matrix.skku.ac.kr · sglee · skku~fibo2 · 3.htm

6) http: ccins.camosun.B · C.ca · ~jbritton · fibslide · jbfibslide.htm

7) http: www.mcs.surrey.ac.uk · Personal · R.Knott · Fibonacci · fibnat.html

8) http: www.moonstar.com · ~nedmay · chromat · fibonaci.htm

9) http: ccins.camosun.B·C.ca· ~jbritton · goldslide · jbgoldslide.htm

10) The Bible Encounters Modern Science, available: www.1stbooks.com. · 출처: Revolution against Evolution, 2003. 9. 2.

곧 하나님이 인류의 죄 씻기 사랑 부활증거라 했다.

루니온은 이 사랑이 부활이 죽었다가 다시 꽃피우는 리듬으로 신의 능력1)이라 했다. 예수님이 122) 제자들에게서 꽃피게 한 이상을 루니온은 오묘하고도 신비한 비율로 이 세계내의 보편성을 이루는3) 죽었다가 다시 꽃피우는 능력은 신의 능력이다. 십자가 비율 표시다.

이 비율은 구약 성경 언어 물과 하늘이 함께 어울려 만들어 내는 황금 비율 3:4는 신앙 시에서도 있다.

다음은 홍문표의 이상 지향의 시 리듬이다.

[* 표 10: 홍문표 시의 파이 비율]

산 · 산= 눈물 · 눈물 · 눈물 · 눈물
산 · 산= 믿음 · 믿음 · 믿음 · 믿음
산 · 산= 당신 · 당신 · 당신 · 당신
산 · 산= 우리 · 우리 · 우리 · 우리
산 · 산= 평화 · 평화 · 평화 · 평화
산 · 산= 노래 · 노래 · 노래 · 노래
산 · 산 · 산 · 산 · 산 · 산

~ 홍문표 「산이 산인 것처럼」 4) 리듬

산의 리듬은 눈물 ⇢ 믿음 ⇢ 당신 ⇢ 우리 ⇢ 평화 ⇢ 노래로 동적이동5)을 한다.

---

1) Garth E. Runion, *The Golden Section*(Dale Seymour Publications: Palo Alto, CA. 1990), 84~85.

2) 3 · 4: 『하나님의 수학』. op. cit, 79~85.

3) Garth E. Runion, *The Golden Section*(Dale Seymour Publications: Palo Alto, CA. 1990), 84~85; 『하나님의 수학』.. op. cit, 79~85.

4) 홍문표, 『나비야 청산가자』(서울: 양문각, 2007), 79.

5) 이영지, 『시조 문예 미학』, 109.

생명의 샘물1)을 바라며 생명수의 샘물2)을 바라며 생명수의 강3)에서 생명수4)로 그리고 초월성5)으로 시인은 시어의 반복리듬6)을 만든다. 초월성7)은 하나님의 것이다. 이 초월성을 성경은 열어8)둔다.

형벌 받을 자는 결단코 사하지 아니하고 그 아비의 죄악을 자식에게 갚아 삼사 대까지 이르게9) 하리라 하셨다. 불순종 서너 가지가 바로 8회 "여호와께서 가라사대 .. 서너가지 죄"10)로 인한 8회이다. 매 회마다 코 아마르 여호와 알~쉐로솨 프스에.베알~아르바아아11)라 하였다. 다메섹 · 가사 · 두로 · 에돔 · 암몬 자손 · 모압 · 유다 · 이스라엘 순서다.

다메섹의 서너 가지 죄로 시작되는 순서다.

---

1) 계 7: 17.

2) 계 21: 6.

3) 계 22: 1.

4) 계 22: 17.

5) 이영지, 『오감도의 구조와 상징에 관한 연구』 명지 대학교 대학원 박사 학위 논문(서울: 명지 대학교, 1985), 46~129.

6) 이영지, 『이상 시 연구』 (서울: 양문각, 1997). 시제 1, 2, 3, 4호는 시어의 반복리듬으로 초월성의미가 되게 하고 있다.

7) 민대훈, 179.

8) 여호와는 노하기를 더디 하고 인자가 많아 죄악과 과실을 사하나 형벌 받을 자는 결단코 사하지 아니하고 아비의 죄악을 자식에게 갚아 삼사 대까지 이르게 하리라 하셨나이다(민 14: 18).

9) 민 14: 18.

10) כֹּה אָמַר יְהוָה עַל~ שְׁלֹשָׁה פִּשְׁעֵי...וְעַל~ אַרְבָּעָה...(암 1: 3) ①
כֹּה אָמַר יְהוָה עַל~ שְׁלֹשָׁה פִּשְׁעֵי..וְעַל~ אַרְבָּעָה...(암 1: 6) ②
כֹּה אָמַר יְהוָה עַל~ שְׁלֹשָׁה פִּשְׁעֵי~..וְעַל~ אַרְבָּעָה...(암 1: 9) ③
כֹּה אָמַר יְהוָה עַל~ שְׁלֹשָׁה פִּשְׁעֵי..וְעַל~ אַרְבָּעָה...(암: 11) ④
כֹּה אָמַר יְהוָה עַל~ שְׁלֹשָׁה פִּשְׁעֵי..וְעַל~ אַרְבָּעָה..(암 1: 13) ⑤
כֹּה אָמַר יְהוָה עַל~ שְׁלֹשָׁה פִּשְׁעֵי..וְעַל~ אַרְבָּעָה...(암 2: 1) ⑥
כֹּה אָמַר יְהוָה עַל~ שְׁלֹשָׁה פִּשְׁעֵי..וְעַל~ אַרְבָּעָה...(암 2: 4) ⑦
כֹּה אָמַר יְהוָה עַל~ שְׁלֹשָׁה פִּשְׁעֵי..וְעַל~ אַרְבָּעָה...(암2: 6) ⑧
(코 아마르 여호와 알~쉐로솨 프스에.베알~아르바아아).

11) כֹּה אָמַר יְהוָה עַל~ שְׁלֹשָׁה פִּשְׁעֵי..וְעַל~ אַרְבָּעָה.

① 첫째: 다메섹[1] 저희가 철 타작기로 타작하듯 길르앗을 압박[2]하는 서 너 가지 죄로 인하여 하나님이 그 벌을 돌이키지 아니하겠다는 것이다.

② 둘째: 가사의 서너 가지 죄로 인하여 내가 그 벌을 돌이키지 아니 하는 내용이 바로 가사[3] 저희가 모든 사로잡은 자를 끌어 에돔에 붙였기[4] 때문이다.

③ 셋째: 두로[5] 의 서너 가지 죄는 저희가 그 형제의 계약을 기억하지 아니하고 사로잡은 자를 에돔에 붙였기 때문[6]이다.

④ 넷째: 야곱의 아들 중, 형이 차지한 에돔[7]이 칼로 그 형제를 쫓아가며 긍휼을 버리며 노가 항상 맹렬하며 분을 끝 없이 품은 죄(암 1: 11)이다.

⑤ 다섯 째: 여호와께서 가라사대 암몬 자손[8]의, 롯의 아들과 그 자손[9]이 자기지경을 넓히고 있다. 죄악은 길르앗의 아이 밴 여인의 배를 갈랐기 때문[10]이다.

⑥ 여섯째: 여호와께서 가라사대 모압[11]이 에돔 왕의 뼈를 불살라 회를 만들었기 때문[12]이다.

⑦ 일곱째: 저희가 유다[13] 죄로 여호와의 율법을 멸시하며 그 율례를 지키지 아니하고 거짓 것에 미혹하였기 때문[14]이다.

⑧ 여덟째: 이스라엘[15] 이 은을 받고 의인을 팔며 신 한 켤레를 받고 궁핍한 자를 팔았[16]다.

---

1) דַּמֶּשֶׂק(다메섹 · 수리아의 수도, 암 1: 3).
2) 암 1: 3.
3) עַזָּה(가사 · 블레셋의 도시 , 암 1: 6).
4) 암 1: 6/
5) צֹר(두로 · 팔레스틴의 한 장소, 암 1: 9).
6) 암 1: 9.
7) אֱדוֹם(에돔, 암 1: 11).
8) בְּנֵי~עַמּוֹן(베네~암몬 · 근친.
9) 암 1: 13.
10) 암 1: 13.
11) מוֹאָב(모압 · 롯의 근친상간의 아들 암 2: 1).
12) 암 2: 1.
13) יְהוּדָה(유다 · 처음으로 내려온 지파와 유다, 암 2: 4).
14) 암 2: 4.
15) יִשְׂרָאֵל(이스라엘, 암 2: 6).
16) 암 2: 6.

3과 4의 합은 7이다. 7의 1000배로 하나님은 바벨론 군대에 좌절하는 엘리야 마음 위로하시려 무릎 꿇지 아니하는 7000명을 남긴[1]다. 7의 10배, 7의 100배, 7의 1000배의 이 일곱 강조는 일곱째 날[2] · 일곱 양각 나팔[3] · 하나님의 아들들[4] · 예물 · 우물 · 교회 · 나팔[5] · 일곱 인[6] · 수양 · 수송아지[7] · 천사[8] · 일곱 집사 · 진노의 대접[9]등등에서 성경은 유별나게 강조한다. 7은 3과 4의 합이다. 이 황금비율을 성경은 여호와께서 백성의 상처를 싸매신다. 치시는 날에는 달빛은 햇빛 같겠고 햇빛은 칠 배가 되어 일곱 날의 빛과 같으리라[10] 하였다. 일곱 집사[11]를 비롯하여 바알에게 무릎 꿇지 아니하는 7000[12]명을 남겨 두었다. 수양 일곱 수송아지 일곱 번제[13] 일곱인[14] · 일곱 나팔[15] · 일곱 교회 · 일곱 천사[16] · 진노의 일곱 대접[17] 등이다.

---

1) 왕상 19: 18.
2) 창 2: 2.
3) 수 6: 4, 6, 8: 천 사무엘, 『구약 외경의 이해』(서울: 한국 신학 연구소, 2003), 107.
4) 창 6: 2; 욥 2: 6; 욥 38: 7; 시 29: 1, 89: 6; 단 3: 15; 호 1: 10.
5) 요계 8: 6.
6) 요계 8: 8.
7) 욥 42: 8.
8) 요계 8: 6.
9) 요계 16.
10) 사 30: 26.
11) 행: 5.
12) 왕상 19: 18; 롬 11: 4.
13) 욥기 42: 8.
14) 요계 8: 8.
15) 요계 8: 6.

2. 물과 피를 쏟으시며 단 1회의 말씀으로 죄 시하여

1). 죄 씻기

성경은 창세기 1장 전부와 2장 3절까지에서 일곱 날 이스라엘 백성에게 준 유월절[한날 · 한분 · 예수] ---> 무교절[둘째날 · 십자가사건] ---> 초실절[셋째날 · 부활] ---> 오순절[넷째날 · 성령] ---> 나팔절[다섯째날 · 재림] ---> 속죄절[여섯째날 · 구속] ---> 장막절[일곱째날 · 영원]로다. 복음의 물이 말씀이 흐르게 하시는 하나님의 일을 죄에 대한 절대자의 능력[1]으로 하신다. 하나님은 8지역 곧 죄가 많음을 알=על=עַל[알]과 베알=ועל=וְעַל[베알][2] '또'로 반복[이상 시「오감도」도 '또' 시어반복]한다. 이스라엘 백성들의 큰 죄악과 하나님의 맞불 놓기는 예수님의 탄생[3]이다.

이 맞불이란 말은 히브리어 그대로이며 우리나라 말 그대로 맞불 놓기이다. 이스라엘 백성들이 홍해를 건널 때 그들 살리기 작전 맞불이다. 맞불은 하나님이 예수님으로 하여 그들의 죄악을 씻을 일을 맞불로 하시었

---

16) 요계 8: 6.

17) 요계 16.

1) Garth E. Runion, *The Golden Section*(Dale Seymour Publications: Palo Alto, CA, 1990), 84: 85.

2) וְעַל(베알).

3) Garth E. Runion, *The Golden Section*(Dale Seymour Publications: Palo Alto, CA. 1990), 84~85; 『하나님의 수학』,. op. cit, 79~85. ואת(창 1: 1, 16, 16, 21, 21, 25, 25, 29)는 8회이다.

다. 대리자 없이 직접 이 8지역의 그들을 대하여 말씀하신 일이다. 맞불 놓으시는 하나님의 강한 의지다.

하나님은 우리 인간과는 먼 거리임에도 그의 아들을 통하여 하나님의 사랑 알=**על**알=**עַל**알과 베알=**ועל**베알=**וְעַל**베알 번제로 강조하신다. 하나님 사랑의 절대성이다. 하나님 사랑은 백성들의 하나님에 대한 불순종의 죄악이 절정일 때에 더욱 두드러진다.

선지자 아모스는 야곱이 미약하오니1))로 간절히 용서해 주실 것을 입을 통하여 야곱이 미약하오니 한다. 이 간접화법은 동시에 말하는 본인뿐만 아니라 듣는 대상이 들을만한 인물로 눈높이를 맞추신다. 말하시면서 전달 메시지를 상대방이 듣지 않으면 아니 되겠금 하나님은 하신다. 이 화법은 남을 잘 속이는 선수인 야곱에게도 해당된다. 얍복강 가에서 밤새도록 천사와 씨름하면서 이스라엘이라는 이름을 들은 야곱이다.

용서를 받은 사람의 가장 대표적인 사람이다. 야곱은 개인 야곱뿐만 아니라 이스라엘 전체를 대표하기도 하고 온 이스라엘 민족이 되기도 한다. 이 간접화법은 하나님이 사랑하시는 이스라엘을 말한다. 하나님이 들어주신 기도에는 히스기야의 기도가 있다. 히스기야는 하나님의 일을 한 참 하다가 죽을병이 들자 내가 이러이러한 일을 하였는데 하나님이 내 병을 낫게 해 주셔야

1) 암 7: 2, 5.

하나님 일을 더 할게 아니냐는 것이다.

모세의 기도는 하나님이 내 기도를 들어 주시지 않으면 아직 잘 믿지 못하는 이스라엘 백성들이 하나님을 잘 믿더니 저렇게 되었다고 백성들이 말하면 하나님께 무슨 이익이 있겠느냐!고 하나님께 아뢰자 하나님은 다가오시어서 오늘도 새벽에 일어나 당신에 관한 글을 쓰는지 점검하신다. 하나님은 아모스의 간절한 기도를 들으시고[1] "나의 준 땅에서 다시 뽑히지 아니하리라"[2]의 단 한마디 단 한 번의 예수님 사건으로 죄 씻게 하실 것을 예언하셨다.

하나님은 나의 준 땅에서 다시 뽑히지 아니하리라 단 1회 말씀 절대 수치 하나=אחד에하드=אֶחָד에하드[3]를 사용하신다. 죄 씻기 수자 단 1회이다. 이 에하드 אֶחָד에하드숫자 글자 3자를 하나하나 합하면 13회이다. 여호와 수치 합 26의 반 13이다. 여호와의 아드님 숫자이다. 히브리어가 제시한 숫자 의미는 사랑이다.

하늘의 절대 의미는 하늘 שָׁמַיִם솨마임[4]의 기본형 물=ים מ마임=מַיִם마임[5]에서 찾아진 이 책 제목의 『물의 시학』이다. 물=מים마임=מַיִם마임으로 물이 말씀이 되는 절대성[6]

---

1) 암 7: 3, 6.

2) 암 9: 15.

3) אֶחָד(에하드 · 하나, 창 1: 5).

4) שָׁמַיִם(솨마임 · 하늘).

5) מַיִם(마임 · 마임): J. Weingreen, 『구약 성경 히브리어완성: *A Practical Grammar for Classical Hebrew*』(서울: 기독교 문서 선교회, 1999), 31.

이다. 단 한 번의 말씀으로 하나님 백성의 죄를 씻는 물 말씀은 하나님의 손1)이 물 한가운데서 절대 손으로 실행된 하나님의 결단력2)이다. 삼사 대까지3)와 서너4)와 서넛과 죄악을 한 번에 씻어주는 셋5) + 넷6)으로 성경에서 단지 4회7) 족한 줄을 알지 못하여 족하다 하지 아니하는 것 죄악 서넛8)이다. 깨닫지 못하는 것 서넛9)이다. 세상을 진동시키며 세상으로 견딜 수 없게 하는 서넛10)이다. 잘 걸으며 위풍 있게 다니는 것 서넛11)의 4회12)로 죄악과 관련한 4와 3의 숫자 나열 모임 애급종살이 430년13)의 흔적을 보여주신다. 이 마방진

---

6) R. Wall, 『수리언어학: *Introduction to the Mathematical Linguistics*』 (서울: 한신 문화사, 1987), 123~167.

1) י(요드).

2) 서인석, 『성경과 언어 과학』 (서울: 성바오로, 1992), 123.

3) רִבֵּעִים ~ וְעַל שִׁלֵּשִׁים ~ עַל(알~쉬레쉼 베알~리베임 · 삼사대까지, 민 14: 18).

4) שְׁלֹשָׁה(쉐로솨 · 서) אַרְבָּעָה(아르바아 · 너): 암 1: 3, 6, 9, 11, 13, 2: 1, 4, 6.

5) 출 25: 33, 27: 14, 15, 37: 19, 38: 14, 15;.왕상 7: 25; 대하 4: 4.

6) 출 22: 1, 25: 12, 26, 34, 27: 4, 16, 37: 3, 20, 38: 5, 19; 민 7: 7, 8: 왕상 7: 34, 18: 33; 대상 9: 26; 잠 30: 24; 겔 1: 10, 16, 10: 10, 40: 41, 42, 43: 15; 단 7: 3, 6, 8: 8; 행 12: 4, 21: 9, 27: 29.

7) 거머리에게는 두 딸이 있어 다고 다고 하느니라 족한 줄을 알지 못하여 족하다 하지 아니하는 것 서넛이 있나니(잠 30: 15) · 내가 심히 기이히 여기고도 깨닫지 못하는 것 서넛이 있나니(잠 30: 18) · 세상을 진동시키며 세상으로 견딜 수 없게 하는 것 서넛이 있나니(잠 30: 21) · 잘 걸으며 위풍 있게 다니는 것 서넛이(잠 30: 29) 있나니.

8) 잠 30: 15.

9) 잠 30: 18.

10) 잠 30: 21.

11) 잠 30: 29.

12) "수학은 의미를 가진 상징성이 있다" Morris Kline, 『수학의 확실성: *Mathematics the Loss of Certainty*』, 박세희 옮김(서울: 민음사, 1986), 280.

43은 한국 시조문학의 이론 수치이다.

서너[1]의 이미지 전달은 다메섹에서 가장 먼 거리인 가사[2]와 형제의 계약을 기억하지 아니하고 모든 사람을 사로잡은 자를 에돔에 붙인 죄[3] · 형제에게 분을 끝없이 품은 죄[4] · 자기 지경을 넓히고자 하여 길르앗의 아이 밴 배를 가른 죄[5] · 에돔왕의 뼈를 불살라 회를 만든 죄[6] · 유다가 여호와의 율법을 무시하며 그 율례를 지키지 아니하고 그 열조의 따라가던 거짓 것에 미혹된 죄[7] · 이스라엘이 은을 받고 의인을 팔며 신 한 켤레를 받고 궁핍한 자를 판 죄[8] 8회를 단 한 번의 물에 씻어 성령의 불로 태우신다. 물이 하나로 모이[9]어 일어서며 애급 군대를 덮어 버리신 하나님의 법이다. 3과 4의 서너의 모임 일곱[10]에서 벗어난다. 일어선다. 이스라엘 백성들은 하나님에 의해 일어섰다.

자연계[11]와 우가릿 판독[12]에서나 원형적 신화[13]의 신

13) 출 12: 40.
1) 암 1: 3.
2) 암 1: 6.
3) 암 1: 9.
4) 암 1: 11.
5) 암 1: 13.
6) 암 2: 1.
7) 암 2: 4.
8) 암 2: 6.
9) יִקָּוּ(이카부 · 하나로 모이는, 창 1: 9).
10) William Empson, *Seven Types of Ambiguity*(London: Chatto and Windus, 1947), 1.
11) Livio 2003: 65.
12) N. Watt, Religious tet from Ugarit: the words of Limilku and his

화다발1)로 서 너2) 죄악도 일곱 7로 표시되는데 이 때 일곱은 우리말 그대로 1의 곱이다. 숨은 의미는 11이다. 아모스의 기도를 들으신 하나님은 너희들을 향하여 "나의 준 땅에서 다시 뽑히지 아니하리라"3) 하시었다.

이 1에 대한 신비는 우리나라 천부경은 1이 11회 시적 은유된다. 이상 시 시제 4호에서 거꾸로 된 숫자마다 사선 점까지 모두 11회 반복된다. 심지어 반원 각 합침 수 ○의 ○○○○○○○○○○$^{\text{10회}}$와 ○$^{\text{1회}}$의 총 11회의 초월 기능에 도달한다.

야곱은 성경에서 11번째 아들이다. 바로서는 이미지는 숫자 11이다.

---

colleagues, Sheffield(England: Sheffield Academic press, 1998), 14.

13) G. R. Driver, *Canaanite Myths and Legends*(Edinburgh: T&T Clark, 1956). 1~2; J. B. Pritchard, Archaeology and Old Testament(New Jersey: Princeton University press, 1968), 107~108; P. C. Craigie, Ugarit and Old Testament, 7~25; 문희석 편(서울: 대한기독출판사, 1973), 409~415 · C. G. Jung and Kerényi, Essay on a Science of Mythology(Princeton, NJ: Princeton University Press, 1973), 101~126. 켄 제이는 이 황금률을, 융은 3을 남자의 상징으로 보았고, 인도 만다라는 여성상징, 그리스에서는 여신상징으로 3이며, 제우스와 관계되는 신화에서는 hea, 아내 Demeter, 딸 Persephone가 이에 속한다. 피카로라스인에게는 남자가 3, 여자는 둘로 된 4라 하였다. 융의 3이 남성, 4가 여성이라는 것은 만다라 상징이라 하였고, 아프리카에서는 남자 3, 여자가 4, 대서양에서는 얀원자로 남자가 4, 여자 3, 그리고 북 Erythean에서는 남자 3, 여자 2로 되어 있다. Syrtain은 남자가 달로 되면서 그 수가 3이고 여성은 태양으로 그 수가 4를 상징한다. 고대 언어에서는 여성이 달이고 태양은 남성이다. 이것은 문화에 따라 다르며 우리나라에서는 홀수가 음이고 짝수는 양이다.

1) 김은호, 『유다 왕국의 산당파괴에 대한 역사적 연구』 평택 대학교 박사 학위 논문(경기: 평택 대학교, 2006), 51.

2) 참조: 박정복, 『예언자 호세아의 바알종교 비판에 관한 한 연구』 목원대학교 박사학위 논문(대전: 목원대학교, 2005), 14.

3) 암 9: 15.

2). 죄를 사하여 주시는 증거 호흡리듬

천지 삼라만상에 있는 생물들의 분포 비율 한국 전통 시 시조에서의 리듬[1] 3 · 4 리듬의 몸 시학은 일어서는데 있다. 익살스럽게 성경은 우리말 일 곱에 두었다. 우리말 그대로 1의 곱 11이다. 숨겨진 이 7 곧 일곱의 숨은 숫자 마방진이다. 이 엄청난 의미를 가진 서넛은 하나님 사랑으로 용서해주시는 계약[2]이다.

하나님의 절대적 권한은 삼사 · 서너 · 서넛의 죄악에서 벗어나 숨 쉬는 꽃을 피우는 하나님의 언약이다.

---

1) 이영지, 『한국 시조 문학론』, 12~25. 『이상 시 연구』, 212. "시조와 리머릭의 비교," 『새국어 교육』(1981), 33~4, 242.

2) John Bright, 『이스라엘의 역사: A History of Israel』, 박문재 역(서울: 크리스챤다이제스트, 2005), 190~243: 존 브라이트는 초기 이스라엘 체제와 신앙지파 동맹을 초기 이스라엘 체제와 신앙지파 동맹을 여호와의 호의와 이스라엘의 응답으로 보았다. 하나님은 헷 족속의 주군 봉신관계와 연관짓는데 나와 그대 사이의 계약 관계의 특징인 오직 그대만을 위하여라는 계약형식은 헷 족속(BC 2000)에서 시작된다. 그 언어가 나와 그대, 오직 그대만을 위하여, 그대의 마음을 다하여라는 체결특징을 가진다. 헷족속 멸망(BC 1300) → 앗시리아와 아람 조약 → 신명기 언약(주전 BC 10) [내 조상은 유리하는 아람사람(신 26: 5)] → 호세아서에서 두세 번 표시된다. 초창기부터 이스라엘은 여호와의 유대를 알고 있었던 것이고 이스라엘 공동 지파동맹은 이스라엘이 하나의 민족으로 탄생시킨 언약에 있다(주전 BC 10)고 보았다. 가장 오래된 시가(출 15: 1~18)에서 여호와의 백성이 여호와의 은혜의 관계를 가진 것은 여호와를 왕으로 한(출 15: 18; 민 23: 21) 언약 관계라 하였다. 이스라엘의 핵이었던 사람들에 의해 공동체의 기억의 뿌리는 시내 산으로 옮겨간 역사적 체험과 더욱 단단해진 신앙 지파동맹의 결성은 "나는 너의 하나님 여호와로라"(출 20: 2)에서 보여 진다. 여호와의 호의로 시작되는 처음부터의 이 관계는 여호와가 자기 백성을 다스린다는 사상이다. 여호와의 왕권 개념은 마지막 일들이나 종말예견도 없으며 미래에 대한 소망의 씨앗으로 미래에 대한 신뢰가 된다. 여호와가 하나님의 백성을 약속의 땅으로 인도(출 15: 13~17)한 것은, 보호와 보장(민 24: 3~9), 승리(신 33: 25)가 처음부터 여호와와 하나님의 백성간의 계약이며 이스라엘 신앙이다.

이스라엘의 죄가 서 너 가지임에도 7의 7배나 용서하라는 표현을 성서는 77의 자리에 예수족보를 세우셨다. 하나님이시다. 7의 11배인 77을 예수님에서 하나님까지의 거리로 하였다.

우리가 살아 숨 쉬는 증거 호흡은 3 · 4의 리듬을 탄다. 한국의 시조 생명체 리듬 문학[1] 특히 한국 시조문학은 3장 12구 리듬[2]이다. 각 장이 이 3 · 4의 리듬을 탄 한국 3한 4온[3] 리듬이다. 이 3 · 4리듬은 4 계절이 바뀌는 그 순간의 온도 12초 사이로, 따뜻하다와 춥다와의 사이를 넘나든다. 삼한사온을 비롯한 사계절의 호흡리듬[4]이다. 그런데 묘하게도 시조문학이 가지는 특징은 이 12구의 12구 마지막 한 구를 창하지 않거나 구도낭송에서 제하여 버림으로 하여 11구를 만들어 활용하는 풍습을 가지고 있다. 말하고자 하는 중점은 11이라는 시적 몸 시어 사람이 바로 서 있거나 걸어가는 모습이라는 점이다.

이 특징은 유일하게 증명되는 천부경내의 1의 11회 반복리듬이나 11번째의 야곱의 아들 요셉이다.

---

1) 이영지, 『이상 시 연구』 154, 158, 160, 162.

2) Ibid, “3분(分)의 의미적 중량,” 『한국 시조 문학론』, 17~18.

3) 三寒四溫.

4) Ibid, “아름다운 음수율,” 『시조 문예 미학』 (서울: 영예 문학, 2001), 21~22.

제2절 하늘과 궁창

1. 둘

1). 양식 만드는 일

아골 골짜기의 마른 뼈들이 살아나게 하시는 하나님은 물을 초월하여 하나님의 흔적을 남기시어 생명이 살아 있게 하셨다. 시가 살아있는 자연 3 · 4리듬은 호흡은 반복되고 반복되어 일생주기와 하루주기[1]와 평생주기가 된다.

하나님은 시공을, 물을 초월하여 그의 흔적으로 생명이 살아 있게 하시었다. 이 생명리듬인 하나님의 흔적은 비례조건의 3+(3+1)의 황금률[2]이다.

하나님 하면 하늘을 생각하는 하늘인데 성경은 궁창을 하늘이라 하였다. 너는 하늘을 우러러 보라 네 위의 궁창을 보라 하였다. 또 궁창을 명하시는 이가 있다[3]

---

1) Robert D Denham, *Northrop Frye and Critical Method*(Pennsylvania: The Pennsylvania University Press, 1978), 68~71.

2) Marl Wahl, A Mathematical Mystery Tour(Tucson: Zephry Press, AZ. 1988), 128.

3) ① 하나님이 궁창을 하늘이라 칭하시니라 저녁이 되며 아침이 되니 이는 둘째 날이니라(창 1: 8) ② 너는 하늘을 우러러 보라 네 위의 높은 궁창을 바라보라(욥 35: 5) ③ 그러나 저가 오히려 위의 궁창을 명하시며 하늘 문을 여시고(시 78: 23).

하였다. 하나님이 궁창을 하늘이라 칭하시니라 저녁이 되며 아침이 되니 이는 둘째 날이니라[1]에서 둘째 날의 이 둘째 자리는 너는 하늘을 우러러 보라 네 위의 높은 궁창을 바라보라[2] 하였다. 이 시선을 지시함으로써 의로운 해가 있는 곳[3]을 너는 보라 한다. 하늘에서 궁창을 명하시는 이가 오히려 위의 궁창을 명하시며 하늘 문을 여시는[4]분이다.

하늘과 궁창은 같이 합하여 하늘이라고도 하고 따로 따로 분리하여 하늘과 궁창이라고도 한다. 시적 아이러니의 하늘과 궁창은 큰 의미로 하늘이 되고 작은 의미로 하늘과 궁창이 나누이어 진다.

하나님의 아들 예수님이 하늘에 올라가 궁창에 거하시는 궁창은 말씀으로 가득한 곳이고 하늘을 통하여 하나님은 하늘에서 비를 내리신다. 이 비는 바로 히브리어 '게심'이다. 하늘에서 하나님이 계심으로 그 증거 비가 내리라 명령하는 곳은 하늘의 궁창이다. 비 많은 지역을 게셈[5]이라 한다.

하늘과 궁창의 의미 구분이다. 가슴은 히브리어로 문=델레트=דלת[달레트]=דֵלֶת[달레트]는 문인데 문 안이 궁창이다. 성소로 아무나 함부로 드나들지 못한다.

---

1) 창 1: 8.
2) 욥 35: 5.
3) 말 4: 2.
4) 시 78: 23.
5) 수 16:3, 21:21; 왕상 9:15.

지극히 사랑하는 사람의 마음속으로 들어갈 수 있는 곳이 가슴속이고 궁창이다. 그러기에 사실은 사람이 걸어가지만 마음이 걸어가는 것이고 하늘이 움직이지만 사실은 궁창이 움직이는 것이다. 명령이 내리는 곳이고 마음이 따라 움직이는 곳이다. 마음을 하늘에 쌓아두는 사람은 이 세상을 가볍게 살아갈 수 있다. 그의 얼굴에는 평안함이 깃들고 넉넉해지고 나누어주고 나누면서 이웃이 생긴다.

하늘은 하늘=솨마임=שמים솨마임=שָׁמַיִם솨마임[1]이다. 처음 창세기 1장 1절은 지시대명사를 넣어 그 하늘을 엣따 하고 주신 게 그 하늘=하솨마임=השמים하솨마임=הַשָּׁמַיִם하솨마임이다. 하나님은 아주 큰 하늘=엣트 하솨마임=שמים ה~אֵת에트~하솨마임=הַשָּׁמַיִם~ אֵת에트~하솨마임하시었다.[2] 하나님이 우리에게 하늘을 받으시라며 엣따 하시었다. 하나님이 던져주신 바로 그 하늘이다. 보통 어떤 것이 전제되고 그 라는 지시대명사를 넣는데 아예 처음부터 하나님은 바로 그 하늘을 주신 것이다.

사람에게 하늘이 없다면 만약 하늘을 선물로 받지 못하였다면 우리는 하늘로 머리를 올리고 살 수 없었을 것이다. 그런데 이 좋은 하늘이 그 하늘=하솨마임=השמים하솨마임=הַשָּׁמַיִם하솨마임[3]로 에트=אֵת[4]를 선행 하지

1) שָׁמַיִם(솨마임 · 하늘).

2) הַשָּׁמַיִם ~ אֵת(에트~하솨마임 · 그 하늘, 창 1: 1).

3) הַשָּׁמַיִם(하솨마임 · 그 하늘, 창 2: 1).

않는다.

반면 그 ה[하]가 없는 하늘=솨마임=שמים[솨마임]=שָׁמַיִם[솨마임][1]은 궁창을 위하여=라라키아으=לרקיע[랄라키아으]=לָרָקִיעַ[랄라키아으][2]궁창과 엮이면서 하늘이 존재하는 이유를 궁창을 위하여라 한다. 하늘은 그냥 사람이 쳐다보라는 하늘이 아니라 궁창을 위하여=할라키아으=לרקיע[랄라키아으]=לָרָקִיעַ[라키아으][3]이다. 사람이 하늘을 우러러 보는 이유가 하늘이 존재하는 이유의 궁창=쇄하킴=שחקים=שְׁחָקִים[쇠하킴][4]을 위하여서라는 것이다. 그 분을 위하는 솨마임=שמים[솨마임]=שָׁמַיִם[솨마임][5] 곧 사마임을 위하여이다.

하늘 솨마임[6]이나 궁창 쇄하킴[7] 모두 분쇄해버리는 שׁ[쇠][8]를 앞에 둔다. 하늘=솨마임=שמים[솨마임]=שָׁמַיִם[솨마임]은 물=마임=מים[마임]=מַיִם[마임]에 연단=솨=ש=שֶׁ[쇠]가 붙는다. 궁창=שחק[쇠하크]=שָׁחַק[쇠하크][9]은 ש[쇠]는 하크를 분쇄한다. 하늘과 궁창이다. 궁창=שחקים[쇠하킴]=שְׁחָקִים[쇠하킴][10]의 높은 하늘 궁창도 하나님 절대 존재 앞에서는 하잘 것 없다.

---

4) "~ את"(에트, 창 2: 1).

1) שָׁמַיִם(솨마임 · 하늘).

2) לָרָקִיעַ(라라키아 · 궁창을 위하여, 창 1: 8).

3) לָרָקִיעַ(라라키아 · 궁창을 위하여, 출 5: 1).

4) שְׁחָקִים(쇄하킴 · 궁창: 신 33: 26; 욥 35: 5, 37: 21, 시 57: 10, 78: 23, 77: 17.

5) שָׁמַיִם(솨마임 · 하늘, 신 33: 26).

6) שָׁמַיִם(솨마임 · 하늘, 신 33: 26).

7) שְׁחָקִים(쇄하킴 · 궁창, 신 33: 26).

8) שֵׁ(쇄 · 치아, 연단, 가루).

9) שָׁחַק(솨하크 · 가루로 만들다).

10) שְׁחָקִים(쇄하킴 · 궁창).

2). 서로 다른 일을 함

(1). 둘째 날 만든 궁창

이 일을 하나님은 바라셨다고 성경 첫 장 첫 단어부터 바라셨다로 발음 하셨다.

이 세상이 어떤 존재도 절대적인 하나님을 우선으로 하는 신앙이 바로 기독교 사상이요 다른 것은 그와는 다른 미미한 존재임을 드러낸다. 그래서 우상을 빻아 내리는 쉰[1]이 앞에 놓인 궁창은 쇄하킴[2]이다.

궁창에겐 가루로 만들 임무가 있다. 이 일은 웃음 쎄하크[3]와 바늘구멍과 궁창을 위하여=라라키아으=לרקיע[랄라키아으]=לָרָקִיעַ[랄라키아으][4]와 엮이면서 웃을 수 있는 조건이 바늘구멍을 지나야 한다. 하늘=쇄마임=שמים[쇄마임]=שָׁמַיִם[쇄마임][5]이 쌍수이고 궁창=שחקים[쇠하킴]=שְׁחָקִים[쇠하킴][6]의 분쇄해버리는 일[7]은 복수이다.

궁창과 하늘은 양면성을 가진다. 첫째는 둘 모두 하늘과 같은 의미이지만 둘째는 그래도 구별된다. 하늘이라는 개념에서는 동일하지만 광명이 있는 장소는 궁

1) ש(쉰, 신).
2) שְׁחָקִים(쇠하킴 · 궁창).
3) שְׁחֹק(쎄호크 · 웃음).
4) לָרָקִיעַ(라라키아 · 궁창, 출 5: 1).
5) שָׁמַיִם(쇄마임 · 하늘)/
6) שְׁחָקִים(쇄하킴 · 궁창).
7) שְׁחָקִים(쇠하킴 · 궁창, 창 1: 8; 시 77: 18).

창[1]이며 궁창에서는 죄가 들어난다.[2] 하늘과 궁창언어 부셔버리는 ש[쉰]이 오는 이유이다.

궁창[3]은 둘째 날에 만들었다. 이유는 하나님과 백성과의 언약 때문이다. 이 언약은 예수님이 이 세상에 오시는 일로 첫 아담이 아닌 둘째 아담이다. 이 분은 물이 생명이 물의 장소 궁창을 통하여 우리들이 물 가운데[4]서 변화되어지게 하시며 궁창 위에 물과 궁창을 중심으로 아래의 물을 맑은 물로 만드신다. 물이 생명이 되는 둘째 궁창[5]은 변화 장소[6] 광명이다. 하늘의 궁창이어서 하늘 안[7]에 죄가 들어나는[8] 세계[9]이다. 궁창에서 걸어 다니[10]시며 손으로 그의 흔적 물과 하늘로 한다. 구분은 치아=ש[쉰][11]을 접두어로 놓아 백성들을 연단 후 복 주신다. 뉘우치고 돌아들어오게 하신다.

방법으로는 가루를 위한 솨=ש[솨][12]와 물이 필요하다.

---

1) 창 1: 15.
2) 창 1: 15.
3) 창 1: 6, 7, 8, 14, 15, 17, 20; 신 33: 26; 욥 22: 14, 35: 5, 37: 18, 21; 시 19: 1, 57: 10, 77: 17, 78: 23, 89: 6, 37, 108: 4, 150: 1; 잠 8: 27; 사 40: 22, 45: 8; 렘 51: 9; 겔 1: 22, 23, 25, 26, 10: 1; 단 12: 3; 임 9: 6.
4) 창 1: 6.
5) 창 1: 15.
6) 창 1: 8.
7) 창 1: 20.
8) 욥 35: 5.
9) 욥 35: 5.
10) 욥 22: 14.
11) ש(솨 · 연단).
12) ש(솨 · 연단).

(2). 언약 때문에

하나님은 그 물=하마아임=המימ하마아임=הַמַּיִם하마아임[1]으로 윗물과 아랫물을 분리 하시고 아랫물에게 맞부딜=맞부디칠[2] 죄악과 맞부딪 곧 VHPA히필 능동 분사 형 접두어로 궁창 아래 물[3]을 궁창을 위한 언어 라라키아[4]의 라멧=ל라멧[5], 궁창의 물이 되게 아래 물이 하늘 위로 올려 지게 하신다.

물을 하늘로 올리는 일은 하나님이 하신다. …을 위하여=ל라멧[6] 부정사로 밑바닥에서 하늘까지 이어지는 연결 고리[7]가 있다. 물이 하늘로 올라가는 표시다. 아랫물을 올려 윗물이 깨끗하게 하시고자이다. 물을 궁창 위로 올려 먹을 물 곧 진리 · 영생 · 싹이 나는 물을 위해서다.

물을 정화시킨 이유는 그의 백성을 사랑하기 때문이다. 백성들이 물을 먹게 되는 일은 아랫물과 윗물 사이에 아들=벤=בין벤=בֵּין벤[8]이 있어서다. 하나님과 백성

---

1) הַמַּיִם(하마임 · 그 물, 1: 6).

2) מַבְדִּיל(마브띨 · 분리하여, 1: 6) .

3) מִתַּחַת(미타하트 · 저 밑바닥, 창 1: 7) · תַּחַת(타하트 · 가장 아래, 창 4: 25, 22: 13) · הַתַּחְתֹּונָה(하타흐톤나 · 그 아래, 겔 40: 18) · תַּחְתִּית(타흐티트 · 심연, 신 32: 22) · בְּתַחְתִּיֹּת(베타흐티요트 · 깊은 곳에, 시 63: 10) · תַּחְתִּיָּה(타흐티야 · 깊은, 시. 86: 13) · תַּחְתִּיֹּת(타흐티요트 · 깊은, 시88: 6).

4) לָרָקִיעַ(라라키야 · 궁창을 위하여).

5) לְ(라메드).

6) ל(라메드 · 목적격).

7) C. De. Moor, 「Studies in the New Alphabetic Texts form Ras Shamra I」 *UF*(1969), 182.

8) בֵּין(벤 · 사이).

사이의 아들[1]이 강조[2]된 이 리듬[3]은 창세기 1장 18절에서 2회 · 창세기 17장 2절에 2회 · 창세기 17장 10절에 3회이다. 하나님 아들 문제를 언약 관계로 한다. 3회나 언급 강화한다.

하나님의 언약 장소는 견고한 거울 같은[4] 궁창 안이다. 안[5]은 하나님이 계신 안[6]이다. 그 위에 말씀을 펼쳐 놓으셨다. 하나님이 궁창을 두시는 목적은 궁창의 기초를 땅에 두시기[7]위해서이다. 하나님은 어디에나 계시지만 성경은 여호와의 우편에 앉으신 예수님과 궁창은 예수님의 앉으실 자리의 암시에서 하나님의 우편에 예수님 · 예수님 우편에 우리 성도들이 앉는다. 우리의 오른 손을 들어 주시는 하나님이시다. 이 관계는 십자가에 달리실 때 우편의 강도가 천국에 들어가는 것을 나타내기 위함[8]이다. 궁창 사역은 시키신 일을 갈고 닦아 내 하나님과 백성간의 언약이 발생한다.

---

1) בֵּין(벤 · 사이).

2) 우벤..벤וּבֵין .. בֵּין(우벤..벤 · 또 사이, 창 1: 18) · וּבֵינֶךָ ..בֵּינִי(우베네하 .. 베니 · 나와 너 사이 곧 하나님의 아들과 너 사이, 창 17: 2) · בֵּינִי וּבֵינֶךָ וּבֵין(베니 우베네하 우벤 · 나와 너 사이, 창 17: 2) · בֵּינִי וּבֵינֵיכֶם וּבֵין(베니 우베니켐 우벤 · 나와 너의 사이의 언약, 창 17: 10).

3) בֵּין.בֵּין(창 1: 18) · בֵּין.בֵּין(창 1: 18) · בֵּין בֵּין(창 17: 2) · בֵּין בֵּין בֵּין(창 1: 18)의 בֵּין.

4) 욥 37: 18.

5) בְּ(베 · 안).

6) W. Randall Carr, *In Own Image and Likeness: Humanity, Divinity, and Monotheism*(The Netherlands: Konklijke Brill NV, 2003), 104.

7) 암 9: 6.

8) 시 19: 1.

(3). 좋은 열매 얻으려고

궁창은 성소와 같은 곳이고 샘물이 나는 곳이고 하나님의 말씀이 나오는 곳이고 생명수가 나오는 곳이다.

아랫물과 윗물 사이에 이루어지는[1] 하나님의 언약[2]이다. 이 언약은 항상 하나님과 이스라엘 백성사이에서 이루어진다. 믿음으로 사는 일은 하나님이 나의 인생을 책임져주신다는 언약을 믿는 믿음의 일이다. 물이 생명이 되는 것은 하나님의 언약방법이 물을 통하여서이기 때문이다. 말씀을 통하여서이기 때문이다. 말과 물의 중요성이다. 7대 명절 백성에게 준 유월절[한날 · 한분 · 예수] ---> 무교절[둘째날 · 십자가사건] ---> 초실절[셋째날 · 부활] ---> 오순절[넷째날 · 성령] ---> 나팔절[다섯째날 · 재림] ---> 속죄절[여섯째날 · 구속] ---> 장막절[일곱째날 · 영원]이다. 복음의 물이 말씀이 흐르는 물을 위한 하나님의 일이다.

궁창은 물을 잘 보관하는 장소이다. 말씀을 보관하는 장소이다. 하나님의 말씀이 있는 곳이다. 하나님의 백성을 위한 생명수가 있는 곳이다. 생명수는 하나님의 백성에게 먹일 물이다. 이때 물은 1차적 의미에서 2차적 의미인 진리와 영생과 싹이 나는 말씀으로 바뀌어진다. 하나님이 계신 곳은 어디에 한정된 것은 아니지

---

1) 언약 בֵּין..וּבֵין(벤.우벤 · 언약, 창 1: 7: בֵּין..וּבֵין(창 1: 18) · בֵּינִי וּבֵין(창 9: 13, 16, 17) · בֵּינִי וּבֵינֶךָ(창 17: 2) · בֵּינִי וּבֵינֶךָ וּבֵין(창17: 7) · בֵּינִי וּבֵינֵיכֶם וּבֵין(창 9: 12, 15, 17: 10).

2) בֵּין אֱלֹהִים וּבֵין(벤 엘로힘 우벤 · 하나님의 언약, 창 9: 16).

만 궁창은 물이 의미하는 진리가 있는 곳[1]으로 시적 표현이다. 궁창 안은 기록 장소이다. 먹을 물을 구하는 곳이다. 이스라엘 백성을 위한 생명수가 있다. 하나님이 준 공간 궁창[2]은 좋은 열매를 맺어 가는 중임을 봤어[3]라 하였다. 진행 중[4]이다. 이 진행 상태는 궁창이 물과 물로 나누어지는 일[5]이고 시제는 아직 끝나지 않는 미완료 형인 진행형이다. 때문에 하나님이 물을 구별하여 물을 나누는 작업이 아직도 진행 중임을 성경은 제시한다.

누가 나를 위하여 일해줄 때 우리는 행복을 느낀다. 우리를 위하여 절대자가 밤낮없이 일을 하시고 그의 가장 아끼는 이를 희생시키면서까지 할 때 우리는 감사하고 황송하다. 그럼으로 하여 이 세상에서도 하나님의 형상으로 된 사람들은 하나님이 하시는 버릇대로 남을 위하여 좋은 일을 하며 살게 된다.

1) 창 1: 6, 7; 민 20: 8; 렘 10: 13; 겔 43: 2.
2) הָרָקִיעַ ~אֶת(에트~하라키아 · 궁창).
3) וַיַּעַשׂ(바이아샤 · 만드샤, 창 1: 7).
4) וַיַּעַשׂ(창 1: 7) · אֶלְעָשָׂה(대상 2: 39) · יַעֲשִׂיאֵל(대상 11: 47) · מַעֲשֵׂה(출 26: 1) ·
5) 창 1: 7.

2. 천국

말씀이 있는 펼침의 궁창은 편편한 곳[1]이다. 말씀기록이 되는 궁창은 현재 진행형으로 물이 변하여 가는 중이며 진행자는 초월자이시다. 이 궁창은 하늘이며 사람이 변하여 가는 중을 기록하시며 사람의 변화되어가는 진행형을 기록하신다.

이 사이에 하나님의 아들이 있다. 그래서 궁창=쇠하킴=שחקים^쇠하킴=שְׁחָקִים^쇠하킴[2]과 하늘=솨마임=שמים=שָׁמַיִם^솨마임[3] 모두 언어 앞에 ש^쇠 연단의미가 붙는다. 다른 점은 하늘 솨마임[4]은 쌍수이고 궁창 솨하킴[5]은 복수이다. 하늘 솨마임[6]은 구약에서는 쌍수이지만 신약의 주기도문에서는 단수이다. 곧 하늘나라 구현이다. 궁창 복수 문법은 사역의미이다. 이유는 하나님의 백성들의 생활이 기록되어서이다. 주의 진리로 여호와의 소리를 발하는 궁창[7]에서 거울 같이 잘 비치는 변화의 장소를 두시는 이유는 하나님 그 자신을 위하여서이다.

창모양은 화안히 비쳐지는 거울 같은 견고한 곳이다.

---

1) 욥 37: 18.
2) שְׁחָקִים(쇠하킴 · 궁창, 신 33: 26, 시 57: 10).
3) שָׁמַיִם(솨마임 · 하늘, 신 33: 26).
4) שָׁמַיִם(솨마임 · 하늘).
5) שְׁחָקִים(쇠하킴 · 궁창).
6) שָׁמַיִם(솨마임 · 하늘).
7) 시 77: 17.

궁창=리쇠하킴=לשחקים리쇠하킴=לִשְׁחָקִים리쇠하킴[1]이다. 궁창 안=베쇠하킴=ושחקים베쇠하킴=בִשְׁחָקִים베쇠하킴[2]은 하늘 안=베사하크=בשחק베쇠하크=בַשַּׁחַק베쇠하크[3]다. 궁창 위에서는 주의 음성이 들린다. 보좌 모습은 남보석 같다[4]. 그 보좌는 둘째 줄[5] 가운데[6] 있다. 이 중요장소는 영적 양식을 만들어 가는 곳이다. 남보석과 자색 베와 수놓은 것과 베와 산호와 홍보석으로 꾸민다. 지혜 자[7]가 있는 궁창은 둘째 이미지로서의 변화의 장소이다. 지혜[8] 자가 있는 신의 자리[9]이다. 따라서 둘째의미는 성경의 가장 핵심이다. 예수님이 인간의 죄를 대신해 죽으실 사실을 구약 성경은 다양한 흔적으로 둘째의미로 나타낸다. 둘째 자리를 지혜자로 강조한다.

궁창은 베후그 쇄마임=והוג שמים베후그 쇄마임=וְהוֹג שָׁמַיִם베후그 쇄마임[10] 곧 하늘안으로 된다. 하늘=쇄마임=שמים쇄마임=שָׁמַיִם쇄마임[11]의 창=베후그=והוג베후그=וְהוֹג베후그[12]이다.

---

1) לִשְׁחָקִים(리쇠하킴 · 궁창, 욥 37: 18).
2) שְׁחָקִים(쇠하킴 · 궁창, 신 33: 26, 시 57: 10).
3) בַשַּׁחַק(바세하크 · 궁창안, 시 89: 7).
4) 겔 10: 1.
5) 출 28: 18.
6) 욥 28: 6.
7) 단 12: 3.
8) 잠 8:22~31.
9) 민영진, 성경문학에서의 말의 기능, 「한국크리스천문학가협회 하계세미나 주제발표」(경기도동두천: 한국크리스천문학가협회, 2010.9.6) 8~17.
10) וְהוֹג שָׁמַיִם(베후그 쇄마임 · 궁창, 요 22: 14).
11) 창 1: 8.
12) וְהוֹג(베후그 · 창),

1). 향기를 지닌 곳

천국의 하나님은 하늘 문을 여시고 궁창[1]을 명하신다. 동시에 땅위에 앉으신[2] 분으로 은 영적 양식의 기초를 땅에 두신다.[3] 궁창은 거울 같은 모양을 지닌 견고한 곳이다. 이곳은 둘째 자리[4]이다.

궁창과 하늘과의 하나 되는 긴밀성은 물이 하나로 일어서게 한다. 물이 하나로 일어나는 일은 물은 하늘로 직립하여 올라간다.

물의 동적 이동은 향기 나는 일이다. 백성들의 기도를 들으시기 때문이다. 하늘=쇄마임=שמים=שָׁמַיִם쇄마임[5]으로 표시된다. 이 שמים=שָׁמַיִם쇄마임의 이름=쇎=שמ=שָׁמַ쇎[6]과 =ים임[7]은 하나님이 자신이름을 위해 하늘나라에서 백성들의 간구를 들으시는[8] 뜻을 지닌다.

---

1) 시 78: 23.

2) 사 40: 22.

3) 암 9: 6,

4) 출 28: 18, 3: 11; 시 77: 17, 89: 37, 108: 4; 사 45: 8; 겔 1: 22, 23, 25, 26; 욥 28: 6; 단 12: 3.

5) שָׁמַיִם(쇄마임 · 하늘).

6) שָׁמַ(쇄마).

7) יִם(임),

8) 주는 하늘에서 들으시고 תִּשְׁמַע(티쉐마아 · 들으시고, 대하 6: 30) · 주가 계신 곳 하늘에서 들으시며 תִּשְׁמַע(티쉐마아 · 들으시며, 대하 6: 33)) · 하늘에서 들으시고וְשָׁמַעְתָּ(베쇄마트 · 들으시고, 대하 6: 35) · 하늘에서 저희 간구와 기도를 들으시고 תִּשְׁמַע(티쉐마아 · 들으시고, 대하 6: 39) · 내가 하늘에서 듣고 אֶשְׁמַע(아쉐마아 · 내가 듣고, 대하 7: 14) · 너희의 말하는 소리를 들으신지라..내가 들은즉 וַיִּשְׁמַע...שָׁמַעְתִּי(바이쉐마아..쇄마티 · 들으신지라..들은즉, 신 5: 28) · 주는 그 간구함을 들으시되..들으시고 들으시사 עַתָּ תִּשְׁמַע ..וְשָׁמַעְתָּ וְשָׁמַ(베쇄마아타..티쉐마.베쇄마아타 · 주는 들으시되, 들으시고, 들으시사, 왕

2). 하늘

(1). 하늘 안과 향 품

궁창에서 내리는 물은 만나이다. 말씀이다. 하늘이슬 향기이다. 하늘에서 내려오기1)에 향기가 있다. 굳이 하늘에서 오는 향기여야 하는 하늘 שָׁמַיִם[솨마임]과 향 품 מַיִם שָׁ[사마임]은 차이가 있다. 바로 하늘 שָׁמַיִם[솨마임]과 향 품 מַיִם שָׁ[사마임]에서 하늘 שָׁמַיִם[솨마임]의 שָׁ[솨]는 향 품 שָׁמַיִם[사]이의 아랫 이 차이다. 둘이 모여 입 안에서 먹을 것을 씹는다.

만나 מָן[만나]2)는 하늘로부터 온3) 만나이다. 하늘 안에서4) 만들어진 음식이 이 땅에 온 것5)이다. 그로부터 온6) 말씀이다. 말씀은 반드시 하늘에서7) 만나8)로 내려와야 우리는 먹는다. 말씀을 먹는다.

하나님은 어디에나 계시9)지만 하늘에서 우리를 내려

상 8: 30; 대하 6: 21).

1) מִן~ הַשָּׁמַיִם(민~하솨마임 · 하늘로부터 오는).

2) ~ מִן(민).

3) מִן~ הַשָּׁמַיִם(민~ 하솨마임 · 그로부터 온 하늘에서부터, 삼하 22: 14; 왕하 1: 10, 14; 대상 21: 26; 대하 6: 21, 23, 25, 30, 33, 35, 39; 대하 7: 14; 삿 5: 20; 신 5: 28; 대상 21: 26.

4)מִבַּשָּׁמַיִם(미바솨마임 · 하늘 안에서, 출 20: 4; 신 1: 28, 5: 8; 왕하 7: 2, 19; 대하 20: 6; 욥 16: 19; 시 2: 4, 11: 4, 18: 13, 19: 4, 36: 5, 73: 9. 15, 78: 26, 103: 19, 115: 3, 119: 89, 123: 1; 잔 5: 2; 렘 10: 13, 51: 16; 에 3: 41; 단 6: 27; 암 9: 6; 전 5: 1.

5) Gordon J. Wenham, Word Biblical Commentary Genesis 1~15(Waco: Word Books, 1984), 91.

6) מִן~(민)과 מִ(미).

7) מִשָּׁמַיִם(미솨마임 · 하늘에서, 시 33: 13, 53: 2, 57: 3, 63: 15, 76: 8, 80: 14, 85: 11, 102: 19; 사 14: 12, 63: 15; 애 2: 1, 3: 50).

8) 느 9: 15.

다1) 보실 일 봐솨마임=בשמים[바솨마임]=בַּשָּׁמַיִם[바솨마임]2)으로 한다. 향 품=베사밈=בשמים[베사밈]=בְּשָׂמִים[베사밈]3)이 있다. 봐4)와 베5) 두 전치사6)를 빼 버리면 모두 솨밈=שמים =שָׁמַיִם[솨밈]과 사밈=שמים=שָׂמִים[사밈]7)이다. 이때의 솨와 사는 윗 이=솨=שָׁ[솨]와 아랫 이=사=שׂ[사]이다. 윗이와 아랫이로 음식을 씹어 먹는다. 향 품의 향기를 맡는 장소는 하늘이다. 맛은 그의 백성이 맡는다.

향 품은 아랫물이 아닌 윗물일 때 향기가 난다. 윗물은 좋은 물 향기는 이스라엘 백성들의 눈물을 들어 주어 나는 향기이다. 말씀 향기이다. 하늘이슬 향기이다. 천국에서 나는 향기이다.

때문에 하늘과 향기는 불가분의 관계이다. 하늘의 아름다운 향기는 이스라엘 백성들의 눈물과 기도를 들어 하늘에서 내리는 하늘 안8)의 향기이다. 이 향기를 맡고 사는 백성들의 향기는 말씀을 먹어 향기가 난다.

---

9) W. Eichrodt, tr., A. Baker, *TOT* 1, 115.
1) 대하 6: 21.
2) בַּשָּׁמַיִם(바솨마임 · 하늘 안).
3) בְּשָׂמִים(베사밈 · 향 품).
4) ..בַּ(바 · 그리고).
5) ..בְּ(베 · 그리고).
6) ..בַּ(바 · 그리고)와 ..בְּ(베 · 그리고).
7) שָׁמַיִם(솨밈)과 שָׂמִים(사밈).
8) בְּשָׂמִים(베사밈 · 향 품).

(2). 하나님의 신부

이스라엘 백성들은 하늘나라의 향기로운 향 품[1]을 가진다. 향 품에서 나오는[2]의 향기[3]는 예수님 향 품이다. 하나님을 믿는 향기 나는 백성들을 하나님은 나의 신부라 하시었다. 그런데 이 향 품은 나의 신부보다는 못한 향 품[4]이라 하셨다. 우리들은 아주 좋은 생애를 사는 하나님의 신부이다.

백성과 하나님 사이에서 나는 향기[5]가 있다. 달콤한 향기[6]이다. 상등 향 품이다. 향 품은 하늘 안 [7]에서 나기에 하나님의 신부들에게도 같은 향기가 난다. 향 품[8]을 가진 하나님의 신부들[9]은 여성이미지이다. 아름답고 신비하고 달콤하고 늘 향기로운 삶을 산다. 귀엽고 사랑스럽고 애기 같아 보호해주어야 하는 신부이다.

향기를 지닌 향 품은 복수형에서 오는 사역의 이미지이다. 향 품은 성경에서 33[10]회 사용된다. 예수님의

---

1) בְּשָׂמִים(베사밈 · 향 품, 아 4: 14).
2) בְשָׂמַי(베삼미 · 향재료, 아 5: 1).
3) בְשָׂמַי(베삼미 · 향기, 아 4: 16).
4) 아 4: 10.
5) בְּשָׂמִים(베삼밈 · 향기).
6) 출 30: 23.
7) 하늘에 있는 בַּשָּׁמַיִם(바솨마임, 출 20: 4; 신 1: 28, 5: 8; 왕하 7: 2, 19; 대하 20: 6) · 시 2: 4, 11: 4, 18: 14, 78: 26, 103: 19, 119: 89, 123: 1).
8) בְּשָׂמִים(베삼임 · 향 품, 아 4: 14).
9) 귀한 향 품 בְּשָׂמִים(베삼밈, 아 4: 14) · 상등 향 품 בְּשָׂמִים(베삼밈, 출 30: 23) · 에스더가 왕을 위하여 쓴 여섯 달의 향 품 בַּבְּשָׂמִים(바베삼밈, 에 2: 12) · 히스기야가 사자에게 보낸 향 품 הַבְּשָׂמִים(하베삼밈, 왕하 20: 13) · 성소에서 어떤 자가 만든 향 품 לַבְּשָׂמִים(라베삼밈, 대상 9: 29) · 나의 신부보다 못한 향 품 לַבְּשָׂמִים(아 4: 14).

생애 33세 향기이다. 성경에서의 결혼은 하나님과 그의 백성과의 관계1)이다. 가장 사랑하는 자에게서 나는 향기이다. 동적 사랑은 하나님은 그의 사랑하는 자를 나의 사랑하는 자가 자기 동산으로 내려간 꽃밭의 향기로운 보쌈2)해 온 것이라 하였다. 신부에게서 나는 향기의 향기로움3)을 하나님은 하 보쌈4) 하신다고 하였다. 그 분은 보쌈한 향기를 아주 잘 보쌈 하신다. 신앙인들에게 향기로움5)이 묻어나는 것은 내 하나님 여호와가 계셔서 깨끗하고 성결한 물6)이 있어서다.

하나님이 우리들에게 복 주시는 방법은 비를 내리시는데 있다. 젖과 꿀이 흐르는 물7)을 향기롭게 내리신다. 그래서 가을에 향 재료8)를 거두어들인다.

---

10) נְכֹאת(네코트, 창 37: 25, 43: 11) · וְלִקְטֹרֶת(베리크토레트, 출 25: 6, 35: 8) · 상등 향 품 בְּשָׂמִים רֹאשׁ(베삼밈 로쉬, 출 30: 23) · סַמִּים(삼밈, 출 30: 34) · קְטֹרֶת(케토레트,출 35: 15) · הַסַּמִּים(하삼밈, 출 35: 28) · קְטֹרֶת הַסַּמִּים((케토레트 하삼밈, 출 37: 29) · 또 분향할 향 품 וּקְטֹרֶת הַסַּמִּים(우케토레트 하삼밈, 민 4: 16) · בְשָׂמִים(베삼밈, 왕상 10: 2; 대하 9: 1) · וּבְשָׂמִים(우베삼밈, 왕상 10: 10, 25; 대하 9: 9, 24) · הַבְּשָׂמִים(하베삼밈, 왕하 20: 13) · לַבְּשָׂמִים(라베삼밈,대상 9: 29) · וְהַבְּשָׂמִים(베하베삼밈, 대상 9: 30) · וְלִבְשָׂמִים(베리베삼밈, 대하 32: 27) · 향 품장사 הָרַקָּחִים(하라카힘, 느 3: 8) · בַּבְּשָׂמִים(바베삼밈, 에 2: 12) · אַבְקַת(아베카트, 아 3: 6) · 모든 향기 מִכָּל~ בְּשָׂמִים(미콜 ~베삼밈, 아 4: 10) · לַבְּשָׂמִים(아 4: 14) · קָנֶה(칸네, 사 43: 24) · רֵקֻחַיִךְ(리쿠하이하, 사 57: 9) · וְקָנֶה(베칸네, 렘 6: 20) · וְנִיחֹחִין(벤니호힌, 단 2: 46) · ἀρώματα(아루마타, 막 16: 1; 누 23: 56, 24: 1) · ἀρώματων(아루마툰, 요 19: 40).

1) S. D. Goitein, 「The Song of Song: A Female Composition」 in A. Brenner(ed), *A Feminist Companion to Song of Songs,* 58~56.

2) הַבֹּשֶׂם(하보셈 · 향기로운, 아 6: 2).

3) תִּשְׁמַע(티심마 · 향기로움).

4) הַבֹּשֶׂם(하보셈 · 향기로운, 아 6: 2).

5) וּשְׂמִים(베삼밈 · 향기로움, 아 8: 14),

6) 신 26: 15; 시 8: 3, 아 8: 14.

7) 신 26: 15.

8) 아 5: 1.

하나님은 그의 백성들이 몰약과 꿀을 먹고 내 포도주와 내 젖을 마시게[1] 향기로움[2]이 뿜어져 나오는 신부의 뺨이라고 하고 있다. 향기로운[3] 꽃밭 같고 향기로운 풀 언덕 같게 하셨다.

신부의 사랑스러운 모습은 하나님이 나의 사랑하는 자로 향기로운[4] 냄새가 난다 하였다. 하나님은 그의 신부에게 향기로운[5] 술인 석류 즙으로 마시게 하신다. 그리고는 향기로운[6] 나의 사랑하는 자야 너는 향기로운 산들에서 노루이고 어린 사슴이다 라 하신다.

향기는 궁창과 관련된다. 궁창에서 하늘 향 품으로 향 기름을[7] 만드는 분에게서 오는 백성들은 지상에서 향 기름 냄새[8]를 맡으며 향기로운 삶을 산다. 하나님이 보쌈해서 향 품[9]을 만드신다. 향 품[10]은 하나님의 백성들이다. 하나님의 백성들은 향기로운[11] 삶을 향기로움[12]으로 드러낸다.

---

1) 아 5: 1.
2) 아 8: 14.
3) הַבֹּשֶׂם(하보삼 · 향기로운, 아 5: 13).
4) הַבֹּשֶׂם(하보삼 · 향기로운, 아 6: 2).
5) הָרֶקַח(하라카 · 향기로운, 아 8: 2).
6) בְשָׂמִים(베삼밈 · 향기로운, 아 8: 14).
7) הַמִּרְקַחַת לַבְּשָׂמִים(함미르카하트 랍베삼밈 · 향 품으로 향 기름을, 대상 9: 30).
8) רֹקַח מִרְקַחַת(로카흐 미르카하트 · 향기름 냄새, 출 30: 25).
9) הַבֹּשֶׂם(하보셈 · 향 품, 아 6: 2).
10) בְשָׂמִים(베삼밈 · 향 품, 아 8: 14).
11) הַבֹּשֶׂם(하보셈 · 향기로운, 아 6: 2).
12) בְשָׂמִים(베삼밈 · 향기로움, 아 8: 14).

3. 여리고성과 달 향기

1). 성 모양과 달 향기

향기는 하나님이 하나님의 백성이 하나님이 명하신 사랑의 표현을 법대로 하라는 것을 수행할 때 하나님의 백성에게서[1] 나는 향기다. 순종의 향기이다. 아멘아멘 하는 백성들의 순종 향기이다. 군대장관의 도움을 받은 이스라엘 백성들은 유월절을 가진[2] 뒤 6일 동안 여리고성을 매일 한 번씩 돌고 7일째 7바퀴를 돌아 총 13회로 여리고 성[3]을 돈다. 순종한다. 순종한 결과는 성이 무너진다. 하나님 향기가 널리널리 퍼진다.

스메르 신화에 하늘 표상의 신[4]화도 있다. 여리고 달月 성의 사람들은 헛된 신을 섬기기에 하나님은 여호와의 군대장관을 여호수아 앞[5]에 보내어 이스라엘 백성들이 여리고 성을 6일 동안 돌게 하고 7일째 들어가 함께[6] 7일 동안 무교병을 먹으며[7] 하나님 일을 했다.

---

1) 순종으로 하여 이스라엘 백성들이 얻은 축복의 결과는 모압땅 평지에서 가나안 입성준비(여호수아 1장)로 그들은 여리고 탐정을 하였으며(여호수아 2장) 요단강 한가운데 제사장이 서 있는 것은 홍해의 사건을 경험하지 못한 2세대들에게는 절대체험이었으며 때문에 건넌 후(3장) 두 기념비를 세웠다(4장).

2) 5장.

3) 6장.

4) 장국원, 『고대 근동 문자와 성경』 (서울: 기독교 문서 선교회, 1996), 165~166.

5) 수 5: 13.

2). 여리고성은 원래 하나님 백성의 것

여리고성은 원래 하나님의 백성의 것이었다. 그 곳이 우상을 섬기는 자들로 채워졌기에 하나님의 백성에게 도로 돌려주시는 땅이다. 하나님이 그의 이름을 두시기 위해서다. 하늘아래 가장 가까운 U 모양의 여리고성 향기를 남기기 위해서이다. 잔 모양 문학형태[1]이다.

달에는 하나님 쪽을 향해 가는 감응력[2]이 있다. 맑은 물이 있고 과일이 많아 그 향기가 2~3km까지 간다. 늘 푸릇푸릇한 풀[3]이 있다. 엘리사 선지자는 여호와의 명령으로 물에 소금을 떨어뜨려 물을 고쳤다.[4]

여리고성은 여리고성 함락의 역사적 사실이 성벽의 잔여벽돌과 불탄 흔적이 전해짐으로써 사실이라는 게 밝혀졌다. 고대 전쟁당시 노획물을 선봉장이 절대자 앞에 불태우는 전례가 가정집에서 발견되었다.

---

6) 출 22: 29.

7) 출 34: 18.

1) Stanley. Gevirtz,「Jericho and Shechem: A Religio~Literary Aspect of City Destruction」 Vetus Testamentum(Leiden: EJB, 1963), 52~53; BC 1300부터 알려진 도시인 이 성은 Hittite 텍스트를 통하여 알려진 도시이다.

2) Gaston Bachelard,『물과 꿈: *L'EAU et les RÊVES,* 이가림 역(서울: 문예출판사, 1980, 174.

3) Neen. David & K. O. Emery, *The Destruction of Sodom, Gomorrah, and Jericho: Goelogical, Climatological, and Archaelogical Background*(Oxford: Oxford University, 1995), 95.

4) 왕하 2: 19~22: Ibid, 93. Neen. David, The Destruction of Sodom, Gomorrah, and Jericho: Goelogical, Climatological, and Archaelogical Background(Oxford: Oxford University, 1995), 93.

본래의 여리고성주인이 이스라엘 백성이기에 하나님이 찾아서 주시었다. 여리고의 백성들은 소위 남의 집에 들어 있는 여리고 성안 사람들로 달을 섬기는 족속이다. 여리고 백성들은 하나님의 계획에 따라 하나님을 믿는 백성들이 바다를 건너고 있다는 이야기를 듣고[1] 성안 사람들은 공포에 떨었다고 성경은 말한다. 여호수아가 이끄는 무리들이 여리고에 가까이 왔을 때 이미 여리고[2]는 하나님이 허락하여 준 영역 안에 들어 있게 된다. 그들이 살고 있는 여리고가 하나님을 섬기는 백성들이 차지해야 하는 뜻을 알게 된 그들은 성문을 굳게 닫고 출입하는 자가 없었다.[3]

여호와의 군대 장관[4] 도움으로 여리고에 들어온 여호수아는 무리들에게 여리고성을 다시 건축하는 자는 여호와 앞에서 저주를 받을 것이라[5] 한다.

여리고를 되찾는 일[6]은 여리고[7]의 향기를 도로 찾는 일이다. 여리고 성은 요단 서쪽 8km인 사해 북쪽 11.5km에 위치한 가나안이다. 여리고성에 들어왔을 때

---

1) 민대훈, 「여리고성을 무너뜨린 역사」(경기도: 광림 세미나하우스, 2006). 서울 기독 대학교 대학원 10.23 추계 학술 세미나.

2) בִּירִיחוֹ(비리호 · 여리고 안에, 수 6: 13).

3) 수 6: 1.

4) אֲנִי שַׂר~צְבָא~יְהוָה(아니 사르~쩨바아~여호와 · 나는 여호와의 군대장관, 수 6: 14).

5) 수 6: 26.

6) 수 6: 2.

7) יְרֵחוֹ(예리호 · 여리고).

와 다시 그들은 아이성에 재도전하지만 실패[1]한다. 하나님의 절대적인 도움을 받고서야 팔팔하게 승리[2]한다. 계속 정복[3] 한다. 땅 정복 문제는 이스라엘 백성에게 분배하기 위한 하나님의 목적이 있었다. 육축 사육에 절대 필요한 요단 동편[4]분배와 가나안 정탐에 긍정적인 신앙을 가진 갈렙에겐 헤브론을 주고 아브라함과 다윗으로 이어지는 축복의 땅[5]과 유다[6]와 에브라임[7] 그리고 므낫세[8]와 베냐민[9] 그리고 그 외 지파의 땅 분배[10]와 달리 도피성[11]이 있다.

더 나아가 분배권이 없었던 레위인 들에게도 특별히 48주 성읍[12]을 얻는 일은 결국 여호수아서가 제시하는 이 땅에서의 삶이 하나님이 허락한 범위 안에서 주는 대로 받는 삶이었다. 불행하게도 백성들은 동과 서가 서로 화해[13] 가나안 족속들과 우호조약[14]을 맺고 계속 아래로 내려간다.

---

1) 여호수아 7장.
2) 8장.
3) 10~12장.
4) 13장.
5) 14장.
6) 15장.
7) 16장.
8) 17장.
9) 18장.
10) 19장.
11) 20장.
12) 21장.
13) 22장.
14) 9장.

4. 전쟁 신학

1). 여호와의 전쟁 신학

언약의 전쟁 신학은 늘 2회의 리듬을 계속한다. 세겜에서 언약갱신[1]한 2회 리듬이 있다. 사사 기드온이 하나님의 사사임을 알려 할 때도 두 번의 실험[2]을 가진다. 드보라의 승리[3] 역시 모세의 노래에 이어지는 물을 중심한다. 물은 말씀을 상징한다. 하나님이 하나님의 백성을 위해 싸우시는 전쟁신학 말씀 향기[4]는 싸움의 승리 후 신에게 찬양을 드리는데 있다. 즈벨리나 웨버 그리고 페더슨과 폰라드[5] 모두 이러한 여호와의 전

1) 창 24: 15~16장.

2) ① 보소서 내가 양털 한 뭉치를 타작마당에 두리니 이슬이 양털에만 있고 사면 땅은 마르면 주께서 이미 말씀하심 같이 내 손으로 이스라엘을 구원하실 줄 내가 알겠나이다 하였더니(삿 6: 37).

② 그대로 된지라 이튿날 기드온이 일찌기 일어나서 양털을 취하여 이슬을 짜니 물이 그릇에 가득하더라(삿 6: 38).

③ 기드온이 또 하나님께 여짜오되 주여 내게 진노하지 마옵소서 내가 이번만 말하리이다 구하옵나니 나로 다시 한번 양털로 시험하게 하소서 양털만 마르고 사면 땅에는 다 이슬이 있게 하옵소서(삿 6: 39).

④ 이 밤에 하나님이 그대로 행하시니 곧 양털만 마르고 사면 땅에는 다 이슬이 있었더라(삿 6: 40)

3) 삿 4, 5장.

4) 리츠데임(M. Lichtheim)도 므깃도 전투에서 승리하고 귀향하는 Thutmose Ⅲ을 위해 신 Amun이 지은 환영 축사.: M. Lichtheim」You come to me in joy at seeing my beauty. My son, my champion, Men kheperre, ever living」 *Ancient Egypt Literature* Ⅱ(1978), 35~38. Lichtheim, Miriam, *Moral Values in Ancient Egypt*(Vandenhoeck: University Press Fribourg Switzerland, 1997), 95.

5) F. Schwally, 1901) · 웨버(M. Weber, 1921) · 페더슨(J. Pedersen, 1945) · 폰 라드(Von Rad).

쟁을 강조[1]한다.

여리고 전쟁[2]때는 6일까지 매일 하루 한 번 씩 돌다가 7일째는 7바퀴를 돌며 큰 소리로 여호와를 찬양하였다. 이 두 번의 리듬이 신성시 되는 하나님의 말씀향기 증명은 모세가 반석을 두 번 친다. 물을 내기는 하였지만 모세는 가나안으로 못 들어갔다. 전쟁을 치른 후 찬양[3] 형식으로 메소포타미아와 수리아~팔레스틴의 문헌에서 신의 현현과 인도라는 내용의 선도자 모티브가 기록된 고대 근동의 문서에서 발견되어진다. 구약의 문맥 속에서 발견되어지는 보편적인 모티브는 여호와의 전쟁 모티브[4]이다. 하나님이 개입하지 않는 전쟁은 이스라엘 백성에겐 혹독한 심판이며 죽음[5]이 따랐다.

사람은 누구나 선물을 받으면 기뻐한다. 그 선물이 나에게 있어 아주 필요하고 절실한 것인 경우 기쁨은 극대화한다. 여호수아는 약속의 땅, 가나안 가는 길에서 여호와의 군대장관으로부터 든든한 약속의 땅, 가나안 가는 길의 안내자 선물을 받는다. 물 속 요단강에서 눈을 뜨게 되었다. 물속, 말씀에서 눈을 뜨게 되었다.

---

1) T. Longtoman Ⅲ, *God is a Warrior*(Grand Papids: Zondervan, Publishing House, 1955), 21.

2) 수 6.

3) Esar haddon(680~669): ANET 293.

4) T. S. Mann, *Divin Presence and Guidance in Israelite Traditions* Yhe Typology of Exaltation(Londion: The John's Hopkins University Press, 1977), 27.

5) Sin Rin, The מות of Grandeur, *VT 9*(1959): 324~325, 325.

2). 겸손한 자에게 주시는 선물

~ 약속의 땅 가나안 가는 길 - 수 21: 41~45

마음이 가난한 여호수아는
모세도 못 들어 간 약속의 땅, 가나안으로 가는 길에
먼저 따스한 손길로 엮어진
선물을
여호와의 군대장관에게서 받습니다

여호수아의 눈이
물속에서 눈을 뜹니다
물속의 땅을 밟자마자
두 눈을 전후좌우로 돌려
돌 12로 기념비를 세우고
햇빛이 비취는 가슴으로
파아란 꿈을 엮습니다

- 이영지 「선물」

선물에 햇빛과 바람이 있다. 햇빛이 따뜻하게 약속의 땅, 가나안 가는 길에 비추인다. 가나안을 향하여 가는 나그네들은 웃옷을 벗는다. 햇빛이 온화한 미소로 내린다. 마음이 씻겨 지며 웃옷을 벗는다. 그들에게 햇빛과 바람 선물이 내린다.

여호수아는 모세를 잘 받들었던 그 겸손으로 이쪽에서 저쪽으로 가는 길 요단강 물속에서 돌 열둘을 세워 기념비를 세운다. 약속의 땅으로 들어선다. 하나님의 선물을 받은 여호수아는 12명의 지파에게 골고루 약속의 땅을 주는 사역[1])을 담당한다. 겸손과 미소로 이스라엘 백성들을 가나안으로 인도한 여호수아는 12제사장의 든든한 기둥을 세운다. 그 때마다 하나님은 마음을 강하게 하라는 말씀[1)]을 주신다. 힘을 얻는다.

> 마음을 강하게 하고 물속에 서 봐
> 물속에서 몸을 구부리지 말고 꼿꼿이 서 봐
> 나의 눈을 보아
> 너 만을 향하고 있는 마음을 보아
> 내가 너에게 주는 기적을 보아
> 물길이 멈추어 서서
> 양쪽에 멈추어 서서 그 물 장벽사이로 걸어봐
>
> – 이영지 「물속에 서 봐」

마음을 강하게 하여 걱정을 말라는 하나님의 말씀에 용기를 얻은 여호수아는 사람의 힘으로는 건널 수 없는 요단강을 건넌다.[2)] 바로 물길이 멈추어 서서[3)] 이스

---

1) 여호와께서 그 종 모세에게 명하신 것을 모세는 여호수아에게 명하였고 여호수아는 그대로 행하여 여호와께서 무릇 모세에게 명하신 것을 하나도 행치 아니한 것이 없었더라(수 11:15).

1) 마음을 강하게 하라 담대히 하라 너는 이 백석으로 내가 그 조상에게 맹세하여 주리라 한 땅을 얻게 하리라(수 1:6), 오직 너는 마음을 강하게 하고 극히 담대히 하여 나의 종 모세가 네게 명한 율법을 다 지켜 행하고 좌로나 우로나 치우치지 말라 그리하면 어디로 가든지 형통하리니(수:17), 마음을 강하게 하고 담대히 하라 두려워 말며 놀라지 말라 네가 어디로 가든지 네 하나님 여호와가 너와 함께하느니라 하시니라(수 1:9), 여호수아가 군장들에게 이르되 두려워 말라 놀라지 말고 마음을 강하게 하고 담대히하라 너희가 더불어 싸우는 모든 대적에게 여호와께서 이와 같이 하시리라 하고(수 10:25).

2) 백성의 지파에 12 사람을 택하고(수 4:1), 물 가운데 발이 굳게 선 그 곳에서 돌 12을 택하고 오늘밤 유숙할 그곳에 두라(수 4:2), 요단 가운데 곧 언약궤를 맨 제사장들의 발이 선 곳에 돌 열둘을 세웠더니(수 4:9), 마른땅을 밟고 이 요단을 건널쎄(수 4:22), 여호와의 군대장관이 나타나 네 발에서 신을 벗으라 네가 선 곳은 거룩하니라 여호수아가 그대로 행하니라(수 5:15).

3) 요단 물을 밟고 멈추면 요단 물 곧 위에서부터 흘러내리던 물이 끊어

라엘 백성이 지나가기를 기다린다.

백성이 여리고 앞에서 건너는 중이에요

흘러내리던 물이 끊어지고 쌓여
궤를 멘 제사장들의 발이 물가에 잠기자 물이 그쳐
아주 멀리까지 똑 같이 쌓이어
온전히 놓여
발이 땅에 닿으며
강을 건너요

- 이영지 「물이 사람이 지나가도록 비켜서요」

여호수아 무리들은 제일 먼저 여리고 성 안으로 들어가기 위해 여리고성을 매일 아무 말도 말고 한 바퀴씩 돈다. 7일째에 소리 높여 외치며 일곱 바퀴[1])를 돈다.

돌아라
아무 말 말고
하루에 한 번씩 돌아라
하루에 한 번씩 돌아라
이레째 날에는 일곱 바퀴를 돌아라
큰 소리를 치며 돌아라

- 이영지 「일곱째 날에는 일곱 바퀴 돌아라」

견고한 여리고성이 무너진다. 여호수아 무리들은 여

지고 쌓여 서리라(수 3:13). 요단에 이르며 궤를 멘 제사장들의 발이 물가에 잠기자 물이 그쳐서 심히 멀리 사르단에 가까운 아담 읍 변방에 일어나 쌓이고 아라바의 바다 염해로 향하여 흘러가는 물은 온전히 놓여 지매 백성이 여리고 앞으로 바로 건널새(수 316).

1) 성 주위를 매일 한 번씩 돌되 엿새 동안을 그리하라(수 6:3), 언약궤를 메고 일곱 제사장은 일곱 양각나팔을 잡고 여호와의 궤 앞에서 행하라(수 6:6), 아침에 일찍이 일어나서(수 6:12), 제7일 새벽에 그들이 일찍이 일어나서 여전한 방식으로 성을 일곱 번 도니(수 6:15).

리고성으로 들어간다. 다시 아이성을 차지하려고 자신만만하게 도전했지만 무리들 중 하나님의 물건을 함부로 손댐으로써 패한다. 그럼에도 하나님 도우심[1]으로 아이성을 차지한다.

여호수아는 아모리 사람들과의 싸움 앞에서 "태양아 기브온 위에 머무르라 달아 너도 아얄론 골짜기에 그리할찌라" 함에 그대로 된다.[2]

> 나는 너 태양에게 명령하노라
> 태양아 너는 기브온 위에 머무르라
> 나는 너 달에게 명령하노라
> 달아 너도 아얄론 골짜기에 그리할지이다
>
> \- 이영지 「뭘 믿고」

여호수아 사역은 하나님만 바라기다. 땅 분배에서 하나님 일하는 레위인은 땅을 차지하지 않았다.[3]

> 모두 다 골 고루 나누어 주시면서

---

1) 아이성에 대해서는 여호수아는 그 밤에 백성 가운데서 잤더라(수 8:9), 여호수아가 화목제를 그 위에 드렸으며(수 8:30), 여호와께서 여호수아에게 이르시되 그들을 두려워말라 내가 그들을 네 손에 붙였으니 그들의 한 사람도 너를 당할 지 없으리라(수 10:8).

2) 여호와께서 아모리 사람을 이스라엘 자손에게 붙이시던 날에 여호수아가 여호와께 고하되 이스라엘 목전에서 사로되 태양아 너는 기브온 위에 머무르라 달아 너도 아얄론 골짜기에 그리할찌어다 하매(수 10:12).

3) 오직 레위 지파에게는 여호수아가 기업으로 준 것이 없었으니 이는 이스라엘 하나님 여호와께 드리는 화목제물이 그 기업이 됨이 그에게 이르신 말씀과 같음이었더라(수 13:14), 오직 레위 지파에게는 모세가 기업으로 주지 아니하였으니 이는 그들에게 말씀하심같이 이스라엘 하나님 여호와께서 그 기업이 되심이라(수 13:33), 레위 자손에게는 그들 가운데서 기업을 주지 아니하였으니(수 14:3), 레위 사람에게 아무 분깃도 주지 아니하고 오직 거할 성읍들과 가축과 재물을 둘 들만 줄 뿐으로(수 14:4).

저에겐 아무것도 주시지 않네요오
아무런 분깃하나 주시지를 않네요

오로지 머무를 수 있도록 성읍들과
가축과 사람들만 주시는 거네요오
넓은 들 화목제물만 주시네요 그래요
- 이영지 「땅을 주지 않아요」

레위인 에게는 땅이 분배되지 않는 대신 각 지파, 곧 사람들이 가지고 있는 기업 중에서 얼마를 내어 그것으로 살아가게 한다. 그 결과 48성읍이나 되었고 거기 따른 사람도 받아[1] 얻는 이 축복은 하나님 일을 하는 성직자가 받는 축복이다. 땅은 없지만 다만 각 지파에서 성미나 헌금으로 그리고 사택, 곧 성읍으로 살아간다. 히브리어 글자그대로 백성과 하나님 사이를 연결하는 성직자의 삶이다.

저는 백성과 하나님 사이를 연결하는 레위인입니다
저는 이 쪽 강에서 저 쪽 강을 연결하는 물입니다
- 이영지 「물입니다」

하나님의 일을 하는 성직자는 자기 것을 가지지 않아도 48성읍을 얻고도 성읍에 딸린 들을 얻어 넉넉하게 살아간다.[2] 들을 성경은 히브리어 우미크라쉐하 스

1) 레위 사람이 이스라엘 자손의 기업 중에서 얻은 성읍이 모두 사십팔 성읍이요 또 그들이라(수 21:41).

2) 이 각 성읍의 사면에 들이 있었고 모든 성읍이 다 그러하였더라(수 21:42) תִּהְיֶינָה הֶעָרִים הָאֵלֶּה עִיר עִיר וּמִגְרָשֶׁיהָ סְבִיבֹתֶיהָ כֵּן לְכָל~ הֶעָרִים הָאֵלֶּה(티흐예나 하아림 헤엘라 이르 이르 우미크라쉐하 스비보테하 켄 라칼~헤하림 하엘라,

비모테하[1]라 하며 ה[하][2]와 ה[하][3]를 붙여 숨이 탁 트이는 3회 리듬으로 한다. 보태어[4] 그렇게 하[5]라는 하나님 명령으로 사는 성직자의 삶은 보태어 그렇게 해 살아가는 삶이다. 자기 것을 하나도 안 가질 때 도리어 하나님의 은총이 더 크다.

여호수아는 예수님 마음의 온유와 절제 생활[6]을 하였다.[7] 여호수아으[8] 예수아으[9]의 예수이름 일종의 명칭 그리고 모세[10]의 연단[11] 예수아[12]의 공통점이 예수이름과 연결되는 이름 여호수아이다. 모세는 선입파다 법칙으로 모세아으[13]에서 요쉬아으[14]로 이어진 불 분리

VQIFZP D.NFP D.ADCP NFS NFS C.NMP.FZS NS.FZS AB P.NMSG D.NFP D.ADCP. were cities These every one with their suburbs round about them thus were all cities these, 수 21:42).

1) וּמִגְרָשֶׁיהָ סְבִיבֹתֶיהָ

2) הָ.

3) הָ.

4) בֹתֶיהָ.

5) גְרָשֶׁיהָ.

6) 여호와께서 이스라엘 열조에게 맹세하사 주마 하신 온 땅을 이와 같이 이스라엘에게 다 주셨으므로 그들이 그것을 얻어 거기 거하였으며(수 21:43).

7) 여호와께서 그들의 사방에 안식을 주셨으되 그 열조에게 맹세하신 대로 하셨으므로 그 모든 대적이 그들을 당한 자가 하나도 없었으니 이는 여호와께서 그들의 모든 대적을 그들의 손에 붙이셨음이라(수 21:44), 여호와께서 이스라엘 족속에게 말씀하신 선한 일이 하나도 남음이 없이 다 응하였더라(수 21:45).

8) יְהוֹשֻׁעַ(여호수아으 · NE. Joshua, 구원~Ἰησοῦς,수 1:1; 출 24: 13, 15, 32: 17.

9) לִישֻׁעָה(리수아 · 구원이 되리라, P.NFS,욥 13 16.

10) מֹשֶׁה(모쉐 · NE).

11) שׁ(쉰 · 연단).

12) יְשׁוּעָה(예수아 · 구원, 시 119:155).

13) מוֹשִׁיעַ(모쉬아으).

14) וֹשֵׁעַ(오쉬야아으).

접두사 모[1]가 지닌 하나님으로부터 오는 말씀[2]이 되는 모시어 사는 삶을 산다. 예수아의 기본형 야솨[3] 조차 구원하다 뜻이고 동사 모솨[4] 또한 야솨[5]에서 찾아진다. 지배하다 곧 마숼[6]도 만져지는 의미를 지닌다. 베야메싀[7], 손으로 만져보다의 마솨싀[8]에서 찾아지는 모세 야 말로 메시야 흔적이다. 사역자이다.

모세의 시종 여호수아는 하나님 종이다. 모세와 여호수아 그리고 예수님으로 이어진다. "여호수아"란 이름은 하나님의 손[9]이 글자 처음에 오면서 구약의 구원 의미 예수[10]가 된다. '야'나 '여' 모두 접두어로 하나님의 옳은 손과 오른손이다. 예수아[11]나 예수[12] 존재[13]와 구원자[14]와 그리고 구원=예슈아=ישועה=יְשׁוּעָה 애슈아으 하

1) מ(맴 · 물).
2) מוֹשִׁיעַ(모쉬아으).
3) יָשַׁע(야솨).
4) מֹשֶׁה(모솨).
5) יָשָׁה(야솨).
6) מָשַׁל(마숼).
7) וְיָמֵשׁ(베야메싀, 출 10: 21).
8) מָשַׁשׁ(마솨쉬).
9) י(요드).
10) 야솨·구원 어원(기원) : KHCCOT 3467에서 유래TWOT : 929a 명사, 남성형 으로 자유', '해방', '번영': ~ 안전, 구원, 구원하는 의미가 있다. 동사로는 '열려 있다', '넓다', 또는 '의롭다', 즉(함축적으로) '완전하다'; 사역동사 '자유롭게 한다', 또는 '돕다', '구조한다': ~ 전혀, 원수를 갖는, 옹호한다, 해방한다(해방자), 돕다, 보존한다, 구출한다, 안전하다, 구원을 가져오다(구원을 이루는), 구원한다의 뜻이 있다.
11) יְשׁוּעָה(예수아 · 구원, 시 119:155).
12) יֶשַׁע(예솨·구원).
13) יֵשׁ(예쉬·존재, 창 23:8).
14) יֶשַׁע(예솨·구원자).

나님이 그의 백성을 인도하신다이다. 예수=예솨=ישע[예솨]=יֶשַׁע[예솨]1) 예수=예쉬= יש[예쉬]=יֵשׁ[예쉬]2) 구원=예솨=ישע[예솨]=יֵשַׁע[예솨]3) 예수아=ישועה[예수아]=יְשֻׁעָה[예수아]4) 구원=예솨아=ישע[예솨아으]=יָשַׁע[예솨아으]5) 글자의 치아 쉰=ש[쉰]6)은 음식을 잘게 씹어 먹을 수 있도록 하는 사역어이다. 예수님은 그의 십자가를 지시며 그의 백성들이 그의 말씀을 잘 듣도록 잘게 씹어 먹히시었다. 물과 피가 쏟아 지시7)기까지 하셨다.

바로 하나님의 옳은 손8)으로 하신 일이다. 여호수아는 백성에게 이르되 너희는 스스로 성결케 하라 여호와께서 내일 너희 가운데 기사를 행하시리라9) 너는 담대 하라 우리가 우리 백성과 우리 하나님의 성읍들을 위하여 담대히 하자 여호와께서 선히 여기시는 대로 행하시기를10) 원하노라고 말하였다. 선히 여기시는 대로 내게 행하시옵소서11)와 행하시기12)와 우리의 생각 밖에 두려운 일을 행하시는13) 하나님 일14) 행하는15) 일

---

1) יֶשַׁע(예솨 · 구원).
2) יֵשׁ(예쉬 · 구원).
3) יֵשַׁע(예솨 · 구원자).
4) יְשׁוּעָה(예슈아 · 구원, 시 119:155).
5) יָשַׁע(야솨아 · 구원).
6) ש(쉰·연단).
7) הַשְּׁשִׁי(하쒸쒸 · 표백).
8) י(요드).
9) יַעֲשֶׂה(야세 · 행하시리라, 수 3: 5).
10) יַעֲשֶׂה(야세 · 행하시기를, 삼하 10: 12).
11) יַעֲשֶׂה(야세 · 행하시옵소서, 삼하 15: 26) .
12) יַעֲשֶׂה(야세 · 행하시기를, 대상 19: 13).

을 우리는 두려워 말고 가만히 서서 행하시는1)일 하나님 일을 눈으로 바라만 보면 된다.

눈앞에 일어나는 일은 하나님의 아들 예수가 지금도 우리를 위해 일하시는 일이다. 우리의 구원2)을 우리는 볼 수 있다. 하나님의 일 구원=예수다=ישעתי[예수아티]=יְשׁוּעָתִי[예수아티]다.3)

구원=예쉬아다=ישעך[예쉬아다]=יִשְׁעֶךָ[예쉬아다]다.4) 성경은 됐어=תשועה[됐어]=תְּשֻׁעָה[됐어]하신다. 그 분5) 나의 구원=예쉬=ישעי[예쉬]=יִשְׁעִי[예쉬]6)로서 이다. 나의 구원자=예솨=ישע[예솨]=יֶשַׁע[예솨]7)구원=야솨=ישע[야솨]=יֵשַׁע[야솨]8)로서이다. 구원=예슈아=ישעה[예슈아]=יֵשַׁע[예슈아]9)가 계셔서이다. 승리자=예솨아=ישע[예솨아]=יִשְׁעֲ[예솨아]10)와 함께 구원기쁨을 누린 예사=ישע[예솨]=יֶשַׁע[예솨]11)로운 구원=ישע[예사]=יֵשַׁע12)[예사]여서 그 예수=하예수=הישׁ[하예수]=הַיֵּשׁ[하예수]다로 하여 행복하다.

---

13) יַעֲשֶׂה(야세 · 행하시던, 사 64: 3).

14) יַעֲשֶׂה(야세 · 행하시는 것은, 전 3: 14).

15) מַעֲשֵׂה(마아쎄 · 행하시는, 전 7: 13).

1) יַעֲשֶׂה ~ אֲשֶׁר(아쉐르~야아세르 · 너희를 위하여 행하시는, 출 14: 13).

2) יִשְׁעֵנוּ(예쉬엔누·구원)대상 16: 35; 시 65: 5, 68: 20, 79: 9, 85: 4, 95: 1.

3) יְשׁוּעָתִי(예쉬아티·구원 시 28: 8, 88: 1, 89: 26).

4) יִשְׁעֶךָ(예쉬아가·구원. 삼하 22: 36; 시 51: 14, 69: 13).

5) תְּשׁוּעָה(테슈아·구원, 왕하 13: 17).

6) יִשְׁעִי(예쉬이·구원, 삼하 22: 3, 47; 시 18: 2, 18: 46, 25: 5, 27: 9, 합 3: 18).

7) יֶשַׁע(예솨·구원).

8) יֵשַׁע(야솨·구원).

9) יוּשָׁעָה(예슈아·구원, 시 119:155).

10) יִשְׁעֲ(야솨아·구원).

11) יֶשַׁע(예솨·구원).

12) יֵשַׁע(예솨·구원).

3). 물, 말씀을 가지고

(1). 윗물과 아랫물의 수직 우물

전쟁문제는 반드시 신의 허락이 있어야 한다. 이를 어길 때에는 신의용서가 없다. 싸움을 하기 전 하나님의 사람들은 반드시 여호와에게 묻고[1] 그 답으로 "여호와가 ..를 너희 손에 붙이셨다"의 말씀을 듣고야 그 다음 적으로 돌진하였다. 여기에 여호와 전쟁신학[2] 거룩한 전쟁[3]이 있다. 메소포타미아나 수리아~팔레스틴의 문헌에 나타난 신의 현현도 여호와의 전쟁 모티브[4]이다. 전리품을 신에게 바치는 헤렘[5] 형식은 이스라엘과 유사하다.[6]

라헬과 레아의 두 형제 이야기는 하나님의 언약[7]으로 인해 라헬 반열만이 출애굽에 참여했고 12족속으로

---

1) 삿 20: 23, 27; 삼상 7: 9, 14.

2) G. von Rad, *Der heilige Krieg im alten Israel*(Zwingli~verlag, 1951), 43~53.

3) P. D. Miller, *The divine Warrior in the Early Israel*(Cambridge: Harvard University Press, 1973). *God the Warrior*, Interpretation. vol. 19, 39~46.

4) T. S. Mann, *Divin Presence and Guidance in Isaelite* Traditions Yhe Typology of Exaltation(London: The John's Hopkins Univesity Press, 1972), 27ff.

5) חרם.

6) S. Morenz는 이집트의 Rameses Ⅲ가 자신의 모든 권력이 그들의 신 Amun~Re로부터 왔다 했다.

7) R. Smend, 「Yahueh War and Tribal confederation」 *Reflections upon Israel's Eariest History*, tr. by M. G. Rogers(Nashiville: New York, 1970), 110~113.

넓혀진다. 모세와 아말렉 족속과의 전쟁도 그러[1]하며 사울 왕이 온전히 시행하지 아니하여 죄를 범[2]한 일로 죽는 일 또한 그렇다. 하나님이 직접 애급 군대를 홍수[3]로 맞불 놓으신다. 아말렉과의 전투[4]와 그리고 여리고 함락[5]과 기브온 골짜기의 남침 전쟁[6] 및 드보라와 기드온의 전쟁[7]과 다윋과 여호사밧과 히스기야 이들 모두 하나님이 개입하셔서 이겼다. 여호와가 하시는 전쟁[8]은 그의 백성이 언약 어기면 징벌 받게 한다. 하나님에게로 돌아오면 이기게 하신 여호와 전쟁신학[9]이다. 신의 간섭[10]이다. 이스라엘 전쟁은 여호와의 명령[11]이 있어야 이겼다. 그 특징 중 하나는 야간 공격 전술[12]이다. 늘 명령[13]에 따라 싸웠다.[14]

---

1) 출 17: 14; 신 25: 17~19.

2) 삼상 14: 3, 8~9, 15, 18, 20.

3) 출 14.

4) 출 17.

5) 수 6.

6) 수 10.

7) 삿 4: 7.

8) M. C. Lind, *Yahueb is a Warrior*(Pensylvania: Herald Press, 1980), 47~84.

9) F. Stolz, Jahwes und Israels Kriege, ATANT 60(1972): 27.

10) Mesopotamia와 Anatolia 지방, 그리고 Syro~Palestine 및 Egypt 등 고대 근동 여러 족속들에게서 발견되는 비문, 서사시, 연감 및 제의문서들 속에서 이방신들의 전쟁을 연구, 주전 3,000~1,000년 사이의 고대 근동의 거룩한 전쟁의 구조를 יְהוָה의 전쟁과 비교, Lind(1980), Mann(1977) 견해와 같이.

11) A. E. Glock, 13~110.

12) A. E. Glock, 68.

13) Nin~gír~su ur~sag en~líl~ke inim si~sá~ni~ta Umma~da dam~ha~ra e~da~ak. 「Ningirsu the warrior of Enilil, made war against Umma by his righteous command」 (ent. 28 col. 1, 22~7).

다신들 경우에도 각기의 명령을 받는 신의 화육[1]이 있다. 이스라엘과 다신과의 전쟁에서는 늘 여호와의 승리[2]다. 대표적인 전쟁은 가나안의 7대 부족의 진멸작전[3]이 모두 여호와의 명령[4]에서 찾아진다. 그 표현은 우물가 옆 나뭇잎이 흔들리거나 꿈이며 조류나 동물들의 특이한 움직임 등으로 드러냈다. 구약에서는 여호와의 군대 장관이 여호수아 앞에[5] 나타난다. 헷제국에서는 신이 군사들 앞에 나타나 행군한다. 전쟁신학으로 본 메소포타미아와 이집트 그리고 우가릿과 헷제국 모두 전리품을 온전히 신들에게[6] 바친다.

전쟁에서 일어나는 기적은 자연의 천둥 번개 그리고 우박과 물과 불과 지진이 동반[7]된다. 여호수아 후 지도자가 없는 이스라엘 백성들의 가나안 생활은 암흑기[8]였다. 이스라엘 자손들은 가나안과 헷과 아모리와 브리스와 그리고 히위와 여부스와 기르가스 족속과 잡

---

14) and Chemosh said to me:「Go take Nebo from Israel!」 So I went by night and fought against it from break of dawn until noon, taking it and slaying all, seven thousand men, boys, women, girls and maid~servants..ANET, 320.

1) S. M. Kang, op. cit, 90~91.

2) K. A. Kitchen, *Ramesside Inscripition: Histoical and Biographical* Ⅱ~Ⅴ(Oxford, 1968).

3) 수 28: 26, 10: 1, 28, 35, 37, 39~40, 11: 11~12, 21.

4) חרם(하람 · 진멸 신 7: 2, 13: 15, 17, 20: 17).

5) 수 5: 3~5.

6) 수 6: 1~27, 8: 1~29.

7) 왕하 6: 17; 욜 2: 11; 단 10: 21, 12: 1; 출 14: 21; 수 10: 1; 삿 5: 19~21; 사 24: 1~13; 미 1: 3~4; 나 1: 2~6.

8) 삿 1장과 2장.

혼하며 바알들과 아세라들을 섬겼다. 이로 멸망으로 치닫는 결과를 초래하였다. 여호와의 노여움은 그들이 구산 리사다임을 8년 동안 섬기게 하셨다. 언약의 삶을 살지 못할 때 하나님이 그들과 싸우신[1] 신탁[2]신학을 오히려 이스라엘 백성들을 향하여 진노의 결과로 하고 적국의 지배를 일삼게 하셨다.

전쟁은 항상 신탁에 의해 출정하고[3] 심지어는 다른 신들 연합 공격으로 승리하게[4]하신다. 왕이 없던 사사 때는 비정규직 군사 지도자인 재판관이 임시 지도자가 되어 법궤 중심으로 12지파가 법궤 이동과 재판을 담당했다. 여호와 목전에 악을 행하여[5] 바알을 섬겼던[6] 이스라엘을 하나님은 대노하시었고 이에 이스라엘 백성들은 다시 부르짖으면[7] 하나님은 또 은혜를 베풀어 주셨다.

사사 옷니엘[8]과 에훗[9]과 삼갈[10]과 드보라[11]와 기드온[12] 그리고 돌라[13]와 야일[14]과 입다[15])와 입산[16] 및 엘

1) Ibid, 226~288
2) 윤용진, 『여호와의 전쟁 신학』 (서울: 그리심, 2000), 72.
3) col. II 2~6.
4) Tukulti~Ninurta 서사시: col. VA 33'~40'.
5) 삿 2: 11, 3: 7, 12, 4: 1, 6: 1, 10: 6, 13: 1.
6) 삿 2: 1, 13, 3: 7, 8: 33, 10: 6, 10.
7) 삿 2: 18, 3: 9, 15, 4: 3, 5: 28, 6: 6, 7: 21, 10: 10, 14, 15: 18, 16: 28).
8) 삿 3: 9.
9) 삿 3: 19.
10) 삿 3: 31.
11) 삿 4: 4.

론[1]과 압돈과[2] 삼손[3]의 사사 12명을 시켜 싸우시는 하나님의 전쟁 방법은 물을 통하여서이다. 하나님이 하나님의 백성을 보호하는 여호와 전쟁[4]이다.

사사 12명은 개인적으로 볼 때는 아주 나약한 존재들이었다. 삼손은 사랑하는 여인에게 힘의 출처를 알려주어 눈이 뽑히기 까지 한다. 이러한 하나님이 선택한 사사들 내지는 사람들은 아주 나약하고 보잘 것 없지만 이들을 통하여 하나님이 나타내시었다.

첫 사사 옷니엘의 아내 악사는 갈렙에게 윗샘과 아랫샘을 달라하여 얻는다. 이 우물=굴라우=גלה[굴라우]=גֻּלָּה[굴라우][5]는 수직구조이다. 은혜 갚으려 몸부림치며 하늘로 치솟는 수직성은 하나님의 신탁으로서만 승리한 의미이다. 옷니엘과 왼손잡이 에훗, 삼갈[6] 사사 모두를 하나님은 그의 싸움 승리자로 하였다. 사사기에 "또"가 악의 반복[7]으로 총 44회이다.

---

12) 삿 6: 12.
13) 삿 10: 1.
14) 삿 10: 3.
15) 삿 11: 11.
16) 삿 12: 8.
1) 삿 12: 11.
2) 삿 12: 13.
3) 삿 13: 24.
4) 윤용진, 『여호와의 전쟁 신학』 (서울: 그리심, 2000), 338.
5) גֻּלָּה(굴라우 · 우물).
6) 삿 3장.
7) 삿 1: 5, 10, 18, 2: 1, 3, 14, 3: 6, 12, 4: 1, 20, 5: 6, 6: 1, 10, 13, 26, 35, 39, 7: 4, 5, 18, 22, 25, 8: 9, 24, 26, 33, 35, 9: 2, 10, 12, 37, 10: 9, 12, 11: 17, 33, 37, 13: 10, 17, 17: 5, 19: 13, 20: 45, 21: 8, 17,

하나님께 잘못을 저지르며 우상섬기기에 징계 받는다. 그러나 뉘우치면 용서하시는 하나님 일을 "또"라는 문장상의 특징으로 한다.

우리나라 문학 이상 시 시제 2호에 "또"가 거듭된다.

> 나의아버지가나의곁에서조을적에나는나의아버지가되고또나는나의아버지의아버지가되고어쩌자고나는나의아버지가되고나는나의아버지의아버지가되고나의아버지의아버지의아버지노릇을하면서살아야하느냐
>
> ~ 이상의 오감도 「시제 2호」

이 "또" 화법은 하나님이 주시는 생명의 물로 야엘의 젖 부대사건 이후 40년간 이스라엘의 태평함과 구름이 물을 내린 일[1]이다. 모두 하나님의 전쟁에서 물이 필히 사용되는 예이다.

바락이 굳이 싸움에 나갈 때 여자 사사 드보라를 데리고 간 신학적 의미는 바로 드보라가 말씀의 의미를 지니는데[2] 있다. 드보라는 말씀다발을 들고 나갔기에 승리한다. 승리 노래[3]가 있다.

19.

1) 5: 4.

2) ① 바락이 그에게 이르되 당신이 나와 함께 가면 내가 가려니와 당신이 나와 함께 가지 아니하면 나는 가지 않겠노라(삿 4: 8)

② 가로되 내가 반드시 너와 함께 가리라 그러나 네가 이제 가는 일로는 영광을 얻지 못하리니 이는 여호와께서 시스라를 여인의 손에 파실 것임이니라 하고 드보라가 일어나 바락과 함께 게데스로 가니라(삿 4: 9).

3) 삿 4장과 5장.

(2). 드보라와 바락과

하나님 말씀이 되는 물의 흔적을 통해 자신의 이름이 기도 한 말씀=다발=דבר[다발]=דָּבָר[다발][1]을 듣 드보라=דבר=דְּבֹרָה[드보라][2]는 말씀=다발=דבר[다바르]=דָּבָר[다바르][3]로 전쟁에서 이긴다.

당시는 건기여서 물이 없는 기손강 주변으로 몰려온 철거병이 모인 곳도 드볼산 바로 말씀의 산이다. 말씀의 산에 모인 하나님의 백성들 말씀 다발을 들고 바락과 같이 이스라엘 군대가 되어 이겼다. 말씀의미를 동반한 드보라 사사에게 붙어 다니는 이 쇼패트라는 경호원 내지 안내자나 직업 재판관[4]은 외세 침략 방어막 의미이다. 가족 중심에서 씨족 중심으로 바뀌는 이때에 드보라 곧 말씀다발은 범죄 해결까지 맡은 사사[5]이다. 주민들이 사사 드보라에게 그들의 문제를 내밀어[6] 해결 받고[7] 보호받았다. 드보라는 말씀을 들고서 싸움에 선다. 그를 삶에서 하나님이 이기게 하셨다. 다윗 시대와 솔로몬 시대에는 장관 의미로까지 발전한 공의의 치리자[8]이다.

---

1) דָּבָר(다바르 · 말씀).
2) דְּבֹרָה(드보라 · 말씀).
3) דָּבָר(다바르 · 말씀, 창 8: 15 등).
4) 7 B. C.
5) שֹׁפְטָה(쇼페타, 삿 4: 4).
6) לַמִשְׁפָּת(람미스파트, 삿 4: 5).
7) 신 16: 18.
8) 미 3: 1.

드보라 노래는 모세의 바다의 노래와 동일한 형식이다.

* 노래의 동일한 형식

A: 여호와께 대한 찬송 (출 2: 8)~
"여호와를 찬송하라"
a 1~ 백성들의 자발적인 참여
노래할 것이요
찬송할 것이요
a 2~ 이스라엘을 위하여 여호와께서 강림하여 전쟁하심
B: 거룩한 전쟁에 참여한 자의 복과 참여하지 않는 자의 저주 (14~23)
b 1~11개 지파의 참전(14~18)
b 2~ 전쟁의 실제장면 · 열 왕들을 치심(19) · 별들의 전쟁 · 기손강에서 익사(21)
C.: 여호와의 대적은 모두 망함(24~31)
c 1~여호와의 공적과 복(24~30)
c 2~ 여호와의 대적은 모두 망하고 주를 사랑하는 자 해 돋음 같다 (31).[1]

드보라의 노래는 반복리듬을 탄다. 모세의 바다의 노래와는 상황의 차이일 뿐 동일하다. 드보라의 헌신[2] 헌시는 신탁에 대한 찬양[3]으로 하나님의 말씀을 잘 전하는 역할을 잘 드러낸[4] 시다.

하나님의 전쟁은 무깃도 시냇물 가에서도 일어난다. 하나님이 시스라와 싸우심[5]을 헌시하는 드보라 노래는

1) 윤용진, 『여호와의 전쟁 신학』 (서울: 그리심, 1998), 118.
2) 삿 2: 9.
3) Ibid. 118~119
4) J. S. Ackerman, 「Propheey and Warfare in Early Israel: A Study of the Deborah~Barak Story」 *American Schooks of Orient Research* 220(1975), 5~13.

여호와의 전쟁 승리를 쓴 모세의 바다의 노래와 쌍벽을 이룬다. 승전가[1]는 여호와를 찬송하라[2]로 시작되며 바다의 노래[3]와 동일하게 여호와가 이스라엘을 위해 싸우심을 제시한다.

A: "여호와를 찬송하라"
a 1~ 백성들의 헌신 · 여호와께서 전쟁하러 나오심
B: "여호와를 찬송하라"
b 백성들의 헌신 · 자발적 참여 · 여호와께서 전쟁하러 나오심[4]
"여호와를 찬송하라"로 시작되는 이유는 여호와의 승리 때문이다.
4만 명이 죽었으며 그로 하여 이스라엘 백성들은 40년간 태평.

드보라는 하나님이 간섭하시는 말씀 한 다발로 전쟁을 했다. 말씀다발을 들고 삶의 전쟁터에서 이길 수 있었다. 기도해서 얻어지는 지혜로 사는 삶이다.

백성의 삶이 있다. 백성에게 준 유월절^한날 · 한분 · 예수^ ---> 무교절^둘째날 · 십자가사건^ ---> 초실절^셋째날 · 부활^ ---> 오순절^넷째날 · 성령^ ---> 나팔절^다섯째날 · 재림^ ---> 속죄절^여섯째날 · 구속^ ---> 장막절^일곱째날 · 영원^이다. 복음의 물이 말씀 물을 위한 하나님의 일이다.

5) 삿 4: 8.
1) 삿 5: 1, 5: 2~31.
2) 삿 2: 9.
3) 출 15: 1~3.
4) 윤용진, 『여호와의 전쟁 신학』 (서울: 그리심, 2000), 119.

(3). 우유

시스라와 관련한 야엘의 싸움 또한 젖 부대를 통한 싸움이다. 야엘의 젖 부대는 전쟁 방법의 하나이다. 르우벤 시냇가에 거하기부터 전개되는 야엘의 큰 결심은 젖 부대[1]를 열어 시스라에게 먹이는 일[2]이다.

시스라가 야엘의 집에 들어가 내게 물을 조금 마시우라 내가 목이 마르도다 하매 야엘이 젖 부대를 열어 마시우게 하고 그를 덮어 죽인다.

주를 대적하는 자는 망하게[3] 된다는 드보라 노래는 시스라가 물을 구하매 엉긴 젖을 귀한 그릇에 담아 주었[4]으므로 다른 여인보다 받는 복이 컸다고 기록한다.

---

1) 삿 4: 19.

2) ① 시스라가 도보로 도망하여 겐 사람 헤벨의 아내 야엘의 장막에 이르 렀으니 하왕 야빈은 겐 사람 헤벨의 집과 화평이 있음이라(삿 4: 17)

② 야엘이 나가 시스라를 영접하며 그에게 말하되 나의 주여 들어오소서 내게로 들어오시고 두려워하지 마소서 하매 그 장막에 들어가니 야엘이 이불로 덮으니라(삿 4: 18)

③ 그가 곤비하여 깊이 잠든지라 헤벨의 아내 야엘이 장막 말뚝을 취하고 손에 방망이를 들고 그에게로 가만히 가서 말뚝을 그 살쩍에 박으매 말뚝이 꿰뚫고 땅에 박히니 시스라가 기절하여 죽으니라(삿 4: 21)

④ 바락이 시스라를 따를 때에 야엘이 나가서 그를 맞아 가로되 오라 내가 너의 찾는 사람을 네게 보이리라 바락이 그에게 들어가 보니 시스라가 죽어 누웠고 말뚝은 그 살쩍에 박혔더라(삿 4: 22)

⑤ 아낫의 아들 삼갈의 날에 또는 야엘의 날에는 대로가 비었고 행인들은 소로로 다녔도다(삿 5: 6)

⑥ 겐 사람 헤벨의 아내 야엘은 다른 여인보다 복을 받을 것이니 장막에 거한 여인보다 더욱 복을 받을 것이로다(삿 5: 24).

3) 삿 4: 18.

4) 삿 5: 25.

(4). 기드온의 이슬 젖기

기드온의 소명 얻는 방법은 이슬 젖기[1]이다. 기드온은 젖는 물 이미지를 통해 하나님에게 소명[2]을 얻고 승리[3]한다. 그러나 사사답지 못한 기드온의 노년[4]은 아들 아비멜렉의 불효[5]와 자신의 호화 생활로 하나님께 불순종하고 망한다. 사람의 일생은 사사기의 기드온처럼 되는 경우가 허다하다. 처음엔 언약을 이행하고 참다운 주의 종 노릇을 하지만 얼마 가지 않아 권력에 눈이 어두워 겉으로는 깨끗한 생활처럼 보이지만 안은 부패와 부정으로 얼룩진다. 이를 막을 수 있는 방법은 늘 말씀을 곁에 두고 상고하며 나를 깨우는 일에서만 하나님의 도우심을 받는다. 이스라엘 백성에게 준 유월절^한날 · 한분 · 예수^ ---> 무교절^둘째날 · 십자가사건^ ---> 초실절^셋째날 · 부활^ ---> 오순절^넷째날 · 성령^ ---> 나팔절^다섯째날 · 재림^ ---> 속죄절^여섯째날 · 구속^ ---> 장막절^일곱째날 · 영원^ 복음이다.

---

1) ① 보소서 내가 양털 한 뭉치를 타작마당에 두리니 이슬이 양털에만 있고 사면 땅은 마르면 주께서 이미 말씀하심 같이 내 손으로 이스 라엘을 구원하실 줄 내가 알겠나이다 하였더니(삿 6: 37)

② 그대로 되지라 이튿날 기드온이 일찍이 일어나서 양털을 취하여 이슬을 짜니 물이 그릇에 가득하더라(삿 6: 38)

③ 기드온이 또 하나님께 여짜오되 주여 내게 진노하지 마옵소서 내가 이번만 말하리이다 구하옵나니 나로 다시 한 번 양털로 시험하게 하소서 양털만 마르고 사면 땅에는 다 이슬이 있게 하옵소서 하였더니(삿 6: 39)

④ 이 밤에 하나님이 그대로 행하시니 곧 양털만 마르고 사면 땅에는 다 이슬이 있었더라(삿 6: 40).

2) 삿 6장.

3) 삿 7장.

4) 삿 8장.

5) 삿 9장.

(5). 삼손

하나님은 돌라와 야일에게 이스라엘을 구하라[1] 명령! 입다의 승리[2]와 입산과 엘론과 압돈[3]을 거쳐 삼손의 탄생[4] 또한 철저히 우물과 관련된다. 삼손은 결혼[5]과 전쟁에 승리[6]하지만 드릴라 우물[7]에 빠진다. 비 연대기적 아브라임 산지에서 미가의 우상 섬기기[8]와 단 지파의 이동 또한 고립과 편견에서 하나님을 멀리한 역사![9] 레위인 애첩인 엽기적인[10]이야기와 미스바에서 베냐민과의 전쟁,[11] 실로에서 처녀납치사건[12]까지 일어난다. 에훗은 80년 동안 이스라엘을 평안하게[13] 한다. 기드온 역시 요단강 서편 사사[14] 양털을 취하고 이슬을 짜니 물이 그릇에 가득하여 진다. 승리한다.

1) 삿 10장.
2) 삿 11장.
3) 삿 12장.
4) 삿 13장,
5) 삿 14장.
6) 삿 15장.
7) 삿 16장.
8) 삿 17장.
9) 삿 18장.
10) 삿 19장.
11) 삿 20장.
12) 삿 21장: 윤대영, "사사기" 『여호와 전쟁 신학』 (서울: 바이블 동 · 서 · 남 · 북 연구원, 2006), 60.
13) 삿 3: 12~30.
14) 삿 4: 9~11.

4). 드보라의 신앙 시

사사기는 성경리듬으로 사사 12명 · 12번의 외적 침입 · 여호와의 12번 용서리듬으로 되어 있다. 특히 드보라의 신앙 시는 사사기 5장에서 2회 리듬으로 성경리듬을 반복한다. 특히 대한민국 백성인 우리들은 유독 우리라는 말을 아주 좋아 해 자기 마누라를 우리마누라라 한다. 이 우리라는 말이 드보라 시에 "ורי עורי עורי עורי דבר…ע우리 우리 … 우리 우리"1)에 있다. 경이롭다. 드보라 이름은 우리가 늘 잘 쓰는 한 다발의 다발이다. 히브리어 다바르 곧 말씀 뜻이다. 왜 우리라는 말을 오늘 이 글에서 서두에 놓느냐 하면 드보라야 말로 우리 우리… 시로 하나님께 드렸기 때문이다. 사사 드보라는 바락과 더불어 전쟁에 나가 승리한다. 말씀을 들고 나가 복을 받는다. 드보라와 바락의 관계는 계급계열의 상하구조 두 사람 곧 2인이 우리함께 한다.

우리말의 벼락부자라는 말이 있다. 이 복이 히브리어 바락이다. 바라=ברע바라=בָּרָע바라2) 바라고 바란 축복을 얻는다. 찬송과 복이란 뜻이다. 멜기세댁은 아브라함에게 축복하였다. 이 때에도 이 바라고이다.

---

1) 히브리어의 עוּרִי..עוּרִי..עוּרִי..עוּרִי(우리 우리..우리 우리 · 깰찌어다 깰찌어다..깰찌어다 깰찌어다, 삿 5: 12)의 우리 3회와 거룩의 3회(대상 23:13).

2) בָּרָע(바라그 · 축복, 창 14: 14); .וַיְבָרְכֵיהוּ(봐이바르게후·그가 축복하여, καὶ ηὐλογησεν, 창 14:19), וּבָרוּךְ(우바루흐 · 찬송할지어다, καὶ εὐλογητοσ, 창 14:20).

사사기 5장은 2회 리듬을 상하구조로 배치한다. 20년간 야빈의 학정 속에서 시달림을 받던 이스라엘 민족은 하나님의 뜻을 받은 여선지자 드보라와 바락에 의해 하나님이 주시는 힘을 합하여 전쟁에 나간다. 드보라가 바락을 지휘하는 수직리듬이다. 드보라는 사사기 5장 전체를 절절 마다 꼭 2회 내지 3~4회 상하 수직구조리듬으로 한다.

사사기 5장에서의 2회 리듬은 다음과 같다.

* 사사기 5:1~31까지의 리듬

삿:5	원문	발음	의미	글자의미	회수	순
3절	ליהוה	라여호와	그를 위하여	숨쉬려고	2	1
3절	אנכי	아노히	나	배움 영원히	2	2
4절	נטפו	나트푸	dropped	지혜입술	2	3
5절	מפני	미프네	앞에서	입술의 은혜	2	54
5절	יהוה	여호와	하나님	숨쉬게 하시는 분	2	6
6절	ארחות	아라호트	대로	머리가 인식하는	2	7
7절	בישראל	이스라엘	이스라엘 안	속죄하심	2	8
10	על~	~알	~에	~번제	2	9
11	צדקת	지드코트	의	향기로움	2	10
12	עורי	우리	일어나라	하나님의 눈 안에	2	11
13	ירד~	~예라드	강림	하나님 가슴이 옴	2	12
19	מלכים	믈라킴	열왕들	가나안 왕들	2	13
19	נלחמו	니르하무	싸움	전쟁(가나안)	2	14
20	נלחמו	니르하무	싸움	전쟁(이스라엘)	2	15
21	נחל)	나할	강	유업	2	16
21	קישון	기손	강	옛강	2	17
22	דהרות	다하로트	달리다	가슴을 내밀었다	2	18
23	לעזרת	라즈라트	돕다	와주었다(안도움)	2	19
23	יהוה	여호와	여호와	하나님(안도움)	2	20
24	תברך	트보라크	복을 받다	하나님 일 하다	2	21
24	מנשים	미나쉼	다른여인들	여자	2	22
27	כרע	카라	구부러지다	굽다	3	23
27	נפל	나팔	엎어지다	떨어지다	3	24
28	בעד	브아드	으로, 에서	보이는	2	25
28	מדוע	마두아	어찌하여 왜	가슴에 들어오는	2	26

30	שָׁלָל	솰랄	노략물	부서지고,부서지는	4	27
30	צְבָעִים	즈바임	채색옷	눈으로 드는 향기	3	28
30	לִקְמָה	리크마	처녀	갖고싶은	2	29

사사기 5장은 7부로 되어 있다. 1부는 2~5절로 먼저 여호와와 이스라엘, 그리고 드보라와 바락의 수직성을 제시한다. 먼저 하나님을 위하여 그 내용을 5장 3절에서 제시한다. 하늘과 하늘에서 내리는 물=마임=מים마임=מַיִם마임1)에 하늘=솨마임=שמים솨마임=שָׁמַיִם솨마임2) 순서 곧 하늘에서 땅으로 이동한다. 5장 3절 "나 곧 내가 여호와를 노래할 것이요 이스라엘의 하나님 여호와를 찬송하리로다3)"로 여호와를 위하여를 2회 반복하여 물이 떨어짐 구조를 하늘=솨마임=שמים솨마임=שָׁמַיִם솨마임4)과 물=마임=מים마임=מַיִם마임5)에 하늘=솨마임=שמים솨마임=שָׁמַיִם솨마임6) 시어리듬으로 한다. 말씀이 내려오는 수직성 2회이다. 물고기와 지혜와 입술이 함께 어울리는 글자로 한다. 입술로 말씀전하는 지혜는 복 받는 근원이다. 지혜의 입술 곧 찬양7)이다. 다시 여호와 이름을 두 번

---

1) מַיִם(마임 · 물).
2) מַיִם(마임 · 물).
3) אָנֹכִי לַיהוָה אָנֹכִי אָשִׁירָה אֲזַמֵּר לַיהוָה 아노히 라여호와 아노히 아시라 아자메르 하여호와 · 니 곧 내가 여호와를 노래할 것이요 이스라엘의 하나님 여호와를 찬송하리로다, NPCXS P.NE NPCXS VQICXS VPICXS P.NE, I unto the the LORD even I sing I will sing praise to the LORD, 삿 5:3.
4) מַיִם(마임 · 물).
5) מַיִם(마임 · 물).
6) מַיִם(마임 · 물).
7) מָיִם נָטְפוּ עָבִים~גַּם נָטְפוּ שָׁמַיִם ~גַּם(감~솨마임 나트푸 감~아빔 나트푸 마임 · 하늘도 세어서 구름이 물을 내렸나이다, AB~ NMD VQACZP

반복하여 숨 쉼[1])을 절대자가 허락하셨음에 산도 그대로 받아 진동하는 의인법 수직공간리듬이다. 목숨은 하늘에서 내려오는 축복으로 유지한다.

2부 6~8절에서의 수직구조는 이스라엘을 위협하는 가나안 야반의 학정 때문에 대로가 비었음을 알았다[2])의 대로와 소로의 수직리듬이다. 대로는 비었고 소로는 이스라엘 백성이 다닌다는 권력상하구조다. 이에 하나님은 드보라로 나 드보라가 이스라엘 안에라는 두 번의 리듬[3])으로 이스라엘을 다스려가는 중첩 상하구조리듬으로 한다. 번제 문제를 번제 알[4]) 2회로 한다.

3부 9절에서 11절은 알의 번제암시를 드보라로 한다. 믿음[5])발음으로 말씀을 가슴에 넣은 자로 한다. 가슴이 들어간 머리로 형상화하면서 머리와 가슴의 상하의 수직구조리듬이다. 알을 가진 자 곧 번제 드려지는 삶이

AB~NMP VQACZP NMD, and~the heavens dropped also the clouds dropped water, 삿 5:4.

1) מִפְּנֵי יְהוָה זֶה סִינַי מִפְּנֵי יְהוָה(미프네 여호와 제 시나이 미프네 여호와 · 하늘도 세어서 산들이 여호와 앞에서 진동하니 저 시내 산도 이스라엘 하나님 여호와 앞에서 진동하였도다, P.NMPG NE 몌은 NE P.NMPG NE, from before thr LORD even tht Sinai from before the LORD, 삿 5:5.

2) אֳרָחוֹת וְהֹלְכֵי נְתִיבוֹת יֵלְכוּ אֳרָחוֹת(아라호트 브호레헤 느티보트 이르후 아라호트 · 야엘의 날에는 대로가 비었고 행인들은 소로로 다녔도다, the highways and the travellers walked through byways, 삿 5:6.

3) בְּיִשְׂרָאֵל חָדְלוּ עַד דְּבוֹרָה שַׁקַּמְתִּי אֵם בְּיִשְׂרָאֵל(브이스라엘 하데루 아드 드보라 쇄카므티 엠 브이스라엘 · 나 드보라가 일어났고 내가 일어나서 이스라엘의 어미가 되었도다, P.NE VQACZP P that I –arose Deborah that I arose a mother in Israel, 삿 5:7.

4)עַל~מִדִּין וְהֹלְכֵי עַל~דֶּרֶךְ(알~미디인 브홀르케 알~데레흐 · 흰 나귀를 탄 자들, 귀한 화문석에 앉은 자들, 길에 행하는 자들아 선파할찌어다, 삿 5:10.

5) מִדִּין.

다. 명령을 받는 상하 2회 리듬[1] 하나님의 의로운 일을 창출하라 전하라 노래하라이다. 명령자와 이 명령을 전하는 자의 상하리듬 짓드고[2] 발음이다.

드보라는 홀로 싸움터에 나가지 않고 바락과 우리[3]가 되어 말씀과 복을 들고 함께 나갔다. 말씀그대로 승리하며 복을 받는 수직관계이다. 한국 사람들이 즐겨하는 우리라는 말에 있다. 우리 우리 드보라 우리 우리[4] 깰지어다 깰지어다 드보라 깰지어다 깰지어다이며 일어서라!한다. 타임머신을 타고 우리들에게 우리말씀다발로 우리 모두 평안을 누리며 잘 산다.

4부는 13~18까지다. 12지파의 전쟁참여 지파 비교이다. 이때 2회 리듬이 발견되지 않는다. 다만 스블론지파와 납달리 지파의 적극적인 도움을 강조하여 2회의 성경리듬 암시이다. 5부는 19~22절까지다. 별들의 말발굽소리를 시적으로 은유한다. 가나안 열왕이 나와서도

---

1) צדקת יהוה צדקת(지드코트 여호와 지드코트 · 여호와의 의로운 일을 의로우신 일을 창술하라, NFPG NE NFPG, the righteous acts of the LORD NFPG, 삿 5:11.

2) צדקות יהוה צדקת(짓드곳 여호와 짓드곳 · 의로우신 일을 여호와의 의로우신 일을 창술하라, NFPG NE NFPG, the righteous acts of the LORD even the rightous acts, 삿 5:11).

3) יָרַד שָׂרִיד לְאַדִּירִים עָם יְהוָה יָרַד~לִי(예라드 사리드 르아드림 암 여호와 예라드~리 · 여호와께서 나를 위해 용사를 치시려고, VQIMZS NMS P.AMP NMS NE VPIMZS, he made~have dominion over him that that remaineth the nobles among the people the LORD made~have dominion, 삿 5:13.

4) עוּרִי עוּרִי דְּבוֹרָה עוּרִי עוּרִי(우리 우리 드보라 우리 우리 · 깰지어다 깰지어다 드보라여 깰지어다 깰지어다, VQMFYS VQMFYS NE VQMFYS VQMFYS, Awake awake Deborah awake awake, 삿 5:12).

드보라 사사를 이겨내지 못[1)]한다. 드보라 위에 하나님이 계시는 수직리듬이어서이다. 가나안 병사가 싸웠으나[2)] 지게 된다.

5부는 19~22절이다. 싸움에서 지고이기는 이유를 분명히 밝힌다. 말씀 속에 있지 않음[3)] 전쟁실패다. 승리는 별들도 같이 싸워 주어서[4)]이다. 성경은 무려 니르하무를 네 번! 남편 가진 여인 야엘이 그녀의 장막으로 침입한 시스라에게 젖 부대를 열어 마시우게[5)] 한 일[6)]이다. 옛 강과 지금의 기손강과의 관계를 수직리듬으로 한다. 에덴 강=나할=נחל[나할]=נַחַל[나할][7)]은 지금의 기손강과 상하구조리듬이다. 물이 많은 옛강과 물이 없는 리듬으로 확장되면서 다볼산과 이스르엘 계곡의 빗물들이 한꺼번에 몰린 물로 하여 승리를 돕는다. 옛강 근원 겔47장이나 계22:2은 에덴동산의 강이다.

---

1) 삿 5:19 열왕이 와서 싸울때에 가나안 열왕이 므깃도물가 다아낙에서 싸웠으나 돈을 탈취하지 못하였도다.

2) נִלְחֲמוּ אָז נִלְחֲמוּ 호환상 뗌 (니라하무 아쯔 니라하무 · 싸울때에 싸웠으나, VNACZP AB VNACZP and fought then then fought, 삿 5:19).

3) מְלָכִים נִלְחָמוּ אָז נִלְחֲמוּ מַלְכֵי(믈라킴 니르하무 아즈 니르하무 말르키 · 열왕이 싸울때에 열왕이 싸웠으나, NMP VNACZP AB VNACZP NMPG, The kings and fought then then fought the kings of, 삿 5:19.

4) נִלְחֲמוּ הַכּוֹכָבִים מִמְּסִלּוֹתָם נִלְחֲמוּ(니라하무 하코카빔 밈므시로탐 니라하무 · 별들이 그 다니는 길에서 싸웠도다, D.NMP P.NFP.MZP VNACZP they fought the stars in their courses fought, 삿 5:20.

5) 삿 4: 18.

6) 삿 5: 25

7) נַחַל קִישׁוֹן גְּרָפָם נַחַל קְדוּמִים נַחַל קִישׁוֹן(나할 기손 그라팜 나할 키둠밈 나할 기손 · 기손강은 그 무리를 표류시켰으니 이 기손강은 옛강이라, NMSG NE VQAMZS.MZP NMSG, the river of Kison swept them away that - Kison river, 삿 5:21.

드보라 시는 "일어나라"리듬이다. 이 리듬은 이상시 오감도 시제 4호나 천부경에서 11회를 나타내 일어나라 리듬을 알린다. 드보라의 옛강이 일어나 이스라엘 군대가 아직 도착하기 전에 다볼산 아래 물이 일어나 기손강은 그 무리를 표류시켰으니[1] 전쟁이 이긴다. 일곱 인 재앙과 일곱 나팔 재앙이 내려지기 전에 거문고와 기도의 향이 가득히 담긴 금대접이 일어나[2] 스블론과 납달리 두 지파만이 목숨을 걸고[3] 겨우 도와주는 2회 리듬이 있다. 시스라의 말굽소리가 죽음을 마다[4] 하지 않고 달려오지만 물속으로 빨려가[5] 죽는 자와 산 자의 구별이 하나님으로부터 나온다.

구부러지고 엎드려지는[6] 2회 리듬은 6부에서 시스라의 어미가 보았던 일과 믿었던[7]일이다. 아들이 이스라

---

1) 삿5:21.

2) 계5:8과 8:3~5.

3) 18절,4:10.

4) מִדַּהֲרוֹת דַּהֲרוֹת(미다하로트 다하로트 · 달리고 달리므로 울렸도다, P.NFP NFPG, by the means of the pransings the pransings, 삿 5:22).

5) לְעֶזְרַת יְהוָה לְעֶזְרַת יְהוָה(르에즈라트 여호와 르에즈라트 여호와 · 여호와를 도와 여호와를 돕지, P.NFSG NE P.NFSG NE, they helf of the LORD to the helf of the LORD, 삿 5:23.

6) כָּרַע נָפַל שָׁכָב בֵּין רַגְלֶיהָ כָּרַע נָפָל בַּאֲשֶׁר כָּרַע שָׁם נָפַל(카라 나팔 솨파브 벤 라그레하 카라아 나팔 바아쉐르 카라 쉠 나팔— · 그가 구브러지고 엎드러지고 쓰려졌고 그의 발 앞에 꾸부러져 엎드러져서 그 꾸부러진, VQAMZS VQAMZS VQAMZS P NFP.PZS VQAMZS VQAMZS P.R VQAMZS, he bowed he fell he lay down at her feet he bowed he fell where he bowed, 삿 5:27.

7) 28~31절 הַחַלּוֹן נִשְׁקְפָה וַתְּיַבֵּב אֵם סִיסְרָא בְּעַד הָאֶשְׁנָב מַדּוּעַ בֹּשֵׁשׁ לְכִבוֹ לָבוֹא מַדּוּעַ בְּעַד(브아드 하하론 니쉬크파 바트야베브 엠 시스라 브아드 하에스나브 미두아으 보쉐스 리크보 라보아 마두아으 · 시스라의 어미가 창문으로 바라보며 살창에서 부르짖기를 그의 병거가 어찌하여 더디오는고 그의 병거 바퀴가 어찌하여 더디 오는고 그의 병거 바퀴가 어찌 더디 오는고 구는고 하매, P.P

엘 군대를 죽이고 전리품 들고 왜 빨리 오지 않느냐는 노략으로 부수는=쏼랄랄=שלל[쏼랄랄] 부셔버릴 일을 일삼는다. 처녀 즈바임=צבעים[쏼즈바임] 3회[1] 끼리끼리 한 다발로 하늘의 뜻을 옮긴다. 이러한 하나님 일을 도우는 성경의 예는 기드온과 백성들이 모레 산 앞 골짜기 물가에 내려가서[2] 개가 물을 핥듯이 혀로 물을 핥는 자와 무릎을 꿇고 물을 마신자 중 물을 핥아먹는 자의 구별로 빈 항아리 안에 횃불을 감춰 이간다. 전쟁은 하나님 것이기에 하나님이 보라 하셨다.[3] 하나님의 백성이 보기만 하기를 바라셨다. 하나님이 바라신건 하나님의 백성들이 자기에게로 돌아오는 일이다. 하나님의 일을 우리에게 보라 하시었다. 하나님이 창조했다 보라![4] 하셨다. 이 창조는 완료형이다. 하나님의 역사이다. 백성 눈앞에 시트[5]를 까셨다.

D.NMS VNAFZS CW.VPIFZS NFSG NE P.P, D.NMS ABT VPAMZS NMS.MZS P.VQNG ABT, out at a window looked and cried The mother of Sisera through, the lattice Why is so long his chariot in coming why, 삿 5:28.

1) חֲמָתַיִם לְרֹאשׁ גֶּבֶר שְׁלַל צְבָעִים לְסִיסְרָא שְׁלַל צְבָעִים לְקְמָה צֶבַע לְקְמָתַיִם לְצַוְּארֵי שָׁלָל
שָׁלָל רַחַם ר(쏼랄 라함 라하마타임 르로아쉬 게베르 슬랄 즈바임 르시스라 슬랄 즈바임 리크마 제바아 리크마타임 르자베으레 쏼랄 · 사람마다 한 두 처녀를 얻었으리로다 시스라는 채색옷을 노략하였으리니 그것은 수놓은 채색옷이리로다 곧 양편에 수놓은 채색옷이리니 노략하자의 목에 꾸미리로다 하였으리라, NMS NMS NMD P.NMSG NMS NMSG NMP P.NE NMSG NMP NFS NMSG NFD P.NMPG NMS, the prey a damsel of two to every man a prey of divers colours meet for the necks of them that take the spoil, 삿 5:30.

2) 삿 7: 5.

3) בְּרֵאשִׁית(베레시트 · 창조하셨다).

4) בָּרָא(바라 · VQAMZS).

5) שִׁית(시트).

5. 향기와 전쟁 신학

1). 향기

향기는 하나님의 것이다. 향기하면 메소포타미아의 리무쉬[1]가 엘람[2]으로부터 탈취한 전리품들을 월신[3]에게 바친[4]대에도 향기가 났다고 기록되었다. 이집트에서는 승리의 공로를 세운 후 군대를 통솔하였던 제왕 신과 전쟁을 통한 징벌을 주도한 제국 신에게 승전 후 수행되는 축사에서도 향기가 났다.

그러나 이와는 달리 향기 나는 여리고 성 이야기는 달 Moon에서이다. 여리고 성 그 자체를 하나님이 이스라엘 백성들에게 주신 것이기에 향기가 났다. 여리고는 하나님이 이스라엘 백성들에게 준 이스라엘 백성들의 땅이다. 말씀이 있는 곳이어서 향기가 있다.

향기는 물의 성격을 지닌다. 물로 하여 모든 생물이 자랄 수 있고 먹을 수 있어서이다. 그 안에 여호와가 보내신 사자들이 있고 하나님의 백성들이 있다. 하나님이 계신 곳은 향기가 난다. 여리고 성의 달 향기는 언어 발음 그대로 여리고[5]에서 찾아진다.

---

1) Rimush(2278~2270 B. C).
2) Elam.
3) Sin.
4) UET 1, no. 10) 윤용진, Ibid. 72.

여리고 역사에서 찾아진 기록은 실제 요단 서쪽 8km 사해 북쪽 11.5km에 위치한 향기로운[1] 곳[2]이다. 여리고는 달 이야기가 있다. 하나님 뜻을 그대로 가지고 있는 여리고는 순한 달 야레아흐[3]이다. 바로 예라흐[4]에서 유래하였다. 왜 향기가 나느냐 하면 하나님의 바람[5]으로 하나님의 손이 앞에서 이끄시어서이다. 여리고는 향기 바람[6]과 하나님의 손의 옳으심과 완전을 의미하는 손[7]이 합하여져서 된 합성어 곧 힘을 합한 지혜[8]이다. 여리고 성 곧 달 향기는 여호와께서 좋아하시는 향기[9]로 하나님을 만족시키는 향기[10]이다. 하나님께 제물 바칠 때 나는 향기바람[11]이다. 여호와=יְהוָה[12]의 ה 헤[13]의 숨구멍으로 숨을 쉬어 서눈 의미이다.

향기 바람=루아흐=רוּחַ[루아흐]=רוּחַ[루아흐][14]는 하나님이 하나님의 백성에게 숨 쉬게 하여 주실 때 나는 향기다.

---

5) יְרִיחוֹ(예리호 · 여리고) · 여리고 יְרֵחוֹ(예레호 · 여리고, 왕상 16: 34) · ו יְרִיחֹה(예리호 · 여리고).

1) 수 2: 1; 왕하 2: 4; 왕상 16: 34.

2) Mission Deluxe Bible, strong code 3405 · KHCCOT 3405.

3) יָרֵחַ(야레아흐 · 달, 수 10: 13).

4) יֶרַח(예라흐 · 달).

5) רֵיחַ(레이하 · 바람 · 영 · 신령).

6) רוּחַ(루아흐 · 향기).

7) יְ(요드).

8) 잠 8:22~31; 욥 28:1~11, 1219, 20~28.

9) רֵיחַ(레아흐 · 향기).

10) רֵיחַ(레아흐 · 향기: 창 8: 21; 출 29: 15; 레 1: 9).

11) רוּחַ(루아흐 · 바람).

12) יְהוָה(여호와).

13) ה(헤).

14) רוּחַ(루아흐 · 바람).

바람=루아흐=רוח루아흐=רוּחַ루아흐[1]는 하나님의 신이 수면에 운행하신 곳이다. 하나님이 계심으로서이다.

여호와의 사자가 있는 곳은 레아그룹의 시내 산 언약에서 출발하는 언약전승의 소유자[2]와 그리고 라헬그룹을 여호와 전쟁 전승의 소유자이게 한다. 라헬그룹이 시내 산 언약사건의 시작에서부터 출애굽 사건까지 모세가 여호와의 전쟁을 수행할 때[3] 나는 향기다. 향기[4]는 하나님께 드리는 화제[5]이다. 단 위 내음이 릴레이로 나오느라[6] 향기가 난다. 릴레이로 나오[7]는 향기는 하나님이 즐겨하신 화제[8]이다. 내음이 릴레이로 나와 하나님이 아으 좋다고 말씀으로 죄 사하는 일이다.

부지중 그릇 범죄 하게 되면 온 회중이 수송아지 하나를 여호와께 향기로운 내음=릴레아흐 니호아흐=יחוח נ לריח릴레아흐 니호아흐=נִיחוֹחַ לְרֵיחַ릴레아흐 니호아흐[9] 화제로 드리고 규례대로 그 소제와 전제를 드린다. 이때 수 염소 하나를 속죄제로 드린다. 시내 산에서 정한 넷째 날

1) רוּחַ(루아흐: 창 1: 2, 창 3: 8, 6: 17; 출 10: 13; 삼상 16: 14; 렘 5: 13).

2) 스멘드(R. Smend, 1970).

3) R. Smend, 「Yahueh War and Tribal confederation」 *Reflections upon Israel's Eariest History*, tr. by M. G. Rogers(Nashiville: New York, 1970), 110~113.

4) נִיחוֹחַ לְרֵיחַ(렐레아흐 니호아흐, 출 29: 25).

5) 출 29: 25.

6) נִיחוֹחַ לְרֵיחַ(렐레아흐 니호아흐 · 향기로운 냄새, 레 3: 16).

7) נִיחוֹחַ לְרֵיחַ(렐레아흐 니호아흐 · 향기롭게, 레 4: 31).

8) 출 29: 41.

9) נִיחוֹחַ לְרֵיחַ(렐레아흐 니호아흐 · 향기로운 냄새, 민 15: 24).

여호와께 드리는 향기로움이 릴레이로 나와[1] 화제가 된다. 수송아지 둘과 수양 하나와 일 년 된 수양 일곱으로 여호와께 향기로움이 릴레이로 나와[2]의 번제를 드린다. 수송아지 하나와 수양 하나와 일 년 된 흠 없는 수양 일곱을 여호와께 릴레이로 나오게[3] 번제로 드린다. 월삭의 번제와 그 소제와 넷째 날과 그 소제와 그 전제 외에 그 규례를 따라 릴레이로 나오게[4] 화제로 여호와께 드린다. 물로 내장과 정갱이를 씻고 그 수양의 전부를 단 위에 불사르는 일은 향기로운 냄새가 릴레이로 나와 아흐[5] 기분 좋아진다. 향기로운[6] 화제는 하나님이 즐겨하시는 고운 밀가루와 기름과 꿀을 가진 내음이 릴레이로 나오[7]는 일은 향기다.

향기는 그를 위하여[8] 만들어진다. 하나님과 하나님의 백성사이에서 나오는 향기이다. 이음줄 -로 한 여호와 앞에 향기롭게 뉘여 놓아[9] 드리는 시적 화법 내가 너에게[10] 드리는 화제는 나를 태움으로서 얻어진다. 그래야 삶의 화제를 누가 너에게[11] 드리는 시적 삶이

1) לְרֵיחַ נִיחֹחַ(렐레아흐 니호아흐 · 향기로운, 민 28: 6).
2) לְרֵיחַ נִיחֹחַ(렐레아흐 니호아흐 · 향기로운 냄새, 민 28: 27).
3) לְרֵיחַ נִיחֹחַ(렐레아흐 니호아흐 · 향기로운, 민 29: 2).
4) לְרֵיחַ נִיחֹחַ(렐레아흐 니호아흐 · 향기로운, 민 29: 6).
5) לְרֵיחַ~ נִיחֹחַ(렐레아흐 니호아흐 · 향기로운 냄새, 레 8: 21).
6) לְרֵיחַ~ נִיחֹחַ(렐레아흐 니호아흐 · 향기로운, 민 18: 17) .
7) לְרֵיחַ~ נִיחֹחַ(렐레아흐 니호아흐 · 향기를, 겔 16: 19).
8) .לְ.
9) רֵיחַ~ נִיחֹחַ(레아흐~니호아흐 · 향기롭게, 민 15: 7, 10).
10) רֵיחַ~ נִיחֹחַ(레아흐~니호아흐 · 향기로운, 민 15: 13).

다. 연결 음 ~를 계속하는 시적 화법 누~ 너[1]에게 드리는 온전한 화제는 물로 씻어진 내장과 정강이다. 제사장이 그 전부를 단 위에 불살라 여호와께 드려야 누가 누[2]구에게 온전히 드리는 향기로움이다. 어린 양으로 드리는 소제는 여호와께 누가 누구[3]에게 온전히 드리는 향기로운 내음 화제이다. 내음은 둘레를 만들며 퍼진다. 이 향기로운[4] 내음은 머리를 숨 쉬게 하는 것이 특징이다. 희생의 기름 한 줌의 유향이 퍼지며 향기로운 내음[5]이 퍼져 아론의 자손들이 드리는 화제의 향기로운 내음[6]은 오늘날도 남을 위해 희생하는 기독교인들의 징표이다. 향기로운 내음[7] 하나만을 고집하며 사는 사제적인 삶은 희생의 소제 기름 섞은 고운 가루 에바 십분의 이가 들어 향기로운 내음[8]이 더욱 난다. 그러기에 하나님이 받으신 정한 절기에 소나 양으로 여호와께 향기롭게[9] 드리어 하나님과 이스라엘 백성을 하나로 묶는 향기로운[10] 우리가 된다.

---

11) רֵיחַ~ נִיחֹחַ · 향기롭게, 민 15: 14).
1) רֵיחַ~ נִיחֹחַ(레아흐~니호아흐 · 향기로운, 민 28: 24).
2) רֵיחַ נִיחַ(레아흐 니호아흐 · 향기로운, 레 1: 9, 13, 17, 2: 2).
3) רֵיחַ נִיחֹחַ(레아흐 니호아흐 · 향기로운, 민 28: 8).
4) רֵיחַ נִיחֹחַ(레아흐 니호아흐 · 그 향기로운, 레 2: 2).
5) רֵיחַ נִיחֹחַ(레아흐 니호아흐 · 향기로운 냄새, 레 2: 9).
6) 레 3: 5.
7) רֵיחַ נִיחֹחַ(레아흐 니호아흐 · 향기로운 냄새).
8) רֵיחַ נִיחֹחַ(레아흐 니호아흐, 레 23: 13).
9) רֵיחַ נִיחֹחַ(레아흐 니호아흐 · 향기롭게, 민 15: 3).
10) רֵיחַ נִיחֹחַ(레아흐 니호아흐 · 향기로운 냄새, 민 28: 2).

향기 나는 일은 한 계절만이 아니라 절기 곧 온 일생이 향기 나게 하는 삶이 되게 한다. 그러기에 하나님을 믿는 백성들의 사역[1]이다. 이 일[2]로 평생을 같이 하며[3] 살아간다. 이러한 삶을 살아가면서 즐거워하는 대상이 있다. 나와 우리 자녀와 일하는 일꾼과 모든 이와 더불어[4] 같이 한다.

그러면 자연히 복이 찾아오는 이 법률은 정말로 좋은 무교절[5]이 세 번이나 겹치는 칠칠절[6]과 늘 기다리게 되는 초막절[7]에 빈손으로 하지 않게 하는 일이다. 그럼으로 하여 무교절은 모두 모여 하 맛좋다하며 모이게 되고 칠칠절은 정말로 좋아 그대로 쉬는 날이 되며 초막절에는 서로들 수고했다 하며 격려하게 된다.

---

1) 출 12: 14.

2) "너희는 이 날을 기념하여 여호와의 절기를 삼아 וְחַגֹּתֶם(베하고템 · 절기를 삼아: καὶ ἑοτάσετε · 카이 에오타세테 출 12: 14) 영원한 규례로 삼으라".

3) 매년 삼차 내게 절기를 지킬찌니라תָּחֹג(테호그 · 지킬찌니라, 레 23: 41) ㉠ 매년에 칠일 동안 여호와께 이 절기를 삼아 וְחַגֹּתֶם(베하고템: καὶ ἑοτάσετε · 카이 에오르타세테, 레 23: 41) 너희 대대로 이 칠월에 이를 지킬찌니라 וְחֹגּוּ(베호구 · 지킬찌니라). ㉡ 특히 칠월 십오일에는 너희가 너희 성회로 모일 것이요 아무 노동도 하지 말 것이며 칠일 동안 여호와 앞에 절기를 지킬 것이라 וְחַגֹּתֶם(베하고템: καὶ ἑοτάσετα αὐτηνε · 카이 에오르타세타 아우테네 · 지킬것이라, 민 29: 12). .

4) 절기를 지킬 때에는 בְּחַגֶּךָ(베하게하 · 지킬 때에는, 신 16: 14) 너와 네 자녀와 노비와 네 성중에 거하는 레위인과 객과 고아와 과부가 함께 즐거워하되 네 하나님 여호와께서 택하신 곳에서 너는 칠일 동안 네 하나님 여호와 앞에서 절기를 지키 תָּחֹג(테호그 · 지키라, 신 16: 15).

5) בְּחַג הַמַּצּוֹת(베하그 하마쪼트 · 무교절, 신 16: 16: ἐν τῇ ἑορτῇ τῶν ἀζύμων · 엔 테 에오르테 아쭈문).

6) וּבְחַג הַשָּׁבֻעוֹת(우베하그 하솨부오트 · 칠칠절, 신 16: 16: καὶ ἐν τῇ ἑορτῇ τῶν ἑβδομάδων · 카이 엔 테 에오르테 툰 엡도마둔).

7) וּבְחַג הַסֻּכּוֹת(우베하그 하수코오트 · 초막절, 신 16: 16: καὶ ἐν τῇ ἑορτῇ τῆς σκηνοπηγίας · 카이 엔 테스 스켄스페기아스).

2). 향기와 하나님의 사랑하는 자

하나님과 함께 평생을 희생하며 화제로 드리는 삶을 산 일생은 하나님 기억으로 향기로운[1] 번제다. 향기로운[2] 화제다. 숫 송아지 하나와 수양 하나와 일 년 되고 흠 없는 수양 일곱도 여리고성을 이스라엘 백성들이 여섯 번 돌고 일곱째 되는 날 7번[3] 돌아 7일 동안 여리고성을 13번이나 도는 7[4]일도 향기롭다.

주일제사 향기는 왕이 상에 앉았을 때에 나의 나도 기름이 향기를 내놓아[5] 토하였구나! 무화과나무에는

---

1) רֵיחַ נִיחוֹחַ(레아흐 니호아흐 · 향기로운, 민 29: 8, 13).

2) רֵיחַ נִיחוֹחַ(레아흐 니호아흐 · 향기로운, 민 29: 36).

3) 나로과학위성 첫 교신, 지구궤도 7번째 돌때 단 번에 성공! 발행일 2013.01.31. 박희범기자 hbpark@etnews.com 나로과학위성이 나로호 발사 11시간 27분만인 31일 새벽 3시 27분 12초에 첫 교신에 성공했다. 이후 교신은 3시 43분까지 15분간 이루어졌다. 이때 나로과학위성과 대전 지상국간 최소거리는 2300㎞에서 최대 4300㎞였다. 고각 폭이 20°여서 나로과학위성 신호잡기에 훨씬 유리한 두 번째 교신은 8번째 바퀴를 도는 새벽 5시 10분부터 27분까지 17분간 이루어질 예정이다. 이인 KAIST인공위성연구센터 소장은 “31일 새벽 3차례, 오후 4시께 1차례 등 총 4차례에 걸쳐 교신이 시도될 예정”이라고 말했다. 한편 KAIST인공위성연구센터는 첫 교신에 앞서 나로호에 탑재됐던 나로과학위성으로부터 지난 30일 오후 5시 50분부터 10분간 비콘신호를 성공적으로 수신했다고 공식 발표했다. 비콘신호는 노르웨이 스발바드 지상국이 나로과학위성 비콘신호를 수신했다.

4) 창 7: 4, 10, 8: 10, 12, 29: 27, 28, 31: 23, 50: 10; 출 7: 25, 12: 15, 16, 19, 13: 6, 13: 7, 16: 26, 16: 27, 29, 30, 20: 10, 11, 22: 30, 23: 12, 15, 24: 16, 29: 30, 35, 37, 31: 15, 17, 34: 21, 35: 2; 레 8: 33, 12: 2, 5, 13: 4, 5, 6, 21, 26, 27, 31, 32, 33, 34, 50, 51, 54, 14: 8, 9, 38, 39, 15: 13, 19, 24, 28, 22: 27, 23: 6, 8, 34, 36, 39, 40, 41, 42; 민 6: 9, 7: 48, 12: 14, 15, 19: 11, 12, 19: 14, 16, 19, 28: 17, 24, 25, 29: 12, 31: 19, 24; 신 5: 14, 16: 3, 4, 8, 13, 15; 수 6: 4, 15; 삿 14: 12, 15, 17, 18; 삼상 10: 8, 31: 13; 왕상 8: 65, 16: 15, 20: 29; 왕하 3: 9, 25: 8, 25: 27; 대상 10: 12; 대하 7: 8, 9, 30: 21, 22, 23, 35: 17; 스 6: 22, 8: 18; 에 1: 5, 10; 욥 2: 13, 3: 15; 겔 3: 16, 30: 20; 겔 43: 25, 26, 44: 26, 45: 20, 21, 23, 25; 히 4: 4, 11: 30.

푸른 열매가 익었고 포도나무는 꽃향기 내놓아[1] 향기가 된다. 나의 사랑, 어여쁜 자야 일어나서 함께 가자! 나의 누이 나의 신부야 네 사랑이 어찌 그리 아름다운지 네 기름 향기는[2] 각양 향 품보다 승[3]하다.

하나님의 신부, 하나님이 인도하여 여러 나라 중에서 나오게 하고 여러 이웃 중에서 모아 낼 때에 하나님의 백성은 향기가 난다. 성경의 결혼[4]이야기도 하나님과 그의 백성과의 관계이다. 나의 사랑하는 자가 자기 동산으로 내려간 꽃밭의 향기로워 아주 보쌈[5]한다. 하나님 신부 향기이다. 이러한 티가 나는 하나님 신부되심[6] 향기로움의 극치는 그의 백성들이 향기로움을 아주 보쌈[7]한 일이다. 보쌈[8]은 바로 한국에서 일어났던 보쌈이다. 향기를[9] 내는 일은 하나님의 사랑하는 자에게로 향하는 일이다. 왜냐하면 그 향기의 방향이 하늘로 오르기 때문이다. 말씀을 들으면 나는 향기는 물이 하늘에서 내리며 말씀향기가 하늘에서 내린다.

---

5) רֵיחַ(레아흐 · 향기를, 아 1: 12).

1) רֵיחַ(레아흐 · 향기를, 아 2: 13).

2) וְרֵיחַ(베레아흐 · 향기는, 아 4: 10).

3) .וְ(베 · 그리고).

4) S. D. Goitein, 「The Song of Song: A Female Composition」 in A. Brenner(ed), *A Feminist Companion to Song of Songs,* 58~56.

5) הַבֹּשֶׂם(하보셈 · 향기로운, 아 6: 2).

6) תִּשְׁמַע(티심마 · 향기로움).

7) הַבֹּשֶׂם(하보셈 · 향기로움, 아 6: 2).

8) וּשְׂמִים(베삼밈 · 향기로움, 아 8: 14).

9) בְּשָׂמָיו(베솨마이브 · 향기를, 아 4: 16).

3). 기도와 하늘이슬

하나님이 궁창에서 내리는 물에는 하늘향기가 난다. 향기는 하나님이 하감하심[1]으로서의 하늘이슬이어서이다. 곧 이 향기는 이스라엘 백성들의 기도에서 하늘로 오르고 하늘에서 우리의 기도를 들으시는 주[2]시어서 내리는 것이기 때문이다. “주께서 하늘에서 들으시고” 들으시기 때문에 내리는 물 분자 하늘이슬이다. 새벽에 풀 잎을 보면 촉촉이 젖어있다.

1,000,000,000,000[1조]개의 물 분자가 풀잎의 물방울 하나 속에 존재하는데 그 분자 하나의 크기는 1nm[10억분의 1m]의 정도에 불과하다. 1억분의 1초 사이에 분자구조가 형성된다. 눈물의 기도가 되는 하늘이슬은 물의 깊이를 하늘에 쌓아두는[3] 일이다. 기도 성취는 하늘 열매이며 이 유추는 구약의 하늘 쌍수가 신약에서는 단수로 되어 있는데서 찾을 수 있다. 하늘 우물을 온전히 긷는 일은 구약의 하늘 쌍수가 예수님이 이 땅에 오시어 다

---

1) 기본형 שָׁקַף(솨카프 · 창문에서 몸을 내밀다. 지켜보다, 아래로 내려다 보다): 신 26: 7, 15; 시 33: 14, 85: 11, 102: 19, 138: 6, 행 4: 29.

2) ①

주께서	하늘에서	들으시고(느 9: 7)
תִּשְׁמַע	מִשָּׁמַיִם	וְאַתָּה
VQIMYS	P.NMD	C.NPMYS
칼단능미남2단	전.명남쌍	접.명대남2단

②

주께서	하늘에서	들으시고(느 9: 7)
תִּשְׁמַע	מִשָּׁמַיִם	וְאַתָּה
VQIMYS	P.NMD	C.NPMYS
칼단능미남2단	전.명남쌍	접.명대남2단

3) 골 1: 5.

이루고 하늘에 오르신 데서이다. 그 증거는 신약에서 단수로 되어 있는 것에서 찾아진다. 그러므로 기도는 하나님의 들으심이어서 향기가 난다. 기본어는 우리가 늘 하나님을 주로 삼아=שמע아=שָׁמַע삼아[1] 사는 날에서 찾아진다. 말씀을 듣는 마음은 홍겨워서 홍얼거리는 기쁨으로 듣는 뜻[2]이 있다. 하나님의 백성이 하나님 말씀을 듣는 일은 하나님의 절대적인 강제성[3]인데도 순종하면 듣는 사람이 향기가 난다. 성경은 이를 순종의 향 품이라고 하고 있다. 이 순종은 성경의 사무엘이 바로 주님 삼아=שמע삼아=שָׁמַע삼아[4] 들으심 사무엘[5]이다.

사무엘은 여덟의 의미이고 말씀 들음으로 살찌어 향기가 났다. 하나님의 영에 의해서 기록된 성경의 신비한 역설[6]은 하나님은 우리에게 물을 마시우기 위해 말씀을 강제적으로 듣게 하시려고 그리스도를 초청되시었다. 인간은 하나님의 영역을 알 수 없다. 하나님인

1) שָׁמַע(솨마아 · 들으심).

2) 스트롱 넘버 2412, 2412.

3) 출 19: 9; 신 4: 36; 삿 14: 13; 왕하 7: 6; 대상 17: 25; 아 2: 14; 아 8: 13.

4) שָׁמַע(솨마아 · 들으심, 사전 8085).

5) שְׁמוּאֵל(사무엘).

6) Origen은 First Principles, Preface 8에서 3중적 해석 ① 단순한 사람은 성경의 문자에 의해, ② 다소 진보된 사람은 성경의 혼에 의해, ③ 완전한 사람은 다가 올 좋은 일들의 그림자를 담은 영적인 율법에 의해 교훈 받고 훈육되어진다는 것이다. 인간은 몸과 혼과 영혼으로 이루어 졌다는 것(Origen은 First Principles, 4. 2. 4)이다. 문자의 중요성을 지적하고 그리스도와 하나님의 구원섭리를 강조한다(M. F. Wiles, 「Origen」 468). 조셉 린하드()Joseph Lienhard, Origen, 45)도 이에 동의하고 물과 관련한(민 21: 16~18) 관심을 여호와께서 모세에게 백성을 우물로 모으라 함은 그들로 하여금 물을 마시게 함이라는 것이다.

지혜에게로 가는 길은 아무도 모른다.[1] 다만 하나님이 우리의 기도를 들으시고 그 흔적으로 하나님의 하늘이슬 새벽이슬을 내리신다.

하나님이 이스라엘 백성들의 부르짖는 소리를 들으시고 내리시는 하늘이슬[2]은 하나님이 주시는 선물이다. 그래서 하늘의 이슬[3]을 들면 너의 주소가 하늘이슬[4]에 뜬다. 하늘의 보물인 하늘이슬[5]이 야곱의 샘이 되었다. 복 받는 이 곳은 늘 하늘에 아뢰[6]기 때문이다. 말씀을 삼아 하늘이슬[7] 젖어서이다. 하늘이슬에[8] 젖는 일은 몸이 하늘이슬에[9] 젖는 일이다. 그 이유는 지극

---

1) 민영진. op. cit. 13.

2) ① 하나님은 하늘의 이슬과 מִטַּל הַשָּׁמַיִם(미탈 하솨마임 · 하늘의 이슬과, 창 27: 28) 땅의 기름짐이며 풍성한 곡식과 포도주로 네게 주시기를 원하노라 ② 그 아비 이삭이 그에게 대답하여 가로되 너의 주소는 땅의 기름짐에서 뜨고 내리는 하늘이슬 מִטַּל הַשָּׁמַיִם(미탈 하솨마임 · 하늘이슬, 창 27: 39)에서 뜰 것이며 ③ 요셉=יוֹסֵף=יוסף에 대하여는 일렀으되 원컨대 그 땅이 여호와께 복을 받아 하늘의 보물인 이슬 וּמִטַּל הַשָּׁמַיִם(우미탈 하솨마임, 신 33: 13)과 땅 아래 저장한 물과 ④ 이스라엘이 안전히 거하며 야곱의 샘은 곡식과 새 포도주의 땅에 홀로 있나니 곧 하나님의 하늘이 이슬을 내리는 곳에로다 תַל ~ שָׁמָיו עַרְפוּ(솨마이브 아레푸 탈, 창 33: 28) ⑤ 그러나 그 뿌리의 그루터기를 땅에 남겨두고 철과 놋줄로 동이고 이것으로 들 청초 가운데 있게 하라 이것이 하늘이슬에 וּבְטַל שְׁמַיָּא(우브탈 솨마야, 단 4: 15) 젖고 ⑥ 왕이 보신즉 한 순찰자, 한 거룩한 자가 하늘에서 내려와서 이르기를 그 나무를 베고 멸하라 그러나 그 뿌리의 그루터기는 땅에 남겨두고 철과 놋줄로 동이고 이것을 들 청초 가운데 있게 하라 이것이 하늘이슬에 וּבְטַל שְׁמַיָּא(우브탈 솨마야, 단 4: 23) 젖고 또 들짐승으로 더불어 그 분량을 같이 하며 일곱 때를 지내리라 하더라 하시오니 ⑦ 인생 중에서 쫓겨나서 그 마음이 들짐승의 마음과 같았고 또 들나귀와 함께 거하며 또 소처럼 풀을 먹으며 그 몸이 하늘이슬에 וּבְטַל שְׁמַיָּא(우브탈 솨마야, 단 5: 21)젖었으며 지극히 높으신 하나님이 인간 나라를 다스리시며 자기의 뜻대로 누구든지 그 위에 세우시는 줄을 알기까지 이르게 되었었나이다 ⑧ 그러므로 너희로 인하여 하늘은 이슬을 מִטַּל שָׁמַיִם(미탈 솨마임, 학 1: 10) 그쳤고 땅은 산물을 그쳤으며.

3) מִטַּל הַשָּׁמַיִם(미탈 하솨마임, 창 27: 28).

4) מִטַּל הַשָּׁמַיִם(미탈 하솨마임 · 하늘이슬, 창 27: 39).

5) וּמִטַּל הַשָּׁמַיִם(우미탈 하솨마임 · 하늘의 이슬, 신 33: 13).

6) תַל ~ שָׁמָיו עַרְפוּ(솨마이브 아레푸 탈 · 하늘이 이슬을 내리는 곳, 창 33: 28).

7) וּבְטַל שְׁמַיָּא(우브탈 솨마야 · 하늘이슬, 단 4: 15).

8) וּבְטַל שְׁמַיָּא(우브탈 솨마야 · 하늘이슬에, 단 4: 23).

히 높으신 하나님이 인간 나라를 다스리시며 자기의 뜻대로 누구든지 그 위에 세우시는 줄을 알게 복을 몸에 바르는 일이다. 하나님은 늘 하늘이슬을 내리리니[1]로 멈추지 않으신다.

이 하늘이슬[2]이 이스라엘 백성이 머무는 진에 내릴 때 만나도 같이 내린다. 말씀이 맺히는 이슬[3]이기 때문이다. 이 이슬[4]이 특별한 곳, 곧 하나님이 내리시겠다고 하신 허락되는 장소에서만 내리시는데 그 예는 양털에만 있게 되며 또 그 이슬을[5] 짜니 물이 그릇에 가득하게 하시었다.

이슬은[6] 하나님 지식이 그 흔적으로 내려지는 것이며 하나님의 은택이 풀 위에 내린 이슬[7]이다. 사랑하는 자를 찾는 자인 내 머리의 이슬이[8]이어서 이스라엘에게 이슬[9]로 내린다. 곧 하나님이 택하신 백성에게 내린다. 하나님 백성에겐 단비가 내린다.

---

9) וּבְטַל שְׁמַיָּא(우브탈 솨마야 · 하늘이슬에, 단 5: 21).

1) וְשָׁמַיִם יִתְּנוּ ~ טַלָּם(베솨마임 이튼누 탈랄 · 하늘이 이슬을 내리니, 슥 8: 12).

2) 출 16: 13: 민 11: 9).

3) 신 32: 2.

4) 삿 6: 37.

5) 삿 6: 38.

6) 잠 3: 20.

7) 잠 19: 12.

8) 아 5: 2.

9) 호 14: 5.

4). 향 품과 제2 십일조

성경에는 제2 십일조가 있다. 십일조 바치고 나머지 중에서 다시 십일조를 준비 레위인 · 객 · 과부에게 주어 배불리 먹게 하였다. 하나님의 백성들은 모두 객이며 과부이다. 이들을 위한 축제와 감사 잔치에 드릴 제2 십일조 위력은 주께서 명하신 명령대로 하였사오니 젖과 꿀이 흐르는 땅을 달라고 하나님께 요구할 수 있게 강력하다. 이 제2 십일조[1]는 이스라엘 백성들에게 손을 펴서 구제하라는 말씀[2]을 제도화한 것이다. 레위인은 기업이 없어도 살 수 있었고[3] 하나님 일하는 모두 제2 십일조로 산다. 안식년 기준으로 매 삼년마다 이 제2 십일조 저축으로 그들의 몫이 되게 하였다.

물이 된 신부 이스라엘 백성은 이 제 2십일조를 바친 다음 젖과 꿀이 있는 땅으로 들어갔다. 하나님의 비밀 병기는 좀 엉뚱하여 못생겼으면서 좀 누추한 곳에 진짜 하나님의 비밀병기가 있다. 허술하게 덥힌 지붕 아래 하나님 역사는 감추어져 있다. 귀중한 것은 아주 낮고 천한 말구유에서 아기 예수님이 탄생하시었다. 낮은 곳에 거하며 다른 이의 아픈 등을 어루만지는 일은 하나님의 보배 함을 들여다 본 자만이 할 수 있다.

---

1) 신 14: 28, 29.
2) 신 15: 10.
3) 신 14: 22, 27.

5). 언약

언약은 여호와의 이름을 두시려 언약 되어졌다. 언약 양식은 하실 일을 엣따 봐요 하시는 하나님의 일곱째 날의 3회 리듬[1]으로 한다. 완성과 강화가 되는 세 번의 일곱째 날[2]에 하나님은 완료한다. 저녁이 되며 아침이 되니=봐예히 에레브 봐예히 보께로=רב ויהי בקר
וַיְהִי עֶרֶב וַיְהִי בֹּקֶר=ויהי ע 봐예히 에레브 봐예히 보께로[3] 여섯 번 반복하며 하나님이 그의 이름을 걸고 맹세하신 까닭에 물이 하늘에 올라가 보좌를 만들어 향기로움이 펼쳐진다. 하나님이 다스리는 법 사랑이 있다.

이스라엘 백성을 하나님이 얼마나 사랑하시는지 하늘과 향 품 사이가 되는 데서 일일이 당신의 신부인 백성들을 "나의 신부보다는 못한 향 품[4]"이라 하시어 높인다. 하나님의 은유가 중첩되어 바로 "나의 사랑하는 자가 자기 동산으로 내려간 꽃밭의 향기로운 신부"라며 하나님은 아주 보쌈[5] 해 버린다. 그러기에 하나님 신부로서의 향기이다. "나의 누이 나의 신부야 네

---

1) אֵת ~ בְּיוֹם הַשְּׁבִיעִי(에트~바욤 하십비이 · 일곱째 날) ← 일곱째 날 הַשְּׁבִיעִי בְּיוֹם(바욤 하십비이 · 일곱째 날) ← 일곱째 날 בְּיוֹם הַשְּׁבִיעִי(바욤 하십비이 · 일곱째 날).

2) אֵת ~ בְּיוֹם הַשְּׁבִיעִי(에트~바욤 하십비이 · 일곱째 날).

3) וַיְהִי עֶרֶב וַיְהִי בֹקֶר(바예히 에레브 바예히 보케르 · 저녁이 되며 아침이 되니, 창 1:5. 8, 13, 19. 23, 31).

4) 아 4: 10.

5) הַבֹּשֶׂם(하보셈 · 향기로운, 아 6: 2).

사랑이 어찌 그리 아름다운지 네사랑은 포도주에 지나고 네 기름의 향기는 보쌈해온[1] 향 품보다 승하구나"[2]! 향기와 신부와의 밀접성은 향기로움이 되었음=티심마=תשמע티심마=תִּשְׁמַע티심마[3]의 향기는 하나님의 백성들이 아주 향기로운[4] 내음새가 배었음=배삼밈=בשמים베삼민=בְּשָׂמִים베삼민[5]이다. 신부인 백성은 하나님의 거룩함을 열국의 목전에서 나타내기에 향기로=배어나오느라=베레아흐 니호아흐=בריח ניחוח=בְּרֵיחַ נִיחוֹחַ베레아흐니호아흐 배어나오느라[6] 신부의 입술은 꿀방울이 떨어지고 혀밑에는 꿀과 젖이 있다. 옷에서 배어 나오는 그녀들의 향기[7]는 레바논의 향기이다. 신앙공동체 향기다.

이 땅[8] 여리고성이 가진[9] 기쁨이다. 대제사장을 앞세우고 뒤 따라 일주일단 벵벵 돌다 주일날 큰 소리로 7번 돌며 얻은 기쁨이다. 눈빛이, 발걸음이 향기 내는 사람이 되어 하나님이 손에 쥐어주신, 시간과 공기와 자연과 말과 이웃과 가족 사이에서 나는 향기다.

---

1) בְּשָׂמִים(베삼밈 · 향 품, 아 8: 14).
2) 아 4: 10.
3) תִּשְׁמַע(티심마 · 향기로움).
4) הַבֹּשֶׂם(하보셈 · 향기로운, 아 6: 2).
5) בְּשָׂמִים(베삼밈 · 향기로움, 아 8: 14).
6) בְּרֵיחַ נִיחוֹחַ(베레아흐 니호아흐 · 향기로, 겔 20: 41).
7) וְרֵיחַ(베레아흐 · 향기, 아 4: 11).
8) יִשְׂמְחוּ(이스메후, 대상 16: 31; 시 96: 11).
9) 삿 1: 17; 수 4: 26: Stanley. Gevirtz, 「Jericho and Shechem: A Religio~Literary Aspect of City Destruction」 *Vetus Testamentum*(Leiden: EJB, 1963), 52~53.

6). 배부름, 그 복의 향 품

행복의 나날. 그래서 즐겁고 기쁘고 보람되게 사는 날이 계속되어 보물창고에 보물을 가득 담아 두는 날들이다. 나 혼자만이 잘 살고 잘 먹고 사는 일이 아니라 상대방을 내가 배부르게 할 수 있는 일은 향기를 내는 일이다.

향기를 내는 일은 행복한 나날이다. 행복한 나날은 생을 잘 사는 축복된 나날이다. 삶을 풍요롭게 하는 일은 문학 속에 하나님 사랑이 밑바탕일 때 배부른 신학이 된다. BC 1300년에 알려진 여리고는 *Hittite* 텍스트를 통하여 배부름의 이치를 잘 전해준다. 우선 물 향기가 2~3*km*까지 가는[1]일부터 시작하여 동식물이 사는 증거로 물이 있어[2] 배부름이 있다. 엘리사는 여호와의 명령으로 물의 근원으로 나아가[3] 향기를 발함에 취하는 배부름을 맛보았다.

달이 둥글다. 배부름의 모습이다. 그리고 향기가 있다. 우리들의 배부름은 하나님 성 안에 들어가 사는 일이다. 성 안에서 그분이 원하는 삶을 사는 일은 배부른 일상이다. 하나님 나라를 건설한 일이다. 대한민국을

---

1) 민대훈,『여리고성을 무너뜨린 역사』(경기도: 광림 세미나하우스, 2006). 서울 기독 대학교 대학원 10. 23.

2) Neen. David & K. O. Emery, Ibid

3) 왕하 2: 19~22: Ibid, 93.

건지는 일이다. 이 배부른 생활은 마음과 몸이 모두 배부름[1]이 되는 일이다. 이 배부름은 내가 배부르게 먹는 것이 아니라 상대방 고아와 객과 과부와 레위인이 배부르게 먹는 일이다. 배부름은 상대방을 배부르게 먹게 하는[2] 일이다.

배부름 모양이 달 모양이다. 여리고는 배부른 모양이다. 달의 성이다. 향기가 나는 성이다. 여리고는 물이 향기롭고 이에서 퍼지는 향기는 여호와가 역사 하심으로써이다. 여리고는 여호와의 처음 글자 여[3]가 여리고[4]의 여가 되어 여리고[5]는 여호와로 인한 향기를 지닌 성이다. 여리고는 향기로 배부르다. 그 증거는 첫째 배부름의 의미 기름 향기[6]가 있어서이고 열매를 얻음에서 오는 배부름의 포도나무 향기[7]가 있어서이고 생명을 잉태할 수 있는 배부름의 합환채 향기[8]가 있어서이며 가지가 열매를 달 수 있는 근거지가 되는 배부름의 가지 향기[9]기 있어서이다. 옷을 입을 수 있는 의복 향기[10]이다.

---

1) וְשָׂבֵעוּ(베사베우 · 배부름, 신 26: 12).
2) 신 14: 29.
3) י(יְהוָה · 여호와).
4) יְרֵחוֹ(예레호).
5) יָרֵחַ(야레).
6) רֵיחַ(레호, 아 1: 12).
7) רֵיחַ(레아흐, 아 2: 13).
8) רֵיחַ(레아흐, 아 7: 14).
9) וְרֵיחַ(베레아흐, 호 14: 6).
10) וְרֵיחַ(베레아흐, 아 4: 11).

7). 달력과 달

배부를 수 있는 조건은 아브라함이 복을 주시겠다는 약속을 하나님으로부터 듣고 이 약속대로 살았을 때이다. 갈대아 우르를 떠난 아브라함은 마음이 배불렀다. 배부름의 신학은 말씀대로 사는 일이다. 롯이 아브라함을 따라나선 것은 노령의 아브라함을 돌봐주어야 한다는 마음의 배부름이 있어서이다. 아브라함을 따라 나선 롯은 하나님의 약속을 직접 듣지 못하였더라도 엄청난 부자가 되는 축복을 받는 배부름으로 살았다. 하고 싶은 일을 할 때에는 시간 가는 줄 모른다. 이 또한 배부름이다. 더욱 값진 일을 함으로써 배부름을 느끼는 삶의 달콤함은 향기 있는 배부름이다. 부족함을 느끼지 못하는 마음의 배부름은 주위의 사람들에게도 안정감을 주는 일로 사회가 편안해지는 삶이 되게 한다.

달력과 여리고 달에 대한 학설은 여리고 함락문제와 결부된다. 결[缺]쇠모양이다. 문을 잠그지 않았으면서도 잠근 모양을 지닌 여리고1)는 이스라엘 민족의 정복이 예정되어 있었다. 이와 관련한 달력이론을 성경자료는 제공하는데 카렌다의 악몽인 시계시간에서 벗어날 수 있게 여리고가 시계시간을 벗어나게 한단다. 바로 처음

---

1) 다비드와 엠메리(Neen. David & K. O. Emery)와 미드라쉬 랍바(Midrash Rabba)는 : Neen. David & K. O. Emery, Ibid.

과 끝이 있는 달 모양에서이다.

사해 쿰란텍스트[1]는 달과 날과 해[2]가 야훼의 리듬이라며 안식일 관계[3]임을 야훼와 천사들까지도 휴식[4] 한다 했다. 이 처음과 끝이 있는 달의 이론은 고대 이교도의 달의 순환성 O *form*과는 다르다.[5] 신학에서의 달은 매일 매일의 날과 온 시간을 하나님에게 경배 드리는 날[6]이다. 마음을 다하고 성품을 다하여 그를 향한 날을 지시하는 쿰란자료[7] 달력은 가나안 달력과 성경적 달[8]이 다르다는 것을 제시한다. 가나안의 달력은 일 년을 364일[9]로 한다. 일합과 쉼의 관계를 명시하는

---

1) Dead Sea Scroll · DSS.

2) 창 1: 14.

3) A. Jaubert, Le Calendrier des Jubilés et de la secte de Qumran. Ses origines bibliques」 *VT*, Vol. 3.(1953), 250~264.

4) Jubilees 50: 6~13: Jub. 1: 17f., 21: Ron H. Feldman, 「New Moon after new Moon and Sabbath after Sabbath」 *The Tension between Culture and Nature*(Ann Arbor: U · M · I, 2005), 319~320

5)Michael Young, *The Metronomic Society*(Cambridge Massachustts; Harvard University Press, 1988), 23.

6) Roger T. Beckwith, "Daily and Weekly Worship: From Jewish to Christian」 Calender, *Chronology and Warships*(Boston: Brill, 2005), 171~212.

7) Roger T. Beckwith, 「The Significance of the 364~Day Calendar for the Old Testament Canon」 *Calender, Chronology and Warships*(Boston: Brill, 2005), 55.

* 쿰란자료의 달력

일주일	Ⅰ,	Ⅳ,	Ⅶ,	Ⅹ		Ⅱ,	Ⅴ,	Ⅷ,	Ⅺ	Ⅲ,	Ⅵ,	Ⅳ,	Ⅶ
4th(Wed)	1	8	15	22	29	6	13	20	27	4	11	18	25
5th(목)	2	9	16	23	30	7	14	21	28	5	12	19	26
6th(금)	3	10	17	24	1	8	15	22	29	6	13	20	27
7(Sabbath)	4	11	18	25	2	9	16	23	30	7	14	21	28
1st(일)	5	12	19	25	3	10	17	24	1	8	15	22	29
2nd(월)	6	13	20	26	4	11	18	25	2	9	16	23	30
3rd(화)	7	14	21	29	5	12	19	26	3	10	17	24	31.

8) 창 1: 14~19.

9) Ron H. Feldman,, 319~320.

유대력은 포로기 이전의 달의 이름과 포로기 이후의 달의 이름을 달리[1] 표시함으로써 시간을 하아모니의 구성으로 본다. 시간을 하아모니의 구성으로 보는 이 학설은 크리스천들에게 있어서는 하나님의 창조를 믿음으로 받아들이는 학설[2]이다.

달에 대한 중요주제는 나날이다. 곧 364일이 365일이 되는 일이다. 일 년을 하루로 하는 이 364일의 하루 더하기는 하나님의 수리신학이다. 천년도 하루같이 다스리시는 하나님의 날은 바로 하루다. 하나님의 날 하나를 더하는 365일은 364일과 하루가 더 의미되는 일 년이다. 한국의 첨성대 총 돌 수가 365에 하나를 뺀 364개이다. 한국과 히브리 신학의 유사성은 하루를 하나님의 날[3]로, 천년을 하루로 표시한다.

이스라엘 백성들이 자연의 현상과는 달리 하나님의 날을 온전히 사는 하루가 천년 같고 천년이 하루 같은 삶의 일상성은 삶을 초월한 하루, 인생 현실을 초월해 사는 날이다. 삶의 초월성이란 하나님의 물 잔인 말씀

---

1) 포로기 이전의 이름: 아법(출 13: 4, 34: 18, 신 16: 1) · 시브(왕상 6: 1, 37) · 에님(왕상 6: 2) · 불(왕상 6: 38) · 포로기 후의 이름: 유대력으로 니산(에 3: 7; 느 2: 1) · 이야르, 시완(에 8: 9) · 딤무스, 압, 엘룰(느 6: 15) · 티쉬리, 마르헤스완, 기슬르(느 1: 1) · 데벳드(에; 2: 16) · 스뱟(슥 1: 7) · 아달(에 3: 7)월. 가나안식 이름: 아법, 시브, 에다님, 건기가 시작되는 시브월은 가나안식 계절이름이며 2월은 이야르이고 현재의 달력으로는 4월과 5월 사이.

2) Barbara Adam, *Time~watch: The Social Analysis of time*(Cambridge: Polity Press, 1995), 16~17.

3) 벧후 3: 18.

안에 드는 언약궤[1]에 담기는 일[2]이다.

언약궤 아론 방주[3]이다. 방주는 헬라어로는 궤 · 키 κιβωτόν[키보튼]이다. 이 키보튼" 아론[4]은 방주와 영적 예배를 인도하는 자의 의미 모두이다. 말씀을 전하는 아론과 방주 둘 모두 이스라엘 백성들에게 숨을 쉴 수 있도록 해주는 일을 맡는다.

방주 모양은 잔 모양이다. 달 모양이다.

* 표 11: 달의 둥근 모형을 U form으로 만들기

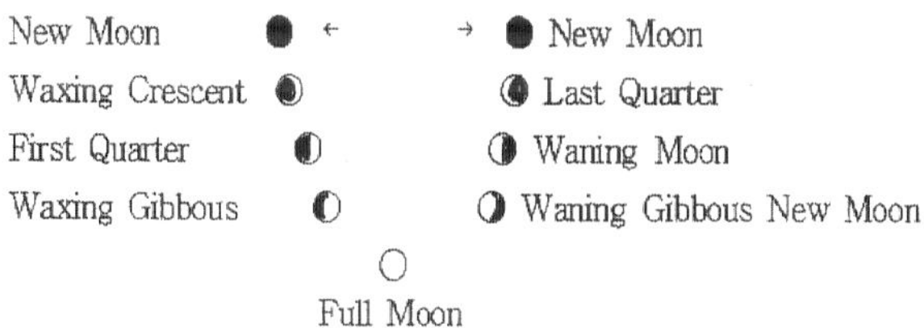

* 표 달의 둥근 모형[5]은 잔 모양이다. 달 U자형이다. 성경의 달은 자연의 순환성을 지닌 달과는 달라 벽에 화분을 놓기 위한 움푹 파인 모양이다. U[6] 모형으

1) יְהוָה ~ וארוֹן בְּרִית(바아론 베이트~ 여호와 · 언약궤, 민 14: 39~45).

2) David H. Aaron, 「The Ark Mythology」 *Biblical Ambiguities: Metaphor, Semantics and Divine Imagery*(Leiden · Boston · Köln: Brill, 2001), 168~169.

3) an ark of.

4) אָרוֹן(아론, 민 10: 1, 2, 3 등).

5) Northrp Frye, *The Critical Path,*(Bloomington & London: Indiana University Press, 1973), 59 ~ 61.

6) Lynn White, *The Historical Roots of Our Ecological: in The Sacred Earth: Religion, Nature, Environment,* ed. Roger S.

로 방주는 신앙인의 나날을 하나님의 그릇에 담을 수 있는 잔 모양이다.

이 U의 모형은 우물과 여리고성의 물 향기와 관련지을 수 있다. 이미 2350~2200년$B \cdot C$ 에블라에 고대 중동 지역 도시에서 발견된 도시풍의 우물뚜껑이 발견된 일[1]이다. 역사적 기록의 우물뚜껑은 0.50m의 두께로 되어 있다. 특히 우물 뚜껑 머리에 동물이 그려진 물덮개[2]가 발견되었다. 이러한 발견은 문화가 남겨준 우물에 대한 신앙심을 측정하는 계기가 된다. 물을 중요시하는 일이어서이다. 삶에 신앙심 부여는 삶의 어려움에서 오는 마음의 위로가 되며 그로 하여 일생을 평안하게 하나님 일을 하면서 보람을 느끼게 하고 열정을 가지게 한다.

성경의 달은 말씀이 든 U 모형이다. 우리나라말 김천 사투리에 '들어온다'를 '돌아온다'로 발음한다. 말이 씨앗이 되어 무럭무럭 자라 하나님도 좋아하심으로 하여 우리는 축복받는 일을 하고 있는 것이다. 하나님이 그의 백성을 돌아오게 하시는 일이다. 우리는 늘 죽었다는 말을 돌아갔다, '돌아 가셨다'라 한다.

Gottlieb(New York: Routledge, 1996), 189.

1) B·C 884~ 859: John Peter Oleson, "14~13 B · C: Water Works」 *ABD*, 885.

2) Ibid.

제3절 사랑 실천

1. 사랑 실천의 개념

1). 날자와 관련

사랑실천은 우물 뚜껑을 여는 일이다. 우물 아구는 돌로 막아져[1]있었다. 막혀 있는 돌을 치워 물을 떠서 먹고, 말씀을 먹고 배 부르는 일은 사랑 실천 뒤에 오는 배부름을 준다. 이스라엘 백성들의 사랑 실천은 날자[2]와 관련된다. 이스라엘 백성들은 정월 10일에 요단에 올라와서 여리고 동편 길갈에 진을 쳤다[3]. 그 달 14일 저녁에 여리고 평지에서 유월절[4]을 지켰다. 14일은 7일의 반복 리듬이다. 이 14일은 창세기 1장에서 엣따 하고 주신 에트=את[에트 · 처음과 끝] 발음이 14회로 예수님의 사랑 실천 첫째[5]를 전제로 한다.

---

1) 창 29: 2, 3, 8; 삼하 17: 19.

2) ① 정월 십일에 백성이 요단에서 올라와서 여리고 동편 지경 길갈에 진 치매(수 4: 19)

② 이스라엘 자손들이 길갈에 진 쳤고 그 달 십사일 저녁에는 여리고 평지에서 유월절을 지켰고(수 5: 10).

3) 수 4: 19.

4) 수 5: 10.

5) 창 1: 5, 2: 11; 수 21: 10; 대상 11: 21, 24: 7, 25: 9; 욥 42: 14; 단 7: 4, 8: 21; 슥 6: 2; 마 22: 38; 막 9: 35, 12: 28, 29; 눅 19: 16; 요 19: 32; 행 12: 10; 롬 1: 8, 16, 2: 9, 2: 10; 3: 2; 고전 11: 18, 12: 28; 딤전 2: 1; 히 7: 2; 약 3: 17; 계 4: 7, 8: 7, 9: 12, 16: 2, 20: 5, 6, 21: 19.

2). 나를 낮추고 상대방을 높임

첫 사람은 땅에서 났으니 흙에 속한 자이거니와 둘째 사람은 하늘에서 나셨다.[1] 이와 관련한 절기번제는 하나님을 기억하게 해 주는 율례[2]의 번제[3]와 소제[4]와 화목제[5]와 속죄제[6]와 그리고 속건제[7]가 있다. 두 번 반복하여 번제와 소재와 속죄제[8]와 그리고 화목제와 속건제[9]를 강조한다. 절기는 7절기[10] 유월절[한날 · 한분 · 예수] ---> 무교절[둘째날 · 십자가사건] ---> 초실절[셋째날 · 부활] ---> 오순절[넷째날 · 성령] ---> 나팔절[다섯째날 · 재림] ---> 속죄절[여섯째날 · 구속] ---> 장막절[일곱째날 · 영원] 이다.

절기는 수리와 관련된다. 노자 사상에서 겸손의 의미를 삼분의 일로 하고 있다. 나를 낮추는 겸손은 세상에 살아있는 무리가 삼분의 일이요, 죽어있는 무리가 삼분의 일이요, 살아 있으면서 죽은 자리로 가는 무리가 또한 삼분의 일[11]로 한다. 나의 욕심으로 인한 결과를 버

---

1) 고전 15: 47.
2) 레위기 1~7장까지 .
3) 레 1장.
4) 레 2장.
5) 레 3장.
6) 레 4장.
7) 5장.
8) 6장.
9) 7장.
10) 15장.
11) 출생지사, 생지도십유삼, 사지도십유삼, 인지도생동지사지자역십유삼, 부하고, 이기생지후(出生人死, 生之徒十有三, 死之徒十有三, 人之徒生動

리는 낮은 곳에 머무는 논리이다. 예기[1]의 악기[2]에서 음[3]은 사람의 마음에서 생기는 것으로 마음에서 울려 나오는 소리[4]라 하였다.

사랑 실천은 나를 낮추고 상대방을 절대로 높이는 경지로 하나님의 말씀과 관련된다. 우리나라 세종대왕은 하아프 대신 황종관[5]에서 도량형 결정을 통해 하나의 음률에서 5음이 생기고 이 5는 12율과 5음에서 60음이 나오듯이 이것을 6배해서 360음이 된다 하였다. 곧 일 년의 날이며 긴 날의 기다림을 한 줄에 꿰는 긴 기다림[6]이다.

之死地者亦十有三, 夫何故, 以其生之厚) 老子 50章.

1) 禮記.

2) 樂記.

3) 音.

4) 凡音者生於人心者也. 樂者音之所由生也, 基本在人心感於物也 太極(周者曰, 無極而太極, 邵者曰, 道而太極, 又曰心爲太極(「性理大全書」) 卷 35, 3. 易學啓蒙 2의 易有太極에 대한 설명.

5) 黃鐘管.

6) 민수기는 36장으로 되어 있다. 기다림을 한 줄에 꿰고 있다.

1차 인구조사(민 1장)를 하고 진 배치와 행군순서(민 2장)를 정한 다음 다시 레위지파인구조사(민 3장)후 업무분담(민 4장)을 하게 된다. 가장 중요한 점은 3대 분리(민 5장)이다. 곧 하나님을 향하면서 죄로부터는 분리되는 수직성과, 이웃과의 관계인 수평성이다. 가정에서의 의심으로부터 분리이다.

그리고 기다림이다. 나실린의 서원(민 6장)과 12지도자의 예물과(민 7장) 레위인 봉헌(민 8장) 후의 유월설(9장) 후 시내 산을 떠나 가나안으로 가는 길은 긴 기다림의 시작(10)이다. 때문에 고기모양이 되어 출발하게 되는데 고기는 기독교인들의 상징으로 아이러니하게도 이스라엘 백성들의 울음소리는 고기가 먹고 싶어 불평의 울음소리가 진동할 정도(11)이다. 이 기다림의 부족 때문에 하나님은 하룻길 거리를 온통 메추라기로 60 cm 싸이게 하셨으며 그들이 고기를 미친 듯이 먹는 동안 이 사이에서 씹히기도 전에 죽인다. 심지어는 모세의 누이와 아론의 불평, 그리고 누이 미리암은 문둥병이 든다(12장).

또한 믿음 문제이다. 가나안 정탐(13장) 또한 원래는 하나님이 믿음으로 들어가기를 원하였으나 백성들이 탐정이 필요하다 하여 허락하게 된 탐정이다. 그럼에도 탐정 결과 보고(14장)에 부정적으로 대답을 하는 대 반역을 시

바로 민수기가 36장인 것은 360일인 일 년의 날자, 곧 긴 날의 기다림을 36장을 10배로 해 한 줄에 꿰는 긴 기다림이다. 하나님은 우리를 구원하시려 간절한 기다림을 한 줄에 꿰어 기다리신다. 하나님은 인간의 겸손을 바라신다. 겸손은 다 가지지 않을 때 회복된다.

작하여 부정적 시각과 긍정적 시각의 비율이 8: 2이다. 오직 여호수아와 갈렙만 하나님의 뜻을 따랐다. 다수결의 민주사회에서 이 결과는 가나안에 들어갈 수 없는 상황이었다.

그리고 의식문제이다. 절기는 레위기 1~7장까지와 연관되는 율례이다. 번제(레 1장)와 소제(레 2장), 화목제(레 3장)와 속죄제(레 4장), 그리고 속건제(5장)를 말하시고도 다시 두 번 반복하여 번제와 소재와 속죄제(6장)와 그리고 화목제와 속건제(7장)를 강조한다. 절기로는 오순절 · 초실절 · 유월절 · 초막절 · 칠칠절 · 나팔절 · 무교절의 7절기가 있다(15장). 곧 습관의 절기는 그동안 38년이나 지속되었으며 고라와 다단의 반역(16장)이 있었다. 이들에게 하나님은 그 징벌로서 땅 속으로 들어가게 하시었다. 이를 증명하기 위하여 아론의 싹이 난 지팡이(17장)를 보여주시었으며 레위인의 직분과 분깃을 다시 한 번 강조하신다(18장). 그리고 정결법 규례(19)를 내세우신다.

하나님은 아론과 미리암을 그들의 불평으로 죽게 하고 또한 모세도 "바위야 물을 내라"라는 명령에 따른 말씀의 중요성을 잊고 바위를 두 번 침으로써 하나님의 아들인 두 번째 자리를 범하였으므로 가나안에 들어가지 못함을 선고(20장) 받는다.

놋뱀 사건을 통하여(21장) 하나님 말씀의 중요성을 재인식시키고 저주에서 축복으로(23장) 옮기는 예를 보이셨다. 그리고는 다름 아닌 예수님의 예표로서 야곱의 별(24장) 예언으로 장차 오실 메사야를 소개한다. 죄악이 짙은 한 예가 되는 미디안과 모압 여인들의 간음사건이며(25장)을 보이신다.

죄악의 결과로 하여 가나안 땅에 못 들어가는 구세대가 아닌 신세대의 인구 조사(26장)는 하나님의 냉혹하심을 뜻한다. 가나안 땅에 들어갈 이스라엘 백성을 점검하신다. 후계자 여호수아의 안수식(27)의 구체성과 새 백성에 대한 절기규칙을 다시 한 번 강조하신다(28~29장). 성막을 중심한 동쪽의 유다, 잇사갈 · 스볼론(대표 아론) · 남쪽의 갓시루(대표 고핫) · 서쪽의 에, 므낫세, 베(대표 게르손) · 북쪽의 단, 아, 납달리(대표 무라리)의 지킬 바 언약이다. 서원한 이들(30장)이 드디어는 미디안(지금의 사우디아라비아 · 우리나라의 20배의 땅)을 정복한다(31장).

발람사건의 회오리바람을 겪은 후 하나님께서는 요단 서쪽을 주기를 원하셨으나 이스라엘 백성들이 동쪽 땅을 달라 하여 허락하신다(32). 그들의 그 이유는 목초지였기 때문이며 대신에 여호수아와 엘리바스를 증인삼아 싸울 것을 다짐한다. 이러한 여정을 삼삼하게 다시 떠올리는(33장)에서 가나안 땅이 경계(34)와 그리고 도피성(35)을 주시어 고의가 아닌 죄에 대하여 살길을 열어주신다. 여성들의 상속특례(36)[1]를 통하여 민수기는 36장으로 마친다.

2. 입과 말씀

1). 입과 말씀

상대방을 높이는 우리나라의 정서 이상 시 시제 3호에서 싸움하지 아니하는 사람이 대표적인 겸손이다. 소월은「진달래 꽃」시에 "나 보기가 역겨워 가실 때에는"[1]으로 하였다. 나를 낮춤의 사랑 실천이 곧 시적 화자의 입을 통하여 존경하는 마음을 실천한다.

어떻게 복 받느냐는 바로 입에서 나오는 말에서이다. 이 입이 히브리어로 입=피=פִּי[피]=פֶּ֫ה[피]2)인데 이 피3)는 하나님의 명령4)이면서도 인간에게 그대로 이루어지는 일이다. 피는 우리 몸속에 있다. 피가 있어 산다. 바로 하나님 명령 피는 접미 언어 하나님의 손=요드=י[요드]5)가 있다. 우리 생명을 좌지우지하시어 하나님이 가라하면 가야하는 인생 어차피 하나님 말씀을 따라야 하는 인생이라면 기왕이면 즐겨 찾아 주의 말씀이 내게 어찌 그리 단지요 내 입에6) 꿀보다 더 하니이다7)라는

1) 김정식,『진달래꽃』(서울, 문학 사상사, 1939), 190.
2) פִּי(피 · 명, 민 4: 49).
3) פִּי(피, 신 8: 3).
4) 창 24: 51, 27: 19.
5) י(요드).
6) לְפִי(레피 · 입에.
7) 시 119: 103.

삶을 사는 게 좋다.

우리는 가족을 가진다. 이 가족[1]에서도 한 지붕아래서 서로 단련 된 후 서로 입을 맞추는 가족이다. 입은 “너를 낮추시며 너로 주리게 하시며 또 너도 알지 못하며 네 열조도 알지 못하던 만나를 네게 먹이신 것은 사람이 떡으로만 사는 것이 아니요 여호와의 입[2]에서 나오는 모든 말씀으로 사는 줄을 너로 알게 하려 하심이다. 곧 하나님의 백성들이 사는 방법은 다름 아닌 하나님의 입술에서 나오는 말씀으로 사는 일이다.

이 입[3]은 노아홍수 후 살아있는 것들의 표시로 비둘기가 그에게로 돌아왔는데 그 입에[4] 감람 새 잎사귀가 있는지라 이에 노아가 땅에 물이 감한 줄을 입에 문 잎을 보고 알았다. 잎은 생명이 살아 있는 증거이다. 입의 역할은 주를 찬송하고 주를 존중하는 일이다. 종일토록 내 입에[5] 가득하게 하는 일이다. 발람이 발락에세 이르되 내가 오기는 하였으나 무엇을 임의로 말할 수 있으리이까? 하나님이 내 입에[6] 주시는 말씀 이것을 말할 뿐이니이다 라 하였다. 여호와께서 발람의 입에[7] 말씀을 주어 가라사대 발락에게 돌아가서 이렇

---

1) מִשְׁפַּחַת(미스파하트 · 가족, 민 26: 11).
2) פִּי(피 · 입, 신 8: 3).
3) פִ֫י(피 · 입, 창 8: 11).
4) בְּפִיהָ(베피 · 그 입에).
5) פִּי(피 · 입에, 시 71: 8).
6) בְּפִי(베피 · 내 입에, 민 22: 38).

게 말할찌니라 하였다. 따라서 하나님께서 내 입에[1] 주신 말씀을 내가 어찌 말하지 아니할 수 없다. 하나님이 우리의 긴 삶의 긴 날을 내가 여호와를 항상 송축하기를 내 입에[2] 두는 일이 바로 하나님이 나에게 베푸시는[3] 입이다. 베푸는 의미는 누가 누구에게 좋은 일을 주는 일이다. 바로 하나님이 나에게 베푸는 일이 하나님께 올릴 찬송을 항상 내 입에 두는[4]일이다. 이 때 오는 축복은 많은 사람이 보고 두려워하도록 나의 모습을 통해 그들이 하나님을 의지하게 하신다.

항상 하나님이 내게 주시는 두루마리를 배에 넣어 창자에 채우라 하시기에 내가 먹는다. 하나님의 말씀을 먹는 내 입에서 하나님이 베푸시는[5] 말씀은 달기가 꿀 같다. 이 꿀은 우리나라 이름 코리아가 이름 불려 지는 이름[강상원학설]이다. 네가 그들에게 말하고 그 입에 말을 주는 네 입에 베푸시는[6] 하나님의 입과 함께 있어서 너의 행할 일을 가르치리라 하셨다. 내가 이제야 당신은 하나님의 사람이시요 당신 입에서 베푸시는[7] 여호와의 말씀이 진실한 줄 아노라 하는 이 나의 입에서

7) בְּפִי(베피 · 입에, 민 23: 5).
1) בְּפִי(베피 · 입에, 민 23: 12).
2) בְּפִי(베피 · 내 입에, 시 34: 1).
3) בְּפִי(베피 · 내 입에, 시 34: 1).
4) בְּפִי(베피 · 내 입에, 시 40: 3).
5) בְּפִי(베피 · 내 입에서, 겔 3: 3).
6) בְּפִיו(베피브 · 네 입, 출 4: 15).
7) בְּפִיו(베피브 · 입에, 왕상 17: 24).

하나님이 베푸시는[1] 명령 따라 살면 행복하다.

하나님의 그 입[2]에서 베푸시는 말씀 "들으라 들으라"로 하신 그의 입[3]에서 지혜와 지식과 명철이 내시기에 내 입[4]을 떠나지 않고 베푸시는[5] 말씀으로 손 내밀어 네 입에 베푸시는[6]일을 내게 보라 내가 내 말을 네 입에 두었다[7] 하시었다. 여호와의 율법을 네 입에 두는 일은 다른 신들의 이름을 네 입에서 나오게 하지 않게 하는 일이다. 베푸시는[8] 하나님 말씀이다.

입은 숫송아지=파아르=פר[파르]=פַּר[파르][9]에서 찾아진다. 흠 없는 숫 송아지 한 마리는 하나님의 구약의 희생제물이다. 입의 역할 숫 송아지이다. 행하신 일이 그리크뇨[10]의 입=페=פ[페] 하나님 말씀 전하기다. 입[11]의 중요성은 우리의 얼굴 바로 낯=파아나이브=פניו[파아나이브]=פָּנָיו[파아나이브][12]이다. 하나님이 파 놓으신 얼굴이다. 얼굴은 말하지 않아도 알게 되는 입의 역할을 말한다.

---

1) בְּפִיו(베피브 · 입에서, 민 30: 2).
2) מִפִּיו(미피브 · 입에서, 욥 37: 2).
3) מִפִּיו(미피브, 잠 2: 6).
4) מִפִּי(미피, 시 119: 43).
5) בְּפִיךָ(베비카, 사 51: 16).
6) בְּפִיךָ(베비카 · 네 입에, 렘 1: 9).
7) בְּפִיךָ(베피카 · 네 입에, 출 13: 9).
8) עַל~פִּיךָ(베피카 · 네 입에서, 출 23: 13).
9) פַּר(파아르 · 수송아지, 민 23: 14, 28: 19, 29: 4).
10) פָּעַל(파아알, 민 23: 23).
11) עַל~פִּיךָ(베피카 · 네 입에서, 출 23: 13).
12) פָּנָיו(파아나아이브 · 낯, 민 24: 2).

2). 룻의 입에서의 그분 말씀

유일하게 예수님의 족보와 연관되는 룻기서는 룻의 어원을 짝과 여자친구[1]로 한다. 동료와 절친한 친구와 돌보다의 레아[2]에서 유래하였다. 룻[3]은 십자가[4]로 연계되는 이름이다. 시어미 나오미 가족이 이민을 오면서[5] 룻과 보아스가 만나[6] 사랑이 싹터[7] 결실을 맺은 이스라엘 집을 세운 레아 계열[8]이다.

룻 의미 덮으소서=파아라스=פרש파아라스=פָּרַשׂ파아라스[9]라 한다. 입을 덮고 덮으라고 강조하며 우파라스타=ופרשת우파라스타[10]=וּפָרַשְׂתָּ우파라스타이다. 옷자락으로 덮음이 말씀 입으로 전하는 일이다. 은혜로 예수님의 족보에 드는 일이다. 하나님 지붕아래서 후사를 잇는 룻[11]의 이 기업[12] 얻는 일이다. 유다와 다말 사이에서 베레스[13]로 이어지고 다시 헤스론[14]에서 람[15]과 암미나답[16]과 나손[17]

---

1) רְעוּת(레우트 · 여자친구).
2) רֵעַ(레아 · 동료 · 애인 · 절친한 친구).
3) רְעוּת(레우트).
4) ת(다브).
5) 룻기 1장.
6) 룻기 2장.
7) 룻기 3장.
8) 룻 4: 11.
9) פָּרַשׂ(파아라스).
10) וּפָרַשְׂתָּ(우파라스타 · 덮으소서, 룻 3: 9).
11) 룻 1: 17.
12) אֲחֻזָּה(아후짜아 · 기업).
13) 창 38: 29; 룻 4: 12.

까지 이어지면서 살몬[1] 그리고 보아스[2]와 룻이 오벳[3] 그리고 이새[4] 에서 다윋[5]으로 이어진 살몬이 라합과 결혼하여 보아스를 낳는데 이 때 룻의 중요성은 유다와 다말 사이에서 난 베레스에서 헤스론으로 그리고 람과 암미나단과 나손과 살몬과 보아스로 이어지며 룻이 보아스와 관련된다. 다시 오벳으로 이어지면서 이새와 다윋으로까지 이어진다. 보아스의 아버지 살몬이 바로 삶은[6] 옷을 입힘 의미에 있다. 곧 보아스의 아버지, 룻의 시아버지, 다윋의 조부이다. 살몬은 기본형 삶아[7]에서 왔으며 옷과 의복과 의상이다.

우리들은 옷을 삶아 입는다. 예루살렘의 본래 이름 또한 살렘[8]인데 평화라는 뜻이 옷을 삶아 입어 균이 없는 상태를 말한다. 예루살렘과 예루살라임[9]에서 보여 지는 예루[10]는 물과 같이 흐르다 · 가리키다로 평화 살렘[11]과 합하여 평화의 예루살렘이다.

---

14) 창 46: 12; 룻 4: 18.
15) 룻 4: 4: 19.
16) 룻 4: 19.
17) 민 1: 7, 2: 3, 민 7: 12; 룻 4: 20; 대상 2: 10, 2: 11.
1) 룻 4: 20; 마 1: 4, 5.
2) 룻 4: 21.
3) 룻 4: 21.
4) 대상 2: 12.
5) 룻 4: 17, 22.
6) שַׁלְמוֹן(살몬 · 옷을 입힘).
7) שַׂלְמָה(삶아, 신 29:4).
8) שָׁלֵם(살렘).
9) יְרוּשָׁלֵם(예루살렘, 수 10: 3) · יְרוּשָׁלַיִם(예루살라임).
10) יְרוּ(예루)와 יָרָה(야라)와 יָרָא(야라).

3). 입에서 나오는 노래

룻이 시 어머니의 말씀 따라 보아스에게 옷자락으로 덮어 달라[1]며 은혜를 입고 족보 서열에 든다. 룻은 둘째 며느리였다. 둘째와 두 번째 성경이 강조하는 2회 리듬 그 의미비중 룻기서 2회 반복리듬[2]으로 한다.

나오미의 둘째 며느리인 룻은 연소한 자를 좇지 아니하고[3] 보아스의 아내가 된다. 다윋의 증조할머니이다. 다윋은 하나님의 끓는 가슴 사모로 말씀을 입으로 전하는 노래 쉬르[4] 마음의 즐거운 노래[5]로 찬양했다.

---

11) שָׁלֵם(살렘)은 충만한 · 공평함과 어울린다. 초기 솰렘(창 14: 18; 시 76: 2; 히 7: 1, 2).

1) 룻 3: 9.

2) ① 나오미에게 이르되 아니니이다 우리는 어머니와 함께 어머니의 백성에게로 돌아가겠나이다(룻 1: 10)

② 룻이 가로되 나로 어머니를 떠나며 어머니를 따르지 말고 돌아가라 강권하지 마옵소서 어머니께서 가시는 곳에 나도 가고 어머니께서 유숙하시는 곳에서 나도 유숙하겠나이다 어머니의 백성이 나의 백성이 되고 어머니의 하나님이 나의 하나님이 되시리니(룻 1: 16)

③ 어머니께서 죽으시는 곳에서 나도 죽어 거기 장사될 것이라 만일 내가 죽는 일 외에 어머니와 떠나면 여호와께서 내게 벌을 내리시고 더 내리시기를 원하나이다(룻 1: 17).

3) 가로되 내 딸아 여호와께서 네게 복 주시기를 원하노라 네가 빈부를 물론하고 연소한 자를 좇지 아니하였으니 너의 베푼 인애가 처음보다 나중이 더하도다(룻 3: 10.

4) שִׁיר(쉬르).

5) 창 31: 27; 출 15: 1, 2; 민 21: 17; 신 31: 19, 21, 22, 30, 32: 44; 삿 5: 1, 3, 12; 삼상 18: 6; 삼하 19: 35, 22: 1; 왕상 10: 12; 대상 13: 8, 15: 16, 19, 27, 16: 9, 23, 25: 6; 대하 5: 12, 13, 9: 11, 20: 21, 23: 13, 18, 29: 27, 28, 35: 15, 25; 스 2: 41, 65, 70, 7: 7; 느 10: 39, 11: 22, 23, 12: 27, 28, 29, 42, 45, 46, 47, 13: 5, 13: 10; 욥 36: 24; 시 7: 1, 21: 13, 27: 6, 28: 7, 33: 3, 40: 4, 48: 1, 57: 8, 59: 17, 65: 14, 68: 5, 68: 32, 69: 30, 83: 1, 87: 1, 87: 7, 88: 1, 89: 1, 96: 1, 96: 2, 98: 4, 104: 33, 105: 2, 108: 1, 120: 1, 121: 1, 122: 1, 123: 1, 124: 1, 125: 1, 126: 1, 127: 1, 128: 1, 129: 1, 130: 1, 131: 1, 132: 1, 133: 1, 134:

4). 우물 아구

우물 아구는 사람의 입도 상징한다. 입으로 노래나자 נצח나자=נֶצַח나자1) 영원한 향기가 난다. 노래 마샬2)은 하나님으로부터 온 말씀을 부드럽게 마음 녹여 부르는 노래3)이다. 몸이 나아4)져서 영원5)의 노래 릴리야 릴리리야 니나누=노래=רנה리나=רִנָּה리나6)누이다. 우리가 부르는 이 노래는 사실 히브리 성경에 있다. 누=우리 다 같이=ו우 노래=니난나=רננה리난나=רְנָנָה리난나7) 우리나라에서의 닐닐이야 닐닐이야 니나누 노래=나 봐=נבא나봐=בָּא

1, 137: 3, 137: 4, 138: 5, 144: 9, 149: 1; 잠 25: 20; 전 2: 8, 7: 5; 사 5: 1, 23: 15(기생노래), 23: 16, 24: 9; 사 26: 1, 30: 29, 42: 10; 렘 20: 13; 겔 26: 13, 33: 32, 암 5: 23).

1) נָצַח(나아자아, 시 11: 1, 12: 1, 13: 1, 14: 1, 18: 1, 19: 1, 20: 1, 21: 1, 22: 1, 31: 1, 36: 1, 39: 1, 40: 1, 41: 1, 42: 1, 44: 1, 45: 1, 46: 1, 47: 1, 49: 1, 51: 1, 52: 1, 53: 1, 54: 1, 55: 1, 56: 1, 57: 1, 58: 1, 59: 1, 60: 1, 61: 1, 62: 1, 64: 1, 65: 1, 66: 1, 67: 1, 68: 1, 69: 1, 70: 1, 75: 1, 76: 1, 77: 1, 80: 1, 81: 1, 84: 1, 85: 1, 140: 1; 합 3: 19.

2) מָשָׁל(마샬, 민 23: 7, 18, 24: 3, 15, 20, 21, 23; 사 14: 4.

3) מַשָּׂא(마사 · 노래, 대상 15: 22).

4) נָשָׂא(나사아 · 노래, 욥 21: 12).

5) רָנַן(란난 · 즐거이 노래, 대상 16: 33, 욥 29: 13; 시 95: 1, 96: 12, 145: 7, 149: 5; 잠 29: 6, · 별들이 노래, 욥 38: 7 · 열방은 즐거이 노래, 시 67: 4 · 노래가 없어지겠고, 사 16: 10 · 깨어 일어나며 부르는 노래, 사 26: 19) · 영광의 노래, 사 35: 2 · 벙어리의 혀가 노래, 사 35: 6 · 거민들은 노래하며, 사 42: 11 · 하늘아 노래할찌어다, 사 44: 23 · 일제히 소리 높여 노래, 사 52: 8, 9 · 종들은 즐거우므로 노래할찌어다, 사 65: 14 · 야곱을 위하여 노래, 렘 31: 7 · 바벨론을 인하여 노래, 렘 51: 48 · 시온의 딸아 노래할찌어다, 습 3: 14).

6) רִנָּה(니나 · 노래, 대하 20: 22; 시 105: 43, 107: 22 · 무리가 소리 질러 노래, 사 14: 7 · 여호와의 속량함을 입은 자들이 노래, 사 35: 10 · 산들이여 노래하라, 사 49: 13 · 여호와께 구속된 자들이 노래, 사 51: 11 · 잉태, 생산, 구로치 못한 자여 노래하라, 사 54: 1 · 모든 노래, 사 55: 12).

7) רְנָנָה(레난나 · 노래, 시 100: 2).

נָ[나봐][1] 박자 짜 맞=זמר[짜마르]=זָמַר[짜마르][2]추는 구원[3] 노래 누가 누가 더 노래=내기나=נגינה[내기나]=נְגִינָה[내기나][4]! 미찔리=מזמור[및질리]=מִזְמוֹר[및질리][5]없는 인생이다. 삶을 재미로=זמיר[자미로]=זָמִיר[자미로][6] 하라=הלל[하라]=הָלַל[하라][7]는 말씀 따라 혼인서약하며 내 혀가 주의 말씀 노래=아나=ענה[아나]=עָנָה[아나][8]이다. 아나 농부야 말 들어! 우리 노래와 같다. 즐거움으로 하나님을 찬양하며 사는 일의 축복 룻은 보아스를 만나 결코 및질리 없는 삶을 살았다.

우리말 아구가 있다. 고대 중동 지역에서는 도시풍의 우물 뚜껑이 있었다. *BC* 2350~2200 에블라에 있던 *BC* 14~13 특히 *BC* 884~859에에 발견된 우물뚜껑은 0.50*m*의 두께이며 돌로 된 뚜껑 머리에 동물이 그려진 물덮개[9]가 발견되었다. 우물 아구는 돌로 막아져[10] 있으므로 물을 먹으려면 이 돌을 치워야 물을 먹을 수 있었다. 이와 관련한 여리고성 무너뜨리기가 바로 하나님의 향기가 나는 여리고성 아구[11]라 하는데 곧 물의 입

---

1) נָבָא(나아바아 · 노래, 대상 25: 1, 2, 3).
2) זָמַר(짜마르, 스 7: 24; 욥 35: 10.
3) רֹן(론, 시 32. 7).
4) נְגִינָה(내기나 · 노래, 시 69: 12, 77: 6, 애 3: 63, 5: 14).
5) מִזְמוֹר(미쯔모르 · 노래, 사 38: 20, 시 4: 1, 5: 1, 6: 1, 8: 1, 9: 1, 98: 1, 109: 1, 139: 1).
6) זָמִיר(잠미르 · 노래, 시 119: 54, 아 2: 12; 사 24: 16, 25: 5).
7) הָלַל(할라 · 노래, 시 78: 63).
8) עָנָה(안나 · 노래, 시 119: 172, 147: 7).
9) John Peter Oleson, 「Water Works」 *ABD,* 885.
10) 창 29: 2, 3, 8; 삼하 17: 19.
11) פִּנֵּי(핀네, 삼하 17: 19).

구가 입인 말씀이 나오는 곳이다. 말씀을 막고 있는 성을 무너뜨리는 일은 방해물을 치우는 일이다. 이 때 막고 있는 것이 바로 히브리어로 입인데 입을 막는 일이다. 잡신을 찬양하는 입을 막는 일이다. 입으로 하나님을 찬양하여 잡신을 이기는 일이다. 시적으로는 둥근 모형 달[1)]U형 곧 하나님의 잔 안에 드는 일이다.

방법은 다른 신을 섬기기를 금하게 하는 실천행위다. 하나님의 향기인 곧 물이 들어 있는 물 아구를 열어 그 물을 먹는 일이다. 이스라엘 백성들은 하나님의 명령에 따라 여리고 성 주위를 매일 돌고 7일째는 일곱 바퀴를 돌면서 큰 소리로 외쳤더니 성이 무너졌다. 바로 말씀이 담기어 있는 여리고성, U 잔에 담기면서 백성들에게는 말씀향기가 났다.

하늘 아래 가장 가까운 여리고 성은 원래 하나님의 성이었다. 그런데 이 여리고성이 막혀있어서, 하나님이 하나님의 백성, 여호수아를 중심한 그의 사랑하는 백성들이 살 수 있도록 허락하시는 일을 여호수아를 중심한 하나님의 백성들이 실천하였다. 하나님의 백성들은 일곱 번 여리고성을 돌면서 여리고성을 얻는다. 이들은 마지막 날 입으로 크게 부르짖으면서 성을 한 바퀴 돈다. 입으로 부르짖을 때의 입은 큰 칼날의 날로 발음은 파[2)]이다.

---

1) Northrp Frye, *The Critical Path,* 59~61.

3. 사랑실천

하나님의 일을 실천하는 입은 하나님의 절대적인 칼날로 파야한다. 한국말에 있는 이 '파'발음은 우상의 암을 파헤치는 일이다. 우상을 섬기고 있던 일곱 족속 헷 · 기르가스 · 아모리 · 가나안 · 브리스 · 히위 · 여부스 · 족속을 파헤치는 일이다. 그러나 이들을 이스라엘 백성들은 다 쫓아내지 아니하고 남겨둔다. 일곱 족속 들은 하나님을 섬기는 것이 아니라 하늘에 달린 해를 우상 삼아서[1] 섬기고 있었다.

성경언어 해는 물[2]을 중심으로 가운데 가루로 만들어 버리는 치아[3]로 물을 씹는 형상이다. 해는 어디에서나 물을 마르게 하는 자연의 현상이다. 그런데 물은 생명과 관계가 되는데 사람의 몸에 물이 하나도 없어 뼈만 남은 죽은 생명들을 하나님은 말씀한마디로 생명이 있게[4]하셨다.

이처럼 해와 달은 빛을 비추는 역할이다. 해는 비취면서 물이 없게 하고 이 물 없는 사람의 몸을 살리심을 절대자는 보이셨고 달은 향기[5]를 내는 역할을 달인

---

2) פֶּה(파, 출 17: 14, 신 13: 16).
1) שֶׁמֶשׁ(쉐메쉬· 태양, 신 7: 1.
2) מֶ(메).
3) שׁ(쉬)와 가루로 만들 שֶׁ(쉐).
4) 겔 27: 3~11.
5) Northrp Frye, *The Critical Path,* 59 ~ 61.

여리고성이 막혀 있자 열려 말씀의 잔이 되게 하시었다. 하나님의 향기를 여리고성과 관련한 성경은 바로 하나님의 백성이 향기로 된다. U 모양인 잔, 여리고 성에 들어가서야 향기가 나게 하시었다. 일반적인 이미지인 U모양의 움푹 들어간 곳은 어둡고 침침한 스올의 개념일 수 있다. 그러나 성경은 항상 같은 성경 언어를 가지고 이중적 의미를 나열한다.

그 중에 하나가 여리고 성인데 하나님이 계신 곳으로 한다. 다신과 하나님을 믿는 백성의 차이는 다신을 섬기는 여리고 사람들이 하나님을 믿는 백성들이 여리고성을 향해 밀려온다는 이스라엘백성들 때문에 그들은 벌벌 떨며 문을 굳게 닫은 데서 죄악에 있는 이와 그렇지 않는 이들의 삶의 모습이 달라진다. 바로 언제나 말씀이 닫혀있는 상태를 없애는 일은 하나님 안에 드는 일이다. 그들은 매일 성 주위를 돌고 그리고 일곱째 날에 큰 소리로 절대자를 찬양하였다.

형상 금령[1] 실천은 신약 사도행전[2]에서 구체적이다.

---

1) 민대훈, 『바르트와 레비나스가 본 형상 금령 해석』, 158.

2) 사도행전은 예수님의 승천(1장)이후 오순절(2장)을 지낸다. 성전에서 앉은뱅이(3장)를 고치는 일과 두 사람 요한과 베드로의 감옥(4장)생활과 아니아 삽비라 부부의 죽음(5장)을 통해 성령의 역사를 중요시한다. 그 일을 하기 위해 일곱 집사(6장)가 세워지면서 그중 하나인 스테반의 설교(7장)를 통해 실천행위 곧 예수님은 그리스도라는 것(8장)이다.

사울의 회심(9장)과 베드로가 행한 욥바의 다비다 일(9장)은 성령의 역사로서 죽은 사람이 살아난 일이다. 고넬료와 베드로의 만남(10장)의 역사 등의 이방 선교 보고(11장)는 예루살렘 가까이서 시작하게 된다. 베드로의 감옥에서의 탈옥(12장), 이제 본격적인 바울의 1차 선교출발(13장)을 시작으로 1차 선교 귀환(14장)을 다시 예루살렘 총회에서 가진다(15장). 다시 2차 하나님 백성으로 살아가는 일은 사랑 실천 이행 디아스 폴로 삶이 있다. 이 디아의 성막은 48개의 기둥 곧 48 나누기 4는 12로 넷은 네 발 · 발밑이 갈라진 발굽 · 양의 발굽의 12마리에서 동 · 서 · 남 · 북의 이산을 합하여 48주가 된다. 12지파의 하나님 보호의미가 되는데 바로 하나님을 믿는 우리들이다. 하나님의 사랑실천을 하게 되면 주위에는 첫 번째 염소 털로 만든 휜털로 안쪽은 구름으로 지키는 천사가 있다. 두 번째 붉은 물들인 가죽 · 세 번째 해달의 가죽이 막아준다. 이 안에 드는 보석이 되는 하나님의 백성들은 휘장 안에 들면서 이 안과 밖을 드나들 수 있다. 세 번째가 되는 이곳은 휘장만 있으나 맘대로 누구나 드나들 수 있다. 법궤는 서로 날개를 맞댄 속죄 소에 있다. 시온 좌 뚜껑을 가진 상자 법궤이다. 아론의 싹이 난 지팡이는 만나를 담은 금 항아리와 두 돌 판으로 짐승의 피를 가지고 들어가서도 열리지 않지만, 그 분에 의해서만 열리는 속죄소이다. 바로 예수님 돌아가실 당시 옆구리가 찢어졌다 함은 내 안에 하나님과 막힌 담이 찢어진다.

바로 생명과가 열리는 십자가인데 십자가란 휘장이

선교를 빌립보 사역을 디모데와 같이(16장) · 2차 데살로니가, 베레아, 아덴 선교(17) · 2차 고린도 사역을 18개월 동안(18) · 3차 에베소사역(19) 후 3차 귀한을 예루살렘에서 보고한 후 체포된다(21장) · 1차 간증(22장) · 공회 앞(23장)과 벨리스총독(24장), 베스도총독(25장)앞에서 · 2차 간증을 아그리바 왕 앞에서(26) · 죽기 위하여 로마에 도착(27).

찢김으로 하나가 되는 초월성 바로 통과 디아δια[1] 사상이다. 번제 단 안에는 세문이 있는데 첫째 문은 모두 울타리로 되어 있어서 누구나 들어갈 수 있다. 번제단과 물두멍이 있다. 첫 번째 문을 들어가려면 씻어야 한다. 둘 째 문은 시험을 거쳐야 한다. 애쓰고 힘써야 들어간다. 애써서 들어가는 일은 하나 곧 헬라어로 에이스εἰς 되어야 들어간다. 음강법으로 설명 되어 지는바 헬라어 프로스인 '…향하여'[2]야 열린다. 천국을 향하여 들어가려면 애쓰고 힘써서 들어가되 하나님에 의하여서만 들어간다. 안인 엔ἐν 즉 안에 들어간 이유는 하나님 만나 죄 사함을 받는 마지막 세 번째 문까지 들어가려면 예수의 피가 있어야 한다. 헬라어로 엔ἐν이다. 강기식으로 설명되면 안이고 한이다. 죽어야 하나님을 만나는 일 헬라어로 에이스[3]이다. 죽어야 산다이다. 헬라어 에크 εκ하고 토해내야 밖으로 나와 싹이 난 일이다. 요나는 스올의 뱃속에서 에크εκ하고 토해져 살아났다. 헬라어 에피ἐπί 예쁘게 열매 맺힌 다음 떨어져 나가는 아픔 아포ἀπο 아픔을 겪고 통과 되어[4]진다. 복음은 통과를 목적으로 한다.

---

1) δια(디아).
2) πρός(프로스).
3) εἰς(에이스).
4) δια(디아).

1). 하늘과 해

하나님이 물로 해=싸매서=שמש[쉐메쉬]가 해이다. 즉 물 말씀 따라 아드님을 희생하시었다. 물이 하늘로 오르는 본보기를 보여 주시었다. 이 빛을 거울삼아1) 살아라 하신다. 더 나아가 우리말 선생=쎔=שם[쉠]=שֵׁם[쉠]2) 삼아=שָׁם[솸아]=שָׁמָּה[솸아]3) 임을 삼아4) 살라 하신다.

이 사상은 하나님이 보여준 하늘5) 해가 있는 거기6) 에서 빛 역할로 살아라7)시다. 내 이름으로8) 빛내라! 방법은 말씀으로9) 세상 거기의 삶10)을 하나님이 계시는 그리로 목표를 삼아11) 살아라! 성경12)은 순종을 거

---

1) שָׁמַיִם(솨마임,욥 35: 5, 37: 21; 시 57: 20, 78: 23, 77: 17.

2) שֵׁם(쉠 · 이름).

3) שֵׁם שָׁמָּה(쉠 솨마 · 그리로 그리로, 신 23: 21).

4) שִׁמְעוּ שִׁמְעוּ(쉬메오아으 쉬메오아으 · 들으라 들으라, 욥 37: 2)

5) שָׁמַיִם(솨마임 신,16: 6, 21: 4, 26: 5, 31: 26, 34: 5).

6) שָׁם(솸 · 거기).

7) שָׁם(솸 · 거기서, 신 21: 4).

8) בְּשֵׁם(베셈 · 이름으로, 창 12: 2, 8, 13: 4, 16: 11,16: 13, 17: 5, 17: 15, 17: 19, 19: 22, 19: 37, 19: 38, 21: 38, 22: 14, 25: 25, 26, 26: 18, 20, 21, 22, 25, 33, 27: 36, 28: 19, 32, 33, 34, 35, 30: 6, 8, 11, 13, 18, 20, 21, 30: 24, 31: 48, 32: 2, 28, 29, 30, 233: 17, 20, 35: 8, 10, 15, 38: 3. 4, 5, 29, 30, 41: 45, 41: 51, 52, 50: 11; 출 2: 10, 22, 6: 3, 15: 23, 16: 31, 17: 7, 15, 20: 7, 20: 24, 28: 9, 10, 11, 12, 29, 32: 32, 33: 19, 34: 5, 39: 6, 39: 14; 레 18: 21, 19: 12, 21: 6, 24: 11, 24: 16; 민 11: 3, 34,.이하 생략.

9) מִשָּׁם(미솸 · 거기서, 신 10: 7).

10) שָׁם(쏨 · 거기, 신 14: 26, 16: 6).

11) שָׁמָּה(솨마하 · 그리로, 신 23: 13, 21, 31: 16).

12) Gordin J. Wenham은 *Genesis 1~15*(Waco: Word Books, Publisher, 1987) xxi., 11~3에서 1절은 2절의 종속절, 3절의 종속절, 2~31절의 요약적 설명, 처음 창조행위로 보는 견해에 있다.

기[1]로 삼아 임[2]으로, 나의 마 임[3]으로 하라신다. 물이 없는 곳[4]에다 해를 다는 일은 하나님인 빛을 다시는 일이다.

파리의 루브르 박물관에는 함무라비 법전을 기록한 돌 비석 뒷부분에서 태양신에게 함무라비가 선채로 판결 권을 받는 그림이 있다. 수메르 사람들은 우루의 에바바르[5] 태양을 섬겼다. 해의 원어는 셈어 샤마쉬[6]에서 찾아진다. 하나님이 하늘에 단 해[7]이다. 월신 난나와 닌갈신의 태양신[8]을 숭배하자 하나님이 물이 하나도 없는 죽은 뼈들을 살신[9] 하나님이 하늘 높이 해를 다시었다.

하나님! 엘로힘! 힘이 있는 분! 맷돌로 고운가루로 되도록 빻아 에바 십분의 일에 빻는[10] 두 번의 기능을 두어 예수님이 힘이 있는 분임을 하나님은 보이신다. 떡을 만드는[11]일도 빻는 일이다.

---

1) שָׁם(솸 · 거기) · 또 거기서 וּמִשָּׁם(움미솸 · 또 거기서, 창 2: 10, 11: 9) · 그곳 שָׁם(솸 · 그곳) · 그리로 מִשָּׁם(미솸 · 그리로, 창 11: 8).

2) שָׁמַיִם(솨마임 · 하늘).

3) מַיִם(마임 · 물).

4) שֶׁמֶשׁ(쉐메쉬).

5) 신전 깨끗하다와 밝게 빛난다 뜻인 e~babbar, white house, babbar.

6) Shamash, Shamsh.

7) שֶׁמֶשׁ(쉐메쉬 · 해).

8) 장국원, 『고대 근동 문자와 성경』(서울: 기독교 문서 선교회, 1996), 165~166.

9) 겔 37: 3~11.

10) 민 28: 5.

11) 창 18: 6.

2). 하늘과 이름

먼저 고운 가루 만들기는 모세가 그들의 만든 송아지를 가져 불살라 부수어 가루를 만드는 일[1]이었다. 힘 있는 하나님을 위한 모세사역이다. 모세는 이 가루를 물에 뿌려 이스라엘 자손에게 마시우게 하였다. 이 일은 여호와께 드리는 향기로운 제물[2]이다.

성경 2회 리듬 여호와 여호와=יְהוָה יְהוָה여호와 여호와[3] 매일매일=יוֹם יוֹם욤욤=יוֹם יוֹם욤욤[4] 여섯 여섯=식스 식스=ששׁ ששׁ쉐스쉐스=שֵׁשׁ שֵׁשׁ쉐스쉐스[5] 일곱씩 일곱씩=שבע שבע=שִׁבְעָה שִׁבְעָה쉬브아쉬브아 [6], 또 그 손이 모든 사람을 치겠고 모든 사람의 손이 그를 치겠고[7]의 향기가 있다.

이 2회 리듬은 하나님이 죄악을 부셔버리는 의미의 하늘 히브리어 언어에 붙는 쉰=치아=ש[8]로 한다. 오른쪽 선상에서의 점과 모음부호 파다흐[9]로 사람이 가진 이빨로 전한다. 이 시적표시 치아=ש[10]는 쉐, 곧 치아사

---

1) 출 32: 20.

2) 창 1: 6, 2: 26, 3: 7, 4: 19, 5: 8, 6: 19; 신 9: 10.

3) יְהוָה יְהוָה(여호와 여호와, 출 33: 6).

4) יוֹם יוֹם(욤욤 · 매일 매일, 시 61: 9, 68: 20).

5) שֵׁשׁ(쉐스 · 여섯, 대하 1:3; 아 5: 12).

6) שִׁבְעָה שִׁבְעָה(쉬브아 쉬브아 · 일곱씩, 창 7: 2, 3).

7) יָדוֹ בַכֹּל וְיַד כֹּל בּוֹ(야도 바콜 베요드 콜 보 · 그 손이 모든 사람을 치겠고 모든 사람의 손이 그를 치겠고, 창 16: 12).

8) ש(쉰 · 치아).

9) שָׁמַיִם(솨마임 · 하늘) · שֶׁמֶשׁ(쉐메쉬 · 해)에서 שֶׁ(쉐)와 שָׁ(솨) · שֵׁם(쉐 · 이름)의 שֵׁ(쉐), שָׁמָּה(솨마 · 그리로)에서 שָׁ(솨) · שָׁנֵי(쇄네 · 두) · שָׁדַיִךְ(솨다이카 · 유방) · שָׁלוֹם(솰롬 · 평화)의 שָׁ(솨) 모두 한결같이.

이에서 나오는 쉐~쉐~쉐~쇄~솨[1]이다. 그런 다음 우리에게 복을 주시는 의미를 강조한다. 둘씩 둘씩=쉐나임 쉐나임=שנים שנים쉐나임쉐나임=שְׁנַיִם שְׁנַיִם쉐나임쉐나임[2] 기는 것=하시렜죠 하시렜죠=השרץ השרץ하시렜즈하시렜즈=הַשֶּׁרֶץ הַשֶּׁרֶץ하시렜즈하시렜즈[3]와 모셔 모셔=משה משה모쉐모쉐=מֹשֶׁה מֹשֶׁה모쉐모쉐[4] 2회 리듬은 하나님과 예수님 두 분 은유다.

우리말에 아시라라는 말이 있다. 히브리어에 내가 찬송하리니의 뜻을 지닌 발음 아쉬라[5]는 복과 관련된다. 아시라[6]의 치아의 오른쪽 위 선상의 점과 모음부호 파다흐가 달린다. 물이 없는 뼈들[7]을 다시 살려 사람이 살게 하시는 의미가 들어 있다. 우리말에 하마 다 하셨습니까?라는 경상도 말이 있다. 그렇게 하마=המה하마=ה

---

10) שֶׁ(쉐).

1) שׁ(쉐)⋯→ שֶׁ(쉐), שׁ ⋯→ שָׁ(솨) ⋯→ שֶׁ(쇄) ⋯→ שָׁ(솨)⋯→ שָׁ(솨).

2) שְׁנַיִם שְׁנַיִם(쉐나임 쉐나임 · 둘 씩, 창 7: 9).

3) וּבְכָל~הַשֶּׁרֶץ הַשֶּׁרֶץ(베콜~하쉐레쯔 하쉐레쯔 · 기는 것과, 창 7: 21).

4) מֹשֶׁה מֹשֶׁה(모쉐 모쉐, 출 3: 4).

5) אָשִׁירָה(아쉬라 · 내가 찬송하리니, VQICXS, I will sing, 시 13:6).

6) אַשְׁרֵי·אַשְׁרֵי(아세레 · 복, 신 21: 14, 15, 26: 15)는 행복하다(잠 3: 18, 9: 6; 욥 29: 11; 사 3: 2)로 옳은 것을 의미한다. 옳다로 엘로힘(신)과 제데크(유방) 혹은 שָׁלוֹם(솰롬)와 루아흐(영)와 여호와가 다 모인 상태이다. 복은 바로 여호와하나님과 성령이 함께 하는 실존의 현실이다. אֲשֶׁר(아쑤르 · 걸음, 보행, 걸음, 욥 31: 18, 9: 6, 29: 1; 사 3: 2), 걸음 보행으로 אֲשֶׁר(아싸르 · 창 13: 13)이며 행복, 행복하의 의미 걸음, אַשְׁרֵי(아세레 · 복, 신 33: 29; 시 1: 1; 잠 3: 13) 행복의 의미 또한 אֲשֵׁרָה(아쉐라 · 행복한, 신 7: 5; 삿 6: 25) 베니게의 여신 아세라의 의미이다. 이 복은 관계대명사로서 ..한, ..한 방법으로 이 의미는 문장에 삶 전체로 성경전체에 펼쳐진다. 복은 베라카 ברכה (베라카 · 무릎을 꿇다 동사 ברך(바라크)에서 유래하였는데 하나님을 향하여 무릎을 꿇을 때 찬양하다(창 9: 26, 24: 27) 동사가 강의형일때는 계속해서 무릎을 꿇다. 즉 복을 빌다라는 의미로 쓰인다. 그러므로 복은 하나님을 찬양하는(느 9: 5) 무릎을 꿇음이며 복은 하나님을 통하여 얻어지는 것(창 12: 2)이다. 인간의 행복은 하나님 그로 말미암는다.

7) 겔 37: 3~11.

הָמָה하마1)로 은혜를 약속하시는 그 분은 해=삼아서=שמש=שֶׁמֶשׁ솨메스2)가 보여주는 양쪽에 똑 같은 글자를 2회 반복시킴으로 하여 하나님이 그의 아들 예수를 십자가에 달리게 하시어 우리에게 복을 주시는 의미를 전한다. 양쪽에 말씀을 달아서 일하시는 그분을 알린다. 곧 말씀이 양쪽에 달리어 십자가 사건이 예수님이 십자가에 두 손으로 달리심을 은유한다.

실제 파리의 루브르 박물관에 보관된 함무라비 법전 돌비석의 뒷부분에는 함무라비가 선채로 판결 권을 받는 그림이 있다. 수메르 사람들은 우루의 신전을 에바르라고 불렀는데 깨끗하게 의미다. 그들은 태양과 밝음과 사회 정의 · 인간의 마음이 깨끗하여짐을 하얀 색깔로 표현하였다. 우루 신은 셈어의 샤마쉬, 히브리어 쉐메쉬로 물을 양쪽에서 하나님이 빻아 버리신 뜻이다. 하나님 흔적은 해를 통해 그의 힘을 나타내신 예이다.

여섯=쉐쉬=שש쉐쉬=שֵׁשׁ쉐쉬3)와 관련한 글자 근거는 신화에서 말하는 신이며 태양신4)이다.

학자 토시오는 히브리어 해 쉐메쉬가 아카드어 *Šamaš*와 관련 있다했으나 공동명사 *Šamšu*와 *Šamaš*는 동일하지도 아니하다5) 하였다.

---

1) הָמָה(하마).

2) שֶׁמֶשׁ(쉐메쉬 · 해, 시 19: 5, 라 1: 6).

3) שֵׁשׁ(쉐쉬 · 여섯, 창 7: 6; 민 1: 46; 수 6: 3; 겔 16: 4.

(1). 여섯

여섯은 해 의미와 긴밀하게 관련되면서 예수님이 그의 몸을 다 없애는 의미이다. 태양신과 하나님과의 차이는 의로운 해[1]에서 확인된다. 해가 물의 초월성 뜻으로 해석될 수 있는 것은 해 쉐메쉬[2]가 음식을 빻는[3]의미로 하여 하나님 아들이 십자가에 달림 이스라엘 백성에게 준 유월절[한날 · 한분 · 예수] ---> 무교절[둘째날 · 십자가사건] ---> 초실절[셋째날 · 부활] ---> 오순절[넷째날 · 성령] ---> 나팔절[다섯째날 · 재림] ---> 속죄절[여섯째날 · 구속] ---> 장막절[일곱째날 · 영원]이다.

복음의 물이 말씀이 흐르는 물을 위한 하나님의 일잇발 치아[4]역할은 예수님이 십자가에 달리심으로 하여 물이 다 빠져나간 즉 여섯=쉐쉬=שש=[쉐쉬]שֵׁשׁ[쉐쉬][5]의 두번씩 되풀이 되는 의미는 갈고 닦는 여섯째, 예수님은 여섯째 날 십자가에 달리셨다. 여섯[6] 표기는 여섯 성

---

5) Tsumura, David Toshio, 52.

1) 말 4: 2.

2) שֶׁמֶשׁ((해).

3) KHCCOT 3795 כָּתִית(카티트 · 빻아, 민 28: 5); כָּתִית(카티트 · 두들겨낸, 빻아서 고운 · 3807 כָּתַת(카타트 · 빻다, 조각내다, 조각내어 부수다.

4) שׁ(쉐)와 שָׁ(솨): J. Weingreen, 『구약 성경 히브리어 완성』 김재관 역(서울: 기독교 문서 선교회, 1999), 245.

5) שֵׁשׁ(쉐쉬 · 여섯, 창 7: 6; 민 1: 46; 수 6: 3; 겔 16: 4.

6) שֵׁשׁ(쉐쉬 · 여섯) · 여섯째 הַשִּׁשִּׁית(하쉬쉬트 · 여섯째) · 여섯째 הַשִּׁשִּׁי(하쉬쉬 · 여섯째, 창 1:31); 창 1: 31, 30: 19, 20; 출 25: 32, 33, 35, 26: 9, 22, 25, 28: 10, 36: 16, 27, 30, 37: 18, 19, 21; 레 24: 6; 민 7: 3, 29: 29, 35: 6, 35: 13, 35: 15; 수 15: 59, 62, 19: 32; 룻 3: 15, 17; 삼상 17: 4; 삼하 2: 11, 3: 5, 6: 13, 21: 20; 왕상 6: 6, 10: 19, 20, 11: 16; 왕하 15: 8; 대상 2: 15, 3: 3, 4, 22, 4: 27, 8: 38, 9: 44, 12: 11, 20: 6, 24: 9, 14, 25: 3, 13, 23, 26: 3, 대하 5, 17, 27: 9, 9: 18, 19, 13: 21; 스 8: 35; 느 3: 30, 5: 18; 에 2: 12; 욥 5: 19; 사 6: 2; 겔 9: 2,

욥[1] · 여섯 번[2] · 가지 여섯[3] · 널판 여섯[4] · 수레 여섯[5] · 양 여섯[6] · 여섯 규빗[7] · 여섯 달[8] · 여섯 걸음[9] · 여섯씩[10] · 여섯 층계[11] · 여섯 사람[12] · 여섯 아들[13] · 여섯 가지 환난[14] · 여섯 날개[15] · 어린 양 여섯[16] · 돌 항아리 여섯[17] · 여섯 형제[18] · 여섯째아들[19] · 여섯째 날[20] · 여섯째[21] · 여섯째 폭[22] · 여섯째 달[23] · 여섯째 인[24] · 여섯째 천사[25]가 있다.

46: 4, 6; 단 3: 1; 눅 1: 26, 36, 4: 25; 요 2: 6; 행 11: 12; 계 4: 8, 6: 12, 9: 13, 14, 16: 12, 21: 20.

1) 민 35: 6,13, 15, 59; 수 15: 62.
2) 룻 3: 15, 17; 대상 3: 3, 24: 9, 14, 25: 13.
3) 출 25: 32, 33, 35, 출 37: 18, 19, 21, 대상 3: 4, 26: 17.
4) 출 26: 22, 36: 16, 27.
5) 민 7: 3.
6) 느 5: 18; 겔 46: 6.
7) 삼상 17: 4; 단 3: 1.
8) 삼하 2: 11; 에 2: 12; 눅 1: 36, 4: 25
9) 삼하 6: 13.
10) 삼하 21: 20; 대상 20: 6.
11) 왕상 10: 19, 20; 대하 9: 18,19.
12) 대상 3: 22, 25: 3; 겔 9: 2.
13) 대상 8: 38, 9: 44.
14) 욥 5: 19.
15) 사 6: 2; 계 4: 8.
16) 겔 46: 4.
17) 요 2: 6.
18) 행 11: 12.
19) 창 30: 19, 20.
20) 민 29: 29.
21) 수 19: 32; 삼하 3: 5; 대상 2: 15, 3, 5, 27: 9,12: 11, 25: 13, 26: 3; 느 3: 30; 3, 5, 27: 9; 계 16: 12, 21: 20.
22) 출 26: 9, 36: 16.
23) 눅 1: 26.
24) 계 6: 12.
25) 계 9: 13, 14.

이 의미비중은 어떤 대상이 물이 빠지면서 완전히 죽어 뼈만 남은 상태이다. 그러나 하나님의 아들 예수로서만 살릴 수 있는 시적 언어 표시이다. 구원=야솨=ישע야솨=יֶשַׁע야솨[1]를 통해서이다. 이 언어는 여성 수동태분사로서 명사형일 경우 자유와 구원의 의미이다. 동사로는 열려 있다 · 넓다 · 완전하다뜻으로 구원=예슈아=ישע=יְשׁוּעָה예슈아[2] 예수님이 우리 위해 일 진행형시제이다.

예수아의 첫 글자 요드를 빼버리면 양 의미인 세[3]가 된다. 이 요드는 성경에서 숱하게 글자 처음에 놓이면서 하나님이 그의 아들을 통해 그의 백성을 인도하신다[4]이다. 그 뒤로 이어지는 치아 쉰[5]은 음식이 잘게 씹혀서 상대방이 먹을 수 있도록 하시는 예수님의 십자가와 그의 백성들이 그의 말씀을 잘 듣고 잘게 씹어 먹는 매우 귀중한 글자의 의미전달이다. 십자가상에서 그의 몸에서 물과 피를 다 쏟아버리는 표백=하쉬시=הששי하쉬시=הַשְּׁשִׁי하쉬시[6]이다.

---

1) יֶשַׁע(야솨 · 구원); 어원(기원) : KHCCOT 3467에서 유래TWOT : 929a 명사, 남성형 으로 자유', '해방', '번영': ~ 안전, 구원, 구원하는 의미가 있다. 동사로는 '열려 있다', '넓다', 또는 '의롭다', 즉(함축적으로) '완전하다'; 사역동사 '자유롭게 하다', 또는 '돕다', '구조하다': ~ 전혀, 원수를 갖는, 옹호하다, 해방하다(해방자), 돕다, 보존하다, 구출하다, 안전하다, 구원을 가져오다(구원을 이루는), 구원하다의 뜻이 있다.

2) יְשׁוּעָה(예수아 · 구원, 시 119:155) · יֶשַׁע(예솨 · 구원) · 존재 יֵשׁ(예쉬 · 존재, 창 23:8) · 구원자 יֵשַׁע(예솨 · 구원자).

3) שֶׂה(세 · 양).

4) יֶשַׁע(예솨 · 구원) · יֵשׁ(예쉬 · 구원) · 구원자 יֵשַׁע(예솨 · 구원자) · 구원 יְשׁוּעָה(예슈아 · 구원, 시 119:155) · יֶשַׁע(야솨아 · 구원).

5) שׁ(쉰 · 연단).

6) הַשְּׁשִׁי(하쒸쒸 · 표백) .

하나님은 늘 그의 오른손으로 하나님의 일을 행[1]하신다. 하나님이 행하시는 일은 하나님의 백성 구원[2]을 위해서이다. 구원[3]의 예수님 사역은 사역동사 곧 예수님이 구원과 승리를 주시는 분 예쉬[4]다. 예솨[5] 사람이다. 한국인은 예사라는 말을 쓴다.

사람 눈높이에 맞춘 나의 구원자=예솨=ישע예솨=יֵשַׁע예솨[6]이다. 구약에서 발견되는 예수 발음 "예수아나 · 야솨아 · 예솨 · 예쉬 · 여호수아" 모두 디아스 포라의 이산離散 이미지이다. 하나님의 손으로 진행되는 하나님 역사는 예수가 지금도 우리를 위하여 일하심이다. 우리말에는 요새라는 말이 있다. 예수가 지금도 구원하고 우리를 구원하고 있으시다.

---

1) 야훼는 여호수아가 백성에게 이르되 너희는 스스로 성결케 하라 여호와께서 내일 너희 가운데 기사를 יַעֲשֶׂה(야세 · 행하시리라, 수 3: 5) · 너는 담대하라 우리가 우리 백성과 우리 하나님의 성읍들을 위하여 담대히하자 여호와께서 선히 여기시는 대로 יַעֲשֶׂה(야세 · 행하시기를, 삼하 10: 12) 원하노라 · 선히 여기시는 대로 내게 יַעֲשֶׂה(야세 · 행하시옵소서, 삼하 15: 26) · יַעֲשֶׂה(야세 · 행하시기를, 대상 19: 13) · 우리의 생각 밖에 두려운 일을 יַעֲשֶׂה(야세 · 행하시던, 사 64: 3) · 하나님의 יַעֲשֶׂה(야세 · 행하시는 것은, 전 3: 14) · 하나님의 מַעֲשֵׂה(마아쎄 · 행하시는, 전 7: 13) 일 · 너희는 두려워 말고 가만히 서서 여호와께서 오늘날 יַעֲשֶׂה ~ אֲשֶׁר(아쉐르~야아세르 · 너희를 위하여 행하시는, 출 14: 13)일을 보라.

2)יְשׁוּעָתֵנוּ(예쉬엔누 · 구원: 대상 16: 35; 시 65: 5, 68: 20, 79: 9, 85: 4, 95: 1.

3) יְשׁוּעָתִי(예쉬아티 · 구원) · 구원 יְשׁוּעָה(예쉬아가 · 구원) · 구원 תְּשׁוּעָה(테슈아 · 구원, 왕하 13: 17).시 28: 8, 88: 1, 89: 26.

4)יִשְׁעִי(예쉬이 · 구원: 삼하 22: 3, 47; 시 18: 2, 18: 46, 25: 5, 27: 9, 합 3: 18.

5) יֶשַׁע(예솨 · 구원) · יֵשַׁע(예솨 · 구원) · יְשׁוּעָה(예슈아 · 구원, 시 119:155) · יְשַׁע(야솨아 · 구원).

6) יֵשַׁע(예솨 · 구원) · יֵשׁ(예쉬 · 구원) · הֲיֵשׁ(하예쉬 · 구원, 출 17: 7) · יְהוֹשֻׁעַ(여호수아 · 구원~Ἰησοῦς); 출 24: 13, 15, 32: 17.

(2). 이름을 두시려는 거기

여섯째[1] 날에 들에 나가 내가 하늘에서 내리는 만나 2일분을 준비[2]하는 기쁨이 있다. 유쾌함[3]의 노래 부르는 삶! 토요일에 들에 나가 만나를 줍되 하루분이 아니라 이틀 분을 주어 주일을 쉰다. 일곱째 날 쉬어가며 노래=쉬르=שִׁיר쉬르=שִׁיר쉬르[4] 노래 부르는 일! 늘 다니면서 일하고 쉬는 날은 시로 쉬라[5]는 나그네!

이산 디아스포라 사상은 이스라엘 지파가 광야에서 진 배치할 때 동쪽의 유다와 잇사갈의 스불론지파와 남쪽의 갓과 시므온과 르우벤 지파, 서쪽의 에브라임과 므낫세와 베냐민지파, 북쪽의 단과 아셀과 납달리 지파로 배치됨과 관련된다. 이 동서남북 12지파 배치는 곧 12지파가 동남서북으로 흩어진 구약시대를 지나 신약시대는 흩어져서 하나님 일을 할 때이다.

이스라엘 백성들이 법궤를 가지고 행군할 때에도 동쪽에 유다와 잇사갈 스볼론 대표 아론과 남쪽에 갓과

---

1) 창 1: 31, 30: 19; 출 26: 9; 민 29: 29; 수 19: 32; 삼하 3: 5; 대상 2: 15, 3: 3, 12: 11, 24: 9, 14, 25: 13, 23, 26: 3, 5, 27: 9; 느 3: 30; 눅 1: 26; 계 6: 12, 9: 13, 14, 16: 12, 21: 20.

2) 출 16: 29).

3) שׂוּשׂ(수스 · 기쁨); 신 28: 63; 시 35: 9; 사 35: 1, 61: 10, 62: 5, 66: 14.

4) שִׁיר(쉬르 · 노래) 또는 שִׁירָה(쉬르 · 노래)는 수금에 맞춘 노래로 שׂוּשׂ(수스 · 기뻐하다) 또는 שִׂישׂ(수스 · 기뻐하다).

5) 창 23: 4, 47: 9; 출 22: 21, 23: 9, 12; 레 25: 23; 신 10: 18, 19; 삼하 15: 19; 대상 29: 15, 30: 25; 욥 31: 32; 시 94: 6, 119: 54; 사 14: 1; 렘 9: 2; 겔 22: 7; 슥 7: 10; 말 3: 5; 마 25: 35, 38, 43, 44, 27: 7; 행 2: 10, 7: 6, 29, 13: 17, 17: 21; 딤전 3: 2, 5: 10; 딛 1: 8; 히 11: 13; 벧전 1: 1, 17, 2: 11; 요삼 1: 5.

시몬과 루으벤 대표 고핫과 서쪽의 에, 므낫세, 베냐민 대표 게르손과 북쪽의 단, 아, 납달리대표 므라리로 모두 동서남북으로 흩어지며 그 곳에 하나님의 이름을 두려했다. 이스라엘 사람들의 삶은 아주 나약하였기에 하나님의 이름을 삶의 목표를 삼았다.[1] 그러기에 하나님은 하나님의 목적을 위해 하나님 백성을 출애굽 시키면서까지 아들을 십자가에 못 박으시며 하나님이 그 도구로 이스라엘백성을 삼았다. 하나님은 그의 명예를 포기하지 않으신다. 그러기에 하나님은 위로의 말씀도 주시며[2] 약속하신 일을 이행하신다.

하나님이 약속하신 장소는 하늘이다. 일반적 속성의 한계를 넘어서는 의미 접두사를 붙이면서 일반 속성을 넘어서고[3] 인간의 한계를 초월한 특징은 하늘로 오르는 일이다. 그 흔적 『신곡』에서는 하늘 삼아 사는[4] 사람들의 삶을 배[5]나 기쁘게 하는 삶이 이 지상에 있음을 보여준다. 그러기에 하나님을 믿는 백성들은 기쁨과 순종으로 배로 쉬며[6] 하나님께 스미어[7] 드는 삶을 산다. 그러기에 충분히 쉼으로[8] 하나님 일을 배로 삼

---

1) שְׁמוֹת(쉐모트 · 이름을 두시려고).
2) 신 14: 24.
3) trasmodare.
4) שָׁמַיִם(샤마임 · 하늘).
5) בְּ(베).
6) בְשִׂמְחָה(베쉬메하 · ἐνεὺΦροσύνῃ · with joyfulness).
7) תִשְׁמַע(티스마아 · εἰσακούσῃς · thou shalt hearken, 신 30: 10).
8) לִשְׁמֹר(레쉐모르 · 지키고, 신 30: 10).

아[1] 사는 생활이 가능하다. 이게 바로 이 지상에서의 삶의 천국이다. 그리고는 감사의 표시를 광주리에 담아 싸매어[2] 바치는 삶을 산다.

태초에 하나님이 바라셨던[3] 선물은 하나님의 머리[4] 곧 생각 안 베어드는[5] 삶이라고 언질을 놓으시면서 인간이 살도록 시트를 깔아 주셨다.[6] 하나님이 시트[7]를 우리에게 깔아놓으실 정도로 바라[8]셨던[9] 첫 열매는 하나님이 그의 백성을 지극히 사랑하셔서 그걸 보여주려고 그의 아들로 끝을 내심[10]을 열매로 하신다.

이때는 남성명사로 분명한 하나님이 보이신 그의 아들 모습은 그리스도이다. 이 가시적 세계[11]의 안[12]에는 전하고자 하시는 메시지[13]가 있다. 다름 아닌 하나님의 사랑정도를 그의 아들 예수임을 알리고 싶으심이다. 이

---

1) וְשַׂמְתָּ(베쇼메타 · 담아서, 신 26: 2).

2) וְשַׂמְתָּ(베쇼메타 · 담아서, 신 26: 2).

3) בְּרֵאשִׁית(베레쉬트 · 태초에, 창 1: 1).

4) William Gesen「ראשׁ」 A Hebrew and English Lexicon of the Old Testament, ed. F. Brown, S. R. Driver and C. A. Briggs (Oxford: Clarendon Press, nd), 910~2.

5) ב(베트).

6) Knight, Douglas A. Tucker. Gene M.,『히브리 성경과 현대의 해석자들: Hebrew Bible and Its Modern Interpreters』, 박문재 옮김(서울: 크리스챤 다이제스트, 1998), 447.

7) בְּרֵאשִׁית(베레쉬트, 창 1: 1).

8) בָּרָא(바라).

9) רֹאשִׁי(로아쉬) .

10) יִת(이트).

11) 창 1: 1.

12) 김영진,『성경 히브리어』(서울: 올람 하타낙, 2003), 111.

13) 창 1: 1~2: 3.

러한 절대적 사랑의 가능성은 칼 동사 Q에서 능동 어간으로 변화1)된다. 사람이 살 수 있는 이 안은 물, 즉 말씀이 있는 물로 생명이 존재하는 우주2)이다.

우리나랏말 '입으리'가 있다. 그런데 히브리라는 말이 이브리로 기록되어있다. 이브리=עברי이브리=עִבְרִי이브리3) 하나님이 옷을 입으리 하신다. 백성들이 그 분의 안4)에 드는 일 입으리다. 하나님의 집안!5) 늘 바라6)시어 하늘을 보좌삼고 땅을 발등상으로 삼으시는 그 분의 으뜸7)의 근본8) 절대 사랑을 '입으리'를 보여주시는

1) בְּרֵאשִׁית(베레쉬트 · P. NFS, 창 1: 1) → וְהָאָרֶץ(베하아아레쯔 · C.D.NFS, 창 1: 2) → וַיֹּאמֶר(바요마르 · CW.VQIMZS, 창 1: 3) → וַיַּרְא(바야레 · CW.VQIMZS, 창 1: 4) → וַיִּקְרָא(바이크라 · CW.VQIMZS, 창 1: 5) → וַיֹּאמֶר(바요마르 · CW.VQIMZS, 창 1: 6) → וַיַּעַשׂ(바야스 · CW.VQIMZS, 창 1: 7) → וַיִּקְרָא(바이크라 · CW.VQIMZS, 창 1: 8) → וַיֹּאמֶר(바요마르 · CW.VQIMZS, 창 1: 9) → וַיִּקְרָא(바이크라 · CW.VQIMZS, 창 1: 10) → וַיֹּאמֶר(바요마르 · CW.VQIMZS, 창 1: 11) → וַתּוֹצֵא(바토쩨아 · CW.VHIFZS, 창 1: 12) → ~וַיְהִי(바예히 켄 · CW.VQIMZS, 창 1: 13) → וַיֹּאמֶר(바요마르 · CW.VQIMZS, 창 1: 14) → וַיַּעַשׂ(바야스 · CW.VQIMZS, 창 1: 16) → וְלִמְשֹׁל(베리메슬 · C. P.VQNG, 창 1: 18) → ~וַיְהִי(바예히 켄 · CW.VQIMZS, 창 1: 19) → וַיֹּאמֶר(바요마르 · CW.VQIMZS, 창 1: 20) → וַיִּבְרָא(바이브라 · CW.VQIMZS, 창 1: 21) → וַיְבָרֶךְ(바예바레크 · CW.VQIMZS, 창 1: 22) → ~וַיְהִי(바예히 켄 · CW.VQIMZS, 창 1: 23) → וַיֹּאמֶר(바요마르 · CW.VQIMZS, 창 1: 24) → וַיַּעַשׂ(바야스 · CW.VQIMZS, 창 1: 25) → → וַיֹּאמֶר(바요마르 · CW.VQIMZS, 창 1: 26) → וַיִּקְרָא(바이크라 · CW.VQIMZS, 창 1: 27) → וַיְבָרֶךְ(바예바레크 · CW.VQIMZS, 창 1: 28) → וַיֹּאמֶר(바요마르 · CW.VQIMZS, 창 1: 29) → וַיַּרְא(바야레 · CW.VQIMZS, 창 1: 31) → וַיְכֻלּוּ(바이쿨루 · CW.VUIMZS, 장 2: 1) → וַיְכַל(바이칼 · CW.VPIMZS, 창 2: 2) → וַיְבָרֶךְ(바예바레크 · CW.VPIMZS, 창 2: 3).

2) Klaus Scybold, "시편의 우주관," 『시편입문: *Introducing the Psalms*』, 이군호 옮김(서울: 대한 기독교 서회, 2002), 203.

3) עִבְרִי(이브리 · 히브리, 욘 1:9).

4) 창 2: 10, 3: 15; 레위기 1: 4; 사 1: 5, 9: 15; 렘 9: 1.

5) 출 23: 19; 신 26: 2; 욥 8: 7, 40: 19; 시 111: 10; 잠 1: 7, 4: 7.

6) בָּרָא(바라 · 창조).

7) רֵאשִׁית(레쉬트, 잠 1: 7).

8) רֵאשִׁית(레쉬트 · 근본, 시 111: 10).

일![1] 이 귀함을 성경은 창조를 49회[2]로 한다. 77절에 바라셨던[3] 일은 늘 여성명사다. 늘 바라는 바람만큼 창조[4] 권위 자랑[5]하시면서도 늘 기다림을 그 분의 매력으로 하신다.

하나님은 엘로힘[6]을 33회로 성경 주인을 예수님으로 이 안에서 우리들이 사는 표시로 하신다.[7] 이 경외가 지혜 근본[8]이다. 자기 백성들이 자기에게 돌아오게 하시려 남자와 여자를 하나님 형상으로 닮게 남자는 기억하는 존재 זכר[자카르] 자기로[9] 하나님 자기를 잘 기억하게 하시었고 여자는 기록 의미가 있다. 그리고 남자는 늘 남자로 여자에게 오 내개와 한다. 오 내게 와=우네케바=ונקבה[우내게와]=וּנְקֵבָה[우내게와][10] 우~내게 와로 둘 사이에서 태어난 아이를 흔적 기록으로 한다. 여자는 자기 집을 떠나 평생 남자 집에서 대를 잇는 여자다. 기록 아이가 있다. 자기 남자를 한국여인들은 즐겨 자기

---

1) מְרֹשָׁא(메로쉬 · 존재하는).

2) 창 1: 1, 21, 27, 2: 3, 4, 5: 1, 2, 6: 7; 출 31: 17; 신 4: 32; 욥 4: 17, 40: 19; 시 51: 10, 89: 12, 47, 102: 18, 104: 30; 잠 8: 30; 전 12: 1; 사 40: 21, 26, 28, 41: 20, 42: 5, 43: 1, 7, 15, 45: 7, 8, 12, 18, 48: 7, 54: 16, 65: 17, 65: 18; 렘 31: 22; 암 4: 13; 막 10: 6, 13: 19; 엡 3: 9; 골 1: 15, 16, 3: 10; 히 4: 3, 9: 11, 26; 벧후 3: 4; 계 3: 14, 10: 6.

3) בְרֵאשִׁית(베레쉬트 · 태초에, 창 1: 1).

4) בָּרָא(바라).

5) רֹאשׁ(레에쉬).창 2: 10, 3: 15, 8: 5.

6) אֱלֹהִים(엘로힘, 창 1: 1~2: 3).

7) בְּ(베).

8) 시 111: 10.

9) זָכָר(자카르 · 기억, 창 1: 27).

10) וּנְקֵבָה(우네케바 · 기록, 창 1: 27).

라![1] 부르는 남자 자기! 여자는 남자가 오 내게 와 오 내게 봐! 정말 아주 아래쪽=베하아래쯔=הארץ베아레쯔=רֶץ וְהָאָ베아레쯔[2] 배 아래쪽 말을 들어 봐요 말씀[3]이라며 봐야![4] 보이는 눈의 중요성을 제시하신 땅 봐[5] 보이는 이거라[6]의 땅! 봐 두어야[7] 봐 여기[8] 또 있어 배야 아이유[9] 봐 이것[10] 땅에서 추수한다. 기쁨의 땅에서 주관하시며[11] 봐 입으라[12]하시기에 말씀 옷 입는다. 봐야 보라고![13] 눈 여겨 보라시며[14] 봐 이걸[15] 하시는 하나님의 안[16]에서 늘 바라[17]며 배와 배[18]로 하신 인생 봐라[19] 우리는 행복한 인생이다.

하나님 창조세계 봐라[20]하시기에 봐 이거라![21] 남자와

---

1) זכר(자카르·기억, Tvήσθητε, remember, 신 32:7).
2) וְהָאָרֶץ(베하아아레쯔 · 땅이, 창 1: 2).
3) וַיֹּאמֶר(바요마르).
4) וַיַּרְא(바야레, 창 1: 4, 12, 31).
5) וַיַּעַשׂ(바야스, 창 1: 7, 16, 25).
6) וַיִּקְרָא(바이크라, 창 1: 5, 8, 10, 11).
7) וַתּוֹצֵא(바토쩨아, 창 1: 12).
8) וַיְהִי(바예히 켄, 창 1: 11, 13, 19, 23).
9) וְהָיוּ(베하이우, 창 1: 15).
10) וַיִּתֵּן(바이텐, 창 1: 17).
11) וְלִמְשֹׁל(베리메슬, 창 1: 18).
12) וַיִּבְרָא(바이브라, 칭 1: 21, 27).
13) וַיְבָרֶךְ(바예바레크, 창 1: 22, 28, 2: 3).
14) וַיְכֻלּוּ(바이쿨루, 창 2: 1).
15) וַיְכַל(바이칼, 창 2: 2).
16) ב(바브 · 하나님 안).
17) בְּרֵאשִׁית בָּרָא.
18) בְּ ← בָּ.
19) בָּרָא ← בְּרָא.
20) בָּרָא(바라 · VQAMZS, 창 1: 1, 2: 4; 출 31: 17; 시 51: 10).
21) וַיִּגְרָא(바이그라, 창 1: 21; 사 40: 26, 28, 42: 5).

여자 창조는 봐 이쁘라[1] 예쁘게 살라 하신다. 보라 이거[2]는 하나님 스스로 내 영광을 위하여 바랐다[3]하신다. 창조물 보레[4]하신 창조 보레[5] 보라 하시려[6]하신 하나님 보렜다[7] 창조 보레[8]를 연발[9]하신다. 이 보레[10]는 산과 들과 바람 모두 우 보레[11] 봐라 야[12] 하신다.

신이 나신 하나님이 보라신 것들을 방향 삼아[13] 사는 삶 그곳이 유일하게 찾아 갈 수 있는 곳아다. 그리로 방향삼아 사는 인생의 길은 축복의 길이다.

---

1) וַיִּבְרָא(바이부라 · 창조).
2) בֹּרַאֲךָ(보레아가 · 창조, 사 43: 1).
3) בְּרָאתִיו(베라티브, 사 43: 7).
4) בּוֹרֵא(뽀레 · 창조자, 사 43: 15).
5) וּבוֹרֵא(우보레 · 창조, 사 45: 7).
6) בְּרָאתִיו(뽀레아티브, 사 45: 8).
7) בָּרָאתִי(보레아티 · 창조, 사 45: 12).
8) בֹּרֵא(보레 · 창조, 사 65: 17).
9) בֹּרֵא(뽀레 · 창조, 사 43: 18).
10) בָּרָא(뽀레 · 창조, 렘 31: 22).
11) וּבֹרֵא(우보레 · 창조, 암 4: 13).
12) בְּרָאָהּ(빠라야)의 יָהּ(야 · 하나님의 약호, 3050).
13) שָׁמָּה(솨마 · 그리로).

제6장 바다와 나날

제1절 바다와 나날들의 언어 미와 리듬

Ⅰ. 물 위를 걸으실 이를 위하여

우리의 삶이 물 위를 걸으실 이를 위하여라는 명제는 우리들의 삶이 가치를 가진다는 말로 바꿀 수 있다. 다만 나를 위한 삶이 아니라 그 누구를 위한 삶이 된다는 목적성이 있는 삶이라는 말이다. 이 때 등장하는 바다와 삶이 있는데 이 두 개의 의미가 같은 글자이다.

우선 바다에는 물이 있다. 우리 몸속에 70%이상이 물인 것처럼 성경에서 물은 1090회의 반복리듬을 가진 물[1]이 잔뜩 있는 이 물[2] 바다를 290회 사용한다. 바다라[3] · 바다는[4] · 바다가[5] · 바다에서부터[6] · 바닷가에[7] · 바다의[8] · 바다에시[9] · 바다를[10] · 바다와[11] 등

1) מ(멤).

2) ם(멤).

3) 창 1: 10; 수 16: 3.

4) 대하 4: 6, 10; 시 114: 3; 계 12: 12.

5) 출 14: 21, 15: 10; 수 17: 10, 19: 29; 욥 28: 14; 시 42: 7, 95: 5, 104: 25; 잠 8: 24; 사 50: 2; 렘 6: 23; 렘 51: 42; 겔 26: 3; 욘 1: 11, 12, 13; 나 3: 8; 합 3: 10, 계 4: 6, 16: 3, 20: 13.

6) 민 11: 31; 시 72: 8; 사 24: 14.

이 있다.

성경에서 바다는 “하나님이 가라사대 천하의 물이 한 곳으로 모이고... 모인 물을 바다라 칭하시니라”[1]의 바다이다. 성경에서는 바다=얌밈=ימים[얌밈]=יַמִּים[얌밈]이라 한다. 글자에서 보이듯 물[2] 두 개를 가졌고 하나님의 손을 두 개 가졌다. 이와는 달리 세월의 뜻을 지닌 나날이 있다. 인생이라고도 하고 일생이라고도 하는 나날은 히브리어 얍임이다. 얍임=ימים[얍임]=יָמִים[얍임][3]공식 언어이다. 이 또한 두 개의 물과 하나님의 손이 둘로 된 언어이다. 바다[4]도 물 두개 나날[5]도 물 두 개다. 그리고 하나님의 손과 예수님의 일하시는 손을 표시하는요드=

---

7) 출 14: 2.

8) 창 1: 26, 28, 9: 2, 32: 12, 14: 27; 민 11: 22; 신 33: 19; 수 13: 27; 왕상 7: 26; 대하 4: 5; 욥 12: 8; 시 8: 8, 65: 7, 89: 9, 93: 4; 잠 8: 28, 29, 사 10: 22, 23: 4, 60: 5; 렘 5: 22, 33: 22; 겔 26: 16, 27: 9, 29, 38: 20, 47: 8, 10; 호 4: 3; 욘 1: 15; 합 1: 14; 습 1: 3; 롬 9: 27; 고후 11: 26; 유 1: 13; 계 8: 8.

9) 왕상 5: 9, 18: 44; 욥 14: 11; 시 107: 24; 사 63: 11; 단 7: 3; 암 8: 12; 미 7: 12; 슥 9: 10; 막 5: 13; 요 21: 1; 행 28: 4; 고전 10: 2; 계 13: 1; 18: 17, 19.

10) 신 30: 13; 수 24: 7; 왕상 7: 23, 24, 25, 39; 대하 4: 2, 3, 4; 느 9: 11; 욥 26: 12; 시 66: 6, 74: 13, 78: 13; 전 1: 7; 사 10: 26, 11: 9, 16: 8, 51: 10, 15; 렘 31: 35, 48: 32, 51: 36; 겔 31: 15; 암 7: 4; 나 1: 4; 합 2: 14, 3: 8; 마 8: 26; 막 5: 13; 요 6: 17; 행 27: 5; 계 7: 2, 10: 2.

11) 출 14: 2, 20: 11; 레 11: 9; 왕상 7: 44; 왕하 25: 16; 대상 16: 32; 대하 4: 15; 느 9: 6; 시 36: 6, 69: 34, 96: 11, 98: 7, 135: 6, 146: 6; 사 57: 20; 렘 52: 20; 단 11: 45; 욘 1: 9; 학 2: 6; 마 23: 15; 눅 21: 25; 행 4: 24, 14: 15; 계 10: 5, 6, 8, 14: 7.

1) 창 1: 9~10.

2) ם, מְ(멤 · 물, 멤 · 물).

3) יָמִים(얍임 · 나날, 세월).

4) ימים(얍밈 · 바다).

5) ימים(얍임 · 나날).

י요드가 있다.

바다와 나날 모두 문법적으로 복수이다. 복수의 개념 또한 모두 사역 뜻을 지닌다. 바다와 나날의 공통점이 되는 복수는 모두 사역의 뜻이다. 그래서 우리의 삶의 나날인 세월[1]인 우리의 일생 곧 인간은 누구를 위하던지, 특히 성경에서는 하나님을 위하여 사는 게 인생이다. 더 나아가 물바다=얌밈=ימים얌밈=יַמִּים얌밈[2]이나 나날들=인생=일생=얌임=ימים얌임=יָמִים얌임[3]이나 모두 하나님을 위해서 산다. 심지어 물이 많은 바다도 하나님을 위하여 산다. 그런데 이 많은 물 곧 바다의 사역도 그냥 사역의 힘 자체가 하나님의 손이 두 번 발하시어 물로 물이 사역하는 일이다. 그 방법은 씻어 주시는데 있다. 이 사역은 바다를 덮음같이 여호와를 아는 지식이 세상에 충만함을 아는 지식이 인생을 순조롭게 살아가게 하는 원동력이 된다.

물바다=얌밈=ימים얌밈=יַמִּים얌밈은 물[4]을 두 개 가졌다. 세월의 뜻을 지닌 나날들=인생=일생=얌임=ימים얌임=יָמִים얌임[5]도 부호를 안 붙일 때는 동일[6]하다. 굳이 변별성을 찾는다면 물바다=얌밈=ימים얌밈=יַמִּים얌밈은 파다 단모

1) 창 4: 3, 47: 9.
2) ם, מִ(멤 · 물, 멤 · 물).
3) יָמִים(얌임 · 나날, 세월).
4) ם, מִ(멤 · 물, 멤 · 물).
5) יָמִים(얌임 · 나날, 세월).
6) ימים과 ימים.

음 법칙이다. 나날들=인생=일생=얌임=ימים[얌임]=יָמִים[얌임1)]은 카메츠인 장모음 발음부호 차이일 뿐이다. 모두 어두에 하나님의 옳은 손과 오른 손이 있어서 동시에 예수님의 손으로 하나님의 백성들을 인도하신다.

물바다=얌밈=ימים=יַמִּים[얌밈2)] 과 세월의 뜻을 지닌 나날들=인생=일생=얌임=ימים=יָמִים[얌임]은 다음과 같다.

[* 표 12: 바다와 나날들의 언어미와 리듬]

י
מ
ם י מ י
ם

위 글자 모형도는 한 가운데 하나님의 손이 있다. 동시에 예수님 손이다. 그리고 물바다=얌밈=ימים=יַמִּים[얌밈3)]과 세월의 뜻을 지닌 나날들=인생=일생=얌임=ימים[얌임]=יָמִים[얌임] 관계는 외각선으로 이어본다면 V자형 승리 이미지다. 또한 어우러져 바다와 나날 모두 합하여서 십자가상형을 만든다.

그리고 4면 가운데의 하나님 손 י[요드]는 숨 쉼 ה[헤4)]메시지는 숨 쉼 메시지이다. 위와 우측이 물 마임을 공통분모로 하며 숨 쉬게 한 모형이다. 십자가는 수직과 수

---

1) יָמִים(얌임 · 나날, 세월).
2) ם, מ(멤 · 물, 멤 · 물).
3) ם, מ(멤 · 물, 멤 · 물).
4) 한사무엘, 히브리어 무료강좌-15 '페-눈 동사라멧-헤동사. 「라멘(ל) -헤(ה)동사: 칼 완료형」 인터넷 동영상.

평구조이다. 바다는 넓은 수평적 구조이고 나날은 여호와가 허락하시는 날의 수직성이다. 우리가 살아 있는 날[1] 가운데 하나님이 그의 옳은 손으로 일하시기에 우리는 행복한 삶을 누리고 산다. 인생은 고해 혹은 바다 같은 풍랑속의 삶이라고 하는 의미가 포함되지만 믿음이 있는 세계는 행복한 날을 보낼 수 있는 날이 되는 이치이다. 이끄시고 그 가운데서 역사하시기에 행복한 날이 되는 진리이다.

우리의 삶 속에서는 살아계시면서 6째 날까지 사신 예수님이 있다. 우리를 이 세파에서 건지신 하나님의 손이 있다. 위 표가 보여주듯이 ㄴ모형은 하나님을 향한 손이 되면서 오른쪽에 형성된 승리 이미지다. 우리의 삶은 하나님의 흔적이 되게 한다. 이 흔적이라는 말은 히브리어로 마스크이이다. 하나님의 형상이 우리이고 그 흔적이 사람이다. 하나님이 그냥 계시는 것이 아니라 하나님의 흔적을 남겨 놓으셨다.

그 흔적은 3과 4 이미지의 비율을 남기고 있다. 이른바 소위 황금비율이다. 공통분모 3의 물마임 마임과 하나님 흔적의 나날과 백성과 정직과 완전의 하나님과 백성간의 의미 글자 비율 3:4이다.

하나님이 물 한가운데서 일하시는 모형

(나날) (백성) (정직) (완전)

---

1) יוֹם(욤 · 날).

	י	(ע)	(ת)	(ר)	
	מ	(מ)	(מ)	(מ)	
ם	י	(י)	(י)	(י)	מ י 바다
	ם	(ם)	(ם)	(ם)	
	(얌밈)	(암밈)	(탐밈)	(람밈)	

물바다=얌밈=ימים[얌밈]=יַמִּים[얌밈]1)이 만드는 나날은 하나님의 역사로 우리의 인생 나날이며 그 위에 정직과 완전의 하나님이 있다. 이로 하여 우리의 인생 나날들=인생=일생=얌임=ימים[얌임]=יָמִים[얌임]이 있다. 모두 물로 싸인 바다에는 오직 정직2)의 진실로 “오직 공법을 물 같이, 정의를 하수 같이 흘릴3) 물이 있다. 그 분이 말씀으로 여호와의 인을 치신다. 국민과 백성과 열방을 다스리신다. 파도치는 바다의 삶은 주관하시는 하나님의 날들4)이다.

하나님의 주권5)은 최고권이다. 왕권이다. 우리들 속에 역사하시는 이가 계시는 삶6)이다. 글자 표시가 보이듯이 우리의 나날은 하나님이 물 중앙에 계셔서 물이 살아있게7) 하시었다. 위 표가 보여주는 바로 우리

---

1) ם, מ(멤 · 물, 멤 · 물).

2) תָּמִים(탐밈 · 정직).

3) 암 5: 24).

4) J. Bloch, *On the Apocalyptic in Judaism*(Philadelphia: The Dropsie Collage, 1952), 7.

5) Arthur W. Pink,, 『하나님의 주권: *The Sovereignty of God*』, 김진홍 옮김(서울: 개혁주의 신행 협회, 2003), 29~30.

6) Northrop Frye, *Anatomy of Criticism,* 159~160.

7) Masaru Emoto, 『물은 답을 알고 있다 : *Mizu wa Kotae wo Shitteiru*』 2, 양억관 옮김(서울: 나무 심는 사람, 2003), 33~64.

의 삶이 하나님이 감찰아래 있는 삶을 설명해 준다.

하나님은 봐 이레=ויירא바이레=וַיַּרְא바이레[1]를 7번 같은 말을 하신다. 하나님이 창조한 우리의 삶이 있음을 알린다. 글자에서 보여주는 창조=바라=ברא=בָּרָא바라[2]가 있다. 봐 이쁘라=ויברא바이브라=וַיִּבְרָא바이브라[3]하신다. 그리고 봐 이거라=ויקרא바이거라=וַיִּקְרָא바이거라[4] 하신다. 우리를 그의 삶에 초청하시어 우리는 초대된 이 세상의 삶을 살아간다.

하나님이 이거라고 내 놓은 삶을 우리는 배운다. א아가 배움 의미이다. 하나님의 백성들이 살아가는 삶은 배움의 삶이다. 평생 배워가며 산다. 배운다는 의미의 알파벳을 아=א아[5]로 하는 의미 있는 반복리듬이 있다. 하나님의 뜻을 배워야만 숨을 쉴 수 있다. 이 세상을 사랑하는 법을 배워야만 살 수 있다. 이 배우는 그리고 예수님을 배워야만 하는 그리고 아직도 끝나지 않는 배움의 나날은 삶의 나날 그 자체이다.

어미형 아=א[6]자가 단어 끝 글자창세기 1:1~2:3에 있다.

[* א알레프: 인생은 배우며 사는 인생표시]

---

1) וַיַּרְא(바이레아 · 하나님이 감찰) .
2) בָּרָא(바라 · 창조 완료) 4회.
3) וַיִּבְרָא(바이쁘라 · 하나님이 창조하시고 계시는) 6회.
4) וַיִּקְרָא(바이크라 · 하나님이 초청) 5회.
5) א(알레프 · 하나님의 법을 알고파 배움).
6) א(알레프 · 하나님의 법을 알고파 배움): Alger. Johns 저 · 김이곤 역 『성서 아람어문법(A short Grammar of Biblical Aramaic』(대전: 한신대학교 출판부, 2002), 9~34.א~를 강조태로 하고 있다.

וַתּוֹצֵא 창 1:12	תַּדְשֵׁא 창 1:11	וַיִּקְרָא 창 1:5	וַיַּרְא 창 1:4	בָּרָא 창 1:1
↓	↓	↓	↓	↓
וַתּוֹצֵא 창 1:24	דֶּשֶׁא 창 1:11	קָרָא 창 1:5	וַיַּרְא 창 1:10	וַיִּבְרָא 창 1:21
	↓	↓	↓	↓
	דֶּשֶׁא 창 1:12	וַיִּקְרָא 창 1:8	וַיַּרְא 창 1:12	וַיִּבְרָא 창 1:27
		↓	↓	↓
		וַיִּקְרָא 창 1:10	וַיַּרְא 창 1:18	בָּרָא 창 1:27
		↓	↓	↓
		קָרָא 창 1:10	וַיַּרְא 창 1:21	בָּרָא 창 1:27
			↓	↓
			וַיַּרְא 창 1:25	בָּרָא 창 2:3
			↓	
			וַיַּרְא 창 1:31	

아=א[아]는 지금도 하나님의 역사가 임하는 성경언어이다. 이 역사는 하나님이 사람에게 숨 쉴 수 있게[1] 하시는 중이다. 곧 사람 삶의 특징 숨 쉼이 있게 한다. 우리라는 말의 모두가 들어 있다. 방법은 그리스도를 통해서다.

그리스도의 특징은 사랑이시다. 하나님의 사랑이다. 하나님의 사랑방법은 어미형 아=א[2]를 히브리어 언어 한 단어 끝 글자[창세기 1:1~2:3]로 한다. 진행 어미형 아=א[3] 자가 있다.

싹[4] 3회 + 내라[5]의 등으로 10회로 한다. 하나님이

---

1) ה(헤 · 숨구멍).

2) א(알레프 · 하나님의 법을 알고파 배움): Alger. Johns 저 · 김이곤 역 『성서 아람어문법(A short Grammar of Biblical Aramaic』(대전: 한신대학교 출판부, 2002), 9~34.א~를 강조태로 하고 있다.

3) א(알레프).

4) תַּדְשֵׁא(타데쉐아 · 싹).

천지를 창조하고 우리를 초청하여 감찰하시면서 싹을 내는 일은 지금도 계속되는 진행형은 하나님이 우리의 삶을 아직도 끝내지 않으시기에 이 지상에서 우리는 살아 있다.

그래서 나는 아직도 살아 이 글을 쓰며 하나님이 진행하고 계신 하나님의 법을 알고파 배우는 나1)이다. 나는 하나님이 허락 엣따=אֵת엣뜨 하고 주신 언약구조 안에서 몸을 가지고 아직도 삶이 끝까지 가지 않았기 때문에 나는 하나님의 법을 알고파 한다. 이 진행형 아=아=2)א아는 묵음이지만 앞 모음을 장음화 한3) 기법으로 하여 하나님의 사랑을 싹 내고 있다. 그리고 배우고 있다. א아는 배우는 의미가 있다.

하나님이 그의 백성들의 삶을 아직도 살아있게 하시는 능력을 지시하신다. 생물이 살아 있게 하는 그분의 능력에 우리들은 아직 살아 우리에게 주어진 생명의 기간4)을 가진다. 살아 있는 날들의 시간은 인간이 만든 시계시간5)과 하나님의 시간6)으로 구분7)된다.

---

5) וַתּוֹצֵא(바토쩨아 · 내라).

1) 창 1: 1~2: 3.

2) א(알레프).

3) Alger F. Johns, 『성경아람어 문법: *A Short Grammwa of Biblical Aramaic*』, 김이곤 역(오산: 한신 대학교 출판부, 2002), 9.

4) יָמִים(ימים · 얌임).

5) W. W. Graf Baudissin, '*Alttenstamentliches haim,*「*Leben*」 *in der Bedeutung von "Glück"* p, Festschrift E. Sachau, 115, 143~61.

6) 창 25: 7, 렘 35: 7, 전 6: 3, 11: 8.

7) 남병식, 『생명 모티브를 통해서 본 유대인 선교』, 아시아 연합 신학

하나님의 시간은 하나님을 경외하는 행복한 날들[1]이다. 기쁨의 날들이고 믿음의 삶이며 축복의 기간이다.

삶의 기간과 바다 히브리어는 둘 다 발음부호가 없을 때에는 동일[2]하다. 글자 치로 100이다. 100은 히브리어 바늘 귀 ק코프이다. 흔히 천국 들어가기가 바늘귀만큼 어렵다고 하는 코프이다. 수치는 100이다. 4 + 0 + 1 + 0 + 4 + 0 + 1 + 0=10의 10배이다. 여호와의 글자 수치 יְהוָה의 ה(5) + ו(6) + ה(5) + י(10)= 26 하나님의 손이다. 이 하나님의 손이 예수님의 손[3]으로 바뀌어 지는 것은 예수님의 자리를 26의 반인 13으로 한다. 거룩한 결합 의미를 지닌 13은 사랑의 의미를 지닌다. 이 26의 반이 되게 하는 숫자이다. 사랑의미의 글자도 13이다. 우리[4]의 삶[5]이 장구하게 되는 날들[6]이다.

글자 수치 여호와=יהוה여호와의 $ה^{5}$ + $ו^{6}$ + $ה^{5}$ + $י^{10}$= 26인데 이 26은 하나님의 손과 예수님의 손에 보호받는 백성 날들[7]의 삶[8]의 의미다. 이 여호와는 숨을 생

대학원 학위논문(경기: 아세아 연합 신학 대학교, 2003), 72.

1) 말 2: 5.

2) ימים(얌밈 · 얌임)=40 + 10 + 40 + 10= 100,

3) י(요드).

4) יָמִים(얌임 · 여러날, 레 15: 25), 머무는 날 יָמִים(얌임 · 날들,민 9: 19, 20).

5) 베르그송 외, "지속의 관념," 『時間과 自由意志』, 정석해 역(서울: 삼성출판사, 1976), 111~112.

6) יָמִים(얌임, 신 5: 33).

7) יָמִים(얌임 · 여러날, 레 15: 25)과 머무는 날 יָמִים(얌임 · 날들,민 9: 19, 20).

8) יָמִים(얌임 · 날들, 신 5: 33).

명체에게는 숨을 쉰다는 의미이고 폐가 있는 곳이다. 여성들의 가슴 부분이다. 숨을 쉬는 곳이다. 우리의 날들은 좌로나 우로나 치우치지 아니 하는 날[1]이 최고의 날이다. 서로 이웃한다. 형제를 떠나지 아니한다. 하나님의 말씀 따라 사는 우리 날[2]이다. 40년 광야생활의 이스라엘 백성이 살아 있는 날[3]이다.

우리들의 날[4]은 둘러 싸인 물이 있다. 말씀이 있다. 하나님 때문에 보호되어지는 땅[5]에 산다. 이스라엘 중심으로 근동지역 북쪽에 흑해와 카스피 바다가 위치한다. 서쪽에 지중해 남쪽에 홍해 동쪽에 페르사만이 있다. 이스라엘 땅은 바다 속 땅이다. 고대근동 지역은 지중해와 홍해, 흑해와 카스피와 그리고 페르시아 만 등 다섯 개의 큰 수역들에 의해 울타리 모양으로 에워싸여[6] 있다. 그리고 지역상으로는 근동과 극동과 중동의 중앙 이스라엘이다.

이스라엘의 예루살렘은 Y자형의 중앙에 자치한다. 잘 보호되어 물 위에 흘러가는 모양이다. 북쪽 한 면만 남겨 놓고 북동쪽으로 스코프스산, 동쪽으로 감람산[7]

1) יָמִים(얌임 · 날들, 신 17: 20),
2) יָמִים(얌임 · 날들, 수 22: 3).
3) יָמִים(얌임 · 날들, 민 9: 19, 20).
4) יָמִים(얌임 · 날들, 신 4: 26, 신 5: 33),
5) Hesse. Lyman Hurlbut, Ibid.
6) 엄원식, 『구약 성경 배경학』(대전: 침례 신학 대학교, 2005), 23.
7) 재림 징조의 장소로서 열 처녀 중 슬기로운 다섯 처녀의 기름 준비하는 곳, 마 23~25,

동남쪽으로 범죄산과 서쪽 남쪽으로 나쁜 충고의 산이 있다. 예루살렘 성이 어머니 팔에 안긴 아기로 감싸여져 있는 모양이 이스라엘이다.

① 문자적	~역사적 사람들	예루살렘=이스라엘의 도시
② 알레고리적	~믿음	예루살렘=그리스도의 교회
③ 도덕적	~사랑	예루살렘=사랑의 영혼
④ 영적	~소망	예루살렘=하나님의 천상의 도시[1]

이스라엘은 갈릴리 바다의 남부와 사해의 북구 간의 거리가 100여 킬로미터에 불과하다. 고도의 격차가 187m나 되는 경사를 따라 요단강이 갈릴리 바다로부터 사해까지 구불구불 흘러 들어간다. 이스라엘 땅은 성경에서 바다로 둘러 싸여 물을 떠나서는 그 의미를 열 수 없다. 물의 중심에 있다. 하나님에 의해 보호 되어지는 땅이다.

이스라엘 땅과 이 땅의 예루살렘 성은 세 골짜기로 구분된다. 동쪽 기드론[2] 골짜기와 힌놈[3]골짜기 사이의 티로피온 골짜기로 둘러싸여 있다. 치아=쉰=ש쉰 모형이다. 하늘=솨마임=שמים솨마임=שָׁמַיִם솨마임[4]에 솨 שָׁ솨[5] 모형이다. 기드론 골짜기와 힌놈의 골짜기는 예루살렘 성의 서쪽에 위치한다. 북에서 남으로 흐르다가 시온 산을

1) John Cassian; 약 360~435.
2) קִדְרוֹן(Kidron).
3) הִנֹּם(Hinom).
4) מַיִם(마임 · 물).
5) שָׁ(솨 · 연단).

따라 그 방향을 바꾼다. 그런 다음 서에서 동으로 뻗어 내리면서 기드론 골짜기와 합류, 예루살렘 성을 서쪽과 남쪽에서 격리시킨다. 천연 요새의 땅이다.

이곳은 y자의 옳은 쪽 긴 변이고 기드론 골짜기 동편으로 3개의 산이 있는 y자형의 왼쪽의 짧은 획이 힌놈, 이 골짜기를 따라서 서산과 나쁜 충고의 산이 놓여 있다. 기드론 골짜기는 예루살렘 성을 감람산과 동 · 서로 분리시키고 주변 산들로 하여금 천연방벽 땅이다. 힌놈의 골짜기는 힌놈골짜기와 더불어 기도하는 모습이다. 예루살렘 성을 보위한다. 두 골짜기는 예루살렘 성의 남쪽에서 합류하여 사해로 흘러 예루살렘을 동쪽으로 보호한다. 그 첫째 산 감람산은 맞은 벽 편에 있고 예루살렘 성보다 높다. 둘째는 감람산 북쪽에 있는 스코푸스산은 감람산과 연결되면서 북방의 방어를 담당한다. 셋째산은 감람산 남쪽으로 연결된 범죄산 동남쪽에서 예루살렘을 호위하는 산이다. 기드론 골짜기를 따라 세 개의 산이 예루살렘 성을 두른다. 넷째산은 힌놈의 골짜기의 서쪽으로 서산이다. 힌놈의 골짜기 남쪽으로 나쁜 충고의 산이 남쪽과 서쪽에서의 방어를 담당한다. 힌놈의 골짜기는 두개의 산이 둘러 있다. 골짜기와 산들로 보호되어 있는 황금성 역할 요새[1]이다.

---

1) 권혁승, 『성경 지리』(서울: 서울 신학 대학교, 2002), 66. 80, 96. 113, 152, 229~236.

Ⅱ. 바다와 나날의 차이

이스라엘의 땅은 이스라엘 백성들이 5개의 산이 보호하는 지형이다. 하나님이 그의 백성을 지금부터 영원까지 두르시는[1] 치아모양이다.

이스라엘은 갈릴리 바다의 남부와 사해의 북구 간의 거리가 100여 *km*에 불과하다. 고도의 격차가 187m인 경사를 따라 요단강이 갈릴리 바다로부터 사해까지 구불구불 흘러 들어간다. 물길지형이다. 바다 속의 땅을 물이 보호하는 형태이다. 하나님이 주관하시고 보호하시는 바다 속의 땅이다. 바다 안[2]이다. 이 바다 안은 히브리어로 바다 안으로 바암밈[3]이다. 바다 깊은 데서[4] 하나님 흔적[5]이 된 바다 안[6] 이스라엘은 바다 속 땅이다. 이스라엘의 북쪽은 흑해와 카스피바다, 서쪽은 지중해, 남쪽은 홍해이다. 이 물 위로 예수님은 걸으시었다. 예수님이 물 위를 걸으신 점과 동시에 하나님의 신이 물 위에 운행하심[7]이다. 언어적 통시성[8]은 각주

---

1) 시 125: 2.

2) 레위 11: 9.

3) בַּיַּמִּים(바얌밈, 창 1: 22; 느 1: 22).

4) וְכָל~ בַּיַּמִּים(베콜~ 바얌밈 · 바다 깊은 데서, 시 135: 6).

5) בַּיַּמִּים(바얌밈 · 바다 안).

6) מִיַּמִּים(미야암밈 · 바다, 겔 27: 29, 32, 34).

7) 창 1: 2.

8) Daniel Delas et Jacques Filliolet, 『*Lingistique et Poétique:* 언어학과 시학』, 유재석, 유재호 옮김(서울: 인동, 1985), 101.

에서 ① ② ③ ④[1])로 예증하였다.

①의 동사 운행하시니라[2])가 여성형 피엘능동분사인 형용사이다. 알을 품고 있다. 바람이 물 위에 운행하시는 땅이다. 물에 영이 있다. 물 가운데의 하나님 손 예수님의 손이 있다. 절대자 말씀에 안겨 있다.

② 물 중앙의 궁창 즉 하늘 영역이다.

③ 물이 하늘에 있다.

④ 물 반복리듬 물은 말씀대로 예수님에게서 이루어지는 하나님의 초월성이다. 바다가 말씀의 바다가 되는 것은 하나님의 신이 수면에 운행하신 물[3])이서다.

---

1) ① 하나님의 신은 수면에 운행하시니라(창 1: 2)
הַמָּיִם פְּנֵי ~עַל מְרַחֶפֶת אֱלֹהִים וְרוּחַ
D.NMD NMP ~NMP VPPAFS NMP C.NFSG
(관명남쌍 명남복 명남복 피엘동능동여 명남복 접명여단소)
하마임 페네 ~알 미라헤페트 엘로힘 베루아흐

② 물 가운데 궁창이 있어(창 1: 6a)
הַמָּיִם בְּתוֹךְ רָקִיעַ יְהִי
D.NMD D.NMP NMS VQIMZS
(관.명남쌍 관.명남복 명남단 칼동미남3단)
하마임 베토흐 라키아으 예히

③ 물과 물로 나뉘게 하리라(창 1: 6b)
לָמָּיִם מַיִם בֵּין מַבְדִּיל
D.NMD NMD P P.D.NMS
(관.명남쌍 명남쌍 진 접.관.명남단)
라마임 하마임 벤 마쁘딜

④ 궁창 아래의 물과 궁창 위의 물로 나뉘게 하시매 그대로 되니라(창 1: 7)
לַמָּיִם מֵעַל אֲשֶׁר הַמַּיִם וּבֵין לָרָקִיעַ מִתַּחַת אֲשֶׁר הַמַּיִם בֵּין וַיַּבְדֵּל

P.D.NMS P.P R D.NMD C.P P.D.NMS P.P R D.NMD P CW.VHIMZS(접관명단접전관계사관명남쌍접전접.관명남단전전관계사관.명남단 전 바브동힢미남3단분사) 라마임 메알 아쉐르 하마임 우벤 라라키아으 미타하트 아세르 하마임 벤 바야쁘달.

2) מְרַחֶפֶת(메라헤페트 · 운행하시니라).

말씀을 에따[1]하고 주시기에 하나님의 신이 물 위에 있다. 쌍수 그 물 곧 윗물과 아랫물은 히필능동분사형 접두어[2] 역할을 한다. 이 물이 궁창위로 끌어 올려 져서 먹을 물이 된다. 물[3]에 하나님 오른 손이 역사 바다 속 땅을 밟게 하는 기적이 있다. 물 위의 삶이다.

갈릴리 바다는 해발 212*m*에 놓여 있다. 갈릴리 호수[4]는 요단 계곡 내의 세 바다 갈릴리와 사해와 홍해에서 찾아진다. 초월성을 드러내는 갈릴리 바다에서 물 위로 걸으신 예수 따라 베드로도 물 위로 걸었다.

바다는 믿는 자의 지속적 약호의 곳이다. 갈릴리는 바벨론 포로 이후 잠시 이방 민족이 잠시 살긴 하였지만 믿음의 약속이 지속된 장소이다. 갈릴리 바다와 사해의 고도의 격차가 187m이다.

죽음 곁[5]에서도 말씀 따라 걸을 때 물에 빠지지 않는다. 동쪽 골란 공원 경사면이 서쪽에 있는 갈릴리 산지 경사면보다 더 가파른 곳이다.

이스라엘 하나님의 백성들은 예수님이 물 위를 걸으셨듯이 말씀 따라 물에 빠지지 않고 살아간 바다 속의 땅은 바다 안[6]이다. 바다 안[7] 땅은 바다 안[8] 깊은데

---

3) 창 1: 2.

1) את(에트 · 처음과 끝).

2) VHPA,

3) בין(벤 · 사이, 창 1: 18).

4)갈릴리 해변에 다니시다가 두 형제 곧 베드로라 하는 시몬과 그 형제 안드레가 바다에 그물 던지는 것을 보시니 저희는 어부라(마 4: 18)

5)권혁승, 『성경 지리』(서울: 서울신학 대학교출판사, 2001), 269~270.

서[1] 주를 찬송하는 곳이다. 이 바다[2] 물이 두 번 하나님의 손이 두 번 되는 표시 해 준 이스라엘 삶의 나날들 얌임[3]이 있다. 욥은 내가 바다니이까 어찌하여 나를 지키시나이까[4]라 한 바다[5] 안의 삶이다.

바다는 겉모양 파도보다 바다 안을 봐야 보이는 바바다 안[6]의 삶이 있다. 삶의 현장 바다[7]는 삶이 이 파도치는 바다 깊은데서 출발하는 물의 언어가 세 번이나 반복되는 삶의 현장이다. 바다[8]에 파도가 있다 .삶은 파도로 표현된다. 바다[9]안의 우리는 바다[10] 위의서 살아간다.

삶이 바닷물의 파도로 칭해 지는 것은 솨울이야기를 들 수 있다. 요나는 바다 깊이 내려갔었다. 삶은 내려가고 올라감이 있다. 올라가느냐와 내려가느냐에 따라 달라지는 삶이다. 내려가면 스올의 삶이다. 내려가는 삶은 사무엘상 13: 1에서 3회나 반복된다. 지하의 지옥

---

6) 레 11: 9.
7) בַּיַּמִּים(바얌밈 · 바다 안, 느 9: 6).
8) בַּיַּמִּים(바얌밈 · 바다 안, 시 135: 6).
1) וּבְכָל~ תְּהוֹמוֹת(베칼~테호모트 · 깊은데서).
2) יַמִּים(얌밈 · 바나, 난 11: 45).
3) יַמִּים(얌임 · 나날들, 시 46: 2).
4) 욥 7: 12.
5) יַמִּים(얌밈 · 바다, 시 69: 34).
6) בַּיַּמִּים(바얌밈, 레 11: 9; 시 135: 6).
7) 시 65: 7; 사 17: 12 ; 겔 27: 25, 27: 26, 28: 2, 7, 28: 8;, 욥 6: 3; 시 78: 27; 렘 15: 8; 단 11: 45; 욘 2: 3.
8) מִיַּמִּים(미얌임 · 바다, 겔 27: 29, 27: 32, 34.
9) יַמִּים(얌밈, 겔 27: 4).
10) יַמִּים 얌밈, 시 24: 2).

같은 악정을 한 솨울이 있다.

바다와 나날에 대한 학자들 간의 논쟁이 극심하다.[1] 궁켈은 바다와 나날을 혼동하여 욥기서 3: 8의 날을 바다로 읽어야 한다고 제안[2] · 킷텔[3] · 포우프[4] · 왈레스[5] · 올브라잇[6]은 궁켈의 수정을 사실상 그대로 따르고 있다. *NEB*는 깊음의 짐승[7]으로 번역하고 *NIB*의 난해주도 궁켈의 제언을 따른다. 드라이버[8]는 아람어로 된 주술을 술잔에서 내가 바다의 주문과 용 리워야단의 주문을 너에게 말하리라는 것과 고 욥기 3장 8절에서 날을 바다로 수정하기를 제언하였다. 리워야단이 바다와 용과 동일한 존재로 나타나 고대 마술사들이 리워야단을 요술로 말하였음을 알 수 있다. 날과 바다는 동일하지 않[9]는게 아니라 오히려 같음으로써 혼돈이 온다.[10] 바로 밤이 없는 낮의 세계인 날들의 중앙과 바로 바다 가운데 그 터를 세우시는 하나님의 말씀

---

1) 김정우, "구약 성경에 나타난 신화의 짐승들의 영상에 대한 고찰," 『성경 원문 연구』 제 5호., op. cit. 12~13.

2) H. Gunkel, *Schöfung und Chaos in Urzeit und Endzeit*(Goettingen: Vandenhoeck & Ruprecht, 1895), 59.

3) R. Kittel.

4) Pope, 1965: 3.

5) Wallace, 1948: 64.

6) Albright, 1938: 227~28.

7) the monster of the deep. Albright, 1938: 227~28.

8) G. R. Driver, 1955: 72.

9) 김정우, Ibid.

10) Northrop Frye, *Anatomy of Criticism*(Princeton: Princeton University Press, 1973), 141~149.

에서 우리 삶에 하나님이 계시느냐 아니냐에 따라 달라[1]진다. 하나님이 바다 위에[2] 앉으시어 하나님의 터를 세우신 그 보금자리를 케는[3] 방법은 이미 창세기 1장 셋째 날[4]에서 하나님이 하나님의 백성을 바다에서 구원하기 위해 일어서신[5]다.

하나님의 아들 예수 그리스도가 일어서시어 이긴다. 성경은 일어서는 표현을 우리의 삶에 비유한다. 물을 측량[6] 해 본 결과 일천 척이 될 때까지 물이 일어섰다. 하나님이 계심이어서 일어섰다. 하나님의 일[7]은 인간의 일로는 불가능하다. 하나님만이 물을 끌어 올리신다.[8] 물로 일어서신다.

---

1) כִּי הוּא עַל ~ יַמִּים יְסָדָהּ וְעַל נְהָרוֹת יְכוֹנְנֶהָ((키 후아 알~ 얌밈 예사다 베 알 네하로트 예콘네하) וַיֹּאמֶר אֱלֹהִים יִקָּווּ הַמַּיִם הַשָּׁמַיִם אֶל~מָקוֹם אֶחָד וְתֵרָאֶה הַיַּבָּשָׁה וַיְהִי ~ כֵן

(바이오메로 엘로힘 이카부 하마임 하솨마임 엘~마콤 에하드 베테라에 하야바솨 바예히~켄 ~(시 24: 2).

2) עַל ~ יַמִּים(알~얌밈 · 바다 위에, 시 24:2).

3) יְכוֹנְנֶהָ(예코넨하 · 건설, 시 24: 2).

4) 창 1: 9.

5) 민대훈, "장자를 살림과 장자를 죽임," 『구약과 설교』(서울: 서울 기독 대학교대학원강의실, 2006), 11월 7일: 생명 줄에 대한 본질을 생각하게 하는 일은 장자 죽음과 이스라엘 백성 살리기의 비교이다. 결국은 유월절 어린 양을 통해 하나님의 나라를 이루시는 내용이다.

6) 겔 47: 1~9.

7) Ibid, 『바르트와 레비나스가 본 형상 금령 해석』, 178.

8) 계 22: 1.

제2절 성경의 홍수가 신화와 다른 이유

1. 깊은 바다에도 하나님의 흔적을 남기시는

성경의 홍수는 신화와는 다르다. 성경의 홍수가 신화와 다른 일은 성경의 홍수와 홍수 전설들[1]로서 더욱 분명해진다. 전 세계 홍수의 동시적인 사건으로[2] 생물 전멸 전설은 7000여년이 넘는 기간 동안 입으로 전해져[3] 온다.

구약에서는 인류의 도덕적 부패를 대홍수의 원인[4]으로 잡고 있다. 신화에서는 단순히 신들의 마음이 홍수를 일으키도록 자극[5] 되었음을 든다. 신화의 홍수 원인은 아트라하시스 서사시[6] 단편에 작은 신들이 시끄럽게 굴어, 엔릴이 도저히 잠을 잘 수 없어 재앙을 내리지만 효력이 없자 홍수를 일으킨다.

전 세계적으로 500여개의 홍수전설[7]이 있다. 홍수전

---

1)James George Frazer. *Folk~Lore in the Old Testament.*, Vol, 1(London: Macmillan Publishing Co, 1919), 105.

2) 죤과 모리스와 화이트 콤브와 죤(Whitcomb, John C and Morris, Henry M).

3) 『창세기 대홍수』., Op. cit, 39~40.

4) 창 6: 1~31.

5)토판 XI: 14: L. W. King, *Legends of Babylon and in Relation to Hebrew Tradition*(London, 1918), 64.

6) Atahasis Epic.

7) 하벨라미(H.S.Bellamy), 달과 신화 그리고 사람(Moons, Myths and Men).

설의 공통점은 중국과 바벨로니아와 웨일스와 러시아 그리고 인도와 미국과 하와이와 스칸디나비아 및 수마트라와 페루와 폴리네시아 등의 홍수의 경고와 사전에 배를 만들어 동물들을 싣고 가족들을 싣는다.

홍수가 끝난 뒤 물이 마른 후 정도를 알아보기 위해 새를 보내는 일[1]등이 같다. 바벨로니아의 신화에서는 모든 생물들을 태우는데 반하여 성경은 혈육 있는 한 쌍씩 방주로 이끌어 들여[2]놓는다. 전자는 배에 태웠고 문을 닫았다이고 후자 성경은 방주로 들어가라[3]와 하나님이 넣으시니라[4]이다. 바벨로니아 홍수 신화는 비둘기를 날려 보냈고 쉴 곳을 찾지 못해 돌아왔다. 성경은 방주로 돌아와[5]이다.

바벨로니아 신화는 까마귀를 보낸다. 성경은 까마귀를 내어 놓으매 까마귀가 물이 땅에서 마르기까지 날아 왕래하였더라[6]이다. 바벨로니아 신화는 산꼭대기에 계단을 만들었다. 성경은 노아가 여호와를 위하여 산에서 단을 쌓고 번제를 드렸더니[7]이다. 길가메쉬[8] 신화

---

1) James George Frazer, *Folk~Lore in the Old Testment*, Vol. 1(London: Macmillan Publishing Co, 1919), 105.

2) 창 6: 9.

3) 창 7: 1.

4) 창 7: 16.

5) 창 8: 9.

6) 창 8: 7.

7) 창 8: 20.

8) Gilgamesh.

는 우트나피쉬팀[1])이라는 노인을 만나 이야기를 전해 주는데서 시작한다. 신이 우트나피쉬팀에게 와서 다가올 홍수 때를 알려주면서 집을 부수고 커다란 배를 지으라 한다. 성경은 파괴를 전제로 하지 않는다. 우트나피쉬팀은 배의 120 규빗의 높이와 넓이와 길이로 만들고 역청으로 배를 발랐다. 동물 암수와 신의 아내와 가족과 식량을 배에 싣자 비는 6일 밤낮을 온다. 배는 나시르[2])산에 정착한다. 7일 쉰 다음 우트나피쉬팀은 비둘기를 내보냈다.

땅이 마르지 않아 비둘기가 되돌아 왔고, 다음 제비를 보냈을 때도 돌아와서 까마귀를 보냈는데 땅이 말라서 돌아오지 않았다. 그러자 우트나피쉬팀은 땅에 내렸다. 아프리카 남서 탄자니아[3])의 홍수는 신이 두 사람에게 배에 오르라 하고 씨앗들과 동물들을 실으라 명령한다. 홍수 후 한 남자가 물이 다 말랐는지 알아보기 위해 비둘기를 날려 보내자 비둘기는 돌아왔고 매를 보내매 돌아오지 않자 그 남자는 동물들과 씨를 가지고 배에서 나왔다.

가장 오래된 전승은 메소포타미아[4])의 지우쑤드라 이야기와 아트라하시스 이야기이다. 수메르 어로 쓰려진

1) Utnapishtim.
2) Nisir.
3) Southwest Tanzania.
4) 현재 이라크 · 알렉산더가 죽은 곳.

지우쑤드라[1] 이야기는 기원전 18~17세기 고대 바빌로니아와 서사 학교에서 가르쳤던 작품이다. 인간 창조와 에덴 태초의 도시들과 홍수로 이어지는 이 작품 줄거리는 구약 성경 창세기 2~8장까지의 태초 이야기 즉 인간 창조에서 홍수 이전 도시들과 인간의 타락과 홍수 기록과 닮았다. 중국의 홍수는 히킹[2]에서 후히 가족 아내와 세 명의 아들딸들이 대 홍수에서 살아 지구상에 유일하게 세상에 퍼졌다는 것이다. 갈데아 시수트루스에게 크로노스 신은 스타디아를 준비하고 가족과 친구와 각 동물들의 암수 두 마리씩을 태운다. 홍수가 그친 후 몇몇 새들을 날려 보내자 새들의 발에 진흙이 묻어 돌아온 것을 보고 다시 시도했지만 똑 같은 결과를 얻었으며 세 번째로 새는 돌아오지 않자 배에서 내렸다는 것이다.

호주의 홍수전설은 노아, 호주 원주민과· 여러 동물들이 있다. 드질린바두의 평야에 도달한다. 백인들이 지어낸 이야기라고 추측되어지지만 원주민의 홍수 이야기는 전해지지 않는다. 유럽 그리스 홍수이야기는 사람들이 자만하자 제우스가 인간들을 멸하려 인간 창조자인 프로메테우스가 일으킨 홍수는 9일간 계속 된다. 올림푸스 산의 꼭대기는 신들의 고향이다. 꼭대기는 잠

---

1) 수메르 학자 아르노 푀벨(Amo Poebel)이 1914년 필라델피아 대학교 박물관에 소장된 니푸르 토판을 발표.

2) Hihking.

기지 않는다. 물이 마른 후 제우스 지시에 지구에 재 분포된다. 멕시코 홍수는 원주민 아즈텍과 타이피가 경건하여 홍수 때 부인과 각 동물의 한 쌍씩 배안에 들어가 살아남는다. 비둘기를 내어 보내나 돌아오지 않자 배에서 나온다.

미국 홍수는 곧 대략 AD 1400년 이후 서로 협력하지 않자 기치 마니도[1]가 홍수로 덮혀 진다. 델라웨이 인디안 홍수는 악한 영이 들어 홍수를 맞고 소수의 사람만 거북이 등에 피하여 시간이 지나면서 거북이의 등껍질이 이끼가 끼자 한 마리 아비새가 머리 위로 날아왔고 물속으로 뛰어들어 땅으로 올라가라고 간청하며 날아가서 주둥이에 땅에 나는 작은 것들을 가지고 돌아 왔다. 남아메리카 잉카(*Inca*) 파카카마(*Pachachama*) 라고 불리던 시기의 사람들은 매우 악하여 신에 대해 소홀했다. 산 위의 두 형제가 그들의 라마스(*Ilamas*)에게 묻자 거대한 홍수예정설과 생명들이 죽을 것이라는 것을 듣는다. 가족들을 데리고 높은 산 동굴에 들어가 넉 달 동안 그 속에 사는 일이어서 라마들이 산지에 살기 좋아하는 이유이다.[2] 물 중심한 살아남는 이야기이다. 물에 빠질[3] 위기에서 살아남는 이야기다.

강의 근원이 되는 에덴동산에서 네 강의 12 물길[4]

1) Gitchie Manido.
2) James E. *Strickling CRSQ Abstracts*, Vol 9, Number 3.
3) 느 3: 26.

이 있다. 강의 사역이다. 12 물길 사방으로 물 때문에 흩어지되 결코 그 줄을 놓지 않는 12줄 근원에 선 이스라엘 백성은 물에 빠지지 않는다. 이스라엘 백성의 열두 물길은 에덴동산에서 발원되는 네 강이 3번 강화된 열두 물길이다. 이 길을 인도하시는 하나님은 이스라엘 백성들 출애굽의 노정에서 먹을 수 없는 물을 주셨다. 반드시 12샘물[1]과 종려 70주가 있는 곳에서야 물을 먹게 하시었다. 이스라엘 동편 땅 염해 곧 요단 끝까지와 경계의 요단에 해당하는 브엘세바까지 이어지는 길에 12지파들의 물길이 있다. 열두 샘물이 있다. 숨 쉴 수 있다.

성경에서 홍수와 신화 홍수는 다르다. 하나님 일을 하는 성경의 홍수와 달리 신화 홍수는 흥미 위주이다. 성경의 기업을 잇는 물길은 샘 문으로 미스바 지방을 다스리는 골호세의 아들 살룬이 중수하여 문을 세우고 덮었다. 문짝을 달아 자물쇠와 빗장을 갖추었다. 왕의 동산 근처 셀라 못가의 성벽을 중수하여 다윗 성에서 내려오는 층계에 이른다.[2] 수문 때에 느디님 사람은 오벨에 거하여 동편 수문과 마주 대하며 망대까지 미친다.[3]

---

4) 사 12: 3.
1) 민 33: 9.
2) 느 3: 15.
3) 느 3: 26.

숨 쉴 수 있는 일은 쉽게 설명할 수 있다. 한국의 전통 시 시조이론에서 찾을 수 있다. 한국의 사계절이 바뀌어 지는 이야기이다. 이 바뀌는 순간은 12초 사이에서 일어난다. 시조작품을 흔히 시절가라 한다. 봄 · 여름 · 가을 · 겨울이 순환하는 순간이 있다. 12초 사이로 갈라진다. 그런데 더 중요한 것은 시조창에서이다.

초장에서 다음 중장으로 넘어가는 시간이 12초 · 중장이 끝나고 다시 12초를 지나 종장이 된다. 이 12초는 봄과 여름과 가을과 겨울이 바뀌는 변화의 순간 포착이다. 아주 짧은 순간에 바뀐다. 숨 쉬는 시간이다.

하나님의 말씀을 들으며 호흡을 하는 이 리듬은 하나님의 일 하는 12제자에서 찾아진다. 12길로 흩어져서 동서남북으로 갈라지며 최선을 다하는 일을 디아스포라라 한다. 이 때 하나님은 숨 쉬게 하신다.

물은 마음과 관련되는 길이다. 히브리어로 물은 우리나랏말로 마음이며 사랑하는 그 사람이 물 두 개 מַיִם 물=마임=מים=מַיִם 마임[1]이 보여주는 물의 사람 마임 · 나의 임 마 임이다. 물길은 바다 깊이에서 가장 좋은 물을 먹을 수 있다고 성경은 제시한다. 먹을 물이 있는 이 점은 히브리 사상에 근거하고 있다. 성경은 분명히 포효하는 바다 물결 아주 그 아래 깊이 숨어 있는 먹을 물[2]을 알린다.

---

1) מַיִם(마임 · 물).

1). 바알

코에찌가 제시한 요나의 하향 구조에서 가장 깊숙이에 내려간 곳이 바알이 있는 스올이라는 점을 어떻게 이해할 것인가? 성경은 물이 많은 바다를 말할 때 바다를 다스린다는 라얌1) 언어를 쓴다.

바다는 얌으로 발음된다. 그런데 이 바다는 바알 신이라 연구되어지기도 한다. 바다 얌 언어에서 하나님 손2)에 의한 물리치심이 있다. 하나님은 바다가 가지는 물속의 온갖 신화적인 의미를 시편 29편에서 마르둑인 바알신의 제 요소들을 홍수의 물속에 넣으셨다.3) 바알 신전을 없애신다. 하나님은 물속의 잡신4)을 없애신다. 삶 속 잡신을 없애신다. 바다 가운데서5) 하나님 실력을 보이신 자신이 사랑하는 사람을 지으셨기 때문6)에 건지신다. 하나님은 하나님으로부터 온7) 온 바다들8)을

---

2) http: www.expo2012.kr(2012.05.12(토) ~ 08.12(일) 바다 깊은 물을 먹을수 있는 방법(2012.KBS 9시) 뉴스.

1) לַיָּם(라얌).

2) לַיָּם(라얌 · ..을 위하여).

3) B. F. Batto, Slaying the Dragon, 113: Egypt is an extension of the chaos dragon. in Egyptan belief Pharoh was the incarnation of their chief god. ..Yahweh overwhelms and finally kills Pharaoh~Egypt in the midst of the midst · Baato sees The Exodus account as a piece of mythopoeic speculation on the part of the priestly Writer.

4) 리워야단(water monster leviathan, 사 27: 1).

5) בַּיַּמִּים וְכָל~תְּהוֹמוֹת(바암밈 베콜~테호모트 · 모든 깊은 바다 가운데서, 시 135: 6).

6) 시 135: 6.

7) מִ(미): 성경의 언어에서 이 מִ(미, 멤 · 물, 그로부터)는 그로부터 온 것

통하여 찬송을 받으신다.[1] 풍랑을 다스리신다.

바다에는 얌과 바알이 싸우는 장면이 공개된다. 둘은 적수 관계이다. 얌은 다만 우가릿 바알신화 여섯 개의 토판 중 두 번째 토판 제 4판[2]에 기록된다.

바알은 드높은 봉우리 자폰 산에 산다. 초기에는 하닷[3] 가을과 겨울의 강풍 속에 나타나는 다산신이다. 그리고 엘이 있다. 엘은 이미 우가릿 신화이전부터 존재하는 자비와 온유의 신이다. 신들 간의 싸움있다. 물리쳐야 할 대적 관계[4]이다. 바다 속에 있는 일곱 개의 머리를 가진 괴물과 싸워 이겨야[5] 한다. 싸움 모티브[6]는 창세기에서 물속의 잡신 리워야단[7]을 그 분이 없애진다. 이 물속의 잡신은 ים 얌은 아니다.

바다=얌=ים[얌][8]이나 나날=욤=ים[욤]은 발음부호를 붙이지 않을 때는 같다. 얌은 아카드어와 관련된다. 아가드에서 얌은 우리말 아빠[9]가 기본형이다. 곧 아빠다.

으로 많은 성경 언어가 이를 사용하고 있다.

8) מִמַּיִם(미얌임, 겔 27: 34).

1) יַמִּים(얌임, 욥 6: 3; 시 78: 27; 사 17: 12; 렘 15: 8; 겔 27: 25, 26, 28: 8; 단 11: 45; 욘 2: 3).

2) KTU 12iv.

3) Hadad.

4) J. E. Fontenrose, Pythone, *A Study of Delphic myth and its Orgin*(Berkley: University of Calfornial Press, 1959), 1.

5) J. Day, *God's Conflicit with the Drragon and the Sea*(Cambridge: Cambridge University Press, 1985), 11.

6) Heidel. Alxande, *The Babylonian Genesis*(Chicago: The University of Chicago Press, 1951), 139.

7) 사 27: 1.

8) יָם(얌 · yam).

2). 얍이 여호와의 대적자인가

이 아빠라는 말은 아~아브~바~아빠~압바~암바~얍[1]~의 흐름을 우가리트어에서 보인다. 강신이나 바다 신이 되는 얍[2]은 가장 중요한 포인트가 하나님의 옳은 손이 역사하는 물이라는 점이다. 그리고 쓰일 때도 얍 홀로 쓰이는 것이 아니라 바다 신[3]이나 물고기[4]다. 그럼으로 하여 바다=얍=ים얍[5]은 바알과 싸우는 왕권 쟁취문

---

9) ayabba: David Toshio. Tsumura, 57: In Amarna Akkadian, the sea is always referred to in forms of *ayabba*(EA 74~20, 9: 47, 105: 13, 114: 19, 151~42, 288: 33, 340: 6), never spelt as *ta~am~tu*(except in Adapa text [356: 50 & 51] which is written in a standard Akkadian), I owe this information to DR. R. S. Hess. See also CAD, A · 1(1964), 221(also in Mari & SB literary text), W.F. Albright & W. L. Moran, Rib~Adda of Byblos and the Affairs of Tyre(EA 89)」 JCS 4(1950), 167; cf JA Knudtzin, *Die Ei~Amarna~Tafeln: mit Einleitung und Erläuterungen.* Ⅱ(Aalen: Otto Zeller, 1915), 1528 on Tâmtu. It might be postulated that the Sumerian loan word *ayabba*(<=a~ab~ba) in West Semitic experienced the following Phonological change: a~뮤~ba=>*ayabba*>a(yabba>(a)yabba>(a)yamba>yamm~>yām. For EA 89, see now W. L. Moran, *Les Lettes d'El~Amama: Correspondance diplomatique 여 pharaon*(LAPO 13: Paris: Cerf, 1987), 277~8.

1) a~ab~ba=>ayabba>(a)yabba>(a)amba>Yamm>yām.

2) יָם(얍).

3) sea~yam.

4) David Toshio. Tsumura, 54. In Ugaritic, Ym is often "personified" and refers to q divine enity, the sea~god Yam. However, the term is used as a common noun without any divine personification even in mythological contexts, as in the cases of *Ym(· · thm)* in q. 23 [52]: 30, an expression "fish from the sea" dg bym(1. 23[52]: 62~63) and a divine epithet *rpt atrt ym* "Lady" Atirat of the sea(1. 4[51]: 1: 13~14[14: ~15], 21[22], Ⅲ: 25, 28~29, 34; 1: 6: 1: 44, 45, 47, 53 [49]: 1: 16, 17, 19, 25]). cf. Albright's Yahweh and the Gods of Canaan(London: Athlone Press, 1968), 166 · Hower, cf. The Phrase *aṯrt ṣrm*(Aṯirat of the Tyrians(UT 19. 428).

5) 나하르 곧 the that dragon=sea dragon.

제[1]로 나타나며 하나님이 역사하시는 물의 성격을 지닌다.

다음은 기원전 24세기경 아가드 시대의 토판[2] 아가드 시대의 토판[3] 기록이다.

[* א 알레프~1: 바알이 말려 버린 얌]

bt laliyn b['l]	말려버리시오, 전사 바알이여
bt lrkb 'rpt	말려 버려요, 구름을 타시는 이여
ym l mt	얌이 정말 죽었구나
b'lm yml[k l]	바알이 왕이 될 것이다

바알과 얌의 싸움[4] 치열한 왕권 쟁취[5] 문제이다.

[* א 알레프~2: "물결을 막으신 이여"의 반복 리듬]

a Ba ra aK ti~am tim qu~ra~dum a zum ti~bi
dtipak a ba ra aK
ti~a 『m』 ~t[im]'a~zum te~bi
i~lum lugal dingir~

아버지시여! 바다의 물결을 막으시는 일을 하시는 이여!

---

1) Mark S. Smith, *The Ugaritic Baal Cycle. volume 1: Introduction with Text, Translation and commentary of KTU* 1.1~1.2(Leiden: E. J. Brill, 1994), 361.

2) Mari A 1968.

3) Mari A 1968: J.~M. Durand, 「Le Mythologeme du combat entre le didu de l'orage et la mer en Mesopotamie」 *Mari 7*(1993), 41~61. 43.

4) T. Jacobsen, 「The Battle Between Marduk and Timat」 *JAOS*(1968), 88,

5) Mark S Smith, *The Ugaritic Baal Cycle volumn 1: Introduction with Text, Trnslation and Commentary of KTU* 1.1~1.2. SVT 55(Leiden: Brill, 1994), 361.

격노하시는 전사시요! 공격하소서!
아버지 티슈팍 이시여! 바다의 물결을 막으시는 일을 하시는 이요!
하느님, 신들의 왕이시여!

"바다의 물결을 막는 일을 하시는 이"라는 표현이 두 번이나 반복되면서 티슈팍이 바다신인 티아맛과 싸우는 폭풍신의 모습이다. 기원전 17세기 토판으로 누르~신[1]이 지므리~림[2]에게 보낸 편지에도 이와 비슷한 모티브가 등장[3]한다.

lu~t[e~e]r~ka a~na gis~[gu~za e a~bi~ka]
u~te~er~ka gis~tukul~[mes] sa it~ti te~em~tim
am~ta~ah~su ad~di~na~ak~kum

아다드에게 이렇게 말씀하신다
나는 그대를 그대 부친의 왕자에 되앉혀 놓았다
그리고 내가 티아맛과 대적한 팔을 그대에게 내리노라
나는 그대를 내 승리의 기름으로 기름 부었다
아무도 그대를 대적하지 못하리라

여기서 아다드는 바알의 아카드어 표현이다. "티아맛과 대적한 팔"이라는 표현이다. 아다드가 티아맛과 싸웠다는 말은 앞의 토판과 마찬가지로 신들의 싸움[4]이

1) Nur~Sin.
2) Zimri~Lim.
3) ARm A 1968.
4) A. Westenholz, 「*Old Akkadion School Text*」 Archiv fur Orientalforschung 25(1974~7), 95~110, 특히 102의 MAD 1, 192 참조.

다. 에누마 엘리쉬인 바벨론 창조 신화는 2천 년 대 중후반 작품으로 본다. 에누마 엘레쉬에는 마루둑의 전적인 왕권을 표시하여 바알 신화보다 후대의 작품[1]의 마루둑 바알이다.

> 벨(마르둑)은 시체를 조사하며 쉬고 있다
> 아주 능숙한 솜씨로 시체 덩어리를 나누었다
> 하나님은 티아맛을 말린 물고기처럼 잘라냈다
> 그 반쪽으로 펼쳐놓아 하늘을 만들었다
> 가죽을 펼쳐놓아 시간을 삼았다
> 티아맛의 물이 도망치지 못하도록
> 하나님은 하늘을 둘러보려고 가로 질렀다
> 그리고 누디뭄드의 처소인 압수와 대칭되게 조정하였다
> 벨은 압수의 외모를 측정하였다
> 그리고는 에쉬갈라의 복제품인 에쇠라를 세웠다
> 하나님이 지은 에쇠라, 곧 에쉬갈라와 하늘에
> 하나님은 아누와 엔릴과 에아의 성소를 세웠다

신화에서 싸움문제는 바알의 바벨론 식 표현 마르둑이 하나님에 의해 전멸된다. 마르둑은 수메르어로서 아마르(amar)와 우두(uto), 그리고 우쿠(uku)로 분해할 수 있는 바 아므라가 아들이라는 뜻이다. 우투는 소라는 뜻으로 폭풍이라는 뜻이다. 마르둑 역시 폭풍의 아들[2]이다. 마르둑은 시체 한쪽으로 하늘을 펼치며 시체 다

---

1) L. W. King(ed), *Enuma Elish:* The Seven Tablets of Creation or the Babylonian and Assyrian and Assyrian Legends Concerning the Creation of the World and of Mankind. Vol. 1: English Translations etc(London: Luzac and Co, 1902), 76~77.

2) "T. Jacobsen, The Battle Between Marduk and Timat」 JAOS 88(1968).

른 한쪽으로 땅을 창조한다는 것이다. 이 마루둑 즉 얌과 바알의 싸움은 아카드어로 되어 있는 라부[1]라는 신화와 안주무켜라는 신화[2]에도 등장하여 폭풍신과 바다신과의 싸운 신화 변형이다. 햇족 신화인 울리밀쿠[3]에도 이 모티브가 등장하며 이집트 신화인 아스다롯과 바다에도 언급[4]된다. 머리가 일곱 달린 괴물[5] 벨[6]은 생사를 결정하기 위해 싸운[7]다.

우가릿 신화에서 바알이 얌을 이긴다. 그래서 하나님의 성전이 주어진다. 라스 삼라[8]의 비블로스[9]와 세겜과 예루살렘 등을 이루는 성경문화 명칭과 유사[10]하다. 바알이 시온에 거하며 수호신으로 신의 이야기를 조작한다. 그러나 수직성[11]으로 갈라진다. 우물 수직성[12]과 달리 신화는 잡신 바알이나 마루둑까지 동일성으로 는다.[13] 그럴싸하게[14] 들리는 학설을 내놓는다.[15]

---

1) Labbu.

2) ANET 111~113, 14~517.

3) Ullimilku.

4) ANET 17~18.

5) 시 74: 13~14.

6) belum.

7) Cerd H. Witman, *Euripides and the full Circle of Myth,*(Massachustts: harvard University Press, 1974), 140.

8) Ras Shamra~희향초의 곳.

9) Byblos.

10) 문희석, 『구약 성경배경사』(서울: 대한 기독교 서회, 2006), 485.

11) David Toshio. Tsumura, 83, 53.

12) John Peter Oleson, 「Water Works」 *ABD*, 885.

13) L. W. King(ed.), *Enuma Elish*(London: Luzac and Co, 1902), 76~77.

14) Otto. Kaiser, *Die Mythische Bedeotong des Meeres in ägypten,*

물을 먹어야 하는 우가릿 신화에서는 죽음을 엘의 사랑하는 자[1]로 한다. 신화 문학은 인간이 이 세상에 살고자 함[2]을 그 특징으로 힌 삶 지속[3]이다. 엘[4]을어 희생 이미지로 한다. 엘의 아들이 죽음의미 모트이다. 물기 있는 구덩이에 사는[5] 바알은 모트를 경계하여 그의 부하들을 보낼 때 "하나님이 너희를 양처럼 하나님의 입에 넣지 않도록, 새끼 염소처럼 너를 박살내지 않도록 하라"[6]한다.

[špt Ia]rspt Išmm	한 입은 땅으로 한 입은 하늘로
[I]šn Ikbkbm	모트는 하나님의 혀는 별들에게로
ýrb bi bkbdh	바알은 하나님의 내부로 들어갔다
ybl ars wpr · ṣm	마른 올리브, 땅의 소산, 나무의 과일처럼[7]

이 신화이야기에서 양손이 먹혀[8]진다. 바알은 죽음을 이길 수 없어 하나님의 종이 되어 죽음의 지하세계로 내려갔다는 게 신화이야기다. 이처럼 신화의 구체적

Ugarit und Israel(Berlin: Waltee de Gruyter & Co, 1962), 65.

15) Ibid,

1) ydd · mdd il ģzr.

2) G. S. Kirk, *Myths Begius Professer of Greek*,(Cambridge: University of Cambridge, 1978,), 205.

3) 이영지, 『이상시연구』, 69.

4) 창 15: 9, 22: 13, 31: 10, 12, 38, 32: 14; 출 25: 5, 26: 14, 29: 1, 15, 16, 17, 18, 19,20, 22, 26, 27, 31, 32, 35: 7, 23, 36: 19, 39: 34; 레 5: 15, 16, 18, 6: 6 등 이하 생략

5) T. J. Lewis, 「Mot」 *ABD* IV(1992), 922.

6) Mark S Smith, 「The Baal Cycle」 139, 14~20행.

7) Ibid, 143, 2~6행.

8) Ibid」 144, 11~12행.

주제는 바알이 드디어 죽음의 목구멍에 까지 내려감으로써 하나님 이야기를 한다.

신화는 죽으면 지하세계로 내려간다. 신화 주인공 바알은 죽음의 지하세계로 내려간다.

> bbṯ lbm ilmmt 안녕, 오 모트 신이여!
> bdk an wdlmk 나는 당신의 영원한 종이다[1]

신화문학은 사람이 죽으면 반드시 땅이나 지하로 내려간 음침한 이야기[2]다. 바알이 있는 곳은 바다 밑의 산이다. 그런데 불순종한 요나도 스올로 내려갔다. 욥바를 떠나 바다 밑까지 내려갔다. 요나의 불순종[3]은 바알이 거처하는 수올[4]까지 갔다.

이스라엘 백성의 존재가치는 죽은 지경에서도 살려지는 일이다. 하나님의 손이 역사하는 일이다. 입술[5]의 말씀 사역[6]자 요나는 바다 속[7]으로 내려갔음에도 기도로 하여 다시 살아난다. 바다 속[8] 요나에게 하나님이 אניה[오나][9]하시면서 허락한 바다이다. 요나는 고기뱃

---

1) Ibid, 156, 30~35행.
2) Woods, Fred Emmet, 88.
3) May, Herbert G., 「Some Cosmic Connotations of Myth Rabbim, Many Waters」 *JBL* 74(1955), 11.
4) שְׁאוֹל(스올).
5) יָפוֹ(욥포, 욘 1: 3).
6) Johan Coetzee, 524.
7) 욘 2: 5, 8.
8) 욘 2: 5, 8.
9) אֳנִיָּה(아니야 · 배, 욘 1: 3).

속에서 기도한 후 하나님의 손[1]에 건져져 그 안[2]에서 살아난다.

다음은 요나의 하향구조이다.

[* 요한 코에찌가 제시한 요나의 내려감]

West   East

Tarshish(Jerusalem?)   Nineveh
Joppa↗
↓ in ship
↓ at sea(chaos)
↓ below deck
↓ deep sleep   Downwards
↓ thrown into sea
↓(in belly of fish)
↓(the roots of mountains; Sheol; the land with bars; the pit)[3]

요나의 하향구조는 하나님 손 안에서 3일 동안 지내면서 기도하였기에 하나님이 일으켜 세우고 불러내자 요나는 밖으로 나와[4] 하나님의 일을 하는 때[5]에 이른다. 하나님에게서 멀어질수록[6] 하나님은 그때 일어나

---

1) הַיָּם(하얌 · 그 배, 욘 1: 4).

2) 2: 1b.

3) Johan Coetzee,“And Jonah Swam and Swam: Jonah's Body in deep Waters,” *OTE* 17 · 4(2004), 525. J. H Potgieter, *The Nature and Function of the Poetic Sections in Book of Jonah* 17 · 4(Pretoria: Pretoria University, 2004), 610~620.

4) 욘 2: 1a, 2: 1b, 11b, 4a, 7c, 4a~6c, 4b, 6b.

5) van Heerden W, Humour and the Interpretations of the Book of Jonah. *OTE* 5(2003), 719.

6) Kelsey N, *The Body as Desert in the Life of St A*nthony. Semia

게 하는 절대능력의 힘[1]을 발하신다.

사람이 겪는 신비한 힘은 하나님이 마련한 보물을 먹는 일이다. 아무리 깊은 수렁에 빠졌어도 하나님이 주는 신비한 물 약초[2]를 먹고 사는 일은 신화인 길가메쉬 서사시[3]에서 이야기 된다. 영국 청년이 고대 앗시리아 고적을 답사하던 중 발견하고[4] 다시 2차 발굴[5]을 통하여 더욱 분명하여진 홍수 설화 Ⅵ[6]의 지우수두라[7] 이야기는 친구를 살리려 바다 깊숙이 들어가 물을 마신 이야기로 진행된다.

히브리 우주상[8]으로 설명하면 지우슈드라는 아주 바다 깊숙이 들어간다. 바다는 깊은 심연[9]을 가지고 있다. 이 틈에서 나오는 맑은 심해의 물은[10]는 포효하는

57(1992), 134.

1) Tuan Y~F, *Space and Place: The Perspective of Experience*(Minneapolis: University of Minnesota Press, 1977), 35.

2) šammu.

3) 영국 청년 레이아드(Austen Henry Layard)가 세이론을 향하여 여행하다가 발견한 것이다. 고대 메소포타미아(현재 이라크, 행 7: 2 아브라함은 하란에 있기 전 메소포타미아에 있다).

4) Ashurbanipal 668~627 B. C).

5) 현재는 1853~1876 사이에 레이아드의 친구이자 후계자인 랏삼(Rassam)이 .

6) B. C 2,000~1,800년 사이에 기록으로 정착되기 이전까지 상당 기간 동안 구전 형태로 존속했다고 문희석은 기록.

7) Ziusudra.

8) 이원히 편저, "히브리의 우주상," 『실로암 성경도표』,(서울: 성광 문화사, 1984), 107.

9) תְּהוֹם(테홈 · 심연, 창 1: 2, 7: 11; 욥 28: 14; 시 36: 6, 104: 6; 겔 26: 19, 31: 15; 암 7: 4; 합 3: 10) · בַּתְּהֹמוֹת(바테호모트 · 바다 안의 깊은 물, 시 106: 9) · תְּהֹמוֹת(테호모트 · 가장 깊은 물, 바다여, 시 148: 7).

10) 창 1: 10.

물결과는 관계가 없다. 심해에는 하나님의 거대한 힘이 솟아오르는 샘의 원천[1] 그래서 성경은 하늘과 바다 깊음을 같은 언어로 표시한다. 맑고 맑은 그로부터 온 샘물[2]의 샘들[3]은 모두 눈[4]에 하늘 창이 열리어 있음을 보는 눈이 생긴다. 깊은 물 심연의 물을 먹으면 눈이 뜨여진다. 하나님이 펼쳐놓으신 수직의 세계를 봄으로써[5] 가능하다. 더러운 물[6]과 구별하는 눈이 생긴다. 좋은 물[7]을 마시고 말씀[8]에 취해 산[9] 나날은 바로 성경이 눈과 샘을 동일언어로 하는 데서 찾아진다. 하늘 높은 곳에서 내리는 그로부터 온 물[10]과 땅의 샘들[11]에서 솟는 물을 봄으로써 하나님이 하나님의 백성과 마주하는 눈이 된다. 마주하는 눈은 맑은 물이다. 말씀이다. 말씀이 답[12]이다. 바다들[13]도 이에 맞추어[14] 하늘의

---

1) 이원희 편저, Ibid.

2) מַעְיְנֹת(마에노트, 창 8: 2).

3) עֵינֹת(에노트 마임 · 샘물, 출 15: 26).

4) עַיִן(엔 · 눈).

5) מַעְיְנֹת תְהוֹם(마에노트 테홈 · 깊은 물).

6) וּלָה(호환상)לְצ(라쫄라 · 더러운 물, 느 9: 11; 시 69: 15; 사 44: 27; 욘 2: 3).

7) בְמַעֲמַקֵּי~מָיִם(벰마암케~마임 · 깊은 물, 시 69: 3) · 깊은 물 וּמִמַּעֲמַקֵּי~מָיִם(움밈마암케~마아임 · 깊은 물, 시 69: 15).

8) מַעְיְנֹת תְהוֹם(마에노트 테홈 · 깊은 물, 창 7: 11).

9) עֵינוֹת תְהוֹם(이노트 테홈 · 깊은 물, 잠 8: 28).

10) מַעְיְנֹת(마엔노트, 창 8: 2).

11) עֵינֹת(에노트 마임, 잠 8:9).

12) 아 1: 15, 5: 12, 7: 4.

13) יַמִּים(얌밈 · 바다들).

14) תְהוֹם(테홈 · 깊음, 창 1: 2, 7: 11; 시 36: 6, 104: 6; 겔 26: 19, 31: 15; 암 7: 4; 합 3: 10) · בַתְּהֹמוֹת(바테호모트 · 바다의, 시 106: 9) · תְהֹמוֹת(테호모트 · 바다여, 시 148: 7).

창들이 열리는 깊음[1]에 수직 깊이를 맞춘다. 바닷물은 코 모양으로 파도친다. 맑은 샘들[2]에 눈 언어가 두 번 되풀이 되면서 성경이 지니는 신비로움 천기이다.

히브리어어의 기원은 아카드어에서 그 긴밀성을 찾아볼 수 있다. 땅에서 솟는 우물은 만남[3]을 전제로 한다. 이 수직성[4]은 창세기 1: 2절에서 바알 신이 등장하지 아니하는[5] 것으로 하나님의 신이 수면에 운행하시는 뚜렷한 증거가 된다. 애급 군대가 물에 잠김과 살아남이 동시에 일어난다. 보호받는 자와 보호받지 못하는 자의 뚜렷한 차이이다. 오른 손으로 바다 안에서 역사하시는 하나님의 다스림에 의해서 폭풍은 다스려진다.[6] 대적은 바다에 던져[7]진다.

왜 그토록 하나님은 성경에서 두 개의 의미를 강조하는가. 하늘과 땅이 그러하며 좌와 우가 그러하며 위와 아래 심지어 삶과 죽음의 두 개의 강조 한다. 물도 쌍수로 두 개의 물이다. 자연에서 파도가 일면 두개의 유사하거나 똑같은 모양으로 양쪽으로 갈라진다. 보트

---

1) מַעְיְנֹת תְהוֹם(마에노트 테홈 · 깊음, 창 7: 11) · 바다의 샘들 עִיְנוֹת תְהוֹם (이에노트 테홈 · 샘들, 잠 8: 28).

2) מַעְיְנֹת(마에노트 · 샘들, 창 8: 2).

3) David Toshio. Tsumura, *The Earth and Water in Genesis 1 and 2: A Linguistic Inuuestigation*, JSOTSS 62~63(JSOT, 1 9 8 9), 62~63.

4) John Peter Olson, 「Water Works」 *ABD*, 885

5) yām does not appear in Gen 1: 2.

6) 욥 9: 17, 38: 1, 40: 6; 시 83: 15; 사 25: 4, 27: 8, 29: 6, 30: 30; 렘 23: 19, 30: 23; 겔 1: 4, 13: 11, 13: 13; 욘 1: 4; 학 2: 17.

7) 출 15: 1, 4, 21; 미 7: 19.

가 지나가는 것처럼 물결의 모양이 흩어지면서 두 개의 물결무늬[1)]가 중앙을 중심으로 갈라진다. 빛도 어두운 곳에 빛을 집어넣었을 때 둘로 하나님의 숨은 뜻[2)]을 드러내신다.

육지를 압도적으로 덮어버리며 올라 모는 홍수는 히브리어로 맟불 마임[3)]으로 발음된다. 기본형 요발[4)]에 하나님 데려와진 사역형이다. 이 힘은 그의 위력[5)]이다. 여기에 인간이 이 세상에 사는 동안을 의미하는 하나님이 주신 에따[6)]가 붙는다. 하나님이 거대한 홍수 에따~맞불 물[7)]을 애급 군대에게 던졌다. 하나님 능력 맞불[8)] 창일[9)] 이 천하 물이 밀며 오름[10)]에 바다[11)]물 십오 규빗 밀며[12)] 산들이 다 덥혔다.[13)]

---

1) Gerald L. Schroeder, 「Water Waves Passing through Two Sizes of Harbor Openings」 *The Science of God*(New York: Brodway Books, 1998.), 149~151.

2) 느 9: 11.

3) מַבּוּל מַיִם(맙불 마임): הַמַּבּוּל מַיִם(하마불 마임, 창 6: 17) · וְהַמַּבּוּל מַיִם(베하마불 마임 · 홍수, 창 7: 6) · מֵי הַמַּבּוּל(메 하마불 · 홍수, 창 7: 7) · וּמֵי הַמַּבּוּל(움메 하마불 · 홍수, 창 7: 10) · הַמַּבּוּל(하마불 · 홍수, 창 7: 17, 9: 28, 10: 1, 32) · מִמֵּי הַמַּבּוּל(밈메 하마불 · 홍수, 창 9: 11) · מֵי הַמַּבּוּל(메 하마불 · 홍수, 9: 28), · לַמַּבּוּל(라마불 · 홍수를 위하여, 시 29: 10).

4) יָבַל(요발, KHCCOT: 2986).

5) Davis A. Young, *The Flood in the Old Testament: The Biblical Flood*(Michigan: The Paternoster Press, 1984), 3.

6) אֵת(에트 · 인간이 사는 처음의 끝).

7) מַבּוּל מַיִם ~ אֵת(에트~맙불 마임 · 홍수, 창 6: 17): 창일: יַשְׁקֶה(욥 40: 23) · הָעֲצוּמִים(사 8: 7) · שָׁטַף(사 8: 8) · מִשְׁבֹּלֶת(사 27: 12) · שׁוֹטֵף(사 30: 28; 렘 47: 2) · בִּגְאוֹן(렘 12: 5) · יַעֲלֶה(렘 46: 7, 8) · גָּאוּ(겔 47: 5).

8) מַבּוּל(맙불 · 홍수).

9) 창 7: 18.

10) מִלְמַעְלָה(밀마알하 · 오름, upward, 창 7: 20).

11) 창 7: 19~20).

2. 노아의 홍수

1). 메우다 메우다와 맞불

하나님으로부터 온 물은 더욱 늘어나 바다를 다스리시는 하나님이 밀메[1] 올라와 이스라엘을 뒤쫓아 오는 애급 군대를 물에 넣었다. 이 위력은 거센 바닷물로 대홍수가 되게 맞불[2]로 가득 메운다.

이 거대한 물은 밑에서 밀며 하나님으로부터 왔기에 번제 드려지기 위해[3] 존재한다. 밀려 몰려 온 물은 아주 많아 메우다[4] 감탄한다. 매우[5] 많아 메우다 메우다[6]로 표현된 물이 번제 드려지는 홍수[7]는 하나님이 그 위에 좌정하신[8] 하늘의 창들을 여신[9] 거대한 일[10] 이다. 하늘의 창이 열리고[11] 수백 수천의 물의 근원들

---

12) מִלְמַעְלָה(밀마알하 · 오르매, 창 7: 20).

13) מִלְמַעְלָה(밀마알하).

1) מִלְמַעְלָה(밀마알하).

2) לַמַּבּוּל(람맙불 · 대홍수가 되게 하는, 시 29: 10, 29).

3) מִלְמַעְלָה(밀레말라하, 창 7: 20).

4) מְאֹד מְאֹד(메우다 메우다 · 아수 많이).

5) מֵאָה(매아 · 백, 창 26:12; 삿 8:10; 대상 12:38; 신 34:7).

6) מְאֹד מְאֹד(메우다 메우다 · 아주 많은, 창 7: 19, 17: 6).

7) לַמַּבּוּל(라마불 · 홍수를 위하여, 시 29: 11).

8) 창7: 19.

9) 창7: 11~12: 거대한 일: G. Russell kridge, "The Hebrew Flood Even More Devastating, Translation Depicts, *Creation Research Society*(1981, Quarterly), 3.

10) 전 10: 9.

11) 창 7: 11~12.

이 맹렬한 폭발로 터져 40주야를 내린 비는 하나님의 계심[1] 물이다. 매우 매우[2] 많은 물의 번제[3]는 매우라는 100의 수치이다. 물로 메운[4]의 분량은 축복이다.

노아 때의 물바다 사건은 17일에 시작되고 17일에 끝[5]난다. 이 17일의 동일시는 첫 번이 아닌 두 번째의 강조이다. 하늘 비밀이 숨겨진 천기[6] 홍수 시작은 2월 17일에 하고 방주로 들어가라는 명령을 받은 지의 17[7]째이다. 이 신비성은 아라라트 산[8]과 관련된 숫자이다. 아라라트 산[9]은 17의 뜻을 지닌다. 아라라트[10]는 아카

---

1) גֶּשֶׁם(게쉼 · 비, 창7: 12).

2) מְאֹד מְאֹד(메우다 메우다 · 아주 많이, 창 7: 19): מְאֹד(메우다 · 많은, 창 13: 13, 17: 2, 20, 30: 43, 47: 27, 왕하 10: 4, 에 4: 4, 시119: 167)는 수메르 어로는 šar 2, 그리스어로 saros, 아카드어로는 마아두 ma~a~du, 히브리어는 메우다 많은이다. 한 왕이 3600x8년을 통치했다이다. 8번의 큰 숫자의 햇수는 수메르어로 샤르 šar2~ussu이다. 샤르=3,600. 우쑤=8 즉 한 왕의 통치기간으로6x8년 혹은 60x8년으로 계산. 노아가 산 햇수가 950년인데 900년대는 100년 단위의 제일 높은 수. 수메르 왕 계보 법으로 3,600x12, 창 13: 13, 17: 2, 20, 30: 43, 47: 27; 왕하 10: 4; 에 4: 4; 시 119: 167: 최상급의미.

3) 자손이 없는 아브라함에게 주어진 약속 בִּמְאֹד מְאֹד(17: 2, 6)의 리듬, 이스마엘 에게도 בִּמְאֹד מְאֹד(창 17: 20) 리듬이 있으나 통과의례(모리아 산 이야기)가 없다. 너희 조상 아브라함은 나의때 볼 것을 즐거워하다가보고 기뻐하였느니라(요 8: 56)고 하는 두 번의 계약적 관계를 싹으로 비유하고 있다.

4) מְאוֹת(메오트 · 아주 많음 · 백들 · 100들).

5) 창 7: 11, 8: 4.

6) Alexander Heidel, 『고대 근동의 창조 설화 · 홍수 설화와 구약 성경의 비교: *Old Testament Paralles, The Babylonian Genesis*』, 윤 영탁 옮김(서울: 엠마오, 1992), 121, 129.

7) 창 7: 1~4, 10.

8) Mt. Ararat: Lloyd R. Bailey, *Noah: The Person and the Story in History and Tradition*(Columbia: University South Carolina Press, 1989), 58.

9) 높이가 해발 17,000 피트임을 언급하였다. 아라라트 산은 오늘날의 터키와 이란(우리나라의 10배 크기) 및 아르메니아의 국경선이 맞닿은 지점에 위치하는데 11km 떨어진 두개의 봉우리로 이루어 져 있다. 고도 이 아라라트 산은 고도 5,107 높이로 터키에서 가장 높은 봉우리로서 눈 덮인 완추형

드어로 *Uraru* 혹은 *Uratu*이다. 아라라트 산[1]의 비장수 17[2]은 고대 근동세계에 널리 알려져 있다.[3] 17로 승리, 부활[4]로 계율 10과 은총 7의 의미이다.

바로 여호와 ה ו ה י=1 + 0 + 5 + 6 + 5=17이다. 연금술사 자비르 이븐 하이얀[5]은 17이 1358로 구성된에 물질세계라 하였다. 그리스 알파벳의 17개 자음수를 포

을 이루며 그 정상에는 만년의 빙하가 있다. 소 아라라트 산은 3,873m이다. 고도 3,500 ~ 1,500 사이의 중간지대는 훌륭한 목초와 향나무로 덮혀 오늘날도 주민들이 양떼를 방목한다. 이 곳 아르메니아 인들은 자신들이 노아 홍수 이후 세상에 나타난 최초의 인종으로 믿어 아라라트 산을 신성시 한다. 페르시아 전설에 의하면 인류의 발상지로 아라트 평원 위에 마을이 있었으며 노아가 그 곳에 제단을 쌓고 제단을 쌓았다는 것이며 포도원을 꾸몄다는 것이다. 많은 대홍수와 관련된 전설이 있다. 에덴동산은 아락세스(Araxes) 골짜기에 있으며 마렌트(Marand)는 노아의 아내가 매장된 곳이라는 것이다. 알구리(Alghuri)는 대협곡 근처의 마을로서 노아가 처음으로 재배한 포도원이 있다고 전한다(Encyclopedia Britanica, Ararat(1956) II: 엄원식, 구약성경의 수비학에 대한 탐구, op. cit, 18에서 재 인용).

10) אֲרָרַט(아라라트).

1) Dillmann, op. cit, 282~283: Skinner, op. cit, 168; 그리고 König, *Die Genesis*, 354 등은 창 8: 4를 잘못 해석하였다고 보았다. 방주가 가장 높은 봉우리라 미시스(Massis) 혹은 아르리다그(Agridagh) 산으로 이해된다고 하였으며 그 산은 반 호수(Lake Van)에 약간 북동쪽에 위치하였으며 높이는 대략 해발 1, 700 피트에 달한다. 전통적으로 이산을 아라라트 산으로 부르게 된 듯하다고 하였다. 그러나 아라라트 산은 아락세스(Araves) 골짜기로 알려져 있고, 아라라트는 아르메니아로 알려져 있으며 아락시스강과 반과 오루미아 호수 사이 아르메니아 동쪽 산지에 있어서 노아의 방주가 머문 곳이라고 디렉스 바이블에서 제시한다. 에덴동산이 있는 곳이라고 하였다. 마렌트(Marand)는 노아의 아내가 매장된 곳이며 알구리(Alghuri)는 대협곡 근처의 마을로서 노아가 처음으로 재배한 포도원이 있다는 곳이다.

2) 아라라트 산 지역의 고대 주민들은 우라르투 신에게 17마리의 제물을 바치는 것이 관례였다. 이리하여 17이라는 의미는 인접지역으로 확산되었다. Franz Carl, Endres und Annernarie Schimmel, *Mystik und Magic der Zahlen*, 오석균 역(서울: 고려원 미디어, 1996), 253: 25: 엄원식, op. cit, 20 재인용.,

3) Georges Ifrah, *Les chiffres ou L'ihistoire d'une grande invention*, 김병욱 역(서울: 예화, 1990), 253~54.

4) 골 2: 15.

5) Jabir ibn Hayyan.

세이도니오스1)는 믿음과 관련하였다. 그리스 알파벳에는 17개의 자음이 있고, 신성시된다. 고대 근동에서의 보편성 숫자2) 황금률이다. 아리스토텔레스는 17을 시와 음악의 비례 관계라 하였다. 하나님의 말씀 때문에 에레미야는 은 17세겔로 하나멜의 밭3)을 샀다, 이사야서에서는 창조의 뜻을 지닌 바라4)가 17회 사용5)되었다. 17은 신화 문학관계6)로 보기보다 노아 홍수 때에 배가 머문 아라라트산 언어처럼 신성 수7)이다. 사람 생애8)는 여호와께 드리는 17일간의 날이다. 생애를 ימי옘메9)라 발음한다. 나실 인의 생애=옘메=ימי=יְמֵי옘메10) 곧 우리 사는 날=생애=옘메=ימי=יְמֵי옘메11)이다. 말씀 관장, 물 양쪽에 하나님 손에 있는 생애=옘메=ימי=יְמֵי옘메12) 남은 날=생애=옘메=ימי=יְמֵי옘메13)이다.

---

1) Posidonios B · C 135~51.

2) Georges Ifrah, 『신비로운 수의 역사: *Les chiffres ou L'ihistoire d'une grande invention*』, 김병욱 역(서울: 예화, 1990), 253~254.

3) 렘 32: 9.

4) ברא(바라 · 창조).

5) ברא(바라 · 창조, 사, 40: 21, 26, 28, 41: 20, 42: 5, 43: 1, 7, 15, 45: 7, 7, 8, 12, 18, 48: 7, 54: 16, 65: 17, 65: 18).

6) 엄원식, "구약 성경의 수비학(數秘學)에 대한 탐구," 『히브리 성경과 고대 근동 문학의 비교 연구』(서울: 한들 출판사, 2005), 360~361.

7) 엄원식, "구약 성경의 수비학(數秘學)에 대한 탐구," 『福音과 實踐』 21(대전: 침례 신학 대학교, 1998). 436~443.

8) ימי(옘메 · 생애, 신 4:9).

9) יְמֵי(옘메 · 생애, 민 6: 5).

10) יְמֵי(옘메 · 생애, 민 6: 13).

11) ימי(옘메 · 생애, 삼하 19: 34; 욥 17: 1, 11; 시 102: 11, 15, 119: 84; 전 6: 3).

12) יְמֵי(옘메 · 캄캄한 생애, 전 11: 8).

13) יְמֵי(옘메 · 남은 날의 생애, 시 119: 84).

2). 신화 문학과 성경의 홍수

(1). 성경의 홍수

이 세상 홍수기사는 320여 종이나 된다. 그러나 노아 홍수는 반드시 성경과 연관된다. 신화와는 다르다.[1] 그러나 길가메시 서사시와는 연관[2] 해 볼 수 있다. 구약의 홍수[3]는 아트라하시스[4] 현인과 비교된다. 우트나피쉬팀[5]은 바빌로니아 역본 우타나피쉬팀[6]에 기록된다. 여호와 생명 그리고 영원한 생명을 찾았다로 번역된다. 아카드어의 신고전체[7]와 후고전체[8] 기록에서는 우타[9]가 실명사이거나 혹은 일종의 명사 상당어의 형태이다. 생명의 발견자 혹은 터득자[10]라는 지혜로운 자 아트라하시스[11]는 베로수스[12]에서 발견되는 크시스드로스[13]와

1) 박동현, "구약 주변의 세계 연구," 『목회와 신학』(서울: 장로교 출판사, 1998), 162.

2) K. A. Kitchen, *Ancient Orient and Old Testament*(Chicago, IL: Inter Varsity Press, 1977), 8.

3)Jeffrey Tingly, *The Evolution of the Gilgmesh Epic*(Philadelphia: University Press. 1982), 10.

4) Atrahasis.

5) Utnapishtim.

6) Utanapishtim.

7) B. C 2300~ 2000.

8) B. C 2000 ~ A. D 100).

9) Uta.

10) B. Meissner, *Babylonien und Assyrien*, II(Heidelberg, 1925), 113.

11) Atrahasis.

12) Berossus.

13) Xisuthros.

시수드로스[1]와 세이스드로스[2] 등에서 지우스트나피쉬팀은 우바라 투투[3], 즉 오티아르데스[4] 아들같다.

아니면 베로수스의 기록인 오파르테스[5]의 아들이라는 점에서 홍수이전 바벨론의 열 번째 왕이었다. 또 수메르 비문에 신을 섬기는 관리직이고 길가메쉬의 우트나피쉬팀이 수립팍[6]의 한 시민[7]이며 재산가[8]라는 점이다. 신화는 노아가 라멕의 아들로 홍수 이전의 열 번째 족장[9] 노아이다. 노아는 의로운 사람이라 칭해진다.

노아시대에 홍수설화의 근원을 알려주는 중요한 단서는 애우트나피쉬팀은 수립팍[10]에서 살았음이 판명된다. 우룩[11] 북 서편 18마일쯤의 오늘날의 화라[12] 구릉지다. 수메르 니푸르 관[13]에 홍수 이전의 다섯 도시들 가운데 메소포타미아[14]의 전승 아트라하시스 이야기는 압수[15] 단물과 티야마트(Tiamat) 바다의 짠물이 한 곳에

1) Sisuthros.
2) Seistitros.
3) Ubara~ Tutu.
4) Otiartes.
5) Opartes.
6) Shuriak.
7) 토판 XI: 23.
8) XI: 70.
9) 창 5장.
10) 혹은 수룹팍: 남부 바벨론에서 가장 오래된 도시.
11) Uruk.
12) Fâra.
13) Version.
14) 현재 이라크.
15) Apsu.

섞이게 지하수의 창조자 누딤무드 즉 에아인 마르둑이 만든다는 것이다. 히브리 우주상은 바다 파도 아래에 심연 깊은 물이 있다. 죽음의 바다가 아니다.

바다 깊이에 먹을 물[히브리사상]이 있다. 달콤한 물1)이 바다 깊이 있다. 심해[深海]의 물을 사 마신다. 사람이 먹을 맑은 물은 생명의 물이다. 바다 깊이 들어 있는 샘물은 일차적 의미가 2차적 리듬에서 하나님의 뜻을 전한다. 히브리인의 우주상은 샘의 근원을 바다의 심해인 아주 깊은 곳에 둔다. 땅의 터2)에 대 심연3)에 원천4) 물이 있다.

포효하는 홍수의 물결 그 아래에 아주 깊이 있는 먹는 물은 인간에 대한 하나님의 배려이다. 하나님은 궁창5)에 하늘을 휘장같이 치시며6) 거울같이7) 빛나고 해와 달과 셀 수 없을 만큼의 별8)을 안고 있다. 지구는 궁창 아래의 물9)로 묘사되어 있는 바다로 둘러 싸여 있고 그 심연에 맑은 물이 있다.

생애=옘메=**ימי**=יְמֵי[옘메]10)는 철저히 하나님이 시작하시

---

1) Propp. William Henry, *Water in the Wilderness,* 27.
2) 세상의 터, 시 18: 15.
3) 창 49: 25.
4) 창 7: 11.
5) 창 1: 14.
6) 시 104: 2.
7) 욥 38: 37.
8) 창 15: 5.
9) 창 1: 7.
10) יְמֵי(옘메 · 기울어지는 날의 생애, 왕상 2: 1).

고 마감하시기에 아무 걱정 없이 받아들이는=생애=옘메=ימי=יְמֵי 옘메이다. 하나님이 철저히 보호하신다.

성경에서의 홍수 즉 파도가 일어나는 일을 사람들은 시적 표현으로 나날이라 한다. 하나님은 그의 백성들에게 주의 영광을 보태어[1] 하나님의 백성들이 위협을 당하는 순간 그 맞불[2] 창일한 물[3]로 하나님의 맞불[4]이 되셨다. 의로운 노아가족을 구[5]한 일이다. 물 위의 왕으로 좌정하신 하나님은 하나님의 선하신 좋은[6] 모습으로 하나님의 백성을 구하신다. 주께 기도하는 사람은 삶의 어려운 홍수[7]가 범람할지라도 오히려 우리들을 괴롭히는 저희를 홍수처럼 쓸어 잘라[8]버리신다. 우리 삶은 아침에 돋는 풀 같지만 하나님께 맡기면 우리의 삶이 늘 슬피 우는 하루[9]에 슬픔이 엄몰하지 않는다.

---

1) כְּבֹדֶךָ(켑보데하 · 영광, 출 33: 18).

2) אֶת~הַמַּבּוּל מַיִם(에트~함맙보울 마임 · 홍수, 창 6: 17).

3) הַמַּבּוּל(함맙불, 창 7: 7, 10, 17, 9: 11, 28, 10: 1, 32, 시 29: 10).

4) מַבּוּל(맙불 · 3999: George V. Wigram,『구약 성구사전: *The Korean's Hebrew and Chaldee Concordance of the Old Testament*』, 김만풍 역(서울: 기독교 문화협회, 1993), 845.

5) ① 내가 홍수 מַיִם ~ הַמַּבּוּל ~ אֶת(에트 ~ 하맙불 ~ 마임, 출 6:17)를 땅에 일으켜 무릇 생명의 기식 있는 육체를 천하에서 멸절하리니 땅에 있는 자가 다 죽으리라

② 홍수 וְהַמַּבּוּל(베하맙불, 창 7:6)가 땅에 있을 때에 노아가 육백세라 노아가 아들들과 아내와 자부들과 함께 홍수 הַמַּבּוּל ~ מֵי(메~하맙불, 창 7:7)를 피하여 방주에 들어갔고

③ 칠일 후에 홍수 הַמַּבּוּל ~ וּמֵי(우메~하맙불, 창 7:10)가 땅에 덮이니(창 7:17) 홍수 הַמַּבּוּל(하맙불, 창 7:17)가 땅에 사십일을 있었는지라 물이 많아져 방주가 땅에서 떠올랐고.

6) טוֹב(토브).

7) מַיִם לְבִים(마임 랍빔, 시 32:6).

8) זְרַמְתָּם(자람탐 · 쓸어, 시 90:5).

9) וְנָהֲרוֹת(우나하로토, 아 8:7).

(2). 신화 문학에서의 홍수

바빌로니아 신화는 하늘과 땅이 없었던 태초에 지하수인 단물과 짠 바닷물이 섞인 곳에 세상이 시작되었다는 것이다.

> 그때 하늘이 이름 지어지지 않았고
> 밑에 마른 땅이 이름으로 불려 지지 않았다.
> 처음으로 그들[신들]의 아버지 압수[지하수]와
> 그들 모두를 낳을 몸무[母] 티야마트[바다]는
> 자기네들의 물을 하나로 섞고 있다.
> 갈대 집이 엮어지지 않았고 늪 있는 땅도 보이지 않았다.
> 그때 어떤 신들도 나타나지 않아서
> 이름으로 불려 지지 않았고 운명도 정해지지 않았다.
> 신들이 그[압수와 티야마트가 섞인 물] 소에서 생겨났다.

이처럼 늪에서 태어난 인간은 태어날 때 머리부터 나온다. 수메르 사람들은 머리라는 단어를 위 · 북쪽 · 앞 · 처음이란 뜻으로 사용했다.[1)]

구체적인 실증은 현인 상징인 신화의 아트라하시스 At˜ra˜ha˜sis에서 인간을 지적[2)]한다. 바빌로니아 창조신화의 장소는 유프라테스 강과 티그리스 강의 하류

---

1) Ibid, 55.

2) Gardner. J and Maier, J, *Gilgamesh*,(New York: the sin~leqi~unninni Version, 1984). 193, 194.

193 i~na pa~na Ut~Zla~me~lu~túm~ma
ina pana Utnapišti amēlutumma
(Hi.therto Utnapishtim has been but a man
이때까지 우트타피슈팀은 인간이다)

194 e~nen~na LUt~ZI u MI~šú lu~u e~mu~ú ki~i DINGIR.MES
na~ši~ma enennama Utnapišta lū nmū k~i ilān~i našima
(But now Utnapishtim snd his wife shall be like unto us gods
그러나 우트나피슈팀과 하나님의 부인은 우리와 같은 신들이 될 것이다).

삼각주 지역이다. 페르시아 만의 바닷물과 두 강의 민물이 서로 섞이는 곳인 갈대밭이나 늪[1])이다. 현인이라 불리는 신화의 아트라하시스[2])는 인간이 어떤 것인가를 알려[3])준다. 이 인간에 대하여는 우리나라의 이상 시의 시제 5호에서 사람의 모습을 제시한[4]) 내용이 흥미를 중심하면서도 주제는 숨기고 있다.

* 한 작은 여인에게 무릎을 꿇고 있는 모습

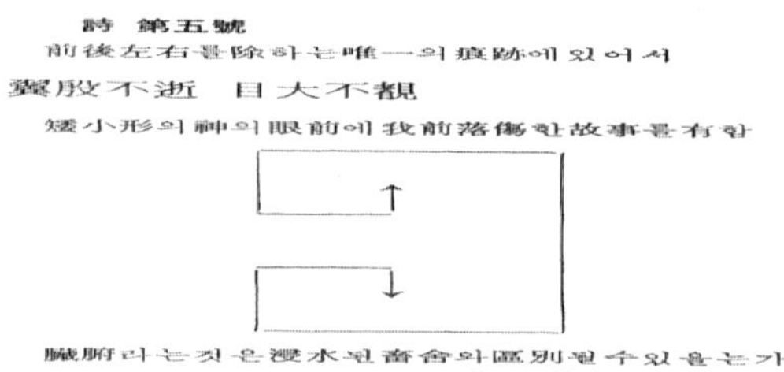
詩 第五號
前後左右를除하는唯一의痕跡에있어서
翼殷不逝 目大不覩
矮小形의神의眼前에我前落傷한故事를有함
臟腑라는것은浸水된畜舍와區別될수있을는가

~ 오감도 「시제 5호」

신화와 문학은 서로 다르다. 문학은 한국의 이상 시

1) BC 35~30.

2) At~ra~ha~sis.

3) Gardner. J and Maier, J, *Gilgamesh*,(New York: the sin~leqi~unninni Version, 1984). 193, 194.
193 i~na pa~na Ut~Zla~me~lu~túm~ma
ina pana Utnapišti amēlutumma
(Hi.therto Utnapishtim has been but a man
이때까지 우트타피슈팀은 인간이다)
194 e~nen~na LUt~ZI u MI~šú lu~u e~mu~ú ki~i DINGIR.MES na~ši~ma enennama Utnapišta lū nmū k~i ilān~i našima
(But now Utnapishtim snd his wife shall be like unto us gods
그러나 우트나피슈팀과 하나님의 부인은 우리와 같은 신들이 될 것이다).

4) 이영지, "「시제 5호」」 『이상 시 연구』, 25, 73~76.

「시제 5호」에서 네모 모서리를 열어 사람이 숨을 쉬게 한다. 신화 문학의 주제는 죽지 않고 살아남는 것[1]이다. 반인반마伴人伴馬의 길가메쉬Gilgamesh 서사시 역시[2] 죽음의 잠을 자는 친구를 구하려 짠물 바다[3] 속으로 주인공이 들어간다. 우투나피수팀과 바다 밑에 있는 회춘이 되는 비밀의 풀[4]을 찾지만 우르크 도성으로 가서 먹으려고 금방 먹지 아니한다.[5]

그러나 바다 깊이에서 심한 갈증을 느끼기 시작하였고 그 때 발견한 것이 샘būru[6]의 맑은 물이다. 해양심층수를 마신다. 그리고는 다시 고향을 찾아 U한다. 다시 돌아옴은 신학의 페턴이다. 그러나 신화에서의 유턴은 신에게로 가는 것이 아닌 고향으로 돌아간다.

신화 주인공이 취한 풀은[7] 홍수 후 비둘기가 노아에게 가져온 잎과 비교할 수 있다. 곧 신화 문학에서의 주인공은 풀잎을 뱀에게 빼앗기고 또 뱀은 그 풀을 먹어버린 후 껍질을 벗는다.[8]

---

1) Alexander. Heidel, *Gilgamesh Epic and Old Testament Paralleis*(Chicago & London: The University of Chicago Press, 1907), 88.

2) Ibid.

3) 안성림 조철수 공저, 『사람이 없었다 神도 없었다』(서울: 서문관, 1995), 60.

4) 엄원식, 『히브리 성경과 고대 근동 문학의 비교 연구』, 180~184.

5) *ANET*, 96, 각주 227.

6) "i~mur bu~u~ra Gigamiš · ša ka~su~u mè~sa(X1: 285)".

7) Alexander. Heidel, *The Gilgamesh Epic and Old Testament Parallels*(Chicago: University of Chicago, 1949). 88.

8) X1: 286~288.

(3). 풀과 잎

우륵왕[1] 때 구전되지 않는 문학 형태의 길가메쉬와 "Hawaw"[2]와 긴밀하다. 이 신비한 풀은 성경에서는 나뭇잎[3]인데 번제[4]의미다.

성경에서는 나뭇잎을 번제 소제 물로 한다. 나뭇잎은 발음이 알레[5]인데 오르다 의미 발음 올라[6]로 한다. 나뭇잎은 늘 하늘 향해 오른다. 잎사귀는 베올레후[7] 그 잎사귀는 베하알레[8] 번제는 올로트[9]다. 올랐다이다. 레올라[10] 오르기 위해 올랐다.[11] 노아 홍수 후에 하나님에게 감사의 번제는 올랐다[12] 발음이다.

이들 모두 풀 언어이다. 신화 문학의 풀은 회춘에 필요하다. 풀 이미지인 이미지란 가짜라는 뜻이다. 히브리어로는 마스크다. 더욱 흥미로운 이야기는 뱀이 먹고 껍질을 벗게 신화 문학화 하였다. 이와는 달리 노아는 풀잎을 물고 온 새를 보고 육지로 내려가 하나님께 번

---

1) B. C 3,000.

2) G. S. Kilk, *Myths*(Cambridge: University of Cambridge, 1978,), 133~152.

3) עָלֶה(알레, 창 3: 7).

4) 레 9: 3; 민 29: 8; 삿 6: 26.

5) עָלֶה(알레 · 나뭇잎, 창 2: 6, 8: 11),

6) 오르다 עָלָה(올라 · 오르다, 창 19: 15; 레 1: 3; 민 28: 3, 6 , 민 29: 2, 8).

7) וְעָלֵהוּ· 잎사귀, 시 1: 3).

8) וְהֶעָלֶה(베하알레 · 그 잎사귀가, 렘 8: 13).

9) עֹלֹת(올로트 · 번제로, 창 8: 20).

10) לְעֹלָה(레올라 · 번제로, 창 22: 2; 레 1: 3).

11) עֹלַת(올라트 · 번제, 민 29: 6, 6).

12) עֹלֹת(올로트 · 번제, 창 8: 20).

제를 드린다. 이 때 번제가 바로 풀잎 의미다. 하늘로 오른다는 말의 이 오름이 바로 풀잎의 의미다. 풀잎을 보면 태양을 향해 그 방향을 돌리고 하늘로 오르는 몸짓을 한다. 살아 있음 표시이다. 풀이 죽는 모습일 때는 하늘로 오르는 몸짓을 하지 못한다. 우리는 풀이 죽었다라는 말로 힘이 없다는 표현을 하기도 한다. 풀은 반드시 하늘로 오르는 시늉의 몸짓을 할 때 살아 있다.

우리는 흔히 어떤 거리를 빨리 가자며 차를 타봐 혹은 태워봐 한다. 히브리어에는 방주를 테바[1]라 한다. 방주는 배이다. 노아의 배 이야기가 있다. 노아 600세[2] 그달 2월에 홍수가 시작되어 노아 가족은 배를 타게 된다. 그리고 살아난 노아와 가족들은 비둘기가 물고 온 감람 잎을 보고[3] 배에서 내린다. 이 배 사건 이후 두 달[4]후부터 세상에 종족이 퍼져나갔다. 홍수 2년에 셈은 아르박삿을 낳아[5] 생명의 싹이 태어났다. 배를 타고 나온 것도 2년 뒤이고 보면 성경은 2의 의미를 강조한다. 이 둘의 강조는 곧 애급 군대가 바닷물에 잠긴 바다 모습이다.

---

1) תֵּבָה(테바 · 방주, 창 6: 14).

2) 창 7:6.

3) 창 8: 10~11.

4) Alexander Heidel, *Old Testament Paralles, The Babylonian Genesis*』, 윤 영탁 옮김, 『고대 근동의 창조 설화와 구약 성경의 비교』(서울: 엠마오, 1990), 134.

5) 창 11: 10.

제3절 방주에 타봐

1. 방주 타봐

방주 모습은 물 잔 모양이다. 혹은 물에 잠기지 않고 뜬 배 모습이다. 성경은 두개의 커다란 모양 UU 두 개가 있다. 이 의미를 대신한 기호가 되는데 물에 잠긴 아래층과 물에 잠기지 않는 윗층으로 구조로 노아 홍수 때의 노아가 탄 배가 상징된다. 요나가 탄 배와 아래층으로 내려간 배 구조에서 이 두 번의 배 모양이 강조된다.

바로 이스라엘 히브리어 글자 모양에서는 손으로 들 수 있는 잔 모양이 되는 배 모양을 지닌다. 물이 있을 때 배는 물 위에 뜬다. 배는 물위에 뜸으로써 가치를 가진다. 성경의 배는 하나님이 하나님의 백성을 구하기 위한 두 개의 배로 그 의미를 은유한다. 이 시적 기호 UU는 노아의 방주와 모세가 물에 버려졌을 때 탄 갈대 상자[1]다.

방주 타봐![2] 모세가 탔던 갈대상자 타봤다![3] 정말 하 타봤다![4]가 있다. 일반적으로 큰 배를 의미하여 생

1) 출 2: 3, 5.
2) תֵּבָה(테바 · 방주, 창 6: 14).
3) תֵּבַת(테바트, 출 2: 3).
4) הַתֵּבַת(하테바트, 출 2: 5).

명의 의미 가치를 부여 한다. 살아 있는 자에게는 하나님이 타봐[1)]라고 권유하여야 배를 탈 수 있다.

*** 방주 타봐**

방주를 תבה(테바 · κιβωτόν an ark of, 창 6: 14)
그 방주의 התבה(하테바 · τῆς κιβωτοῦ the ark, 창 6: 15)
그 방주אל־התבה(엘~하테바 · εἰς τὴν κιβωτον into the ark, 창 6: 18)
그 방주 אל־התבה(엘~하테바 · εἰς τὴν κιβωτον into the ark, 창 6: 19)
그 방주 אל־התבה(엘~하테바 · εἰς τὴν κιβωτον into the ark, 창 7: 1)
그 방주 אל־התבה(엘~하테바 · εἰς τὴν κιβωτον into the ark, 창 7: 7)
그 방주 אל־התבה(엘~하테바 · εἰς τὴν κιβωτον into the ark, 창 7: 9)
그 방주 אל־התבה(엘~하테바 · εἰς τὴν κιβωτον into the ark, 창 7: 13)
그 방주로 אל־התבה(엘~하테바 · εἰς τὴν κιβωτον into the ark,창 7: 15)
방주가 את־התבה(엘~하테바 · τὴν κιβωτον the ark, 창 7: 17)
방주가 התבה(하테바 · ἡ κιβωτός the ark, 창 7: 18)
방주에 בתבה(바테바 · ἐν τῇ κιβωτῷ in the ark, 창 7:23)
방주에 בתבה(바테바 · ἐν τῇ κιβωτῷ in the ark, 창 8: 1)
방주가 התבה(하테바 · ἡ κιβωτός the ark, 창 8: 4)
그 방주에 התבה(하테바 · τῆς κιβωτοῦ the ark, 창 8: 6)
방주로 אל־התבה(엘~하테바 · εἰς τὴν κιβωτον into the ark, 창 8:9)
방주에서 מן־התבה(민~하테바 · ἐκ τῆς κιβωτοῦ out of the ark, 창 8:10)
방주의 התבה(하테바 · τῆς κιβωτοῦ the ark, 창 8: 13)
방주에서 מן־התבה(민~하테바 · ἐκ τῆς κιβωτοῦ of the ark, 창 8:16)
방주에서 מן־התבה(민~하테바 · ἐκ τῆς κιβωτοῦ out of the ark, 창 8:19)
방주에서 התבה(하테바 · ἐκ τῆς κιβωτοῦ the ark, 창 9: 10)
방주에서 מן־התבה(민~하테바 · τῆς κιβωτον of the ark, 창 9:18)
방주에 들어가던(εἰς τὴν κιβωτόν(into the ark, 마 24:28)
방주에 들어가던(εἰς τὴν κιβωτόν(into the ark, 눅 17:27)
방주를 예비하여(κιβωτόν εἰς(an ark for, 히 11: 7)
방주에 κιβωτοῦ(벧전 3: 20)

---

1) תֵּבָה(테바)슈메르판에서 방주는 마구로구트(magurgur)이다. 아주 큰 배, 거대한 배의 의미[(A. Poebel, *Historical Texts*(Phila, 1914, 59)] 셈어 바벨론 홍수 단편(The Semitic Babylonian Deluge Fragment)에서도 나타난다. 어구 엘립푸 라비루(디겨 rabitu)는 커다란 선박, 혹은 배로 의미된다. 길가메쉬 서사시에서는 나룻배, 선박, 배는 엘립푸(eliu)로 에칼루(êkallu, 토판 VI: 95)이며 수메르어에서 파생되었다. 이 배는 문자적으로 커다란 길을 의미하며 궁전들 및 신전들과 관련하여 나타난다.

우리는 배나 혹은 탈것을 권할 때 '타봐'라고 말한다. 히브리어 방주=타봐=תבה=תֵּבָה[타봐]1)가 있다. 그 방주=하타봐=התבה=הַתֵּבָה[하타봐]2)이다. 방주=타봐=תבה=תֵּבָה[타봐]3)다. 그 방주에=엣따 하타바=את~התבה=אֵת~הַתֵּבָה[엣따 하타봐]4)가 있다. 방주 안=베타바=בתבה=בַּתֵּבָה[배타봐]의 타봐5) 모두 방주 התבה[하타봐]6)이다. 배에 타는 일은 버튼을 누르고 안으로7) 들어가는 일이다. 이 들어가는 일 조차 하나님께서 방주를 예비하여 두셔8)야만 방주에9) 들어갈 수 있다. 온 세상이 열리는 이 방주 타 보는 일은 바벨론의 테비투[tebítu] 발음과 유사한다. 이집트인들은 타봤다10)라 한다. 그리스에서는 노아의 방주와 갈대 상자와는 구분 없이11) 사용되었다. 갈대 상자조차 타봐12)이다. 그 배 하 타봐13)가 있다. 아주 많이 타 보라 하시는 하나님의 간청이 있다. 언약궤와 광주리와 그리고 배와 만물을 담는 광주리 이미지를 통해 그 곳에 하나

---

1) תֵּבָה(테바 · 방주, 창 6: 14).
2) הַתֵּבָה(하테바 · 그방주, 창 6: 15, 7: 18, 8: 4, 6, 13, 9: 10.
3) אֶל~הַתֵּבָה(엘~하테바 · 방주, 창 6: 18, 19, 7: 1, 7, 9, 13, 15, 8: 9.
4) אֶת~הַתֵּבָה(엣따~하테바 · 방주로, 창 7: 17).
5) בַּתֵּבָה(바테바 · 방주 안에, 창 7: 23, 창 8: 1) .
6) מִן~הַתֵּבָה(민~하테바 · 그로부터 온 방주, 창 8: 10, 16, 19, 9: 18.
7) εἰς τὴν κιβωτόν(에이스 텐 키부톤, 마 24: 38; 누 17: 27),
8) ἰβωτόν εἰς(키무톤 에이스, 히 11: 7).
9) κιβωτος(키부토스, 벧전 3: 20).
10) tbt.
11) http: · · nefertiti.jwebland.com · baskertry
12) תֵּבָה(테바 · 갈대상자).
13) הַתֵּבָה(하테바 · 그 배).

님의 이름을 두시려 하셨다. 발음이 타봐와 같은 광주리에 하나님은 그의 백성들에게 맏물을 담아 가지고 가서[1] 십일조를 드려 언약 약속을 지키게 하시었다.

노아 방주 때 방주의 창은 하늘로 향해 있다. 꼭대기로부터 한 규빗을 넘지 말라신다. 창은 방주 옆 가장 위쪽에 있어야 할 필요를 창을 높게 냈다. 방주의 2, 3층 갑판은 창문 밑쪽[2]에 위치한다.

사람이 물에 오를 수 있는 것은 방주를 통해서 물에 뜨는 일이다. 물이 불어서 십오 규빗이 오르매 산 들이 덮인지라 홍수가 점점 높아져 방주의 수위가 방주의 높이인 30 규빗의 반까지 올랐다. 그 안에서 사람들이 살 수 있었던 것은 창이 위로 있었기 때문이다. 15 규빗 치수는 홍수 속에서 떠다니는 방주의 잠긴 깊이다.

노아 방주 때 한 쌍씩 방주로 이끌어 들이며[3] 들어가라[4]며 그들을 넣었다.[5]

물에 배는 뜬다. 노아의 배가 뜨는 것은 하나님이 역청을 발라[6]서이다. 속죄 소 코페레트[7]로 바로 물위에 뜨게 하려 배로 밀어 노아의 가족들 등을 넣으신다. 죄

1) 신 26: 2.
2) 창 6: 16,
3) 창 6: 19.
4) 창 7: 1.
5) 창 7: 16.
6) בְּכֹפֶר(바코페르 · 역청).
7) כַּפֹּרֶת(코퍼레트 · 속죄소).

를 덮는 일이다. 방주가 되는 언약궤[1]는 두 번째이다. 방주[2]로 하나님이 구원하려 하심이다. 방주를 하나님은 엣따 하 타봐[3]라시며 물 위에 뜨도록 역청을 바르셨다.[4] 방주 타봤다 엣따 하 타봤다[5]로 표시되는 배는 역청 발랐다. 봐 발라[6]로 표시된다. 똑 같은 리듬 옳다 봤다[7]가 있다. 옳다하시며 엣따[8]하시었다. 그들을 살리신 이후 모세의 갈대사이의 상자[9] 언약궤 배가 또 있다.

죄 씻음[10] 문제에 역청을 바르고 바르는[11] 일이 있다. 죄 덮는 속죄소=카바=כפרת=כַּפֹּרֶת 키포레트[12]가 있다.[13] 우리는 무엇을 바르고 발랐다 한다. 물에서 건져지는 일이다. 땅을 밟고 서는 일어나는 일은 하나님이 죄를 씻어 주시는 일이다. 아는=אֲרוֹן=ארון[14] 일이다.

---

1) וארוֹן ברית ~ יְהוָה(바아론 베리트~ 여호와 · 언약궤, 민 14: 39~45).

2) David H. Aaron,「The Ark Mythology」 *Biblical Ambiguities: Metaphor, Semantics and Divine Imagery*(Boston: Brill, 2001), 168.

3) אֶת ~ הַתֵּבָה(에트~하테바 · 노아의 방주, 창 6: 14).

4) בַּכֹּפֶר(바코페르 · 역청, 창 6: 14), בַחֵמָר(바헤마르 · 역청, 출 2: 3, חֵמָר(헤마르 · 역청, 창 14: 10), לְזֶפֶת(레쩨페트 · 역청, 사 34: 9).

5) תֵּבַת .. אֶת ~ הַתֵּבָה(테바트..에트~하테바흐 · 방주.그 방주, 창 6: 14).

6) וְכִפַּרְתָּ..בַּכֹּפֶר(베코파르타..바코페르 · 역청을.. 칠하라, 창 6: 14),

7) אֹתָהּ מִבַּיִת(오타 밉바이트 · 언약 관계, 창 6: 14).

8) אֶת(에트),

9) בַחֵמָר וּבַכֹּפֶר(바헴마르 우바코페르 · 상자),

10) J. Milgrom,「Israel's Sanctuary」 391.

11) וְכִפַּרְתָּ..בַּכֹּפֶר(베코파르타..바코페르 · 역청을.. 칠하라, 창 6: 14).

12) כפרת(카포레트).

13) 이상란, "VI. 핫타트의 키페르(כפר)의 개념,"『핫타트(חטאת)의 기능에 관한 연구』계명대대학원 박사 학위 논문(대구: 계명대학교, 2005), 속죄소(61), 덮다(95), 정화하다(103).

14) אֲרוֹן(아론 · 궤, the ark, τής κιβωτού, 출 25: 14, 15 등).

2. 배 아니야와 배 사판

우리말에 이판사판이라는 말이 있다.
하나님의 배 U를 타는 일은 죄 사함을 받는 일이다.
요나의 배는 성경에서, 배 두개의 상하층 구조이다.

[* 배 두개의 구조]
U
U

우리말에 아니야라는 말이 있다. 요나가 처음 탄 배=아니야=אניה=אֳנִיָּה아니야[1)]이다. 아니야는 만나다의 뜻을 가진다. 아나[2)]는 하나님이 대풍을 바다 위에 내리셨으므로 깨어지게 된 배이다. 하나님 말씀을 안 듣고 타는 배이다. 그 배하아니야=האניד=וְהָאֳנִיָּה아니야[3)]가 있다. 하나님이 간섭하시는 배다. 보자 아니야[4)] 어디 보자 아니야[5)]시며 내[6)] 하나님[7)]이신 나[8)]는 요나를 배[9)]에 타게 하시었다. 하나님의 말씀을 거역할 때 하나님은 깨

---

1) אֳנִיָּה(아니야 · 배, 1: 3).
2) אֳנִיָּה(아니야 · 배, 욘 1: 3).
3) וְהָאֳנִיָּה(베하하니야 · 그 배, 욘 1: 4).
4) אֳנִיָּה(아니야 · 배, 욘 1: 3).
5) אֳנִיָּה(아니야 · 배, 욘 1: 3).
6) אָנֹכִי(아노히 · 나).
7) 참조: אָנָּה(아나 · 나) · אָנָּא(아나아 · 나) · אַהֲבָה(아하바 · 사랑) · אַהַב(아하브 · 사랑) · אָהֵב(아헤브 · 사랑) · אֳנָא(아나 · 나) · אֳנָה(아나 · 나) · אֲנִי(아니 · 나): MDB(Mission Dictionary Bible).
8) אֳנִיָּה(아니야)의 יָהּ(야 · יְהוָה의 축약형, 출 15: 2).
9) 사 43: 11,

어진 배=봤다=באניית=בָאֳנִיֹּת[봤다]1) 하신다. 아합의 아들 아하시야가 여호사밧에게 가기를 청한 배 봤다2) 자기들만의 연락 배를 봤다3)이다. 삼 년에 일차씩 금과 은 등을 싣고 온 배는 아니다4) 하신다. 다시스로 가기 위해 에시온게벨에서 온 배 아니야5)하시며 다시스의 배 아니야6)시며 지나다니는 배7) 아니야8)시며 사공들이 무역하는 배=나니요트=אנית=אֳנִיֹּת[아니요트]9)하시며 다시스 무역 배= 아니야=אנית=אֳנִיֹּת[아니요트]10)신다. 왕이 지은 배=아니야=אנית=אֳנִיֹּת[아니요트]11) 하신다.

하나님 드러내기의 배는 다만 순종할 때만 무사하다. 하나님 스스로 나=아노니=אנכי=אָנֹכִי 12) 오~나=אנה=נָּה
אָ[오~나]13) · 내 사랑=아~나=내 사랑이 아~파=אהבה=הֲבָה
14)אַ[아파]=אהב=אַהֵב[아하브] 15) 모두 하나님 사랑 깊이를 절규로 나타낸다.

---

1) בָאֳנִיֹּת(보오니요트 · 단이 머무른 배, 삿 5: 17).
2) בָאֳנִיֹּת(보오니요트 · 청한 배, 왕상 22: 49).
3) בָאֳנִיֹּת(베오니요트 · 연락하던 배, 사 43: 14).
4) אֳנִיֹּת(오니요트 · 배들, 대하 9: 21).
5) אֳנִיֹּת(오니요트 · 지은 배, 대하 20: 36).
6) אֳנִיֹּת(오니요트 · 배, 시 48: 7).
7) אֳנִיָּה(아니야 · 배, 잠 30: 19).
8) אֳנִית(오니트 · 노질하던 배, 사 33: 21).
9) אֳנִיֹּת(오니요트, 겔 27: 9).
10) אֳנִיֹּת(오니요트 · 무역하던 배, 겔 27: 25).
11) אֳנִיֹּת(오니요트 · 파선된 배, 대하 20: 37).
12) אָנֹכִי(아노히 · 나).
13) אָנָּה(아~나 · 나).
14) אַהֲבָה(아하바아 · 사랑).
15) אַהֵב(아하브 · 사랑).

하나님은 안타까움으로 아 나=אנה=אָנָּא아나[1]라 하신다. 아~나로 하신다. 순종하지 않고 밑층으로 간 그 배는 입술이 묶여진 배=하세버피나=הספינה=הַסְּפִינָה하세버피나[2]이다.

우리에게 너희가 정말로 숨을 하=ה하[3] 하고 숨 쉬려면 갑판을 덮은 배나 선박이 뒤집어 지면 안 되는 배=ספינה=סְפִינָה스피나[4]이다. 그 특징은 하늘로 창이 나 있게 배 모양이어야 함에도 불구하고 지붕 또는 벽판을 대어 덮어 앉힌 배는 새버렸나의 특징을 가진 배다. 하나님이 고개를 갸웃둥 하실 배다. 똑 같은 배인데도 요나가 간 윗층의 배는 아니야=אניה=אֳנִיָּה아니야[5]라는 말씀을 들을 수 있는 하늘을 볼 수 있는 배이어야 한다.

요나가 아래층으로 내려간 배는 세 버린 배[6]이다. 물이 들어와 사람이 죽게 되는 배=사판=ספן=סָפָן사판[7] 배다. 아주 깊숙이 내려간 밑바닥 배[8]는 갑판을 덮은 배라는 1차적 의미를 지니면서 입술이 묶이어진 배이다. 이 두 번째의 밑층으로 내려간 죽을 판의 배 속의 요나는 고기 뱃속으로 들어간다. 사람의 삶도 하나님의

---

1) אָנָּא(아나아 · 나).
2) הַסְּפִינָה(하세피나 · 입술이 묶여진 배, 욘 1: 5).
3) הַ(하 · 정관사).
4) סְפִינָה(세피나 · 선박).
5) אֳנִיָּה(아니야 · 배, 욘 1: 3).
6) הַסְּפִינָה(하스피나 · 배, 욘 1: 5).
7) סָפָן(사판 · 배).
8) Johan Coetzee, 525. J H Potgieter, 610~620.

배[1]에 머물지 않고 입술이 묶여진 물이 새 버린[2] 배를 타게 되면 하나님이 오냐[3] 나다 하시면서 ⇢ 물고기 뱃속으로 밀어 버려 죽게 할까 하다가[4] 도로 육지로 나가 하나님이 소식을 전할 것으로 보사[5] 기회를 주신다.

다음은 요나가 탔던 배이다.

[* : אניה ⇢ הספינה ⇢ אניה ⇢ממעי הדנה ⇢ היבשה]

אניה אניה　　　אניה ⇢ היבשה
↓　　↑　　　　↓　　　↑
הספינה　　　　הדנה ממעי

요나가 탔던 두 개의 배는 하나님이 그에게로 돌아오라는 U리듬의 중첩성을 보인다. 하나님의 간절한 마음이 들어간 배에 탔던 요나는 물고기 뱃속에서 삼일 삼야[6]를 지내고 하나님 배에 실렸다. 아니야라 하시며 순종하지 않을 때를 하나님은 봤다.[7]

---

1) אֳנִיָּה(아니야 · 하나님의 배).
2) הַסְּפִינָה(하스피나 · 그 배, 욘 1: 5).
3) אֳנִיָּה(아니야 · 배).
4) מִמְּעֵי הַדָּגָה(밈메예 하다가 · 물고기 뱃속, 욘 2: 2).
5) הַיַּבָּשָׁה(하야바사 · 소식을 전함, 욘 2: 10).
6) 욘 1: 17). 친 남동생을 데려오라고 요셉=יוסף=יוֹסֵף이 그의 형들에게 동생을 3일을 가둔다(창 42:17).
7) וֹת(호환상 떼어놓음)בָּאֳנִי(뽀오니요트 · 배, 신 28: 68).

3. 물과 세례

1). 구약에서 물로 씻음의 문제

하나님이 이스라엘 백성을 애급으로 끌고 가서 다시 노비로 고생하자 다시 하나님 은혜 역청[1]을 발라[2] 죄를 덮으시어 벗어나는 때는 죄가 씻어지게 했다. 현재로도 쓰이는 카바나 카페트인 이 죄의 덮개는 하나님이 이거 봐=ייקוו=יִקָּווּ이거봐[3] 하시면서 죄를 씻어= כפרת=יִקָּווּ이거봐 했다.[4] 죄를 덮음 커버이다. 죄를 덮으시는 배=아니야=אניה=אֳנִיָּה아니야[5]시며 배워 태워 당신이 원하는 곳에 배 태워 내려주시며 네 삶을 펴렸다[6] 하셨다.

죄의 문제를 성경은 세마포 옷을 거룩하게 하는 뜻으로 이 옷을 입기 전 물로 몸을 씻으라[7] 명령한다. 삶과 죽음 갈림길이 뚜렷해지는 일이다. 아론과 그 아들을 회막 문으로 데려가 물로 씻기고 배라 하셨다[8] 물로 씻는 일=이래하자=ירחץ=יִרְחַץ[9]의 하나님은 세마

---

1) 역청 כְּכֹּפֶר(바코페드 · 역정, 장 6: 14).

2) כֹּפֶר(코페르 · 역청, 창 6: 14).

3) יִקָּווּ(이카부 · 덮다, 창 1: 9).

4) כַּפֹּרֶת(카포레트 · 속죄소): 이상란, Ibid.

5) אֳנִיָּה(아니야 · 배, 욘 1: 3).

6) כַּפֹּרֶת(카포레트 · 속죄소, 출 25: 17, 18, 19, 25: 20, 21, 22, 26: 34, 30: 6, 31: 7, 35: 12, 37: 6, 7, 37: 8, 9, 39: 35, 40: 20; 레 16: 2, 13, 14, 15; 민 7: 89; 대상 28: 11.

7) וְרָחַץ(베라하쯔 · 씻으라, καὶ λούσεται CQAMZS, 레 16: 4).

8) וְרָחַצְתָּ(베라하제타 · 씻기고, 출 29: 4, 40: 12).

포 속옷과 세마포 띠를 입은 제사장에게 물로 몸을 씻고 죄를 버리자=ורחץ=וְרָחַץ[베라하즈][1] 하신다. 그는 우리에게 거룩한 곳에서 물로 몸을 씻고 나쁜 죄를 버리자[2] 하신다.

물로 씻는 일을 이레 하지[3] 아니하면 죄가 남아 있게 된다. 몸을 물로 씻는 일 이렇게[4] 아니하면 성물도 먹지 못한다. 그러기에 물이 지닌 의미의 속죄는 하나님의 신이 수면 위에 운행[5]하시는 이유가 된다. 성경의 물은 “washing in water”[6]으로 표현된다. 물로 씻는 의식행위는 세례의 역사적 근원이 된다. 구약에서의 물로 씻음 문제는 반드시 씻음 의식[7] 행위가 있게 하였다. 몸을 씻는 일은 세례[8]이다. 씻는 문제는 미 완료형 단수문법으로 되어 있다. 지금도 하나님이 하나님의 백성들의 죄를 씻기고 계시는 중이다. 하나님이 씻기고 이레하시는[9] 씻음 진행 ~“*washing*”은 사역자들 특히 다윋은 하나님을 위해 경배하려고 자신의 몸을 씻기고 봐 이레하죠[10] 하였다. 회막에 들어갈 때 반드시 삶을

---

9) יִרְחַץ(이레하쯔 · 씻을, 레 1: 13).
1) וְרָחַץ(베라하쯔 · 씻고, 레 16: 4) .
2) וְרָחַץ(베라하쯔 · 씻고, 레 16: 24).
3) יִרְחַץ(이레하쯔 · 씻지, 레 17: 16).
4) רָחַץ(라하쯔 · 씻지, 레 22: 6).
5) 창 1: 2.
6) Jonathan David. Lawrence, *Washing in Water,* 254.
7) ritual washing)과 순결의식(ritual purity).
8) Ibid, 32.
9) יִרְחַץ(VQIMZS, 이레하쯔 · 씻고 계시는, 레 1: 9, 13, 9: 14).

씻기 시작하며 끝나지 않는 진행형이어야 죽기를 면하였다. 미 완료형 이레하죠[1]라고 고백하며 계속하고 있음을[2] 기본으로 믿는 사람들의 공동체의 삶이 이어간다. 사마리아 못에 몸을 담은 일[3]도 봐 있던[4] 일로 늘 손과 발을 씻어 죽기를 면한[5] 일이다. 하나님이 말씀하시기를 스스로 씻으라하죠![6] 명령받는 일을 배라하죠![7] 고백한 아론과 그 아들들까지 모두 공동체 삶속에서 늘 물로 씻으며 사는 삶은 물그릇에 담겨, 말씀그릇에 담겨 있는 삶이다.

성경은 늘 너는 씻어라 배라 하셨다.[8] 그러기에 씻고 또 씻으며 하나님 일 사역하는 제사장들이 물로 그들의 몸을 씻은 일을 서로 배라하죠[9]라 격려하며 산다. 물 안의[10] 삶은 물과 물두멍을 늘 곁에 두고 배가 되도록 정결한 몸으로 사는 삶이다. 그러기에 옷을 빨고 물로 몸을 씻은 후, 진에 들어갈 채비를 차려 사는 삶이다. 오늘날의 시대에 세례와 직결[11]된다.

---

10) וַיִּרְחַץ(바이레하쯔 · 씻기고 있는, 창 43: 31; 삼하 12: 20).

1) יִרְחֲצוּ(이레하쭈 · 씻기는).

2) 신 21: 6.

3) Jang, Young Gyu, Ibid, 148.

4) וַיִּשְׁטֹף(바이세토프 · 씻기워 지고 있다, 왕하 22: 38).

5) Nanfred Lurker, 『*Wörtenbuch Biblischer Blinder und Symble*: 성경 속의 상징』,편집부 역(서울: 은성, 1973), 182~183.

6) רַחֲצוּ(라하쭈 · 씻으라, 사 1: 16).

7) וְרָחֲצוּ(베라하쭈 · 씻는, 출30: 19, 40: 31; 레 8: 6).

8) וְרָחַצְתָּ(바라하쯔타 · 씻어라, 출 29: 17).

9) וְרָחַץ(베라하쯔 · 씻은, 민 19: 7).

10) בַּמַּיִם(밤마임 · 그 물 안에, 민 19: 7).

나아만 장군은 이스라엘의 처녀[1] 말에 처음에는 거절했다[2]가 뉘우치고 두 번 째 연못에 가 몸을 깨끗이 씻었다.[3] 나아만이 몸을 씻은 후 나아간 곳은 림몬이다. 하다트[4]와 동일하고 우가릿 신화와 관련 된다[5]하기도 하지만 나아만 장군이 몸이 씻겨 진 일은 두 번째 일에 관련된다. 요단강에 몸을 씻는[6] 일에 하나님이 없을[7]리가 없다.

성경에서 두 번을 강조하는 일은 무거운 짐을 질 노새 두 바리[8] · 에브라임산지로부터 온 두 소년[9] · 옷 두벌[10] · 두 달란트[11] · 두 달란트[12] · 은 두 달란트[13] · 두 전대[14] · 옷 두 벌[15] · 두 사환[16] 모두 둘 곧 예수님 예표이다.

---

11) Jang, Young Gyu, *The water Rite and Conversion,* 47.

1) 왕하 5: 2.

2) 왕하 5: 11.

3) 왕하 5: 14.

4) 왕상 15: 18.

5) Ibid, 32,

6) 왕하 5: 12~14.

7) Woods, Fred Emmett, *Water and storm Polemics Against Baalism in the Deuteronomic History,* 147~148.

8) מַשָּׂא צֶמֶד~ פְּרָדִים אֲדָמָה(솨마 쩨메드~페라딤 아다마 · 노새 두바리, 왕하 5: 17).

9) אֱלֵי שְׁנֵי~ נְעָרִים מֵהַר אֶפְרָיִם(앨리 쇠네~네아림 메하르 에프라임 · 두 소년, 왕하 5: 22).

10) וּשְׁתֵּי חֲלִפוֹת בְּגָדִים(우솨테 하리포트 베가딤 · 두 벌, 왕하 5: 22).

11) קָה כִּכָּרִים(카 키카림 · 두 달란트, 왕하 5: 23).

12) כִּכָּרִים(키카림 · 두 달란트, 왕하 5: 23).

13) כֶּסֶף כִּכָּרִים(케세프 키카림 · 은 두 달란트, 왕하 5: 23).

14) בִּשְׁנֵי חֲרִטִים(비세네 하리팀 · 두 전대, 왕하 5: 23).

15) וּשְׁתֵּי חֲלִפוֹת בְּגָדִים(우 쉐테 하리포트 · 두 벌).

16) אֶל ~ שְׁנֵי נְעָרָיו(엘~세네 네아라이브 · 두 사환, 왕하 5: 23).

단 한 번에 씻어지는 일이 있다. 이때는 라헬이 아들을 낳고 가로되 하나님으로 하여금 나의 부끄러움이 씻어 졌다 하였다. 하나님이 씻었다

하나님은 그의 사랑하는 백성에게 있는 죄를 앗아버=אסף=אָסֵף앗아버[1]린 완료형 문법으로 성경은 알린다. 단 한 번으로 예수님이 전 인류를 위해 그의 몸을 산제사 드려짐으로써 한다. 성경문법 3인칭의 중요성은 그는 더러운 병, 죄를 앗아 버[2]리는 일이다. 우리 죄가 단 한 번, 즉 예수님의 십자가에 돌아가심으로 인하여 씻어진다. 하나님이 한 번에 이스라엘 백성들의 얼굴에서 눈물을 씻기신 일이다. 이 씻기신 일의 감탄, 움마아[3] 발음은 완료형 문법에서 예시된다.

신약에 전개될 일을 구약 히브리어는 완료형 곧 씻기셨다. 예수님의 십자가로 한다. 예루살렘도 씻어 버린 일 '움마'이다.[4] 이 감탄어는 단 한 번의 죄를 씻겨주신 일이다. 그의 아들 예수님을 통해서 하신일의 감탄이다.

성경에서 신체와 관련한 씻음의 의식행위는 발[5] · 손[6] · 얼굴[7] · 수족[8]으로 한다.

---

1) אָסֵף(아세프 · 씻었다, 창 30: 23).
2) אָסֵף(아세프, 레 15: 12).
3) וּמָחָה(움마하 · 씻기신, 사 25: 8).
4) וּמָחִיתִי(움마히티 · 씻어버릴 일, 왕하 21: 13).
5)창 18: 4, 19: 2, 24: 32, 43: 24; 삿 19: 21; 삼상 25: 41; 삼하 11: 8.
6) 신 21: 6; 시 26: 6.

(1). 세례

세례는 몸을 씻는[1] 의식이다. 몸을 씻는 일 모두 하나님의 빛을 받아서 씻는 일이다. 물은 늘 우리 주변에서 우리를 향하여 씻기를 기다리고 있다. 손으로 물을 담아 몸을 씻고 마음을 씻는 일은 곧 마음의 청결과 연결된다. 신학에서는 하나님이 인간의 죄를 씻기 위하여 그의 아들을 보내심과 관련된다. 아무리 교회를 오래 다녔어도 세례를 받지 않으면 교인이 아니다. 교회에서 세례의 중요성은 택한 백성이 교회 내에서 세례자로부터 꼭 받아야 할 물리적 행사[2]로 꼭 통과하여야 할 통과의례이다.

침례[3]와 그리고 세례를 받는[4] 특징은 구원[5]을 받기 위한 의식이다. 세례를 받는 일은 거듭남과 죄 사람과 장사지냄과 부활 그리고 한 몸 됨의 표[6]로 받는 구원 의식이다.

로마 카톨릭 교회에서는 세례를 교황 유게니우스 4

---

7) 창 43: 31.

8) 출 30: 19, 21, 40: 31.

1)레 14: 8, 9, 15: 5, 6, 7, 8, 10, 11, 12,13, 16, 18, 21, 22, 27,16: 4, 24, 26, 28, 17: 15, 16, 22: 6; 민 19: 7,8, 19; 삼하 12: 20; 왕상 22: 38; 왕하 5: 10; 욥 9: 30.

2) 막 1: 8.

3) 막 3: 13.

4) 막 16: 16.

5) 엡 4: 5.

6) 장성영, 『그리스도교 예배와 성례전』(서울: 태광출판사, 1994), 59~60.

세가 "영적인 삶에로 들어가는 출입구"라 하여 "은혜의 주입"[1]이라 하였다. 정교회는 세례를 "거룩한 교회와 동시에 하나님의 나라로 들어가는 문"[2]이라 하였다. 인간의 신비한 행위를 통해 은총, 즉 다른 말로 하나님의 구원능력이 사람 위에 신비롭게 역사한다.[3] 루터파는 세례를 "하나님께서 물의 영적인 권세를 부여함으로써 물을 통하여 죄가 사해진다고 전한다. 하나님의 뜻에 도움을 얻어서 죄를 사한다는 세정식은 결코 물이 하나님의 뜻을 통해서 이루어진다고 가르치는 스코투스나 맨발의 수도회를 지지할 수 없다 하였다. 루터는 죄 사함이 정결케 된 물에 의해서 유효해진다는 견해와 그와는 반대로 물로써 죄 사함이 이루어지는 것이 아니라 하나님의 명령에 의해서 이루어진다는 견해를 모두 거부 · 세례가 말씀의 전파와 더불어 물을 통해 죄 씻음 · 세례를 "구원에 필요한 것이요 유효한 것"[4]이라 했다. 세례는 죄 사함을 수행하고 죽음과 마귀로부터 영원한 구원을 선사[5]하심이다.

세례는 흘리신 그 보혈 때문에 죄 사함을 받는 의식

1) 빌헬름 니젤, 『비교교회론』, 이종성 · 김항안 옮김(서울: 대한 기독출판사, 1999), 103~109.

2) Ibid, 189.

3) Lage Catechism, Q. 284(Schaff, Ⅱ. 490).

4) Ap. C.,: 「necessarius et efficax ad salutem」; 독일어판; 「dass sie notig sei」(Opera, Vol ⅩⅩⅦ. page 533, ⅩⅩⅧ, page 156; Conocordia page 325).

5) Small Catechism, Ⅳ, ii(Schaff, Ⅲ. 85; concordia, page 162).

행위이다. 성령으로 거듭나서 그리스도의 지체로서 성화되어 하나님이 복 주신 생명을 흠 없이 이끌어 나가려는[1]데 있다. 제네바 교리문답이 말하는 세례는 우리에게 주어진 약속들에 대해 우리 자신들을 무가치하게 하지 않는 한 우리는 예수 그리스도로 옷 입고 하나님의 성령[2]을 받는다고 한다. 성경 해석 가들은 성례에서 말씀과 물을 분리시키지 않는다.[3]

불란서 신조 제 58항 세례란 우리를 양자 삼으신 후 그 보증으로 세례로써[4] 그리스도에 접목된다 하였다. 요한의 제자들은 세례를 다시 받지 않았고 예수님이 인정하셨다. 회개의 의미인 요한의 세례는 헬라어 *βπτι σμα* 그대로 음역하여 세례 *Baptism*[5]으로 물에 담는 의식이다. 침례교에서는 세례라고 번역하기 보다는 침례라고 번역되어야 한다고 주장한다.

예수님이 세례요한에게 물세례를 받는 장면이 있다.

> 예수께서 세례를 받으시고 곧 물에서 올라오실 새 하늘이 열리고 하나님의 성령이 비둘기같이 내려 자기 위에 임하심을 보시더니 하늘로서 소리가 있어 말씀하시되 이는 내 사랑하는 아들이요 내 기뻐하는 자라 하시니라[6]

---

1) Heidelberg Catechism, Q 70(Torrance, School of Faith), 81.

2) Geneva Catechism. Q. 331((Torrance, School of Faith), 58.

3) E. Schlink, *Theologie der Lutherischen Bekenntnisschriften*(Munich, 1948), 208.

4) Scots Confession, ＸＸＩ; Westminster Confession, ＸＸＶ3, 1(Schaff, 3. 66ff).

5) 원종호, 『세례의 신학』(서울: 참빛사, 1999), 9~10.

6) 마 3: 16~17.

(2). 물세례

예수님의 요한으로부터의 세례현장은 성부와 성자와 성령의 동시적인 역사이다. 물의 세례 의식은 성경과 성자와 성령의 거룩한 역사이다. 예수님이 직접 세례를 주신 예는 성경에서 발견되지 않는다. 예수님은 승천하시기 전 "모든 족속으로 제자를 삼아 아버지와 아들과 성령의 이름으로 세례를 주라"시었다.

다메섹에서 예수님을 만난 사울은 아나니아를 만나 안수 기도를 받고 눈을 뜨게 된 후 세례[1]를 받는다. 빌립보에서 바울이 두아디라 성의 자주 장사 루디아와 하나님의 가족에게 다 세례[2]를 준다. 베드로가 고넬료의 가족들에게 세례[3]를 주었다. 세례요한이 예수님에게 물로 세례를 준 것이 표본이 되어 지금도 교회는 물세례를 행한다.

구세군 대한본영은 물세례가 없고 대신 불세례란 말을 사용한다. 사람을 거듭나게 하는 것은 성령의 세례인 불세례를 받아야 한다고 믿기 때문이다. 그들은 구세군 입교식을 할 때 그 행사를 군대 입대식이라고 하는데 당사자는 구세군 군기 앞에 선서를 한다. 구세군 사관은 군기의 표식과 그림에 나타난 색깔에 대하여 영적인 설명을 한다. 빨간색은 죄인을 위한 예수 그리

1) 행 9: 10~18.
2) 행 16: 15.
3) 행 10: 47~48.

스도의 피를 상징하는 대속의 색깔이며 파랑색은 신자의 청결을 상징하며 맨 가운데 있는 노란색은 성령의 불을 상징한다.

입대식에 참가한 당사자에게 구원의 도리를 일러주면 신앙을 고백하고 선서를 한다. 선서가 끝나면 사관은 물세례 대신 안수 기도를 해 준다. 성경과 안수 기도가 세례의식을 대체하게 된다.[1] 성공회에서는 영세라고 명하고 침례교나 순 복음 교회에서는 침례라는 용어를 사용한다. 구세군처럼 물로 세례를 행하지도 않고, 세례라는 명칭을 사용하지 않는 교파도 있다. 구세군의 경우는 물세례의 의미보다는 불세례를 강조, 성령세례를 받아야만 한다.

①. 침수례

세례와 침례의 명칭은 "물에 빠져서 죽고 물에서 건짐 받아 산다"고 하는 의식이다. 침례란 명칭이 보다 더 성경에 가까운 표현이기는 하지만, 베드로가 하루에 삼천 명이나 세례를 행한 장면은 물을 뿌려서 세례를 행하였을 것이다. 전신을 물 가운데 잠그는 방법으로 침례교회는 이것이 성경적인 유일한 형식이라고 주장한다. '침례 받다' 의미는 문둥병 환자 나아만[2] 장군이

1) 구세군 대한 본영, 『그리스도의 좋은 군사』 (서울: 구세군 대한 본영 출판부, 2002), 13.

2) 왕하 5: 14.

요단강물에 7번이나 몸을 넣을 때를 말한다. 침수는 물속에 몸을 담구는 형식[1]이다. 침수례는 예수 그리스도의 구속행위[2]를 의미한다. 물에 잠김은 죽음의미이다. 물 위로 올라오는 것은 부활을 나타낸다. 초기 교회 건물이나 건축양식이 침수침례를 상징하는 배 모양으로 되어 있는 것[3]도 이 때문이다. 루터는 이 침수 례를 강조하였다. 칼빈은 어떤 방법이래도 관계없다했다.

②. 관수례

관수례는 바가지로 물을 붓는 것을 2세기 초 디다케didache를 통해서 물을 붓는 형식도 인정되었다. 고대 그림엔 예외 없이 물을 붓는다. 16세기 침례교도들은 관수례, 세례수제자가 수세자의 머리위에 물을 세 번 붓는 세례식은 '메노파교도'나 초기 '침례교도'의 관행이다. 로마서는 이방인의 죄와 유대인의 죄와 전 인류의 죄는 하나님의 칭의稱義에 있어 로마서에서 제시[4]된다.

---

1) H. L. Fickett, 『침례교인의 신앙』, 도한호 역(서울: 요단출판사, 1985), 92~93.

2) 롬 6: 1~11.

3) 김소영, "성례전," 『기독교사상』(서울: 대한 기독교 서회, 1980), 173.

4) 이방인의 죄(로마서 1장) → 유대인의 죄(2장) → 전 인류의 죄(3장) → 칭의(4장) → 칭의의 결과(5) → 성화의 원리(6장) → 성화와 율법(7장) → 성화와 성령(8장) → 과거의 축복(9장) → 현재의 축복(10장) → 미래의 축복(11장) → 교회생활(12장) → 사회생활(13장) → 성도간의 생활(14장) → 생활부분 결론(15장) → 문안인사(16장)윤대명, "로마서," 『신약 1』(서울: 바이블 동 · 서 · 남 · 북 연구원, 2005), 53.

③. 살수례

일명 약수례이기도 한 살수례는 13세기 이후 노약자 · 병자들 · 754년 불란서 소녀가 아플 때 최초의 약식 세례를 행하였다. 첫 번째 약식은 세례 받는 것이 불가능한 경우 몸이 잠길 때까지 그 주변에 물을 부어AD 251 받는 약수례다. 필요한 경우 뿌리거나 붓는753 교황 스티븐(Stephen) 2세 약식으로 하는 환자를 위한 세례1356 콘스탄스(Constans) 종교회의 약식세례1534 영국교회를 인정했다.

약식세례 시작1541 장로교회은 침례를 뿌리는 약례1643 웨스트민스트 회의이다. 뿌리는 약식 세례1664 영국 의회로 결정하였다.[1]

④. 각 교파의 세례 방법

* 장로교 교리 제 28장

외부적인 요소는 물이다. 합법적으로 안수를 받은 목사는 이 물로써 성부와 성자와 성령의 이름으로 세례를 준다. 물을 그 사람의 머리 위에 붓든지 뿌려서 베푸는 것이 정당한 방법이다[2]라고 법칙을 정하였다.

---

1) 마살레게트, 『21 세기 교회 개연의 이상』, 장성우 옮김(서울: 태광출판사, 1994), 174.

2) 대한예수교장로회 총회(통합), 『헌법』(서울: 한국 장로교 출판사, 1987), 134 · 대한예수교장로회 총회(고신), 『헌법』(서울: 한국 장로교 출판사, 1992), 73.

* 침례교

침례교회는 침수 례 외의 다른 형식은 집례하지도 않을 뿐만 아니라 인정하지도 않는다. 성경 어디에도 침수 외에 다른 방법의 지침도 발견해 낼 수 없다는데서이다. 침례 탕의 길이는 약 250센티미터 폭이 약 150센티미터 물 깊이는 1미터 또는 좀 깊게 한다.

* 구세군

구세군은 성례전을 거행하지 않는다.[1] 미국 구세군은 "구원과 봉사"에 사관, 평신도들 개개인이 전문가이로 한다. 구세군救世軍, 영어: The Salvation Army은 1865년 영국의 감리교 목사인 윌리엄 부스와 그의 아내인 캐서린 부스가 창시한 개신교의 한 교파이다. 군대식 조직하에 기독교사상으로 노숙인들을 구세군에서 돌본다.

개인주의적인 신앙에서 벗어나 성령에 의한 그리스도를 헌신적으로 따른다. 구세군 운동 '기독교 선교회 The Christian Mission 1865, 구세군The Salvation Army 1878으로 통칭된다.

* 카톨릭

천주교라고 한다. 그리스도교를 중국에 처음 소개한

1) 구세군 대한 본영, 『그리스도의 좋은 군사』 (서울: 구세군 대한 본영 출판부, 2002), 36.

마태오 리치가 유교 경전에 상재上梓 혹은 천天이 그리스도교의 하느님과 같은 절대신이므로 한자로 천주天主라고 번역한데서 비롯되었다. 조선 실학자 이익은 “천주는 곧 유가의 상제이다” 함으로써 한국인의 하나님 신앙은 삼국유사에서 비롯되었다고 한다.

천주교는 세례식에 이어 세례를 설명하는 예식을 거행한다. 집전 사제는 성령 향기 상징 크리스마 성유를 영세자 이마에 발라준다. 위기가 닥칠 때 모든 카톨릭 신자는 세례 성사를 집행한다.[1] 가톨릭Catholic은 우리말 크다 본래의 것이라는 의미 첨가 공통, 보편, 보편, 공번, 일반 논리의 그리스어 형용사 '카톨리코스'그리스어: Kαθολικός 유래다. 예수 그리스도를 고백하고, 사도들이 전한 복음을 따르고 성경과 보편공의회 교리를 지킨다. 여호와의 수치는 17=5 + 6 + 5 + 1 + 0=17이고 글자치 합은 26=5 + 6 + 5 + 10=26이다. 이 26은 예수님을 지칭 20은 10의 2배 곧 완전수이고 6은 여섯째 날의 예수님의 날이다. 글자 치 26의 반은 13이고 13은 한분אֶחָד1+ 8 + 4=13 에하드와 동일하고 사랑 아하바אַהֲבָה아하바아 1+ 5 + 2 + 5=13·그 사랑이, 아 2: 4) 아파와 동일하다.

1) 임현호, 『세례예식의 활성화를 위한 실천적 모색』 학위논문(서울: 감신대학원, 1992).

2). 거듭남

세례는 구원받는 백성들이 행하는 의례형식이다. 예수가 부활하심으로 산 소망을 가지는 일[1]의 의식이다. "진실로 진실로 네게 이르노니 사람이 거듭나지 아니하면 하나님 나라를 볼 수 없느니라"[2] 하신 거듭남은 "니고데모가 가로되 사람이 늙으면 어떻게 거듭날 수 있삽니까 두 번째 모태에 들어갔다가 날 수 있삽나이까"[3] 했을 때 "진실로 진실로 네게 이르노니 사람이 물과 성령으로 나지 아니하면 하나님 나라에 들어갈 수 없느니라"[4] 하신 거듭남을 강조한다. "육으로 난 것은 육이요 성령으로 난 것은 영"[5]이라 하시었다.

기독교인의 거듭남의 표시는 세례이다. 약식 세례의 식이 있다. 머리에 성수를 뿌리며 의식을 치르는 방법이다. 세례를 행하고 교회법칙에 따르는 절차등급이 있다. 의식이 있다. 목사와 장로 권사 등의 직분이 주어진다. 기독교와 성당의식의 차이가 있다. 그 중에서 대표적인 설명은 기독교계통은 찬양이 있고 성당에서는 제사의식이 특징이다.

---

1) 벧전 1: 3.
2) 요 3: 3.
3) 요 3: 4.
4) 요 3: 5.
5) 요 3: 6.

제4절 오래 오래와 대대로

1. 오래 오래와 눈

"나는 너희를 회개하기 위하여 물로 세례를 주거니와 내 뒤에 오시는 이는 나보다 능력이 많으시니 나는 하나님의 신을 들기도 감당치 못하겠노라 하나님은 성령과 불로 너희에게 세례를 주실것이요"[1]의 불세례[2]가 있다.

성경은 아주 시적이다. 하나님의 자녀가 이 세상에서 오래오래 사는 오래 오래와 대대로와 항상[3]이라 알린

---

1) 마 3: 11

2) 눅 3: 16.

3)창 6: 5; 출 25: 30, 27: 21, 28: 30, 33: 7; 레 6: 12, 20, 24: 3, 8; 민 4: 7, 16, 9: 16; 신 5: 29, 6: 24, 9: 24, 11: 1, 12, 14: 23, 16: 3, 19: 9, 21: 4, 28: 29, 33; 수 3: 15; 삼하 9: 7, 10, 13, 19: 13; 왕상 8: 40, 9: 3; 10: 8, 11: 36, 14: 30; 왕하 4: 9, 8: 19, 13: 22, 25: 29; 대상 16: 6, 11, 16: 37, 40, 23: 31; 대하 2: 4, 6: 31, 7: 16, 9: 7, 12: 15, 18: 7, 21: 7, 24: 14; 스 3: 5, 4: 15, 19; 느 6: 19, 10: 33; 욥 1: 5, 7: 16; 욥 15: 29, 17: 2, 27: 10; 시 9: 18, 16: 8, 25: 15, 34: 1, 35: 27, 38: 17, 40: 11, 16, 50: 8, 51: 3, 52: 1, 68: 21, 69: 23, 70: 4, 71: 6, 71: 14, 72: 15, 73: 12, 23, 74: 23; 시 84: 4, 89: 36, 102: 28, 103: 9, 105: 4, 106: 3, 109: 15, 109: 19, 119: 20, 44, 90, 119: 98, 109, 117, 173, 141: 5; 잠 5: 19, 6: 14, 21, 8: 30, 15: 15, 23: 17, 28: 14; 전 8: 15, 9: 8, 11: 8; 사 32: 8, 49: 16, 51: 13, 52: 5, 58: 11, 60: 11, 65: 3, 66: 22; 렘 8: 5, 20: 17, 23: 17, 32: 39, 33: 18: 단 6: 16, 20, 7: 9, 7: 13, 7: 22; 호 12: 6; 암 1: 11; 옵 1: 16; 미 6: 14, 7: 18; 말 2: 4; 마 18: 10, 26: 11, 28: 20; 막 14: 7; 눅 15: 31, 18: 1, 21: 36, 22: 28; 요 6: 34, 8: 29, 11: 42, 12: 8, 15: 16, 18: 20; 행 1: 22, 2: 25, 7: 51, 10: 2, 13: 43, 20: 18, 24: 16; 롬 1: 9, 11: 10, 12: 12, 13: 6; 고전 1: 4, 13: 13, 15: 58; 고후 2: 14, 4: 10, 11, 5: 6, 6: 10, 9: 8; 갈 2: 5, 3: 10; 엡 5: 20, 6: 18; 빌 1: 4, 2: 12, 4: 4; 골 4: 2, 6, 12; 살전 1: 2, 2: 16, 3: 6, 4: 17, 5: 15, 16; 살후 1: 3, 11; 살후 2: 13; 딤전 5: 5; 딤후 3: 7, 4: 2; 딛 1: 12; 몬 1: 4; 히 3: 10, 7: 3, 23, 25, 9: 6, 13: 15; 벧전 1: 23, 3: 15; 벧후 1:

다. 성경 문구에 시적인 용법에서 쓰이는 아이러니가 있다. 하나님 뜻을 따라 사는 하나님의 자녀와 그렇지 않는 자녀를 모두 같은 언어로 쓴다. 날들[1] 오래 오래[2] 대대로[3]까지 같이 혼용된다.

오래 오래라는 말은 히브리어 오렘[4]에서 찾아진다. 하나님 백성들이 오래오래 사는 일은 눈과 깊은 관련에 있다. 눈을 높이 들어 말씀대로 하나님에 따라 눈을 어떻게 어디에 두느냐에 따라 영원히[5] 살 수 있게 해 주시려는[6] 41회의 예수님 족보가 드러난다. 하나님 백

12.

1) יָמִים(야암임).

2) לְעֹלָם(레올람) .

3) לְדֹר וָדֹר(레도르 바도르).

4) עוֹלָם(올람 · 영원).

5) לְעוֹלָם(레올람 · 영원을 위하여).

[* 표 16: 영원히와 대대로와 항상으로 번역된 날들]

① לְעֹלָם(레올람 · 영영히, 왕상 10: 9 · 항상, 욥 7: 16)

② לְעוֹלָם(레올람 · 영영히, 출 19: 9, 21: 6, 32: 13; 시 30: 12, 33:11, 37: 27, 28 · 영영토록, 시 12: 8, 29: 10 · 영원히, 시 31: 1, 78: 69, 103: 9, 104: 31, 105: 8, 111: 5, 119: 89, 93, 98, 111, 144, 145: 1 146: 6, 10, 103: 9 · 영구 시 72: 19)

③ כִּי לְעוֹלָם(키~레올람 · 영영히.이여, 시 112: 6)

④ לָעַד(레아드 · 영원까지, 시 19: 10 · 영원히, 22: 26, 111: 3, 10, 12: 3, 9)

⑤ לְעוֹלָם וָעֶד(레올람 · 영영히 바에드, 시 9: 6)

⑥ לְחָק~עוֹלָם(레하크~올람 · 영영한 응식으로, 민 18: 8, 11, 19)

⑦ לְדֹר וָדֹר(레도르 바도르 · 대대로, 사 34: 17)

⑧ לְעוֹלָם לְדֹר וָדֹר(레올람 레도르 바도르 · 대대로 영원히, 시 79: 13)

⑨ לְדֹרֹתָם(레도도탐 · 대대로 지키라, 창 17: 9 · 대대로, 출 12: 42, 27:21, 출 30: 8, 10, 21, 31: 16; 레 17: 7; 대상 8: 28 · 그들의 대대로, 민 15: 38)

⑩ לְדֹרֹתֵיכֶם(레도로테켐 · 대대로, 창 17: 12; 출 12: 17; 레 29: 42 · 너희 대대로, 출 16: 33, 민 35: 29)

⑪ לְתֹלְדוֹתָם(레토레도템 · 대대로, 대상 8: 28, 9: 34)

⑫ עוֹלָם לְדֹרֹתֵיכֶם(올람 레도도테켐 · 너희 대대로 영원한, 출 40: 15; 레 3: 17, 7: 36, 23: 13, 14, 21, 41, 레 24: 3 · 이는 너희의 대대에 영원한, 민 18: 23)

⑬ עוֹלָם לְדֹרֹתָם(올람 레도도탐 · 대대로 영영히, 출 40: 15)

성이 되는 법 알려 주려[1] 눈으로 보이시려 하신다. 오래라는 말을 알[2]이라 하신다. 번제. 보여 지는 예수님 희생! 성도의 말씀바라기! 이 세상을 말씀바라기로 잘 살게 하시려 오래 오래 살게 하시려 증거궤[3]로 증명[4] 한다.

우리말에 오래 라는 말이 있다. 오래라는 말 그대로 히브리어로도 오래 오래[5]이다. 대대로라는 말도 그러하다. 우리는 돌아간다 라는 말을 쓰는데 히브리어에서도 도로[6]이다. 하나님께로 도로 돌아가야 하는 일이다.

이 언어 앞에 하나님은 목적이 있을 때에의 라메드 …ל라메드[7]를 단어 제일 앞에 놓아 라메드 즉 영어로 to 부정사 용법 …ל라메드를 붙인다. 채찍 의미다. 인간이 나약하지만 하나님께서 계속하여 회초리 ל라메드를 사용하시어 그의 뜻대로 하신다. 모양도 회초리 모양이다. 바로 "이스라엘아 들으라 우리 하나님 여호와는 오직 하나인 여호와시니[8]로 큰 글자 증거 아드[9]의 '아'를

---

6) ..ל(라메드).

1) Yl, Hwan Jin, *The Biblical Herew 'Olam'("Afterworld") in Time and Space: The Spatoal use of a Temporal Term*(Ann Arbor: U · M · I, 2002), 62~92.

2) עוֹלָם(올람 · 영원)의 עַל(알).

3) אֲרוֹן הָעֵדוּת(아론 하에두트 · 증거궤).

4) 출 26: 34, 27: 21, 30: 6, 26, 36, ; 레 24: 3; 민 7: 89.

5) עוֹלָם(오람·옛, NMS, old, δδγvoς, 신 32:7).

6) דור(도르).

7) .ל(라메드).

8) שְׁמַע יִשְׂרָאֵל יְהוָה אֱלֹהֵינוּ יְהוָה | אֶחָד(쉐마아 이스라엘 엘로헤이누 여호와 | 에하드, 신 6: 4).

문장 처음에 놓고 '드'를 끝에 본문보다 크게 하여 하나님의 아드님이 채찍질 하심을 알린다. 이 표징을 옳다1) 하며 증거 아드2)님은 홀로 쓰이지 아니하고3) 언제나 오래4)라는 말로 강조5)된다.

우리말 모이다 히브리어 **מועד**[모에드]6)의 **מ**[모]가 하나님 말씀이어서 말씀 전하는 아드님이다. 하나님 말씀 들으러 **מועד**[모이다].7) 말씀 증인 **עד**[아드]8)님이 회중가운데서 **העדה=הָעֵדָה**[하에다]9)이다. 무리10) 가운데11) 하나님 아드님이 행하는 일을 눈으로 보는 증인12)이 있다. 증인은 무

9) עַד(아드).

1) אוֹת(오트 · 표징, 출 31: 17).

2) עֵד(아드 · 증거).

3) George H. Van Kooten, *The Creation of Heaven and Earth*(Leiden: Brill, 2005), 61:

4) עוֹלָם(올람 · 영원히).

5) 주의 백성 삼으심 영원히 עַד~עוֹלָם(아드~올람, 삼하 7: 24)/ 주의 집에 말씀하심의 확실성이 영원히 עַד~עוֹלָם(아드~올람, 삼하 7: 25)/ 주의 집에 복이 영원히 עַד~עוֹלָם(아드~올람, 삼하 7: 29, 12: 10)

6) מוֹעֵד(모에드 · 회, 신 1: 1).

7) בְּאֹהֶל מוֹעֵד(베오할 모에드 · 회막: 출 27: 21, 28: 43, 29: 4, 10, 11, 30, 32, 42, 43, 44, 30: 16, 18, 20, 26, 36, 31: 7, 33: 7, 8, 9, 10, 11, 38: 8, 30, 39: 32, 39: 40, 40: 2, 6, 7, 12, 22, 24, 26, 29, 30, 32, 34, 35; 레 1: 1, 3, 5, 3: 2, 8, 13, 4: 4, 5, 4: 7, 14, 16, 18, 6: 16, 26, 30, 8: 3, 4, 31, 33, 35, 9: 5, 23, 10: 7, 9, 12: 6, 14: 11, 23, 15: 14, 29, 16: 7, 16, 17, 20, 23, 33, 17: 4, 5, 6, 9, 19: 21, 24: 3; 민 1: 1, 2: 2, 17, 3: 7, 8, 25, 38, 4: 3, 4, 15, 23, 25, 28, 30, 31, 33, 35, 37, 39, 41, 43, 47, 6: 10, 13, 18, 7: 5, 89, 8: 9, 15, 19, 22, 24, 26, 10: 3, 11: 16, 26, 12: 4, 14: 10, 16: 18, 19, 42, 43, 50, 17: 4, 18: 4, 6, 21, 22, 23, 31, 19: 4, 20: 6, 25: 6, 27: 2, 31: 54; 신 31: 14; 수 18: 1, 51; 삼상 2: 22; 삼하 7: 6; 왕상 8: 4; 대상 6: 32, 9: 21, 23: 32; 대하 1: 3, 6, 13, 5: 5)

8) עֵד(에드 · 증인).

9) הָעֵדָה(하에다 · 회중가운데서, 민 26: 9).

10) 민 27: 14, 17.

11) בַּעֲדַת(바다트 · 무리 가운데, 민 26: 9).

리1)의 무리들2)이다. 말씀 불순종자들3)과 순종하는 족장들에게 증거=아드=עד=עֵד아드4)님이다. 족장대대로라는 말에서 보여주는 가슴 ד달렛+ד달렛의 לדר דר레도르 도르에서이다. ד+ד 문자, 가슴과 가슴이 이어 족장대대로=레토레도도템=לתלדודתם=לְתֹלְדוֹדתֵם레토레도도도켐5) 족장대대로 예루살렘에 거하는 두목 대대로 족장대대로=레토레도도템=לתלדודתם=לְתֹלְדוֹדתֵם레토레도도도켐6)이다. 족장 모두 말씀 익혀 대대로다. 아브라함 → 이삭 → 야곱이 사랑으로 대대로=לדר דר=לְדֹר דֹר레도르 도르7)이다.

---

12) 출 23: 1; 레 5: 1; 민 5: 13, 35: 30; 신 17: 7, 19: 15, 18, 31: 21; 수 24: 22; 삿 11: 10; 룻 4: 9, 10, 11; 욥 16: 19; 시 35: 11, 89: 37; 잠 6: 19, 12: 17, 14: 5, 25, 19: 5, 9, 28, 21: 28, 24: 28; 사 8: 2, 43: 9, 10, 12, 44: 8, 9; 렘 32: 10, 12, 25, 44, 42: 5; 마 18: 16, 26: 60, 65; 막 14: 63; 눅 11: 48, 24: 48; 행 1: 8, 2: 32, 3: 15, 5: 32, 6: 13, 7: 58, 10: 39, 41, 13: 31, 22: 5, 15, 20, 26: 16; 롬 1: 9; 고전 15: 15; 고후 13: 1; 빌 1: 8; 살전 2: 10; 딤전 5: 19, 6: 12; 딤후 2: 2; 히 10: 28, 12: 1; 벧전 5: 1; 계 1: 5, 2: 13, 3: 14, 11: 3, 17: 6.

1) 출 3: 1; 신 20: 9; 수 6: 26; 삿 4: 7, 5: 21, 9: 31; 삼하 2: 30, 3: 21, 10: 7; 왕상 16: 17, 20: 13; 왕하 9: 17; 대상 6: 31, 9: 20, 15: 3, 19: 8; 대하 14: 11, 15: 9, 16: 6, 20: 12, 24, 28: 5, 32: 6; 스 8: 15; 느 12: 31, 13: 3; 욥 16: 7; 욥 31: 33; 사 17: 2, 49: 21, 63: 3; 렘 23: 1, 2, 31: 8; 애 2: 22; 겔 7: 13, 16: 40, 21: 23, 26: 7, 29: 19, 30: 15, 32: 3, 12, 16, 18, 20, 25, 34: 2, 8, 10, 38: 6, 13, 39: 11; 단 8: 25, 11: 11, 12, 44; 호 8: 5; 미 2: 12; 마 5: 1, 9: 23, 25, 36, 13: 36, 14: 14, 15, 19, 22, 23, 15: 10, 32, 35, 39, 21: 46, 27: 20; 막 2: 4, 4: 36, 6: 34, 36, 45, 46, 7: 14, 17, 33, 8: 2, 6, 12: 12, 15: 11; 눅 5: 3, 6: 10, 8: 4, 19, 9: 12; 요 7: 12, 11: 42; 행 11: 26, 13: 45, 14: 18, 19, 15: 30, 17: 13, 19: 35, 21: 27, 24: 12; 고후 2: 3, 5, 7: 13; 빌 1: 4, 7, 8, 2: 26; 살전 1: 2; 벧전 5: 2.

2) 대하 13: 4, 15: 2; 욥 16: 10; 잠 5: 14; 겔 30: 10, 38: 7; 단 6: 11, 15; 마 7: 28; 눅 11: 14.

3)신 23: 3, 28: 46; 삼상 3: 13, 14; 삼하 7: 24.

4) עֵד(아드 · 증거).

5) לְתֹלְדוֹדתֵם(레토레도도템 · 족장대대로, 대상 8: 28).

6) לְתֹלְדוֹדתֵם(레토레도도템 · 두목 대대로, 대상 9: 34).

7) לְדֹר דֹר(레도르 도르 · 대대로, 출 3: 15).

2. 밤이 점점 없어지고

하나님의 그의 백성을 위한 그 밤[1] 없애시고 낮이 오래[2]되게 하신다. 예수님 손으로 밤[3]을 밝게 하나님 자신을 위하여[4] 어둠의 밤을 점점 작아[5]지게 하시고 큰 빛으로 낮을 다스리시어[6] 시간[7]을 낮 빛 곧 밝음이 더 커지게[8] 하시고 밤은 더 작아지게[9] 하신다.

우리의 삶이 아무리 어렵고 괴로울 찌라도 빛 된 삶을 살라는 하나님의 명령이다. 그럼으로써 우리의 삶은 어두움이 점점 작아진다. 그 밤[10]은 점점 작아지면서 밝음으로 바뀌어간다.[11] 그 밤[12]은 희망이 부정되는 의미[13]가 아니라 하나님이 그 밤을 점 점 더 작아지게 하시기 위해 밤은 존재한다. 밤과 낮은 절대자가 낮으로

---

1) הַלַּיְלָה(하라이라 · 밤, 창 1: 14).

2) וּלְיָמִים(울레얌임 · 날들, 창 1: 14).

3) לֵיל(렐 · 밤, 출 12: 42).

4) הַלַּיְלָה הַזֶּה לַיהוָה(하라이라 하쭈 라여호와 · 여호와를 위하여, 출 12: 41).

5) לְמֶמְשֶׁלֶת הַלַּיְלָה(레메미쉘레트 하 라이라 · 밤이 작아지게, 창 1: 16)

6) 창 1: 16.

7) אֶת~(에트 · 전체).

8) לְמֶמְשֶׁלֶת הַיֹּם(렘멤메셸레트 하욤 · 빛이 점점 더 커지게).

9) וְאֶת~הַמָּאֹר הַקָּטֹן לְמֶמְשֶׁלֶת הַלַּיְלָה(베에트~하마오르 하카톤 렘멤메셸레트 할라이라 · 점점 더 작아지게).

10) הַלַּיְלָה(할라이라 · 그 밤).

11) 이영지, יְהוָה와 물 מַיִם의 상관성 연구, 서울 기독 대학교 추계 학술 세미나 소논문(경기도: 광림 세미나하우스, 2006, 10. 26), 14.

12) הַלַּיְלָה · הַלַּיְלָה(할라이라 · 할라이라).

13) Carey Ellen. Walsh, 「הַלַּיְלָה · הַלַּיְלָה」 *The Fruit of the Vine: Viticulture in Ancient Israel and the Hebrew Bible*, Degree Date(Massachursetts: Harvard University, 1996), 71.

바꾸기 위한 하나님의 장치이다. 그러기에 빛으로[1] 어둠이 있는 밤[2]을 두어 어두움을 밝음으로 하나님의 능력을 보이시기 위한 것이다.

오감도 시제 1호의 어두움이 밝음으로 바뀐다.

[* 어둠에서 밝음으로 바뀌어 가는 문학이미지]

13인의아해가도로로질주하오.
(길은막다른골목이적당하오).

제1의아해가무섭다고그리오.
제2의아해도무섭다고그리오.
제3의아해도무섭다고그리오.
제4의아해도무섭다고그리오.
제5의아해도무섭다고그리오.
제6의아해도무섭다고그리오.
제7의아해도무섭다고그리오.
제8의아해도무섭다고그리오.
제9의아해도무섭다고그리오.
제10의아해도무섭다고그리오.

제11의아해가무섭다고그리오.
제12의아해가무섭다고그리오.
제13의아해가무서운아해와무서워하는아해와그렇게뿐이모였소.
(다른사정은없는것이차라리나았소.).

그중에1인의아해가무서운아해라도좋소.
그中에2인의아해가무서운아해라도좋소.
그中에2인의아해가무서워하는아해라도좋소.

---

1) אֶת־הַמָּאוֹר הַגָּדֹל לְמֶמְשֶׁלֶת הַיּוֹם(에트~하마오르 하가돌 렘멤메셀레트 하욤 · 큰 광명으로 낮을 주관하게 하시고, 창 1: 16).

2) וְאֶת־הַמָּאוֹר הַקָּטֹן לְמֶמְשֶׁלֶת הַלַּיְלָה(베에트~하마오르 하카톤 렘멤메셀레트 하라이라 · 작은 광명으로 밤을 주관하게 하시며, 창 1: 16).

> 그中에1인의아해가무서워하는아해라도좋소.
>
> (길은뚫린골목이적당하오.)
> 13인의아해가도로질주하지아니하여도좋소.
>
> ~ 이상 「오감도 시제 1호」

인간은 삶의 주파수를 가진다.[1] 빛을 소망한다. 그러기에 하나님이 함께 하시면 무서워하던 아이가 무서워하지 않는다.

시의 "무서운 아해"와 "무서워하는아해"의 두 장치는 이해하기 어려운 난해한 시로 알려져 있다. 그러나 시의 통사적 이미지로 흐르면 하나님이 이 세상의 어둠을 밝게 하시듯이 평소 모양 없고 왜소하고 힘없는 아이가 점차 강한 아이로 변신할 수 있는 가장 시적인 리듬이 이 시의 리듬이다. 시의 진실은 어떻게 하면 승리의 삶이냐이다.

> 그중에1인의아해가무서운아해라도좋소.
> 그중에 2인의아해가무서운아해라도좋소.

1인 → 2인은 상승적 증가회수의 연속성시다. "그중에1인의아이가무서운아이라라도좋소" → "그중에2인의아이가무서운아이라도좋소"의 "→ … →"의 진행은 1에서 2이상의 무한수의 상승 가능성을 암시하기 때문이

---

1) Emoto, Masaru., 『물은 답을 알고 있다: *Mizu wa Kotae wo Shitteiru*』 1, 양억관 옮김(서울: 나무 심는 사람, 2003), 79.

다. 반면 무서워하는아이는 “그중에2인의아이가무서워하는아이라도좋소.” ⇢ “그중에1인의의아이가무서워하는아이라도좋소.”의는 “ ⇢ 0 ”이 되어 진다. 상승과 하향의 결과는[1] 무서운 아이가 된다. 시의 리듬[2]이다.

하나님이 큰 빛으로 낮을 다스리신[3]다. 밤의 어둠[4]이 없어진다. 하나님은 생명의 빛으로의 길을 드러내신다. 저녁이 되며 아침이 되는 저녁 ⇢ 아침의 흐름은 성서신학이다. 하나님이 하나님의 백성에게 전하는 메시지이다. 인간의 유한한 시간[5] 안에서의 일이다.

하나님의 뜻[6]은 하나님에게 경배하면 좋은 아침을 맞는다. 경배하지 않을 때의 밤의 세계가 경배후 밝아짐이다. 모세에게 네 손을 들어 애급 땅 위에 흑암이 있게 하시자 3일간 애급 땅에는 어둠이 있다. 이스라엘 자손이 있는 곳에 빛이 3일 동안[7] 머물렀다.

인간에게 기적은 늘 있다.

---

1) 참조: 이영지, 『시조 문예 미학』, 157.

2) 이영지, 『이상 시 연구』, 50.

3) אֶת־הַמָּאוֹר הַגָּדֹל לְמֶמְשֶׁלֶת הַיּוֹם(에트~하마오르 하가돌 렘멤메셀레트 하욤, 창 1: 16).

4) וְאֶת־הַמָּאוֹר הַקָּטֹן לְמֶמְשֶׁלֶת הַלַּיְלָה(베에트~하마오르 하카톤 렘멤메셀레트 하라이라, 창 1: 16.

5) אֶת(에트 · 알파와 오메가).

6) 참조: אוֹר(오르 · 빛, 밝힘, 계몽, 욥 18: 5, 33: 30) · אוּר(우르 · 불꽃, 빛, 동방, 사 31: 9, 50: 11, 겔 5: 2) · אוּרִים(우림 · 밝히는 사역, 대제사장의 흉패 안에 넣는, 출 28: 30, 레 8: 8) · אוּרִיָּה(우리아 · 주는 나의 빛, 우리아, 삼하 11: 3; 왕상 15: 5; 사 8: 2).

7) 출 10: 21.

3. 날들

1). 정서와 성경

날은 오르[1]는 일, 옳은 길 ימים얌임[2], 평생 ימי=יְמֵי옘메 · 평생[3] 열매[4]의 날[5]이 되게 하신다. 이 날[6] 우리는 그만 살아라! 하면 옘메! 예 알았습니다! 한다. 우리 생애는 하나님 손 양쪽에 놓인 우리의 날들 옘메 ימי옘메[7]와 같이 하나님이 주장하시는 결정이다. 이를 우리는 눈에 보이는 해 삼아서[8] 물 말씀 מים마임[9]으로 큰 소리로 하마 המה하마[10] 그렇게 하시누나 하며 산다.

이 우리 날들[11]은 말씀이 숨 쉬는 나날이다. 숨 쉽 표시가 양쪽에 있는 해 삼아서 שמש쉐메쉬 · 해[12]가 밝게 비치며 인간은 연단[13]되어 살아간다. 잘 살아간다.

---

1) אוֹר(오르.
2) יְמִמר(얌임)
3) יְמֵי(옘메, 전 10: 9).
4) יָמַי(얌미 · 나날, 창 7: 10; 암 4: 2, 9: 13; 호 3: 4).
5) וּבִימֵי(웁빔메 · 날의, 암 3: 4).
6) בִימֵי(빔메 · 그 날에, 암 3: 4, 8: 11; 합 3: 16).
7) ימי.
8) שמש.
9) מים.
10) המה.
11) ימי: 민 6: 5, 13; 삼하 19: 35; 욥 1: 5; 시 102: 12, 119: 84, 전 12: 1; 겔 4: 8, 5: 2, 22: 4; 호 9: 7.
12) שמש(쉐메쉬 · 해).
13) ש(쉰).

바다 파도치는[1] 삶에도 잘 사는 나날들[2]이 이어진다. 이유는 말씀을 입으로 '마 임'으로 할 때 곧 생각할 때 '마 임'[3]으로 산[4] 날[5]이다.

그 분 하나님에게만[6] 해당된 하나님 날[7]이다. 하나님을 믿지 않는 날 환난의 날![8]도 같이 적용되는 시의 아이러니 법칙이 있다. 하나님의 한 날[9] 그 날[10] 세상의 날[11] 그의 날[12]이 우리의 나날에 있다. 하나님 믿는 날[13]은 낮의 날[14]로 그 분의 날[15]이다.

우리들은 흔히 햔 많은 이 세상이라 한다. 이스라엘

---

1) ימים.

2) ימים.

3) מים(마임.물).

4) VQAMZS, 창 2: 2.

5) תְמִים(탐밈 · 날들, 레 24: 3, 8; 민 4: 7, 16; 삼하 9: 7, 10, 13; 왕상 10: 8; 대상 16: 11, 37, 40.

6) [* 표 18: 날의 완성 리듬 3회(창 2: 2~3)]

① בַיּוֹם הַשְּבִיעִי(바욤 하십비이· 일곱째 날, 맹세의 날, 완성의 날, 창 2: 2)
↓
② בַיּוֹם הַשְּבִיעִי(바욤 하십비이· 일곱째 날, 맹세의 날, 완성의 날 , 창 2: 2)
↓
③ אֶת~ יוֹם הַשְּבִיעִי(에트~ 바욤 하십비이 · 맹세, 완성 전부, 창 2: 3).

7) יוֹם~יְהוָה(욤~여호와 · 여호와의 날).

8) יוֹם~צָרָה(욤~자라 · 환난의 날, 사 37: 3; 습 1: 15).

9) יוֹם~אֶחָד(욤~에하드 · 한 날, 슥 14: 7).

10) הַיּוֹם(하욤 · 그 날, 창 1: 16; 습 1: 15; 아 2: 17, 4: 6; 애 2: 16; 미 3: 6; 겔 39: 8).

11) יוֹם(욤 · 날, 창 1: 5, 8, 13, 19, 23, 31; 신 32: 35; 욥 3: 5; 시 74: 16; 사 2: 12, 22: 5, 34: 8, 58: 5; 렘 20: 14, 46: 21; 겔 30: 3, 39: 13; 욜 1: 15, 2: 2; 미 7: 4; 습 1: 7, 16, 2: 2; 말 2: 2, 3: 23).

12) יוֹם(욤모 · 그의 날, 삼상 26: 10.

13) בַיּוֹם(바욤 · 날 안, 창 2: 2, 31: 40; 슥 13: 2, 14: 8; 시 136: 8; 사 11: 10, 11; 슥 12: 6, 13: 1, 4, 14: 6, 9, 13, 20, 21).

14) יוֹמָם(욤맘 · 낮 날, 출 13: 21, 22, 40: 38; 민 10: 34, 14: 14; 신 1: 33; 느 9: 12, 5: 14; 시 22: 3, 42: 9, 78: 14, 91: 5, 121: 6; 사 4: 5, 6, 21: 8, 60: 11; 겔 12: 3, 4, 7.

15) לַיּוֹם(레욤 · 날을 위한, 겔 30: 2; 말 3: 17; 암 6: 3; 슥 4: 10).

의 생명과 관련하여 구약 신앙의 한은 우리나라의 한과 비교된다. 우리나라의 한은 기이하게도 못다 한 사랑[1]이다. 나라를 걱정하는 안타까움이 스며 나오는 아리랑이나 이육사 시「광야」에서의 예이다.

한국 문학의 한은「구운몽」소설 주인공 성진이가 온갖 아름다운 꿈속에서 깨어나자 그 허무함을 한[2]으로 한다. 고려시대의 여요 「동동」은 12달 동안, 곧 일평생을 님 부재의 한[3]으로 한다. 현대시 또한 한이 주류[4]이다.『청마시초』의 유치환[5]은 "사랑받느니보다 사랑하는 것이 행복하다"로 상대방에게 사랑의 현주소를 알린다.

> 사랑하는 것은
> 사랑을 받느니보다 행복하느니라
> ....
> ~사랑하는 것은
> 사랑을 받느니보다 행복하나니라
> 오늘도 나는 너에게 편지를 쓰나니
> ~그리운이여, 그러면 안녕!
> 설령 이것이 이 세상 마지막 인사가 될지라도
> 사랑하였으므로 나는 진정 행복하였네라
>
> ~ 유치환의『행복』[6]에서

---

1) 노희원, "이스라엘의 한과 우리나라의 한,"『구약 성경의 깊은 세계』(서울: 연세 대학교, 2001), 28~44.

2) 김만중, "구은몽,"『한국고전문학』, 홍문표 역주(서울: 명지 대학교, 1983), 270.

3) 樂學軌範 卷 五 "動動," 양주동,『麗謠箋注』(서울: 을유 문화사, 1961), 65~69.

4) 이영지, "한국 현대시의 이미지 考,"『명지 어문학』12, 111~143.

5) 유치환,『靑馬시鈔』(서울: 문학 사상사 자료조사연구실 간, 1939),

사랑받는 이보다 상대방을 사랑하는 일은 천년 동안 싱싱할 수 있는 행복[1]이라는 것이다. 우리나라의 고시조에서도 사랑은 애 끌일 만 한 일이다.

> 사랑이 어떻더니 뚜렷더냐 넓었더냐 길더냐 자르더냐 바를러냐 자힐러냐 지멸이 긴 줄은 모르되 애 끌일 만 하더라[2]
>
> ~ 무명씨 *현대어로 필자 역

> 사랑사랑 긴 긴사랑 개천 같이 내내 사랑 구만리 장공(長空)에 늘어지고 남는 사랑 아마도 이 님의 사랑은 가 없은가 하노라[3]
>
> ~ 무명씨 *현대어로 필자 역

한국 한恨정서는 글자그대로 물 위의 삶이다. 성경은 물 위에 하나님의 영이 있다 하였다. 이러한 한국정서나 기독교적인 한의 연결은 사람의 참 생명을 구하기 위한 구원 멧시지이다. 에덴동산에서 쫓겨 난 아담과 이브의 한을 해결하도록 하나님은 가죽옷을 입혔다. 말씀으로 무장시켜 본향을 잃은 한[4]을 해결해 주시었다.

> 사랑사랑 고이 맺힌 사랑 온 바다를 두루 덮는 그물같이 맺힌 사랑 왕십리라 답십리 참외넝쿨 수박넝쿨 얽어지고 틀어져서 골이 뻗어가는 사랑 아마도 이 님의 사랑은 끝 간 데를 몰라라
>
> ~ 무명(無名)씨 *현대어로 필자 역

---

6) Ibid., "행복," 『文藝』 (서울: 문예사, 1953)., 초하호.

1) 윤재천, "천년 싱싱할 수 있는 사랑," 『문학예술』 (서울: 문학예술사, 1990), 98.

2) 정규동 · 유창식 교주(校註), 『진본 청구 영언』 (서울: 신생 문화사, 1957), 580.

3) Ibid, 578.

4) Ibid.

2). 정서와 신앙

(1). 빛 받기

사랑의 그 아련한 그리움 “이 님의 사랑은 가 없은”의 영원한 현재형이다. 아마도=אמת[아마도]=אֱמֶת[아마도][1] 사랑의 진리 언약[2] 때문이리라!

아멘아멘=אמן אמן[아멘아멘]=אָמֵן אָמֵן[아멘아멘][3] 축복통로가 있다. 축복 받는 자세[4]는 순종으로 빛을 받아 죄악을 씻어버리는[5] 일이다. 죄악을 씻고[6] 씻어 버리고[7] 빛을 따라 사는 일이다.

노아는 방주를 지을 때 방주 지붕[8]위 한 규빗[9]으로

---

1) אֱמֶת(에메트, 시 45:5).

2) 이영도, “부활절의 노래,”『言約』(서울: 중앙출판공사, 1976), 84~85.

3) ① 이 저주가 되게 하는 이 물이 네 창자에 들어가서 네 배로 붓게 하고 네 넓적다리로 떨어지게 하리라 할 것이요 여인은 아멘아멘 אָמֵן אָמֵן(아멘아멘)할지니라(민 5: 22)

② 에스라가 광대하신 하나님 여호와를 송축하매 모든 백성이 손을 들고 아멘아멘 אָמֵן אָמֵן(아멘아멘)응답하고 몸을 굽혀 얼굴을 땅에 대고 여호와께 경배하였느니라(느 8: 6)

③ 여호와 이스라엘의 하나님을 영원부터 영원까지 찬송할지로다 아멘아멘 אָמֵן אָמֵן(아멘아멘)(시 41: 13)

④ 그 영화로운 이름을 영원히 찬송할지어다 온 땅에 그 영광이 충만할지어다 아멘아멘 אָמֵן אָמֵן(아멘아멘)이새의 아들 다윗의 기도가 필하다(시 72: 19).

4) 김윤배, “아멘의 신앙,”『한국 기독교 대표 설교 전집』(서울: 쿰란 출판사, 2000), 126~130.『열린 창문』(서울: 세광교회, 2000), 72~77, 219~224.

5) 렘 4: 14; 시 51: 2: Jonathan David. Lawrence, *Washing in Water*, 23.

6) תְּכַבְּסִי(테캅베시 · 씻는 일, VPIFYS, 렘 2: 22).

7) כַּבְּסִי(캅베시 · 씻어 버리라, VPMFYS, 렘 4: 14).

8) 월헤름(wilhelm Gesenius)은 아랍의 짜흐룬(zahrun) 및 바벨론어의 찌루(síru)와 같은 것: Wilhelm Gesenius, *Hebräiches und aramäisches Handörlerterbuch über das alte Testament*, ed. Frants Buhl(Leipzug, 1915),

된 창[1]을 내어 낮 12시 정오의 빛이 들게 사방 빛을 들 일 창하나[2]로 전체[3]가 뚫리어[4] 빛이 들어와 하나님 빛을 다 받았다. 빛[5]으로 하나님이 우리 삶의 바다 위에[6] 터를 세우신 주위를 맴도는 우리의 삶은 삶의 순종[7]은 선한 말씀 성취의 날들[8]이다. 기회가 주어진 장구의 날들이다. 여호수아가 모든 왕과 싸운 여러 날들[9]이다. 다윋에게는 한 등불이 항상 있게[10]되는 일이다. 율례와 법도와 율법과 계명을 지켜 다른 신들을 경외하지 않아 그 자손에게 항상 등불[11]빛이 있게 되었다. 불순종의 날들[12]은 멸망의 날들[13] · 바벨론으로 옮기어진 날들[14]이다.

675~676.

9) 알렉산더 하이델(Alxander Heidel)은 창 צֹהַר(쪼하르 · 창, 창 6: 16):Alxander Heidel, *Old Testament Paralles, The Babylonian Genesis*』, 윤 영탁 옮김, 105.

1) צֹהַר(쪼하르 · 창 · 오정, 창 6: 16; 아 1:7).

2) 창 8: 6, A. dillman, *Genesis*, trans. W. B. Stevenson(Edinburgh, 1897), 272.

3) אֶת(에트).

4) אֶת~חַלּוֹן(에트~하론, 창 8: 6).

5) Jonathan David. Lawrence, *Washing in Water*, Ibid.

6) עַל ~ יַמִּים(알~얌밈 · 바다 위에, 시 24: 2).

7) 신 5: 33.

8) 렘 33: 14.

9) 수 11: 18.

10) כָּל~הַיָּמִים(콜~하야암임 · 항상 있게, 왕상 11: 36).

11) 왕하 8: 19, 17: 37).

12) 신 4: 26.

13) 신 30: 18, 신 4: 26.

14) 왕하 20: 17.

(2). 법

심판 날[1]에 두 손 들고 그에게 잘못했다고 엎드려진[2] 심판의 날[3]이 있다. 하나님의 심판의 날은 단수적 개념[4]이다.

하나님의 율법은 레위기에서 다음과 같이 제시한다.

* 제사법:
제 1 장 ~ 번제는 흠 없는 수컷
제 2 장 ~ 소제는 고운 가루로 드리는 예물제
제 3 장 ~ 화목제는 죄의 대속제
제 4 장 ~ 속죄제는 죄를 속죄하여 주는 제사
제 5 장 ~ 속건제는 허물의 사함을 위한 제사
제 6 장 ~ 제사장의 직무 1(제6 번제 · 소제 · 속죄제)
제 7 장 ~ 제사장의 직무 2(화목제 · 속건제)

* 성별법:
제 8 장 ~ 제사장 위임 식
제 9 장 ~ 9(아론의 첫제사)
제 10장 ~ 제사장의 역할의 소홀로 나답과 아비후의 죽음

* 정결법:
제 11장 ~ 정한 음식(레 11: 2)과 부정한 음식(레 11: 2)
제 12장 ~ 산모의 정결의식
제 13장 ~ 문둥병 규례
제 14장 ~ 문둥병 정결의식
제 15장 ~ 유출병 속죄법
제 16장 ~ 속죄
제 17장 ~ 피에 관한 규례, 가나안에서의 규례

---

1) 사 39: 6; 렘 19: 6.

2) 렘 51: 47.

3) 렘 51: 52; 겔 43: 27.

4) Pull R. House, *Old Testament Theology*(Downers Grove: Inter Varsity Press, 1998), 646.

제 18장 ~ 성도덕 1
제 19장 ~ 거룩하라
제 20장 ~ 성도덕 2
제 21징 ~ 제사장 규례
제 22장 ~ 성물, 제물 규례
제 23장 ~ 절기 · 오순, 초실, 유월, 초막,
* 나팔절:
제 24장 ~ 등잔, 진설병, 자손
제 25장 ~ 희년
제 26장 ~ 저주와 축복
제 27장 - 서원

제7장

시냇물과 강과 우물과 샘의 회복성

제1절 시냇물과 강과 우물과 샘의 리듬

시냇물과 강과 우물 모두 흐르는 일을 한다. 흐르는 이유는 신학적으로 하나님께 돌아오기 위해서이다. 하나님께로 돌아오는 일은 어긋난 삶을 바로 놓는 일이다. 그런데 하나님께로 돌아오는 일은 아주 쉽다. 그분에게 돌아오기만 하면 되는 아주 쉬운 일이다.

쉬운=수뷔=שבו=שֻׁב[수부1)]이다. 훈민정음의 수비녀겨이다. 수치로는 27이다. 절대 신성 수 10에 하나님 부활 수 17의 합 27이다. 레위기는 27장으로 되어 있다. 사랑하는 백성에게 전부 엣따=את=אֵת[엣따2)]하며 주신 27회다. 선덕여왕 첨성대 계단은 27계단이다.

---

1) שֻׁב(수부, 창 18:14).
2) אֵת(에트.

성경에서 '하늘'은 하늘이여1)와 하늘이라2)와 하늘이라도3)와 그리고 하늘이4)와 하늘에 하늘에서5)와 하늘에서도6) 하늘에서는7) 하늘에서든지8) 하늘에서부터9)가 있다. 이 때 하늘을 우러러 아멘아멘으로 순종한다.

은혜 보답은 물을 먹어 몸 안에 산소가 생긴다. 성경의 물은 우물 53회 · 샘 54회 · 시냇물 나할 נַחַל나할10)과 강 נָהָר하나르11)와 하나님의 강 פלג페레그=פֶּלֶג페레그12)가 있다. 나일강 יאר예오르=יְאֹר예오르13)와 요단강 ירדן야르덴=יַרְדֵּן야르

---

1) 신 32: 1, 사 1: 2, 사 45: 8, 사 49: 13.

2) 창 1: 8.

3) 왕상 8: 27; 대하 2: 6, 6: 18; 욥 15: 15; 시 115: 16.

4) 신 11: 21, 32: 1, 33: 28; 왕상 8: 35, 18: 45; 대하 6: 26, 욥 14: 12, 20: 27; 시 19: 1, 33: 6, 50: 6, 89: 5, 11, 97: 6, 103: 11; 사 1: 2, 45: 8, 49: 13, 51: 6, 55: 9; 렘 4: 28, 14: 22; 겔 1: 1; 욜 2: 10; 마 3: 16, 16: 2, 3; 막 1: 10; 눅 3: 21, 4: 25; 요 1: 51; 행 3: 21, 7: 56, 10: 11; 약 5: 18; 벧후 3: 5, 10, 12; 계 8: 1, 19: 11, 20: 11.

5) 창 8: 2; 출 16: 4, 신 11: 11, 26: 15, 28: 24; 수 10: 11; 삼하 21: 10, 22: 14; 왕상 8: 30, 8: 32, 34, 36, 39, 43, 45, 49; 1: 10, 12; 대하 6: 21, 23, 25, 27, 30, 33, 35, 39; 대하 7: 14, 20: 6; 느 9: 15, 27, 28; 욥 1: 16; 시 14: 2, 18: 13, 20: 6, 33: 13, 53: 2, 57: 3, 76: 8, 78: 26, 80: 14, 85: 11, 89: 2, 102: 19, 148: 1; 사 14: 12, 34: 5, 55: 10, 63: 15; 애 2: 1, 3: 50; 단 4: 13, 23, 31; 마 5: 12, 6: 10, 16: 19; 마 18: 10, 19: 21, 24: 29, 30; 막 10: 21, 13: 25; 눅 18: 22; 요 3: 13, 27, 6: 31, 32, 33, 12: 28; 행 26: 19; 고전 15: 47; 엡 1: 20, 3: 10; 히 8: 1; 계 3: 12, 8: 10, 9: 1, 10: 1, 10: 4, 8, 12: 8, 14: 2, 13, 18: 1, 20: 9, 21: 2, 10.

6) 마 16: 19(2회) 18: 18(2).

7) 시 73: 25; 눅 15: 7, 행 2: 19.

8) 단 6: 27.

9) 창 21: 17, 22: 11, 15; 출 20: 22; 신 4: 36; 삿 5: 20; 대상 21: 26; 대하 7: 1; 느 9: 13.

10) נַחַל(나할 · 시냇물).

11) נָהָר(나하르 · 강, 시 105: 41) · וְנָהָר(베나하르 · 그리고 강, 창 2: 10, 14) · וְשֵׁם~הַנָּהָר(그리고 이름이 그 강, 창 2: 13) 등.

12) פֶּלֶג(페레그 · 하나님의 강, 시 65: 9).

13) יְאֹר(예오르 · 나일강).

덴1)과 샘 באר브엘과 새벽 우물 샘 מצא모짜=מֹצָא모짜2)와 더러움 씻는 지혜의 샘 מקר마코르=מָקֹר마코르3)와 샘 עין엔=עֵין엔4)이 있다.

비도 물이다. 이 비를 맞는 일은 그에게로 돌아오는 일5)이다. 하늘에서 내리는 비6)를 맞는 일이다. 비는 땅에 내려 강을 푸르게=פלג페레그=פֶּלֶג페레그7)한다. 그의 힘8)으로 강이 세상을 푸르게페레그9)하여 곡식10)이 있다.

물은 샘물 · 우물 · 강 · 시냇물 모두 물=마임=מים마임=מַיִם마임11)이 있어서이다. 샘12)과 눈은 똑 같은 단어이다. 샘=눈=아인=עין아인=עַיִן아인이다. 눈13)과 같다. 샘=구르다=גלת구르다=גֻּלֹּת구르다14) 물이 구른다. 더러움이 마구로 מקור마구로 씻긴다. 물이 말씀이 되어 씻기는 지혜의 샘

---

1) יַרְדֵּן(야르덴 · 요단강, 욥 40: 23) · הַיַּרְדֵּן(하야르덴 · 그 요단강, 창 50: 10, 11; 신 3: 8, 11: 30; 삼하 19: 16; 대상 12: 16) 등.

2) מֹצָא(모짜아 · 새벽우물샘).

3) מָקֹר(마코르 · 지혜의 샘).

4) עֵין(엔 · 샘).

5) William L. Holaday, Ibid.

6) Northrop Frye, *Anatomy of Criticism*, 152~153.

7) פֶּלֶג(페레그, 시 65: 10.

8) 땅을 권고하사 물을 대어 심히 윤택하게 하시며 하나님의 강에 물이 가득하게 하시고 이 같이 땅을 예비하신 후에 저희에게 곡식을 주시나이다(시 65: 10)

9) פֶּלֶג(페레그 · 하나님의 강, 시 65: 10).

10) 시 65: 10.

11) John Peter Oleson, 「Water Works」 *ABD(The Anchor Bible Dictionary)*(USA: Doubleday, 1992), 845~887.

12)Carm, Wilfrid McGreal O Carm, *At the Fountain of Elizah*(New york: Orbis Books, 1999), 84~85.

13) עַיִן(아인 · 샘).

14) גֻּלֹּת(구로트 · 샘, 삿 1: 15).

=מקור마코르=מָקוֹר마코르1)이 있다. 새벽우물 모자=מצא모자=מוֹצָא모자2)도 있다. 하나님이 기다리고 게빔=גבים게빔=גֵבִי게빔 3)이 샘이다. 찾으면 만나는 물 영생수다.

현미경으로 물을 비추이면 사람의 마음이 드러난다. 마음이 아름다우면 물에 그 모습이 아름답게 비쳐진다. 이 물을 많이 마시면 몸속 기능이 좋아진다. 이에 버금가는 일이 채소와 과일을 먹는 일에도 있다. 채소와 과일에 있는 물 성분이 몸에 필요한 물의 양을 채워주는 일이다. 건강한 물을 잘 먹는 일은 자연이 주는 채소와 과일을 잘 먹는 일에도 적용된다. 건강비법이다.

이 비유는 하나님의 지극한 사랑 말씀을 먹는 일이다. 말씀을 늘 잘 먹는 일은 몸과 마음을 가진 사람의 육체에 건강을 준다. 그래서 히브리어에 라마드가 있다. 배운다는 뜻이다. 이 언어에는 오묘한 히브리어 철학이 있다. 배우고배우고 익히면 잘 가르칠 수 있는 히브리어 철학이다. 같은 단어인데도 뜻이 깊다.

물을 간절히 먹고 싶은 마음에 물을 만나면 희한한 일이 벌어진다. 첫째 샘과 시냇물이 만나면 형제의 사랑을 나타낸다. 물과 물이 만나 사랑이 일어난다. 시냇물이 새벽 우물과 만나 향기 난다. 시냇물과 샘이 만나 지혜롭다. 강과 우물이 만나 형통의 길을 연다.

---

1) מָקוֹר(마코르 · 지혜의 샘, 슥 13: 1.
2) מוֹצָא(모짜아 · 새벽우물, 대하 32: 30).
3) גֵבִים(게빔 · 샘, 렘 14: 3.

1. 형제애

끈끈한 정이다. 형제=אחי=אָחִי아히[1] · 형=네 형=아히가=אחיך=חִיךָ아히가[2]가 있다.우리말에 아우라는 말이 있다. 히브리어 아우=아아흐=אח아우=אָח아우[3]가 있다. 조카=아히=אחיו아히=חִיו아히[4]가 있다. 오라비=아히하=אחיה아히하=אָחִיהָ아히하[5]가 있다. 형제모두=콜 에하이브=אחיו ~ כל콜~에하이브=אֶחָיו~כָּל콜~에하이브[6]가 있다. 동생과 형 사이[7]는 한 부모일 때[8] 이루어지는 법칙이다. 아브라함과 롯[9] 형제의 계약[10]이 있다. 다윋과 하람의 조약[11]이 있다. 솔로몬과 하람의 조약[12]이 있다. 그래서 피 나누지 않는 사이일지라도 지극한 사랑은 형제애 공동체[13]이다.

이스라엘 백성들의 가장 위대한 점은 형제애를 가진

---

1) אָחִי(아히 · 형제, 출 14: 13; 삼하 20: 9).
2) אָחִיךָ(아히카 · 네 형, 출 28: 1, 2, 4)/
3) אָח(아아흐 · 아우).
4) אָחִיו(아히 · 조카, 창 13: 11, 14: 14).
5) אָחִיהָ(아히하 · 오라비, 창 24: 53, 55).
6) כָּל~אֶחָיו(콜~에하이브 · 형제모두, 창 16: 12).
7) אח(아아흐 · 농생).
8) Rhonda Bumette~Bletsch, *My Bone and My Flesh: The Agrarian Family in Biblical Lae(Israel, Kinship, Women, Gender*(Department of Religion Duke University(Ann Arbor: U · M · I 1999), 77~19
9) 창 13: 14~16).
10) בְּרִית אַחִים(베리트 아힘 · 형제의 계약, 암 1: 9).
11) 왕상 5: 11, 15.
12) 왕하 5: 15, 26.
13) 한동구, 제 7장 신명기 신학 사상, 『신명기 해석』(서울: B & A, 2004), 101~102.

신앙 공동체에서다. 이 공동체는 물과 관련된다. 그 이유는 샘물이 그 주위를 넘쳐흘러 시냇물이 된다. 이러한 시적설명은 시냇물이 기업의미가 있는 데에서이다. 땅 속 물이 솟아 나와 우물이 되고 다시 흘러 시냇물이 되는 이 시냇물은 졸졸 흐르며=나할=נחל=נָחַל나할[1] 일을 한다. 기업이 되는 일을 하는 일=베나할루 레올림=נחלו לעלם베나할루 레올람=וְנָחֲלוּ לְעֹלָם베나할루 레올람이라 하는데 나 할 일이다. 베로 나 할 일이 있다. 올리는 마음 자세 레올림[2]이 시냇물이다. 부지런을 떨며 하나님 일 나 할[3]일을 한다. 졸졸 흐르는 시냇물=나 할려=נחלה=נַחְלָה나할려[4]가 있다. 마음먹는 삶이다. 나 할 일을 할려[5]면 남 보다 배나 내 할[6]일을 찾아 유업[7]을 삼는다. 기업 [8]은 나눌[9]마음으로 그리고 나누기 위해[10] 내 몸속에서부터 배알아 내는[11] 깊이에 주님 사랑이 있다.

딸들은 다른 지파로 시집가지 않으면서 기업 잇기[12]에 참여한다. 아비가 죽자 기업[13]을 얻고 형제에게도

---

1) נָחַל(나할 · 시냇물).
2) וְנָחֲלוּ לְעֹלָם(베나할루 레올람 · 기업이 되게 하리라, 출 32: 13).
3) נַחַל(나할 · 시냇가, 민, 34: 5시 124: 4) .
4) 강 נַחְלָה(나흘라 · 강, 겔 47: 19; 민 34: 5).
5) נַחֲלָה(나할라 · 시내, 겔 48: 28).
6) וְנָחֲלוּ(베나할루라 · 기업, 출 32: 13).
7) נַחֲלָה(나할라, 신 15:4, 26: 1).
8) נַחֲלָתוֹ(나할라토 · 기업을, 민 33: 54).
9) יִנְחָל(인느할루 · 기업 나눌, 민 34: 17).
10) לִנְחֹל(린느홀 · 기업을 나누기 위해, 34: 18).
11) וְהִתְנַחַלְתֶּם(베히트나할템 · 나눌 것이니, 민 33: 54).
12) 민 36: 2~3.

이 기업[1]이 이어진다. 기업은 우리의 산업[2]이다. 이 일은 시냇물이 졸졸 흐르는 시적표현으로 성경은 설명한다. 그만큼 성경은 시적이다. 하나님 일 하는 사람은 가만히 있지 않고 졸졸 흐르며 물길 따라 조잘거리며 순종한다. 졸졸거리며 의좋게 12 사사들과 12 사도들과 12지파의 이스라엘 백성들이 보석이 되어갔다. 지파에 한 사람씩 대표가 되어 그 징표로 12제사장이 된 이들 그 중 레위인은 아브라함을 비롯한 야곱 · 이삭 · 바울에게 까지 이어간다.

주의 백성[3]들이 하는 주의 기업=골=גאל[골]=גְּאַל[골][4]로 들어선 사람은 하나님에게 은혜를 갚는 일을 한다. 레위인은 땅의 기업[5]이 없다. 그럼에도 하나님은 레위인이 나 할=נַחַל[나할] 일로 하나님 백성들이 형제애를 낳[6]게 하였다. 바로 형, 아우[7]가 되는 샘과 시냇물이 서로 만나 서로 띄어 낼 수 없는 사랑으로 엮여 핏줄보다 더 진한 공동체의 사랑을 귀중히 한다.

히브리민족은 물 건너 와 하나님의 자녀가 되었다.

---

13) נַחֲלָה(나할라, 민 27: 7).

1) נַחֲלָה(나할라 · 기업, 민 27: 10).

2) נַחֲלָתֵנוּ[(나할라텐누 · 산업, 민 32: 32).

3) 신 9: 26, 29, 10: 9.

4) גְּאַל(골 · 기업, 룻 4: 8).

5) לֹא יִנְחֲלוּ נַחֲלָה(로 나할루 나할라, 민 18: 23, 24).

6) 형제애 이미지 אח]

ב
ל אח נ
ר

7) אח(아흐 · 아우).

2. 향기와 물

샘의 신학은 형통이다. 이유는 새벽우물이 하늘을 바라는 모자=מצא모자=מצא모자[1]를 쓰고 있어서이다. 하늘을 바라는 모자에는 이삭의 우물이 있다. 우물을 6회나 파면서 물=마임=מים마임=מַיִם마임[2]이 나오게 하였다. 새벽우물 모자를 쓰고 하나님 이름을 부른다. 하나님은 이들에게 다가 가 새벽우물을 먹게 하시었다. 말씀 모자=모짜에헴=מוצאיהם모자에헴=מוֹצָאֵיהֶם모자에헴[3]이 있다.

물에 말씀향기가 있다. 말씀이 향기가 나는 이유는 물을 먹기 때문이다. 말씀을 먹기 때문이다. 하나님을 모시며 믿게 하시었다. 믿는 이들에게 에헴[4]이 있다.

하나님은 앞장 나서[5]시며 이 길=봐 있수=ויסעו봐 있쑤=וַיִּסְעוּ봐 있쑤[6] 하시었다. 출 애급 길 봐 있쑤 하시었다. 길=봐 있수=ויסעו봐 있쑤=וַיִּסְעוּ봐 있쑤[7] 하시며 새벽우물=모자=מצא모자=מצא모자[8] 씌워 주셨다. 그러자 새벽 해 봉오리가 떴다. 안내[9]받는 길에 해의 향기가 났다.

---

1) מצא(모짜아 · 새벽우물).
2) מָצָאנוּ מָיִם(모짠누 마아임 · 우리가 물을 얻었다, 창 26: 32) .
3) מוֹצָאֵיהֶם(모짜에헴 · 진행한 대로, 민 33: 2).
4) לְמַסְעֵיהֶם(레마세에헴 · 노정을 따라, 민 33: 2).
5) נָסַע(나사 · 떠나, 민 33:3).
6) וַיִּסְעוּ(바이스우 · 발행하여, 민 33, 3).
7) וַיִּסְעוּ(바이스우 · 발행, 민 33:3).
8) מצא(모짜아 · 새벽우물, 대하 32: 30).
9) 대하, 32: 30; 느 9: 25; 시 107: 33, 114: 8; 사 58: 11.

새벽우물이 시냇물을 만나 반짝반짝 빛났다. 향기가 짜 צחה짜1) 자르르 흘렀다. 시냇물로 우물이 들어서며 나할=נחל나할2)일을 한다. 사람은 자기 길을 간다. 시냇물 역할이다. 맑은 시냇물 길에 들어선 우물3)은 하나님의 내음새가 난다. 정말 윤이 난다. 하나님 말씀을 들고 있어서 향기로운 내음이 난다. 하나님 말씀으로 신나게 시냇물이 졸졸 흐른다. 이길 저길에서 서로 만나 지난 일을 이야기하느라 조잘조잘 종알거린다.

그 분의 선물 향기 맡아내=선물=מתנה맡아내=מַתָּנָה맡아내4)느라 향기가 가득하다. 새벽우물5)이 내 할일6)이 있다. 향기 짜르르7)흐르는 십자가를 진다. 향기가 난다.

[* 향기 이미지 צחה 짜흐]

מ
ל צחה נ
א

땅이 아침 일찍 일어나 일하시는 하나님의 향기 우물물을 마시는 때는 기분이 아주 좋다. 물 맛이 좋다. 입안에서 절로 맛있다 한다. 땅은 하나님의 씨를 생산하고자 코를 벌름거린다. 신선한 향기가 쏴8)한다. 햇빛

1) צחה(짜흐 · 향기 냄새).
2) נחל(나할 · 시냇물).
3) מצא(모짜아 · 새벽우물).
4) מַתָּנָה(마타나아 · 선물 · 재물, 창 26:6; 민 18:6, 7).
5) מצא(모짜아 · 새벽우물).
6) נחל(나할 · 시냇물).
7) צחה(짜흐 · 향기).

이 들자 정확하게 새싹이 돋아나 일어선다. 향기가 쏴1)하자 새 힘이 솟는다. 햇빛 받자 흰빛이 쏴2) 몰려온다. 사랑받는 자3)에게 빛이 내린다. 좋다=צחות[좋다!]ות צַח[좋다]4)! 어눌한 자의 혀가 그의 향기 맡자 아 좋다! 하나님 세계가 눈부시자. 좋다5)! 지혜로 흐르는 시냇물6)에 새벽 우물=아암 짜=אמצח[아암 짜]=אַמְצָח[아암 짜]7)가 흐른다.8) 향기9)다.

히스기야는 하나님 사랑의 향기 따라 죽음의 긴 통로를 뚫고 기혼 샘에서 성전 안까지 갔다. 향기 모자메10)고 다윋 성 서편으로 인도되었다. 모자 쓰고 물=마임=מים[마임]=מַיִם[마임]11) 마 임을 부르며 말씀을 듣는다.

샘12)에서 솟는 지혜의 샘 나할 נַחַל[나할]13)일이 있다.

---

8) צַח(짜흐 · 향기).
1) צַח(짜흐 · 향기),
2) צַח(짜흐 · white, 아 5: 10).
3) צַח(clear, 사 18: 4).
4) צַחוֹת(짜호트 · 분명히. 사 32: 4).
5) צַחוֹת(짜호트 · 분명한).
6) נַחַל(나할 · 시냇물, 잠 18: 4).
7) אַמְצָח(암짜 · 능력).
8) 대하 32: 30.
9) ① 이 히스기야가 또 기혼의 윗 샘물 מֵימֵי מוֹצָא ~אֶת(에트~모짜아 메메 · 윗샘물)를 막아 그 아래로 좇아 다윋 성 서편으로 곧게 인도하였으니 저의 모든 일이 형통하였더라(대하 32: 30)
② 또 광야를 변하여 못이 되게 하시며 마른 땅으로 샘물 לְמֹצָאֵי מָיִם(레모짜에 마아임 · 샘물)이 되게 하셨도다(시 107: 35)
③ 저가 반석을 변하여 못이 되게 하시며 차돌로 샘물 לְמֹצָאֵי מָיִם(레모짜에 마아임 · 샘물)이 되게 하셨도다(시 114: 8)
④ 나 여호와가 너를 항상 인도하여 마른 곳에서도 네 영혼을 만족케 하며 네 뼈를 견고케 하리니 너는 물 댄 동산 같겠고 물이 끊어지지 아니하는 샘 같을 וּכְמוֹצָא מַיִם(우케모짜 마임 · 샘같은) 것이라.
10) מֵימֵי מוֹצָא~אֶת(에트~모짜아 메메 · 윗샘, 대하 32: 30).
11) מָיִם ~ לְמֹצָאֵי(렘모짜에 마임 · 물이 되게 하시는, 시 114: 8).

3. 지혜

주의 일 하는 자만 맞보는 아침 일찍 하나님의 일을 경작 한 모세는 주의 목전에 은혜의 모자[1]를 썼다. 마른 땅에 샘물이 있다.[2] 형통[3]케 되려면 ומצא[음 모자]=צָאֵ מוּ[음 모자][4] 써야지 하자 하나님 안 은혜의 샘이 된다. 마른 땅에 샘물[5]이 있다. 못 먹는 물도 고치게[6] 되었다. 하나님 지혜를 얻는 시냇물 נחל[나할]과 샘의 근원 מקר[마코르]가 만나 지혜의 곱이 되었다.

지혜 얻는 방법이다.

[* 시냇물 נחל[나할]과 샘의 근원 מקר[마코르]가 만나 지혜 קח(카흐) 만들기]

מ

נ קח ל

ר

지혜는 절대 그를 붙잡고 늘 변함없이 말씀에 서서 머리를 그 분 생각으로 채울 때 얻어진다. 그 분의 향기를 맡는[7]다. 죄를 막는[8] 일이다. 사망의 그물을 벗

12) מַיִם וּכְמוֹצָא(우케모짜아 마임 · 샘같이, 사 58: 11).
13) נַחַל(나할 · 기업).
1) מָצָאתִי(모짜티 · 은혜 입음, 출 33: 13, 34: 9).
2) 시 114: 8.
3) 사 58: 11.
4) וּמֹצָאֵי(움모짜에 · and the water springs, 시 107: 33).
5) מַיִם ~לְמֹצָאֵי(렘모짜에 마임 · 샘물, 시 107: 35).
6) 왕하 2: 21~2.
7) מְקֹרָהּ(메코라 · 샘, her fountain); W. L. Reed, 「fountain」 *IDB*,

어[1] 던진다. 그럼으로 하여 지혜=하크마=חָכְמָה[하크마 잠 1:2]롭다. 하나님 집에서 말씀 소망 지혜 자는 하나님 갑옷[2]을 입는다. 더러움 씻고 다시 태어나는 고로[3] 회복의 강에 선 나[4]이다. 중심을 잡고[5] 매일의 죄와 더러움을 막는다.[6] 죄 자리를 없앤다.[7] 정말로 하 임[8]을 그리워한다. 사망의 그물을 벗어 나[9] 나 할[10]일에 충실하며 죄를 막으려[11] 늘 하나님 뒤에 선다. 천국을 얻는 지혜[12]자를 따른다. 죄를 온 힘으로 엣따 하고 막[13]고 막으며 더러움을 씻으며[14] 하나님 향해 선다. 세상을 막으려[15] 온 몸으로 막으려[16] 온 마음으로 막으려[17] 온

---

ed.(1962)

8) מְקוֹר חַיִּים(메코르 하임, 잠 13: 14).

1) 잠 14: 27.

2) הֹצֶן(호짠 · 하나님의 갑옷 겔 2:3).

3) מקר(모코르 · 물.

4) נָהָר(나하르 · 강).

5) קה(카).

6) מְקוֹר(마코르 · 새벽우물. 슥 13: 1).

7) מְקֹרָהּ(메코라 · 샘, her fountain); W. L. Reed, 「fountain」 *IDB*, ed.(1962)

8) מְקוֹר חַיִּים(메코르 하임, 잠 13: 14).

9) 잠 14: 27.

10) נחל(나할).

11) מְקוֹר(마코르).

12) קח(카흐).

13) אֶת~מְקוֹרָהּ(에트 메코라, 렘 51: 36).

14) 슥 13: 1.

15) מְקוֹר(마코르, 슥 13: 1).

16) ① 그 날에 죄와 더러움을 씻는 샘 מְקוֹר(마코르 · 샘)이 다윗의 족속과 예루살렘 거민을 위하여 열리리라(슥 13: 1)

② 지혜 있는 자의 교훈은 생명의 샘 מְקוֹר(메코르 · 샘)이라 사람으로 사망의 그물을 벗어나게 하느니라(잠 13: 14)

③ 여호와를 경외하는 것은 생명의 샘 מְקוֹר(메코르 · 샘)이라 사망의 그물에서 벗어나게 하느니라(잠 14: 27)

삶으로 막으려[1] 하나님 주신 생명의 샘으로 막으려[2] 지혜의 말로 막으려[3] 하나님에게 의지한다. 하나님이 악을 막으려[4] 한다. 자손이 태어난다. 그물을 벗어나[5] 샘 가까이에서 말씀에 보답한다. 죄악을 막으려[6] 지혜의 샘으로 막으려[7] 솟구쳐 흐르며 나 할[8]일을 한다. 나 할 일[9]로 말씀 잡고[10] 어려움[11]을 견디며 하나님에게 가는 길[12] 지혜[13]의 길 여섯째 날에 선다. 하루치의 음식을 준비하여 제 칠일에 일어선[14]다. 좁은 길[15]을 잡고[16] 말씀 지혜의 물[17]을 먹었다.[18]

---

④ 명철한 사람의 입의 말은 깊은 물과 같고 지혜의 샘 מְקוֹר(메코르 · 샘)는 솟쳐 흐르는 내와 같으니라(잠 18: 4)

⑤ 그러므로 여호와께서 이같이 말씀하시되 보라 내가 네 송사를 듣고 너를 위하여 보수하여 그 바다를 말리며 그 샘 מְקוֹרָהּ(메코라 · 샘)을 말리리니(렘 51: 36)

17) מְקוֹר(메코르 · 샘, 잠 13: 14).ㅁ

1) מְקוֹר(메코르 · 샘, 잠 14: 27).

2) מְקוֹר(메코르 · 샘, 잠 16: 22).

3) מְקוֹר(메코라 · 샘, 잠 18: 4).

4) מְקוֹרָהּ(메코라 · 샘, 렘 51: 36).

5) 잠 14: 27.

6) מְקוֹר(마코르 · 샘, 잠 16: 22).

7) מְקוֹר(마코르 · 샘, 잠 18: 4).

8) נַחַל(나할 · 시냇물, 잠 18: 4).

9) נַחַל(나할 · 시냇물).

10) קח(카흐 · 삽고); קח(카흐, 출 7: 19 · 잡고).

11) ק(카 · 바늘 귀).

12) * : ם(40) + י(10) + מ(40) + י(10)= 숫자의 합
(4+0) +(1+0) +(4+0) +(1+0)= 10 수치의 합
수리 , 바늘 귀 ק(코프); 엄원식, 구약 성경의 수비학에 대한 탐구, 『히브리 성경과 고대 근동 문학의 비교 연구』(서울: 한들 출판사, 2005), 347.

13) ק(코프 · 귀).

14) מִמְקֹמוֹ(밈메콤모, 출 16: 29) .

15) 민 22: 24, 26.

16) קח(카흐, take, 출 7: 19; 민 27: 18).

4. 소망

이스라엘의 소망은 하나님을 소망하는 일이다. 숨 쉬는 일이다. 그 표시는 늘 부지런히 졸졸졸 흐르며 나 할일 을 다하는 시냇물 나할과 샘물 이미지를 지닌 아인 곧 눈의 의미도 함께 지닌 아인 עַיִן[아인]이 만나서 만드는 여호와 소망이다.

[* 그를 소망하자 יה]

עַ

ל יה נ

ו

아브라함도 하나님을 바라는 길에[1] 섰으며 하나님이 굳이 우기[2]며 웃게 하신 이삭[3]도 어미의[4] 젖을 얻어[5] 먹고 드디어[6] 보답하는 삶에 선다. 이렇게 한 다음[7] 다른 사람을 위래 다스리는 자리[8]에 선다.

---

17) Michael A. G. Haykin, *At the Pure Fountain of thy Word*(British Library: Paternoster Press, 2004), series Preface.

18) קְחָה(케하 · 취할찌니라, 창 15: 9).

1) ~וַיִּקַּח(바이카흐 · 취하도록, 창 15: 10, 18: 7, 8).

2) יֻקַּח(우카흐, 창 18: 4, 5).

3) יִצְחָק(이쯔학).

4) יָצַק(요짜크).

5) יָנַק(요나크 · 젖을 주다).

6) חָקַק(하카크 · 교육시켜서, 삿 5: 14).

7) חֵקֶק(헤케크 · 법령).

8) 마 19: 24, 막 10: 25, 눅 18: 25.

하나님 열망[1]이 짙어지자 눈으로 하나님 일을 하는 내[2]가 된다. 내가 강이 되어[3]일을 한다. 이 때 하나님이 야[4]하고 부르시었다.

하나님[5]은 샘과 우물이 만나 샘의 쌍수까지 합하여 물 셋[6]이 되어 가장 강한 이스라엘이 되었다. 셋은 우리 셋이 합하여 사람을 만드심을 본 받는 일이다. 샘과 강이 만나는 거기에 떡 하니 예수님의 손[7]이 있다. 10대째 노아는 물이 넘치는 홍수위에 살아남았다.

하나님의 물은 맑고 맑다. 하나님이 마 애 놓듯[8] 맑은 물 되기[9]를 소망하였다. 하나님 눈에 들 맑은 물을 소망하였다. 아주, 깊고 깊은 바다 속 물과 하늘로부터 온 물 마 애 놓듯[10] 물레 태워[11] 홍수 위에 떠 올라 살게 하시었다. 하늘 문이 열리어 내려온 물과 깊은 바다 깊숙이에서 솟아난 샘물이 만나는 이 순간은 그 분의

---

1) 민대훈, 179.

2) עַיִן(아인 · 우물).

3) נהר(나하르 · 강).

4) יה(야 · יְהוָה의 축약형, 출 15: 2 등);

5) יה(야).

6) 창 18: 2; 출 25: 33, 27: 14, 15, 37: 19, 38: 14, 15; 신 19: 9; 삼상 1: 24, 10: 3, 20: 20; 삼하 14: 27, 18: 14; 왕상 7: 25; 대하 4: 4; 욥 1: 2, 4, 42: 13; 사 19: 24; 겔 40: 10, 21, 48: 31, 32, 33, 34; 단 6: 2, 7: 8; 마 17: 4; 막 9: 5; 눅 9: 33, 12: 52; 고전 14: 29; 요일 5: 8.

7)י(요드); Hebrew Letters 'yod' He ABD: David Noel Freedman, *The Anchor Bible Dictionary*(USA: Doubleday, 1992), 1011. 여호와의 손(창 49: 8; 사 10: 13; 합 3: 3; 겔 8: 1, 3).

8) מַעְיְנת(마에이노트 · 샘물, 창 8: 2; 시42: 7).

9) עַיְנת מַיִם(에노트 마임 · 샘물, 출 15: 26).

10) מַעְיְנת תְהוֹם(마에에노트 테홈 · 깊은 물, 창 7: 11).

11) עַיְנוֹת תְהוֹם(이노트 테홈 · 깊은 바다의 샘, 잠 8: 28).

선히 여기시는 배[1]가 있다. 우리가 타기만 하면 잘 살 수 있는 기적이 일어난[2] 축복의 때다.

사람이 하나님과 만나는 축복의 때는 하나님과 이스라엘 백성의 눈이 만나는 때이다. 하나님이 감찰[3] 하시어[4] 주신 물에서 하나님의 백성[5]이 된다. 야곱은 하나님의 양 만들기에 앞장선다. 바라보기[6]만하면 된다. 야곱이 그러하였다. 성경은 참 시적이다. 강과 우물이 만나 만들어진 יה야=יָהּ야[7]는 그의 백성들이 간절히 바랐던 여호와 יה야=יָהּ야[8]이다. 그들은 할렐루야[9]를 입버릇처럼 불러 하나님[10]께 찬양을 드렸다.

우리나라의 사람들은 하나님을 섬기기를 소망하여 아침저녁으로 예배를 드리며 그가 좋아하는 하나님을 늘 부르면 산다. 산에 올라가 야호를 저 멀리 공간을 향하여 소리 높여 부른다.

---

1) בְּעֵינֵי יְהוָה(베에네 여호와 · 여호와의 선히 여기심, 민 24: 1).

2) N. Wyatt,「Water, water everywhere..」 *The Mythic Mind: Essays on Comology and Religion in Ugaritic and Old Testament Literature*(London: Equinox, 2005), 222.

3) עַיִן(아인 · 창 24: 30) · אֶל־הָעָיִן(엘 하아인 · 우물에, 창 24: 42) · הָעַיְנָה(하아이나 · 우물물, 창 24: 45).

4) מַעְיְנֹת(마예노트, 창 8: 2).

5)창 30: 35, 창 30: 39, 창 30: 40, 창 31: 8, 창 31: 10, 창 31: 12.

6) 이훈구, Ibid.

7) יה(야).

8) יָהּ(야 · 여호와여, 출 15: 2: 시 89: 9).

9) הַלְלוּ~יָהּ(할렐루~야. 시 113: 1, 9, 115: 18, 116: 19, 117: 2.

10) Gert T M Prinsloo, Še'ôl → Yerûšālayim ← Šāmayim: spatial orientation in the Egyptian Hallel(Psalms 113~118)」 *OTE 19 · 2*(2006), 756.

제2절 흐르는 강

하나님이 말씀하실 때 아멘아멘 하는데서 오는 축복[1]이 있다. 믿음으로 움직이는 일은 물의 흐름 용법이다. 물 흐르듯이 흐르는 말씀의 흐름에 아멘아멘 하는 축복이 있다. 하나님의 강은 푸르게 흐른다. 요단강은 하나님이 계신 곳으로 가기 위해 이쪽에서 저쪽으로 나 하러[2] 가는 강이다. 하나님이 푸르게=פלג[푸르게]=ג
פֶּלֶ[푸르게][3] 하시는 강이다. 예 옳아[4]요 하며 서로 빨리 건너려 요오 땅[5] 하며 흐른다. 예루살렘을 향하여 영원히 숨 쉬려 나하르=나 하러=נהר[나하러]=נָהָר[나하러][6] 가는 강이다.

강은 ㄹ음으로 흐른다. 하나님 일 나하려 가는 강은 매끄러운 ㄹ[7] 리듬 나스우 느하로트 여호와 · 나스우 느하로트 코람 · 이스우 느하로트 도크얌으로 한다. 큰물이 소리를 높였다. 큰물이 그 소리를 높였다. 큰물이 그 물결을 높이나이다[8]의 3중적 점층 리듬이다. 하나

---

1) 김윤배, Ibid.
2) נָהָר(나하르).
3) פֶּלֶג(페레그 · 강, 시 65: 10).
4) יְאֹר(예오르 · 나일강).
5) יַרְדֵּן(요르단 · 요단강).
6) נָהָר(나하르 · 강).
7) 나하르(시 93: 3); [* נָהָר의 리듬]
נָשְׂאוּ נְהָרוֹת יְהוָה nāś ûn hārôt YHWH
נָשְׂאוּ נְהָרוֹת קוֹלָם nāś ûn hārôt qôlam
יִשְׂאוּ נְהָרוֹת דָּכְיָם yis ûn hārôt dokyām~ 시 93: 3.
8) 시 93: 3.

님 일 나 하러=נהר나하러=נָהָר나하러 간다.

물에는 물결리듬[1)]이 있다. 나하르 발음 נהר나하러=נָהָר나하러[2)]의 나=נ나[3)]는 고기다. 강의 고기 나하르의 נ나 ㄴ נ나/ 니은 리듬이 있다. 나서우[4)] ⟶ 나서우[5)] ⟶ 있어유[6)]의 a~u 리듬으로 시작하여 나하렸다[7)]⟶ 나하렸다[8)] ⟶ 나하렸다[9)]의 a~o의 3회 반복리듬이다. 여호와[10)] ⟶ 물결소리 강물 나하르는 콜람[11)] ⟶ 물결 도크얌[12)] 역시 o~a리듬으로 a~u, a~o, o~a로 일관된다. 어두움에서 밝은 모음으로 점차 밝아[13)]진다.

하나님의 강 물결소리는 위로 오른다. 밝은 음 모임이다. 끝맺음의 ㅁm/미음 앞 a의 밝은 모음발음이 놓인다. 끝 리듬 암[14)] am과 도크얌[15)]의 야암[16)]의 am 의성어의 같은 리듬이다.

---

1) Northrop Frye, 『문학의 원형: *The Educated Imagination*』, 이상우 역, 66.
2) נָהָר(나하르 · 강).
3) נ(나).
4) נִשְׂאוּ(나스우).
5) נִשְׂאוּ(나스우).
6) יִשְׂאוּ(이스우).
7) נְהָרוֹת(나하로트) .
8) נְהָרוֹת(나하로트) .
9) נְהָרוֹת(나하로트) .
10) יְהוָה(여호와).
11) קוֹלָם(코람).
12) דָּכְיָם(도크얌).
13) Klaus Scybold, 시편의 우주관, 『시편입문: *Introducing the Psalms*』, 이군호 옮김(서울: 대한 기독교 서회, 2002), 73.
14) לָם(람).
15) דָּכְיָם(도크얌).
16) יָם(야암).

물결 흐름은 오르는 리듬[1]이다. 하나님께로 향하는 리듬이다. 미음[2]소리의 둘째행과 셋째 행 모두 폐쇄음운이다. 물 마임의 מַיִם[마임]의 미음[3]음가 리듬이다. 여호와의 음성으로 바뀌면서 하나님을 믿는 백성의 소리도 차츰 커지면서 기쁨[4]이 들어 있다. 충만해지자 세상파도소리를 하나님이 부수어 버리는 소리[5]이다. 하나님이 일어나[6] 강하게[7] 나서[8]신다. 쏴아[9]하면서 파도를 무너뜨리는 하나님의 소리[10]는 세상 악을 없애버리시는 소리이다. 강이 되는 순서는 개울물이 시냇물이 되고 시냇물이 강이 되었다. 나하러[11]가는 강은 에덴동산에서는 네 곳으로 흐른다.[12] 생명의 강이 된다. 4중[13]으로 된다. 신의 도시 강[14]이다. 우리나라=ונהר=וְנָהָר[우리나라][15] 이름이 강에 있다. 옛 한강 이름이 우리나라이다. 백제 한강이름 욱리하=우리나라이다.

1) 이영지 『이상 시 연구』, 167~172.
2) םm.
3) ם m.
4) Northrop Frye, *Anatomy of Criticism,* 74.
5) דָּכְיָם(도크야암 · 하나님이 부수어 버리는).
6) םָק ~ םָק(시 93: 3).
7) דָּכְיָם(도그야암).
8) נָשְׂאוּ(나스우).
9) שָׂ(세).
10) 김재구, 물의 초월성과 현실성과 회복성에 관한 연구 심사(서울: 서울 기독 대학교 대학원장실, 2007), 11월 26일.
11) נָהָר(나하르 · 강).
12) 창 2: 10.
13) Northrop Frye, *Anatomy of Criticism,* 146.
14) Northrop Frye, *Anatomy of Criticism,* 161.
15) וְנָהָר(우나하르).

1. 에덴동산의 네 강

즐거움과 기쁨의 뜻을 지닌 에덴에서 하나님이 주신 네 강[1])이 흐른다. 하나님 가슴과 마음뿐인 안개만 있는 에덴동산에 네 강은 하나님의 말씀으로 흐르게 된 네 강이다. 히필형 부정사 연계 형인 하나님 물이 이스라엘 백성에게 먹히기[2]) 위해서 흐른다. 하나님이 놓으신[3]) 이 네 강은 언제나[4]) 반짝반짝 빛나며 즐거움과 기쁨을 주려 말 잘하는 강이다. 엣따[5]) 던져지며 펼쳐진[6]) 한 강[7])이 있다. 에~하시[8])는 강이다. 네 곳[9]) 에덴의 강은 한 강이다. 큰 강이다. 하나가 네 강[10])이다.

네 강은 불의 혀같이 갈라진다. 이 강 봤니[11])하신다. 금보다 더 귀한 주의 법도가 용솟음치며 말씀으로 퍼레이드[12])한다.

---

1) 창 2: 10.

2) לְהַשְׁקוֹת(레하쉐코트, PVHNG).

3) רָאשִׁים(로쉼 · 머리).

4) יֵצֵא(요쩨아 · 분출).

5) אֶת ~הַגָּן(에트 하간 · 동산).

6) פָּרַד(페라드 · 펼치, 창 2: 14, פֹּרִיָּה(시 128: 3; 잠 18: 20) · מִפְּרִי(창 3: 2) · עַל~פַּלְגֵי(시 1: 3) · פִּרְיָמוֹ(시 21: 10), פְּרִי)시 127: 3) · פְּרָת(창 2: 14; 렘 51: 63).

7) אֶחָד(에하드 · 하나, 창 1: 5, 9).

8) הָאֶחָד(하에하드 · 그 하나, 창 2: 11).

9) Godfrey. Driver, *Canaanite Myths and Legends*(Edinburgh: T. & T. Clark, 1978), 97~109.

10) לְאַרְבָּעָה(레아레바아 · 펼쳐지기).

11) וְנָהָר(벤나하르 · 하나님이 강, 창 2: 10).

12) פָּרַד(페라드 · 펼치, 창 2: 14). פֹּרִיָּה(시 128: 3; 잠 18: 20) · מִפְּרִי(창 3: 2) · עַל~פַּלְגֵי(시 1: 3) · פִּרְיָמוֹ(시 21: 10), פְּרִי)시 127: 3) · פְּרָת(창 2: 14;

흔히 첫째 강 · 둘째 강 · 셋째강 · 넷째강이라 하지만 성경은 첫째 강하지 않고 한 강 하나 에 하다=הָאֶחָד 한 강[1] 강이다. 이름은 비손[2]이다.

이 비손 강은 하나님이 시키시는 일을 입으로 끝까지 말씀전하는 강이다. 비손 위치는 지금은 이 세상에 없는 에덴의 강이다. 숨 쉼=헤=ה 헤[3]가 글자 양쪽에 놓이고 그 안에 연장=자인=ז 자인[4]이 놓이어 금이 있는=하자하브=בהזהב=הַזָּהָב 하자하브[5]로 표시된다. 금이 있는=하자하브=בהזהב=הַזָּהָב 하자하브[6] 우리말 한 밑천 잡아이다. 숨 쉼 표시 하 · 하[7]가운데 연장 ז 자인이 들어가면서 양쪽 숨 쉼 표시 2회가 있다. 그 사이 연장[8]표시글자 예수님으로 인한 숨 쉼이 있다.

한 강은 모래땅으로 숭숭 구멍이 나 있다. 사금 땅이다. 모래에 금이 섞여 있다. 반짝반짝 옳은 금[9]을 만들려 크게 빙빙 돌아 춤춘다. 춤추며 위로 오른다. 비손

렘 51: 63).

1) שֵׁם הָאֶחָד(쉠 하에하드/그 하나 거기, 창 2:11).

2) פִּישׁוֹן(비손).

3) ה(헤/숨쉼).

4) ז(자인/연장).

5) הַזָּהָב(하자하브/금이 있는, 창 2:11).

6) הַזָּהָב(하자하브).

7) הָ הַ(하 하).

8) ז(자인/연장).

9) 곧 예수님이 만들어 지는 문학적 비유이다. 진주가 만들어지는 비유를 진주 베델리엄 הַבְּדֹלַח(하브돌라/진주,창 2: 12) 단어로 한다. 금이 만들어지는 땅으로 물이 광야 하윌라 땅을(창 2: 11) 둘러싸 그 곳의 금(주의 계명)을 나오게 한다. 일곱째 날에야 애급에서 가지고 나온 금을 성전에 바른다.

강이다. 비전의 강이다. 말씀으로 싸 바른[1] 강이다. 주의 계명이 금보다 좋아[2] 흐르는 강이다. 비전의 강! 다시 두 번의 숨 쉼 언어를 나란히 호마노=하소함=השהם=הַשֹּׁהַם하소함[3] 중간 שׁ쉰 양쪽에 ה하 하[4]를 놓고 그 사이에 예수님이 두 손을 들고 십자가의 달린 모습 שׁ소[5]이다. 커다랗게[6] 빙빙 돌며 위로만 오른다. 드디어 금이 된다. 금이 섞인 모래가 빙빙 돌아[7] 완전히 돌아[8] 금보다 나은[9] 일을 하는 커다란[10] 사역의 강이다.

두 번째 긴 강은 기혼 강이다. 예루살렘 강줄기로 탈바꿈하는 권위의 강이다. 두 번째를 강조한다. 변화되는 기혼강이다. 기흔강은 구스 땅을 휘돌아 싸안고 돈다. 구스 땅은 검은 땅이다. 거듭남의 두 번째 강=하나하러=הנהר하나하러=הַנָּהָר하나하러[11] 강이다. 영원히 숨 쉼을 하나로 하려 흐르는 강이다. 숨 쉼 표시를 2회로 하나하려[12]라 한다. 두 번 숨 쉼 ה하 · ה하[13]가 있는 강이다.

---

1) הַסֹּבֵב(하소베브, 창 2:11, 싸비비, 시 44:14; 레 9:18; 욥 22:10).
2) טוֹב~לִי(토브/승하니이다, 시 119: 72)
3) הַשֹּׁהַם(하솨함/호마노, 창 2:12).
4) הַ(하/숨 쉼).
5) שׁ(소/연단).
6) גְּדלוֹת(그도로트/커다랗다, 대상 17:21; 욥: 5:9), 기본형은 크다 גָּדוֹל(가돌/크다, 출 32:10, 11 등), גְּדֹלָה(게도라/큰, 출 32:30, 31).
7) גְּדֹלָה(게도라 · 큰, 출 32:30, 31).
8) הַגָּדֹל(핫가돌, 창 1:16).
9) 시 119: 72,
10) גְּדלוֹת(그도로트 · 커다랗다, 대상 17:21; 욥: 5:9).
11) הַנָּהָר(하나하르/강, 창 2:14).
12) הַנָּהָר(하나하르/강, 창 2:14).
13) הָ הַ(하 하/두 번의 숨쉼 의미).

야훼 여호와 이름 יְהוָה여호와[1]도 하 · 하[2]를 두 번 숨 쉰 글자이다. 숨 쉼 2회이다. 하나님의 백성들이 숨 쉬도록 흐르는 두 번째 강은 그러기에 백성들이 오로지 은혜를 갚기 위해 흐르는 강 기혼[3]이다. 티그리스강과 유프라테스강 이 강과 저 강 사이에 졸졸 아름다운 무늬를 놓으며 나 할[4]일을 한다.

이 두 번째 강은 기업의미가 있다. 나 할=נחל나할=נַחַל나할[5]일 기업이 있는 강이다. 작은 일[6]에 충성하는 기업의 나 할 일[7]의 강이다. 궂은 땅 구스 땅에서 예루살렘 성 밖의 동쪽 기다란 기드론 골짜기를 졸졸졸 흐르며 예루살렘에 물을 공급한다. 솔로몬이 부름을 받아 왕이 될 때[8]의 궂은 구스 땅이다. 예수님은 궂은 땅에 오시어 그 분만이 받을 수 있는 잔을 하나님으로부터 받았다. 중심 버팀목이 되는 궂은 땅 구스땅의 긴 기혼 강은 은혜가 차고 넘치는 곳이다.

---

1) הָ(하 하/두 번의 숨쉼 의미).
2) ה ה(흐 흐/ 두 번의 숨 쉼 의미).
3) גִיחוֹן(기혼).
4) נַחַל(나할/시냇가).
5) נַחַל(나할/시냇가).
6) נַחַל(나할/시냇물).
7) 가 נַחַל(나할/시냇가, 민, 34: 5시 124: 4) · 강 נַחְלָה(나흘라/강, 겔 47: 19; 민 34: 5) · 시내를 따라 נַחֲלָה(나할라/시내, 겔 48: 28) · 기업이 되게 하리라 וְנָחֲלוּ(베나할루라/기업, 출 32: 13) · 유업 נַחֲלָה(나할라, 신 15:4, 26: 1) · 기업을 נַחֲלָתוֹ(나할라토/기업을, 민 33: 54) · 기업으로 나눌 יִנְחֲלוּ(인느할루/기업 나눌, 민 34: 17) · 기업을 나누기 위해 לִנְחֹל(린느홀/기업을 나누기 위해, 34: 18)
8) 왕이 저희에게 이르되 너희는 너희 주의 신복들을 데리고 내 아들 솔로몬을 나의 노새에 태우고 기혼으로 인도하여 내려가고(열왕기상 1:33)

지금의 이란 땅 페르시아에는 구스인이 살았다는 학설이 있다. 역사에서는 그들이 세운 국가를 카사이트 Kassite 또는 카슈Kassu라 불렀는데, 카슈가 성경에서 말하는 구스이다. 그러나 구스카슈인은 이사야 18장에 기록된 말씀처럼 홍해를 건너 아프리카로 떠나갔으며, 그 땅에 지금은 페르시아인들이 들어와 있고, 기혼강도 그 이름이 없어진 상태이다. 다만 오늘날 직선거리로 300km도 안 되는 아주 작은 카룬강이 있다. 시냇물에 가까우며 이란 땅을 굽이굽이 돌아 무려 820km나 길게 흐른다. 이란의 젖줄이 된다. 예루살렘 강줄기가 되려 탈바꿈하며 유프라데강을 향해 흐른다. 성경에서는 기손강을 옛강[1] 축복의 강[2]이라 한다. 다볼산에서 가나안의 야빈의 지휘아래 움직이는 9백대의 철거병을 이끄는 시스라 군대를 몰살시키는 에스겔 47장이나 요한계시록 22장 2절에서 하나님 보좌에서 흐르는 성령의 강물이다. 에덴동산의 둘째 강이다.

유업을 받아 유일하게 드보라를 도와 전투에 참여한 스불론과 납달리의 두 지파나 사사기 5장 전체에서 2회 언어 리듬으로 두 번째의 의미가 강조된다.

2회 리듬의 예 사사기 5:1~31까지의 리듬이다.

	원문	발음	의미	글자의미	회수	순

1) 삿 5:21.
2) 삿 4;13~15, 5;20~21.

삿:5						
3절	לִיהוָה	라여호와	여호와 위하여	숨쉬려고	2	1
3절	אָנֹכִי	아노히	나	배움 영원히	2	2
4절	נָטְפוּ	나트푸	dropped	지혜입술	2	3
5절	מִפְּנֵי	미프네	앞에서	입술의 은혜	2	54
5절	יְהוָה	여호와	하나님	숨쉬게 하는 분	2	6
6절	אֳרָחוֹת	아라호트	대로	머리가 되는	2	7
7절	בְּיִשְׂרָאֵל	이스라엘	이스라엘 안	하나님 속죄하심	2	8
10	~עַל	~알	~에	~번제	2	9
11	צִדְקֹת	지드코트	의	향기로움	2	10
12	עוּרִי	우리	일어나라	하나님의 눈안에	2	11
13	~יְרַד	~예라드	강림	하나님 가슴이 옴	2	12
19	מַלְכִים	믈라킴	열왕들	가나안 왕들	2	13
19	נִלְחֲמוּ	니르하무	싸움	전쟁(가나안)	2	14
20	נִלְחֲמוּ	니르하무	싸움	전쟁(이스라엘)	2	15
21	נַחַל(	나할	강	유업	2	16
21	קִיוֹשׁן	기손	강	옛강	2	17
22	דַּהֲרוֹת	다하로트	달리다	가슴을 내밀었다	2	18
23	לְעֶזְרַת	라즈랕	돕다	와주었다(안도움)	2	19
23	יְהוָה	여호와	여호와	하나님(안도움)	2	20
24	תְּבֹרַךְ	트보라	복을 받다	하나님 일 하다	2	21
24	מִנָּשִׁים	미나쉼	다른여인들	여자	2	22
27	כָּרַע	카라	구부러지다	굽다	3	23
27	נָפַל	나팔	엎어지다	떨어지다	3	24
28	בְּעַד	브아드	으로, 에서	보이는	2	25
28	מַדּוּעַ	마두아	어찌, 왜	가슴에 들어오는	2	26
30	שְׁלַל	솰랄	노략물	부서지고부서지는	4	27
30	צְבָעִים	즈바임	채색옷	눈으로 드는 향기	3	28
30	לְקָמָה	리크마	처녀	갖고싶은	2	29

셋째강은 예루살렘 근처를 둘러싸 튀어나와, 물을 내뿜는다. 아주 뜨겁게 흐르는 앗 뜨거워 핫데길[1)]강이다. 힛데겔은 하드 + 칼로 두 단어의 합성어이다. 날카롭고도 빨리 흘러가 다니엘 포로기 때 정월 이십사일에 힛데겔 강가에서 환상 중에 본 세마포 옷을 입은[2)]이를

1) 창 2: 14.
2) 단 10: 4.

본다. 배로 핫 소리 지르며 위로 솟구쳐 오른다. 한 방에 남쪽에서 북방 유브라데까지 물을 내뿜어 터져 앗뜨거워의 힛데겔[1] 강! 바늘귀의 어려움을 통과해 가슴에 있는 말씀을 알리며 진리를 전하는 열정의 강이다.

힛데겔 강은 앗수르 동편으로만 흘러 죽음의 땅 동편의 사람들을 살린다. 그리스도의 재림[2]을 상징한다. 티그리스강이다. 상류가 넓으며, 강폭은 유프라데 강보다 좁고, 터키 국경과 바그다드와의 고도차가 300m 이상 될 정도로 강물이 많고 흐르는 속도가 빠르다. 에스겔의 셋째 강은 그가 나를 데리고 문에 이르니, 곧 동향한 물이라 이스라엘 하나님의 영광이 동편에서부터 오는데 하나님의 음성이 물소리 같이 흐른다. 영광의 하나님으로 인하여 빛난[3] 강이다.

네 번째 강 유프라데 강은 큰 강, 하수[4]이다. 비손강

---

1) הִדֶּקֶל(힛데겔/창 2:14).

2) 보라 내가 너희에게 비밀을 말하노니, 우리가 다 잠잘 것이 아니요, 마지막 나팔에 순식간에 홀연히 다 변화하리니, 나팔 소리가 나매 죽은 자들이 썩지 아니할 것으로 다시 살고 우리도 변화하리라. 이 썩을 것이 불가불 썩지 아니할 것을 입겠고, 이 죽을 것이 죽지 아니함을 입으리로다. 이 썩을 것이 썩지 아니함을 입고, 이 죽을 것이 죽지 아니함을 입을 때에는 사망이 이김의 삼킨바 되리라고 기록된 말씀이 응하리라. 사망아, 너의 이기는 것이 어디 있느냐? 사망아, 너의 쏘는 것이 어디 있느냐?(고전 15:51~55)

3) 그 후에 그가 나를 데리고 문에 이르니, 곧 동향한 문이라. 이스라엘 하나님의 영광이 동편에서부터 오는데, 하나님의 음성이 많은 물소리 같고, 땅은 그 영광으로 인하여 빛나니, 그 모양이 내가 본 이상, 곧 전에 성읍을 멸하러 올 때에 보던 이상 같고, 그발 하숫가에서 보던 이상과도 같기로 내가 곧 얼굴을 땅에 대고 엎드렸더니, 여호와의 영광이 동문으로 말미암아 전으로 들어가고, 성신이 나를 들어 데리고 안뜰에 들어가시기로 내가 보니 여호와의 영광이 전에 가득하더라(겔 43:1~4).

4) 출 23:31, 신 1:7, 사 7:20.

이 사프완에서 유프라데강과 합쳐진 후에 페르시아만으로 흘러가는데 거기서부터 페르시아만까지를 비손강이라 하지 않고 유프라데 강이라 부른다. 기혼 강도 코람사르에서 유프라데 강과 합쳐지고, 힛데겔 강도 쿠르나에서 유프라데 강과 합쳐진 후 페르시아만으로 흘러간다. 강이 합쳐진 후에 페르시아만까지의 강은 더 이상 비손 강도, 기혼 강도, 힛데겔 강도 아닌 오직 유프라데 강일뿐이다.

성경에는 순서에 대한 이해를 도우려 한다. 다름아닌 첫째 날로 인식되는 제일 처음 첫날에 대하여 첫째날이라 히브리어로 접근하면 첫째 날이라 하지 않고 한 날이라 한다. 이처럼 강에 대하여서도 첫째 강 하지 아니하고 한강, 하나의 강이라 한다. 이러한 숫자의 법칙은 유프라데 강에 대하여도 오로지 하나님 말씀으로 살아가야 하기에 모두 모이어 유프라데 강에 온다.[1)]한다. 수정 같이 맑은 생명수의 강 유프라데 강은 하나님과 어린 양의 보좌로부터 나와 길 가운데로 그리고 강 좌우에 있는 생명나무에서 한 강 생명수로 인하여 달마다 새로운 과실이 풍성히 맺힌다. 유프라데 강이

---

1) 또 내가 새 하늘과 새 땅을 보니, 처음 하늘과 처음 땅이 없어졌고 바다도 다시 있지 않더라. 또 내가 보매 거룩한 성 새 예루살렘이 하나님께로부터 하늘에서 내려오니, 그 예비한 것이 신부가 남편을 위하여 단장한 것 같더라(계 21:1~2). 또 저가 수정 같이 맑은 생명수의 강을 내게 보이니 하나님과 및 어린 양의 보좌로부터 나서 길 가운데로 흐르더라. 강 좌우에 생명 나무가 있어 열 두 가지 실과를 맺히되 달마다 그 실과를 맺히고, 그 나무 잎사귀들은 만국을 소성하기 위하여 있더라(계 22:1~2)

다. 에덴동산의 중심이 된다. 생명수가 흐르는 강이다.

이와 같은 원리로 에덴에 있는 네 강에 대하여서도 성경은 네 째 강 유프라데 강은 네 째의 개념이 아니라 4/4로서의 강이다. 하나의 의미이다. 넷째 강 앗수르 동편이라는 말이 의미하듯 동쪽을 향해 빨리 죽으러 가는 행복의 강이다. 완전한 동침 즉 4:4로 표시할 수 있는 하나가 되는 강이다.

넷째 날 이미지는 모세 이미지이다. 유프라데 강이다. 입으로 말씀을 전하는 강이다. 유프라데 강은 열매 이미지와 하나의 의미가 합쳐 죽어야 사는 강이다. 생명을 살리는 유브라데 강이다. 문門과 입술의 의미가 겹친다. 말씀과의 긴밀성이다. 입으로 말씀을 전하는 강이다.

성경이 말하는 순서의 개념은 유프라데 강이 네 강의 중심이 되어 그 위력을 떨치는[1] 강이다. 동시에 이 이미지는 1: 1 · 2: 2 · 3: 3 · 4: 4 개념을 내포하면서 네 째 강 유프라데 강은 4가 의미하는 온전히 죽어져야 하는 강이다. 창세기의 날들 법칙이 일곱째[2]날 또한 7:7의 법칙이 적용 한 날 곧 주의 날이 되는 바로 구약 전체의 의미 죽어야 사는 날이다. 예수님은 십자가에 온전히 죽으심으로 하여 이기셨다.

---

1) 김재구, Ibid.

2) 창 2: 2, 3; 레 23: 3; 민 29: 32; 수 19: 40; 대상 2: 15, 12: 11, 24: 10, 15, 25: 14, 24, 26: 3, 5, 27: 10; 마 22: 26; 계 8: 1, 10: 7, 11: 15, 16: 17, 21: 20.

2. 나일강

강에는 4방향으로 삼위일체이신 셋이 된 12길이 있다. 비손의 거저 마심 · 기혼의 솟구쳐 나옴 · 힛데겔의 신속한 능력· 유브라데의 달콤한 네 강[1]따라 하나님을 향한다.

우리 민요에 있는 "닐니리야 닐니리야 니나누"가 나일강과 결부되었다. 따라서 나일강과 긴밀한 것은 히브리어로 예오르 יְאֹר예오르 · 나일강에서이다. 여호와의 옳은 손[2], 머리[3]로 시작되는 하나님 주관자의 나일강은 악의 상징조차 하나님 주관자[4]로 하여 하나님이 모세에게[5] 그 물[6] 나일강에서 모세로 하여금 피로 물들이신다. 예오르[7]강은 하나님의 인도에 따라 이스라엘 백성들이 신 히피를 벗어나게 하는 강이다. 이스라엘 백성들의 나일강[8]거부는 번제의 나일강[9]은 범람 기에 홍수의 신인 하피에게 제물 바치며 축제[10]를 즐겨서이다.

---

1) 창세기 2:9~14.

2) יְ(그)

3) אֹר(오드 · 머리).

4) Northrop Frye, *The Critical Path,* 57.

5) 출 7: 15.

6) הַמַּיְמָה(하마임마 · 그 물로) .

7) 렘 2: 18,

8) יְאוֹר(예오르 · 나일강, 창 23: 3) · עַל־יְאוֹר(알~예오르 · 나일강의 번제, 사 19: 7) · וְיְאוֹר(바예오르 · 나일강에, 사 19: 8) · כַּיְאֹר(카예오르 · 애급과 같은 강, 렘 46: 7, 8).

9) עַל־יְאוֹר(알~예오르 · 번제의 나일강, 사 19: 7).

10) 김 성 이집트 창조 신화의 지리적 배경, 『세계의 창조 신화』 (서울,

3. 요단강

나일강을 벗어나는 일은 곧 히피 신을 벗어나는 일이다. 다신의 세계를 벗어나는 일이다. 요단강은 요단강 이쪽과 저쪽이라 하여 꼭 이스라엘 백성에게는 선택의 강이다. 요단강 이름은 마할살렐이 낳은 아들 야렛[1] 이름과 관련하여야 하는데 요단강이 실제 히브리어 발음에서는 요르덴[2]이다. 요르덴은 하요르덴과 봐요르덴[3]이 있다. 요단강은 하나님이 앞에서 인도한다.

하나님은 네가 물 가운데로 지날 때에 내가 함께 할 것이라 하셨다. 건널 때에 물이 너를 침몰치 못할 것[4])이라 하셨다. 물 흐름의 이걸로 마 임[5]임을 보여주시는 요단강은 하나님이 말씀으로 녹이시고 바람을 불게 하시어 흐르는 강이다. 요단[6]강물은 요르덴[7]에서 예루살렘으로 향한다.

에덴동산을 찾는 길에 반드시 마음이 변해야 건너는

동방 미디어, 2002). 27~46.

1) יֶרֶד(야렛 · 창 5: 15; 대상 4: 18).

2) יַרְדֵּן(야르덴 · 욥 40: 23).

3) הַיַּרְדֵּן(하야르덴 · 창 50: 10,11; 신 3: 8, 11: 30; 삿 3: 28; 삼하 19: 17) · בַּיַּרְדֵּן(바야르덴 · 왕하 5: 10, 14; 겔 47: 18); יַרְדֵּן(요르단 · 내려가다. 떨어지다. 운반, 창 11: 5.l 24: 16, 신 10: 22, 잠 5: 5, 전 3: 12, 겔 30: 6, 31: 18; 욘 1: 5) · מוֹרָד(모라드 · 비탈, 녹다, 수 7: 5; 왕상 7: 29; 렘 48: 5; 미 1: 4).

4) 사 43: 2.

5) מָיִם~יִזְּלוּ(이젤루~마아임 · 물 흐름, 시 147: 18).

6) מֵימֵי הַיַּרְדֵּן(메메 하야르덴 · 요단 물, 수 4: 7).

7) הַיַּרְדֵּן ~מֵי(메~하야르덴 · 요단 물, 수 4: 18)

강이 있다. 요단강 저편은 하나님 백성이 되기 위해 건너야 하는 요단강 저편[1]이다. 구원을 받으려면 건너야 하는 강이다. 물웅덩이와 여러 산과 좋은 밭에 농부와 포도원이 있는 곳[2]이다. 마음이 변해야 얻는 농사 최적 지대이다.

요단강 물은 석회암을 통과한 물로 칼슘과 마그네슘을 많이 함유된다. 치유가 있다. 화강암의 수로를 따라 흘렀던 이 물은 병을 고칠 수 있는 물이다. 고대인들이 물을 신성시 하였다.

물은 하나님의 명령에 따라 먹는 물 · 못 먹는 물로 구분된다. 하나님이 먹으라[3]고 한 물[4]은 치유의 현장[5]이다. 일곱 번 몸을 적시어 씻어 내야 병 고침을 받는다. 그래서 질병을 고치는 약초를 그리스도로 생각하는 신화[6]도 있다. 요르단 근처에 가면 샘 숭배사상이 지금도 남아[7] 있다.

---

1) 요 3: 26
2) 대하 26: 10.
3) 빌프리오 멕크릴(Wilfrio McGreal O. Carm).
4) 왕상 17: 2~4, stream.
5) 왕하 5: 10, 14).
6) 파네아스(Paneas); 엄원식,『히브리 성경과 고대 근동 문학의 비교 연구』, 144.
7) 민대훈, Ibid.

4. 예루살렘으로 흐르는 법

먹을 수 있는 물은 특정 지역과 관련 없다. 하나님이 명령하면 물은 먹을 수 있는 물이 된다. 지역도 마찬가지이다. 지역의 특성과 관계없이 하나님 명령이면 먹을 수 있다. 한국에도 약수가 있다. 천연 약수터에는 사람들이 물을 담으로 모인다. 생수를 먹기 위해서이다. 물의 귀함을 아는 이들은 물 주위를 신성시 하였다.

물은 예루살렘으로 흐르는 법을 가진다. 하나님의 백성들이 그에게로 돌아오게 하는 장소[1]이다. 이 예들은 다윗 시[2]에서 여호와[3] 이름으로 된 U리듬이 있다. 처음 시작을 여호와[4]로 시작한다. 그리고 여호와[5]로 끝낸다. 문장 흐름은 여호와 ⟶ 그 하늘[6] ← 여호와[7]에

---

1) 렘 24: 7; Klaus Scybold, 『시편입문: *Introducing the Psalms*』, 202~203.

2) [* יְהוָה(여호와) 의 U리듬]
1: עַל~הַשָּׁמָיִם ← יְהוָה
2: וּמִתְנַקֵּם ← מִפִּי
3: כּוֹנַנְתָּה ← כִּי
4: תִפְקְדֶנּוּ ← מָה
5: תְּעַטְּרֵהוּ ← וַתְּחַסְּרֵהוּ
6: רַגְלָיו ~ תַחַת ← תַּמְשִׁילֵהוּ
7: שָׂדָי ← צֹנֶה
8: יַמִּים ← צִפּוֹר
9: הָאָרֶץ ← יְהוָה.

3) 시 8.

4) יְהוָה(여호와).

5) יְהוָה(여호와).

6) הַשָּׁמָיִם.

7) יְהוָה(여호와⟶ 하솨마임 · 그 하늘, 시 8: 1).

이어 여호와 ⇢ 그 땅1) ← 여호와2)로 끝난다.

이 효과는 예루살렘 의미가 스올을 벗어난다. 지옥 스올을 벗어나서야 성전 안으로 간다. 스올 ⇢ 예루살렘 ←하늘 구조3) 리듬이다. 언어에서도 예시된다. 할렐에 덧붙은 여호와의 약자 יָהּ 야יָהּ야 사 38:11야에서4)이다. 시온=에덴5)을 알린다. 시온이 에덴이 된다.

여기에 하나님 법칙이 있다. 예루살렘6)이 있다. 예루7)는 하나님 손안에서 평화 살렘8)과 합한다. 예루=ו יר=יְרוּ예루9)와 야라=ירא=יָרָה예라10)가 합친다. 아랍어 특성으로 어미에 아=א알렙 알렙을 붙인 이 야라=ירא=יָרָה 예라11)는 모두 물과 같이 흐르다 의미다. 예로부터 말씀들으며 평화 살롬과 어울린 이 쏼렘12)이 예루살렘으로

---

1) הָאָרֶץ.

2) יְהוָה(여호와⇢ 하아레쯔 · 그 땅, 8: 9).

3) Gert T M Prinsloo, 755.

3) [* 겔트가 제시한 스올 이미지에서 예루살렘 성전의 ⇢ 이미지]

113 114 · 115 116 117 118
하늘 하늘 ⇢ 하늘 성전 · 예루살렘 ⇢ 성전 안 ⇢ 성전 안
↓ ↑ ↓ ↑
땅 ⇢ 땅 땅 살고 있는 땅
↓ ↑
스올 ⇢ 스올.

4) 여호와 약자 יָהּ 야יָהּ야 사 38:11.

5) T. Stordeln, 「Eden Metaphors」 *Echoes of Eden*(Peeters, 2000), 359~360.

6) יְרוּשָׁלַם(예루살렘).

7) יְרוּ(예루).

8) שָׁלֵם(살렘, 창 14: 18),

9) יְרוּ(예루).

10) יָרָה(야라).

11) יָרָא(야라).

12) 창 14: 18; 시 76: 2; 히 7: 1, 2.

바뀌면서 하나님의 법칙이 평안으로 도도히 흐른다.

에덴동산과 영원히 목마르지 않는 에덴의 강이 예루살렘 법칙에 있다. 예루살렘은 시온성이 둘러싸여 있다. 보호되어 진다. 때문에 학자 스톨데른도 예루살렘에서 우가릿 신화를 주장할 수 없고 다만 시온 보다는 근동의 강들이 신화를 가짐으로써 그 은유로 하여 시온이 잘못 판단되어진 것이라 했다. 예루살렘에 관한 한 하나님은 예루살렘을 이스라엘 백성을 위하여 있는 곳으로 하셨다. 이스라엘 백성들의 삶을 설명하는[1]데 적합한 시온=에덴[2]이라는 등식이 적용된다. 고향등식이다.

예루살렘의 중요성은 산헤립 제 2회 침공[3]에서 더욱 뚜렷해진다. 초기 이스라엘은 하나님이 도우심으로 이루어졌는데 헷 제국[4]이 멸망[5]하면서 앗시리와 유리하는 아람사람[6]의 조약 이 신명기 언약[7]에서 보여 진다. 이스라엘민족은 하나님 믿음으로 하여 예루살렘을 중심으로 하나님의 보호하심이 있다. 하나님 백성들의 신앙 동맹은 하나님이 이스라엘을 하나 민족으로 여긴

1) 창 2: 10~14.

2) T. Stordeln, 363)

3) John Bright, 『이스라엘의 역사: A History of Israel』, 박문재 옮김, 409~424.

4) BC 2000.

5) BC 1300.

6) 신 26: 5).

7) BC 8~7.

언약[1] 증거이다.

가장 오래된 시[2]는 여호와의 백성이 여호와를 왕[3]으로 여기는 언약에서 나타난다. 그러기에 이스라엘 지파가 계속 된 것이다. 이 공동체에 역사뿌리[4]는 애초부터 나는 너의 하나님 여호와로라[5] 하신 언약이다. 이스라엘 백성이 하나님 백성이 된 관계이다. 물로 둘러싸인 지형과 같이 히브리민족의 우주관 또한 하나님 말씀으로 둘러싸인 민족임을 알리는 신호이다.

이스라엘 나라 위치는 물로 둘러싸인 지형이다. 하나님이 자기 백성을 다스리신 초기 이스라엘 종교에서도 드러난다. 종말 예견이 아니라 미래에 대한 소망이다.

성경[6]에서 서로 상반되는[7]관계를 문제로 삼아 이사야에서 빠진 뒷부분[8]을 두개의 분리로 보고 정반대의 문장구조가설을 세웠다. 바로 하나님 허락으로 히스기야는 산헤립의 예루살렘 명도 요구를 거절하였다는 것이다. 침공군 185,000명이 하나님에 의하여 쥐 떼로 죽는[9] 일이 증명한다.

---

1) BC 10.
2) 출 15: 1~18.
3) 출 15: 1~18; 민 23: 21.
4) Ibid, 190~243.
5) 출 20: 2.
6) 왕하 18: 13~19: 37.
7) 왕하 18: 14~16.
8) 왕하 18: 17~19: 37, 사 36.
9) 헤로도투스 II, 141.

예루살렘을 아끼시는 증거는 여부스 사람들이 늘 전쟁대비로서 기혼 샘물을 길어 올릴 수 있는 비밀통로를 건설해놓았다. 솔로몬은 기혼 샘에서 기름부름을 받았[1]다. 기브온이라고 새겨진 항아리 손잡이와 물 저장소[2]가 아직도 남아 있다. 예루살렘은 물 부족으로 수리학이 발달[3]된 하나님의 보호하시는 곳이라 여부스 신화[4]에도 있다. 신화와 전설의 예루살렘은 열방들이 순례하러 올 곳[5]이다. 하나님을 사랑하는 마음을 어여삐 보사 하나님은 그들을 선택한 것[6]이다. 하나님 법은 늘 예루살렘 성전을 향하여 흐른다. 늘 생수가 솟아나는 곳[7]이다. 평화가 늘 흐르는 곳[8]이다.

---

1) 왕상1: 32~40.

2) Michael D. Coogan, 10 Great Finds, *Bar,* 21~3, 43.

3) John Peter Oleson, 「Water Works」*ABD,* 883.

4) S. Terrien, *The Elusive Presence*(New Work: Harper and Row, 1978), 23~24.

5) 사 2: 2; 렘 3: 15~18.

6) Soock~Tae Suhn, 「Israel as a Holy People to YAHWEH」 *Divine Election of Israel*(Michigan: Erdmans Publishing Compony, 1995), 97.

7) 슥 14: 8.

8) 권혁승, 하나님 왕권의 관점에서 본 시온신학 연구(서울: 서울 신학 대학교, 2005), sgti. kehc. org.

1). 열왕기상의 신명기적 사관

예루살렘은 물이 흐르는 곳이다. 말씀이 흐르는 곳이다. 이 예루살렘은 하나님이 가나안에 있던 헷 · 가르가스 · 아모리 · 가나안 · 브리스 · 히위 · 여브스 족속을 물리치고 그 자리에 아담 · 노아 · 아브라함 · 모세 · 다윋 · 예수 그리스도로 앉게 하시었다. 하나님으로부터 온 하나님의 오른 손이 하는 일이 그들에게 있게 한 곳이다.

하나님의 사역을 맡은 자 아담 · 노아 · 아브라함 · 모세 · 다윋 · 예수 · 그리스도에게는 늘 예루살렘 성전이 있다. 예루살렘 중심의 생활은 성경 열왕기상에서 솔로몬이 1장에서 왕이 되고 2장에서 다윋의 죽음을 맞으면서 하나님으로부터 3장에서 하나님 말씀을 들겠나이다라고 하는 지혜의 일천번제와 4장에서 번영과 5장에서 성전 건축을 짓기 시작하여 6장에서 성전건축하고 7장에서 성전 4배로 궁을 건축한다.

그리고 8장에서 법궤입성이 되며 9장에서 제 2의 솔로몬 왕국의 번영이 바야흐로 이루어진다. 그러나 10장에서 시바여왕 방문을 시작으로 하나님이 원하지 않는 군사력 강화와 무역과 처첩은 물론 성전건축 7년과 13년의 궁 건축에서 오는 부작용으로 하여 몰락이 11장에서 죽음과 함께 무너진다.

세력의 분산으로 하여 남유다의 세겜에서 르호보암왕, 북 이스라엘 세겜에서 여로보암왕이 12장에서 세워졌으며 남 유다에서는 성전이 있었으므로 단 분향을 북 이스라엘의 벧엘 13장에서 행한다. 14장에서는 남유다의 세겜에서 시삭 왕이 해변통로로 이집트에서 침입, 북 이스라엘 세겜에서 여로보암의 아들이 우상 숭배로 병이 들고 북 이스라엘에서는 아들이 아버지를 암살하는 과정이 있다.

남유다는 이와는 달리 1왕조로 르호보암[14장] ⟶ 아비야[15장] ⟶ 아사[15장] ⟶ 여호사밧[22장]으로 이어진다. 북 이스라엘에서는 세겜에서 여로보암[12장] ⟶ 다르사에서 나답[15장] ⟶ 바아사[15장] ⟶ 사마리아 성에서 엘라[16장] ⟶ 시므리[16장] ⟶ 오므리[16장] ⟶ 아하시아[22장]으로 왕조가 이어진다. 아합왕은 결혼을 이세벨과 함으로써 가장 악한 왕이 된다. 이때 등장인물이 그릿시냇가 17장에서 엘리야가 까마귀의 도움과 시돈에서 사브랏 과부로부터의 공경을 17장에서 받는다.

18장에서 엘리야는 바알 섬기는 자 450 명과 맞서 하나님으로 하여 승리[19장]한다. 악한 아합은 먼저 침공한 아람과의 1, 2차 전쟁, 20장에서는 승리하였으나 아내 이세벨은 나봇의 포도원 빼앗는 악행[21장]으로 하나님 보시기에 악[22장]하여 아합은 죽음[1]을 당한다.

---

1) 윤대명, 열왕기상, 『3차 구약역사서 II』 (서울: 바이블 동 · 서 · 남 ·

2). 열왕기하의 남 · 북 멸망과 예루살렘

사람이 본분을 벗어나는 일은 비일비재하다. 이를 다스리는 절대자는 그럼에도 불구하고 이 세상의 사람을 남겨 여전히 역사를 흘러가게 한다. 남 유다와 북 이스라엘 멸망은 아합 아들 아하시아 왕[1]이 바알 신 섬기다 죽음에서이다. 엘리야는 불 수레와 불 말을 타고 승천한다. 북 이스라엘에서는 에돔에서 여호람의 악정이 12년간 지속된다. 갈멜산에서 엘리사가 사르밧 과부의 빈 그릇을 채워주고 수넴 여인의 국물에 든 독소를 제거한다. 아람 나아만 장군은 나약한 소녀의 권고로 실로 연못에 가서 몸을 씻고 몸이 깨끗해진다. 엘리사를 생포하려 아람이 불 말과 불 병거로 2차 침입하였으나 하나님이 막아 주셨다. 심지어 사마리아 성문 네 명의 문둥이도 하나님이 사역케 하신다.

수넴 여인은 기근을 7년간 피하였다가 도로 돌아와 땅을 찾았으며 북 이스라엘 예후의 치리 28년간이 있다. 이세벨의 죽음9장이 있다. 예후는 오므리 왕조인 오므리 · 아합 · 아하시아 · 여호람의 아합 왕가들을 불러, 대 숙청10장을 한다. 여호아하스의 악정 17년간 여로보암 2세의 악정 41년간에 아모스, 호세아, 요나 선지

북 연구원, 2004), 14.

1) 왕하 1장.

자가 있었으나 스가랴왕 ···→ 살룸[1개월]왕 ···→ 므나헴[10장]왕 ···→ 브가히야[2년]왕 ···→ 베가[8년]왕의 악정[15장]. 호세아 치리[9년간] 기간 중 사마리아에 이방이 많이 몰려오면서 저주의 땅이 되어 멸망1) 한다.

남 유다는 아하시아 왕이 바알을 섬기면서 죽는다. 여호람[8년]의 악정[9장] ···→ 아달랴[6년] 악정[10장]이 이어진다. 요아스가 살아[11장] 선정 40년간 지속[12장]되었다. 아마샤 역시 선정[29년간]하였다. 국방을 튼튼히 한 것은 좋았지만 에돔 우상을 가지고 왔으며[14장] 아하스의 악정과 히스기야의 선정[18장]과 기도[19장]와 병듦[20장] 등의 굴곡을 거친다. 히스기야가 터널을 만드는 하나님의 일을 잘 치러내지만 아들 무낫세는 아세라 우상과 일월성신 숭배[21장]에 빠진다. 요시아는 선정[31년간]을 하고 율법 책을 발견한. 스바냐와 에레미야 선지자 활동[22장]이 있었으며 요시아는 종교 개혁과 벧엘 제단 훼파와 유월절을 준수하는 하나님의 일을 한다. 여호아하스왕[23장] ···→ 여호야 김 왕[24장] ···→ 여호야 긴 왕[24장]을 거쳐 시드기야 왕[24장]때 남 유다 멸망한다. 북 이스라엘 왕과 남 유다의 왕 계열에 같은 이름들 반복2)된다. 예수님의 자리를 예표한다.

---

1) 17장.

2) * 북 이스라엘 왕 19명
여로보암 ···→ 나답, 바아사 ···→ 엘라 ···→ 시므리 ···→ 오므리 ···→ 아합 ···→ 아하시아 ···→ 여호람 ···→ 예후 ···→ 여호아하스 ···→ 요아스 ···→ 여로보암 2세 ···→ 스가랴 ···→ 살룸 ···→ 므나헴 ···→ 부가히야 ···→ 베가 ···→ 호세아
* 남 유다 왕 20명
르호보암 ···→ 아비야 ···→ 아사 ···→ 여호사밧 ···→ 여호람 ···→ 아하시야 ···→

제3절 브엘세바의 상징

엘리야에게 도전하는 엘리사의 2배의 영감을 소원하는 이야기는 엘리야에서 엘리사[1]로 이어지는 예 뿐만 아니라 에서 ⤑ 야곱 · 오르바 ⤑ 룻 들 모두 두 배의 영감을 가진 인물로 예시된다. 성경은 인물과 물과의 긴밀성으로 하나님 흔적을 2 리듬으로 하나님과 예수님 의미를 수리로 예시한다.

자연과 문화는 다르다.[2] 브엘세바가 지닌 우물과 맹세 이미지도 아브라함이 그 땅을 사서 아내가 잠들게 함으로써 전연 다른 곳이 된다. 브엘세바는 오늘날도

아달랴 ⤑ 요아스 ⤑ 아마샤 ⤑ 웃시야 ⤑ 요담 ⤑ 아하스 ⤑ 히스기야 ⤑ 므낫세 ⤑ 아몬 ⤑ 요시아 ⤑ 여호아하스 ⤑ 여호야김 ⤑ 여호야긴 ⤑ 시드기야

1) 건너매 엘리야가 엘리사에게 이르되 나를 네게서 취하시기 전에 내가 네게 어떻게 할 것을 구하라 엘리사가 가로되 당신의 영감이 갑절이나 내게 있기를 구하나이다(왕하 2: 9)

2) [* 표 27: 론 펠드만의 자연과 문화의 비교]

Nature	Calture
Women	Men
Feminine, Female	Masculine, male
Body	Mind
Flesh	Spirit · soul
Biological reproduction	Mechanical production; science, machine
Subjective	Objective
Emotion	Reason
Left	Right

Ron H. Feldman, 「New Moon after new Moon and Sabbath after Sabbath」 *The Tension between Culture and Nature in the Cycles of Sabbath and Moon in Ancient Jewish Calender*,(Ann Arbor: U · M · I, 2005), 13.

그대로 하나님의 사업이 진행이 되면서 자연과 문화를 달리한다. FBC에서 방송된 이스라엘은 유대인과는 다른 믿음 이야기가 소개되었다. 성경에 일곱 우물이 발견되지 않으면서도 브엘세바는 구약 성경 내에서 33[1] 회로 기록 예수님 이 생애 나이로 한다. 하나님 엘로힘 또한 창세기 2: 1절에서 엘로힘이 그 일을 마치매 33[2] 회로 한다. 브엘세바는 원래 세바인데 우리가 우물을 얻었다며 모자 마 임[3]으로 기록한다. 그 수를 세어 봐 새벽우물 일곱 우물은 야곱의 우물[4]이다. 사마리아 여인이 낮 12시에 물 길으러 왔다가 예수님을 만난다. 사마리아 지방 야곱의 우리 조상이라며 야곱의 자자손손 먹[5]는다. 아담 ⇢ 노아 ⇢ 아브라함 ⇢ 모세 ⇢ 다윗 ⇢ 예수 ⇢ 그리스도의 일곱 우물예시다.

브엘세바 지형은 지질학적으로 게네브지형의 나비 몸통모양이다. 브엘세바는 연간 평균 강우량이 200mm 이다. 따라서 인공 노력 없이도 자연환경이 농작물 재

---

1)בְּאֵר שֶׁבַע(창 21: 14, 31, 26: 23, 33; 수 19: 2; 삼하 24: 7; 왕상 19: 3; 암, 8: 14) · בִּבְאֵר שָׁבַע(창 21: 32, 33, 삼상 8: 2; 대상 4: 28) · מִבְּאֵר שָׁבַע (창 28: 10, 46: 5; 대상, 21: 2; 대하 19: 4, 24: 1, 30: 5;) · מִבְּאֵר ~ שֶׁבַע (느 11: 30;) · בְּאֵרָה שָׁבַע(창 46: 1) · וּבְאֵר שָׁבַע(수 15: 28) · וְעַד~בְּאֵר שֶׁבַע(삿 20: 1, 삼상 3: 20; 삼하 3: 10, 17: 11, 15, 삼하 24: 2, 15) · בֶּן~שֶׁבַע(왕하 12: 1) · עַד~בְּאֵר שָׁבַע(왕하 23: 8) · וּבִבְאֵר שֶׁבַע(느 11: 27) · וּבְאֵר שֶׁבַע(암 5: 5)אֶל~בְּאֵר שָׁבַע(창 22: 19).

2)성경에서 33이 언급된 용례: 창 46: 15; 출 6: 18; 삼하 5: 5; 왕상 2: 11; 대상 3: 4, 29: 27.

3) מָצָאנוּ מָיִם(모짠누 마아임 · 우리가 우물을 얻었다, 창 26: 32).

4) 우리 조상 야곱이 이 우물을 우리에게 주셨고(요 4:12).

5) 요 4:12.

배에 알맞다. 인간의 거주의 마지막 한계점이라는 의미 심장한 의미를 지닌 이 지형은 겸손하여야 농사를 지을 수 있는 땅 브엘세바[1]이다. 남방 의미를 지닌 메마른 땅이 아니라는 이스라엘 남쪽이라는 이차적인 의미는 햇빛이 잘 드는 남쪽지방이다. 그만큼 하늘의 은혜를 누리는 곳이다. 브엘세바에서 홍해 아가바만의 에일랏과 지중해의 라피아를 두루 잇는 광대한 지역약 1.3만㎞ 경계선 브엘세바는 비옥한 땅이다. 나비 몸통모양[2] 이기에 이곳을 중심으로 양 옆 두 날개 남북의 폭이 *24km*, 동쪽에서 서쪽까지의 길이가 *64km*로 삼면이 모두 비옥하다. 서쪽을 제외한 지역은 산지이며, 강은 서쪽으로 흘러 지중해에 유입되는 시냇물=나할=נחל나할=נַחַל나할 브엘세바와 나할 베솔을 가진 땅이다. 겨울철 동안만 비가 와 이때의 물을 근거로 한 아브라함과 이삭과 야곱 우물이 있다. 바로 약속의 땅에서 우물승리[3]가 일어난다.

나비 모양 브엘세바는 하늘에서 내리는 이슬과 관련된다. 하늘 열매[4] 이슬[5]은 하늘에서 향기로 내린다. 이 이슬[6]은 하늘 보물 하늘이슬[7]이다. 하나님의 백성

1)권혁승, 『성경 지리』(서울: 서울신학 대학교, 2001), 352~253.
2) Ibid, 20.
3) Joseph Campbel, *Myth to Live by*(New York: The Viking Press, 1972), 174.
4) 창 27: 28.
5) 신 32: 2.
6) 신 33: 28.

에게 양털 한 뭉치에만 이슬이 있게[1] 하시었다. 이로 하여 이스라엘을 구원하실 이가 하나님인줄 알게[2] 하시었다. 하늘이슬이 내리는 곳에 백합화가 핀다.

하늘이슬[3]은 새벽이슬로 청년[4]에 비유된다. 헐몬의 이슬이 시온의 산, 들에 내림같이 하나님께서 복을 내리는 하늘이슬[5]은 은혜[6]의 선물이다. 하나님이 사랑하는 자를 찾느라 밤새도록 머리 위에 얹히는[7] 보배 이슬이다. 이 보배는 죽은 자를 살리는[8] 약으로 하늘이슬에 젖으면[9] 땅이 복을 받는 이슬[10]은 주의 빛나는 이슬[11]이다. 사랑하는 자의 소유가 이슬[12]이다. 이러한 엄청난 비밀을 가지고 있는 이슬은 한국의 문학 이상 시에서도 실제 나비가 이슬을 먹는다. 이 이슬을 먹고 다시 일어선다. 브엘세바 땅 모양이 나비몸통 모양인 것도 신비하려니와 한국의 나비가 지닌 비상 이미지도 이상 시에서 죽었다가 다시 살아나는 나비[13]이다.

---

7) 삿 6: 39.
1) 삿 6: 37.
2) 삿 6: 37~40.
3) 이영지, 『시조 창작 리듬론』(서울: 양문각, 1889), 326~338.
4) 시 110: 3.
5) 시 133: 3.
6) 잠 19: 12.
7) 아 5: 2.
8) 사 26: 19; 단 4: 15, 23,
9) 단 4: 25.
10) 신 33: 13.
11) 사 26: 19.
12) 아 5: 2.
13) 찢어진벽지에죽어가는나비를본다이것은幽界가連結되는秘密한通話口

성경은 고도의 시학을 지닌다. 이슬과 우물과의 구체적인 우물 이야기는 사마리아 여인과 예수님과의 대화이다. 예수님은 네 남편이 몇이냐 하시고 그 대답을 예수님 자신이 사마리아 여인의 남편이 다섯이라고 하시었다. 이 시적인 성경문장은 예수님과 사마리아 여인과의 만남[1]을 넘어서서 지금 있는 남편도 네 남편이 아니라고 말씀하시었다. 이 때문에 사마리아 여인이 부정한 여인이어서 남편이 다섯이나 되고 그 남편마저 지금은 없는 불행한 여인으로 목사님들은 설교하시기도 한다. 그러나 정말 어처구니없는 성경이해의 부족에서 비롯된 설교이다.

신약과 구약과 이어지는 사람의 구체성은 아담 ⇢ 노아 ⇢ 아브라함 ⇢ 모세 ⇢ 다윗으로 이어지는 다섯 남편으로 비유된다. 이 다섯에서 다시 신약으로 넘어와서 둘 곧 여섯 번째 예수님 ⇢ 그리스도로 이어진다. 예수님이 물을 때 사마리아 여인이 대답한 이 대답은 성경지식을 잘 알고 있었다. 사마리아 여인은 일시적인 물리적인 물이 아니라 영생의 물이 있음을 예수님으로부터 듣고 그가 그를 마음으로 살릴 수 있는 분임을 알고 마을에 들어가 알린다.

다　어느날거울가운데의鬚髯에죽어가는나비를본다날개축처어진나비는입김에어리는가난한이슬을먹는다通話口를손바닥으로꼭막으면서내가죽으면　앉았다가일어나드키나비도날라가리라이런말이결코새어나가지않게한다 ~이상 시『시제 10호』

1) 요 4:6~26.

1. 첫사랑의 그리움 아담의 우물

첫사랑 하면 아주 매혹적인 느낌으로 닥아 온다. 처음으로 맛 본 신선한 느낌, 그 신비의 아름다움 때문이다. 처음으로 받는 사랑, 결혼, 첫 만남 등의 이 모두 가슴 설레는 아주 기분 좋은 기억이다. 기쁨 때문이다.

이 처음의 기분은 처음 주신 분이 있다. 가장 가깝게는 나의 존재이다. 나란 사람이 어떻게 사랑의 선물로 태어났는가 이다. 성경적 기록은 아담이다. 세상에는 남자와 여자뿐인데 이 여자와 남자를 성경은 혈연으로 하고 있다. 남자 아담이 너무 외로워 하니까 하나님이 그 남자 아담의 갈비뼈를 여자로 만들게 하신다. 하나님이 남자 아담의 왼쪽 갈비뼈로 여자를 만들어 준다. 오죽하면 하와에 대하여 이는 내 뼈 중에 뼈요 살 중의 살[1]이라 할까. 시적 조명[2]이다. 힐만은 아담의 하와[3]를 부부로서 부모가 되는 관계[4]라 하였다. 아담은 인식하고 배워서 이끌어내는 문자적 의미가 있다. 남자 아담의 갈빗대 하나를 빼내서 하와를 만들었기 때문에 둘의 관계는 혈연관계이다.

---

1) 창 2: 23.

2) 홍문표, 『기독교 문학의 이론』(서울:　창조 문학사, 2005), 533.

3) 창 2: 22.

4) James Hillman *The Myth of Analysis*(New York: Harper colophon books. 1978), 216~217.

세상에는 남성과 여성[1]이 있다. 하나님이 우리 셋이서 만들자며 만들어진 하나님의 형상은 아담 남성이다. 아담은 그러나 아주 좋은 에덴의 동산에서 아내 이브의 꾐에 하나님 동산 과일을 먹고는 쫓겨난다. 파란만장한 삶이 시작된다. 바로 우리의 모습이다. 사람들은 태어나는 순간부터 파란만장한 삶을 엮어 간다. 그리고 남자는 대상인 이브에게 휘둘리면서 뭐든지 마음대로 되는 일이 없다. 그럼에도 그 처음 만난 첫사랑의 이브로 하여 아름다운 인생의 여정이 엮여지기도 한다. 그맛에 사는 인생이야기들이 있다.

아담은 성경에서 우리 셋 곧 성부와 성자와 성령이 합하여 삼위일체가 만들어낸 하나님의 형상 존재이다. 아담은 성령과 피와 물의 사람이다. 성경은 증거하는 이가 셋이니 성령과 물과 피라 이 셋이 합하여 하나니라[2] 하였다. 증거가 된 아담한 남자 아담은 하나님이 주신 진리를 인식하고 배워서 이끌어 내는 존재이다. 일반적으로 남자는 아담하게 기억하는 존재이다. 남자는 하나님의 뜻을 지키는 존재, 지키려[3]하는 존재이다. 그런데 여자는 남자의 기억을 기록할 녹명 인자[4]이다.

---

1) Carolyn Merchant, *The Death of Nature: Women Ecology and the Scientific Revolution*(San Francisco: Harper SanFrancisco, 1990), 143~144.

2) 요한 일서 5:8.

3) זָכָר(자카르 · 남자, 창 1: 27, 32: 13).

4) 錄名因子.

여자인 아내는 복음 의미이다. 복음을 전하는 자는 아담이고 듣는 자는 여자이다. 한 남자 아담 안[1]에 있는 여자이다. 안에 있는 안 해 아내이다. 아이를 갖는다. 이런 과정은 시집가고 장가가는 일일에서 일어난 일이다. 남자가 여자더러 내게 와[2] 하고 아내를 얻는다. 여자는 남자에게로 시집가 아이를 낳는다. 성경의 둘 부부는 혈연관계[3]다. 갈빗대 하나로 아내를 만든다. 의미는 밑바닥에 닿았다이다. 이 닿았다[4]의 부부관계는 살[5]이 닿았다이다.

브라트시오티스[6]는 복음 곧 여성 이미지라 하였다. 두 부부는 서로 살이 닿아 남성의 씨를 낳았다. 구약적에서는 여성은 씨를 낳고 죽어가는 존재로 한다. 희생 이미지이다.

사람 관계가 있다. 하나님을 믿는 백성들이 만날 때 더구나 서로 모르는 관계일 때 신분을 확인한다. 그 때 고기를 그린다. 이러한 신앙인 이어가기는 고기가 아주 선명하게 하나님 사역을 한다.[7] 고기는 먹을거리다. 부모 이미지와 연결된다., 살덩어리를 낳은 부모는 그 살

---

1) כָּל~ בָּשָׂר..בְּכָל~ בָּשָׂר.(콜 빠사르..베콜~빠사르 · 복음을 전하는 그 안, 창 9: 16).
2) נְקֵבָה(내게바 · 여자, 창 1: 27).
3) 창 3: 16.
4) תַּחְתֻּנָה(타흐타나 · 밑바닥, 창 2: 21).
5) בָּשָׂר(빠사르 · 살, 창 2: 21).
6) Bratsiotis, N. P,בשר, *TDOT* II, 317~332.
7) 출 16: 12.

덩어리를 자식에게 준다. 죄송하지만 자식에게 먹히는 존재가 부모이다. 부모이다. 하나님의 형상으로 된 아담은 하나님으로부터 배우고 그런다움 아내를 이끌어내야 한다.

아담과 하와 관계는 십자의 모습이다. 보편성[1] 이해이다. 아담은 하나님의 형상을 받았으므로 수직[2] 형태이다. 오실자의 표상으로[3] 아내와 떨어질 수 없는 관계이되 인격성[4]에서 성소를 향하여 선[5] 두 사람은 수직적 관계와 수평적 관계를 지니면서 하나님의 일을 해야 하는 장소[6]에 늘 만나야 하는 부부형상이다. 그래서 십자모양을 이루는 부부다.

아내는 아담을 그리워하며 산다. 그래서 여성은 늘 그립다는 말로 시를 짓는다. 하늘을 소망하는 땅이다. 하늘과 짝[7]을 이루는 아다마 땅[8]이다. 아담은 배워서 하나님의 말씀을 가슴에 담고 이러한 모습을 좋아 하

---

1) Johan Coetzee, And Jonah Swam and Swam: Jonah's Body in deep Waters, *OTE* 17 · 4(2004), 525.

2) E, J. van Wolde, *A Semiotic Analysis of Genesis* 2~3,(The Netherlands's Assen: van Gorcum, 1989) 152.

3) Cedric H. Whitman, *Euripides and the Full Circle of Myth,*(Massachustts: Harvard University Cambridge Press, 1974), 110.

4) 창 2: 18~25.

5) 송재근, 『오경과 구약의 언약신학』(서울: 두란노, 2003), 64~65.

6) 시1: 6, 7: 12, 13: 18, 19: 22, 23: 24.

7) 창 2: 6.

8) Theodore Hiebert, 「Adam and Eve」 *The Yahwist's Landcpe: Nature Religion in Early Israel*(Oxford: Oxford University Press, 1996), 34.

며 그리워하는 이가 아내 아다마이다. 아담의 첫글자 아[1]는 시작을 좋아하는 신적인 요소를 지닌 남자 바로 나[2]다. 따라서 성경에서 아[3]는 하나님 자신을 가리킨다. 절대자의 형상을 닮은 이를 좋아하여 가슴에 담은 이, 그래서 닮기를 바라 하나님 모습을 닮아가는 이가 바로 아담이다. 남자이다. 이러한 아담을 아다마는 그리워한다.

절대자 바로 나는 여호와라 나 외에 구원자가 없느니라로 한 하나님을 아담은 가슴의 깊은 곳에 말씀으로 기억한다. 바로 남자의 특징이다. 그래서 큰일을 한다. 여자는 이 아담을 좋아해 늘 사모하며 그리워한다. 첫사랑을 그리워한다. 생기를 코에 불어 넣어 살려낸 하나님을 기억하는 아담을 아다마 하와는 하늘섬기듯 한다. 뜻을 받든다. 키우는 땅이 되어 하늘같은 남편을 그리워한다. 첫사랑으로 그리워한다.

아담과 아다마는 부부일심동체다. 그래서 같이 물을 먹어야 사는 자[4]다. 음식을 먹고 피를 가진 사람으로 살아간다. 거룩한 유전자 하나님을 닮은 지혜와 명철을 지니면서 이제는 은혜로 마음의 물을 퍼내 주는 아담

---

1) א(알레프).

2) 최명애, 『알기 쉬운 히브리어』(서울: 쿰란 출판사, 2005), 64 ·

3) א(알레프)

4) 명철한 사람의 입의 말은 깊은 물과 같고 지혜의 샘은 솟쳐 흐르는 내와 같으니라(잠 18: 4)/ 사람의 마음에 있는 모략은 깊은 물 같으니라 그럴찌라도 명철한 사람은 이것을 길어내느니라(잠 20: 5).

을 그리워하며 하와는 산다. 이브는 산다. 이브는 산다. 삶에 필요한 피를 주시어서 살게 되었다. 아담과 아내 하와는 사랑의 띠인 갈비뼈로 연결된 혈연관계이다. 실제의 현실에서는 혈연이 아니지만.

아담과 예수님과의 구별은 아담은 땅에서 하나님이 그의 코에 생기를 불어 생명을 가진 자이고 예수님은 하나님이 이 세상에 육신의 몸을 입고 이 땅에 오시어 인간의 죄를 감당하시었다. 그래서 우리 죄를 사하여 주신 첫사랑의 존재이다. 하나님으로부터 영과 육의 사랑을 받은 남자와 여자는 첫사랑 보물 가진 자다.

하나님으로부터 받은 첫사랑을 그리워하는 무늬 아담 ···› 아다마 ···› 아담[1)]의 글자 리듬 무늬는 물결무늬의 리듬이다. 하나님이 이 세상에서 남기고 싶어 하시는 첫사랑의 리듬이다. 끈이다. 두 사람 부부가 온 세상을 사랑으로 덮으라는 명령의 리듬이다. 하나님은 사람 부부를 시켜서 내가 너희들에게 준 첫사랑으로 세상을 덮어가라 하시었다.

하나님의 명령 흔적이다. 세상을 사랑으로 덮는 일은 바로 하나님이 주신 첫사랑을 그대로 간직하며 그 사랑을 그리워하며 사랑으로 살아가는 일이다. 이 세상에 영원히 남기는 첫사랑뿐이다. 아담한 아담의 피 이어지기이다. 아담을 너무 그리워하여 하아다마[2)]가 된 아다

---

1) 창 1: 26~9: 6.

마, 그래서 하아다마와 아담은 하나님이 주신 첫사랑으로 살아가면서 희망을 버리지 않는다. 꿈을 버리지 않는다. 바로 하나님을 기억하는 남자 아담과 더불어 하나님을 기억하는 남자를 그리워하는 한 여인 하아다마가 되어 서로 첫사랑을 지켜가는 일이다. 첫사랑을 그리워하며 사는 일이다.

하나님이 이 세상에 남자를 만들 때 하나님을 닮은 남자 아담을 만드셨다. 이 아담이 하는 일은 하나님의 말씀을 배워서 아담하게 사는 일이다. 곁에 아담을 소망하는 여자와 평생 같이 살면서 서로 하나님 세계를 그리워하는 첫사랑으로 살게 하시었다.

부부는 자식을 낳는 관계[1]이다. 로버트 버전은 이들은 죽어 없어지지 않는다[2] 했다. 제임스 힐만은 이 둘은 성적 차이와 부모가 되는 관계[3]라 하였다. 아담 계보[4]는 10대째 노아[5]로 이어지고 노아에서 다시 10의 10곱인 세 때 아브라함이 이삭[6]을 얻는다. 구약의 특징은 죽어가고 있는 진행형이다. 아벨[7]의 죽임 당함에

---

2) הָאֲדָמָה(하아다마 · 아담을 소망).

1) John Paul Heil, *Blood and Water: the death and resurrection of Jesus in John* 18~21(Ann Arbor: U · M · I, 1995), 105.

2) Robert D. Bergen, *Biblical Hebrew and Discourse Linguistics*(International Academic, 1994), 258~259.

3) James Hillman *The Myth of Analysis,* 216~217.

4) 창 2: 4~5장.

5) 창 6: 1~11장.

6) 창 21: 5.

7) הֶבֶל(헤벨, 창 4: 8).

서 인생의 허무를 보여주지만 결코 죽음이 헛되지 않음을 보여주시려 아직도 첫사랑을 그리워하며 죽어가고 있는 구약의 특징이다.

죽음이 끝나지 않는 죽음의 진행형[1]을 문법으로 둔 구약의 성경은 첫사랑의 그리움을 두었다. 그리움의 대명사 여자는 남자를 그리워하며[2] 남자는 첫사랑 하나님 아버지를 그리워하며 살아간다. 일을 시작하고 회사를 세우고 그리고 나라를 구하고 모두 첫사랑을 그리워하는 일이다. 아내의 그리움은 남편이고 남편의 그리움은 처음으로 이 세상에 있게 하여주신 절대자를 그리워하며 하나님을 닮은 큰일을 한다. 하나님을 닮은 일들이 있다. 이 표현은 문학적으로 시가 되게 한다. 간절한 그리움 그것은 절대자에 대한 그리움이라 문학적으로 표현할 수 있다. 동시에 첫사랑 그리움이 된다. 성경에 아담과 이브가 있다.

비유는 첫사랑 그리움 시로 창작할 수 있다.

하늘이 푸를수록 복숭아 꽃 뺨으로
꽃부터 달아놓고 봄이 다 갈 무렵에
복숭아 알았아와요 하늘 푸름 안아요

살며시 푸르름을 더하며 잎이 나며
봄날이 짙을수록 그리움 파란꿈이
발그레 알았아와요 나무위로 앉아요

---

1) וַיַּהַרְגֵהוּ(바야하레게후, 창 4: 8.
2) הָאֲדָמָה(하아다마 · 아담 소망, 창 4: 10).

말로는 할 수 없어 이른 봄 나무위에
마음을 얹어놓아 꽃길에 앉아보며
꽃덩이 알았아와요 가슴이라 알리는

꽃 열매 보여드린 한낮엔 둥글게요
이브가 보여드린 열매가 빨갛지요
하늘을 들여놓아서 둥근 열매 달께요

그렇게 하시와요 예쁘게 웃도록 만
겨우우 가녀리게 피어나 볼꺼에요
봄빛에 알았아와요 메달리 듯 필께요

- 이영지 「알았아와요 이브」

아담과 하와의 관계는 살닿음이다. 복음관계이다. 가장 깊은 곳에 닿았다[1]는 뜻은 복음전하기이다.

이처럼 성경은 결혼 문제를 복음 문제로 전한다. 우리말에 닿았다[2]라는 말이 있다. 아담과 하와[3]의 우물은 수직[4]성이다. 오실자의 표상으로,[5] 된 모양[6]이다. 성소에 서야할[7] 사람이다. 거룩한 장소[8]에 머무는 사람의 결혼은 영혼[9]문제이다. 영성문제이다.

---

1) תַּחְתִּית(타흐티트, 신 32: 22) · 깊은 곳에 בְּתַחְתִּיּוֹת(베타흐요트 · 깊은 곳, 시 63: 9) · 깊은 곳 תַּחְתִּיָּה(타흐티이흐 · 깊은 곳, 시 86: 13).

2) תַּחַת(다하트 · 밑에, 신 25:19).

3) Johan Coetzee, And Jonah Swam and Swam: Jonah's Body in deep Waters, *OTE* 17 · 4(2004), 525.

4) E, J. van Wolde, *A Semiotic Analysis of Genesis* 2~3,(The Netherlands's Assen: van Gorcum, 1989) 152.

5) Cedric H. Whitman, *Euripides and the Full Circle of Myth,*(Massachustts: Harvard University Cambridge Press, 1974), 110.

6) 창 2: 18~25,

7) 송재근, 『오경과 구약의 언약신학』(서울: 두란노, 2003), 64~65.

8) 시1: 6, 7: 12, 13: 18, 19: 22, 23: 24.

1). 첫사랑의 그리움 문법

첫사람=아담=אדם[아담]=אָדָם[아담]은 배워서 하나님의 말씀을 가슴에 담는 자이다. 이때의 첫글자 아=배움=א[아] 알레프는 시작 · 신적인 요소 · 나1)이다. 첫 사람 아담은 흠모하는 자가 있다. 나는 여호와라 나 외에 구원자가 없느니라로 하신하나님을 흠모한다. 아담은 가슴 깊은 곳에 하나님의 말씀을 담아 물을 끌어 올리는 자이다. 하나님이 생기를 코에 불어 넣어 져서 사람이 된 아담은 아담하게 살기를 소망한다.

아담은 물을 먹어야 사는 자2)인 동시에 배워야하는 자이다. 피를 가진 사람 아담은 하나님을 닮은 자이다. 피를 나누어 가진 아내에게 그 동안 지혜와 명철을 복음으로 전하는 자이다. 하나님에게서 얻은 그 은혜로 얻은 마음의 물을 퍼내는 자이다.

육이 된 아담은 피의 사람이다. 우리말에 담이라는 말이 있다. 피로 된 사람에게 오실 자 예수님이 피를 가진 육신으로 둘째 아담이 되어 이 세상에 오시었다. 하나님은 인간에게 필요한 피를 주시어서 살게 하였고

---

9) Hanneke Reuling, Adam, eve: Hidden Meaning of Scripture」 *After Eden: Chorch of Genesis 3: 16: 21*(Leiden: E. J. Brill, 2006), 23~45.

1) 최명애, 『알기 쉬운 히브리어』(서울: 쿰란 출판사, 2005), 64 ·

2) 명철한 사람의 입의 말은 깊은 물과 같고 지혜의 샘은 솟쳐 흐르는 내와 같으니라(잠 18: 4). 사람의 마음에 있는 모략은 깊은 물 같으니라 그럴찌라도 명철한 사람은 이것을 길어내느니라(잠 20: 5).

아담과 아내 하와는 사랑의 띠인 갈비뼈로 피를 가진 사람으로 연결된다. 성경 부부는 혈연 관계이다.

아담과 예수님과의 구별은 아담은 땅에서 하나님이 그의 코에 생기를 불어 넣어 산 자이고 예수님은 하나님의 명령으로 인간의 몸을 입고 이 땅에 오시어 인간의 죄를 감당하시었다. 이러한 구별은 인간이 예수님을 본받아 살게 하려는 하나님의 사랑에서이다. 마리아의 몸을 통하여 이 땅에 오신 예수님은 인간과는 다르다. 동시에 하늘에 오르시고 3일 만에 부활하심을 보이시어 하늘의 사람임을 나타내시었다. 사람은 남자가 여자와 결혼하고 이 땅의 육의 사람이 되어 산다. 그러하기 때문에 가장 인간적인 잘못으로 우상을 섬기기도 한다. 그러나 하나님은 이들을 위하여 그의 아들을 십자가에 달려 돌아가게 하시었고 그로 하여 하나님의 백성들이 의롭다 함을 얻는다.

구약에서는 아벨의 최후를 죽어가는 미완료 형 문법으로 한다. 아담이 낳은 아벨[1]의 죽임 상황이다. 억울한 아벨이 형의 손에 죽는 일은 흔히 허무로 해석되어지고 하나님의 부재[2]로 해석되어지지만 히브리어 문법은 현재 진행형[3]이다.

결코 죽음이 아니다. 아직 끝나지 않음을 문법으로

1) הֶבֶל(헤벨, 창 4: 8).
2) Mark Harold. McEntire, 29~30.
3) וַיַּהַרְגֵהוּ(바야하레게후, 창 4: 8).

하여 아직도 아벨이 살기를 소망하는 진행형이다. 하나님을 바라는 자를 성경은 하아다마[1]라 한다.

아벨의 죽음은 결코 헛되지 않다.[2] 구약에서 죽음에 대하여는 잔다고 한다. 성경은 다시 살리실 수 있는 하나님의 능력으로 잔다 표현으로 한다. 하나님께 드리는 헌물[3]을 하나님께서 받으셨다. 그러나 가인의 예물은 여럿 중에서 마음대로 골라[4] 드렸기에 하나님이 받지 않으셨다. 골라[5] 드리는 예물은 생명을 드리는 제사와는 전연 다르다. 제사는 몸을 산제사로 드리는 일이고 예물은 골라서 선물로 드림으로 하여 가인의 제사는 가짜다.

우리말에 '잡아'라는 말이 있다. 제사를 드리는=잡아=זבח자바=זָבַח자바[6]이다. 예수님은 전 인류를 위해 희생되시었다. 구약에서는 구체적으로 생축을 제사=다잡아=ח
תזב다자바 제사를 드리었다. 이러한 특징이 예수님과 관련된다. 성경에 2회 리듬이 있다. 제사를 드리는=잡아=זבח잡아=זָבַח잡아[7] · 제사를 드리고=리즈보아흐 제바=בח

1) הָאֲדָמָה(하아다마 · 아담 소망, 창 4: 10).

2) M. Civil, *The Assyrian Dictionary of the Oriental Institute of the University of chicago*, 21 vols(chicago: The oriental Institute, 1971), 539~554.

3) זָבַח(자바 · 제사를 드리는, 2076).

4) קָרְבָּן(고르반 · 예물, 민 7:37),

5) גוֹלָה(골러 · 사로잡아, 왕하 24:16),

6) זָבַח(자바 · 제사를 드리는, 2076).

7) יִזְבְּחוּ זִבְחֵי(이즈베후 지브헤 · 제사를 드리는, 신 33:19).

לזבח ז리즈보아흐 제바=לִזְבֹּחַ זֶבַה리즈보아흐 제바1) · 제사를 드리고=לִזְבֹּחַ זֶבַה리즈보아흐 제바2) · 제사를 드리는=조브힘 자바=זבהים זבה조브힘 자바=זְבָהִים זֶבַה조브힘 자바3)로 하여 잡아이다. 예수님의 몸은 이미 구약에서 헌물로 하나님께서 받으심을 증거 하시었다.

성경에서 애급 군대의 죽음4)은 과거형이다. 우상을 믿던 아브라함의 아버지 데라가 땅에 묻히는 일5)을 완전 죽음으로 한다. 아브라함은 방향도 알지 못하고 떠났다. 이러한 엄청난 차이를 성경은 가인의 동생 아벨은 죽어가고 있는 중6)으로 한다.

구약의 인물들은 죽어가는 진행형이다. 우상 섬기던 아므람은 주검으로 끝난다. 죽은 아벨은 죽어가고 있는 현재형이다. 죽어가는 현재형은 하나님의 손으로 이끄시면 잠에서 깨어 일어날 수 있다. 성경은 이 일어남을 수리마방진 리듬 11로 사용한다. 두 사람이 되기도 하고 일어남 표시이기도 하다. 「천부경」 그리고 이상 시 「오감도 시제 4호」에서도 거꾸로 된 상황을 11회로 반복 숫자를 기호화 하여 일어나라!로 한다.

---

1) לִזְבֹּחַ זֶבַה(리즈보아흐 제바 · 제사를 드리고, 삿 16:23).
2) זֹבֵחַ זֶבַה(조베아흐 자바 · 제사를 드리고, 삼상 2:13).
3) זֹבְהִים זֶבַה(조브힘 자바 · 제사를 드리는, 대하 7:4).
4) מֵתוּ(메투 · 죽었더라, 창 7: 22).
5) וַיָּמָת(바얌마트 · 죽었더라, 창 11: 32).
6) וַיַּהַרְגֵהוּ(바야하레게후 · 죽어가고 있는, 창 4: 8).

2). 첫사랑 물 흐름

아담과 아다마는 서로 어울1)린다. 첫사랑 물 흐름리듬은 뚜렷한 물결리듬을 이룬다. 아담=첫사랑=**ארם**=**אָדָם**아담 아담을 소망하는 **ארמה**아다마의 아름다운 물 흐름이 자연스러운 두 사람의 흐름 아담과 하아다마의 물결무늬 물 흐름 이미지이다. 아담 ⇢ 아다마 ⇢ 아담2)의 물결무늬이다. 하나님이 그의 물, 말씀으로 세상

---

1) [* 표 28~1: 아담 אָדָם(아담)과 하아다마 הָאֲדָמָה(하아다마)의 리듬](창 1: 26~ 9: 6)
אָדָם(창 1:26) ⇢ הָאָדָם(1:27) ⇢ וְהָאָדָם(2:5) הָאָדָם(2:7) הָאָדָם(2:7) ⇢ הָאָדָם(2:8)
↓ ↗ ↘ ↑ ↓ ↗
הָאֲדָמָה(2:5) ⇢ הָאֲדָמָה(2:6) הָאֲדָמָה(2:7) הָאֲדָמָה(2: 9)
הָאָדָם(2:15) ⇢ עַל~הָאָדָם(2:16) ⇢ הָאָדָם(2:18) הָאָדָם(2:19) ⇢ הָאָדָם(2:19) ⇢ הָאָדָם(2:20) ⇢
↘ ↑
הָאֲדָמָה(창 2:19)

עַל~הָאָדָם(2:21) ⇢ הָאָדָם ~ מִן(2:22) ⇢ אֶל~הָאָדָם(2:22) ⇢ הָאָדָם(2:23) ⇢
הָאָדָם(2: 25) ⇢ הָאָדָם(3:8) ⇢ אֶל~הָאָדָם(3:9) ⇢ הָאָדָם(3:12) ⇢

וּלְאָדָם(3:17) לְאָדָם(3:21) ⇢ הָאָדָם(3:22) אֶת~הָאָדָם(3: 24) ⇢ וְהָאָדָם(4:1)
↓ ↗ ↘ ↗ ↘
הָאֲדָמָה(3:17) ⇢ הָאֲדָמָה(3:19) אֶת~הָאֲדָמָה(3:23) אֲדָמָה(4: 2) ⇢

הָאֲדָמָה(4:3) ⇢ (4:5) אָדָם 아담 ⇢ (4:5) אָדָם: ⇢

⇢ הָאֲדָה ~ מִן(4:11) ⇢ הָאֲדָמָה(4:12) ⇢ הָאֲדָמָה(4:14) ⇢

אָדָם(아담 5:3) ⇢ יְמֵי~אָדָם(아담 5:3) ⇢ יְמֵי אָדָם(창 5:3) הָאָדָם(6 1) הָאָדָם(6 2) ⇢
↘ ↗ ↘ ↑
הָאֲדָמָה ~ מִן(5:29) הָאֲדָמָה(6:1)

בָּאָדָם(6:3) ⇢ בָּאָדָם(6:3) ⇢ הָאָדָם(6:5) ⇢ אֶת~הָאָדָם(6:6) ⇢ אֶת~הָאָדָם(6:7) מֵאָדָם(6:7) ⇢
↓ ↗
הָאֲדָמָה(6:7)
עַל~הָאָדָם(7:6) הָאָדָם(7:21) מֵאָדָם(7:23)
↗ ↘ ↗ ↘ ↑ ↘
הָאֲדָמָה(6:20) עַל~הָאֲדָמָה(7:8) הָאֲדָמָה(7:23) הָאֲדָמָה(8:8) ⇢ הָאֲדָמָה(8:13) ⇢

הָאָדָם(8: 21) הָאָדָם(9: 5) ⇢ הָאָדָם(9:5) ⇢ הָאָדָם דַּם(9:6) ⇢ בָּאָדָם(9: 6)
↑ ↘ ↗
הָאֲדָמָה ~ אֶת(8: 21) הָאֲדָמָה(9: 2)

⇢ הָאָדָם ~ אֶת(9: 6)

2) 창 1: 26~9: 6.

을 덮어 하나님의 사랑을 드러내신다. 이 물 흐름의 이미지와 관련한 사랑리듬에는 아담=אדמ[아담]=אָדָם[아담] 아담이 있다. 피=דם[담]=דָם[담]을 가진다. 우리들 어른들은 옛날 흔히 담이 들었다라는 말씀을 하신다. 바로 피들=ים דמ[담밈]=דָמִים[담밈]이다. 살아 있는 말씀이 담기는 가슴이다. 살아있다는 표시이다. 살아있기를 소망하여 절대자의 모습 닮기를 바라는[1]일은 살아있음의 증거 피가 살아있는[2] 일이다. 우리말 닮다이다. 피 닮다[3]이다.

닮는 일이나 닮은 일은 부모와 자식[4]관계에서이다. 이 지상에서 사라지지 않는 유일한 하나님의 흔적[5]은 부모가 되는 관계[6]이다. 아담[7]은 그 계보가 10대째 노아[8]로 이어지고 노아에서 다시 10의 10곱인 100세 때 아브라함이 이삭을 얻는다.[9]

---

1) הָאֲדָמָה(하아다마 · 아담을 소망).

2) אֲדָמָה(아다마) · 피 소망 דָּמָה(담마).

3) דָּמָה(담마, 사 14: 11, 시 89: 6) · 피 דָּמָה(듬마, 단 3: 25, 7: 5).

4) John Paul Heil, *Blood and Water: the death and resurrection of Jesus in John* 18~21(Ann Arbor: U · M · I, 1995), 105.

5) Robert D. Bergen, *Biblical Hebrew and Discourse Linguistics*(International Academic, 1994), 258~259.

6) James Hillman *The Myth of Analysis,* 216~217.

7) 창 2: 4~5장.

8) 창 6: 1~11장.

9) 창 21: 5.

3). 결혼의 의미

성경의 사랑아 사랑아 ~ 창세기 2:7~25
생명나무와 에덴의 시학 ~ 李 英 芝
~결혼이력서: 난 당신 가슴이에요~

당신은 나의 가슴 갈비뼈 저는 당신
당신이 없다 면은 못살아[1] 반쪽 가슴
안개[2]는 이슬 눈으로 햇빛 볼 수 없어요

머리[3]로 만나줘요 저녁엔 같이 해요
서로가 하늘구름 사랑을 만나 봐요
당신의 바다 사랑에 가슴 눈을 열어요

공다닥 콩닥콩닥 포로르 날아가는
에덴의 동산에서 가슴[4]을 보여줘요
흐르는 사랑 물길로 싸비비[5]어 주세요

온종일 사랑하는 일로만 살아갈래
구슬땀 흘려가며 주시는 금반지[6]와
진주[7]로 걸어주시고 손가락에 끼워준

말씀의 목거리로 한 목숨 다 바쳐서
구스 땅 거기라도 흐르며[8] 닦아내며
날 위해 십자가에서 흘리시는 오오오

오오오 아니에요 당신을 봐야하리

---

1) 창 2:5.
2) 창 2:6).
3) 창 2:7.
4) 창 2:9.
5) 창 2:10.
6) 창 2:11.
7) 창 2:12.
8) 창 2:13.

눈으로 보이게 해 주세요 사랑 듣고
앗수르 거기에서도 우리 같이 전해요

흐르는[1] 말씀 강을 열어서 가슴으로
입[2]으로 말씀전할 말하게 사랑한다
푸덩덩 깊으디 깊은 말씀 강[3]을 전해요

우리는 서로서로 반쪽의 가슴예요
눈으로 봐야[4]해요 제에발 보여줘요
터엉 빈 당신 옆구리 사랑 들여 놓게요[5]

입으로 맞추어서 새들아 지저귀라
오리야 새끼 모아 떼 지어 다니거라
가슴이 쏟아지도록[6] 서로서로 불러요

당신[7]을 생각해요 당신의 가슴에요
온 통 제 생각뿐인 당신이 사랑하는
말씀이 쏟아져 나와 흐르느라 넘쳐요

그대가 들었어요 가슴이 들어있어
당신이 하라하매 저는 늘 말하느라
당신이 하라는 대로 움직이는 복음[8]이

당신은 말씀이고 전 다만 전하려는
당신이 하라 하매 전하는 살아덩이
당신의 갈빗뼈에서 잘린[9] 가슴이에요

1) 창 2:14.
2) 창 2:14.
3) 창 2:14.
4) 창 2:18.
5) 창 2:20.
6) 창 2:20.
7) 창 2:21.
8) 창 2:21.
9) 창 2:23.

입으로 조잘조잘, 쪼르르 쫑알쫑알
떠드는 여자에요[1] 당신이 묻어나는
제가요 향기[2]이에요 여자에요 아내요

잘룩한 허리이며 하 예쁜 얼굴이며
당신이 눈[3] 못 떼는 사랑의 그대덩이[4]
당신의 뼈 중의 뼈요 살 중의 살[5] 이에요

당신이 가슴으로 밀어준 당신 여자[6].
물 위의 한 지붕[7]에 가슴을 맞대[8]가며
서로가 사랑하느라 아파하는 부부요

하나님 닮은 당신의 가슴을 눈으로 보여주세요
– 이영지 「부부요」

창세기 2장은 남자와 여자의 결혼문제를 구체적으로 언급한다. 그런데 처음 때에는 안개만 있었다고 한다. 그런데 이 안개가 우리가 알고 있는 아담 글자에서 미음자만 뺀 즉 אדם[아담][9]의 물 ם[맴]만 빠진 אד[아드]다.

나의 가슴, 곧 성경에서 나는 하나님뿐이므로 하나님의 가슴이다. 곧 하나님의 마음이다. 하나님의 마음이 우리 사람의 얼굴에 나타난다. 마음[10]이다. 마음을 얼굴

1) 창 2:22.
2) 창 2:23,
3) 창 2:23,
4) 창 2:22.
5) 창 2:22.
6) 창 2:23.
7) 창 2:25.
8) 창 2:25.
9) אָדָם(아담 · 아담, 창 2:6),
10) פְּנֵי~הָאֲדָמָה(프네~하아다마 · 지면에, 창 2:6).

에 나타낸 때가 이 지상에 안개만 있는 때이다.

결혼하고 싶은 마음이 있는 두 사람은 서로 얼굴에 그 마음이 나타난다. 두 사람에게는 하나님의 마음이 있어서이다. 행복하게 이 지상에서 사랑을 이룰 것 같은 마음이 얼굴에 나타난다. 그래서 하나님은 하나님을 닮은 사람을 만들고 싶으셨다. 사람을 만들고자 마음을 잡수셨고 곧 이어서 사람 아주 하 아담한 남자 하 아담[1)]을 흙으로 만드신다. 이때 흙이 아파라[2)]이다. 하나님이 만지시느라 아파라 하는 아담을 온 정성 기울여 하나님은 흙으로 하나님 눈과 입과 머리를 나타냈다.

하나님의 형상을 닮은 첫 아담을 하나님은 엣따 하 아담[3)] 하고 세상에 던지셨다. 흙에 하나님의 숨을 불어넣으셔서 태어난 사람, 하나님인 내가 가슴에 말씀, 물을 가득 담아 가지고 만들어 낸 사람 아담이다. 하나님 마음이 있는 하나님의 신비가 그대로 있는 땅[4)]의 흙으로 만들어진 아담이다.

왜 땅에서 흙을 집어 하나님은 사람을 만들었을까. 늘 아담을 소망하는 자를 성경은 하아다마로 한다. 하나님으로부터 온 영원한 하 아다마 아담을 소망하는 땅[5)] 하아다마가 있다. 땅도 하나님으로부터 왔기에 정

1) הָאָדָם~ אֶת(에트~하아담 · 사람을, 창 2:7).
2) עָפָר(아파르 · 흙, 창 2:7).
3) הָאָדָם~ אֶת(에트~하아담 · 사람을, 창 2:7),
4) הָאֲדָמָה(하아다마 · 땅, 창 2:7).
5) הָאֲדָמָה~ מִן(민~하아다마 · 땅, 창 2:7).

관사를 덧 붙여서 하아다마 하신다. 사람 코에 생령을 불어넣으시니 숨이 있게 된 아담은 하나님이 너 내 하여[1]라 하시며 이 땅에서 하나님 일을 해야 하는 분명한 하나님이 목적을 드러내신다. 입으로 말씀을 전하라 하신 것이다.

하나님의 사람이 거처할 에덴이 있다. 늘 눈으로 보시면서 좋아하시는 하나님 가슴을 보여주시려 에덴동산을 두시었다. 눈은 아주 중요하다. 하나님 언약 양식으로 보여주신 일을 우리들이 눈으로 보라하시니 우리들이 볼 수 있다. 하나님의 기이한 행적을 볼 수 있다. 하나님이 에덴동산을 창설하시고 에덴동산을 눈으로 보라 하신다.

바로 눈[2]으로 시작되는 에덴[3]을 주신 것이다. 이 눈 수치는 70이다. 7의 10배이다. 하나님의 눈에 대한 결정적 완전수의 무흠을 말한다. 진리를 분별할 수 있는 눈이 열리면 온 세계가 다시 보이는 눈이다. 에덴이 중요한 이유는 사람이 하나님께 번제들이기 위해 존재하는 곳이어서이다. 이 일의 증거는 증거 궤[4]를 아주 잘 두는[5] 곳이어서이다. 증거[6]로 아들[7]을 두시는 곳

---

1) לְנֶפֶשׁ חַיָּה(레네페쉬 하야 · 생령).

2) עַיִן(아인 · 눈, 스 5:5).

3) עֵדֶן.

4) אֲרוֹן הָעֵדוּת(아론 하에두트 · 증거궤).

5) הָעֵדוּת(하에두트 · 증거, 출 25: 22, 26: 33, 40: 3, 21; 레 16: 13; 수 4: 16.

6) הָעֵדֻת(하에두트 · 증거, 출 26: 34, 27: 21, 30: 6, 26, 36, 31: 7, 39:

이다. 향기를 두는 곳이다.

이스라엘아 들으라 우리 하나님 여호와는 오직 하나인 여호와시니
אֶחָד | יְהוָה אלהינו יְהוָה יִשְׂרָאֵל ~ שמע
쉐마아 이스라엘 엘로헤이누 여호와 | 에하드, 신 6: 4)

큰 글자표시를 모아 보면 아드 עד[아드]가 되는데 바로 아드님이 오직 한 분이심을 증거 한다. 사람에게도 아들이 있다. 하물며 하나님에게 아드님이 없을 수 있는가. 하나님에게 사랑하시는 아드님 예수가 있다. 증거=아드=עד[아드]=עַד[아드] [1]님이 있다. 의롭게 하시려[2] 그리고 오래오래[3] 대를 이어가게 하시었다. 그리고는 가슴을 열어[4] 우리에게 사방팔방으로 보이시었다. 사방팔방으로 열려진 문[5]에서 모두모두 올바른 길을 갈 수 있도록 반드시 예수라는 문으로 들어가게 하시었다.

문은 기둥에 매달려 있어야 한다. 진리의 기둥에 매달려야 한다. 피아노를 잘 치려면 피아노에 매달려야 하고 공부를 잘하려면 공부에 매달려야 한다. 믿음이 좋으려면 예수 그리스도에게 매달려야 한다. 이 매달림

35, 40: 5; 레 24: 3; 민 7: 89.

7) ~עַד(아드 · 증거).

1) עַד(아드 · 증거).

2) George H. Van Kooten, *The Creation of Heaven and Earth*(Leiden: Brill, 2005), 61:

3) עוֹלָם(올람 · 영원히).

4) עַדן의 ד(달레트 · 문 가슴).

5) דֶּלֶת(달레트, dalet · 문).

은 성경에서 너희 중에 누구든지 지혜가 부족하거든 모든 사람에게 후히 주시고 꾸짖지 아니하시는 하나님께 구하라 그리하면 주시리라[1] 마음이 가난하여 이웃을 돌보고 사랑하며 함께 가도록 보여주신 길을 함께 가기 위해 반드시 실천해야 하는 가슴을 달고 있어야 한다. 가슴을 드리며 사는 삶은 드림의 삶이다. 따뜻한 마음으로 드리는 하나님의 뜨거운 사랑을 길어 올리는 일은 먼저 다윋이 하였다. 다윋은 하나님 말씀에 뜨겁고 끓는 가슴으로 예수님의 조상이 되었다.

입=페=פ페[2]하고 입[3]으로 말씀 전하는 입의 중요성은 한 사람만이 아닌 여러 사람 곧 백성들과 관련된다. 백성들이 말씀을 전해야 하는 이유는 하나님은 그의 모습을 드러내지 않으시지만 우리의 가슴에 말씀이 젖꼭지처럼 דוד돋으[4]면서 볼록해지며 결혼하게[5] 하신다. 그런데 신기한 것은 히브리어에서 또 발견되는데 돋아나는 이 돋아[6]가 바로 즐거움이다. 감사이다.

결혼하여 합심하여 하나님 말씀을 전하는 부부 하늘 구름[7] 타고 옛적부터 항상 계신 이에게 인도되면 구름

---

1) 약 1:5.

2) פ(페 · 입).

3) פֶּה(페하 · 입) · 입 פִּיהָ(피하 · 입, 민 16: 30).

4) דּוֹד(도드 · 삼촌 · 연애 · 레 10:4 등) · 돋아 דַּדֶּיהָ(다데하 · 도다, 잠 5:19) · 돋아 דַּדֵּי(다데 · 돋아, 겔 23:3).

5) 강성열, 『성경으로 보는 결혼 은유』(서울: 성광 문학사, 1998), 210.

6) 기본형 돋아 תּוֹדָה(토다) 본문 תּוֹדֹת(토도트 · 감사 찬송하는 자의, 느 12:31).

하늘[1] 위로 오르신 그대로 오신[2]이를 믿는 결혼생활이 이어진다. 하나님 일을 하며 예수님을 닮아가며 이 일을 보라[3]하며 자랑하고 살아간다.

물고기[4] 상징으로 물 위를 유영하며 그 힘이 대단[5]해 진다. 영화『쿼바디스』에서 베드로가 남긴 주여 어디로 가시나이까 하듯이 그 뒤를 그대로 졸졸 따라 살아간다. 마치 남자 주인공 비니키우스가 소국 공주 리기아에게 한 눈에 반했을 때 리기아가 그려 보인 물고기로 알아보듯이 서로 알아보고 이해하고 도우며 살아간다. 아예 입천장에 아주 붙어서[6] 오래오래 그리스도인의 삶을 에덴 하며 즐거웁게 살아간다. 많은 사람 앞에서 물고기 두 마리로 4000명과 5000명을 먹이고도 남은 사랑 실천[7]을 하시었듯이 사람은 물고기 두 마리가 되어 살아간다.

---

7) עם~עֲנָנֵי שְׁמַיָּא כְּבַר(임~아나네 쉐마야 · 하늘 구름, 단 7: 13).
1) שְׁחָקִים(쉐하킴 · 하늘, 잠 8: 28).
2) 히 12: 1.
3) הִנֵּה~עָב(힌네~아아브, 왕상 18: 44).
4) 에덴 עֵדֶן(에덴)의 ן(Nun · 물고기).
5) 눈 수치는 50.
6) נוּן(눈, Nun · 물고기, 규정).
7) 마 14: 19, 15: 36; 막 8: 6; 눅 9: 16, 24: 30; 요 6: 11.

4). 에덴은 어떤 곳인가

우리들의 삶은 물고기 삶이다. 바다에서 물을 마음껏 먹은 다음 이 먹은 물, 몸에 든 물을 사람에게 나누어 주는 삶으로 이 세상을 잘 살 수 있도록 해 주는 일! 이 물고기는 사람에게만 먹히는 것이 아니라 문양으로 남아 자가용 뒤에 붙이어 져서 그리스도인임을 알리는 신호로 쓰인다. 서로 알지 못하는 사람이 신분을 확인하려 할 때도 물고기를 그려 보이면 신분이 확인된 암호 물고기는 한국의 많은 무덤들 앞에도 이 물고기를 비석에 표시하고 있다. 하나님에 대한 신앙이 전해지는 무언의 연속적 사건이다.

> 여호와 하나님이 동방의 에덴에 동산을 거기(창 2:8)[1]
> 에덴에서 발원하여 동산을 적시고(창 2:10)[2]

에덴은 성경에서 12회[3] 반복된다. 하나님이 에덴[4]을

---

1) 여호와 하나님이 동방의 에덴에 동산을 창설하시고 그 지으신 사람을 거기 두시고(창 2:8).

여호와 하나님이 동방의 에덴에 동산을 거기(창 2:8)

יְהוָה אֱלֹהִים גַּן ~ בְעֵדֶן־קֶדֶם וַיָּשֶׂם שָׁם

AB CW.VQIMZS P.NMS P.NMS P.NE ~ NMS NMP NEמ

2) 강이 에덴에서 발원하여 동산을 적시고 거기서부터 부터 가라져 네 근원이 되었으니(창 2:10).

강이 에덴에서 발원하여 동산을 적시고(창 2:10)

וְנָהָר יֹצֵא מֵעֵדֶן לְהַשְׁקוֹת

P.VHNG P.NE VQPA C.NMS

적시고 에덴에서 발원하여 강이

3) עֵדֶן(에덴 · 복락, 기쁨, 창 2:8, 10, 15, 3:23, 24, 4:16; 사 51:3; 겔 28:13, 31:9, 16; 18, 36:35)

주심은 사람이 하나님으로부터[1] 와서 에덴동산에서 결혼하여 잘 살 수 있게 하신데 있다. 아담이 에덴동산에서 살며 지키게 하시고[2] 토지를 갈게[3] 하시며 생명나무의 길[4]인 에덴동산을 지키게 하시려 하였다. 이들이 기뻐하며 즐거워하며 감사하는 소리[5]가 있게 하시려 각종 보석 곧 홍보석과 황보석과 금강석과 황옥과 호마노와 창옥과 청보석과 남보석과 홍옥과 황금으로 단장 된 소고와 비파[6]가 있게 하시었다. 가지 모양이 아름다운[7] 나무가 있어 위로를 받는 곳[8]이며 영화와 광대함이 있는 곳[9] 하나님으로 하여 에덴동산[10]이 있다.

---

4) עֵדֶן(에덴 · 복락, 기쁨, 창 2: 10).

1) מֵעֵדֶן(미에덴 · 에덴으로부터(창 2:10).

2) 여호와 하나님이 그 사람을 이끌어 에덴동산에 두사 이것을 다스리며 지키게 하시고(창 2:15)

3) 여호와 하나님이 에덴동산에서 그 사람을 내어 보내어 그의 근본된 토지를 갈게 하시니라(창 3:23).

4) 이 같이 하나님이 그 사람을 쫓아내시고 에덴동산 동편에 그룹들과 두루 도는 화염검을 두어 생명나무의 길을 지키게 하시니라(창 3:24).

5) 대저 나 여호와가 시온을 위로하여 그 모든 황폐한 곳을 위로하여 그 광야로 에덴 같고 그 사막으로 여호와의 동산 같게 하였나니 그 가운데 기뻐함과 즐거워함과 감사함과 창화하는 소리가 있으리라(사 51:3).

6) 네가 옛적에 하나님의 동산 에덴에 있어서 각종 보석 곧 홍보석과 황보석과 금강석과 황옥과 홍마노와 창옥과 청보석과 남보석과 홍옥과 황금으로 단장하였었음이여 네가 지음을 받던 날에 너를 위하여 소고와 비파가 예비되었었도다(겔 28:13).

7) 내가 그 가지로 많게 하여 모양이 아름답게 하였더니하나님의 동산 에덴에 있는 모든 나무가 다 투기하였더라(겔 31:9).

8) 내가 구로 구덩이에 내려가는 자와 함께 음부에 떨어뜨리던 때의 열국으로 그 떨어지는 소리를 인하여 진동하게 하였고 물 대임을 받은 에덴의 모든 나무 곧 레바논의 뛰어나고 어름다운 나무들로 지하에서 위로를 받게 하셨느니라(겔 31:16).

9) 너의 영화와 광대함이 에덴 모든 나무중에 어떤 것과 같은고 그러나 네게 에덴나무와 함께 지하에 내려갈 것이요 거기서 할례 받지 못하고 칼에 살육당한 자 중에 누우리라 이들은 바로와 그 모든 군대니라 나주 여호와의 말이니라 하라(겔 31:18).

하나님은 네 강까지 만드시는데 예루살렘으로 가는 하나[1]의 길을 위해 하나[2]에서 네 곳으로[3] 나누시었다. 처음 강은 강이라는 글자가 없고 다만 하나를 위하여서 펼쳐지기[4]위하여라 하였다.

물이 흐르는 길이 있는 에덴동산은 하나님 말씀이 펼쳐지는 곳이다. 이 역할은 아담의 아내이다. 아내는 남자의 갈빗대를 뽑아 만들었는데 곧 하나님의 백성들에게 좋은 말씀 물을 먹이는 아내로 하여 말씀이 펼쳐지게[5]하였다. 시키시는 일을 입으로 끝까지 말씀 전하려 하시었다. 그런데 말씀전하는 처음 강 하나를 성경은 셈 하에하드[6]로 표시된다.

그 하나는 다름 아닌 비손[7]이다. '그 하나의 거기' 위치는 현재 확실한 곳이 제시되지 않는다. 그 하나 거기이다. 숨 쉼 글자 하를 글자 양쪽에 표시하고 성경이 말하고자 하는 예수님이 자 인[8]을 치자 하시며 숨 쉬

---

10) 사람이 이르기를 이 땅이 황무하더니 이제는 에덴동산같이 되었고 황량하고 적막하고 무너진 성읍들에 성벽과 거민이 있다 하리니(겔 36:35).

1) אֶחָד(에하드 · 하나, 창 1: 5, 9).

2) הָאֶחָד(하에하드 · 그 하나, 창 2: 11).

3) Godfrey. Driver, *Canaanite Myths and Legends*(Edinburgh: T. & T. Clark, 1978), 97~109.

4) לְאַרְבָּעָה(레아레바아 · 펼쳐지기).

5) פָּרַד(페라드 · 펼치, 창 2: 14; פֹּרִיָּה(시 128: 3; 잠 18: 20) · מִפְּרִי(창 3: 2) · עַל~פַּלְגֵי(시 1: 3) · פִּרְיָמוֹ(시 21: 10), פְּרִי)시 127: 3) · פְּרָת(창 2: 14; 렘 51: 63).

6) .שֵׁם הָאֶחָד(쉠 하에하드 · 그 하나 거기, 창 2:11).

7) פִּישׁוֹן(비손).

8) ז(자인 · 연장).

게 하시었다. 문학 언어로 구성된 이 한 강는 숭숭 구멍이 나 있는 모래땅이다. 이곳에서 금이 만들어지는데, 이때 연장, 곧 예수님은 하자 해 봐[1]하시었다. 양쪽으로 숨통을 열어[2] 주신 이 엄청난 성경의 비밀은 결혼 이야기가 되는데 이 때 결혼이란 살려 주신다 뜻이다. 숨 쉼 양쪽에 연장 자 인[3]를 끼워 넣었다. 우리들은 하자라는 말을 잘 사용하는데 바로 연장을 하나님의 아드님이 주시어 땅. 곧 하나님의 집 안에 넣어 우리를 숨 쉬게 하는 것이다. 곧 예수님 만들기 위한 강이 비손강이다.

예수님의 제자 사역 장이기도 하는 비젼의 강은 글자그대로 비젼의 강이다. 글자풀이는 하나님이 시키시는 입으로 말씀을 전하는 일이다. 문학적 표현으로는 쓸모없는 모래땅을 전부 금 곧 말씀으로 싸 바른[4]곳이다. 이러한 금[5]을 만들기 위한 우리들은 빙빙 돌며 껑

---

1) הַזָּהָב(하자하브 · 금이 있는, 창 2:11).
2) הַזָּהָב(하자하브)의 הָ הַ(하 하).
3) זַ(자인 · 연장).
4) הַסֹּבֵב(하소베브, 창 2:11, 싸비비, 시 44:14; 레 9:18; 욥 22:10).
5) 곧 예수님이 만들어 지는 이 베델리엄 הַבְּדֹלַח(하브돌라 · 진주,,창 2:12)는 우리말에 돌라 돌아라에 하 곧 아주 많이가 붙어 아주 많이 돌아라, 곧 그만큼 노력을 많이 한 땅이라는 말이다. 기름 섞은 과자 같은 만나는 금항아리에 넣어진 만나 곧 광야 40년에서 먹었던 말씀이기도 한데 이 말씀은 하루에 쉽게 얻어지는 것이 아니라 모래땅에 펴져 있는 곧 사람들, 사금을 모아 귀한 금을 만들어냄으로 비유되었다.
이 금은 하나님의 말씀이다. 흘러가는 강물 따라 흘러간다. 물은 광야 하윌라 땅을(창 2: 11) 둘러싸고 그 곳의 금(주의 계명)을 가지고 흐른다. 금이 나오는 곳의 물은 금광 속의 물로 삼년 가뭄에도 마르지 않는다. 이때 만들어지는 모래는 금을 나오게 한다. 일곱째 날에 애급에서 가지고 나온 금을 성전에 바른다. 금이 나오는 모레는 하윌라(창 2: 11)에서 온 땅을 두루

충껑충 뛴다. 주의 계명은 금보다 좋으리[1]의 호마노[2] 역시 또 하나님이 양쪽에서 숨 쉬게 하신다. 하[3] 하고 숨 쉬도록 그 사이에 예수님이 두 손을 높이 שׁ 들고 계신다. 그렇게 하심[4]으로 우리가 사는 그 하나 강이다. 사역하는 우리들도 말씀 물[5]을 들고 하나님 일을 할 수 있다. 곧 사람이 만들어지는 이유는 말씀을 전하기 위해서다.

사람이 결혼하여 둘이 하나가 되는 것은 두 번째 강에서이다. 거듭남 뜻을 지닌 둘째의 강은 처음으로 강이라는 말을 쓴다. 곧 기혼강이다. 구스 땅을 휘돌아 싸안고 도는 검은 땅이다. 두 사람이 거듭나 전연 딴사람이 되어가는 이 강은 하나로[6] 뭉치는 강이다. 히브리어로 하나로이다. 둘이 하나로 되는 이 강 역시 두 사람이 숨 쉬게 되는 강이다. 한 지붕아래 둘이 살면서 숨 쉬는 이 자유로움은 둘이면서 하나로[7] 되어 하나[8]로 하하[9] 하며 좋아한다. 곧 하나님의 아들 예수가 십자가에 달려 돌아가심으로 인한 하나님의 백성들이 숨

피서 포위히여 빙빙 돌아가며 춤을 춘다. 우리말에 빙빙돌나라는 말이 있나.

1) טוב~לי(토브 · 승하니이다, 시 119: 72)
2) 창 2:12.
3) הַ(하 · 숨 쉼).
4) הַשֹּׁהַם(하쇼함 · 호마노, 창 2:12).
5) ם(멤 · 물).
6) הַנָּהָר(하나하르 · 강, 창 2:14).
7) הַנָּהָר(하나하르 · 강, 창 2:14).
8) הָ הַ(하 하 · 두 번의 숨 쉼 의미).
9) ה ה(흐 흐 · 두 번의 숨 쉼 의미).

쉬며 하 좋아 하는 강이다. 부부관계도 마찬가지이다. 부모가 되는 이들은 둘이 하나로 되어, 둘 중에 누구든지 하나가 희생할 때에 집안의 화목은 유지된다. 양보하는 관계는 절대 가정 화목이다.

역시 주인공은 예수님이다. 하나님의 극진한 사랑을 받은 사람은 오로지 은혜를 갚기 위해 강 기혼[1]에서 분출하다, 솟아나며 티그리스강과 유프라테스강 사이의 작은 골짜기 지역을 흐른다. 일찍이 낮고 낮은 마굿간에서 태어나신 예수님이듯이 두 번째의 강은 졸졸흐르며 아주 낮은 곳에서 아름다운 무늬로 제잘 거리며 시냇물=나할=נחל나할=נַחַל나할[2]일을 한다. 성경의 강=나하르=나하르=נהר나하르=נָהָר나하르는 나 하러 가는 강으로 에덴의 동산에서 흐르는 작은 시냇물이다. 우리들이 즐겨하는 사업 의미가 되는 이 졸졸 흐르는 강이다. 하나님의 일을 하는 졸졸 흐르며 좋아하는 부부와 같다. 졸졸따라 흐르며 반짝이며 보여주는 나 할 일은 바로 내 해이기에 내 할 일을 한다. 나할[3] 일을 부지런히 하며 하나님의 일을 묵묵히 한다. 믿음생활에서 서로 나누어[4] 하는 일은 조금이라도 서로 십자가를 지는 일이다. 이 강은 예루살렘 성 밖의 동쪽 기드론 골짜기에

1) גיחון(기혼),
2) נַחַל(나할 · 시냇가).
3) נַחַל(나할 · 시냇물).
4) וְהִתְנַחַלְתֶּם(베히트나할템 · 나눌 것이니, 민 33: 54).

졸졸졸 흐르면서 예루살렘에 물을 대 준다. 탈바꿈하면서 유프라데강을 향해 말씀 든든히 잡고 흐른다.

성경은 결혼과 관련하여도 셋째 강을 펼친다. 물을 내뿜어 터져 나오는 힛데겔[1] 강이다. 어려움을 잘 통과하며 말씀을 말하지 않고는 견딜 수 없는 열정의 일을 한다. 아래에서 위로 솟구쳐 오르는 이 셋째강은 남쪽에서 북방 유브라데까지 가는 강으로, 유부라데 강을 위한 강이다. 의미는 말씀을 전하는 강이다. 말씀 전하기 위해서 서로 합친 것이다.

힛데겔은 하드 + 칼로 두 단어의 합성어이다. 의미는 날카롭고도 빠르고 신속하게 흐르는 물살이다. 말씀을 빠르게 전하는 하나님의 사람은 다니엘이 포로기 때 정월 이십사일에 힛데겔 강가에서 일어난 환상 중에 세마포 옷을 입은[2]분을 보았다. 부부가 할 일은 예수 그리스도의 재림[3]을 보는 일이다. 티그리스강은 강 상류가 넓으며, 강폭이 유프라데강보다 좁고, 터키 국경과 바그다드와의 고도차가 300m 이상 될 정도로 크기 때문에 강물이 많고 흐르는 속도가 매우 빠르다. 부부

1) הִדֶּקֶל(힛데겔 · 창 2:14).

2) 단 10: 4.

3)보라 내가 너희에게 비밀을 말하노니, 우리가 다 잠잘 것이 아니요, 마지막 나팔에 순식간에 홀연히 다 변화하리니, 나팔 소리가 나매 죽은 자들이 썩지 아니할 것으로 다시 살고 우리도 변화하리라. 이 썩을 것이 불가불 썩지 아니할 것을 입겠고, 이 죽을 것이 죽지 아니함을 입으리로다. 이 썩을 것이 썩지 아니함을 입고, 이 죽을 것이 죽지 아니함을 입을 때에는 사망이 이김의 삼킨바 되리라고 기록된 말씀이 응하리라. 사망아, 너의 이기는 것이 어디 있느냐? 사망아, 너의 쏘는 것이 어디 있느냐?(고전 15:51~55)

가 합하여 화살처럼 빨리 나는 힘의 능력을 가진다.

에덴의 셋째강 동편은 성경에서 그 후에 그가 나를 데리고 문에 이르니, 곧 동향한 문이라. 이스라엘 하나님의 영광이 동편에서부터 오는데, 하나님의 음성이 많은 물소리 같고, 땅은 그 영광으로 인하여 빛나니, 그 모양이 내가 본 이상, 곧 전에 성읍을 멸하러 올 때에 보던 이상 같고, 그발 하숫가에서 보던 이상과도 같기로 내가 곧 얼굴을 땅에 대고 엎드렸더니, 여호와의 영광이 동문으로 말미암아 전으로 들어가고, 성신이 나를 들어 데리고 안뜰에 들어가시기로 내가 보니 여호와의 영광이 전에 가득하더라[1]의 강이다. 부부가 합심하여 하나님의 일을 하는 일은 나약한 두 사람이 결혼하여서 얻는 좋은 자리이다.

생명의 강 넷째 유브라데 강은 생명을 살리는 강이다. 유프라데 강은 말씀을 전하는 입술이기에 생명의 젖줄 근원[2]이다. 둘이 하나로 모아지는 유브라데 강은 문이 되며 입술이 된다. 말씀 전하기 위한 강이다. 파랗게 흐르며 푸르게 흐르며 온 바다가 온통 파랗다. 이 푸르고 파아라 פרה[파아라][3]서 파랗다=פרת[파랗다]=פָּרָת[파랗다][4] 푸르러서=פרץ[푸르러서]=פְּרִץ[푸르러서][5] 내가 번성케 하리

1) 겔 43:1~4.
2) Mullen, *The Assembly of the God's*(1986), 132, n. 7.
3) פָּרָה(파아라아 · 생육 · 번성, 출 1:7; 사 11:1).
4) פָּרָת(파라트 · 열매맺다 호 13:15).
5) פרץ(프로쯔 · 창성, 출 1:12).

니=והפרתי베히프래티=וְהִפְרֵתִי베히프래티1)의 유프르다데2)강이다. 바로 전치사가 붙은3) וְ베와 הִ히4)를 빼면 파랗다.

네 강의 중심이 되는 이 강은 4: 4개념으로 1이 되는 강이다. 부부가 하나가 되어 말씀을 전하는 시들 줄 모르는 푸르름 유브라데 강이다. 큰 강이다. 하수5)이다. 비젼의 강 비손은 사프완에서 유브라데강과 합쳐진 후에 페르시아만으로 흘러간다. 거기서부터 페르시아만까지는 비손 강이라 부르지 않고 유브라데 강이라 부른다. 기혼 강은 코람사르에서 유브라데 강과 합쳐지고, 힛데겔 강은 쿠르나에서 유브라데 강과 합쳐진 후 페르시아만으로 흘러간다. 강이 합쳐진 후에 페르시아 만까지의 강은 더 이상 비손 강도, 기혼 강도, 힛데겔 강도 아닌 오직 유브라데 강이다. 모든 강물은 유브라데 강으로 되는 이 강은 입으로 말씀전함 특히 부부가 합하여 말씀으로 살아가야 함을 성경은 에덴동산의 네 강으로 보여준다. 새 하늘과 새 땅으로 가는 강이다.

모든 강물이 유브라데 강으로 흘러가는 것처럼6) 수

---

1) וְהִפְרֵתִי(베히프레티 · 내가..번성케하리니, 창 17:6).

2) יִפָּרֵד(이파레드, 창 2: 10).

3) פְּרָת(페라트. 창 2: 14).

4) וְהִ(베히).

5) 출 23:31, 신 1:7, 사 7:20.

6) 또 내가 새 하늘과 새 땅을 보니, 처음 하늘과 처음 땅이 없어졌고 바다도 다시 있지 않더라. 또 내가 보매 거룩한 성 새 예루살렘이 하나님께로부터 하늘에서 내려오니, 그 예비한 것이 신부가 남편을 위하여 단장한 것 같더라(계 21:1~2). 또 저가 수정 같이 맑은 생명수의 강을 내게 보이니 하나님과 및 어린 양의 보좌로부터 나서 길 가운데로 흐르더라. 강 좌우에 생명 나무가 있어 열 두 가지 실과를 맺히되 달마다 그 실과를 맺히고, 그 나

정 같이 맑은 생명수가 하나님의 보좌로부터 나와 흐른다. 하나님 보좌 앞 옆에는 생명나무가 있다. 새로운 과일이 잘 맺히고 모든 나라가 여기서 산다. 왜 생명나무가 잘 살게 되는가. 강이 다섯도 아니고 셋도 아닌 넷은 죽음 의미로 악이 그 위력을 떨치는 때[1]이다. 이때 하나님이 그의 외아들로 하여금 죄악이 한 번에 씻어지게 하시는 의미를 전달한다. 유브라데 강은 에덴동산에서 넷째 강 열매로 죽어야 사는 의미이다.

부부문제나 삶의 문제는 1: 1 · 2: 2 · 3: 3 · 4: 4 · 5: 5 · 6: 6 · 7: 7...로 서로 온전히 죽어질 때 사는 의미다. 넷째의 이 4는 완전한 동침 즉 4: 4의 개념이다. 일곱째 날은 7: 7로서 한 날 즉 주의 날이 되며 구약 전체의 의미가 전하는 죽어야 산다이다. 성경은 일의 설명을 그냥 하는 것이 아니라 시적 표현을 통하여 한 번에 씻어짐을 나타낸 이 단 한 길이며 그리고 그토록 열망하는 에덴시학의 길이다. 하나는 하나 오로지 유일한=하에하드=האחד=הָאֶחָד[하에하드][2]로 시작하여 에하드=ד האח=אֶחָד[에하드][3]로 끝난다. 창세기 1장부터 시작되는데 그 하늘로 시작하여 하늘로 끝난다.

무 잎사귀들은 만국을 소성하기 위하여 있더라(계 22:1~2)

1) 김재구, Ibid.

2) הָאֶחָד(하에하드 · 하나, D.AMS · 관사, 완료, 남성단수, 창 2:11).

3) אֶחָד(에하드 · 하나, D.AMS · 관사, 완료, 남성단수, 창 2:24).

(1). 알몸부부

부부는 서약을 한다. 좋은 집 포르르 날아가는 에덴 동산[1]을 마련하고 사랑의 가슴 물길로 싸비비[2]어 진다. 온종일 사랑하는 이를 위해 모래땅에서 구슬땀으로 일하여서 엮어진 금반지[3]를 아내 손에 끼워주고 진주[4]이슬 목거리 까지 걸어준다. 남편은 아내를 위해 지옥의 구스땅으로 흐르며[5] 십자가에 달린다. 아내와 남편은 한 가정을 유지하기 위하여 그들의 피와 땀을 다 쏟는다.

그리고 밤낮으로 바라보며 가슴을 열어 놓는다. 이러한 남편이 자신을 위해 목숨을 버리기까지 하여 남편의 자리가 눈으로 보이지 않는 지경에서야 다시 아내는 남편의 자리를 바라보며 그곳에 남편이 서 있기를 바란다. 이 바람이 이루어 진 날[6] 넓은 말씀의 강에서 두 부부는 감사하며 말씀전하고[7] 그 깊이가 더하여 죽어야 사는 아침[8] 을 만든다. 이 희생정신으로만 이루어진 가정은 서로들 반쪽가슴을 가진 존재이며 당신의 반쪽가슴과 반쪽가슴이 만나 말씀을 맞추어 일[9]을 한

1) 창 2:9.
2) 창 2:10.
3) 창 2:11.
4) 창 2:12.
5) 창 2:13.
6) 창 2:14.
7) 창 2:14.
8) 창 2:14.

다. 하나가 아니라 둘이 하는 일은 가슴의 말들이 쏟아지게 부르짖게[1] 된다. 밤이나 낮이나 서로 붙어 다니며 당신과 나[2] 사이의 관계에서 여자는 남편의 하나님 말씀을 가득 담은 가슴에 들어서서 복음이 된다. 복음을 전한다. 복음덩어리로 움직이면서 당신이 하라는 데로 움직이는 복음[3] 부부이다. 여자는 복음전하고 남자는 말씀을 기억한다. 말씀 하는 자와 기록자의 관계는 말씀을 내는 자, 곧 명령자와 전달자가 되어 전하는 사람과 묵상하는 자 사이가 하나가 되는 부부이다. 남자의 가슴뼈가 잘려진 가슴[4]으로 만들어진 여자는 입으로 조잘조잘, 쫑알쫑알 잘도 떠들면서 복음[5] 향기가 눈으로 보이는[6] 지경까지 간다.

보통으로 여자에겐 향기가 있어서 남자들 마음을 잡는다. 잘룩한 허리며 아름다운 얼굴이며 긴 머리칼 때문에 사랑하는 남자는 그녀에게서 눈을 떼지 못한다. 하나님이 만든 이 여자의 귀한 가치는 복음 곧 남자의 갈빗대인 남자의 가슴으로 만든 마음이 담긴 여자이어서다. 복음[7] 내 뼈 중의 뼈요 살 중의 살[8]이이다.

---

9) 창 2:18.
1) 창 2:20.
2) 창 2:21.
3) 창 2:21.
4) 창 2:23.
5) 창 2:22.
6) 창 2:23.
7) 창 2:22.

사람들은 행복을 찾아 떠난다. 이성만이 아니라면서 이상향을 찾아 떠난다. 하나님이 허락하실 지는 그 결과가 주목된다. 그러나 분명한 것은 하나님은 사람을 만드시고 하나님이 만드신 사람이 행복해지기를 바라신다. 그 분의 아드님을 주시었기에 그 증거가 되고 사람은 이 지상에서 마음으로 행복을 느끼며 살도록 허락하시었다. 그 방법에 또 다른 길이 있을지는 하나님만 아시는 일이다.

남편의 말씀을 들고 사는 여자![1] 이제 깊은 물에서 물 위를 걸으며 세상의 물 위에서 한 지붕을 이루고 가슴을 맞댄[2]다. 서로가 서로를 사랑하는 일은 예수님의 십자가 고통을 미리 맛보는 일이다. 싸울 때도 많다. 괴로움도 많다. 이제 아름답던 머리와 얼굴이 변하여 가기까지 십자가의 고통을 미리 맛보면서 그러나 예수님 십자가의 고통에는 미치지 못하지만 함께 이 세상을 살다가는 부부이다.

부부에 대한 다양한 이미지가 전해지지만 이 세상의 삶에서 유일한 동반자다. 그러기에 동반자라는 이름이 붙여진다. 부모나 형제보다 가장 가까운 이 사이는 사랑으로 엮어진 사이다. 이 사랑에 대하여 히브리어는 아파라는 말로 대신한다.

---

8) 창 2:22.
1) 창 2:23.
2) 창 2:25.

(2). 여보야 나 좀 살려줘

~ 에덴의 시학

가장 아파하는 사이가 부부사이이다. 그러기에 서로가 상대방의 결정에 대한 연민, 연정으로 바라보는 일이다.

이 연민은 안쓰러움이라는 우리말로 바꿀 수 있다. 상대방인 나를 너무 사랑하여 주기에 일생 함께 늙어가는 모습은 다른 모습으로는 내가 망가지는 일이기도 하다. 가지고 있던 나만의 가장 특별한 재능이나 좋은 몸매가 망가지는 일이기도 하다.

하나만 하시[1]라는 유혹에 넘어가서
움마 페[2] 뱉어야 할[3] 과일을 먹고 나서
사랑 임[4] 봐 요걸[5]먹어 봐요 봐요 멕이고

그러자 알몸부부 눈 밝아[6] 너무 밝아[7]
몸 둘이 말씀덩이 알몸을 보았어요.
얼빠져[8] 말씀 되묻어[9] 돌아나야 할 둘이

서로들 알몸[10]덩이 말 덩이 물 덩어리

---

1) הַנָּחָשׁ(베나하스 · 뱀이, 창 3:1).
2) וּמִפְּרִי(움므페리 · 실과, 창 3:3).
3) וַתֹּאכַל(바터팔 · 먹고, 창 3:7).
4) עִמָּהּ(임아 · 자기와 함께한, 창 3:7).
5) וַיֹּאכַל(바요칼 · 그도 먹은지라, 창 3:6).
6) פָּקַח(파카 · 밝아, 창 3:7).
7) וַתִּפָּקַחְנָה(밝디밝아나 · 이에 밝아, 창 3:7).
8) תֹאכְלוּ(토클루 · 먹지도, 창 3:3).
9) מוֹת תְּמֻתוּן(모트 테무툰 · 결코 너희가 죽지, 창 3:4).
10) עֵירֻמִּם(에루밈믐 · 몸이 벗은, 창 3:7).

알몸을 부랴부랴 잎으로 하 고롷게[1]
두르고 밋뵈어[2]질까 골내실[3]이 두려워

야 내가 오래오래 아꼈던[4] 내 과일을
내 과일 내음새를 향기만 맡아란데
아내의 한 마디[5] 땜에 쩔쩔매며 엎디는

하나님 부르실[6]때 이브가 시켜서요
하나만 하시[7]라며 존댓말 뱀에게로
와르르[8] 무너져 헤메[9] 아담 이브[10] 우리들

어미로 있는 중에[11] 비지땀[12] 흘려가며
정말로 이레 비싼[13] 옷 입힌 하나님이
너희들 에덴동산에서 사라지라[14] 얘 가라[15]

가자앙 값비싼 옷 입혀준 그이 곁에
사랑을 반지 끼고 동그란 사랑으로
결혼식 올렸 나이다 그래그래 오옳지

하늘이 아기 갖게[16] 해 준 날 배에 넣고[17]

---

1) חֲגֹרֹת(하고로트 · 치마를, 창 3:7).
2) מִפְּנֵי(밋브네 · 낯을 피하여, 창 3:8).
3) קֹלְךָ(콜랙 · 하나님의 소리, 창 3:10).
4) אָכָלְתָּ(아칼르트 · 네가 먹었느냐, 창 3:11).
5) עִמָּדִי(이마디 · 나와 함께 하신, 창 3:12티).
6) נָתְנָה~לִּי(나트나 · 내게 주므로, 창 3:12).
7) הַנָּחָשׁ(하나하시 · 뱀이, 창 3:13).
8) אָרוּר(아루루 · 저주를 받아, 창 3:15).
9) הַבְּהֵמָה(하브헤마 · 짐승, 창 3:14).
10) וְאֵיבָה(브에바 · 원수, 창 3:15).
11) אִשְׁתֶּךָ(이스테하 · 네 아내, 창 3:17).
12) בְּזֵעַת(브제아트 · 땅이 흘러야, 창 3:19),
13) וַיַּלְבִּשֵׁם(바야레비싼 · 입히시니라, 창 3:21).
14) וַיְשַׁלְּחֵהוּ(바이솨르헤후 · 그 사람을 내보내어, 창 3:23).
15) וַיְגָרֶשׁ(바예가레쉬 · 이같이 하나님이 쫓아내시고, 창 3:24) .
16) תֵּלְדִי(데르디 · 네가 낳을 것이며, 창 3:16).
17) וְהֵרֹנֵךְ(브헤로네흐 · 잉태, 창 3:16).

남편의 곁에서만[1] 남편의 몸 살 받이[2]
봐 어때[3] 그래도 행복 그 곁에서 살아요

~ 사랑아 사랑아 창세기 3:1~끝
이영지 「알몸부부」

아담과 이브는 결혼하여 부끄러워하지 않는 사이다. 이 알몸부부에게 하나님이 가죽옷을 입히시었다. 이 옷을 입고 아담과 이브는 세상 밖에서 지낸다. 하나 하시[4]라는 뱀의 유혹에 넘어가 하나님 말씀으로만 풀어[5]나가야 할 에덴의 과일을 먹고 쫓겨난 제 복을 제가 찬 아담과 하와!

아담의 사랑하는 아내 하와는 남편 곧, 하나님의 형상을 닮은 하늘같은 남편에게도[6] 묻지 않고 하나 하시라는 달콤한 배암의 존댓말에 넘어가 과일 먹은 후 남편에게도 요걸 먹이고 에덴에서 쫓겨난다. 남자들은 여자들이 만들어 해 주는 음식을 먹는다. 먹어서는 아니될 뱉어야 할[7] 과일[8]하며 실과[9]를 먹는다.

입으로 마음을 풀어낸다. 아담과 이브는 과일 향기만

---

1) תְּשׁוּקָתֵךְ(트수카테흐 · 사모하고, 창 3:16).
2) יִמְשָׁל(임몸살 · 다스릴, 창 3:16).
3) בְּעֶצֶב(브에째브 · 수고하고).
4) וְהַנָּחָשׁ(베나하스 · 뱀이, 창 3:1).
5) וּמִפְּרִי(움므페리 · 실과, 창 3:3).
6) כְּנֶגְדּוֹ(크네게도 · 베필, 창 3 :18) .
7) וַתֹּאכַל(바터팔 · 먹고, 창 3:7).
8) פְּרִי(프리 · 열매, 과일).
9) פִּרְיוֹ(피르요 · 실과, 아 8:12).

맡기만 하면 되는 과일을 따 먹어 향기를 없애버린다. 하나님만이 아름다운 소리를 내시는 피리를 탐내 과일 향기 피리[1]를 먹어버린 것이다. 이걸[2] 먹어요 하는 하와의 청에 아담은 낼름 받아먹은 것이다. 바로 어르신이 하실[3]일을 가로챈 것이다. 향기 진동의 에덴을 삭막하게 한 것이다.

그제야 하나님의 형상을 닮은 귀중한 알몸[4] 자신들 말씀덩어리 물 덩어리임을 알고 번제 때 사용되는 잎으로 치마를 만들어 걸고[5] 두려워 나무 뒤에 숨는다. 날 닮은 아담아 어디 있느냐? 하신 하나님에게 밉 뵈어[6] 알몸부부는 있다 뵈[7]요 하며 숨었다. 아 아가[8] 어디 있느냐 날 잡고 중심을 잡으라 했는데 어디 있느냐! 골낼[9]일을 저지른 알몸부부! 겁먹고 이레[10] 야단치실까봐 알몸[11]으로 숨었다.

내가 가장 아끼는[12] 내 과일을 너희들이 먹었느냐 하시며 안타까우셔서 오로지 내 아들에게서 나는 향기를

---

1) וּמִפְּרִי(움므페리 · 실과, 창 3:3).
2) מִפִּרְיוֹ(미피르오 · 그 실과, 창 3:6).
3) יוֹ(요 · 하나님이 바라심, 직접 손으로 하실, 창 3:3,6) .
4) עֵירֻמִּם(에루밈믐 · 몸이 벗은, 창 3:7).
5) חֲגֹרֹת(하고로트 · 치마를, 창 3:7).
6) מִפְּנֵי(밉브네 · 낯을 피하여, 창 3:8).
7) וַיִּתְחַבֵּא(바이트하베 · 숨은지라, 창 3:8).
8) אַיֶּכָּה(아에카 · 네가 어디있느냐, 창 3:9).
9) קֹלְךָ(콜랙 · 하나님의 소리, 창 3:10),
10) וָאִירָא(바이라 · 두려워하여, 창 3:10),
11) עֵירֹם(알몸 · 벗어, 창 3:10).
12) אָכָלְתָּ(아칼르트 · 네가 먹었느냐, 창 3:11).

네가 먹었느냐 하시는 하나님, 너희들은 향기 맡기만 하면 되는데 먹었느냐하시며 나무라신다.

그러자 아담이 나서며 아내를 가리키며 한 마디 내[1] 아내 때문이라며 바로 어르신이 내 갈비뼈를 뽑아서 만들어 저에게 나타낸[2] 저의 아내가 과일을 나에게 먹이었나이다 라고 구차한 변명을 한다. 하나님은 어쨌든 마 좋다[3] 하시면서 너희들이 아시듯[4]이라는 존댓말까지 쓰시었다.

와르르[5] 무너진 부부! 짐승처럼 온 산을 헤매는[6]는 바보[7]가 되어 아시듯[8] 알몸부부는 쫓겨난다. 고통하며 하와의 배로 아이를 내는[9] 일을 하게 되고 아담은 비지땀을 흘리며 하나님 향기를 남자의 체면으로 늘 내놓아야 한다. 아내는 남편이 늘 봐 어째[10] 이래라는 핀잔을 들어가며 남편을 받들어야 하고 하늘이 준 아이들도 집안에 데려다[11] 놓는 해산의 고통을 맛보며 살아야 한다. 하나님의 형상으로 만들어진 남편을 아내는

---

1) עִמָּדִי(이마디 · 나와 함께 하신, 창 3:12티).
2) נָתְנָה~לִּי(나트나 · 내게 주므로, 창 3:12).
3) מַה~זֹּאת(마~좋다, 어찌하여 이렇게, 창 3:!3).
4) עָשִׂית(아시트 · 네가 하였느냐, 창 3:13).
5) אָרוּר(아루루 · 저주를 받아, 창 3:15) .
6) הַבְּהֵמָה(하브헤마 · 짐승, 창 3:14).
7) וְאֵיבָה(브에바 · 원수, 창 3:15).
8) אָשִׁית(아쉬트 · 내가 되게 하고, 창 3:15).
9) וְהֵרֹנֵךְ(브헤로네흐 · 잉태, 창 3:16) .
10) בְּעֶצֶב(브에째브 · 수고하고).
11) תֵּלְדִי(데르디 · 네가 낳을 것이며, 창 3:16) .

늘 곁에서[1] 사모하고 남편이 임 몸살[2]나게 할 일을 겪는다.

하나님의 피로 만들어진 아담은 그래도 자기의 의사도 물어보지 않고 먼저 먹어 버린 아내지만 집에 늘 있는[3] 아내라 아내 말을 잘 듣는다. 남편은 비지[4]땀을 흘리며 일을 해야 산다. 아내는 남편 얼굴 앞에[5] 있어도[6] 잘 부서지는 나약한 모습으로 살아간다. 그래도 하나님 닮은 아이를 낳아 대 이은 이들은 하나님에겐 비싼[7]의 존재이다. 보쌈의 존재이다. 하나님은 가죽 옷을 직접 손으로 해 입힌다. 이들은 세상에서 제일 비싼 옷을 입고 결혼식을 올린다.

> 남편이 돌아오면 먹을 것 먹입니다
> 남편은 말없이도 그대로 먹습니다
> 먹어서 눈이 떠져서 벌거벗음 보여요
>
> 간이 배 밖으로 나와서 눈물 고여
> 여호와[8] 처음으로 부르는 여호와야
> 여보야 바라[9] 여보야 여보오오 여호와
>
> -이영지 「여보야 나조옴 살려줘」

---

1) תְּשׁוּקָתֵךְ(트수카테흐 · 사모하고, 창 3:16).
2) יִמְשָׁל(임몸살 · 다스릴, 창 3:16).
3) אִשְׁתְּךָ(이스테하 · 네 아내, 창 3:17).
4) בְּזֵעַת(브제아트 · 땅이 흘러야, 창 3:19).
5) אַפֶּיךָ(아페이하 · 얼굴에, 창 3:19),
6) אִשְׁתּוֹ(이스토 · 아내, 그 아내를).
7) וַיַּלְבִּשֵׁם(바야레비thka · 입히시니라, 창 3:21).
8) 창 4:26.
9) 4:26.

한국에는 유일하게 사랑하는 아내와 남편끼리 서로 여보야 애칭으로 부른다. 그래서 성경에서 제일 처음 여호와라고 부르기 시작한 이 여호와를 둘러싼 문맥을 유추해본다. 이 문맥은 다름 아닌 창세기 4장 26절에서 여호와라는 말이 처음 쓰이고 곧 아이가 태어나는 일들을 들어 볼 수 있다. 아이들은 부부간에서 이루어지는 일이고 특히 여호와라는 이름이 처음 불린다.

가슴에 물이 아담[1]하게 담긴 하나님의 사람 아담 하나님 손으로 야 다 보여주니[2] 기뻐서 얻은 아내 하와[3]이다. 재미있는 성경의 결혼이야기이다. 결혼관계를 잘 나타내주고 있는 성경의 결혼문제는 결코 단순하지 않음을 알려준다. 그럼에도 정으로 엮이어진다. 사실 결혼이야기의 성경은 놀랍게도 혈연관계이다. 그리고 부부사이에는 복음문제가 있다. 남편은 하나님의 말씀을 기록하는 자이다. 아내 여자는 남편이 심어준 복음을 전하는 자이다. 여자들이 비교적 말이 많은 것은 복음 전하는 중이어서이다. 성경은 자식의 문제를 하나님이 데려다 놓았다고 한다.

---

1) 창 4:1
2) 창 4:1
3) 창 4:1

(3). 가인 이야기

곁에 아내가 있어도[1] 아들이 있어야 하겠기에 낳아[2]진 가인은 하나님이 엣따 하신 가인이다. 하나님이 겨우 살려준[3] 가인이다. 가슴에 고통을 낳다[4]라는 이미지의 가인에게 동생 아벨이 태어났다.[5] 가인은 농사하는 자[6]다. 늘 봐 여기[7]하며 무엇인가 봐달라는 가인은 농사 소산으로 제물을 삼아 여호와께 드린[8]다. 아벨은 양의 첫 새끼와 그 기름으로 드렸더니[9] 하나님이 그 제사만 받으시었다.

은혜의 강물에서 하나님 닮아 숨 쉬며 양을 치던 아벨에게는 예수님의 향기가 있다. 하나님이 열납 하셨다.[10] 가인의 제사는 받으시지 않으셨다.[11] 이에 가인은 아벨을 이 세상에서 사라지게 한다. 섭섭한 마음[12]때문에 잘못을 해 놓고도 화내는 가인[13]을 하나님은 숨을

---

1) אִשְׁתּוֹ(잇스토·아내, καὶ συλλαβοῦῦσα, 창 4:1)
2) וַתֵּלֶד(바테레드·낳고, 창 4:1)
3) 창 1:4
4) וַתֵּלֶד(바테레드·낳고, 창 4:1)
5) לָלֶדֶת(랄레데트·τεκεῖν, 낳았는데, 창 4:2)
6) 창 4:2
7) וַיְהִי(바예히· καὶ ἐγένετο·후에, 창 4:3)
8) 창 4:3
9) 창 4:4
10) 창 4:4
11) וְאֶל~ קַיִן וְאֶל~ מִנְחָתוֹ לֹא שָׁעָה(베엘~ 카인 베엘~민느하토 로 솨아·ἐπὶ δὲ Καιν καὶ ἐπὶ ταῖς Θυσίαις αὐτοῦ οὐ προσέσχέν, 가인과 그 제물은 열납하지 아니하신지라, 창 4:5)
12) וַיִּחַר לְקַיִן מְאֹד וַיִּפְּלוּ פָּנָיו(바이하르 레가인 메우다 바이클루 판나이브· καὶ ἐλύπησεν Καιν λίαν καὶ συνέπεσεν τῷ προσώπῳ, 가인이 심히 분하여 안색이 변하니, 창 4:5).

머리로 쉬어야 하는데 누구 탓을 하느냐[1] 하시며 나무라신다. 그러나 가인은 하나님이 하라시었기[2])에 했노라며 아우를 알지 못하나이다[3] 내가 아우를 지키는 자이냐고 한다. 하나님은 아우의 피가 땅에서부터 호소한다[4]하신다. 아우[5] 아벨[6]은 정말로 좋은[7] 양치는 자이었으나 억울하게 죽은 절규가 온 땅에 퍼졌[8]다.

흙이 아파라[9]한다. 흙은 아파라로 발음된다. 히브리어 발음이다. 하나님의 눈과 입과 머리인 흙 아벨의 소리가 하나님 마음에 담기어 소리를 낸다. 완전히 죽은 것이 아니라 민 ~ 하아다마[10] 이다.

---

13) וַיֹּאמֶר יְהוָה אֶל ~ קָיִן לָמָּה חָרָה לָךְ וְלָמָּה נָפְלוּ פָנֶיךָ(바이오메르 여호와 엘~가인 람마 하라 레크 벨라마 나플루 판네카· καὶ εἶπεν κύριος ὁ Θεός τῷ Καιν Ἵνα τπ περίλυπος ἐγένου καὶ ἵνα τί συνέπεσεν τό προσωπόν, 여호와께서 가인에게 이르시되 네가 분하여 함은 어찜이며 안색이 변함은 어찜이뇨, 창 4:6).

1) אִם~ תֵּיטִיב שְׂאֵת וְאִם לֹא תֵיטִיב לַפֶּתַח חַטָּאת רֹבֵץ וְאֵלֶיךָ תְּשׁוּקָתוֹ וְאַתָּה תִּמְשָׁל ~בּ
הֲלוֹ(할로아 임~테티브 쉐에트 베임 로 테티브 라페타 하타트 로베쯔 베엘레하 테수카토 베아타 팀므솰~보· οὐκ ἐάν ὀρθῶς προσεγκης δέ μὴ ὀρθῶς διέλης ἥμαρτες ἡσύχασον πρός σέ ἡ ἀποστροφὴ αὐτου καὶ συ ἄρζεις αὐτὺ, 네가 선을 행하면 어찌 낯을 들지 못하겠느냐 선을 행치 아니하면 죄가 문에 엎드리느니라 조의 소원은 네게 있으나 너는 죄를 다스릴찌니라, 창 4:7).

2) 창 4:8.

3) לֹא יָדַעְתִּי הֲשֹׁמֵר אָחִי אָנֹכִי(로 야다으티 하소메르 아피 아노히·ου γινώσκω μὴ φυλαζ τού αδελφοώ μού εἰμί ἐγώ, 내가 알지못하나이다 내가 애 아우를 지키는 자이니까, 창 4:9).

4) קוֹל דְּמֵי אָחִיךָ צֹעֲקִים אֵלַי מִן ~ הָאֲדָמָה(콜 듬메 아히하 조아킴 엘라이 민~하아다마· φωνὴ ἁίματος τοῦ μδελφου σου βοά πρός με ἐκ τῆς γης, 네 아우의 핏소리가 땅에서부터 내게 호소하느니라, 창 4:10).

5) אָחִיו(아히브· τον αδελφόν αὐτού· 가인의 아우, 창 4:2).

6) אֶת~הָבֶל(에트~ 하벨·τον Αβελ·아벨을, 창 4:2).

7) רֹעֵה צֹאן(로에 죤·ποιμὴν προβάτων·양 치는 자, 창 4:2).

8) פָּצְתָה(포즈타·ἔκανεν, 땅이 벌려, 창 4:11).

9) עָפָר(아파르·흙, 창 2:7). 모래는 חוֹל(홀·모래, παράαλιον. 신 33:19).

10) מִן ~הָאֲדָמָה(민~하아다마·땅, 창 2:7)

아벨에게 하나님이 마음을 다 준다. 가인은 하나님이 다 주어도[1] 삐뚜르게 나간다. 그리고도 살고파 하나님께 살려 달라[2] 사람들이 나를 죽이겠나이다[3]며 애걸복걸한다.

이에 하나님은 할 수 없이 그러면 내가 주는 모자[4]를 쓰고 하나님의 싹을 내는 표징[5]으로 나가면 살리라 하시었다. 뛸 듯이 기뻐 아내 잉태[6]까지 시키고 에녹을 낳는[7]다. 에녹은 하나님과 동행한 에녹성[8]에 살았다. 하나님은 다시 아담과 하와사이에서 셋[9])을 낳아 처음으로 여호와 이름을 부르게[10])하신다.

이 여호와 이름에 대한 근거[11]는 여호와 글자의 ה(헤·5) + ו(바·6) + ה(흐·5) +י(예·10)= 26[12]이다. 이 26은 바로 창세기 4장 26절이다. 이 2분의 1이 되는 수치 13은 사랑의미 에하드이다. 하나 의미와 동일하다.

가슴에 물이 담긴 아담[13]은 여보야 하와[14]와 더불어

---

1) וָנָד(바나드·유리하는 자가· αἰὕτςνμω, 창 4:12)

2) גָּדוֹל עֲוֹנִי מִנְּשֹׂא(가돌 오니 민느소· Μεῖζων ἡ αἰτία μου τοῦ αφεδῆναί με, 내 죄벌이 너무 중하여 견딜수, 창 4:12)

3) גֵּרַשְׁתָּ ··· יַהַרְגֵנִי(게르사트 ···야하르겐티· εκςβαλλεις ··· ἀποκτενεῖ με, 주께서 나를 쫓아 내시온즉 ··· 나를 만나는 자가 나를 죽이겠나이다)

4) מֹצְאוֹ(모즈오·τὸν εὑρίοκόντά αὐτόν, 만나는, 창 4:15)

5) אוֹת(오트·표징, 출 31: 17)

6) וַתַּהַר(바타하르· καὶ συλλαβοοσα 잉태하여, 창 4:17)

7) וַתֵּלֶד(바테레드·ἔτεκεν, 낳은지라, 창 4:17)

8) 창 4:17

9) 창 4:25

10) 창 4:26

11) latter value.

12) Ibid

첫째 아이[1] 애물단지를 낳는다. 바로 하나님이 구해야 사는 가인[2]이다. 둘째 아들 아벨은 하나님이 기뻐 제사 받으신다. 하나님 마음이 보이는 향기가 나는 아벨이다. 말씀 안에서 영원히 선[3] 아벨을 받으셨다.[4] 아벨은 형의 질투로 죽게[5]되는 양치는 자[6]이다. 그리고는 가인은 숨 쉬지 못하여[7]질 정도로 가위에 눌린다. 그래도 살고 싶어 하나님께 애걸복걸하여 겨우 모자[8]를 얻어 쓰고 에녹[9]을 낳는다.

아담과 이브는 셋 세트[10]를 얻어 여호와라 부르며 살아간다.

다음은 가인 입장에서 시를 지었다.

---

13) 창 4:1

14) 창 4:1

1) וַתֵּלֶד(바테레드·낳고, 창 4:1),

2)(창 1:4)

3) וְהֶבֶל הֵבִיא גַם־הוּא מִבְּכֹרוֹת צֹאנוֹ וּמֵחֶלְבֵהֶן(브헤벨 헤비아 감~후아 미브코로트 죠노 움메헬베헨, καὶ Αβελ ἤνεγκεν καὶ αὐτὸς ἀπὸ τῶν πρωτοτοκων τῶν προβατων αὐτοὺ καὶ ἀρὸ τῶν στεατῶν 아벨은 자기도 양의 첫 새끼와 그 기름으로 드렸더니, 창 4:4)

4) וַיִּשַׁע יְהוָה אֶל ~הֶבֶל וְאֶל ~ מִנְחָתוֹ(바이솨아 예흐바 엘~헤벨 베엘~민느하토·아벨과 그 제물은 열납하였으나, 창 4:4)

5) לָלֶדֶת(랄레데트·τεκεὶν, 낳았는데, 창 4:2)

6) רֹעֵה צֹאן(로에 죤·ποιμὴν προβάτων·양 치는 자, 창 4:2)

7) וַיֹּאמֶר יְהוָה אֶל ~ קָיִן לָמָּה חָרָה לָךְ וְלָמָּה נָפְלוּ פָנֶיךָ(바이오메르 여호와 엘~가인 람마 하라 레크 벨라마 나플루 판네카· καὶ εἶπεν κύριος ὁ Θεός τῷ Καιν Ἰνα τπ περίλυπος ἐγένου καὶ ἵνα τί συνέπεσεν τό προσωπόν, 여호와께서 가인에게 이르시되 네가 분하여 함은 어찜이며 안색이 변함은 어찜이뇨, 창 4:6)

8) מֹצְאוֹ(모즈오·τόν εὑρίοκόντά αὐτόν, 만나는, 창 4:15)

9) 창 4:17

10) 창 4:25

하늘의 한 별에는 선한 양 눈물로만 알알이 익습니다 아빠가 사랑하는 별들이 하 흔들리듯 첫아들로 익어라

지극히 사랑하는 아벨로 주셨는데 아빠가 나보다 더 사랑한 동생이라 질투나 아빤 나보다 내 동생을 사랑해

양치는 내 아우를 더 좋아 하신거야 휘엉청 달 밝은 밤 양치는 아벨 보며 달들이 고추잎 이랑 속삭임이 익는 밤

저 가인 누구보다 아빠를 사랑해요 별들로 익는 동생 눈빛에 아빠사랑 아빠는 온통 섬 하늘 물들이며 눈물이

둘째의 눈물 고개 돌리며 돌아서는 그러자 사랑비로 섬 하늘 덥히느라 형인 나 가인인 나 두 손으로 얼굴을

가리고 가리우고 빗물을 마구마구 받으며 울고파요 사랑치 않으셨죠 오온통 나의 온몸을 아빠눈물 덮으며

- 이영지「아빠는 나를 사랑하시지 그지」

카인의 후예와 에노스의 후예 - 창 4:1~1225~26

성경에 부모의 사랑이 표시된 가인과 아벨의 이야기가 전개되는데 같은 자식이라도 편애하는 부모의 심정이 노출된다. 그것은 아빠 엄마의 취향이기도 하다. 가장 좋아하시는 아벨에게 온통 사랑하여 주는 자에게 가는 부모의 마음이 전개된다. 부모에게 선물을 하는데 형 가인은 부모에게 드릴 선물을 골라 드린다. 아벨은 온 정성을 다하여 다 드린다.

가인은 잘 된 농작물 중에서 골라 하나님에 드린다. 이 차이는 온 정성을 기울여 다 드리는 자와 골라 드리는 구별이다.

2. 노아의 우물

성경에서 하나님의 사람이 있다. 이 하나님 가슴을 닮도록 만든 아담→ 배열의 의미를 지닌 셋→ 약한 사람 에노스→ 고정된 자리 정경 책의 게난→ 찬양의 마할랄렐→ 흐름의 야렛→ 봉헌의 에녹→ 죽음을 던지는 자 무드셀라→ 가장 좋은 대의 라멕→ 둘째 날 10대째 위로자 노아로 이어진다.

노아 때는 아담 죄로 인한 저주가 있는 시기이다. 그러나 이 둘째 날 노아는 여호와 눈에 있는 은혜 뵈네[1] 하며 은혜 갚으려 120년 동안 배를 만든다. 하늘만 바라보며 우물 깊이를 만든 노아 때는 정착과 위로가 있었다. 여호와[2]를 부르며 눈에 뵈이네[3] 눈에 뵈이네[4] 하자 모든 깊음의 샘들[5]이 닥아 왔다. 마음의 샘 물=마임=מים[마임]=מַיִם[마임][6] 마 임이 있다. 물이 늘 솟아 하늘이 된 때 하나님의 샘 물[7]위에 배가 떴다.[8] 노아는 이 배에 탔다. 노아[10대][9]는 하나님 은혜를 입었다.

---

1) בְּעֵינֵי(브에네 · 눈 안에, 창 6: 8).
2) בְּעֵינֵי יְהוָה(베에네 여호와 · 여호와의 선히 여기심, 민 24: 1).
3) בְּעֵינֵי(베에네 · 눈 안에, 창 6: 8).
4) בְּעֵינֶיךָ(베에나이하 · 그대의 눈에, 창 16: 5, 6).
5) כָּל~מַעְיְנֹת תְּהוֹם(콜~마예노트 테홈 · 모든 깊음의 샘들, 창 7: 11).
6) עֵין הַמַּיִם(엔 하마임 · 샘).
7) 창 7: 11.
8) Nelson Glock, *Hesed in the Bible, Trans Alfred Cottschalk*(Cincinnati: The Eabrew Union College Press, 1967), 79~83.

1). 은혜를 받은 자

노아 홍수 전[1] 노아는 하나님의 눈에서 은혜를 발견란다. 그 후 120년 동안 배를 만든 노아다.[2] 때의 홍수 인류 전멸[3] 위험 때에도 하나님이 노아를 살렸다. 노아는 그 배에 타고 살아남아 아들들이 온 땅에 퍼지도록 축복을 받는다. 노아[4]는 포도원[5]에서 포도나무 밖에 몰랐다. 그 밭[6]에서 노아는 조상 하 아담아 라 부르며[7] 은혜에 취하였다. 노아[8]는 아담의 10대째인데도 하아다마[9]하고 부르짖다 못하여 포도밭 농사 때도 하 아담아[10]하며 그리워하였다. 노아가 포도주에 취하였다[11] 은혜에 취하여 은혜 포도주를 실컷[12] 입고 벌거벗[13]었다.

---

9) 창 6:8.

1) Bernard Ramms, *The Christian View of Science and Scripture*,(Grand Rapids: Wm. B. Ferdmans Pub. Co, 1954), 239.

2)Carol M. Kaminski, *From Noah to Israel: Realization of the Primaeval Blessing after the Flood*(Cambridge: Westcott House, 2004), 21.

3) Charless Burton, *Lectures on the Deluge and the World After the Flood*(London: Hamilton, Adams, & co., 1845), 21.

4) כֶּרֶם(케렘).

5) בֵּית הַכֶּרֶם(베트 하케렘 · 포도나무).

6) בֵּית(베트 · 집).

7) הָאֲדָמָה(하아다마 · 아담을 소망, 창 9:20).

8) נֹחַ(노아).

9) הָאֲדָמָה(하아다마).

10) הָאֲדָמָה(하아다마 · 농사, 창 9:20).

11) 창 9:21.

12) שׁכַשׁ(쉬카르, · 마시다. 황홀하게 바라보다, 창 9:21).

13) 창 9: 21.

2). 포도주 사건

포도주는 히브리어로 와인[1]이다. 비둘기도 같은[2] 발음이다. 비둘기는 포유동물로 혀 바닥 밑에 있는 젖으로 새끼를 먹인다. 노아는 포도 농사지으며 포도를 먹는 일로 은혜를 갚느라[3] 애 썼다. 입으로 하나님 말씀을 전한 노아는 너무 은혜를 통째로 다 먹고 취하여 벌거벗었다. 취한 모습은 아들들 함과 셈과 야벳에게 전달된다. 노아는 하나님 은혜를 구하면서 거추장스러운 인간의 옷을 다 벗었다.

이로 하여 노아의 벗음[4]문제는 길가메쉬 설화[5] 전해진다. 특정한 이유가 있을 것[6] · 풀 수 없는 수수께끼[7] · 노아와 하나님의 아내와의 관계[8] · 생육하고 번성하라[9] 등으로 논의되는 노아 이야기[10]는가 있다.

---

1) יַיִן(와인 · 포도주).

2) יוֹנָה(요나 · 비둘기, KHCCOT 3196).

3) גֶּפֶן(게펜 · 포도, 신 8: 8).

4) John J. Pilch and Bruce J. Malina, 『성경 언어와 사회적 의미: *Handbook of Biblical Social Values*』, 이달 옮김(서울: 한국장로교 출판사, 1998), 200, 206~207.

5) 창 9: 22. 23a. 23b.

6)C. F. Keil and Delitzsch, *The Pentateuch, in Commentary on the Old Testament*(Grand Rapids: William B.Eardmane Company, 1975), 157.

7)Umberto Cassuto, *A Commentary on the Book of Genesis*, II (Jerusalm: The Magnse Press, 1992), 16.

8) Isaac M. Kikawada and Arther Quinn, *Before Abraham Was*(Nashille: Abingdon Press, 1986), 102.

9) 창 1: 28

10) 엄원식, 히브리문학과 고대 근동 문학의 비교, 『복음과 실천』 13(대

하나님으로부터 노아는 의롭다는 평을 받는다. 결로 보아 전해지는 정착과 위로자의 뜻이 있음이 맞다. 포도주 문제[1]는 그 당시의 과거 살렘왕 멜기세덱이 그릇에 담아 아브라함에게 가지고 나왔으며[2] · 야곱이 장자 권을 얻기 위해 이삭에게로 그릇에 담아서 가지고 나왔던[3] 포도주다. 하나님 백성들은 하나님이 창조한 삶에 취해 살아 살아간다. 포도주는 비둘기와 관련되어진다. 물이 변하여 된 포도주는 혼인잔치에 쓰였다.

노아는 950세나 살았다. 이 수치는 마지막 목표를 아주 열망하여 900세를 잘 넘긴 의미다. 900세를 넘었다고 하는 것은 거의 하나님 사람이 다 되었음을 의미한다. 더구나 50세나 더 살게 된 노아는 50의미가 주는 선정의미로 하여 하나님일을 잘 하였음을 의미한다. 천수를 누린[4] 사람이다.

사망[5]은 하나님의 손이 물에 인[6]을 치셔야 끝난다.

전: 침례 신학 대학교, 1990) 9, 138.

1) 창 9: 21.

2) 창 14: 18.

3) 창 27: 25.

4) וַיָּמֹת(비야이모트 · 죽이기고 있는, 창 9: 29).

5) מוֹת(무트 · 사망, 출 12: 30; 레 8: 35, 10: 9, 16: 2; 신 2: 16, 30: 15, 19; 룻 2: 20; 삼상 5: 11, 15: 32; 삼상 20: 3; 삼하 22: 5, 6; 왕하 4: 40; 욥 3: 5, 18: 13, 28: 22, 38: 17; 시 6: 5, 9: 13, 13: 3, 18: 4, 5, 22: 15, 23: 4, 31: 12, 33: 19, 44: 19, 49: 14, 55: 4, 15, 56: 13, 68: 20, 78: 50, 88: 5, 10, 107: 10, 14, 18, 116: 3, 8; 잠 2: 18, 7: 27, 8: 36; 11: 19, 12: 28, 13: 14, 14: 12, 14: 27, 16: 25, 21: 16, 24: 11; 전 7: 26; 사 9: 2, 22: 2, 25: 8, 26: 14, 28: 15, 18, 38: 18, 53: 12; 렘 2: 6, 9: 21, 13: 16, 15: 2, 18: 21, 21: 8; 애 1: 20; 겔 37: 9; 호 13: 14; 암 5: 8; 합 1: 12, 2: 5; 마 4: 16; 요 5: 24; 행 2: 24; 롬 5: 12, 14, 17, 21, 6: 9, 16, 21, 23, 7: 5, 10, 13, 24, 8: 2, 6, 38; 고전 3: 22, 15: 21, 26, 54, 55, 56;

둘째 사람 노아는 하나님의 사람으로 살면서 정착한 자이다. 슬하에 지위와 설립의 의미를 지닌 셈과 하나님 일을 열정적으로 하는 함과 야 배나 늘어나 번창하라는 야벳을 낳고 함은 무릎 가나안을 낳는[1] 때이다.

포도주 사건은 아비의 벌거벗은 모습을 동생에게 알려서 저주를 받았다. 그러나 함은 사실상 후일 알렉산더 대왕의 히브리어 70인의 번역과 라틴어인 킹 제임서 비전을 만드는 후손이 있다. B · C 340부터 300년간의 연결 되는 바울과 접맥된다. 사도행전[2]으로 문서 전도자로 전해진다. 하나님 문서 사역을 맡은 이들은 사도들로 이어진다. 단순히 함을 하갈[3]과 관련[4]할 수 만은 없다.

고후 1: 10, 2: 16, 4: 12, 7: 10; 딤후 1: 10; 히 2: 14; 약 1: 15, 5: 20; 요일 3: 14, 5: 16, 17; 계 1: 18, 2: 11, 23, 6: 8, 18: 8, 20: 6, 13, 14, 21: 4, 21: 8.

6) ת(타브 · 인) .

1) 창 5~11.

2) 예수님의 승천(사도행전 1장) → 오순절(2장) → 앉은뱅이 고침(3장) → 요한과 베드로가 옥에 갇힘(4장) → 성령을 속인 아나니아와 삽비라의 죽음(5장) → 7집사(6장) → 스데반의 설교(7장) → 예수님은 그리스도(8장) → 사울의 회심과 욥바에서 다비다를 살린 베드로(9장) → 고넬료와 베드로의 만남(10장) → 이방인 선교보고(11장) → 베드로의 탈옥(12장) → 안디옥으로 1차 선교 출발(13장) → 1차 선교 귀환(14장) → 예루살렘 총회(15장) → 2차 빌립보 사역, 디모데오와 함께(16장) · 마게도냐 사역도 함께(16장) → 2차 데살로니가, 베뢰아, 아덴 사역(17장) → 2차 고린도 사역, 데살전,후서 씀(18장) → 3차 에베소 사역 · 고린도 전서 씀(19장) → 3차 마게도냐 사역(20장) → 3차 귀한 · 바울의 체포(21장) → 1차 간증(22장) → 공회 앞에서(23장) → 벨릭스 총독(24장) → 베스도 총독(25장) → 2차 간증(26장) → 로마로 출발(27장) → 로마 도착(28장)

3) 창 16: 1~ 16; 21: 8~21).

4) Herman Gunkel, *Water for a Thirsty Land: Israelite Literature and Religion*, edited b K. C, 71~72./ David Tuesday Adamo & Erivwierho Francis, 455~471.

3). 바벨탑 사건

하나님이 하나님의 백성들에게 하나님의 마음 안에서 숨 쉬며 좋은 생각하며 행복하게 살라 하시었다.[1] 바벨탑 사건은 하나님이 주신 머리로 하나님의 백성이 생각해 낸다는 것이 하나님 자리를 넘보는 일이었다.

히브리어원문으로 보면 으뜸이 되려고 몸부림친다. 몸이 흔들린다. 하나님 집안에서 주인이신 하나님 안에 그들의 가슴을 밀어 넣었다. 하나님 말씀[2] 그대로를 받아들이지 아니하고 하나님을 비키어[3] 놓고 하나님 향기를 탐내었다. 그들 스스로 우두머리가 되려고 똘똘 뭉쳤다. 예수님 자리[4]까지 엿보려 진흙과 찰흙을 견고히 구워 벽돌과 벽돌포장을 각기 두 번[5]씩 반복하며

---

1) וַיְהִי בְּנָסְעָם מִקֶּדֶם וַיִּמְצְאוּ בִקְעָה בְּאֶרֶץ שִׁנְעָר וַיֵּשְׁבוּ שָׁם(바예히 브나스암 미케뎀 바이므즈우 비크아 브에레쯔 쉬나아르 바예스부 솸 · καί ἐγένετο ἐν τώ κίνεσαι αὐτύς ἀπό ἀνατολῶν εὕρον πεδίον ἐν γη Σεννααρ καί κατῴκκησαν ἐκεί, 이에 그들이 동방으로 옮기다가 시날 평지를 만나 거기 거하고, 창 11:2).

2) וַיִּמְצְאוּ(바이므즈우 · 만나, 창 11:2).

3) בִקְעָה(비크아 · 앉아, 창 11:2).

4) לְבֵנִם וְנִשְׂרְפָה לִשְׂרֵפָה וַתְּהִי לָהֶם הַלְּבֵנָה לְאָבֶן וְהַחֵמָר הָיָה לָהֶם לַחֹמֶר וַיֹּאמְרוּ אִישׁ אֶל~רֵעֵהוּ הָבָה נִלְבְּנָה(바요마르 이쉬 엘~레에후 하바 닐르브나 레베님 우니쉬르파 리쉬레파 바트히 라헴 할르베나 레아벤 베하렘마르 하야 라렘 라호메르,καί εἶνεν ανθρώπος τῷ ή πλίνθος αύτοίς καί έγέντο αύτας πυρι καί όπτήσωμεν πλινθους πλινθεύσυμεν Δεύτε πλησίον αίκοδομήσωμεν Δαύτε καί είπαν, 자 벽돌을 만들어 견고히 굽자하고 이에 벽돌로 돌을 대신하며 역청으로 진흙을 대신하고, 창 11:3).

5) לַחֹמֶר(라호메르 · 그 진흙, 육체, 집안에서의 말씀의 머리, 창 11:3) הַחֵמָר

서로 다짐했다. 바벨탑 사건은 벽돌로 돌을 대신하고 · 역청으로 진흙을 대신한 짝 퉁으로 지낸 결과 그들은 가짜 하나님이 되고자 한게 들통났다. 하나님은 한 분이신데 다수의 무리들이 모이어 서로 하나님이 되려 하였다. 진흙 대신 역청으로 숨 쉬려 하였다. 하나님 숨결이 있는 흙을 마다하고 가짜 흙을 만든 다음 하늘까지 성을 쌓아 하늘에 그들의 이름을 두고 싶어 하였다. 자신들이 십자가에 달려 죽을 수도 없으면서 하늘에 오르려 말뿐인 말잔치를 베풀었다. 서로 말을 들어봐라 라며 잘 난척 하며 서로 모이어 말을 합쳐 · "우리의 머리와 눈으로 숨 쉬자 영원하여 보자" 하였다. 십자가도 지지 못하면서 예수님 자리를 훔치려 말로만 말잔치로만 말씀의 우두머리가 되려 하였다. 하늘까지 긴 성을 쌓아올려 놓자[1]하였다. 인간의 힘으로 하늘까지 성을 쌓아[2] 하늘 집에 들어가 우리가 서로 흩어짐[3]을 막자 하였다.

וְחֵ(베하헤마르 · 그리고 역청, 찰흑, 점액, 창 11:3) · לִשְׂרֵפָה(리스레파 · 견고히, 창 11:3) וְנִשְׂרְפָה(베니쉬르파 · 굽자, 창 11:3) · לִבֵנִים(르베님 · 벽돌을, 창 11:3) נִלְבְּנָה(니르베나 · 벽돌이,포장한 창 11:3).

1) נִבְנֶה ~ לָּנוּ עִיר וּמִגְדָּל וְרֹאשׁוֹ וּשָׁמַיִם וְנַעֲשֶׂה~ לָּנוּ שֵׁם פֶּן~ נָפוּץ עַל~פְּנֵי כָל~ הָאָרֶץ וַיֹּאמְרוּ הָבָה](바요마루 하바] 니브네~란누 이르 움미그달 베로아소 바솨마임 베나아쉐~란누 thpa 펜~나푸쯔 알~프네 콜~하아레쯔 · καὶ εἶπαν Δεῦτε οἰκοδομήσωμεν ἑαυτίσ πόλιν καὶ πύλγον οὗ ἡ γεφαλὴ ἔσται ἕυσ του οὐρανου καὶ πoναυμεν ἑαυτοίς ὄνομα προ του διασπρηναί επὶ~ προσώπου πασης τῆς γῆς, 또 말하되 자 성과 대를 쌓아 꼭대기를 하늘에 닿게 하여 우리 이름을 내고 온 지면에 흩어짐을 면하자 하였더니, 창 11:4).

2) נִבְנֶה(니브네 · 쌓아, 창 11:4).

3) נָפוּץ ~פֶּן(펜~나푸쯔 · 흩어짐, 창 11:4.

이들이 가장 두려워 한 것은 서로 단합하지 못하고 뿔뿔이 흩어짐이 진실이다. 그들은 서로 마음을 합하자 다짐하며 서로 모이어 하늘까지 성을 쌓자! 그리고 하늘에 올라 하늘 향기로 나부끼도록 해 보자! 하였다.

이 때까지 세상에 언어는 하나이었는데 바벨탑을 쌓자는 모의를 하나님이 들으시고 하나님은 하나님의 백성들이 사용하는 하나의 언어를 여러 언어로 바꾸시었다. 지금 까지는 언어 하나로 이들을 다스렸는데[1] 이들이 언어 하나로 신의 자리를 넘보자 · 나불거리자 성부와 성자와 성신이 서로 모이어 그들이 서로 못 알아듣게 하자[2] 하였다. 성삼위일체 세분이 땅으로 내리다의 영어번역은 렛어스 고우 다운[3]이다. 그들 셋이 내려가서 그들의 언어를 흩으셨다.[4]

---

1) הֵן עַם אֶחָד וְשָׂפָה אַחַת לְכֻלָּם וְזֶה הַחִלָּם לַאֲשֹׂת וְעַתָּה לֹא~ יִבָּצֵר מֵהֶם כֹּל יָזְמוּ לַאֲשֹׂת וַיֹּאמֶר יְהוָה(바요메르 예흐바 헨 암 에하드 비솨카 아하트 리쿨람 베쩨하 하힐람 라아소트 베아타 로~ 이바제르 메헴 콜 야지무 라아소트 · 여호와께서 가라사대 이 무리가 한 족속이요 언어도 하나이므로 이같이 시작하였으니 이 후로는 그 경영하는 일을 금지할 수 없으리로다, καὶ εἶιπεν κύριος Ιδου τένος ἕν καὶ κέιλος ἐν πάντων καὶ τούτο ἠρζαντο πὸιῄσαι καὶ νύν οὐκ ἐκλείψει ἐζ πάντα δσα ᾆν επιδῶνται πὸιεν, 창 11:6).

2) הָבָה נֵרְדָה וְנָבְלָה בָלֵל שָׁם שְׂפָתָם אֲשֶׁר לֹא יִשְׁמְעוּ שְׂפַת רֵעֵהוּ(하바 내리다 베니발 솸 스파탐 아세르 로 예스무 이스 소파르 라에후 · 자 우리가 내려가서 거기서 그들의 언어를 혼잡케하여 그들이 서로 알아듣지못하게 하자 하시고, δεὺ τε καὶ καταβάντές συγκέοψεν ἐκει αὐτῷν γλῷσσαν ἰνα μῄ ἀκοὐσιν ἓκαστοσ τῄν φυνῄν τοὺ πλεσἰον, 창 11:7).

3) let us go dawn, 창 11:8.

4) וַיָּפֶץ יְהוָה אֹתָם מִשָּׁם עַל~פְּנֵי כָל~הָאָרֶץ וַיַּחְדְּלוּ לִבְנֹת הָעִיר(봐야페즈 여호와 오탐 미쉠 알~프네 콜~하아레쯔 바야흐델루 소페트 레우 · 여호와께서 거기서 그들을 온 지면에 흩으신고로 그들이 성 쌓기를 그쳤더라, καὶ διἐσπειρεν κὑριος οὐτοὐς ἐκεἰθεν ἐπι~πρόσωπον πάσηςς~τῄς γῄς καὶ ἐπαὐσαντο, 창 11:8).

삼위일체 하나님이 입 향기를 내시었다. 그래서 이 세상의 언어를 나누어지게 하시자 이들 말씀을 아니 듣는 무리조차 하나님 일을 하는 아이러니가 생겼다. 서로 흩어져 가[1] 그들은 하나님의 사역을 하였다. 사실은 하나님이 그들을 부르신 것[2]이다. 바벨톱 주모자들을 하늘에는 못 오르게 하시면서 평생 땅에서 하나님이 시키시는 말을 각기 흩어져서 그들의 그 곳에서 죽도록 하나님 일하면서 살아가게 하시었다.

사람이 하나님이 되고 싶은 바벨탑 사건이다.

사랑은 나 하나뿐 정말로 하나뿐인
가로가 셋이 되며 세로가 넷이 되는
빠알간 꽃 한 송이와 파라안 잎 돋아[3]요

한 하늘 바다길이 꽃 뿌리 하나로도
꽃 대궁 가지대궁 하나로 이어지는
내 사랑 하나이어서 넘치도록 주는데

그런데 입 모아서 똘똘똘 뭉치면서
나 있는 하늘에로 오르려 하고파서
몰래들 비키어 앉아 하늘까지 탐내자

우리 셋 성부 성자 성신이 합하여서
허망한 너희들의 꿈들을 흩어지게
촘촘히 엮이도록 만 아이들을 낳아라

– 이영지 「우리네 살림살이 말도오 많은 눈물골짜기」

창 9:1~27

---

1)קָרָא(카라 · VQAMZS, is called, ζκλήΘε, 창 11:9).

2) 김영진, 『성서히브리어』 (서울: 올람하타낙, 2001)., 88.

3) 기본형 돋아 וְתוֹדָה(토다) 본문 תּוֹדֹת(토도트 · 감사 찬송하는 자의, 느 12:31).

3. 아브라함의 우물

1). 아브라함

여호와[1] 하나님 말씀은 천지가 없어 질 지리도 일점 일획이라도 없어지지 않는다 하시었다. 성경에서 여호와는 7000회[2]인데 이 증거는 아브라함에서부터 찾아진다. 우르 우상의 땅에 살 때 아브라함의 이름은 아브람이었다. 하나님이 아브람더러 너는 본토를 떠나가라[3] 하신다. 본토[4]는 코 모양[5]을 드러내 몹시 부패한 곳이다. 하나님은 음 몰라도 돼[6]하시며 이유를 가르쳐 주지 않으시며[7] 아비야[8] 하시며 다급히 부르심 따라 아브람은 아래쪽[9]으로 내려갔다.[10] 본토 우르땅을 벗어나자 아브람에게 곧 복을 받는 장면을 전개시킨다.

---

1) NE, the LORD, kυριος, 창 12:1.

2) 이협갑 편저, 『기독교 조직 신학』(서울: 기독교문사, 1995), 78.

3) לֵךְ~לְךָ(레크~레카· 너는 가라) VQMMYS~P.MYS, 너는 가라, Get ~thee, ζελΘε, 창 12:1.

4)מֵאַרְצְךָ(메라으즈하· 너의 본토)NIFS.MYS, out of thy ciuntry, ἐκ τῆς γῆς σου, 창 12:1.

5) צ(짜흐)코 모양이 되어 있고 냄새가 나는.

6) וּמִמּוֹלַדְתְּךָ(움밈몰라드테하· 친척)C.P.NFS.MYS,and from thy kindred, γαὶ ἐκ τῆς συγγενέιας, 창 12:1.

7) וּמִבֵּית(움밈베트· 집을 떠나)C.P.NMSG, and from house, αου καὶ ἐκ τοὐ οἰκου, 창 12:1.

8) אָבִיךָ(아비하· 아비) NMS.MYS, thy father's, Τοὐ πατρός, 창 12:1.

9) אֶל~הָאָרֶץ(엘~하아레쯔· 땅으로)P~NFS, unto~a land, εἰς τῆς γῆς, 창 12:1.

10) אֲשֶׁר(아쉐르) that, ἡν ἄv, 창 12:1.

복이란 눈으로 보이는 의미를 지니는데[1] 하나님은 눈으로 너를 복 받는 모습을 보여주시겠다며 마음 고이[2]게 하신다. 아브람은 눈으로 위를 쳐다보고 은혜가 가득[3]해 지며 뱅글뱅글 돌았다. 빙빙 돌며 위로만 올라가 은혜 갚으러 간[4] 아브람은 춤을 추며 큰 뜻을 이루는 민족 공동체의 우두머리가 되었다. 이름을 바꾸어 주시려 하나님이 아브람[5]에게 쯧쯧 그게 아비람 하시면서 하[6]하고 숨 쉬어 보라시며 아브라함이 되게 하시었다. 우리나라 말로 복을 봐 바르고[7] 있었다. 바르고 바르게 사는 삶에 든 아브라함[8]은 하나님 안에 들어 창대케 된다. 아브람에서 아브라함이 됨에 감동하여 스며든=שמך^스며=שְׁמֶךָ^스며[9]든 마음으로 말씀을 몸에 칭칭 감고 살았다. 말씀으로 산 아브라함은 행복한 사람이 되었다.

늘 하나님 말씀을 생각하면서 어디를 가든지 하나님

---

1) וְאֶעֶשְׂךָ(브에에스하· 내가 너로 이루고) C.VQICXS.MYS, And I will make of thee, Yαὶ ποιήσω σε, 창 12:2.

2) לְגוֹי(르고이· 민족을) C.NMS, a nation, εἰς ἔδνος, 창 12:2.

3) גָּדוֹל(가돌· 큰) AMS, great, μέγα, 창 12:2.

4) גְּדֹלָה(게도라· 큰) 출 32:30, 31.

5) אֶל~אַבְרָם(엘~아브람· 아브람에게) P~NE, unto~Abram, τῷ~Αβραμ, 창 12:1.

6) ה(에· 숨구멍).

7) וַאֲבָרֶכְךָ(바아바르크하· 네게 복을 주어) C.VPICXS.MYS,and I will bless thee, αὶ εὐλογήσω σε, 창 12:2.

8) וַאֲגַדְּלָה(바아가들라· 창대케하리라) C.VPICXS and make~great, καὶ μ εγαλυνῷ, 창 12:2.

9) שְׁמֶךָ(슴메하· 네 이름을) NMS.MYS, the name, Yὸ ὄνομα σου, 창 12:2.ㅁ

뜻에 살려고 노력한 아브라함은 눈에 보여지게[1] 달라졌다. 이름그대로 숨을 잘 쉬는 아비가 되어 호흡도 잘 하였다. 아브라함은 복[2]있는 삶을 살았다. 하나님이 주시기에 잘 스며드는 삶을 살아 아브람이 아브라함이 되었다. 아브라함에게는 복이 세 번[3]이나 반복되었다. 봐아 보라고 · 봐아 바라 · 복을 받으라 함에 복을 받았다. 하나님과 같이 사는 삶이었다. 복 바르며 사[4]는 그야말로 붓으로 쓰여 진 삶을 살았다. 붓으로 글씨를 쓴 기록을 남겼다. 하나님이 원하시는 일을 아브라함은 정성스럽게 반복했다. 하나님이 사랑하는 사람에게 말씀하시는 아시라[5] 경어까지 쓰면서 하나님이 택하신 아브라함은 복을 바르고[6] 살았다. 믿음의 조상이 되었다. 많은 아랫사람[7]을 거느렸다. 온 고을[8]을 잡고 미소를 바르고[9] 살았다. 웃는 얼굴이 된 힘은 하나님 안에서 십자가를 지는 마음일 때이다. 언제나 내가 거하

---

1) וְהְיֵה(베흐예· 너는 될지라) C.VQMMYS, and thou shalt be, καὶ ἔσῃ 창 12:2.

2) בְּרָכָה(브카라· 복의 근원이) NFS, a blessing, εὐλογετος, 창 12:2.

3) וַאֲבָרְכָה(바아바라카· 내가 복을 내리고) C.VPICX, And I will bless, καὶ εὐλογῃσω, 장 12:3.

4) מְבָרְכֶיךָ(붓바르케하· 너를 축복하는 자에게는) VPPAMP.MYS, them that bless thee,τους ευγούντας σε, 창 12:3.

5) אָשֹׁר(아쉐르· 내가 저주하리니) VQICXS, curse, καταρασομαι, 창 12:3.

6) ונִבְרְכב(브니브르쿠· 복을 얻을 것이며) C.VNACZP, and shall be blessed, δαὶ ενευλογεΘῄσον, 창 12:3.

7) בְךָ(브하· 너를 인하여) in thee, Tv σοὶ 창 12:3.

8) כָּל(콜· 모든) NMSG, all, πᾶσαὶ, 창 12:3.

9) מִשְׁפְּחֹת(미스프호트· 족속이) NFPG, families of, Tὶ φυλαὶ, 창 12:3.

는 땅 이 아담[1]한 곳에서 하나님이 주시는 가슴의 물을 바라 사는 아브라함의 삶이다. 아브라함은 그 분이 바로 여기[2]라 하신 곳에서 아브람이 아브라함이 되었다. 그 때[3] 눈 부셔보이[4]었다. 그 때 나이 75세이다. 눈부시게[5] 된 아브람은 하나님 향기를 들고 우상의 집을 떠난 아브람은 아브라함이 되었다.

봐 이거[6] 들고 가라시매 아브람은 말씀을 머리에 넣고 사라[7]와 같이 갔다. 평생 같이 있었던[8] 아내 데리고 롯과도 같이 부하들을 벤[9]몸으로 참[10] 길로 나가며[11] 흔들리지 않으며 하나씩[12] 풀어 나갔다. 아브람아 아시라[13] 기분 좋게 존댓말까지 쓰시는 하나님만 믿고 아주[14] 신이나 떠났다. 봐 여기서[15] 우리 같이 사는 하

---

1) הָאֲדָמָה(하아다마· 땅의) D.NFS, τῆς γῆς, 창 12:3.

2) וַיֵּלֶךְ(바예레흐· 이에 갔고) CW.VQIMZS, So departed, ἐπορεύθη, 창 12:4.

3) חָמֵשׁ(함메쉬· 오,) ANCMS, and five, πέντε, 창 12:4.

4) וְשִׁבְעִים(브쉬브임· 70) C.CANCP. seventy, ἑβδομήκοντα, 창 12:4.

5) בְּצֵאתוֹ(브제오토· 떠날때에) P.VQNG.MZS, when he departed, ὅτι ἐξ ῆλθεν, 창 12:4.

6) וַיִּקַּח(바이카· 이끌고) CW.VQIMZS, And took, καὶ ἔλαβεν, 창 12:5.

7) אֶת~שָׂרַי(에트~사라· 사라와) O~NE, that~Sarai, τὴν Σαραν, 창 12:5.

8) אִשְׁתּוֹ(이스토· 그 아내) NFS.MZS, his wife, γυναῖκα αὐτοῦ, 창 12:5.

9) בֶּן~אָחִיו(벤~아히브) NMSG~NMS.MZS, son~his brother's, υἱον~τοὺ αδελφοὺ αὐτου, 창 12:5.

10) וְאֶת ~כָּל~רְכוּשָׁם(베에트~콜~르쿠솸· 모든 소유와) C.O~NMSG~NMS.MZP, Σαὶ~πάντα~τα ὑπάρκοντα, 창 12:5.

11)רָכָשׁוּ(라카수· 모은) ACZP, they had garthered, ἐκδεσαντο, 창 12:5.

12) וְאֶת~הַנֶּפֶשׁ(베에트~하네페쉬·사람들을, C.O~D.NFS, καιִ~ πάσαν φυχ ῆν, 창 12:5.

13) אֲשֶׁר(아쉐르) R, that, Bσα, 창 12:5.

14) עָשׂוּ(아수· 얻은) thy had gotton,VQACZP,ἐκτήσαντα, 창 12:5.

15) וַיֵּצְאוּ(바예쯔우· 떠나서) CW. VQIMZP, and they went forth, καὶ ἐξ

나님 향기를 들고 날래게도[1] 나아가는 아브람의 무리들은 하나님 향기를 알자[2]며 하나님 안[3]이 보이[4]는 도착지점에 이르렀다.

하나님의 세계 그곳은 먼저 봐야 보리[5]라! 바로 배 아래쪽[6]의 아이들[7]과 먹으[8]며 서게[9]되었다. 아직 아들[10]이 있는 건 아니지만 아들 곁에 설 그 언젠가의 모레[11]가 될 날에 아주 커질[12] 꿈[13]을 꾸었다. 아래쪽[14]에 머물렀다. 아브라함은 꿈을 꾸고 일어나라를 들으며 복 있는 믿음의 조상 아브라함이 되었다.

그러나 불행하게도 아브람은 계속 아래쪽으로 내려간 인간의 한계성을 드러냈다. 그리하여 아내를 파는 일도 일어난다.

ἠλδοσαν, 창 12:5.

1) לָלֶכֶת(랄레케트· 가려고) P.VQNG, and they went forth, πορευθῆναι, 창 12:5.

2) אַרְצָה(아르자· 땅으로) NFS.H, into land of, εις γῆν, 창 12:5.

3) כְּנַעַן(크나안· 가나안) NE, CAnaan. χαναaν, 창 12:5.

4) וַיָּבֹאוּ(바야보우· 마침내 들어갔더라) CW. VQIMZP, and they came, δaὶ ἠλθαν, 창 12:5.

5) וַיַּעֲבֹר(바야아보르· 통과하여) CW.VWIMZS, And~passed, αἱ διωδευσεν, 창 12:6.

6) וּאָרֶץ(바아레쯔· 그 땅을) P. D. NFS, through the land, τὴν γῆν, 창 12:6.

7) עַד(아드· 이르니) P. into, εἰς τὸ μῆκος αὐτῆς, 창 12:6.

8) מְקוֹם(므콤· 땅) NMSG, ἕως τοὺ τόπου, 창 12:6.

9) שְׁכֶם(스켐· 세겜) NE, Sichem, Συχεμ, 창 12:6.

10) עַד(아드· 이르니) P. into, εἰς τὸ μῆκος αὐτῆς, 창 12:6.

11) מוֹרֶה(모레· 모레) NMS, Morech, τὴν ὑφηλεν, 창 12:6.

12) וְהַכְּנַעֲנִי(베하크나아니· 가나안 사람이) C.D.AGe, And the Canaanite, οἱ δε Χαναναίοι, 창 12:6.

13) אָז(아즈· 그 때에) AB, then,τότε, 창 12:6.

14) וּאָרֶץ(바아레쯔· 그 땅을) P. D. NFS, through the land, τὴν γῆν, 창 12:6.

(1). 아내

봐 예라[1] 아브람아 봐 이번[2]에 참[3] 미쳐 봐[4]라는 하나님 말씀을 들은 아브람은 긴 여정을 마치고 눈으로 봐[5] 참[6] 눈에 보이는 거기서 하하[7] 웃으며 믿고[8] 배 댈[9]곳에 머물렀다. 베들레헴[10] 배 델 곳은 야곱, 이스라엘 머문 곳, 아기 예수가 태어날 곳 봐 여기[11]에 머물렀다.

하나님이 원하는 알[12] 되어 배 델[13] 곳 벳엘에서 배[14]로 믿게 된[15] 아브람은 정말 기뻐서 봐 이번[16]은 참[17]말이야 하며 정말 미쳐[18] 단을 쌓는다. 나를 보라는 여호

---

1) וַיֵּרָא(바예라아· 나타나) CW. VNIMZS, And~appeared, καὶ ὤφθη, 창 12:7.

2) וַיִּבֶן(바이벤· 그가 쌓고) CW. VQIMZS, and builed he, καὶ ὠκοδόμησεν, 창 12:7.

3) שָׁם(거기서, there) 창 11:7.

4) מִזְבֵּחַ(미쯔베하흐· 단을) NMS, an altar, θυσιαστήριον, 창 12:7.

5) וַיַּעְתֵּק(바야으테크· 옮겨) CW.VHIMZS, ACW. VNIMZS, And~appeared, καὶ ὤφθη, 창 12:7.nd he removed, καὶ ἀπέστη, 창 12:8.

6) מִשָּׁם(미쉠· 거기서) P.AB, from thence, ἐκεῖθεν, 창 12:8.

7) הָהָרָה(하하라· 산으로) D.NMS.H, unto a mountain, εἰς τὸ ὄρος, 창 12:8.

8) מִקֶּדֶם(미케뎀· 동편) P.NMS, on the east of, κατ ἀνατολας, 창 12:8.

9) לְבֵית~אֵל(르베트~엘· 벧엘) P.NE~NE,Beth~el, βαιθ=ηλ, 창 12:8.

10) וַיִּבֶן~שָׁם(바이벤~솸· 그곳에서 그가 쌓고) CW. VQIMZS, καὶ ὠκοθόμησεν 창 12:8.

11) וַיֵּט(바예트· 치니) CW.VQIMZS, and pitched, καὶ ἔστησεν ἐκέι, 창 12:8.

12) אָהֳלֹה(아할로· 장막을) NMS.MZS, His tent, τὴν σκηνὴν αὐτοῦ, 창 12:8.

13) בֵית~אֵל(베트~엘· 벧엘) NE~NE, having Beth~el, βαιθ ηλ, 창 12:8.

14) וְהָעַי(베하아· 아이라) C.D.NE, and Hai, σαὶ Αγγαι, 창 12:8.

15) מִקֶּדֶם(미케뎀· 동편) P.NMS, on the east of, κατ ἀνατολας, 창 12:8.

16) וַיִּבֶן(바이벤· 그가 쌓고)CW. VQIMZS, and builed he, καὶ ὠκοδόμησεν, 창 12:8.

17) שָׁם(솸· 그곳에서) CW. VQIMZS, there, εκεῖ 창 12:8.

18) מִזְבֵּחַ(미쯔베· 단을) NMS, an alter, θυσιαστηρεον, 창 12:8.

와[1] 봐 이거라[2] 아브람에게 보심[3] 원하시는 하나님 앞에 엎드렸다.

> 제 채기 많이 나는 10월 밤 귀를 막은
> 남편과 떠납니다 눈 막은 아내와도
> 손잡고 떠나갑니다 아브람과 사래는
>
> 보라색 들국화가 열다섯 꽃잎으로
> 다가와 노오랗게 꽃술을 보여줘도
> 아내는 남편의 손을 정말 놓지 않아요
>
> 귀뚜리 노오랗게 매달려 귀뚫귀뚫
> 아장장 불러와도 노래로 귀뚫귀뚫
> 불러도 사래남편은 그냥그냥 앞으로
>
> 갈 길이 멀수록에 들판에 별 들국화
> 별별을 노오랗게 줄달아 놓아둬도
> 손가락 사이사이로 보라색 꽃 아련히
>
> 노오란 꽃술노래 들리면 들릴수록
> 발걸음 빨라지는 귀뚜리 가을달밤
> 귀 먹이 남편 손이랑 눈이 멀은 아내랑
>
> 두 손을 잡고잡고 고향집 아주 나와
> 어딘지 몰라몰라 어디로 몰라몰라
> 그래도 둘이 둘이는 별 불 켜고 둘이서

- 이영지 「길 떠나는 부부」
창 12:1~9(20131013)

1) לַיהוָה(라여호와 여호와를 위하여) untor the LORD, τω κυριώ, 창 12:8.

2) וַיִּקְרָא(바이크라 칭하시고) CW. VQIMZS, and called, καὶ ἐπεκαλέσατο, 창 12:8.

3) 보심 בְּשֵׁם(브쉠· 이름을) P.NMSG, upon name the of, ,Tπὶ τῷ ὀνόματι, 창 12:8.

흔히들 다른 것은 다 바꾸거나 팔아도 아내나 자식은 바꾸거나 팔아버리지 않는다는 말이 있는데 가장 모범적인 믿음의 조상 아브람이 아내를 누이라며 왕궁에 팔아버리는 일이 일어난다. 먹을 것이 없어서 다시 애급으로 내려가면서 겪는 사건이다.

하나님께서 봐요[1] 날 보라시지만 너무 배가 고파 아랑곳 하지 않는 나약성이 노출된 아브람은 너무 배가 고파 아내 사래에게 봐 이사[2]가자한다. 아내와 아래로[3] 아래로 내려갔다. 잘 못 들어선 길이다. 배 나[4] 더 되는 한 네[5]배 쯤 더 가자 하나님과 점점 한 참 멀어진 곳에서 여기[6]라며 머물렀다. 그럼에도 더 나아 보[7]일 곳 아래쪽[8] 봐 여기다[9]하며 미끄러져[10] 애급[11]

---

1) וַיֹּאמֶר(바요메·이르시되, CW.VQIMZS, Now had said, χαὶ εἰπεν, 창 12:1.

2) וַיִּסַּע(바이사· 옮겨) CW.VQIMZS, and joumeyed, καὶ ἀπῄρέν, 창 12:9.

3) הָלוֹא(할로흐· 갔더라) VQNA, going, καὶ πορευθεὶς, ckd 12:9.

4) וְנָסוֹעַ(베나소아으· 점점) C.VQNA, on still, ἐστρατοπέδευσεν, 창 12:9.

5) הַנֶּגְבָּה(한네그바· 남방으로) D.NMS.H, tpward the south, ἐν τῇ ἐρήμ ῳ, 창 12:9.

6) וַיְהִי(바예히· 있으므로) CW. VQIMZS, And there was, 그대로 되니라, Καὶ ἐγένετο, 창 12.10.

7) רָעָב(라아브· 기근) NMS, a famine, λιμός, 창 12:10.

8) בָּאָרֶץ(바아레쯔· 그 땅에) P.D.NFS, in the land, ἐπὶ τῆς γῆς, 창 12:10.

9) וַיֵּרֶד(바예레드· 내려갔으니) CW. VQIMZS, and~went down, 창 12:10.

10) מִצְרַיְמָה פ(미쯔라옘나 프· 애급에) NE.H, into Egypt, εἰς Αἴγυπτον, 창 12:10.

11) לָגוּר(라구르· 우거하려 하여) P.VQNG, to enter, παροικῆσαι, 창 12:10.

으로 내려갔다.

참[1] 이곳이라며 그 배에다[2] 목숨을 걸고 아내에게 이번[3]에 봐 아래쪽[4]이야 하며 수선을 떨면서 봐 여기[5]라며 하 그리로[6] 가! 나 보아[7] 밑이야[8] 봐 요! 말을[9] 들어보라며 사라[10]에게 목숨을 구걸한 아브람이었다. 아내 사래에게 당신은 나에게 옛부터 있었던[11] 아내라 하며 힘내[12]라며 야 다[13] 같이 살려면 어쩔 수 없지, 이렇게 하자! 늘 내 곁에 있어[14] 온 당신 예쁘다[15] 수선을 떨며 어쩔 수 없잖아 하며 아내를 팔아버린다.

너무 배고픈 날 남편 위해 팔려가라는 말, 알지![16] 하

---

1) שָׁם(솸· 그곳에서) CW. VQIMZS, there, εκεἰ 창 12:8.

2) כִּי~כָבֵד(키~카베드· 이는 심하였음이라) C~VQAMZS, ὀτἰ~ἐνἰσκυσεν, 창 12:10.

3) הָרָעָב(하라아브· 기근이) D.NMS, the famine, ὁ λιμος, 창 12:10.

4) בָּאָרֶץ(바아레쯔· 그 땅에) P.D.NFS, in the land, ἐπἰ τῆς γῆς, 창 12:10.

5) וַיְהִי(바예히· 있으므로) CW. VQIMZS, And there was, 그대로 되니라, Καἰ ἐγένετο, 창 12.11.

6) הִקְרִיב(히크리브· 그가 가까이) VHAMZS, he was come near, Σγγισε v, 창 12:11.

7) לָבוֹא(라보아) ,P.VQNG, εἰσελΘειν, 창 12:11.

8) מִצְרַיְמָה(미쯔라옘나 프· 애굽에) NE.H, into Egypt, εἰς Αἴγυπτον, 창 12:11.

9) וַיֹּאמֶר(바이오마르· 말하되) CW. VQIMZS, that he said, εἰπεν Αβλαμ, 창 12:11.

10) אֶל~שָׂרַי(엘~사라· 사라더러) P~NE, unto~Sarai, Σαρα, 창 12:11.

11) אִשְׁ(이스토· 그 아내) NFS.MZS, his wife, γυναἰκα αὐτοὐ.

12) נָא ~הִנֵּה(힌네~나· 보라 이제) Behold~now, 창 12:11.

13) יָדַעְתִּי(야다으티· 나 알기에) VQACXS, I know, Ἰινώσκωἐ γω, 창 12:11.

14) אִשָּׁה(잇솨· 여인이라) NFS, art a woman, γυνἡ, 창 12:10.

15) יְפַת~מַרְאֶה(예파트~마르에· 아리따운 여인) NFSG~NMS, fair~to look upon, εὐπροσωπος, 창 12:11.

16) אַתְּ(아티· 그대는) NPFYS, thou, εἰ, 창 12:11.

며 아내를 베어[1] 내려하는 아브람이었다. 살려면 서로 갈라서야 이게[2] 옳다[3]며 완전히 미쳐[4] 아내를 베어내려[5] 늘 아브람 곁에 있던[6] 아내에게 당신이 십자가를 지라! 한다.

이에 사라는 좋다![7] 베려고[8] 하니! 우리 서로 살려면 옳지[9] 십자가를 지리라! 베어[10] 나와 헤어지자 여기서, 와![11] 살아남으려면 그렇게 하자! 하는 남편 아브람! 자기 아내더러 아무려나[12] 내 아우[13]라며 자기 아내를 보고 알지[14] 아이 그래야[15]라며 볼레[16] 베알아[17]

---

1) וְהָיָה(베하야· 되었을) C.VQAMZS, Therefor it shall come to pass, ἔσται οὔν, 창 12:12.

2) כִּי־יִרְאוּ(키~이르우· 볼 때에) C~VQIMZP, when~shall see, ὡς ἄν ἴδωσιν, 창 12:12.

3) אֹתָךְ(오타흐· 당신은) O.FYS, thee, σε, 창 12:12.

4) הַמִּצְרִים(하미쯔림· 애굽사람이) D.NE, the Egyptian, οἱAἴγυπτοι, 창 12:12.

5) וְאָמְרוּ(베아모루· 이르기를 하고) C.VQACZP, ἐροῦσιν, 창 12:12.

6) אִשְׁתּוֹ(이스토· 그 아내) NFS.MZS, his wife, γυναἶκα αὐτοῦ, 창 12:12.

7) זֹאת(조트· 이는) APDFS, This is, αὕτε, 창 12:12.

8) וְהָרְגוּ(베하르구· 죽이고) C.VQACZP. and they will kill, καὶ ἀποκτενοῦσιν, 창 12:12.

9) אֹתִי(오티· 나는) O.CXS, me, με, 창 12:12.

10) וְאֹתָךְ(베오타흐· 그대는) C.O.FYS, but thee, σὲ δέ, 창 12:12.

11) יְחַיּוּ(으하우· 살리리니) VPIMZP, they will save alive, περιποισονται, 창 12:12.

12) אִמְרִי־נָא(이므리~나· 원컨대 하라 하니라) VQMFYS, Say~ I pray thee, εηἰπον~οὖν ὅτι, 창 12:13.

13) אֲחֹתִי(아호티· 나의 누이라) NFS.CXS, art my sister, 창 12:13.

14) אַתְּ(아티· 그대는) NPFYS, thou, εἰ, 창 12:13.

15) יִיטַב־לִי(이이타브~리· 내가 안전하고) VQIMZS~P.CXS,it may be well~with me, εὐ γένηταἰ~μοι, 창 12:13.

16) וּבַעֲבוּרֵךְ(바아불레흐· 그대로 하여) P.P.FYS, δια σε, 창 12:13.

17) וְחָיְתָה(베하으타· 보존하겠노라) C.VQAFZS, and shall live, καὶ ζησεταἰ 창 12:13.

봐 그러라며1) 아내를 판 아브람곁을 떠난다. 봐 여기2) 봐 이렇게3)라는 남편 말에 순종하며 애급 여인이 되려는 사라이다.

이 때 애급인들은 아브람 아내를 예뻐4) 어머 이렇게5) 예뻐 좋아6) 봐 할렐루7)하며 사라를 받아8) 들였다. 그리고는 울 아브람9)을 헤아려10) 아내를 판 댓가로 아브람에게 양과 소와 노비 암 수 나귀 약대11)까지 왕이 준다.

하나님은 이때 아브람가족이 장차 십자가 져야할 집안이기에 기적을 베푸신다. 하나님 명령 나가12)로 아내 사라가 도로 아브람의 아내가 된 사건이 일어났다.

---

1) בִּגְלָלֵךְ(비글라레흐· 그대로 인하여) P.NMS.,FYS, ἕνεκενσοῦ, 창 12:13.

2) וַיְהִי(바예히· 있으므로) CW. VQIMZS, And there was, 그대로 되니라, Καὶ ἐγένετο, 창 12.11.

3) וַיִּרְא(바이르우· 보았고) CW.VQIMZP, beheld, ἰδοντες, ckd 12:14.

4) יָפָה(야파· 아리따움, APS. fair, ἦν, 창 12:14).

5) וַיִּרְאוּ(바이르우· 보았고) CW.VQIMZP, beheld, ἰδοντες, ckd 12:15.

6) אֹתָהּ(오타· 그를) O.FZS. her. αὑτὴν, 창 12:15.

7) וַיְהַלְלוּ(바으할렐루· 칭찬하므로) CW. VPIMZP, and commendes, καὶ ἐπήνεσαν, 창 12:15.

8) וַתֻּקַּח(바투카· 취하여 들인지라) CW.VQIFZS, and was takes, καὶ ἐισήγαγον, 창 12:15.

9) וּלְאַבְרָם(울르아브람· 이에 아브람을) C.P.NE, And Abram, καὶ τῷ Αβραμ, 창 12:16.

10) הֵיטִיב(헤티브· 바로가 우대함으로) VHAMZS, he entreated well, εὖ ἐχρήσαντο, 창 2:160.

11) צֹאן~ וּבָקָר וַחֲמֹרִים וַעֲבָדִים וּשְׁפָחֹת וַאֲתֹנֹת וּגְמַלִּים(존~아부카르 바함모림 바아바림 우싀파호트 바아토나트 우그마림) NFS~ C.NMS C.NMP C. NMP C.NFP C.NFP C.NMP, sheep and oxen and he asses and menservants and maidservants and she asses and camels, πρόβατα καὶ μόσκοι καὶ ὄνοι παίδες παίδισκαι ἡμίονοι καὶ κάμηλοι, 창 12:16.

12) וַיְנַגַּע(바옌나카· 내리신지라) CW. VPIMZS, And flagued, καὶ ἥτασεν, 창 12:17.

(2). 믿음의 조상

하나님은 아브람 ⇢ 아브라함[1] · 사래 ⇢ 사라[2] · 이스마엘 ⇢ 이삭[3]으로 이름을 바꾸어 주셨다. 아브람을 선택하사 숨 쉴 수 있도록 아브라함이 되게 하시었다. 아브람이 아브라함으로 숨 쉴 수 있게 되었다.

하나님의 언약은 겨우 아비의 수준 아브람 곧 아비람을 아비라 함=아브라함으로 바꾸셨다. 명령하시었다. 사래도 사래의 산다는 말을 전하는 이름을 사래에서 명령형진행의 사라=살아로 하시었다. 하나님은 믿음의 조상 아브라함[4]이 되게 하시었다. 하나님의 집 안에서 아비 · 하나님 안에 있어 집 안에서 어른 노릇을 하게 하시었다.

아브람[5]에게 하나님이 숨 쉴 수[6] 있도록 아브라함으로 바꾸신 아담 ⇢ 노아 ⇢ 아브라함 믿음의 조상은 메소포타미아[7] 지역에 오랫동안 거주[8] 지형상 아람[9]에서 유리하던 곳[10]을 떠나 가나안 땅으로 왔다. 너희

1) 창 17:5.
2) 창 17:5.
3) 창 17:19.
4) אַבְרָהָם(아브라함).
5) אַבְרָם(아브람 · 아브라함의 전이름).
6) הָ(하 · 숨구멍, 숨 쉼).
7) 현재 이라크 · 알렉산더가 죽은 곳.
8) 창 29: 31.
9) 창 24: 4.
10) 유리하는 히브리어 ארב(오베드) · 길을 잃다)는 길을 잃어 멸망할 뜻을 지니며 아바드는 분사형(욥 29: 13창 4: 2)이다. 곧 야곱의 외가도 포함된다. 야곱이 애급으로 내려갈 때의 비참한 상황(KJV) · 유리하는 야곱으로

조상 아브라함은 나의 때 볼 것을 즐거워하다가 보고 기뻐하였느니라[1]이다.

셋째 사람 아브라함 때는 물이 모이어 일어선 때다. 하나님 물이 하나로 일어서게[2] 하시었다. 이 일어나라의 명령은 한국문학 이상시에서 일어나라 가 있다. 천부경과 요셉의 11재 아들자리에서 일어나라메시지가 있다. 일어나라의 힘은 아브라함이 하나님 아드님을 볼 수 있는 꿈[3]이 일우어진때이다. 일어나라=꿈=קום[꿈]=וּם ק[꿈][4]을 잡고 일어서서 말씀으로 일어서서 하나님의 물[5]로 섰다. 그 하나님으로부터 오는 장소에서 눈을 돌려 하나님을 봤다. 꿈[6] 곧 말씀이 일어나기에 위를 향해 오 하고 감탄하며 하늘 향해 눈 돌렸다. 하나님에게 간절히 사모한 아브람[7]을 하나님은 숨 하ה[하] 쉬게 하시며 아브라함=אברהם[아브라함]이 되게 하시었다. 아내 사래=שרי=שָׂרַי[8]도 사라=שרה=שָׂרָה[사라]가 되었다. 사라는 이스라엘의 사라[9]다. 복음의 물을 마시며 하나님의 일

외삼촌 라반에게 학대 받음(LXX)으로 본다. 야곱이 애굽으로 데리고 간 70여명의 소수(창 46: 27; 신 10: 22)도 이에 해당.

1) 요 8: 56.

2) אֶל~ מְקוֹם אֶחָד(엘 ~ 마콤 에하드 · 물이 하나로 모이어 일어서는 한 곳, 창 1: 9).

3) וַיָּקֻמוּ(바야쿰무 · 물의 일어선, 창 22: 19).

4) קוּם(쿰 · 일어나다).

5) 물 מַיִם(마임 · 물)의 첫 글자 מַ(마 · 물).

6) מְקוֹם(마콤 · 일어나라).

7) אַבְרָם(아브람).

8) שָׂרַי(사래, 창 17:15).

9) 창 17:19).

을 하기 시작한다. 일어서며 유월절 첫날 예수님이 이 땅에 오시어 십자가에 돌아가시고 그의 백성들을 살리심을 알아차리고 일어서는 셋째날 아브라함과 사라는 하나님 안에 든[1)]다. 아브라함의 물[2)]이 일어선다. 말씀이 일어선다. 장소=마콤=מכום[마콤]=מָקוֹם[마콤3)]에서 마콤 마콤[4)]하면서 일어선다. 불 분리 전치사 מ[맴]이 본문 문자 선두에 온 것처럼 물 מַיִם[마임5)]도 아브라함편이기에 브엘세바로 돌아와서 사환과 함께 하나님 봐 꿈[6)]이 일어선다=מקום[마 콤] 꿈이 일어나[7)] 정말 일어나게[8)]된다.

---

1) ① 백성이 모세가 산에서 내려옴이 더딤을 보고 모여 아론에게 이르러 가로되 일어나라 קוּם(쿰) 우리를 인도할 신을 우리를 위하여 만들라 이 모세 곧 우리를 애급 땅에서 인도하여 낸 사람은 어찌 되었는지 알지 못함이니라(출 32: 1).

② 여호와께서 여호수아에게 이르시되 일어나라 קֻם(쿰)어찌하여 이렇게 엎드렸느냐(수 7: 10)

③ 드보라가 바락에게 이르되 일어나라 קוּם(쿰) 이는 여호와께서 시스라를 네 손에 붙이신 날이라 여호와께서 너의 앞서 행하지 아니하시느냐 이에 바락이 일만 명을 거느리고 다볼산에서 내려가니(삿 4: 14)

④ 기드온이 그 꿈과 해몽하는 말을 듣고 경배하고 이스라엘 진중에 돌아와서 이르되 일어나라 קוּם(쿰) 여호와께서 미디안 군대를 너희 손에 붙이셨느니라 하고(삿 7: 15)

⑤ 그에게 이르되 일어나라 קוּמִי(쿰미) 우리가 떠나가자 하나 아무 대답이 없는지라 이에 그 시체를 나귀에 싣고 행하여 자기 곳에 돌아가서(삿 19: 28)

⑥ 일어나라 קוּמִי(쿰미) 빛을 발하라 이는 네 빛이 이르렀고 여호와의 영광이 네 위에 임하였음이니라(사 60: 1)

⑦ 너희는 그를 치기를 준비하라 일어나라 קוּמִי(쿰미) 우리가 정오에 올라가자 아하 아깝다 날이 기울어 저녁별 그늘이 길었구나(렘 6: 4)

⑧ 일어나라 קוּמִי(쿰미) 우리가 밤으로 올라가서 그 전각들을 헐자 하도다(렘 6: 5)

2) אֶל~ מָקוֹם אֶחָד(엘 ~ 마콤 에하드 · 물이 한 곳으로, 창 1: 9).

3) מָקוֹם(마콤 · 장소).

4) מָקוֹם מָקוֹם(마콤 마콤 · 그 곳, 민 32: 2).

5) מַיִם(마임 · 물).

6) וַיָּקֻמוּ(바야쿰무 · 일어서는, 창 22: 19).

7) יָקוּם(야쿰 · 일어나서, 신 13: 2).

마카 세우시기[1]에 일어서 일어서라[2]기에 일어선다. 모리아 산으로 간다. 일어나 가는 때는 새벽[3]이다. 아브라함은 아들, 이삭[4]을 번제 드리려고 아침 일찍 일어났고 사라에게 아들이 있을 것을 알려[5] 주신 이른 새벽이다. 아브라함은 아침 일찍 일어나[6] 일찍 일어나 축복 받은 야곱처럼, 일찍 일어서 할레[7]로 하나님 안에 들어 할레[8]하시기에 할례 받으며 언약 세우시는[9] 언약[10]을 받는 집 안[11]에서 일어섰다.

그의 하나님뿐인 머리[12]로 *Well of the Oath* 아브라함이 *Well of the Seven*[13]으로 바꾼[14]곳에서 암양 일곱 주고 아비멜렉에게서 땅을 산[15]다. 브엘세바[16]에서 일곱 우물곁에서 아브라함은 하나님에게 붙들리어 우물곁에서 에셀 나무 심고 하나님의 이름을 불렀다.

---

8) 신 13: 2.
1) אָקִים(아킴 · 세우는 일, 창 17: 21).
2) 한국의 경북 영주시 부석 지방에서는 마카라는 말이 전부라는 뜻.
3) 수 6: 15; 삼상 29: 10; 삼하 17: 22; 막 1: 35.
4) 창 26: 28~33.
5) 창 18: 16.
6) 창 22: 19.
7) מוֹל(물 · 할례).
8) הִמּוֹל הִמֹּל(힘몰 임몰, 창 17: 10, 13, 17:13).
9) בְרִיתִי(베리티, 창 17: 4).
10) בְּרִית(베리트).
11) בְּ(베).
12) ר(리 · 머리).
13) 창 21: 31.
14) John Peter Oleson, 「Water Works」*ABD* VI, 886.
15) לַמָּקוֹם(라마콤 · 이 곳, 창 21: 31).
16) 참조: 신 33: 2; 민 27: 14; 신 32: 51; 겔 47: 19; 48: 28.

(3). 하갈의 우물

아브라함이 땅 브엘세바를 사고[1] 우물곁[2]에서 일어서며 개인 신화[3]를 만든 일 *olam*을 *afterworld*[4]라 했던 곳은 이집트인들도 그들의 신을 팔의 큰 힘으로 표시[5]한 곳이다. 아브라함의 하갈을 하나님이 일어서시게 하심에 일어섰으나 하갈은 악의 씨를 만들어낸 여인이 이다. 나무로 비유하면 나뭇가지 팔[6]의 힘을 잘 쓰지 못했다. 좋은 조건을 가지고 있으면서도 사라에게 이삭이 태어나자 멸시하고 못살게 굴었다. 하나님을 만나는 일은 내려가는 것이 아니라 오르며 일어서 하나님의 물을 먹어야 하는데 하갈의 우물은 방황하는 물[7]이다. 가죽 부대에 담겨짐으로써[8] 물이 막혀 버린 분노의 물이다.[9] 밀렐[10]은 로이로 *he sees me*라 하였다.

---

1) Elmer L. Towns, 『구약에 나타난 하나님의 이름들: *My Father Names*(Venturs: Gospel Light Publications, 1991), 박이경 옮김(서울: 생명의 말씀사, 1994), 85.

2) Elmer L. Towns,84.

3) Joseph Campbel, *Myth to Live by*(New York: the viking Press, 1972)., 174.

4) YI, Hwan Jin, *The Biblical Hebrew 'Olam(Afterworld") in Time and Space: The Spatoal use of a Temporal Term*(Arr Arbor: U · M · I, 2002), 62~92. .

5) Akers, Matthen, *The Employment of זְרוֹעַ as a Messianic Motif with Particular Emphasis on the Origin of the Concept as well as its first Usage in Exodus* 6: 1~8(Ann Arbor: U · M · I, 2006), 35.

6) E. A .E. Reymond, *The Mythical Origin of the Egyptian*(New York: Manchester University, 1969), 140.

7) 창 21: 14, 19, 16: 7~14.

8) 창 21: 17~19.

9) בְּאֵרלַהַי רֹאִי(베에르라해 로이 · 물, 창 21: 15), Elmer L. Towns, 38~39.

2). 열국의 아비

하갈과 아브라함의 물 차이는 하나님 집 안 배[1]로 찾아진다. 하나님 집안에 있느냐 없느냐이다. 하갈의 아들 이스마엘[2]은 거짓 왕 엘[3] 의미이다. 이스마엘이 아닌 이스라엘[4]은 있으라 하나님 엘[5]이 합하여 하나님 안에 있기에 승리한다. 하나님 안에 있는 아브라함은 여호와의 이름을 참 여호와[6]로 부르며 그 이름을 보쌈[7]하였다. 하나님이 아비라 함으로 불러 숨 쉬라 하[8]심으로 아브라함이 되어 숨 쉰다. 열국의 아비가 되었다. 말씀이 담긴 함을 들고 아브라함은 신 났다. 아비라 함 즉 아비[9]가 담긴 아브라함이다.

열국의 아비가 되었는데 아이러니하게도 성경은 열

---

10) Rulon Miller.

1) בּ(베).

2) יִשְׁמָעֵאל(이스마엘): 창 16: 11, 15, 16, 17: 18, 20, 23, 25, 26, 25: 9, 12, 13, 16, 17, 28: 9, 36: 3, 37: 25, 27, 28, 39: 1; 삿 8: 24; 왕하 25: 23; 왕하 25: 25; 대상 1: 28, 29, 31, 2: 17, 8: 38, 9: 44, 27: 30; 대하 19: 11, 23: 1; 스 10: 22; 시 83: 6; 렘 40: 8, 14, 15, 16, 41: 1, 2, 3, 6, 7, 8, 9, 10, 11, 12, 13, 14, 15, 16, 18.

3) אל(엘).

4) יִשְׂרָאֵל(이스라엘): 출 4: 22; 민 24: 18; 삼상 4: 1; 삼상 7: 5; 삼하 19: 8; 왕상 2: 15, 9: 7, 20: 27; 대하 7: 6; 시 114: 2, 118: 2, 124: 1, 129: 1, 149: 2; 사 1: 3, 45: 17, 63: 16; 렘 2: 3, 3: 11, 9: 26, 10: 16, 23: 6, 49: 2, 50: 17, 51: 19; 호 4: 16, 5: 3, 6: 10, 8: 8, 14, 10: 1, 6; 암 7: 11, 17; 롬 9: 31.

5) אֵל(엘).

6) שֵׁם~יְהוָה(쉠~여호와 · 여호와의 이름, 창 16: 13).

7) בְּשֵׁם יְהוָה(베쉠 여호와 · 여호와의 이름, 창 21: 33).

8) הָ(하 · 숨).

9) אֲבִי(아비 · 아버지시며, NMSG, A father of, 시 68:7).

국은 성전을 더럽히는 자들[1]로 지적한다. 시적 아이러니다. 복술자의 말을 듣는 자[2] · 자기 신을 섬기는 자들[3]로 하나님이 좇아내는 열방[4]이다. 이스라엘 백성이라도 다른 신을 섬기면[5] 하나님이 멸망시킨다. 열방[6]에게 붙여져 노략 당한다. 아브라함은 이와는 달리 하나님으로부터 받아 꾸어줄지언정 꾸지 아니하여 여러 나라를 치리하게 되는[7] 자이다. 아비는 열방과 세계 중에서 높임을 받고 만왕이 그 앞에 부복하며 열방이 다 그를 섬긴다.[8] 경상도 발음 아부[9]지가 되어 믿음의 조상 아비라 함[10]이 되었다. 아브람[11]이 아브라함이 되었다. 열국 아비의 시적 의미는 대리자 역할이다.

> 나의아버지가나의곁에서조을적에나는나의아버지가되고또나는나의아버지의아버지가되고어쩌자고나는나의아버지가되고나는나의아버지의아버지가되고나의아버지의아버지의아버지노릇을하면서살아야하느냐
>
> ~ 이상 「오감도 시제 2호」

---

1) 시 79: 1, 6.
2) 출 34: 24; 신 18: 14.
3) 왕하 17: 33.
4) 시 80: 8.
5) 신 12: 30.
6) 겔 25: 7.
7) 신 15: 6.
8) 시 72: 11.
9) אָב(아브).
10) אַבְרָהָם(아브라함).
11) אַבְרָם(아브람).

3). 이삭의 우물

이삭은 아주 겸손하고 조용하고 아버지 말을 잘 듣는 10여세를 훌쩍 넘은 나이에 아버지가 자기를 죽이려 하는 것을 모를 리 없지만 순종 하였다. 하나님을 향한 시선 우물곁에 섰다. 이 우물가[1]는 우물과 눈이 동일시된다. 이삭은 알이다. 알 이삭이다. 알~엔 하마임=על~ עין המים[알~엔 하마임]=עַל~עֵין הַמָּיִם[알~엔 하마임][2]이다. 이삭과 물과의 관련은 양쪽에 숨 쉼 물, 말씀=하 아예나=העינה[하 아예나]=הָעַיְנָה[하 아예나][3]가 되어 이삭은 우물, 물곁에 선다. 우물가에 이삭의 웃음이 있다. 아브라함이 이삭을 얻기 전 웃은 웃음 조크[4]와 이삭[5]과 시적 긴 장성은 아브라함이 하나님 에게 절대 순종 보답으로 웃음을 얻었다. 웃음은 계속 진행 중이다. 문장은 브엘세바의 우물이 눈=아인=우물=עין[아인]=עַיִן[아인]으로 바뀐 때다. 하나님 경외의 일 우물곁 그 약대 곁에[6] 서 이삭은 아브라함의 종과 라반이 만나는 때가 되자 그 우물 알 리브가를 집어 든다. 알 하나[7]를 집어 들고 우

---

1) עַל~הָעָיִן(알~하아인 · 우물가, 창 24: 30).
2) עַל~עֵין הַמָּיִם(알~엔 하마임 · 우물곁에, 창 24: 13).
3) הָעַיְנָה(하아예나 · 우물에, 창 24: 16).
4) צְחֹק(죠크 · 웃음, 창 21: 6).
5) יִצְחָק(이쩨하크, 창 22: 3).
6) עַל~הַגְּמַלִּים(알~ 하겜마림 · 약대곁에, 창 24: 30).
7) עַל~הָעָיִן(알~하아인 · 그 우물, 창 24: 29).

물가[1]에서 아내 얻은 이삭이다. 눈 마주치기 장소, 샘=알~엔 하마임=עַל~עַיִן הַמָּיִם알~엔 하마임[2]에서 리브가가 물 항아리를 어깨에 메고 우물의 물을 얻으려고 온다. 그 우물[3]가에 선다. 값을 주고 지불한 아브라함의 그 우물을 이삭은 다시 팠다.

이삭이 아브라함보다 먼저 설정된 인물[4]이 아니다. 이삭과 불레셋이 갈라 질 때 우물을 성경은 브엘[5]과 사탄, 다툼[6]으로 한다. 이삭은 승리하여 부해진 우물[7]을 파고 다툼의 우물[8]을 온전히 떠나[9] 브엘세바로 올라가 단을 쌓고 하나님 이름을 불렀다. 브엘세바, 맹세의 우물로 일어선다. 우물 맹세와 나비 선지자 · 대변자 나비아[10]의 부엘세바에서 하나님 일을 한 곳이다. 모리아[11]에서 명령 순종 아브라함에게 하나님이 멈추라 한 곳 모리아![12] 이 모리아의 모는 말씀 사모 물이다. 하나님은 아비의 눈물을 보신 것이다.

---

1) עַל~הַעַיִן(알~하아인 · 우물가, 창 24: 30).
2) עַל~עַיִן הַמָּיִם(알~엔 하마임, 창 24: 43).
3) הָעַיְנָה(하아인나 · 그 우물, 창 24: 45).
4) Martin Noth, 『오경의 전승사: *Überlieferungageschichtiche des Pentateuch*, 원진희 역(서울: 한우리, 2003), 147.
5) הַבְּאֵר(하브엘 · 우물, the well, 창 26: 20).
6) שִׂטְנָה(싯나, 창 26: 21).
7) רחבוֹת(르호봇 · 우물, 창 26: 22).
8) 창 26: 20~21.
9) 창 26: 23.
10) נָבִיא(나비아 · 선지자).
11) הַמֹּרִיָּה(하모리아 · 그 모리아).
12) מוֹרִיָּה(모리아).

(1). 번제로 드려지는 이삭

창세기 22장은 아브라함이 이삭을 하나님의 명령대로 번제로 드리라는 명령을 준행하다 하나님이 넘치도록 큰 축복을 주시자 그의 몸종들에게 돌아오는 일로 기록되고 있다. 하나님의 손으로 숨 쉬게 하시는 일을 하시려는 하나님은 봐 여기라는 말[1]을 통하여 아브라함에게 명령한다. 아브라함의 큰 사역중의 하나를 담당할 자격이 되는지를 알려 하신 하나님이 시키시는 일이었다. 하나님의 아들이 이 세상에 오시어 우리들이 숨 쉬게 하실 수 있는 전초성을 제시하신다. 아브라함은 후=아하르=אחר아하르=אַחַר아하르[2]로 하나님의 말씀=다발=דבר다발=דָּבָר다발[3] 뭉치로 사역자가 된다. 예수님의 이 세상의 오심과 번제 드려짐에 대한 예시이다. 하나님의 일은 많은 일[4] 중에서 가장 큰 것이 우리를 숨 쉬게 하시는 일이다. 곧 하나님이라는 히브리어 글자가 의미하는 힘[5]이 있으신 분이 우리를 숨 쉬게 하신다. 그러기에 하나님은 아브라함에게도 니사~너의 사투리[6] 할 수 있다시며 아브라함을 격려하시는 의미에서 아브라함 · 아비라함[7]이라 시며 하나님 집안에서 하나님이

1) וַיְהִי(바예히 · 에, CW.VQIMZS, And came to pass, καὶ ἐγένετο, 창 22:1).

2) אַחַר(아하르 · 후, P. after, μετά, 창 22:1).

3) הַדְּבָרִים(하드바림 · 그 일, D.NMP, thing, τα ῥήματα, 창 22:1).

4) הָאֵלֶּה(하엘라 · D. ADXP, these, ταῦα, 창 22:1).

5) וְאֱלֹהִים(베엘로힘 · CD.NMP, that God, ὁ Θεός, 창 22:1).

6) נִסָּה(니사 · 시험하시려고. VPAMZS, did tempt, ἐπείραζεν, 창 22:1).

시키시는 사역을 담당하게 하셨다.

하나님이 말씀하시는 말투도 "봐요 말을[1] 들어보라" 이다. "내가 너의 말씀의 머리"라 하시며 "내가 시키려는 너[2] 아브라함아" 라고 부르신다. 아브라함은 하나님이 "봐요 말을 들어보라" 부르시자 "내가 여기 있나이다"[3]라 대답한다. 그만큼 하나님이 숨 쉬게 하심을 믿고 영원한 분임을 믿는 믿음 조상 말로 응답한다.

"봐요 내 말을 들어보라! 아들 데리고 가[4] 아주 어려운 일 해 라"! 하나님은 아브라함에게 마음을 비운 네[5]여야 할 수 있다!시며 엣다 여기있다![6] 하신다. 하나님 지붕 안의 하나님 가슴 닮으려는 아브라함에게 주신 마음이 아프도록[7] 진짜 아들 이삭! 이삭[8]이 향기 나게 하는 그 사역 "아브라함 네가[9] 맡아서 하라" 신다. 아브라함은 아래쪽[10]으로 가, 모리아 산상에서 곧

---

7) אַבְרָהָם(아브라함 · 아브라함을, NE, Abrahm, Aβααμ, 창 22:1).

1) וַיֹּאמֶר(바요마르 · 부르시되 하시니, and said, καὶ εἶπεν, 창 22:1) .

2) אֵלָיו(엘라이브 · 그를, P. MZS, unto him, πρὸσ αὐτον, 창 22:1).

3) הִנֵּנִי(힌네니 · 내가 여기 있나이다, Q.CXS, BEhold here I am, Ἰδοὺ ἐγ ώ, 창 22:1).

4) לְקַח · קַח(카 · 데리고, VQMMYS, Take, Λαβέ, 창 22:2).

5) בִּנְךָ(빈네하 · 네 아들, NMS.MYS, thy son, τὸν υἱόν σου, 창 22:2).

6) אֶת~יְחִידְךָ(에트~예히드하 · 네 독자, O~AMS.MYS, thine only son, τὸ v ἀγαπητόν, 창 22:2).

7) אָהַב · אָהַבְתָּ~אֲשֶׁר(아쉐르~아하브트 · 사랑하는, R ~ VQAMYS, whom thou lovest, ὅν ηἠγάπεσας, 창 22:2 아이).

8) יִצְחָק(이즈학 · 이삭, NE, Isaac, τὸν Ἰσαακ, 창 22:2).

9) יָלַךְ · לֵךְ~וְלֶךְ(브레그~레가 · 너는 가서, C.VQMMYS~P.MYS, and get thee, καὶ πορεύθητι, 창 22:2).

10) הַמֹּרִיָּה אֶרֶץ~ אֶל(엘~ 에레쯔 하모리아 에레쯔 · 모리아 땅으로, P~NFSG D.NE, into~the land of Moriah, εἰς τήν γὴν, 창 22:2).

나의 향기가 나게 숨 쉬게 되는 일을 하는 일이라신다.

너의 아들, 이삭을 베어라![1]이다. 하나님께 번제 드리었다. 번제는 사람이 살아가는데 모두가 숨 쉬어야 하는 일을 해결하는 가장 주요한 절차라이다. 한 사람이 희생됨으로 하여 우리 모두 숨 쉬게 되는 일, 곧 네 아들을 번제시켜라이다. 장차 있을 십자가 사건을 미리 예행 연습하는 일이었다.

참[2] 거기에 너는 올라[3]가서 곧 번제의 현장에서 눈으로 보이는 알 하나[4]드리이다. 이것도 아브라함의 가장 사랑하는 아들을, 네게 알려[5]주니 가라이다. 그래야만 하나님인 내가 너를 내 손으로 중심을 잡게 하실 수 있다 하시었다. 곧 복을 줄 수 있다는 조건이다. 이 엄청난 명령이다. 아브라함[6] 이름에서 보듯이 믿음의 조상이 되게 하시는 조건이다.

아브라함은 이에 바보라[7] 할 만큼 그대로 아침 일찍

---

1) עָלָה · וְהַעֲלֵהוּ(베하알레후 · 그를 드리라, CQ.VHMMYS.MZS, and offer him, καὶ ἀνένεγκον, 창 22:2).

2) שָׁם(솸 · 거기서, there, ἐκει, 창 22:2).

3) לְעֹלָה(레올라 · 번제, P.NFS, for burnt offering, εἰς ὁλοκάρπωσιν, 창 22:2).

4) עַל אַחַד הֶהָרִים אֲשֶׁר(알 아하드 하하림 아쉐르 · 그 한 산에, P ANCMG D.NMP, upon one of the mountains which, ἐφ ἕν τῶν ὀρέων ὧνἄν, 창 22:2).

5) אֹמַר אֵלֶיךָ(오마르 엘레이하 · 내가 네게 지시하는, VQICXS P.MYS, I will tell thee of, εἴπω σοι, 창 22:2)곳으로 일어나 שָׁכַם · וַיַּשְׁכֵּם(바야스켐 · 일어나, CW. VHIMZS, And ~rose of, ἀναςτάς δε, 창 22:3).

6) אַבְרָהָם(아브라함 · 아브라함을, NE, Abrahm, Aβααμ, 창 22:1).

7) בֹּקֶר · בַּבֹּקֶר(바보케르 · 아침에 일찍이, P.D.NMS, early in the morning, τὸ πρωι, 창 22:3).

안장을 지우고 봐야 보이는[1] 하나님을 만나 뵈오려 모리아 산으로 간다. 갈 때 나귀를 데리고 가는데 이 나귀는 하나님이 숨 쉬게 하는 말씀을 아주 하모[2] 사모하는 동물이다. 우리말에 "하모 그렇다" 라는 말이 있다. 전격 동의 신호 말이다. 봐 이거[3] 그러면서 하나님 지시에 아브라함은 두 몸종[4]을 데리고 그리고 아들[5] 곧 하나님의 집안에 영원히 있을 이삭[6], 하나님이 좋아 하시는 향기를 데리고 산에 올라간다.[7]

제 3일째 되는 날에 모리아 산에 도착한다. 예수님이 십자가 달리시고 다시 부활하시는 기간이 3일인데 이것을 상징하는 삼일 후에 하나님이 하실 일[8] 요나도 3일 동안 물고기 뱃속에 있었다. 예수님은 3 일 만에 곧 숨 쉬게 될 날, 모리아 산에 도착한다.

---

1) חָבַ · וַיַּחֲבֹשׁ(바야하보쉬 · 안장을 지우고, CW.VQIMZS, and saddled, ἐπέζασεν, 창 22:3).

2) אֶת~הַמֹרוֹ(에트~하모로 · 나귀에, O NMS.MZS, his ass, τὴν ἄνον αὐτοῦ, 창 22:3).

3) לקח · וַיִּקַּח(바이카 · 데리고, CW.VQIMZS, and took, παρέλαβεν δέ, 창 22:3).

4) אֶת ~ שְׁנֵי נְעָרָיו אִתּוֹ(에트 스네 나아라이브 오토 · 두 사환을 데리고, O~ANCMPG NMP.MZS P.MZS, two of his young men with him, δύο παῖδας μεΘ ἑαυτοῦ, 창 22:3).

5) בְּנוֹ · בֵּן(브노 · 아들, NMS.MZS, his son, τὸν υἱόν αὐτοὐ, 창 22:3).

6) יִצְחָק(이즈학 · 이삭, NE, Isaac, τὸν Ἴσαακ, 창 22:2).

7) וַיְבַקַּע עֲצֵי עֹלָה(바으바카 아제 올라 · 번제에 쓸 나무를 쪼개어 가지고, CW.VPIMZS NMPG NFS, and clave the wood for the burnt offering, καὶ σχίσας ζύλα εἰς ὁλοκαρπωσιν, 창 22:3).

8) הַשְּׁלִישִׁי וּיוֹם(하쉘리쉬 바욤 · 제3일에, P.D.NMS D.ANON, Then on the third day, τή ἡμεέρα τῇ τρίτῃ, 창 22:4).

(2). 아브라함아 아브라함아

하나님이 하나님의 아드님을 통해서 역사가 일어날 날! 아브라함이 눈을 들어[1] 먼 곳을 본다. 이 때 하나님이 시키시는 일을 잘 하려 아브라함은 믿음으로 모리아 산을 바라본다.[2]

아브라함은 사환과의 거리를 두고 왔다. 그들에게 봐요 말을 들어 보라며 자신의 사역은 하나님의 일을 눈으로 보는 일이니 너희들은 여기 있으라[3] 했다. 보아하니[4] 내가 아이와 함께만 가야 하는 상황이니라 하고 하나님께 경배[5]드리고 나서 쉬이[6]돌아오리니, 여기서 기다리라!

아브라함은 아들에게 하나님이 하려 하시는 일을 알지[7]라며 아들을 향한 칼과 불[8]을 들고 믿음으로 일을

---

1) וַיִּשָּׂא אַבְרָהָם אֶת ~ עֵינָיו(바이사 아브라함 에트~에나이브 · 아브라함이 눈을 들어, CW. VQIMZS NE O NFD.MZS, lifted up Abraham his eyes, καί ἀναβλέψας Αβρααμ τοίς όφθαλμοίς, 창 22:4).

2) וַיַּרְא אֶת~הַמָּקוֹם מֵרָחֹק(바야르아 에트~하마콤 마라호크 · 멀리 그곳을 바라본지라, CW. VQIMZS O~D.NMS P.NMS, and saw the place afar off, εἱδεν τόν τοπον μακρόθεν, 창 22:4).

3) וַיֹּאמֶר אַבְרָהָם אֶל~ נְעָרָיו שְׁבוּ~ לָכֶם פֹּה עִם~הַחֲמוֹר(바요메르 하브라함 엘~느아라이브 스부~라켐 포 임~하하모르 · 아브라함이 사환에게 이르되 너희는 나귀와 함께 여기서 기다리라, CW. VQIMZS NE P ~ NMP.MZS VQMMYP P.MYP AB P~D.NMS, And said Abraham unto his young men Abide ye here with rhe ass, καί εἱπεν Αβρααμ τοίς μαισίν αὐοὐ κα θίσατε αὐτοὐ μετά τῆς ὄνου, 창 22:5).

4) וַאֲנִי וְהַנַּעַר נֵלְכָה עַד~כֹּה(바아니 브하나아르 날르카 아드~코 · 내가 아이와 함께 가서, C.NPCXS C.D.NMS VQICXP P AB C.VTICXP P.MYP, and I and the lad will go yonder, ἐγώ δε καί τό παιδαριον, 창 22:5).

5) וְנִשְׁתַּחֲוֶה · שַׁח(브니스타하베 · 경배, C.VTICXP, and worship, καί πρόσ κυνῄσαντες, 창 22:5).

6) וְנָשׁוּבָה אֲלֵיכֶם(베나수바 알레켐 · 너희에게로 돌아오리라, C.VQICXP P.MYP, and come again to you, ἀναστρέψωμεν πρός ὑμᾶς, 창 22:5).

진행하려 한다. 이 때 성경은 혼자가 아니라 아버지와 아들 두 사람이 함께 함을 제시한다, 예수님 십자가! 예수님 혼자의 일 아닌 하나님과 함께 하는 십자가다. 하늘에 올릴[1] 제물은 어디 있느냐고 아버지에게 묻는다. 아브라함은 이렇게 하리라[2] 곧 하나님의 일이 지금 이렇게 하는 일이라 대답한다. 곧 하나님이 알아서 하신다이다. 전적으로 의뢰하는 아브라함의 믿음! 그리고는 바짝 아들 몸을 묶어 아들을 박아[3] 하나님의 손으로 하실 일에 맡겼다. 칼로 치려[4] 한다.

이 때 하나님은 아브라함의 중심이 하나님에게로 전적으로 기울어 졌음을 아시고 그 사역을 멈추게 하신다. 하나님이 두 번이나 알 다칠라[5] 아브라함 너는 하

---

7) אֶת~עֲצֵי הָעֹלָה וַיָּשֶׂם עַל~יִצְחָק בְּנוֹ(에트~아제 하올라 바야셈 알~이자크 브노 · 번제나무를 취하여 아들, 이삭에게 지우고, NMPG D.NFS CW.VQIMZS P~NE NMS.MZS, the wood of the burnt offering upon Isaak his son, τά ζωρα τῆς ὁλοκαρπώσεως καί επέὺθη Ἴσαακ, 창 22:6).

8) וַיִּקַּח בְּיָדוֹ אֶת~הָאֵשׁ וְאֶת~הַמַּאֲכֶלֶת וַיֵּלְכוּ(바이카 브야도 에트~하에쉬 브에트~함마아켈레트 바얄레쿠 · 자기는 불과 칼을 들고, CW.VQIMZS P.NFS.MZS O D.NFS CW.VQIMZP, and he took in his hand the fire and a nife and they went, ἔλαβεν δε μετά χεῖρα, 창 22:6).

1) וְאַיֵּה הַשֶּׂה לְעֹלָה(브아예 하세 르올라 · 번제할 어린양은 어디있나이까?, C.ABT D.NMS P.NFS, but where is the lamb for a burnt offering?, ποῦ έστιν, τό πρόβατον τό έις ὁλκαρπωσίν, 창 22:7).

2) יִרְאֶה~ל(이르에~ 로 · 친히 준비하시시라, VQIMZS~P.MZS, will provide~himself, ὄψεται~ἑαυτῷ, 창 22:8).

3) וַיַּעֲקֹד · עקד(바야아코드 · 결박하여, CW.VQIMZS, and bound, καί συμ ποδίσας, 창 22:9).

4) הַמַּאֲכֶלֶת לשחט · שָׁחַט(함마켈레트 리스호트 · 칼을 잡으려 하더니, D.NFS P.VQNG, the knife to slay, τὴν μάχαιραν αφαζαι, 창 22:10).

5) אַל~ תִּשְׁלַח יָדְךָ אֶל~ הַנַּעַר וְאַל~תַּעַשׂ לוֹ מְאוּמָה(알 티슬라 요드하 엘~한나아르 베알~타아스 로 므우마 · 그 아이에게 네 손을 대지 말라 아무 일도 그에게 하지 말라, ABN VQIMYS NFS.MYS P D.NMS S.ABN VQIMYS P.MZS API, not lay thine hand upon the lad neither do thou unto him

나님인 내가 하는 일의 십자가 연단작업을 너 마음대로 흔들지 말라. 나의 진심은 사람의 자식인 너의 아들을 죽이자는 것이 아니라 도리어 숨 쉬게 하여 살리려 함이라. 사람이 아니라 하나님의 아들인 나의 아들을 희생 제물로 하려는 것이니 사람인 너는 나의 아들이 아닌 너의 아들에게 손을 대지 말라이다.

너의 그 마음만이 배로 커서 네 아들[1]을 이렇게 하려 하였으니 엣다 아브라함아 대신 수양을 봐 할레다[2] 준비하였으니, 너에게 내 하는 일을 눈으로 보이도록 하였노라신다. 하나님은 이렇게 미리 이레 이렇게[3]하신 수양을 통하여 하나님이 우리 사람들을 숨 쉬게 하시기를 바라는 일을 보이셨다. 아들이 희생양임을 예시하신 하나님은 두 번째[4]아담을 통하여 십자가 지실 일을 하사[5] 아브라함에게 보여주신다. 하나님께서

---

any thing, Mη ἐπίβαλής τὴν κείρά σου ἐπὶ τό παιδαρίον μεδέ ποιήσής αυτῷ μεδέν, 창 22:12).

1) וְלֹא חָשַׂכְתָּ אֶת~בִּנְךָ אֶת~ יְחִידְךָ מִמֶּנִּי(베로 하시크타 에트~빈느하 에트~예히리하 밈멘니 · 내게 네가 네 아들 독자라도 아끼지 아니하였으니, C.ABN VQAMYS O NMS.MYS O AMS.MYS P.CXS, not hast~withheld thy son thine only son from me, καὶ οὐκ ἐπείσω τοὺ υἱοὺ σου τοὺ ἀγαπητοὺ, 창 22:12).

2) אֶת~הָאַיִל וַיַּעֲלֵהוּ לְעֹלָה תַּחַת בְּנ(에트~하아일 바야알레후 르올라 타하트 브노 · 아들을 대신하여 그 수양을 번제로 드렸더라, D.NMS CW.VHIMZS.MZS P.NFS P. NMS.MZS, the ram and offered him up for a burnt offering in the stead of his son, τόν κρόν καὶ ανήνεγκεν αὐτον εἰς ὁλοκάρπωσίν ἀντὶ Ἰσαακ τοὺ υἱοὺ αὐτὺ, 창 22:13).

3) יְהוָה| יִרְאֶה(여호와 이레 · 여호와 이레, NE|VQIMZS · NE, Jehovah Jireh, Κύριος εἶδεν, 창 22:14).

4) שֵׁנִית(쉐니트 · 두번째, AFS, the second time, δεύτερον, 창 22:14) .

5) מִן~הַשָּׁמַיִם(민~하솨마임 · 하늘에서부터, P~NMD, out of heaven, εκ~τοὺ ὑρανοὺ, 창 22: 15).

하나님의 아들로 그 일을 담당하게 하시고자 하는 일을 다만 하나님은 아브라함의 믿음을 보려 하시었다. 믿음으로 아들조차 아끼지 아니고 베려 하겠다[1]는 아브라함에게 하나님은 축복하신다.

아브라함에 대한 하나님의 축복은 엣다 … 자라 크고 큼이 배나 되어[2] 네 씨가 잘 되어 온 하늘에 있는 별 만큼과 바닷가 모래의 배가[3] 되어 복을 받을 일을 말 할 수 없을 만큼의 확대 예언하신다. 믿음의 부자가 되리니 보라고[4] 하신다. 하나님이 그의 사랑하는 백성들을 숨 쉬게 하기 위하여 첫 번째로 예시한 하나님의 아들을 통한 구속 사업이 예시를 아브라함이 잘 이행함으로써 하나님을 믿는 백성들이 은혜 안에 들 것을 말씀하시는 일이다. 후손들도 복을 받는 일에 드는 은혜이다. 와 봐 어서와[5] 곧 두 소년, 사환 있는 자리로 아브라함이 되 돌아온다.

---

1) וְלֹא חָשַׂכְתָּ(베로 하시크트 · 아끼지 아니, CABN VQAMYS, and~ no hast withheld, καὶ οὐκ ἐφεἴσώ, 창 22:16).

2) אֶת~זַרְעֲךָ כְּכוֹכְבֵי(에트~자르아 크코크베 · 네 씨로 별과 같고, O~NMS.MYS P.NMPG, The seed as the stars of, τό σπέρμα σου ὡς τού ς ἀστέρας, 창 22:17).

3) וְכַחוֹל(베카홀 · 모래와 같게 하리니, P.D.NMS, and as the sand, καὶ ὡς τὴν ἀμον, 창 22:17) .

4) וְהִתְבָּרְכוּ · בְּרךָ בְזַרְעֲךָ כֹּל גּוֹיֵי הָאָרֶץ(브자라흐 보라그 · 베이트보라구 브자르아흐 콜 고에 하아레쯔 · 네 씨로 말미암아 천하 만민이 말미암아 또 복을 받으리니, C.VTACZP P.NMS.MYS NMSG NMPG D.NFS, And~ shall~be blessed in thy seed all the nations of the earth, ɔου καὶ ἐνευλογεΘεσο ντα ἐν τῷ σπέρυματί, πάντα τά ἐδεντῆς γῆς, 창 22:17).

5) וַיָּשָׁב(바와솨브 · 이에 돌아와서, CW.VQIMZS, So returned, ἀπέσταφ η, 창 22:19).

4). 야곱의 우물

하나님의 일하심을 기다리는 자가 놓아져[1] 있다. 아브라함이 하는 일이다. 되돌아오는 일이다. 하나님 일을 함께해 하는[2]일은 기다리는 사환에게 돌아오는 일이다. 아브라함이 사환에게 되돌아와 하나님께 보일 믿음을 세어봐[3] 보일 수 있는 우물가에 서 숨 쉬며 사환들과 함께 머문다.

우리말에 야 곱 야 곱해라 한다. 두 곱, 두 배, 둘이 합하여 힘내는 결혼[4]이야기도 있다. 야곱은 이삭의 둘째 아들로 우물[5] 곁에서 아내 될 사람 라헬이 양 무리에게 물을 먹이러 오자 라헬[6] 곁에 수직으로 선[7]다. 라헬을 얻고 싶은 두 배 처음 칠년[8]과 다시 7년 합하여 14년으로 7년의 곱이다. 예수 족보는 14년씩 리듬을

---

1) אֶל~נְעָרָיו(엘~느아라이브 · 그의 사환, 소년, 소녀에게로 , NMP.NZS, his youngmen, τοὺς παῖδας αὐτοῦ, 창 22:19).

2) יַחַד · יַחְדָּו(야하드 · 야흐다브 · 함께, AB, together, ἅμα, 창 22:19).

3) אֶל~בְּאֵר שָׁבַע וַיֵּשֶׁב אַבְרָהָם בִּבְאֵר שָׁבַע(엘~브엘 쇠바아 바예쉐브 아브라함 비브에르 쇠바아 · 브엘세바에 거하였더라, P NE NE CQ.VQIMZS NE P.NE NE, to~Beer ~sheb a and ~dwelt Abraham at Beer~sheba, ἐπι τ ὁ φρέαρ τοὺ ὅρκου καὶ κατῴκεσεν Αβρααμ ἐπὶ τῴφρετι τοῷ ὅρκου, 창 22:19, 창 22:19).

4) Herodtus, *Herodtus* Ⅰ~Ⅱ(Massachustts: harvard University Press, 1926), 171~175. Ⅳ, 89.

5) 창 29: 2.

6) רָחֵל(라헬).

7) 창 29: 10, 18.

8) 창 29: 20.

탄다. 이 2의 두 배의미는 하나님과 예수님 두 분이다.

라반의 둘째 딸 라헬은 암양의미다. 에브랏이 지닌 열매와 결실과 실과[1]의미다. 라헬을 더 좋아한 둘째딸 라헬과 둘째 아들 야곱은 예수님이 첫째 아담이 아닌 둘째 아담임과 관련된다. 예수님은 유월절을 두 번째 지난 유월절의 주인공![2] 베들레헴과의 연관[3]된 라헬은 임신한 곳 에브랏[4]과 연결 출산 의미다. 유브라데강[5]과 연계 과실 · 열매의 개념 · 이스라엘 분깃과 하나님 집 벧엘 · 베들레헴 · 떡집과 말씀 관련 하나님 백성으로서의 입이다. 성경의 사건은 하나님과 예수님의 두 분이 만드는 사건이다.

야곱은 우물곁에서 양들을 만드는 비법[6]을 쓴다. 늘 얼룩얼룩한 나뭇가지를 두어 양들이 그것을 바라보면서 새끼를 배는 얼룩진 양을 만들어[7] 하나님 나라[8]가 넓혀진다. 세상일은 늘 바라보는 일 그대로 된다. 양무리 느는[9]일은 탈무드에서 야곱[10] 눈물로 설명된다.

---

1) 창 2: 14, 3: 2; 시 1: 3, 21: 10, 127: 3, 128: 3; 잠 18: 20, 사 11: 1, 14: 29; 렘 51: 63; 호 10: 1.

2) 참조 출 12: 18; 레 23: 5; 민 9: 3, 5, 11, 28: 16; 스 6: 19; 마 1: 2~1: 16

3) Herman Gunkel, *Water for a Thirsty Land:* Israelite Literature and Religion, edited b K. C. Hanson, 72~73.

4) 창 35: 16.

5) 창 2: 14.

6) 창 30: 39, 41.

7) 창 30: 41~42.

8) 이훈구, Ibid.

9) 창 30: 32, 35, 39, 31: 10, 12.

(1). 야곱의 하늘사다리 ~ 창 28:10~22

생명이 살아 함께 하는 풍요[1]는 샘물[2]과 그리고 눈과도 동일[3] 하다. 하나님 눈 안의 은혜를 발견한 노아는 방주를 지어 살았으며 시편기자는 눈을 들어 하나님을 바라며[4] 감동하자 눈이 밝아[5] 졌다.

하나님 백성들은 하나님을 찾는다. 하나님은 항상 그의 백성들의 얼굴을 항상 찾는다.[6] 어디에서든지 서로 대면한다. 야곱은 얍복강 가에서 천사와 대면하여 씨름하여 환도 뼈가 부러지면서도 이스라엘이 되었다. 환도 뼈가 휘어진 카프[7] 모양은 반석모양이다. 반석에서 물이 나온다는 것은 말씀이 나온다[8] 뜻이다.

인간은 누구나 꿈을 가지고 산다. 이 꿈은 성경에서 야곱의 꿈이 대표된다. 사실 야곱이 꿈을 바란 것이 아니라 꿈에서 하나님이 야곱에게 꿈에 나타[9]나셔서이

---

10) Ibn Habib, *עין יעקב*(בדפורב: הוצאסהורב, 1927), 1~1830.

1) Divid Bidney, *Myth, Symbolism, and Truth*, John B. Vickery 『*Mith and Literature*』 (University of Nebraska Press, 1973)., 12~13.

2) **עַיִן**(아인 · 샘물).

3) **עַיִן**(아인 · 샘, 신 33: 28) · **אֶל~מַעְיַן מֵי**(엘~마에얀 메 · 샘물까지, 수 15: 9) · **בָּעַיִן**(바아인 · 샘 안에, 삼상 29: 1) · **מַעְיְנֵי~מַיִם**(마에예네 · 모든 샘을, 왕하 3: 19) · **מַעְיַן~מַיִם**(마으얀 · 모든 샘들을, 왕하 3: 25) · **הָעַיִן**(하아인 · 그 샘, 느 2: 14, 3: 15).

4) 시 121: 1.

5) 사 35: 1.

6) Robert Louis Wilken, 82.

7) **כ**(카프).

8) 민 20: 10; 신 8: 15, 32: 13; 삿 6: 21; 시 78: 16, 81: 16; 사 10: 26; 고전 10: 4.

9) 창 28:10절.

다. 야곱이 집을 떠나는 때 히브리어는 봐 어째[1]이다. 우리말에 어쩌나! 라는 말이 있다. 앞일에 대한 불안으로 출발한 야곱이 향기 나는 하나님의 손에 붙잡히는 글자 뜻이다. 우리말 그대로 야곱이 두 배 야 곱하여 더 나아지며 이스라엘이 된다. 두 배 열심히 산 야곱[2]이다.

야곱은 말씀이 있는 브엘[3]인 브엘세봐[4]에 거하며 하나님의 눈 안에 들어, 잘못된, 곧 형의 몫을 빼앗는 일과 아버지를 속였던 삶에서 바로[5] 선다. 바로 서는 표시는 지적으로 숫자 1로 대산할 수 있다. 하나님이 행하[6]시어 바로 섰다.

하아얀 꿈이 익어 꽃 섶을 물들이면
사랑이 둘레둘레 여물어 손 모으고
안으로 감싸면서 서 그대는 늘 나를 봐
– 이영지 「사랑이 둘레둘레」

하나님 손에 잡힌 야곱이 집을 떠나
하란을 떠나면서 두 배의 입맞춤을
들고서 가는 길에는 두 눈 모두 바안짝

---

1) וַיֵּצֵא(바예쩨아 · 떠나, 창 28:10).

2) יַעֲקֹב(야곱, 창 22:10).

3) בְּאֵר · מִבְּאֵר(밉브엘 · 브엘에서, P.NE, from Beer, ἀπὸ τοῦ φρέατος, 창 22:10).

4) שֶׁבַע · שָׁבַע(솨바아 · 세바, NE, sheba, τοῦ ὁρκου, 창 22:10) 하나님이 연단하여 집안에 들게 하는 눈.

5) וַיֵּלֶךְ(바예레흐 · 서다 · 가더니, CW,VQIMZS, and went, καὶ ἐπορεῦθη 창 28:10).

6) חָרָן · חָרָנָה(하라나 · 하란을 떠나, NE.H, toward Haran, εἰς χαρραν, 창 28:10)

– 이영지 「두 배의 입맞춤을 들고서」

우리는 은혜 갚는다고 할 때 흔히 본인이 빚진 것을 갚는다고 생각하지만 성경은 은혜 갚는 일 조차 하나님의 손에 있는 일을 봐 펴가[1]는 일로 한다. 이 펴가는 일조차 하나님에 의하여 이루어진다. 그리고 우리나라 경상도 북부지방에는 '마카'라는 말이 있는데 합하여 전부 펴가는 뜻이다. 마콤[2] 즉 하나님으로부터 온 말씀을 마카[모두라는 뜻의 경상도 영주지방 사투리] 펴가 하나님의 집을 잘 지키는 사역이 야곱의 생애 전부다.

하나님이 야곱에게 두 배로 은혜를 갚는 이스라엘이 되어라 하시었고 야곱이 누운[3] 자리조차 하나님의 손으로 자리를 펴 보[4]이시는 하나님 중심에 야곱은 단단히 서서 하나님, 마 임[5]이 하시는 말씀을 봐 이거[6]다 하면서 잘 사역하고파 한 돌 앞에 선다. 야곱은 아벤[7] 돌로 마음을 마카[8] 모아 하나님을 봐야 셈[9] 할

---

1) פָּגַע · וַיִּפְגַּע(바이프가아 · 이르러는, CW.VQIMZS, And he lighted, καὶ ἀπένδεσεν, 창 28:10)

2) מָקוֹם · בַּמָּקוֹם(밤마콤 · 한 곳에, P.D.NMS, upon a certain place, τόπ φ, 창 28:10).

3) לוּן · וַיָּלֶן(룬 · 바야렌 · 유숙하려고, CW.VQIMZS, and tarried~all night, καὶ ἐκοιμήθη, 창 28:11)

4) כִּי~בא(키~보 · 이것을, 창 38:11. 합 2:3).

5) הַשָּׁמַיִם(하솨마임 · 하늘에서부터, NMD, out of heaven, εκ~ τοὺ ὑρανο ὑ, 창 22: 15).

6) וַיִּקַּח(바이카 · 취하여, CW.VQIMZS, and he took, ἔλαβεν δε, 창 28:11).

7) אֶבֶן · מֵאַבְנֵי(메아브네 · 한 돌을, P.NFPG, of the stones of, ἀπὸ τῶν λιδῶν, 창 28:11).

수 있게 된다. 좋다[1] 말을 듣고 자빠져[2] 밤을 센다.

하늘 손 붙들고서 말씀을 펴가느라
여기서 누어 자며 돌베개 비느라고
한 밤에 깊은 숨쉬기 들여가며 내쉬며

– 이영지 「숨 쉬기」

가만히 속삭이는 흰 살결 따라가다
차츰음 사랑 깊이 빠져서 노래하며
가슴이 온통 그리워 노랗도록 오므린

– 이영지 「사랑 깊이」

야곱은 꿈에라도 뵈어야 할 님[3]이 있네[4]하며 님 앞에 놓인 꿈 사닥다리[5]를 보며 철저히 자신만을 위해 살아온 삶이 아닌 사다리가 낮아[6] 지는 순간을 경험한다. 위로만 오르려 형을 배반하고 아버지를 속인 야곱이 낮아지는[7]일은 하나님의 말씀 집안에 들어서이다.

이제 이것을 알자[8] 야곱은 비로소[9] 향기가 나기에[10]

---

8) הַמָּקוֹם(함마콤 · 그곳을, D.NMS, the place, καὶ τοπου, 창 28:11).

9) וַיָּשֶׂם(바야셈 · CW.VQIMZS, and put them, καὶ ἔθηκεν, 창 28:11).

1) מְרַאֲשָׁה · מְרַאֲשֹׁתָיו(므라솨 · 므라아소타이브 · 베개, NFP.MZS, for his pillows, πρός κεπάλης, αὐτοûûὑ, 창 28:11).

2)שָׁכַב · וַיִּשְׁכַּב(솨바브 · 바이스카브 · 누워자더니, CW.VQIMZS, and lay down~to sleep, καὶ ἐκοιμηθη, 창 28:11).

3) חָלַם · וַיַּחֲלֹם(할람 · 바야할렘 · 꿈, CW.VQIMZS, And he dreamed, καὶ ἐνιπνάσθε, 창 28:12).

4) הִנֵּנִי(힌네니 · 본즉, Q.CXS, and behol, καὶ ἰδοὐ, 창 28:12).

5) סֻלָּם(술람 · 사닥다리가, a ladder, κλἰμαζ, 창 28:12).

6) נָצַב · מֻצָּב(나자브 · 무짜브 · 섰는데 VQPP, set up, ἐστηρɣμένε, 창 28:12).

7) 창 28:12.

8) אַרְצָה(아르짜 · 땅 위에, NFS.H, on the earth, ἐν τῆ ɣῆ, 창 28:12).

9) וְרֹאשׁוֹ(브로소 · 그 꼭데기가, C.NMS,MZS, and the top of it, ἡς ἡ κἐ

향기를 먹고 은혜 갚는 눈을 뜬다. 하나님이 하시매[1] 야곱은 바로 이때 말씀이 보이네[2] 하면서 말로 알게[3] 해주시는, 알려주시는 힘[4]이 올라[5] 배로 오르며[6] 하나님 보[7]느라 정신이 없다.

내 꿈에
뵈어야 할 님[8] 있네[9]
오 사닥다리[10] 내 곁에
비로소[11] 향기 나네
나고[12]있네

말씀이 보이네[13]
눈으로 올라 딛으며
머리와 가슴을 얻었네

φαλή, 창 28:12).

10) נָגַע · מַגִּיעַ(나가아 · 마기아으 · 닿았고, VHPA, reached, ἀφικνεῖτο창 28:12)

1) הַשָּׁמָיְמָה(하솨마마 · 하늘에, D.NMP.H, to heaven, εἰς τόν οὐρανου, 창 28:12).

2) וְהִנֵּה(브힌네 · 또 본즉, C.O, and behold, καί, 창 28:12).

3) מַלְאֲכֵי(말르아케 · 사자가, NMPG, the angles of, οἱ ἄγγελοί, ckd 28:12).

4) אֱלֹהִים(엘로힘 · 하나님,NMP, God, τοῦ Θεοῦ, 창 28:12).

5) עָלָה · עֹלִים(올라 · 올림 · 오르락, VQPAMP, ascending, ἀνέβαινον, 창 28:12).

6) יָרַד · וְיֹרְדִים(야라드 · 베오르딤 · 내리락하고, C.VQPAMP, and descending, καί κάτεβαινον, 창 28:12).

7) בּ(보 · 그 위에서, P.MZS, on it, ἐπ αὐτῆς, 창 28:12).

8) חָלַם · וַיַּחֲלֹם(할람 · 바야할렘 · 꿈, CW.VQIMZS, And he dreamed, καί ἐνιπνάσΘε, 창 28:12).

9) הִנֵּנִי(힌네니 · 본즉, Q.CXS, and behol, καί ἰδού, 창 28:12).

10) סֻלָּם(술람 · 사닥다리가, a ladder, κλίμαζ, 창 28:12).

11) וְרֹאשׁ(브로소 · 그 꼭데기가, C.NMS,MZS, and the top of it, ἡς ἡ κέφαλή, 창 28:12).

12) נָגַע · מַגִּיעַ(나가아 · 마기아으 · 닿았고, VHPA, reached, ἀφικνεῖτο창 28:12)

13) וְהִנֵּה(브힌네 · 또 본즉, C.O, and behold, καί, 창 28:12).

사랑을 나에게 준
내 여인 꽃 가슴의
그리움 순결로만 반듯이 앉으셔서
두 손을 모으시고서
꽃분홍의 순결 즙

- 이영지 「순결 즙」

처음으로 순결해진 야곱이 되자 또 보이네[1]하며 감탄하며 본 것은 하나님이 영원히 숨 쉬게 하심이다. 야곱은 나 잡으[2]시네 하며 알[3]로 하나님이 싹 틔워 주시매 봐요 내 말을 들어보라시며 정신이 번쩍 들었다. 하나님이 묻지 아니[4]하신 하나님 손의 숨 쉬는 힘[5]을 얻었다.

아브람이 아브라함[6] 된 날에야
하나님이 숨 쉬게 하시네
나도 하나님 집안에서 아비[7]가 되게 하신
나의 힘이시여
내가 숨 쉬나이다
이삭[8]에게
하나님의 손으로 향기 나게 하시는 이여
하 아래쪽[9] 땅을 당신으로 하여 숨 쉬게 하시며

---

1) הִנֵּה · וְהִנֵּה(브힌네 · 또 본즉, C.O, and behold, καὶ, 창 28:12).
2) נָצַב · מֻצָּב(나자브 · 무짜브 · VQPP, set up, ἐστηρɣμένε, 창 28:13).
3) עַל · עָלָיו(알 · 올라이브 · 그 위에, P.MZS, above, ἐπ αὐτῆς, 창 28:13).
4) אֲנִי(아니 · 나는, NPCXS, I, Ἐɣώ, 창 28:13).
5) אֱלֹהֵי(엘로헤 · 하나님이요, NMPG, God of, ὁ Θεὸς, 창 28:13).
6) אַבְרָהָם(아브라함 · 아브라함. NE, Abraham, Αβραμ, 창 28:13).
7) אָב · אָבִיךָ(아브 · 아비하 · NMS.MYS,thy father, τοῦπατρὸς σου, 창 28:13).
8) יִצְחָק(이즈학 · 이삭, NE, Isaac, τὸν Ἰσαακ, 창 28:13).
9) הָאָרֶץ(하아레쯔 · 온 땅과, D.NFS, the land, ἡ ɣῆ, 창 28: 13).

저를 향기 되게 하시는 이여
아시라[1] 하시는 이여
나를 연단하시는 이여
저에게 앗따[2]하고 다 주시는 이여
저도 하나님을 쫓나이다.
잠자리 누운 속에[3]
마음이 평안하나이다.

알레[4] 알고 싶으냐시며
제 눈을 보시고
네가[5] 나의 이스라엘이라 하시는 이여

저에게 나타[6]나시어
주려 하시는 이여
하나님의 십자가가 영원하게 하시려하시는 이여
오 자라라 하시는 이여
저의 입이 되시며 하나님의 생각이 자라게 하시는 이여

보이네[7]
하늘구름이
보이네 숨 쉼이

손으로 나 잡으[8]시는 이여
알[9]로 크게 하시는 이여
싹 틔울 내 말을

---

1) אֲשֶׁל(아세르 · whereon, ἐφ' ἧς, 창 28:13).

2) אַתָּה(아타 · 너, 주, NPMYS, thou, σύ, 창 28:13, 시 5:5).

3) שָׁכַב · שֹׁכֵב(솨가브 · 소케브 · 누운, VQPA, liest, καθεύδεις, 창 28:13).

4) עַל · עָלֶיהָ(알레하 · P.FZS, ἐπ' αὐτῆς, 창 28:13).

5) לְךָ(레가, 너와, P.NYS, to thee, σοι, 창 28:13).

6) נָתַן · אֶתְּנֶנָּה(나탄 · 에텐넨나 · 내가 주리니, VQICX,FZS, wil I give it, δώσω αὐτήν, 창 28:13).

7) הִנֵּה · וְהִנֵּה(브힌네 · 또 본즉, C.O, and behold, καί, 창 28:12).

8) נָצַב · מֻצָּב(나자브 · 무짜브 · VQPP, set up, ἐστηρχμένε, 창 28:13).

9) עַל · עָלָיו(알 · 올라이브 · 그 위에, P.MZS, above, ἐπ αὐτῆς, 창 28:13).

들어보라 시네
아니[1] 하시며 물으시며
아브라함[2]이 아비[3] 되게 하시는 이여
향기 이삭[4]이게 하시는 이여
아시라[5] 하시는 이여
나를 연단하시며 엣따[6] 다 주시는 이여
누운 속에[7]
마음이 평안하나이다.

알래[8] 하시며 제 눈을 보시고
네가[9] 나의 이스라엘이라 하시는 이여
나타[10]나시어 십자가가 영원하게
오 자라라 하시는 이여

노랑이 농익어서
황금들 내려오네
아비는 가만가만
아들의 손을 잡고
아비는 아들의 손을 잡은
콧수염

– 이영지 「아비의 콧수염」

노랑이 농익어서
흙 속에 묻힌 열매가 농익어서 떠오른 가슴수염!

---

1) אֲנִי(아니 · 나는, NPCXS, I, Ἐγώ, 창 28:13).

2) אַבְרָהָם(아브라함 · 아브라함. NE, Abraham, Αβραμ, 창 28:13).

3) אָב · אָבִיךָ(아브 · 아비하 · NMS.MYS,thy father, τοῦπατρός σου, 창 28:13).

4) יִצְחָק(이즈학 · 이삭, NE, Isaac, τόν Ἰσαακ, 창 28:13).

5) אֲשֶׁר(아세르 · whereon, ἐφ' ἧς, 창 28:13).

6) אַתָּה(아타 · 너, NPMYS, thou, σύ, 창 28:13).

7) שָׁכַב · שֹׁכֵב(솨카브 · 소케브 · 누운, VQPA, liest, καθεύδεις, 창 28:13).

8) עַל · עָלֶיהָ(알레하 · P.FZS, ἐπ' αὐτῆς, 창 28:13).

9) לְךָ(레가, 너와, P.NYS, to thee, σοι, 창 28:13).

10) נָתַן · אֶתְּנֶנָּה(나탄 · 에텐넨나 · 내가 주리니, VQICX,FZS, wil I give it, δώσω αὐτήν, 창 28:13).

숨 쉬게 하여[1] 씨를 주시어
가파르[2]게 자손번지며
아래쪽[3]에서 숨 쉬게 하시는 이여

파랗게 향기 나는 서쪽[4]에서 당신의 손 사역으로
말씀전하기를 바라며
잘 견디어 바늘귀로 통과한 가슴의 말씀
배로 잡히는[5] 그대 향기
내게 봐[6] 하시며
복 받으라 시는 그대여

아주 아담[7]히 숨 쉬며

이영지 「아담 아담히」

하나님은 야곱 자손으로 이스라엘 백성이 대대로 잇게 하셨다.

마음이 숨 쉬는 뜰
하여[8]
자라도록
아래쪽[9]에서 숨쉬기에 떠올라
파래서
향기 나며

---

1) הָיָה · וְהָיָה(하야 · 브하야 · 되어서, VQAMZS, And ~shall be, καὶ ἔσται, 창 28:14).

2) עָפָר · כַּעֲפַר(카아파르 · 티끌같이, 창 28:14).

3) אֶרֶץ · הָאָרֶץ(하아레쯔 · 땅의, ~the earth, τῆς γῆς, 창 28:14).

4) יָם · יָמָּה(얌 · 얌마 · 서, 창 28:14).

5) צָפוֹן · וְצָפֹנָה(자폰 · 베자포나 · 북에,C.NFS.H, and to the north, καὶ ἐπὶ βορρᾶν, 창 28:14).

6) נֶגֶב · וָנֶגְבָּה(바네그바 · 남, C.NMS.H, and to the south, καὶ ἐπ' ἀνατολάς, 창 28:14).

7) הָאֲדָמָה(하아다마 · 땅의, D.NFS, the earth, τῆς γης, 창 28:14).

8) הָיָה · וְהָיָה(하야 · 브하야 · 되어서, VQAMZS, And ~shall be, καὶ ἔσται, 창 28:14).

9) אֶרֶץ · הָאָרֶץ(하아레쯔 · 땅의, ~the earth, τῆς γῆς, 창 28:14).

어디에 가보아도 내게 봐[1]하시는 이여

연분홍
사랑이라 하오신
다음날에
내 가슴 조금 풀어
연분홍 바람 쐬자
내 안에 사랑 돋느라
눈 둘 곳을
몰라 예

~이영지 「몰라 예」

마음이 숨 쉬는 뜰에서 늘 말씀 그대로
하여[2] 더 향기나나이다
어디에서든지 내게 봐[3]
하시는 이여
나의 꿈이 부르는
하 아담[4] 하도록
숨 쉬게 하시는 이여
하나님 연장으로 쓰시옵소서

이영지 「연분홍 바람」

하나님은 야곱에게 경어 아시라[5]라는 존댓말까지 쓰시면서 십자가 이야기를 또 하신다. 십자가는 어려운 일이 아니라 바라면 쉬운[6]일이 된다 하시었고 그것은

---

1) נֶגֶב · וָנֶגְבָּה(바네그바 · 남, C.NMS.H, and to the south, καὶ ἐπ' ἀνατολάς, 창 28:14).

2) הָיָה · וְהָיָה(하야 · 브하야 · 되어서, VQAMZS, And ~shall be, καὶ ἔσται, 창 28:14).

3) נֶגֶב · וָנֶגְבָּה(바네그바 · 남, C.NMS.H, and to the south, καὶ ἐπ' ἀνατολάς, 창 28:14).

4) הָאֲדָמָה(하아다마 · 땅의, D.NFS, the earth, τῆς γῆς, 창 28:14).

5) יָלַךְ · אֲשֶׁר~תֵּלֵךְ(아세르 텔레흐 · 네가 가든지, R whither thou goest, οὐ ἐὰν πρευθῇς, 창 28:15).

6) שׁוּב · וַהֲשִׁבֹתִיךָ(수부 · 바하쉬보티하 · 너를 이끌어 돌아오게 할지라,

버티는 일이라고 하시었다. 하나님이 하시는 일은 늘 아담 하셔서 그 약속이 야곱과 하나님 사이에서 아주 좋았다.[1] 야곱은 하나님만 따랐고 하나님은 말씀하시기를 네가 할 일 가슴에 하나님을 담기만 하라 이다.

너는 날 따르면서 가슴에 나를 담아
그대로 따르면서 따라만 오라오라
눈으로 가슴을 넣어 두어라 예 그래요
- 이영지 「예 그래요」

키[2]를 잡게 된 야곱은 하나님 때문이다. 내가 아닌 하나님 내가 너를 잡아[3] 떠나지 않고 눈으로 늘 보며 너를 보게 나의 집안에 너를 넣는다 하시었다. 바로 영원까지 가는 일은 눈에 그분의 가슴을 넣는[4] 일이다. 눈으로, 가슴으로 있는 나를 아시라는 하나님은 거듭 내가 하는 일을 아신다[5] 하시었다. 눈으로 보이는 십자가를 엣따하고 주시면서 처음에서 끝까지 책임지고 계시다는 것을 아시라 다발로 주시겠다 하시었다. 꽃다발을 안겨 받은 야곱은 어려운 일이 닥칠 때마다 하나님이 네게[6] 다 주신다는 말씀을 마음에 새겼다.

C.VHACXS.MYS, and will bring thee again, 창 28:15).

1) זֹאת · הַזֹּאת(조아드 · 하조아트 · D.ADFS, this, ταύτεν, 창 28:15).

2) כִּי(키 · 왜냐하면, C, for, ὅτι, 창 28:15).

3) עָזַב · אֶעֱזָבְךָ(아자브 · 에에자브하 · 너를 떠나지, VQICX.MYS, I will~leave thee, σε ἐγκαταλίπω, 창 28:15).

4) עַד(아드 · 까지, P.until, ἕως, 창 28:15).

5) עָשָׂה · עָשִׂיתִי(아사 · 아쉬티 · 이루기, VQACXS, I have done, τοὺ ποιῆσ ἱ με, 창 28:15).

둘이서 하나에요
빠알간
노래에요
가슴이
보이어요
사랑이
보이어요
둘이서
하나이에요
반짝이며 보이는

둘이서 하나 되는
둘이의
노래에요
가슴이
보이어요
사랑이
보이어요
둘이서
하나이어요 반짝이는 등에요

– 이영지 「둘이서 하나이어요」

마음에 하늘표시 그토록 기인 날을 우리는 함께 있어
가슴에 둘이 들어
십자가 그 일은 내가
너는 다만 내 곁에

가슴에 넣어두는 그대의 가슴이랑
한시도 나는 너를 너는 날 우리 함께
사랑을 반반씩 그린 동그라미 곁에서

늘 나의 곁에서만 늘 너의 곁에서만
우리는 사랑 물을 먹으며 살아가는
그리움 그 모양으로 손을 잡는 내 사랑

---

6) לְךָ(라흐 · 네게, P.MYS, to thee of, σοι, 창 28:15).

- 이영지 「손을 잡는 내 사랑」

야곱이 잠이 깨어 가로되 과연 여호와께서 과연 여기 계시거늘 내가 알지 못하였도다[1] 하며 봐 여기서[2] 하면서 하나님의 손으로 한 일이 향기 남을 감탄한다. 이 일로 야곱은 잠이 새나[3] 더 이상 잠이 오지 않게 하시기에 일어난 야곱은 하나님에게로 기울어진다. 좋아서 바요 말을[4] 들어보시라면서 말씀 속에서 중심 잡는 일임을 고백한다. 예수[5]님이 여기계시거늘 하는 아주 중요한 구약에서의 예수님 이름이 언급된다. 하나님 집안의 말씀사역에 들어서며 야곱은 자[6] 하자 하면서 혼자가 아닌 자신의 모습에서 하나님을 향한 두 배의 일을 다짐한다.

> 야곱이 잠이 깨어 오오오 당신께서 여기에 계신 줄을 몰라서 몰라서 정말 몰라서
> 오오오
> 느으을 모르다가 꿈속에 나타나샤
> 나에게 닥아 오는 행복을 알게 해 준
> 당신은 누구신가요 나를 향해 웃으신
>
> - 이영지 「당신은 누구신가요」

---

1) 28:16.

2) יָקַץ · וַיִּיקַץ(야카쯔 · 바이카즈 · 깨어, CW.VQIMZS, And ~awaked, καὶ ἐξηγέρθη, 창 28:16).

3) שֵׁנָה · מִשְּׁנָתוֹ(솨나 · 미스나토 · 잠이, P.NFS.MZS, out of his sleep, 창 28:16).

4) וַיֹּאמֶר(바요마르 · 부르시되 하시니, and said, καὶ εἶπεν, 창 28:16).

5) יֵשׁ(예쉬 · 계시거늘, NS, is, Ἔστιν, 창 28:16).

6) 창 28:16.

아침에 잠이 새나[1]
일어나 바로 이거
날 향해 당신께서 미소로 대답하신
내 삶이 이렇도록 행복이 넘쳐나는
당신의 가까이에서 산다는 것 이 바로

– 이영지 「이 바로」

하나님과 야곱사이에 아침햇살이 피어났다. 아침 일찍 깨어나 햇살을 받으면서 하나님에 대한 경외심에 보이네[2] 한 야곱은 이렇다니까, 하나님의 일은 나를 버리시지 아니하시고 나를 보호하시고 편안한 잠을 주시고 꿈에서 나타나시고 봐 이래 봐 이래 하나님 나의 하나님 감탄하였다. 꿈에 직접 보여주신 그 선명함 때문에 야곱은 지금도 그 꿈의 진실성에 감동하여 봐요 말을[3] 할께요 하면서 하나님의 임재하심을 맞노라 한 야곱이다. 밤을 마카[모두의 사투리][4] 보낸 야곱은 하나님 뵈온 경이로움의 행복감과 가슴 벅참으로 자[5] 하면서 하나님이 야곱에게 시키시는 연장역할 곧 이스라엘 자손들의 뻗어나는 인구의 많은 일을 도맡아 하겠나이다 한다. 이 키를 들고 가겠나이다 한다.

---

1) שֵׁנָה · מִשְּׁנָתוֹ(솨나 · 미스나토 · 잠이, P.NFS.MZS, out of his sleep, 창 28:16).

2) יָרֵא · וַיִּירָא(야레 · 바이라 · 이에 두려워하여, CW.VQIMZS, And he was afraid, καὶ ἐφοβήθη, 창 28:17).

3) וַיֹּאמַר(바요마르 · 부르시되 하시니, and said, καὶ εἶπεν, 창 28:17).

4) מָקוֹם · בַּמָּקוֹם(밤마콤 · 한 곳에, P.D.NMS, upon a certain place, τόπῳ, 창 28:17).

5) זֶה · הַזֶּה(제 · 하제 · D.ADMS, this, τούτῳ, 창 28:17).

하나님 전[1]에 서서
자[2] 여기
하늘에서 사아르[3] 아침햇살
나에게 닥아 오는
햇살이 나에게로 와
황홀하게 머무네

제 일은
하나님의 자녀를 낳아주는
일이다
자 일하자 일하고 하고하고
하늘일 이스라엘의 백성들이 늘어나

하늘의
별아 별아
바다의 모래같이 늘어서
아브라함 야곱의 하나님이
잘했다
칭찬하는 걸 받아보려 하여요

봐 이레[4]
오오오오
두려워 두려워요
제 꿈에 날이면 날
오시는 나의 그대
오오오
당신을 만나 이스라엘 저는요

넓히고 높이고도 그리고 또 낳아놓는
일만을 하시라네

---

1) אִם~בֵּית(임~베트 · 전이요, C~NMSG, but~the house of, ἡ~οἶκος, 창 28:17).

2) זֶה · וְזֶה(제 · 베제 · C.APD.ADMS, and this is, καὶ οὗτη, 창 28:17).

3) שַׁעַר(솨아르 · 문, 아침햇빛, NMSG, the gate of, ἡπύλη, 창 28:17).

4) יָרֵא · וַיִּרָא(야레 · 바이라 · 이에 두려워하여, CW.VQIMZS, And he was afraid, καὶ ἐφοβήθη, 창 28:17).

열둘이 늘어나며
외람히
나를 들어서 당신자녀 낳아요

밤 마카[1] 보낸 날에
꿈으로 오신 밤에
자[2] 하며 손잡아서
입맞춤 하시면서
제 손을 잡아주신
햇살이
당신 전[3]에서 내게 오며 사아르[4]

이영지 「아침햇살」

야곱이 아침 일찍이 일어나 베개 하였던 돌을 가져 기둥으로 세우고 그 위에 기름을 붓는[5]다. 야곱과 하나님의 관계를 야곱은 아주 귀중하게 여기어 간밤에 베고 잤던 베개 한 돌을 가져다가 눈에 봐야 쓰겠[6]음으로 눈에 보이도록 돌기둥을 세운다.

하는 일 당신 자녀 늘리는 일이라니
거 참 참 재미있는 나의 일 정말로도
야곱은 애를 벤[7] 돌로 말씀 듣고 서서서

---

1) מָקוֹם · בַּמָּקוֹם(밤마콤 · 한 곳에, P.D.NMS, upon a certain place, τόπφ, 창 28:17).

2) זֶה · הַזֶּה(제 · 하제 · D.ADMS, this, τούτῳ, 창 28:17).

3) אִם~בֵּית(임~베트 · 전이요, C~NMSG, but~the house of, ἡ~οἶκος, 창 28:17).

4) שַׁעַר(솨아르 · 문, 아침햇빛, NMSG, the gate of, ἡπύλη, 창 28:17).

5) 창세기 28장 18절.

6) שָׁכַם · וַיַּשְׁכֵּם(소캄 · 바야스켐 · 일찌기 일어나, CW.VHIMZS, And ~rose up early, καὶ ἀνέστη, 창 28:18).

7) אֶבֶן · הָאֶבֶן(에벤 · 하에벤 · 돌을, D.NFS, the stone, τὸν λίδών, 창 28:18).

아시라 하시는 이 참[1]말을 물어가며
좋다[2]고 하실 때에 베고 잔 돌이 되어
날마다 당신 뜰에서 뵈오려고 뵈야 참[3]

– 이영지 「눈으로 봐야」

눈으로 보는 일의 중요성이 야곱과 하나님사이의 중요성으로 대두된다. 야곱은 하나님 보시는 앞에서 그리고 양 무리 앞에서 얼룩얼룩한 나무들을 앞에 놓아 새끼를 배게 한다. 이처럼 사람의 눈은 중요하다. 눈에 보이는 그대로 따라하는 삶이기 때문이다. 좋은 부모는 좋은 아이들을 만든다. 눈으로 보이게 야곱은 하나님 경외사상을 펼친다.

하나님이 엣따[4]하시는 일을 따라 야곱은 하나님의 명령에 따라 하나님의 아들들이 많이 태어나게 살아간다. 계산에 빠른 야곱은 야곱이 아이를 많이 낳아 놓을 테니 먹을 것과 입을 것을 달라고 하고 그리고는 고향으로 돌아가는 조건을 내세운다.

재어 봐[5] 볼 수 있는 기둥을 세우고도
기둥에 하나님의 향기만 가득하게
기름을 붓고[6]나서도 잘 싸매느라 온종일

---

1) אֲשֶׁר~שָׂם(아세르~솸 · 하였던, R~VQAMZS, that~he had put, ὅν~ὑπέ Θηκεν, 창 28:18).

2) מְרַאֲשֹׁה · מְרַאֲשֹׁתָיו(므라솨 · 므라아소타이브 · 베개, NFP.MZS, for his pillows, πρός κεπάλης, αὐτοûûὐ, 창 28:18).

3) וַיָּשֶׂם(바야셈 · 세우고, CW.VQIMZS, and setup, καὶ ἔστησεν, 창 28:18).

4) אֵת · אֹתָהּ(에트 · 오타 · 그서을,O.FZS, it, αὐτόν, 창 28:18).

5)מַצֵּבָה(마제바 · 기둥, NFS, for a pillar, στηλην, 창 28:18) .

맨 말씀 따라가며 알 낳아 두느라고
이 나를 드립니다 일찍도 일어나서
간밤에 베고 잠잤던 흰 돌로만 올려요

애를 벤[1] 돌이 되어 좋다[2]고 하실 때에
봐야 참[3] 그래야 참 나무들 얼룩얼룩
무늬를 잔뜩 늘이며 옳다[4]하실 때까지

맞 재어 보아[5]가며 기둥을 세우고 나
기름을 붓고[6] 나서 잘 싸맨[7] 다음에는
싸돌아 싸돌아 들며 십 분의 십을 드리리

– 이영지 「삼분의 일을 드리리다」

바로 나를 닮은 사람의 속성을 못 버린 야곱이 하나님과 거래를 하면서도 그러나 차츰 하나님의 사람이 되어가는 처절한 이야기는 전 생애의 기록이 유일하게 성경에 기록되게 된다. 그러나 이러한 일은 바로 나의 일이다. 사람의 속성을 못 버리면서도 그러나 마음 한 구석에서 진리에 대한 갈급함이 용솟음치는 나날은 바로 사람도 신성과 인성을 동시에 지녔음을 의미한다.

---

6) יָצַק · וַיִּצֹק(야자크 · 바이조크 · 붓고, CW.VQIMZS, and poured, 창 28:18).

1) אֶבֶן · הָאֶבֶן(에벤 · 하에벤 · 돌을, D.NFS, the stone, τόν λἰδών, 창 28:18).

2) מְרַאֲשָׁה · מְרַאֲשֹׁתָיו(므라솨 · 므라아소타이브 · 베개, NFP.MZS, for his pillows, πρός κεπάλης, αὑτοûûὑ, 창 28:18).

3) וַיָּשֶׂם(바야셈 · 세우고, CW.VQIMZS, and setup, καὶ ἕστησεν, 창 28:18).

4) אֵת · אֹתָהּ(에트 · 오타 · 그서을,O.FZS, it, αὑτόν, 창 28:18).

5)מַצֵּבָה(마제바 · 기둥, NFS, for a pillar, στηλην, 창 28:18) .

6) יָצַק · וַיִּצֹק(야자크 · 바이조크 · 붓고, CW.VQIMZS, and poured, 창 28:18).

7) שֶׁמֶן · 쇠멘 · 기름을,NMS, oil, ἔλαιον, 창 28:18).

한 번을 감사하고 그리고 다시 하나님의 자녀 닮기를 또 한 번 하다가 보면 차츰 세월이 지나 사람이 변해가는 우리의 참 모습은 그저 신기한 사람 그대로가 된다. 어느 날 우연히 보니 내가 옛날의 나와는 전연 다른 사람이 되어 있는 경험담은 훌륭한 사람의 이력서다. 야곱은 하나님을 만나면서 사람이 달라지기 시작한다. 사람의 속성을 못 버린 야곱은 속성 그대로 하나님과 내기를 하게 되는데 그것은 잘 보살펴주시면 십분의 일을 드리는 생활을 하겠다 약속한다.

사람은 하나님과 싸워 이길 수 없다. 유일하게 성경에서 하나님을 이긴 야곱이다. 야곱이 형 에서와 만나기 위한 말을 아랫사람에게 명령하는 장면이 있다. 주의 종 야곱의 것이요 자기 주 에서에게로 보내는 예물이오며 야곱도 우리 뒤에 있나이다 하라 하고[1]있다.

사람과의 관계, 특히 야곱의 경우 형이 가져야 할 장자 권을 빼앗고 축복마저 가로챈 야곱이 다시 형을 만날 리가 없다고 생각하였을지 모르지만 이제 역사적 순간의 준비이다. 야곱은 형 에서를 만나러 갈 때 많은 휘하 사람들을 데리고 갔다. 야곱이 종들에게 명령하기를 하라는 대로 하라[2]는 부탁[3]을 한다.

---

1) 창세기 32장 18절.

2) וְאָמַרְתָּ(브아마르타 · 대답하기를 , C.VQAMYS. Then thou shalt say, ἐρεῖς, 창 32:18).

3) לְעַבְדְּךָ לְיַעֲקֹב מִנְחָה הִוא שְׁלוּחָה לַאדֹנִי לְעֵשָׂו(르아브데하 르야아코브 민느하 히바 쉘루하 레아도니 · 주의 종 야곱의 것이요 자기 주 에서에게로 보내는

(2). 하나님을 이긴 야곱 ~ 창 32 ~

하나님일 하는 야곱이 되어 있다. 형을 보고 주인 에서라 하라 종들에게 명하고 에서를 만나러 간 이 때 예물은 히브리어로 들이미는 말이다. 예물을 성경은 강권적으로 말씀을 영원히 들이미는 것이라고 하였다

빠알간 제 몸으로 드리는 예물에요
파아란 속마음인 풀 입의 푸르름을
보셔요 정말 달라진 저의마음 드려요

– 이영지 「마음의 선물」

야곱은 홀로 남았더니 어떤 사람이 날이 새도록 야곱과 씨름하다가[1]의 야곱이 천사와 씨름하는 것으로 이해되고 있는 성경 히브리어 원문과 우리말 같이 가다가 야 타라, 봐 이 봐 타라![2]

야곱[3]은 하나님의 손에 잡히어 하나님 눈에 들어 어렵사리 하나님 집안에 든 사람이 되었다. 평소 지니고 있는 이해타산에 아주 빠른 구제불능 야곱이지만 하나님 택하심에 겨우 허락받아 바득바득 하나님의 말씀이 행에 애를 쓰는 야곱이다. 히브리어 바득[4]으로 표시된

예물이오며, P. NMS. MYS P.NE NFS NPFZS VQppfs P.NMS.CXS P.NE, They be thy servant Jacob's a present it is sent unto my lord Esau, T οὐ παῖδος σου Ιακωβ δῶρα ἀπεσταλκεν τῷ κωρίῳ μου Ησαυ, 창 32:18).

1) 창세기 32장 25절.

2) יָתַר · וַיִּוָּתֵר(야타르 · 바이바테르 · 남았더니, CW.VNIMZS, And was left, ὑπελείφθη δέ. 창 32:25).

3) יַעֲקֹב(야곱 · 야곱, NE, Jacob, Ιακωβ, 창 32:25).

4)בַּד · לְבַדּוֹ(바드 · 르바도 · 홀로, P.NMS.MZS,alone, μόνος, 창 32:25).

야곱 홀로 하나님과 대면하고 바득바득 애쓰며 들이미는 야곱! 먼저 가슴으로 하늘을 보며 죽기 살기로 하나님을 향한 야곱과 하나님과의 씨름은 아 바크[1]로 표시된다. 박치기로 부딪치며 덤비는 야곱을 하나님은 겨우 하나님 집안에 들인다.

세상에서 사람은 남자와 여자뿐인데 성경 히브리어는 남자를 이쉬[2]로 표현한다. 남자들은 걸핏하면 이씨, 이씨 하고 힘을 낸다. 이 남자, 하나님 손으로 연단되는 남자는 하나님 아닌 다른 사람에게 지배받기를 싫어하는 속성을 지닌다. 임[3]은 사랑을 받고 있는 남자다. 하나님이 야곱과 함께 하며 말씀을 높이 들어 · 사모하게 하는 임이 된 야곱 · 마음 깊이 따르며 함께하며 상대방이 하고자 하는 뜻을 그대로 같이 따라 주는 임이 된 야곱! 천사와 같이 밤을 보내는 야곱을 성경은 올라[4]로 한다. 하나님과 함께 올라가는 길에 선 야곱은 하나님의 눈을 가슴에 넣고 그 눈에 들려 몸부림치며 새 날이 되기까지 목숨을 건 · 밤이 새어[5] 진심이 하나님께 알려 진 날!

---

1) אָבַק · וַיֵּאָבֵק(아바크 · 바예아바크 · 씨름하다가, καὶ ἐπάλαιεν, 창 32:25).

2) אִישׁ(이쉬 · 남자, NMS, one, ἕκαστοσ, 창 32:25).

3) עִם · עִמּוֹ(임 · 임모 · 야곱과, P.MZS, with him, μετ αὐτοὐ, 창 32:25).

4) עַד עָלָה · עַד עֲלוֹת(아드 올라 · 아드 알로트 · 새도록, P. VQNG, until the breaking of, ἕως , 창 32:25).

5) שַׁחַר · הַשָּׁחַר쇄하르 · 하쇄하르(쇄하르 · 하쇄하르 · 날이, D.NMS, the day, 창 32:25).

온 밤을 함께 있어 사랑이 무르익음
당신의 뜻을 알아 그대로 따르리다
새 날이 밝아온 뒤야 빨간 입술 어때요

입하고 꼬리만을 빨갛게 물들이며
몸 안에 이런 마음 들었다 고백하며
그렇지 아니하다면 온 밤을 다 파랗게

입하고 꼬리만을 보셔도 아르시라
두발에 사랑실어 주시면 날아가서
마음을 알아주시게 날아돌아 볼께요

- 이영지 「투정」

그 사람이 자기가 야곱을 이기지 못함을 보고 야곱의 환도 뼈를 치매 야곱의 환도 뼈가 그 사람과 씨름할 때에 위골되었더라1)로 기록될 정도로 야곱의 눈으로 봐야2) 직성이 풀리는 지경까지 와 있다. 자기를 구해줄 천사를 봐야 할 이 때 히브리어는 어미 아=**א**[아]가 어휘 끝에 오며 하나님이 살려두시는 진행형 아=**א**[아] 알레프가 되어 있다. 알레프는 묵음이지만 앞 모음을 장음화 한3) 기법으로 하여 싹 냄4)이다.

---

1) 창세기 32장 25절.

2) **וַיַּרְא**(바야르아(바야르아 · 그 사람이 보고, CW.VQIMZS, And when he saw,εἶδεν δὲ, 창 32:25).

3) Alger F. Johns, 『성경아람어 문법: *A Short Grammwa of Biblical Aramaic*』, 김이곤 역(오산: 한신 대학교 출판부, 2002), 9.

4) [* 표 13: **א**(알레프)로 끝나, 진행 중인 하나님의 일]

וַתּוֹצֵא(12)	**תַּדְשֵׁא**(11)	**וַיִּקְרָא**(5)	**וַיַּרְא**(4)	**בָּרָא**(1)
↓	↓	↓	↓	↓
וַתּוֹצֵא(24)	**דֶּשֶׁא**(11)	**קָרָא**(5)	**וַיַּרְא**(10)	**וַיִּבְרָא**(21)
	↓	↓	↓	↓
	דֶּשֶׁא(12)	**וַיִּקְרָא**(8)	**וַיַּרְא**(12)	**וַיִּבְרָא**(27)

하나님의 법을 배우게 된 야곱은 살아 있게 하시는 이의 뜻을 따라 살려두심에 감동한 야곱이다. 천사가 이기지 못하였다는 믿기지 않는 사실 · 천사도 약 올라[1)]야곱 환도 뼈가 상했었다. 감동을 받으신 분이 그의 사랑하는 야곱의 다리의 중요한 부분 을 왜 칠까 · 봐 이 거 부러뜨리고[2)]이제 뼈가 위골되었을 때의 절대 의지는 그야말로 하나님뿐이었다. 야곱이 박치기[3)]할 때 하나님이 마지못해 하나님의 집안으로 들이신 일이다.

나무가 부러지듯 꺾이듯 휘어져도
다리가 부러지듯 아픈 건 별거 아냐
하늘의 보금자리로 들어가는 일이람

꽁지의 파랑으로 머리에 모아두고
나르지 못한 나무 네 대신 날아줄께
하늘을 보금자리로 날아오를 일이람

↓ ↓ ↓
וַיִּקְרָא(10) וַיַּרְא(18) בָּרָא(27)
↓ ↓ ↓
קָרָא(10) וַיַּרְא(21) בָּרָא(27)
↓ ↓
וַיַּרְא(25) בָּרָא(2: 3)
↓
וַיַּרְא(31)

1) כִּי לֹא יָכֹל לוֹ(키 로 야콜 로 · 자기가 야곱을 이기지 못함을, CW. VQIMZS C ABN P.MZS, not that not againsr him, ὅτί οὐ δύναται πρός πρός αὐτόν, 창 32:26).

2) וַיִּגַּע · נָגַע · בְּכַף · כַּף רכוֹ · יָרֵךְ(바이가아 브카프~으레코 · 야곱의 환도뼈를 치매, CW. VQIMZS P.NFZG~N, he touched the hollow of his thigh, καί ἥπατο τού πλάτους τού μερού αὐτού, ckd 32:26).

3) וַיֵּאָבֵק · אָבַק(아바크 · 바예아바크 · 씨름하다가, καί ἐπάλαίεν, 창 32:25).

– 이영지 「아픈 건 별거 아냐」

그 사람이 가로되 네 이름을 다시는 야곱이라 부를 것이 아니요 이스라엘이라 부를 것이니 이는 네가 하나님과 사람으로 더불어 겨루어 이기었음이니라[1]를 들은 야곱은 말을[2] 셈[3]하며 감격한다. 이스라엘[4]이 된 그는 임명을 받는다. 말하자면 임명장을 받은 이가 야곱이요 이스라엘 민족이다. 하나님으로부터 이스라엘이라는 이름을 얻은 야곱은 그 곳 이름을 브니엘이라 하였다. 그가 이르기를 내가 하나님과 대면하여 보았으나 내 생명이 보전 되었다 함이더라 라 번역되었다. 겉으로는 야곱의 다리가 절게 되었지만 삶의 질이 이전의 야곱과는 달라지는 그야말로 일대전환기다. 버티니잘[5] 되어 삶이 향기가 나기 시작하였다. 시키시는 일이 향기 나게 하는 일애 잘 버티는 사람으로 존재한 브니엘[6] 사람이다.

이전의 나보다도 통통히 살이 쪘죠

---

1) 창세기 32장 28절.

2) וַיֹּאמֶר(바이오마르 · 말하되, CW. VQIMZS, that he said, εἰπεν Αβλαμ, 창 32:28).

3) שְׁמֶךָ(쉬므하 · 네 이름을, NMS.MYS, Thy name, τὸ ὄνομά σου, 창 32:28).

4) אִם~יִשְׂרָאֵל(임~이스라엘 · 이스라엘이라, C NE, but Israel, Ισραελ, 창 32:28).

5) נָצַל · וַתִּנָּצֵל(나잘 · 바티나젤 · 보전되었다, CW.VNIFZS, and is preserved, καὶ ἐσώθη).

6) פְּנִיאֵל(브니엘 · 브니엘, NE. Peniel, Εἶδος Θεοῦ, 창 32:28).

입으로 포롱포롱 쏟아내 나를께요
꽁지에 물들인 사랑 빨간 입술 노래로
- 이영지 「포롱포롱 쏟아내」

팥죽 한 그릇에 형의 자리 빼앗고도
엄마와 함께하며 아버질 속이고도
고향을 떠나자마자 고향마저 그리워

추운 밤 외로운 밤 돌베개 베고 자는
밤마다 어김없이 꿈속에 고향에서
해마다 고향길목에서 웃음 들고 꿈꾸는

하얀 눈 나리는 날 웃음의 보따리를
마련치 못하여서 차마도 갈수 없어
정말로 울음보따리 풀지 못해 마냐앙

그래도 사내라고 사랑은 알게 되어
7년간 머슴살이 살면서 첫날밤은
아내를 얻는다는 게 아내언니 얻어서

사랑한 여인 아닌 언니를 얻어들고
그래도 모자라서 7년을 머슴살이
둥둥둥 세월이고도 정말 자알 견디다

정말로 얻는 날은 별들이 구워 들고
정말로 사랑한 이 달님이 들어오게
모으고 모아다가는 고향 꿈을 꾸느라

아이를 들고 이고 종들도 이고지고
아이들 그중에도 요셉을 안고지고
고향을 가고 싶어서 12바퀴 돌고서

나 땜에 일찍 돌아 돌아서 가신부모
아버지 어머니이 어머니 불러가며
고향땅 형님이라도 만나고만 싶어서

헛헛한 울음 반에 웃음 반 보따리 채
들고서 여기까지 와서도 모자라서
기어서 얍복강까지 오고 나서 번쩍 든

두 손을 높이 들고 형니임 형님 형님
형님을 주님이라 하면서 설설 매며
얍복강 들었다가도 털썩 앉혀 놓느라

밤 새어 기도하며 기이인 강물꼬리
물 꼬리 앉은 체로 꼬리를 살랑살랑
허벅지 뼈까지 모두 이골 되며 무너진

날에는 형님 형님 형님은 나의 주인
가진 것 다 가져요 하면서 몸을 낮춰
아직도 울음 반 남아 얍복 강을 맴돌며

아이들 아내들을 더 먼저 보내놓고
호올로 빈 몸으로 코 박아 볼 박아서
밤새껏 울음보따리 풀다 풀다 못 푸는

다리를 절며 절며 햇살만 받아내며
울음이 뻥 뚫리며 웃음의 보따리를
한 올씩 감아올리는 날이 세자 일어선

줄줄이 늘어서는 식솔들 들이대고
얍복강 가를 건너 들고 온 이스라엘
울음의 보따리 끝에 대롱대롱 달리는

웃음이 줄줄 흘러 달리는 아침 웃음
드리는 날이 되어 병신의 몸으로도
햇살의 웃음보따리 이스라엘 그 하나

– 이영지 「웃음의 선물보따리」

(3). 화해

사람의 생애에 있어서 정말로 후회스런 일에 어떻게 대처할 것인가를 고민한 야곱은 그의 전 재산과 아이들 전부와 가족들을 데리고 형에게 잘못을 용서하라는 의미로 선물꾸러미를 들고 그를 대한다. 이때 형은 정말로 만나기 싫은 동생을 만나러 나왔다. 마지못해 동생을 만난 자리를 정말로 형은 몇 며칠 고민을 했을 것이다. 형도 이미 잘 살고 있고 그리고 오랜 세월이 지나서였다.

커다란 위력은 하나님의 힘이다. 오랫동안 안 보던 동생에 대한 혈육의 정이든 둘은 반갑게 만났다.

이때 야곱의 잔꾀는 여전히 들어나서 혹이나 가장 사랑하는 아내 라헬이 다칠까봐 사랑하는 아들이 다칠가 봐 제일 뒤에 서게 한다. 그리고 야곱이 생각하기에 가장 덜 소중하다고 생각하는 순서대로 앞에 세운다. 하나님이 보낸 천사와 씨름하여 이스라엘이라는 이름을 얻었음에도 여전히 일상의 버릇을 버리지 못한다.

둘이는
지금 마주 섰어요
둘이는 지금
마주 33으로 11로

앞의 3은 등을 돌리고 마주서고
앞의 1은 등을 돌리고 마주서고

둘이는
사실은 셋이에요
뒤의 3을 보세요
뒤의 1을 보세요

뒤에 3이 앞의 3을
안고 다독이며 허리를 안고 있어요
뒤에 1이 앞의 1을

머리를 기울이며 손으로 감싸며
다독이며 위로하며 안고 있어요

나의 소유 족하오니
כל ~**לי**~ ~ **יש**=예수 ~이~ 콜
글자를 자세히 보세요
예수 이콜이에요 그 사이에 줄이 있어요

나도 뒤의 3을 닮을 수 있어요

뒤에 서 있어 행복해요
안을 수 있어요
죽을 수 있어요
위로할 수 있어요
낮아질 수 있어요
하나님의 손인 예수님의 손
나도 작은 예수가 될 수 있어요
내 손을 들어 주시네요
깃발을 들어 주시네요
허리가 굽도록 휘청하도록 들어 주시네요
반석 되게 바울이 되게
사도가 되게 오늘 내가 되게

둘이 다
나란히 머리 들어 하늘을 보게
발도 맞추고 배도 맞추고
눈도 맞추어 나란히

줄을 두 번 ~ ~로 이어주신
저는 이제 낮아질 수밖에 없어요
그대가 나의 주인이 될 수 있어요
내 앞에 선 사랑하는 이를 앞세우고
낮아지고 낮아져도
나는 늘 서 줄을 맞추며
당신을 앞세워 앞에 가며
예수 이 콜 나도 예수님을 닮을 수 있어요

그리움의 두께로
하루 종일 앉아 있어도
그리움의 두께로
일어설 때의 바람
팔의 날개에
33 나이로 내 등의 날개
안아준 33살 날개
둘 11

이어서
선물을 받아주셨네요
그대 손이 아침햇살
아침햇살이
지붕 아래로 길을 열어요

당신의 눈 안에 든 날
그 눈으로 그 머리로
앞을 바라봐요
늘
아서라고 말하는 형
늘 거절하는
에서
죽을 사 死자가
제로 제로인 400
들고 오네요

저 눈빛 드리며

저 엎드리며
저 몸을 굽히며
아주 작아지며
아주 예뻐지며
저희의 떼들 많네요
살려줌 모자 써요
예물[1] 드려요
늘 가까이 바라 뵙고자
저희 많아요

저희 등 뒤에서 하나님이 하시었어요
하나[2]라 하시었어요
예물 받지 않으면 아니 되어요
예 있어요 하나는 우리에요
모두 모여 입에서 향기가 나
퍼저라
받으시네요

– 이영지 「둘이는 지금 마주 섰어요」 창 33:1~11

물로 강권[3]하며 형에게 가깝게 닥아 선 야곱은 야곱 즉 두 배로 권하는 하나님 일의 사역이다. 하나님 일을 두 곱, 곧 두 배로 하게 되는 신화[4]를 쓰는 야곱은 겨우 하나님 눈 안에 들자 야곱[5]은 보이소[6]하며

---

1) מִנְחָה(민하 · 예물, 창 33:10) 민느하티 מִנְחָתִי(민느하티 · 예물, 창 33:10.

2) 예수 예쉬 יֵשׁ(예쉬 · 예수, 창 33:11)
하나니חַנַּנִי(하나니 · 내게 은혜를 베푸셨고, 창 33:11)
하난 חָנַן(하난, 창 33:11)
엘로힘 אֱלֹהִים(엘로힘, 하나님, 창 33:11).

3) 강권 기본언어 파자르 פָּצַר(파자르 강권, 창 33:11)
본문언어 וַיִּפְצַר~בּוֹ(봐이프자르~보 강권, 창 33:11).

4) Herodtus, *Herodtus* Ⅰ~Ⅱ(Massachustts: harvard University Press, 1926), 171~175. Ⅳ, 89.

5) יַעֲקֹב(야곱 · 하나님의 손으로 눈으로 겨우 하나님의 집안에 들어, NE, Jacob, Ιακωβ, 창 28:18).

하나님이 주신 눈[1])으로, 하나님이 주신 머리[2])로 앞을 바라보았다. 하나님이 보이게 하여 주심에 감동하여 보이네[3])하였다. 앞을 바라보니 늘 눈으로 거절하던 에서[4])가 400인을 거느리고[5]) 오는 게 보아[6])지는지라 야곱은 가슴에 든 물질과 얼라 들[7])을 두 여종과[8]) 레아와 라헬에게 맡기[9])되 나누어[10]) 맡긴다. 식구들은 여종과 레아와 라헬과 여종이다. 여종은 휴식의미이고 레아는 내가 숨 쉬는 뜻이며 라헬은 야곱의 가슴에 오메불망 잊지 못하는 머리로 가득 찬 존재[11])이다.

제일 뒤에 라헬과 요셉=יוסף=יוֹסֵף[요셉]![12]) 라헬은 암양의미로 에브랏이 지닌 열매와 결실과 실과![13]) 둘째 딸

6) נָשָׂא · וַיִּשָּׂא(나아사 · 바이사 · 들어, CW.VQIMZS, And ~lifted up, Ἀναβλέψας δέ, 창 33:1).

1)(עֵינָיו · 에나이브 · 눈, NFD.MZS, his eyes, τοῖς ὀφθαλμοῖς, 창 33:1).

2) וַיַּרְא(바야르아 · 보니, CW. VQIMZS, and looked, εἶδεν, 창 33:1).

3) וְהִנֵּה(브힌네 · 또 본즉, C.O, and behold, καὶ, 창 28:12).

4) עֵשָׂו(NE · 에서, 늘 눈으로 거절하는, NE, Ησου, 창 33:1)

5) אִישׁ מֵאָה · וְעִמּוֹ אַרְבַּע־מֵאוֹת(브임모 아르바 메오트 이쉬 · 사백명을 거느리고, C.P.MZS NFP NMS, and with him four hundred men, καὶμετ αὐτὸ τετρακόσιοι ἄνδρες, 창 33:1).

6) בּוֹא · בָּא(보아 · VQPA · VQAMZS, came, ἐρκόμενος, 창 33:1).

7) יֶלֶד · הַיְלָדִים(얼라드 · 하일라딤 · 자식들을, D.NMP, the children, τὰ παιδια, 창 33:1).

8) שִׁפְחָה · הַשְּׁפָחוֹת(쉬파하 · 하스파호트 · 여종,D.NFP, the~hand maids, παίδιοκας, 창 33:1).

9) רָחֵל~וְעַל לֵאָה~עַל(알~레아 브 알~라헬 · 레아와 라헬에게 맡기고, P. NE C.P NE, unto Leah and unto Rachel, ἐπὶ Λειαν καὶ Ραχηλ, 창 33:1).

10) חָצָה · וַיַּחַץ(하자 · 바야하즈 · 나누어, CW.VQIMZS, And he divides, καὶ ἐπιδιεῖλεν Ιακωβ, 창 33:1)

11) 창세기 33:1절.

12) יָסַף(야싸프 · Joseph,Ἰωσήψφ, 창 33:2).

13) 창 2: 14, 3: 2; 시 1: 3, 21: 10, 127: 3, 128: 3; 잠 18: 20, 사 11: 1, 14: 29; 렘 51: 63; 호 10: 1.

라헬은 고대 상형문자와 관련된 라피스 라줄리 목걸이와 관련한 왕비![1] 순서[2]에 따라 보면 라헬은 베들레헴[3] 의미이다. 라헬의 임신 한 곳 에브랏![4] 라헬은 하나님 뜻으로도 둘째 딸 곧 둘째의 의미비중을 지닌다. 유브라데 강[5]과 연계되는 과실 · 열매가 되는 이스라엘의 분깃이어서이다. 입으로 말씀을 전해야 할 족보에 드는 라헬은 벧 엘이 하늘로부터 온 떡집 곧 말씀의 집! 반드시 입술을 통해서 하나님이 전해지고 떡을 먹어야 하는 벧엘이 주는 메시지이다. 하나님 백성이 먹어야 할 떡집이다. 그 옆에는 물동이가 있다.[6] 이 이름이 바로 벧엘 아기 예수가 태어나는 곳이다.

화해와 용서의 몸짓으로 야곱은 나아가되[7] 눈으로 마음을 표시하며, 몸을 굽히며[8] 엎드린다. 이때의 히브리어는 하나님 손에 잡히어 꼼짝없이 죽으라면 죽겠나이다 이다. 십자가 지는 마음으로 나아가서[9] 엎드린

1) Ada, Feyerick, *Genesis: World of Myths and Patriarchs*(New York: New York University, 1996), 200.

2) אַחֲרֹון · אַחֲרֹנִים · AMP.hindermost, ἐσκατους, 창 32:2).

3) Herman Gunkel, *Water for a Thirsty Land:* Israelite Literature and Religion, edited b K. C. Hanson, 72~73.

4) 창 35: 16.

5) 창 2: 14.

6) 창세기 33:2절.

7) עָבַר(아바르 · 나아가되, VQAMZS, passed over, προηλδεν, 창 33:2).

8) שָׁחָה · וַיִּשְׁתַּחוּ(솨하 · 바야스타후 · 몸을 굽히며, CW.VTIMZS, and bowed himself, καìπροσεκύνησεν, 창 33:2).

9) נָגַשׁ · עַד־גִּשְׁתּוֹ~(아드~ 나아가서 · 아드~기스토,VQNG.MZS, he came near, τοῦ ἐγγίσαι 창 33:3).

야곱은 기어가서 에서에게 다가갔다. 화해의 몸짓은 옛날 왕 앞에 나아가던 신하[1]의 모습 그대로이다. 이에 에서는 아우를 맞아 안고, 입 맞춘다. 에서는 가만히 서서 동생 야곱을 맞는다. 이거라도[2] 하는 제스쳐로 바로 마지못해 하나님 뜻에 따라 동생을 안는다. 두 사람 이름이 비교되는데 에서는 우리말 그대로라면 עשו[에서] 에서여서 빼앗는다는 말이고 아서라의 그렇게 하지 말아라 이다. 야곱=יעקב[야곱]=יַעֲקֹב[야곱][3]은 우리말 그대로 야! 곱하는 인생이며 곱으로 얻는 이름이다.

화해는 어느 한 쪽이 적극적으로 엎드리고 나아가는 데서 이루어진다. 야곱이 한 걸음씩 다가가고 에서는 그 자리에 서 있고, 화해는 야곱이 모든 것을 내려놓고 가까이 닥아 간데서 둘은 안고 입 맞추어졌다. 하나님이 하여 봐=חבק[하바크]=חָבַק[하바크][4] 하였으므로 하나님 지붕 아래 들어가 마음껏 입 맞추며 나서=נשק[나사]=נָשַׁק[나사][5]서 이루어 낸 일이다.

영영 헤어지지 않는 만남은 바로 내가 아주 작아져서 작은 바늘구멍으로 들어가 천국 문을 여는 일이다.

---

1) 창세기 33:3절.

2) קָרָא · לִקְרָאתוֹ(가라 · 리그라토 · 가라 · 이거라도, P.VQNG.MZS, εἰς συνάντησίν αὐτῷ, CKD 33:4).

3) יַעֲקֹב(야아코브,Ἰακώβ).

4) חָבַק · וַיְחַבְּקֵהוּ(하아바흐 · 바으하브헤후 · 안고, cw. vpimzs, aND HE LIFTED UP, καὶ πέριλαβών αὐτν, CKD 33:4).

5) נָשַׁק · וַיִּשָּׁקֵהוּ(나아솨흐 · 바이솨흐후. cw.vqimzs.mzs, AND KISSED HIM, ἐφίλεσεν, 창 33:4).

이 어려운 일을 잘 치러내는 몸짓은 입과 입을 맞추는 일이다. 예뻐지는 모습은 입을 맞추는 일이다. 뜻을 맞추는 일은 말을 맞추는 일이고 말을 맞추는 일은 입을 맞추는 일이다. 헬라어로 예뻐이다. 화해하는 일! 예뻐지는 일은 내가 작아지고 낮아져서 없어질 때 화해[1)]가 일어난다.

에서가 야곱에게 주위의 사람들을 둘러보고 누구냐고 묻는다. 야곱은 하나님의 은혜로 주의 종에게 주신[2)] 자식들이라고 말한다. 이 때 야곱은 철저히 형을 향해 주라 말하고 그리고 형에 대하여서도 주의 종[3)]에게라고 한다. 화해를 하는 야곱의 모습은 혼자만이 아닌 온 식구들이 같이 큰 절을 하게 함으로써 철저히 야 곱, 즉 더하여 같이 에서를 향해 경의를 표[4)]한다. 에서는 많은 가족들과 식솔들이 모두 엎드려 절하자, 에서는 이 떼가 뭐냐는 것이다. 이 때의 번역 히브리어 발음그대로는 우리말로 많네 히브리어로도 많네[5)]이다. 그러자 야곱은 내 주께 은혜를 입으려 함이니이다[6)] 라고 말한다. 은혜를 입는 일은 모자 쓰는 일이다. 우리

---

1) 창세기 33:4절.

2) אֲשֶׁר~חָנַן אֱלֹהִים אֶת~עַבְדֶּךָ · עֶבֶד(아쉐르~한넨 엘로힘 에트~에베드 · 아브데하 · 하나님의 은혜로 주의 종에게 주신, R~VQAMZS NMP O~NMS.MYS, which hath graciously given God thy servant, οἷς ἠλέησεν ὁΘεός τον παίδα σου,창 33:5).

3) 창세기 33:5절.

4) 창세기 33:6~7절.

5) הַמַּחֲנֶה · מַחֲנֶה(하많네 · 많네, D.NMS, drove, αἱ ραρεμβολαί, 창 33:8).

6) 창세기 33:8절.

나라에서는 벼슬을 의미한다. 은혜 입는다의 입는다가 모자=מצא[모자]=מוֹצָא[모자1)]이다. 은혜로 모자 쓰는 일이다.

야곱은 에서에게 선물을 주며 간절히 바라 형이 나로 하여금 모자, 곧 벼슬을 주었으니 예물을 받아 달라 하였다. 이 때 히브리어 예물은 '믿나이다'이다. 마음이 그만큼 담겨져 있다이다. 예물=민하=מנחה[믿느하]=מִנְחָה[믿느하2)]이다. 예물=민느하티=מנחתי[믿느하티]=מִנְחָתִי[믿느하티3)]이다. 예물은 믿는 다는 뜻이다. 드리밀다이다. 제물=브라카=ברכה[브라카]=בְּרָכָה[브라카4)]이다. 제물=비르카티=ברכתי[브라카티]=בִּרְכָתִי[브라카티5)]이다. 우리말로 보라고이다. 아주 멀리 있는 것이 아니라 늘 가까이서 보라는 일로 드리는 예물이다. 늘 가까이 보라는 것이 예물이다. 선물을 드릴 테니 늘 가까이서 보라는 명령6)이 들어 있다.

하나님의 강권적인 역사는 중간에 그 말을 전하는 야곱의 간절한 모습으로 투영되어 있다. 형, 에서를 주인의 위치에 올려놓는다. 화해의 몸짓은 상대방을 대할 때 하나님의 얼굴을 뵈 온 듯이 할 때7)이다. 그래야

---

1) מְצָא(모자, VQNG, These are to find, Ἵνα εὕλῃ, 창 33:8).

2) מִנְחָה(민하 · 예물이고, 창 33:10).

3) מִנְחָתִי(민느하티 · 예물, 창 33:10).

4) בְּרָכָה(브라카 · 예물, 창 33:11).

5) בִּרְכָתִי(비르카티 · 예물, 창 33:11).

6) וְלָקַחְתָּ מִנְחָתִי מִיָּדִי(블라카흐타 믿느하티 미야디 · 내 손에서 예물을 받으소서, C.VQAMYS NFS.CXS P.NFS.CXS, then receive my present at my hand, δέξαι τά δῶρα, 창 33:10).

7) 창세기 33:10절.

화해가 이루어진다. 형 에서가 선물을 받지 않으려고 할 때 다시 한 번 야곱은 강권하는데 에서가 예물을 받아야 하는 하나님이 내게 은혜를 베푸셨기 때문이라는 것[1]이다.

도대체 우리나라에만 있는 하나님이라는 말이 어디서 왔을까! 일찍부터 우리들은 하늘 님, 하느님이란 말을 쓰게 되었다. 천주교에서 하느님 명칭이다. 기독교인들은 하나님이라 부른다. 창세기 33장 11절은 엘로힘과 예수와 하나님 발음이 모두 나타나는 아주 중요한 장이 되고 있다. 그 이유는 예수=יש=[예스]יֵשׁ[예스][2]다. 하나님이 내게 은혜를 베푸사=하나니=חנני[하나니]=חַנַּנִי[하나니][3]가 있다. 은혜=하난=חנן[하난]=חָנַן[하난][4] …하는, 하나니 하나님께서 내게 그렇게 하나니!

하나님은 하나님의 지붕아래 영원이 아주 영원히 있게 하는 일이 하나님의 하시는 일이다. 이들 성부와 성자와 성신의 3위의 관계를 한글 바름 그대로 예수 이콜 하나님으로 하고 있다. 이 성삼위는 서로 연결 ~로 이어진다. 야곱은 이 성삼위의 은혜를 입었기에 모든 것이 족하다고 하고 있다. 예물=브라카=ברכה=בְּרָכָה[브라]

---

1) חַנַּנִי אֱלֹהִים וְכִי יֶשׁ~לִי~כֹל(한난니 엘로힘 브키 예쉬~리~콜 · 하나님이 내게 은혜를 베푸셨고 나의 소유도 족하오니, C. VQAMZS.CXS NMP C.C NS~P.CXS~NMS,because hath dealt graciously with me God and because have enough I, ὅτι ἠλσένμέ ὁΘεος καὶ ἐστὶν μοι παντα, 창 33:11).

2) יֵשׁ(예쉬 · 예수, 창 33:11).

3) חַנַּנִי(하나니 · 내게 은혜를 베푸셨고, 창 33:11).

4) חָנַן(하난, 창 33:11).

카[1])는 예물=ברכתי브라카티=בִּרְכָתִי브라카티[2])이다. 온 정성을 다하여 가까이서 늘 가까이서 보라 명령![3])하시었다.

에서와 야곱 둘이는 지금 마주 섰다. 창세기 33장 11절이다. 이 33과 11은 둘이 마주 서 있다. 앞의 3과 1은 등을 돌리고 있고 뒤의 3과 1은 껴안고 있다. 이러한 시적 접근 배경은 뒤의 3과 1이 즉, 야곱이 가지고 있는 마음이 야곱의 마음이 아니라 하나님이 강권적으로 시키시는 모습이다. 고향으로 돌아가기 위한 필사의 노력의 모습이다. 그래서 사실은 셋이 된다. 야곱과 야곱을 조종하는 하나님과 에서이다. 시를 통한 상상력은 언제나 사물을 통한 시인의 마음을 드러낸다. 시인의 마음은 시를 통해 그가 지닌 종교나 철학이나 무엇이든 그대로 그가 겪어온 경험을 드러낸다. 이 때 가장 특징인 것은 경험의 세계가 긍정적이냐 부정적이냐에 따라 읽는 이에게 영향을 준다. 비록 쌍둥이로 태어났어도 둘이의 마음은 아주 다르게 들어나 그들 인생도 아주 바뀌어 진다. 결과는 야곱의 축복받음과 그렇지 못한 에서의 차이로 뚜렷이 구분된다. 바로 선택 받은 자와 그렇지 못한 자의 차이이다.

---

1) בְּרָכָה(브라카 · 예물, 창 33:11).

2) בִּרְכָתִי(비르카티 · 예물, 창 33:11).

3) וְלָקַחְתָּ מִנְחָתִי מִיָּדִי(블라카흐타 민느하티 미야디 · 내 손에서 예물을 받으소서, C.VQAMYS NFS.CXS P.NFS.CXS, then receive my present at my hand, δέξαι τά δώρα, 창 33:10).

(4). 이스라엘이여 너는 행복자로다 ~ 신 33:29

사람은 누구나 행복을 바란다. 일반적인 속성으로야 마음에서 행복하다고 느낄 때다. 대상으로부터 사랑을 받을 때와 자녀나 아랫사람에게 사랑을 베풀 때 행복함을 느낀다. 이 행복에 대한 구체적인 내용이 신명기 33장에서 모세가 죽기 전 열두지파에 대하여 야곱의회가 모이게 하고 축복을 주게 되는데 12지파에 대하여 그 순서가 먼저 하나님께서 이스라엘 백성을 사랑하시어 축복이 있게 되는 일임을 제시한다. 하나님이 일만 성도가운데 강림하시었고 그들을 위해 당신의 오른손에는 번쩍이는 불이 있도다.[1] 하나님이 오른손을 번쩍 드시니 그 아래 있음을 주의 발아래 주의 말씀을 받는[2]일 순서를 보여준다.

그림을 그려볼 수 있는 분위기가 연출되고 있다. 행복이 내리는 곳은 이스라엘 나라와 사람 이스라엘 곧 야곱의 총회의 기업[3]이 있는 곳이다. 그냥 가만히 있는 것이 아니라 기업을 하는 곳이다. 일을 하는 곳, 그것도 주의 오른 손 아래 말씀을 들으려 모인 야곱의 기업에게이다.

야곱의 기업이라 함은 야곱이 밤새도록 천사와 씨름하면서 이스라엘이라는 이름을 얻은 이스라엘 이름이

1) 신 33:2.
2) 신 33:3.
3) 신 33:4.

며 이스라엘 나라와 등가관계를 이룬다. 이 때 나라와 야곱 이스라엘이 중첩되는 시적 특성을 보인다. 이스라엘 지파가 함께[1] 대표로 모인 가운데 전해주는 행복을 오래살기 루우벤[2]으로 한다. 자손의 번성이라는 등가성으로 역시 시적 방법으로 행복의 정의를 알려준다. 그리고는 삶에서 대상을 이기는 일을 유다[3]로 한다. 그 방법은 일상을 늘 말씀 지키는 일에 행복 레위[4]에 맞추어 진다. 사실 야곱은 부모를 속이고 장자권을 가로채면서 이익을 앞세우는 우리의 일상성과 같았지만 하나님의 은혜로 승리[5]하는 행복자이다.

> 재빨리 하늘 길 따라 오른 아들 등에
> 보름달 등에 업혀 화안히 비칩니다
> 둘이서 내려오느라 행복이슬 풉니다
>
> – 이영지, 「행복이슬」

성경은 시적 표현으로 일상의 삶이 어깨사이에 늘 있는 사람 베냐민[6]을 행복자로 한다. 곧 혼자가 아니라 같이 어깨를 나란히 하여 서로 일을 도우는 사이에 있을 때 행복 자가 된다. 이러할 때 하늘의 보물인 이슬과 땅 아래 물과 태양이 결실하는 옛 산과 작은 언

1) 신 33:5.
2) 루우벤, 신 33:6.
3) 유다,신 33:7.
4) 신 33:8.
5) 신 33:10.
6) 신 33:12.

덕에서 사는 요셉[1]도 행복자로 한다. 에브라임과 므낫세로 이어지면서 밖으로 나가기 스불론[2]이며 장막에 머무르기 잇사갈[3]로 균형 있는 삶을 행복으로 한다. 기업, 곧 행복한 사람의 일상은 바다와 모래에 감추어진 보물을 캐는 일을 행복으로 한다.

늘 법도를 지키는 갓[4]의 일과 사자의 새끼 단[5] 같은 삶이며 서쪽과 남쪽 차지하는 납달리[6]에게 행복이 주어진다. 기쁨으로 발이 기름에 잠길 아셀[7]에게 행복이 주어진다. 행복을 성경은 하나님이 하늘을 타고 궁창에서 위엄을 발휘하며 도우심 여수룬[8]에 둔다. 하늘이 이슬을 내리는 곳에서 이 이슬을 받는 샘[9]으로 하여 33장 처음에 야곱의 의회라 하는 일치를 시적 등가성으로 한다.

구체적으로 야곱에 대하여는

> 이스라엘이여 너는 행복한 사람이로다 여호와의 구원을 너같이 얻는 백성이 누구냐 그는 너를 돕는 방패시오 네 영광의 칼이시로다 네 대적이 네게 복종하리니 네가 그들의 높은 곳을 밟으리로다

1) 신 33:130.
2) 신 33:18.
3) 신 33:18.
4) 신 33:20~21.
5) 신 33:22.
6) 신 33:23.
7) 신 33:23.
8) 신 33:26.
9) 신 33:28.

~신 33:29~신 번역

이스라엘이여 너는 행복자로다 여호와의 구원을 너같이 받은 백성이 누구뇨 그는 너를 돕는 방패시오 너의 영광의 칼이시로다 네 대적이 네게 복종하리니 네가 그들의 높은 곳을 밟으리로다

~ 신 33:29~구 번역

이스라엘이여 너는 행복자로다[1]에서 히브리어 발음은 아시라! 있으라! 멀리 가지 말고 여기 있으라! 행복은 행복을 찾아 멀리 가는 것이 아니라 바로 여기 있으라! 이다. 하나님이 그의 아들을 보내 너의 죄를 탕감하고 가까이서 보호하시는 능력의 손이 항상 있으니 너는 여기 있으라!~이다. 이 성경구절 원문에서 아스레하라 하여 아시라는 것이다. 행복의 근원은 바로 내가 부서져서 네게 가까이 갔기에 행복이 있다는 것이다. 사람이 행복을 찾아 나서는 것이 아님을 아시라라 하면서 행복은 하나님이 그의 아들을 통해 몸이 부서지도록 희생하면서 너에게 주어진 것이라는 것이다. 나에게 주어진 행복이다.

이것을 이름 하여 사랑의 힘이라는 것이다. 행복은 반드시 사랑이 큰 역할을 한다. 바로 절대자가 절대의 힘으로 주는 거대한 행복이 내게 오는 것이다. 그리하여 사람들은 조금 철이 들면 감사하면서 삶을 살게 된다. 하나님의 역사, 곧 하나님의 큰마음이 대리자에게

---

1) אַשְׁרֶיךָ יִשְׂרָאֵל(아스레하 이스라엘 · 이스라엘이여 너는 행복자로다, NMP.MYS Happy art yhou O Israel, μακάριος συ Ισραηλ, 신 33:29).

부여되어 대신 나를 위하여 목숨을 버려줄 때 행복이 있다. 그렇다면 사랑을 받은 자가 사랑을 다시 나누어 줄 때 진정한 행복이 등가성으로 존재한다. 그러기 위해 사람은 결혼하여 부모가 되며 서로 평생을 살아주는 사랑의 사람이 있어 행복하다고 느끼는 마음을 체험할 수 있다.

철저히 성경은 이스라엘 야곱과 이스라엘 나라를 두 개로 나누면서도 등가성 시적 특성을 보인다. 우선 하나님이 낳아 놓으신 이 이스라엘에 대하여 여호와의 구원을 너같이 얻은 백성이 누구뇨[1]라 한다. 바로 이스라엘 너이며 하나님이 중심을 잡아주시어 너는 하나님 말씀 속에서 자유를 누리는 자로 한다. 이번에는 이스라엘이 아닌 이스라엘 백성을 단수 백성으로 한다.

행복한 이유는 나를 위하여 방패가 되어주는 이가 막아주는데 있다. 다름 아닌 그이 절대자는 나를 위하여 바람을 말씀으로 막는 방패자[2]가 있어서 나는 행복하다. 이러한 예는 지상에서 간간히 그 모습들이 눈으로 보여 지는, 마개로 막아주는 방패이다.

그런데 성경은 반드시 짝을 이루는데 말하자면 시적

---

1) מִי כָמוֹךָ עַם נוֹשַׁע בַּיהוָה(미 하모아 암 노솨 바요바 · 여호와의 구원을 너같이 얻은 백성이 누구뇨, APT P.MYS NMS VNAMZS P.NE, who is like unto there O people saved by the LORD, τίς ὅμοιος σοι λαός σῴζόμενος ὑπό κυρίου, 신 33:29).

2) מָגֵן עֶזְרֶךָ(마겐 에즈레하 · 그는 너를 돕는 방패시오, NMSG NMS.MYS, the shilds of the help, ὑπέρασπιέί ὁ βοηθός, 신 33:29).

등가관계가 있는데 바로 행복하려면 은혜를 받은 만큼 갚는 일이 전제된다. 그는 너의 영광의 칼이시로다라는 성경은 봐 아시라 여기 갚아[1]이다. 너에게 값없이 행복을 주었으니 아시라는 것이다. 은혜를 갚아야함을, 따라서 하나님이 은혜로운 일에 있어 행복을 누리는 일은 절대자가 나를 위하여 부서지는 존재가 되고 있고 나도 또한 그의 지붕 안에서 은혜를 갚은 일이 있을 때 행복하다는 것이다. 더 나아가 나의 대적, 말하자면 악의 세력을 절대자가 부서지게 해 준다는 것이다. 그 기적은 하나님은 눈으로 보이지 않으니까 하나님을 믿는 네게 악의 세력이 예배형식 말하자면 너에게 굴복한다는 것이다. 이러한 진풍경 봐 이것을, 오예배 네게[2] 하는 일이 일어나는데 그 이유는 절대자인 그가 너를 붙들고 있으므로 하여 너의 대적이 하나님의 손으로 지켜 주는 집안에서 부서지게 되는 진풍경이 일어난다. 그럼으로 하여 일상의 삶에서 사는 야곱, 곧 우리는 대적을 내가 물리칠 수 있다. 보았다 알 - 밤이 타 들어[3]가는 일을 보게 되는 것이다. 어둠의 세

---

1) וַאֲשֶׁר~ חֶרֶב גַּאֲוָתֶךָ(바에쉐르 – 헤레브 가아바테하 · 그는 너의 영광의 칼이시로다,NMSG C.R~NFSG and who is the sword of thy excellency, καὶ η μαχάρα λαύχεμα, 신 33:29).

2) וְיִכָּחֲשׁוּ אֹיְבֶיךָ לָךְ(베이카하수 오예베하 레흐 · 네 대적이 네게 복종하리니, C.VNIMZP VQPAMP.MYS P.MYS, and~shall be found liars unto thee, καὶ φεύσανται σε οἱ ἐχθροὶ 신 33:29).

3) וְאַתָּה עַל~ בָּמוֹתֵימוֹ תִדְרֹךְ(브아타 알~바모테모 티드르흐 · 네가 그들의 높은 곳을 밟으리로다, C.NPMYS P~NFP.MZP VQIMYS, καὶ σὺ ἐπὶ τὸν τράχηλον αὐτῶν ἐπίβησῃ 신 33:29).

력이 타들어가는 것을 목격하게 된다. 눈에 악의 세력이 없어지는 행복의 절정순간이다.

성경은 높은 곳에 있는 적을 밟는 다는 말을 타들어가는 발음으로 한다. 타들어가는, 소멸되는 이미지는 바로 완전히 없어지는 이미지이다. 그럼으로 하여 마치 그들이 제사지내지는 대상으로 연출된다. 불은 모든 것을 소멸시키어 타들어가며 흔적조차 없앤다.

결혼이 행복으로 가는 길이면서 의무가 수반되는 삶인 것처럼 우리의 삶은 누구로부터 은혜를 받고 행복을 누리면서 그 누리는 살의 일상이 바로 은혜를 갚는 일임을 제시한다.

> 야곱의 총회에 모이게 하시는 주님 당신의 오른손에는 번쩍이는 불이 있어 어깨사이에 늘 있는 행복을 주시니 감사합니다 하늘의 보물인 이슬과 땅 아래 물과 태양이 결실하는 이 가을에 옛산과 작은 언덕에서
>
> 기쁨으로 발이 은혜의 기름에 늘 잠기게 하시어 단맛이 발길에서 돋아[1]나 가벼웁고 가슴에 둥근달이 들어가 화안히 행복이 살아난 오늘
>
> 오늘 이토록 행복한 사람입니다 주님
>
> \- 이영지 「이스라엘이여 너는 행복자로다」

하나둘 모이는 우리는 하늘에 반짝이는 별 불과 어깨사이에 늘 있는 나란한 바람으로 어깨를 두르고 하늘의 보물인 이슬과 땅 아래 물과 태양이 결실합니다.

---

1) 기본형 돋아 תּוֹדָה(토다) 본문 תּוֹדֹת(토도트 · 감사 찬송하는 자의, 느 12:31).

작은 언덕에 올라 마음을 담급니다 마음의 단맛이 발길에서 쑤욱 돋아[1]나 솜털처럼 가벼웁고 을의 가슴 둥근달이 들어와 화안합니다

오늘 이토록 행복한 사람입니다 주님

- 이영지 「행복한 사람들은」

산으로 업혀가는 아버지 오른손이
새싹 잎 하나씩을 파랗게 놓아두자
새파란 꽃잎들로의 길하나가 뜹니다

아버질 혼자 두고 뒤돌아 오는 길에
새싹이 부랴부랴 꽃잎의 등을 달자
햇빛이 머리 앞에서 길 하나로 뜹니다

햇빛을 따라나선 맨발의 뒤꿈치가
노오피 들리면서 발걸음 빨라지며
아버지 저 와았어요 햇빛 등에 엎혀요

- 이영지 「고려장 제도가 없어지게 된 이야기로 접근한 아버지를 등에 업은 아들」

햇빛이 비치는 아들의 등에 업힌 아버지는 산에서 도로 내려오는 시적 상상력에 힘입고 있다. 우리나라에서 전해지는 고려장 이야기는 어른을 숭상하는 한국에서는 어른이 나이가 많이 들면 신에[가까워진다고 믿는 전통적 사상에서이다.

1) 기본형 돋아 תּוֹדָה(토다) 본문 תּוֹדֹת(토도트 · 감사 찬송하는 자의, 느 12:31).

5). 꿈꾸는 요셉의 우물

(1). 요셉의 꿈 물

성경은 야곱인 이스라엘 아들을 요셉[1]이라 하였다. 요셉[2]은 거한다의 뜻이 있다. 늘 있는 사람이라는 뜻이다. 성경의 37장 요셉[3]은 야곱이 사랑한 아내 라헬에게서 난 아들이고 요셉은 11번째의 아들이다. 야곱의 지극한 사랑을 받았다. 이 요셉이 17세 때 형들에 의해 물 없는 구덩이 안으로 가두어진다. 물 없는 구덩이에 든 요셉은 하나님의 손으로 건져진다. 죽이지는 말자는 야곱의 첫 아들 루우벤에 의하여 구덩이 안으로 던져졌고, 간곡히 죽이지는 말자는 루우벤의 말을 따라 밖으로 나와 은 20개로 팔려진다.

인간은 누구나 꿈을 꾼다. 꿈은 가만히 서 있는 것이 아니라 끊임없이 꿈을 향해 움직이는 동적 활동력을 가진다. 꿈을 가진 사람은 부지런히 꿈을 향해 달려간다. 꿈을 가진 사람은 한 가닥 할 놈이다. 이러한 말을 되풀이 하는 것은 성경에서 꿈은 일어나라의 뜻이고 그리고 할 놈이 기본형이기 때문이다. 우리나라 사람들에게서도 가장 사랑을 받는 말은 꿈이다. 꿈을 가진 자여 일어나라!

---

1) יוֹסֵף(요세프, 창 37:2).
2) יָשַׁב(요삽 · 거민, 시 33:8).
3) יוֹסֵף(요쎄프, 창 37:2).

꿈은 구덩이에서 건져진다. 삶의 진흙탕에서 건져지는 것이 꿈이다. 진흙탕에서 일어나는 것이 꿈이다. 꿈은 요나가 고기 뱃속에서 건져지는 것이 꿈이다. 꿈은 예수가 사망의 나락에서 하나님에 의해 부활되는 것이 꿈이다. 이 구체적은 모양은 U이며 하나님께로 돌아오는 것이 꿈이다. 야곱이 벧엘로 돌아가는 길이며 요셉=이 물 없는 구덩이서 건져지는 일이다. 요셉[1]=요세브=ישבי요셉[2]이다. 글자를 보면 양쪽에 하나님의 손. 예수님의 손이 있다. 가운데 수부는 돌아온다는 뜻이고 보면 요샙은 하나님이 돌아오게 하는 삶이 요새의 삶이다. 요새 어떻게 지나십니까?이다. 하나님께로 돌아오고 있는 삶을 삽니까? 이다. 요새는 현재이고 살아 있음의 감사이다. 하나님의 손으로 연단되어 하나님 집안에서 있게 되는 하나님을 믿은 사람 요셉은 야곱으로부터 축복[3]을 받는다. 야곱뿐 아니라 모세로부터도 축복[4]을 받는다.

---

1) יוֹסֵף(요쎄프)

2) יֶשְׁבִי(요스베 · 거민이, 슥 8:21)

3) 요셉=יוסף=יוֹסֵף은 무성한 가지 곧 샘 곁의 무성한 가지라 그 가지가 담을 넘었도다. 활쏘는 자가 그를 학대하며 그를 쏘며 그를 군박하였으나 요셉=יוסף=יוֹסֵף의 활이 도리어 건강하여 그의 팔이 힘이 있으니 야곱의 전능자의 손을 입었음이라 그로부터 이스라엘의 반석인 목자가 나도다 네 아비의 하나님께로 말미암나니 그가 너를 도우실 것이요 전능자로 말미암나니 그가 네게 복을 주실 것이라 하고 하늘의 복과 아래로 원천의 복과 젖먹이는 복과 태의 복이로다 네 아버지 축복이 내 부여조의 축복보다 나아서 영원한 산이 한 없음같이 이 축복이 요셉=יוסף=יוֹסֵף의 머리로 돌아오며 그 형제중 뛰어난 자의 정수리로 돌아오리로다.

4) 요셉=יוסף=יוֹסֵף에 대하여는 일렀으되 원컨대 그 땅이 여호와께 복을 받아 하늘의 보물인 이슬과 땅 아래 저장한 물과 태양이 결실케 하는 보물과

성경에서 대표적인 꿈 이야기는 요셉에게 있다. 꿈 이야기는 야곱이었던 이스라엘과 요셉과의 이야기로 엮어진다. 꿈은 히브리어로 할롬 이 기본형이고 하 할 놈[1]이 꿈[2]이다. 크게 할 놈 우리나라 식 발음이다. 일종의 애칭= 일반적인 남자 놈이다. 요셉이 형들에게 내 꿈을 들어보시오의 꿈이 하 할 놈이다. 크게 한 바탕 할 놈=하 할 놈=החלום하 할놈=הַחֲלוֹם하 할놈[3]이다.

이스라엘 아들 요셉[4]이다. 요셉[5]은 거한다= 늘 있는 사람이다. 성경의 37장 요셉[6]은 야곱이 사랑한 아내 라헬에게서 난 아들이다. 11번째 아들이다. 바로 선 아들=11이다. 야곱의 지극 사랑을 받은 요셉은 17세에 형들에 의해 물 없는 구덩이 안으로 가두어진다. 요셉=יוסף요셉=יוֹסֵף요셉은 하나님의 손으로 건져진다. 말씀사역할 자이다.

요셉이 팔려가는 때 나이는 17세 때이다. 신성 수 17

태음이 자라게 하는 보물과 옛 산의 상품들과 영원한 작은 산의 보물과 땅의 보물과 거기 충만한 기시떨기 나무 가운데 거하시는 자의 은혜로 하여 요셉=יוסף=יוֹסֵף의 머리에 그 형제 중 구별한 자의 정수리에 임할찌로다 그는 수송아지 같이 위엄이 있으니 그 뿔이 들 소의 뿔 같도다 이것으로 열방을 받아 땅 끝까지 이르리니 곧 에브라임이 만만이요 므낫에의 천천이리로다(신 33:13~17).

1) הַחֲלוֹם(하할롬 · 꿈을, D.NMS, dream, τοῶ ἐνύπνιοὐ, 창 37:5).

2) קוּם(쿰 · 일어나라, 출 32: 1; 수 7: 10; 삿 7: 15; 사 58:12).

3) שִׁמְעוּ~נָא הַחֲלוֹם(시므우~나 하할롬 · 청컨대 들으시오 이 꿈을, VQMMYP~O D.NMS, Hear I pray you dream, Ἀκούσέτε τοῶ ἐνύπνιοὐ, 창 37:5).

4) יוֹסֵף(요세프, 창 37:2).

5) יָשַׁב(요삽 · 거민, 시 33:8).

6) יוֹסֵף(요쎄프, 창 37:2).

은 히브리어 벤~스바~에스레 사나 스바[1]이다. 우리말로 하면 벤 서봐 에스라 사나 하야이다. 벤은 아들이다. 배에 들어 있는 후계자이다. 하나님 지붕 안에 영원히 서봐 사나이다. 하나님 집안에서 숨 쉬는 날을 가진 요셉은 하나님을 소망하며 사는 삶의 사람이다.

17은 신성수이다. 그리스도[2] 수치이다. 야곱이 더하고 더하여 낳은 요셉[3]이 팔려가는 때의 팔려가는 문제는 예수님 또한 팔려 가신다의 잇기이다. 은 30개에 팔려가시었고 요셉은 20개에 팔려간다. 이 일치성을 가진 요셉은 여호와께서 구원하신 예수를 낳는[4] 수치를 지닌다. 이러한 반복리듬의 기본적 메시지는 엘라 골짜기에서 골리앗을 물 멧돌 두개로 물리친 다윈[5]일 맷돌 두 개다. 이 반복 리듬은 되었다=하야=היה하야=הָיָה하야[6]에서 보듯이 숨 쉼 히브리어 ה헤 즉 여호와와 예수의 글자 앞에 놓이는 י요드가 숨 쉼 ה헤로 바뀐 것이다. 동시에 요셉 יוֹסֵף요셉에서 예수 그리스도로 이어진다.

---

1) בֵן~שְׁבַע עֶשְׂרֵה~ שָׁנָה הָיָה(벤~스바~에스라~사나하야 · 십칠세때, NMSG~ANCMSG~ANCFS NFS VQAMZS, being~ seven~teen years was old, ἑπτά, 창 37:2).

2) 야곱은 마리아의 남편 요셉=יוסף=יוֹסֵף을 낳았으니 마리아에게서 그리스도라 칭하는 예수가 나시니라(마 1:16)

그런즉 모든 대 수가 아브라함부터 다윈까지 열 네 대요
다윈부터 바벨론으로 이거할 때까지 열 네 대요 바벨론으로
이거한 후부터 그리스도까지 열 네 대러라(마 1:17)

3) Ἰωσήφ: יֹסֵף(야싸프, 창 30: 24; 욥 42: 10; 마 1: 16).

4) Ἰησοῦς: יְהוֹשֻׁעַ(예호슈아, 출 17: 9; 출 33: 11; 슥 3: 1; 마 1: 16).

5)(사무엘 상 17장).

6) הָיָה(하야 · 되었다, 창 37:2).

창세기 37장 1절에서의 요셉[1]은 하나님의 손으로 연단되어진 야곱[2]과 야곱의미가 지닌 하나님의 눈에 들어 겨우 집안에 든 야곱에서 이어지는 야곱의 아들 요셉이다. 그리고 창세기 37:2에서 요셉[3]은 하나님의 전능하신 손을 바라 중심을 잡고 입으로 말하는 사역의미를 지닌다. 3절에서 요셉이란 사람은 야곱 이스라엘이 깊이 사랑하는 존재이다. 이스라엘 사랑=이스라엘 아하브=יִשְׂרָאֵל אָהַב 이스라엘 아하브라 한다. 있으라 엘 아파이다. 사랑한다이다. 내가 아파하는 존재이다. 이스라엘 아하브=יִשְׂרָאֵל אָהַב 이스라엘 하하브[4]이다. 베이스라엘[5]이다. 배나 되도록 이스라엘이 사랑한 요셉=יוסף 요셉=יוֹסֵף 요셉 사랑 깊이다. 야곱의 딸 디나를 사랑할 때의 사랑=에예에하브=ביאהב 바예에하브=בְּיֶאֱהַב 바예에하브[6]이다. 요나단이 다윋을 자기 생명같이 사랑할 때=베아하바아토=באהבתו 바예에하브=בְּיֶאֱהַב 바예에하브[7]다.

서로 사랑한다[8]의 요한의 사랑 장[9]이 있다. 사랑은

---

1) יֵשֵׁב · וַיֵּשֶׁב(요사브 · 바예솨브, CW.VQIMZS, And dwelt, Κατώκεἰ, ckd 37:1) .

2) יַעֲקֹב(야아코브,, NE Jacob Ιακώβ, 창 37:1).

3) יוֹסֵף(요세프, Joseph, Ιωσηφ, 창 37:2).

4) וְיִשְׂרָאֵל אָהַב

5) וְיִשְׂרָאֵל(베이스라엘 , C.NE, Now Israael, Ιακωβ δε, 창 37:3; 렘 10:16).

6) בְּיֶאֱהַב(바예헤하브 · 사랑하여, 창 34: 3).

7) בְּאַהֲבָתוֹ(베아하바아토 · 사랑하여, 삼상 18: 3).

8) φιλαδελφίπια(필라델피아, 롬 12: 10).

9) * 사랑장 요한복음: 요한복음은 사랑을 전제로 예수님과 요한(1장) · 가나안 혼인 잔치에 물이 포도주로 되는 · 다시 거듭나는 의미(2장)와 예수

상대방을 사랑하는 마음이 지극하여 마음이 아픈 상태다. 하나님의 아들 예수 그리스도가 우리보다 더 먼저 사랑하여 고쳐 주시는 일이다. 사랑의 시작은 아브라함 아내 사래라는 말에서 시작된다. 하나님이 사래=שרי[사래]=שָׂרַי[사래][1]라 하지 말고 살아=사라=שרה[사아라]=שָׂרָה[사아라][2]이다. 사라가 아브라함의 아들을 낳게 하실 하나님 계획이시면서 변경된 것이다. 이 차이는 연단되는 머리로 끝내심과 연단되기를 바라시는 소망형의 차이이다.

이스라엘이 지극히 사랑하는 요셉은 채색 옷을 늘 입었다. 이 채색=입으로 중심을 잡는=파스=פס[파스]=פַּס[파스]이다. 우리들은 페스 페스 통과로 알아 듣는다. 바로 유월절 의미다. 채색=파심=פסים[파심]=פַּסִּים[파심][3] 아름답게 조각하시는 일 하나님 몫이다. 하나님은 요셉을 위하여 꿈이 아름답게 될 수 있도록 꿈의 조각, 하늘 이미지와 관련하여 하늘에 수를 놓게 하셨다.

님과 나사로 두 사람의 의미를 거듭나는 문제(3장)로 한다. 사마리아 여인의 물을 통한 거듭남의 문제(4장)를 베데스다 연못(5장)의 물로 한다. 오병이어(6장)와 초막절이 뜻하는 생명과 할례와 교육을 통하여(7장) 빚진 자의 후손(8장)은 소경이 눈을 뜨게(9장)해야 하는 임무로 선한목자(10장)를 든다. 나사로의 눈물(11장)은 예수님이 예루살렘 입성(12장)하여 세족식(13장)을 행하심과 같이 다시 살아나게 하시어 씻어진다. 예수님은 고별설교(14장)로 헤어짐 기간이 있을지라도 포도나무의 가지처럼 붙어 있어야(15장)한다 하시면서 보혜사 약속(16장), 중보기도(17장)를 하시는 따뜻한 사랑 실천 후 기드론 골짜기에서 체포(18장)되신다. 십자가 후(19장) 부활(20장)하시어 네가 나를 사랑하느냐(21)를 3회나 반복하시었다. 하나님은 하나님의 백성이 나를 사랑하느냐고 다짐하신다.

1) שָׂרַי(사래, 창 17:15).

2) שָׂרָה(사라, 창 17:15) .

3) פַּסִּים(파심 · 채색, NMP, many colours, ποίκλον, 창 37:3).

어디를 나르게요 어디를 보시나요 꼬리를 꽃에 이어 꽃잎이 바라보는 고개를 오른쪽으로 돌리어서 바라본

– 이영지 「오른쪽으로」

요셉은 아버지의 지극한 사랑으로 미움을 받았다. 미움=사네=שנא[파심]=שָׂנֵא[파심] 미워하는=바 이 사나운=ישנאאו ו[봐 이 사나운]=וַיִּשְׂנְאוּ[봐 이 사나운]1)이다. 사나운 형들의 미움은 요셉 꿈=한 바탕 할 놈=חלום=חֲלוֹם[할 놈]2) 바로 우리말로 큰일을 크게 한 바탕 할 놈=하 할 놈=החלום[하 할놈]=הַחֲלוֹם[하 할놈]3)임에 형들이 죽이기를 공모 실행했다.

꿈의 주인공 요셉=יוסף=יוֹסֵף[창세기 37장]이야기는 야곱이었던 이스라엘과 연결된다. 요셉 꿈을 한 바탕 이룰 놈 하 할놈4)이 아주 크게 하 할 놈5)이다. 꿈을 이룰 놈 꿈6)이다. 사람은 꿈꾸는 자이다. 꿈을 잘 꾸는 일은 좋은 일을 마음에 새기어 꿈에도 그것이 나타난다. 이러한 현상은 사람은 생각의 존재이기 때문이다. 이 생각의 존재는 성경상 남자의 일이다. 남자의 큰 아이디어는 하나님 닮기에서부터 왔다. 하나님 닮기는 하늘의 자손이기 때문이다. 여자는 이를 기록한다.

---

1) וַיִּשְׂנְאוּ(바이시느우 · 미워하여, CW. VQIMZP, they hated, ἐμίσησαν, 창 37:4).

2) וַיַּחֲלֹם יוֹסֵף חֲלוֹם(바요할롬 요세프 할롬 · 요셉=יוסף=יוֹסֵף이 꿈을 꾸고, CW. VQIMZS NE NMS, And dreamed Joseph and he told it, Ἐνυπνιασθεὶς δὲ Ιωσηφ 창 37:5).

3) שִׁמְעוּ~נָא הַחֲלוֹם(시므우~나 하할롬 · 청컨대 들으시오 이 꿈을, VQMMYP~O D.NMS, Hear I pray you dream, Ἀκούσετε τοῦ ἐνυπνίου, 창 37:5).

4) חֲלוֹם(할롬 · 꿈).

5) הַחֲלוֹם(하할롬 · 꿈을, D.NMS, dream, τοῦ ἐνυπνίου, 창 37:5).

6) קוּם(쿰 · 일어나라, 출 32: 1; 수 7: 10; 삿 7: 15; 사 58:12).

2). 요셉의 꿈 날개

크게 할 놈 이 말은 우리나라 사람에게는 일종의 애칭이다. 요셉이 형들에게 내 꿈을 이룰 하 할놈이다.. 크게 한 바탕 할 놈 꿈=하 할 놈=החלום=הַחֲלוֹם[하 할놈][1] 이다. 꿈[창 37:7] 요셉의 단이 일어난다. 요셉이 꾼 꿈=קום=קוּם[꿈]이 일어난다. 꿈이 있으면 사람은 일어난다. 천부경은 숫자표시가 31자이다. 그 중 숫자 1이 11회다. 일이 곱으로 일어나는 일은 일어섬 곧 두발로 굳게 바르게 일어나라를 실천하는 일이다. 서로들 권면하며 일어서는 우리 민족에게는 있다. 성경에서는 소녀야 일어나라는 달리다 쿰이 있다. 우리나라 식 표현으로도 그대로 달리다 꿈이다. 멈추지 않고 달려가는 꿈을 성경은 문장 마 מָ[마]가 붙게 하여 마쿰마쿰한다. 마 꿈 마 꿈 =מקום מקום[마 꿈 마 꿈]=מָקוּם מָקוּם[마 꿈 마 꿈][2] 대화체이다. 앞의 마는 우리들이 말을 시작할 때 마 한다.

2회 리듬이다. 2회 성경상의 버릇 마는 하나님 말씀으로부터 온 것이라는 의미 접두사이다. 요셉의 단이 일어섬도 하나님이 일어나라 일어나라에 일어선 것이다. 우리나랏말 꿈과 히브리어 꿈=קום[꿈]=קוּם[꿈] 일어나

---

1) שִׁמְעוּ~נָא הַחֲלוֹם(시므우~나 하할롬 · 청컨대 들으시오 이 꿈을, VQMMYP~O D.NMS, Hear I pray you dream, Ἀκούσέτε τοῷ ἐνύπνιού, 창 37:5).

2) מָקוּם מָקוּם(마콤 마콤 · 일어나라 일어나라, 민 32: 2).

라 일어나라[1]다. 성경은 이 쿰[2]을 애용하여 하나님을 믿는 백성들이 꾸는 꿈이 일어나=קוּמִי=קומי꾸무[3] 살아 있다. 일어나면 형들이 요셉에게 절하는 것 외에도 해와 달과 별이 요셉에게 절[4]한다.

> 두 발을 모으고서 꿈 딛고 일어나라
> 방금 곧 날아갈 듯 가벼이 머무르며
> 날개에 해와 달 별 들 일어날 이 기다림
>
> — 이영지 「기다림」

하나님의 능력의 손으로 둘러싸인 요셉의 입은 말하고파 안달 났다. 요셉의 아버지 야곱 이스라엘은 멍 하는 표정이다. 요셉을 쳐다보면서 네 형제들과 어머니와 아버지인 내가 엎드려 절하겠느냐고 반문한다. 이 때 엎드려 절하겠느냐는 솨하[5] 기본형으로 하여 본문에서 말하는 엎드려 절하겠느냐=르하쉬하오트=להשתהות르하쉬하오트=לְהִשְׁתַּחֲוֹת르하쉬하오트[6]이다. 아버지 야곱은 이 말을 가슴에 두었다 성경은 말했다. 야곱이 요셉과 가족모두

---

1) קוּם(쿰 · 꿈, 일어나라, 출 32: 1; 수 7: 10; 삿 7: 15).

2) קוּם(쿰 · 일어나라, 출 32: 1; 수 7: 10; 삿 7: 15; 사 58:12).

3) קוּמִי(쿠미 · 일어나서, 아 2:10)와 אָקוּמָה(아쿠마 · 내가 일어나서).

4) הַשֶּׁמֶשׁ וְהַיָּרֵחַ וְאַחַד עָשָׂר כּוֹכָבִים מִשְׁתַּחֲוִים לִי(하쉐메쉬 브하야레아흐 브아하드 아세르 코카빔 미쉬타하빔 · 해와 달과 열한별이 내게 절하더이다, D.NFS C.D.NMS C.무츤 무츤 NMP VTPAMP P.CXS, the sun and the moon and the eleven stars made obeisance to me, ὁ ἥλιος καὶ σελήνε καὶ ἕν δεκα ἀστερές προσεκύνουν με, 창 37:9).

5) שָׁחָה(솨하).

6) לְהִשְׁתַּחֲוֹת(르히쉬하오트 · 엎드려 절하겠느냐, P.VTNG, to bow down ourselves, προσκυνῆσαι 창 37:10).

를 사랑하여서다.

> 등배와 앞가슴을 빨갛게 물들이고
> 사랑을 꺼내어서 그들께 가리이다
> 고개를 앞으로 들어 바라보인 곳으로
>
> \- 이영지 「사랑을 꺼내어서」

야곱이 아들 요셉을 꾸짖으면서도 야곱은 요셉이 지닌 황홀한 꿈 한 다발을 가슴에 그대로 마음에 담아 두었다. 성경도 말 한 다발=그 말을 마음에 담아 두었더라=솨마르 에트~ 하다바르=שמר אֵת~הדבר 솨마르 에트~하다바르=שָׁמַר אֶת~הַדָּבָר 솨마르 에트~하다바르[1]하였다.

한 다발 모두 삼아 두었다.

> 저에겐 유일하게 당신을 닮아있는
> 당신의 뒷모습의 꼬리에 그리움이
> 기쁨의 거울로 남아 나를 께요 지금 곧
>
> \- 이영지 「꼬리에 그리움이」

> 거울로 삼아두면 등 아래 꿈이 적혀
> 마음이 거울 되는 그리운 푸르름이
> 고개를 내밀어놓고 꼬리 잎을 달아요
>
> \- 이영지 「그리운 푸르름이」

요셉은 형들이 있는 곳을 찾아가라는 아버지 야곱의 말에 순종할 때의 표현을 성경은 우리말 힘내라, 힘내

---

1) שָׁמַר אֶת~הַדָּבָר(솨마르 에트~ 하다바르 · 그 말을 마음에 두었더라, VQMZS O~ D,NMS, observed the saying, διετηρήσεν τό ρήμα, 창 37:11).

라는 말 힘내니이다 이다. 요셉은 아버지 이스라엘이, 형들이 세겜에서 양을 치니 그리 가보라고 했을 때 그리하겠나이다 하고 힘내니[1]로 말 하였다. 이때의 언어는 물고기가 두 마리 있게 되고 숨을 쉬는 언어가 있다. 힘내는 일은 요셉이 힘을 내는 것이 아니라 하나님이 그렇게 하였다는 뜻이 문자에 있다. 형을 만나러 요셉이 가다가 어떤 사람들을 만나자 그들에게 길을 묻는다. 청컨대 내게 가르치소서 하기다 ~나 리[2]נא לי ~ הגידה하기다~나 리[3]이다. 우리말 나리가 있다. 높으신 어른이라는 뜻으로 상대방을 존칭할 때 쓰인 나리이다. 나리꽃은 고개를 쭉 뻗고 높다랗게 하늘로 꽃을 피운다.

> 나에게 말을 하여 주셔요 어디에요
> 양치는 나라까지 가려면 어디 가서
> 만나야 하는 건가요 어떻해야 하나요
>
> 고개를 쑤욱 뻗어 좌우를 돌아보며
> 어여쁜 마음바다 풀어서 쭈욱 보고
> 한드을 웃어가면서 찾아가는 그리움
>
> – 이영지 「나리꽃」

형들이 자기를 죽이려고 모의를 꾸미고 있는 그곳을

---

1) הִנֵּנִי(힌네니 · 내가 그리하겠나이다,Qcxs, Here I am, Ἰδοὺ ἐγώ, 내가 그리하겠나이다, 창 37:13).

2) נָא לִי ~הַגִּידָה(하기다~나 리 · 청컨대 내게 가르치소서, VHMMYS Q P.CXS, tell I pray thee me, ἀνάγγειλοί, 창 37:16).

3) נָא לִי ~הַגִּידָה(하기다~나 리 · 청컨대 내게 가르치소서, VHMMYS Q P.CXS, tell I pray thee me, ἀνάγγειλοί, 창 37:16).

찾아 나선 요셉은 어떤 사람이 가리켜 주는 도단에까지 가서 만나게 된다. 이 때 만난다=모자=מצא=מְצָא[모자][1)][2)]이다. 맞추어=מְצָא[모자][3)] 입었다[4)]뜻 모자는 남에게 맞추어 사는, 은혜를 입는[5)] 봐 이 모자임=וימצאם[모자임]=וַיִּמְצָאֵם[모자임][6)]이다. 모자를 썼다.

정말로 오랜만에 만나도 우린 기뻐 당신의 산들바람 머리에 얹어 놓고 그리움 날개위에로 향기로운 내음새

마시는 날개가슴 당신의 산들바람 들어와 머무느라 이렇게 비스듬히 서서도 사모 바라봐 향기모자 쓰고서

– 이영지 「기쁨주머니」

요셉이 하나님 손에 칭칭 감기어 기쁘고 즐거운 마음으로 형들에 대한 사랑마음 모자를 쓰고 만난 형들은 꿈꾸는 자가 온다며 요셉을 물 없는 구덩이에 넣어버렸다. 구덩이=해버렸다=הברות[해버렸다]=הַבֹּרוֹת[해버렸다][7)] 다행히 형 르우벤이 막내 동생 요셉이 죽기를 원하지 않자 형제들은 아우의 채색 옷을 벗기고 물 없는 구덩이에 넣어버렸다.

---

1) הַגִּידָה~ נָא לִי(하기다~나 리 · 청컨대 내게 가르치소서, VHMMYS Q P.CXS, tell I pray thee me, ἀνάγγειλοί, 창 37:16).

2) מְצָא(모자 · 맞추어, 신 19:7).

3) 신 19:7.

4) 에 5:8.

5) 아 8:1

6) וַיִּמְצָאֵם(바이므자엠 · 그들을 만나니라,CW. VQIMZS.MZP, they conspired against, καὶ ἑ ευρεν αὐτούς, 창 37:17).

7) הַבֹּרוֹת(하보로토 · 구덩이, D.NMP, pit, τῶν λάκκων, 창 37:20).

이스라엘이 입혀준 옷이 형들에 의해 벗겨지는 것은 하나님을 향한 입을 차단해버리는= 하나님 찬양하는 일을 막아버린 일이다. 성서는 벗기어 버렸다=벗었다를 우리말 그대로 פשת벗었다=프스트 한다. 입술을 막아버렸다. 말씀 전할 입을 막아 버렸다이다. 벗기어 버렸다=וישיתו바이쉬트=וַיַּשִׁית바이쉬트[1]에도 요셉 꿈[2]은 버려지지 않는다.

> 꿈꾸는 옷을 벗겨 내리며 구덩이에 넣어도 꿈은 아직 마음에 들어있어 나래에 꿈 하늘덩이 살짝 올라 날지 뭐
>
> – 이영지 「꿈 하늘마당」

요셉이 물 없는 구덩이에서 건져진 것이나 모세가 강가에서 올려 진 것이나 같다. 모세와 요셉을 하나님이 구하는 방법은 요셉은 형 유다를 시켜서이고 모세는 공주에 의해서이다. 야곱의 형 유다는 같은 골육인데 죽이면 뭐 하겠느냐 다. 요셉은 애굽 상인이 오게 되고 은 20에 팔리면서 요셉은 땅에서 올라=עלה올라=עָלָה올라온다. 물 없는 구덩이에서 건져진 것이 모세가 강가에서 올려 진 것이나 같다. 요셉은 애굽 상인의 은 20에 팔리면서 요셉은 땅에서 올라=עלה올라=עָלָה올라[3] 봐야 알래=ויעלו봐 알루=וַיַּעֲלוּ봐 알루[4]로 되어 있다.

---

1) וַיַּשְׁיתוּ(바이프쉬투 · 그 형들이 벗기고, CW. VHIMZP, that they stript, ζκέδυσαν, 창 37:23).

2) 창세기 37:20~25.

3) עָלָה(올라 · 올려, 창 37:28).

4) וַיַּעֲלוּ(바야알루 · 올리고, 창 37:28).

6). 모세의 우물

(1). 모세의 메시지

이스라엘 백성의 출애굽은 하나님이 모세에게 내린 명령 내 백성을 보내라 그들이 광야에서 내 앞에 절기를 지킬 것이라 이다. 모세는 출애굽니서 절기를 지켰가. 모세는 성경 출애굽을 시작함을 1절로 시작하여 봉헌식[1)]을 끝으로 영원히 잠잔다.

---

1) 출애굽기: 넷째 사람 모세는 넷의 면을 가진 물 מ(멤) · 물 ם(멤)과 관련된다. 물에서 건져진 사람(1장)이다. 40세 이후 미디아 광야(오늘날 사우디아라비아 · 우리나라의 20배의 땅)로 도망(2장)갔으나 하나님으로부터 소명을 받고(3장) 귀환한다(4장). 모세가 받은 소명은 하나님의 백성들을 데리고 그리고 그들과 광야에서 절기를 지키는 일이다. 당시의 애급인들을 여호와는 나의 백성이 하는 일을 알지 못하기 때문에 재앙을 내린다는 것이다(5장). 애급에서의 이스라엘백성들은 고난을 받으면서도 하나님의 위로를 받으며(6장) 여호와가 내리는 재앙 피(7장)와 개구리와 이와 파리(8장)와 우박(9장)과 메뚜기 재앙이 있는 어둠의 재앙이 아닌 빛만을 받는다(10장). 애급이 애급에게 장자에 대한 경고로 항복하는 그들과는 달리(11장) 이스라엘 백성들은 유월절의 피(12)로 탈출(13장)한다. 여호와는 이스라엘 백성들을 위해 싸우시며 가만히 서서 보기만 하며 박수만 치라(출 14:14)하신다. 모세는 모세의 노래로 화답(15장)하였다. 하나님이 내리시는 첫 만나를 먹는다(16장) 아말렉과의 힘겨운 싸움에서도 역사하시는 하나님의 싸움 방법으로 첫 위기를 넘긴다(17장). 이를 본 장인 이드로는 모세로 하여금 조직을 감행하게(18장)한다.

하나님과 만나는 모세의 첫 등정(19장)은 십계명(20장)을 통해 이스라엘 백성들의 생명(21장)과 재산(22장)과 절기와 안식(23)을 선물로 받는다. 둘째 등정을 통하여 더욱 경건해지는 70장로(24장)와 더불어 성막 설계도를 그린다. 언약과 진설병과 일곱 금 촛대(25장)의 지성소와 휘장(26장)과 분향소(27장)와 제사장의 옷과 임무(28~29)와 분향할 물(30)이 있는 성막을 만든다. 그 후 기술자들의 안식(31장)이 있다.

이스라엘 백성들의 무절제한 금송아지 숭배에 화가 난 모세는 십계명이 새겨진 첫 돌 판을 파괴(32장)한다.~ 이 소 אָלֶף(엘레프)는 나 א 곧 אָלֶף(엘레프)이며 신약에서 사울이 하나님을 위한 일인 줄 알고 스테반을 돌로쳐 죽이는 일에 적극 참여한 나다. 사울 즉 곧 0의 배우고 익혀서 가르쳐야 하는 우리 인간 그 자체이다. 이 알레프는 나 자신이 배우고 익혀서 가려쳐야 하는 존재이다. 틈만 나면 우상을 섬기는 존재는 나이다. 따라서 성경을 통해 드러난 우상은 다름 아닌 나자신을 절대시 하며 우상을 섬기었다.

사실 모세는 하나님이 말씀하신 금기를 어기고 반석을 두 번 침으로써 가나안에 못 들어간다. 그럼에도 예수 그리스도의 익명 2회 리듬이다. 반복[1]이다. 이 반복은 하나님과 예수님 의이다. 애급에서 탈출과 동시에 십계명을 두 번째로 돌 판에 새긴다. 신명기는 저주와 축복[2]까지 2회 리듬으로 한다. 큰 저주는 순종하지 않아서이며 큰 축복은 순종[3]하여서이다. 설교는 총 3회로 과거 현재 미래로 구분한다. 첫 번째 설교는 이스라엘 백성들에게 과거 회상[4]을 하게 한다. 두 번째 설교는 이스라엘 백성을 향하여 현재에 대한 성찰로서 십계명[5]·의식법[6]·시민법[7]·사회법[8] 설교[9]이다.

모세는 중보기도(33장)를 하였고 이를 본 하나님은 다시 둘째 번째의 십계명을 모세에게 주신다. 돌 판을 얻은 모세(34장)는 이를 두기 위한 성막재료들을 모은다(35장). 첫째번이 아닌 둘째 번째의 십계명이 지성소에 언약으로 자리매김한다. 모세는 곧 성막 건축 시작(36장)을 하였으며 그 방법은 지성소에서 언약과 진설병과 일곱 금 촛대가 있게 짓는다(37장). 번제드릴 번제단과 물동이(38장)를 만들고 완성(39)후 봉헌식(40장)을 올린다.

1) 신명기 15장과 24장.

2) 신명기 11장.

3) 신명기 28장.

4) 1~4장: 가데스바네야 정복 회상 설교(1장) → 헤스본왕 시혼 정복 회상 설교(2장) → 바산왕 옥 정복 회상 설교(3장) → 가나안 땅에 들어가 지켜야 할 순종(4: 1~14)과 우상 숭배 경고(4: 15: 31)와 그리고 하나님의 유일성(4: 32~40)과 요단 동쪽 도피성(4: 41~43)에 대한 설교(4장) .

5) 6~11.

6) 12~16.

7) 17~20.

8) 21~26.

9) 1. 십계명: 십계명(5장) → 큰 계명: 네 마음을 다하고 성품을 다하고 힘을 다하여 네 하나님 여호와를 사랑하라(6: 5) → 이스라엘을 무너뜨리는 가장 강력한 무기는 가나안 백성과의 혼합이기 때문에 언약이나 불쌍히 여기지도 말것(7: 2)은 하나님 사랑의 중요시(7장). → 하나님의 은혜와 축복(8: 1~10)을 받고 축복 후에 빠지기 쉬운 불신앙일 때의 경고(8: 11~20)인 축복을 잊지 말라(8장) → 십계명 돌판 파괴 회상(9장) → 다시 십계명(10

두 번째 설교 특히 십일조 규례인 26장은 온 마음과 몸을 다 하나님에게 온전히 하나님에게 드리는 일을 드러낸다. 세 번째는 이스라엘 백성을 향하여 미래의 약속 설교[1]로 것으로 축복과 저주[2] · 언약[3] · 중보기도[4]이다. 모세의 세 번의 설교가 있는 신명기 총 34장은 20장이 다시 10장 + 10장으로 예수님의 의미가 두 번째에서 실현됨의 강조가 되는데 다시 14장인 바 7장 + 7장에서이다. 이 또한 완전수 7의 두 배인 예수님 자리 상징이다. 신명기 34장은 예수님의 뜻을 나타내고자 하는 하나님의 뜻이다.

장) ⇢ 저주는 불순종, 축복은 순종에서(11장)

2. 의식법: 외적 우상이 되는 단을 헐며 멸하라(12장) ⇢ 내적 우상이 되는 거짓 선지자와 꿈꾸는 자(13: 3)를 멀리하라(13장) ⇢ 정한 음식과 부정한 음식 주의(14장) ⇢ 가난한자 규례는 가난한 자를 강퍅케 대하지 말라는 것(15장) ⇢ 오순절과 초막절과 유월절인 3대 절기(16장)

3. 시민법: 왕과 재판 규례(17장) ⇢ 제사장 규례(18장) ⇢ 선지자 규례(18장) ⇢ 서쪽 도피성(19장) ⇢ 순종하면 하나님이 보호하심으로 언제나 이길 수 있는 전쟁 수칙(20장)

3. 사회법: 미결 살인 사건 규례(21: 1~9) ⇢ 포로 된 여자에 관한 규례(21: 10~14) ⇢ 장자권 규례(21: 15~17) ⇢ 패역한자 처벌 규례(21: 18~21) ⇢ 나무에 달린 시체(21: 22~23)에 관한 규례(21장) ⇢ 이웃사랑, 성도덕, 창조질서보존에 관한 규례(22장) ⇢ 총회 참여, 진의 정결, 자비에 관한 규례(23장) ⇢ 가난한자에 대한 규례 2(24장) ⇢ 무시무시한 태형 금하라, 짐승을 학대 말라, 이스라엘을 공격한 적이 있으므로 아말렉 멸하라, 결혼한 여인이 혼자되었을 때 보호하라, 정숙하지 못한 여인의 처벌 규례(25장) ⇢ 십일조의 규례(26장).

1) ① 축복과 저주: 가나안 입성 준비(27) ⇢ 큰 저주는 불순종, 큰 축복은 순종(28장) ② 언약: 예수님 의미가 숨어있는 모압평지에서 새 언약(29장) ⇢ 생명, 사망, 화, 복을 네 앞에 두었으니 선택(30장) ③ 중보기도: 후계자 여호수아(31장) ⇢ 모세의 노래(32) ⇢ 모세의 축복(33) ⇢ 모세의 죽음(34)

2) 27~28.

3) 29~30.

4) 31~34.

하나님 익명성의 신명기는 예수의 이름과 모세의 이름이 같은 의미 언어 야솨=ישע[야솨]=יֶשַׁע[야솨][1]를 구원하시는=모세=모시아으=משיע[모시아으]=מוֹשִׁיעַ[모시아으][2]다. 모세가 출애굽 그 긴 여정을 수행하고도 가나안에 못 들어가는 일을 이스라엘 백성들을 향한 설교로 한다.

동쪽 도피성[3]과 서쪽 도피성[4]이 있다. 죄 지은 자가 도피하는 곳을 도피할 수 있는 예수님을 통하여를 암시한다. 비단 방석 다메섹과 관련된 모시어 산 모세의 생애는 하나님이 깔아놓은 비단방석에서 임무를 다한 생애다. 방백이 바울을 잡으려고 다메섹을 지킬 때 구원의 광주리[5]를 타고 내려[6]온 광주리는 모세에게서는 물에 빠졌을 때 구원의 방주이다. 물에서 건져진 모세에게서 메시야의 흔적은 모세이름의 구원자 의미에서이다. 히브리어 첫 글자 모=מוֹ[모]에서 찾아지는 말씀을 쳐다봄의 생애에서이다. 모세는 모세=쉐=שׁ[쉐]에서 보이는 부서지는 삶을 살았다.

---

1) יֶשַׁע(야솨아).
2) מוֹשִׁיעַ(모시아으 · 구원하시는, 시 7:11).
3) 신명기 4장.
4) 신명기 19장.
5) σαρνάνη · 사라나내, 행 9: 23; 고후 11: 33.
6) 고후 11:33.

(2). 모세의 익명성

모세이름은 메시야로 이어지는 익명성이다. 예수를 위하여 그의 묘지도 나타나지 않는다. 가나안에도 들어가지 못했다. 하나님 말씀으로 온 모세의 문자 알레고리1)는 모세=구원=야솨=ישע[야솨]=יֶשַׁע[야솨]2) 나의 구원의=예쉬=ישעי[예쉬]=יִשְׁעִי[예쉬] 내 구원의=예수다이=ישעתי[예쉬다이]=יְשֻׁעָתִי[예쉬다이]3) 우리의 구원=예수누=ישענו[예쉬누]=יִשְׁעֵנוּ[예쉬누] 주의 구원=예쉬하=ישעך[예쉬하]=יִשְׁעֶךָ[예쉬하] 예수여4) 이다.

예수와 모세와의 관련은 히브리어의 선입파다 법칙이 적용 우리말 모셔=모쉬아으=מושיע[모쉬아으]=מוֹשִׁיעַ[모쉬아으]5)의 מ[모]가 빠져버린 오쉬야아으=ושיע[오시아으]=וֹשִׁיעַ[오시아으]6)에서 찾아진다. 처음의 불 분리 접두사 물=מ[모]를 뺀 것이다. 야솨=ישע=יֶשַׁע 야솨에서 예수님을 눈으로 보는 암시이다. 우리의 익숙한 모셔와 모시어 연상언어이다. 모시어=מושיע[모쉬아으]=מוֹשִׁיעַ[모쉬아으]7) 기본 동사 모솨=משה[모솨] 역시 구원=야솨=ישע[야솨]=יֶשַׁע[야솨]8)가 보여진다. 지도자란 그에게 잘 다듬어진 마샬=משל[마솰]=מָשַׁל[마솰]9)이다.

1) Northrop Frye, 『성경과 문학』, 28~41.
2) יֶשַׁע(야솨 · 구원).
3) יְשֻׁעָתִי(예수아티 · 내 구원의)시 88: 1, 89: 26.
4) יִשְׁעֶךָ(예쉐하 · 주의 구원, 삼하 22: 36; 시 51: 14, 69: 13.
5) מוֹשִׁיעַ(모쉬아으).
6) וֹשִׁיעַ(오쉬야아으).
7) מוֹשִׁיעַ(모쉬아으).
8) יֶשַׁע(야솨 · 구원).
9) מָשַׁל(마솰 · 그로하여 만져지게 됨을 받다 וְיָמֵשׁ(베야메쉬, 출 10: 21).

손에 맞게 다듬어진 마솨시=משש[마솨시]=מְשַׁשׁ[마솨시][1]에서다.

모세와 메시야의 흔적은 발음에서도 비슷하다. 한국말의 남을 잘 모시는 삶은 섬김의 가난한 메시야의 익명성이다. 모세는 모세[2] 구원 의미로 여호와께서 이스라엘 백성을 위한 한 구원자를 세워 구원케 하시니[3]와 여호와께서 그들을 위하여 한 구원자를 세우셨으니[4]와 여호와께서 이에 구원자를 이스라엘에게 주시매[5]와 같다. 모쉬임[6], 구원자들을 위하여의 레모시아으[7]이다. 구원하셨거늘의 베요쉬움[8] 네 구원자의 모시이에카[9]와 구원자가의 모시오[10] 또한 구원자가의 움모시어[11] 등에서 구원자는 모세와 예수님과 언어적으로 동일선상이다. 나의 구원자시라의 모쉬[12]와 한 구원자 모쉬아으[13]· 네 구원자로 모쉬에파[14]· 그리고 구원자 들을 모쉬임[15]이라 한다. 구원자 모쉬암[16]에서 모세가지 예수의

---

1) מְשַׁשׁ(마솨쉬).

2) מֹשֶׁה(모세, 출 2: 10) · 구원자 מוֹשִׁיעַ(모시아으 · 구원자).

3) 삿 3: 9.

4) 삿 3: 15.

5) 왕하 13: 5.

6) מוֹשִׁעִים(모시임 · 구원자들을, 느 9:27).

7) לְמוֹשִׁיעַ(레모시아으 · 그리고 구원자들을 위하여, 사 49: 26) לְמוֹשִׁיעַ(레모시아으 · 그들의 구원자를 위하여, 사 63: 8).

8) · וַיּוֹשִׁיעוּם(베요쉬움 · 구원하셨거늘, 느 9: 27).

9) מוֹשִׁיעֵךְ(모시이에카 · 네 구원자, 사 60: 16) .

10) מוֹשִׁיעוֹ(모시오 · 구원자가, 사 63: 8; 렘 14: 8).

11) וּמוֹשִׁיעוֹ(움모시오 · 또한 구원자가, 호 13: 4) .

12) מוֹשִׁי(모쉬 · 나의 구원자시라, 삼하 22: 3) .

13) מוֹשִׁיעַ(모쉬아으 · 한 구원자) .

14) מוֹשִׁיעֵךְ(모쉬에파 · 네 구원자로) 사, 49: 26, 60: 16.

15) מוֹשִׁיעִים(모쉬임 · 구원자들을).

근거를 찾게 된다.

사실 모세는 가공의 인물로 논의되어 져 온다. 게랄드 반 그로닝겐[1]은『구약의 메시야 사상』에서 그리고 엘리아스는 부정적 관점[2]으로 벨하우젠는 모세에 대한 허구성[3]으로 메이어 또한 모세인물의 허구성[4]을, 그리고 노트는 모세의 전설 설[5]을 내세운다. 이스라엘이라는 국가를 세운 집단들의 관한 기사의 삽입 설로 보는[6] 노트는 모세를 이스라엘의 건국자로 세우는 것은 거의 정당화될 수 없다[7] 한다. 그러함에도 불구하고 브라이트는 이에 도전[8]하며 모세의 역사성을 제시[9]한다. 카수토도 모세의 역사성[10]을 제시한다.

모심 · 모시어 하늘을 향하여 손을 들라 시키시어 애

---

16) מושיעם(모쉬암 · 그 구원자, 시 106: 21).

1) Gerard van Groningen,『구약의 메시야 사상: *Messianic Revelation in the Old Testament* 』, Michigan: Baker Book House, 1990, 유재원 · 류호준 공역(서울: 기독교 문서 선교회, 1997. 226 ~230.

2) Elias Auerbach, *Moses*, Trans. R. A. Balclay and I. O. Lehman(Detroit: Wayne State University Press. 1975), 7.

3) Julius Wellhausen, *Prom to the History of Ancient of Israel*(New York: World, 1965), 6.

4) Eduard Meyer, *Die Israelitien und ihre Nachbarstaemme*(1909), 415

5) Martin North, *A History of Pantateuchhal Traditions*, trans. J. S. Bowden(London: SCM. 1962) 24~27. 40. 134.

6) Martin Noth, Exodus, 40.

7) Martin Noth, History of Israel, 136.

8) John Bright, *Early Israel in Recent History Writing*. 3d ed.(London: SCM, 1981), Chaps. 2. 4.

9) William F. Albright, *Archaeology of Palestine*, 224, 253.

10) Umberto Cassuto, *A Commentary on the Book of Exodus*(Jerusalem: The Magnse Press, 1967),vi.

급 땅 흑암이과 하나님의 백성들의 3일 동안 광명이 있었다. 모세는 이스라엘 백성을 출애굽 시키기 위해 아침에 일찍 일어난다. 모세는 이침 일찍 일어나 와 봐보께로[1]라 하였고 아브라함도 아침 일찍 일어나 하나님이 만들어 놓은 향을 와 보라[2] 함에 아침 일찍 일어났다. 모세는 애급 왕 파라오를 만나기 위해 일찍 일어난다. 일찍 일어나는[3]일은 아브라함 · 모세 모두 아침 일찍 일어나 하나님을 본 사람들이다. 모세가 물에서 건져지는[4] 일과 동일하다. 모세는 일괄적인 장자죽이기의 일환으로 희생될 뻔 한다. 그러나 물가에 나온 바로의 딸에 의해서 구해진다. 젖어미인 직접 모세를 낳은 어머니에 의해 길러진다. 성경의 진의는 생명이 하늘에 달려있음을 말해준다. 생명 지속은 구해주는 자에서이다. 목적은 할 할 일 위해서다. 모세는 애급 정책에서 물에서 건져진 피의 사람[5] 장자이다.

모세와 드보라의 노래는 동일리듬에 있다. 옷니엘의 아내와의 관련도 우물을 통하여서이다.

---

1) הַשְׁכֵּם בַּבֹּקֶר(하쉐켐 봐보게르 · 이침 일찍 일어나, 출 8: 20, 9: 13).

2) וַיַּשְׁכֵּם אַבְרָהָם בַּבֹּקֶר(바야쉐켐 아브라함 바보케르 · 아브라함이 아침 일찍 일어나, 창 22: 3).

3) 창 22: 3, 출 8: 20, 9: 13,24: 4.

4) 출 16: 35, 24: 18, 34: 18.

5) 장일선, 『히브리 설화의 문학적 이해』(서울: 대한기독교 출판사, 1997), 38.

(3). 모세와 관련한 사사들의 물

첫 사사 옷니엘 승리는 모세와 관련된 십보라의 남편 그리고 옷니엘과 관련된 악사는 옷니엘의 남편이다. 이 사이 우물이 있다. 악사의 아내 옷니엘은 아버지에게 졸라 우물을 얻는다를 하늘을 우러러 굴렀다[1]로 한다.수직성 윗샘과 아랫샘 모두 גלת[굴렀다]굴렀다[2]이다. 악사의 아내가 우물 겝비임[3]을 얻을 때도 하늘을 향한 수직적 행동으로 물을 길으라[4]라는 명령이 있다. 수직으로 물을 얻는 이 윗샘과 아랫 샘의 수직 구조는 모세와 드보라 모두 하나님을 향한 보답이다. 악사 또한 아버지께서 나를 남방[5]으로 보내기 때문에 윗샘과 아랫샘을 달라[6]한다. 남방 하네게브그[7]도 둥근 모양의 샘 גלה[굴러][8]와 같이 보답의 뜻이다. 이 보답은 히브리어 기멜[9]에서 찾아지는데 보답하는 방법이 하나님의 집 안에서 하는 일이다.

---

1) גֻּלֹּת(굴로트, 수 15: 19)/

2) גֻּלֹּת(굴로트, 수 15: 19): ① 가로되 내게 복을 주소서 아버지께서 나를 남방 땅으로 보내시오니 샘물도 내게 주소서 하매 갈렙이 윗샘 גֻּלֹּת(굴로트)와 아랫샘 גֻּלֹּת(굴로트)를 그에게 주었너라(수 15: 19) ② 가로되 내게 복을 주소서 아버지께서 나를 남방으로 보내시니 샘물도 내게 주소서 하매 갈렙이 윗샘 גֻּלֹּת(굴로트)와 아랫샘 גֻּלֹּת(굴로트)를 그에게 주었더라(삿 1: 15)

3) גֵּבִים(겝비임 · 우물, 렘 14: 3).

4) 렘 14: 3.

5) הַנֶּגֶב(하네게브 · 남방).

6) 수 15: 19; 삿 1: 15.

7) הַנֶּגֶב(하네게브그 남방).

8) גֻּלָּה(굴라 · 샘).

9) ג(기멜 · 약대, 창 24: 19, 20, 32).

따라서 모세노래 ⇢ 드보라 노래 ⇢ 옷니엘의 아내와 관련한 우물, 모두 보답, 곧 은혜 갚기이다. 아브라함의 아들, 이삭이 젖을 뗄 때에서도 보답이다. 젖 떼는 일은 이제까지 젖을 먹이신 그에게 그 갚음을 할 때이다. 곧 성경에서 보답할 키~ 고아 고아[1] ⇢ 굴라[2] ⇢ 감[3] 보답언어로 시작된다. 하나님이 강림하실 때 하늘도 새어서 또한 구름이 물을 내렸나이다라는데 이 때도 감[4]으로 시작한다. 모세와 드보라의 노래를 여호와가 이들에게 승리하게 해 준 것에 대한 보답의 찬양[5]이다. 모세는 하나님을 찬양하는 바다의 노래[6]로 하였고 드보라는 드보라 노래[7]로 보답한다. 모세와 드보라의 노래는 유사성[8]이 있다. 여호와를 위하여.. 여호와를 위하여[9]로 시작하여 높고. 영화로우심[10]의 신비로운 은혜 갚는 보답[11] 언어로 한다.

여호와…여호와 · 여호와…여호와[12]에서 모세는 여호

---

1) גָּאֹה.. גָאה~ כִּי(키~고오.고아 · 보답할, 출 15: 2).

2) גֻּלָּה(굴라, 수 15: 19; 삿 1: 15).

3) גַּם(감, 삿 5: 4, 창 9: 21, 13: 16).

4) מָיִם נָטְפוּ עָבִים ~ גַּם נָטְפוּ שָׁמַיִם ~ גַּם(감 ~ 솨마임 나타푸 아빔 나테푸 마임, 삿 5: 4).

5) J. S. Ackerman, 「Propheey and Warfare in Early Israel: A Study of the Deborah~Barak Story」 *ASOR* 220(1975), 5~13.

6) 출 15.

7) 삿 5.

8) 윤용진, 『יְהוָה의 전쟁 신학』(서울: 그리심, 2000), 118~119.

9) לַיהוָה..לַיהוָה(라여호와.라여호와, 출 15: 1).

10) גָּאֹה.. גָאה~ כִּי(키 고오.가아, 출 15: 2, 21).

11) ג(기멜).

12) יְהוָה..יְהוָה · יְהוָה..יְהוָה(출 15: 3, 6).

와를 두 번 부르는 절대 찬양으로 하나님께 보답하였다. 도브라도 여호와에게 노래로 헌신하여 다음과 같은 아름다운 리듬이다.

여호와의 의로운, 여호와의 의로우신 일: 지드코트…지데코트[1]
→ 깰찌어다 깰지어다 깰지어다: 우리 우리 우리의[2]
→ 싸웠도다…싸웠도다: 날레함…날레함[3]
→ 시냇물..시냇물: 나하르…나하르[4]
→ 돕지..도와: 레에즈라트…레아즈라트[5]
→ 엎드려져서. 엎드려져: 나팔…나팔[6]
→ 어찌하여.. 어찌하여: 마두아…마두아[7]

드보라의 노래의 특징은 같은 싯구를 두 번 되풀이하는 일이다. 그 내용은 은혜갚음을 주제로 한다. 모세가 마지막 아담을 소망하는[8] 내용과 동일하다. 백성들이 구름[9]에서 물이 내리는 일을 우리에게 보여준. 여호와 영광[10]이 비로 구름[11] 가돌[12]로 사면에 비취며 그

---

1) צדקות יהוה.. צדקת(지데코트 여호와 지데코트 · 여호와의 의로우신 일을..의로우신 일을, 삿 5: 11).

2) 우리..우리 .. 우리: עורי..עורי..עורי..עורי(우리..우리..우리..우리 · 깰찌어다 깰찌어다..깰찌어다 깰찌어다, 삿 5: 12).

3) נלחמו..נלחמו(닐레함무..닐레함무 · 싸우되..싸웠도다, 삿 5: 19).

4) נחל..נחל(니할..나할 · 시냇물.시냇물, 삿 5: 21.

5) לעזרת..לעזרת(레에즈라트..레아즈라트 · 돕지..도와, 삿 5: 23).

6) נפל..נפל(나팔..나팔 · 엎드려져서.엎드려져, 삿 5: 27) .

7) מדע. מדע(마두아..마두아 · 어찌하여.. 어찌하여, 삿 5: 28).

8) U. Cassuto, 「The Song of Moses,(Deu 32: 1~43)」 *In Biblicak and Oriental Studies. Vol 1*(Kerusalem, 1973), 41~46.

9) עבים(아빔 · 구름, 삿 5: 4).

10) 왕상 8: 11.

11) עבים(아빔,왕상 18: 45).

12) ענן גדול(아난 가돌 · 큰 구름, 겔 1: 4).

불 가운데 단 쇠 같은 것이 나타나 보였다. 이집트인들이 하나님 백성 희롱을 참지 못한 모세에게서 그리고 모세가 지닌 이 끓는 가슴을[1] 성경은 홀로 모세에게만 해당되게 하지 아니하고 모세 다음에는 다윋에게서 나타내었다. 둘 다 끓는 가슴이 דוד[돋아][2]다. 메시야의 흔적이 된다. 우리말로 풀면 다윋이다.

하나님이 그의 백성을 살리는 하나님의 끓는 가슴의 흔적이다. 바로 다윋[3]의 문=달렏=ד[달렏]의 문=달렏=ד[달렏][다렏] 두개[4]에서 보여준다. 성경은 이 2의 리듬을 하나님과 예수님 두 분으로 은유한다. 문은 끓는 가슴 두 개다. 우리의 가슴에는 두 개의 갈비뼈가 달려 있다. 문짝을 형상이다. 이 다윋의 끓는 두 가슴은 바로 하나님의 끓는 가슴비유이다. 하나님을 사랑하는 마음이 돋아=דוד=דוֹד[도다][5] 그 사랑이=돋으=דוֹד=דד[도드][6]며 하나님 사랑에 보답하는 사역자의 끓는 가슴이다. 하나님 사랑하는 자에게 하나님의 사랑이 돋아=דוד=דוֹד[돋아][7] 다윋

---

1) Jeffrey J, Niehaus, God at Sinai(Michigan: Zondervan Publishing House, c1995),132.

2) 기본형 돋아 תּוֹדָה(토다) 본문 תּוֹדֹת(토도트 · 감사 찬송하는 자의, 느 12:31).

3) דָּוִד(다비드).

4) 참조: 창 30: 14; 민 11: 26; 삼상 16: 13; 삼하 5: 3; 룻 4: 17, 22; 아 1: 14, 16; 2: 8, 9, 10.

5) דּוֹד דד(도드 도드 · 사랑하다) · 사랑 דּוֹדִי(도디 · 사랑) · 연인 · 친구 · 아저씨 · 뜨겁다.

6) דד(도드 · 연인, 삼상 10: 14)/

7) 기본형 돋아 תּוֹדָה(토다) 본문 תּוֹדֹת(토도트 · 감사 찬송하는 자의, 느 12:31).

은 즐거움으로 감사함으로 דוד=דוד=דּוֹד돋아난다. 사랑이 돋아났다. 가슴과 가슴 연결 달렌=ד달렌은 사랑하는 사람의 관계이다.

모세는 호렙산에서 불꽃가운데 서신 하나님의 사자를 만난다. 이 호렙=חרב=חֹרֵב호렙1)은 하나님의 지붕인 머리 안이다. 시적 표현이다. 꼭 그렇게 생각했다는 의미이다. 하나님이 계신 곳을 찾겠다는 생각으로 하나님에게 가까이 모세는 갔다. 하나님에게로 갔다. 가던 길을 되돌아 하나님을 만나려는 아주 간절한 모세의 마음을 하나님이 아시려나=אסרה~נא아수라~나=אָסֻרָה~נָּא아수라~나아시려나!2)

모세는 떨기나무 불꽃가운데의 하나님 사자를 만난다. 바로 불에 타지 않는 떨기나무를 보았고 모세는 곧장 그리로 달려가 만났다. 여기에 불꽃이 있다. 이 때 하나님의 불=에쉬=אש=에쉬אֵשׁ에쉬3)=아서라 이다.

모세가 알아=אראה아라=אֶרְאֶה아라4)보려 곧 머리로 알아 숨 쉬고 싶어 할 때 하나님이 "모세야 모세야 … 이리로 가까이 오지 말라 너 선 곳은 거룩한 땅이니 네 발에서 신을 벗으라5)라 하신다. 신발을 벗으라신다.

---

1) חֹרֵב(호렙 · 마른, HE.H, even to Horeb, χωλεβ, 출 3:1).

2) אָסֻרָה~נָּא(아수라~나, VQIXS~Q, I will turn aside now, ΠορελΘών, cnv 3:3).

3) אֵשׁ · בְּאֵשׁ(에쉬 · 바에쉬, 불, P.D.NFS, with fire, πυλι, 출 3:2).

4) וְאֶרְאֶה(브에르아, VQICXS, amd see, όφομαι, 출 3:3).

7). 햇살보쌈

너 알래?=너 살려 해?=נליך~ של쇌~느알레하 네 신=נְעָלֶיךָ~ שַׁל쇌~느알레하1) 살아야하는 방법이 주제가 될 때 네 발에 신은 신이 문제된다. 너의 발에 대하여 땅과 몸의 발과의 사이에 놓은 신이 문제된다. 성경은 신발을 너 알래?2) 하신다. 몸의 발을 알려고?=רגליך~על알~라그레하 네 발=רַגְלֶיךָ עַל알~라그레하 네 발?3) 이 때 성경은 신발을 벗으라 한다. 발에 신는 신발과 네 발=רגליך라그레하=רַגְלֶיךָ 라그레하 네 벌4)을 온전히 주님께 맡기라 명령한다. 현명한 모세는 하나님을 모셔야5) 말씀으로 연단 될 수 있음6)으로 신발을 벗는다.

평소 존경하는 장인7) 곁에서 깨달은 그 친절한 마음같이 모세는 하나님 보고 싶어8) 호렙산에 간 것이고 곧 바로 들리는 하나님의 음성 봐 여기 예라!9) 떨기나

---

5)(출 3:4~5).

1) נַעַל · נְעָלֶיךָ~ שַׁל(쇌~느알레하).

2) נַעַל · נְעָלֶיךָ(나알 · 느알레하 · 네 신, NFD.MYS, the shoes, τὸ ὑπόδημα. 창 3:6).

3) רֶגֶל · רַגְלֶיךָ מֵעַל רַגְלֶיךָ(메알~레갈 · 라그레하).

4) רֶגֶל · רַגְלֶיךָ(레갈 · 라그레하 · 네발, NFD.MYS, thy feet, τῶν σου, 창 3:5)·

5) מֹשֶׁה · וּמֹשֶׁה(모쉐 · 움모세, C. NE, Now Mosws καὶ μωυσες 출 3:1·

6) הָיָה(하야 · 생명 · 있어, VQAMZS, ἠν, 툴 3:1).

7) צֹאן ~ אֶת(에트~존 · 양무리, O NFSG, the flock of, τα πρόβατα, 출 3:1).

8) רֹעֶה(로에, VQPA, kept, ποιμαίνων, 출 3:1).

9) וַיֵּרָא(바예라아 · 나타나시니라, CW.VNIMZS, And~appeared, ὤφθη δὲ, 칭 3:2).

무[1] 아래에서 들리는 소리! 나에게 온전히 맡기라! 음성을 듣는다. 떨기나무는 버팀목=싸멕=ס싸멕[2]과 눈=נ눈[3]과 소망사=헤ה헤 숨 쉼[4]이 있다. 기호로 표시하면 수치 11로 된 원시림 떨기나무! 그 상징의 햇빛을 받아야 살 수 있는 나무이다. 모세는 이 햇살을 햇살 보쌈하였다. 깊디깊은 원시림 속에서의 햇빛 황금비율을 받아 황금비율의 생명삶이 있는 곧 십자가비율 +가 있는 황금 땅에 선 모세 존재다.

십자가비율은 3: 4 비율이다. 17세기 수학자 야곱[5]에 의해 처음으로 공식화 된 이 비율은 인류를 사랑하시어 피를 흘리며 우리들을 구해주신 분의 빨 간 가슴이 생명이 살아나는 비율이다. 사랑의 꽃을 피우고 그로 인해 생명이 태어난다. 황금 비율이다.

실제 이 세상에서 보이는 이 진리, 파이비율은 직 사각형 3 · 4 비율에서이다. 이 비율은 안으로 점점 더 작은 황금 직 사각형을 만들며 황금 대수 나선[6]이 된다. 안으로 향하는 곡선이 형성되다가 한 점 빨간 꽃이 핀다. 꽃은 예수님 사랑을 상징한다. 하나님의 사랑인 햇볕과 물과 공기를 얻어 살아가는 생명들의 현주소다.

---

1) סְנֶה · הַסְּנֶה(스네흐 · 하스네흐 · 떨기나무, D.NMS, the buch, ὁ βάτος, 창 3:2).

2) ס(싸멕 · 버팀목 · 수치 60).

3) נ(눈 · 물고기 · 50).

4) ה(헤 · 숨구멍 · 5).

5) Jakob Bernoulli.

6) logarithmic spiral.

식물의 경우 줄기의 잎의 배열이 있는 피보나치 수의 부활비율이다. 부활 비율은 위에서 내려다 볼 때 찾아진다. 줄기의 호[1]가 어떤 엽저[2]의 잎의 밑 부분에서 다음 엽저로 형성되던지 3 · 4의 비율이 된다.

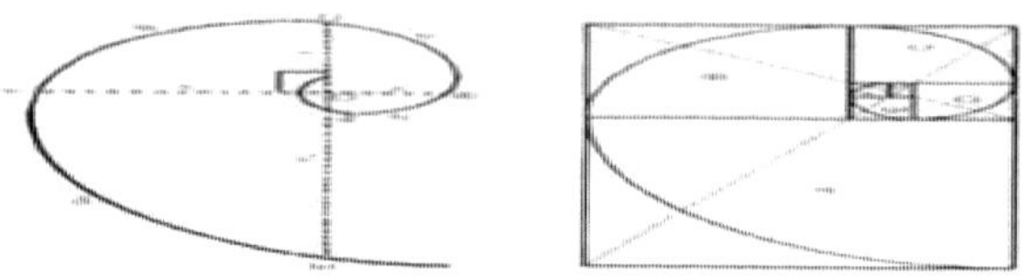

$$R2/R1 = R3/R2 = R4/R3 = \ldots = Rn/Rn\text{-}1 = 1.618$$
$$d2/d1 = d3/d2 = d4/d3 = \ldots = dn/dn\text{-}1 = 1.618$$
$$\Sigma BD/BD = \Sigma EC/EC = 1.618$$
$$EC/BD = 1.618$$

깊은 곳에서 식물이 햇빛이 비침을 받고 살아가는 비율법칙! 줄기 둘레에 분획[3]이 새겨지면서 계속 안으로 접어들어 한 점 꽃이 피는 비율! 이 비율은 숨 쉬는 황금나선구조[4]이다. 계속해서 황금 직 사각형 안으로

1) arc.

2) leaf base.

3) fraction.

4) 생물체 내에서도 정보를 담고 있는 DNA 구조 분자는 폭이 21Å(angstrom, 1억분의 1cm), 나선이 완전히 한 번 회전했을 때의 길이가 34Å으로, 둘 다 피모나치 수이다. Å분자는 문자 그대로 긴 황금 직 사각형 더미[Marl Wahl, *A Mathematical Mystery Tour*,(Tucson: Zephry Press, AZ, 1988), 128]를 이룬다. 원자 세계에서는 4가지의 근본적 비대칭(원자핵의 구조, 핵분열 파편의 분포, 많은 동위 원소의 분포, 방출되는 입자의 분포)를 이루는데 비 부활[J, Wlodarski, *The Golden Ratio and the Fibonacci Numbers in the Word of Atoms'* Fibonacci Quarterly(1963. 12), 61.]은 수소 원자의 양이 변하는 상태에서 핵이 연속적인 에너지 단계

점점 더 작은 황금 나선 대수 나선[1] 곡선은 완만한 곡선, 곧, 부드러움, 사랑의 곡선을 만든 생물들의 삶 황금비율이다. 3과 4의 비율 안에서 하나님의 사랑 햇볕과 물과 공기로 살아가는 사람은 그리고 이 귀중한 일을 아는 일은 우리의 발에서 신발을 벗는 삶이다. 신은 너 알레=느알레하=נעליך[너 알레 네 신]=נְעָלֶיךָ[너 알레 네 신][2]이다. 신의 음성을 듣고 신의 사람은 신을 벗는다. 잘 알아라=쇌~느알레하=נעליך~ של[쇌~느알레하 네 신]=נְעָלֶיךָ~ שַׁל[쇌~느알레하 네 신][3] 신발은 사역형이다.

우리 문화에 보쌈이라는 말이 있다. 사람의 신앙을 전제로 한 하나님과의 관계는 늘 눈으로, 말씀으로 모셔=משה[모셔]=מֹשֶׁה[모셔][4]사는 삶은 보쌈 당하는 삶이다. 신발을 벗는 일이다. 양 무리[5]곁에서 하나님 보고 싶어[6] 신발을 벗는다. 신발을 벗는 일은 햇살보쌈의 삶이다. 생물들에 생기를 불어 넣어 주는 땅을 밟고 부활 리듬

로 방사성 에너지를 얻거나 잃을 때, 원자의 전자에서도 피보나치 수(H. E. Huntley, 'Fibonacci and the Atom,' Fibonacci Quarterly(1969. 12), 523~524]가 존재하며 태양 주변의 각 행성의 공전주기를 인접한 행성의 공전주기와 정수(round numbers)에서도 피보나치 수는 해왕성(Neptume)부터 시삭해서 태양을 향해 안쏙으로 감에 따라 그 비는 1 · 2, 1 · 3, 2 · 5, 3 · 8, 5 · 13, 8 · 21, 13 · 14를 이룬다.

1) logarithmic spiral.

2) נַעַל · נְעָלֶיךָ(나알 · 느알레하 · 네 신, NFD.MYS, the shoes, τὸ ὑπόδημα. 창 3:6).

3) נַעַל · נְעָלֶיךָ~ שַׁל(쇌~느알레하) · רֶגֶל · רַגְלֶיךָ מֵעַל(메알~레갈 · 라그레하).

4) מֹשֶׁה · וּמֹשֶׁה(모쉐 · 움모세, C. NE, Now Mosws καὶ μωυσες 출 3:1·

5) צֹאן ~ אֶת(에트~존 · 양무리, O NFSG, the flock of, τα πρόβατα, 출 3:1).

6) רֹעֶה(로에, VQPA, kept, ποιμαίνων, 출 3:1).

으로 사는 일이다. 어렵지 않게 발견되는 위에서 내려다 볼 때 찾아지는 일이다. 잎들이 서로 엮이어져 있는 3 · 4의 비율 그 사이로 햇빛이 스며드는 비율이다. 이 잎들 서로 꽃 피우는 비율이다.

이제 모세는 꽃 피는 사랑 곁에 서자 봐 예라[1]소리를 들었다. 떨기나무[2] 버팀목 수치 60과 눈 히브리어가 지닌 물고기 뜻과 50 수치는 소망사 숨 쉼 혜의 숨구멍과 숫자 5와 합하여진 수풀 수치 111의 버팀목 되는 원시림[3]의 떨기나무!

눈을 뜨면 먼저 눈앞에 아른아른
눈을 감으면 먼저 떠오르는
하늘가 그쯤에서 나른나른 내리는
떠 오른 해 덩어리

봄꽃을 입에 물고
봄이 뜨면 먼저 피고
안 봐도 먼저 떠오르는
종종걸음 그 햇살에
아장아장 앞으로 걸어가는
삼삼히
떠 오는 햇살보쌈

봄 잎을 입에 물고

---

1) וַיֵּרָא(바예라아 · 나타나시니라, CW.VNIMZS, And~appeared, ὤφθη δ ἐ, 창 3:2).

2) סְנֶה · הַסְּנֶה(스네흐 · 하스네흐 · 떨기나무, D.NMS, the buch, ὁ βάτος, 창 3:2).

3) 느릅나무에서 호는 원주의 1 · 2 · 너도밤나무와 개암나무는 1 · 3 · 살구와 참나무류는 2 · 5 · 배와 포플러는 3 · 8 · 아몬드와 아씨 버드나무는 5 · 13 에서만 보아도 황금률 햇빛이 비치는 거룩한 땅이다. .

입에 물고

– 이영지 「햇살 보쌈」

황금비율 3 4의 파이비율은 삶의 방법이 알려 지는 일이다. 맞추어 사는 리듬은 한국의 시조작품 리듬 3 4 3 4 · 3 4 3 4 · 3 5 4 3의 리듬이다.

자유시「햇살보쌈」을 시조 율에 맞게 다시 재작 하였다.

눈
뜨면
아
른
아
른
감으면 떠오르는
하늘가 그쯤에서 떠 오른 해 덩어리
봄꽃을 입에다 물고
봄이 뜨면 먼저 핀

안 봐도 떠오르는
그 쯤에
종
종
걸
음
앞으로 아장아장 삼삼히 걸어가서
떠 오는 햇살보쌈
입에 무는 봄 잎의

– 이영지「햇살 보쌈」시조작품

시조 비율은 3 4의 리듬에 맞추어질 수 있다. 종장 3

5 4 3에서 재확인 되는 리듬이다.

신학 이론으로 해=삼아서=쉐메쉬=שמש[삼아서]=שֶׁמֶשׁ[삼아서] 해 삼아서 그리고 싸매서 사는 삶은 서정의 시각으로 사는 삶이다. 3글자부터 시작 양쪽 동일한 치아=쉐=ש[쉐]=שׁ[쉐] 씹어서 잘게 부수는 곧 물, 말씀을 연단하면서 산다. 그리고 해 삼아서=쉐메쉬=שמש[삼아서]=שֶׁמֶשׁ[삼아서]산다. 물[마임]=מים[마임 물]=מַיִם[마임 물] 양쪽의 물 מ[멤 물]과 이 가운데의 하나님의 손 곧 예수님의 손으로 하여 양쪽에 물이 있다. 이러한 철저한 물 말씀 사역을 하는 일은 이 세상에서 아름답게 사는 일이다. 이러한 아름다운 우리의 생애 곧 사람으로 왔다가 아름다운 삶으로 사는 시조 이론의 리듬이다. 물 말씀의 사역은 참으로 중요한 삶의 가치를 부여해준다. 님을 해로 삼아서=שמש[삼아서] 사는 삶은 하늘=שמים[솨마임]=שָׁמַיִם[솨마임 하늘][1]으로 사는 삶이다. 본 연구자가 연구하는 우리 문학 시조이론 원리 시조작품이 3 4의 리듬이어야 하는 이유이다.

3 4 리듬 곧 3과 4를 합하면 7이 된다. 7은 신성수이다. 황금비율 3 4가 의미하는 궁극성은 하나님의 수치이다. 3은 히브리어로 셋 솰로쉬[2] · 솰로쉬[3] · 쉘로쇠[4]로 한다. 셋째 · 세 번 · 삼지창 · 삼중의 · 트라이

1) שָׁמַיִם.
2) שָׁלוֹשׁ.
3) שָׁלשׁ.
4) שְׁלוֹשָׁה.

엥글 · 두령 · 삼 현금 · 방패에서 찾아진다. 셋은 합쳐지는 우주의 힘을 상징한다. 아브라함과 이삭과 야곱의 3대에 걸친 믿음의 조상은 합하여서 막강한 힘을 발한다. 삼 겹줄 함메술라쉬[1]는 악기 삼현금과 연계된 영적 강건의 기쁨의미이다. 청종하고 기뻐하며 주로 인하여 기쁨이 솟아난다. 한국에서도 이 삼 겹줄에 대한 유명한 속담 힘을 합하라는 유언이 있다.

한국시조의 3은 초·중·종장의 셋의 의미는 그 중에서도 종장의 첫 자인 3자가 합하여서 하나를 이루는 아주 중대한 철학성이다. 이병기는 3음절을 3구를 3자로[2] 하였고 서수생은 3구를 3언으로[3] 이해하였다. 3은 성경에서 셋째 하늘에 올라간 사무엘과 바울, 그리고 성경은 세 광주리, 사흘[4]로 표시 3일[5]과 4일[6]과 사흘[7]과 나흘[8] 30년[9] 33[10]과 300년[11]과 40년[12] 예들이

---

1) הַמְשֻׁלָּשׁ(함케쉘레쉬, 전 4: 12).

2) 이병기, 『국문학 개론』(서울: 일지사, 1965), 108~109.

3) 서수생, 『한국 시가 연구』(서울: 형성 출판사, 1970), 90.

4) 창 40: 18.

5) 창 22: 4, 31: 22, 34: 25, 40: 20, 42: 17, 18; 출 10: 22, 19: 11, 15, 16; 레 7: 17, 18, 12: 4, 19: 6, 7; 민 7: 24, 10: 33, 19: 12, 19, 31: 19, 33: 8; 수 1: 11, 3: 2, 9: 16, 17; 삿 14: 14, 19: 4, 20: 30; 삼상 20: 5, 21: 5, 30: 1; 삼하 1: 2, 20: 4, 13; 왕상 3: 18, 12: 5, 12; 왕하 20: 5, 8; 대하 7: 10, 5, 12; 스 6: 15, 8: 15, 32, 10: 8, 9; 느 2: 11; 에 3: 12, 13, 4: 16, 5: 1, 8: 9, 12, 9: 1, 17, 18; 호 6: 2; 암 4: 4; 욘 1: 17, 3: 3; 마 16: 21, 17: 23, 20: 19; 눅 9: 22, 13: 32, 18: 33, 24: 7, 46; 행 25: 1; 계 11: 11.

6) 민 7: 30; 왕하 8: 21;대하 20: 26; 스 8: 33; 슥 7: 1.

7) 창 30: 36, 40: 12, 13, 18, 19; 출 3: 18, 5: 3, 8: 27, 15: 22; 수 2: 16, 22; 삼상 9: 20, 20: 19, 30: 12, 13; 왕하 2: 17; 대상 12: 39, 21: 12; 대하 20: 25; 마 12: 40, 15: 32, 26: 61, 27: 40, 63, 64; 막 8: 2, 31, 14: 58, 15: 29; 눅 2: 46, 21; 요 2: 1, 19; 행 9: 9; 행 10: 40, 27: 19, 28:

있다. 3과 4는 합하여 7이다. 7은 신성수이며 완전의 수치이다. 여호와께서 그 백성의 상처를 싸매시며 그들의 맞은 자리를 고치시는 날에는 달빛은 햇빛 같겠고 햇빛은 칠 배가 되어 일곱 날의 빛과 같으리라[1] 하였다. 일곱 집사[2]를 비롯하여 바알에게 무릎 꿇지 아니하는 칠천[3]명을 남겨 두는 일, 그리고 수양 일곱과 수송아지 일곱을 번제[4] 드리며 일곱인[5]과 일곱 나팔[6]과 일곱 천사[7] 일곱 대접[8] 등 일곱 반복리듬이다.

3과 4 리듬을 성경은 아비의 죄악을 자식에게 갚아 삼사 대까지 이르게 하리라[9] 하셨다. 이 삼 사는 하나님의 백성들의 불순종 8회나 반복되며 이스라엘 백성들의 삶을 죄악[10]으로 조명하고 있다. 여호와께서 가라

7, 12, 17; 고전 15: 4; 계 11: 9.

8) 삿 11: 40, 19: 5; 요 11: 17, 39; 행 10: 30.

9) 겔 1: 1.

10) 레 12: 4; 삼하 5: 5; 대상 3: 4, 29: 27.

11)창 5: 22; 15: 13; 삿 11: 26; 행 7: 6.

12) 출 16: 35; 민 14: 33, 34, 32: 13, 33: 38; 신 1: 3, 2: 7, 8: 2,4, 29: 5; 수 5: 6; 삿 3: 11, 5: 31, 8: 28, 13: 1; 삼상 4: 18; 삼하 5: 4; 왕상 2: 11, 11: 42; 왕하 12: 1; 대상 26: 31, 29: 27; 대하 9: 30, 24: 1; 느 9: 21; 시 95: 10; 겔 29: 11, 겔 29: 12, 29: 13; 암 2: 10, 5: 25; 히 3: 9, 3: 17.

1) 사 30: 26.

2) 행: 5.

3) 왕상 19: 18; 롬 11: 4.

4) 욥기 42: 8.

5) 요계 8: 8.

6) 요계 8: 6.

7) 요계 8: 6.

8) 요계 16.

9) 민 14: 18.

10) כֹּה אָמַר יְהוָה עַל~ שְׁלֹשָׁה פִּשְׁעֵי...וְעַל~ אַרְבָּעָה...(암 1: 3) ①

사대 .. 서너 가지 죄로 인하여라 하면서 1회에서 8까지 매 회마다 코 아마르 여호와 알~쉐로솨 프스에.베알~아르바아아1)로 하여 다메섹 · 가사 · 두로 · 에돔 · 암몬 자손 · 모압 · 유다 · 이스라엘 순서로 하였다. 서너 가지 죄2)를 코이프만은 이스라엘과 유다의 적을 순서대로 기록한 것3)이라 하였다. 이 서너 가지 죄로

---

② (암 1: 6)כֹּה אָמַר יְהוָה עַל~ שְׁלֹשָׁה פִּשְׁעֵי..וְעַל~ אַרְבָּעָה...
③ (암 1: 9)כֹּה אָמַר יְהוָה עַל~ שְׁלֹשָׁה פִּשְׁעֵי~..וְעַל~ אַרְבָּעָה...
④ (암: 11)כֹּה אָמַר יְהוָה עַל~ שְׁלֹשָׁה פִּשְׁעֵי..וְעַל~ אַרְבָּעָה...
⑤ (암 1: 13)כֹּה אָמַר יְהוָה עַל~ שְׁלֹשָׁה פִּשְׁעֵי..וְעַל~ אַרְבָּעָה..
⑥ (암 2: 1)כֹּה אָמַר יְהוָה עַל~ שְׁלֹשָׁה פִּשְׁעֵי..וְעַל~ אַרְבָּעָה...
⑦ (암 2: 4)כֹּה אָמַר יְהוָה עַל~ שְׁלֹשָׁה פִּשְׁעֵי..וְעַל~ אַרְבָּעָה...
⑧ (암2: 6)כֹּה אָמַר יְהוָה עַל~ שְׁלֹשָׁה פִּשְׁעֵי..וְעַל~ אַרְבָּעָה...
(코 아마르 여호와 알~쉐로솨 프스에.베알~아르바아아)

1) כֹּה אָמַר יְהוָה עַל~ שְׁלֹשָׁה פִּשְׁעֵי..וְעַל~ אַרְבָּעָה.

2) ① 첫째: 다메섹 דַּמֶּשֶׂק(다메섹· 수리아의 수도, 암 1: 3) 저희가 철 타작기로 타작하듯 길르앗을 압박(암 1: 3)하는 서 너 가지 죄로 인하여 하나님이 그 벌을 돌이키지 아니하겠다는 것이다.

② 둘째: 가사의 서너 가지 죄로 인하여 내가 그 벌을 돌이키지 아니 하는 내용이 바로 가사 עַזָּה(가사· 블레셋의 도시 , 암 1: 6) 저희가 모든 사로잡은 자를 끌어 에돔에 붙였기(암 1: 6) 때문이다.

③ 셋째: 두로 צֹר(두로·팔레스틴의 한 장소, 암 1: 9)의 서너 가지 죄는 저희가 그 형제의 계약을 기억하지 아니하고 사로잡은 자를 에돔에 붙였기 때문(암 1: 9)이다.

④ 넷째: 야곱의 아들 중, 형이 차지한 에돔 אֱדוֹם(에돔, 암 1: 11)이 칼로 그 형제를 쫓아가며 긍휼을 버리며 노가 항상 맹렬하며 분을 끝 없이 품은 죄(암 1: 11)이다.

⑤ 다섯 째: 여호와께서 가라사대 암몬 자손 בְנֵי~עַמּוֹן(베네~암몬·근친외, 롯의 아들과 그 자손, 암 1: 13)이 자기지경을 넓히고 있다. 그 죄악은 바로 길르앗의 아이 밴 여인의 배를 갈랐기때문(암 1: 13)이다.

⑥ 여섯째: 여호와께서 가라사대 모압 מוֹאָב(모압·롯의 근친상간의 아들(암 2: 1)이 에돔 왕의 뼈를 불살라 회를 만들었기 때문(암 2: 1)

⑦ 일곱째: 저희가 유다יְהוּדָה(유다·처음으로 내려온 지파와 유다, 암 2: 4)의 죄로 여호와의 율법을 멸시하며 그 율례를 지키지 아니하고 거짓것에 미혹하였기 때문(암 2: 4)이다.

⑧ 여덟째: 이스라엘 יִשְׂרָאֵל(이스라엘·이스라엘, 암 2: 6)이 은을 받고 의인을 팔며 신 한켤레를 받고 궁핍한 자를 팔았기때문(암 2: 6).

3) Y. Kaufmann, *Toldedoth Ha~Emunah Ha~Yisraelith.* Vol

인하여의 8회는 반복의 중다한 죄악[1]과 말씀 능력[2]관계이다. 알[3]과 베알[4]의 2회 리듬이 되면서 죄 사하실 수 있는 방법을 번제 드려지는 이로 가능함을 암시한다. 이스라엘 백성들의 큰 죄악과 이에 대응되는 하나님의 맞불 놓기는 예수님의 탄생[5]이다. 이 맞불이란

6(Jerusalem, 1957), 63.

1)* 이스라엘의 죄악 문제는 욥기에서 뚜렷(윤대영, 『시가서』(서울: 방이블 동 · 서 · 남 · 북연구원, 2005), 78)하다. 하나님은 그의 사랑하는 자에게 하나님은 절대 순종을 요구(욥기 1장)한다. 하나님은 정금같은 신앙을 요구(2장)한다. 2회의 시험에서 하나님의 깊은 뜻을 헤아리지 못하는 욥은 ..라면을 17회 반복 한다(3장). 이 17회는 하나님의 신성수이다.

욥의 친구 엘리바스는 욥의 고난을 인과응보로 정죄(4장)하고 회개하라(5장)한다. 욥은 지나친 의의 주장으로 답변하고(6장) 왜 나에게 이런 고난이 오는가라고 탄식하게 된다(7장). 이번에는 욥의 친구 빌닷이 전통주의로 정죄(8장)하자 욥은 중보자의 필요성을 제시하고(9장) 욥이 고통 받는 이유를 알고 싶어 한다(10장). 욥의 친구 소발이 교리주의로 정죄하자(11장) 욥은 극단적 대립상태(12장)를 보이면서 스스로 학대(13장)하며 부활을 기대(14장)한다. 다시 엘리바스가 조상의 이름으로 정죄(15장)하자 욥은 더욱 중보자를 갈망(16장)하면서 죽음을 갈망한다(17장). 빌닷은 열 받아(18장) 정죄하였으나 욥은 부활을 소망한다(19장). 소발이 욥을 두 번 죽이려(20장)하자 반박(21장)한다.

엘리바스는 다시 자기가 하나님 위치에 있는 것으로 정죄(22장)하자 욥은 이제 성숙한, 그리고 정금 비유로 대답(23장)하며 친구들의 오해를 불식(24장)한다. 빌닷은 구더기 같은 욥이라고 욥을 정죄(25장)하자 욥은 놀라운 지식으로 반박(26장) 한다. 욥은 순전을 압축 피력(27장)하고 지혜 송가(28장)를 부르면서 과거의 축복의 삶(29장)과 현재 고난의 삶(30장)을 호소하는 동시 끝까지 결백을 주장(31장). 엘리바스와 빌닷과 소발이 이에 더 정죄하지 못하자 엘리후가 중재에 나서며(32장) 사랑의 부족(33장)과 홰개하라(34장)는 것이다. 기도 응답 없는 이유(35장)와 연단을 위한 시련(36장)이 필요함과 창조주 하나님을 상기시킨다(37장). 하나님이 그의 창조 세계(38장)를 들며 동물 세계(39장)와 하마 교훈(40장)과 악어 교훈(41장)이 이어지자 욥은 회개하고 복을 얻게 된다(42장).

2) Garth E. Runion, *The Golden Section*(Dale Seymour Publications: Palo Alto, CA, 1990), 84: 85.

3) עָל.

4) וְעָל.

5) Garth E. Runion, *The Golden Section*(Dale Seymour Publications: Palo Alto, CA. 1990), 84~85; 『하나님의 수학』,. op. cit, 79~85. וְאֵת(창 1: 1, 16, 16, 21, 21, 25, 25, 29)는 8회이다.

말은 히브리어 그대로이며 이스라엘 백성들이 홍해를 건널 때 앞에는 물, 뒤에는 애굽 군대에게 하나님은 맞불을 놓아 살리셨다. 죄악에 대하여 아모스는 야곱이 미약하오니[1]로 간절히 간청하며 용서해 달라 하자 하나님이 들으시고[2] 나의 준 땅에서 다시 뽑히지 아니하리라[3] 단 한마디 1회의 말씀으로 용서하여 주신다.

하나님의 결단은 하늘 솨마임[4]의 글자에서 보여 지는데 물을 마임[5]이라 하시면서 어두에 분쇄하는 글자 쉰을 놓아 1회[6]로 죄 씻기 방법을 그의 아들로 암시한다. 말씀언어의 절대성[7]은 물의 초월성이 하나님의 손[8]에 의해 하나님의 결단을 드러낸다[9], 바로 삼사 대까지 알~쉬레쉼 베알~리베임[10] · 서, 쉐로솨[11] · 너, 아르바아[12] · 서넛 · 죄악을 씻어주는 셋[13] + 넷[14]을 반복

---

1) 암 7: 2, 5.

2) 암 7: 3, 6.

3) 암 9: 15.

4) שָׁמַיִם.

5) מַיִם; J. Weingreen, 『구약 성경 히브리어완성: *A Practical Grammar for Classical Hebrew*』 (서울: 기독교 문서 선교회, 1999), 31.

6) אֶחָד(에하드·하나, 창 1: 5).

7) R. Wall, 『수리인어학: *Introduction to the Mathematical Linguistics*』 (서울: 한신 문화사, 1987), 123~167.

8) יִ(요드).

9) 서인석, 『성경과 언어 과학』 (서울: 성바오로, 1992), 123.

10) עַל ~ שִׁלֵּשִׁים וְעַל ~ רִבֵּעִים(사대까지, 민 14: 18).

11) שְׁלֹשָׁה(쉐로솨·서).

12) אַרְבָּעָה(아르바아·너, 암 1: 3, 6, 9, 11, 13, 2: 1, 4, 6.

13) 출 25: 33, 27: 14, 15, 37: 19, 38: 14, 15;.왕상 7: 25; 대하 4: 4

14) 출 22: 1, 25: 12, 26, 34, 27: 4, 16, 37: 3, 20, 38: 5, 19; 민 7: 7, 8: 왕상 7: 34, 18: 33; 대상 9: 26; 잠 30: 24; 겔 1: 10, 16, 10: 10,

한다. 서넛은 4회뿐[1] 죄악 씻기[2]이다.

죄악과 관련한 가장 특별한 숫자의 증거는 하나님 백성이 애급에 거한 430년[3] 종살이 후 하나님이 구해주신다. 이 43수치는 시조작품 마방진 리듬이다. 나름대로 살다가 아름답게 끝나는 리듬이다.

하나님 백성 버릇들은 족한 줄을 알지 못하여 족하다 하지 아니하는 것 서넛[4]이었고, 내가 심히 기이히 여기고도 깨닫지 못하는 것 서넛[5]이며 세상을 진동시키며 세상으로 견딜 수 없게 하는 서넛[6]이며 잘 걸으며 위풍 있게 다니는 것 서넛[7]으로 4회 사용하였다. 삼사, 혹은 서넛, 서너 가지는 절대자의 수치 일곱이 지닌 하나님의 결단력 죄악을 씻어주실 증거인 아들로 하여 물이 일어나게 하나님이 일으켜[8] 세우시는 물, 말씀이다.

전 세계의 날자는 7일 주기다. 하나님 메시지 7[9]은

40: 41, 42, 43: 15; 단 7: 3, 6, 8: 8; 행 12: 4, 21: 9, 27: 29.

1) 거머리에게는 두 딸이 있어 다고 다고 하느니라 족한 줄을 알지 못하여 족하다 하지 아니하는 것 서넛이 있나니(잠 30: 15) · 내가 심히 기이히 여기고도 깨닫지 못하는 것 서넛이 있나니(잠 30: 18) · 세상을 진동시키며 세상으로 견딜 수 없게 하는 것 서넛이 있나니(잠 30: 21) · 잘 걸으며 위풍 있게 다니는 것 서넛이(잠 30: 29) 있나니

2) Morris Kline, 『수학의 확실성: *Mathematics the Loss of Certainty*』, 박세희 옮김(서울: 민음사, 1986), 280.

3) 출 12: 40.

4) 잠 30: 15.

5) 잠 30: 18.

6) 잠 30: 21.

7) 잠 30: 29.

8) יִקָּווּ(이카부·하나로 모이는, 창 1: 9).

하나님을 믿는 백성 엘리야에게 무릎 꿇지 아니하는 7000[1]명이 있다 했다. 일곱째[2] 일곱 양각 나팔[3] 일곱 인[4] 일곱 집사 모두 물 흐르듯이 사는 생물들의 삶 황금비율 흐름 3과 4가 만드는 하나님 사랑인 햇볕과 물과 공기로 사는 부활 율은 온 자연계에나 삼라만상에 존재하는 부활 리듬이다.

숨 쉬는 표와 십자가형은 예수님이 십자가에서 사랑의 피를 흘린 흔적 황금 율이다. 수학 상의 황금의 수 파이비율이다. 유클리드Euclid, B · C. 300 년경는 한 선분이 동일하지 않은 두 개의 선분으로 나뉘어 진 비율 1.6180339887…을 계산했다. 이 비율은 모든 자연계에 걸쳐 나타Livio 2003: 65난 해바라기 꽃 비율이다. 시계방향과 반시계 방향이 나선 형태로 얽히면서 꽃의 중심을 향한 비율이다. 한쪽 방향으로 감겨지는 씨앗의 수와 다른 방향으로 감겨지는 씨앗의 수 사이에 특정한 비율이 55·34, 89·55, 144·89, 233·144이다. 식물학자 Louis는 새로운 잎이 줄기에서 돋아날 때 파이에 의해 결정된 각도에 따라 잎들이 배열이 겹쳐지지 않으면서

---

9) William Empson, *Seven Types of Ambiguity*(London: Chatto and Windus, 1947), 1.

1) 왕상 19: 18.

2) 창 2: 2.

3) 수 6: 4, 6, 8, 천 사무엘, 『구약 외경의 이해』 (서울: 한국 신학 연구소, 2003), 107.

4) 요계 8: 8.

공간이 채워진[1] 이 황금비율을 알렸다.[2] 자연계 황금비율이다. 윌슨은 행성에서도 이비율이 8: 21이어야 하는데 그렇지 않음에도 불구하고 피보나치[3] 곧 서로 부딪치지 아니하는 비밀이라 라 하였다. 태양 주위를 공전하는 행성들의 공전 주기와 식물 주기와 식물 줄기의 잎 배열이 같다.

이 황금 비율은 생물 · 무생물의 좌 · 우 대칭 · 아름다움으로 수학적 정확성을 하나님의 흔적으로 한다. 마를 바흘은 잎들과 꽃들의 숨 쉼을 황금률로 제시[4]한다. 브로다르스키는 사랑의 나선으로 증명하고 훈트리는 하나님의 가슴 속에 한 점 피로 감기면서 하나님이 피어내는 사랑의 빨간 꽃이며 열매[5]라 하였다. 루니온은 죽었다가 다시 꽃피우는 신의 능력[6]이라 했다. 예수님이 12(3·4)[7] 제자들에게서 꽃피게 한 이상은 전 우주와의 관계에서, 오묘함 신비함 비율[8]이다.

하나님을 만나는 행복한 마음은 신발을 벗는 일이다.

---

1) Ibid. 66.

2) 1.618 X 1.618=2.617924(Ibid).

3) 8·13, 13·21.

4) Marl Wahl, *A Mathematical Mystery Tour*(Tucson: Zephry Press, AZ. 1988), 128.

5) H. E. Huntley, *Fibonacci and the Atom*(Fibonacci Quarterly 12, 1969), 523~524.

6) Garth E. Runion, *The Golden Section*(Dale Seymour Publications: Palo Alto, CA. 1990), 84~85.

7) 『하나님의 수학』. op. cit, 79~85.

8) Garth E. Runion, *The Golden Section*(Dale Seymour Publications: Palo Alto, CA. 1990), 84~85; 『하나님의 수학』,. op. cit, 79~85.

사랑을 햇살 보쌈 하는 일이다. 나는 스스로 있는 자라시며 나 여기=에흐예=אהיה[에흐예]=אֶהְיֶה[에흐예][1] 스스로 계시는 분을 내가 감히 보쌈 하여 사는 행복한 삶이다. 우리는 마스크를 쓴다. 이 마스크라는 말이 흔히 말하는 그의 흔적 햇살 마스크[2]이다. 그로부터 온 마스크 곧 이 숨 쉼의 행복한 몸으로 사는 일이다.

바라봄과 믿음의 관계는 나 여기 있다[3]는 분을 만나는 내 숨 쉼의 일생! 하여=היה[하야]=הָיָה[하야] 왼쪽가슴 오른쪽 가슴으로 숨 쉬는 일생, 양쪽 폐로 숨 쉼 그 가운데 예수님 손이 있다. 나 여기 있어[4] 두려워 말라 보호자 곁 그 분 여호와[5]를 부르면[6]은 그 분이 나 예 있어=에흐예=אהיה[에흐예]= אֶהְיֶה[에흐예][7] 하신다. 나=아=알레프=א[알렙][8] 나도 모르게 하나님의 손 י[요드][9]로 사역하는 삶! 33살 나이로 우리 대신 십자가 예수님! 하나님[10]이 엘로힘 33[11]회 아침에 드리는[12] 귀중한 제사로 산다.

---

1) אֶהְיֶה(에흐예 · 나, 출 3: 14).

2) מַסֵּכָה(마세카아).

3)אֶהְיֶה(에흐예 · 나, 출 3: 14).

4) אֶהְיֶה(에흐예 · 나).

5) יְהוָה(여호와) 성호: 저는 만군의 하나님 יְהוָה(여호와)시라 יְהוָה(여호와)는 하나님의 기념 칭호니라(호 2: 5).

6) אֶהְיֶה(에흐예)에서 실존 בְּ(바)와 하나님의 손 יְ(요드)로 하여 혼동되어 쓰인다: S. D. Goitein, 「YHWH the Passionate, The Monothistic Meaning and Origin of The Name YHWH」 *VT* 6(1956): 1~9, 5.

7)אֶהְיֶה(에흐예 · 나, 출 3: 14).

8) אֶ(알레프 · 하나님의 법을 알고파 배우는 나, 0).

9) יְהוָה(여호와)의 하나님의 손 יְ(요드).

10) אֱלֹהִים(엘로힘, 창 1: 1~2: 3).

11) 33 의 성경적 근거: 야곱의 자손들 삼십삼인(창 46: 15) · 다윗이 이

8). 모세의 노래와 시의 변별성

(1). 신앙영웅 모세의 노래 - 출 15:1~21

우리 죄 대신하신 하나님[1] 엘로힘이 그 일을 마치매 33[2]회로 한다. 하나님이 행하시는 일은 눈으로 보여지는 일은 구원, 예수님이 십자가에 달린 일이다. 우리의 구원 예쉬엔누[3] · 우리 공동체의 구원 예수아티[4] · 구원 예쉬아가[5] · 구원 트슈[6]와 사역동사 나의 구원 예쉬이[7] · 나의 구원 예쇄[8] · 나의 구원 예쇄[9] · 나의 구원 예슈아[10] · 나의 구원 하예쉬[11] · 여호수아[12]다.

신앙 영웅 중에서 가장 으뜸 되는 신앙영웅은 모세이다. 모세는 이백만 이스라엘 백성을 출애굽 시키면서 그 생생한 체험을 시로 썼다. 신앙영웅 모세는 자신이

스라엘과 유다를 다스린 삼십 삼년 동안(삼하 5: 5) · 다윋이 예루살렘을 삼십 삼년 치리(왕상 2: 11; 대상 3: 4, 29: 27).

12) 출 29: 39, 29: 41,30: 7,34: 2, 34: 4; 레 6: 12,20.

1) אֱלֹהִים(엘로힘, 창 1: 1~2: 3).

2) 33 의 성경적 근거: 야곱의 자손들 삼십삼인(창 46: 15) · 다윋이 이스라엘과 유다를 다스린 삼십 삼년 동안(삼하 5: 5) · 다윋이 예루살렘을 삼십 삼년 치리(왕상 2: 11; 대상 3: 4, 29: 27).

3) יְשׁוּעָתֵנוּ(예쉬엔누 · 구원, 대상 16: 35; 시 65: 5, 68: 20, 79: 9, 85: 4, 95: 1.

4) יְוּשַׁעְתִּי((예쉬아티 · 구원, 시 28: 8, 88: 1, 89: 26.

5) יְשׁוּעָךְ(예쉬아가 · 구원, 삼하 22: 36; 시 51: 14, 69: 13.

6) תְּוּשׁוּעָה(테슈아 · 구원, 왕하 13: 17).

7) יִשְׁעִי(예쉬이 · 구원, 삼하 22: 3, 47; 시 18: 2, 18: 46, 25: 5, 27: 9,

8) 예솨 יֶשַׁע(예솨 · 구원).

9) יֵשַׁע(예솨 · 구원).

10) יוּשׁוּעָה(예슈아 · 구원, 시 119:155)·

11) הֲיֵשׁ(하예쉬 · 구원, 출 17: 7).

12) יְהוֹשֻׁעַ(여호수아 · 구원~Ἰησοῦς)출 24: 13, 15, 32: 17.

출애굽사역을 담당하였지만 결코 교만하지 않았다. 그 증거가 모세의 노래에서 나타난다.

모세는 애급을 탈출하는 이스라엘 백성들을 향하여 고고한다. 한국말에 고고! 라는 말이 있다. 고고 자 갑시다 비교적 이 갑시다라는 말은 좋은 곳으로 안내한다는 의미가 내포되어 있다. 고고[1] 기본형과 변형역시 고고[2]이다. 그는 높고 영화로우심이라는 것이다. 노래 역시 아시리~모세[3]로 되어 있다. 모세가 대상을 향하여 간절히 알기를 원하여 모세 노래를 지었다. 이 노래는 하나님 손에 의하였음을 강조한다. 모세의 노래는 하나님이 시키시는 뜻이 있다.

주는 높고 영화로우심을 아시라[4]는 것이다. 우리말에 아시라와 아시리가 있다. 이 두 차이는 전자는 아시라는 명령형이며 후자는 알게 될 것이라는 확신이 내포된다. 무엇을 자랑하고 싶은 내용을 전할 때 아시라와 희망의 차이다. 말과 말에 탄 애급군대들을 바다에 던진 주인공이 하나님임임을 찬양한다.

구약은 철저히 하나님과 예수와의 관계를 천기로 하고 있다. 이 관계를 아비와 자식 관계라고 모세는 제시

---

1) גָּאֹה גָּאָה(고아 고아).

2) גָּאֹה גָּאָה(고아 고아 · 그는 높고 영화로우심이요, VQAMZS, he has triumphed, εγδόζως δεδοζασται · , 출 15: 1).

3) יָשִׁיר~מֹשֶׁה(아쉬르~모쉐 · 모세와 노래하니, VQIMZS~NE, sang MOSES, ἡσεν~Μωυσες. 출 1:15).

4) אָשִׁירָה(아쉬라 · 내가 찬송하리니, VQICXS, I will sing, Αισωμέν, 출 15:1).

한다. 모세의 노래는 나의 하나님에게 감사하고, 그리고 내 아비의 하나님을 높이시리로다 라고 하는 분명한 차이를 보인다. 이 아비와 자식의 관계 곧 부자관계는 하나님과 관련한 자식이 있음을 예시한다.

우리들은 야! 야! 하고 대상을 부른다. 여호와의 약자 יָהּ 야יָהּ야 사 38:11야[1]이다. 동시에 예수를 위하여라는 구원[2]관련의 부자관계를 제시하는 중요한 대목이다. 구원의미의 예수아[3] 앞에 목적격이 붙어 곧 예수를 만들기 위하여 라는 목적성을 제시한다. 누가, 곧 하나님이 예수님을 만들기 위해 직접적으로 나선 것이 하나님이 인도하고 모세가 사역한 내용이라 하고 있다. 신앙영웅 모세의 출 애급 사역은 이 때의 방법으로 자[4]로 발음되는, 하나님이 쓰시기 위한 연장을 만든 것임을 제시한다. 하나님과 예수님의 구분을 성경은 나의 하나님일 때는 그를 찬송할 것이고 내 아비의 하나님이어서 그를 높이리로다 라는 모세의 찬양 대상에 대한 분명한 차이를 보인다.

아비와 자식의 관계를 성경은 철저히 예수님 혼자만도 아니고 하나님 혼자만도 아닌 관계를 야솨아[5]로 하

---

1) 여호와의 약자 יָהּ 야יָהּ야 사 38:11 יָהּ(야 · 여호와는, NE, the LORD, 출 15:2),

2) לִישׁוּעָה(리수아 · 구원, P.NFS, salvation, εἰς σωτηρίαν, 출 15:2).

3) יְשׁוּעָה(예수아).

4) זֶה(제).

5) יָשַׁע(야솨아 · 구원).

여 예수아[1]로 한다. 철저히 하나님의 옳은 손이 일하시어 연단되어 눈으로 보이는 분이 예수시라는 것이다. 출애굽기 15장 3절에서 여호와의 정의를 여호와는 용사시니 여호와는 그의 이름이시라고 하였다. 이 때 히브리어 여호와 이쉬 밀하마 여호와[2]로 한다. 이 하나님과 성육신 하실 분을 밀어내심이 하나님이어서 하나님과 인간관계를 설정한다. 더욱이 여호와는 이름을 위해서 존재하시는 분이고 그 존재는 인간의 현존, 곧 하나님이 성육신 하신 분이라는 관계이다. 한국말 이쉬는 우리 남자들이 걸핏하면 잘 하는 이씨! 발음이다.

하나님이 하마 밀어낸 밀 하마 곧 '밀' 미래형 하마는 벌써 라는 뜻으로 하나님 아드님의 현존이 바로 임박했음을 예시한다. 경북 영주 말에 '하마 가니?'라 한다. 벌써 가니이다. 다름 아닌 이 세상에 하나님의 형상으로 나타날 예수님을 말하고 있고 이이는 곧 하나님께서 밀어내실 분이라는 것이다. 예수님과 하나님과의 관계는 하나님의 존재가 세상에 오실 예수님이심을 예시로 찬양한다.

---

1) יְשׁוּעָה(예슈아 · 구원, 시 119:155) · יֶשַׁע(야솨아 · 구원)의 구원와 승리 · 나의 구원의 יֶשַׁע(예솨 · 구원) · יֵשַׁע(예솨 · 구원) · יֵשׁ(예쉬 · 구원) · הֲיֵשׁ(하예쉬 · 구원, 출 17: 7) · יְהוֹשֻׁעַ(여호수아 · 구원~Ἰησοῦς)까지23:8) · 구원자 יֵשַׁע(예솨 · 구원자)로 발견되며 더 나아가 예수아 구원 יְשׁוּעָה(예슈아 · 구원, 시 119:155).

2) יְהוָה אִישׁ מִלְחָמָה יְהוָה שְׁמוֹ(여호와 이쉬 밀하마 여호와 쉐모 · NE NMSG NFS NE NMS.MZS, the LORD is a man of war war the LORD is his name, κύριος συντρίβύν κύριος ὀνομα αὐτο, 출 15:3)

예수님은 이 세상의 것들을 밀어내실 분임을 예시한다. 사람으로 오셔서. 이씨 하면서 밀어 내실 분이다. 세상에서 사람은 남자와 여자뿐인데 성경 히브리어는 남자=이쒸=איש이쒸 남자= אִישׁ이쒸 남자1)로 표현한다. 남자가 저 잘났다고 알리는 하나님의 허락 언어이다. 남자의 하나님 닮은 존재의 말이다.

이 남자, 하나님 손으로 연단되는 남자는 하나님 아닌 다른 사람에게 지배받기를 싫어하는 속성을 지닌 세상의 하나님 일을 하는 남자들이다. 바로 불의 존재이다. 그런데 히브리어 불이 '에쉬'이다. 다만 차이는 알렙과 쉰 사이에 하나님의 손이 있다. 불은 이 사이에 손 표시가 없다.

모세는 가던 길을 돌아서서 떨기나무 불꽃가운데의 하나님 사자가 서신 모습을 보았다. 떨기나무가 불에 타지 않는 모습과 동일시 된 광경이다. 사람은 누구나 불꽃으로 뛰어 들 수 없다. 사람들은 이것을 불이라 한다. 에쉬=אש에쉬=אֵשׁ에쉬2)인 불 곧 아서 오지 말라이다. 모세가 다가오자 하나님은 가까이 오지 말라고 하신 불, 에쉬, 우리말 아서라 이다. 하나님과 인간과의 거리 기준이 세워진다. 하늘에는 불덩어리 해가 있다.

성경의 모세 노래는 하나님을 용사라 한다. 이 때 용

---

1) אִישׁ(이쉬 · 남자, NMS, one, ἕκαστοσ, 창 32:25).
2) אֵשׁ · בָּאֵשׁ(에쉬 · 바에쉬, 불, P.D.NFS, with fire, πυλὶ, 출 3:2).

사가 다름 아닌 이쉬 밀하마이다. 우리나라 말 밀다의 밀, 하마가 합하여진 밀하마이다. 이 용사는 하나님의 말씀이 세워지는 지붕아래에서의 말씀이 이루지기 위한 존재가 예수임을 밀어 내시었음을 노래한다. 철저히 하나님의 옳은 손이 일하시어 연단되어 눈으로 보이는 분이 예수[1]임을 모세는 찬양한다.

하나님은 애급 군대를 바닷물 깊숙이 넣었다. 목졸라[2] 내시었다. 비므졸로트[3]에서 비므 전치사를 빼면 목 졸랐다이다. 말씀 향기로 맡으시려 말씀 깊숙이에서 하나님의 용사 이쉬 밀 하마로 애급 군대를 밀어붙여 물 깊이에 넣었다. 전적으로 주의 오른손이 일하신 일야 미느라[4] 힘쓰신 하나님은 말씀실행을 하신다. 곧 얼굴의 코, 코[5]의 권능이다. 하나님께서 밀어낸 코의 힘은 파도가 나오는[6] 모양이다. 이 하나님 힘이 나오느라 [7] 주의 위엄은 파도의 모습이 되었다. 파도 노저음[8]으로 하나님은 앞장서시며 나서 버[9]리며 바람으

1) 출 15: 3.

2) מְצוֹלֹת(므졸라 · 깊이,,출 15:4).

3) בִמְצוֹלֹת(비므졸로트 · 깊음에, P.NFP, imto the bottom, εἰς βυθον, 출 15:6).

4) יָמִין · יְמִינְךָ(야민 · 야미느하, 주의 오른손, NFS.MYS, Thy light hand, Θεζία σου. 출 15:6)·

5) כֹּח(코 · 권능, in power, ἐνἰσχὑ, 출 15:6).

6) גָּאוֹן(느온 · 위엄).

7) גְּאוֹנְךָ(느오느하 · 주의 위엄으로 · , NMS.MYS, thine excellency, τῆς δόζησού, 출 15:7).

8) נֹזְלִים(노즐림 · 파도가, VQPAMP, the floods, τὰ ὓδατα, 출 15:8).

9) נָשַׁפְ(니쉐프).

로 그의 백성을 중심 잡히게 하시었다.

이 구속은 직접적으로는 부모님이 낳았으며 하나님이 골랐다[1]. 그러기에 내 할[2]일을 내할 일로[3] 알아 우리는 살아간다. 구속된 우리는 모세의 누이 미리암이 모세와 더불어 하나님은 높고 높으심 곧 고고하십니다 라고 화답함과 같다. 구속되어 우리가 할 일은 하나님이 높으심을 찬양하는 일이다. 고와 고와[4] 하면서 고데=거룩한 곳에서[5] 찬양하고 또 찬양하고 찬양하는[6] 일은 하나님께 구속된 자가 하는 일이다.

모세는 쓴 물을 달게 만드는 사역[7]을 한다.

물위에 사랑 한다 써주면 웃어준다
바람이 사랑대면 간 지름 살랑살랑
햇빛이 비추어 주면 고맙다며 흐른다

물위에 사랑 한다 써주면 웃어준다
돌멩이 그 사이로 물손을 넣느라고
졸졸졸 요리 조리로 바위타고 넘는다

사랑이 앉아보면 드맑고 어여뻐서

---

1) גָּאַלְבּ(골르타 · 구속하신, VQAMYS, thow hast redeemed, ὀν ἐλυτώρ ώσώ, 출 15:13).

2) נֵהַל(나할 · 보호).

3) נֵהַלְתָּ(내할르타 · 그들을 들어가게 하시나이다, VPAMYS, thou hast guided them, 출 15:13).

4) גָּאֹה גָּאָה(고아 고아 · 그는 높고 영화로우심이요, VQAMZS, he has triumphed, εγδόζως δεδοζασται · , 출 15: 1, 21).

5) קֹדֶשׁ קֹדֶשׁ(코데쉬 코데쉬).

6) קֹדֶשׁ קָדָשִׁים ו(호환상)לְהַקְדִּשׁ(레하크디소 코데쉬 코다쉼 · 몸을 성결케 하여 지극히 거룩한 자가 되어, 대상 23:13).

7) 출 15:25.

소리로 사랑해요 졸졸졸 흘러가며
흰 물결 소리 내느라 찰삭찰삭 앉는다

나는 늘 바위 밑에 만나는 물의 얼굴
고요히 나에게로 오느라 꿈길에서
물 볼에 기대느라고 서로서로 안는다

마음이 물에 떠서 우리는 사랑해요
아아주 많이많이 행복해 같이 가요
어깨를 달싹이면서 나란 나란 흐른다

– 이영지 「물 위에 수채화」

물이 알아듣고 말을 한다. 모세와 물은 아주 밀접하다. 그렇다면 모세에게만 물과 밀접할까. 아니다. 늘 물과 함께 살며 마음을 씻는 물이 사람의 말을 알아들어서 물을 향한 마음이 맑을 때는 아름다운 육각형의 무늬를 찬란히 빛내준다. 여기에 첨가될 것은 햇빛이 비치는 일이다. 햇빛이 비취는 일은 사람의 마음대로 일어나는 일이 아니다. 이 빛은 온갖 사물을 변화무쌍하게 만든다. 사람의 마음에게도 그 역할을 해준다. 햇빛이 비취면서 일어나는 아름다운 무늬들은 비단 물에서뿐만 아니라 우리의 신체에 들어와 비타민 디를 만들어내면서 뼈가 튼튼해진다. 이 물에 사람이 사랑하는 따뜻한 마음으로 사랑한다 해주면 물이 좋아라 웃는다.

(2). 모세의 시 - 신 32: 1~7

하나님께서 만드신 자기라[1] 자기의 짝을 보고 늘 내게 와[2]한다. 이렇게 하도록 하나님이 만드셨다.[3] 새 하늘과 새 땅[4]을 알게[5]하신 신명기 32장은 비에 대한 시적 언급을 가는 비와 이슬비와 단비로 한다.

이의 시조창작을 할 수 있다.

사뿐히 발걸음을 디디는 가는 비는, 우산도 쓰지 않고 씨알을
콩콩 밟아 슬며시 그리움크기 내어 민 걸 보신다

잊었어, 이슬비를 내릴 걸 그제서야 일제히 소곤소곤 거리는
이슬방울 터트려 말씀덩어리 끝에다가 다셨다

그리고 난 다음에 못 키운 채소자란 크기를 재보시며 햇빛이
쨍쨍한 날 소낙비 단비까지도 마냥마냥 보내신

비 오는
날이 되면
채소다 나물이다
줄줄이 늘어서서
우산을 쓰지 않고
비로서 이슬비보다 작은 채소, 자란다

이슬비 덧입히샤
단비를 덧입히샤
소낙비 덧입히샤

---

1) זָכָר(자가르 · 남자, NMS, male, ἀρσεν, 창 1:27).
2) נְקֵבָה(내게봐 · 여자, NFS, female, Θήλυ, 창 1:27).
3) נַעֲשֶׂה(나아셔 · 만드셔, VQICXP. Letus made, Ηόιησωμεν, 창 1:26).
4) καινούς δε οὐρανοῦς καὶ γήν(카이우라노우스 데 카이 겐 · 새 하늘과 새 땅, new heavens and earth, 벧 후 3:13).
5) ἐγνώκατε(에그누카테 · 알게, ye have known, 요 일 2:13).

단비의 덧옷마저

이파리
물을 담으샤
데굴데굴 굴리샤

이파리 그리움이 날마다 커지면서, 산은 늘 이슬비의 잎사귀 한가운데 단비의 그리움비비 데굴데굴 굴리샤

– 이영지 「비 오고야 이 땅에 자라는 반석」

신명기 32장 모세의 시가 있다. 하 정관사를 붙여서 하쉬르이다. 하시라는 말은 상대방에게 하시라 하는 일이다. 바로 시를 권하는 마음가짐이다. 기본형 쉬르[1]는 시로 하는 일이다. 모세는 모세자신은 가나안에 못 들어가지만 하나님 말씀 시로 한다. 모세는 시로 하늘과 땅에게 명령하는 시로 시작한다. 하늘은 귀를 기울이고 땅은 들을지어다 라 한다. 하늘의 역할은 귀를 기울이는 것이고 땅은 듣는 일이다. 하늘은 귀를 기울이라의 명령형 하아자누[귀를 기울이라][2]는 하자아 청유형이다. 그리고 땅은 지금도 진행형 부티스마[들을지어다]=וְתִשְׁמַע[브티스마 들을지어다][3]로 한다. 하나님이 보호막이 되어 주시니 염려 밀라 하신다. 싱경은 나의 교훈은 내리는 비요 나의 말은 맺히는 이슬이요 연한 풀 위에 가는 비요 채소 위

1) שִׁיר(쉬르 · 노래).

2) הַאֲזִינוּ(하아지누 · 귀를 기울이라, VHMMYP, give ear, Ηρόσεχε, 신 32:1).

3) וְתִשְׁמַע(브티스마 · 들을지어다, C.VQIMYS, and hear, καὶ ἀκούτω, 신 32:1).

에 단비로다 한다.

비에 대한 우리말이 많다.

는 개 ~ 안개보다 조금 굵은 비.
이슬비 ~ 는개보다 조금 굵게 내리는 비.
보슬비 ~ 알갱이가 보슬보슬 끊어지며 내리는 비.
부슬비 ~ 보슬비보다 조금 굵게 내리는 비.
가루비 ~ 가루처럼 포슬포슬 내리는 비.
잔 비 ~ 가늘고 잘게 내리는 비.
실 비 ~ 실처럼 가늘게, 길게 금을 그으며 내리는 비.
가랑비 ~ 보슬비와 이슬비.
싸락비 ~ 싸래기처럼 포슬포슬 내리는 비
날 비 ~ 놋날 돗자리를 칠 때 날실로 쓰는 노끈처럼 가늘게 비끼며 내리는 비
발 비 ~ 빗발이 보이도록 굵게 내리는 비
작달비 ~ 굵고 세차게 퍼붓는 비
장대비 ~ 장대처럼 굵은 빗줄기로 세차게 쏟아지는 비
주룩 비 ~ 주룩주룩 장대처럼 쏟아지는 비
달구 비 ~ 땅을 다지는 데 쓰이는 쇳덩이나 나무토막으로 짓누르듯 내리는 비
채찍 비 ~ 굵고 세차게 내리치는 비
여우비 ~ 맑은 날에 잠깐 뿌리는 비 지나가는 비 ~ 소나기
소나기 ~ 갑자기 세차게 내리다가 곧 그치는 비
먼지잼 ~ 먼지나 잠재울 정도로 아주 조금 내리는 비
개부심 ~ 장마 홍수 뒤 한동안 멎었다가 다시 내려 진흙 씻어 내는 비
바람비 ~ 바람이 불면서 내리는 비
도둑 비 ~ 예기치 않게 밤에 몰래 살짝 내린 비
누 리 ~ 우박
궂은비 ~ 오래 오래 오는 비
보름치 ~ 음력 보름 무렵에 내리는 비나 .
그믐치 ~ 음력 그믐께에 내리는 비나 눈
찬 비 ~ 차가운 비
밤 비 ~ 밤에 내리는 비
악 수 ~ 물을 퍼붓듯이 세차게 내리는 비
억 수 ~ 물을 퍼붓듯이 세차게 내리는 비
웃비 ~ 비가 다 그치지는 않고, 한창 내리다가 잠시 그친 비
해 비 ~ 한쪽에서 해가 비치면서 내리는 비
꿀 비 ~ 농사짓기에 적합하게 내리는 비
단 비 ~ 꼭 필요할 때에 알맞게 내리는 비
목 비 ~ 모낼 무렵에 한목 오는 비

못 비 ~ 모를 다 낼만큼 흡족하게 오는 비
약 비 ~ 요긴한 때에 내리는 비
복 비 ~ 복된 비
바람비 ~ 바람이 불면서 내리는 비
모다깃 비 ~ 뭇매를 치듯이 세차게 내리는 비
우레 비 ~ 우레가 치면서 내리는 비
이른 비 ~ 철 이르게 내리는 비
늦은 비 ~ 철 늦게 내리는 비
마른 비 ~ 땅에 닿기도 전에 증발되어 버리는 비
봄 비 ~ 봄에 내리는 비
여름비 ~ 여름에 내리는 비
가을비 ~ 가을에 내리는 비
겨울비 ~ 겨울에 내리는 비
큰 비 ~ 홍수를 일으킬 만큼 많이 내리는 비
오란 비 - 장마 비 옛말
건들장마 ~ 초가을에 비가 내리다가 개고, 또 내리다가 개곤하는 장마
일 비 ~ 봄에 일이 많아 비가와도 일을 한다는 뜻으로 쓰이는 비
잠 비 - 여름 바쁜 일이 없어 비가 오면 낮잠을 자기 좋다는 비
떡 비 ~ 가을비. 가을걷이 후 떡 해 먹으며 쉴 수 있는 비
술 비 ~ 겨울비. 농한기라 술 마시며 놀기 좋은 때 비
비 꽃 - 시작될 때한 방울 한 방울. 몇 방울 떨어지는

하나님이 기회를 주시는 비다. 신 32: 2절은 나의 교훈은 비라 하였다. 교훈을 내가 맡아[1] 그의 일을 할 때의 비다. 하나님이 맡아놓으시라며 내리시는 비에서 지혜를 얻는다.

비를 만나야 살 수 있어요
비를 주세요
하늘을 향하여 입을 열어요
입을 크게 벌려요
비를 내려 주세요
마음이

---

1) מָתָר(마아타아르 · 비, P.D.NMS, as the rain, ὡς ὑτος, 신 32:2).

목 안이
가슴이
뱃속이
촉촉이 젖어 살아나는
비를 주세요

- 이영지 「비를 주세요」

성경의 비는 이슬비 곧, 는개보다 조금 굵게 내리는 비부터 시작한다. 탈[1]을 쓰고 내리는 이슬비, 그 까닭[2]으로 하여 각기 내 탈을 쓰고 살아가는 자기 나름의 이미지, 곧 보이는 바의 모습대로 살아간다. 하늘에서 내리는 이슬이 말씀의 탈을 지니고 내린다. 곡식들도 하늘에서 내리는 비를 맞고 그 영향으로 각기 나름의 탈을 쓰게 되는 모양을 갖춘다.

비와 비 사이로 걸어갑니다
비에 젖지않으며
걸어갑니다

비보다 더 가는 비로 걸어갑니다

- 이영지 「비와 비 사이로 걸어갑니다」

하나님의 말씀이 주는 탈을 잘 쓰고 나면 상처가 아물어[3] 진다. 비뚤비뚤 한 내 모습이 잘 아물었다[4]고 좋아하며 살아가는 우리는 하늘에서 내리는 가는 비를

---

1) טַל(탈 · 이슬).
2) כַּטַּל(카탈 · 이슬이요, P.D.NMS, as the dew, ὡς δρόσος, 신 32:2).
3) אִמְרָה(이므라 · 말).
4) אִמְרָתִי(이므라티 · 나의 말은, NFS.CXS, my speech, 신 32:2).

사알사알[1] 받아 시를 쓴다. 몸에 살짝 키스[2]해주는 비를 맞으며 인생의 어려움 사이로 잘 걸어간다. 가는 비가 가루처럼 포슬포슬 내린다. 가랑비가 내린다. 언제 젖는지도 모르는 사이에 옷이 젖어버리는 이 가는 비를 맞으며 늘 같은 모습으로 좋은 친구와 좋은 스승과 좋은 마음이 되어가는 나의 변화가 일어난다. 하늘에서 내리는 가는 비를 맞으며 지혜에 젖어 늘 말씀으로 축복된 삶을 살아간다.

단비가 내리는 아침이면 채소가 제법 커져서 바구니에 솎아 내어 아침밥을 맛있게 먹는다. 하나님이 주시는 단비를 비며[3] 먹으며 브리르비빔[4]한다. 비비며 비빔밥을 만들면 나는 밥을 맛있게 먹을 수 있고 온 대지는 촉촉이 젖는 중이다. 그리고 갑자기 세차게 내리는 비에 채소는 물을 받아 비벼지며 한결 커진다.

단비는 잠깐 동안 내리는 소낙비 단비이다.

그대는 나의 단비에요
어느 날
그 여름날
바로 무덥던 날
날 식혀주는

---

1) שְׂעִיר(사이르 · 가는비).

2) כִשְׂעִירִם(키스이림 · 가는 비요, P. NMP, as the small rain, ὄμβλος, 신 32:2).

3) רְבִיב(라비브 · 단비).

4) בִּרְבִיבִים(비르비빔 · 또 단비로, P.NMP, with showers, καὶ ὡσεὶ νίφετοσ. 신 32:2, 시 65:11l).

단비
단비를 주시네요
단 몸에
내리는 단비 단비로 닥아온 날
목마른 내 몸이 자라는

휘청거리며 단비를 받는
단비사이에 선 단비의 사람 저에요

단비가 내리는 날은
우산을 쓰지 않아요
옷을 입지 않아요

그 뜨거운 소나기 두께로
이파리 가득 물을 담으며
마음이 단비
쑤우욱 쑤우욱 자라요

– 이영지 「단비야」

바로 여름의 한자 하夏가 화려하게 꾸민 사람[1] 형상 글자이듯이 소나기가 잠깐 동안 단비로 내리면서 우리가 먹는 한 여름 채소와 밥을 비비니 비빔밥이 되는 맛있는 밥을 비벼 먹는다. 이 비빔문화가 있는 한국은 반복리듬의 나라이다. 반복 언어의 가장 오래된 근거는 아카드어에서 찾아 진다. 아카드어와 히브리어는 밀접하지요. 반복 언어의 예는 라카라크(*stork*) · 살사루(*crieket*) · 발바루(*jackal*) · 판파누(*chamber for god*) · 단다누(*all~powerful*) · 캄캄마타(*ring*) 등[2]이 있다.

---

1) 진태하, 『동방한자뿌리』 (서울: 이화문화출판사, 1997), 196.
2) 엄원식 편, 「아카드어 문법」 (대전: 침례신학대학교출판부, 1997),

다음은 이슬비이다.

이슬비 두께로
이슬의 높이로고
두께를 입히네요
비오는
날이 면
우산을 쓰지 않아요

이슬비보다 작은 새싹의 이슬 옷으로
영롱한 물 날개
물방울 날개
이슬비

우산 없이 비를 맞아요
비 오는 아침 이슬비가 되어요
머리카락사이사이로 내리는
두께를 늘이고 는개보다 조금 굵게 내리는 비를
맞아요
사랑의 비
숨소리 들으며 내리는 소리
사각사각 내리는 숨소리 들으며
숨 쉬며 내리느라 보슬비 불러가며
살아서 움직이는 소리가 나 살아있어 사랑의 늪
여기야

- 이영지 「사랑의 늪」

사람의 할 일은 무엇일까. 사랑의 늪에 있기 위해서다. 왜 밥을 먹는가? 사랑의 늪에서 살기위해서다. 살았다는 행복감을 맛보기 위해서다. 살았다는 행복감은 모세가 말한 내가 여호와의 이름을 전파하리니 이다.

69:.

사랑의 늪으로 가라[1]라는 명령을 받는 우리는 알거라[2]라는 전파하리니의 목적을 수행하는 일은 내가 아니라 내 안에 들어와 있는 그 분 뜻에 의한 것이다. 우리는 어른들에게서 어디로 가라는 말을 듣고 간다. 그리고 내가 가는 것은 내가 가는 것이 아니라 가라는 명령자에 의해 피동적으로 임무를 다하기 위해 움직여진다. 전하는 것이다.

그 분의 명령 사랑을 행하기의 무게가 커다랗다. 우리는 어떤 상을 받을 때 지난날의 고마움을 누구에게 돌린다. 넓은 사랑을 받은 우리는 영광을 하나님께 커다랗게 돌린다.

우리나라 백제 근초고왕 때 나라이름이 구다라[3]였다. 큰 나라임을 상기할 수 있다. 왜 큰 나라일까. 자꾸만 서로 주위를 돌아 들면 커다란 나라가 된다. 서로 돌보는 나라는 이웃에 대한 사랑이다. 핫가돌[4]이다. 뜨겁게 돌아야 한다. 에덴의 네 강 중 두 번째의 강 기혼은 예루살렘 강줄기가 되는 강으로 물을 내뿜어 터져 나오는 힛데겔 강[5]의 힘은 배에서 솟구쳐 오르는 힘으

---

1) קָרָא(카라 · VQAMZS, is called, ζκλήθη, 창 11:9, 소리지르다(창 41:43), 부르고(창 41:45, 52; 출 1:18, 35:30; 슥 7:13), 말하다(창 41:51, 50:11; 시 3:2, 4), 칭하다(신 15:2), 공포하다(출 32:5), 외치다(슥 7:7) 등; 김영진, 『성서히브리어』(서울:올람하타낙, 2001), 88.

2) אֶקְרָא(에크라 · VQICXS, 내가 전파하리니, I will publish, εκάλεσα, 신 32:3).

3)(KBS 연속극 근초고왕 참조).

4) הַגָּדֹל(핫가돌, 창 1:16).

5) 창 2: 14.

로 돌아돌아 하나님 말씀 크기가 남쪽에서 북방 유브라데까지 가는 강이다.

민족이란 은혜를 갚기 위해 사는 사람들의 단체이다. 눈은 항상 위를 보며 위대한 민족이 되는 것이고 위대한 국가가 되는 공동체의 은혜 갚기의 덩어리 가득[1]한 민족 덩어리가 된다. 뱅글뱅글 돌며 위로만 올라가 드디어 은혜를 갚는 커다란 구다라[2]이다. 옛 백제이름 구드라 그대로다. 커다람, 굳으라 이다. 우리민족은 빙글빙글 강강 수월레로 돌아들며 하나님 일 하는 큰 민족이다. 크다이다. 구다라는 크다이다.

나라를 잘 지키면 반석[3]이 놓인다. 하나님 주위를 잘 지키면 주로[4] 반석에서 꿀을 얻는다. 꿀을 쭈욱[5] 빨게 하신다. 그분의 집에는 반석 곧 말씀이 들어 있다. 이 반석은 U자형이다. 하나님이 먹게[6]한 이 반석은 하나님 말씀은 초월성[7]이다. 모세는 호렙산에서 하나님을 대신하여 반석을 두 번 친[8] 까닭으로 하여 가나안에 못 들어갔다. 인간인 모세가 두 번 지팡이로 반석을 치매 나오는 물[9])은 하나님의 영역을 침범하였기

---

1) גָּדוֹל(가돌 · 큰) AMS, great, μέγα, 창 12:2.
2) גְּדֹלָה(게도라 · 큰) 출 32:30, 31.
3) צוּר(주르 · 반석).
4) הַצּוּר(하주르 · 그반석, D.NMS, He is the Rock, Θεός, 신 32:4).
5) צוּר(쭈르 · 반석 · 견고한 지식, NMS, rock, πετρας, 신 32:4).
6) Propp. William Henry, 66.
7) 시 35: 6.
8) מַיִם(마임 · 물, 출 17: 6).

에[1] 예수님만이 물을 두 번 칠 수 있는데 모세가 이를 범하였으므로 가나안에 못 들어갔다. 백성의 이중주가 되는 반석[2]이다.

반석은 물이 들어 있는 바위이다. 향기가 나는 머리의 뜻이며 바로 물고기가 원형이므로 예수 믿는 사람들의 암호가 있는 곳, 말씀이 나오는[3]곳에서 반석 사용으로 모세는 가나안에 못 들어갔다. 야곱[4]이 반석이다. 베드로도 예수님이 반석이라 하였다.

누구나 알고 있는 베드로 어원은 다르[5]이다. 우리말에 있는 대대로=דָּר 다르[6]이다. 베드로와 연결된다. 첫 어휘에 접두사 베=בְּ 베가 붙어 베드로=בְּדָּר 베다르=던지 혹은 바브=וְ 베가 붙던지 모두 베다르=וְדָּר 베다르[7]이다. 모두 베드로이다.

한국말 다리는 길이다. 히브리어 다리=다르=דר=דַּר 다르[8]=다니는 다리=길[9]이다. 이쪽과 저쪽을 잇는 다리

---

9) 물, 민 20: 11.

1) 민 20: 13.

2) 김정우. 영원한 반석과 무지몽매한 백성의 이중주, 모세의 노래(신 32: 1~43)에 대한 수사학적 연구, 『신학지남』, 서울: 신학지남사, 2005.

3) 민 20: 10; 신 8: 15, 32: 13; 삿 6: 21; 시 78: 16, 81: 16; 사 10: 26; 고전 10: 4.

4) Ἰακώβ: יַעֲקֹב(야코프, 창 25: 26; 마 1: 2).

5) דַּר(다르 · 금과 은으로 만든 화반석 · 흰색).

6) דָּר(다르 · 대대로, 단 4:3, 34).

7) בְּדָר(베다르).

8) דֶּרֶךְ(데레흐 · 길).

9) דְּרָכָיו(드라카이브 · 그 길이, NMP.MZS, his way, αἱ ὁδοὶ αὐτοῦ, 신 32:4).

아래 물이 있다. 가슴에 있는 머리가 다리길이다. 말씀 위에 있을 때의 길이다. 아무나[1] 하나님께 나아오면 바로 다리가 있는 길이다. 이처럼 베드로와 다리와 대대로라는 말이 연결고리를 가진다. 이러한 신기한 일은 어느 옛 날 우리 조상들의 언어가 지금 살아서 우리에게 가까이 있는 것이다. 다만 역사학자도 아니면서 그 옛날의 언어의 같은 유사성으로 하여 감사하게도 언어의 추적을 알아보게 되고 새삼스럽게 베드라라는 이름이 낯설지 않게 우리에게 가까이 온다.

하나님이 꺼내어[2]본 하나님 모습을 닮은 모세는 마지막 설교에서 이스라엘 백성들에게 명령 3번을 내린다. 기억하라 생각하라 물으라! 이다. 우리나라 풍습에서 전해지는 지금의 말은 아내가 남편에게 '자기'라 칭한다. 자기로=זָכַר[자카르] 기억할 남자이다. 우리말에 있는 자고로=זְכֹר[자카르][3] 말씀을 기억하는 존재 남자를 우리는 기억하고 있다. 서로 사랑하는 관계일 때 '자기'라 한다. 남자 자기다. 사랑하는 여자가 자기 남편에게 하는는 말이다. 자고로 기억해야 할 일은 하나님의 말씀을 기억하는 남자 자기이다.

---

1) אָמְנָה(아므나 · 진실로)

2) קָנֶךָ(코내하 · 너를 얻으신, VQAMZS MYS, that hath bought thee, εκ δέσατό σε 신 32:6).

3) זְכֹר(즈코르 · 기억하라, VQMMYS, Remember, μνήσθητε, 신 32:7).

(3). 시내 산의 언약과 하나님 ~ 출 19:1~6, 16~21

시내 산 구름은 말씀입니다
시내 산 빽빽한 구름은 말씀덩어리입니다

모시[1]러 오는 저에게
따옴표 한웅큼 가져가라고
조목조목 구름따옴표 10계명 묶어놓으시고

시내 산을 옹기점 연기같이 구워 소독하시어
시내 고기 두 마리 나란히 내오시고
십계명 두 돌판 나란히 내오시고

너는 내 소유라
너는 내 보석이라
모시어 사는 저를 보석 싸듯 싸매
독수리 등에 업고
따옴표 당신의 말씀 앵기는

날개 끄나풀[2]에 대롱대롱 매달린 저에게
그대 내소우인 것 아시지
그러면 가서 말씀을 전해
황송하게도 나를 모시듯
나의 행하였음을 보아서[3]
아시지[4] 부탁해[5]
단 둘이 아시지

– 이영지 「모세의 고백」(20140608)

우리는 누구와 언약을 항상 맺고 산다. 성경에서 하

---

1) מֹשֶׁה(모세, 출 2: 10).
2) כְּנָפֵי(카느페 · 날개, NFDG, wings, πτερύγων, 출 19:4).
3) וָאֶשָּׂא(바아사).
4) עָשִׂיתִי(아시티 · 나의 행하였음과, VQACXS, I did, πεποίηκα, 출 19:4).
5) וְתַגֵּיד(브타게드 · 고하라, C.VHIMYS, and tell, ἀναγγελεῖς, 출 19:3).

나님이 모세에게 주는 시내 산의 언약이 있다. 이 시내[1] 히브리어 글자는 하나님의 손, 능력의 손이 두 번 언어의 끝에 놓이고 중간에 놓이어 하나님의 손이 지금도 능력을 행하시는 일과 그리고 마무리까지 하심을 나타낸다. 이 시내[2]의 시[3]와 내[4]는 각각 물고기를 뜻하여서 물고기 두 마리가 시내 산에 있다. 물고기를 뜻하는 히브리어 발음 눈[5]은 물고기 뜻 자체이니 이해하기 어렵지 않지만 히브리어 사맥[6]이 버팀목 의미인데 초기 원어는 물고기로 그려져 있다. 따라서 물고기 두 마리가 시내라는 땅이 갖고 있는 특징의 의미이다. 이로 하여 신약에서 물고기 두 마리로 수 천 명을 먹이고도 남은 비유이다.

시내 산에서 하나님이 모세를 비롯한 하나님의 백성들을 인도하셨다. 이 오른 시기는 이스라엘 백성들이 출 애굽하여 3개월이 지났을 때다. 한 달을 30일 잡고 석 달이면 90여일이 되는데 이 90여일의 의미가 하나님의 숫자 10에 10배에 가까운 날자, 곧 하나님을 간절히 사모할 때이다. 불교에서는 흔히 백일기도를 하는데 연구한 바로는 불교 또한 근거가 성경과 깊다.

---

1) סִינַי(시내 · 시나이, NE, Sinai, τού Σινα, 출 19:1).
2) סִינַי(시내).
3) סָ(시).
4) נַ(내).
5) נ(눈 · 물고기).
6) ס(사멕).

출 애급 후의 3월 모세무리들이 시내 산 광야에 이르고 산 앞에 장막을 친 것은 바로 하나님의 말씀을 들을 수 있는 중요한 시기와 장소가 된다. 시내광야를 하나님은 믿어보라 시며 안내하신다. 단 말씀 다발[1)]을 들고 가며 나를 믿어보라[2)] 하신 광야생활은 아주 많이 잘 믿어봐라[3)] 하신다. 또 못미더워 음 믿어 볼레[4)] 하시는 광야 길을 물고기 두 마리로도 잘 지내게 하시었다. 시내 산 히브리어는 하하르[5)]이다. 숨 쉼 하하[6)]표시 2회 반복이다. 하나님의 손이 두 번 역사를 하는데 이는 바로 사람들을 숨 쉬게 하시기 위해서다. 바로 우리들이 산을 오르면 심폐기능이 원활해지는 이 숨 쉼의 중요성이다. 숨을 쉬어야 사는 게 바로 사람이다.

시내 산, 물고기 두 마리 곧 물고기 두 마리로 5천명을 먹이고도 남은, 곧 말씀으로 이 세상을 다스리게 될 예표 자, 절대자가 있는 시내 산, 말씀이 두 번이나 있는 시내 산에 모세가 하나님 앞에 '올라가니'의 '올라'는 히브리어나 우리나랏말 모두 올라 그대로다. 올라이다. 눈으로 보고자 올라, 이 때는 모세가 먼저가 아니라 하나님이 먼저 모세를 불러 봐 이거라[7)] 하시면서 초청하

1) דָּבָר(다바르 · 말씀하신, 민 27: 15, 28: 1).

2) מִדְבָּר(미드바르 · 광야, 민 13:26, 26:65; 대상 12:8;시 136:16; 말 1:1, 3).

3) הַמִּדְבָּר(하미드바르 · 거친들, 아 3:6).

4) וּמִדְבָּרֵיךְ(움미드바레흐 · 네 입은, 아 4:3).

5) הָהָר(하하르 · 산, D.NMS, the mount, τοὺ ὀρους, 출 19:2).

6) הָהָ(하하).

시고 모세가 할 일을 말씀하시는데 야곱족속에게 이르고 이스라엘자손에게 고하라는 것이다. 이때의 이르고나 고하라는 말씀 모두 문법이 현재진행형으로 이르고[1]와 고하라[2]에서 고하라는 히브리어 발음이 브타게드로 부탁한다 이다.

하나님은 그의 사랑하는 백성에게 말씀하실 때 경어를 사용하신다. 나의 행하였음를 아시지[3]로 하신다. 사실 우리나라에 있는 상대방을 높임말이 어디서 왔느냐 하는 것이 바로 히브리에서 찾아진다. 우리나랏말에 모심 · 모시어 등의 존경어가 바로 모세에서 찾아진다. 모세발음은 성경에서 모심도 있고 모시어도 있다. 모세에게 하나님은 하늘을 향하여 손을 들라 시키신다. 하나님의 백성들의 3일 동안 광명이 있었다.

하나님은 이스라엘 백성을 독수리날개에 업어 그 스스로 내게로 인도하였다. 애급에서 이스라엘백성을 내가 어떻게 업어=נשׂא[나사 업어]=נָשָׂא[나사 업어][4] 기본형이 본문에서 바에사=ואשׂא[바에사 업어]=וָאֶשָּׂא[바에사 업어][5] 하나님이 보셔서, 구해주셨다. 우리말에 봐서갈게 라는 말이 있다.

---

7) וַיִּקְרָא(바이크라 · 칭하시고) CW. VQIMZS, and called, καὶ ἐπεκαλέσατο, 창 12:8, 출 19:3).

1) תֹאמַר(토마르 · 너는 이르고, VQIMYS, shalt thou say, ἐρέις, 출 19:3).

2) וְתַגֵּיד(브타게드 · 고하라, C.VHIMYS, and tell, ἀναγγελεῖς, 출 19:3).

3) עָשִׂיתִי(아시티 · 나의 행하였음과, VQACXS, I did, πεποίηκα, 출 19:4).

4) נָשָׂא(나사).

5) וָאֶשָּׂא(바아사 · 내가 어떻게 업어, CW.VQICXS, amd how I bare, ανέλαβον, 출 19:4).

이때의 바에사=ואשא=וָאֶשָּׂא[바에사][1)]는 나=אֶ[아][2)]가 두 번인 바 나=하나님이다. 중간에 연단하는 의미 모양 사[3)]이 들어가면서 앞뒤로 두 번 되풀이 되어 하나님 힘 기울이셔 그의 백성들을 애급에서 업어 내오셨다.

하나님 인도는 히브리어 '업어'로 발음된다. 업어는 하나님의 집안에 하나님의 백성들을 들이시는 모습이다. 연결로 업어와 인도 두 언어에 연결 음 두 번 되풀이 한다. 이 접두어로 하여 하나님의 이스라엘백성 사랑하심이다.

이 설명을 우리나라말 끄나플로 할 수 있다. 끄나비=끄나풀=카나페[카나페]=כנפי[카나페 날게]=כְּנָפַי[카나페 날게][4)]다. 하나님이 주시는 끄나풀로 힘을 딛고 일어서는 말씀=끄나풀이다. 이에 독수리는 나서는데 성경의 독수리가 나서 나서서 아주 좋은 곳으로 인도한다.

하나님의 보여주시는 일은 바로 내 말을 잘 듣고 내 언약을 지키면 이라 하시면서 '듣고' 와 '지키면' 성경언어 쇄마아=שְׁמַא[쇄마아 듣다][5)]와 쇄마르[지키다][6)]로 한다. 이때 전자는 소리이고 후자는 언약인데 바로 너희들은 내 소유가 된다 이다. 이 소유 히브리어는 쓰굴라[7)]이

1) וָאֶשָּׂא(바아사).
2) אֶ(아).
3) שׂ(사).
4) כְּנָפַי(카느페 · 날개, NFDG, wings, πτερύγων, 출 19:4).
5) שָׁמַע(듣고).
6) שָׁמַר(지키면).

다. 너희들에게 쓰거라 주신 거다. 너희들이 쓸거라 하신다. 이 때 어느 것이라도 소유의 개념이 묻어있다. 깊은 하나님의 뜻은 너희들을 내가 잘 보살펴 줄 테이니 은혜 갚기를 바라는 일이다. 그것은 믿음이다.

하나님의 소리를 잘 듣고 잘 지키면 하나님은 제사장 나라로 해 주시겠다 하신다. 말씀으로 마무리하시겠다 하셨다. 글자발음그대로 하나님이 마무리하시겠다[1] 하신다. 제 3[2]일에 시내 산은 우레와 번개와 빽빽한 구름이 일어나면서 하나님의 음성이 들리었다. 오늘날의 이해로는 따음표이다. 다른 사람의 말을 요약 따음표 인용표다. 원형 구름이다.

성경언어 구름인데 하나님 말씀 곧 구름이 나타났다. 전 세계적인 말씀인용이다. 더구나 번개는 히브리어나 우리나랏말 그대로 벼락이다. 무지한 어머니들은 딸들을 향하여 경상북도 영주 발음으로 베라먹을 년 벼락을 맞을 년, 벼락을 맞아서 죽을 년이다. 모두 축복의미다. 벼락[3]을 맞을 년이다. 딸이 복을 받아라는 의미이다. 참으로 우리나라 사람들 말이다. 복은 우리가 바라고[4] 무릎 꿇어 바라는 일이다. 누구나 바르게 살아

---

7) סְגֻלָּה(쓰굴라 · 소유, NFS, a peculial treasure, λαος περιούσιος, 출 19:5).

1) מַמְלֶכֶת כֹּהֲנִים(마믈레케트 코하님 · 제사장나라, NFSG NMP, a kingdom of priests, βασιλειον ἱεράτευμα, 출19:6).

2) הַשְּׁלִישִׁי(하쉬리쉬 · 제3, D.ANOM, third, τῇ τρίτῃ, 출 19:1, 16).

3) בֵּרֵךְ(벼락 · 풍족케 하시고, bless, 창 33:11).

4) ברכה(베라카 · 무릎을 꿇다 동사 ברך 바라크).

바르고, 바르게 살아 복을 받는다. 하나님을 향하여 무릎을 꿇으며 찬양[1]하는 일 말씀을 바르고 사는 일이다. 동사가 강의 형일 때 계속해서 무릎을 꿇다. 즉 복을 빌다이다. 복은 하나님을 찬양하는[2] 일에서 온다. 무릅 꿇으며 사는 일이다. 복은 하나님을 통하여 얻어지는 것[3]이다. 오마바 대통령 이름 벼락[4]이다.

하나님이 늘 일을 하셔서[5] 이 일 하셔서를 세 번이나 반복하신다. 봐 여기[6]라 하시며 간청하신다. 내가 역사하는 현상을 보라 하신다. 그리고는 바로 보여주시었다.[7] 하나님 집안에서 일어나는 일을 보여주신 하나님! 바로 사람이 숨 쉼 문제는 하나님 혼자만이 아니라 세 분의 3위 일체가 하시는 일이다. 세분이 같이 우리에게 우레와 번개와 구름과 나팔소리까지 들려주신다. 바라보는 무리가 떨었다[8]. 모두가 다 떨었다.[9]

모세는 가라[10] 명령 따라 간다. 하나님이 갈래[11]라며

---

1) 창 9: 26, 24: 27.

2) 느 9: 5.

3) 벼락 בָּרָק(바라 · 벼락, 슥 9:14)과 בְּרָכָה(벼락카 · 축복이, 슥 8:13) .창 12: 2.ㅁ

4) וּבְרָקִים(출 19:16; 시 18:15, 77:19).

5) הָיָה(하야).

6) וַיְהִי(바예히 · CW.VQIMZS, And it came to pass, εγέετο δέ, 출 19:16).

7) בִּהְיֹת(비효트 · P.VQNG, in, γένηΘέντος, 출 19:16).

8) חָרַד(하라드 · 떨다).

9) וַיֶּחֱרַד(바예헤레드 · 다 떨더라, CW.VQIMZS, so that trembled, καὶ ἐπ τοήΘη, 출 19:16).

10) 소리지르다(창 41:43), 부르고(창 41:45, 52; 출 1:18, 35:30; 슥 7:13), 말하다(창 41:51, 50:11; 시 3:2, 4), 칭하다(신 15:2), 공포하다(출

의견을 물으신다. 애급을 떠나가라고[1] 하시기에 모세 일행은 산기슭에 가 닿았다.[2] 그들은 산기슭에 부딪혔다[3]라 했다. 산에 올랐다 의미다. 산에 오르자 연기 아솬[4]이 자욱하였다. 하나님은 아셨노[5] 3번이나 물으시면서 눈으로 보여 주신 이 연기이다. 소독을 의미한다. 하나님 말씀이 구름으로 나타나며 연기가 자욱한 모습은 하나님이 이 세상을 말씀으로 소독하시는 일이다. 하나님 강림=연기리다. 하나님의 존재는 이 세상을 소독하는 분이시다. 하나님말씀=구름으로 보여주시었다. 구름은 오늘날 우리가 쓰고 있는 따옴표 모양이다. 말씀이다.

하나님이 봐[6] 보셔[7] 그의 백성을 인도하셔야하겠으므로 하나님의 백성들을 업어 인도하시었다. 모세는 하나님 음성[8]에 하나님 집 안인 시내 산으로 올라와 들

32:5), 외치다(슥 7:7) 등; 김영진, 『성서히브리어』(서울:올람하타낙, 2001), 88.

11) קְלִי(갈래).

1) לִקְרָאתֵנוּ(리크라테누 · 맞으려고, VQNG.CXP, to ,meet with, 출 19:17)

2) תַּחְתִּי(다흐티).

3) בְּתַחְתִּית(브타흐티트 · 기슭에, P.AFSG, at the nether part of, ὑπο, 19:17).

4) עָשָׁן(아솬 · 연기).

5) עֲשָׁנוֹ(아솬노 · 그 연기가, NMS.MZS, the smoke thereof, ὁ χαπνος, 출 19:18)와 연기같이 עֶשֶׁן(에쉰 · 연기같이, P.NMSG, as the smoke of, ὡς χαπνος, 출 19:18).

6) וָאָבִא(바아비아 · 인도하였음을, CW.VHICXS, and brought, καὶ προσηγαγόμην, 출 19:4).

7) וָאֶשָּׂא(바아사).

8) בְּקוֹל(브콜 · 음성으로, P.NMS, by a voice, φωνή, 출 19:20).

었다. 모세에게 하나님은 시내 산을 내려가서 백성들에게 신칙[1]하라 하신다. 백성들이 헐어져[2], 곧 무너져 내릴까봐 모세 혼자에게만 명령하시었다. 모세와 하나님과의 단독 만남이다. 언약선포와 이를 수행하여야 하는 모세와의 만남이다.

사랑아 오 사랑아
내 사랑 물 맛 마시며
에돔 땅 싸 밟으며[3]
빨리 빨리이

자 눈 바로 뜨고 중심 잡아요
가짜[4]에 놀아날지 말고
말씀 다발의 광야 길로 들어서요

오오 식물도 없고 물도 없어도
만나로
오오 살라버[5]리시려 하실 때
아주 살라버리시[6]려 하실 때

오오 우리가 잘못하였아와요
제발 제발
잘못한 마음을 파 낼 일[7]

---

1) 경고: עוּד(우드 · 경고)를 기본형으로 하는 הָעֵד(하에드 · 신칙하라, VHMMYS, charge, διαμάρτυρι, 출 19:21).

2) הָרַס(하라스 · 돌파)를 기본형으로 하는 본문 יֶהֶרְסוּ(예헤르수 · 백성이 돌파하고, VQIMZP. they break through, 출 19:21).

3) סָבַב(싸바브).

4) קָצַר(카짜르 · 상하니라, CW. VQAFZS, and was much discouraged, καὶ ὠλιγοφύκησεν, 민 21:4).

5) **שָׂרָף(사라프 · 불).**

6) הַשְּׂרָפִים(하사라핌 · 불, D.NMP, fiery, τοὺς δανατοὺντας, 민 21:6).

7) פָּלַל(팔랄 · 기도).

확 파낼[1] 마음이오니
살려 주세요

오오 우리들 대신 하늘 높이 달려[2]
우리들 마음을 파낼[3]
사랑마음 녹이시려[4]
하늘에 올리어[5]
그리하여[6]
봐 이[7] 이

- 이영지 「내 사랑 애물단지」(20140713)

이브가 남편 아담에게 생명나무 실과를 따 먹게 하고 둘 다 에덴에서 쫓겨 난 후에도 우리의 죄 사함은 그분에 의해서만 살려진다.

하나님은 홍해를 건넌 이스라엘 백성들에게 홍해 길로 가려는 이스라엘 백성들의 마음과는 정반대로 모세가 인도하는 광야 길로 가게 하시었다. 이스라엘 백성들이 가나안을 향하여 가는 길은 질러가는 지름길이 아니라 광야 길로 돌아가는 길이다.

---

1) הִתְפַּלֵּל(히트팔렐 · 기도하여. VTMMYS, pray, εὔζαι οὖν, 민 21:7).

2) עֲשֵׂה לְךָ שָׂרָף וְשִׂים אֹתוֹ עַל ~ נֵס(아세 르카 사라프 브심 오토 알~네스 · 불뱀을 만들어 장대 위에 달라, VQIMYS P.MYS NMS C.VQMMYS O.MZS P~NMS, Make thee a fiery serpent and set it upon a pole, Hoίηεσον σ εαυτῷ ὄφυν καὶ Θες αυτον ἐπὶ σημείου, 민 218).

3) J. 와인그린, 김재관역, 『수정판 구약성서 히브리어완성』(서울: 기독교문서선교회, 1999), 124.

4) נְחַשׁ נְחֹשֶׁת(느하쉬 느호쉐트 · 놋뱀,NMSG NFS, a serpent of brass, ὄφιν Χαλκοὖν, 민 21:9).

5) אֶל ~ נְחַשׁ הַנְּחֹשֶׁת(엘~느하쉬 하느호쉐트 · 놋뱀,P.NMSG D.NFS, the werpent of brass, επι τον~ὄφιν τὸν Χαλκοὖν, 민 21:9).

6) חַיֵּי(하야이 · 살다).

7) וָחָי(바하, C.VQAMZS, be lived, καὶ ἔζη, als 21:9).

그들은 모세를 원망하게 된다. 많은 원망이 쏟아지자 하나님이 이스라엘 백성들을 불 뱀에 물리게 하신다. 이런 일이 겹치자 이스라엘 백성들은 이제야 모세에게 기도해 달라고 부탁한다.

성경의 전매특허인 두 번째 방법의 연속, 다름 아닌 첫째 홍해길이 아닌 두 번째의 광야 길로 들어서는 일과 그리고 기도[1] 또한 반복리듬으로 된다. 이러한 두 번째의 길은 돌아가는 길이다. 이 돌아가는 길은 위험에서 벗어나는 길이다. 이 두 번째 길은 멀리 멀리 가는 길로 시간이 많이 걸린다. 많이 생각하며 돌아가는 길이다.

이 두 번째 길로 가는 길은 비누를 가지고 사알사알 씻으며 가는 길이다. 많이 생각하며 걷는 길에 히브리어 비누[2]가 있다. 비누는 누구나 늘 씻는 일상사에서 생각하는 길이다. 생각하라는 명령은 억누르지 않고 사알사알 하는 일이다. 하나님의 집안에서 아비에게 물어야 사알사알 물어 잘 여쭙고 그러면서 늘 비누로 손을 씻으며 살아가는 신앙인은 하나님이 사랑하시는 존재이다. 더러움을 씻는 영적 일은 비누가 담당한다. 하나님이 우리의 마음이 다칠까봐 사알사알 말씀하시는 부드러운 속삭임이다.

---

1) 민 21:7.
2) בִּינוּ(비누 · 생각하라, VQMMYP, consider, σύνετε, 신 32:7).

(4). 모세와 놋뱀 ~ 민 21:4~9

하나님이 주신 은혜는 이 물을 통해 씻는 길을 비누로 열어준다. 물을 가까이 하면서 마음을 씻는 일은 그분이 주신 비누로 하는 일이다.

첫 번째는 이스라엘백성들이 잘못을 뉘우치고 목사, 곧 신앙영웅을 향하여 우리가 잘못하였으니 하나님께 기도하여 달라는 것과 이에 응하여 신앙영웅 모세가 기도하는 일의 두 가지 기도이다. 죽음에서 파 낼[1]기도이다. 첫 번째 이스라엘 백성들이 그들을 모세에게 하나님에게 부탁하여 퍼뜩 파네[2] 달라 명령한다. 이에 모세가 특별[3]기도 한다. 첫 번째 '기도하여'는 재귀완료형[4]으로 명령형[5]이다. 두 번째 모세기도는 '특별'[6]이다. 이 때 기도는 현재형이다. 모세 중재자로 하는 의미심장한 기도이다. 지금도 우리를 위한 하나님의 아드님 주 예수 그리스도의 기도가 암시되어 있다. 십자가에 달리어야 하는 이유, 곧 이스라엘 백성들이 죽을 죄를 짓자 이 죽을 죄를 위해 대신 예수는 십자가에

---

1) פָּלַל(팔랄 · 기도).

2) הִתְפַּלֵּל(히트팔렐 · 기도하여. VTMMYS, pray, εὖξαι οὖν, 민 21:7).

3) וַיִּתְפַּלֵּל(바이트팔렐 · 기도하매. CW.VIMZS, And praed, καὶ ηὔξατοπρος κύριον, 민 21:7).

4) J. 와인그린, 김재관역, 『수정판 구약성서 히브리어완성』(서울: 기독교문서선교회, 1999), 124.

5) VTMMYS: 『스테판 원어 성경: The Stephen Korean Text of the Hebrew Old Testament Published by Institute of Biblical Languages』, 서울: 원어성서원, 2000. 7.

6) וַיִּתְפַּלֵּל(바이트팔렐 · 기도하매. CW.VIMZS, And praed, καὶ ηὔξατοπρος κύριον, 민 21:7).

달리시며 지금도 기도하고 계신다.

이러한 엄청난 일을 위한 기도 파낼[1]은 내 안에 있는 모든 문제를 깨끗이 끄집어 파낼 일이다. 이 파낼[2]기도는 목적형[3]을 2회나 반복된다. 권능의 홀이 주 예수 그리스도를 통해서만 이루어지는 일이다. 이에 우리는 말씀을 몸 안에 넣어 곧 성경을 보고 믿는 일이다. 마음 안에 들어온 말씀을 입[4]으로 나가기까지 해야 입의 소명을 다하는 일이다. 말씀을 새겨 입 밖으로 나가게 하는 구체적인 방법이 기도다.

기도는 이스라엘 백성들이 불 뱀에 물려 죽는 사태가 일어나자 살기위해 모세에게 부탁하고 모세는 또 이스라엘 백성들을 살리기 위하여 모세는 이들을 데리고 인도한다. 그들을 데리고 나서[5]며 모세는 여기 봐 있어[6]하면서 하나님 손이 이끄는 데로 중심을 잡아 앞으로 하나님께 나아간다.

모세가 인도하는 무리들이 홍해 얌 ~ 수프[7]길 에돔 땅을 둘러 싸 밟으=סבב^싸바브=סָבַב^싸바브[8]며 빨리 가려하

1) פָּלַל(팔랄 · 기도).

2) פָּלַל.

3) לְ(라메트).

4) פ(페 · 입).

5) נָסַע(나싸으 · 진행하여, 민 21:4).

6) וַיִּסְעוּ(바이쓰우 · 백성이 진행하여, CQ.VQIMZP, And they journeyed, καὶ ἀπάραντες, 대상 21:4).

7) יַם~ סוּף(얌~수프 · 홍해, NMSG~NMS, by the way of the sea, ἐπὶ Θάλασαν ἐρυθράν, 대상 21:4).

8) 기본형 סָבַב(싸바브), 본문 לִסְבֹב(르스보브 · 둘러행하려하였더라,

였으나 그대로 되지 않자 그들은 마음이 상하여 하나님이 원하지 않는 가짜=קצה[카짜]=קָצָה[카짜]1)들이 되었다. 이 가짜라는 말은 한국에서 가장 잘 쓰이는 말 가짜=הקצ[카짜]=קָצָה[카짜]2) 그대로이다. 짝퉁이다. 글러버린3)이들이 되어 아주 하 글러버린4) 일에 열중하면서 칼날5)앞에 선 꼴이 되었다. 이러자 하나님이 불 뱀을 사용하여 살라 버=שרף[살라버]=שָׂרָף[살라버]6)리시려 한다. 아주 살라 버=שרף[살라버]=שָׂרָף[살라버]7)리시려 마음을 단단히 잡수시자 이스라엘백성은 이 급박한 상황을 해결하여 달라고 모세에게 기도를 부탁한다. 그들이 하도 파내=פלל[파네]=פִּלֵל[파네]8)달라하자 모세는 하나님께서 시키시는 일 곧 놋뱀을 하늘높이 단다. 이 '파내' 히브리어는 입으로 조르는 모습이다. 뱀은 히브리어로 나하쉬이다. 놋뱀은 느하쉬 하느쉐트9)이다. 끝 글자에 십자가의 의미인 타브10)만 더 붙어 십자가를 의미가 덧붙은 놋뱀이다. 살

P.VQNG, to compass, πριεκύκλωσαν. 민 21:4).

1) קָצַר(카짜르 · 상하니라, CW. VQAFZS, and was much discouraged, καὶ ὠλιγοφύκησεν, 민 21:4).

2) קָצָה(카짜 · 싫어하노라, VQAFZS, loatheth, προσώθισεν, 민 21:5).

3) 기본형 קְלֹקֵל(클로켈 · 명백한),

4) 본문 הַקְּלֹקֵל(하클로켈 · 박한, D.AMS, light, τῷ διακένῳ, 민 21:5).

5) קָלַל(칼랄 · 저주하다, 제거하다, 멸시, 감한, 창 8:8, 11; 삼하 1:23; 욥 7:6, 9:25).

6) **שָׂרָף(사라프 · 불).**

7) הַשְּׂרָפִים(하사라핌 · 불, D.NMP, fiery, τοὺς δανατοῦντας, 민 21:6).

8) הִתְפַּלֵּל(히트팔렐 · 기도하여. VTMMYS, pray, εὔξαι οὖν, 민 21:7).

9) נְחַשׁ הַנְּחֹשֶׁת(느하쉬 하느쉐트 · 놋뱀).

10) ת(타브).

라 버리=שרף[파네]=שָׂרָף[살라프1)]시려는 하나님의 노여움의 일을 해결하는 방법은 높이 올려 진 놋뱀을 쳐다보면 된다. 십자가 언어로 나타낸 놓으셔 놓으셨다=נחשת[네흐셋트]=נְחֹשֶׁת[네흐셋트2)] 하시며 십자가 사건이 되는 예수를 믿으면 된다는 일을 이루려 하신다. 아주 잘 십자가에 자신의 몸을 놓으셨다. 하 놓으셨다=נחשת=הַנְּחֹשֶׁת[하느셋트3)] 쳐다봐야=וחי=וָחָי[바하4)] 산다 하시었다. 계속 말씀 안에 있어야 산다.

세상에 살만한 가치는 서로 사랑하는 사람이 있어서이다. 사람은 누구나 사랑받기 원하고 더 나아가 특별한 사이가 되면 사랑을 약속하고 부부가 된다. 그 징표로 아이가 생기는데 성경에서는 유일하게 한나와 엘가나 부부사이의 사랑을 말하는데 '그를 사랑함이라'[5)]로 한다. 이 때 두 부부사이에는 아직 아기가 없다.

성경은 두 부부 사이에 아직 아기가 없어도 사랑하며 사는 모습을 보여준다. 남편은 아내에게 내가 있지 않느냐고 한다. 이 위로의 말은 많은 부부들이 사랑이 그 무엇보다 중요함을 알리는 중요한 단서가 된다.

---

1) שָׂרָף(사라프 · 불)을 기본형으로 하는 본문 הַשְּׂרָפִים(하사라핌 · 불, D.NMP, fiery, τοὺς δανατοὺντας, 민 21:6).

2) נָחָשׁ נְחֹשֶׁת(느하쉬 느호쉐트 · 놋뱀,NMSG NFS, a serpent of brass, ὀφιν Χαλκοὺν, 민 21:9).

3) אֶל ~ נְחַשׁ הַנְּחֹשֶׁת(엘~느하쉬 하느호쉐트 · 놋뱀,P.NMSG D.NFS, the werpent of brass, επι τον~ὀφιν τὸν Χαλκοὺν, 민 21:9).

4) וָחָי(바하, C.VQAMZS, be lived, καὶ ἔζη, 민 21:9).

5) אֶת~חַנָּה אָהֵב(에트~한나 아헤브 · 그를 사랑함이라, O~NE VQAMZS, he loved Hammah, 삼상 1:5).

(5). 사랑하는 사람

부인 한나가 너무 고민하여 울고불고 밥도 먹지 않자 남편 엘가나는 아내 한나를 향하여 '어찌하여 그대의 마음이 슬프뇨 내가 그대에게 열 아들보다 낫지 아니하뇨'[1]라고 위로한다.

사랑아 내 사랑아 고민을 말아주오
남편인 내가 내가 열 아들 그 보다도
좋으니 열 아들 보다 그 보다 더 나아요
- 이영지 「슬퍼하지 말아요」

이 위로의 말을 듣자 아내 한나는 일어난다. 말씀을 받은 한나는 꿈[2] 꾸며 남편을 바라본다. 남편 위로의 말을 받아 꿈을 꾸는 여인이다. 남편의 따뜻한 말 한마디 '내가 열 아들보다 낫지 아니하뇨?'는 정말 사랑하는 사람에게서 받은 꿈이다. 마음이 일어섬이다.

엘가나 위로의 말 한마디 그 하나인
남편의 말을 믿어 꿈으로 익는 여인
세상을 꿈처럼 사는 힘이 나며 일어나
- 이영지 「꿈으로 익는 여인」

우리말 버릇이 있다. '하나'를 '한나'라 한다. 사랑받는

---

1) אָנֹכִי טוֹב לָךְ מֵעֲשָׂרָה בָּנִים(아노히 토브 레하 마아사라 바님 · 내가 그대에게 열아들보다 낫지 아니하뇨, NPCXS AMS P.론 P.ANCFS NMP, I better to thee than ten nmp, 삼상 1:8).

2) וַתָּקָם(바타콤 · 일어나서, CWVQIFZS, So~rose up).

이 한나가 사랑하는 사람 남편의 말에 일어나 음식을 먹는다. 위로의 말 한 마디로 한나는 하나님에게 나아가 엎드린다. 한나의 기도는 여호와여 만일 돌아보시고[1]라는 조건으로 남편의 아들을 주시면 내가 그의 평생에 그를 여호와께 드리고 식도를 그의 머리에 대지 아니하겠나이다[2]한다. 그녀의 아들보다는 남편의 아들로 한다. 한나 말투 또한 정말 사랑받을 만하다. 남편의 아들을 주시면 하나님 일 사역자로 바치겠다는 것이다. 이 기도하는 모습을 지켜보며 교회의 엘리 제사장은 술 취했느냐고 물을 정도로 영적인 눈이 어두웠다. 그럼에도 사랑받는 여인은 제사장을 우습게 여기지 아니하고 진심으로 제사장을 향하여 하나님 앞에 나의 심정을 통한 것[3]이다.

사랑받는 여인의 태도이다. 마음의 고통을 어떤 마주한 대상에게 이야기하지 않는다. 하나님을 향한다. 영

---

1) יְהוָה צְבָאוֹת אִם~רָאֹה תִרְאֶה(여호와 제바오트 임~라아 티르에 · 여호와여 만일 돌아보시고, NE NE O VQNA VQIMYS, O LORD of hosts if - indeed thou wily~look, 삼상 1:11).

2) זֶרַע אֲנָשִׁים וּנְתַתִּיו לַיהוָה כָל~יְמֵי חַיָּיו וּמוֹרָה לֹא~יַעֲלֶה עַל~רֹאשׁ(제라 아나쉼 우느타티브 라여호와 칼~옘매 하야이브 움모라 로~야알레 알~로숀 · 남편의 아들을 주시면 내가 그의 평생에 그를 여호와께 드리고 식도를 그의 머리에 대지 아니하겠나이다, NMSG NMP C.VQACXS.MZS P.NE NMSG NMPG NMP.MZS C.NMS ABN~VQIMZS P~BNS MZS, a~child man then I will give him unto the LORD all the days of his life and~razor no there~shall upon - hie head, 삼상 1:11),

3) וָאֶשְׁפֹּךְ אֶת~נַפְשִׁי לִפְנֵי יְהוָה(바에스포흐 에트~나프쉬 리프내 여호와 · 여호와앞에 나의 심정을 통한 것 뿐이오니, CQ.VQICXS O~NFS.CXS P.NMPG NE, but have poured out my soul before the LORD, 삼상 1:14).

적 지도를 맡은 제사장이 물었을 때 숨기지 않고 다 이야기한다. 영적 지도자가 비록 이미 노쇠하여 영안이 어두워 졌을지라도 그의 말을 믿고 따른다. 제사장은 하나님을 향하여 한나에게 이스라엘의 하나님이 한나가 구하여 기도한 것을 허락하기를 원하노라 한다. 축복기도이다.

이때의 한나의 기도는 한국말 살았다[1])이다. 사람이 이 세상에서 살면서 마음을 진심으로 기도하고 구하는 것은 나를 살리는 일이다. 그만큼 기도가 얼마나 중요한지를 알려주는 메시지이다. 이 축복기도를 받은 한나는 다시는 얼굴에 걱정이 없이 돌아가 음식을 먹는다.

마음이 사랑으로 가득한 사람은 하나님의 도우심으로 기적이 일어난다. 남편에게서, 제사장에게 서다. 사랑받는 사람의 특징은 상대방의 말을 긍정적으로 받아들인다. 그리고 그 다음에 주어지는 일은 하나님이 역사하신다. 사랑하는 부부사이에서 이루어지는 일 곧 한나는 돌아가 부부가 동침하고 사무엘을 임신한다. 이때 성경은 하나님께서 그를 생각한 지라 하였다. 발음 그대로 봐 이제 그래라[2])이다.

번역보다 오히려 원음이 훨씬 우리들 귀에 익숙한

---

1) שָׁאַלְתְּ(솨아레트 · 기도하여, VQAFYS, thoy hast asked, 삼상 1:17) · שֵׁלָתֵךְ(쉐라테흐 · 너의 구한 것을, NFS.FYS, thy petition, 삼 1:17)s

2)וַיִּזְכְּרֶהָ(바이제그레하 · 그를 생각한지라, CW.VQIMZS.FZS, and rembered her, 삼상 1:19).

'봐 이제 그래라'이다. 하나님이 허락한 임신은 임신 이전에 이미 사랑받는 여인의 얼굴에 걱정이 없어, 슬퍼하는 얼굴을 하지 않는데 있다. 행복한 사람 얼굴은 평안하다. 행복하여 얼굴에 그대로 얼굴에 써진다.

한나 이름은 묘한 데가 있다. 바로 성경본문은 아이를 한나아르[1]라 한다. 한나 아이이다. 한나는 아들을 낳고 그 이름을 사무엘이라 하는데 이 이름 역시 한국인들이 잘 쓰는 사모가 붙는다. 무얼 사모하느냐? 엘인 신의 의미가 첨가되어 있는 사모, 곧 하나님을 사모하는 일을 성경은 내가 그를 하나님께 그를 구하였기 때문에[2] 주셨다이다.

기도의 결과 한나는 아들을 낳게 된다. 하나님을 위하여 일할 사람으로 간구하였기 때문에 얻어진 사람의 일생은 하나님 일을 하면서 일생을 소비한다. 평생 하나님 일을 할 사람을 한나는 구하였기에 임신이 되었다는 뜻에서 사무엘이라 이름지어[삼상 1:20]졌다.

사랑받는 여인의 특징은 남편도 있고 교회의 목사님도 있지만 모든 은혜를 하나님의 은혜로 한다. 더 나아가 한나가 아이 젖 뗄 때 까지 오로지 아들 사무엘을 위하여 양육에 전념했다. 이때 젖 땔 때까지[3]와 젖을

---

1) הַנַּעַר(한나아르 · 아이를, D.NMS, the child, 삼상 1:25).ㄴ

2) כִּי מֵיְהוָה שְׁאִלְתִּיו(키 메예흐바 쉐일레티브 · 내가 그를 하나님께 구하였기 때문이, C P.NE VQACXS.MZS. Because of the LORD I have asked him, 삼 1:20.

3) עַד~ גְּמָלָה אֹתוֹ(아드~고메라 오토 · 젖 땔 때까지, O.MZS VQNG.FZS –

땐[1]발음이 모두 한국말 '고마워라'=גמלה고마라=גְּמָלָה고마라 이다. 한국에는 고마리 풀이 있다. 주위의 균들을 정화시키는 풀이다. 고마리 풀은 마디풀과에 딸린 한해살이 풀! 한국 원산, 중국·일본·러시아 극동부에도 서식한다.

고마리 풀은 메밀 비슷한 열매를 맺는다. 수제비 음식을 만들어 먹기 위해 구황식물로 재배되었었다. 위키백과에서의 '고마리'는 보답 의미를 지닌다. 히브리어 기멜[2]이 있다. 낙타의미를 지닌 이 기멜은 주인의 은혜에 보답하는 의미이다.

하나님의 집 안에서 보답하는 의미소意味素 기멜는 모세노래 ···› 드보라 노래 ···› 옷니엘의 아내와 관련한 우물, 모두 이 기멜=ג기멜로 시작된다. 보답의 뜻을 지닌 은혜 갚기는 아브라함 아들, 이삭이 젖을 뗄 때에도 그리고 사무엘이 젖을 뗄 때에도 이 히브리어다. 젖 뗀

P, until she weaned him,삼상 1:23).ㄴ

1) גְּמָלַתְ(게마라투 · 젖을 뗀, VQAFZS.MZS, she had weaned him, 삼상 1:24).

2) ג(기멜 · 약대, 창 24: 19, 20, 32).ㅇ

후에는 젖을 먹이신 그에게 은혜 갚음 할 때이다. 정말로 보답할[1] 일 우리나라말 고맙다이다. 고마우리를 비롯해 고마워라[2]는 아브라함의 아들, 이삭이 젖을 떼고봐 이 고마워라[3] 하였다.

우리나라 밭고랑이나 시냇가에 이 고마라 풀이 하는 일은 주위를 청정하게 하는 역할이다.

사울은 왕권정치에서의 첫째 왕이다. 재미있는 현상이 또 일어나는데 우리 나랏말에 세울이라는 말이 있다. 바로 한나가 사무엘을 여호와께 드리나이다의 이 드리나이다 발음이 솨울[4]이다. 그리고 이름을 사무엘이라 한 뜻이 하나님께 내가 그를 구하였다[5]이다. 사무엘의 가운데 글자 사무의 무는 바로 말씀 안에 든 의미로 한다. 곧 사울이라는 이름 안에 말씀의미 히브리어 무가 들어가서 사무엘이 된다. 세울 사람이 된다.

시의 아이러니로 이해할 수 있는 이름 사울이 있다. 사울은 부탁하다, 요청하다, 드리다로 본문문법 VQPP로 칼동사 수동분사이다. 따라서 여호와를 위하여 드려

---

1) גָּאֹה.. גָאה~ כִּי(키~고오..고아 · 보답할, 출 15: 2) → גֻּלָּה(굴라, 수 15: 19; 삿 1: 15) → גַּם(감, 삿 5: 4, 창 9: 21, 13: 16).ㄴ

2) תַּגְמוּלוֹהִי(타그무로히 · 보답할꼬, 시 116:12)가 있다. 앞의 תַּ(타, 시 116:2) 접두격 조사를 빼버리면 그마오리이다.

3) וַיִּגָּמֵל(바이가마르 · 젖을 떼고, 창 21: 8) 앞의 접속전치사 וַ(바 · 그리고, 창 21:8)가 덧붙었고 바로 이어오는 יִ(이)는 하나님이 지금도 진행하고 계시는 의미(창 21:8)이다. 접두형 관사를 제하고 나면 보답 גָּמַל(고마르 · 보답, 창 21:8)이다. ㅇ

4) לַיהוָה שָׁאוּל(솨울 라여호와 · 여호와께 드리나이다).

5) 기본형은 שָׁאַל이고 본문은 שְׁאִלְתִּיו(쉐일레티브 · 내가 그를 구하였다, VQACXS.MZS, I have asked him, 삼상 1:20).

진 사울과 같은 의미가 작용한다. 하나님께 부탁하여 낳아진 그러므로 하나님께 온전히 바쳐진다는 아이러니 이름이 사울 세울 이다.

사무엘은 하나님이 주시어서 낳아져서 서원대로 여호와를 위하여 전적으로 바쳐진 경우이고 사람 사울은 이스라엘 백성들이 원하여져서 세워진다. 이 시적 아이러니는 더 나아가 지옥 의미까지 스올이다. 세울이니 사울이니 스올이니 하는 발음 차이는 훨씬 후에 모음 발음이 첨가되면서 차이가 날 뿐 본래 원음은 같다. 하나님께 사랑을 받고 못 받음을 강조하는 이야기는 하나님을 알고와 하나님을 알지 못함으로 하여 갈라진다. 시가 지니는 은유의 이 이중 의미 모두가 동원된 사랑받는 비결은 기도가 수반된 일이다. 사울 왕에게는 기도가 없다. 기도가 없는 지옥이다. 어머니 서원기도가 없다. 한나! 사랑받는 여인은 하나님 향한 시를 짓는다.

> 내 마음이 여호와를 위하여 즐거워하며(삼상 2:1)
> 내 뿔이 여호와를 위하여 높아 졌으며(삼상 2:1)
> 여호와와 같이 거룩하신 이가 없으시니(삼상 2:2)
> 여호와는 지식의 하나님이시라 행동을 달아보시느니라(삼상 2:3)
> 여호와는 죽이기도 하시고 살리기도 하시며(삼상 2:6)
> 땅의 기둥들은 여호와의 것이라(삼상 2:8)
> 여호와를 대적하는 자는 산산히 깨어질 것이라(삼상 2:10)

일곱 번을 되풀이하는 여호와의 이름 찬양은 황금률 신성수이다. 사랑받는 여인은 올바른 기도를 한다. 한

나는 사무엘이 어렸을 때 세마포 옷을 입히며 여호와 앞에 섬겨[1]진다. 한나는 남편과 매년 제를 드릴 때마다 작은 겉옷을 지어다가 아들에게 주었다. 사랑하는 이에게 사랑의 옷을 입힌다. 사랑의 옷을 입힌다. 사무엘은 커서 이 사랑 갚음으로 평생을 살다가 늙었음에도 여전히 기도[2]의 사람이다. 엘~ 여호와와 사무엘의 엘 2회의 리듬이 시적으로 수 놓인다. 2회 리듬 성경의 버릇은 하나님과 예수 두 분을 의미한다. 하나님은 사무엘[3]에게 이스라엘 백성들이 하나님의 왕국을 마다하고 그들의 왕국을 만들려한다고 알려준다.

이 쓸쓸한 이미지 가을비 시를 지을 수 있다.

> 내 마음 그대에게 알리는 날이에요 주루룩 그리움을 마른 잎 그 위에로 포근히 내려주느라 한 밤 내내 뿌려요
>
> 은행잎 하나둘씩 땅위로 노오랄 째 날 떠날 그대들의 바다가 이런거라 노오란 슬픔까지를 미리 알려 내려요
>
> 바람에 휙휙 날일 바람의 사람들이 서뿔리 허둥대다 날리고 부서짐에 내 가슴 빠알간 사랑 이 흐름을 내려요
>
> \- 이영지 「내 가슴 빠알간 사랑이 내려요」

사무엘이 하나님께 사람들이 왕권정치가 아닌 인간

---

1) 삼상 2:18.

2) וַיִּתְפַּלֵּל שְׁמוּאֵל אֶל־יְהוָה(바이트팔렐 쉐무엘 엘~여호와 · 사무엘이 기도하매,CQ.VTIMZS NE P~NE, And prayed Samuel unto~the LORD, 삼상 8:6).

3) 그들이 너를 버림이 아니요 나를 버려 자기들의 왕이 되지 못하게 함이니라(삼상 8:7).

정치를 하고 싶다고 하는 사실을 기도하자 하나님은 이스라엘 백성들이 하나님을 버리려 한다 하시며 그들이 하자는 대로 해 주라신다. 사무엘의 기도는 절대자의 말씀을 백성에게 전하는 메시지[1]이다. 하나님은 사무엘에게 늘 알려 주셨[2]다. 인간왕권정치로 지상에서 일어나는 일[3]은 왕이 권세를 누리며 말을 타고 펴서[4] 유세할 것이라 하신다. 이 일을 하나님은 사례[5]로 인간왕국정치 현실은 주종관계가 있음을 제시한다.

> 벼슬 10부장과 50부장으로 향로로 요리로 떡 굽는 이로
> 들이 말을 달릴 것이며[6] 아들들로 10부장과 50부장을 삼을 것이며[7]
>
> – 이영지 「왕이」

또 너희 딸들을 취하여 향로 만드는 자와 요리하는 자와 떡 굽는 자를 삼을 것[8]이라 한다. 이 때 히브리어 레라카호트[9]의 호트[10]와 울레타바호트[11]의 호트[12]와

---

1) אֶל~הָעָם(엘~하암 · 백성에게, unto~the people, 삼상 8:10).

2) 삼상 8:11.

3) אֶל~הָעָם(엘~하암 · 백성에게, unto~the people, 삼상 8:10).

4) פָּרָשׁ(포랴스 · 말, 삼상 8:11).

5) שָׂרֵי(사레 · 부장, 삼상 8:12).

6) וּבְפָרָשָׁיו וְרָצוּ(우브파라솨이브 베라주 · 그들이 말을 달릴것이며, C.P.NMP.MZS, and to be his horsemen and some shall run, 삼상 8:11).

7) לוֹ שָׂרֵי אֲלָפִים וְשָׂרֵי חֲמִשִּׁים(로 사레 알라핌 베사레 함미쉼 · 아들로 0부장과 50부장을 삼아, P.MZS NMPG NMP C.NMPG ANCP,him captains over thousads and captains over fifties, 삼상 8:12).

8) לְרַקָּחוֹת וּלְטַבָּחוֹת וּלְאֹפוֹת(레라카호트 울레타바호트 울레오포트 · 향로만드는자와 요리하는자와 떡 굽는자, P.NFP C.P.NFP C.P.VQPAFP. to be comfectionaries and to be coold and to be bakers, 삼상 8:13).ㅇ

9) 향로 만드는자, 삼상 8:13.

10) חוֹת(호트).

울레오호트[1]의 호트[2] 삼중적 리듬을 이룬다. 이 리듬의 삼중주는 인간왕국의 천태만상의 마음 사태를 알려준다. 그리고 그가 또 너희 밭과 포도원과 감람원[3]에서도 베에트~세데오테헴의 베에트~…테헴 베에트~…메헴 베…헴의 리듬으로 다수 이스라엘 백성들이 겪는 어려움을 시 리듬으로 한다.

세금을 내야함을 …헴 리듬으로 십일조[4] 내야함을 강조한다. 인간들에게 바쳐져야 한다는 베에트~…헴리듬은 노비문제이다. 평생 메여서 일하는 관계임을 베에트~…헴 베에트~…헴 베에트~…헴[5]으로 한다. 하나님 향하기를 거부하는 사회의 결과는 사랑받는 자의 모습이 없다. 기도가 없다.

---

11) וּלְטַבָּחוֹת(울레타바호트 · 요리하는 자, 삼상 8:13).

12) חוֹת(호트).

1) וּלְאֹפוֹת(울레오포트 · 떡 굽는 자, 삼상 8:13).

2) פוֹת(포트).

3) וְאֶת~שְׂדוֹתֵיכֶם וְאֶת~כַּרְמֵיכֶם וְזֵיתֵיכֶם(베에트~세데오테헴 베에트~카레메헴 베제테헴 · 너희 밭과 포도원과 감람원과, C.O~NMP.NYP C.O NMP.MYP C.NMP.MYP, and your filds and your vineyards and your oliveyar, 삼상 8:14).

4) וְזַרְעֵיכֶם וְכַרְמֵיכֶם יַעְשֹׂר(베자르에헴 베카르메헴 야으소르 · 또 너희 곡식과 포도원 소산의 십일조로,C.NMP.MYP C.NMP.MYP VQIMZS, And your seed and of your vineya be will take the tnnth, 삼상 8:15).ㄴ

5) וְאֶת~עַבְדֵיכֶם וְאֶת~שִׁפְחוֹתֵיכֶם וְאֶת~בַּחוּרֵיכֶם הַטּוֹבִים חֲמוֹרֵיכֶם(베에트~아브데헴 베에트~쉬프호테헴 베에트~바후레헴 하토빔 베에트~하모레헴 · 그가 너희 노비와 가장 아름다운 소년과 나귀들을, C.O~NMP.MYP C.O~NMP.MYP C.O~NMP.MYP D.AMP C.O~NMP.MYP, And~your menservants and~your maid servants and~your~young men goodlist and~your asses, 삼상 8:16).

4. 다윋의 우물

1). 아가서의 비밀

아가서는 솔로몬이 지은 노래라고 한다. 그러나 다윋 이름 그대로 나의 사랑하는 자로 하는 아가서다.

나의 사랑하는 자는[도디 דודי 아 1:13] 내 품 가운데 몰약 향낭이요

나의 사랑하는 자는[도디 דודי 아 1:14]내게 엔게디 포도원의 고벨화 송이로구나

나의 사랑하는 자야[도디 דודי 아 1:16] 너는 어여쁘고 화창하다 우리의 침상은 푸르고

남자들 중에 나의 사랑하는 자는[도디 דודי 아 2:3] 수풀 가운데 사과나무 같구나 내가 그 그늘에 앉아서 심히 기뻐하였고 그 실과는 내입에 달았구나

나의 사랑하는 자의[도디 דודי 아 2:8] 목소리로구나 보라 그가 산에서 달리고 작은 산을 빨리 넘어 오는구나

나의 사랑하는 자[도디 דודי 아 2:9] 노루와도 같고 어린 사슴과도 같아서 우리 벽 뒤에 서서 창으로 들여다보며 창살 틈으로 엿보는구나 나의 사랑하는 자가[도디 דודי 아 2:10] 내게 말하여 이르기를 나의 사랑, 나의 어여쁜 자야 일어나서 함께 가자

나의 사랑하는 자는[도디 דודי 아 2:16] 내게 속하였고 나는 그에게 속하였구나 그가 백합화 가운데서 양떼를 먹이는구나

나의 사랑하는 자야[도디 דודי 아 2:17] 날이 기울고 그림자가 갈 때에 돌아와서 베네르 산에서의 노루와 어린 사슴 같아여라

내가 밤에 침상에서 마음에 사랑하는 자를[쉐아하바 שאהבה 아 3:1] 찾았구나 찾아도 발견치 못하였구나

이에 내가 일어나서 성중으로 돌아다니며 마음에 사랑하는 자를[쉐아하바 שאהבה 아 3:2] 거리에서나 큰 길에서나 찾으리라 하고 찾으나 만나지 못하였구나 북풍아 일어나라 남풍아 오라 나의 동산에 불어서 향기를 날리라 나의 사랑하는 자가[도디 דודי 아 4:16] 그 동산에 들어가서 그 아름다운 실과 먹기를 원하노라

> 내가 잘지라도 마음은 깨었는데 나의 사랑하는 자의[도디] דודי 아
> 5:2 소리가 들리는구나 문을 두드려 이르기를 나의 누이, 나의 사
> 랑, 나의 비둘기, 나의 완전한 자야 문 열어 다고 내 머리에는 이
> 슬이, 내 머리털에는 밤이슬이 가득하였다 하는구나
> 나의 사랑하는 자가[도디] דודי 아 5:4 문틈으로 손을 들이밀 매 내
> 마음이 동하여서 일어나서 나의 사랑하는 자 위하여[레도디] לדודי 아
> 5:5 문을 열 때 몰약이 내 손에서, 몰약의 즙이 내 손가락에서 문
> 빗장에 듣는구나 내가1) 사랑하는 자 위하여[레도디] לדודי 아 5:6 문을
> 열었으나 그가 벌써 물러갔네 그가 말할 때에 내 혼이 나갔구나
> 내가 그를 찾아도 못 만났고 불러도 응답이 없었구나
> 예루살렘 여자들아 너희에게 내가 부탁한다 너희가 나의 사랑
> 하는 자를[도디] דודי 아 5:8 만나거든 내가 사랑하므로 병이 났다고 하
> 려무나 나의 사랑하는 자는[도디] דודי 아 5:10 희고도 붉어 만 사람에
> 뛰어난다 입은 심히 다니 그 전체가 사랑스럽구나 예루살렘 여자
> 들아 이는 나의 사랑하는 자요[도디] דודי 아 5:16 나의 친구이다.

솔로몬과 솔로몬의 여인 슬람미 여인과의 관계는 쉬랬다와 쉬하르호렛트=שחרחרת[쉬하르호렛트]=שְׁחַרְחֹרֶת[쉬하르호렛트]2): 쉬랬다이다. 집안에서 푹 쉬랬다. 우리말에 쉬랬다라는 말이 있다. 쉬하르호렛트=שחרחרת[쉬하르호렛트]=חַרְחֹרֶת שְׁ[쉬하르호렛트]3)=의미는 거므스름할지라도이다. 지붕 안에 있는 검은 머리 뜻 쉬라이다. 가장 안식하기 좋은 여자라는 뜻이다. 결국 슬람미 여인은 아내의 자리로서 가장 적합한 여자이다.

아가서는 온통 나의 사랑하는 자4)에 대한 시다. 소유격 나의 그이다. 나의 사랑하는 대상은 남자 단수이

---

1) ודודי(베도디).
2) שְׁחַרְחֹרֶת(쉬하르호렛트 · 거므스름할지라도, 아 1:5).
3) שְׁחַרְחֹרֶת(쉬하르호렛트 · 거므스름할지라도, 아 1:5).
4) NMS.CXS.

다. 이 사랑하는 자 도디가 사실은 다윋의 이름 그대로 이다. 더구나 내가[1]는 바로 다윋 자신을 가리킨다. 다윋에 대한 사랑하는 자를 위하여[레도디 לְדוֹדִי 아 5:5]이다.

아가서는 사랑과 이별을 담고 있다. 아가서가 솔로몬이 지었다는 조건은 그의 아버지에 대한 절절한 내용에서이다. 그러나 문법으로는 둘 다 여성명사이다. 하나님의 백성 이야기이다. 이 문법사례는 왕=멜레크=לך
מ[멜레흐][2]와 왕후=말쿠트=מלכות[말쿠루][3]에서 보인다. 아가서는 시적 은유 시이다. 시의 겉은 다윋 이름 그대로 아비 다윋과 아들 솔로몬 관계이다. 시의 내포는 하나님과 하나님의 백성 사이이다. 신부로 표현 된다. 나아가 하나님과 다윋 사이도 된다.

아가서에는 길거리에서 나의 사랑하는 자[4]를 못 만나는 이야기가 전개된다. 찾으나 만나지 못[5]한 문법[6]은 동사이면서 여성 3인칭 단수이다. 따라서 길거리에서 사랑하는 자=쇄하아프=שֶׁאָהֲבָה[쇄하아프][7]라 한다. 사랑하는 자를 못 만난 이유가 있다. 사랑이 쇄하여 버렸다고 쇄아파라 하였다. 우리말에는 시어졌다. 못 먹게 되

---

1) וְדוֹדִי(베도디 · 사랑하는 자).
2) 왕하 16:1
3) 왕하 16:1, 에 1:2.
4) שֶׁאָהֲבָה(쉐아하바 · 나의 사랑하는 자).
5) 아 3: 2.
6) P.VQAFS.
7) שֶׁאָהֲבָה(쉐아하바 · 사랑하는 자.

었다라는 말이 있다. 이스라엘 백성이 하나님을 소유하고 있지 않을 때에 하나님 사랑은 찾아지지 않는다.

사랑하는 사람사이에서만 일어나는 일이 있다. 아파하는 사이이다. 사랑=아파흐[사랑]=אהבה[아파흐 사랑]=אָהֲבָה[아파흐 사랑][1]이다. 사랑하는 마음이 있을 때는 아파하는 마음이다. 가슴이 아플 만큼 상대방을 사랑하는 마음일 때 아파하는 마음이 일어난다. 서로 사랑하는 자는 나의 안에 있고 그는 내 안에 있어야만 사랑이 이루어진다. 가장 대표적인 다윋이 지닌 끓는 가슴의 몸짓을 아가서가 솔로몬이 지은 것이라고 할 때 솔로몬과 아버지의 끓는 사랑이야기다. 하나님 아버지와 아들 사이의 끓는 사랑시 아가서이다.

에돔에게서 다윋에게로 온[2] 법궤 이동과[3] 기름을 마시게 한[4] 하나님이 다윋을 승리자[5]로 만든다. 그 이유는 다윋의 가슴에 뜨거운 사랑이 들어있다. 뜨거운 가슴을 가지는 것은 그 마음에 사랑하는 마음이 있어서이다. 미운 마음에는 뜨거운 사랑이 들 수 없다. 사랑하는 마음은 하나님에게로 향하는 마음이다.

---

1) אַהֲבָה(아하바 · 사랑, 신 10:14;아 2: 4, 7, 3: 10; 하나님 사랑에 아파 אַהֲבָה(아하바아 · 그 사랑이, 아 2: 4), 사랑하므로 아파아 אַהֲבָה(아하바아 · 내가 사랑하므로, 아 2: 5).

2) 삼하 6: 10~17.

3) J. J. M. Roberts, *David and Zion*, edited Bernard F. Batto and Kahryn L(Indiana: Eisenbrauns, 2004), 13.

4) וַיִּמְשְׁחוּ(바이메쇠후 · 기름 부어진, 삼하 5: 3).

5) J. J. M. Roberts, 135

(1). 두 번째 다윗

다윗과 관련한 두 번째의 다윗 의미는 하나님과 예수님 사이를 잇는 가교역할이어서이다. 뜨거운 가슴의 문[1)]으로 물을 길어 하나님의 사랑하는 마음을 담았기에 가슴속에 뜨거운 사랑이 있다. U 모형이다. 곧 광주리[2)]에 담아 하나님 단 앞에 놓았다.

광주리 안[3)]에 하나님 사랑이 우선적으로 담기고 그런 다음에야 다윗의 마음을 담았다. 성경은 이 때 두 번의 목적형의 다윗의 두 번 사용되는 다윗의 ㄷ과 ㄷ이다. 하나님의 우물에서 물을 길어낼 수 있는 모형이다. 반드시 하나님에게로 돌아와야 하는 의미까지 덧붙여진다. 하나님의 뜨거운 사랑을 길어 올리는, 다윗은 하나님의 말씀에 뜨겁고 끓는 가슴으로 하나님의 사랑에 매달리었다. 하나님과 이스라엘 백성의 관계가 되는 하나님의 뜻을 전하는 의미가 다윗 글자 자체에 있다. 두 개의 문으로 구성되어 있다. 하나님의 문은 입과 관련된다. 다윗이 지니는 문의 이 문밖이 바로 학 뱉어[4)] 내는 하나님의 말씀이 있기 때문이다. 입은 히브리어로 페[5)]하고 발음된다. 말씀을 입으로 내어 놓아야 하는

---

1) ד(달렛),

2) דֻּד(뚜드 · 광주리).

3) 신 26: 4.

4) הַפֶּתְחָה(하페테하 · 문밖, 창 19: 6) · 문밖의 פֶּתַח(페타흐 · 문밖, 창 19: 11) · 문밖의 מִפֶּתַח(미페타흐 · 문밖, 출 12: 23, 민 16: 18).

5) פֶּה(페하 · 입) · 입 פִּיהָ(피하 · 입, 민 16: 30).

의무이다. 우리들은 왕을 보고 폐하라고 한다. 이 말은 말씀으로 명령하는 자이다.

하나님은 그의 모습을 잘 드러내지 않지만 반드시 그의 흔적을 남긴다. 더구나 이 다윋과 관련된 말 돋아와 돋이 에서이다. 해가 돋아, 싹이 돋아 나온다. 성경 발음 돋이 이다. 모두 다윋 의미다. 다비드라 하기도 한다. 우리가 이해하기 쉽기로는 젖꼭지 돋아[1]이다. 다윋의 자손 예수라 한다. 다윋에게서 돋아 난 다윋의 자손 예수다.

인자 같은 이가 하늘 구름[2]를 타고 우리에게 나아오기에 그러하다. 하늘[3]의 그 구름 위로 오르신 분이 그대로 오시는[4] 가슴 벅찬 일은 이스라엘 족속의 장로 중 70인이 든 향로로 향연이 베풀어져서 구름[5]타고 오시는 분이다. 성경은 보라 흰 구름을[6]이라하고 있다. 구름[7]이 하나님 수레이다. 표시로는 말씀표시인 따옴표로 흔적이 남아 있다. 말씀위로 오신다.

중요한 것은 하나님 은혜에 보답하는 데 초점이 있다. 우리의 삶은 박격을 받으나 추격을 하리로다[8]이다.

---

1) 도드 דד(다드 · 젖꼭지) · 돋아 דַּדֶּיהָ(다데하 · 도다, 잠 5:19) · 돋아 דַּדֵּי (다데 · 돋아, 겔 23:3).

2) עִם־עֲנָנֵי שְׁמַיָּא כְּבַר(임~아나네 쉐마야 · 하늘 구름, 단 7: 13).

3) שְׁחָקִים(쉐하킴 · 하늘, 잠 8: 28).

4) 히 12: 1.

5) עֲנַן־הַקְּטֹרֶת(아난~하크토레트 · 구름같이, 겔 8: 1),

6) הִנֵּה־עָב(힌네~아아브, 왕상 18: 44).

7) עָבִים(아빔 · 구름, 시 104: 3).

성경은 이 때 항상 가슴의미를 지니는 달렛[1]을 반복하면서 보답의미를 지니는 기멜[2]로 연결 짓는다. 가슴으로 보답하는 일이 바로 다윗에서 흔적이 남겨지는 다윗의 끓는 가슴이다. 다윗은 33년 동안 예루살렘에서 온 이스라엘과 유다를 다스리며[3] 하나님께 보답[4]했다.

다윗의 자손 예수라는 말은 그냥 생긴 것이 아니다. 연속적인 특징 리듬에서 하나님은 다윗에게 항상 하나님 중심이게 하셨다. 성전 짓기 당부도 미리 감사예물을 드리는 일 29장이다. 다윗이 왕위에 오른 33년의 세월은 은혜 갚기 33년이며 이 33년은 창세기에서 이미 엘로힘의 33회째 창세기 1:1~ 2:1의 숨겨진 예수님 세

---

8) גד גדוד יגודנו(고드 게두드 예그데누 · 박격을 받으나 ..추격하리로다, 창 49: 19).

1) ד(달레드).

2) ג(기멜)과 ג(기멜).

3) 삼하 5: 5.

4) 이러한 역사는 다윗을 위한 기록으로 역대 상 1~3장까지 아담(1장) → 유다(2장) → 다윗(3장)의 족보와 지파 구분의로 남쪽(4장) → 동쪽(5장) → 중앙의 레위(6장) → 북쪽(7장) → 베냐민(8장)지파 →귀한 포로(9장)로 하고 있다. 다윗은 길보아 산에서 첫째 왕 사울의 죽음(10장)후 헤브론에서의 7년 반 동안(11장)을 시작으로 한다.

다윗은 시글락에서 헤브론 용사들(12장)의 도움 → 예루살렘으로 법궤이동을 하게 되는 과정에서 웃사의 죽음(13장)후 더욱 명성(14장)이 높아지고 예루살렘으로 법궤를 입성시긴다(15장) → 법궤를 옮긴 뒤 감사(16장) → 약속과 기도(17장)를 한다. 다윗의 특징은 감사하는데 있다. 초기 승전(18장) → 후기 승전(19장) 이 반복리듬의 연속적 승리의미와 함께 랍바에서 진행된 암몬과의 전쟁(20장)에서도 승리한다.

그러나 하나님은 인간의 실책으로 다윗의 인구조사(21장)를 든다. 징계 7년 흉년, 혹은 3개월 동안 쫓겨 다니거나 그렇지 않으면 3일간의 온역을 선택하라 하심에 온역을 선택함에 따라 온역이 퍼져 그 결과 7만 명 이상이 죽는 실책을 하면서 성전 건축이 아닌 성전 건축 준비(22장) → 이를 위한 직무분담을 레위인(23장) → 제사장(24장) → 찬양대(25장) → 문지기(26장)로 구분 → 행정과 군대조직(27장) →성전건축을 위한 당부(28장) → 건축예물(29)을 드린 다윗의 한계성을 노출한다.

상에 사신 나이와 일치한다. 더구나 다윗 왕은 왕으로서 사울 다음의 둘째 왕이다. 사울 다음에 다윗이 두 번째[1] 왕이다.

---

1) 사무엘 상은 하나님의 계획아래 있는 한나의 아기를 달라는 간절한 통곡의 기도가 실로의 십자가 밑에서 시작(삼상 1장)한다. 한나는 사무엘을 얻은 감격의 기도를 드린다(삼상 2장). 이러한 아이 원함과 아이를 얻은 과정이 반복 리듬이다.

실로에서 사무엘은 사사로서의 소명(3장)을 받았다. 아벡에서 법궤는 빼앗겨 지고(4장) 법궤가 있는 블레셋 지방 아스돗에서 전염병 재앙이 일어난다. 아스돗 신상의 목이 떨어지고 팔이 부러지는 일이 일어나면서(5장) 하나님은 에그론에서 다시 법궤를 찾게 하셨다(6장). 이스라엘 백성들은 미스바에서 회개의 부흥회를 가졌으며(7장) 사무엘의 고향 라마에서 백성들이 왕을 요구함에 따라(8장) 사무엘은 사울과 만났고(9장) 숩에서 사울에게 하나님의 명령으로 기름을 머리에 부었다(10장). 사울은 전쟁에 나가 암몬을 물리치고 궁지에 몰린 길르앗 야벳을 도와주며 승리하여 무대에 올려진다(11장).

이에 따라 길갈에서 사무엘의 고별설교는 자신의 청결을 주로 한 내용이었으며(12장) 기름부음 받은 사울은 망령된 제사를 하나님께 드리어 하나님의 눈 밖에서 벗어나기 시작했다(13장). 블레셋의 철기문화에서도 용감히 맞섰던 사울의 아들 요나단의 용맹스러움(14장)과는 달리 사울은 아말렉에서 불순종으로 하나님의 2차 테스트에서도 실격 당한다(15장). 이러한 8~15장까지는 다윗으로 이어지기 위한 사울의 행적.

다윗은 베들레헴에서 비밀히 기름부음을 하나님의 명령으로 사무엘에 의해 받았으며(16장) 엘라 골짜기에서 골리앗을 물 멧돌 두개로 물리친다(17장). 이때의 맷돌 두 개로 반복 리듬이다. 다윗에 대한 사울의 질투는 기브아에서도 역시 두 번 반복 되었다(18~19장). 사울의 아들 요나단은 들판에서 아버지 사울에게가 아닌 다윗에게 우정을 보인다(20장). 요나단의 도움으로 다윗은 사울을 피해 놉땅으로 피신(21장).

하나님의 다윗 돕기는 아말렉 후손인 도엑이 제사장을 85명이나 죽이는 제사장 학살과 하나님을 업신여기는 풍조가 일어난 가운데에서도 아히멜렉은 다윗이 충성스럽다고 하였다(22장). 그일라에서 그일라 사람들이 블레셋 족속에세 어려움을 당하자 다윗은 하나님께 기도한 후 구해주고 다윗의 가족을 의탁했다.

다윗이 구해주었던 그일라 사람들은 다윗을 밀고해 버리며 배신한다(23장). 할 수 없이 에브라임의 수풀 속인 엔게디에 숨게 되고 이때 3000명을 끌과 온 사울이 마침 동굴 속에서 틈을 보인 사이에도 살짝 옷자락만 베며 하나님 마음에 드는 다윗이 된다(24장). 다윗은 600을 데리고 마온 지역인 갈맬로 사울을 피해 간다. 나발은 다윗이 쫓기는 상황임을 알고 도와주지 않았으나 나발의 지혜로운 아내 아비가일의 도움을 받은 후 다윗은 나발의 아내 아비가일을 둘째 부인으로(25장).

사울의 끈질긴 추격에도 불구하고 다윗은 사울 부대가 잠든 사이 그들의 창과 물병을 몰래 들고 와서 다윗은 사울을 전연 헤칠 마음이 없음을 알리고(26장) 사울의 힘이 미치지 못하는 블레셋 땅 가드로 피신하여 블레이 둘째 자리는 역시 성경조차 구약과 신약으로 되는데 있는 둘째 자리의 중요성이다. 사무엘 상 하의 자리조차 둘로 구성되는 성경의 카리스마 둘 째 자리이다. 다윗은 문 두개 사이를 잇는 뜨거운 마음을 가진 가슴을 글자의미로 하고 있다. 다윗은 하나님께서 허락하시지 않으시어서 다윗 장막만을 가지고 있다. 다윗의 궁 안에 성막 대신에 장막을 짓고 지성소를 삼아 그 안에 레위인과 제사장과 찬양대와 문지기가 둘러싸고 법궤를 두었다. 하나님의 사람 다윗은 사울 왕 다음의 사람이다.

다윗의 기록은 사무엘 하 1장에서 10장까지는 다윗의 번영기와 11장에서 21장까지는 침체기를 기록하였다. 1~21장까지는 연대기이며 22장부터 24장까지는 비연대기이다. 이러한 두 개의 구분 또한 다윗이 지닌 왕

셋의 왕으로부터 시글락 땅을 얻는다(27장).

다윗과 싸워 이길 수 없다는 두려움에 떨던 사울은 너무도 답답하여 하나님께 물었지만 응답이 없자 길보아산 북동쪽인 엔돌에 자신을 변장하고 가서 신접한 여인에게 묻게 되는데 이때 이미 죽은 사무엘이 평상시 모습 그대로 나타나 사울의 멸망을 예언해준다. 사울은 충격을 받고 탈진한다(28장). 한편 블레셋 땅에 있던 다윗은 블레셋과 이스라엘의 선생에서 이스라엘을 향하여 싸워야 하는 아이러닉한 일이 발생하지만 하나님의 은혜로 블레셋 군사들이 행여나 다윗이 이스라엘 편을 들어 오히려 역공할 것을 두려워 한 나머지 견제한다(29장). 다윗의 장점은 항상 무슨 일 때마다 어려운 일을 하나님께 묻는 것이다. 다윗이 여호와께 묻자와 가로되 내가 이 군대를 쫓아가면 미치겠나이까 여호와께서 대답하시되 쫓아가라 네가 반드시..찾으리라(삼상 30: 8)

다윗은 하길라에서 아말렉이 쳐 들어와 물건을 모두 가져 가고, 성을 태울 때에도 다윗은 하나님께 물어 응답을 얻은 후 그들을 급습하여 잃었던 것을 찾아 공평하게 배부해 주는(30장) 반면 사울은 블레셋의 군사가 쏜 화살에 맞아 죽어가면서 옆의 졸병에게 자신을 죽게(31장).

으로서의 두 번째 자리이며 왕의 자리 또한 2장과 5장에서 각기 두 번이나 왕이 되는 일을 헤브론에서와 예루살렘에서 통일 왕국의 왕[5장]으로 기록[1)]하였다.

---

1) 다윗이 죽은 사울(사무엘 상 31장) 다음으로 왕이 되면서 사울을 향한 조가(사무엘 하 1장)를 시작으로 헤브론에서 왕이 된다(2장). 하나님의 도우심은 공동묘지의 땅 마하나님에서 사울의 사촌인 요압의 동생 아브넬 군장이 죽고(3장) 사울의 아들 이스보셋조차 왕의 자리에 올라앉았지만 살해를 당한다(4장).

그 후 다윗은 예루살렘에서 통일왕국의 왕이 되고(5장) 왕이 축복받을 수 있었던 이유를 다윗이 제일 먼저 한 일을 하나님의 법궤를 예루살렘 성으로 옮겨 놓후(6장) 감사 기도를 드리는(7장) 일에 있다.

다윗의 생애는 싸움의 연속이다. 다윗의 군사적 승리는 블레셋 왕과의 사사로운 친분 관계로 완전히 블레셋 쪽은 조금 남겨 놓은 상황에서 군사적 승리를 거둔다(8장). 유일하게 살아남아 있던 요나단의 아들 절뚝바리 무비모셋을 다윗 자신의 상에서 음식도 먹게 하는(9장) 선행.

하나님은 그의 사랑하는 예수님이 지닌 둘째 자리의 신비를 성경의 곳곳에 숨겨둔다. 다윗이 한창 암몬과의 전쟁지역인 랍바에서(10장) 우리아가 한창 다윗을 위해 전쟁 중인 와중에 우리아의 아내를 범하는 실수를 범하는 일(11장) 다음에 나단선지자의 책망(12장)을 받게 하고 곧 이어서 압논이 그의 이복 누이동생 다말을 범하는 일을 두번째로 삽입한다. 이러한 상황은 가정 붕괴라는 큰 의미를 가지고 있다. 왜냐하면 피해를 입은 다말은 결혼하자고 압논에게 요구하였으나 성경은 다말을 강간한 이후 행동을 돌변하게 하고 거절함으로써 가정 붕괴가 다윗이 밧세바를 범한 일과 동일하게 일어나기 때문이다. 이로 인해 2년 후 압살롬은 압논을 죽인다(13).

그 후 압살롬은 그술로 피하였다가 아버지 다윗의 허락으로 예루살렘으로 다시 귀한 한다(14장). 그러나 다윗이 아들 압살롬을 만나주지 않자 계략으로 성 입구에서 성을 드나들던 사람들의 일을 해결해 주고 인심을 얻어 헤브론에서 왕이 된다(15장). 이때부터 오히려 다윗이 오히려 쫒기는 상황이 전개되는데 이 또한 사울을 피해 달아나던 다윗의 상황이 아들 압살롬을 통해 재연된다. 시므이의 저주(16장)와 이로 인한 내전 역시 두 가지의 전략이다. 다윗파의 후세와 압살롬파의 아히도벨로 등장하지만 아히도벨은 자살하게 되고 후세의 전략은 승리하는 두 가지 전략(17) 후에도 둘의 의미는 계속되어진다.

아히마아스와 요나단이 그 곳 여인의 도움으로 우물 속으로 숨어 살아날 때에도 두 사람 · 이 두 사람은 모리아 산상에서의 아브라함과 이삭(창세기 22장) · 고넬료와 베드로(사도행전 10장) · 예수님과 나사로(요한 복음 3장) · 예수님과 사마리아 여인(요한 복음 4장) 등 반복.

다윗과 압살롬의 관계에서 압살롬이상수리 나무에 긴 머리가 걸리고 요압에 의해 죽은(18장) 다음 . 다윗이 승리하고 예루살렘으로 귀한 한다(19장). 세바의 반란을 겪은 과정에서도 다윗의 둘 째 의미는 지속적, 세바의 반란으로 겪은 다윗의 섭섭함은 몇 십년 후 남과 북이 갈리는 단서가 된다(20장).

다시 등장한 기브온 사람들의 소원 또한 사울가문의 7명을 보내주

(2). 다윗이 썼다는 시편

슈태르크는『구약 성경 문서』총서[1])를 시편들의 공통적 성격을 후기 계층의 개인작품[2])으로 보았다. 궁켈의 제자 빌라와 슈멘크는 1인칭 단수 형태가 경건한 공동체를 의인화한 것[3])으로 보았다. 모빙겔은 시편을 민족의 원수들 앞에 처한 탄식시로만 볼 수 없다[4])했다. 궁켈은 구약 성경의 연구 초기에 나훔 1장에 관한 소논문을 발표하면서 예언서 1장이 제의적 알파베트시 등이 갖는 시가와 예언시의 예언과 시가 사이의 차이[5])로 보았다. 두움은 시가는 예언자에 의해 시작된 경건과 도덕성과 후대의 반영으로 보았으며 궁켈이 말하는 시가가 예언에 의존되었다는 설에 서기는 했지만 예언서는 시가서의 영향아래 있다 했다.

궁켈도 예언서의 알파베트 시가 미가서의 결론 부분

기를 바라 이들 소원을 들어주는 일 역시 하나님께 다윗이 여쭙은 다음 사울의 딸과 첩 2명을 보내는 둘 구분의 일이 일어난다(21장). 연대기적 서술과 비연대기적 서술로 된 둘로 나누어진 사무엘 하는 산의 상징으로 그 모습을 드러내는데 이에 숨은 의미로서 연대기적 서술 1~21장까지와 이에 대립되는 비연대기적 서술을 사무엘 하 22~24까지 다윗의 노래(22장)와 마지막 말(23장)과 다윗의 인구 조사(24장)로 하여 역삼각형을 이루면서 삼각형과 역삼각형이 모여 별 모양이 되면서 다윗을 상징하는 별 역시 삼각형의 리듬이다.

1) W. Staerk, Lyrik, *Psalmen, Hoheslied und Verwandtes*(SAT Ⅲ · 1), second edition 1920).

2) Individualismus und Sozialismus im Alten Testament' *Die Religion in geschichte unt Fefenwart*, Bd. iii, cols. 493~501(first edition 1912).

3) E. Balla, Das Lch der Psalen(FRLANT 16), Goöttingen, 1912.

4) S. Mowinckel, The Psams in Isral's worship, Oxford, 1962, vol. 1. 71ff., 225ff.

5) H. Gunkel, ''Nahum 1' in ZAW 13(1893)., 223~244.

과 이사야 33장에 나타남을 주장하여[1] 예언의 많은 사상, 주제, 어휘가 시편에서 발견되었다 하였다. 그로 하여 이스라엘의 성경 신학적 소망이 그 이미지로서 채택되고 정교하게 다듬어졌다 하였다. 궁켈은 하나님의 우주적 통치가 성경신학적 질서가 되며 특히 제왕시 시편 2편, 110편 그리고 시온의 찬양시 46편 예언에 나타난 양식인 시편에서 채택하고 있다. 궁켈에 제기된 문제점을 모빙겔은 제의 형성자에 대한 독창적인 배경을 연구[2]하였다.

시편에 대한 역사비평 해석은 이스라엘 종교발달사에 저작시기와 성격이 아주 상이한 견해들을 제시한다. 가끔 예외도 있지만 다윗 저작설이 부인되고 특히 시편의 저작되었던 상황과 표제들을 배제한다면 다윗 일생에 관한 특정 사건에 귀속시키는 표제들은 후대에 첨가된 것으로 보여 진다.

시편 연대는 학자들의 서로 상이한 견해를 보인다. 벨하우젠과 그 학파들에 의하여 이루어진 이스라엘 종교사의 재구성은 만족스럽지 않다는 사실이 드러나게 되고 문서비평에서 얻어지는 이스라엘 종교제도의 역사와 발달은 내적이며 개인적인 측면으로 해석되어지

---

1) H. Gunkel, Jesaja 33' Eine Pophetische Liturgie', in ZAW 4201924, 177~208; 'DES Micha Schluss', *Zeitschrift für Scmitistik*, 1924. 145~183.

2) S. Mowinckel,, Psalmenstudien II, 65.

게 된다. 그 이유는 이스라엘의 고유한 운동, 자세, 목적들과 더불어 이스라엘 경건의 연대와 발달은 확실한 자료가 없어서 이스라엘 경건에 관한 예배와 외형적 형태보다는 정신성과 헌신이라는 보다 내적인 요인으로 발달되고 진보되어 간다. 시편은 제 2성전의 찬송가로 초기의 제의적 관행으로부터 생성된 내적이며 영적인 헌신의 표현으로 이스라엘 개인의 체험으로 기록된 자서전적인 영적 성찰이다.

시편 해석가들은 시편이 이스라엘의 종교적 발달의 시대로 주전 2세기의 미카비 혁명 시대[1]로 본다. 올스하우젠은 이 견해를 하나님의 주석에서 발전시키고[2] 있다.

시편은 총 5권[3]으로 되어 있다.

---

1) Maccabcan Revolt: F. Bleek, *Einleitung in das Alte Testament*, Fourth edition J. Wellhausen(Berlin, 1978), note 1, 504.

2) J. Olshausen, 1800~1882:

J. Olshausen, *Die Psalmen*(Kurzgefasstes exegetisches Handbuch zum Alten Testament), Leipazig, 1853; *Gedáchlnis Rede aut Justus Olshausen in Abhandlungen* der Königlichen Akademie der Wissenshaften zu Berlin(1883~4), 1~21.

3) * **시편 1권은 시편 1~41편까지이다.**

복 있는 사람(1편)을 시작으로 하여 메시아 예인과 다윗 왕(2편)과 고난 중에서도 구원확신(3편)과 고난 중에서도 기쁨(4편) · 아침기도(5편)는 침상에서 눈물(6편)을 흘린 체험에서 시작되며 의로우신 재판장(7편) 여호와 우리 주여를 부르짖는 다윗의 믿음(8편)은 곧 감사 · 보좌에서 공의로 세계를 심판하시는 분(9편)에 대한 경외와 악인의 혀(10편)를 유황불로 다스리시는 하나님(11편)이심을 믿는 믿음의 다윗.

하나님의 말씀은 가장 바다 깊이에서 일곱 번 단련된 순결이기에 악인의 입술과 두 마음을 품은 자의 극단적인 차이(12편)를 가진다. 고난 중에서 절규, 언제까지이니까(13편)로 외치는 화자의 절규와 반면 어리석은 자는 하나님이 없다(14편)하는 극단적인 차이를 가진다. 그러기에 늘 성산에 거할 자(15편)의 의로운 예배자는 존귀한성도의 기쁨(16편)이다. 이 기쁨은 주 날개

밑에 있어 눈동자 같이 지키시는(17편) 하나님께 늘 감사함으로 하나님이 나의 힘이 됨(18편)을 체험 · 하나님의 말씀은 밤낮으로 꿀송이 같은 말씀(19편) · 다만 출정할 때는 두려워하지 말고 하나님의 이름만 자랑(20편)해도 개선하게 되고 그 때 정금 면류관을 얻게(21편)되는 진기한 축복 방법을 제시한다.

이 놀라운 은혜는 메시야가 고난과 조롱을 받으시며 나를 구원해주시는 까닭(22편)이다. 여호와는 나의 목자시다(23편)라고 왕의 입성(24편)인 주만 바라보나이다(25편) 고백하면서 뜻과 마음을 단련하소서(26편)라는 주님의 뜻 이루시기를 기원하기만 하고 여호와의 아름다운 이름을 앙망(27)하기만 하면 된다. 그 이유는 힘과 방패와 선성이신 유일하신 피난처(28편)인 여호와의 소리가 6회나 반복되면서 천둥과 번개(29편)로 나타나시어 드디어 아침에 기쁨이 오리라(30편)는 믿음을 주신다. 강하고 담대하게 여호와를 사랑하라는 환난 중의 격려는 오직 성도의 일(31편)은 강하고 담대하게 회개함으로 하여 용서의 기쁨을 누리는 것(32편)이다. 이 용서받음 뒤에는 비파와 수금으로 찬양할찌어다(33편) 소리높일 수 있다. 의인은 고난이 많을 수 밖에 없다(34편). 그러나 불의한 증인과 싸워(35편) 이기는 것은 주의 인자하심(36편)이 있기 때문이며 여호와를 기뻐하라(37편)라는 말을 들을 수 있다. 친 친척들로 하여 종일 슬픔(38)이 있어 손바닥 같은 인생(39편)일지라도 참회하면 기가 막힐 웅덩이에서 소식이 오며(40편) 더구나 병상에서 친구의 배신이 있을지라도 자비를 베푸시는 구원의 하나님이시기(41편) 때문.

＊ 시편 2권은 시편 42~72편까지이다.

사슴 · 하나님 · 바라기(42편) → 절규 · 하나님 · 바라기(43편) → 주의 이름으로 밟으리라(44편) → 왕의 축혼가(45편) → 야곱의 피난처(46편) → 왕 중 왕을 찬양하라(47편) → 아름다운 시온 산(48편) → 재물경고(49편) → 해 돋는데서 · 예배(50편) → 다 · 새롭게 하소서(51편) → 도엑의 혀(52편) → 어리석은 자(53편) → 돕는 자(54편) → 배신자(55편) → 눈물을 주의 병에 담으소서(56편) → 새벽에 마음 · 마음 확증(57편) → 독사의 자식(58편) → 주 만 바라봅니다(59편) → 에돔 · 모압은 네 목욕탕 · 싸움(60편) → 날개아래 · 서원 · 피난처(61편) → 산성 · 반석 · 구원 · 피난처(62편) → 평생 주 송축(63편) → 칼 같은 혀(64편) → 양떼 · 감사(65편) → 출애굽 단련(66편) → 우 · 민 · 열 · 파송(67편) → 천천 · 만만 · 고아 · 과부(68편) → 메시야 · 황소 · 쓸개를 나의 식물로 주며(69편) → 속히 나를 도우소서(70편) → 백수노인 · 항상 소망(71편) → 항상 · 메시야 · 왕국(72편)에 대해서이다.

＊ 3권은 시편 73~89편까지이다.

복 · 사모 · 전파 · 악인의 형통(73편) → 밤낮 · 악어 · 용머리 · 대적(74편) → 동 · 서 · 남 · 북 · 뿔 · 재판장(75편) → 야곱의 하나님 · 경외(76편) → 내 맘에 한 노래 있어(77편) → 역사 1 · 경험 · 토대로 교육(78편) → 갇힌 자 · 예루살렘 · 멸망 · 탄식(79편) → 주의 얼굴 빛 비추소서(80편) → 네 입을 넓게 열라(81편) → 불의한 · 재판장 고발(82편) → 침묵하지 마소서(83편) → 복 · 사모 · 궁정 · 문지기(84편) → 포로 귀한자의 기도(85편) → 다 · 구원하소서(86편) → 땅 끝까지 · 파송(87편) → 친구 · 육체적, 신앙적,

2). 다윗의 시들

(1). 복 있는 사람에게 오는 너는 행복한 사람 - 시 1:1~6

성경은 복 있는 사람과 너는 행복자로다를 구분한다. 복 있는 사람=아시레=אשר[아시레]=אֲשֶׁר[아시레]1)이다. 너는 행

사회적 고통, 절규(88편) → 언약의 하나님(89편)이시다.

*** 4권은 시편 90~106편까지이다.**

날아가는 인생(90편) → 날개 아래 · 사냥꾼 · 피난처(91편) → 밤마다 주의 성실 찬양(92편) → 보좌 · 통치 찬양(93편) → 세계 심판(94편) → 오라, 경배하자(95편) → 온 땅이여 주를 찬양 · 선파(96편) → 번개 · 통치(97편) → 온 땅이여 주를 찬양 · 나팔(98편) → 모세 · 통치자(99편) → 온 땅이여 주를 찬양 · 기쁨(편) → 충성 · 통치자(101편) → 망국인 · 참새 · 눈물(102편) → 다 송축하라 · 위대한 사랑에(103편) → 다 송축하라 · 위대한 대 자연에(104편) → 역사서 2 · 전 · 사랑(105편) → 역사서 3 · 후 · 징계이다.

*** 5권은 시편 107~150편까지이다.**

동 · 서 남북 · 구속 · 찬양(107편) → 새벽에 · 목욕탕 · 정함(108편) → 오직 기도할 뿐이다(109편) → 메시야왕 · 청년 · 멜기세덱(110편) → 수직 · 할렐루야 · 그 행사 찬양(111편) → 수평 · 계명을 지키는 자 복(112편) → 해 돋는데서 · 이름찬양(113편) → 출애굽 후 · 자연 찬양(114편) → 주의 이름에 영광(115편) → 성도 죽음 · 감사(116편) → 축소판 · 우리에게 향하신(117편) → 나의 시편, 모퉁이 · 호산나(118편) → 말씀장(119편) → 화평의 노래(120편) → 내가 산을 향하여(121편) → 예루살렘 평안을 구하라(122편) → 위로부터 긍휼 호소(123편) → 사냥꾼의 올무 회상(124편) → 성도의 평 · 안(125편) → 해방의 기쁨(126편) → 파수꾼 · 지식(127편) → 행복한 가정(128편) → 시온을 미워하는 자 종말(129편) → 파수꾼 아침(130편) → 젖 뗀 아이 · 심령(131편) → 언약 · 지축(132편) → 형제 연합(133편) → 송축하라, 밤에 봉사자들아(134편) → 찬송하라, 여호와의 종들아(135편) → 감사하라 여호와의 인자하심을(136편) → 망국민 · 버드나무 · 울음(137편) → 군사적 승리 감사(138편) → 신묘 막측 · 편재성(139편) → 강포한 자 · 혀(140편) → 내 입에 파수꾼(141편) → 옥에서 구원하소서(142편) → 상한 심령 호소(143편) → 사람이 무엇이관대(144편) → 왕이신 나의 하나님(145편) → 찬양하라, 유일하신 하나님께(146편) → 찬양하라, 치유의 하나님 · 별(147편) → 찬양하라, 만물들아(148편) → 찬양하라, 성도들아(149편) → 찬양하고 또 찬양하라(150편)1).

1) אַשְׁרֵי הָאִישׁ אֲשֶׁר(아스레 하이쉬 아쉐르 · 복 있는 사람, NMPG D.NMS R, Blessed is the man thatm 시 23:1).

복자=אשריך아시레하=אַשְׁרֶיךָ아시레하[1]이다. 하나님 믿어 행복한 자를 하나님은 아시레를 두 번 반복한다. 두 번 반복 성경의 예는 하나님과 예수님 두 분에 대한 은유 암시이다. 행복한 사람을 가르키시며 아시레 하신다. 너는 행복자로다라고 하실 때에는 아시레하 한다. 어미 하 극존칭이 붙는다.

한국에서도 용비어천가에 임금하 아르소서 하여 임금에 대한 극존칭 하가 붙는다. 극존칭은 절대자에게만 해당하는 것으로 하나님이 직접적인 눈앞에 있는 대상인 당신을 행복하게 만들었다는 의미가 강하다. 그런데 어미에 י요드요드가 올 경우에는 하나님의 손에 의해 대상이 숨 쉰다는 의미이다. 숨 쉬어 대상을 행복하도록 만드셨다는, 즉 손을 보았다는 의미다. 직접적인 대상과 막연한 대상의 차이인바 복 있는 사람이라는 객관성과 너는 행복자라고 하는 아주 가까이에서 사랑하는 이에게 하는 축복의 의미가 더 강하다.

시편1편의 복 있는 사람은 그 특징을 아주 간단하게 셋으로 구분한다. 첫째 악인의 꾀를 쫓지 아니한다. 하나님의 형상대로 만드시고 보기 아주 좋았더라 하시었기에 악인의 꾀를 쫓지 아니하는 사람이다. 복 있는 사람을 악인의 꾀를 쫓지 아니하며[2]로 한 하나님은 사람

---

1) אַשְׁרֶיךָ(아스레하 · 너는 행복자로다, MYS Happy art yhou, μακάριος συ, 신 33:29).

2) לֹא הָלַךְ בַּעֲצַת רְשָׁעִים(로 할라흐 바아자트 레솨아임 · 악인의 꾀를 쫓지아

을 하나님의 형상대로 지으시고 사람 자리를 존중하여 절대자와 같은 존재로 만들어서이다. 곧 하나님이 신인데 그 신 만큼에 가까운 자유와 권한을 부여하여 주시었다. 하나님 형상을 닮지 않은 자를 악인으로 하였다. 사람에게는 꾀가 있다. 꾀=에자드=עצד[에자드]이다. 눈으로 보이는 향기를 가슴에 넣는 일이다. 겉으로 드러내지 않고 가슴에 넣는 것이 피 이다.

향기는 눈에서 보이지 않는다. 보이는 향기는 향기가 아니다. 향기는 코로 하나님의 향기가 들어오는 것이다. 악인은 눈으로 보이는 이익을 따라간다.

따라서 복 있는 사람은 악인의 꾀를 쫓지 아니함의 이 주제에 대하여 시조작품을 창작할 수 있다.

가을 잎 아쉬움을 눈 위에 달고 나면
한 마리 낙엽 잎이 되는 새 나뭇잎 새
그 아래 심겨 내려온 사랑함의 그리움

– 이영지 「가을 잎 새」

두 번째 복 있는 사람은 죄인의 길에 서지 아니한다.[1] 하나님은 사람을 에덴동산에 두시어 에덴에서 마음대로 하나님의 품 안에서 에덴동산 길을 다니게 하

니하며, ABN VQAMZS P.NMSS P.NMSG AMP, not walketh in the counsel of the ungodly, 시 1:1).

1) וּבְדֶרֶךְ חַטָּאִים לֹא עָמָד(우브데레흐 하타임 로 아마드 · 죄인의 길에 서지 아니하며, C.P.NMSG AMP ABN VQAMZS, in the way sinners not standeth, 시 1:1).

였다. 그 길은 바로 서는 일이다. 그런데 죄인=하타=אטח=חָטָא하타[1]가 있다. 예수님인양 십자가를 지는 일=하타임=חטאים=חַטָּאִים하타임[2]이 있다. 죄인이다. 이 범죄의 사악한 일은 거짓 사람이 하나님의 지혜인양 하는 모습이다. 자신 위에 더 높은 것이 없다. 실과를 따먹은 죄인들이 하타임이다. 머리 위 하늘을 무시하고 자기 외에 아무것도 보이는 게 없다. 자기 위에 아무것도 없는 것이 죄인들 모습 이 길에 서지 않는 사람이 복 있는 사람이다.

> 파아란 하늘 푸름 한 조각 내려앉은
> 머리로 사랑함을 드러내 차츰 차츰
> 오로지 하늘 닮기로 줄무늬를 내리기
>
> - 이영지 「하늘 푸름 닮기」

복 있는 사람은 오만한 자의 자리에 앉지 아니하는=우브모솨브 레짐 로 야솨브=וּבְמוֹשַׁב לֵצִים לֹא יָשָׁב우브모솨브 레짐 로 야솨브[3]인바 하나님은 사람을 하나님 다음으로 높은 자리에 앉게 하였다. 그럼에도 하나님 자리를 탐내 그 자리에 오르고자 할 때가 오만하다. 이 오만=루즈=לוּץ루즈[4]가 기본형이다. 의미는 스스로 향기를 내려

---

1) 죄인=하타=חָטָא=범죄, 죄인(창 20:9, 34:9, 40:1, 43:9, 시 1:1)

2) חַטָּאִים(하타임 · 죄인의, AMP, inners, 시 1:1).

3) וּבְמוֹשַׁב לֵצִים לֹא יָשָׁב(우브모솨브 레짐 로 야솨브 · 오만한자의 자리에 앉지아니하며, C.P.NMSG VQAMZP ABN VQAMZP, in the seat of in scornful nor sitteth, 시 1:1).

4) לוּץ(루즈 · 오만).

고 하는 뜻이다. 본문 오만한 자=레짐=לֵצִים레짐1)은 스스로 향기를 내려는 오만을 드러내는 사람들이다. 많은 사람 사람들이다. 따라서 오만의 자리에 앉지 않는 사람은 극소수임을 암시한다. 하나님의 향기를 내려는 오만의 자리에 앉는 사람들과 달리 복 있는 사람은 말씀을 사모한다. .

은유법으로 시조를 창작 할 수 있다.

> 잎 새의 푸르름을 접어서 보일께요
> 깃털의 사이사이 넣어서 보일께요
> 말씀만 하신다면은 금방 날아오르게
>
> \- 이영지 「잎 새 닮기」

우리 한국인들은 임이라는 말을 쓴다. 한국에서는 두음법칙에 의하여 임을 님 이라 한다. 사랑하는 사람을 성경은 오직임2)으로 한다. 오직! 한 분 뿐인 나의님이 임이다. 그는 하나님 하나밖에 없는 임이다. 그러기에 그의 율법을 밤낮으로 묵상하는 자는 복이 있는 사람이다. 사람에게서도 사랑하는 사람이면 무조건 사랑하는 사람의 뜻을 따라한다. 부부 그들은 평생 서로 따라하며 닮아간다. 하물며 그 대상이 하나님인데 말을 해서 무엇하랴!

더욱 놀라운 것은 우리나라 말에 있는 돌아 와의 돌

---

1) לֵצִים(레짐 · 오만한자의, VQAMZP, the scornful, 시 1:1) .
2) אִם(임 · 오직, 시 1:2).

아! 이다. 사람이 죽었을 때 존경어로 돌아가시었다 라 한다. 이 돌아가셨다, 돌아왔다, 본 아내에게 돌아 왔다! 라는 말이 바로 히브리어 토라[1] 율법이다. 하나님께 돌아와야 하는 법이 율법이다. 하나님이 계시는 곳으로 돌아오는 자는 다름 아닌 성경말씀을 늘 읽으며 그대로 하는 자다. 즐거움이 마음속에 가득하게 되는 여호와의 율법을 즐거워하며 그 율법을 주야로 묵상하는 자로다.[2]

> 사랑의 마음들을 어쩔 수 없어져서
> 나앉은 나무위에 마음을 가라앉힐
> 새파란 사랑음표로 달아보려 합니다
>
> – 이영지 「새파란 사랑음표」

복 있는 사람은 시냇가에 심은 나무가 시절을 좇아 과실을 맺으며 그 잎사귀가 마르지 아니함 같으니 그 행사가 다 형통하리로다.[3] 숨 쉬게 하시는 하나님은

---

1) תּוֹרָה(토라 · 법, 출 12:49; 대상 16:39).

2) כִּי אִם יְהוָה חֶפְצוֹ וּבְתוֹרוֹשׁ יֶהְגֶּה יוֹמָם וָלָיְלָה(키 임 토라트 여호와 헤프조 우브토라토 예흐게 욤맘 바라이라 · 오직 여호와의 율법을 즐거워하며 주야로 묵상하는 자로다, C Q P.NFSG NE BNS.MZS C.P.NFS.MZS VQIMZS AB C.NMS, But is in the law of the LORD his delight and in the law doth he meditateday and night, 시 1:2),

3) וְהָיָה כְּעֵץ שָׁתוּל עַל~ פַּלְגֵי מָיִם אֲשֶׁר פִּרְיוֹ יִתֵּן בְּעִתּוֹ וְעָלֵהוּ לֹא~ יִבּוֹל וְכֹל אֲשֶׁר~ יַעֲשֶׂה יַצְלִיחַ(베하야 케에쯔 솨툴 알~팔르게 마임 아쉐르 피르오이텐 베이토 베알레후 로~잇볼 베콜 아쉐라 야아세 야즐라이아흐 · 저는 시냇가에 심은 나무가 시절을 좇아 과실을 맺으며 그 잎사귀가 마르지 아니함 같으니 그 행사가 다 형통하리로다시, C.VQAMZS P.NMS VQPP P~NMPG NMP R NMS.MZS VQIMZS P.NFS.MZS ABN VQIMZS C.NMS R. VQIMZS VHIMZS, And he shall be like a tree planed by the revers of water that his fruit bringeth forth im his season his leaf also not

하나님의 손으로 역사하신다. 보여 지는 그대로의 우리이다. 향기 나는 나무이다. 두 손 높이 들어 하늘 향해 서는 나무들, 잎사귀들, 살아 있는 나무와 잎 새는 하늘 두 손을 번쩍 들며 하늘방향으로 서며 자란다. 하늘 향기를 낸다. 번제 드려지는 입으로 말씀을 전한다.

이 은혜 갚기의 삶은 좋은 물이 되는 일이다. 일상의 삶에서 십자가를 지는 사람이다. 그리고 입으로 말씀을 전하는 사람이다. 복된 말을 전하는 사람은 어느 단체에서든지 우두머리가 되게 하신다. 혼자 있는 것이 아니라 절대자와 함께 있어서이다. 복된 사람의 모습은 하나님 집안에 있는 사람이다. 그러기에 개인인 사람이 아니라 하나님의 향기가 넘쳐나는 아름다운 세상을 만든다. 하나님 닮으려는 향기가 나는 복 있는 사람이다.

> 풀잎들 한모서리 풀잎이 자라 생긴
> 나무의 무대 위에 올라가 바라보면
> 그리움 마음에 새길 풀잎맹서 보여요
>
> – 이영지 「마르지 않을 그리움」

복 있는 사람은 다른 이를 위하여 목숨을 내 놓는 사람이다. 이 사람은 나라가 인정하여 비를 세워주기도 한다. 여호와께서 인정하시는 길[1]이다. 하나님의 손으

---

shall~wither and whatsoever he doeth shall prosper, 1:3).

1) כִּי~יוֹדֵעַ יְהוָה דֶּרֶךְ צַדִּיקִים(키 요데아 여호와 데레크 자디킴 · 대저 의인의 길은 여호와께서 인정하시고, C. VQPA NE NMSG AMP, For knoweth LORD the way of the righteous, 시 1:6).

로 하나님의 가슴과 눈으로 넣으심을 입은 사람이다. 그 혜택으로 복 있는 사람의 가슴에 절대자가 늘 자리하여 하나님 향기를 가슴에 지니고 살아가는 사람이다. 산이 봄일 때 새파란 봄의 옷을 입고 개나리가 노랗게 피며 노오란 깃을 달고 때 분홍의 옷을 입는다.

> 노오란 들길에서 노오란 깃을 달고 빠알간 꽃 앞에서 빠알간 머풀러를 늘이어 사랑을 받는 새야새야 잘했어
>
> \- 이영지 「닮은 너」

> 파아란 새털로만 너는 늘 날고파서 파아란 눈동자에 입술을 들어올려 하늘을 보는 버릇이 그대로다 날기로
>
> \- 이영지 「하늘을 보는 버릇」

> 폴포르 앉자마자 고개를 나에게로 머리의 깃털에서 바람이 일어난다 나무에 새파란 잎이 바람 따라 일어나
>
> \- 이영지 「나무에 싹이 돋을거에요」

> 머리에 리본달자 등에도 슬그머니 오르는 리본달기 가만히 따라하자 봄빛이 옴폭 들어가 사랑표시 넣는다
>
> \- 이영지 「등에다 사랑표시」

> 풀잎이 꽃 피우지 않으면 난 언제나 나무에 올라 앉아 빠알간 꽃이 된다 부리와 꼬리 빠알간 꽃이 피어 앉는 새
>
> \- 이영지 「나무에 앉아 꽃피는 새」

행복한 사람은 노오란 들길에서 노오란 깃을 달고 빠알간 꽃 앞에서 빠알간 머풀러를 늘이어 파아란 새털로 난다. 파아란 눈동자에 입술을 들어 올려 하늘을 난다. 시인이 난다. 시인이 깃털 바람 시를 쓴다. 시인의 나무에서 꽃이 핀다.

(2). 푸른 그리움

마음을 풀어가며 어느 메 꽃잎으로
떠 오는 숨소리로 바다 속 겨울고기
하늘 못 둘레 둘레로 꽃빛 눈금 그린다
　　　　　　　　　　　　　　　　　- 이영지 「꽃빛 눈금」

푸른 양은 청양이다. 희다 못하여 푸르른 꿈을 들고 달리는 청양의 해는 온 나라에 평화와 행복이 깃들 게 한다.

별빛이 내려앉아 푸르다 못하여서
흰 푸른 물결위에 당신은 새해의 꿈
박아서 별빛 찬란한 창마다에 박힌다
　　　　　　　　　　　　　　　　　- 이영지 「창마다 푸른 별」

아시아 인 중에서도 특히 한국인은 싸움을 싫어하고 같이 어울려 나라를 지키는 특수한 민족이다.

열두 척 배위에다 꽃소식 알리려고
가슴을 바다위에 열어서 보이는 날
꽃들의 북소리 열어 나라구한 당신은
　　　　　　　　　　　　　　　　　- 이영지 「당신이 있는 한」

나라 구한 이는 이순신 장군이다. 이순신 장군 동상이 있다. 뿐만 아니라 나라의 큰 건물 앞에 가면 반드시 건물 밖에서 건물을 지키는 이 청양이 있다.

언제나 당신은 늘 말하고 싶어 했죠
푸르다 못해 진한 그리움 몸에 달고
별빛의 아침이어야 한다시며 빛나는
- 이영지 「별빛의 아침」

우리 대한민국 백성들은 나라를 사랑하고 나라를 위해 목숨도 기꺼이 내 놓았던 그 순결함의 상징이 이 청양을 만들어 늘 옆에서 바라보는 일로 증명하였다.

물위에 올라앉은 빛에다 사랑풀기
시작을 알려오면 모두다 흰빛이다
둥둥둥 울려나오며 하늘빛 쌓는다
- 이영지 「물 위에 올라앉은 빛」

다윗은 사울의 갖은 압박에서 하나님의 도우심으로 살아남아 하나님을 찬양하는 시 시편 18편을 지었다.

밤마다 별을 다는 밤에는 노랫말 하나씩이 내 걸려 새어나게 하느라 밤새도록 발바닥 불이 나도록 다니느라 내 사랑
- 이영지 「발바닥 불이 나도록」

다윗은 하나님이 다윗을 구원하셔주셨음에 감격하여 푸른 노래를 부른다. 시편 18편은 다윗이 사울에게서 괴롭힘을 당한 후 하나님이 구원하여 주셨음에 대한 감격이다. 성경에서 구원은 나를 꺼내놓는 것이다. 어려움에서, 가난에서, 외로움에서 나를 하나님이 꺼내놓으신다. 기본형이 나잘[1]인바 영원히 향기 나게 하시려

1) נָצַל(나잘·꺼내다).

고 택하심이 구원의 의미다. 본문에서는 히질[1]로 되어 있다. 히필동사로 나의 뜻과는 관계없이 내가 내 놓여진 것이다. 분별하여 하나님이 내놓아 살리신 것이다. 하나님이 숨 쉬게 하심에 향기가 나는 사역 다윋이다.

> 깜깜한
> 어둠에서
> 건져낸 푸른 희망
> 푸르른 등을 달고 나오라 사랑이여
> 도시 숲 숨쉬어가게 푸른 가슴 나오라
>
> \- 이영지 「푸른 명령」

상대방을 빛으로 꺼내오는 일이 구원이다. 구원을 받은 사람은 감동한다. 너무 감동하여 마음에 전율이 온다. 감동은 힘이 난다. 헤 제키=חזקי 히지키 나의 힘이 되신=קִי
חִזְ 히지키 나의 힘이 되신[2]는 일이다. 해서 제키는 힘은 하나님이 주관하심에 힘을 내 해 제키는 힘이다.

> 빛에다 노랑빨강 파랑을 둘러준다
> 금방에 물위에로 빨강고 노랗다가
> 현깃증 끌어올려서 새파랗게 살린다
>
> \- 이영지 「현깃증」

다윋이 힘을 얻게 된 일은 첫째 하나님이 나의 반석이시오 둘째 하나님이 나의 요세시요 셋째 하나님이

---

1) הציל(히질·구원하신VHAMZS, that delivered, tl 18:1).
2) חזקי(히즈키·나의 힘이 되신, NMS, CXS, my strenth, 시 18:2).

나를 건지시는 하나님이시라는 것이다. 이로 하여 나의 피할 바위가 되며 나의 방패, 구원의 뿔, 산성이 된다. 힘이 왜 나는 지를 성경은 하나님이 나의 반석과 요세와 나를 건지심에 힘이 난다 하였다. 둘째 나의 반석이 시요의 이 반석 =סלע셀라이 반석=סֶלַע셀라이 반석[1]은 살리는 힘이다. 살려=סלעי셀르이 반석=סַלְעִי셀르이 반석[2]내는 반석이다. 살라, 살아라 명령하신다.

삶은 내가 사는 것이 아니요 절대자가 살아라 살라 명령하기 때문에 산다. 사는 모습까지 명령하는데 둥글게 살아라이다. 둥글게 사는 모습은 모나지 않음이 눈에 보이도록 사는 일이다. 사랑으로 살아야 삶의 힘이 나는 일이다.

> 어울려 팔을 들어 팔짓을 해 보아요 그러면 팔 끝에로 오르는 향기 들고 둥글글 돌아보아요 바람 날개 일어요
>
> \- 이영지 「같이 들 둥글게 살아요」

둘째 다윋에게 힘나는 일은 하나님이 나의 요세시기 때문이다. 열심히 맞추다=מצוד=보면 나의 요새 מצודתי움므주다티 나의 요세시요=וּמְצוּדָתִי움므주다티 나의 요세시요[3]가 되어 나에게 좋은 일이 일어난다. 요세는 나의 유일한 나를

---

1) סֶלַע(셀라으·반석).

2) סַלְעִי(셀르이·나의 반석이시오, NMS.CXS, mt buckler, 시 18:3).

3) וּמְצוּדָתִי(움므주다티·나의 요세시요.C.NFS.CXS, and my fortless. 시 18:3).

지켜주는 맞춤형 보루이다. 이 힘은 하나님의 말씀이 다윈의 가슴에 향기로 들어와 하나님과 마주할 때가 요새가 된다. 요새 다윈의 삶이다. 하나님 안에서 내가 향기를 낼 수 있는 가슴이다.

> 하나씩 향기 들고 달리는 마음기차 거기에 이쁜이 꽃가지에 새싹이 나 여기도 섬에서 피는 그리움을 나눈다
>
> – 이영지 「여기도 섬에서 피는」

셋째로 힘이 나는 이유는 나를 건지시는 자가 하나님이어서이다. 자신을 팔았다는 우리말 그대로 히브리에서도 וּמְפַלְטִי[움프파르티·나를 건지시는 자시오]라 한다.ㅍ자신을 하나님에게 팔아버린 다윈 인생철학이다.

> 사람 숲 사이에서 떠 오는 그리움을 꼬옥꼭 접어들면 밤에야 별로 뜨는 나만의 옹골찬 시간 차를 어서 타셔요
>
> ~ 이영지 「차를 어서 타셔요」

이 셋 모두 어미에 요드=י[요드]가 붙어 처음부터 끝까지 하나님께서 우리의 한 생애를 인도하셨다 이다. 하나님과 다윈과의 관계는 서로 아주 마주하는 사이다. 하나님 말씀을 입으로 하는 지혜를 가진 자 사역이다.

> 수 천 개 방방마다 입들이 싹이 난다 싹에는 하나둘씩 입의 말 들어 앉고 나서야 붉은 노을이 나팔 불어 빵빠앙
>
> – 이영지 「빵빠앙」

바위=주르=צור=주르 바위צוּר주르 바위[1] 기본형에 본문 바위=주리=צורי=צוּרִי주리[2]이다. 바위 뜻은 향기를 가진 머리를 하나님이 주심이다. 우리말 그대로 주리이다. 신앙이 돈독한 자에게 하나님이 주리이다. 코로 냄새 맡으니 그 사람의 마음이 보인다이다. 하나님 안에 피할 반석이 있어서이다. 하나님 말씀이 있어서이다.

> 그 분이 늘 나에게 주리라 하시기에 발 시려 신발 꺼내 신은 날 물길에는 이끼가 파랗다 못해 푸른 그리움 피어나
>
> – 이영지 「푸른 그리움」

나의 어려움을 막는 방패=마간=מגן=מָגֵן마간[3]이다. 우리말 그대로 막은이다. 이 기본형에 본문은 나의 방패=마개니=מגני=מָגִנִּי마개니[4]하였다. 혹은 우리말 마개이다. 나의 생애의 어려움을 막아주는 마개 하나님이다.

> 따라가 보려하고 돌다가 돌아가다 돌멩이 하나로만 남아서 돌아가다 하나씩 올려놓은 돌길의 기둥으로 보초를 섭니다
>
> – 이영지 「하나씩 올려놓은 돌길」

이 세상에서 내가 할 일이 있다는 건 살아가는 보람이다. 이 사역을 담당하면서 살아 기쁨을 가진다. 막연한 인생살이가 아니라 의미가 있는 인생을 살게 된 신앙을 가지는 삶은 하나님이 구원의 뿔이시어서이다. 뿔

1)צוּר(주르·바위).
2) צוּרִי(주리·나의 바위시요, NMS.CXS, mt strength, 시 18:3).
3) מָגֵן(마간 방패, NMS, buck).
4) מָגִנִּי(마기니 · 나의 방패시요, NMS.CXS, my bucker, 시 18:3).

은 몸체 내에서 가장 귀중한 부분이다. 뿔은 케낸=קֶרֶן[1]=있으니~케낸[2]일이다. 하나님의 보화가 있으니 캐낸 일이다. 구원을 케낸 일을 가진 자는 인생의 참 의미를 캐내는 일 구원이 나에게 온 일이다.

내가 캐낸 삶은 바로 내가 온갖 더러움과 죄악을 버리고 주님께로 돌아온 일이다. 되돌아 온 다윋은 시로 하나님 향한 그의 마음이 온전히 기울어있음을 보인다.

> 제 혼자 갈 수 없어 꽃잎의 생각에 싹부터 나오다가 그리고 꽃대궁에 얹혀 진 나랑 당신이 똑 같은 길 차차차
>
> – 이영지 「똑같은 길 차차차」

다윋이 쓴 시의 가장 시적인 표현은 바람 날개이다. 바람 날개 알 꺼내=캐내 패=כַּנְפֵי캐내 패[3]이다. 바람의 힘이 작용한 하나님 영을 캐내는 일이다. 바람이 날개를 달아 높이 뜬다. 하나님이 인간에게 나타나시는 일은 바람 날개로 하신 바로 영의 힘이다.

다윋에게는 든든한 바람 날개 사역의 힘이 솟았다.

> 꼭대기 층에서만 파아란 별바다가 앉느라 층층이만 올라가 가슴 풀어 당신의 바람 날개로 속삭이고 앉는다
>
> – 이영지 「바람 날개가 속삭이고 앉는다」

---

1) קֶרֶן(케렌·뿔).

2) יִשְׁעִי ~ וְקֶרֶן(이스이~베케렌·나의 구원의 뿔이시오, S.NFSG NMS.CXS, and the horn of mt salvation, 시 18:3).

3) רוּחַ ~כַּנְפֵי ~ עַל(알~카느페~루아흐·바람날개로, P NFPG NFS, upon the wings of the wind, 시 18:11).

하나님이 인간을 구원하심을 목적으로 하시고 사람에게 직접적으로 나타나지 아니하시면서 드러내시는 흔적은 여러 가지이다. 그 중에서 가장 대표적인 것인 빽빽한 구름가운데서이다. 이 구름은 히브리어로 아브[1]이며 본문에서는 빽빽한 구름으로 하는데 하나님이 구름으로 보여준 말씀은 우리에게 아부하는 일이다. 빽빽한 구름은 하나님이 많은 말씀으로 아부하고 계심이다. 아버지[2]께서 우리에게 아부하신다. 기분이 좋다. 왜 그토록 많은 말씀으로 하나님은 아부하시는 걸까. 그것은 우리에게 구원을 주시려고 이다.

> 꿈은 늘 하늘에서 뜨길레 불꽃 뭉쳐 뜨길레 하늘에게 하늘가 불꽃덩이 사랑에 고개 돌리는 하늘빛이 빨갛다
>
> – 이영지 「사랑을 아부하시는」

시편 18편의 주된 주제인 구원하시려는 하나님의 방법은 20절에서 나를 넓은 곳으로 인도하시고 나를 기뻐하심으로 구원하셨도다라고 다윗에게 고백의 시를 쓰게 하신다. 구원은 할라쯔[3]를 기본형으로 하는 본문 예할르제니[4]인 바 하나님이 하실려하니라이다. 사람은 하나님께서 하실 려 하시는 지붕아래서 향기를 낸다.

---

1) עָב(아브·구름).

2) עָבָיו(아바이브·빽빽한 구름, NMP.MZS, his thick clouds, 시 18:13).

3) חָלַץ(할라쯔·구원, 벗어나다).

4) יְחַלְּצֵנִי(예할르제니·구원하셨도다, VPIMZS. CXS, he dilivered me, 시 18:20).

사람이 존귀한 모습으로 나타나는 현상은 열방의 고임을 받게 하시는 일이다. 우리나라사람들은 윗사람으로부터 고임을 받고 산다. 열방의 고임1)을 받는 대상은 하나님께서 허락하신 존재 이어야 한다. 이 지상의 의인이 되어 영원히 추앙받게 되는 존재, 삶이 어려워도 사람이 기쁨을 가질 수 있는 것은 구원에 대한 확신일 때 가능하다. 이 확신은 사랑받고 있다는 확신에서다. 하나님 일 할 수 있는 힘이다.

고개를 하늘로만 올린다 그리움이
거기에 빵빠레를 울린다 아침구름
나룻배 띄어 보내며 나에게도 타라네
- 이영지 「아침구름 나룻배」

절대자 깃드는 일=하이 해봐=חַי־הוָה주해봐 하이2)!

꿈꾸듯 살아가자 너에게 편지 끝에
이렇게 써 두었다 봉봉봉 뚫어놓고
동그란 가슴깊이를 담아두자 일렀다
- 이영지 「동그란 가슴깊이」

강물이 춤을 추자 등대도 껌벅껌벅
춤 춘다 물고기와 강물이 춤을 추자
비릿내 삶의 투명 새 곡명마저 바꾼다
- 이영지 「물고기와 강물」

1) גוֹיִם(고임·열방).

2) חַי~הוָה(하이~해봐·여호와가 생존하심, AMS NE, liveth The LORD, 시 18:47).

꿈 빛의 파란빛을 그리도 좋아해요
그것도 다리 밑 그 자리에 앉으셔서
그리도 좋아하십니까 밤낮으로 알려요
- 이영지 「그리도 좋아하십니까」

믿음의 자리는 늘 기쁨으로 이 세상일을 이겨나가게 한다. 다윋은 여호와를 사랑한다는 표현으로 어떤 지적인 이성의 깨달음이 아니라 감격하여 마음에서 우러나오는 고백의 춤바람이다. 마음의 울렁거림이 일어나는 바 천하를 주고도 버꿀 수 없는 감동의 시가 탄생한다. 하늘을 우러러 사는 삶이다. 이 하늘바라기는 열린 창문으로 하늘을 보는 일이다. 눈은 늘 하늘을 향한다. 조그만 지상의 괴롭힘에 연연하지 않는다. 행복한 사람은 아침식탁을 준비하여 하늘의 푸른 마음을 닮는다. 하늘을 향한 꽃밭을 가꾸는 사람이다. 이 사람의 꽃밭에서는 아름다운 꽃이 핀다. 꽃밭에선 늘 하늘의 설화가 들어와 있다. 일찍 일어나 새벽이슬을 맞으며 준비하는 열심히 살아가는 존재이다.

해마다 양력 2월이 되면 우리나라에는 고유의 구정 명절이 있어서 고향을 찾으려 기차표 예매를 하게 된다. 다행히 예매 표를 손에 쥔 타향살이 인들은 행운아가 된 기분이다. 고향에 못가는 심정 그야말로 나는 왜 고향에 못 가는가? 라는 향수병에 걸린다.

(3). 여호와여 어느 때까지이니까

이러한 향수병에 관한 시가 있다. 시편 13편은 처음부터의 여호와여 어느 때 까지이니까 말처럼 간절하다 못하여 비통하다. 최선을 다하여 상대방을 사랑할 때 답답하여 자신의 초라함을 느낄 때 내가 언제까지 이러해야 하는가 자문하게 된다.

이 어느 때 까지이니까 라고 하는 이 증거=아드=**עד**[아드]1)는 증거2)로 번역된다. 그런데 아드다=**עֵדֻת**[아드타]가 이스라엘아 들으라 우리 하나님 여호와는 오직 하나인 여호와시니3)의 큰 글자 증거: 아드4)를 만들어 낸다.

> **שְׁמַע** יִשְׂרָאֵל יְהוָה אֱלֹהֵינוּ יְהוָה | **אֶחָד**(쉐마아 이스라엘 엘로헤이누 여호와 |에하드

들으라=사마아=**שמע**=**שְׁמַע**[솨므아]5)의 끝 언어 눈=아=**ע**[아]와 가슴=드=**ד**[드]는 성경에서 유일하게 큰 글자로 되어 있다. 오직 여호와 한 분이신 그 분의 아들로 한다. 이 때 눈=아인=**ע**[아]에서 하나님의 목적이 우리 눈에 보이게 하심이다. 다음 하나=에하드=**אחד**=**אֶחָד**[에하드]6) 오직

---

1) אֲרוֹן הָעֵדוּת(아론 하에두트 · 증거궤)의 증거 הָעֵדוּת(하에두트 · 증거) 출 25: 22, 26: 33, 40: 3, 21; 레 16: 13; 수 4: 16.

2) הָעֵדֻת(하에두트 · 증거: 출 26: 34, 27: 21, 30: 6, 26, 36, 31: 7, 39: 35, 40: 5; 레 24: 3; 민 7: 89.

3) שְׁמַע יִשְׂרָאֵל יְהוָה אֱלֹהֵינוּ יְהוָה | אֶחָד(쉐마아 이스라엘 엘로헤이누 여호와 |에하드, 신 6: 4).

4) עד(아드).

5) שְׁמַע.

한 분 하나 강조다.

이러한 아련한 고향그리움으로 마음이 풍요로워질 때 고향에 못가는 심정을 성경언어에 근거한 시작[詩作]이 있다.

요 맘[1]때 쯤이 되면 고향이 가고 싶어
보고픔 옷 한 벌로 고향 땅 밟으리다
보고픈 당신가슴을 볼 수 있으 리이까

요 맘때 쯤이되면 고향이 가고 싶어
새싹이 나를 보려 나오려 하려는데
빛으로 당신가슴을 볼 수 있으 리이까

- 이영지 「어느 때 까지이리까」

시인이 다윗의 시를 거울삼아[2] 낮에=**נצח**[나자] 빛 가운데의 하나님 얼굴 보고 싶어, 지붕 안으로 들어가고 싶어, 여호와여 어느 때 까지이니까 나를 영원히 잊으시나이까, 주의 얼굴을 나에게 언제까지 숨기시겠나이까 이 애절한 절규하는 **עד אנה** 아드 아나=**אנה ~עד**=**אָנָה ~עַד**[아드~아나]이다. 다윗의 자손 예수 아드~ 아나=**אנה ~ד ע**=**אָנָה ~עַד**[아드~아나][3]이다.

---

6) **אֶחָד**(에하드·하나).

1) **יוֹמָם**(요맘·날,AB, daily, 시 13:3).

2) **לַמְנַצֵּחַ מִזְמוֹר לְדָוִד**(라므나제아흐 미즈모르 다윋·영장으로 한 다윋의 시, P.D.VPPA NMS P.NE, To the chief Musician A Psalm of David, 시 131).

3) **עַד~ אָנָה יְהוָה תִּשְׁכָּחֵנִי נֶצַח עַד~ אָנָה I תַּסְתִּיר אֶת פָּנֶיךָ מִמֶּנִּי**(아드~ 아나 여호와 트스카헨니 나자 아드~ 안나 I 타스티르 에트~파네하 밈멘니 ·여호와여 어느때 까지이니까 나를 영영히 잊으시나이까 주의 얼굴을 나에게 언제까지 숨기겠나이까, how long O LORD wilt thou forget me forever how long I the face from me how~long, 시 13:3).

증거=아드=עד아드[1]는 홀로 쓰이지 아니하고[2] 줄 이음표로 아나=אנה아나[3] 아들 아냐이다.

어디계세요
어디계세요
맨얼굴을 보여 주세요
안절부절 헤메요
갈팡질팡 헤메요
눈으로 가슴을 볼 수 있게 해 주세요
- 이영지 「맨 얼굴을 보여 주세요」

종일 마음에 근심하기를 어느 때 까지 하오며 내 원수가 나를 쳐서 자긍하기를 어느 때까지 하리이까 라고 묻는다. 그리고는 아들~아나=아드~아나=עד~אנה아드~아나라고 묻는다. 이스라엘인들은 이 아드~아나=עד~אנה를 עננה[4]로 낭독한다. 이 순간에 마음 평안하게 하여 줄 이 아들=아드=עד아드이다. 원수=오 예 알라=עלי יבי א=אֹיְבִי עָלָי오 예 알라[5]! 하나님 같이 되려는 마음이 원수이다. 말씀으로 나날을 보내는 나날=요맘=יומם=יוֹמָם요맘[6]때가 원수를 이기는 때다. 근심 가득함으로=바뻬=בי ב=בְּבִי바뻬[7] 돌아갈 때를 벗어나는 요맘때이다. 아느냐

1) עַד(아드 · 증거).

2) George H. Van Kooten, *The Creation of Heaven and Earth*(Leiden: Brill, 2005), 61:

3) אָנָה(아나·어디로).

4) 시편 13.

5) אֹיְבִי עָלָי(오예비 알라이·내 원수가, VQPACXS P.CXS, mine enemy over me, 시 13:3).

6) יוֹמָם(요맘·날,AB, daily, 시 13:3).

여호와…아니=עֵינַי … יְהוָה עֲנֵנִי아느냐 여호와…아니=1)의 말씀하심 때이다.

하나님이 간절히 아들을 바라 눈으로 보는 때 하나님은 그의 아들을 안아 주시며 말씀하신 일이다.

이 아느냐 여호와… 아나2)라고 해버렸다=הַבִּיטָה=טָה הַבִּי하비타3) 의 하나님 생각을 해버린 때는 이 우리의 삶에서 가장 무섭고 두려운 사망을 이기는 일이다. 원수4)가 나를 땅 속에 묻으려 할 때 중심을 잡게 하시고 나대신 원수를 잡아 주시는 일이다. 유혹을 이기는 일이다. 성경은 이길=יכל=יְכָל야길5) 이걸 이기려면=כלתיו=יְכָלְתִּיו=י이카르티브6) 내가 하나님보다 더 낫다는 마음을 버리는 일이다. 예수=구원=예수아=ישעה예슈아으로 구원 안에 들어가 여호와 위하여=라여호와=ליהוה=לַיהוָה라여호와7)로 사는 일을 엘로힘 33번창 1:1~2:38)한다. 세상 이기는 방법을 하나님의 거룩한 모습 닮기다. 일곱날을 보이시고 성도의 구원을 위하여 유월절한날 · 한분 · 예수 ⋯→

---

7) יָגוֹן בִּלְבָבִי(야곤 빌레바비·마음에 근심하기를, NMS P.NMS.CXS, having sorrow in my heart, 시 13:3).

1) עֵינַי … יְהוָה עֲנֵנִי(아네니 여호와…에나 · 여호와여 응답하시고 … 나의 눈을,VQMMYS.CXS, and hear me…NFD.CXS, mine eyes, 시 13:4).

2) עֵינַי … יְהוָה עֲנֵנִי(아네니 여호와…에나 · 여호와여 응답하시고 … 나의 눈을,VQMMYS.CXS, and hear me…NFD.CXS, mine eyes, 시 13:4).

3) הַבִּיטָה(하비타·생각하사, VHMMYS, Consider, 시 13:4).

4) אֹיְבִי(오예비·VQPA.CXS, mine enemy, 시 13:5).

5) יְכָל(야콜·이기다, 억제하다).

6) יְכָלְתִּיו(예칼레티브·나를 이기었다, VQACXS, have trusted, 시 13:5).

7) לַיהוָה(라여호와).

8) 창 1:1~2:3.

무교절[둘째날 · 십자가사건] ---> 초실절[셋째날 · 부활] ---> 오순절[넷째날 · 성령] ---> 나팔절[다섯째날 · 재림] ---> 속죄절[여섯째날 · 구속] ---> 장막절[일곱째날 · 영원]로 복음의 물이 말씀이 흐르는 물을 위한 하나님의 일이다.

가장 사랑하는 사람은 임!=עם[임 함께]=עם[임 함께]1)이 함께2) 의미다. 임아 임 하3) 목표를 같이 하는 소망사! 님아 곧 님하, 임하4) 님이시여! 백제 근초고왕 어라하의 '하'! 성경 엘라하5)에서 하나님 엘6)과 여호와의 약자 יָהּ[야]יָהּ[야 사 38:11] 야7)와 소망 사 하8) 어르신 어라하 하나님! 하!9) 백제 12대왕 딸 부여화! 『용비어천가』10) "님금하 아라쇼서" "..하" 님하이다. 임하!11)

---

1) עם(임·함께, P. with, 대하 2:13).
2) עם(임·함께, P. with, 대하 20:1).
3) עמך(임하·당신을, P.MYS, thee, 대하 20:6).
4) עמך(임하·당신을, P.MYS, thee, 대하 20:6).
5) אֱלָהַיָּא(엘라하, 렘 10:11).
6) אֵל.
7) יָ(야).
8) הַ(하).
9) ה(하).
10) 보물 제1463호, 명 칭 용비어천가(龍飛御天歌), 분 류 기록유산 · 전적류 · 목판본 · 왕실본, 수량 · 면적 3권3책,2권2책, 소재지: 계명대 동산도서관, 서울 종로구 서울역사박물관, 시대: 조선시대, 소유자(소유단체) 계명대학교, 서울역사박물관 관리자(관리단체) 계명대학교, 서울역사박물관.

『용비어천가(龍飛御天歌)』는 훈민정음(訓民正音)이 창제된 후 정음(正音)으로 기록된 최초의 문헌임과 동시에 『월인천강지곡(月印千江之曲)』과 함께 조선시대 악장(樂章) 문학의 대표적 작품으로 평가되고 있는 책으로써, 세종조의 국어학과 서지학 연구에 중요한 자료; 계명대학교 소장 『용비어천가』는 전10권 중 권8~권10의 3권으로 자체(字體)는 조선초기에 유행한 조맹부(趙孟頫)의 송설체(松雪體)로 판각, 판심(版心)에는 조선초기 형식~ 흑구(黑口)에 내향흑어미(內向黑魚尾)가 있어 초간본으로 추정, 그러나 장차(章次)에 몇 군데 오각과 수정한 흔적이 있음 ~ 초판본 책판의 수정을 거쳐 인출한 것으로 유추.

3). 솔로몬의 시

(1). 사랑하는 아가야 - 아가서 1:1~3:5

아가서를 지은 솔로몬 이름은 히브리 원어 쉘로모=הׁשלם쉘로모=שְׁלֹמֹה쉘로모1)이다. 여성명사법칙이다. 솔로몬의 여인이 슬람미 여인이라는데 이 여인 역시 히브리 원어로 술라미트=שלמית술라미트=שֻׁלַמִּית술라미트2)이다. 둘 다 여성문법이다. 히브리문법상 솔로몬인데 쉘로모=שלמה쉘로마의 끝 언어 하=ה하와 술람미트=שלמית술라미트의 끝 언어 트=ת트는 여성문법지칭이다. 모두 여성문법이다. 그렇다면 아가서는 이성간의 사랑이야기가 아니다.

꽃망울 망울망울 부풀어 그 내음에 눈감아 버릴 밖에 기도로 들이대는 이 길에 꽃길 트이는 구름기둥 보이면

내 신부 입술에는 꽃 방울 떨어지고 혀 밑에 꿀과 젖이 흐르고 향 내음이 신부야 잠근 동산이요 우물이요 봉한 샘

폭풍아 가거라 남풍아 오너라 너울 속 네 눈에는 비둘기 눈이 되어 네 이는, 목욕장 털 깎인 암양 쌍태 낳은 양

네 이술 어여쁘고 네 뺨은 석류 한 쪽 네 유방 백합화야 사랑이 돋아나와 쌍태의 노루새끼 같아 날 기울며 그리로

신부야 이리와라 내 누이 내 눈으로 한 번 더 구슬꿰미 꿰 올려 아롱다롱 포도주 향 품보다도 단 꿀 흘러 그러매

- 이영지 「눈 감가 버릴 밖에」

---

11) עִמְּךָ(임하·당신을, P.MYS, thee, 대하 20:6).

1) שְׁלֹמֹה(쉘로모·NE·고유명사).

2) שֻׁלַמִּית(술라미트·Age·인종명사).

아가서는 솔로몬이 지은 아가서 제목이 붙었다. 문법상 피동형=시로 하시림=שיר השירים 쉬르 하시림=שִׁיר הַשִּׁירִים 쉬르 하시림[1]이다. 문법은 복수이다. 상대방에 대한 존칭 전성명사형이다. 아가서는 하나님이 사랑하는 하나님의 신부 이야기이다. 그러기에 하나님의 사랑이 돋아=דודך 도데하=דֹּדֶיךָ 도데하[2]있다. 하나님 향기가 스며나와=שמניך 스며나=שְׁמָנֶיךָ 스며나[3] 좋음=טובים 토빔=טוֹבִים 토빔[4]이다. 이 좋음은 어린 처녀 알라들=אלמות 알라코드=עֲלָמוֹת 알라코드[5]에 둘러싸여 하나님 신부를 사랑하며 아파버리=אהבוך 아파버리=אֲהֵבוּךָ 아파버리[6]는 일이다.

경상도 지방에 어린이를 알라라 한다. 어린 순수한 이들이 서로 아파함을 성경 히브리어는 사랑하는 관계를 서로 마음이 아파하는 사이로 한다. 그들이 서로 사랑하는 관계가 되는 이 순수한 처녀들에게 둘러싸여 내가 왕에게로 인도하여 모시겠니=משכני 모시겠니=מָשְׁכֵנִי 모시겠니[7] 묻고 있다. 그 이유는 서로 봐=בך 바흐=בָּךְ 바흐[8] 가서 말씀을 나르자=נרוצה 나르자=נָּרוּצָה 나르자[9] 한다.

---

1) שִׁיר הַשִּׁירִים(시르 하시림·아가라, 아 1:1).
2) דֹּדֶיךָ(도데이하·하나님의 사랑이, 아 1:2).
3) שְׁמָנֶיךָ(스마네이하·네 기름이, 아 1:3).
4) טוֹבִים(토빔·아름답고, 아1:3).
5) עֲלָמוֹת(알라모트·처녀들이, 아 1:3).
6) אֲהֵבוּךָ(아흐부하·너를 사랑함이 아 1:3).
7) מָשְׁכֵנִי(모시겠니·처녀들 너는 나를 인도하라, 아 1:4).
8) בָּךְ(바하· 너를 인하여, 아 1:4).
9) נָּרוּצָה(나루자·우리가 달려가리라, 아 1:4).

이에 그들이 함께 움직이는데 서로들 좋아 낚일라=הנגיל[나길라]=נָגִילָה[나길라]1) 낄낄=ניל=גִּיל[낄낄]2)대며 서로 낯이 익어=נזכירה[나즈키라]=נַזְכִּירָה[나즈키라]3) 하나님 마음 닮아 아버퍼려=אהבוך[에하부하]=אֲהֵבוּךָ[에하부하]4)졌다. 서로 사랑하는 처녀들의 마음이 서로에게 충분히 쉬어라=חורת[쉬호라]=תשְׁחוֹרָ[쉬호라]5)함에도 불구하고 서로 하나님께 아주 세게 잡혔다=ששזפתרני[쉐쉬자카테니]=שֶׁשְּׁזָפַתְנִי[쉐쉬자카테니]6) 죽으나 사나 하나님 말씀만 따르며 하나님 말씀=삼으니=שמני[사무니]=שָׂמֻנִי[사무니]7) 하나님 백성들은 무엇이 말씀이 아닌지 말씀인지 포도원=가름이=כרמי[가르미]=כַּרְמִי[가르미]8) 분명해졌다. 그리고 말씀으로 서로 보답=하기다=הגידה[하기다]=הַגִּידָה[하기다].9)

이러한 하나님의 백성을 향하여 하나님은 계산=세게 아파=שאהבה[쉐하아하바]=שֶׁאָהֲבָה[쉐하아하바]10) 하신다. 하나님은 우리들에게 납시어=נפשי[나프쉬]=נַפְשִׁי[나프쉬]11) 여기=איכה[아키]=אֵיכָה[아키]12) 우리 곁에 계시면서 좋아라=צחר[좋아라]=צַחַר[좋아

---

1) נָגִילָה(나길라·우리가 기뻐하며, 아 1:4).
2) גִּיל(낄, 아 1:4).
3) נַזְכִּירָה(나즈키라·우리가 기억하며, 아 1:4).
4) אֲהֵבוּךָ(아페부하·처녀들이 너를 사랑함이, 아 1:4).
5) שְׁחוֹרָת(쉬호라·비록 검으나, 아 1:5).
6) שֶׁשְּׁזָפַתְנִי(쉐쉐자파트니·쬐어서, 아 1:6).
7) שָׂמֻנִי(사무니·삼았음이라, 아 1:6).
8) כַּרְמִי(카르미·나의 포도원은, 아 1:6).
9) הַגִּידָה(하기다·고하라, 아 1:7).
10) שֶׁאָהֲבָה(쉐아하바·사랑하는 자야, 아 1:7).
11) נַפְשִׁי(낲쉬·내 마음에, 아 1:7).
12) אֵיכָה(애카·곳과, 아 1:7).

[라1)] 하신다. 오 예=אהיה[에흐예]=אֶהְיֶה[에흐예2)] 하신다.

아가서는 시적 화자 곧 사역자 이야기이다. 그분이 양들인 애들에=עדרי[에드라]=עֶדְרֵי[에드라] 양떼3)에게 둘러싸여 그들에게 네가=לך[레흐]=לָךְ[레흐4)] 어여쁜 자야=아주 예뻐=하 예뻐=היפה[하 예뻐]=הַיָּפָה[하 예뻐5)]!!! 서로 우리는 닮았다 =דמיתיך[디마티]=דִּמִּיתִיךְ[디마티6)]!! 두 뺨=하얗다=לחייך[하예이흐] =לְחָיַיִךְ[하예이흐7)] 오=아우=נאוו[나부]=נָאווּ[나부8)] 아름답다!! 땋은 머리털=부드러움=בתרים[바토림]=בַּתֹּרִים[바토림9)]!! 남자 목 =말씀향기=잡아 내리어=צוארך[자바레흐]=צַוָּארֵךְ[자바레흐10)]! 사랑하는 자=돋이=דודי=דוֹדִי[도디11)]는 품안에 포도송이!!.

사랑하는 너=힘네=הנך[힌네]=הִנָּךְ[힌네12)] 너 내 사랑아=야릇하도록=רעיתי[라으야티]=רַעְיָתִי[라으야티13)] 좋아 눈빛=엔나이=עיניך[엔나이]=עֵינַיִךְ[엔나이14)] 예뻐=יפה[예프]=!יָפָה[예프15)] 어여쁨=나의 사랑하는 자=돋이=דודי[도디]=דוֹדִי[도디16)]는 아로 세긴 =

---

1) צֹהַר(조하르·오정, 아 1:7).
2) אֶהְיֶה(에흐예·내가 되라, 아 1:7).
3) עֶדְרֵי(애드레·양떼, 아 1:7).
4) לָךְ(라흐·남자 너를 위하여, 네가, 아 1:8).
5) הַיָּפָה(하야파·어여쁜 자야, 아 1:8).
6) דִּמִּיתִיךְ(디미티흐·닮았다, 아 1:9).
7) לְחָיַיִךְ(레하야이흐·네 두 뺨, 아 1:10).
8) נָאווּ(나우·아름답구나, 아 1:10).
9) בַּתֹּרִים(바토림·땋은 머리털. 아 1:10).
10) צַוָּארֵךְ(자바레흐·남자, 네 목은, 아 1:10).
11) דוֹדִי(도디·나의 사랑하는 자는, 아 1:13).
12) הִנָּךְ(힌나흐· 너, 아 1:15).
13) רַעְיָתִי(라으야티·내 사랑아, 아 1:15).
14) עֵינַיִךְ(엔나이흐·네 눈이, 아 1:15).
15) יָפָה(야파·어여쁘고. 아 1:15).
16) דוֹדִי(도디·나의 사랑하는 자는, 아 1:13).

침상=아로세니=ערשנו=아르세누עַרְשֵׂנוּ아르세누[1] 침상에서 하
나님 사람 내 사랑=이렸다=רעיתי라으야티=רַעְיָתִי라으야티[2].
신기하여라[3] 백합화로구나=솟아났다=ששנת솟아났다=שֹׁשַׁנַּת
솟아났다[4]!! 백합화=솟아나=ששנה수사나타=שֹׁשַׁנָּה수사나타[5] 나의
사랑하는 자는=דודי도디=דֹּדִי도디[6] 하나님이 심히 사랑하
는 자는 하나님이 아파하=אהבה아파=אַהֲבָה아파[7] 하는 자
내가 사랑하므로=아파=אהבה아파=אַהֲבָה아파[8] 내가 사랑
하므로=아파=אהבה아파=אַהֲבָה아파[9] 내 사랑에=아파=הבה
א아파=אַהֲבָה아파![10] 사랑하는 이 그가 오네 봐=בא봐=בָּא
봐[11] 아주 빨리 달리고=דלג달리고=דָּלַג달리고[12] 매순간마다
매 달리고=מדלג메달리고=מְדַלֵּג메달리고[13]

나의 사랑하는 자는 돌이=דודי도디=דּוֹדִי도디[14]이다. 일
어나서=꿈이=קומי꾸미=קוּמִי꾸미[15] 나의 어여쁜 자야=예쁘
다=יפתי예쁘=יָפָתִי예쁘디[16] 우리끼리=ולכי우리끼=וּלְכִי우리끼[17]

---

1) עַרְשֵׂנוּ(아르세누·침상, 아 1:16).
2) עַרְשֵׂנוּ(아르세누·침상, 아 1:16).
3) רַעְיָתִי(라이야티·내 사랑은, 아 2:2).
4) שֹׁשַׁנַּת(솟아나트·백합화로구나, 아 2:1).
5) שֹׁשַׁנָּה(솟아나·백합화로구나, 아 2:1).
6) דֹּדִי(도디·남자, 나의 사랑하는 자는, 아 2:3).
7) אַהֲבָה(아하바아·그 사랑이, 아 2: 4).
8) אַהֲבָה(아하바아·내가 사랑하므로, 아 2: 5).
9) אַהֲבָה(아하바아·내가 사랑하므로, 아 2: 5).
10) הָאַהֲבָה(하아하바아·남자, 내 사랑에, 아 2: 7).
11) בָּא(봐·그가 오는, 아 2:8).
12) דָּלַג(달라그·달리고, 아 2:8).
13) מְדַלֵּג(메달레그·달리고, 아 2:8).
14) דּוֹדִי(도디·나의 사랑하는 자는, 아 2:9).
15) קוּמִי(쿠무·일어나서, 아 2:10).
16) יָפָתִי(야파티·나의 어여쁜자야, 아 2:10).

가자! 새 노래=재미로=זמיר[자미리르]=זְמִיר[자미리르][1] 푸른 열매 피게 해=פגיה[피게해]=פַּגֶּיהָ[피게해][2] 은혜 갚을 꿈이=קומי[꾸미]=קוּמִי[꾸미][3] 익는다. 나의 사랑 야릇하게=רעיתי[라아야티]=רַעְיָתִי[라아야티][4] 좋아! 예쁘지=יפתי[예파티]=יָפָתִי[예파티][5] 네를 위하여 네=לך[네게]=לָךְ[네게][6] 그대 소리=콜레흐=קולך[콜레흐]=קוֹלֵךְ[콜레흐][7] 부드럽다=무르익어=무르아히으=מראיך[마르아이]=מַרְאַיִךְ[마르아이흐][8] 나 봐요=נאוה[나봐]=נָאוֶה[나봐][9] 나의 사랑하는 자는=돌이=דודי=דֹּדִי[돌이][10] 내게 속하였고 나는 그대에게 속한 나의 사랑하는 자는=돌아=דודי[돌이]=דּוֹדִי[돌이][11] 닮아=דמה[다마]=דְּמֵה[다마][12]!! 사랑은 흔들거나 타이르거나=תעלך[타아로흐]=תְּעֹלְךָ[타아로흐][13]가 아니에요 아파하는 것이에요 아파한 것이 나간 쉐아파=שאהבה[쉐아하바]=שֶׁאָהֲבָה[쉐아하바][14]가 아니에요 찾으리라 하고 밖에서=בקש=[바께스]בָקַשׁ[바께스][15] 찾는 게 아니에요 밖에서 싸돌아다니며 싸비비=

---

17) וּלְכִי(울리키·함께가자, 아 2:10).
1) זָמִיר(자미르·새의 노래할, 아 2:12).
2) פַּגֶּיהָ(파개하·푸른열매, 아 2:13).
3) קוּמִי(쿰미·꿈이, 아 2:13).
4) רַעְיָתִי(라으야티·나의 사랑, 아 2:13).
5) יָפָתִי(야파티·나의 어여쁜 자야, 아 2:13).
6) לָךְ(라크· 너를 위하여, 아 2:14).
7) קוֹלֵךְ(콜레흐·네 소리는, 아 2:14).
8) מַרְאַיִךְ(마르아이흐·네 얼굴은, 아 2:14).
9) נָאוֶה(나베·아름답구나, 아 2:14).
10) דֹּדִי(도디·나의 사랑하는 자는, 아 2:16)·
11) דוֹדִי(도디·여성, 나의 사랑하는 자야, 아 2:17).
12) דְּמֵה(다마·같아여라, 아 2:17).
13) תְּעֹלֵךְ(타아로흐·흔들지, 아 3:5).
14) שֶׁאָהֲבָה(쉐아하바아·사랑하는 자를, 아 3:1).
15) בַקֵּשׁ(바카쉬·찾으리라하고, 아 3:2).

ואסובבה바으소베바=**וְאֲסוֹבְבָה**바으소베바[1]며 싸돌아 다녀 얻어지는 게 아니에요!

그래요
알려주신 그대로 초록물결 사랑을 할 만 하냐 날 사랑 할 만 하냐 네가 날 사랑하느냐 당신 음성 내린 날

꽃눈이
꽃나무에
햇살이 담뿍담뿍 네가 널 사랑 하냐
꽃 향이 정말이니 네가 날 사랑하느냐
뿌려대며 내린 날

네가 날
사랑하냐
꽃불로 화안하게
꽃불을 들이대고 꽃 입술 들이 대고 네가 날 사랑하느냐
눈 감기며 내린 날
- 이영지 「초록물결」 내 마음이 하 아파[2] 사랑하는 이여

하시림 아가서는 사랑하는 대상을 님[3]으로 한다.

아가서 솔로몬=**שלמה**쉘로마=**שְׁלֹמֹה**쉘로마[4]이다. 여성형 술라미트=**שלמית**=**שֻׁלַמִּית**슐라미트[5]와 더불어 둘 다 여성화자다. 아 좋다[6] 올라[7]오는 하나님 말씀의 향기가 좋다.

---

1) **וְאֲסוֹבְבָה**(바소브바·돌아다니며, 아 3:2).
2) **הָאַהֲבָה**(하아하바·사랑하는 자가, 아 3:5).
3) **עם**(임·함께, P. with, 대하 2:13).
4) **שְׁלֹמֹה**(쉴로모·NE·고유명사).
5) **שֻׁלַמִּית**(술라미트·Age·인종명사).
6) **זֹאת**(조오트·이것, this, 아 3:6).
7) **עֹלָה**(올라·오는, 아 3:6).

(2). 솟아난 사랑아 사랑아 ~ 아가서 3:6~ 5:2

언어 앞에 하=הַ[하]를 붙여 하הַ[하] 믿어봐라=המדבר=בָּר הַמִּדְ[하미드바르]1)다. 이 여성 화자법2)의 아가서 하나님의 군사들이 싸비비=סביב=סָבִיב[하미드바르]3)니 행복하다. 이로 하여 Θ[하나님]께서 쉬 쉼4)이 미쁘다=מבנות=מִבְּנֹת[밋브노트]5)하신다. Θ[하나님]은 예수님 일하시는 일곱째 날에 쉬신다. 쉬며=שמזת=שִׂמְחַת[시므하트]6) 기쁨을 가지신 Θ[하나님]이 그에게 왕관을 씌웠더=שעטתה=שֶׁעִטְּרָה[쉐이트라]7)이다. 말씀 전하니 예뻐=יפה=יָפָה[예뻐]!8) 말씀 전하는 입술이 불거져 톡 튀어나오9)며 푸른 풀을 잘 먹는다. 눈10)도 예뻐11)다.

하나님이 으음 믿어봐라=ומדבריך=וּמִדְבָּרֵיךְ[음믿어봐라이흐]12)시네요 양같은 나 봐13)시네요 빰은 하나님 신전14)으로 말씀=펴라=פלה=פֶּלָה[폐라]15) 켜 펴라=כפלה=כְּפֶלָה[크폐라]16) 큰 구원을 잡아라=צואר=צַוָּאר[잡아라]17) 큰 구원=잡아라아=

1) הַמִּדְבָּר(하미드바르·거친들, 아 3:7).
2) שְׁלֹמֹה(쉴로모)가 맡아 מִטָּה(마타·기본형) מִטָּתוֹ(미타토·연이라, 아 3:7)
3) סָבִיב(사비비·옹위하였는데, 아 3:7).
4) שִׁשִּׁים(쉬심·60, 아 3:8).
5) מִבְּנוֹת(미쁘노트·여자들의, 아 10).
6) שִׂמְחַת(싀므아흐트·기쁨, 아 3:11).
7) שֶׁעִטְּרָה(씨잇터라·, 씌운, 아 3:11).
8) יָפָה(야파하, 아 4:1).
9) שִׂפְתֹתַיִךְ(시프토타이흐·네 입술은, 불쑥나온, 아 4:3)
10) עֵינַיִךְ(엔아이흐·쌍수, 두 눈).
11) יָפָה(야파하·어여쁘고도, 아 4:1).
12) וּמִדְבָּרֵיךְ(움미드바레흐·네 입은, 아 4:3).
13) נָאוֶה(나베·어여쁘고, 아 4:3).
14) רַקָּתֵךְ(라카아테흐·빰·신전).
15) פֶּלַח(페라·신전, 성당, 아 4:3).
16) כְּפֶלַח(크펠라·한 쪽 같구나, 아 4:3).

צוארך=צַוָּארֵךְ잡아라흐!1) 하나님 푸른 초원 사다=שדיך=שָׁדַיִךְ2)놓으신 예수님 봐 솟아 님=בששנים=בַּשּׁוֹשַׁנִּים봐 솟아 남!3) 말씀으로 증거 된=העדת=הָעֵדֻת하아두트4) 이스라엘아 들으라 우리 하나님 여호와5) 푸 하=פוח=פּוּחַ푸하6) 말씀 쏴 아 푸=שיפוח=שֶׁיָּפוּחַ쉐야푸아흐7) 하시매 세상 근심이 배 나 쉬이=ונסו=וְנָסוּ베나수8) 잘려=צלל=צֵלָל잘려9) 아주 잘림=하 잘림=הצללים=הַצְּלָלִים하 잘림10)!

백합화여!
좋다11) 올라12)오는 하나님 말씀 향기
하 믿어 봐라 봐아13) 쉴로모14) 쉴려면은
그대가 싸비비15)시니 그대 쉬심16) 미쁘다17)

---

17) צַוָּאר(자바아르·큰 구원, 강단, 아 4:4).
1) צַוָּארֵךְ(쟈바레흐·큰 구원·네 목은, 아 4:4).
2) שָׁדַיִךְ(솨다이흐·초원,쌍수, 기본형 שַׁד·번역은 네 유방은, 아 4:5).
3) בַּשּׁוֹשַׁנִּים(봐솟아님·백합화가운데서, 아 4:5).
4) הָעֵדֻת(하에두트·증거) ~עֵד(아드·증거) 출 26: 34, 27: 21, 30: 6, 26, 36, 31: 7, 39: 35, 40: 5; 레 24: 3; 민 7: 89.
5) שְׁמַע יִשְׂרָאֵל יְהוָה אֱלֹהֵינוּ יְהוָה | אֶחָד(쉐마아 이스라엘 엘로헤이누 여호와 |에하드, 신 6: 4)의 큰 글자 증거 עד(아드).
6) פּוּחַ(푸하·기본형, 진술하다, 말하다).
7) שֶׁיָּפוּחַ(쉐야푸하흐·말할, 기울고, 아 4:6).
8) וְנָסוּ(베나수·근심있는·갈, 아 4:5).
9) צֵלָל(젤랄·기본형, 어두움, 아 4:6).
10) הַצְּלָלִים(하젤라림·그림자가, 아 4:6).
11) זֹאת(조오트·이것, this, 아 3:6).
12) עֹלָה(올라·오는, 아 3:6).
13) הַמִּדְבָּר(하미드바르·거친들, 아 3:7).
14) (여성문법): שְׁלֹמֹה(쉴로모)가 말아 מִטָּה(마타·기본형) מִטָּתוֹ(미타토·연이라, 아 3:7)
15) סָבִיב(사비비·옹위하였는데, 아 3:7).
16) שִׁשִּׁים(쉬심·60, 아 3:8).
17) מִבְּנוֹת(미쁘노트·여자들의, 아 10).

그대1)를 사모했던2) 기쁨를 씌웠더3)니
예뻐4)진 입술에다 두 눈5) 예뻐6)지고
알리는 입술소리가 쉰나이다7) 그래요

정말로 믿어봐라8) 양 같은 나 봐9) 나 봐.
예쁜 뺨10) 말씀 펴라11) 켜펴라12) 그러느라
입술이 툭 튀어나와13) 사랑 잡아 잡아라14)

사랑을 잡아라아15) 푸른 들 사다16)놓아
그대는 솟아나고17) 태움이18) 두드19)림이
사랑의 여호와시니20) 푸 하21)시며 푸하흐22)
어둠을 배나23) 잘라24) 지는 일 아주 잘라25)

---

1) חֲתֻנָּתוֹ(하툰나토·혼인, 예수님 십자가를 영원히 사모하는 마음, 아 3:11).

2) שִׂמְחַת(싀므아흐트·기쁨, 아 3:11).

3) שֶׁעִטְּרָה(씨잇터라·씌운, 아 3:11).

4) יָפָה(야파하·글자풀이로, 아 4:1).

5) עֵינַיִךְ(엔아이흐·쌍수, 두 눈).

6) יָפָה(야파하·어여쁘고도, 아 4:1).

7) שִׁנַּיִךְ(쉰나이흐·쌍수 즉 윗 이와 아랫이, 아 4:2).

8) וּמִדְבָּרֵיךְ(움미드바레흐·네 입은, 아 4:3).

9) נָאוֶה(나베·어여쁘고, 아 4:3).

10) רַקָּתֵךְ(라카아테흐·뺨·신전).

11) פֶּלַח(페라·신전, 성당, 아 4:3).

12) כְּפֶלַח(크펠라·한 쪽 같구나, 아 4:3).

13) שִׂפְתֹתַיִךְ(시프토타이흐·네 입술은, 불쑥나온, 아 4:3)

14) צַוָּאר(자바아르·큰 구원, 강단, 아 4:4).

15) צַוָּארֵךְ(쟈바레흐·큰 구원·네 목은, 아 4:4).

16) שָׁדַיִךְ(솨다이흐·초원,쌍수, 기본형 שַׁד·번역은 네 유방은, 아 4:5).

17) בַּשּׁוֹשַׁנִּים(봐숏아님·백합화가운네서, 아 4:5).

18) תְּאוֹמֵי(테오매·쌍둥이·쌍태).

19) הָעֵדֻת(하에두트·증거) ~עֵד(아드·증거) 출 26: 34, 27: 21, 30: 6, 26, 36, 31: 7, 39: 35, 40: 5; 레 24: 3; 민 7: 89.

20) שְׁמַע יִשְׂרָאֵל יְהוָה אֱלֹהֵינוּ יְהוָה | אֶחָד(쉐마아 이스라엘 엘로헤이누 여호와 |에하드, 신 6: 4)의 큰 글자 증거 עד(아드).

21) פּוּחַ(푸하·기본형, 진술하다, 말하다).

22) שֶׁיָּפוּחַ(쉐야푸하흐·말할, 기울고, 아 4:6).

향기를 잡아내려1) 엣따2)아 타 보3)라신
향기를 잡아 내리는4) 가슴 돌아5) 돌아라6)

숨 쉬니 기뻐7)지고 기쁘다8) 가득 차게9)
보쌈10)해 싸매11)느라 솟아나12) 사랑 돌아13)
돌아14)나 입술 나타15)나 솟았다16)고 외치며

향기로 살 놈이다17) 은혜를 갚으러 간18)
나올19)이 나올20) 맑은21) 물에 하 닿음22)이니
살라23)네 우리24) 보아25) 보쌈26)해 나의27) 동산

---

23) וְנָסוּ(베나수·근심있는·갈, 아 4:5).
24) צֵלֶל(쩰랄·기본형, 어두움, 아 4:6).
25) הַצְּלָלִים(하젤라림·그림자가, 아 4:6).
1) מִצַּוְּרֹנָיִךְ(미짜베로나이흐·기본형 צַוָּאר(짭바아르·목, 아 4:9).
2) אִתִּי(이티·처음과 끝의 연계형, 전부, 아 4:8).
3) תָּבוֹאִי(타보이 ·가자, 아 4:8).
4) מִצַּוְּרֹנָיִךְ(미짜베로나이흐·기본형 צַוָּאר(짭바아르·목, 아 4:9).
5) דֹדַיִךְ יָּפוּ ~מַה(마~예뻐 도다이흐·어찌 네.
6) דֹדַיִךְ טֹבוּ ~מַה(마~ 툐브 도다이흐·참으로 하나님 사랑은 승하나입니다.
아 1:10).
7) גִּבְעָה(깃브아·산·준령, 기본형).
8) גִּבְעַת(깃브아트·산, 아 4:6).
9) הַר הַמּוֹר(하르 하모르· 몰약 산과, 아 4:6).
10) בְשָׂמִים(브삼밈·향 품, 기본형 בֹּשֶׂם·בֶּשֶׂם, 아 4:10).
11) שְׁמָנַיִךְ(세만나이흐, 아 4:10).
12) יָּפוּ(야뿌, 아 4:10).
13) דֹדַיִךְ(도다이흐·네 사랑이, 아 4:10).
14) דֹדַיִךְ(도다이흐·네 사랑이, 아 4:10).
15) נָטַף(기본형, 나타프·소리내고 아 4:11).
16) נֹפֶת(네페트·꿀송이·높은 곳, 아 4:11; 수 17:11).
17) שַׂלְמֹתַיִךְ(살롬타이흐·의복, 아 4:12).
18) גַּן(간·동산이요, 아 4:12).
19) נָעוּל(나올·잠근·신기다·덮히다, 아 4:12)).
20) נָעוּל(나울·덮은, 아 4:12).
21) מַעְיָן(마으얀·샘이로구나, 아 4:12).
22) חָתוּם(하툼·봉한, 아 4:12).
23) שֶׁלַח(쉘라·기본형, 무기, 병기, 아 4:13).
24) עוּרִי(우리·일어나라, 아 4:16).
25) בֹּא(봐·오는, 아 4:16).

세상과 갈라선[1] 나를 내가 알아[2] 알아 탁[3]

그대의 머리털은 사랑의 정금[4]으로
촉촉이 빛나[5]느라 밤이슬 가득하여[6]
내 아들 흠씬[7] 젖어서 코트[8] 벗고 에고고[9]

내 사랑[10] 너가[11] 살라[12] 널 위해 문을 펴다[13]
내 아들[14] 밖에 서서[15] 바깥서[16] 싸우누나[17]
하 많이 모인 자들에[18] 아들 맞아[19] 퍼 잡아[20]
말씀이 주렁주렁 달리는[21] 머리털에
하 맑은[22] 빰[23]아래에 입술이 솟아나고[24]
허리는 화반석 기둥[25] 말씀을 물이[26] 하 달아[27]

---

26) בְשָׂמִים(브삼밈·향 품, 기본형 בֹּשֶׂם·בֶּשֶׂם, 아 4:16).
27) לְגַנִּי(레간니·내 동산에).
1) כַלָּה(칼라·나의 신부야, 아 5:1).
2) אָרָה(아라·기본형, 거두다, 아 5:1).
3) אָרִיתִי(아리티·내가 거둔다, 아 5:1).
4)마 2:7.
5)신 33:13.
6)아 5:2.
7) רְסִיסֵי(르씨세·방울 방울, 아 5:2).
8) כֻּתָּנְתִּי(쿠타노티·의복, 아 5L3).
9) אֵיכָכָה(에카카·어찌, 아 5:3).
10) דּוֹדִי(도디, 아 5:4).
11) קַמְתִּי(가메티·일어나서, 아 5:5).
12) שֶׁלַח(쉘라·기본형, 무기, 병기, 아 5:4).
13) פָּתַח(포다·문을 열매, 아 5:5) .
14) לְדוֹדִי וְדוֹדִי(레도디 베도디, 아 5:6)
15) בָּקַשׁ(바카쉬·기본형, 찾으리라하고, 아 5:6).
16) בִּקַּשְׁתִּיהוּ(바카스티후·내가 그를 찾아도, 아 5:6).
17) מְצָאתִיהוּ(므자티후·만났고, 아 5:6).
18) הַשֹּׁמְרִים(하소므림·행순하는 자들이, 아 5:7).
19) מְצָאֻנִי(므자우니·나를 만나매, 아 5:7).
20) פְּצָעוּנִי(프자우니·패잡으니·상하게 하였고, 아 5:7).
21) תַּלְתַּלִּים(탈르탈림·고불고불하고, 아 5:11).
22) 아 5:12.
23) 아 6:7; 사 61:3.
24) שׁוֹשַׁנִּים(솟사님·백합화 같고, 아 5:13).

> 밖에서[1] 찾느라고 고생을 하다가도
> 나는 늘[2] 나의 성전 그곳에 봐 솟아남[3]
> 솟아나 백합화이다 향기흘러 내린다
>
> – 이영지 「사랑 향기」

아가서는 다윈의 내 사랑하는 자로 도배하였다. 이스라엘 백성과 하나님의 관계를 아가서는 제시한다. 그 예는 결혼의 사랑이야기는 몸 시학으로 은유되었다. 아가서는 이스라엘 백성과 그[4]의 사랑이 돋아[5]나는 합환체[6] 이야기다. 하나님의 일을 아가서는 하나님과 그의 백성사이로 제시 창세기 1:1~2:3에서 보이는 일곱날 성도의 구원으로 한다.

시로 하시림이 되는 아가서는 가장 사랑하는 대상사이를 임=עם[임]=עַם[임][7]으로 한다. 아가서의 솔로몬을 히브리어로 쉴로모=שלמה[쉴로모]=שְׁלֹמֹה[쉴로모][8]라 한다. 슬람미여인 술라미트=שלמית=שְׁלַמִּית[술라미트][9]라 한다.

---

25) 아 5:15.

26) 시 104:15.

27) 아 5:18.

1) בָּקַשׁ(바카쉬·기본형, 찾으리라하고, 아 5:6)· וּנְבַקְשֶׁנּוּ(우느바크쉐누·우리가 찾으리라, 아 6:2)

2) לְדוֹדִי וְדוֹדִי(레도디 베도디, 아 6:3).

3) בַּשּׁוֹשַׁנִּים(봐 소사님·백합화 가운데서, 아 6:3).

4) 강성열, 『성경으로 보는 결혼 은유』 (서울: 성광 문학사, 1998), 210.

5) דוֹד(도드 · 돋아)나 בֶּן~דד(벤~도드 · 돋아).

6) דּוּדָאִים..מוּדָאֵי(두다임.미두다에이 · 합환체..합환체, 창 30: 14).

7) עַם(임·함께, P. with, 대하 2:13).

8) שְׁלֹמֹה(쉴로모·NE·고유명사).

9) שְׁלַמִּית(술라미트·Age·인종명사).

(3). 사랑아 사랑아[아 6:4~8:14]

둘 다 여성화자이다. 남녀관계가 아니라 여성화자라는 데 문제가 있다. 님을 향한 간절한 마음의 둘이다.

아가서 6: 4~8: 14까지는 다시 이스라엘 백성과 하나님과의 관계를 예뻐=יפה=יָפָה[예뻐1)] 아 처음부터 끝까지[2)] 아 사랑아=야릇하=רעיתי[라야티]=רַעְיָתִי[라야티3)]도록 좋다라 한다. 정말 즐거움=다르샤=תרצה[다르샤]=תִרְצָה[다르샤4)] 내 백성을 예뻐한 나 봐=נאוה[나봐]=נָאוָה[나봐5)]줘요 라고 그야말로 하나님이 그의 사랑하는 백성들을 향하여 아부 하신다. 이러한 모습은 하나님을 향한 하나님의 백성과 예수님의 모습 모두에게 해당되는 어법이다.

솔로몬과 슬람미 둘이 같은 동격의 하나님을 향한 여인으로 표시되는 시적 어법이다. 잘 싸비비어=סבב[사바브]=סָבַב[사바브6)]어가 있다. 암양 하르르=הרחלים[하르하림]=הָרְחֵלִים[하르하림7)] 나를 놀라게 하니=하르르부니=הרהיבני[하르하부니8)] 빛이 난다. 구원을 사모하여 잡아 내린=צוארך=צַוָּארֵךְ[하자바아라흐9)] 목이며 윤이 짜르르 흐르는 두 뺨 늘

1) יָפָה(야파, 예뻐, 아 6:4).
2) אַתְּ(아트·너의 전부가, 아 6:4).
3) רַעְיָתִי(라으야티·내 사랑아, 아 6:4).
4) תִרְצָה(타르짜·즐거움, 아 6:4).
5) נָאוָה(나봐, 아 6:4).
6) הֵסֵבִּי(하세배·기본형 סָבַב: 싸바브, 둘러싸고, 아 6:5).
7) הָרְחֵלִים(하르레림·암양, 아 6:6).
8) הִרְהִיבֻנִי(히르히부니·나를 놀래게 하니, 아 6:5).
9) צַוָּארֵךְ(쟈바레흐·큰 구원·네 목은, 아 6:6).

빛이 나[1]! 하나님을 사모하는 솔로몬과 슬람미 여인의 모습이다. 바로 내가 맡아=לצמתך 레자마타흐=לְצַמָּתֵךְ 레자마타흐[2] 놓은 자물쇠, 오직 그분만이 미쁘게 맡아=לצמתך מבעד=מִבַּעַד לְצַמָּתֵךְ 미브아드 레자마타흐[3] 놓아 열 수 있다. 시녀들아 알라! 모두=עלמות 알라모트 시녀=עֲלָמוֹת 알라모트 시녀[4] 아하파=אהבה 아하바 사랑=אַהֲבָה 아하바 사랑![5]

귀중히 여기는 이걸 바라=ברה 바라 여기는=בָּרָה 바라 귀중히 여기는[6] 비둘기=요나티=יונתי 요나티 비둘기=יוֹנָתִי 요나티 비둘기[7] 백합화=봐 숏아남=בשושנים 바소사님 백합화=בַּשּׁוֹשַׁנִּים 바소사님 백합화[8] 보라! 아침빛 쇄아하르=שחר 소하르 아침빛=שָׁחַר 소하르 아침빛[9] 동산=깃 났다=גנת 깃나트 동산=גִּנַּת 깃나트 동산[10] 골짜기 시냇물=아주 내 할=הנחל 나할 시냇가=הַנַּחַל 나할 시냇가[11]일, 순이 나 하 파랗=הפרחה 파르타=הֲפָרְחָה 파르타[12]게! 돌아오고 돌아오라=쉬이 쉬이=שבי שבי 수비수비=שׁוּבִי שׁוּבִי 수비수비[13] 돌아와! 우리에게 '보네' 하라=ונחנה 베네헤제=וְנֶחֱזֶה 베네헤제![14]

---

1) רַקָּתֵךְ(라카테흐·뺨, 아 6:7).
2) לְצַמָּתֵךְ(르자마테흐·너울·자물쇠, 아 6:7).
3) מִבַּעַד לְצַמָּתֵךְ(미쁜 레잠마테하· 너울 속의, 아 6:7).
4) עֲלָמוֹת(알라모트·시녀, 아 6:8).
5) אַהֲבָה(아하바아, 사랑, 아 6: 8).
6) בָּרָה(바라·귀중히 여기는, 아 6:9).
7) יוֹנָתִי(요나티·비둘기, 아 6:9).
8) בַּשּׁוֹשַׁנִּים(봐 소사님·백합화 가운데서, 아 7:3).
9) שַׁחַר(솨아르·아침빛, 아아 6:10).
10) גִּנַּת(깃나트·동산, 아 6:11)
11) הַנָּחַל(나할·골짜기 시냇물, 아 6:11).
12) הֲפָרְחָה(하파르하·순이 났는가, 아 6:11).
13) שׁוּבִי שׁוּבִי(수비수비·돌아오고 돌아오라, 아 7:1).
14) וְנֶחֱזֶה(브네하제·우리로 보게하라, 아 7:1).

내 사랑하는 백성에게 내 가슴을 여는 하나님의 군대=하 마 하나임=חמחנים[하마하님]=חַמַּחֲנַיִם[하마하님1)] 날 봐라 돌아와 신을 신는= 봐 너 알림=בנעלים[바느알림]=בַּנְּעָלִים[바느알림2)] 귀한 자의=나 되어 봐=נדיב[나비브]=נָדִיב[나비브3)]. 너희들 아 얼마나 아름다운 가=마 예뻐=יפו~ מה[마~예푸]=יָּפוּ~ מַה[마~예푸4)]! 이렇게=이렇게 이흐=רכיך=יְרֵכַיִךְ[이레카이흐5)] 말 잘 들으며 아멘=אמן[아멘]=אָמֶן[아멘6)]하는 내 사랑의 넓적다리 구슬꿰미= 할 임=חלאים[할임]=חֲלָאִים[할임]!7)

시냇물 졸졸 흐르듯이 내 할 일 기도하는 내 여인 배꼽=사르르=שררך[솨르르흐]=שָׁרְרֵךְ[솨르르흐8)] 배꼽에 가득히 부으면=하사하르 알 ~ 예흐사르=יחסר ~ הסהר אל=יֶחְסַר ~ הַסַּהַר אַל[하사하르 알 ~ 예흐사르9)] 비트네 허리=비트네하=בטנך=בִּטְנֵךְ[비트네흐10)] 눈으로 머리로 단 쌓아놓은 아름=ערם=עֲרֵם[아람11)]드리 알맞게=ערמת=עֲרֵמַת[아르마트12)] 백합화

---

1) חַמַּחֲנַיִם(하마하나임·마하나임·하나님의 군대, 아 7:1)· 마하나임은 야곱이 그의 형 에서를 만나기 위해 길을 나서면서 "두 무리"를 보고 하나님의 군대라 하고 그 땅 이름을 "마하나임"이라 한데서 유래된 말이다.(창 32:1~2)

2) בַּנְּעָלִים(바느알림·신을 신은, 아 7:2).

3) נָדִיב(나디브· 귀한 자의, 아 7:2).

4) יָּפוּ~ מַה(마~ 야푸·아름다운가, 아 7:2).

5) יְרֵכַיִךְ(예레카이흐·이렇게, 아 7:2).

6) אָמָּן(암만·공교한 장식의, 아 7:2).

7) חֲלָאִים(할라림·구술꿰미, 아 7:2).

8) שָׁרְרֵךְ(솨르리흐·중심·배꼽, 아 7:3).

9) יֶחְסַר ~ הַסַּהַר אַל(하사하르 알 ~ 예흐사르· 가득히 부은, 아 7:3).

10) בִּטְנֵךְ(비트네흐·허리, 아 7:3).

11) עֲרֵם(아람·단·쌓아놓은 것, 아 7:3).

12) עֲרֵמַת(아르마트·단 같구나, 아 7:3).

=봐 솟아 님=בשושנים=בַּשׁוֹשַׁנִּים바소솨님1)이여!

암사슴=제법이야=צביה=צְבִיָּה즈비야2) 구원=잡아내려=ך
צוואר=צַוָּארֵךְ자바아라흐3) 은혜 갚으려 망대=쾌락하게 하는
구나=믿그달=מגדל=מִגְדַּל미그달4) 십자가 봐 타=בתענוגים
=בַּתַּעֲנוּגִים바타아누김5) 멀리=달라=דלה=דַלַּת달라6) 예쁘다=네
가 아름다운지=יפית ~ מה=יָפִית ~ מַה마 ~ 야티트7)!

이것=좋다=זות=זֹאת조트8) 좋다. 같다=닮았다=ה=דמתה
דָּמְתָה다므타9) 내 아들의 키 종려나무=레타마르=לתמר=תָמָר
ךְ레타마르10) 악기! 유방=비싸다=בשיך=וְשָׁדַיִךְ베솨타이흐11) 봐 신
나서=봐 신나서 나이브=בסנסניו=בְּסַנְסִנָּיו베사네시나이브12) 올
라=올라라=אעלה=אֶעֱלֶה엘엘레흐13) 나=נא=נָא나14) 잘 쉬려고
핀15) 예수님=ישנים=יְשֵׁנִים예솨님16) 내 사랑 내=내 돈이=די
לדו=לְדוֹדִי레도디17) 나의 사랑하는 자=돈이=דודי=דוֹדִי도

1) בַּשּׁוֹשַׁנִּים(봐 소사님·백합화 가운데서, 아 7:3).
2) צְבִיָּה(제비야·암사슴, 아 7:4).
3) צַוָּארֵךְ(쟈바레흐·큰 구원·네 목은, 아 7:5).
4) מִגְדַּל(믿그달·망대, 아 7:5).
5) בַּתַּעֲנוּגִים(봐타안누김·쾌락하게 하는 구나, 아 7:7).
6) דַלָּה(달라·머리, 아 7:6).
7) מַה-יָּפִית(야피트·네가 아름다운 지, 아 7:7) .
8) זֹאת(조오트·이것, this, 아 7:8).
9) דָּמְתָה(담므타·같고, 아 7:8).
10) לְתָמָר(레타마르·종려나무를 위해, 아 7:8).
11) וְשָׁדַיִךְ(베솨타이흐·네 유방은, 아 7:8).
12) בְּסַנְסִנָּיו(베산네신나이브·가지를, 아 7:9).
13) אֶעֱלֶה(엘레레·올라, 아 7:9)
14) נָא(나·참으로, 아 7:9).
15) כְּאֶשְׁכְּלוֹת הַגֶּפֶן(크에쉬케로트 하게펜·포도송이 같고, 아 7:9).
16) יְשֵׁנִים(예쉐님·자는 자의, 아 7:10).
17) לְדוֹדִי(레돈이· 나의 사랑하는 자를 위하여, 아 7:11).

디[1] 향기가 날로 말씀이 크는[2] 포도원 보자=나=נאה=ה נָאֶ[니에][3] 움이 돋았는지=펴라=פרחה=פָּרְחָה[파르하][4] 예수 구원의 길 두다=합환체=두다임= דדאים=דּוּדָאִים[두다임][5] 임이 돋아 דדי=דֹּדַי[도다이][6] 나타내니=נתנו=נָתְנוּ[나테누][7] 우리 문 앞에 פתנחנו=פְּתָחֵנוּ[프타헤누][8] 피었다.

예수님[9] 돋이=דדי=דּוֹדִי[도디][10] 그대=내 모자=아 모자= אמצאך=אֶמְצָאֲךָ=מָצָא[모자][11] 그대가 내 아들이 아니었다면 업신여김=부서지지=יבוזו=יָבוּזוּ[야부주][12] 않았을 거야. 내 마음이 아 아파=האהבה=הָאַהֲבָה[하아하바][13] 내가 너를 이끌어=나하카=אנהגך=אֶנְהָגֲךָ[에느하가하][14] 하나님 말씀=포도주= 맛있어=מעסים=מֵעֲסִיס[마아시스][15] 나는 네게 마시었겠고=아시겠고= 포도주를 실컷=אשקך=אַשְׁקְךָ[하쉬케하][16] 트여보겠니=תחבקני=תְּחַבְּקֵנִי[트하브케니][17]! 부탁=השבעת=הִשְׁבַּעְתִּי[히쉬바에]

1) דּוֹדִי(도디, 나의 사랑하는 자야, 아 7:12)
2) לַכְּרָמִים(라크라밈·ל는 위하여전치사, 포도원으로, 아 7:13).
3) נָאֶה(니아·보자, 아 7:13).
4) פָּרְחָה(파르하·움이 돋았는지, 아 7:13).
5) דּוּדָאִים(두다임·예수를 통한 구원의 길을 두다, 성경은 합환체로 번역, 아 7:14).
6) דֹּדַי(도다이·나의 사랑을, 아 7:13).
7) נָתְנוּ(나타내누·우리가 나타내니, 토하고로 번역, 아 7:14) .
8) פְּתָחֵנוּ(프타헤누·우리의 문 앞에는, 아 7:14).
9) יְשֵׁנִים(예쉐님·자는 자의, 아 7:10).
10) דּוֹדִי(도디, 아 7:14).
11) אֶמְצָאֲךָ(에모자아하·기본형 מָצָא(모자·맞추어:신 19:7·입었다:에 5:8·알다·살피다·베푸다 남에게 맞추어 사는 일로 은혜를 입고 사는, 아 8:1).
12) יָבוּזוּ(야부주·업신여김, 아 8:1).
13) הָאַהֲבָה(하아하바아·사랑하는 자, 아 8:4).
14) אֶנְהָגֲךָ(애느하카·내가 너를 이끌어, 아 8:2).
15) מֵעֲסִיס(마아시스·단 포도주·하나님의 말씀, 아 8:2).
16) אַשְׁקְךָ(아쉬케카·나는 네게 마시웠겠고, 아 8:2).

티=1)하노라 흔들지 마라=마 타이르=תעררו ~ מה=עֹרְרוּ תְ ~ מָה마 ~ 마테오레루2)노라 흔들리지 않게 움마 태우노라 =~ תעררו~ ומה=תְעֹרְרוּ~ וּמָה움마~ 테오레루!3) 이제 닿았다 =תחת=תַחַת4)타하트 좋다=זאת=זֹאת조트5) 올라=עלה=עֹלָה올라6) 하 믿어봐라=המדבר=הַמִּדְבָּר하미드바라7) 의지하고 믿으라했다=מתרפקת=מִתְרַפֶּקֶת미트라페테트8) 사랑하는 이 돋아 =דדה=דֹּדָהּ도다9) 닿았다=תחת=תַחַת타하트10) 이걸로 삼아=שמה= שָׁמָּה솨마!11) 너는 나를 삼았니=שימני=שִׂימֵנִי시메니12) 사랑=아파= אהבה=אַהֲבָה아하바 13)

나의 아들을 십자가에 달아 살라버린 내 마음이 하아아파아=האהבה=הָאַהֲבָה하아하바14) 봐 아하파아=באהבה= בְּאַהֲבָה바아하바15)

부활의 기쁨을 너에게 주려 벤 나봐=בעינניו=בְּעֵינָיו 베니나나이브16) 어머 세울것이요=니 벤네=נבנה=נִבְנֶה니브네17)

---

17) תְּחַבְּקֵנִי(트하브게니·열어젖혀, 아 8:3).
1) הִשְׁבַּעְתִּי(히스바으티·내가 부탁한다, 아 8:4).
2) תָעִירוּ ~ מַה(마 ~ 테오루·흔들지말며, 아 8:4).
3) תְעֹרְרוּ~ וּמַה(움마~ 테오루·흔들지말며, 아 8:4).
4) תַחַת(다하트·닿았다, 아 8:4).
5) זֹאת(조오트·이것, this, 아 8:5).
6) עֹלָה(올라·올라오는·아 8:5).
7) הַמִּדְבָּר(하미드바르·거친들, 아 8:5).
8) מִתְרַפֶּקֶת(미트라페케트·의지하고, 아 8:5).
9) דּוֹדָהּ(도다·그 사랑하는 자, 아 8:5).
10) תַחַת(다하트·밑, 아 8:5).
11) שָׁמָּה(사마·거기에 아 8:5).
12) שִׂימֵנִי(시멘니·너는 나를 품고, 아 8:6).
13) אַהֲבָה(아하바아·사랑은, 아 8: 6)·
14) הָאַהֲבָה(하아아하바아·사랑이, 아 8: 7).
15) בְּאַהֲבָה(바아하바, 사랑이, 아 8:7).

나의 유방은=비싸다이=ושדי=וְשָׁדַי[베솨다이][1)] 하나님 말씀 사모해 너 살놈=לשלמה=לִשְׁלֹמֹה[레쇌로모][2)] 과일 펴리=פרי=פִּרְי[피레이][3)] 말씀 골라낼 줄 아는 나의 포도원 가름=כרמי=כַּרְמִי[카르미][4)] 삼으니=שמני=שָׂמֻנִי[사무니][5)] 하나님 사랑이 네게[6)] 돈이=דדי=דֹּדַי[도디][7)] 귀 기울이니 마크쉬빔=מקשיבים=מַקְשִׁיבִים[마크쉬빔][8)] 나로 듣게 하 스미니=השמיעיני=הַשְׁמִיעִנִי[하소미이니][9)] 우린 닮아=דמה=דְּמֵה[다마][10)] 내사랑 돈이=דודי=דוֹדִי[도디][11)] 내 앞에=לפני=לְפָנַי[레파나][12)] 있구나.

장시의 아가서 6: 3~8: 12의 시가 탄생한다.

> 아 예뻐[13)] 처음부터 마음이[14)] 야릇해져[15)]
> 다르샤[16)]
> 내 백성을 예뻐한 나 봐[17)]줘요

---

16) בְּעֵינָיו(벤나봐·그의 보기에, 아 8:10).
17) נִבְנֶה(니벤네·우리는 세울것이요, 아 8:9).
1) וְשָׁדַי(브사다이·나의 유방은, 아 8:10).
2) לִשְׁלֹמֹה(리쉴로모·NE, 하나님 말씀 사모하려, 아 8:11).
3) פִּרְי(피르요·실과, 아 8:12).
4) כַּרְמִי(카르미·나의 포도원은, 아 8:12).
5) שָׂמֻנִי(사무니·삼았음이라, 아 8:12).
6) לָךְ(라흐·너를 위하여, 아 8:12).
7) דֹּדַי(도디·사랑, 아 8:13).
8) מַקְשִׁיבִים(마크쉬빔·귀를 기울이니, 아 8:13).
9) הַשְׁמִיעִינִי(하스미이니·나로 듣게 하려므나, 아 8:13).
10) דְּמֵה(다마·같아여라, 아 8:14).
11) דוֹדִי(도디·나의 사랑, 아 8:14).
12) לְפָנַי(레파네·내 앞에 있구나, 아 8:12).
13) יָפָה(야파, 아 6:4).
14) אַתְּ(아트·너의 전부가, 아 6:4).
15) רַעְיָתִי(라으야티·내 사랑아, 아 6:4).
16) תִרְצָה(타르짜·즐거움, 아 6:4).
17) נָאוָה(나봐, 아 6:4).

잘 싸여[1] 쌍태 하르르[2] 하르르르[3] 예뻐라

네 목은[4]
흘러내려 두 뺨은 방긋 웃고[5]
맡아 논[6] 자물쇠야 마음이 달아올라[7]
내 사랑[8] 아파 아하파[9] 나다[10] 봐라 솟아남[11]
아침빛 솨아르[12] 뵈네[13] 깃 난[14] 내해[15] 파릇해[16]

내게 와
쉬이쉬이[17] 돌아와 쉬이쉬이[18]
우리가 보네 하자[19] 사랑아 마 하나 임[20]
네게로 알리는[21]내가 되어보[22]게 마~예쁘[23]
이렇게[24]

---

1) הֵסֵבִּי(하세배·기본형 סָבַב: 싸바브, 둘러싸고, 아 6:5).
2) הָרְחֵלִים(하르레림·암양, 아 6:6).
3) הִרְהִיבֻנִי(히르히부니·나를 놀래게 하니, 아 6:5).
4) צַוָּארֵךְ(쟈바레흐·큰 구원·네 목은, 아 6:6).
5) רַקָּתֵךְ(라카테흐·뺨, 아 6:7).
6) לְצַמָּתֵךְ(르자마테흐·너울·자물쇠, 아 6:7).
7) מִבַּעַד לְצַמָּתֵךְ(미뻗 레잠마테하· 너울 속의, 아 6:7).
8) עֲלָמוֹת(알라모트·시녀, 아 6:8).
9) אַהֲבָה(아하바아, 아 6: 8).
10) יוֹנָתִי(요나티·비둘기, 아 6:9).
11) בַּשּׁוֹשַׁנִּים(봐 소사님·백합화 가운데서, 아 7:3).
12) שָׁחַר(솨아르, 아 6:10).
13) בְּאִבֵּי(베이베·푸른초목, 아 6:11).
14) גִּנַּת(깃나트·동산, 아 6:11)
15) הַנָּחַל(나할·골짜기 시냇물, 아 6:11).
16) הֲפָרְחָה(하파르하·순이 났는가, 아 6:11).
17) שׁוּבִי שׁוּבִי(수비수비, 아 7:1).
18) שׁוּבִי שׁוּבִי(수비수비, 아 7:1).
19) וְנֶחֱזֶה(브네하제·우리로 보게하라, 아 7:1).
20) הַמַּחֲנָיִם(하마하나임·마하나임·하나님의 군대, 아 7:1)· 마하나임은 야곱이 그의 형 에서를 만나기 위해 길을 나서면서 "두 무리"를 보고 하나님의 군대라 하고 그 땅 이름을 "마하나임"이라 한데서 유래된 말이다.(창32장 1~2)
21) בַּנְּעָלִים(바느알림·신을 신은, 아 7:2).
22) נָדִיב(나디브· 귀한 자의, 아 7:2).
23) מַה יָּפוּ~(마~ 야푸·아름다운가, 아 7:2).

아멘[1]하는
내 신부 구슬꿰미[2]
배꼽은 사르르르[3] 사아르[4] 비트네[5]에
알맞[6]게 아람[7]드리로 솟아나[8]는 사랑아[9]

자아알
잡아내려[10]
믿고 갈[11] 사랑이다
내 눈에[12] 넘치는 머리[13] 예쁘디 예쁘다[14]
좋아라[15] 닿게 되어서[16] 종려나무 닮으려[17]

비싸다[18]
내 사랑아 신나서[19] 산에 올라[20]
나[21] 크게 쉬려고 핀[22] 예수님[23] 돋이[24] 돋이[25]

---

24) יְרֵכַיִךְ(예레카이흐·이렇게, 아 7:2).
1) אָמָּן(암만·공교한 장식의, 아 7:2).
2) חֲלָאִים(할라림·구술꿰미, 아 7:2).
3) שָׁרְרֵךְ(쇠르리흐·중심·배꼽, 아 7:3).
4) יֶחְסַר ~ הַסַּהַר אַל(하사하르 알 ~ 예흐사르· 가득히 부은, 아 7:3).
5) בִטְנֵךְ(비트네흐·허리, 아 7:3).
6) עֲרֵמַת(아르마트·단 같구나, 아 7:3).
7) עֲרֵם(아람·단·쌓아놓은 것, 아 7:3).
8) בַּשּׁוֹשַׁנִּים(봐 소사님·백합화 가운데서, 아 7:3).
9) צְבִיָּה(제비야·암사슴, 아 7:4).
10) צַוָּארֵךְ(자바레흐·큰 구원·네 목은, 아 7:5).
11) מִגְדַּל(믿그달·망대, 아 7:5).
12) בַּתַּעֲנוּגִים(봐타안누김·쾌락하게 하는 구나, 아 7:7).
13) דַלָּה(달라·머리, 아 7:6).
14) יָּפִתְ־יָּפִית(야피트·네가 아름다운 지, 아 7:7) .
15) זֹאת(조오트·이것, this, 아 7:8).
16) דָּמְתָה(담므타·같고, 아 7:8).
17) לְתָמָר(레타마르·종려나무를 위해, 아 7:8).
18) וְשָׁדַיִךְ(베쇠타이흐·네 유방은, 아 7:8).
19) בְּסַנְסִנָּיו(베산네신나이브·가지를, 아 7:9).
20) אֶעֱלֶה(엘레레·올라, 아 7:9)
21) נָא(나·참으로, 아 7:9).
22) כְּאֶשְׁכְּלוֹת הַגֶּפֶן(크에쉬케로트 하게펜·포도송이 같고, 아 7:9).
23) יְשֵׁנִים(예쉐님·자는 자의, 아 7:10).

단 말씀 크는[1] 포도원 날아[2] 펴라[3] 사랑아

사랑 임[4]
나타내[5]서 카다[6]다 피어나는[7]
예수님[8] 돋이[9] 그대 내 모자[10] 내 아들아
정말로 넌 부서지지[11] 않는 거야 사랑아

마음이
하아하파[12] 나랑랑[13] 맛있어라[14]
포도주 실컷[15] 트여보겠니[16] 노아처럼 사랑아

부~탁[17] 타이르니[18] 움마 ~ 타이르니[19]
닿았다[20] 좋다[21] 올라[22] 정말로 믿어봐라[23]

---

24) לְדוֹדִי(레돋이· 나의 사랑하는 자를 위하여, 아 7:11).

25) דוֹדִי(도디, 아 7:12)

1) לַכְּרָמִים(라크라밈·ל는 위하여전치사, 포도원으로, 아 7:13).

2) נִרְאֶה(니레에·보자, 아 7:13).

3) פָּרְחָה(파르하·움이 돋았는지· 깨졌는지, 아 7:13).

4) הַדּוּדָאִים(두다임·예수를 통한 구원의 길을 두다, 성경은 합환채로 번역, 아 7:14).

5) נָתְנוּ(나타내누·우리가 나타내니, 토하고로 번역, 아 7:14) .

6) מְגָדִים(메카딤·귀한 실과가, 아 7:14).

7) פְּתָחֵינוּ(프타헤누·우리의 문 앞에는, 아 7:14).

8) יְשָׁנִים(예솨님·묵은것이로 번역, 아 7:14).

9) דוֹדִי(도디, 아 7:14).

10) אֶמְצָאֲךָ(에모자아하·기본형 מָצָא(모자·맞추어:신 19:7·입었다:에 5:8·알다·살피다·베푸다 즉 남에게 맞추어 사는 일로 은혜를 입고 사는 뜻, 아 8:1).

11) יָבוּזוּ(야부주·업신여김자가, 아 8:1).

12) הָאַהֲבָה(하아하바아·사랑하는 자, 아 8:4).

13) אֶנְהָגְךָ(애느하카·내가 너를 이끌어, 아 8:2).

14) מֵעֲסִיס(마아시스·단 포도주·하나님의 말씀, 아 8:2).

15) אַשְׁקְךָ(아쉬케카·나는 네게 마시웠갰고, 아 8:2).

16) תְּחַבְּקֵנִי(트하브게니·열어젖혀, 아 8:3).

17) הִשְׁבַּעְתִּי(히스바으티·내가 부탁한다, 아 8:4).

18) מַה ~ תְּעֹרְרוּ(마 ~ 테오루·흔들지말며, 아 8:4).

19) וּמַה ~תְּעֹרְרוּ(움마~ 테오루·흔들지말며, 아 8:4).

20) תַּחַת(다하트·닿았다, 아 8:4).

21) זֹאת(조오트·이것, this, 아 8:5).

정말로 믿으라했다[1] 돋아[2] 닿아[3] 십자가

가슴에
십자가를 심었니[4] 아하파아[5]
까맣다[6] 백성들이 나 보다 널 사랑나니
내 아들 십자가에서 아아파아[7] 아파아[8]
벤 나 봐[9]
네가 벤네[10] 비싸다[11] 실로 살 놈[12]
펴리라[13] 말씀 가름[14] 삼으니[15] 살 놈이야[16]
네게는[17] 가슴이 돋아[18] 기우리며[19] 스미니[20]
정말로 닮아[21] 돋아[22]서 네 앞에[23]와 있구나
내 사랑 나를 닮아 하 예버 정말 예뻐
너를 봐 내 몸이 둥둥 하늘로만 뜨누나 - 이영지 「아 예뻐」

---

22) עֹלָה(올라·올라오는·아 8:5).
23) הַמִּדְבָּר(하미드바르·거친들, 아 8:5).
1) מִתְרַפֶּקֶת(미트라페케트·의지하고, 아 8:5).
2) דֹּדָהּ(도다·그 사랑하는 자, 아 8:5).
3) תַּחַת(다하트·밑, 아 8:5).
4) שִׂימֵנִי(시멘니·너는 나를 품고, 아 8:6).
5) אַהֲבָה(아하바아·사랑은, 아 8: 6)·
6) כַמָּוֶת(카마베트·죽음같이, 아 8:6).
7) הָאַהֲבָה(하아아하바아·사랑이, 아 8: 7).
8) בְּאַהֲבָה(바아하바, 아 8:7).
9) בְעֵינָיו(벤나봐·그의 보기에, 아 8:10).
10) נִבְנֶה(니벤네·우리는 세울것이요, 아 8:9).
11) וְשָׁדַי(브사다이·나의 유방은, 아 8:10).
12) לִשְׁלֹמֹה(리쉴로모·NE, 하나님 말씀 사모하려, 아 8:11).
13) פִּרְיוֹ(피르요·실과, 아 8:12).
14) כַּרְמִי(카르미·니의 포도원은, 아 8:12).
15) שַׁמְנִי(사무니·삼았음이라, 아 8:12).
16) שְׁלֹמֹה(쉴로모·하나님 말씀 사모, 아 8:12).
17) לְךָ(라흐·너를 위하여, 아 8:12).
18) דוֹדִי(도디, 아 8:13).
19) מַקְשִׁיבִים(마크쉬빔·귀를 기울이니, 아 8:13).
20) הַשְׁמִיעִנִי(하스미이니·나로 듣게 하려므나, 아 8:13).
21) דְּמֵה(다마·같아여라, 아 8:14).
22) דוֹדִי(도디·나의 사랑, 아 8:14).
23) לְפָנָי(레파네·내 앞에 있구나, 아 8:12).

(4). 예수님 아버지 하나님

예수님이 내 마음에 돋아나는 일은 그 분이 주신 맛있는 포도주를 실컷 먹어보는 일이다. 즐겁게 사는 일이다. 우리가 아는 인식으로는 하나님의 아드님만이 번제로 드려져서 십자가에 달리신 일로 한다. 그러나 시편 104편을 통해서 드러나는 사실은 모든 것을 다 가지신 하나님은 자기의 모습을 시적인 특징의 옷을 입으시며 그의 아들 때문에 행복해 하신다.

하나님은 자신의 모습을 다 보이시려 하시고 자신도 십자가에 달리시는 모습을 성경은 시적으로 묘사한다. 하나님 아드님만이 십자가에 달리시고 그리고 돌아가시는 것이 아니라 이와 못지않게 먼저 하나님이 먼저 그의 모습을 사랑하는 백성들에게 특별하게 하나씩 보여주는 모습은 동시에 하나씩 벗어 보이시는 모습이다.

옷을 입으셨다: 사람이 옷을 입는 것은 신체의 은밀한 부분을 가리기 위하여서이다 그런데 하나님께서도 자신의 본 모습보다는 옷을 입으심으로 하여 자신을 백성들 눈높이에 맞게 보여주신다.

하나님이 옷을 입으셨다=**לבשת**라바세타=**לָבָשְׁתָּ**라바세타1) 그 분이 광대하심과 존귀와 권위를 입으셨다. 입으셨나이다 옷을 입으셨다 참 아름다운 한국말 그대로가 저 머

---

1) **לָבָשְׁתָּ**(라바셨다·입으셨나이다, VQAMYS, thou art clothed with, 시 104:1) 주께서 입으시며 **לָבַ֫שְׁתָּ**(라바셨다·입으셨나이다, VQAMYS, thou art clothed with, 시 104:1).

나먼 나라의 성경 원어에서 드러난다.

한글 그대로 입으셨다=לבשת=לָבָשְׁתָּ[라바세타].[1)] 왜 입으셨을까. 원어에서 보이는 바 목적형 라멧=ל[라멧] 바로 to 부정사가 어두에 와서 그 분의 목적이 존귀와 권위의 옷을 입으셨음을 드러낸다. 하나님이 존귀와 권위와 광대하심을 입으셨다 하심은 그 분이 사랑하는 백성들을 위해서이다

어떤 옷인가. 존귀=후드=הוד[호드]=הוֹד[호드2)] 숨 쉴 수 있는 가슴을 달고 권위=하다르=הדר[하다르]=הָדָר[하다르3)]를 나타내신다. 그의 사랑하는 백성이 숨 쉴 수 있게 해 주시는 본인임을 알린다. 우리말 히웋 발음인 호드와 하다르는 여호와 이름에서 보여주시는 하나님의 옳은 손이 하시는 숨 쉼의 이미지이다. 하나님의 흔적 숨 쉴 수 있게 하시는 하나님의 가슴은 아주 광대=커다랗다=גדלת=גָּדַלְתָּ[커다랗다4)]. 하나님이 번제를 입으셨다=לבשת=תָּ לָבַשְׁ[라바스타].[5)] 아주 커다랗다=גדלת=גָּדַלְתָּ[커다랗다6)]! 번제의미 오메가로 끝난 이 타브=ת[타브]는 우리말 끝말 '다'다.

히브리어 타브=ת[타브]는 우리말 '다'이다. 하나님도 아들 못지않게 사랑하는 백성들이 숨 쉬게 하기 위하여,

---

1) לָבָשְׁתָּ(라바셨다·입으셨나이다, VQAMYS, thou art clothed with, 시 104:1).
2) הוֹד(호드·존귀, NMS, honer, 시 104:1).!
3) הָדָר(하다르·권위, NMS, NMS,majesty, 시 104:1).
4) גָּדַלְתָּ(카다르타·광대, VQAMYS, thou art -great, 시 104:1).
5) לָבָשְׁתָּ(라바셨다·입으셨나이다).
6) גָּדַלְתָּ(카다르타·광대).

희생 의미 타브=ת타브를 입으셨다 커다랗[1] 가돌=גדול=גָּדוֹל[2]=גדלה=גְּדֹלָה커다랗다[3]! 크더라=백제 근초고왕 때 나라이름 구다라[4]가 지금도 부여에 남아 있다. 큰 나라=게도라=게돌라=גדלה=גְּדֹלָה게돌라[5]이다.

빛으로 옷을 입다: 연쇄언어로 이어지는 옷을 입으심을 이번에는 빛을 입으심으로 하신다. 빛을 입으시며 절대자이신 분이 우리 눈으로 보이게 하시려 빛으로 입으셨다.

빛을 입으심=옳다=עטה=עֹטֶה오타[6]! 하나님의 알몸 상태를 빛으로 덮으신다. 우리 눈에 보이시는 빛 그게 바로 하나님이 입으신 옷이다. 글자는 십자가에 달리시는 뜻 글자 타브 곧 우리말 '다'=히브리어 타브=옳다의 빛으로 온 힘을 다하여 눈으로 보여주신 빛=삶아=שלמה=שַׂלְמָה삶아[7]내신다.

삶아 입으신 옷에서 아주 커다란 빛이 나온다. 뜨거운 열로 삶아 내신 아주 광대한 너무나 큰 빛으로 삶아 내신 불에 삶아 번제로 하늘을 휘장같이 치신다. 하나님이 옷을 입으심을 나타내신다. 삶아진 다음에 보이

---

1) גְּדוֹלוֹת(그도로트·커다랗다, 대상 17:21; 욥: 5:9).
2) גָּדוֹל(가돌·크다, 출 32:10, 11 등).
3) גְּדֹלָה(게도라·큰, 출 32:30, 31).
4)(KBS 연속극 근초고왕 참조).
5) גְּדֹלָה(게도라 · 큰, 출 32:30, 31).
6) עֹטֶה(오타·빛을 입으심, VQPA, who coverest thyself with, 시 104:2).
7) שַׂלְמָה(살마·옷) 기본형에 כַּשַּׂלְמָה(카사르마·옷을 입음같이, P.D.NFS, as with a garment).

시는 번제방법이다. 반복리듬, 빛으로 하늘을 휘장같이 치심=나타=נטה[노태]=נוטה[노태]=נוֹטֶה[노태1)] 내신 빛으로 하늘을 휘장 치신다.

하나님의 물 사용이 있다. 물에 자기 누각의 들보를 얹으신다. 누각=알리야=עליה=עֲלִיָּה[알리야2)] 하나님 자신임을 알리는 이 끝 언어 יה[야]=יָהּ[야]가 여호와 약자다. 하나님이 알리=עלי=עֲלִי[알리3)]는 말이 우리말 '알리'는 과 같다. 우리가 복 받는 이유는 우리가 우리말을 하면 자기도 모르게 하나님 일을 알리는 일에 동참한다. 하나님은 합성어 까지 만드시면서 자신의 존재를 알렸다=알리오타이브=עליותיו=עֲלִיּוֹתָיו[알리오타이브4)] 물위에 높이 앉으셨다. 말씀의미인 물 위에 앉으신 도구는 들보이다. 앉으셔서 명령 들보=가라=קרה=קָרָה[카라5)]를 얹으시며=하마 가라=המקרה=הַמְקָרֶה[하메가라6)] 가라 빨리 가라!

하나님이 급하셨다. 그의 사랑하는 백성들을 살리기 위해, 숨 쉬게 하기 위해 빨리 움직여 들보에 · 물 위에 · 말씀위에 · 말씀을 가지고 아버지와 아들이 한 몸이 되는 되어 같은 목적 그의 사랑하는 백성들이 숨쉬게 하시기 위해 말씀 들고 빨리 하나님이 움직인다.

---

1) נוֹטֶה(노테·치시며, VQPA, who stretched out, 시 104:2).
2) עֲלִיָּה(알리이야·누각, 다락방, 시 104:2).
3) עֲלִי(일라이·지극히 높으심).
4) עֲלִיּוֹתָיו(알리요타이브·자기 누각의, NFP.MZS, his chambers, 시 104:3).
5) קָרָה(카라·들보).
6) הַמְקָרֶה(하므카레·D.VPPA, Who layeth the beams of, 시 104:3).

하나님의 백성들의 죄가 중다함으로 이를 해결하기 위하여 빨리 움직인다. 물이 이동수단이다. 말씀이 이동수단이다. 하나님의 이동수단이다.

구름으로 자기 수레를 삼으시고: 이 구름이 도대체 무엇인가. 우리는 다른 사람의 말을 인용할 때 따옴표를 사용하고 그대로 인용할 때에는 인용표로 한다. 이러한 글자의 원형은 다름 아닌 구름이다. 시내 산에서의 하나님 말씀은 그대로 구름이 되는 흔적을 보이셨다. 따옴표 " "나 따옴말 ' '가 오늘날도 그대로 전 세계적으로 오늘날도 말씀 인용으로 쓰인다.

바람 날개로 다니시며 아주 빠른 모습으로 바로 앞의 물에 들보를 얹으신다. 하므카레[1]와 같이 빨리 움직이는 이유는 분명해 진 상대방을 숨 쉬게 하기 위한 방법이다. 두 번 리듬으로 짝을 이루는 바람 날개로 다니신다. 하므하레흐[2]이다. 하마 하레 벌써 하래 아주 빨리 하래 말씀전달을 하신다. 물로 숨 쉬게 하시는, 말씀으로 하시는 하나님의 구체적 행동 하나님의 앉으신 자기누각이다

자기 누각[3]으로 바람 날개[4]의 영 바람으로 자기 사

---

1) הַמְקָרֶה(하므카레·D.VPPA, Who layeth the beams of, 시 104:3).

2) הַמְהַלֵּךְ(하므하레흐·D.VPPA, Who walketh, 시 104:3).

3) עֲלִיּוֹתָיו(알리요타이브·자기 누각의, NFP.MZS, his chambers, 시 104:3).

4) עַל~כַּנְפֵי~רוּחַ(알~크나페~루아흐 · 바람날개의, P~NFPG~NFS, upon~the wings of~the wind, 시 104:3).

자를 삼으시며 잘 숨 쉴 수 있도록 하나님은 자기 사자로 그리고는 불꽃으로 자기 사역자를 삼으신다. 불꽃으로 자기 사역자사자[1] 화염으로 자기 사역자[2]를 삼으신 이 둘 모두 물을 통한 하나님의 일 곧 문법 복수로 표시한다. 그러기에 여럿이서 하나님일 사역을 같이 한다.

명령만 내리시는 하나님이 아니다. 바람으로 자기 사자, 불꽃으로 자기 사역자를 삼으실 때 하나님도 같이 말씀에 임하신다. 하나님이나 목사나, 지도자나 예수님이나 같이 번제 드려 하나님도 함께 행동하시는 타브원어가 보여주는 이 증거는 예수님만이 하나님 뜻에 의하여 십자가에 달리는 것이 아니라 하나님 자신도 그 중심에 계신다. 하나님이 같이 우리들이 되는 일이다. 왜 한국에는 유독 우리라는 말이 있을까. 우리는, 하나님도 우리와 같이 어우러져 생명을 구하신다.

하나님의 아들 예수만이 십자가에 고통을 당하는 것이 아니라 믿음의 식구들 모두 그리고 하나님도 물론 우리와 같이 이 기초위에 서신다. 하나님의 백성에게 보이시려고 나타나시고 빛을 입으시고 존귀와 권위와 광대함을 보이신다. 물의 날개로 들보에 앉으셔서 움직이신다. 하나님 자신부터 모든 사람을 위하여 다 보이

---

1) מַלְאָכָיו(마르아가이브·자기 사자를, NMP.MZS,his amgels, 시 104:4).
2) מְשָׁרְתָיו(므솨르타이브·자기 사역자를 삼으시며,VPPAMO.MZS. his ministers, 시 104:4)·

시게 하시는 이 우주적 희생의 기초를 두신다.

이 때 눈으로 보여주기 위한 알=**עַל**[알]을 눈으로 보이어 주신 이 일은 영원함을 드러내시는 일=올람 바에드 =**עוֹלָם~בָעֶ=עולם~בעד**[타브올람 바에드1)] 진실이다.

하나님 빼고 예수님만 달랑 십자가에 달리시는 것이 아니다. 하나님이 아드님과 한 몸이 되어 움직이신다. 하나님과 아드님은 한 몸이다. 그래서 성경은 2회 리듬 반복을 성경전체에서 계속한다. 하나님과 아드님이 서로 꼭 빼닮아 나셔 세상의 만물을 입으신다. 다 보이어 주신 예수님, 즉 하나님의 일은 하나님이 예수님에게 뿐만 아니라 스스로 자신을 희생 제물로 드림을 눈으로 보여준다. 누가 아버지를 닮겠는가. 그대로 똑 빼닮겠는가. 그 아버지에 그 아들이다.

물이 산들 위에 섰더니: 물은 사물이다. 물이 산들 위에 섰다. 시에서의 의인법이다. 하나님 사역자들인 물이 산들 위에 섰다. 이 때 산 둘 위에와 물이 섰더니를 히브리어는 물이 산들 위에를 **עַל~הרים**[타브알~하림2)]과 물이 섰더니 **יַעַמְדוּ~מָיִם=עמדו ~מים**[야아드므두~마임3)] 눈으로 보여주시는 하나님이시다. 물 이동, 말씀 이동은 하나님이 보여주시는 일들이다.

---

1) עוֹלָם~בָעֶ(올람~바에드, C.NMS~NMS, 랙~ ever, 시 104:5).

2) עַל ~הָרִים(알~ 산 위에, 하림·P.NMP, above~untain, 시 104:6).

3) יַעַמְדוּ~מָיִם(야아드므두~마임·물이 섰더니, NMP VQIMZP, stood the water, 시 104:6).

우리들은 드리다와 드림이라는 말을 쓴다. 글을 쓰고 끝마무리에 드림이나 올림이라고도 쓴다. 두 손을 받들어 상대방을 향하여 나를 온전히 드립니다 올립니다이다. 글로서, 물건을 드릴 때나 제사를 드릴 때도 드림과 올림 그리고 꿇어 엎드림이라는 말을 쓴다. 드림은 따뜻한 마음이 전해지는 정겨움, 더 높은 분에게 올림이다. 한국말에 올라탄다는 말이 있다. 자기 누각에 올라타시어=עליותיו=עֲלִיּוֹתָיו=יַעַמְדוּ~מָיִם עֲלִיּוֹתָיו 야아무두 마임 올리요타이브[1] 땅을 풍족하게 하신다. 자기누각에 올라=עלה=הֲעָלֶ[2] 올랐다=עלת=עֹלֶת올레트의 성경기록은 하나님은 본보기가 되시려 기초로 물 위에 앉으시어 물에 불을 켜고 불꽃으로 자기 사역자를 삼으시며 우레 수레를 타시고 바람 날개를 입고 불꽃으로 사역자를 삼으시었다.

하나님은 숨지 않으시고 우리에게 보여 주시었다. 하나님이 높은 산 위에 물을 올라간 것을 견책하심을 시작으로 하여 우레조차도 주의 견책[3]이라며 물에게 본래의 자리로 돌아가라 나무랐다=רעמך=רַעַמְךָ라아무트[4]. 이 말씀 리듬[5]이 12회이다. 오묘한 성경진리는 시편 104편을 1~12로 한다. 모두 하나님의 옳은 손 안에서

1) עֲלִיּוֹתָיו(올로타이브·자기누각의, his chambers, 시 104: 3).
2) עֲלֵה(올라 · 너는 올라가서, 신 3:27; 시 18:10).
3) גַּעֲרָתְךָ(가아라트하·주의 견책, NFS.MYS, thy rebuke, 시 104:7).
4) רַעַמְךָ(라아므하·주의 우레, NMS.MYS, of thy thunder, 시 104:7).
5) 첫번째 גַּעֲרָתְךָ(가아라트하·주의 견책, NFS.MYS, thy rebuke, 시 104:7) רַעַמְךָ(라아므하·주의 우레, NMS.MYS, of thy thunder, 시 104:7).

역사되는 일임을 옳은 손=요드=י요드 역활이다. 그 영원성을 영웡성 의미 엔=ן엔 언어로 한다.

104편의 12번 반복되는 제일 처음은 우레 소리가 물을 패 준=זון=זוּן준1)이다. 하나님 재촉에 물이 빨리 아래로 도망 평퍼짐하게 둘러 퍼지며 순=סון=סוּן순2)하게 엎드린다. 물이 오르고 내리는 일은 원어 상으로 하나님의 옳은 손이 사역한다. 첫 글자에 놓여 하나님의 손이 물을 올리3)고 내리4)며 세 번째 리듬5)을 이룬다. 여전히 하나님의 옳은 손이 첫 글자에 오면서 물이 넘치지 못하게 막음6)을 실증으로 한다. 물이 다시 돌아와 제자리로 돌아오는 일7) 물의 4번째 리듬이 있다.

하나님의 옳은 손으로 숨 쉬며 영원히 바로 서는 모습 물 흐름8)은 오직 예수뿐이다. 시편 104편이 예수님과 하나님과의 긴밀성임을 물이 흐르지 아니하면 썩는 일로 한다. 다섯 번 째의 물이 흐르게 되는 진리는 우리에게 마시우9)게 하신 일이다. 이유는 물이 내 안에

1) זוּן(준).

2) סוּן(순).

3) יַעֲלוּ(예일루 · 오르고, VQIMZP, They go up, 시 104:8).

4) יֵרְדוּ(예르두 내려갔나이다,VQIMZP, They go down, 시 104:8).

5) 셋째: יַעֲלוּ(예일루· 오르고, VQIMZP, They go up, 시 104:8) יֵרְדוּ(예르두 내려갔나이다,VQIMZP, They go down, 시 104:8).

6) יַעֲבֹרוּן(야아보룬·물이 넘치지, VQIMZP, that they may 0pass over, 시 104:9).

7) יְשׁוּבוּן(야수분·다시 돌아와, VQIMZP, that they turn~agin, 시 104:9).

8) יְהַלֵּכוּן(예할쿤·흐르게 하사,VQIMZP, which run, 시 104:10).

9) יַשְׁקוּ(야스후·마시우시니, VHIMZP, They give drink to, 시 104:11).

들어와 있어[1]야만 살 수 있어서이다. 이 안은 물이 우리[2] 몸 안에 들어와 있음을 일곱째 리듬[3]으로 한다.

이 세상에는 낮과 밤이 있다. 그 중에 사자를 성경은 예로 드는데 사자가 먹을 것을 이리저리 구하다가도 해가 지면 일을 멈추고 어설픈[4] 모습으로 물러가 자리에 눕[5]는다. 히브리어에서는 아사프[6]라 하고 있다. 고달픈 인생을 어설픈 모습이라 하였다. 진리가 영원함을 일곱 번째 리듬[7]으로 한다.

이러한 일을 망각할까봐 성경은 여덟 번째[8]로 주의 하신 일을 마셔야[9] 한다 했다. 이 일을 주의 부요[10]라 했다. 하나님이 바라시는 일은 물이 늘 흐르게[11] 하사 모든 생물이 살아가게 하시는 아홉 번째[12]리듬으로 한다. 하나님이 기다리시며 바라[13]시는 일로 우리들 삶 전체를 하나님의 옳은 손으로 거두어[14] 들이며 살 수

---

1) יִשְׁבְּרוּ(이스브루 해갈하며,VQIMZP, quench, 시 104:11).

2) וּ(우·안).

3) 여섯째: יַשְׁקוּ(야스쿠·마시우시니, VHIMZP, They give drink to, 시 104:11)
יִשְׁבְּרוּ(이스브루 해갈하며,VQIMZP, quench, 시 104:11).

4) יֵאָסֵפוּן(예아세푼 물러가서,VNIMZP, they gather thenselves toghter, 시 104:22).

5) יִרְבָּצוּן(이르바춘·눕고,,VQIMZP, lay them down, 시 104:22).

6) אָסַף(아사프·모이다·물러가다).

7) 일곱째: יֵאָסֵפוּן(예아세푼·물러가서,VNIMZP, they gather thenselves toghter, 시 104:22)/ יִרְבָּצוּן(이르바춘·눕고,,VQIMZP, lay them down, 시 104:22)

8) 여덟째: מַעֲשֶׂיךָ(마아세하·주의 하신 일이, NMP.MYS, thy works, 시 104:24)
קִנְיָנֶךָ(키느야네하·주의 부요가, NMS.MYS, thy riches, 시 104:24).

9) מַעֲשֶׂיךָ(마아세하·주의 하신 일이, NMP.MYS, thy works, 시 104:24).

10) קִנְיָנֶךָ(키느야네하·주의 부요가, NMS.MYS, thy riches, 시 104:24).

11) יְהַלֵּכוּן(예할쿤·흐르게 하사,VQIMZP, which run, 시 104:10)

12) 아홉째:יְשַׂבֵּרוּן(예사베룬·바라니이다,VPIMZP, wait, 시 104:27).

13) יְשַׂבֵּרוּן(예사베룬·바라니이다,VPIMZP, wait, 시 104:27).

있는 은혜 예수뿐[1]으로 열한 번째 리듬[2]으로 나타낸다. 하나님이 사람 목숨을 거두는 일을 성경은 하나님께서 얼굴을 숨기시는 일로 한다. 울음을 운[3]다 하였다. 왔던 곳을 되돌아가는 이 열한 번째 리듬은 유독 3회 똑 같은 어두와 어미로 동일하게 하며 하나님이 얼굴을 숨기시면 사람이 죽고 보여주시면 생물이 산다. 이 열한 번째의 리듬은 사람의 죽음을 주장하시는 분을 강조하는 열한 번째 리듬[4]이다. 운다는 말을 성경은 아기가 태어나자마자 으앙 하며 운 일을 이 보레운[5]일이라 한다. 이 때 하나님이 얼굴을 나타내시고 우리 눈에 하나님의 흔적 곧 햇빛이 나고 바람이 불고 물이 흐르게 한 열 두 번째 리듬으로 한다. 하나님은 우리보고 이 보레[6]하신다.

하나님이 살려주셔서 이 세상에 태어난 우리들 할 일은 움직임이다. 한국인들 말에 팔아[7]가 있다. 가족을 위해 무엇을 팔아 사는 모습이다. 특이하게 성경은 이

---

14) יִלְקֹטוּן(이르거둔·저희가 취하여, VQIMZP, they gather, 시 104:28).

1) יִשְׂבְּעוּן(예스뿐·저희가 만족하다가,VQIMZP, they filled, 시 104:28).

2) 열 번째: יִלְקֹטוּן(이르거둔·저희가 취하여, VQIMZP, they gather, 시 104:28)
יִשְׂבְּעוּן(예스뿐·저희가 만족하다가,VQIMZP, they filled, 시 104:28).

3) יִגְוָעוּן(이그바운·저희가 죽어, VQIMZP, they die, 시 104:29).

4) 열한 번째: יִבָּהֵלוּן(이바헤룬·저희가 떨고, VNIMZP, they are troubled, 시 104:29)
יִגְוָעוּן(이그바운·저희가 죽어, VQIMZP, they die, 시 104:29).
יְשׁוּבוּן(예수분·돌아가나이다,VQIMZP, return, 시 104:29).

5) יִבָּרֵאוּן(이바레운·창조하사,VQIMZP, they are created, 시 104:30).

6) יִבָּרֵאוּן(이바레운·창조하사,VQIMZP, they are created, 시 104:30).

7) 기본형 פֹּעַל(포알 · 노동) 본문 לְפָעֳלוֹ(레파올로 · 노동하며, P.NMS.MZS, unto his work, 시 104:23).

글자 형성을 입으로 한다. 죽어라고 말씀을 입으로 전하는 일이 노동이다. 하나님 전하기 노동 메시지는 모레라는 발음으로 지속된다. 오늘 내일이 아닌 모래까지 오래오래 도록 말씀전하기이다. 사랑하는 사람 위해 일하는 일이 바로 입으로 하는 노동이다. 하나님을 팔아이 하나님의 백성을 사신 하나님, 아들을 팔아 사랑하는 백성을 사신 하나님이 아들만 달랑 십자가에 달리시게 한 것이 아니다. 목적격 조사 레=לְ[1]를 어두에 붙여진 하나님을 믿는 자에게 영생을 주시려 몸 희생을 본보기 오래 영원히 올림[2] 나도 그러니 너도 그래라 하신다. 다윗 자손 예수[3]의 계보가 되는 것은 다윗의 어찌하여 나를 버리셨나이까?[4]에서이다.

---

1) לְ(레).

2) עוֹלָם(올람· 영원히).

3) 마 1: 1.

4) ①(나윗의 시, 영상으로 아앨렛샤할에 맞춘 노래) 내 하나님이여 내 하나님이여 어찌 나를 버리셨나이까 어찌 나를 멀리하여 돕지 아니하옵시며 내 신음하는 소리를 듣지 아니하시나이까(시 22: 11)

② 주는 나의 힘이 되신 하나님이시어늘 어찌하여 나를 버리셨나이까 내가 어찌하여 원수의 압제로 인하여 슬프게 다니나이까(시 43: 2)

③ 제 구시 즈음에 예수께서 크게 소리 질러 가라사대 엘리 엘리 라마 사박다니 하시니 이는 곧 나의 하나님, 나의 하나님, 어찌하여 나를 버리셨나이까 하는 뜻이라(마 27: 46)

④ 제 구시에 예수께서 크게 소리지르시되 엘리 엘리 라마 사박다니 하시니 이를 번역하면 나의 하나님 나의 하나님 어찌하여 나를 버리셨나이까 하는 뜻이라(막 15: 34)..

5. 예수님의 우물

예수님의 우물은 내가 주는 물을 마시는 자는 영원히 목마르지 아니하리니 내가 주는 물은 그 속에서 영생하도록 솟아나는 샘물이 되리라[1]의 생명수를 가진 우물이다.

4복음서[2]는 예수 구주 · 그리스도를 말한다.

---

1) 요 4:14.

2) 1). 마태복음: 예수님의 족보는 베들레헴에서 탄생한다(마태복음 1장). 동방박사 방문과 바로를 피해 애굽으로 도피(2장) 한 후 에덴 동편에서 예수님과 요한의 이야기(3장)는 뚜렷한 구분을 가진다. 예수님은 시험(1~11절)을 거친 후 갈릴리 1차 여행에서 치유(4장)를 하신다. 팔복 · 소금언약 · 살인, 간음, 헛맹세 하지말라(5장) → 구제 · 재물 · 기도 · 금식 · 먼저 그의 나라를 위해 · 백합화를 보라(6장) → 구하라 · 찾으라 · 두드리라 · 남을 비판하지 말라 · 좁은 길로 · 좋은 나무와 · 아름다운 열매 · 행하라(7장) → 백부장 · 시몬의 장모 · 가다라 지방 귀신 들린 자 치유(8장) → 혈루병 · 소경 · 벙어리 · 중풍병자 치유 · 추수 · 마태제자삼음 · 금식 · 새 포도주(9장) → 12제자 파송 · 지팡이 · 파송 · 오순절 · 영접 · 자기 십자가 · 검 · 머리털 하나라도 다 세시는 · 양 · 발(10장) → 두 사람 · 수고 했네 · 엘리야 · 고라신아 · 소돔 · 어린이들(11장) → 안식일 · 진설병 · 이사야 · 귀신 · 가족 · 요나(12장) → 그물 · 고향 · 겨자씨 · 누룩 · 씨 · 가라지 · 진주 · 보화(13장) → 오병이어 · 요한의 죽음 · 바다 위로(14장) → 장로 · 가나안 여자 · 음식 4000 칠병 이어(15장) → 표적을 좋아하는 · 신앙고백 · 자기 부인 · 수난 1(16장) → 고기 · 변화산 · 간질병 치료 · 수난 2(17장) → 어린이 · 징계 · 용서 · 77번 용서 · 99마리 양(18장) → 결혼한 · 부자청년 · 어린이들(19장) → 주의 나라 · 소경 · 포도원 · 수난 3(20장) → 무화과 · 농부 · 두 아들 · 예루살렘 입성(21장) → 칠 형제 · 두 계명 · 다윗의 주 · 혼인 잔치 · 하나님의 것 · 세금(22장) → 7가지 화 · 아벨의 피 · 암닭(23장) → 재림징조(24장) → 달란트 · 열 처녀 · 염소 · 재림의 때(25장) → 옥합 · 베드로가 부인함 · 만찬 · 예수님 체포됨 · 유다배신(26장) → 십자가(27장) → 대지상명령 · 부활(28장)

2). 마가복음: 예수님과 요한 · 제자 시몬, 안드레, 야고보, 요한 · 새벽 미명에 예수께서 · 병자 치유(마태복음 1장) → 중풍 병자 · 다윗이 진설병을 먹고 · 안식일에 예수께서 · 마태 · 바리세인의 금식 · 새 포도주는 새 부대에(2장) → 열 두 제사 · 예수님께서 바다로 · 귀신의 왕을 힘입어 · 영적 가족(3장) → 등불 · 바다에서 주무시는 · 겨자 · 씨(4장) → 거라사 · 혈루증 · 귀신들린 · 야이로 · 달리다굼(5장) → 오병이어 · 요한의 목 · 바다위로 걸으신 · 고향 · 12제자 파송(6장) → 장로들 · 수로보니게 여자 · 에바다 · 열

리라(7장) ⟶ 표적을 좋아하는 · 신앙고백 · 자기부인 · 수난 예고 1 · 소경 · 4000명 먹이심(8장) ⟶ 연자멧돌 · 어린이를 좋아하는 변화산에 베드로와 야고보와 요한을 데리시고 · 간질병 · 수난예고 2 · 엘리야(9장) ⟶ 부모를 떠나 결혼한 · 부자청년 · 어린아이 · 소경거지 바디매오 · 모든 사람이 종이 되어야 · 수난 3(10장) ⟶ 잎사귀만 있는 무화과 · 예루살렘 입성 · 기도 · 권세(11장) ⟶ 칠형제 · 농부에게 맡기고 타국에 · 두 계명 · 하나님 사랑, 이웃 사랑 · 다윗이 그리스도를 주라 칭 · 연보궤 · 하나님의 것 가이사의 것 · 가이사에게 세금을 바치는 것(12장) ⟶ 재림 · 깨어 · 무화과 비유를 배우라(13장) ⟶ 옥합 · 베드로의 부인 · 만찬 · 체포 · 유월절(14장) ⟶ 십자가(15장) ⟶ 부활 승천(16장)

3). 누가복음: 탄생예고 · 엘리사 · 마리아(누가복음 1장) ⟶ 목자 · 탄생 · 12살 · 할례 · 유월절(2장) ⟶ 예수님과 요한 · 족보 · 손에 키를 들고 · 도끼(3장) ⟶ 시험 · 갈릴리 1차 사역 · 병 치유 · 장모의 열병 · 엘리야 · 선지자가 고향에서(4장) ⟶ 5제자 베드로, 요한, 야고보, 안드레, 마태 · 문둥병, 중풍 병자 · 마태 · 금식 · 새 포도주(5장) ⟶ 평지설교 · 12제자 · 안식일에 예수께서 밀밭 사이로 · 좋은 나무 · 아름다운 열매(6장) ⟶ 백부장 · 요한과 예수님 두 사람 · 나인성 · 옥합 향유(7장) ⟶ 바다에서 주무시고 · 씨 비유 · 혈루증 · 거라사 귀신 · 야이로(8장) ⟶ 오병이어 · 신앙고백 · 자기십자가 · 변화산 · 간질 병자 · 수난 예고 1, 2 · 열두 제자 파송(9장) ⟶ 칠십인의 제자 · 선한 사마리아인 · 마리아 · 마르다 · 고라신아 · 소돔(10장) ⟶ 밤중에 벗이 찾아와 · 구하라 · 찾으라 · 두드리라 · 6번 화 · 아벨의 피 · 등불을 켜서 · 바알세블 · 요나의 표적(11장) ⟶ 까마귀 · 백합화 · 머리털까지도 · 청지기 · 어리석은 부자 · 시대를 분별하라(12장) ⟶ 암탉이 제 새끼를 날개 아래 · 여우에게 · 좁은 문으로 들어가라 · 무화과 나무에서 실과를 구하되 · 회당장이 안식일에 병 고치는 것을 분 내어 · 겨자씨 한 알 · 슬피 울며 이를 갊이(13장) ⟶ 혼인 · 잔치를 배설 · 제자도 · 소가 우물에 빠졌으면 안식일에도 · 밭을 사(14장) · 잃은 양 · 동전 비유 · 탕자비유(15장) ⟶ 한 부자가 있어 · 나사로 · 청지기 · 셈하라(16장) ⟶ 10명의 문둥병자 · 연자 맷돌 · 재림 · 겨자씨 한 알만한 믿음(17장) ⟶ 불의의 재판 · 큰 부자 · 소경 · 아이(18장) ⟶ 삭개오 · 예수님 예루살렘 입성 · 그 종을 불러 열므나를 주며(19장) ⟶ 칠 형제 · 농부에게 주고 타국에 · 다윗이 그리스도를 주라 · 예수님의 권위에 대한 논쟁 · 하나님의 것은 하나님에게 바치라 · 가이사에게 세를 바치는 것이(20장) ⟶ 재림 · 대 환란 도래 · 가난한 과부의 두 렙돈(21장) ⟶ 가롯유다 · 베드로의 부인 · 만찬 · 예수님의 체포 · 유월절(22장) ⟶ 십자가 · 두 강도 · 아버지 손에 부탁(23장) ⟶ 엠마오 · 예수님의 부활 · 승천(24장)

4). 요한 복음

요한과 예수님(1장) ⟶ 가나 혼인잔치(2장) ⟶ 예수님과 나사로(3장) ⟶ 선한 사마리아 여인(4장) ⟶ 베데스다 연못 · 하나님과 동등 · 증거(5장) ⟶ 오병이어(6장) ⟶ 초막절 · 생수의 강 · 할례 · 교육(7장) ⟶ 빛 · 진리 · 간음한 여자 · 아브라함의 후손(8장) ⟶ 소경장(9장) ⟶ 양 · 선한목자 · 수전절에 배척당하심(10장) ⟶ 나사로 · 예수님의 눈물 · 산헤드린 모의(11장) ⟶ 밀알 · 향유 · 예수님의 예루살렘 입성(12장) ⟶ 세족 · 베드로 부인 예고 · 사랑(13장) ⟶ 예수님의 고별 설교(14장) ⟶ 포도나무 비유(15장) ⟶ 보혜사 약속(16장) ⟶ 예수님의 중보기도(17장) ⟶ 겟세마네에서 예수님의 체포

제4절 예수님: 그 사랑의 깊이

1. 예수님 자리 연보

성경은 애초부터 수리, 숫자를 좋아한다. 성경은 처음부터 예수님 이야기를 하나로 한다. 우리나라 번역에서 성경 창세기 첫장의 한 날을 첫째날로 번역하였으나 원문 하나=에하드=~אחד=~אֶחָד~에하드이다. 이 에하드는 예수 자리수이다. 여호와의 아드님 모두 이 하나 에하드=~אחד=~אֶחָד~에하드=1+8+4=13으로 나타낸다. 히브리어 숫자 값 13의 근원은 여호와=히브리 숫자 26= ה ו ה י= 5 + 6 + 5 + 10=26에서 시작된다. 26의 반 13이다. 성경은 신명기 6장 4절에서 "이스라엘아 들으라 우리 하나님 여호와는 오직 하나인 여호와시니"1)에서 여호와 ה ו ה י= 5 + 6 + 5 + 10=26의 의 반 아들 하나 수치 13 에하드를 큰 글자 아들의 '들'이 된 ד달렛과 아들의 '아' ע아인으로 아드2) 증거3)가 되게 한다. 예수의 평생 사업은 사랑인데 이 히브리어 아하브=사랑4)=13

(18장) ⇢ 십자가(19장) ⇢ 부활(20장) ⇢ 네가 나를 사랑하느냐 3회(21장)

1) אֶחָד | שְׁמַע יִשְׂרָאֵל יְהוָה אֱלֹהֵינוּ יְהוָה(쉐마아 이스라엘 엘로헤이누 여호와 | 에하드, 신 6: 4).

2) הָעֵדֻת(하에두트 · 증거) ~עֵד(아드 · 증거).

3) הָעֵדֻת(하에두트 · 증거, 출 26: 34, 27: 21, 30: 6, 26, 36, 31: 7, 39: 35, 40: 5; 레 24: 3; 민 7: 89.

4) וּמַה ~נָּעַמְתְּ אַהֲבָה(움마~나으마트 아하바 · 사랑아 어찌 그리 화창한지, 아 7:7).

이다. 우리말로는 '아파'이고 히브리어로는 '아하바'이다.

사랑=אהבה아하바=1+5+2+5=13이다. 미국 성조기는 별 구조 셋으로 짜여 져 있다. 그 중 첫 번째가 13숫자이다. 예수의 족보 족보 41회째[1]반복의 셋째 번에. 13자리로 한다. 예수님 자리는 족보 14대 ~ 다시 14대 ~ 다시 14대의 그리스도 자리 그리스도 14마 1:17[2]대 전 자리 13대이다.

[* 신약 기록의 예수님 족보(아브라함 ⇢ 다윗까지 14대)

① 믿음 조상 Ἀβραάμ: אַבְרָהָם(아브라함, 창 17: 5; 출 3: 6, 마 1: 2)
② 아브라함아들, 웃음, 이삭 Ἰσαάκ: יִצְחָק(이쯔하크, 창 17: 19, 마 1: 2)
③ 이삭아들, 발꿈치, 반석, 야곱 Ἰακώβ: יַעֲקֹב(야코프, 창 25: 26; 마 1: 2)
④ 야곱아들, 실존 소망, 유다 Ἰούδας: יְהוּדָה(예후다, 창 29: 35 ; 마 1: 2)
⑤ 유다아들, 떠오름, 베레스 Φάρες: פֶּרֶץ(페레쯔, 창 38: 29; 마 1: 3)
⑥ 르우벤아들, 뜰, 마당, 헤스론 Ἑσρώμ: חֶצְרוֹן(헤쯔론, 창 46: 9; 마 1: 3)
⑦ 헤스론아들, 높음, 람 Ἀράμ: רָם(람, 대상 2: 9; 마 1: 4)
⑧ 람아들, 자원백성, 아미나답 Ἀμιναδάβ: עַמִּינָדָב(아미나답, 대상 2:10, 마 1: 4)
⑨ 아미나다브아들, 배운, 나손 Ναασσών: נַחְשׁוֹן(나흐숀, 민 1: 7; 마 1: 4)
⑩ 나손아들, 옷 입음, 살몬 Σαλμών: שַׂלְמוֹן(쌀몬, 룻 4: 20; 마 1: 4)
⑪ 살몬아들, 기둥, 보아스 Βόες: בֹּעַז(보아즈, 룻 4: 21; 마 1: 5)
⑫ 보아즈아들, 섬기는 것, 오벳 Ὠβήδ: עוֹבֵד(오베드, 룻 4: 17; 마 1: 5)
⑬ 오베드아들, 다윗의 아버지,이새 Ἰεσσαί: יִשַׁי(이솨이, 룻 4: 17, 마 1: 5)
⑭ 이새아들, 끓는 가슴, 다스리다, 다윗 Δαυίδ: דָּוִד(다비드, 룻 4: 20; 마 1: 6

~ 아브라함에서 다윗까지 14대(마 1: 2~1: 6)

1) ..לְ(라메드 · ..을 위하여, 창 1: 1~2: 3)는 41회의 반복리듬에서이다. 예수님의 족보는 41회째(마 1: 16)이다.

2) 야곱은 마리아의 남편 요셉=יוֹסֵף=יוֹסֵף을 낳았으니 마리아에게서 그리스도라 칭하는 예수가 나시니라(마 1:16). 그런즉 모든 대 수가 아브라함부터 다윗까지 열 네 대요 다윗부터 바벨론으로 이거할 때까지 열 네 대요 바벨론으로 이러한 후부터 그리스도까지 열 네 대러라(마 1:17)

예수님 족보는 마태복음에서 다시 14대로 한다.

[* 신약 기록의 예수님 족보(솔로몬 → 여고냐까지 14대)]

① 다윗아들, 평화로운, 솔로몬 Σολομώνα: שְׁלֹמֹה(쉐로모, 삼하 5: 14,마 1: 6)
② 솔로몬아들, 백성 넓힘, 르호보암 Ροβοάμ: רְחַבְעָם(레하브암, 왕상 11: 23; 마 1: 7)
③ 르호보암아들 아들, 실존을 소망하는 양육 아비야 Αβιά: אֲבִיָּה(아비 야; 삼상, 8: 2; 마 1: 7)
④ 아비야아들 아들, 치료, 아사 Ἀσάφ: אָסָא(아싸, 마 1: 8)
⑤ 아사아들, 판결자, 여호사밧 Ἰωσαφάτ: יְהוֹשָׁפָט(예호솨파트, 삼하 8: 16; 마 1: 8)
⑥ 여호사밧아들, 여호와가 높임, 요람 Ἰωράμ: יְהוֹרָם(예호람, 왕하 8: 16, 마 1: 8)
⑦ 요람아들, יְהוָה 위엄, 웃시야 Ὀζίαν: עֻזִּיָּה(우지야, 대상 6: 24, 마 1: 8)
⑧ 웃시야아들, 여호와는 완전하심, 요담 Ἰωαθάμ: יוֹתָם(요탐, 삿 9: 5, 마 1: 9)
⑨ 요담아들, 기업, 아하스 Ἀχάζ881: אָחָז(아하즈, 왕하 15: 38, 마 1: 9)
⑩ 아하스아들, 여호와로 강해짐, 주의 강하심, 히스기야 Ἐζεκίαν: חִזְקִיָּה(히즈키 야, 왕하 16: 20, 마 1: 9)
⑪ 히스기야아들, 망각, 므낫세 Μανασσῆς: מְנַשֶּׁה(메나쉐, 창 48: 1, 마 1: 10)
⑫ 므낫세아들, 확고한, 아몬 Ἀμών: אָמוֹן(아몬, 왕상 22: 26, 대상 4: 14, 마 1:10)
⑬ 아몬의 아들, 여호와께서 기초를 두심, 요시아 Ἰωσίας: יֹאשִׁיָּה(요시야, 왕상 13: 2, 마 1: 11)
⑭ 여호와께서 세우심, 여고냐 Ἰεχονίαν : יְכָנְיָה(예콘야, 마 1: 11)

~ 솔로몬에서 여고냐까지(마 1: 6~1: 11)

* 다시 세 번째 14대로 이어진다. 이 때 13대는 예수님 자리이다.

[* 신약 기록의 예수님 족보(스알디엘 → 그리스도까지 14대)]

① 여고냐아들, 주께 간구, 스알디엘 Σαλαθιήλ: שְׁאַלְתִּיאֵל(쉐알티엘, 대상 3: 17; 학 1: 1; 마 1: 12)
② 스알디엘아들, 혼합되어 황폐해짐, 스룹바벨 Ζοροβαβέλ: זְרֻבָּבֶל(제루바벨, 학 1: 1; 슥 4: 6; 마 1: 12)
③ 스룹바벨아들, 영광스럽게 양육함, 아비훗 Ἀβιούδ10: אֲבִיהוּד(아히후드,

대상 8: 3, 마 1: 13)

④ 아비훗아들, 일어남의 하나님, 일어섬의 전능자, 엘리아김 Ἐλιακί μ: אֶלְיָקִים(엘아킴, 왕하 18: 18, 마 1: 13)

⑤ 엘리아김아들, 도움, 아소르 Ἀζώρ: עַזּוּר(아주르, 겔 11: 1, 마 1: 13)

⑥ 아소르아들, 의로움, 사독 Σαδώκ: צָדוֹק(짜도크, 삼하 8: 17; 대상 6: 8; 마 1: 14)

⑦ 사독아들, 실존을 소망하여 일어섬, 아킴 Ἀχίμ: יוֹקִים(요킴, 왕하 23:34; 렘 37: 1; 단 1: 1; 대상 4: 22; 예수아아들: 12: 10 · 사독아들, 마 1: 14)

⑧ 아킴아들, 위엄 전능자, 엘리웃 Ἐλιούδ: אֱלִיהוּ(엘리훗, 민 23: 18; 마 1: 14)

⑨ 엘리훗아들, 하나님은 돕는 자, 엘르아살 Ἐλεάζαρ: אֶלְעָזָר(엘아자르, 출 6: 23; 레위 10: 6; 마 1: 15)

⑩ 엘르아살아들, 선물, 맛단 Ματθάν: מַתָּן(마탄, 왕하 11: 18; 대하 23: 17; 마 1: 15)

⑪ 맛단아들, 발꿈치, 야곱 Ἰακώβ: יַעֲקֹב(야아코브, 창 25: 26, 36; 대상 3: 24; 마 1: 15)

⑫ 야곱아들, 더하고 더하다, 요셉=יוֹסֵף=יוֹסֵף Ἰωσήφ: יֹסֵף(야싸프, 창 30: 24; 욥 42: 10; 마 1: 16)

⑬ 요셉=יוֹסֵף=יוֹסֵף아들, 여호와께서 구원하심, 예수 Ἰησοῦς: יְהוֹשֻׁעַ(예호슈아, 출 17: 9; 출 33: 11; 슥 3: 1; 마 1: 16)

⑭ 그리스도 ! Χριστοῦ, 창 31: 13; 삼상 15: 1; 왕상 19: 16; 레 4: 3; 왕상 2: 10; 단 9: 25; 마 1: 17)(마 : 12~1: 17)

~ 바벨론이거에서 그리스도까지(제사장 사독스알디알에서 그리스도까지)

예수님 족보는 41대이다. 예수님임을 엘로힘 33번1)
예수님 이 세상에서 사신 33살의 33[2]반복리듬이 있다.

1) 창 1:1~2:3.
2) 창 1:1~2:2.

2. 예수님의 나이 33세 · 엘로힘 33회째

[* 창세기(1:1~2:3)에서의 엘로힘 33회)]

(1) 하나님이 אֱלֹהִים(엘로힘, 창 1: 1)
(2) 하나님의 אֱלֹהִים(엘로힘, 창 1: 2)
(3) 하나님이 אֱלֹהִים(엘로힘, 창 1: 3)
(4) 하나님의 אֱלֹהִים(엘로힘, 창 1: 4)
(5) 하나님이 אֱלֹהִים(엘로힘, 창 1: 4)
(6) 하나님이 אֱלֹהִים(엘로힘, 창 1: 5)
(7) 하나님이 אֱלֹהִים(엘로힘, 창 1: 6)
(8) 하나님이 אֱלֹהִים(엘로힘, 창 1: 7)
(9) 하나님이 אֱלֹהִים(엘로힘, 창 1: 8)
(10) 하나님이 אֱלֹהִים(엘로힘, 창 1: 9)
(11) 하나님이 אֱלֹהִים(엘로힘, 창 1: 10)
(12) 하나님의 אֱלֹהִים(엘로힘, 창 1: 10)
(13) 하나님이 אֱלֹהִים(엘로힘, 창 1: 11)
(14) 하나님의 אֱלֹהִים(엘로힘, 창 1: 12)
(15) 하나님이 אֱלֹהִים(엘로힘, 창 1: 14)
(16) 하나님이 אֱלֹהִים(엘로힘, 창 1: 16)
(17) 하나님이 אֱלֹהִים(엘로힘, 창 1: 17)
(18) 하나님의 אֱלֹהִים(엘로힘, 창 1: 18)
(19) 하나님이 אֱלֹהִים(엘로힘, 창 1: 20)
(20) 하나님이 אֱלֹהִים(엘로힘, 창 1: 20)
(21) 하나님이 אֱלֹהִים(엘로힘, 창 1: 21)
(22) 하나님의 אֱלֹהִים(엘로힘, 창 1: 21)
(23) 하나님이 אֱלֹהִים(엘로힘, 창 1: 22)
(24) 하나님이 אֱלֹהִים(엘로힘, 창 1: 24)
(25) 하나님이 אֱלֹהִים(엘로힘, 창 1: 25)
(26) 하나님의 אֱלֹהִים(엘로힘, 창 1: 25)
(27) 하나님이 אֱלֹהִים(엘로힘, 창 1: 26)
(28) 하나님이 אֱלֹהִים(엘로힘, 창 1: 27)
(29) 하나님의 אֱלֹהִים(엘로힘, 창 1: 27)
(30) 하나님이 אֱלֹהִים(엘로힘, 창 1: 28)
(31) 하나님이 אֱלֹהִים(엘로힘, 창 1: 29)

(32) 하나님의 אֱלֹהִים(엘로힘, 창 1: 31)
(33) 하나님이 אֱלֹהִים(엘로힘, 창 2: 2)

성경은 엘로힘을 33회로 한다. 성경은 예수님이 희생됨 상징을 아가리[1] 781회 · 아갈[2] 9회 · 오겔[3]42회 · 오글라[4] 19회 · 아킬라[5] 1회 등 총 843회[6]로 예수님 죽음을 입으로 너희가 먹을찌니라[7]등 먹이시며[8] · 저희에게 먹이며[9] 등 제물로 들여지는 문제를 언급한다. 예수님은 33세로 이 세상을 마감하시었다.

예수님의 십자가 말씀은 성경에서 엘리 엘리 라마 사박다니 하시니 이를 번역하면 나의 하나님 나의 하나님 어찌하여 나를 버리셨나이까[10]와 예수께서 크게 소리 질러 이르시되 엘리 엘리 라마 사박다니 하니는 이는 곧 나의 하나님, 나의 하나님, 어찌하여 나를 버리셨나이까[11]와 그리고 엘리 엘리 라마 아자브타니 ·

---

1) אָכַל(아칼 · 먹이) 창 3:11, 18, 22, 14:24, 27:10, 31:38, 40, 37:20, 23, 40:19, 47:22; 출 10:5.

2) אֲכַל(아칼 · 먹어버리다) 단 3:8, 4: 30, 33, 6:24, 25, 7:5, 7:7, 19.
אֹכֶל(오켈 · 양식 · 식물 · 먹이)

3) 창 14:11, 41:35, 36, 48, 42:7, 10, 43:2, 4, 20.

4) אָכְלָה(오클라 · 연료) 창 1:20, 30, 6:21, 9:3; 출 16:15; 레위, 11:39, 25:; 넴 12:9; 겔 15:4, 6, 21:32, 37, 23:37, 29:5, 34:5, 8, 10, 35:12, 39:4.

5) אֲכִילָה(아킬라 · 식물 · 음식 · 고기, 왕상 19:8)·

6) George V. Wigram, 『구약 성구사전: *The Korean's Hebrew and Chaldee Concordance of the Old Testament*』, 김만풍 역(서울: 기독교문화협회, 1993). 90~97.

7) 신 14: 20)·

8) הֶאֱכַלְתָּם(하아가레탐 · 먹이시며, 시 80: 5).

9) וַיַּאֲכִילֵהוּ(바야아키레후 · 먹이며, 시 81: 16).ㅁ

10) 막 15: 34.

3. 나의 하나님 나의 하나님 어찌하여

내 하나님이여 내 하나님이여 어찌하여 나를 버리셨나이까[1]로 한다. 프레데릭[2]은 ηλι ηλι λεμα σαβαχΘανι[3]와 Ελωι ελωι λεμα σαβαχΘανι[4]와 למה עזבתני אֵלִי אֵלִי לָמָה עֲזַבְתָּנִי=אלי אלי엘리 엘리 라마 아즈브타니[5] 제시

---

11) 마 27:46.

1) אֵלִי אֵלִי לָמָה עֲזַבְתָּנִי(엘리 엘리 라마 아자브타니 · 내 하나님이여 내 하나님이여 어찌하여 나를 버리셨나이까, 시 22:1).

2) Frederick E. Greenspahn, An introduction to Aramaic(Society of Biblical Literature Atlanta, Georia, 2003), 8: Although the first three words in these passages are virtually identical, the difference in the last word of the quote demonstrates that the Gospels are reporting a Hebrew tradition, since there is no Hebrew word which might be represented by the Gospels of Matthew and Mark with the Psalm verse from which were taken:

> ηλι ηλι λεμα σαβαχΘανι(Matthew 27:46)
> Ελωι ελωι λεμα σαβαχΘανι(Mark 15:34)
> אֵלִי אֵלִי לָמָה עֲזַבְתָּנִי(Psalm 22:1[2])

Although the first three words in these passages are virtually identicalm * the difference in the last word of the quote demonstrates that the Gospels are not reporting a Hebrew tradition, since there is no Hebrew word which might be represented by σαβαχΘανι. Such a word does, however, exist in Aramaic where שבק means "abandon" just like the Hebrew עזב indeed, the ancient Aramic translation(translation) of Psalm 22 uses שבק to translate עזב in this passage.

The striking similarity between the first three words in both Gospel accounts and their Hebrew equivalent demonstrater how close Hebrew and Aramic really are. Even the structure of the final verb is essentially the same, once one accounts for their different roots(עזב) instead of(שבק); that is to say that in each text the verv's root consonants are separated by the vowel a and followed by ta(the second persondperson masculine suffix) and then ni(for the first person singular direct object)

3) Matthew 27:46.

4) Mark 15:34.

하신다. עזב[아자브][1]) 예수님 십자가사건의 극형을 알린다. ni 곧 오는 이 가는 이의 한국어와 같은 히브리어의 인칭접미어 אי[이][2])는 예수의 구약적 예언과 신약의 그대로 이루어 진 '이' 예수지칭 '이'다.

Ηλι ηλι λεμα σαβαχθανι 엘리 엘리 라마 사박다니 אֵלִי אֵלִי לָמָה עֲזַבְתָּנִי[엘리 엘리 라마 아즈브타니]. 나의 하나님 나의 하나님 어찌하여 나를 버리셨나이까[3])의 번역은 Θεέ μου Θεέ μου, ἱνατί με ἐγκατέλιπές 엘리 엘리 라마 사박다니 · 나의 하나님 나의 하나님 어찌하여 나를 버리셨나이까[4])라고 신약성경은 말하고 있다. 또 Ελωι ελωι λεμα σαβαχθανι 엘리 엘리 라마 사박다니[5])를 번역하면 Ο Θεός μου ὁ Θεός μου, εἰς τί ἐγκατέλιπές με(오 데오스 무 오 데오스 무, 에이스 티 에파텔리페스 메 · 나의 하나님 나의 하나님, 어찌하여 나를 버리셨나이가[6])이다. 그리고 엘리 엘리 라마 아자브타니 · 내 하나님이여 내 하나님이여 어찌 나를 버리셨나이까[7])이다. 구약에서 이미 다윋이 하나님을 향하여 어찌하여 나를 버리셨나이까라 한 원어와 같다. 이로 하여

---

5) אֵלִי אֵלִי לָמָה עֲזַבְתָּנִי Psalm 22:1[2].
1) עזב(아자브).
2) אי(이),
3) 마 27:46.
4) 마 27:46.
5) 막 15:34,
6) 막 15:34.
7) אֵלִי אֵלִי לָמָה עֲזַבְתָּנִי, 시 22:1[2].

다윈과 예수님의 긴밀성 예시는 다윈이 절대적인 은혜로 예수님의 조상이 된 은혜를 받은 결정적인 의미전달 다윈의 자손 예수[1]를 나타낸다.

구약의 발음과 신약의 발음의 차이 **לי למה עזבתני אלי א**[엘리 엘리 라마 아자브타니][2] · 내 하나님이여 내 하나님이여 어찌 나를 버리셨나이까[3]와 *Ηλι ηλι λεμα σαβαχθανι* 엘리 엘리 라마 사박다니 · 나의 하나님 나의 하나님 어찌하여 나를 버리셨나이까[4]와 헬라어 *Θεέ μου Θεέ μου, ἱνατί με ἐγκατέλιπες*[데 무 데 무 이나티 메 엥카텔리페스] · 나의 하나님 나의 하나님, 어찌하여 나를 버리셨나이까[5] *Ελωι ελωι λεμα σαβαχθανι*[엘리 엘리 라마 사박다니] · 나의 하나님 나의 하나님 어찌하여 나를 버리셨나이까[6]의 발음 헬라어[7]와 히브리어[8]의 결정적 차

---

1) ①(다윈의 시, 영장으로 아앨렛샤할에 맞춘 노래) 내 하나님이여 내 하나님이여 어찌 나를 버리셨나이까 어찌 나를 멀리하여 돕지 아니하옵시며 내 신음하는 소리를 듣지 아니하시나이까(시 22: 1)

② 주는 나의 힘이 되신 하나님이시어늘 어찌하여 나를 버리셨나이까 내가 어찌하여 원수의 압제로 인하여 슬프게 다니나이까(시 43: 2)

③ 제 구시 즈음에 예수께서 크게 소리 질러 가라사대 엘리 엘리 라마 사박다니 하시니 이는 곧 나의 하나님, 나의 하나님, 어찌하여 나를 버리셨나이까 하는 뜻이라(마 27: 46)

④ 제 구시에 예수께서 크게 소리지르시되 엘리 엘리 라마 사박다니 하시니 이를 번역하면 나의 하나님 나의 하나님 어찌하여 나를 버리셨나이까 하는 뜻이라(막 15:33)이다.

2) אֵלִי אֵלִי לָמָה עֲזַבְתָּנִי.

3) 시 22:1.

4) 마 27:46.

5) 마 27:46.

6) 막 15:34.

7) O Θεός μου ὁ Θεός μου, εἰς τί ἐγκατέλιπές με(오 데오스 무 오 데오스 무, 에이스 티 에파텔리페스 메 · 나의 하나님 나의 하나님, 어찌하여 나를 버리셨나이가, 막 15:34).

이 히브리어 아자브타니1)와 헬라어 사박다니2)에서 찾아진다. 헬라에는 마태복음이나 마가복음에서는 똑 같이 등재되어 있다. 모두 버리셨나이까라는 과거형을 쓴다. 즉 이미 버려졌다는 것이다. 히브리어는 버려졌다는 의미와 배반 의미까지 덧붙여진다. 그대로 직역해 본다면 어찌하여 나를 배반하셨나이까이다. 이러한 인성의 말투는 감히 하나님을 향하여 호소하기 보다는 원망과 체념의 허탈감과 울음 섞인 인간육성이다.

우리말에 자빠졌다, 자빠트리니, 자빠졌다라는 말이 있는데 히브리어 엘리 엘리 라마 아자브타니3)가 이에 해당한다. **עובתני**[아자브타니]4)는 우리말 자빠지게 하여버리셨다이다. 문법 내가 너를 버렸다, 배반했다5)이다. 기본형 **עזב**[아자브]6)인데 다양한 변형에서도 여전히 변함없는 뜻은 버려졌다 뜻이다. 하나님과 예수님과 구분을 하나님 자신을 위하여서 하나님이 예수님을 십자가상에 단 일7) 사랑희생이다.

---

8) **אֵלִי אֵלִי לָמָה עֲזַבְתָּנִי**(엘리 엘리 라마 아자브타니 · 내 하나님이여 내 하나님이여 어찌 나를 버리셨나이까, 시 22:1).

1) **עֲזַבְתָּנִי**(아자브타니 · 버리셨나이까, 시 22:1),

2) σαβαχθανι(사박다니 · 버리셨나이까, 마 27:46).

3) **אֵלִי אֵלִי לָמָה עֲזַבְתָּנִי**(엘리 엘리 라마 아자브타니 · 내 하나님이여 내 하나님이여 어찌 나를 버리셨나이까, 시 22:1).

4) **עֲזַבְתָּנִי**(아자브타니).

5) VQAMYS.CXS · 스트롱번호 완료형.

6) **עָזַב**(아~자브).

7) ①. 과거완료: 그쳤음(호 4:10), 그치지(룻 2:20), 끊이지(창 24:27), 끼치는도다(시 49:10), 나오셨도다(렘 25:38) 남겨둔(삿 2:21), 남겼으며(창 50:8), 떠나는 자는(렘 7:13), 떠나시고(대하 32:31), 떠나지(겔 20:8), 떠난

것은(렘 9:19), 떠났나이다(시 38:10), 모반하여(대하 24:25), 배반하였느니라(대하 13:11), 배반하였아오니(스 9:10), 버려(대하 12:5), 버려두고(창 39:13), 버렸으니(시 27:10), 버렸으므로(대하 12:5), 버렸음이라(대하 21:10, 24:24), 버리고(출 2:20: 신 29:25; 삼상 12:10; 왕상 9:9; 왕상 11:33, 19:10; 왕하 22:17; 대하 7:19, 22; 34:25삿 10:10, 13; 렘 1:16, 5:7, 19, 16:11, 19:4, 22:9), 버리며(신 31:16, 17; 사 1:4; 렘 12:7), 버리셨다(겔 8:12), 버려(렘 16:11), 벼려둔(겔 24:21), 버렸으나(사 54:7), 버리니(대하 12:1오), 버리셨은즉(시 71:11), 버리시며(사 49:14),버리지(스 9:9; 느 9:17, 19; 시 22:1, 119:87; 사 42:16), 버리지도(느 9:31), 버림이요(욥 20:19), 버린(사 2:13), 버린고로(대하 24:20), 버린바(사 17:9), 떠나면(창 24:22), 잊음으로(신 28:20), 떠나지(수 22:3), 마지(겔 23:8), 패하여(대하 11:14), 폐하지(사 58:2), 사라졌음이니이다(시 40:12).

②. 부정법: 내어버리며(렘 14:5), 떠나며(룻 1:16), 떠나지(창 44:22), 떠날(왕하 8:6), 떠남으로(렘 2:17), 떠났음이라(대하 28:6), 버려두지(출 23:5), 버렸고(왕상 18:18), 버리고(수 24:16; 렘 9:13), 버림(렘 2:19).

③. 명령법: 남겨두라(렘 49:11), 떠나(렘 48:28), 버리고(잠 9:6l 렘 61:9), 버리라(시 37:8).

④. 미완료~미래: 그치자(느 5:10), 놓고(수 8:17), 두었더라(출 9:21), 떠나(창 2:24), 떠나(룻 2:11), 떠나겠고(렘 17:11), 떠나겠으며(렘 18:14), 떠나가리니(렘 9:2), 떠나지(민 10:31; 왕상 8:57), 떠나지(시 27:9, 94:14; 잠 3:3, 4:2), 떠나지 아니하며(왕하 2:2, 4, 6, 4:30), 도망하였음이라(왕하 7:7), 버려두고(창 39:15, 39:18), 버려(삿 10:6), 버려두고(삼하 15:16), 버려두라(레 19:10, 23:22), 버려두사(느 9:28)버려두어(욥 39:14), 버렸나이다(삼상30:13), 버렸아오나(욘 2:8), 버렸음으로(삼하 5:21; 대상 14:12), 버리고(창 39:12; 삿 2:12, 13; 삼상 8:8, 31:7; 왕상 12:8, 13, 19:20; 왕하 17: 16, 21:22; 대상 10:7; 대하 10:8, 13; 대하 24:18; 사 58:7), 버리며(시 89:30), 버리셨느니라(대하 24:20, 29:6), 버리시나이까(애 5:20); 버리시리라(대하 15:2); 버리지(신 31:6; 수 1:3; 왕상 6:13; 대상 28:20; 느 10:39; 욥 20:13; 시 16:10, 71:18, 119:8; 잠 27:10; 사 41:17), 저버리지(신 14:27), 폐한 자를(욥 6:14), 잊고(욥 9:27), 위임하고(창 39:6).

⑤. 능동 분사: 떠나(잠 2:13), 배반하는(단 11:30), 배반하는 자는(잠 15:10), 버리며(잠 2:17; 사 65:11), 버리는 자는(잠 10:17, 28:13; 렘 17:13), 버린(시 119:53; 슥 11:17), 버린 자는(잠 28:4), 버린 자도(사 1:28), 자기를 배반하는(스 8:22).

⑥.수동분사: 내어버린(사 10:14; 사 10:14), 놓인 자(왕상 14:10), 놓은 자나(왕하 9:8), 놓인 자도(왕하 14:26; 왕사 14:26), 놓인 자를(왕상 14:10), 무력함과(신 32:36), 버리우며(습 2:4), 버리운 자라(사 6424)버린바 된(사 17:9), 버림을 당하리리(사 17:2), 버림을 당하여(렘 4:29), 버림을 입어(사 54:6), 버림을 입으며(사 60:15)

⑦ 과거완료 니프알 과거완료: 버린바 되었느냐(느 13:11).

⑧ 프알 미래미완료: 떠나서(레 26:43), 버림을 당하겠느냐(욥 18:4), 버리며(사 7:16).

⑨ 니프알 분사: 버림을 당하거나(시 17:25), 버림이 되어(사 27:10), 버리지(사 62:12), 버린(겔 36:4).

⑩ 푸알(과거완료): 적막하여(사 32:14), 버린 것이 되지(렘 49:25).

4. 지금도 일하시는 예수님

예수님은 지금도 우리를 위해 일하신다. 우리는 이 말을 나는 누구를 위하여의 위하여라는 말을 쓰는데 이 어법이다. 성경에서 언어 말미에 라메드1)를 어두에 놓아 확인시킨다.

[* 창세기(1:1~2:3)에서의 ..ל(..라멧) 41회]

(1) ⋯→ 빛을 위하여 לאור(라오르, 창 1: 5)
(2) ⋯→ 어둠을 위하여 위하여 ולחשך(벨라호세크,1:5)
(3) ⋯→ 물을 위하여 למים(라마임, 창 1:6)
(4) ⋯→ 궁창을 위하여 לרקיע(라라키아, 창 1:7)
(5) ⋯→ 궁창을 위하여 לרקיע(라라키아, 창 1:7)
(6) ⋯→ 궁창을 위하여 לרקיע(라라키아, 창 1:8)
(7) ⋯→ 뭍을 위하여 ליבשה(라야바솨, 창 1:10)
(8) ⋯→ 그리고 일어서기 위하여 ולמקוה(울라미케베, 창 1:10)
(9) ⋯→ 각기 종류를 위하여 למינו(레미노, 창 1:11)
(10) ⋯→ 각기 종류를 위하여, 하나님의 나옴을 위해 למינהו, 창 1:12)
(11) ⋯→ 각기 종류를 위하여 למינהו(레미네후, 창 1:12)
(12)⋯→ 나누기위하여 להבדיל(레합브딜, 창 1:14)
(13) ⋯→ 목표를 위해 לאתת(레오토트, 창 1:14)
(14) ⋯→ 모이기위하여 ולמועדים(울모아딤, 창 1:14)
(15) ⋯→ 일자를 위하여 ולימים(울레얍임, 창 1:14)
(16) ⋯→ 광명을 위하여 למאורת(레메오로트, 창 1:15)
(17) ⋯→ 비취기 위하여 להאיר(레하이르, 창 1:15)
(18) ⋯→ 목표로 하시기 위하여 לממשלת(레멤메쉘레트, 창 1:16)
(19) ⋯→ 주관을 목표로 하시기 위하여 לממשלת(레멤메쉘레트, 창 1:16)
(20) ⋯→ 비취게 하시기 위하여 להאיר(레하이르, 창 1:17)
(21) ⋯→ 그리고 주관하시려고 ולמשל(벨레므쉘, 창 1:18)
(22) ⋯→ 그리고 나뉘게 하시려고 ולהבדיל(울레합브딜, 창 1:18)
(23) ⋯→ 그 종류를 위하여 למינהם(레미네헴, 창 1:21)
(24) ⋯→ 그 종류를 위하여 למינהו(레미네후, 창 1:21)
(25) ⋯→ 말씀하시려고 לאמר(레오모르, 창 1:22)

---

1) ..ל(라메드, 창 1: 1~2: 3).

(26) ⋯→ 그 종류를 위하여, 그녀의 분깃을 위하여 למינה(레미나, 창 1:24)
(27) ⋯→ 그 종류를 위하여, 그녀의 분깃을 위하여 למינה(레미나, 창 1:24)
(28) ⋯→ 그 종류를 위하여, 그녀의 분깃을 위하여 למינה(레미나, 창 1:25)
(29) ⋯→ 그 종류를 위하여, 그녀의 분깃을 위하여 למינה(레미나, 창 1:25)
(30) ⋯→ 하나님의 분깃을 위하여 למינהו(레미네후, 창 1:25)
(31) ⋯→ 그들을 위하여 להם(라헴, 창 1:28)
(32) ⋯→ 너희들을 위하여 לכם(라켐, 창 1:29)
(33) ⋯→ 너희들을 위하여 (라켐, 창 1:29)
(34) ⋯→ 식물을 위하여, 먹이를 위하여 לאכלה(레아클라, 창 1:29)
(35) ⋯→ 또 모든 것을 위하여 ולכל(울레칼, 창 1:30)
(36) ⋯→ 또 모든 것을 위하여 ולכל(울레칼, 창 1:30)
(37) ⋯→ 모든 것을 위하여 ולכל(울레칼, 창 1:30)
(38) ⋯→ 먹이를 위하여 לאכלה(레아클라, 창 1:30)
(39) ⋯→ 그 일을 위하여 מלאכת(멜라크토, 창 2: 2)
(40) ⋯→ 하나님의 일을 위하여 מלאכתו(멜라크토, 창 2: 3)
(41) ⋯→ 만듦의 완성, 목표를 행하기 위하여 לעשת(라아쇠오트, 창 2:3)

예수님의 족보 상징 자리 41회는 예수님의 뚜렷한 목적인 빛을 …ל라멧 위하여[1]로 시작한다. 그리고 그 완성을 위하여[2] 언어로 끝을 맺는다. 이만하면 성경이 얼마만큼 예수를 들어내는 목적에 있음을 알 수 있다. 그 이유는 하나님이 하나님 백성에게 빛을 주기 위해서다. 이 라메드[3]는 총 41회[4] 예수님 자리 족보이다. 이 41회 라메드[5]는 14대와 14대 다음의 13대에서 예수님의 계보 41[6]대째로 예수님 자리이다. 신구약이 이어지는 지속되는 이 14의의 중요성은 정월 십사일은 여

1) לָאוֹר(라오르 · 빛을 위하여, 창 1: 5).
2) לַעֲשׂוֹת(라아소트 · 완성을 위하여, 창 2: 3).
3) ..ל(라메드).
4) 창 1: 1~2: 3.
5) ..ל(라메드).
6) 마 1: 2~1: 16.

호와의 유월절[1]이며 완전수 7의 2배수인 14대와 14대와 14대로서 두 번째의 크리스토스 자리이다. 알리는 바와 같이 예수스도 두 사람이고 크리스토스도 두 사람 의미가 있다.

성경은 …위하여라는 41회로 예수님의 족보와 일치시킨다. 그리고 이 ..위하여만으로도 부족하여 내가라는 의미를 지니는 א알렙[2]를 사용하되 증명이 더 부족 할가봐 이를 보충하는 장치를 하였다.

다음은 알레프의 예이다.

[* 창세기(1:1~2:3)에서의 א…(알레프.) 22회]

(1) ⋯→ 창조하시니라 ברא(바라, 창 1: 1)
(2) ⋯→ 보시기에 וירא(바이라 창 1:4)
(3) ⋯→ 칭하시고 ויקרא(바이크라 창 1:5)
(4) ⋯→ 칭하시니라 קרא(카라, 창 1:5)
(5) ⋯→ 칭하시니라 ויקרא(바이크라 창 1:8)
(6) ⋯→ 이라 칭하시고 ויקרא(바이크라 창 1:8)
(7) ⋯→ 라 칭하시니라 קרא(카라, 창 1:10)
(8) ⋯→ 내라 תדשא(타드세아 창 1:11)
(9) ⋯→ 풀과 דשא(데쉐아 창: 1: 11)
(10) ⋯→ 내니 ותוצא(바토제아 창 1:12)
(11) ⋯→ 보시기에 וירא(바야르아 창 1:12)
(13) ⋯→ 보시기에 וירא(바야르아 창 1:12)
(14) ⋯→ 보시기에 וירא(바야르아 창 1:18)
(15) ⋯→ 보시기에 ויברא(바이브라 창 1:21)
(16) ⋯→ 충만하라 מלא(말레 창 1:22)
(17) ⋯→ 내라 ותוצא(바토제아 창 1:24)

---

1) 레 23: 5; 민 28: 16.
2) א(알렙, 창 1:1~2:3).

(18) ⋯→ 창조하시되 ויברא(바이브라 창 1:27)
(19) ⋯→ 창조하시되 ברא(바라, 창 1: 27)
(20) ⋯→ 창조하시고 ברא(바라, 창 1: 27)
(21) ⋯→ 충만하라 מלא(말레 창 1:28)
(22) ⋯→ 보시니 וירא(바야르아 창 1:31

א알레프는 배우고 익히는 영어 A=a이다. 생물이 살아 있음을 א알레프 현재 진행형 역사하심의 하나님을 알린다. 7000회 말씀 잔[1]에 7000[2]회 여호와[3]는 여호와 6632회[4]와 야 여호와 약자 יָהּ 야יָהּ야 사 38:11와 아도나이[5] 회수 113회 총 6745회, 생명 있게 하신 나 에흐예,[6]와 여호와[7] 약자 야[8]와 합 7000회다.

---

1) שׁ(쇠 · 치아),
2) Ibid.
3) 이협갑 편저, 『기독교 조직 신학』(서울: 기독교문사, 1995), 78.
4) George V. Wigram, 『구약 성구 사전: *The Korean's Hebrew and Chaldee Concordance of the Old Testament*』, 김만풍 역(서울: 기독교문화협회, 1993). 1854~1896.
5) יה + אֶהְיֶה: Wilelm Rudolph, Hosea, Kommentar zun Alten Testament(Gütersloher: Verlargshaus Gerd Nohn, 1966), 54: 호세아는 יהוה(여호와) 대신 אֶהְיֶה(에흐예)를 사용하였다. 이 학설은, 김이곤, "고난신학 맥락에서 본 여호와 신명 이해," 『구약 성경의 고난신학』, 『한국신학논집』 11(천안: 한국신학 연구소, 1989), 55~83 참조.
6) אֶהְיֶה(에흐예 · 나는 생명이 있게 하는자).
7) 김정철은 『호세아서의 창조 신앙에 관한 언어학적 연구』, 한신대학교 대학원 신학과 박사 학위 논문(오산: 한신 대학교, 2003)에서 45회를 발표하고 있고 출 3: 14(3회), 4: 12; 신 32: 39; 삼하 7: 14; 욥 6: 2; 사 3: 7; 렘 11: 4, 24: 7, 30: 22, 32: 38; 겔 11: 20, 14: 11, 36: 28, 37: 23; 슥 8: 8로 총 61회로 조사되었다.
8) יה(여호와).

5. 청년 예수님

1). 청년 예수님에 대한 영화이야기

영화제작자들은 예수님과 관련하여 예수님이 물 위로 걸으시는 장면[1)]을 보낸다. 왕권 문제[2)]와 관련한 예수님이다. 그 나라가 임하게 하옵시며[3)]를 실행한 십자가에 달리시고, 부활하시는 이야기를 나사렛 예수[1977] 영화에서 보여준다. 사복음서 주제인 치유와 축복과 가르침과 기적을 보여주면서 예수님 체포사건까지 가지만 예수님 얼굴은 평온한 하나님의 모습이다.

1988년 열린 시티 오브 엔젤스 영화는 거룩함을 좇아서이다. 몬트리올 예수[1978]와 사도[1977] 모두 예수 사명을 다룬다. 몬트리올 예수의 주인공 대니엘은 예수 역을 담당하느라 십자가에 매달렸다가 십자가가 넘어져서 실제 주인공이 죽는 일화를 남겼다. 사도영화는 구원을 받은 자의 소명 이야기로 공동 목회자에게 과거 고백과 가난한 이에게 먹을 것을 나누는 모습이다.

예수님에 관한 영화는 주제이건 소재이건 관계없이 오늘날도 계속된다. 이 열광의 이유는 예수님의 몸에서

---

1) 창 1: 1; 마 14: 25, 29; 막 6: 48, 49; 요 6: 19.
2) 삼상 8: 10~19.
3) 마 6: 10; 눅 11: 12.

물과 피를 다 쏟으시는 일이 영화 제작거리이기 때문이다. 물론 하나님의 섭리이지만 과학적으로 물은 생명과 관련한 일차적인 연관성에서 찾아진다. 수정란 때 99% · 갓 태어났을 때 90% · 완전히 성장하면 70% · 죽을 때는 물이 약 50%이다. 예수님이 물과 피를 다 쏟으시는 일과 에스겔골짜기의 마른 뼈가 살아나는 일[1]은 영원한 감동이다.

예수님의 매력은 지상에서 마음을 다하고 힘을 다하고 사랑을 다하여 하나님 일을 하신데 있다. 네게 명하시나니 그런즉 너는 마음을 다하고 성품을 다하여 지켜 행하라[2]가 이루어진 일이다. 청년 예수님은 십자가에 달리시었다. 이때의 절규는 다윗이 여호와를 향하여 이다. 어찌하여 나를 버리셨나이까? 라고 했던 말과 같다. 어찌하여[3]의 외침은 베드로가 주여 어디로 가시나이까의 예수님 사랑 실천 영화 쿼바디스에서 볼 수 있다. 노벨 문학 수상 작품 이 영화는 베드로가 주여 어디로 가시나이까?를 의미화 한 영화이다. 쿼바디스는

1) 겔 37: 3, 7.

2) 신 26: 16.

3)(다윗의 시, 영장으로 아앨렛샤할에 맞춘 노래) 내 하나님이여 내 하나님이여 어찌 나를 버리셨나이까 어찌 나를 멀리하여 돕지 아니하옵시며 내 신음하는 소리를 듣지 아니하시나이까(시 22: 1). 주는 나의 힘이 되신 하나님이시어늘 어찌하여 나를 버리셨나이까 내가 어찌하여 원수의 압제로 인하여 슬프게 다니나이까(시 43: 2). 제 구시 즈음에 예수께서 크게 소리질러 가라사대 엘리 엘리 라마 사박다니 하시니 이는 곧 나의 하나님, 나의 하나님, 어찌하여 나를 버리셨나이까 하는 뜻이라(마 27: 46). 제 구시에 예수께서 크게 소리지르시되 엘리 엘리 라마 사박다니 하시니 이를 번역하면 나의 하나님 나의 하나님 어찌하여 나를 버리셨나이까 하는 뜻이라(막 15: 34).

폴란드 영화 역사상 최대 규모인 1,800 달러의 제작비가 투자와 성원아래 제작되었다. 예르지 카발레로비치 감독 출연 막달레나 미엘 카르즈 · 라팔 쿠박키 · 보구슬라프 린다 · 안드레이 토멕키 · 미샬 바요르로 출연 작품으로 이루어진 영화이다. 비니키우스는 로마시대 소아시아[현재 터키]에서의 전쟁에서 승리 후 로마 장교 삼촌 페트로니우스의 집에 도착한다. 그 곳에서 비니키우스는 소국 공주 리기아에게 한 눈에 반해 삼촌에게 도움을 청한다. 페트로니우스는 조카를 돕는다는 생각으로 풀라우치우스의 집을 방문할 것을 제안한다. 비니키우스와 리기아는 만나면서 막대기로 모래에 물고기를 그려 기독교인임을 알려준다. 며칠 뒤 리기아는 근위병에 이끌려 황제의 궁에 오게 된다. 네로의 옛 첩이었던 악트가 황제가 여는 연회에 리기아를 단장시켜 내 보냈다. 이때 술에 취한 비니키우스가 그녀에게 닥아오자 그녀의 믿음직한 노예 우르수스가 구해준다. 비니키우스는 연회장에 남겨지고 이런 와중에 로마황제의 불 사건을 황제 네로는 크리스천인들에게 그 죄로 돌린다. 대대적인 크리스천 도살이 사건 현장에서 리기와와 비니키우스는 죽음의 위기에 봉착하지만 결국 목숨은 구해지면서 시칠리아로 떠난다. 베드로는 쿼바디스 도미네를 외치며 로마로 순교의 발걸음을 옮긴다. 왕중왕 영화는 권력아래 억압당한 이스라엘을 배경으로 예수님의 탄생과 생애 · 죽음을 다룬다.

영화 쿼바디스에서 리기아가 그려 보인 것은 물고기다. 물고기는 예수님이 많은 사람 앞에서 물고기 두 마리로 수 천 명4000~5000을 먹이고도 남은 사랑 나눔 실천[1]이다. 왜 세 마리나 또 다른 수의 물고기가 아니고 물고기 두 마리인가.

익크튜스인 예수 그리스도는 하나님의 아들 구세주이다. 물고기는 눈=영속자의 아들 여호수아의 의미와도 연관[2]되는 예수 그리스도는 ÏΧΘΥΣ로 Ïησού=예수=χριστού=크리스토= Θεός=에오스=Υυἱός=위오스=Σ의 약자이다. 곧 예수 그리스도, 하나님의 아들 구세주의 머리글자가 된다. 인간 물고기를 낚는 청년 예수는 하나님 사랑의 실천을 한 후 물과 피를 다 쏟으시고 십자가에 달리셨다[3]. 벤허 영화는 갈증을 심히 겪는 벤허에게 얼굴이 알려지지 않는 그가 물을 건넨다. 사마리아 여인[4]에게도 예수님은 물과 말씀과 연결시킨다. 사막을 통과할 때의 하나님은 그의 백성을 위해 바위에서 물이 흘러나게 하시었다.

---

1) 마 14: 19, 15: 36; 막 8: 6; 눅 9: 16, 24: 30; 요 6: 11.
2) 대상 7: 27.
3) 막 15: 25, 27; 갈 2: 20; 요일 5: 6, 8.
4) 요 4: 14, 15.

2). 믿는 사람들의 징표

예수님은 바위를 쪼개 물이 솟아나게[1]하시었다. 샘의 근원으로 인도[2]하시는 하나님은 그의 아들을 통해 백성들을 목마르지 않게[3] 하신다. 이러한 일들의 사랑의 실천[4]은 영화장면들의 다반사이다. 이러한 특징은 하나님 아들에 관한 하나님의 성경 철학이다[5].이 물고기는 수로 왕 능 에서도!

성경은 중요한 사건이 전개될 때마다 눈과 물과 물동이와 잔을 등장시킨다. 모세는 일곱 처녀들의 물동이에 물을 길어주면서 십보라와 만난다. 야곱은 우물가에 물동이를 들고 물 길으러 온 라헬을 만난다. 라헬은 암양의미로 에브랏이 지닌 열매와 결실과 실과[6]를 뜻한다. 둘째 딸 라헬은 고대 상형문자와 관련된 라피스 라줄리Lapis Lazuli 목걸이와 관련한 왕비[7] 이미지다. 궁켈은 라헬과 베들레헴과의 연관성[8]으로 라헬의 임신한 곳

---

1) 사 48: 21.

2) 사 49: 10.

3) 계 7: 16.

4) 손원영, Ibid.

5) 민대훈, Ibid.

6) 창 2: 14, 3: 2; 시 1: 3, 21: 10, 127: 3, 128: 3; 잠 18: 20, 사 11: 1, 14: 29; 렘 51: 63; 호 10: 1.

7) Ada, Feyerick, *Genesis: World of Myths and Patriarchs*(New York: New York University, 1996), 200.

8) Herman Gunkel, *Water for a Thirsty Land:* Israelite Literature and Religion, edited b K. C. Hanson, 72~73.

에브랏[1]과 관련하여 출산 의미를 지닌다 하였다.

유브라데 강[2]은 과실과 열매의 개념인 이스라엘의 분깃과 연결된다. 하나님의 집안인 벧 엘이 베들레헴이 떡집으로 하늘로부터 온 떡집이어서 말씀과 관련된다. 입술의미이기도 하여 하나님과 하나님의 백성과의 관계는 입이며 그 입으로 말씀을 전한다. 물동이는 여성 이미지로 하나님의 은혜를 입은 자이다.

예수는 제자 중에 둘을 보내시며 물 한 동이를 가지고 가는 사람을 만나리니 그를 따라가라[3] 하신다. 제자 중 둘을 보낸 두 명의 의미까지 더하는 이 물동이는 예수님의 잔으로까지 이어진다. 시내 산 언약 건은 언약을 주제로 시작으로 한[4] 라헬 종족만이 참여했던 출애굽 사건은 하나님의 간섭으로 출애굽 사건 직후 12족속으로 넓혀졌다.

물두멍 키요르[5]는 제사장들이 회막에 들어갈 때 사용되었다. 그리고 이스라엘 백성들은 그 물두멍의 물로 씻기를 지속하는 침례의 방법으로 죽기를 면[6]하였다. 이스라엘 백성들은 물을 담는 물두멍 열을 만들어 좌

---

1) 창 35: 16.

2) 창 2: 14.

3) 막 14: 13; 눅 22: 7.

4) R. Smend, 「Yahueh War and Tribal confederation」 *Reflections upon Israel's Eariest History*, tr. by M. G. Rogers(Nashiville: New York, 1970), 110~113.

5) כִּיֹּר(키요르 · 물두멍, a laver of λουτήρα, 출 30: 18).

6) 출 30: 20.

편에 다섯과 우편에 다섯[1]을 두었으며 물두멍을 회막과 단 사이에 두고 거기 씻을 물을 담았다[2]. 물두멍은 거룩한 의미와 긴밀[3]하다.

이 물두멍에 물이 담기는 일은 바다와 땅의 관계이다. 물이 담기는 일은 물그릇과 깊은 우물 속과 바다 속 더 나아가 심연의 물동이다

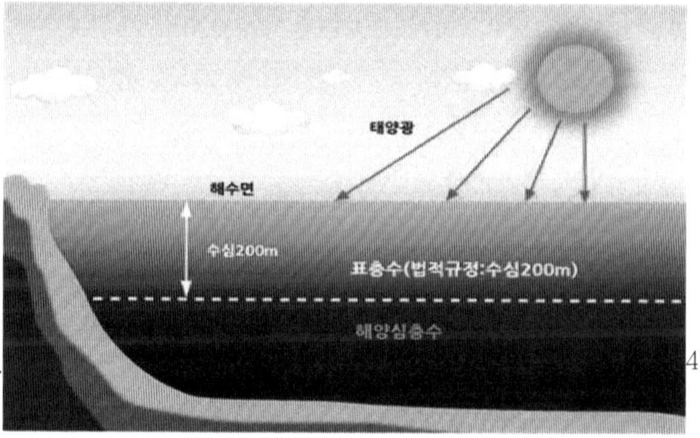

[4]

바다 깊이에 먹을 물이 있다. 우리나라에서도 이 심해의 물을 사서 먹는 해양 심층수 이것은 히브리 우주관과 같다. 수직성 거대한 깊이에 하나님의 거대한 빛이 들어가 하나님의 백성들은 이 물로 쇠를 속량한다. 그리스도인의 삶의 목적은 영적 물을 마시는 일이다.

---

1) 대하 4: 6.
2) 출 40: 30.
3) 출 40: 11.
4) 한국일보 세종=남상욱 기자 thoth@hankookilbo.com.

하나님의 빛을 받는 일이다. 물동이에 담기는 일이다. 물동이는 잔이다. 물을 먹는 잔에 물이 있다. 좋은 물[1]은 예수님 잔 안에 담기는 일이다. 하나님의 가슴에서 펑펑 쏟으시는 생명수를 마시는 일이다. 이 사랑의 우물 깊이에서 예수님은 하나님의 사람들에게 먹을 물을 먹이어 건져 올린다.

우물가의 여인과 예수님 만남에 우물이 등장한다. 예수께서 곤하여 우물곁에 그대로 앉으시니 때가 제 6시쯤 되었을 때 사마리아 여인이 우물가로 온다. 6시는 예수님 의미인 여섯째 날이다. 사마리아 여인의 이 사마리아[2]는 야경과 파수 그리고 망대와 지키는 의미여서 하늘바라기의 수직성이다. 그리고 눈과 관련된 일은 사마리아 여인이 우물가에 물 길러 와 예수님을 만난다. 이 여인을 예수님은 여인에게 너는 다섯 남편이 있었다 하신다. 신학적 조명은 아담~ 노아~ 아브라함~ 모세~ 다윗 왕이다. 여인은 다섯 번이나 결혼하였다고 예

1) dying well(좋은 죽음); Christopher Paul, Vogt, *Patience, Compassion, Hope and the Christian Art of Dying Well,* Degree Date(Ann Arbor: U · M · I, 2002), 154~156.

2) שָׁמַר(쉬무르 · 보초서다, 야경, 파수) · שָׁמַר(쇼마르 · 망대, 지키다, 야경, 파수, 불침번: 왕상 13: 32, 16: 24, 28, 29, 32, 18: 2, 20: 1, 10, 17, 34, 43, 21: 1, 18, 22: 10, 37, 38, 51; 왕하 1: 2, 3, 2: 25, 3: 1, 6, 5: 3, 6: 19, 20, 24, 25, 7: 1, 18, 10: 1, 12, 17, 10: 35, 36, 13: 1, 6, 9, 13: 10, 13, 14: 14, 16, 23, 15: 8, 13, 14, 17, 23, 25, 27, 17: 1, 5, 6, 24, 26, 28, 29, 18: 9, 10, 34, 21: 13, 23: 13, 19; 대하 18: 2, 9, 22: 9, 25: 13, 24, 28: 8, 9, 15; 스 4: 10, 17, 4: 2; 사 8: 4, 9: 9, 10: 9, 10, 11, 36: 19; 렘 23: 13, 31: 5, 41: 5; 겔 16: 46, 51, 53, 55, 23: 4, 33; 호 7: 1, 8: 5, 6, 10: 5, 7, 13: 16; 암 3: 9, 12, 4: 1, 6: 1, 8: 14; 옵 1: 19; 미 1: 1, 5, 6.

수님이 말씀하였다. 그리고 지금 예수님을 만난다. 이 여섯째 날 사마리아 여인은 예수님을 만났다. 시간은 제 6시쯤[1]이다. 이 역시 다섯 째[2] 개념을 지낸 의미로 다섯의 의미인 구약시대를 거친 즉 구약 다음 신약의 여섯시의 예수님을 만난다. 예수님은 6째 날의 주인공이다. 야곱의 우물[3] 곁 6시쯤 정오 때라 성경은 말하는데 이때는 예수님이 빛으로 오실 때이다. 예수님은 우물가에서 사마리아 여인에게 죽지 않는 물 생명수를 마시게 하신다. 하나님 아드님의 일[4]이다.

예수님은 그녀에게 그 자신이 생명수라 하시었다. 곧 여인은 물동이를 버려두고도[5] 생명수인 먹을 수 있는 물을 전하려 동네로 갔다. 사마리아 여인의 입은 소식으로 바뀐다. 그녀는 하늘 위에 있는 물 즉 하늘의 우물을 깃는 기쁨을 가지며 생명수를 얻는 기쁨의 여인이 되었다. 사마리아 여인이 예수님을 만나는 때는 해가 가장 중앙에 있을 때이다.

다음은 이상 시인의「운동」시이다.

1층우에있는2층우에있는3층우에있는옥상정원에올라서남쪽을바

---

1) 요 4: 6.

2) 창 1: 23, 30: 17; 민 29: 26; 수 19: 24; 삿 19: 8; 삼하 3: 4; 대상 2: 14, 3: 3, 8: 2, 12: 10, 24: 9, 24: 14, 25: 12, 22, 26: 3, 4, 27: 8; 계 6: 9, 9: 1, 16: 10, 21: 20.

3) 요 4: 6.

4) 프락시스(praxis)의 다.제2의 스텝(the second step) 손원영,『기독교 교육의 재 개념화』(서울: 대한 기독교 서회, 2002), 247.

5) 요 4: 28.

> 라보아도아무것도없고북쪽을보아도아무것도없고해서옥상정원밑에있는3층밑에있는2층밑에있는1층을내려간즉동쪽에서솟아오른태양이서쪽에떨어지고동쪽에서솟아올라하늘한복판에와있기때문에시계를꺼내본즉서기는했으나시간은맞는것이지만시계는나보담은젊지않으나하는것보담은나는시계보다늙지아니하였다고아무리해도믿어지는것은필시그럴것임에틀림없는고로나는시계를내동댕이쳐버리고말았다
>
> ~ 이상 「운동」

태양이 하늘 한 복판에 와 있을 때는 정오이다. 시적 화자는 솟아 오른 태양을 숨도 쉬지 않고 찾아낸다. 띄어쓰기가 되어 있지 않는 이 시는 3층까지 숨 가쁘게 올라간다. 마치 바울이 삼층천을 경험하였음과 같은 긴밀성이다.

다음은 태양이 하늘 중간에 있는 이상 시의 예이다.

> 동쪽에서 솟아오른 태양이 서쪽에 떨어지고
> 동쪽에서 솟아올라 서쪽에 떨어지고
> 동쪽에서 솟아올라 서쪽에 떨어지고
> 동쪽에서 솟아올라 하늘한복판에 있기 때문에
> 고로 나는 시계를 내동댕이 쳐버리고 말았다
>
> ~ 이상의 소설 「날개」에서

이상의 시적화자 나는 숨가쁘게다. 1층우에있는2층우에있는3층우에있는옥상정원에올라서 하늘 한복판에 있는 해[1])를 보는 하늘바라기의 문학을 탄생시킨다.

이상은 정오 때 하늘을 쳐다보며 좋아라하였다. 이

1) 이영지, 『이상 시 연구』 (서울: 양문각, 1997), 184~185.

때는 정오 때이다. 우리말 '좋아라'는 히브리어에도 좋아라=쪼하르=צהר=צֹהַר쪼하르[1])가 있다. 좋아라[2]) 오정 때는 하늘 해가 수직으로 땅에 내려 올 12시이다.

이상 소설「날개」정오에 겨드랑이에서 날개가 돋았다. 사마리아 여인이 야곱의 우물에서 예수님을 바라보는 정오 때이다. 빛을 바라 하늘을 바라[3])는 여인은 낮 열두 시 '좋아라' 할 일이 생긴다. 노아는 하늘바라기로 하나님 눈 안에 노아를 사랑하시는 그 사랑을 보는 은혜 입어 12년 동안 좋아라 하며 배를 만들었다. 하나님이 만들어 하늘에 다셨다[4]).

이들 모두 바라본 것은 빛이다. 이 바라보는 눈은 샘[5])과 동일하다. 복음과 깊은 연관성이 있다. 말씀을 담은 눈은 그 말씀을 뱃속에 넣어 두었다가 입으로 전한다. 물은 사람의 말을 알아듣고[6]) 사람의 마음을 전달한다. 구약과 신약의 그 물이 연계된다. 예수님이 6월 절을 두 번 지나고 하나님의 제자가 유월절 준비를 어디서 할까요? 물었을 때 물 한 동이를 들고 가는 사람에게 물으라 하셨다. 물 한 동이는 최후 만찬 때 사용할 물 한 동이다. 예수님의 메시야 때 그 선포식[7])

---

1) צֹהַר(쪼하르 · 창, 창 6: 16).
2) צַחַר(조하르 · 오정, 아 1:7).
3) 이영지,다.순응리듬과 저항리듬,『시조 창작 리듬 론』, 275.
4) 시 11: 7, 17: 15, 80: 3, 84: 11; 말 4: 2.
5) עַיִן(아인 · 눈 · 샘).
6) Masaru Emoto, 151~152,.

에 쓰일 물이다.

쓰일 물 한 동이는 구약과 신약을 잇는 연결 고리이다. 물 한 동이는 하나님의 피 흘림이 되는 회막과 단 사이에 놓이어 제단[1]에서 정결하게 씻는데 사용[2]되었다. 예수님은 몸속에 있는 물 쏟으시고 죽으셔서[3] 우리 죄를 정결케 하시었다.

물 잔에 관한 일은 영원이 죽지 않을 물을 마시는 일이다. 물로 된 사람이 물의 일을 하는 때이다. 사람이 물이다. 그래서 사람은 물로 구성되면서 이 물의 일을 해야 한다. 말씀을 몸 밖으로 내 보내는 일이다. 물을 쏟아버리는 일이다. 물 쏟으며 행복이 0.0001초 사이가 되도록 물 잔의 물을 쏟는 일이다. 완전히 물과 피를 없앤 한계상황임에도 하나님이 극복[4]하게 하신 초월성은 하나님만이 하실 수 있는 일이다. 아골 골짜기의 죽은 마른 뼈들을 살리시었듯이 예수님은 돌아가신지 3일 만에 부활하시[5]었다. 하나님이 하나님의 싹을 내는 일은 정말 옳다.[6] 알파와 오메가[7]이다.

---

7) 민대훈,다.유월절 식사와 최후의 만찬, 47.

1) 출 30: 28.

2) 출 40: 30; 대하 4: 6.

3) G Frazer J,다.The On the of the orgin of death .*FT* 3(Londin 1919), 45~47.

4) Heinrich Ott, 金光植역 『神學解題』(서울: 한국 신학 연구소, 2003), 239.

5) Mircea Eliade, *Occultism Witchcraft, and Eultural fashions*(Chicago: The Univ of chicago Press, 1976), 32~36.

6) אוֹת(오트 · 표징, 출 31: 17).

6. 주일

1). 주의 날

(1). 주일과 일요일

17[1]은 주님과 관련된 날이다. 승리의 수이다. 그러기에 수치latter value로도 합 ה(헤 · 5) + ו(바 · 6) + ה(헤 · 5) + י(예 · 10)= 26[2]은 숫자alphabet value의 합 ה(헤 · 5) + ו(바 · 6) + ה(헤 · 5). + י(예 · 10)=17일이다. 예수님께서 부활하신 날짜이며 부활 후 3일 만에 3번째로 나타나셔서 153마리의 물고기를 잡게 하시었다. 예수님께서는 유월절인 정월 십사일[3]에 죽으시고 3일 후에, 즉 17일에 죽음에서 일어나셔서 죽음과 지옥의 권세를 이기고 승리[4]하시었다.

주일의 정체는 부활의 날[5]이다. 예수께서 하나님의 아들이심을 믿는 자가 아니면 세상을 이기는 자가 누구뇨? *τίς ἐστιν ὁ νωκῶν τόν κόσμόν εἰ μη ὁ πιστεύων ὅτι Ἰησύς ἐστιν ὁ ὑίος τού Θεού* 요일 5: 5에서 헬

7) את(에트 · 알파와 오메가): *HAL: Hebräisches und Aramäisches Lexikon*(Netherlands, E. J. Brill, 1990), 97.

1)엄원식, 구약 성경의 수비학에 대한 탐구, 49.

2) Ibid.

3) 유월절 · 레위기 23: 5; 민 28: 16.

4) 골 2: 15.

5) 플 쥬이트, 옥한음 옮김 『주일의 참뜻』(서울: 개혁주의 실행협회, 1994), 61,)

라어 단어수가 17개이다. 저희가 어린양으로 더불어 싸우려니와 어린양은 만주의 주시오 만왕의 왕이시므로 저희도 이기실터이요[1]. 그리고 로마서 8: 35에는 인간이 당면하는 17가지 시험이 있다.[2]

유월절 정월 14일 후 3일째 부활하신 날이 되는 주일은 주의 날[3]이다. 부르심을 받은 자들이 와서 찬양하는 주의 날은 주의 만찬[4]과 연관[5]된다. 하나님의 백성들이 주님과 함께 떡을 떼는 날[6]이다. 주님의 의로운 해는 내 이름을 경외하는 너희에게는 의로운 해가 떠올라서 치료하는 광선을 발하는[7] 주일이다.

주후 4세기 기독교 용어가 시작된 이래[8] 저스틴은 150년 황제에게 보내는 하나님의 변증서 제 1권[9]에서 기독교 예배를 설명하는데 사용하였다. 기독교 신자의 예배를 소위 일요일이라 하였다. 이 명칭은 주일첫날이라는 명칭을 억제하는데서 비롯되었다. 주일은 하나님

---

1) ούτοι μετά τού αρνίον πολεμσουσιν καί τό άρνιον νικήσει αύτύς ό τι κυριοσ κυρίων έστίν και βασιλευς βασιλεων 계 17: 14.

2) Don Kistler, The Arithmetic of God, 서희웅 역(서울: 서왕문화사, 1985), 103~6.

3) 주의 날에 내가 성령에 감동하여 내 뒤에서 나는 나팔소리 같은 큰 음성을 들으니(계 1: 10).

4) LORD's Supper.

5) 장성영, 『그리스도교 예배의 원리』(서울: 홍익제, 1995), 114.

6) 안식후 첫날 우리가 떡을 떼려 모였더니, 행 20: 7.

7) 말 4: 2.

8) Rordorf, op. cit, 280ff. 빛 떠오르는 태양, 이른 아침 등의 상징적 표현으로 그리스도의 부활, F. J. Dolger의 Sol Salutis, 1925.

9) Justin, 67, 37.

이 긍휼을 베푸사 하나님의 백성들로 하여금 위로부터 오는 은혜를 받는 날이다. 평강과 평안의 길이 보장되는 날이다. 이는 우리 하나님의 긍휼을 인함이라 이로써 돋는 해가 위로부터 우리에게 임하여 어두움을 비치고 우리 발을 평강의 길로 인도하시리라[1]. 서로 만나면서 편안하십니까? 혹은 안녕하십니까? 혹은 잘 지나셨습니까? 아침 잡수셨습니까? 등의 식사문제를 이야기한다. 미국인들은 만나면서 굿모닝, 굿 아프터 눈, 굿 이브닝 한다. 이러한 예들은 서로 상대방의 평안을 묻는 일이 되며 덕담이 된다. 이로 하여 말이 씨가 된다. 평안은 잘 쉰다는 뜻이다.

예수님이 제자들을 만나시면서다. 평안 하뇨 하신 날이다. 곧 솔로몬의 이름이 뜻하는 바와 같이 평화로움, 빚 진자[2]의 날이다. 안전과 정다움과 평안[3]의 삶은 하나님이어야 안전하고 완성하고 평안하게 보상[4]하게 하신다.

하나님은 생명 즉 호흡을 가진 자는 하나님을 날마다 찬송하게 하신다. 생명은 하나님께로부터 온 삶의 날들이다. 감사와 기쁨으로 살아 있게 되는 날이다.

---

1) 눅 1: 78.
2) 삼하 5: 14, 12: 24; 왕상 1: 30.
3) שָׁלֹם(솰롬 · 평안, 창 15: 15; 사 9: 6.
4) שָׁלֵם(솰람 · 평안, 출 22: 1; 수 10: 1; 욥 22: 21; 욘 2: 9).

(2). 평강의 날과 빛의 날

주님이 우리 가운데 계시는 이 세상은 그 믿는 백성들에게 항상 빛의 날이다. 하나님은 그를 믿는 백성들로 하여금 살아있을 동안의 생명을 향유하게 하신다. 생명을 누리는 빛의 날이다. 하나님의 말씀으로 살아가는 지혜의 날은 하나님의 말씀을 배우고 익혀서 충만할 때 오는 하나님의 축복이기 때문이다. 성경은 밤 의미가 따로 있기 때문에 밤이 아닌 날 만으로 구성되어 있는 하나님의 허락하심의 햇빛 비치는 날이다.

성경에는 밤과는 다른 단수 날[1]이 있다. 성경은 단수 복수 쌍수가 있는데 성경의 단수 날은 내가 마음대로 할 수 없는 날이다. 하늘을 향하여 눈을 돌리며[2] 많은 날들을 하나님 뜻대로 사는 날이다. 우리는 절대절명의 순간 오라 발음하는데 이 말이 바로 히브리어에서 빛을 바라 하나님을 배우고 익혀서 믿음이 충만할 때에 내게 오는 그의 얼굴빛에 감사하며 즐거운 소리를 내는 백성은 그렇지 하 암[3]하여 빛이 난다. 하나님이 내게 오샤[4]의 말씀은 하나님이 달아 둔 하늘의 햇살이 따뜻이 비친다.

---

1) יוֹם(욤 · 날).
2) וֹ(오).
3) הָעָם(하암 · 백성, 시 89: 15).
4) נֶגְבָּה(내게바 · 남으로, 슥 14:4).

(3). 제 8일

하나님께서 제8일에 아브라함의 후손이 되는 하나님의 후손에게 언약을 맺으신다. 할례의 언급이 성경에 있다. "할례 할 팔일이 되매 그 이름을 예수라 하니 곧 잉태하기 전에 천사의 일컬은 바러라"1) 말 따라 오늘날도 할례의 일은 행해진다. 이 8일은 부강하고 든든한 의미를 지닌다.

9 x 9+7=88
98 x 9+6=888
987 x 9+5=8888
9876 x 9+4=88888
98765 x 9+3=888888
987654 x 9+2=8888888
9876543 x 9+1=88888888
98765432 x 9+0=888888888

예수님의 재림의미인 이 날은 하나님의 법을 지킬 수 있는 풍부가 있다. 현재와 미래가 있는 날2)이다.

심판의 날이기도 한 이 날은 새 하늘과 새 땅이 열리는 날이다.

---

1) 눅 2: 21.
2) 눅 1: 59.

제8장 천국소망 학설

제1절 평화 샬롬

천국이야기는 음식 먹는 이야기로 전해진다. 서로 둘러앉아서 긴 숟가락을 가지고 마주앉은 사람의 입에 음식을 떠 넣어 주는 이야기가 전해진다. 화목하면서도 먹기의 소기의 목정도 달성하는 아름다운 이야기이다. 서로 공존하는 평화[1]의 공간이 있다.

천국은 예루살렘과 천국 문을 열 수 있는 공간으로 속죄소와 관련된다. 신앙인 삶의 목적이 되는 곳[2]이다. 12사도들이 천국 시민권[3]을 얻는 곳이다. 구원을 얻는[4] 곳이다. 서로 용서하고 사랑하여 내 것과 네 것이 없이 서로 나누어 주는 천국이 있다. 따뜻한 말 한 마디가 있는 천국은 사랑의 사람이 나누는 대화가 있다.

---

1) שָׁלוֹם(솰롬 · 평화).

2) 알리스터 E. 맥그래스, 윤철호 · 김정형 옮김, 『천국의 소망』 (서울: 크리스천헤럴드, 2005).

3) 빌 3: 19~21

4) Andrew T. Licoln, Paradise Now and Nor yet: Studies in the Role of the Heavenly dimension in the Paul's thought with Special Reference to his Eschatology(Cambridge: Cambridge University Press, 1981).

1. 눈물의 진주로 얻어진 천국

문학작품『진주』가 있다. '진주'를 잃어버리는 일로 시작되는 이야기이다. 환상 중에 에덴에서 사랑하는 이를 만나는 이야기이다. 그리스도의 신부 진주가 있는 이야기이다. 이 때 등장하는 모세는 흠 없는 모습이다. 먼발치에서 도성을 바라며 느보산에 오른 모세이다.

천국은 12개의 층으로 되어 있다. 푸른빛을 발하면서 믿음 상징의 벽옥모양으로 된 첫째 층이 처음 전개된다. 둘째 소망을 상징하는 청옥 · 셋째 흠 없고 청아함이 있다. 예수상징 선포와 기적을 상징하는 옥수 감람석 · 넷째 표면이 짙은 녹색으로 부활을 상징하는 취옥 · 다섯째 마노 · 여섯째 홍옥의 보석으로 꾸며 영적 의미를 전개한다. 비록 도성에 들어가기 전 꿈에서 깨어나지만 마음의 평안을 얻는다. 지치고 낙심한 사람에게 희망을 주는 중세 초기 14세기 말의 모습을 묵시록 융단으로 전개되는 천상[1]이다. 일곱 개의 성채와 요새로 에덴 낙원의 초원 묘사[2]로 되어 있다.

---

1) 카톨릭시대(로마제국의 첫째 황제 사를마뉴(742~814) 통치하의 기독교 교회의 역사 기간. 성화 상 제작, 사를 마뉴의 궁정 예배, 교회 건축물 설계의 모자이크와 벽화, 성경사본제작에 삽화삽입, 현존하는 계시록 사본들 중 9세기에 만들어진 것으로 추정되는 4개의 사본들에서 천상의 도성이 톱날모양의 높이 솟은 성벽, 수도원 승단의 예루살렘은 공동체의 신앙인 마음의 재산(행 4: 32) 공유에 둔다. 이 속세 포기를 성경적 회복으로 보아 클루니 수도회의 베르나르(1100~1150)가 예루살렘묘사(천상의 도성과 중세의 영성시대).

2) 게라르데스카(1212~69): 지아코도 다 베로나의『천상의 예루살렘에

2. 지상낙원 복원의 꿈

『천로역정』1)은 성경의 이미지와 결합하여 슬픔과 고통2)을 승화하는 신약 성경의 영성3)을 표현한다. 천국가기는 즐거움으로만 포장되지는 않는다. 천국에는 하나님을 믿는 이유로 하여 순교자가 된 이들이 많다. 순교4)가 부활의 관점으로 피력된다.

12세기 피터 롬바르드의『명제집』은 새롭게 살아남을 나타낸다. 12세기『암갈색의 암소의 책』은 최후 심판의 불을 통해 천국의 모습을 회복시킨다. 지상 낙원 소재의 밀턴의『실락원』,『복낙원』은 예수의 죽음이 회복된다. 학설: ①.엘리아데의 낙원 에덴에 유프라데스 강과 티그리스 강은 메소포타미아5)지역에 흐르는 강, 디크리스 강과 기손 강은 바다 속에 잠겨 버린 전설의 섬 아틀란티스와 같다. 1세기 유대 역사가 요세푸스는

관하여』(1260), 코게샬의 랄프기록으로 추정되는『에셋스의 트루킬이 본 환상』(1206),『기사 톤델의환상』은 아일랜드 한기사의 영혼이 천사의 안내로 지옥을 지나 낙원에 이르는 여정.

1)『천로역정』(1678~1684).

2) 존 번연(1626~88). Batson, E. Beatrice, John Bunyan, *Allegory and Imagination, London*(Croom Helm, 1984).

3) Paula R. Backschider, A Study of the Prose Works of Bunyan, Swit(영국의 풍자작가), and Defoe(영국 로빈슨 크로스의 저자)(Newyork: Zone Books), 239~97.

4) Caroline Walker. Bynum, Personal Survival and Resurrection of the Body: A Scholastic Discussion in its Medieval and Modern contexts: In Fragmentation and Redemtion: Essays on Gender and the Himan Body in Medieual Religion(New York: Zone Books, 1991), 239~97.

5) 현재 이라크 · 알렉산더가 죽은 곳.

두 강이 나일강과 유프라데스 강을 가리킨다 하였다. 기독교 교부들과 후대의 고전적인 작가들 중 에덴이 몽골이나 인도, 에티오피아 위치, 에덴이 페르시아 만에 위치, 80년 이후 고대 수메르지역이라는 점에서 페르시아 만 상단으로부터 약 200km 북쪽지역 ②. 우리스 자린스의 성경시대 이후 페르시아만의 수면이 바다 속에 잠겼다. 비손 강을 외디리니아 및 와디는 강물이 전혀 흐리지 않는 마른 강 바닥으로 오늘날 사우디 바틴, 성경 기혼 강을 이란의 땅에서 발원하여 남서쪽으로 흐르다가 페르시아 만으로 흘러 들어가는 가룬 강과 같다. ③. 고대 페르시아어 파리데이*paradeida*에서 온 낙원 이름은 수풀로 둘러싸인 동산 혹은 왕의 뜰이다. 창세기 2장에 여러 번 사용한 에덴을 평탄한 뜻을 가진 수메르어 에디누*edinu*에서 파생하였다. 헬라어 번역70인 역에서 동산은 히브리어로 낙원이다. 에덴은 즐거움과 환희의 곳, ④. 호세아는 천국 묘사 포도나무 무화과 들짐승 공중의 새 땅의 곤충[1] 사는 곳, ⑤. 요엘은 이스라엘이 약속의 땅에 들어가는 장소[2] 포도주와 젖이 성전에 흘러나오는 샘으로 이스라엘의 미래[3] 평화와 풍요의 장소[4]라 했다.

---

1) 호 2: 18.

2) 욜 3: 18.

3) 미 4: 4.

4) 2세기의 외경 『바울의 묵시록』은 각기 다른 열두 종류의 열매를 맺고 또 은보다 일곱 배나 더 밝은 열매와 포도나무는 수 만개의 가지가 뻗쳐 일

1). 사랑 정의

(1). 다윋 이름과 같은 사랑

솔로몬이 아가서를 지었다. 아가라는 의미는 글자그대로 아가이다. 철없는 아가이다. 아이러니하게 아가라는 사전적 의미는 잉태하지 못하는 사람을 말한다. 솔로몬이 지었다는 아가서가 왜 다윋과 관련될까! 우리말에 '도대체' 왜 그러느냐는 말이 있다. 당신이 나를 왜 도대체 사랑하느냐이다. 이 안타까움의 시선은 다윋과 관련되고 이 사랑은 사랑이 하나님으로부터 왔다.

성경에 '도대체'라는 유사 발음이 다윋과 관련된다.

① 네 사랑=도데하=דדיך=דֹּדֶיךָ=아 1: 2
② 네 사랑은=도데하=דדיך=דֹּדַיִךְ=아 4: 10
③ 나의 사랑하는 자는=도디=דודי=דּוֹדִי=아 1: 13, 14, 2: 3, 8, 16
④ 나의 사랑하는 자가=도디=דודי=דּוֹדִי=아 4: 16, 5: 4
⑤ 나의 사랑하는 자야=도디=דודי=דּוֹדִי=아 1: 16, 2: 9, 10, 17
⑥ 나의 사랑하는 자요=도디=דודי=דּוֹדִי=아 5: 17
⑦ 나의 사랑하는 사람들아=도딤=דודים=דּוֹדִים=아 5: 1
⑧ 나의 사랑하는 자의=도디=דודי=דּוֹדִי=아 5: 2)
⑨ 나의 사랑하는 자야=도디=דודי=דּוֹדִי=아 8: 14)
⑩ 나의 사랑하는 자를, 합휜체=도디=דודי–דּוֹדִי–아 5: 8, 7: 13
⑪ 나의 사랑하는 자는=베도디=ודודי=וְדוֹדִי=아 6: 3
⑫ 나의 사랑하는 자야=도디=דודי=דּוֹדִי=아 7: 11, 8: 14
⑬ 너의 사랑하는 자가=도데헤=דודך=דּוֹדֵךְ=아 5: 9, 9, 6: 1
⑭ 남의 사랑하는 자보다=미도드=מדוד=מִדּוֹד=아 5: 9, 9
⑮ 그 사랑하는 자를= 도다아=דודה=דּוֹדָהּ=아 8: 5

만개의 포도송이로 묘사된다.

(2). 하나님으로 부터

사랑이 하나님으로부터 온 것이라는 증명은 히브리어 '물' '마 임'의 '마'를 성경은 자주 사용한다. 물=마임 =מים마임=מַיִם마임의 히브리어 철자 첫 자이다. 그로부터 온 물1) 말씀이다.

사랑스럽구나=마함딤=מחמדים=מַחֲמַדִּים=아 5: 16

히브리어의 많은 글자어휘들이 이 물을 처음 '마=מ=מַ마를 사용한다. 특히 사랑스럽구나2) 어휘에서는 물 언어가 3회나 반복된다.

(3). 사랑의 목적

사람은 사랑을 하기 위하여 존재한다. 사랑은 성경언어에서 가슴과 가슴끼리 마주하는 상형이다.

나의 사랑하는 자에게 속하였고=레도디=לדודי=לְדוֹדִי
- 아 6: 3, 아 7: 10

나의 사랑하는 자 위하여=레도디=לדודי=לְדוֹדִי
- 아 5: 5, 6, 7: 9, 13

서로 마주해 사랑이 돋아난 '돋이'다. 네 돋이!3) 오!4) 돋아난 젖꼭지 두 개의 가슴이 마주 돋아5)난다.

---

1) מַ(마 · 물).
2) מַחֲמַדִּים(마함딤 · 사랑스럽구나, 아 5: 16).
3) לְדוֹדִי(레도디).
4) וֹ(오).

(4). 가슴 안에서 숨 쉬어야 진정한 사랑

나와 하나님과의 사랑 무게는 '아프다'[1]이다. 진정한 사랑은 내가 하나님이 아파하는 그 가슴 안에서 숨 쉼이다. 사랑하지 않음은 쉐아파[2]다. 아파[3]는 사랑이고 아파 앞에 쉐[4]가 붙으면 사랑이 버려져 사랑하는 사람을 찾지 못한다. 사랑은 머리와 눈 안에, 하나님이 들어 내 사랑아[5]다. 머리와 눈에 하나님이 들어있다.[6]

전부의 사랑주리라 אֶתֵּן אֶת ~ דֹּדַי לָךְ에덴 에트~도다이 라크[7] 전체를 바쳐 아홉을 얻는 사랑이 십일조 의미이다. 사랑은 아파[8]하는 일이다. 아파[9] 엎드리어 엎어진다.

---

5) דוֹד(도드).
1)그 사랑이 אַהֲבָה(아하바아, 아 2: 4, 3: 10)
사랑은 אַהֲבָה(아하바아, 아 8: 6)
사랑하므로 אַהֲבָה(아하바아, 아 2: 5)
내 사랑아 אַהֲבָה(아하바아, 아 7: 6)
내 사랑하는 자가 הָאַהֲבָה(하아아하바아, 아 2: 7)
사랑은 הָאַהֲבָה(하아아하바아, 아 8: 7)
내 사랑이 הָאַהֲבָה(하아하바아, 아 2: 7)
2) שֶׁאַהֲבָה(쉐아아하바아): 사랑하는 자야 שֶׁאַהֲבָה(쉐아아하바아, 아 1: 7)
사랑하는 자를 שֶׁאַהֲבָה(쉐아아하바아, 아 3: 1, 2, 3, 4).
3) אַהֲבָה,
4) שֶׁ(쉐).
5) 내 사랑아 רַעְיָתִי(라야티, 아 1: 9, 15, 2: 2, 13)
내 사랑 רַעְיָתִי(라야아티, 아 4: 1)
내 사랑아 רַעְיָתִי(라야아티, 아 6: 4)
나의 사랑 רַעְיָתִי(라야티, 아 4: 7, 5: 2)
6)사랑하는 자야 שֶׁאַהֲבָה(쉐아아하바아 · 사랑하는 자야, 아 1: 7)
사랑하는 자를 שֶׁאַהֲבָה(쉐아아하바아 · 사랑하는 자를, 아 3: 1, 2, 3, 4)
내 사랑아רַעְיָתִי(라야티 · 내 사랑아,, 아 1: 9, 15, 2: 2, 13)
내 사랑 רַעְיָתִי(라야아티 · 내 사랑, 아 4: 1)
내 사랑아 רַעְיָתִי(레아티 · 내 사랑아, 아 6: 4)
나의 사랑 רַעְיָתִי(라야티 · 나의 사랑, 아 4: 7, 5: 2)
7) אֶתֵּן אֶת~ דֹּדַי לָךְ(에텐 에트~도다이 라크, 아 7: 13).
8) 'אַהֲבָה(아하바 · 그 사랑이, 아 2: 4, 3: 10) · אַהֲבָה(아하바아 · 사랑은, 아 8: 6) · אַהֲבָה(아하바아 · 사랑함으로, 아 2: 5).
9) .אַף(아프 · 참음, 창 19: 1) · אַפַּיִם(아파임 · 엎드리어, δροω, 창 19: 1).

2). 사랑

(1). 사랑은

사랑하는 사이의 관계는 마음이 아픈 관계이다. 아파[1] 마음이 녹아버릴 것 같은 아픈 사이는 모든 허물을 가리[2]는 마음이 있다. 꽃으로 말하면 이 사랑[3]은 백합화이다. 네 사랑이 돋아[4] 향기가 향 품보다 승하다. 아픈 사랑이 돋아[5] 질투 강하다.[6] 사랑은 마음이 극도로 아파오는 사랑[7]이다. 아가페[8]이다. 율법의 완성이다. 하나님이 그의 사랑하는 백성이 우상을 섬김에 극도로 질투하는 사랑이다. 이에 그의 아들을 십자가에 단 아가페 사랑[9]이다. 아 아가페 사랑[10] 오래 아가페 사랑[11]은 온유하며 투기하지 아니하는 사랑[12]이다.

사랑하는 대상이 아무리 잘못해도 마음이 아파 견딜 수 없다. 이 마음이 하나님 마음에 있다. 사람의 사랑 관계도 이와 같다.

---

1) 사랑은 אַהֲבָה(아하바아 · 사랑은, 잠 10: 12; 아 2:5).
2) 잠 10: 12.
3) רַעְיָתִי(라야티 · 사랑은, 아 2: 2).
4) דֹדֶיךָ(도다이 · 네 사랑은, 아 4: 10).
5) אַהֲבָה(아하바아 · 사랑은, 아 2:5, 8: 6).
6) 아 8: 6.
7) הָאַהֲבָה(하 아하바아 · 사랑은, 아 8: 7) .
8) ἡ ἀγάπη(헤 아가페, 롬 13: 10).
9) ἡ δὲ ἀγάπη(헤 데 아가페, 고전 8: 1).
10) Ἡ ἀγάπη(헤 아가페, 고전 13: 4).
11) ἡ ἀγάπη(헤 아가페, 고전 13: 4).
12) ἡ ἀγάπη(헤 아가페, 고전 13: 4)/

(2). 사랑이

이 역설성의 온전한 아가페 사랑[1]은 언제까지든지 떨어지지 아니한다. 아가페 사랑[2]이다. 사랑하는 자들아 우리가 사랑하자[3]며 아파케 사랑[4]은 아가페 멘[5]을 화목제로 한다. 사랑은 오래[6]도록 이 지상에서 우리를 살게 하는 동인이다. 네 사랑이 돋아[7] 포도주보다 나으며 네 사랑이 돋아[8] 나를 따라가게 하기에 즐겁고 기쁘다. 이 사랑이 아파[9] 짙어지면 온통 사랑으로 장식하는 삶이다. 네 사랑이 돋아[10] 사랑아가펜[11]이 되며 목숨을 버리도록 나를 사랑[12]하신 사랑[13]이 내 안에 들어온 하나님의 사랑 아가페[14]다. 제일의 사랑 아가페[15]다. 아가펜[16]은 전적인 사랑[17]넘쳐 우리를 대신하여 죽은 아가페[18] 사랑이다. 그리스도의 사랑[19]이다.

---

1) Ἡ ἀγάπη(헤 아가페, 고전 13: 8).
2) ὅτι ἀγάπη(오티 아가페, 벧전 4: 8).
3) Ἀγαπητοι,ἀγαπωμεν(아가페토이, 아가푸멘, 요일 4: 7 4: 8).
4) ἡ ἀγάπη(헤 아가페, 요일 4: 7).
5) ἡ ἀγαπήκαμεν(헤 아가페카멘, 요일 4: 10).
6) אָהֵב(오헤브 · 사랑, 잠 17: 17).
7) דֹדֶיךָ(도데하 · 네 사랑, 아 1: 2).
8) דֹדֶיךָ(도데하 · 네 시랑, 이 1: 4).
9) אַהֲבָה(아하바아 · 사랑, 아 3: 10).
10) דֹדֶיךָ(도데하 · 네 사랑, 아 4: 10).
11) ἀγάπην(아가펜, 요 15: 13).
12) ἠγάπησας(헤가페사스, 요 17: 26).
13) ἡ ἀγάπη(헤 아가페, 요 17: 26).
14) ἡ ἀγάπη(헤 아가페, 롬 5: 5).
15) ἀγάπην(아가펜, 고전 13: 1, 2, 3).
16) ἡ ἀγάπη(아가펜, 고전 16: 24).
17) τὴν ἀγάπην(텐 아가펜, 고후 2: 4).

(3). 사랑을

이 사랑[1]은 말씀을 온전히 지킨 예수님 사랑[2]으로 남을 도우는 아가페 사랑[3]이다. 하나님과의 아가페 사랑[4]이다. 서로 사랑하여 아가페 멘[5]이 되면 하나님이 우리 안에 거하시게 되고 이 아가페[6] 사랑은 우리 안에 두려움이 없는 사랑[7]을 하게 한다. 하나님의 사랑을 아프[8]도록 받아서이다. 우리를 향해 아프도록 사랑[9]해주신 그 분의 자녀로 삼은 데서이다. 이 사랑[10] 하나님 곁에 안전히 거한다. 밤새도록 사랑을 센[11] 자는 사랑[12]의 사람으로 변하여 그 사랑[13]을 세며 살아간다. 늘 나를 사랑하는 자들이 나의 사랑을 입으며 나를 간절히 찾는 자가 나를 만날 것이라는 하나님 말씀에 오 아파 아파 아파아 옴싹할 수 없이 아프다며 나날[14]

---

18) ἡ γάρ ἀγάπη(헤 가르 아가펜, 고후 5: 14).
19) ἀγάπη(아가페, 엡 6: 23) .
1) τῄ ἀγάπη(테 아가페, 살전 3: 12).
2) ἡ ἀγάπη(헤 아가페, 요일 2: 5).
3) ἡ ἀγάπη(아가페, 요일 2: 15).
4) ἀγάπη(아가페, 요일 4: 8).
5) ἀγάπώμενη(아가푸멘, 요일 4: 12).
6) ἀγάπη(아가페, 요일, 4: 12).
7) ἀγάπη(아가페, 요일, 4: 18).
8) אֲהוּבָה(아후바아 · 사랑, 신 21: 15).
9) הָאֲהוּבָה(하아후바아 · 그 사랑, 신 21: 16).
10) יְדִיד(예디드 · 사랑, 신 33: 12).
11) חֵן(헨 · 사랑, 느 13: 26).
12) חֵן(헨 · 사랑, 시 109: 5).
13) חֵן(헨 · 사랑, 잠 5: 19).
14) אֲנִי אֹהֲבַיה אֹהֲבַיה אֵהָב וּמְשַׁחֲרַי יִמְצָאֻנְנִי(아니 오바이 오하바이 에에하브 움솨하라이 임메자운니, 잠 8: 17).

을 견딘다.

이 고백을 성경은 아파[1]라는 말을 세 번이나 반복한다. 바로 나를 사랑하는 자들이 나의 사랑을 입는 다는 뜻이다. 발음은 아파 오 아파 아파[2]다. 한국어와 히브리어 일치는 한국인이 복을 받는 이유다. 예 아파요[3]라 이스라엘 백성들은 대답한다. 오히려 저를 향해 아파[4]라 하시는 이 사랑 아파요[5]다. 바로 하나님이 주시는 계명을 지키며 이 갚은[6] 삶을 사는 일은 사랑을 갚는[7] 일이다. 사랑 아가펜[8]이 되는 일이다. 대대로 이어오는 믿음의 조상들이 갚았던[9] 아가펜[10]이 되었던 일은 사랑 아가펜[11]이 갚은[12]일이다. 서로 아가 품[13]이 된 일이다. 이처럼 주 예수 안에서 서로 사랑아가펜[14]이 되어 사랑을 나누는 아가펫션[15]을 몸에 두르고 그리스도의 사랑아가펜[16]이 된다.

---

1) אֱהַב(에에하브 · 사랑).
2) אֱהֹב אֹהֲבַיה אֹהֲבַיה(오바이 오하바이 에에하브, 잠 8: 17).
3) יֶאֱהָב(예아하아브 · 사랑, 잠 16: 13).
4) אַהֲבָה(아하바아 · 사랑, 잠 17: 9).
5) אַהֲבָה ~ גַּם(감 ~ 아하바아 · 사랑, 잠 9: 1).
6) ἀγἀπών(아가푼, 요 14: 21).
7) ἀγἀπών(아가푼, 요 14: 21).
8) ἀγαπην(아가펜, 롬 5: 8).
9) ἀγάπητοί(아가페토이, 롬 11: 28).
10) ἀγάπην(아가펜, 고전 14: 1).
11) ἀγάπην(아가펜, 고후 2: 8).
12) ἀγάπών(아가푼, 고후 12: 15).
13) ἀγάπμαί(아가푸마이, 고후 12: 15).
14) ἀγάπην(아가펜, 엡 1: 15).
15) ἀγάπησεν(아가페센, 엡 2: 4의 그 큰 사랑 ἀγάπην(2: 4).
16) ἀγάπην(아가펜, 엡 3: 18).

(4). 사랑으로

우리 사랑 아가패[1]에서 우리는 하나님 자녀로 산다.

사람의 생애는 받은 사랑을 갚는 존재가 사람이란 존재이다. 사람이란 바로 사랑을 들고 사는 존재이고 그 사랑을 받은 분에게 가능한 한 돌려주어야 하는 소명의 사람이다.

사랑[2]모임의 사랑 아가펜[3]들은 한 마음으로 늘 예수님의 사랑[4]을 듣는다. 성령 안에서의 사랑[5]을 듣는 일은 사랑에 사랑[6]을 더하는 일이다. 사랑의 온전한 띠로 매고 예수님 사랑[7]을 받는 사랑[8]은 우리가 하나님으로부터 사랑[9]을 받음으로써 이루어지는 일이다. 우리가 사랑[10]을 갚아가는 일은 하나님이 우리를 사랑[11]하시는 사랑을[12] 우리가 온전한 하나님 사랑[13]안에 거하는 일이다. 사랑[14]을 하나님은 우리에게 무궁한 사랑을 주시려 배아프셨다.[15] 사랑하여 아프다했[16]다.

---

1) ἀγαπητα(아가페타, 엡 5: 1).
2) ἀγαπητός(아가페토스, 엡 6: 21).
3) ἀγάπην(아가펜, 빌 2: 2).
4) ἀγάπην(아가펜, 골 1: 4).
5) ἀγάπην(아가펜, 골 1: 8).
6) ἀγάπην(아가펜, 골 3: 14).
7) ἀγαπητός(아가페토스, 골 4: 7).
8) ἀγάπην(아가펜, 벧후 1: 7).
9) ἀγάπην(아가펜, 요일 3: 1).
10) ἀγάπην(아가펜, 요일 3: 16).
11) εΧει(엑세이, 요일 4: 16).
12) ἀγάπην(아가펜, 요일 4: 16) .
13) ἀγάπη(아가페, 요일 4: 16).
14) ἀγάπη(아가페, 요일 4: 16).

(5). 사랑함으로

이 사랑[1])으로 하나님 백성이 된 믿음의 사랑[2])사람만으로 사랑[3])의 종노릇 하며 사랑[4])을 나누는 일이다.

믿는 사람들은 저녁부터 아침까지 서로 사랑이 돋았[5])다. 서로 사랑 봐[6])하며 형제 사랑의 아가페 멘[7])이 되어 사랑을 실천하는 일이다. 그 결과는 사망에서 옮겨지는 일이다.

사랑이 가득 든 사람들은 하나님의 사랑이 가득 들어있다. 예수님은 십자가 후[19장] 부활[20장]하시어 "네가 나를 사랑하느냐[21장]를 3회나 반복하시었다. 하나님은 하나님의 백성이 나를 사랑하느냐고 다짐하신다. 사랑은 상대방을 사랑하는 마음이 지극하여 마음 아픈 상태다.

하나님은 이스라엘이 어렸을 때 그들을 사랑하여[8]) 애급에서 출애굽 시키시었다. 하나님의 명령과 규례를 항상 지키는 일로 마음을 다하고 성품을 다하며 하나님 여호와를 사랑하여[9]) 사는 일이다.

---

15) בְּאַהֲבַת(베아하바트 · 사랑, 렘 31: 3).
16) אֲהַבְתִּיךְ(아하브티헤, 렘 31: 3).
1) ἀγάπη(아가페, 고전 16: 14).
2) ἀγάπη(아가페, 갈 5: 6).
3) δια τής ἀγάπης(디아 테스 아가페스, 갈 5: 13).
4) ἐπί τή ἀγάπη(에피 데 아가페, 몬 1: 7).
5) דדים(도딤 · 사랑, 잠 7: 18).
6) בָּאֳהָבִים(바아하빔 · 사랑, 잠 7: 18).
7) ὅτι ἀγα πώωμεν(오티 아가푸멘, 요일 3: 14).
8) וָאֹהֲבֵהוּ(바아오하베투 · 사랑하여, 호 11: 1).
9) בְּאַהֲבַתְ(베아하베타 · 사랑, 신 11: 1, 13).

(6). 사랑하여

하나님의 사랑과는 달리 사람의 사랑표현은 야곱의 딸 디나 이야기를 할 수 있다. 디나를 사랑하여1)라는 말과 또 야곱이 요셉=יוסף=יוֹסֵף[요셉]을 사랑하여2)와 요나단이 다윋을 자기 생명같이 사랑하여3)로도 쓰이어졌다. 이 때 디나에게와 요나단에게는 베 아파라는 발음이고 야곱이 요셉=יוסף=יוֹסֵף[요셉]을 사랑하는 일은 아파로 발음된다. 그만큼 물리적인 아픔과 야곱이 요셉=יוסף=יוֹסֵף[요셉]을 사랑한 마음의 아픔차이이다. 우리의 사랑4)도 일상의 이러한 사랑을 가진다.

요한의 사랑장 요한복음이 있다. 요한복음은 사랑을 전제로 한 예수님 이야기[요한복음1장] 이다.[요한복음1장] 가나안 혼인 잔치에 물이 포도주로 되는 · 다시 거듭나는 의미[2장]와 예수님과 나사로 두 사람 이야기도 거듭나는 문제를 물[3장]로 한다. 사마리아 여인의 물을 통한 거듭남의 문제[4장]도 베데스다 연못[5장]의 물로 한다. 오병이어[6장]와 초막절이 뜻하는 생명과 할례와 교육[7장]이 있다. 빛진 자의 후손[8장]은 소경이 눈을 뜨게[9장]해야 하는 임무가 있다. 선한목자[10장]에게서이다.

나사로의 눈물[11장]이 있다. 예수님이 예루살렘 입성[12장]

1) בְּיֶאֱהַב(바예헤하브 · 사랑하여, 창 34: 3),
2) אֲהַב(아하브 · 사랑하여, 창 37: 3).
3) בְּאַהֲבָת(베아하바아토 · 사랑하여, 삼상 18: 3).
4) φιλαδελφίπια(필라델피아, 롬 12: 10).

이 있다. 세족식[13장]이 있다. 예수님 고별설교[14장]가 있다. 헤어짐 기간이 있을지라도 포도나무의 가지처럼 붙어 있으라[15장]하신다. 보혜사 약속[16장], 중보기도[17장]를 해 주신다. 이 따뜻한 사랑 실천 후 기드론 골짜기에서 빌라도의 분명하지 않는 행보 속에서 체포[18장]되신다.

십자가 후[19장] 부활[20장]하시어 "네가 나를 사랑하느냐[21장]를 3회나 반복하시었다. 하나님은 하나님의 백성이 나를 사랑하느냐고 다짐하신다. 사랑은 상대방을 사랑하는 마음이 지극하여 마음이 아픈 상태를 말한다.

사랑 어원은 아브라함의 아내 사라[1]에서 찾아진다. 하나님은 사래[2]를 '살아=사라' 현재형으로 한다. 여호와는 우리를 숨 쉬게 하여[3] 하나님 축복과 은총[4]으로 사랑을 나누며 살게 하셨다.

---

1) שָׂרָה(사라, 창 17:15).

2) שָׂרַי(사래, 창 17:15).

3) הָיָה(하야).

4) * **요한계시록**: 일곱 교회와 축복(요한 계시록 1장) →일곱 교회인 에베소(에베소 행, 18: 19, 21, 24, 19: 1, 17, 26, 28, 34, 35, 20: 16, 17, 21: 29; 고전 16: 8; 엡 1: 1; 딤전 1: 3;딤후 1: 18; 4: 12, 계 1: 11, 2: 1) · 서머나(계 1: 11, 2: 8) · 버가모(계 1: 11, 2: 12) · 두아디라(행 16: 14; 계 1: 11, 2: 18, 24) · 사데(계 1: 11) · 빌라델비아(계 1: 11, 3: 7) · 라오디게아(골 2: 1, 4: 13, 15, 16; 계 1: 11, 3: 14) → 보좌에 계신 하나님(4장) → 인봉한 책과 어린양(5장) → 여섯인 재앙(6장) → 인 맞은 144,000(7장) → 나팔재앙(1~4째, 8장) → 나팔 재앙(5~6째, 9장) → 작은 책(10장) → 순교한 두 증인(11장) → 여자와 용의 환상(12장) → 666과 두 짐승의 환상(13장) → 144,000의 성도와 마지막 추수(14장) → 대접재앙 준비(15장) → 일곱 대접재앙(16장) → 음녀들의 처소(17장) → 큰 바벨로니아의 멸망(18장) → 혼인 잔치와 재림(19장) → 천년 왕국(20장) → 새 하늘과 새 땅(21장) → 천국 생활(22장)

3. 예루살렘

예루살렘[1)]이 로마 황제가 통곡의 벽만 남기고 전부 파괴[2)] 된 새 예루살렘 도성에는 성전이 없다[3)]. 이후 천상의 예루살렘[4)]으로 변한다. 12사도들이 천국 시민권[5)]을 들고 살아가는 곳이다. 생명나무[6)]를 붙들고 사는 예루살렘 성 언덕 꼭대기에 12개 성문이 있다. 여기에서 언덕은 고향을 의미하고 에덴을 의미한다. 성전 정육면체[7)] 문은 12 지파의 회복[8)] 상징이다. 12지파[9)]는 지팡이를 들고 하나님 일[10)]을 하는 말씀의 지혜로 다스려야 할 그리스도인들이다. 이곳에 12개 성문안에서 하나님 일을 하는 있다.

12개 성문안 하나님의 백성들은 서로 사랑해야 할 임무를 지닌다. 아파라는 히브리어가 사랑한다 의미이다. 이 아파라는 말은 한국에서 자주 잘 쓰인다.

---

1) 왕상 8: 11~12 · BC 586 년에 앗수르가 예루살렘을 포위하고 정복하여 파괴된 천상의 도성으로 그 초점이 바뀌게 된다. 권혁승, Ibid.

2) Braden, Gorden Glaudian and Influence: the Realm of Venus. *Aletusa* 12(1979)., 203~32.

3) 계 21: 22.

4) 계 21: 1~5.

5) 빌 3:19~21.

6) 계 22: 2.

7) 계 21: 16~ 에스겔의 포로 귀한 후 환상에서의 성전 암시~ 겔 43: 16, 48: 20.

8) 계 21: 12~14.

9) 민 17: 22, 18: 2.

10) מַטֶּה(마타 · 지팽이 · 지파, 민 17: 22, 18: 2).

제2절 디아스포라 학설

하나님이 시키시는 사역을 담당하는 오늘날의 만인 제사장들은 하나님을 진심으로 섬긴다. 마치 초기 「묵시록융단」1)과 · 게라르데스카[1212~69]에게 일곱 개의 성체와 초원2) 선물이 주어진 것처럼 흩어져서 하나님 일을 하는 일이 우선이다. 하나님 믿는 사람들 자체가 성전이다. 하늘사람3)들은 포로의 삶을 살지라도 구원을 소망4)하는 믿음으로 살아간다. 디아스포라 삶이다. 디아스포라 삶에는 사랑이 수반된다. 요나단이 다윗을 자기 생명같이 사랑하던5) 사랑에 비유된다. 상대방이 꿈을 잃지 않도록 하나님의 일을 한다. 절망에 빠진 사람들에게 희망을 준다.

솔로몬의 아가서6)를 읽고 시7) 창작이 가능하다.

---

1) 카톨릭시대 로마제국 첫째 황제 사를마뉴(748~814) 통치하의 기독교 교회의 역사 기간에 제작한 성화상, 현존하는 계시록 사본들 중 9세기에 만들어진 것으로 추정, 속세포기를 성경적 회복으로 보아 클루니 수도회의 베르나르(1100~1150)다 새 예루살렘 묘사한 것.

2)지아코드 다 베로나의 「천상의 예루살렘에 관하여」(1260), 코게살의 랄프기록으로 추정되는 「에섹스의 트루킬이 본 환상」(1206), 아일렌의 한 기사의 영혼이 천사의 안내로 지옥을 지나 낙원에 이르는 여정을 남은 「기사 톤델의 환상」.

3) 빌 3:20; 히 13:14.

4) Licoln, Andrew T, Paradis Now and Mor yet: Studies in the Role of the Hwavenly Dimension in Paul's Thought with Special Referenc to His Eschatology(UK: Cambrifge University Press, 1981).

5) בְּאַהֲבָתוֹ(베아하바아토 · 자기 생명같이 사랑하여, 삼상 18:3).

6) שִׁיר הַשִּׁירִים לִשְׁלֹמֹה(쉬르 하쉬림 레스렘모 · 솔로몬의 아가).

7) שִׁיר(쉬르 · 노래).

아가서는 아버지와 아들의 관계를 말하지요 문학적 표현으로 하나님이 사랑하는 하나님의 신부로 표현:

그대의 사랑 돈아דודיך 도데이하 · 하나님의 사랑이 · 아 1:2
사랑 향 스며나와שמניך 스마네이하 · 네 기름이 · 아 1:3
오오오 아름답고טובים 토빔 · 아름답고 · 아1:3
서로들 둘러싸며 당신은 누구신가요
마음 깃을 올려요

여리인 처녀들이עלמות 알라모트 · 처녀들이 · 아 1:3
둘러싸 아파하여אהבוך 아흐부하 · 너를 사랑함이 아 1:3
서로들 인도해라
그리고 모시겠니?משכני 모시겠니 · 처녀들 너는 나를 인도하라 · 아 1:4
말씀을 나르느라고
나르느라נרוצה나루자·우리가 달려가리라 · 아 1:4!
낚이어נגילה 나길라 · 우리가 기뻐하며 · 아 1:4

낮익어נזכירה 나즈키라 · 우리가 기억하며 · 아 1:4
아파버려אהבוך 아페부하 · 처녀들이 너를 사랑함이 · 아 1:4
쉬어라שחורה 쉬호라 · 비록 검으나 · 아 1:5
세게 잡혀ששזפתני 쉐쉐자파트니 · 쬐어서 · 아 1:6
포도원 삼았으니שמני 사무니 · 삼았음이라 · 아 1:6
포도원은כרמי 카르미 · 나의 포도원은 · 아 1:6
고하라הגידה 하기다 · 고하라 · 아 1:7
사랑하는 자שאהבה 쉐아하바 · 사랑하는 자야 · 아 1:7
내 마음에 납시라נפשי 낲쉬 · 내 마음에 · 아 1:7

\- 아 1:1~7:

: 솔로몬שלמה 쉘로모과 술람미שׁוּלַמִּית술라미트: 같은 언어, 여성문법 하나님과 하나님 백성 이야기 혹은 하나님과 그의 아들과의 시적 사랑이야기 -제목이 시로 하시림שיר השירים

아가서의 시는 예수님 일을 시화 한다. 흩어져, 나그네이면서 희망을 잃지 않고 하나님의 일을 하는 시다.

1. 세마포와 노래

예수님이 입으셨던 세마포는 히브리어 שֵׁשׁ[쉐쉬]에서 찾아진다. 그만큼 하나님 일을 하느라 아주 육적으로 쇠약해진 성가대들은 의미하기도 한다. 하나님을 너무 사모하여 아주 쇠약해 진 몸으로 부르는 절규노래[1]이다. 시[2]로 부르는 하나님 찬양은 하얀색의 영적 순결이 널리 오른쪽으로 퍼져나간다. 하나님 음성전하기는 기쁨과 즐거움이 있다. 예수님을 감쌌던 세마포의 천에서 하나님 음성이 들려온다.

바로 하나님이 서셔서[3] 보여주신 예수님의 모습은 무덤에서 쉬시며 삼일[4] 동안 보여주신다. 하나님의 일이 이루어지시는 때 솟아[5]난 하나님 역사이다. 여섯[6]째 날 희게 표백[7]된 하나님의 아드님이다. 하나님의 기뻐하심[8]과 즐거워하심이 얼마나 기쁜 부활의 열매를 가져왔는지 부시럭거리는[9] 예수심[10]이다. 기뻐하리로

---

1) שִׁיר(쉬르, 출 15: 1).

2) שִׁיר(쉬르, 출 15: 1).

3) שֵׁשׁ(쉐쉬 · 여섯).

4) שֵׁשׁ שְׁשִׁי(쉐쉬 쉐스 · 가는 베, 겔 16: 13).

5) שׂשׂ소스 · 즐거이, 시 119:162) · 즐거이 שׂוּשׂ(수스 · 즐거이, 시 119:162).

6) 여섯 שֵׁשׁ(쉐쉬 · 여섯); 창 7: 6; 출 20: 9, 25: 32; 민 1: 46; 수 6: 3; 욥 5: 19; 겔 16: 4.

7) שָׁשָׁא(솨솨 · 표백, 겔 39: 2.

8) 기뻐하시던..여호와가 기뻐하시리라 יְהוָה יָשִׂישׂ..יְהוָה שָׂשׂ(사스 여호와..요시스 여호와, 신 28: 63) .

9) שִׂישִׂי(시시 · 즐거워 하며, 애 4: 21).

다.[1] 직접 보이시는 하나님은 예수님의 베옷을 벗기시고 백합화의 향기로 입히신다. 상처가 나면 날수록 더 깊은 향기 나는 하나님의 뜻을 이룬 즐거움과 기쁨과 존귀함이 있다. 구원의 우물에서 물을 긷는 하나님의 백성들은 예수님으로 하여 대대의 기쁨[2]을 누리며 살아간다.

예수[3]님 예수아[4] 그리고 예수 나의 구원 예수님[5]이 되셔서 구원[6] 주시려 돌아가신 지 3일 만에 부활하시었다. 쉬 오실 예수님! 즐거워 함[7]이 온 누리에 퍼진다.

고마움 얼굴에는 행복한 모습이 보인다. 이 행복바이러스는 퍼지며 주위를 밝게 한다. 늘 웃는 얼굴이 되어 있다. 행복이 가득한 얼굴은 행복바이러스를 뿜어낸다. 보는 이로 하여금 웃음이 있게 한다. 웃음이 있는 삶을 건강한 삶이다.

---

10) יְשֻׂשׂוּם(예수심 · 기뻐하며, 사 35: 1).

1) תָּשִׂישׂ(타시스 · 기뻐하리로다, 시 35: 9); וְשָׂשׂוֹן(베사손 · 기쁨, 사 12: 3)

1) וְשָׂשׂוֹן(베사손, 에 8: 16 · 기쁨); וְשָׂשׂוֹן(베사손.기쁨, 에 8: 17).

2) וְשָׂשׂוֹן(베사손 · 기쁨, 사 60: 15) · 머리 위에 영영한 희락을 띤 기쁨 שָׂשׂוֹן(베사손 · 기쁨, 사 35: 10).

3) יָשַׁע(야솨 · 구원자).

4) יְשׁוּעָה(예슈아 · 구원).

5) לִי לִישׁוּעָה(리 리수아 · 나의 구원) · 나의 구원이 יְשׁוּעָתִי(예슈아티 · 나의 구원이, 시 62:1) · 구원 יֶשַׁע(예솨 · 구원); 출 15: 12; 욥 13: 16.

6) יִשְׁעִי(예쉬이 · 나의 구원의, 삼하 22: 3) · 나의 구원 וְיִשְׁעִי(베예쉬이 · 나의 구원의, 시 27: 1) · 구원 תְּשׁוּעָה(테슈아 · 구원); תְּשׁוּעָתִי(테수아티 · 나의 구원이, 시 38: 22).

7) הַמָּשִׁיחַ יֵשׁוּעַ(하마쉬아흐 예슈아으) טוֹב(토브)는 기쁨, 의로움(잠 11: 23) · 도덕적 선함(창 2: 9, 17) · 은혜(시 21: 3; 잠 24: 25) · 찬양(창 9: 26, 24: 27)가 포함된다. 예수님은 다양하게 구약이나 신약에서 그의 흔적을 십자 모형을 드러냄으로서 하여 미래에 그가 십자가에 달릴 예표로 한다.

2. 천년설

우리들이 이 세상에서 사는 날이 천년이나 된다는 학설은 수리 1000 의미를 알린다. 세월이다. 이 세상 사는 동안을 말한다. 천년설은 우리의 사는 온 날이다. 비유가 있다. 천년의 날은 바다[1]에서의 나날[2]이다. 커다란 삶의 바다[3] 그 위에 삶이다. 바로 여호와의 날[4] 위에 사는 삶이다. 그래서 온통 하나님을 위한 삶으로 바뀌어 지는 하루하루의 삶이 천년의 삶이다. 밤과는 다른 낮의 나날이다. 그러기에 내가 내 마음대로

---

1) יַמִּים(암밈 · 바다, 창 1: 10; 신 33: 19; 욥 6: 3; 시 8: 9, 24: 2, 65: 7, 69: 35, 78: 27; 사 17: 12; 렘 15: 8; 겔 27: 4, 25, 26, 28: 2, 8; 단 11: 45; 욘 2: 4) · מִיַּמִּים(미얌임 · 바다에서부터, 겔 27: 29, 27: 32, 34) · הַיַּמִּים(하얌임 · 그 바다들, 느 9: 6)

2) יָמִים(야암임 · 나날, 왕상 2: 38; 신 4: 26, 5: 33, 11: 9, 17: 20, 30: 18, 32: 47; 수 11: 18, 22: 3, 24: 7; 시 23: 6, 77: 6, 139: 16; 143: 5; 사 39: 6; 렘 19: 6, 31: 31, 33: 14, 51: 47, 52; 암 4: 2, 9: 13.

3) יָם(얌 · 바다, 출 15: 10; 신 3: 17(2), 4: 49; 수 3: 16, 12: 3; 왕상 18: 43; 왕하 14: 25; 시 66: 6, 74: 13, 80: 12, 106: 7, 139: 9; 사 5: 30, 16: 8, 23: 2, 23: 4, 50: 2, 51: 10, 60: 5; 렘 48: 32(2); 겔 27: 3; 미 7: 19) ·

4) יוֹם(욤): יוֹם~יְהוָה(욤~여호와 · 여호와의 날, 사 13: 9; 욜 2: 1, 11; 암 5: 20; 습 1: 14) · יוֹם~צָרָה(욤~짜라 · 환난의 날, 사 37: 3, 습 1: 15) · יוֹם~אֶחָד(욤~에하드 · 한 날, 슥 14: 7) · הַיּוֹם(하욤 · 그 날, 창 1: 16; 습 1: 15) · לֹא~יוֹם(로 욤 · 낮도 아니요, 욤~슥 14: : 7) · יוֹם(창 1: 5, 8, 13, 19, 23, 31; 신 32: 35; 욥 3: 5; 시 74: 16; 사 2: 12, 22: 5, 34: 8, 58: 5; 렘 20: 14, 46: 21; 겔 30: 3, 39: 13; 욜 1: 15, 2: 2; 미 7: 4; 습 1: 7, 16, 2: 2; 말 2: 2, 3: 23) · יוֹמוֹ(욤모 · 하나님의 날, 삼상 26: 10) · בַּיּוֹם(바욤 · 날 안, 창 31: 40; 슥 13: 2) · בְּיוֹם(바욤 · 날 안, 창 2: 2; 슥 14: 8; 시 136: 8; 사 11: 10, 11; 슥 12: 6, 13: 1, 4, 14: 6, 9, 13, 20, 21) · הַיּוֹם(하욤 · 그 날, 창 1: 16; 아 2: 17, 4: 6; 애 2: 16; 미 3: 6; 겔 39: 8; 말 3: 19(2)) · יוֹמָם(욤맘 · 낮, 출 13: 21, 22, 40: 38; 민 10: 34, 14: 14; 신 1: 33; 느 9: 12; 5: 14; 시 22: 3, 42: 9, 78: 14, 91: 5, 121: 6; 사 4: 5, 6, 21: 8, 60: 11; 겔 12: 3, 4, 7) · וְיוֹם(베욤 · 그리고 날, 창 8: 22) · לַיּוֹם(라욤 · 날을 위해, 겔 30: 2; 말 3: 17) · לְיוֹם(레욤 · 날을 위해, 암 6: 3; 슥 4: 10).

할 수 없다. 하늘을 향하여 눈을 돌리며 오직 그분을 오![1]하고 바라보며 살아가는 삶이다. 그러기에 하나님의 날은 밤이 아닌 햇빛이 비치는 날이다. 살아가는 은혜가 하나님을 믿는 백성들에게는 주어진다. 첫째 날과 다섯 째 날까지 번제를 드리는[2] 삶이다. 그러다가 여섯째 날에 예수님을 직접 만나 예수님 입에서 나오는 말씀으로 사는 날이다.

첫째 날 말씀을 배우고 익히기 시작하여 둘째 날 되면서 사람이 변하여 져 하나님의 배를 120년 동안 준비하다가 셋째[3] 날 아브라함과 야곱과 이삭이 하듯 서로 힘을 모아 넷째[4]날 완전히 나를 없애고 죽어지내는 겸양 경지의 날이 넷째의 날이다. 오로지 하나님 일만을 위해 사는 삶이다. 다윈은 예수님의 조상되는 하나님의 일 사역자로 말씀 위에서만 다섯째 날을 살았다. 이러한 뒤에야 드디어 하나님의 백성다운 몸이 되는 여섯째 날 참 예수를 만나면서 그분이 겪는 수난에 참여한다. 일곱째 날 기쁨으로 찬송을 드릴 수 있게 여건

---

1) וֹ(오).

2) עַל~פְּנֵי הַמָּיִם(알~페네 하마임 · 번제를 드리는.

3) 창 1: 13, 2: 14, 32: 19; 출 28: 19, 39: 12; 민 29: 20; 수 19: 10; 삼하 3: 3; 왕하 1: 13; 대상 2: 13, 3: 2, 15, 8: 1, 39; 대상 12: 9, 23: 19, 24: 8, 13, 18, 23, 25: 10, 20, 30, 26: 2, 4, 11, 27: 5; 욥 42: 14; 겔 10: 14; 단 2: 39, 5: 7, 16, 29; 슥 6: 3; 마 22: 26; 막 12: 21; 눅 20: 30; 고전 12: 28; 고후 12: 2; 계 4: 7, 6: 5, 8: 10, 11: 14, 14: 9, 16: 4, 21: 19.

4) 창 1: 19, 2: 14; 출 28: 20, 39: 13; 민 29: 23; 수 19: 17; 삼하 3: 4; 대상 2: 14, 3: 2, 15; 8: 2, 12: 10, 23: 19, 24: 8, 13, 18, 23, 25: 11, 21, 31, 26: 2, 4, 11, 27: 7; 겔 10: 14; 단 2: 40, 3: 25, 7: 7, 7: 19, 23, 11: 2; 슥 6: 3; 계 4: 7, 6: 7, 8: 12, 16: 8, 21: 19.

을 만들어 주신 부활의 예수님을 만난다. 이러한 기적의 삶은 사도로서 흩어져서 디아스포라의 일을 일곱째 날 한다.

일곱째 날은 사도의 날이다. 신앙인은 바다 같은 이 지상에서 때를 따라 비를 내리시고 축복하시고[1] 따라 비를 내리시는[2] 그분의 성령 따라 우리는 열매 맺으며 살아간다. 각 사람에게 주시는 비[3]의 양 따라 우리는 우리 몫의 삶을 살아간다.

비야 말로 히브리어로 하나님이 계심[4]이며 매우매우[5]주시는 많은 축복따라 각자 맡은 일을 하는 때다. 이 디아스포라 사상은 이 세상의 바다[6]의 나날들[7]에서 사흘[8]과 나흘[9] 총 칠일동안[10] 많은 죄를 지었지만 한없이[11] 축복을 받는다. 이 축복에 보답한다. 항상[12] 더 나아가 영원히[13] 하나님 일하심 따라 우리의 할 일을 한다.

---

1) 신 28: 12.
2) 겔 34: 26.
3) 슥 10: 1.
4) גֶּשֶׁם(게쉠 · 비, 창7: 12).
5) מְאֹד מְאֹד(메우다 메우다 · 아주 많이, 창 7: 19).
6) יַמִּים(얌밈 · 바다).
7) יָמִים(얌임 · 나날들).
8) 출 3: 18, 5: 3, 8: 23.
9) 출 10: 22, 19: 15.
10) 출 13: 6, 7, 22: 29, 34: 18.
11) 신 4: 40.
12) 신 5: 29, 6: 24.
13) 신 18: 5.

여호와의 규례와 명령을 잘 지키면 하나님이 주는 땅에서 한없이 오래 살리라[1] 하셨으므로 하나님 말씀을 열심히 읽고 익히는 행복한 삶이 우리 앞에 있다. 하나님 사랑의 해가[2] 비치어 모든 하나님의 생물이 살아있는 동안 그분의 손이 보호해준다.[3] 우리는 죄를 반복하다가도 하나님께로 되돌아오는 때 70년 포로생활에서 다시 돌아오는 삶을 산다.

＊ 에스라 서와 느헤미아 서

1차 귀환 준비에스라 1장로 시작하여 1차 귀환자명단2장을 발표하고 곧 이어 성전건축3장이 시작되는데 이때도 역시 하나님의 아들 예수 그리스도에 대한 예표로서 세상에서의 건축 방해와 중단4장이 있다. 성경에서의 성전을 다시 건축함5장으로써 완공과 유월절6장을 지낸다. 또한 2차 귀환7장과 더불어 2차 귀환자 명단 8장이 제시된다. 에스라서는 에스라의 중보기도9장와 개혁운동10장[4]이 있다.

아울러 거의 같은 내용이 반복되는 리듬은 느헤미야서이다. 곧 3차 귀환준비느헤미야 1장와 더불어 무너진 성벽시찰2장이 있게

---

1) 신 4: 40.

2) 창 15: 17, 19: 23, 28: 11, 29: 7, 32: 31, 47: 18; 출 10: 14, 16: 21, 17: 12, 21: 22, 23, 22: 26; 레 25: 51, 52; 삿 5: 31, 19: 8, 9; 삿 19: 11, 14; 삼상 11: 9; 삼하 2: 24, 11: 1; 왕상 20: 22, 26, 22: 36; 왕하 3: 22, 13: 20; 대상 20: 1; 대하 18: 34; 느 7: 3; 욥 7: 20, 10: 5, 32: 7; 시 72: 5, 104: 22, 121: 6, 140: 9; 잠 4: 10, 9: 11; 전 12: 1; 사 13: 10, 24: 23, 60: 19, 20, 63: 4; 렘 28: 3, 11; 겔 14: 21; 단 6: 14; 욜 2: 31; 욘 4: 8; 미 3: 6; 나 3: 17; 말 4: 2; 마 13: 6, 24: 29; 막 4: 6, 13: 24; 눅 1: 78, 23: 44; 행 2: 20; 엡 4: 26; 약 1: 11; 계 1: 16, 6: 12, 16: 8.

3) 출 8: 24; 레 25: 27; 민 5: 28; 대하 22: 7; 욥 9: 7, 17: 5, 36: 11; 시 19: 4, 23: 4; 35: 26; 40: 14, 74: 16, 77: 5, 78: 33; 잠 3: 2, 9: 12, 13: 20, 24; 잠 22: 3, 26: 6, 27: 12; 전 11: 7, 8; 렘 9: 8, 31: 35, 38: 4; 겔 32: 7; 단 6: 22; 마 5: 45, 9: 20; 막 5: 25, 16: 18, 눅 4: 19, 8: 43; 행 9: 13, 16; 행 13: 11, 17: 3; 고전 3: 15; 갈 4: 10; 딤후 4: 14; 계 2: 11, 12: 1.

4) 윤대명, "느헤미야,"『3차 구약역사서』(서울: 바이블동 · 서 · 남 · 북 연구원, 2006), 60.

되고 곧 이어 성벽건축3장이 시작되지만 에스라서와 같은 리듬으로서 재건방해4장가 있게 된다. 70년 동안 타성에 젖었던 이스라엘 백성들은 불평을 하지만5장 성벽 완공6장을 하고 1차 귀환자들의 인구조사7장후 하나님이 좋아하시는 율법낭독8장후 당연히 회개와 찬양이 따르게 된다9장. 이로써 언약에 동참한 사람들10장로 더불어 재정착11장장)과 성벽봉헌식12장과 개혁운동13장[1]이 일어난다.

하나님의 보호동안 잘 살아가는 일의 예가 있다. 솔로몬이 천일 동안 기도하는 가운데 나타났다.

이 밤에 하나님이 나타나사 이르시되 내가 네게 무엇을 줄꼬 너는 구하라 솔로몬이 하나님께 여짜오되 주께서 전에 큰 은혜를 나의 아비 다윗에게 베푸시고 나로 대신하여 왕이 되게 하셨사오니 야훼 하나님이여 여짜오되 원컨대 주는 내 아비 다윗에게 허하신 것을 이제 굳게 하옵소서 나로 땅의 티끌같이 많은 백성의 왕을 삼으셨사오니 주는 이제 내게 지혜와 지식을 주사..[2]

지혜의 날에 축복이 있다. 하나님 허락하심의 햇빛 비치는 지혜이서이다. 하나님이 천대까지 은혜를 베푸신[3] 때는 언약[4]의 때이다. 천대까지 말씀을 기억[5] 하는 때이다. 이 기억[6]은 하나님이 그의 백성들을 안아[7] 품어 주신 행복의 때다. 하나님 경외[8]는 잠언에서다.

1) Ibid, 61.
2) 대하 1: 7~11.
3) 출 20: 6, 34: 7; 신 5: 10.
4) 신 7: 9.
5) 대상 16: 15.
6) 시 105: 8.
7) 역대 하 1: 10~11.
8) 잠언 1: 7.

다스림을 받는 세상에서 사는 동안을 성경 잠언서는 말씀이 지혜임을 제시[1]한다. 하나님 믿는 천년의 때는 말씀위에 뜨는 기간이다. 이스라엘 백성의 천년[2]의 삶은 물 위에 걷는 기적이다. 예루살렘 성전의 생명수[3]를 먹는 때이다. 사람의 유기물 주파수 소리 42옥타브[4]는 그리스도 족보이다. 감사와 사랑으로[5] 하나님 믿어 항상[6] 은혜가 비치는 때이다.

---

1) 구약의 하나님 의미인 여호와의 경외(1장)를 시작으로 하여 보배의 지혜를 찾는 일이 곧 여호와 경외(2)장이고 그리하면 진주보다 귀중한 장수와 평강을 누리리라(3장). 얻으리라, 참 좋은 지혜를 얻으리라(4장)는 것이다. 아내로 즐거워하라(5장) ⟶ 6, 7가지 음란은 곧 좀더 자자(6장) ⟶ 어리석은 소년은 애급 이불을 덮는다(7장) ⟶ 청년의 잠언으로 진주지혜는 여호와 경외로 곧 정직을 내린다(8장) ⟶ 여호와 경외는 도적질을 버리고 그에게로 돌아가는 것(9장) ⟶ 언어 태도로서 사랑 입술로 부지런히 여호와 경외하면 장수하리라(10장) ⟶ 입술의 중요성은 계속되는데 이웃관계에서도 악인의 입과 의인의 입이 구분(11장) ⟶ 언어 영향으로서의 진실의 입 · 거짓 혀의 구분(12장) ⟶ 듣는 자세에서 부지런하면 어진여인이 되고 지아비의 면류관(13장) ⟶ 사회영향으로 이웃을 업신여기면 죄다(14장) ⟶ 인격적 언어로서 겸손한 입술은 얼굴을 빛나게 한다(15장).

인생의 삶을 여호와께 맡기라(16장)다 ⟶ 화목은 가난한 이웃에게 사랑의 떡 한 조각(17장) ⟶ 화목 · 덕목으로 가난한 친구 · 아내 선물(18장) ⟶ 화목 · 온유로서 노인 섬기기와 여호와 경외(19)장이다.

왕의 재판(20장) ⟶ 바른 선택과 바른 결정은 가난한 왕과 다투는 여인, 연락은 죄(21장) ⟶ 바른 선택 지혜는 여호와 경외 가르치기(22장) ⟶ 독수리 날개로서 술 탐심을 때리면 구속자가 경종한다(23장) ⟶ 강력한 무기지혜는 일곱 번 지혜(24장)이다. 인간관계는 얼음 · 충성으로 히스기야처럼 누설 말라(25장) ⟶ 미련한 자 경계(26장) ⟶ 철 · 친구의 절구 자랑말라(27장) ⟶ 의인과 악인의 차이는 자기마음을 믿거나 여호와를 경외하는 것(28장) ⟶ 왕의 통치는 곧 목이 곧은 자 징계(29장) ⟶ 아굴의 잠언으로서 아비조롱 · 짐승(30장 ⟶ 르무엘의 잠언은 현숙한 여인의 여호와 경외(31장)를 든다.

2) אלף ימים(엘레프 암임 · 천년, 시 90: 4; 전 6: 6; 벧후 3: 8; 계 20: 3, 4, 5, 6, 20: 7.

3) 겔 47: 1~6.

4) 1989년 미국의 지 '21st Century'에 워렌 J. 하먼.

5) הימים(하야임 · 한없이, 신 4: 40) · 항상 כל~הימים(콜~하야임 · 항상).

6) 신 18: 9.

은혜 세상사는 날[1] 끝날[2]까지 우리 마음은 한 없이 넓어진다. 항상[3] 우림과 둠밈을 판결 흉패 안에 넣어 아론으로 여호와 앞에 들어갈 때에 그 가슴위에 있게 하심같이 항상 가슴[4]으로 우리는 그분을 사랑하며 불이 항상[5] 꺼지지 않게 하고 항상[6] 등잔불로 항상[7] 주님의 눈 안에 항상[8] 또 항상[9] 하나님과 같이 산다.

천년설 주장자 저스틴Justin · 이레니우스Ireneus · 텔투리아누스Tertulianus · 박형룡 · 합동측 교단들의 종말론의 배경은 페르샤가 집권하기 전 바벨로니야가 접수하여 주전 587년 예루살렘 성이 무너지고 하나님 거하는 성전이 무너짐에 메시야가 와야 한다는 긴장감에서 이 천년설을 시작[10]하였다. 종말론은 미래를 향해 나아가는 것[11]을 그리스도와 가까워지는 날[12]로 인식한다. 회복을 위한 변증학 신학자들[13]은 희망신학[14]을 제시한다. 그러기에 계시[15]에 충실 한다.

---

1) 신 4: 10.
2) 신 4: 30; 렘 49: 39; 단 12: 13.
3) תָּמִיד(탐미드 · 항상, 출 28: 30).
4) ד(달레드 · 가슴 · 문.
5) תָּמִיד(탐미드 · 항상, 레 6· 12).
6) תָּמִיד(탐미드 · 항상, 레 6: 12).
7) תָּמִיד(탐미드 · 항상, 민 9: 16).
8) תָּמִיד(탐미드 · 항상, 레위 6: 12; 신 11: 12).
9) 항상 תָּמִיד(탐미드 · 항상, 레위 6: 12).
10) 사 58: 1~12, 59: 1~20.
11) Moltman, 137ff.
12) K. Barth.
13) K. Baeth, E. Brunner, P. Tillich, R. Bultman.
14) J. Moltmann.

1). 전 천년설

몰트만의 말대로 기독교 신앙의 종말론은 약속 신앙[1]으로 희망을 주기 위해서 그리스도를 증명하려 한다. 이에 비하여 전 천년설[2]은 그리스도께서 세상에 오실 날이 가까웠다는 학설이다. 그리스도의 재림은 위대하고 뛰어나며 영광스러운 단 1회적 사건이 될 것이지만, 교회와 이스라엘과 세상에 영향을 미치는 다른 사건들과 같이 일어날 것이라는 것이다. 죽은 성도들이 부활하고, 살아있는 이들은 변형될 것이며 그들은 강림하시는 주님을 다 함께 맞이할 수 있도록 변화될 것이라 한다.[2] 현재의 전 천년설(세대주의적 전 천년설)은 종말의 순서를 공중 재림 ⇢ 성도의 부활, 휴거 ⇢ 공중에서는 7년 동안 어린 양 혼인잔치, 지상에서는 7대 대 환난 ⇢ 지상 재림 ⇢ 천년왕국 ⇢ 악인의 부활, 최후심판 ⇢ 영원한신 천지라는 관점이다. 인류의 역사를 7세대 즉 ① 무죄 시대[3] ② 양심 시대[4] ③ 인간 통치 시대[5] ④ 구속 시대[6] ⑤ 법률 시대[7] ⑥ 은혜 시대[8] ⑦ 왕국

---

15) W. Pannenberg.
1) Luter, Calvin.
2)벌콤, 『조직신학』 하(크리스챤 다이제스트), 983~984 참조.
3) 창 1: 28~3: 6.
4) 창 4: 1~8: 4.
5) 창 8: 15~11: 9.
6) 창 11: 10~출 18: 27.
7) 출 18: 28~행 1: 26.

시대[1])로 구분한다.

예수 그리스도는 2번 재림하시는데 첫 번째는 환난 전에 한다는 학설이다. 천년설은 종말론의 신학이며 시작은 이상 훼손[2])에서 시작되었다. 당시 이스라엘 인들의 비참한 현실은 팔레스틴에 남은 자들의 호소 ⇢ 성전 폐허 ⇢ 회복 희망의 순서 비전이다. 지상에서의 예루살렘[3])은 로마 황제 티투스가 서쪽 통곡의 벽을 제외한 전부를 파괴[4]) 무너졌다. 이에 따르는 좌절을 겪으면서도 하나님 나라 도래에 대한 기대를 현실과는 다른 주전 2~3세기의 묵시 문학으로 제시된다. 천상의 예루살렘 환상으로 전이[5])된다. 이러한 뚜렷한 하늘나라에 대한 희망을 예루살렘으로 상징하게 된 것은 주후 70년 9만 명이 죽은 후 디아스포라 삶으로 전이된다. 로마에 의해 박해를 당한 때이다.

현재 터키인 소아시아의 그리스도인들은 생명나무[6])와 정육면체[7])의 성전암시[8])를 받는다. 에스겔의 포로 귀한 후의 환상 이다. 12 지파의 회복성[9])이기도 하다.

---

8) 헹 2: 1~계 19: 21.

1) 계 20: 1.

2) 사 63: 7~63: 11.

3) 왕상 8:11~12.

4)Braden, *Gorden Glaudian and Influence: The Realm of Venus*, Alethusa 12, 1979, 203~32.

5) 요계 2: 1~5.

6) 계 22: 2.

7) 계 21: 16.

8) 겔 43: 16, 48: 20.

신약에서는 예루살렘 성전이 없고 다만 만인 제사장이 성전[1]이라는 천국의 개념으로 묘사된다. 천국에서의 12사도들의 중요성을 바울은 천국 시민권[2]으로 압축 → 하늘 사람[3]이다.

앞으로 구원을 소망[4]함과 동시에 속세를 포기한다. 속세포기와 회복을 등가성으로 하는 학자들 베르나르[5]는 예루살렘을『천상의 도성과 중세의 영성 시대』에서 묘사한다. 피사의 게라르데스카[6]는 일곱 개의 성채와 요새로 초원을 묘사하였다. 자아코도 다 베로나는 1264년『천상의 예루살렘에 관하여』로 묘사하였다. 코게샬은 1206년 랄프기록으로 추정되는『에섹스의 트루킬이 본 환상』에서 묘사한다. 종말론적 세 가지 천년설의 전 천년 · 후 천년 · 무 천년 설[7]은 현 시대 다음에 완성되어 하나님 나라가 된다는 설이다.

사실 천년 왕국 창시자는 파파아스 전 천년 헬라 볼리 교회 감독[8]이다. 천년 왕국은 묵시 문학[9]에서 유래

---

9) 계 21: 12~14.

1) 계 21: 22.

2) 빌 3: 19~21.

3) 빌 3: 20; 히 13: 14.

4) Licoln, Andrew T, Paradise Now and Nor Yet: Studies in the Role of the Heavenly Dimension in Paul,s Thought with Special Reference to His Eschatology(Cambridge, Cambridge University Press, 1981).

5) 1100~1150.

6) 1212~69.

7) Ott, von Heinrich.,『신학해제: *Die Antwort des Glauben s*』, 김광식 역(서울: 한국 신학 연구소, 2003), 432, 438.

하였고 이사야서에서 대표적인 미래에 대한 확인이 되고 있다. 이사야서는 총 66장인데 이는 예수님의 나이 33세의 2회 리듬이다. 이 암시성은 두 돌 판 상징, 첫째 돌판 1 ~ 35장 · 둘째 돌판 36 - 66장[1]에서이다. 메시아 구원 선포 예언은 하나님의 통치 기간을 의미한다. 전 천년설 학설의 순서는 대 환난 → 재림(성도의 부활, 영접) → 천년왕국 → 세계종말 → 영원 신천지가 온다는 개념이다. 주장자는 Justin, Ireneus, Tertulianus, Hippoclytus, 박형룡, 합동측 교단이다.

천년설[2]은 그리스도께서 세상에 오실 날이 가까웠을 때 일로 한다. 강림은 가시적으로 인격적이며 영광스럽

---

8) 주후 150.

9) 에스라서, 바룩서.

1) * 첫째 돌판: 죄와 사랑(1장) → 메시야 통치(2장) → 질서 무너짐(3장) → 남은 자 회복(4장) → 포도원 노래(5장) → 소망(6장) → 임마누엘 표적(7장) → 마할살랄하스바스(8장) → 메시야 탄생예고(9장) → 앗수르의 교만(10장) → 메시야 왕국(11장) → 감사노래(12장) → 심판: 바벨론(13장), 앗수르(14장) → 모압애가, 심판(15장) → 심판(16장) → 사마리아(17장) · 구스(18) · 애급(19장) ~ 바벨론(20장) · 애돔(21장), 살렘(22장), 두로(23장), 우주적(24장) → 새 왕국 찬양(25장 → 새 왕국에서(26장→ 새 왕국에서 백성들(27장 → 화: 에브라임에 임할(28장 · 아리엘에 임할(29장 → 친애급 정책(30장 → 애급을 의지하지 말라(31장 → 메시야 왕 출현(32장 → 화: 앗수르에 임할(33장, 열방에 임할(34장 → 메시야 왕국(35장

* 둘째 돌판: 산헤립 침입(36장 · 죽음(37장 → 히스기야 죽음(38장 · 실수(39장 → 위로말씀(40장 → 고레스 왕(41장 → 나의 종(42장 → 너는 내 것이라(43장 → 유일신(44장, 45장 → 뱌벨론 심판: 종교교(46장 · 정치(47장 → 풀무불 사랑(48장 → 종의 임무(49장 → 종의 순종 · 학자의 혀, 수염(50장 → 아브라함부부 위로(51장 → 좋은 구원 선포(52장 → 고난장(53장 → 장막터 · 회복약속(54장 → 초대 · 나와 너의 생각(55장 → 만민기도(56장 → 우상: 음욕(57장 → 안식일 · 물댄 동산 · 금식기도(58장 → 이스라엘의 죄(59장 → 빛을 발하라(60장 → 구원소식: 가난한자 · 상한 자 · 포로 된 자(61장 → 신혼의 기쁨(62장 → 삼위일체 하나님(63장 →토기장이 간구(64장 → 기쁨 · 목표: 새 하늘과 새 땅(65장.

2) 벌콥, 『조직신학』 下(서울: 크리스챤 다이제스트)983~984.

고 민족의 복음화 · 이스라엘의 회개 · 배교와 대 환난 · 불법의 사람 출연 · 교회를 위한 어두운 시험의 때를 통과하여야 그리스도의 재림이 영광스러운 것이라는 설이다. 죽은 성도 부활과 하나님의 나라가 변화된 세상 위에 펼쳐질 것이란다. 부활에 이어 마지막 심판과 새 하늘과 새 땅의 창조가 있을 것이라는 학설이다. 전천년설은 종말의 순서를 공중 재림으로 하며 성도의 부활과 휴거 그리고 공중에서는 7년 어린 양 혼인잔치 · 지상에서는 7년 대 환난이 일어난단다. 지상 재림 천년 왕국은 악인이 다시 일어나는 때에 대 심판이 있으며 영원한 신천지가 될 것이한 학설이다. 이 학설은 인류의 역사를 7시대로 구분하고 마지막 시기가 천년 왕국 학설이다. ①. 무죄시대[1] ②. 양심시대[2] ③. 인간 통치시대[3] ④. 구속시대[4] ⑤. 법률시대[5] ⑥. 은혜시대[6] ⑦. 왕국시대[7]로 하여 천년 왕국 통치시기를 예수 그리스도께서 재림하신다. 첫 번째는 환난 전에 비밀히 공중 재림하시고 두 번째는 7년 환난 후 공개적으로 지상 재림한다는 관점이다. 신자의 부활은 의인의 부활로

---

1) 창 1: 28~3: 6.
2) 창 4: 1~8: 14.
3) 창 8: 15~11: 9.
4) 창 11: 10~출 18: 27.
5) 출 18: 28~ 행 1: 26.
6) 행 2: 1~계 19: 21.
7) 계 20: 1~이하.

대환난 전에 있으며 환난 성도의 부활은 대 환난 이후란다. 하나님 나라 가까워서 유대인의 신정국가 회복설은 받아들이지 않아 재림 때라는 연기학설[1]이다. 전천년설 부활시기[2]는 1차는 심판 주의로 공중 재림으로 성도가 부활하여 하늘에 들림을 받고 2차는 7년간의 대 환난이 끝났을 때 7년간의 사이에 죽은 성도가 부활, 3차는 천년왕국 기간에 죽은 성도들이 천년 왕국 후에 부활이 있게 된다.

이 세상에서 이루어지는 창 1:1~ 2:3 일곱날 성도 구원 위하여 그의 백성에게 유월절[한 날 · 한 분 · 예수가 날 위하여] ---> 무교절[둘째날 · 믿음] ---> 초실절[세째날 · 부활] ---> 오순절[네째날 · 성령] ---> 나팔절[절다섯째날 · 재림] ---> 속죄절[여섯째날 · 구속] ---> 장막절[일곱째날 · 영원]이다. 복음의 물 말씀이 흐르는 물을 위한 하나님의 일이다.

후 천년설은 그리스도의 재림이 천년 왕국 후에 온다고 하는 학설이다. 그리스도께서 재림사시기 전에 천년 동안 기독교의 황금시대가 있어서 인류의 대부분이 복음을 믿게 된다는 학설이다. 과학의 발달과 물질문명의 진보시대에도 천하의 권세를 가지신 주께서 실패 않으실 것[3]의 학설[4]이다.

---

1) 주장자는 달바이(Darby) · 켈리(Kelly) · 스코필드(Scofield) · 달라스 신학교 · 이상근 등이다.

2) 김준삼, 『교의신학』 3권. 325.

3) 마 28: 18~20.

4) 주장자는 어거스틴(augutinus) · 뵈테넬(Boettner) · 다브네(Dabney) ·

2). 후 천년설

후 천년설에 대한 반론으로는 주의 재림 전에 교회가 번영되어 다스리게 될 것이라는 학설이다. 이유는 종말에 대한 성격에 맞지 않는 다는 것이다. 배교와 환난과 박해의 시대로 믿음이 마냥 식어지고 그리스도께 충성하는 자들이 심한 박해와 탄압을 받는 다는 학설이다.

후 천년설은 온 지구상의 사람들이 그리스도를 구주로 섬기고 점차적으로 기독교화 할 것이라는 학설이다. 그리스도의 재림은 일반적으로 "천년기"라고 불리는 의와 평화의 긴 시대의 끝 무렵에 발생하게 될 것이라는 학설이다.

후 천년설의 원리 그리스도의 재림 시에 대 부활, 대 심판 그리고 천국과 지옥으로의 인도된다는 학설이다. 그만큼 심판의 날이기도 하다. 이 심판의 날에 대한 인간의 양심은 현실을 바로 살아가려는 우리들의 양심이 있게 한다는 강점이 있는 학설이다.

스트롱(Strong) · 호드게(A. Hodge) 등의 현대 주의자들이다.

3). 무 천년설

천년설이 없다는 학설이다. 재림 전까지로 보는 학설이다. 아브람카이버 · 루이스 벌콥 · 칼빈 · 렌스키 · 석원태 고려 파 등이다. 곧 어거스틴이 『신의 도성』을 통해 천년 왕국이란 그리스도의 초림에서 재림까지의 기간 동안에 그리스도의 영적 통치가 교회를 통하여 실현된 천년 왕국의 지금이 복음 시대라는 학설이다. 어거스틴 · 핫지 · 뵈트너 · 헹게스틴버그 · 휫티의 천년기가 세계의 종말 전에 임할 것이라고 예언하지 않았다는 학설이다.

은혜의 언약으로 이루어진 새 땅에서 하나님과 그의 구속된 백성이 함께 약속하신 새 하늘과 새 땅에 영생의 삶을 이루시게 하실 것을 믿는 신앙이다. 칼빈은 "천년주의자들이 그리스도의 통치기간을 천년동안으로 제한하였다"고 비판하면서 천이란 수는 교회의 영원한 복에 적용되는 것이 아니라 교회가 지상에서 수고하는 동안에 당하는 각종 고난에만 적용된다 하였다. 천년설은 하나님 사랑을 전제로 한 학설이다. 이 학설은 바로 사울의 의미나 히브리어의 제일 첫글자가 주는 우리들이 이 세상에서 사는 날과 관련되어서이다. 하나님의 보호 아래에서의 하나님의 절대적인 사랑의 기간이라는 학설이다.

4). 천년 왕국설

천년 왕국이라는 개념은 유대교의 묵시 문학[1]에서 유래한다. 초기의 현세적 종말론과 후기의 피안적 종말론 사이에 있던 대립을 해소하는 기능을 의미한다. 중재적인 성격을 모빙겔[2]은 안협안[3]이라 하였으며 부버게는 다스리지 않을 수 없다는 개념으로 이해하였다. 주님께 속한 피조물에 대한 구원과 자유문제를 위해 '이 땅에서 충실하라'는 개념으로 니그[4]는 파악하였다. 주리고 목마른 자들이 갈급한 상황에서 이루어진 천년이란 관념이 등장한 것이라는 학설이다. 몬넬[5]은 '천년은 우연한 것 이상의 것'이라고 하였고 요한은 복음을 신령 화하고 이를 역사화하기 위해 이 천년설이 필요하다[6] 하였다.

천년기설은 유스틴[7]과 파피아스[8]와 이레네우스[9]와 터틀리안[10]과 및 락탄스[11]에서도 나타나고 성경의 기록

1) 에스라서, 바룩서.
2) S. Mowimckel.
3) 安協案.
4) W. Nigg.
5) P. S. Monear.
6) 132 · 176ff.
7) Justin.
8) Papias.
9) Irenäus.
10) Tertullian.
11) Lanktanzs.

으로는 계시록 20: 1~6에서 언급되어진다. 첫째 부활에 참예하는 자들은 복이 있고 거룩하도다 둘째 사망은 그들을 다스리는 권세가 없고 하나님과 그리스도 제사장이 천년 동안 그리스도로 더불어 왕 노릇 하리라[1]는 말씀에 근거하게 된다. 헬라어로는 키리아 에테[2]로 영어 킬레에즘[3] 라틴어 밀레[4]와 아누스[5]의 합성어 밀레니옴[6]이다. 헬라어 바실레이아[7] 영어로 킹돔 왕의 영토[8]이다. 그러기에 천년설은 교회의 황금시대인 세계복음화에 바탕을 둔다.

종말론을 푸는 열쇠는 "야훼는 왕이시다"에 있다. 히브리어로 왕[9]이 물 위에 머리를 두어 말씀으로 다스린다. 히브리어 마솰[10]이 의미하는 바와 같이 부드럽게 잘 다스리는 왕의 시대를 말한다. 바다[11]같은 이 세상을 하나님이 다스리는 기간을 말한다.

이 천년 기설은 희망이미지로서 아우구스틴은 천년왕국이 성령과 관련됨을 지적하였고, 유토피아에 대한

---

1) 계 20: 6.
2) κίλια ἔτη.
3) chiliasm.
4) mille.
5) annus.
6) millennium.
7) βασιλεία.
8) domain of King.
9) מְרָד(마라크 · 왕, 다스리다.
10) מָשַׁל(마솰 · 다스리다).
11) יַמִּים(얌밈 · 바다, 얌임 · 나날).

이해로서 새로운 영원한 복음의 시대로 하였다. 부버[1]는 하나님의 요구를 들었는데 영적 부분이다. 바울은 초기교회의 사상처럼 고립된 것이 아닌 것을 들고 있다. 이 세상의 삶이 항상 대립되는 두 양상 사이에서 이를 이겨야 하는 원리는 하나님에게서 온다는 학설이다. 그러기에 의인들이 그리스도와 더불어 1천년동안 복되고 즐거운 천년왕국을 건설한다는 내용에 근거를 두는 학설이다. 사실, 천년왕국주의는 전 천년 왕국설, 후 천년 왕국설, 무 천년설 등 학설에 따라 몇 종류가 있지만, 모두를 꿰뚫는 그 핵심은 그리스도가 지상에 다시 나타나는 천년왕국에 대한 기다림이다. 요한계시록에 의하면 예수가 재림하여 이 지상에 그의 왕국을 건설한 후에 최후의 심판이 오기 전까지 천 년간을 지배하게 된다는 학설이다.

이때에 왕국의 주민은 예수님의 재림과 함께 부활한 기독교 성인과 순교자이다. 선택된 이들은 지상낙원을 이루면서 새 하늘과 새 땅과 새 예루살렘에서 유토피아를 이루려는 현실운동을 한다.

이러한 다양한 천년설은 구속사적 조명으로 보면 이 세상의 살 동안 주님을 의지하고 믿음으로서 세상을 이기겠다는 신념이 작용된 신앙자세에서 발원 된 것으로 보인다.

---

1) M. Buber.

3. 디아스포라 학설

1) 디아스포라의 12 물길과 도착지

12 물길은 디아스포라[1] 학설과 관련된다. 아브라함이 갈대아 우르를 떠나 유브라테스강과 디그리스 강 사이의 하란에 머물다가 그 곳을 떠나 벧엘[2]에 머무르는 즐거움의 의미가 수반된다. 바로 유브라테스가 즐거움 의미이다. 이 길은 아브라함으로 하여 첫길이 열리었고 드디어는 예루살렘 성전까지 도착하는 예수님과 관련된다. 예수님은 벧엘에서 태어나시고[3] 열두제자를 흩으셨다. 열둘의 의미는 하나님의 군대 12,000명을 택하시고 각 지파 1000만명중에서 1,2000명을 택하는[4] 일이다. 그분은 몸속에 있는 물과 피를 다 쏟으시며 십자가로 이산의 본형을 보이신 그분 주검[5]은 부활을 전제로 한 재생 약속. 주검[6]이다.

---

1) διοπορᾷ, 약 1: 1.

2) 창 12: 8.

3) 마 2: 1.

4) 민 31: 5.

5) J. G. Frazer, Filklore in the old Testament, 3 V(Londin, 1919), 45~47. Theodor, H. Gaster, Milth, Legend and Custom in the Old Testament(New York, 1969), 354~7, 339~40. Mircea, Eliade, From Primitivws to zen: Athematic source book of the History of Religions(New York: 1967), 139~44.

6) Gentral A냠샂, Siherian and North American mithologic: See some seemples in Mircea Eliade, Zalomoxis, Zalomoxis the uanishing God, Trans Willard R. Trasik(Chicago, 1972), 766.

물을 관리하는 하나님[1]은 물 곧 말씀으로 하[2]하고 숨 쉬도록 물길이 되어주시었다. 이 물길은 12 물길이다. 이 길로 이스라엘 백성들에게 물을 이동시키시었다. 사면인 사방으로 세 번이나 강화되면서 12 물길이 되는 이 길에는 말씀이 산포된다. 그 좋은 예는 루우벤 시냇가에서 야엘이 큰 결심으로 12 물길의 젖무덤을 열어[3] 시스라를 죽일 수 있는 용기와 결단을 가졌으며 12사사들이 시냇가에서 큰 결심[4]을 하였다.

우리나라에는 물건들을 한 묶음 할 때의 12개로 묶어 놓으며, 세계적으로는 1년 12달이 있다. 한국에는 유일하게 봄 · 여름 · 가을 · 겨울로 나누는데 12초 간격으로 계절이 넘어간다. 하여 이것이 시조의 원리가 된 3장 12구이다. 시조 12구는 초장 중장 종장 마디가 12초씩 간격을 가지면서 다음 장으로 넘어 간다. 방에 칸막이로 두는 병풍조차 12폭으로 하고 여인네의 아름다움을 나타내는 12 치마폭이 있다. 성경에는 12제자가 있었으며 그 중에 유다가 예수님을 배반하자 한 사람을 더 보태어 굳이 12제자로 완성시킨다.

---

1) 창 1: , 7, 10, 7: 17.
2) ה(헤 · 숨 쉼, 숨구멍).
3) 삿 4: 19.
4) 삿 5: 15.

(1). 12물길

12의 이치는 세 사람씩 한모임이 되어 힘을 다하여 4곳으로 흩어져서 네 곳으로 복음을 전하는 디아스 포라 사상을 말한다. 동 · 서 · 남 · 북으로 흩어지면서 복음을 전하는 수이다.

생명을 걸고 말씀을 전한 도구로 사용되었던 히스기야 터널[1]이 있다. 이 터널은 1838년 미국 성경 지리학자 로비슨이 2500년 동안 퇴적된 바닥의 진흙층 터널을 기다시피하여 통과하여 발굴한 후 30년 뒤 1867년경 워렌Charles Warren이 기혼 샘에서 히스기야 터널로 지나가는 도중에 천장에 뚫려 있는 갱도를 발견하였다. 이 수직 갱도는 지하의 수면에서 15m의 높이였으며, 그 위로는 경사면의 터널로 이어지다가 계단식 터널을 거쳐 위로 올라가게 되어 있다. 이 수직 갱도는 암반에 나타난 수직 균열을 따라 깎아 만든 것이며, 많은 학자들은 이 수직 갱도가 다윗이 여부스 성읍이던 예루살렘을 정복 할 때 사용된 수구라고 한다. 그 이름을 워렌의 수직 갱도 또는 여부스의 수직 갱도[2]라 한다. 지하의 수면에서 15m였으며 그 위로는 경사면의 터널로 이어진다. 다윗의 부하 요압이 몰래 성안으로 들어간 수구[3]이다.

---

1) 에드문트후설, 이종운 옮김, 『시간의식』(서울: 한길사, 1996), 82.

2) Dan P. Cole, Dan Bahat and Hershel Shanks, *Jerusalem Archaeology Society*, 1983), 12~13.

(2). 히스기야 터널

1978년 쉴로[1]는 위렌의 갱도가 다윗 이전에 여부스 족속에 의해 만들어 졌다는 학설의 증거를 찾을 수 없다고 했고 히스기야 시대 이전부터 있던 것이 확실하다 하였다. 바로 분열 왕국 시대에 건설[2]된 것이라 했다. 그 전에는 천연적으로 형성된 터널을 손질하여 사용하였을 것[3]이라는 것이다. 지질학자 길[4]은 이 터널 지역이 원래 4만여 전부터 단순한 물이 흐르는 기존의 바위틈새를 따라 구불구불 팠으므로 당연히 양쪽에서 만난다는 학설을 세운다. 히스기야터널은 실로암 터널이라고도 불리우며 암석지대를 파서 만든 수로로 S자 형이다. 1880년 여름 팔레스타인 아이들이 실로암 못에서 놀다가 발견한 굴로 6*m* 정도 들어가 입구의 벽의 글씨를 발견하였다. 예루살렘에서 활동하던 영국의 콘더[5]와 세이스[6]와 독일의 고고학자들이 비문을 해독하기 시작하면서 6줄로 된 실로암 비문의 3m쯤에서 상대편의 소리가 들렸다는 내용과 서로 안고, 도끼를 부딪

---

3) 삼하 5: 6~8; 대상 11: 4~6.

1) Yigal Shiloh.

2) A. Mazer, *Archaeology of the Land of the Bible*(New York: Doubleday, 1990), 480f.

3) 한상인,『이스라엘 왕국 시대의 고고학』(서울: 한상인, 2005), 149~151.

4) Dan Gill.

5) C. R. Conder.

6) A. H. Sayce.

쳤다는 기록을 발견한다. 1200규빗[535m]을 흘러 물이 나옴에 감동하였다는 기록이 있다. 히스기야 터널은 직선거리 315*m*를 535*m*의 S자형 모양으로 판 것은 자연의 샘물의 근원을 따라 S자 형이다. 1890년 히스기야 터널이 비문이 도굴되고 콘라드시크[Conard Schick]에 의해 비문의 모형을 완성하였다. 비문은 이스탄불 제국 박물관으로 운송되어 보관되어 있다.

사실 기혼샘의 위치는 해발 634*m*이며 이 물이 예루살렘 성안으로 흘러 생겨난 실로암의 높이는 해발 634*m*이다. 즉 2*m*의 고저 차인 535*m*의 지하 터널을 통해서 기혼 샘에서 발원한 물이 완만하게 흘러가면서 히스기야 터널[1]이 된 것이다. 예루살렘을 위한 유일한 수원지인 기혼 샘으로부터 실로암 못까지 총 길이 535*m*에 달하는 지하 터널이다.

당시 앗시리아의 포위에 대항한 최대 방위사업이 터널의 기울기는 0.006%로 기혼샘은 해발 636*m*이고 실로암 못은 해발 634*m*로 양쪽에서 편차가 30*cm* 밖에 되지 않는다. S자형의 곡선으로 이루어졌으며 물 벽으로 보호된 예루살렘 성의 신비이기도 하다. 물로 둘러싸여 있을 뿐만 아니라 물 위에 뜬 별의 형상이다. 실로암 터널은 곧 S자형으로 된 12 물길의 산포이다. 왜

---

1) 기독교대백과사전 제 10권(서울: 기독교대백과사전편찬위원회,기독교문사, 1992) 574~6.

냐하면 6~8시간 주기로 약 40분 동안 분출되는 하루 평균 용수량은 2,500명이 살 수 있는 양[1]이다. 예수님은 소경을 고치는 일을 실로암 못의 사역[2]으로 한다. 실로암은 보냄을 받았다는 뜻이다.

히스기야 터널 기적의 사건은 하나님을 열심히 섬기는 자에 의해 일어난 인간이 만든 기적의 통로이다. 성 밖과 성 안의 긴밀한 수로는 기적의 현장이다. 이처럼 오늘날도 이 기적의 일은 어디에서나 일어날 수 있는 하나님의 역사이다.

각자 사람들이 겪는 기적은 누구나 겪는다. 기적 같은 삶 이 삶 속에는 정말 죽을 수도 있는 날들의 교통대란 속에서, 그리고 기인 여행에서, 그리고 환경오염의 극심한 상황에서 생명 유지 자체가 기적이다.

예루살렘에서 약 3*km* 북서쪽에 기브온에 큰 못이 있다. 이 못가에서 다윗의 장군 요압과 이스보셋[3]의 장군 아브넬 사이 접전이 벌어졌다. 1956~57년 J. 프리처드를 단장으로 한 미국팀에 의해 지름 11*m*와 길이 25*m*의 원형이 발견, 암반을 파서 만든 경사진 터널이 있다. 79 계단을 밟고, 지하 터널을 내려가 지하 25*m*의 위치에 맑은 샘물이 괸 지점에 도달한다.

---

1) 박수자, 『이스라엘』 (서울: 장신 선교, 1997), 175: 오늘날에는 12mwjd도 퇴적되어진 지층으로 오염되어 식수사용 불가능.

2)(요 9: 1~12).

3) 사울왕의 아들.

(3). 기브온

예루살렘의 수구와 같은 기능으로 기브온 성 안에 지하 물을 긷는다.

* 연못과 수로

기브온 연못은 기원전 11세기에 이미 사용되었을 것[1]이다. 수로는 지하수직갱구와 터널을 통해 확보하는 것과 지하 수직 갱구와 터널을 통해 도시가 세워진 언덕의 기초까지 파 내려가 수원에 이른 형태 · 수직 갱구와 터널로 내려가 물을 길어 올릴 수 있도록 성 밖 안의 수원지하의 물을 지하 저장소와 연결 해 놓은 형태 · 터널과 수로를 통해 물을 모아 놓은 저수지까지 가는 기혼샘을 통한[2] 히스기야 수로는 지혜의 수로이다. 다윗은 수로를 통해 예루살렘을 정복[3]했고 신약시대에는 성전 제사는 37개 정도의 물탱크들과 저수시설 확충 · 곧 820~85*m*에 위치한 예루살렘 남쪽 샘물에서 물 끌어 오는 수로 건축, 솔로몬의 못에서부터 약 85km 거리에서도 하부수로 · 돌을 깎아 만든 파이프 연결로 만든 상부수로 · 솔로몬의 못 남쪽 연결 비야르Biyar수로와 아루브Arrub 수로로 물을 끌어왔다.

엘~집el~Jib이 기브온[4]이라는 학설[5]이다. 기브온이라고 새겨진 손잡이를 발견하는데서이다. 하나는 물 저장소까지 터널로 내려가고 다른 하나는 연못 같은 물 저장소[6]이다.

---

1) 삼하 2: 13; 렘 41: 12.
2) Ibid, 288f.
3) 삼하 5: 8.
4) E. Robinson(1833년 미국 지리학자 성경학자).
5) J. B. Pritchard, 1956~1962년.
6) Michael D. Coogan, *10 Gteat Finds, Bar* 21~3: 43.

(4). 엔로겔과 무깃도

엔로겔은 기드온 골짜기가 옛 예루살렘 성, 즉 옛 다윗 성의 끝부분인 실로암 못 밑에서 치즈 골짜기를 합치고 계속 100*m*를 내려가다가 서쪽으로 들어오는 힌놈의 골짜기를 마저 합하여 사해로 향해 계속 간다. 기드론 골짜기가 힌놈의 골짜기를 합한 지점에서 약간 남쪽에 샘이 있는 엔로겔이다. 다윗이 아들 압살롬을 피하여 요단강 쪽으로 도망했을 때에 다윗왕의 두 탐정 요나단과 아히마아스가 엔로겔 가에 머물며 성내로부터의 소식[1)]을 기다렸다.

기브온 터널시설이 도시내부의 입구에서 지하 경사면을 따라 내려가 물 저장소의 물을 긷도록 되어 있는 지하수로를 통해 샘에서부터 물이 흘러 들어오도록 고안되면서 터널 입구의 근저에 연못은 직경 11.1m · 깊이 24.6*m*로 석회암을 파서 만들고 연못의 수면에 해당했을 중간까지는 나선형 계단 · 그 아래로 바닥까지는 수직 계단으로 파져 있게 하였다면 엔로겔은 유다와 베냐민 경계 지역에 위치한 샘이다[수 15: 7, 18: 16]. 엔로겔은 세탁하는 샘이다. 기혼샘으로부터 약 650*m* 남쪽에 위치하였다. 아람 말로 Blr Ayyub 야곱의 우물인데 예루살렘식수원이지만 웃시아 때의 지진으로 말미암아 붕괴되었을 것[2)]으로 본다.

---

1) 삼하 17: 17.

무깃도의 수구는 샘과 가까이 접해 있는 청동기 시대에 항상 물을 확보하기 위하여 터널을 만든 것으로 보인다. 무깃도 도시 언덕의 기슭에 있는 조그마한 동굴이 있고 수면이 떨어짐에 따라 때때로 깊게 넓게 드러났다. 청동기시대에 만들어진 벽돌로 깐 것 역시 발견되었으며 물 길러 가는 자들을 보호하기 위한 것으로 보인다. 전쟁 시에는 전혀 보호할 수 없으므로 12세기경 샘에서부터 땅 밑으로 파서 성안까지 파내려온 것으로 보인다. 성 안에서 물을 길어 올리기 위하여 수직으로 파내려가는 작업은 수로이행이 된 이 수로는 위로의 의미를 가지고 있다. 예루살렘은 수자원의 안전한 확보를 위해 3,000년 전부터 수자원의 가까운 곳에 대규모 저수지가 형성되어 있다. 유프라테스 강과 나일 강 같은 상시적인 수자원1)과 비나 이슬 · 샘들의 비상시적인 수자원2), 그리고 인공수자원3) 등이 있다. 인공적이 급수 실도 므깃도 · 하솔 · 게셀 · 이슬로암 · 브엘세바 · 예루살렘 · 기브온4)에 있다. 자연환경에 따라 적응하며 필수적으로 필요한 물을 공급하기 위하여 환경을 개척하였다. 하나님의 경외신앙의 깊이가 있다.

---

2) 암 1: 1; 슥 14: 5; 느 2: 13.

1) 출 7: 19, 24사 8: 7.

2) 창 27: 25; 레 26: 5; 신 8: 7.

3) 왕하 20: 20; 사 22: 9.

4) Yigal Shiloh, 「Underground Water Systems in the Land of Israel in the Iron Age」 *The architecture of Ancient Israel*, ed. by A. Kempinski Reich(Jerusalem: Israel Exploration, 1992), 275~293.

2). 바다

이스라엘 바다는 팔레스타인의 물이 요단강과 세 호수와 시내 혹은 산골짜기의 급류로 구성되어 있다.[1] 고대 근동 지역을 둘러싼 이 바다들은 이스라엘을 중심으로 근동지역 북쪽에는 흑해[2]와 카스피 바다[3]가 있다. 서쪽은 지중해, 남쪽에는 홍해, 동쪽에는 페르사만이 위치하고 있다. 권혁승은 고대근동 지역은 지중해와 홍해, 흑해와 카스피와 그리고 페르시아 만 등 다섯 개의 바다인 큰 수역들에 의해 울타리 모양으로 에워싸여 있다[4] 하였다. 4면의 바다와 4계절이 만들어 내는[5] 한국처럼 바다로 둘러싸여 하나님의 보호 의미를 'ㅣ'로 표시하고 바다를 'U'로 표시한다면 그에 의한 'ㅣ'로 하여 'ㅣUㅣ'이다. 이스라엘은 바다로 하여 물을 떠나서는 의미를 열 수 없고 예루살렘 또한 동쪽 기드론[6] 골짜기와 힌놈[7]골짜기 사이의 티로피온 골짜기[8]로 둘러싸여 있는 잇발[9]에서 하나님이 보호하신다.

---

1) Hesse. Lyman. Hurlbut, "The Waters of Palestine," *A Bible Atlas*(Chicago: Rand McNally $ company. 1910), 14.

2) the black Sea.

3) the Caspian.

4) 권혁승, 『성경 지리』(서울: 서울 신학 대학교, 2002), 22.

5) 이영지, "문예미학," 『시조 문예 미학』(서울: 영예 문학, 2001), 18~19.

6) קִטְרוֹן(기드론).

7) הִנֹּם(힌놈).

8) Tyropoen Valley.

제9장 사랑의 띠

제1절 나의 사랑하는 자들

성경은 하나님의 사랑하는 백성 · 민족 · 열방 · 만민 · 국민 · 만국 · 열국 · 등의 포괄적인 의미를 암밈=**עמים**=עַמִּים암밈으로 한다. 암밈=**עמים**=עַמִּים암밈=결합하다=어두워지다=캄캄해지다=소경의 뜻이다. 암밈은 눈=**ע**아인과 물**מים**마임으로 구성되어 있다.

물**מים**마임=מַיִם마임 눈=**עין**아인=עַיִן아인 모두 쌍수이다. 물은 말씀의미이다. 말씀과 소경의 복합어이다. 결국 백성=민족=열방=만민=국민=만국=열국 =소경=암밈=**עמים**=עַמִּים암밈=결합하다=어두워지다=캄캄해지다=소경이미지이다. 하나님이 사랑하시는 이스라엘 백성이 눈과 관련되는 데는 문학적 양식 시1)은유 소경 구원2)이미지다.

---

9) ש(신, 쉰).

1) ① 라반이 가로되 내가 무엇으로 내게 주랴 야곱이 가로되 외삼촌께서 아무것도 내게 주실 것이 아니라 나를 위하여 이 일을 행하시면 내가 다시 외삼촌의 양떼를 먹이고 지키리이다(창 30: 31)

② 그날에 하나님이 수 염소 중 얼룩무늬 있는 자와 점 있는 자를 가리고 암염소 중 흰 바탕에 아롱진 자와 점 있는 자를 가리고 양중의 검은자들을 가려 자기 아들들의 손에 붙이고 자기와 야곱의 사이를 사흘길이 뜨게 하였고 야곱은 라반의 남은 양떼를 치니라(창 30: 35~36)

1. 민족

물에 마음을 비추어 모양을 형상화[1]하신 하나님이 그의 백성을 얼마나 사랑하는지 민족에게 보여 역사하신다. 하나님 민족=고임=גוים[고임]=גּוֹיִם[고임]은 보답하기 위해 존재한다. 하나님 손은 민족=암밈=עמים[암밈]=עַמִּים[암밈]과 열방=암밈=עמים[암밈]=עַמִּים[암밈]에게 얹으셨다. 사라가 아들 낳고 민족=암밈=עמים[암밈]=עַמִּים[암밈][2]에게 경계를 둔다. 만민[3]의 하나님은 모든 민족=하암밈=העמים[하암밈]=הָעַמִּים[하암밈][4]의 역사가 있게 하신[5] 하나님이다. 불순종하는 민족=하암밈=העמים[하암밈]=הָעַמִּים[하암밈][6]은 하나도 살리지 않는다. 그의 민족들[7]에게 민족의 신들을 섬기지 말라[8]신다. 자기 민족=하암밈=העמים[하암밈]=הָעַמִּים[하암

---

③ 그 껍질 벗긴 가지를 양떼가 와서 먹는 개천의 물 구유에 세워 양떼에 향하게 하매 그 떼가 물을 먹으러 올 때에 새끼를 배니 가지 앞에서 ..실한 양이 새끼 밸 때에는 야곱이 개천에다가 양떼의 눈앞에 그 가지를 두어 양으로 그 가지 곁에서 배씨글 배게 하고 약한 양이면 그 가지를 두지 아니하니 이러므로 약한 자는 라반의 것이 되고 실한 자는 야곱의 것이 된지라 이에 그 사람이 심히 풍부하여 양떼와 노비와 약대와 나귀가 많았더라(창 30: 38~43).

2) יְשֻׁעֵנוּ(예쉬엔누 · 구원)대상 16: 35; 시 65: 5, 68: 20, 79: 9, 85: 4, 95: 1.

1) 에모토 마사루 · 양억관 옮김, 『물은 답을 알고 있다』(서울: 나무심는 사람, 2003).

2) עַמִּים(암밈 · 민족, 신 32: 8).

3) עַמִּים(암밈 · 만민, 창 27: 29).

4) הָעַמִּים(하암밈 · 민족, 신 7: 19).

5) הָעַמִּים(하암밈 · 만민, 신 2: 25).

6) הָעַמִּים(하암밈 · 민족, 신 7: 16).

7) הָעַמִּים(하암밈 · 민족들, 신 20: 16).

8) 신 13: 7.

밈1)에게 가리어진 면박과 열방의 그 덮인 휘장을 걷으시고 자기 민족을 이 끝에서 저 끝까지 만민=하암밈=העמים하암밈=הָעַמִּים하암밈2) 중에 흩어 목석 우상을 섬기게 하심도 하나님이시다. 만민=하암밈=העמים하암밈=הָעַמִּים하암밈3)이 미혹되고 모든 민족=하암밈=העמים하암밈=הָעַמִּים하암밈4)이 놀림과 비방거리가 되게 하신 분도 하나님이시다. 민족=암밈=עמים암밈=עַמִּים암밈5)이 소경이 되어 민족=암밈=עמים암밈=עַמִּים암밈6)이 심판을 받아 민족=하암밈=עמים하암밈=עַמִּים하암밈7)들이 불타게 하시고 민족=암밈=עמים암밈=עַמִּים암밈8)들이 민족=암밈=עמים=עַמִּים9)에게 노략 당하고 다른 민족=암밈=עמים암밈=עַמִּים하암밈10)에게 훼방 받도록 하시고 훼방 민족=암밈=עמים암밈 민족=עַמִּים암밈 민족11)도 패망시키신다. 하나님이 택한 민족=암밈=עמים하암밈 민족=עַמִּים암밈 민족12)만이 복을 받게 복종케 하시려 하신다.

---

1) הָעַמִּים(하암밈 · 민족, 사 25: 7).
2) הָעַמִּים(하암밈 · 만민, 신 28: 64).
3) הָעַמִּים(하암밈 · 만민, 신 4: 19).
4) הָעַמִּים(하암밈 · 민족, 신 28: 37; 왕상 9: 7; 대하 7: 20).
5) עַמִּים(암밈 · 민족, 신 17: 16).
6) הָעַמִּים(하암밈 · 민족, 미 4: 3).
7) עַמִּים(암밈 · 민족, 합 2: 13).
8) עַמִּים(하암밈 · 민족, 사 8: 9).
9) עַמִּים(하암밈 · 민족, 합 2: 8).
10) עַמִּים(암밈 · 민족, 시 89: 50).
11) עַמִּים(암밈 · 민족, 사 8: 9).
12) עַמִּים(암밈 · 민족, 삼하 22: 48; 시 18: 47.

2. 만민

하나님은 암밈^만민^=עמים 만민=עַמִּים^암밈 만민^1)들을 시켜 기호로 민족2)들을 등록 후 수를 세셨다. 민족=암밈=ים עמ=עַמִּים^암밈 만민^3)으로 주를 찬송케하셨다. 민족4)이 여호와를 섬기게 · 민족5)을 복종케 하시었다.

만민=암밈=עמים^암밈^=עַמִּים^암밈^6)의 하나님은 심판을 행하시고 만민을 하나님의 백성에게 복종케 하신다. 하나님은 만민=암밈=עמים=עַמִּים^암밈^7)과 만민=암밈=עמים=ם עַמִי^암밈^8)이 서로 송구하여 낯빛이 하예지게 하신다. 만민=암밈=עמים^암밈^=עַמִּים^암밈^9)의 송아지까지 꾸짖으신다. 만민=암밈=עמים=עַמִּים^암밈 만민^10)을 판단하시어 만민=암밈=עמים^암밈^=עַמִּים^암밈 만민^11)이 떨게 하신다. 만민=암밈=ם עַמִי^암밈 만민^=עַמִּים^암밈 만민^12)을 징벌하시면서 이새의 뿌리에서 한 싹이 나서 만민13)의 기호로 서게 하시었다. 하

---

1) עַמִּים(암밈 · 민족, 사 49: 22).
2) עַמִּים(암밈 · 민족, 시 87: 6).
3) עַמִּים(암밈 · 민족, 시 67: 3, 5).
4) עַמִּים(암밈 · 민족, 시 102: 22).
5) עַמִּים(암밈, 시 18: 47).
6) עַמִּים(암밈 · 만민, 시 7: 18; 사 51: 5).
7) עַמִּים(암밈 · 만민, 사 63: 6)을 · 만민 עַמִּים(암밈 · 만민, 겔 36: 15).
8) עַמִּים(암밈 · 만민, 호 10: 10, 욜 2:6).
9) עַמִּים(암밈 · 만민, 시 68: 30).
10) עַמִּים(암밈 · 만민, 시 96: 10).
11) עַמִּים(암밈, 시 99: 1).
12) עַמִּים(암밈 · 만민, 욥 36: 31).
13) עַמִּים(암밈 · 만민, 시 68: 30).

나님의 아들을 만민=암밈=עמים암밈 만민=עַמִּים암밈 만민1)의 빛으로 세워 구원이 나서 열방2)의 통치자가 되게 하시었다. 하나님은 주의 백성으로 하여금 만민3)중에서 주께 감사와 찬송하게 하신다. 만민=암밈=עמים암밈 만민=עַמִּים암밈 만민4)들이 하나님을 송축하게 하신다. 여호와께 감사하며 그 이름을 불러 아뢰게 하신 행사를 만민=바암밈=בעמים바암밈 만민=בָעַמִּים바암밈 만민5)중에 알게 하시어 하나님의 백성인 우리를 유업으로 하시어 만민=바암밈=בעמים바암밈 만민=בָעַמִּים바암밈 만민6)중에서 구별하시었다.

만민=하암밈=העמים하암밈 만민=הָעַמִּים하암밈 만민7)중에 하나님의 기업을 이을 백성을 택하신다. 하나님의 성민은 만민8) 중에서 기업의 백성이 되게 하신다. 하나님은 기이한 행적을 만민=하암밈=העמים하암밈 만민=הָעַמִּים하암밈 만민9)중에 알게 하시고 만민10)들이 듣게 하신다.

하나님의 백성들이 만민=하암밈=העמים바암밈 만민=הָעַמִּים바암밈 만민11) 중에 끊어지고 예루살렘이 망하게 되는

---

1) עַמִּים(암밈 · 만민, 사 51: 4).
2) עַמִּים(암밈 · 만민, 시 105: 20).
3) עַמִּים(암밈 · 만민, 시 57: 9).
4) עַמִּים(암밈 · 만민, 시 66: 8).
5) בָעַמִּים(바암밈 · 만민, 대상 16: 8).
6) בָעַמִּים(바암밈, 레 20: 24).
7) הָעַמִּים(하암밈 · 만민, 신 7: 6, 10:15).
8) הָעַמִּים(하암밈 · 만민, 신 14: 2).
9) הָעַמִּים(하암밈 · 만민, 시 96: 3).
10) הָעַמִּים(하암밈 · 만민, 시 49: 1).
11) הָעַמִּים(하암밈 · 만민밈, 겔 25: 7).

이유는 그들이 만민=하암밈=הָעַמִּים하암밈 만민=הָעַמִּים하암밈 만민1)을 모으는 패역을 저지르며 사악하여져서이다. 만민2) 문이 깨어져야 만민=하암밈=הָעַמִּים하암밈 만민=הָעַמִּים하암밈 만민3)중에서 떠나 하나님께로 돌아오게 하시는 하나님의 깊은 뜻이 있다. 성경은 만민의 의미를 하나님의 백성과 구별하시어 하나님은 국민=하암밈=הָעַמִּים하암밈 만민=הָעַמִּים하암밈 만민4)에 대하여는 예루살렘에 거하게 되리라하고 있다.

하나님은 아하수에로의 두 번째 부인인 둘째 자리 에스더서5)에서 에스더를 통하여 조서의 초본을 모든

1) הָעַמִּים(하암밈 · 만민, 합 2: 5).
2) הָעַמִּים(하암밈 · 만민, 겔 25: 7).
3) הָעַמִּים(하암밈 · 만민, 겔 39: 27),
4) הָעַמִּים(하암밈 · 국민, 슥 12: 6).
5) * 에스더서
아말렉 민족과 유다민족 사이의 골 깊은 대적 관계는 에스더 서에서 와스디가 아하수에로 왕에게 오기를 거절함으로써 폐위 되고(에스더 서 1장) 다음으로 왕비가 된다(2장). 에스더의 본명은 이름은 하닷사이며 왕후의 위에 오를 때 에스더라고 고쳤다. 아비하일의 딸로서 어렸을 때 조실 부모하고 4촌 오빠인 모르드개의 양육을 받아오던 중 왕후 와스디가 폐출 당한 뒤 전국에서 모여온 수많은 아리따운 처녀 중에 내시 헤개의 추천으 로 아하수에로 왕에게 간택되어 왕후가 된다(에 1: 19, 2: 7~9, 16~18). 이러한 둘 째의 중요성은 하만의 유다인 말살 음모(3장)로 이에 모르드게가 에스더에게 도움을 청(4장)한다. 에스더는 금식하며 기도한 후 왕의 허락을 얻은 에스더의 잔치를 연다(5장). 에스더의 지략으로 모르드개가 높아진(6장) 후 다시 두 번째의 잔치(7장)가 베풀어지면서 에스더는 왕에게 왕이 선히 여기시거든 내 소청대로 내 생명을 내게 주시고 내 요구대로 내 민족을 내게 주소서(에스더 7: 3)라고 한다. 하나님을 믿는 백성은 그 하나만의 목숨을 위하여 사는 것이 아니라 하나님의 백성의 삶을 위하여 사는 민족이 된다. 하나님의 도움으로 유다인의 승리(8)는 결국 부림절을 제정(9장)하게 되었다. 총리 하만이 자기에게 경의를 표하지 않는 모르드개에게 분노하여 전 유대 민족을 죽 이려는 계획을 세웠으나 모르드개가 이것을 알고 에스더에게 편지하니 에스더가 왕에게 고하여 그 일을 뒤엎고 전날 왕을 암살하려던 자를 알려 주어 화를 면케한 공로가 있는 모르드개로 총리를 삼고 유 대인을 칙명을 취소하는 동시에 유대인에게 자유권 을 주고 적대 행동을 하려던 자를 다 죽였다

민족=하암밈=העמים[하암밈 만민]=הָעַמִּים[하암밈 만민]1)에게 선포하며 에스더의 잔치를 두 번 반복한다. 하나님을 믿는 만민=하암밈=העמים[하암밈 만민]=הָעַמִּים[하암밈 만민]2) 위의 하나님이시다.

우리나라와 관련하여서는 부림절과 우리나라의 3 · 1 운동3)에서 하나님 권위가 찾아진다. 3.1 운동 또한 서

(에 3: 5,6, 4: 1, 7: ~8:). 이 뜻을 기리는 것으로 부림절이 책정되었다. 모르드개의 명성 곧 유대인의 명성이 높아진다(10장).

1) הָעַמִּים(하암밈 · 민족, 에 9: 2).

2) הָעַמִּים(하암밈 · 만민, 시 99: 2).

3) **＊ 부림절(에9: 20~32)과 3 · 1운동과의 관계**

부림절은 이스라엘의 절기 중 세속적 절기로 이른 봄 2월 말에서 3월 초중에 지켜지는 조국애를 다짐하는 날이다. 이날에는 '하만의 귀'라고 불리는 삼각형 모양의 과자를 만들어 먹으면서 하만을 조롱하기도 한다. 부림절이 세속적인 절기였기에 탈무드에 부림절에는 모두가 취하여서 모르드개에게 축복과 하만에게 저주를 서로 혼동해도 무방하다는 기록까지 등장한다.

친척, 친지들과 선물을 교환하기도 하고 포도주를 마시며 집집마다 웃음꽃을 피우며 어린이들에게 이 날은 1 년 중 가장 기쁜 날로 이스라엘의 모든 학교나 유치원 등에서 가장 행렬, 연극, 춤 등의 다채로운 행사가 개최된다. 예쁜 공주의상, 카우보이 차림, 옛 로마 호민관의 관복, 색색의 가면 등을 알맞게 차려 입은 어린 아이들이 온 거리를 누비며 퍼레이드를 벌일 때면 이 축제는 절정에 이른다. 모르드개와 에스더의 가면이 가장 많은 인기를 끈다.

유대인들은 회당에 모여 에스더서 두루마리를 낭독하는데 이때 유대민족을 몰살시키려다 도리어 자신이 죽임을 당했던 하만이라는 이름이 낭독될 때마다 모든 참가자들은 각자 준비해온 도구들을 이용해서 시끄러운 소리를 내고 발을 구르면서 야유를 보낸다.

에스더서(9: 22)의 부림절은 슬픔이 기쁨으로 초상날이 잔칫날로 바뀐 날로 모르드개는 이 날을 서로 음식을 나누며 가난한 사람들에게 선물을 주는 명절로 정하였다. 부림절이 되면 최소한 두 사람 이상에게 음식을 마련하여 보내며, 두 명 이상의 가난한 사람들에게 돈을 보내는 풍습을 지킨다. 수 만 명의 유대인들이 러시아에서 이스라엘로 들어오고 있으며 이들 생존은 전적으로 이스라엘이나 디아스포라에 흩어져 있는 다른 유대인들에게 달려있다.

유대인은 천문학적 숫자의 구제금을 마련하여 동료 유대인들을 돕고 랍비들은 부림절에 가난한 사람을 위해 바치는 "구제(쩨다카)"를 출애굽기 30장 12절의 성전세(Temple Tax)와 비교하여 설명하기도 한다. 부림절이 들어있는 아달월 첫 주가 되면 첫 번째 맞는 샤밧(안식일)에 이 달이 반 세겔에 해당하는 성전세를 내는 달인 것을 광고한다.

부림절의 역사적 배경은 유다 백성들이 바벨론에 포로로 잡혀가고 얼마 후 바벨론은 페르시아(메대, 바사) 제국에 의해 멸망을 받았기 때문에 유대인들은 페르시아의 지배를 받게 되었다. 그들은 소수의 민족이었지만 하나

울 태화관의 33인을 비롯[1] 3월 8일 오후 1시에 이만집 목사와 김태련 조사가 독립선언서를 낭독하고 독립만세를 부르려다 일본 경찰에게 발각되자 다급해진 이만집 목사가 "오늘 우리의 독립을 선언한다. 독립성취를 위하여 만세를 부르자"고 선언한 뒤 대한독립만세[2]를 외쳤다. 3.1운동 중심에 기독교인이 있다. 하나님은 모르드개와 에스더로 하나님에 대한 사랑을 민족을 구원했다. 우리나라의 3.1운동이 있게 하시었다.

내 꺼가 아닌 더구나 나라를 자기 것으로 하는 엄청난 그 당시의 현실 앞에서 일어난 한국인들의 마음은 바로 하나님이 주신 무서운 사람이 되는 민족이 우리 민족이다. 그래서 늘 이와 같은 어려움이 있을 때 우리들은 일어나서 나라를 구했다. 눈을 들어 하늘을 우러러 본다. 바로 성경에서 욥의 이름 욥이 바로 내가 눈

님의 선민이라는 자긍심과 아울러 하나님 은혜 아래 그의 뜻을 따르고자 노력한다. 하나님께서 예정하신 바벨론 포로 70년의 역사가 끝나고 1차로 예루살렘의 귀환이 이루어지고 제 2차 예루살렘 귀환의 사이에 일어난 사건으로 페르시아 아하수에로(크세르크세르)왕 당시는 '아달월' 곧 12월이다.

1) 제일교회 이만집 목사, 서문교회 정재순 목사, 남산교회 김태련 조사(현재 전도사를 이름), 계성학교 김영서, 백남채, 최경학, 최상원, 권희윤, 이영식(학생신분 영광학원 설립자 항일 운동으로 두 차례 투옥 옥고를 치름), 신명학교 이재인, 이선애, 임봉선 등이 앞장섰다.

2) "동포들아, 우리는 오늘부터 독립이다. 다 함께 뭉쳐라. 총 진군으로 독립을 성취하자"고 외치니 교인, 학생, 시민이 뭉쳐서 독립만세를 외쳤다. 2만 여 명의 시민들이 동참하였다. 그 이후 "하나님이 너희 나라를 구하리라,"는 구국 신앙을 가졌던 개신교 인사 가운데 이만집 목사는 징역 3년, 김태련 김영서 각 2년 6월, 백남채 최상원 정재순 김무생 징역 2년 박제원 이태학 권희윤 각 1년 6월, 이재인 임봉선 각 1년을 선고 받았다. 두 차례에 걸친 만세 운동의 결과 계성학교는 일년 동안 휴교를 했고, 대구고보에서는 4학년 신현욱, 백기만, 2학년 허윤실, 1학년 김수천을 비롯해 전교생 200명이 동참했다.

을 들어 하늘을 보고 그 하늘의 뜻을 가슴에 품었다. 욥 איוב[욥]은 하나님에게 손을 높이 든다.

이제는 내가 무엇이든지 판단한다고 하면서 잘못한 사람을 정죄하고 그리고 감옥에 넣으면서 법대로 하려는데 성경은 그토록 아무 잘못이 없는 욥이 어려운 일을 당하자 친구들이 비웃고 예리후가 의인도 어려운 일을 당할 수 있다 한다. 이 때 하나님은 오히려 너가 네가 아주 처음 태어날 때 어디서 있었느냐는 것이다. 어머니 뱃속이다. 이 창조의 신비는 바로 하나님의 능력만으로 해석되어질 수밖에 없다. 이 한가지만으로도 모든 일의 결정권은 하나님 밖에 없다. 이에 우리는 겸손히 그의 답변을 기다리며 그의 뜻을 따라 그대로 하면 되는 일이다.

하나님이 살리시고 죽이시는 사람들의 구분이 있다. 사람들의 아주 많은 민족=고임=גוים[고임 민족]은 남을 잘 고임으로 봉사하는데 이 고임단체가 바로 민족[1)]이고 열방이다. 하나님이 살리시기도 하고 죽이시기도 하는 민족[2)]이고 열방이다. 남을 잘 고이는 민족=고임은 쌍수이다. 이들이 어느 쪽으로 기울어지느냐에 따라 살기도 하고 죽기도 한다.

---

1) הגוים(하고임 · 그 민족, 출 34: 24).
2) הגוים(하고임 · 여러민족, 출 48: 19).

3. 열방 · 민족

열방[1]이 성전을 더럽히고 예루살렘으로 돌무더기가 되게 하여 주를 알지 못하여 열방[2]이 주를 부르지 아니할 때는 한 포도나무를 애급에서 가져다가 고임무리 열방[3][4] 모든 민족[5] 위에 뛰어나게 하신다. 그야말로 하나님 마음대로이다. 여러 민족들[6] 앞에서 민족[7]을 다른 민족[8]이 보는 앞에서 쫓아내시기도 하고 택하신 백성은 열방[9]의 으뜸이 되게 하신다.

열방[10] 중에 주께 감사하며 주의 이름을 찬송하는 이들이 있다. 열방[11]들이 주의 앞에 경배하게 하실 열방[12]의 주재이시자이시다. 여호와를 경외하지 아니하면 열방[13]중에 흩으시고 열방[14] 중에 말거리가 되게 하신다. 모두 열방[15]을 들어 주의 기업이 되게 하시려는 하나님

---

1) גּוֹיִם(고임 · 열방, 시 79: 1).
2) גגּוֹיִם(고임 · 열방, 시 79: 1).
3) גּוֹיִם(고임 · 열방, 출 34: 24; 시 80: 8, הַגּוֹיִם(하고임 · 열방, 시 82: 8).
4) הַגּוֹיִם(하고임 · 열방, 시 82: 8).
5) הַגּוֹיִם(하고임 · 민족, 신 26: 19).
6) הַגּוֹיִם(하고임 · 민족, 신 12: 29).
7) הַגּוֹיִם(하고임 · 민족, 신 7: 1).
8) הַגּוֹיִם(하고임 · 민족, 신 7: 17, 22).
9) גּוֹיִם(고임 · 열방, 시 48: 43).
10) בַגּוֹיִם(바고임 · 열방, 시 18: 49).
11) בַגּוֹיִם(바고임 · 열방, 시 22: 27).
12) בַגּוֹיִם(바고임 · 열방, 시 22: 28).
13) וּבַגּוֹיִם(우바고임 · 열방, 시 44: 11).
14) בַגּוֹיִם(바고임 · 열방, 시 44: 14).
15) גּוֹיִם(고임 · 열방, 시 82: 8).

뜻 하나님을 경외하면 열방[1] 중에서 만왕이 그 앞에 엎드리게 하시고 열방[2]이 다 그를 섬기게 하신다. 열방[3]이 그를 복되다 한다. 백제 왕족 이름이 고이 족이다. 히브리어 민족=고이=גּוֹי[고이 민족]=보답이다. 하나님이 쫓아낼 민족들은[4] 길흉을 말하거나 복술자의 말을 듣거나 그 민족의[5] 신을 섬기는 자다. 민족들[6]이 축복을 받았던 여호와의 민족들이라 할지라도 그들의 신들을 섬기었기에 다른 민족에게[7] 노략을 당한다. 하나님 섬긴 민족은 다른 민족에게[8] 꾸어줄지라도 꾸지 아니 한다. 열방 중에서[9] 주께 감사로 멸하신 열방보다[10] 다른 하나님의 영광을 본다.

민족과 열방과 만민을 아우르는 민족=열방=만민=움밈=אֻמִּים[움밈][11]을 하나님이 이들을 그의 성산으로 인도하셔서 내 집은 만민의[12] 기도하는 집이라시며 민족들[13]을 새롭게 그들을 고이게[14] 하신다.

---

1) בַּגּוֹיִם(바고임 · 열방, 시 46: 10).
2) גּוֹיִם(고임 · 열방, 시 72: 11).
3) בַּגּוֹיִם(바고임 · 열방, 시 72: 17).
4) גּוֹיִם(고임, 신 18: 14).
5) גּוֹיִם(고임, 왕하 17: 34).
6) הַגּוֹיִם(하고임, 신 9: 5).
7) גּוֹיִם(고임, 겔 25: 7).
8) גּוֹיִם(하고임, 신 28: 12).
9) בַּגּוֹיִם(바고임, 삼하 22: 50).
10) הַגּוֹיִם(하고임, 왕하 21: 9).
11) אֻמִּים(움밈).
12) לְכָל~לְאֻמִּים(로칼~레움밈, 시 56: 7).
13) וּלְאֻמִּים(울레움밈, 시 41: 1).
14) 시 47: 8).

4. 민족 · 열방 · 만민

그는 그의 백성들을 살리고자 하시려 성경에서 백성을 1630회 민족을 153회 열방을 196회 만민을 75회 국민을 37회 민국을 38회 열국을 140회 총 2269회나 사용하시면서 다스리시고 계심을 나타낸다.

성경에서의 여호와의 이름 7000번에 비하면 여호와 이름과의 비례 곧 세 번에 한 번 1 : 3 비율이다. 그만큼 많은 대다수의 대상이 하나님 가슴 안에 있다. 하나님은 그의 많은 대상에 대하여 하나님이 사랑하시는 자와 사랑하시지 않는 자를 구별하여 복을 내리시기를 하나님의 뜻을 따르는 일로만 구분하신다.

백성=민족=열방=만민=국민=만국=열국=암=עַם암=עַם암 으로 단수이다. 첫 불완전성[1]인 사람을 성경은 너희들 3892명과 저희들 1816명까지 합해져 7913명이이 되게 7000여명 넘게 남겨 두시었다. 하나님에게 속해 물의 명명적 사슬로[2] 유기적인 연쇄반응을 일으키는 사람은 물을 몸속에 그리고 마음속에 지닌다. 사람 몸 안의 유일한 물은 말씀이 들어 있는 물이다. 시적표현이다.

---

1) Eger Krentz, The Historical Method(Phildelphia: Fortress Press, 1975), 19~23.

2) Jung. C. G, *Religin:* Religin, The psyche is no exception to the as for as our psychic organism permits, 49.

제2절 나의 사랑하는 자

사람이 말씀을 먹어야 알맞은 말을 뱉어놓을 수 있다. 본연구자에 따르면 히브리어와 우리말의 거의 닮은 꼴로 비추어 사람=암=עם암 사람=עָם암 사람[1]은 암적인 존재다. 이에 성경은 "너희 목마른 자들아 물로 나아오라[2]"했다. 사람=암=עם암 사람=עָם암 사람[3]은 암[4]을 지닌 사람[5]은 암[6]치료로 절대자에 의해[7] 숨쉬기를 바라 항암[8]제를 맞는다. 항암[9] 치료 모세를 통한 놋뱀 사건이 항암[10]이다. 항암[11]제를 맞아 출 애급한 백성들로 모세를 떠나서는 항암[12] 효과를 볼 수 없었다. 항암[13] 효과 요단강을 건너 항암[14]이 되며 할례를 받아 항암[15]이 된다. 항암[16]은 여리고 성을 돌며 힘껏 외치[17]었다.

---

1) עַם(암 · 백성, 신 1: 28, 9: 2).
2) 사 55: 1.
3) עַם(암 · 백성, 신 1: 28, 9: 2).
4) עַם(암 · 백성, 신 2: 21).
5) עַם(암 · 백성, 욥 34: 20).
6) עַם(암 · 백성, 사 33: 19; 겔 22: 29).
7) עַם(암 · 백성, 사43: 21).
8) הָעָם(하암 · 백성, 출 1: 20).
9) הָעָם(하암 · 백성, 출 11: 8).
10) הָעָם(하암 · 백성, 출 18: 13).
11) הָעָם(하암 · 백성, 출 20: 21).
12) הָעָם(하암 · 백성, 출 24: 2).
13) הָעָם(하암 · 백성, 신 27: 25, 신 31: 16).
14) הָעָם(하암 · 백성, 수 4: 10).
15) הָעָם(하암 · 백성, 수 5: 5).
16) הָעָם(하암 · 백성, 수 6: 5).
17) 수 20.

1. 백성 한 사람

돌이키고[1] 물을 먹으려 무릎을 꿇지 않아야 백성=하암=הָעָם 하암 백성[2]이 된다. 하나님을 아는 백성=하암=הָעָם 하암 백성[3]인 하나님의 사랑하는 자는 장막으로 보내져야 백성=하암=הָעָם 하암 백성[4]이 된다. 사울을 좇다가 항암[5] 치료를 놓쳤어도 늦게라도 사울을 떠난 일이 항암[6]이 되기에 집으로 돌아가 항암[7]으로 치료한다. 여호와의 명하신 바를 지켜 점점 더 나아[8]지며 낙오되지 않고[9] 본연의 업무에 들어[10]간다. 주의 얼굴빛에 다니는 백성[11]이다.

병의 중요성을 모르는 사람은 여호와의 진노로 불에 탄[12]다. 깨닫지 못해[13] 죽는.[14] 잃어버린 양[15]이 된 패역한 백성[16]이다. 규례를 잘 모르는 백성[17]이다.

---

1) 수 8: 20.
2) הָעָם(하암 · 백성, 삿 7: 6).
3) עַמִּי(암미 · 백성, 사 52: 6).
4) הָעָם(하암 · 백성, 삼상 13: 2).
5) הָעָם(하암 · 백성, 삿 13: 7).
6) הָעָם(하암 · 백성, 삿 13: 11).
7) הָעָם(하암 · 백성, 대상 16: 43).
8) הָעָם(하암 · 백성, 대하 23: 6).
9) הָעָם(하암 · 백성, 대하 27: 2).
10) הָעָם(하암 · 백성, 시 33: 12).
11) הָעָם(하암 · 백성, 시 89: 15).
12) הָעָם(하암 · 백성, 사 9: 19).
13) עַמִּי(암미 · 백성, 사 1: 3).
14) עַמִּי(암미 · 백성, 렘 2: 1).
15) 렘 50: 6.

2. 민족과 국민을 단수로

우상을 섬기는 모든 백성[1]과 부모를 경홀히 여기는 모든 백성[2]과 이웃의 지게 표를 옮기는 모든 백성[3]은 길 잃는 백성[4]이다. 고아나 과부의 송사를 억울케 하며[5] 무죄 자를 죽이려 뇌물을 먹는 백성[6]과 율법을 실행치 아니하는 모든 백성[7]이 그러하다.

사람의 사는 목적은 남을 고이기 위해[8] 섬기기 위해 존재한다. 그 정도에 따라 큰 민족[9]이 된다. 이 큰 민족이 고이[10] 히브리어 발음이다. 큰 민족은 잘 고이[11]는 민족이다. 유리하는 아람 사람에서 강하고 번성한 큰 민족[12]이 된다.

온 국민 몸에 있는 암[13] 균이 내려가면 나팔을 분다. 아래쪽[14]으로 가면서도 온 국민[15]을 위해 온 국민[16]을

---

16) וְעַמִּי(베암미 · 백성, 렘 5: 23).
17) עַמִּי(암미 · 백성, 렘 8: 7, 사 1: 3)
1) כָּל~הָעָם(콜~하암 · 모든 백성, 신 27: 15).
2) כָּל~הָעָם(콜~하암 · 모든 백성, 신 27: 16).
3) כָּל~הָעָם(콜~하암 · 모든 백성, 신 27: 17).
4) כָּל~הָעָם(콜~하암 · 모든 백성, 신 27: 18).
5) כָּל~הָעָם(콜~하암 · 모든 백성, 신 27: 19).
6) כָּל~הָעָם(콜~하암 · 모든 백성, 신 27: 25).
7) כָּל~הָעָם(콜~하암 · 모든 백성, 신 27: 26).
8) לְגוֹי(레고이 · 민족, 창 12: 2).
9) לְגוֹי(레고이 · 민족, 창 21: 13).
10) גּוֹי(고이 · 민족, 신 4: 34).
11) לְגוֹי(레고이 · 민족, 창 46: 3).
12) לְגוֹי(레고이 · 민족, 신 26: 5).
13) עַם~הָאָרֶץ(암~ 하아레쯔 · 온국민, 왕하 11: 18; 대하 23: 13).

섬기며 마음의 창[1]을 열면 소망이 있다. 하나님의 일하심을 보는 눈이 열린다.

복과 저주의 차이는 순종과 불순종 차이이다. 결국 암[2]을 잘 이기고 견디는 지혜[3]는 물같이 흐르는 삶에서이다. 복과 화가 갈라진다. 너희[4]는 늘 성경 말씀에 붙어 하나님이 하시는 일을 바라보면서 감동하고 물같이 흐르며 그대로 따르기만 하라 하신다. 이러한 너희들은 지혜자이다. 쉘로모[5]이다. 쉘 놈이다. 우리가 익히 아는 솔로몬이라 번역된 쉘로모이다. 하나님 말씀 사모자이다.

아울러 솔로몬이 사랑하였던 이는 술람미트[6]이다. 사실 같은 언어이다. 술람미트는 말씀대로 이루어 진

---

14) עַם~הָאָרֶץ(암~ 하아레쯔 · 온 국민, 왕하 11: 19).

15) עַם~הָאָרֶץ(암~ 하아레쯔 · 온 국민, 왕하 11: 20).

16) עַם~הָאָרֶץ(암~ 하아레쯔 · 온 국민, 왕하 16: 15, 23: 30, 35).

1) 시 121: 1).

2) עַם(암 · 온 국민).

3) חֲכָמִים(캄밈 · 지혜 시 22: 15, 창 3: 6, 41: 8, 33, 39; 출 7: 1, 28: 3, 31: 6, 35: 10, 25, 36: 1, 2, 4; 신 1: 13, 15, 4: 6, 16: 19, 32: 6; 삿 5: 29; 삼하 13: 3, 14: 20, 20: 16; 왕상 5: 21; 대상 22: 15; 대하 2: 6, 11, 12, 13; 에 1: 3, 6: 13; 욥 6: 13, 9: 14, 17: 10, 34: 2, 34: 34, 37: 24; 시 49: 11, 107: 43; 잠 1: 5, 6, 3: 7, 35, 9: 8, 9, 10: 1, 8, 14, 11: 29, 30, 12: 15, 18, 13: 1, 14, 20, 14: 3, 16, 24, 15: 2, 7, 12, 20, 31, 16: 14, 21, 23, 17: 28, 18: 15, 20: 26, 21: 11, 20, 22, 22: 17, 23: 24, 14: 5, 23, 25: 12, 26: 5, 12, 16, 28: 11, 29: 8, 9, 11, 30: 24; 전 2: 14, 16, 19, 4: 13, 6: 9, 7: 4, 5, 7, 19, 8: 1, 5, 17, 9: 1, 11, 15, 17, 10: 2, 12, 12: 9, 11; 사 3: 3, 5: 21, 19: 12, 29: 14, 31: 2, 40: 20, 44: 25; 렘 4: 22, 8: 8, 9: 11, 16, 22, 10: 7, 9, 18: 18; 렘 50: 35, 51: 57; 겔 27: 8, 9, 28: 3; 호 13: 13, 14: 10.

4) לָכֶם(라켐 · 너희, 출 12: 6) · 너희 לָכֶם(라켐 · 너희, 신 4: 13, 14: 7, 8) · 너희 לָכֶם(라켐 · 너희, 신 4: 23).

5) שְׁלֹמֹה(쉘로모 · NE · 명사).

6) שֻׁלַמִּית(술라미트 · Age · 인종여성명사).

뜻이다. 솔로몬의 지혜가 나타난 성경 역대 하 서의 지혜는 솔로몬에 비유된다. 이 역대 하 서에서의 예루살렘 안에서의 솔로몬의 지혜는 일천번제의 지혜[역대 하 1장] 에서 온다. 복을 받은 솔로몬의 삶은 건축 준비[역대 하 2장] ⇢ 성전건축[3장] ⇢ 성전비품[4장]4장 ⇢ 법궤입성[5장]⇢ 봉헌식과 감사기도[6장] ⇢ 장, 낙성식[7장]에 있다. 이로써 다윈의 삶과 동일한, 그러나 단지 실제 성전건축만이 다를 뿐이다. 다윈과 마찬가지로 번성[8장]이 있게 되었다. 그러나 스바여왕의 방문 시 그의 궁의 내부를 다 보여 줌으로써 하나님의 저주로 솔로몬의 죽음이 뒤 따르게 된다.[9장]

이로써 왕국 분열과 더불어 북 이스라엘의 르호보암 왕[10장]은 강성[11장]하지만 시삭 왕이 침입[12장]한다. 아비야 왕[13장] 아사왕의 통치[14장] ⇢ 종교개혁[15장]이 있었지만 하나냐는 아사왕을 책망[16]한다. 이번엔 여호사밧 왕의 개혁운동[17장]과 아합의 죽음[18장] ⇢ 예후 선지자의 죽음[19장] ⇢ 여호사밧왕의 기도[20장]가 있다. 여호람 왕[21장] ⇢ 아하시아왕[22장] ⇢ 아달랴 왕[23장] ⇢ 요아스 왕[24장] ⇢ 아마샤 왕[25장] ⇢ 웃시야왕[26장] ⇢ 요담 왕[27장] ⇢ 아하스 왕[28장]로 왕대이다.

제 2성전 중건은 히스기야 왕[29장]의 유월절[30장] 준수와 히시기야 왕의 종교개혁[31장]후 죽음[32장]과 그의 아들 므낫세 왕의 악정과 아몬왕[33장] ⇢ 그리고 요시야 왕은 율법 책을 발견한다. 이 귀중한 자료로 종교개혁[34장] ---> 요시야 왕의 유월절 준수[35장]는 반복 리듬이 되며 동시에 유월절 준수는 히스기야 왕의 유월절 준수와 더불어 반복리듬이 되어 있다. 다시 악정은 지속되어 여호아하스 · 여호야김 · 여호야 긴 · 시드기야 왕으로 왕대를 이으면서[36장][1] 시드기야가 두 눈이 뽑혀 바벨론으로 끌려가면서 남 유다는 멸망한다.

하나님 백성일 때는 '저희들'이 아닌 '너희들'이다.

> ① 강하고 담대하라 여호와를 바라는 너희들아[2]
> ② 너희 의인들아 여호와를 기뻐하며 즐거워할지어다 마음이 정직한 너희들아 다 즐거이 외칠지어다[3]
> ③ 하나님을 두려워하는 너희들아 다 와서 들으라 하나님이 내 영혼을 위하여 행하신 일을 내가 선포하리로다[4]
> ④ 온유한 자가 이를 보고 기뻐하나니 하나님을 찾는 너희들아 너희 마음을 소생케 할지어다[5]

하나님 단체를 대표하는 단수는 하나님의 명령을 받은 온전한 한 사람을 지칭한다. 백성을 대표하는 사람이다. 하나로 뭉친 나팔 불기로 언약궤를 들고 일곱째 날까지 돈다. 네 이웃을 네 몸같이 사랑하라 뜻 사랑을 씨 뿌리기[6]하는 일곱 깊이[7] 말씀의 샘을 파는 일이다.

---

1) 윤대명, "역대 하," 『3차 구약역사서 II』 (서울: 바이블 동 · 서 · 남 · 북 연구원, 2004), 59.
2)시 31: 24.
3)시 32: 11.
4)시 66: 16.
5)시 69: 32.

햇빛을 잘 익혀온 꽃잎이 물에 뜬다
물 안은 잘 익혀진 꽃잎이 되어간다
한 모금 물을 먹고 난 나는 지금 꽃이다

잘 익은 꽃잎이다 머리에 꽃을 꼽고
꽃으로 걸어간다 꽃잎이 물에 뜬다
한 모금 물을 얻고 난 나는 지금 꽃이다
– 이영지 「고맙습니다」

남자와 여자 곧 하나님이 만들어 내신 '자기야[남자]'와 '네게 와[여자]' 존재 남녀는 하나님께서 만드신 짝이다.[1] 자기의 짝을 보고 늘 내게 와, 봐[2] 하도록 하나님이 낳으셨다.[3] 새 하늘과 새 땅[4]을 알게[5]하신다. 성경은 자기라=זכר=זָכָר[자카르][6]라 한다. 한국에서 흔히 부르는 우리 자기야!이다. 한국인들은 자기 사랑하는 사람을 자기야로 부른다.

구약을 보는 관점들은 다양할 수 있다. 물과 관련한 알레고리적 3~6세기의 성경의 해석은 당시 초대교회가 당면한 다양한 반대 세력에 대한 구약 변호의 기독교

6) 천국비유의 일곱 비밀 씨뿌리기(마 13: 18~23) · 좋은 땅(마 13: 24~26) · 가라지(마 27: 30) · 겨자씨(마 13: 31~32) · 누룩(마 13: 33) · 보화(13: 44~46) · 누룩(마 13: 47~48).

7) 李 英芝, 「기독교적 관점에서 본 이상 시 시제2호의 일곱리듬」 『진태하교수정년퇴임논문, 2005.

1) זָכָר(자가르 · 남자, NMS, male, ἀρσεν, 창 1:27).

2) נְקֵבָה(내게봐 · 여자, NFS, female, Θήλυ, 창 1:27).

3) נַעֲשֶׂה(나아셔 · 만드셔, VQICXP. Letus made, Ηόιησωμεν, 창 1:26).

4) καινούς δε οὐρανοῦς καὶ γήν(카이우라노우스 데 카이 겐 · 새 하늘과 새 땅, new heavens and earth, 벧 후 3:13).

5) ἐγνώκατε(에그누카테 · 알게, ye have known, 요 일 2:13).

6) זָכָר(자카르 · 남자 · 기억, 창 1: 27, 32: 13).

적 알레고리 해석에서이다. 구약 전체가 예수님 메시아[1]에 관한 해석을 비롯하여 하나님의 단일한 저작[2]설과 기독론적 해석[3]과 수리에 대한 길이 열려[4] 그리스도와 십자가가 구약의 아브라함의 종들에서 보인 숫자로 본다. 아브라함에 속한 318명에게 할례를 베풀었다는 10과 8에 주목하고 10은 1이며 8은 H이므로 이 둘이 합하여 예수 의미 등의 이론 접근이라는 것이다. 더구나 히브리어 마지막 ת타브 글자는 십자가의 뜻으로 예수님과 관련한다. 그리스도를 에덴동산과 관련[5]하고 신앙 고백 기능[6]의 단서로도 잡힌다. 에덴은 고향 의미이고 한국에서 언덕이라는 말이 있다. 지금도 지명 부여가 있다. 이 부여이름이 언덕의미이다. 크다는 뜻이다. 큰 나라를 이루었던 부여 그 옛날 우리가 고조선이라는 나라를 말한다. 장구한 그 이름 부여가 우리에게 있다.

---

1)Chistian 146. Frend, Sit 26, Rowan Creer, *Christian* 146. Frend, Sit 26(1973), 144.

2) 「Church Father」 212.

3) Dockery, Biblical Interpretation, 157.

4) Bam 8: 1~5, trans. James A. Klist, Ancient Christian Writers, no. 6(Westminster, MD: Newman, 1948), 9: 8~9.

5) Hanson, Biblical Exegesis.

6) R. P. C. Hanson, 「Biblical Exegesis」 427. Irenaeus, Against Heresies, 39~41장.

제10장 U 리듬

제1절 U 리듬

물의 동적 이동은 U 리듬이다. 바일레이[1]는 노아이야기[2]의 U구조[3]로 언급하였다. 홍문표는 요나이야기에서, 죄를 회개하고 그에게로 돌아오는 U 의미로 연구[4]하였다. 민대훈은 하나님의 익명성에 대한 관심을 하나님의 절대적인 사랑을 타자성과 초월성이 지니는 흔적의 특성을 보여주는 성경의 현현에 대하여 물 항아리에 대한 중요성[5]을 들고 있다. 성경의 U리듬은 하나님이 그의 백성을 그에게 돌아오게 하려는 간절한 기다림이다. 그 의미는 변화로 다시 돌아옴이다. 하나님은 하나님의 백성을 하나님의 절대 사랑 안에 품어 초월이신 하나님의 백성으로 살도록 인도하시게 하신

---

1) Lloyd R. Bailey, 1989.

2) 창 6: 10~9: 19.

3) Lloyd R. Bailey, *Noah: The Person and the Story in History and Tradition*(Columbia: University South Carolina Press, 1989), 154.

4)홍문표, 『신학적 구원과 시적 구원』(서울: 창조 문학사, 2006), 217.

5)민대훈, 『바르트와 레비나스가 본 형상 금령 해석』(서울: B & A, 2007), 178. "유월절 식사의 최후의 만찬," 『敎授論文集』,第8輯,(서울: 서울 기독 대학교, 2004), 46.

다. 한 사람 한 사람 모두를 낙망하지 않도록 형제애로 뭉치게 하시고 하나님의 가까이에 살게 하시면서, 빛인 그를 따라가도록 하는 지혜를 주신다. 하나님은 하나님의 기업을 위해서 하나님의 백성을 오직 유일하신 한 분을 바라보도록 하신다. 이 리듬은 돌아오는 리듬을 만든다.

성경은 물이 쌍수가 되는 기본 법칙을 세운다. 성경에서 물은 때로 복수와 그리고 단수를 나타내기도 하지만 모두 하나님이 하나님의 백성을 죄에서 벗어나 되돌아오게 하시려고 물을 통한 초월성을, 그리고 복수 의미로 뭉쳐진 온갖 것들을 다 그에게로 돌아오는 문학적 은유법으로 한다. 이러한 회복성의 주제는 하나님의 사랑이다. 하나님이 그의 백성을 죄에서 반드시 다시 돌아오게 하시려는 표시 U리듬으로 하신다.

하나님은 자기 백성이 향기를 지니게 하신다. 곧 하나님의 백성으로 살게 하시면서 사랑 실천을 하게 하시었다. 이때에도 성경이 얼마만큼 다시 돌아옴 자리 두 번째 자리에 맞추는지는 제2 십일조와 절기에서 가장 표면적으로 드러내신다. 소제에 대하여 두 번째 거둔 곡식을 바치는 절기로 안식일 이튿날 요제로 하신다. 그 방법은 단을 가져 온 날부터 세어서 칠 안식일의 수효를 채운[1] 후 제 칠일 안식일까지 합 오십일을

1) 레 23:15.

계수하여 새 소제를 여호와께[1] 드리게 하였다. 소제는 에바 십분지 이로 만든 떡 두개를 가져다가 흔들게 하고 요제는 고운 가루에 누룩을 넣어서 구운 것으로 여호와께 드리는 것[2]이다. 이 떡과 함께 일 년 되고 흠없는 어린 양 일곱과 젊은 수소 하나와 수양 둘을 드린다. 이들은 소제와 그 전제와 함께 여호와께 드려서 번제를[3] 삼는다. 속죄제 또한 일 년 된 수양 둘을 화목제 희생으로[4] 드린다. 제사장은 첫 이삭의 떡과 함께 그 두 어린 양을 요제[5]로 삼는다.

하나님의 두 번의 일을 즐기시는 것은 그와 그의 아들로 연관되어지며 황금률에서 특별하다. 생명체가 살게 하시는 신비한 황금률 3 · 4의 리듬은 아주 후미진 골짜기에서도 생물들이 하늘의 햇빛을 받으면서 살아나 꽃이 피는 황금률에서 여실히 드러난다.

죄악의 문제에서도 서너 가지 죄악을 서, 너라는 리듬으로 표시한다. 그 죄를 사랑으로 사하시는 유일하신 하나님의 절대적인 사랑이다. 이 사랑이 인간 마음에 들어가 하나님의 향기가 된다. 이스라엘 백성으로 하여금 사랑 실천을 하게 하시었다. 이스라엘 백성의 향기는 마음과 정성을 다하는 사랑 실천이다. 방법은 마음

1) 레 23:16.
2) 레 23:17.
3) 레 23:18.
4) 레위기 23:19.
5) 레위기 23:20.

과 정성의 리듬을 통한, 사랑 실천이다.

물을 통한 하나님의 사랑실천방법은 바다와 같은 인간 삶을 하나님이 이끌고 계시다는 신호로 '…을 위하여' 곧 히브리어 '…ל라메드'를 사용하신다. 윗물과 아랫물을 구분하시고 더러운 물을 맑은 물로 만드시겠다는 하나님의 의지 '…ל라메드' 용법 영어 to 부정사이다.

하나님의 사랑 정의는 '…ל라메드' 용법 실천이다. 요나의 배 두개를 통하여 하나님이 하나님의 백성의 죄를 씻어 주실 것임을 흔적으로 남기시었다. 더 나아가 한 사람만이 아닌 이스라엘 공동체의 삶을 하나님이 인도하시기를 영원하도록 사랑하시는 많은 물 위에 계시게 하였다.

신앙 공동체는 그들이 혈연이 아닌 믿음의 공동 형제애로 한다. 형제애와, 하나님 향기와 천국 소망하는 지혜의 삶을 가진다. 하나님이 이스라엘 백성들로 하여금 이스라엘 백성들이 되도록 인도하시려 심지어는 바다의 물길과, 빛의 광선 또한 둘로 구분되는 우주의 신비로 하시었다. 하늘 깊은 샘과 바다 저 깊은 속의 샘이 눈과 샘의 동일 언어 리듬으로 하나님은 눈=目=아인=עין아인=עַיִן아인으로 보여주기를 즐기셔서 하나님을 바라는 소망을 야=יה=יָהּ야 곧 하나님 손으로 하신 일을 보여주신 예수 그리스도로 나타내셨다. 물 이동 리듬을 통하여서인데 시냇물과 강들과 샘과 우물과 어울려 십자 이미지를 나타낸다. 구약의 족보 아담과 노아와 아브라함과 그리고 모세와 다윗까지 물은 차츰 하나님을 향한 끓는 가슴으로 전환되면서 다윗의 자손 예수 그리스도로 까지 가는 생명수다.

성경은 하나님과 잡신을 구분한다. 가짜라는 의미로 마스크[1] 언어가 동원된다. 우상[2]이 아닌 하나님은 창세기 1장에서 물의 1차적 의미를 떠나서 그를 향하여 움직이는 물에 대한 언어미의 아름다움과 오묘하고 신비한 문맥에서 들어나는 하나님의 현현을 33회째의 하나님과 …ל[라메드] 용법을 통해 41회째의 자리로 한다.

성경에서의 반복리듬 차례는 한글 기준 순서이다. 우리말에도 두 번의 반복리듬이 아주 잘 나타난다. 바람이 살살 분다. 바람이 살랑살랑 분다. 무서워서 벌벌 떤다. 서리서리 굽이굽이 첩첩산중 둥둥 낄낄 오동통 살살 설설 칭칭 콩콩 꽁꽁 설레설레 맹맹 쫌쫌 칠칠맞게 사랑사랑 맴맴 골골마다 층층 칼칼 찔찔 쫄쫄 출출 일일이 곰곰 생각하다 순순이 비비 솔솔 잘잘 줄줄 운운 촐촐 차차 하하 호호

1) מַסֵּכָה(마세카아 · 우상, 9: 13; 신 9: 12, 13, 27: 15; 왕상 14: 9 등).
2) 신 28: 65; 대상 14: 12 등.

제2절 성경원문에서의 반복 리듬

가장 중요한 것은 한국말의 훈민정음의 한글 자모가 지닌 기역과 니은의 자모법칙 ㄱ기역에서 ㄱ이 두 번 반복 ㄴ니은에서는 ㄴ이 두 번 반복 ㄷ디귿에서 ㄷ이 두 번 반복되는 발음 리듬이 성경의 언어법칙 리듬을 타는 버릇이다. 성경은 어디에서나 이 2회 리듬을 강조하여 그 분의 아드님이신 자리를 강조한다. 바로 부활의 자리와 우리들의 변화의 자리를 거듭나라는 메시지로 전해진다.

* 가바 가바=גוע גוע=גוע גָּוַע가봐가봐

: 가바 가바: 재매있게도 우리말의 가 봐 가 봐로 읽을 수 있다. 정녕 죽어봐 가 봐 가 봐=גוע גוע=גוע גָּוַע가봐가봐[1]의 2회 리듬은 은혜를 갚는 마음이 두 번 반복되어 은혜를 꼭 갚는 리듬이다. 가 봐 가 봐라 한다.

* 가로되가로되=קראת קראתי=קְרָאֵת קְרָאֵתִי가라에티가라아트

:가로되 가로되= קְרָאֵת קְרָאֵתִי가라에티가라아트[2]는 부르짖으라로 번역되어 있다. 부르짖는 일은 가로되 가로되로 가서 하나님의 말씀을 부르짖으라이다. 성경에서 간절히 부르짖으면 하나님이 들어 주시는 일이 전개된다.

---

1) גָּוַע גוע(가바 가바 · 정녕 죽어봐)
2) קְרָאֵת קְרָאֵתִי(가라드 가라드).

무엇이든지 마음에 가득하여 그것을 간절히 바라며 입을 열어 부르짖으면 반드시 꿈이 일어난다.

* 고아 고아=גאה גאה[고아고아]=גָּאֹה גָּאָה[고아고아]

: 하나님은 높고 영화로우시며=고아 고아=גאה גאה[고아고아]=גָּאֹה גָּאָה[고아고아][1] 기본형은 변형[2]으로서도 같은 고고로 발음 된다. 자 갑시다!이다. 하나님의 높고 영화로우심에 대한 찬양의미이다. 하나님을 향해 자 갑시다.

* 지극히 거룩하게=קדש קדש[코데쉬 코데쉬]קֹדֶשׁ קֹדֶשׁ[코데쉬코데쉬][3]

: 지극히 거룩하게=קדש קדש=קֹדֶשׁ קֹדֶשׁ 기본형에 변형[4] 거룩하게 여김으로=베코데쉬 하코데쉼=וקדש הקדשים=בְּקֹדֶשׁ הַקֳּדָשִׁים[베코데쉬 하코다쉼][5]와 거룩의 3회 반복 몸을 성결케 하여 지극히 거룩한 자가 되어=레하크디소 코데쉬 코다쉼=להקדש קדש קדשים=לְהַקְדִּשׁוֹ קֹדֶשׁ קָדָשִׁים[레하크디소 코데쉬 코다쉼][6]이 있다. '곳' 사투리는 고데이다. 동시에 거룩한 장소 신성한 곳이다.

* 가리아 가리아=קריא קריא=קְרִיא קְרִיא[가리아 가리아][7]

---

1) גָּאֹה גָּאָה(고아 고아).

2) גָּאֹה גָּאָה(고아 고아 · 그는 높고 영화로우심이요, VQAMZS, he has triumphed, εγδόζως δεδοζασται, 출 15: 1. 22).

3) קֹדֶשׁ קֹדֶשׁ(코데쉬 코데쉬).

4) גָּאֹה גָּאָה(고아 고아 · 그는 높고 영화로우심이요, VQAMZS, he has triumphed, εγδόζως δεδοζασται, 출 15: 1. 22).

5) בְּקֹדֶשׁ הַקֳּדָשִׁים(베코데쉬 하코데쉼 · 거룩하게 여김으로, 민 18: 10).

6) לְהַקְדִּשׁוֹ קֹדֶשׁ קָדָשִׁים(레하크디소 코데쉬 코다쉼 · 몸을 성결케 하여 지극히 거룩한 자가 되어, 대상 23:13).

7) קְרִיא קְרִיא(가리아 가리아 · 부름을 받은 자, 민 26:9),

: 가리아 가리아=קריא קריא=קריא קָריא[가리아 가리아] 반복 리듬은 바늘구멍을 지나듯이 잘 정제된 대상에게 기름 부음 받은 자=קריא קריא=קריא קָריא[가리아 가리아]다. 잘 준비된 곳으로 가리아 가리아! 발걸음은 함부로 사용하는 것이 아니다.

* 나시어 나시어=נשיא נשיא=נשיא נָשִׂיא[나시어 나시어]1)

: 큰 인물 나시어 나시어=נשיא נשיא=נשיא נָשִׂיא[나시아 나시아] 영원히 자신이 겸양해 진 다음에야 되는 족장 어른=나시어 나시어=נשיא נשיא=נשיא נָשִׂיא[나시아 나시아]다. 좋은 전통 집안에서 잘 행하는 일상의 날들은 좋은 인물을 만들어 낸다. 인간의 하나님의 버릇을 닮은 영험의 날들을 보낼 수 있다.

* 나아라 나아라=נערה נערה=נערה נַעַר נַעֲרָה[나아르 나아라]2)

: 처녀라는 뜻이다. 아주 좋은 일은 처녀가 있어 나아라 나아라=נערה נערה=נַעַר נַעֲרָה[나아르 나아라]. 이 처녀는 남자의 집에 시집가 아기=낳아라 낳아라=נערה נערה=נַעַר נַעֲרָה[낳아르 낳아라]! 대 잇는다. 처녀는 만병통치약 개념이다. 심청전의 심청은 아버지를 살리려 물로 뛰어 들어 아버지의 눈이 뜨여진다.

* 나하르 나하르=נהר נהר=הַנָּהָר וְנָהַר[하나하르 나흐르]3)

---

1) נָשִׂיא נָשִׂיא(나아시아 나아시아 · 족장들의 어른이 되고, 민 3: 32, 7:30).

2) נַעַר נַעֲרָה(나아르 나아라 · 처녀, 신 22: 25, 27).

3) הַנָּהָר וְנָהַר ~ פְּרָת(하나아라아르 느하르 ~ 페라트 · 유프라테 하수, 신 11: 24).

: 강을 나하르라 한다. 이 강 나하르 나하르=נהר נהר=נְהַר נָהָר나하르 네하르 유프라데 강을 나하르라 하고 이 나하르가 두 번 겹친다. 영원히 숨 쉬게 해 주시는 머리=나하르 내하르=נהר נהר=נְהַר נָהָר나하르 내하르는 하나님이 지배하시어 영원히 숨 쉬게 해주는 머리라 뜻이다. 멈추지 아니하고 나아가는 물의 흐름 강이 있다.

* 나할 나할=נחל נחל=נַחַל נַחַל나할 나할[1]

: 시냇물=나할 나할=נַחַל נַחַל나할 나할이다. 나할이 나의 기업=시냇물 뜻이다. 나 할 나 할=נַחַל נַחַל나할 나할 시냇물이 을 찾아 종종걸음을 치며 재잘재잘 종알거리면서 잘도 흘러간다. 열심히 일을 한 목사들에게 48성읍이 주어[2]진다. 목사님들의 바쁜 모습이다. 기업은 내 할 일이 있다. 시냇물처럼 졸졸거리면서 내 할 일을 한다.

* 나타난 나타난=נתן נתן=נָתַן נָתַן나탄 나탄[3]

: 나에게 나타난 나타난=נתן נתן=נָתַן נָתַן나탄 나탄[4] 주님 때문에 나는 구제되어 행복한 삶을 살아간다. 넉넉히 갚아주시는 하나님으로 하여 나는 지금 살고 있다. 아낌없이 주시는[5] 하나님으로 하여 나는 행복하다. 주님은 나에게 늘 나타나 일을 행하신다.

* 네페쉬 베네페쉬 아인 베아인 쉔 베쉔 요드 베요

1) לֹא יִנְחֲלוּ נַחֲלָה(로 이나할루 나할라 · 기업, 민 18: 23, 24).
2) 민 21장.
3) נָתַן נָתַן(나탄 나탄 · 너는 반드시 구제할 것이요, 신 15:10).
4) נָתוֹן תִּתֵּן(나아톤 티텐 · 구제, 신 15:10).
5) תִּתֵּן(티텐, 신 15:9).

드 레겔 베레겔=בְּנֶפֶשׁ עַיִן בְּעַיִן שֵׁן בְּשֵׁן יָד בְּיָד רֶגֶל בְּרֶגֶל נֶפֶשׁ네페쉬 베네페쉬 아인 베아인 쉔 베쉔 요드 베요드 레겔 베레겔[1])=생명은 생명으로, 눈은 눈으로, 이는 이로, 발은 발로

: 같은 말이 이렇게 길게 나타난 "생명은 생명으로, 눈은 눈으로, 이는 이로, 발은 발로 그대로 갚아주시는 하나님은 무려 5회나 반복한다. 나쁨을 없애라신다.

* 다발 다발=דבר דבר=דָּבַר דָּבַר다바르 다바르[2])

: 말씀의 다바르 다바르=דבר דבר=דָּבַר דָּבַר다바르 다바르=דִּבַּרְתִּי דִּבַּרְתְּ디바레티 디바레트[3]) 말씀다발이다.

* 달라 달라=דלה דלה=דָּלָה דָּלָה달라 달라[4])

: 물을 충분히=달라 달라=דלה דלה=דָּלָה דָּלָה달라 달라 미디언 제사장의 일곱 딸 들이 물을 달라 달라=דלה דלה=דָּלָה דָּלָה달라 달라 하자 그 양떼에게 물을 충분히 먹이었다. 물을 דלה דלה=דָּלָה דָּלָה달라 달라 할 때마다 모세는 그가 애급에서 데리고 나온 이스라엘 백성들에게 물을 준다. 드디어는 하나님의 허락 없이 반석을 탕탕 두 번 치면서 물이 나오라 하여 모세는 물을 이스라엘 백성에게 먹이고도 정작 그는 가나안에 못 들어간다.

* 넓어 넓어=רבה רבה=רָבָה רָבָה라바 라바[5])

---

1) נֶפֶשׁ בְּנֶפֶשׁ עַיִן בְּעַיִן שֵׁן בְּשֵׁן יָד בְּיָד רֶגֶל בְּרָגֶל(네페쉬 베네페쉬 아인 베아인 쉔 베쉔 요드 베요드 레겔베 레겔 · 생명은 생명으로, 눈은 눈으로, 이는 이로, 발은 발로, 신 12:21).

2) דָּבָר דָּבָר(다바르 다바르).

3) דִּבַּרְתִּי דִּבַּרְתְּ(디바레티 디바레트 · 말하고 말하여도, 렘 3:5).

4) דָּלָה דָּלָה(달라 달라 · 충분히, 출 2:19).

5) רָבָה(라바 · 우르부 · 번성하여, VQMMYP, καὶ πληθυνέσθε, 시 51:

: 라합은 마당발이었다. 마음이 넓어 넓어=רבה רבה =רָבָה רָבָה라바 라바 라합의 역할은 그녀에게 오는 사람에게 복음을 전했다. 마당발 별명을 가진 라합은 하나님의 사자들을 숨겨 복을 얻는다. 라합은 마음이 넓어 넓어=רבה רבה=רָבָה רָבָה라바 라바1) 하나님 일을 하여 구원을 받았다. 한국 여인들의 치마폭이 열 두 폭으로 넓어 넓어=רבה רבה=רָבָה רָבָה라바 라바 자식, 남편을 잘 돌본다. 마음이 넓어 넓어=רבה רבה=רָבָה רָבָה라바 라바2)말갛다. 깨끗하다.

* 라아마쓰 라아마쓰=רמשׂ רמשׂ=רָמַשׂ רָמַשׂ라아마쓰 라아마쓰3)

: 벌벌 기는 모습=라아마쓰 라아마쓰=רמשׂ רמשׂ=רָמַשׂ רָמַשׂ라아마쓰 라아마쓰. 말씀 담아서=라아마쓰 라아마쓰=רמשׂ רמשׂ=רָמַשׂ רָמַשׂ라아마쓰 라아마쓰 벌벌 기어간다.4) 말씀 담아서 담아서5)으로 산다.

* 메우다 메우다=מעט מעט=מְעַט מְעַט메우다 메우다6)

: 모이어 메우다 메우다=מעט מעט=מְעַט מְעַט메우다 메우다 하나님 백성이 그의 뜰을 =מעט מעט=מְעַט מְעַט메우다

3).

1) רָבָה רָבָה(라바 라바 · 크게 더하리니, 창 3: 16).

2) רָבָה רָבָה(라바 라바 · 말갛게, 시 51: 3).

3) רָמַשׂ רָמַשׂ(라아마쓰 라아마쓰 · 벌벌 기는, 창 8: 17),

4) וּבְכָל~הָרֶמֶשׂ הָרֹמֵשׂ(우베콜~ 하레메쓰 하로메쓰 · 모든 기는 것, 창 7: 12, 8: 17),

5) הַשֹּׁרֵץ הַשֹּׁרֵץ(하소레쯔 하소레쯔 · 기고 기는, 창 7: 21.

6) מְעַט מְעַט(메아트 메아트 · 점점, 신 7:20).

메우다 사람의 마음을 당신에게로 끌어당긴다.

* 많이 많이=메우다 메우다=מאד מאד=מאד מְאֹד מְאֹד메우다 메우다[1]

: 많이 많이=메우다 메우다=מאד מאד=מאד מְאֹד מְאֹד메우다 메우다[2] 광장 안을 가득 매우다 메우다. 하나님 사랑하는 백성들이 교회를 가득 가득 가득=매우다 매우다=מאד מאד=מאד מְאֹד מְאֹד메우다 메우다!

* 마임 레마임=למים מים=מים לְמָיִם מַיִם마임 레마임[3]

: 마임이 물이다. 물과 물 사이, 말씀과 말씀 사이에 하나님의 아드님 손이 있다. 마임 레마임=למים מים=מַיִם לְמָיִם마임 레마임 온 천지가 물과 물로 마임 레마임=מים למים=מַיִם לְמָיִם마임 레마임 가득. 감탄하여 물이 넘치는=하마임…하마임=המים…המים=הַמָּיִם…הַמַּיִם하마임 하마임[4] 말씀이 많고 많은=하 마임…하 마임=המים המים=הַמַּיִם..הַמָּיִם하마임 하마임 말씀이 물 위에 떠다닌다. 이 세상에 말씀이 떠다닌다.

* 멜레크 멜레크=מלך מלך=מֶלֶךְ מֶלֶךְ멜레크 멜레크[5]

: 왕은 늘 말라고 말라고=מלך מלך=מֶלֶךְ מֶלֶךְ멜레크 멜레크 명령한다. 왕이 뭐라고 뭐라고=מלך מלך=מֶלֶךְ מֶלֶךְ멜레

1) מְאֹד מְאֹד(메우다 메우다 · 많이 많이).
2) מְאֹד מְאֹד(메우다 메우다 · 많이 많이).
3) בֵּין מַיִם לָמָיִם(벤 마임 라마임 · 물과 물로, 창 1:6).
4) הַמַּיִם..הַמַּיִם(하마임..하마임 · 물 물, 창 7:18).
5) מֶלֶךְ מֶלֶךְ(멜레크 멜레크) 기본형의 변형 הַמֶּלֶךְ וְהַמֶּלֶךְ(하멜레크 베하멜레크 · 왕을 이어, 에 5:2).

크 멜레크1) 명령한다.

* 미스마레테카 우미쉐메레트=ומשמרת משמתך=שְׁמֶרֶת
מִ וּ מִשְׁמַרְתְּךָ미스마레테카 우미쉐메레트2)

: 일 하는, 직장을 다니는, 어디에 종사하는 일에 스며들고 스며들어=미스마레테카 우미쉐메레트= ומשמרת משמתך=משמרת וּמִשְׁמֶרֶת מִשְׁמַרְתְּךָ미스마레테카 우미쉐메레트 평생 일 하며 살아간다.

* 마아세르 민~하마아수르=הַמַּעֲשֵׂר ~מִן מַעֲשֵׂר마아세르 민~
하마아수르3)

: 십일조의 십일조=나의 일을 마시고 마셔서=הַמַּעֲשֵׂר ~מִן מַעֲשֵׂר마아세르 민~하마아수르신명기 26장에서 총 10회! “내 하나님”을 1회 사용하여 십일조 개념이 모두라는 뜻을 알린다. 십일조는 하나님에게 온 생명과 마음을 다하여 바치는 일이다. 그러면 하나님이 다 보살펴 주신다.

* 모두 모두=마구마구=마콤 마콤=מקום מקום=מָקוֹם קוֹם마
콤 마콤4)

: 마카 마카경상도 사투리에서 모두라는 뜻=일어나라 일어나라=מקום מקום=מָקוֹם מָקוֹם=소녀야 일어나라=달리다 꿈=꿈의 앞에 마가 붙어=마콤 마콤=מקום מקום=מָקוֹם וֹם מָק5)! 마콤 마콤=מקום מקום=מָקוֹם מָקוֹם 마콤의 ‘마’는

---

1) מֶלֶךְ וַיַּמְלֵךְ(바야믈레크 멜레크 · 왕이 왕을 삼고, 왕하 24:18).

2) וּמִשְׁמֶרֶת מִשְׁמַרְתְּךָ(미스마레테카 우미쉐메레트 · 모든 직무, 민 18: 3).

3) הַמַּעֲשֵׂר ~מִן מַעֲשֵׂר(마아세르 민~하마아수르 · 십일조의 십일조, 민 18: 26).

4) מָקוֹם מָקוֹם(마콤 마콤 · 일어나라 일어나라, 민 32: 2) ·

말씀의 뜻이니까 마 꿈은 말씀아 일어나라 말씀아 일어나라! 말씀은 한 마디로 줄여=마 꿈 마 꿈=ום מקום מְקוֹם מקום=מק[마콤 마콤]! 꿈은 하나님으로부터 온다.

* 모재 모자 모자=מצא מצא מצא=מצא מְצָא מְצָאי[모재 모자 모자][1]

: 모재 모자, 모자 쓰고 생명 얻고 얻고 얻고 우리말 그대로 모재 모자 모자=מצא מצא מצא=מצא מְצָא מְצָאי[모자 모자 모자]. 모자 히브리어는 은혜를 받는 일 모자, 생명을 얻는 일이다. 아 모자아 אמצאך[아 모자 아하][2] 모재 모자 모자=מְצָא מְצָא מְצָאי[모자 모자 모자][3] 쓰고 벼슬하는 일은 국민을 살피는 일이다. 나 보다는 남에게 맞춰 사는 은혜를 입어 모자 쓰는 모자=מְצָא[모자][4]이다. 우리나라 사람들은 방 안에서도 갓을 쓰고 감투를 썼고 하인들도 초립을 썼다. 아이들이나 아녀자들까지도 모자를 썼다.

* 묻다 묻다=מות מות=מות מות[묻다 묻다 묻다][5]

: 우리나랏말에 묻다라는 말이 있다. 히브리어 그대로 묻다 묻다=מות מות=מות מות[묻다 묻다 묻다] 우리말 땅

---

5) מְקוֹם מקום(마콤 마콤 · 일어나라 일어나라, 민 32: 2) ·

1) מְצָאי מְצָא מְצָא חַיִּים(하임 모재 모자 모자 · 나를 얻는 자는 생명을 얻고, VQPMZS. CXS VQAMZS VQAMZS, 잠 8: 36: מְצָא(모자 · 맞추어, 신 19:7 맞추어(신 19:7) · 입었다(에 5:8).

2) אֶמְצָאֲךָ(에모자아하 · 내가 너를 만알 때에, 아 8:1).

3) מְצָאי מְצָא מְצָא(모재 모자 모자) 나를 얻는 자는 생명 얻고 얻고: מְצָא(모자 · 맞추어, 신 19:7 맞추어(신 19:7) · 입었다(에 5:8).

4) 아 8:1.

5) מוּת מות(무트 무트 · 죽다) ·

에 묻다이다. 말씀이 끝나는 우리의 삶은 늘 말씀 속에 사는 일인데 이 말씀이 끝나면 죽는다. 되묻다 테무툰= מוֹת תְּמֻתוּן묻다 데무튼1) 진짜 죽는 일이다.

* 바라셨다 바라=בראשית ברא=בראשית···בָּרָא בְּרֵאשִׁית베레오쉬트...바라2)

: 우리들의 삶은 무엇을 바라. 하나님이 바라셨다··· 바라=בראשית ברא=בְּרֵאשִׁית···בָּרָא 산다. 하나님은 우리에게 늘 바라셨다. 바라셨다 바라=בראשית···ברא=רָא בְּרֵאשִׁית···בָּ베레오쉬트!. 그분이 봐라=בָּרָא··· 창조하셨고 ··· 창조하셨다=브라암 히바레암=בְּרָאָם···הִבָּרְאָם브라암 히바레암3)이다.

* 봐 살 봐 살 בשל בשל=בָּשֵׁל בָּשֵׁל봐 살 봐 살4)

: 봐 살 봐 살=בשל בשל=בָּשֵׁל בָּשֵׁל봐 살 봐 살 알려 주시는 분!

* 벤··· 우~벤=בֵּין···וּבֵין벤···우벤5)

: 하나님은 모든 생물이 번식하게 그 씨를 베게 된다.. 벤 일의 현재형을 벤으로 발음한다. 모든 살아있는 것들이 존재하는 것은 새끼를 배고 알을 배고 하여서 대대로 이어진다. בֵּין···וּבֵין벤···우벤 아들에서 아들로 이

---

1) מוֹת תְּמֻתוּן(모트 테무툰 · 결코 너희는 죽지, 창 3:4).

2) ברא.. ברא(바라. 바라, 창 1:1).

3) 창 5:1.

4) בָּשֵׁל בָּשֵׁל(바솰 바솰) 기본형인 בַּשְּׁלוּ תְּבַשְּׁלוּ(테바쉘루 바쉘루 · 삶을 것은 삶고, 출 16:23).

5) בֵּין··וּבֵין(벤.우벤 · 나와 너 사이, 창 1: 18).

어지는 벤 우벤=בֵין וּבֵין… בֵין벤…우벤[1] 대대로 이어지는=בֵין וּבֵ… בֵין벤…우벤[2] 뗄레야 뗄 수 없는 언약[3] 벤… 우~벤=בֵין וּבֵין… בֵין벤…우벤[4] 사랑이 들어 있다.

* 봐누 베네=בני בני=בְנוּ בְנֵי봐누 베네[5]

: 생명을 쌓는 아이 봐누 베네=בני בני=בָנוּ בְנֵי봐누 베네 사람이 뱃속에서 만들어진다.

* 아침마다 일어나=바보케르 바보케르=בבקר בבקר=בַבֹּקֶר בַבֹּקֶר바보케르 바보케르[6]

: 아침마다 일어나=바보케르 바보케르=בבקר בבקר=בַבֹּקֶר בַבֹּקֶר봐 보께로 봐 보께로 눈으로 보니 땅에 먹을 것이 있어서 주워서 먹고 연명하였다. 이처럼 아침마다 일찍 일어나 먹을 것을 얻어서 하루를 견딘다. 경상도에 우리말 사투리 보께로 즉 와 보니까가 있다. 보께로=בקר바보케로 봐보케르[7] 앞에 접두어미가 더 붙어 בבקר בבקר=בַבֹּקֶר בַבֹּקֶר봐 보께로 봐 보께로. 아침마다 이스라엘 백성들이 들에 와 보니 가득한 음식 곧 만나가 들에 가득하여 이걸 먹고 40년을 살았다. 아론은 아침마다 봐 보께로

---

1) בֵּינִי.וּבֵינֶךָ.(베니.우베네하 · 아들사이와 나, 창 17: 2),

2) בֵּינִי וּבֵינֶךָ וּבֵין(베니 우베네하 우벤 · 나와 너의 너희들의, 창 17: 2).

3) בֵּינִי וּבֵינֵיכֶם וּבֵין(베니 우베니캄 우벤 · 나와 너의 사이의 언약, 창 17: 10).

4) בֵין.. בֵין(벤 벤, 창 1: 18), בֵין..בֵין(벤 벤, 창 1: 18) · בֵין בֵין(벤 벤, 창 17: 2) · בֵין בֵין בֵין(벤 벤 벤, 창 1: 18)에서 בֵין(벤)의 독립적 특성(창 1: 18)이 반복(창 17: 2)와 3회(창 17: 10).

5) בָנוּ בְנֵי(봐누 베네 · 생을 쌓는, 아이를 만듦 · 인생, 창 11: 5).

6) בַבֹּקֶר בַבֹּקֶר(바보케르 바보케르 · 아침마다, 출 16:21).

7) בקר(보케르·살피시면, 에스라 4:15).

와 보께=בבקר בבקר=בַּבֹּקֶר בַּבֹּקֶר 봐 보께로 봐 보께로1) 하나님이 계셔서 그 위에 향기로운 향을 사른다. 이스라엘 백성들이 아침마다 봐 보께로 와 보께=בַּבֹּקֶר בַּבֹּקֶר 봐 보께로 봐 보께로2) 하나님 사역자들이 아침마다 봐 보께로 와 보께=בַּבֹּקֶר בַּבֹּקֶר 봐 보께로 봐 보께로3) 문을 열어야 하는 일이 앞에 놓여 있다. 아침마다 봐 보께로 와 보께=בַּבֹּקֶר בַּבֹּקֶר 봐 보께로 봐 보께로4) 아침마다 봐 보께로 와 보께=בַּבֹּקֶר בַּבֹּקֶר 봐 보께로 봐 보께로5) 그분께서 학자의 혀를 내게 주사 하나님의 말씀을 연구하여 마음이 쓸쓸한 자를 어떻게 도와 줄 줄을 알게 하신다. 에스겔 선지자가 아침마다 봐 보께로 와 보께=בַּבֹּקֶר בַּבֹּקֶר 봐 보께로 봐 보께로6) 일 년 되고 흠 없는 어린 양 하나로 번제를 드려야 할 일이 있었다. 아침마다 봐 보께로 와 보께=בַּבֹּקֶר בַּבֹּקֶר 봐 보께로 봐 보께로7) 드릴 소제를 갖추되 곧 밀가루 에바 육분지 일과 기름 삼분지 일을 섞을 일 아침마다 봐 보께로 와 보께=בַּבֹּקֶר בַּבֹּקֶר 봐 보께로 봐 보께로8) 내가 옳게 사는 방법을 알았다. 스바냐 선지자가 아침마다 봐 보께로 와 보께=בַּבֹּקֶר בַּבֹּקֶר 봐 보께로 봐 보께로9) 그분께서 하

---

1) בַּבֹּקֶר בַּבֹּקֶר(바보케르 바보케르 · 아침마다, 출 30:7).
2) בַּבֹּקֶר בַּבֹּקֶר(바보케르 바보케르 · 아침마다, 출 36:3).
3) וְלַבֹּקֶר לַבֹּקֶר(벨라보케르 라보케르 · 아침마다, 대상 9:27).
4) בַּבֹּקֶר בַּבֹּקֶר(바보케르 바보케르 · 아침마다, 사 28:19).
5) בַּבֹּקֶר בַּבֹּקֶר(바보케르 바보케르 · 아침마다, 사 50:4).
6) בַּבֹּקֶר בַּבֹּקֶר(바보케르 바보케르 · 아침마다, 겔 46:13).
7) בַּבֹּקֶר בַּבֹּקֶר(바보케르 바보케르 · 아침마다, 겔 46:14).
8) בַּבֹּקֶר בַּבֹּקֶר(바보케르 바보케르 · 아침마다, 겔 46:15).

실 일을 보이신다.

* בָּשָׂר בָּשָׂר=בשר בשר[바 살 바 살]1)

: 가장 사랑하는 여인을 향해 남편은 너는 내 중의 살이라며 בָּשָׂר בָּשָׂר=בשר בשר[바 살 바 살]이라 했다.

* וְכִנֹּר וְכִנֹּר=וכנר וכנר[베끼노라 베끼노라]2)

: 수금과 수금으로 하나님의 귀한 말씀을 악기로 베끼노라 베끼노라=וְכִנֹּר וְכִנֹּר=וכנר וכנר[베끼노라 베끼노라]3)! 악기에서 울려 퍼진다.

* 베코파르타··· 바코페르=וכפרת ···בכפר=וְכָפַרְתָּ..בַּכֹּפֶר[베코파르타··· 바코페르]4)

: 그대의 말과 그대의 몸짓을 바르고 발랐더니=베코파르타··· 바코페르=וכפרת ···בכפר=וְכָפַרְתָּ..בַּכֹּפֶר[베코파르타··· 바코페르]5) 내 몸의 나쁜 생각들이 빠져나가 버렸다. 죄를 덮는 역청을 바르고 발랐더니=베코파르타··· 바코페르=וכפרת ···בכפר=וְכָפַרְתָּ..בַּכֹּפֶר[베코파르타···바코페르]6) 물에서 건지는 일은 속죄의미다. 하나님이 죄를 씻어 주시는 일이다.

* 세 보아 또 세 보아=שִׁבְעָה וְשִׁבְעָה שבעה ושבעה[세 보

---

9) בַּבֹּקֶר בַּבֹּקֶר(바보케르 바보케르 · 아침마다, 습 3:5).

1) בָּשָׂר בָּשָׂר(바싸르 바싸르) 기본형은 מִבְּשָׂרִי וּבָשָׂר(미브사리 우바사르 · 살 중의 살이라, 창 2: 23) ·

2) וְכִנֹּר וְכִנֹּר(베키노르 베키노르 · 수금과 수금으로).

3) וְכִנֹּר וְכִנֹּר(베키노르 베키노르 · 수금과 수금으로).

4) וְכָפַרְתָּ..בַּכֹּפֶר(베코파르타..바코페르 · 역청을.. 칠하라, 창 6: 14).

5) וְכָפַרְתָּ..בַּכֹּפֶר(베코파르타..바코페르 · 역청을.. 칠하라, 창 6: 14).

6) בַּכֹּפֶר(바코페르 · 역청)는 속죄소 כַּפֹּרֶת(코퍼레트 · 속죄소).

아 베 세 보아[1])

보다; 약속은 늘 당신께서 맹세하고 또 맹서한 약속을 잊지 않도록[2])=세 보아 또 세 보아=שבעה ושבעה=שִׁבְעָה וְשִׁבְעָה세 보아 베 세 보아[3]) 우리에게 큰일을 하게 하신다. 약속을 세 보아 또 세 보아=שבעה ושבעה=שִׁבְעָה וְשִׁבְעָה שִׁבְעָ세 보아 베 세 보아 하나님은 목표를 달성하도록 하나님은 세 보아 또 세 보 아=שבעה ושבעה=שִׁבְעָה וְשִׁבְעָה세 보아 베 세 보아[4]) 그의 백성들이 일하시도록 하시며 일곱째 날에 휴식하시고 온 만민이 그를 찬송하게 하시었다.

* 사나 사나=שנה שנה=שָׁנָה שָׁנָה사나 사나[5])

: 흔히 내가 왜 사나 사나=שנה שנה=שָׁנָה שָׁנָה사나 사나 하며 자신을 돌아본다.

* 삼아 삼아=שמר שמר=שָׁמַר שָׁמַר솨마르 솨마르[6])

: 당신을 나의 아내로 삼아 삼아=שמר שמר= שָׁמַר שָׁמַר솨마르 솨마르 어느덧 오랜 세월이 흘렀소라고 남편은 하늘을 지붕 삼아 삼아=שמר שמר= שָׁמַר שָׁמַר솨마르 솨마르 잘 살아왔다라고 말한다. 곧 하나님의 말씀을 교만하지 않

1) שִׁבְעָה וְשִׁבְעָה(쉬브아 베쉬브아, 슥 4:11).

2) הַשְׁבֵּעַ הִשְׁבִּיעַ(하세베아흐 하세비아흐, 출 13:19).

3) שִׁבְעָה וְשִׁבְעָה(쉬브아 베쉬브아, 슥 4:11).

4) שֶׁבַע שֶׁבַע(쉐바 쉐바, 창 7: 2, 3)에서 변형 שִׁבְעָה שִׁבְעָה(쉬봐 쉬봐 · 일곱 일곱).

5) שָׁנִים שָׁנִים(쉐나임 쉐나임)과 שָׁנָה שָׁנָה(솨나 솨나 · 매년) 반복리듬이 있다. 이 솨나 기본형은 변형 שָׁנִים וּבְשָׁנָה(쉐나임 우바솨나 · 매년에, 신 14: 22, 15:12) ·

6) שָׁמַר שָׁמַר(솨마르 솨마르) 기본형은 변형 삼가지키다 שָׁמוֹר תִּשְׁמְרוּן(솨모르 티스므룬, 신 4: 9, 6: 17).

게 잘 지켜 보호받으며 살았다는 뜻이다. 복 받는 사람은 하나님 말씀 잘 듣는 삶 말씀을 거울 삼아 삼아=מר ש שמר=שָׁמַר שָׁמַר 솨마르 솨마르 잘 지냈다.

* 하솨마아임 우 쉐메 하솨마아임=הַשָּׁמַיִם וּשְׁמֵי הַשָּׁמָיִם 하솨마아임 우 쉐메 하솨마아임1)

하늘 언어가 반복리듬을 타는=쉐메 하솨마임=השמים שמי=הַשָּׁמַיִם שְׁמֵי 하솨마아임 우 쉐메 하솨마아임이 성경에 있다. 하늘의 하늘보다 높으며 하늘과 모든 하늘의 하늘=하솨마아임 우 쉐메 하솨마아임=הַשָּׁמַיִם וּשְׁמֵי הַשָּׁמָיִם 하솨마아임 우 쉐메 하솨마아임2)은 하나님 때문에 하늘 위에서 물이 내려오고 하늘아래에서 물이 올라간다. 하늘을 세 번이나 사용한 하늘과 모든 하늘의 하늘로=쉐메 하솨마임=מים הש שמי=הַשָּׁמַיִם שְׁמֵי 하솨마아임 우 쉐메 하솨마아임3)

* 샘=선생님=셈 에트~ 셈=שם את~ שם=שֵׁם אֵת~ שֵׁם 셈 에트~ 셈4)

: 선생님을 우리들은 셈이라 한다. 샘=선생님=셈 에트~ 셈=שם את~ שם=שֵׁם אֵת~ שֵׁם 셈 에트~ 셈5) 우리말에 있

---

1) הַשָּׁמַיִם וּשְׁמֵי הַשָּׁמָיִם (하솨마아임 우 쉐메 하솨마아임 · 하늘과 모든 하늘의 하늘과, D.NMD NMDG D.NMD,신 10: 14).

2) הַשָּׁמַיִם וּשְׁמֵי הַשָּׁמָיִם (하솨마아임 우 쉐메 하솨마아임 · 하늘과 모든 하늘의 하늘과, D.NMD NMDG D.NMD,신 10: 14).

3) שְׁמֵי הַשָּׁמָיִם(쉐메 하솨마아임, NMDG D.NMD, 하늘의 하늘로, 시 148: 4).

4) שֵׁם אֵת~ שֵׁם(쉠 에트~ 쉠 · 새이름, 민 32: 38) 기본형은 변형 ~ת שְׁמוֹת אֶ בְשְׁמֹת(베쉐모트~ 에트 쉐모 · 새이름을, 민 32: 38).

5) שֵׁם אֵת~ שֵׁם(쉠 에트~ 쉠 · 새이름, 민 32: 38) 기본형은 변형 ~ת שְׁמוֹת אֶ בְשְׁמֹת(베쉐모트~ 에트 쉐모 · 새이름을, 민 32: 38).

는 선생님이 샘이라니! 그런데 뜻은 하나님께 절대 복종한 백성들은 가축 가진 땅을 얻는다는 뜻이다. 글자 풀이로는 나를 잘 단련하면 말씀이 생긴다. 선생님 이미지는 내가 본받을 만한 대상이다.

* 7의 2회=쉐비이 쉐바=שְׁבִיעִי שֶׁבַע[쉐비이 쉐바][1)]

: 7은 행운 숫자이다. 이 칠 7을 두 번 반복= 세 봐 베 세 봐 아싸한다. 성경 본문은=하시비 베시비 아싸르 =הַשְּׁבִיעִי בְּשִׁבְעָה ~עָשָׂר[하시비 베시비 아싸르]! 17 세겔을 주고 밭을 사서 우리들의 잘못을 그 분이 사하여주신다며 하시비 베시비 아싸르=הַשְּׁבִיעִי בְּשִׁבְעָה ~עָשָׂר[하시비 베시비 아싸르]! 17세겔 주고 사서 세고 또 세어 보라[2)]이다.

* 쉬워 쉬워=שוב שוב=שֻׁב שֻׁב[수브 수브][3)]

: 하나님께 돌아오는 일은 쉬워 쉬워=שוב שוב=שֻׁב שֻׁב[쉬워 쉬워] 쉬이 쉬이 돌아와요! 경상도 사투리에 시뷔라는 말이 있다. 표준어 쉽다나 쉽게에서 이 ㅂ발음이 남아 있다. 하나님께 돌아오려는 마음 쉬워 쉬워=שוב שוב=שֻׁב שֻׁב[쉬워 쉬워].

* 셈 셈=שם שם=שֵׁם שֵׁם[셈셈][4)]

: 셈을 하고 또 하며=셈 셈=שם שם=שֵׁם שֵׁם[셈 셈] 해 보

1) שְׁבִיעִי שֶׁבַע(쉐비이 쉐바 · 7 7, 창 8: 2)은 변형 הַשְּׁבִיעִי בְּשִׁבְעָה~עָשָׂר(하쉐비이 베쉬브아~아싸르 · 17 · 17).

2) 창 7: 2, 3,

3) וְשָׁבִי וְשָׁבוּ(베수비 베수부) · 쉽게, 수이 יָשׁוּב(야수브·돼개, VQIMZS, he turn, 시 7:13, 17).

4) 기본형 שֵׁם שֵׁם(쉠 쉠 · 이름, 신 14:23)은 변형 שְׁמוֹ שֵׁם(쉠 쉠모, 신 14:23).

아요. 선생님 셈셈 하나님은 그의 백성들을 셈한다. 얼마나 나를 잘 따르고 있는지를.

* 사모 사모해=שמחה שמח=שִׂמְחָה שָׂמַח사모 사모해[1]

: 사모 사모해=שמחה שמח=שִׂמְחָה שָׂמַח사모 사모해 누가 누구를 좋아하는 일을 우리나라사람들은 사모한다 한다. 사모 사모해=שמחה שמח=שִׂמְחָה שָׂמַח사모 사모해라고 말하는 순간부터 마음의 즐거움이 있다. 즐거이 하나님 앞에 드리는 마음은 사모 사모하는 마음이다. 사모 사모하면 엔돌핀이 나오니 좋은 일이다.

* 참으로 참으로=솨마르 솨마르=שמר שמר=שָׁמַר שָׁמַר솨마르 솨마르[2]

:참으로 참으로=솨마르 솨마르=שמר שמר=שָׁמַר שָׁמַר솨마르 솨마르[3] 사랑하다 보니 복이 절로 들어와요. 우리들이 복을 받을 수 있어서 참으로 참으로=솨마르 솨마르=שמר שמר=שָׁמַר שָׁמַר솨마르 솨마르 감사하오.

* 살라 살라버=שרף שרף=שָׂרַף שָׂרַף살라 살라버[4]

: 살라 살라버=שרף שרף=שָׂרַף שָׂרַף살라 살라버리는 순간 없어졌다.

* 쇼크 쇼크=שקל שקל=שָׁקַל שָׁקַל쇼칼 쇼칼[5]

---

1) 기본형 שִׂמְחָה שָׂמַח(사마 시마)로 하는 שִׂמְחָה שָׂמַח(사마 시므하 · 기쁨을 이기지 못하니라).

2) 기본형 שָׁמַר שָׁמַר(솨마르 솨마르 · 참으로 참으로, 신 11: 22)는 תִּשְׁמְרוּן שָׁמֹר(솨모르 티쉬므룬 · 하나님 명령을 잘 지켜, 신 11: 22) 변형을 가진다.

3) 기본형 שָׁמַר שָׁמַר(솨마르 솨마르 · 참으로 참으로, 신 11: 22)는 תִּשְׁמְרוּן שָׁמֹר(솨모르 티쉬므룬 · 하나님 명령을 잘 지켜, 신 11: 22) 변형을 가진다.

4) שָׂרַף שָׂרַף(사아라프 사아라프 · 사르다 사르다, 왕하 15:9).

: 쇼크 쇼크=שקל שקל=שָׁקֵל שָׁקֵל[쇼칼 쇼칼].

* 솨마임 솨마임 솨마임=שמים שמים שמים=שָׁמַיִם שָׁמַיִם שָׁמַיִם[솨마임 솨마임 솨마임1)]

: 솨마임 솨마임 솨마임=שמים שמים שמים=שָׁמַיִם שָׁמַיִם שָׁמַיִם[솨마임 솨마임 솨마임] 하늘삼아 사는 그대! 임 찾으면 걱정거리나 병이 다 없어진다.

* 솰르하나 술르하=שלחה שלחה=שָׁלְחָה שִׁלְחָנָהּ[솰르하나 술르하2)]

: 솰르하나 술르하=שלחה שלחה=שָׁלְחָה שִׁלְחָנָהּ[솰르하나 술르하] 지혜로운 자는 상을 보내어 음식을 차린다.

* 아파도 아파도=אבד אבד=אָבַד אָבַד[아바드 아바드3)]

: 아파도 아파도=אבד אבד=אָבַד אָבַד[아파도 아파도]! 참자

* 죽으면 죽으리라=아바드티 아바드티=אבדתי אבדתי=אָבַדְתִּי אָבָדְתִּי[아바드티 아바드티4)]

: 죽으면 죽으리라=아바드티 아바드티!=אבדתי אבדתי=אָבַדְתִּי אָבָדְתִּי[아바드티 아바드티] 에스더의 유다민족을 위해 죽으면 죽으리라 한 유명한 말이 있다. 모르드게 권유로 왕께 나아가기 전 금식하며 사흘을 기도한 후 남편

---

5) שקל שקל(소캘 소캘 · 정녕히)은 변형 שָׁקוֹל יִשָּׁקֵל(소콜 이소켈 · 정녕히, 욥 6:2).

1) שָׁמַיִם שָׁמַיִם שָׁמַיִם(솨마임 솨마임 솨마임, 신 10: 14) 3회 리듬은 변형 הַשָּׁמַיִם וּשְׁמֵי הַשָּׁמַיִם(하솨마임 우스메 하솨마임 · 하늘과 모든 하늘의 하늘과, 신 10: 14).

2) שָׁלְחָה שִׁלְחָנָהּ(솰르하나 술르하 · 상을 보내어 잠 9:2~3).

3) אָבַד אָבַד(아바드 아바드) 기본형을 가진 너희가 마땅히 파멸한다 אַבֵּד תְּאַבְּדוּן (아베드 테아브둔 · 마땅히 파멸, 신 12: 1).

4) אָבַדְתִּי אָבָדְתִּי(아바드티 아바드티 · 죽으면 죽으리라).

아하수에로 왕에게 나아가며 죽으면 죽으리라=아바드티 아바드티!=אבדתי אבדתי=אָבַדְתִּי אָבָדְתִּי 아바드티 아바드티!

* 아비 아비=אבי אבי=אָבִי אָבִי^아비 아비[1]

: 아비라는 말이 한국어에 있다. 나의 아비 아비אבי אבי=אָבִי אָבִי^아비 아비 아비와 히브리어와 아카드어[2] 아비와 같다. '아비가[3]'도 있다.

아마 아마=אמר אמר=אָמַר..אָמַר^아마르…아마르[4]

하나님은 속삭이듯 아마 아마=אמר אמר=אָמַר¨אָמַר 부드럽게 말씀하신다. 속삭이듯 사랑하는 백성을 향하여 아마르…아마르=אמר…אמר=אָמַר…אָמַר^아마르…아마르 믿고파[5] 하신다.

* 복 있는 사람은=아시라 하이시 에스 아세르=אשר אש האיש אשרי=אַשְׁרֵי הָאִישׁ אִשׁ אֲשֶׁר^아시라 하이시 에스 아세르[6]

: 성경은 시적 기법이다. 복 있는 사람은=아시라 하이시 에시 아세르=אשר אש האיש אשרי=אַשְׁרֵי הָאִישׁ אִשׁ אֲשֶׁר^아시라 하이시 에스 아세르 하나님의 아들이 십자가에 달리는 일을 아시라신다.

---

1) אָבִי אָבִי(아비여 아비여, 왕하 13:14).
2) 엄원식 편, 「아카드어 문법」(대전: 침례신학대학교출판부, 1997), 68
3) 위의 책 102: abika: your of father.
4) אָמַר..אָמַר(아마르…아마르 · 속삭이듯 말씀하시고 말씀하신, 민 26: 1, 27: 6, 31: 25).
5) מִשְׁפְּחֹה(미스파하하 · 가족, 민 26: 5~6).
6) אַשְׁרֵי הָאִישׁ אֲשֶׁר(아쉐레 하이쉬 아쉐르 · 복 있는 사람은,시 1:1).

* 하나님 하나님=엘로힘 엘로힘=אלהים אלהים=הִים
אֱלֹהִים אֱלֹ 엘로힘 엘로힘[1]

: 하나님 하나님=엘로힘 엘로힘=אלהים אלהים=לֹהִים
אֱלֹהִים אֱ 엘로힘 엘로힘 ! 하나님을 알고자 하는데서 힘이 솟는다. 우리나랏말에 알래? 묻는 말 그대로 알래? 힘! 신의 힘!

* 봐 아담 하 아담=וארם האדם=בְּאָדָם הָאָדָם 봐 아담 하 아담[2]

: 봐 아담 하 아담=וארם האדם=בְּאָדָם הָאָדָם 봐 아담 하 아담 성부와 성자와 성령 셋이 합하여 만든 사람 봐 아담하고 아주 하 아담! 아담이 아담하다.

* 하 에 하다 하 에 하다=האחד האחד=הָאֶחָד הָאֶחָד 하 에 하다 하 에 하다[3]

: 하 에 하다 하 에 하다=האחד האחד=הָאֶחָד הָאֶחָד 하 에 하다 하 에 하다 한 분 그.

* 아멘 아멘=אמן אמן=אָמֵן אָמֵן 아멘 아멘[4]

: 아멘 아멘=אמן אמן=אָמֵן אָמֵן 아멘 아멘 어쩔수 없지요 뭐 싫어도 어쩔 수 없지요 뭐, 절대 순종. 복 아멘 아멘=אמן אמן=אָמֵן אָמֵן 아멘 아멘 !

---

1) אֱלֹהִים אֱלֹהִים(엘로힘 엘로힘)을 기본형으로 하는 신의 신 הוּא אֱלֹהֵי אֱלֹהִים אֱלֹהֵיכֶם(엘로헤켐 후아 엘로헤 엘로힘 · your God is God of gods · ὁΘεὸς ὑμίν οὑτος Τῶν Θεῶν Θεός, 신 10: 17).

2) בְּאָדָם הָאָדָם(바아담 하아담 · 사람 사람, 창 9: 3).

3) הָאֶחָד..הָאֶחָד(하에하드 하에하드 · 하나에는.. 하나에는, 민 28: 28).

4) אָמֵן אָמֵן(아멘아멘, 민 5: 22; 느 8: 6; 시 41: 13, 14, 72: 19; 89: 52).

* 아 나니 아 나니=אנכי אנכי=אָנֹכִי אָנֹכִי아 나니 아 나니니[1)]

: 아 나니 아 나니=אנכי אנכי=אָנֹכִי אָנֹכִי아 나니 아 나니니 나는 여호와라 나 외에 구원자가 없느니라! 아 나니 아 나니=אנכי אנכי=אָנֹכִי אָנֹכִי

아 나니 아 나니니

* 올라 올라=עלה עלה=עָלָה עָלָה올라 올라 [2)]

: 우리는 아주 아주 흔하게 올라 올라=עלה עלה=עָלָה עָלָה올라 올라[3)] 두 손으로 번제를 드리나이다.

* 아싸리 아싸리=עשר עשר=עָשַׂר עָשַׂר아싸리 아싸리[4)]

: 아싸리 아싸리=עשר עשר=עָשַׂר עָשַׂר아싸리 아싸리 다 드리자! 십일조를 잘 드렸더니 복을 받았어요! 하나님이 아셔요! 축복을 주신다는 것을!

* 약 올 약 올=יכל יכל=יָכֹל יָכֹל약 올 약 올[5)]

: 약 올 약 올=יכל יכל=יָכֹל יָכֹל약 올 약 올 약 올르시죠! 하나님이 이기게 하시니!

* 아시라… 아시라=אשר… אשר=אֶשֶׁר.. אֶשֶׁר아시라…아시라[6)]

: 복되도다 복되도다 아시라…아시라=אשר…אשר=אֶשֶׁר

---

1) אָנֹכִי אָנֹכִי(아노히 아노히 · 나는 나, 사 43: 11).

2) עָלָה עָלָה(올라 올라 · 번제를 드렸더니, 민 13:30).

3) עָלָה עָלָה(올라 올라 · 번제, 창 8: 20).

4) עָשַׂר עָשַׂר(아싸르 아싸르 · 십일조, 신 14: 22) · 십일조 עַשֵּׂר תְּעַשֵּׂר(아세르 테아세르 · 십일조, 신 14: 22) · עֲשִׂירִי עֲשִׂירִי(아시리 아시리 · 십일조, 창 8: 6).

5) יָכֹל יָכֹל(야콜 야콜 · 능히 이기리라, 민 13:30).

6) אֶשֶׁר.. אֶשֶׁר(에쇠르 에쇠르) 기본형은 אַשְׁרֵי.. אַשְׁרֵי(아스레 아스레 · 복되도다 복되도다, 왕상 10: 8; 대하 9: 7).

אֶ..אֲשֶׁר[아시라…아시라] 잘 됨을 아시라… 아시라!

* 벌거숭이와 어려야=에르야=עריה=עֶרְיָה[에르야] 에르야[1]: 갓 태어나거나 아직 철이 덜 든 나이가 적은 사람이다. 아주 어린아이 곧 얼라라이다. 벌거숭이=에르야=עריה=עֶרְיָה[에르야]다. 벌거숭이다. 경상도 지방에서 애기를 얼라라 한다. 어린이=올렐=עולל=עוֹלֵל[올렐][2] 올렐=עולל=עוֹלֵל[올렐] 올렐 · 얼라 · 어린애다. 알=알나=얼라=어린이!

* 엣따 엣따=את את=אֵת את[엣따 엣따][3]

: 엣따 엣따=את את=אֵת את[엣따 엣따] 하나님이 너에게 모두 엣따 엣따=את את=אֵת את[엣따 엣따] 주시었는데 그런 하나님을 무시하고 온 성읍이 우상을 섬기면 마땅히 하나님이 용기를 내셔서 너희를 멸절시킨다.

* 오 예…오예=אחב…אחב=אֹהֵב…אֹהֵב[오헤브…오헤브][4]

: 오 예…오예=אחב…אחב=אֹהֵב…אֹהֵב[오헤브…오헤브][5] 정말 훈계를 좋아하는 자는 지식을 좋아하나니!

* 욕하 욕하=יכח יכח=יָכַח יָכַח[욕하 욕하][6]

---

1) עֶרְיָה(에르야 · 벌거숭이, 겔 16:7, 16:22).

2) עוֹלֵל(올렐 · 어린애, 렘 2:11, 6:11; 애 1:5).

3) את את(에트 에트, 신 13: 16) 기본형을 가진 אֹתָהּ וְאֶת(오타 베에트 · 전체, 신 13: 16).

4) את את(에트 에트, 신 13: 16) 기본형을 가진 אֹתָהּ וְאֶת(오타 베에트 · 전체, 신 13: 16).

5) אֹהֵב(오헤브 · 좋아하는 자는 좋아하나니, Whose loveth…loveth, 잠 12: 1).

6) יָכַח יָכַח(욕하 욕하) 기본형 변형에는 יוֹכִיחַ הוֹכֵחַ(욕키아흐 혹카흐 · 책망함이뇨, 욥, 6:25).

: 욕하 욕하=יכח יכח=יָכַח יָכַח[욕하 욕하] 책망하시네요!

* 욤 욤=יומ יומ=יום יום=יוֹם יוֹם[욤 욤1)] 날은 날에게

: 욤 욤=יומ יומ=יום יום=יוֹם יוֹם[욤 욤] 하나님이 우리의 날들을 잘 지내가라고 지키시며 쳐다보라는 말씀 계셔요!

* 잡아 잡아=זבה זבה=זבה זבה=זָבָה זָבָה[자바 자바2)]

: 우리들은 날을 잡아, 고기를 잡아 등등의 잡아라는 말을 아주 잘 쓴다. 잡아 잡아=זבה זבה=זבה זבה=זָבָה זָבָה[자바 자바] 살아 있는 것들을 잡는 일! 잡아 잡아 제사지낸다. 이와 달리 예물은 골라봐=קרבן=קָרְבָן[고르반3)]이다. 예물을 드리는 자의 고르는 자유와 생명을 잡아 드리는 제사는 구별된다. 하나님께서 아벨의 제사는 받으시고 가인의 제사는 물리치셨다.

* 자기로 자기로=자카르 자카르=זכר זכר=זכר זכר=זָכַר זָכַר[자카르 자카르4)]

: 자기로 자기로=자카르 자카르=זכר זכר=זכר זכר=זָכַר זָכַר[자카르 자카르] 내 남편을 삼았다. 남자가 히브리어로 자기로이다. 히브리어와 우리말과는 가깝다. 잘 기억하는 사람이 남자다. 남자는 큰일을 한다. 하나님의 행하신 일이

---

1) יוֹם יוֹם(욤 욤) 기본형 변형으로 יוֹם לְיוֹם(욤 레욤 · 날은 날에게, 시 19:2).

2) זָבָה זָבָה(자바 자바 · 제사를 드리는, 2076), יִזְבְּחוּ זִבְחֵי(이즈베후 지브헤 · 제사를 드리는, 신 33:19) · 제사를 드리고 לִזְבֹּחַ זָבָה(리즈보아흐 제바 · 제사를 드리고, 삿 16:23) · 제사를 드리고 זֹבֵחַ זָבָה(조베아흐 자바 · 제사를 드리고, 삼상 2:13 · 제사를 드리는 זֹבְחִים זָבָה(조브힘 자바 · 제사를 드리는, 대하 7:4) זֹבְחִים זָבַח(조베임 자바 · 희생을 드리니라, 왕상 8:62). .

3) קָרְבָן(고르반 · 예물, 민 7:37).

4) זָכַר זָכַר(자카르 자카르 · 잘 기억, 신 7:18).

나 말씀과 명령을 잘 기억하기 때문이다.

＊ 자하브 자하브==זָהָב זָהָב자하브 자하브 of gold in gold 금물의 금과 금[1]

: 자하브 자하브=זָהָב זָהָב자하브 자하브 of gold in gold 금물의 금과 금이다. 숨 쉼=헤=ה헤[2]가 글자 양쪽에 놓이고 그 안에 연장=자인=ז자인[3]이 놓이어 금이 있는=하자하브=הב הז=הַזָּהָב하자하브[4]로 표시된다. 금이 있는=하자하브=הזהב=הַזָּהָב하자하브[5] 우리말 한 밑천 잡아이다. 숨 쉼 표시 하 · 하[6]가운데 연장 זָ자인이 들어가면서 양쪽 숨 쉼 표시 2회가 있다. 그 사이 연장[7]표시글자 예수님으로 인한 숨 쉼이 있다.

＊ 씨 자라=자라 자라=זרע זרע=זֶרַע זֶרַע자라 자라[8]

: 씨 자라=자라 자라=זרע זרע=זֶרַע זֶרַע자라 자라 씨가 맺어진다. 씨 자라=자라 자라=זרע זרע=זֶרַע זֶרַע자라 자라 열매 맺다. 무려 4회 조레아으 자라아와 조레아으 자라아=זרע זרע זרע זרע조레아으 자라아와 조레아으 자라아[9] 4회

---

1) זָכַר זָכַר(자카르 자카르 · 잘 기억, 신 7:18).
2) ה(헤/숨쉼).
3) ז(자인/연장).
4) הַזָּהָב(하자하브/금이 있는, 창 2:11).
5) הַזָּהָב(하자하브).
6) הָ הַ(하 하).
7) זָ(자인/연장).
8) זֶרַע זֶרַע(쩨라 쩨라 · 씨 맺는, 창 1: 11)는 זֶרַע(쩨라 · 씨)와 맺는 מַזְרִיעַ(마쯔리아 · 맺는) 언어 연결로 되어 있다. זֶרַע זֶרַע(쩨라 쩨라, 창 1: 29) .
9) זֹאת אוֹת~ הַבְּרִית(조트 오트~하베리트, 창 9: 17) 리듬의 זֹאת(조트 · 이것, 창 12: 12).

반복으로 씨 맺는 일[1]은 하나님이 여섯째 날에 씨가 열매 맺도록 하시는 일이다.

* 파냄 파냄=פנים פנים=פנים פָּנִים פָּנִים[파님 파님][2]

: 파냄 파냄=פנים פנים=פנים פָּנִים פָּנִים[파님 파님] 숨어 있는 것 파냄!

* 하히트팔렐…바이트팔렐=ויתפלל… התפלל=הִתְפַּלֵּל… וַיִּתְפַּלֵּל[히히트팔렐…바이트팔렐][3]

: 모세가 이스라엘 백성들을 광야 길로 데리고 가자 모두 원망한다. 그러자 불 뱀에 물려죽는 일이 일어나고 이에 그들이 기도하여 달라 하자 모세가 기도하여 기도하며 하히트팔렐… 바이트팔렐=ויתפלל…התפלל=הִתְפַּלֵּל…וַיִּתְפַּלֵּל[히히트팔렐…바이트팔렐] 기도의미는 파낼 일[4] 재귀완료형 명령형이다. 두 번째 모세의 기도는 현재형이다. 기도가 계속되는 현재형은 주 예수 그리스도의 기도이다. 기도로 하시고자 하는 채찍=ל[라메드]가 말하는 바의 그리스도를 통해서이다. 채찍=ל[라메드]는 그리스도의 올바른 씨앗이 입=페=פ[페] 입에 말씀이 들어와야 한다.

---

1) זֹרֵעַ זֶרַע : זֹרֵעַ זֶרַע(조레아으 자라아 : 조레아으 자라아 · 씨 맺는: 씨가진, VQPA NMS : VQPA NMS, bearing ssed : yielding seed, σπείρον σπόριμον : σπέρματος σπορίμου, 창 1: 29).

2) פָּנִים פָּנִים(파님 파님 · 반드시 앞에서, 민 14:5) .

3) פָּלַל(팔랄 · 기도, הִתְפַּלֵּל(히트팔렐 · 기도하여. VTMMYS, pray, εὔξαι οὖν, 민 21:7): 바이트팔렐 וַיִּתְפַּלֵּל(바이트팔렐 · 기도하매. CW.VIMZS, And praed, καὶ ηὔξατοπρος κύριον, 민 21:7)

4) פָּלַל(팔랄 · 기도, הִתְפַּלֵּל(히트팔렐 · 기도하여. VTMMYS, pray, εὔξαι οὖν, 민 21:7): 바이트팔렐 וַיִּתְפַּלֵּל(바이트팔렐 · 기도하매. CW.VIMZS, And praed, καὶ ηὔξατοπρος κύριον, 민 21:7).

펴다 펴다=פתח פתח=פָּתַח פָּתַח 파다 파다[1]

: 펴다 펴다=פתח פתח=פָּתַח פָּתַח 파다 파다 마음껏 상상의 날개를 펴다. 반드시 좋은 일이 일어난다. 꿈의 날개를 펴다 펴다=פתח פתח=פָּתַח פָּתַח 파다 파다 꿈을 펴다 펴다 두 번의 반복리듬이다.

* 타브하 타브하= תבח טבחה=תִּבְחָה טָבְחָה 타브하 타브하[2]

: 지혜로운 자는 짐승을 잡아 잡아=תבח טבחה=תִּבְחָה טָבְחָה 타브하 타브하[3] 없앤다. 마음의 짐승을 잡아 잡아 내는 일은 마음이 순결해 지는 일이다.

* 탐 탐=טמא טמא=טָמֵא טָמֵא 탐 탐[4] 더럽힘=טמא=טָמֵא 탐 탐[5]

: 정말 그대 것이 탐 탐=טמא טמא=טָמֵא טָמֵא 탐 탐 탐나 탐나가 견딜 수가 없어 훔쳤지 부정한 자[6]가 되지 않기 위해서는 만지면 아니 된다. 탐 나 탐 나=טמא טמא=טָמֵא טָמֵא 탐 탐[7] 하지 마셔요!

* 하야 하야=היה היה=הָיָה הָיָה 하야 하야[8]

: 가인과 아벨의 관계를 성경은 숨 쉼의 문제로 한

1) פָּתֹחַ פָּתַח(파타흐 파타흐 · 펴고 펼지니라) 기본형은 변형 פָּתֹחַ תִּפְתַּח(파토하으 티프타흐 · 너는 반드시 펼지니라, 신 15:11).

2) טָבְחָה תִּבְחָה(타브하 티브하 · 짐승을 잡으며, 잠 9:2).

3) טָבְחָה תִּבְחָה(타브하 티브하 · 짐승을 잡으며, 잠 9:2).

4) טָמֵא טָמֵא(탐마 탐마 · 부정한 자가 부정할 것이며, 민 19: 19).

5) טָמֵא(탐마 · 더럽히지, 신 21:23).

6) הַטָּמֵא(하타메아).

7) טָמֵא טָמֵא(탐마 탐마 · 부정한 자가 부정할 것이며, 민 19: 19).

8) הָיָה הָיָה(하야 하야 · 그들이 있을 때에, 창 4: 8).

다. 성경은 하여 하여=היה היה=הָיָה הָיָה하야 하야로 한다. 하여 삶과 죽음 문제는 아벨이 가인에 의하여 죽지만 죽어가고 있는 현재 진행으로 성경은 기록하며 잔다고 하였다. 잔다는 것은 깨어날 때가 있다.

* 케세프 케세프 כֶּסֶף כֶּסֶף케세프 케세프 of silver in silver 은물의 은과 은銀 물의 은이다.

* 하마 하마=חמר חמר=חֲמָרא חֲמָר하마 하마1)

: 하마 하마=חמר חמר=חֲמָרא חֲמָר하마 하마 벌써 하마!!

* 라하캄 브예흐캄=לחכם ויחכם=הָיָה הָיָה לְחָכָם וְיֶחְכַּם라하캄 브예흐캄2)

: 지혜는 그 분 안에서 말씀=לחכם ויחכם=הָיָה הָיָה לְחָכָם וְיֶחְכַּם라하캄 브예흐캄으로 서는 일이다.

* 후아 후아=הוא הוא=הוּא הוּא후아 후아3)

: הוא הוא=הוּא הוּא후아 후아 마땅히 그렇게 하시죠! 그는 하나님을 지칭한다. 마땅히 의미는 헬라어로 에크에이네4)이다.

* 힘모을 힘모을=המל המל=הִמֹּל יִמּוֹל힘모을 힘모을5)

: 힘모을 힘모을=המל המל=הִמֹּל יִמּוֹל힘모을 힘모을 힘 모을 일이 생긴다. 할례를 받으면 힘 모을 일이 생긴다.

---

1) חֲמָר חֲמָרא(하마르 하마르) 기본형은 변형 וַתַּחְמְרָה בַחֵמָר(베하타헴메라 바헴마르 · 역청을.. 칠하고, 출 1:3).

2) לְחָכָם וְיֶחְכַּם הָיָה הָיָה(라하캄 브예흐캄 · 지혜로워지려하면 지혜로워질 것이요 잠 9: 9).

3) הוּא הוּא(후아 후아 · 마땅히).

4) ἐκείνῃ(에크에이네).

5) הִמֹּל יִמּוֹל(힘몰 임몰 · 할례를 받으라, 창 17: 13).

제11장

한국인이 복을 받는 이유는 따로 있다

제 1 절 이유

1. 고조선 대동강 변에서 나온 히브리어

고조선을 단군 왕검이 세웠다1)하면서 단군조선과 중국 한나라에 의해 멸망된 위만조선2)을 함께 포함하는 경우가 많다. 하지만 단군신화는 고조선의 건국과 관련된 일련의 역사적 사건들이 신화적으로 정리된 것일 뿐이다. 왜냐하면 연대나 세부적이고 새로운 증명이 계속 나오고 있어서다. 역사적으로는 중국 동북부와 한반도 서북부에 청동기문화가 발전하는 과정과 고조선사회의 발전과정을 동일선상에서 이해할 수 있다.

---

1) 檀君王儉 BC 2333년.

2) 衛滿朝鮮, BC 108년.

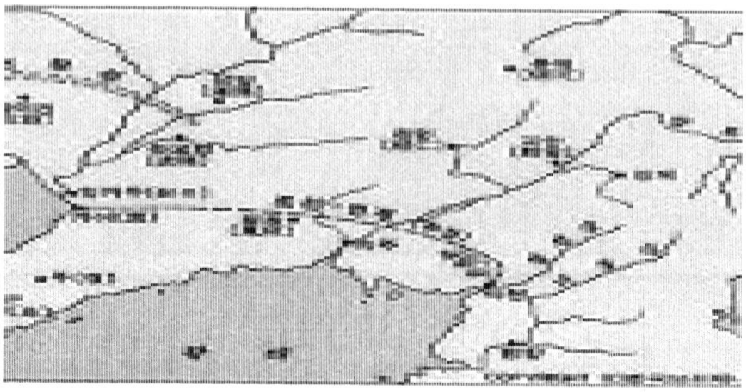

고조선의 무대는 지금의 조그마한 한국의 대동강이 아니다. 고조선 대동강변에 발견된 와당에 히브리어로 쓰여져 있다. 국립중앙박물관과 광주박물관에 소장되어 있다. 국립중앙박물관 보존 와당에 하나님나라 회복이 내용 기록기도함으로써 회복! 광주박물관 보존 와당에는 단결, 협력하다 뜻을 지닌 우리말 발음과 흡사한 카솨르[1] 히브리어 보관 자료 고대 히브리어가 있다.

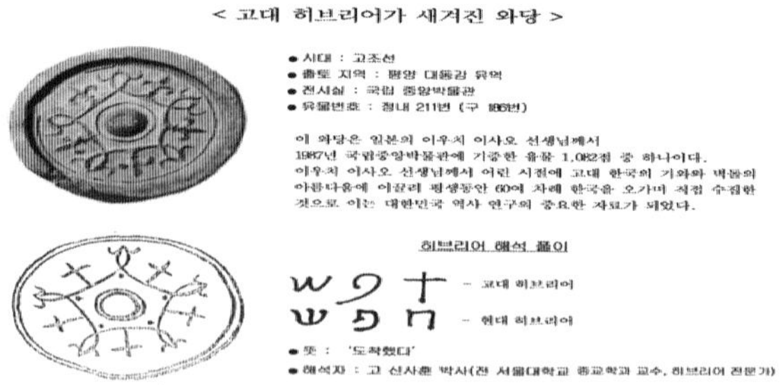

1) קשר(카솨르 · 협력하다, 7194, 7195: George V. Wigram, 『구약 성구사전: *The Koreans Hebrew and Chaldee Concordance of the Old Testament*』, 김만풍 역(서울: 기독교 문화협회, 1993), 1456.

와당의 글자 협력 קשר=קָשַׁר카사르1) · 협력을 우리나라 말 발음 '같이'다. 매는-카사르-קשר=קָשַׁר카사르2)이다. 고조선 기왓장의 חפש=חָפַשׂ홮스 기록은 찾았어=왔어=홮스=חפש=חָפַשׂ왔어3)이다. 왔어=홮스=חפש=חָפַשׂ홮스4) 왔어 가

1) קָשַׁר(카사르 · 매는, 잠 3:3).
2) קָשַׁר(카사르 · 매는, 잠 3:3).
3) חפש(홮스 · 찾았어, 시 64:7; 잠 2:4).
4) חפש(홮스 · 찾았어, 시 64:7; 잠 2:4).

까이 왔어!이다. 이와 유사한 랑하는 백성이 숨 쉴 수 있게 해 주시려 바로 본인임을 드러내시려 옷 입으셨다. 그 분이 우리를 입히다, 입히시니[히파]=히파[입혔더라]=פה ה[히파 입혔더라]=הַפֶּה[히파 입혔더라]가 있다. 그 분의 권위를 입히시는 행사 왔어! 행사가 있다. 다스린다=마샬=משל=שָׁל מָ[마샬][1] 판독 노래 마샬[2]은 말씀 노래[3]이다. 우리가 고대 히브리어를 사용한 확실한 증거[고대 히브리어 전문가 김상운 박사] 고조선 B. C. 1천년 경[단군이 고조선을 세웠던 대동강 변 기왓장에 적힌 히브리 글자] 야곱의 12지파 애급 벽돌 기술이다. 문정창[4]은 동이족 황색인종[5]이 동방으로부터 메소포타미아로 들어간 역사라 했다. 본 연구자도 고대 히브리어글자 지금의 성경 원문을 통해 유사한 발음의 언어들이 아주 많이 발견됨으로 써이다.

---

1) משל=מָשָׁל(마샬 · 통치, 단 11:39).

2) מָשָׁל(마샬, 민 23: 7, 18, 24: 3, 15, 20, 21, 23; 사 14: 4.

3) מַשָּׂא(마샤 · 노래, 대상 15: 22).

4) 문정창(文定昌), 『한국 · 슈메르 · 이스라엘의 역사』(서울: 한뿌리, 2008) 역사학자이다. 본관은 남평(南平), 호는 백당(柏堂).

5) 제주도 사람발자국(천연기념물 464호) 화석의 비밀(KBS. 2012. 4. 19일 역사스페셜 22시 방영)에서 현생인류(우리의 조상)가 후기구석기 시대에 살고 있었음을 입증. 구석기시대 호모엘렉투스(450만년~290만년전)가 아닌 후석기시대인(250만년전~2만년전)들은 약 35만년전부터 제주도에 살았음: 사람발자국화석(9인) · 지질학적으로 증명 · 경기도 연천 전곡리에서 구석기시대 주먹도끼 발견됨으로써 제주도와 동일성 · 메머드 발자국(코끼리 비슷)발견으로 당시 제주도와 일본과 현재 한반도가 빙하기 시대(2만여전)로 하여 이동했음을 제주도의 천지연(생수궤에서 돌날 · 좀돌날 등 동굴유적)에서 발견 · 지층조사로 후기구석기시대 유물 고증. 25.000년전의 후기구석기시대인들 곧 호모사피엔스로 한반도 원시인류가 우리 조상이었음을 증명 방영.

2. 히브리어와 우리나라말의 닮은 꼴

1977년 중국은 대문구문화大汶口文化를 발굴하였다. 출토품이 B. C. 5,785년 전의 것으로 측정되면서 출토지가 소호금천씨인 소호국인의 것이라 밝혀졌다. 이 나라는 남만주 ~ 요동반도 지방에 자리했던 소호국이다. 동시대 수메르로 건너간 황색인종이라는 학설이다. 백두산에서 일제치하 고정록 선생이 발견한 단군지석에서는 1911년경 일본인들이 백두산에서 벌목하다가 뜻을 알 수 없는 글의 지석誌石이 당시 의주 천주교당에 와 있었던 프랑스인 천주교 신부에 의해 히브리 문자로 밝혀진 뒤 단군지석으로 판독되어 약 3천 년 전에 제작한 것으로 판정되어졌다.

우리나라에서 이미 오래 전에 이루어 졌던 하나님의 일은 인간의 힘으로는 이해의 한계성이 있다. 그러함에도 불구하고 하나님이 역사 흔적은 우리나랏말과 히브리어의 발음상의 공통점 발견. 본 연구자는 예수바위주민의 왕머리 마을~ 즉 왕유[1] 답사, 예수바위 · 도마 바위를 연구[2], 예수바위[3]는 경북 영주에 있다.

---

1) 왕유마을 곧 왕머리라는 왕유동(王留洞: 왕이 머무른 마을)은 고려 31대 공민왕이 중국으로부터 처들어 온 홍건적의 난리(1361년)를 피하기 위해 안동으로 가는 길에 이곳에 머물렀다 해서 붙여진 마을이름이다.

2) 이영지, 우리말과 히브리어의 상관성, 『말씀과 문학』(서울:창조 문학사, 2010).

3) 경북 영주시 평은면 강동 2리 왕머리 마을; 경북 영주시 평은면에 있는 이 예수바위는 평은역과 한일시맨트 있는 곳까지 가서 철로를 건너지 말

1). 경상북도 영주시 평은면에서 발견된 히브리어

http: www.blog.naver.com. guiyeum. 30048663357(정수일 .한겨레 2005.1.3).

www.ohmynews.com. news~web. at~pg.aspx?.(김환대의 사진(woon 5400). 08. 01. 01. 20:7)

경북 영주 유우식1)이 처음 발견한 바위에는 히브리어가 새겨져 있음을 본 연구자는 확인하였다. 우수한 석공 도마에 의해 도마바위가 기록되었다는 학설이다.

고 옆의 큰 길로 가지 말고 차로의 좁은 길로 들어 가다가 금광리와 왕유길 중 왕유길로 접어들어 흰 색 지붕의 창고건물 지나 마을회관 앞부분에서 우측으로 접어들면 수직으로 선 예수바위가 보인다.

1) 당시 관악고등학교교사.

2). 1차적 의미와 2차적 의미로 접근

성경에서 도마는 히브리어 흠 없는=완전=톰밈=톰맘=תמים탐밈=תָּמִים탐밈1)과 태밈밈=완전=탬밈밈=תמימם태밈밈=תְּמִימִם태밈밈2)으로 찾아졌다. 모두 완전과 흠없음이다. 본 연구자가 직접 답사한 글씨 또한 오른쪽에서 왼편으로 읽어가야만 이해되는 히브리어 표기법과 동일하게 기록되었다. 옛 한글 또한 오른 편에서 왼 쪽으로 쓰인다. 바위 위 표기법은 첫 글자 히브리어 십자가=타브=ת타브로 시작된다. 이 첫 글자를 글자로 보지 않을 경우 울타리, 집=헤드=ח헤드로 읽을 우려가 있다. 그러나 글자 안에 들어있는 새의 부리와 기와집 끝 모양처럼 된 그림을 넣어 같이 십자가=타브=ת타브를 참작할 때만 십자가=타브=ת타브로 판독하게 된다.

이 완전함을 의미하는 첫 글자 십자가, 완전함=십자가=타브=ת타브와 바로 옆 글자 물=말씀=맴=מ맴으으로 이어지는 히브리어의의 완전=톰=תם톰이 된다. 석공의 예술성이 십자가=타브=ת타브 안에 새가 있고 그 안에다 새의 눈을 넣은 다음 왼쪽 끝 부분을 새의 머리 부분과 부리부분의 일부를 접목시켜 ת타브자를 만들고 있다.

---

1) תָּמִים(톰밈 · 흠 없는 · 완전케, 민, 28: 9; 시 119: 80; 잠 11: 5; 암 5: 11.

2) תְּמִימִם(템밈밈, 레 9: 2; 민 28: 11, 19, 31, 29: 2, 8, 17, 20, 23, 29, 32, 36; 겔 43: 25, 45: 23, 46: 4.

더구나 다리부분이 첨가된 절묘한 완전함=십자가=타브=ת자 만들기는 다음 글자인 물=말씀=맴=מ[맴]의 밑에 새의 부리부분을 살짝 붙이면서 톰=תם[톰], 즉 도마 글씨로 예술화하였다.

성경에서 완전=무흠=톰밈=תמים[톰밈]=תָּמִים[톰밈][1]은 톰=מת 다음 글자, 즉 여호와의 손=요드=י[요드]을 예술적으로 두 손이 마주한 모습으로 하였다. 끝 글자 물=말씀=맴=מ[맴]이 지닌 글자는 바로, 바위 뒷면에 가보면 바위 형태 즉 사람이 앉아 있는 모습과 연관된다. 곧 예수님의 모습이 바위 자체 모습으로 되어 있다. 더구나 무흠[2] 하시면서 완전한 분, 자체와 예수님의 만찬 때에 예수님의 품에 안긴 요한의 모습이 중복되어 각인됐다. 글자 또한 끝 글자인 네모 물=말씀=맴=מ[맴]안에는 말씀이 들어 있는 의미로 도마가 앉아 있는 모습[3]을 증언한다. 바위 뒷면과 연관한다면 예수님이 앉아 있는 모습이다. 이러한 모습은 완전무흠[4]하신 예수님의 모습이다. 예수님을 위한 초점으로 맞추어진다.

도마바위는 한글미음=ם이 세 개나 있다. 곧 히브리어 표기 תממם이다. 그 안에 새의 목과 부리와 눈, 그리고 가운데 점과 손을 맞잡은 형태, 즉 손을 모은 모

1) תָּמִים(톰밈 · 완전 · 무흠).

2) 사전은 이 기본형을 תָּמַם(타맘)이라 하였으며 동사이고 문자적으로나 상징적으로, 타동사로나 자동사로 완성하다, 완수하다의 뜻이라 하였다.

3) 조국현 · 도마박물관장.

4) תָּמִים(톰밈).

습, 그리고 마지막에서 사람이 앉아 있는 모습으로 암각 되어 있다. 하나님 아들에 대한 무흠[無欠]인 히브리어 반복, 완전, 흠 없는=완전=템밈밈=תמימם[템밈밈]=תְּמִימִם[템밈밈]1) 표시가 되어 있다. 흠 없는=완전=템밈밈=תמימם[템밈밈]=תְּמִימִם[템밈밈]2)은 무흠의 예수님을 구약에서 예시한다. 흠 없는=완전=템밈밈=תמימם[템밈밈]=תְּמִימִם[템밈밈]3) 예수님이다.

이 마을에서는 "도마바위"로 전해오고 또 예수 마을이라고도 한다. 도마는 신약시대4)의 석공이다. 이에 문

---

1) 레 9: 2; 민 28: 11, 19, 31, 29: 2, 8, 17, 20, 23, 29, 32, 36; 겔 43: 25, 45: 23, 46: 4.

2) 레 9: 2; 겔 43: 25, 45: 20, 46: 4.

3) תְּמִימִם(테밈밈, 레 9: 2; 민 28: 11, 19, 31, 29: 2, 8, 17, 20, 23, 29, 32, 36; 겔 43: 25, 45: 23, 46: 4.

4) 도마행전에서 예수의 제자 도마가 인도 선교한 행적이 드러난다. 실재 인도의 마라바루 지방에는 도마 그리스도교도라고 불리 우는 사람들이 교회를 형성하고 독특한 예배의식에 의하여 예배를 드리고 있음으로써 예수의 열두 사도 중의 한 사람인 도마에 의하여 전도를 받고 세워진 교회가 증명되고 있다. 예수님의 "도마야 너는 두려워 말고 인도에 가서 복음을 전하라. 내가 항상 너와 같이 하리라"임에도 망설이던 도마는 예수님이 왕궁건설을 위해 온 아바네스에게 당시 우수한 목수와 석공 실력을 가지고 있는 관계로 하여 팔려서 인도로 갔고 그로 하여 인도의 도마교회 설립의 유래가 되고 있다 한다.

고고학자들은 당시의 왕은 군다포러스였고 1세기에 인도의 북서 지역을 다스렸다고 말한다. 동전에는 헬라식 철자로 힌도포레스 왕이 새겨져 있다. 도마와 아시리아 교회는 AD 64년에 동쪽의 끝인 당(唐)나라의 수도 시안을 거쳐 한반도를 통해 AD 70년에 일본까지 갔다. 시안에 있는 아람어가 쓰여진 The Nestorian Monument 탑은 벌써 638년에 세워졌으며 중국과 일본에 유적이 남은 경교(景教)가 그 흔적이다.

325년에 니케아종교회의 신조에 사인했던 주교들 중에 페르시아의 대주교 요한이 있었는데 인도와 페르시아에 있는 교회 전체를 대표해서 사인한 서명은 인도 교회와 페르시아 교회는 매우 밀접하게 연결되어 있다는 것을 보여 주며 연결 고리가 사도 도마였음을 암시한다. 도마바위는 1987년 8월 어느날 한 독실한 기독교 신자가 경북 영주시 평은면 강동2리 왕유동 분처바위에서 머리 부분이 떨어져나간 암각상을 발견, 토마야소화왕글자 새겨 분처바위에 있다고 하여 분처상(혹은 토마의 분처상, 토마상)이다.

학적 관점과 문인의 오랜 경험[79년 등단]에서 바위 앞면 글자를 토마1)로 읽을 수 있음으로써 오히려 예수와의 연관성을 확증하게 한다. 히브리식 토마2)는 카메쯔 모음발음3)이 있어서 보통 때는 아 발음이지만 히브리어 첫 글자로 쓰일 때는 오로 발음하므로 톰이 된다. 따라서 당연히 표기로는 아=א[알레프]이지만 읽기는 토마4)이다. 그런데 위 그림에서 보면 두 손을 모은 형태 즉 양손을 합한 모습이 아=א[알레프] 자의 모습으로 되어 있다. 따라서 도마가 두 손을 모으고 기도하는 모습5)이다.

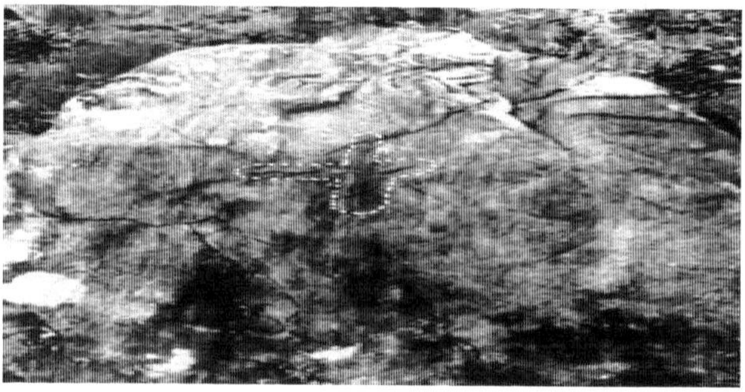

www.hani.co.kr · arti · culture · culture_general · 391.html

더구나 히브리어로 적힌 도마 바위 끝 발음은 숨구멍, 소망사=숨구멍=헤=ה[헤]나 지붕=헤트=ח[헤트]이기 때문

---

1) תְמאח(토마).
2) תְם(토마).
3) 카메츠 · 모음발음.
4) תְם(토마 · 도마).
5) 조국형 · 도마박물관장.

에 후자 지붕 헤트=ח[헤트]로 본다면 예수님 안에 있는 도마 모습이다. 목이 잘렸기 때문에 누구인지 알 수 없는 이 분처상[分處像]은 가슴 부분에다 두 손을 나란히 얹었다. 실크 옷 명주옷을 입고, 발가락이 나란하다.

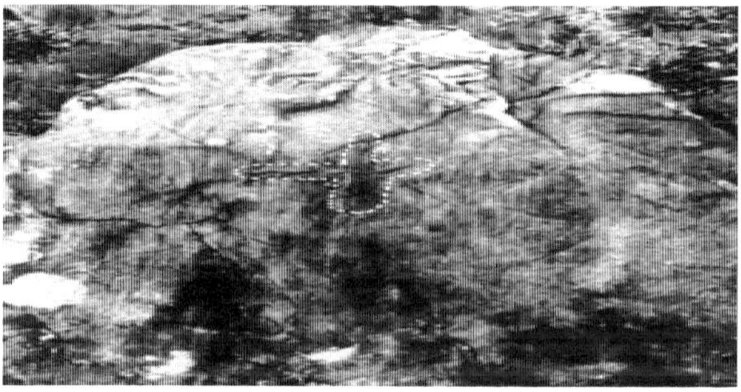

http: · · blog.naver.com · guiyeum · 30048663357

도마 바위벽면에 새겨진 야소화왕[1]이라 적혀있다. 예수 꽃 왕은 예수 그리스도에 대한 동양문화권의 존칭이다. 예수의 야소란 한역 지칭은 중국 명대 중기에 서방 카톨릭이 중국에 유입되며 쓴 글자이다.

소화왕인도자[2]와 명전행[3]기록은 예수 꽃 왕 인도자라는 뜻이다. 야소는 중국식 문서체의 예수님이고 명전행[4]은 예수님의 이름 전체의 이동이다. 야소라는 한역

1) 耶蘇花王~.
2) 耶蘇花王引導者.
3) 名全行.
4) 名全行,

은 781년에 중국 시안에 건립된 대진경교유행중국비에 예수를 미시가[1], 즉 메시아 구세주로 칭한다. 야소는 중국 명대 중기에 붙여진 이름이다. 400년께 고구려 광개토왕이 경북 영주와 순흥, 안동 등 소백산 내부 지역을 일시 통치하였던 사실 때문에 경북 영주시 단산면에서는 광개토왕에 관한 자료가 있다.

중국의 동북공정의 가운데 고구려 '광개토대왕비'가 있다. 쯔반에 있는 광개토대왕비의 문구 중 **'백장신라구시송민유래조공이외이신면년내도래파백장??**신라'라는 문장 중 두 글자가 안보임으로써 한일간역사논쟁이 100년간 이어진다. 400년에 쓰여진 광개토대왕비 글자체는 영주시의 부석의 의상대사, 평은면의 도마상, 단산, 순흥의 광개토왕 비의 글자체가 서로 같다. 건립연대는 400년대 고구려 시대로 소급[2]된다. 일본의 100년간 역사왜곡을 김진명 작가[3]가 소멸된 글자 중 동녘동 東 **'백장신라구시송민유래조공이외이신면년내도래파백장동**東?신라'를 찾아내 역사왜곡을 종결, 백제가 신라를 침공함으로써 광개토대왕이 수군을 이끌고 가서 승리한다.[4] **'백장신라구시송민유래조공이외이신면**

---

1) 彌施訶.

2) 비가 많은 쯔반지역이 있는 광개토대왕비는 오히려 비에 씻기어 내려가면서 발견된다. 너무 오래 되어 발견당시시의 글자가 잘 안보이게 되자 탁본 생활인 초본토가 말똥으로 이끼를 태우는 과정에서 두 글자 소멸 '백장신라구시송민유래조공이외이신면년내도래파백장??신라' 문구이다.

3) 중국과 일본의 역사왜곡, 우리는 무얼 해야 할까 | 김진명 작가(유투브:2019. 8. 2)

년내도래파백장동?신라'의 한일 역사논쟁[1])은 끝 난다.

한국한반도 남부가 일본이 지배하던 나라[2])라는 주장을 바로 잡혀[3])진다. 영주시의 부석의 의상대사, 평은면의 도마상, 단산, 순흥의 광개토왕비의 글자는 이 서체를 써서 당시에 새겨진 것이라고 가정한 연대는 고구려 시대로 더 소급된다.

사도 도마의 석화상과 관련, 고대 가야문화에서 발견되는 기독교 전래는 숭실 대에 보관된 석상, 신라의 향가인 처용가에서의 히브리인 모습이다. 처용 얼굴 부적이 왜 히브리인의 얼굴인가의 답을 알려준다. 고려 시대 처용의 구비 문학은 역신을 내쫓는 축사신[4])이 히브리인 얼굴이다.

---

4) 김진명의 탐구적 기질로 하여 일본동경대 광개토대왕연구학자를 찾아 바로 잡기를 요구하자 이를 받아들여 바로잡힌다.

1) 중국의 왕이젠치잉 역사학자가 탁본생활자의 딸이 다락에 방치하여두었던 탁본을 발견하였되었음에도 숨겨왔다.

2) 탁본을 팔아 먹고 사는 초본토가 비에 씻겨 발견된 광개토대왕비가 이끼가 너무 끼여 글자가 안보이자 말똥을 발라 이끼 태우기를 하는 과정에서 글자 두 개가 소멸된다. 이로 하여 일본의 역사왜곡이 이어지자 김진명은 일본동경대학교 동양사학자를 찾아 이진희가 주장하는 일본인이 석회를 발라 탁본마다 다른 글자라는 주장을 바로 잡는다. 사실 중국 왕지엔칭이 소본토가 소똥을 발라 이끼를 태우기전에 탁본해 놓은 글자를 소토본 딸이 다락방에 방치해 둔 탁복을 발견했음에도 숨겨왔다. 김진명은 일본에 가서 백제가 동쪽으로 신라를 쳐들어가자 광개토대왕이 수군을 데리고 가서 이를 패했다는 주장을 한다. 다락에 방치된 15년 -20년 지나면서 역사왜곡 100년이 바로잡혀진다.

3) 김진명이 동녘동 東자를 찾아 일본동경대학교에 찾아가서 바로 밝힌다. 제일인역사학자 이진희는 일본인들이 이 글자에 석회를 발라 탁본마다 다르게 보인다고 주장하였었다. 사실 중국 광개토대왕 연구가 왕지엔칭연구가가 주본토의 딸이 다락방에 숨겨놓은 탁본을 찾아냈음에도 불구하고 숨기고 있어 50년간 한일역사논쟁이 있었다.

4) 逐邪神.

3. 명주옷을 입은 앞면과 뒷면의 의미 일치

고려시대 궁중의 나례[1]와 결부하여 귀신을 쫓아내는 처용희 · 처용무[2]로까지 발전한다. 처용의 그림은 숭실대 박물관에 소장되어 있는데 얼굴은 서양인으로 당시 서양 기독교 문화가 주입된 가장 뚜렷한 증거이다. 처용이 갖가지 질병을 치료하는 인물임에 비추어 더욱 그러하다.

대진경교유행중국비에는 예수를 미시가[3] 메시아로 칭한다. 명전행[4]기록에는 영주시 순흥면 읍내리 고분 서벽에 고구려인 전행[5]이란 같은 글자가 등장한다.

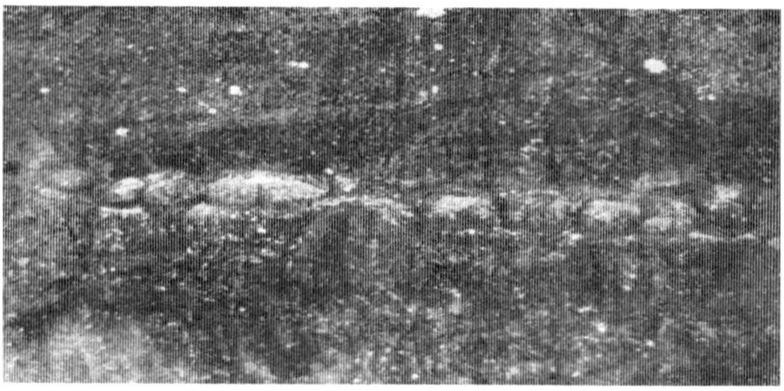

http:··blog.naver.com·guiyeum·30048663357

1) 儺禮 ~ 잡귀를 쫓기 위한 의식).

2) 處容戱 處容舞).

3) 81년에 중국 시안에 건립: 彌施訶.

4) 名全行.

5) 全行: 400년경 고구려 광개토왕이 영주와 순흥, 안동 등 소백산 내부 지역을 일시 통치하였던 사실의 기록이 광개토 태왕의 글씨로 발견된 바 (KBS · 역사탐방)

발밑에 꽃 모양이 있다. 섬세하고 우아한 명주 실크 옷을 입은 예수님 모습[1]이다. 전행은 순흥면 읍내리 고분 서벽에 고구려인 전행[2]이 등장한다. 석상 앞면에서는 두루마기를 입은 그 아래로 발가락이 가지런히 놓이었다.

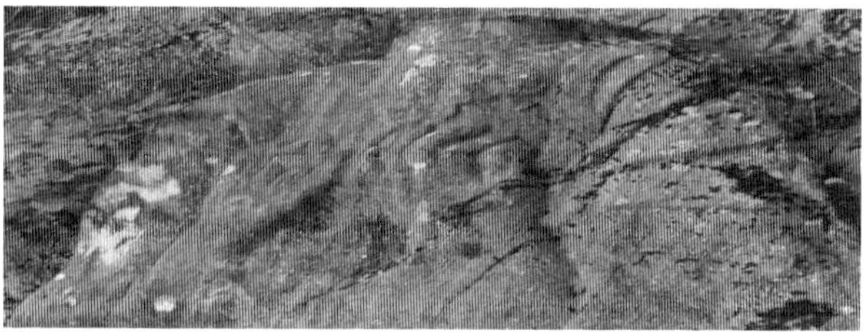

og.naver.com · panem · 70019744460 · 이준원)

1908년 중국 둔황의 고대 동방기독교 즉 경교[3] 인물상[4] 수세와 비슷하다. 옆구리와 하부에는 무궁화[5] 꽃무늬. 분처상의 고리형 목걸이 문양이다. 겉옷은 경교화상의 목걸이 · 겉옷 문양이다.

---

1) 한국외대 인문대학원 마인어 과정 수료, 대한민국 현대미술전 도예 특선(2010), 춘천도예 대표.

2) 全行.

3) 景教.

4) 당나라 말 제작, 일부 학자는 그리스도상이라고 주장.

5) 무궁화는 사전에서 샤론이라고 부른다. 일본 꽃 박람회 때에 대한민국의 꽃 샤론이라 하였다.

제2절 유추의 가능영역

1. 유추

1). 우리나라 말과 히브리어와의 비교

(1). 연관유추가능성

영주시 평은면의 히브리어로 새겨진 토마 바위다.

www.ohmynews.com · news˜web.. · at˜pg.aspx?.
(김환대의 사진(woon 5400) · 08. 01. 01. 20:7)

신라 이전 가야 수로왕릉입구에 두 마리 물고기[1)]가 입을 마주한 문양은 가야왕 때 인도에서 온 황후 허황옥의 사실과 같다. 13세기 우리나라 외국과 교류 활발,[2)] 대동강 변 출토 기왓장 히브리어 기록 · 수로왕능 물고기 문양과 밀접!

---

1) http: · · blog.naver.com · walkeveryday · 134839166
2) KBS 수로왕능, 역사 탐방참조(2010).

(2). 우리나라문화의 정서

세종대왕이 만들어낸 한글 연원은 신라시대 즉 1500년 전 이미 계림로 14호분 황금보검이 아프카니스탄에서 발견되듯이 신라가 전 세계와 소통한 하나의 거점 발견[1]에서다. 세종의 셋째 딸 묘에서 변음과 지방사투리까지 두루 사용되었다. 동아백과사전에는 우리나라 사람 골격 구조와 골상이 고대 유대인의 골상과 동일하고 황인종[2]이다.

머리카락이 검고 키가 작[3]다. "스스로 보기에도 메뚜기 같으니 그들이 보기에도 그와 같았을 것이니라[4]"라는 기록이 있다. 생활습관은 부녀자들이 모두 물동이를 이고 물 긷는 습관 · 맷돌질 · 도리깨 · 농사까지 같다. 유월절 절기에 양의 피를 문설주에 발라서 화를 면했던 습관들은 우리나라의 팥죽을 쑤어 문설주에 바르는 생활양식이다. 유대인 풍습을 고스란히 간직하고 있는 브엘세바 지역의 베두인족 유목 · 천막 · 아브라함이 암양 7마리로 산 브엘세바는 고대 유대민족의 전통과 풍습 · 결혼 서약 식 후, 신부의 부모가 사는 천막 근처에 임시로 초당 짓고 3일 동안 신방을 꾸민다. 우리도 3일후 신행을 간다.

1) 계림로 14호분 황금보검의 비밀(KBS 2010. 02.06 역사스페셜 방영).s

2) 창 9:25.

3) 민 13:32~33.

4) 민 13:33.

(3). 임금 어라하

우리나라 사람들은 처녀 때는 머리카락에 빨간 댕기를 하고 결혼할 때에는 빨간 치마에 빨간 끝동과 옷고름이 달린 저고리 · 얼굴에 빨갛게 연지곤지까지 찍는다.

한영사전은 무궁화의 별명을 *Rose of Sharon,* 사론의 장미라 하였다. 찬송가 89장은 예수 그리스도를 사론의 꽃으로 표현하고 있다. 일본은 무궁화를 무구케라고 읽고 있고 학술명은 *Hibiseus Syriacus* 즉 시리아에서 온 꽃이라 한다.

이스라엘과 우리나라의 인사법 유대인들은 인사할 때 샬롬이라고 인사하고 우리가 안녕하십니까? · 안녕히 가십시오 · 평안한가? · 평안히 가라 · 밤새 안녕하십니까 안녕히 가십시요 · 잘 가세요 생활습관이다. 경상도 영주지방에서는 별고 없으십니까라고 하면서 안부를 묻는다. 하나님의 역사는 현재 남아 있는 언어에서 유추되어 진다. 선배 혹은 나이 드신 분을 어르신이라 한다. 백제 근초고왕은 어라하이다. 어미에 하가 붙은 이 하는 극존칭이다. 엘라하[1]에서 하나님 엘[2]과 여호와의 약자 יָהּ 야יָהּ야 사 38:11 야[3]와 소망 사 하[4]가 우리말 어르신 어라하와 관계밀접이다. 하[5]가 붙은 백

---

1) אֱלָהּ:א(엘라하, 렘 10:11).
2) אֵל.
3) ְי(야).
4) הַ(하).
5) ה(하).

제 12대왕의 딸 이름 부여화의 이 화=하는 『용비어천가』[1] 님금하 "..하" 님하 임아에서 찾아진다. 임하![2] ..하"는 믿음의 조상[3] 아브라함은 아브람[4]에 하=הָ[5]가 덧 붙은 아브라함이다. 아람[6] 그 유리하던 곳[7]을 떠나 하나님의 땅에 물 건너온 이브리 히브리인이다. 입으리=이쁘리=עברי이브리=עִבְרִי이브리[8] 유추의 가능성이 열린다. 제사민족 히브리민족은 하나님을 늘 옷 입고 다니는 민족이다. 물 건너 저편에서 온 이라는 뜻과 함께. 하나님은 우리에게 보여 주시려 옷 입으셨다. 광채와 권위와 존귀를 옷=입으셨다=לבשת입으셨다=לָבַשְׁתָּ입으셨다[9]다.

---

1) 보물 제1463호, 명 칭 용비어천가(龍飛御天歌), 분 류 기록유산 · 전적류 · 목판본 · 왕실본, 수량 · 면적 3권3책,2권2책, 소재지: 계명대 동산도서관, 서울 종로구 서울역사박물관, 시대: 조선시대, 소유자(소유단체) 계명대학교, 서울역사박물관 관리자(관리단체) 계명대학교, 서울역사박물관.

『용비어천가(龍飛御天歌)』는 훈민정음(訓民正音)이 창제된 후 정음(正音)으로 기록된 최초의 문헌임과 동시에 『월인천강지곡(月印千江之曲)』과 함께 조선시대 악장(樂章) 문학의 대표적 작품으로 평가되고 있는 책으로써, 세종조의 국어학과 서지학 연구에 중요한 자료; 계명대학교 소장 『용비어천가』는 전10권 중 권8~권10의 3권으로 자체(字體)는 조선초기에 유행한 조맹부(趙孟頫)의 송설체(松雪體)로 판각, 판심(版心)에는 조선초기 형식~ 흑구(黑口)에 내향흑어미(內向黑魚尾)가 있어 초간본으로 추정, 그러나 장차(章次)에 몇 군데 오각과 수정한 흔적이 있음 ~ 초판본 책판의 수정을 거쳐 인출한 것으로 유추.

2) עִמְּךָ(임하·당신을, P.MYS, thee, 대하 20:6).

3) אַבְרָהָם(아브라함).

4) אברם(아브람).

5) הָ(하).

6)창 24: 4.

7) 창 24: 4)유리하는 히브리어 אבד(오베드) · 길을 잃다)는 길을 잃어 멸망할 뜻을 지니며 아바드는 분사형(욥 29: 13창 4: 2)이다. 곧 야곱의 외가도 포함되는 속이다. 야곱이 애굽으로 내려갈 때의 비참한 상황(KJV) · 유리하는 야곱으로 외삼촌 라반에게 학대 받음(LXX)으로 본다. 야곱이 애굽으로 데리고 간 70여명의 소수(창 46: 27; 신 10: 22)도 이에 해당.

8) עִבְרִי(이브리 · 히브리, 욘 1:9 등).

9) לָבַשְׁתָּ(라바셨다 · 입으셨나이다, VQAMYS, thou art clothed with, 시

(4). 아비 · 아빠 · 이모

광대하심과 존귀와 권위를 입으셨다.[1] 입으셨다[2] 존귀=호드=הוד=הוֹד호드[3] 존귀인 숨쉬기를 바라는 가슴과 권위=하다르=הדר=הָדָר하다르[4] 권위의 옷 곧 숨 쉬는 가슴을 가지심으로 옷 입으셨다. 그의 사랑하는 백성이 숨 쉴 수 있게 해 주시려 호도 하시는 행위를 드러내신다. 바로 본인임을 드러내시려 옷 입으셨다. 그 분이 우리를 입히다, 입히시니 입혀=הפה히파=הִפָּה히파[5] 입히시니=לביני=לְבִינִי입히니[6] 집안에 들이시려고 그 분의 마음으로 입히시니, 입으리=히브리다.

우리나랏말에 입으리라는 미래형이 있다. 히브리어 입으리=עברי=עִבְרִי입으리[7] 이브리 · 히브리민족이 어디서 왔느냐? 물 건너 왔다는 속설을 지닌 이 히브리민족이 바로 입으리의 발음을 지닌다. 하나님의 뜻을 눈으로 머리에 넣기에 늘 입고 다니는 옷이다. 히브리민족은 하나님을 늘 옷 입고 다니는 민족이다. 물 건너

104:1) 주께서 입으시며 לָבָשְׁתָּ(라바셨다·입으셨나이다, VQAMYS, thou art clothed with, 시 104:1).

1) 내 여호와를 송축하라 여호와 나의 하나님이여 주는 심히 광대하시며 존귀와 권위를 입으셨나이다 시 104:1.

2) לָבָשְׁתָּ(라바셨다·입으셨나이다, VQAMYS, thou art clothed with, 시 104:1).

3) הוֹד(호드·존귀, NMS, honer, 시 104:1).

4) הָדָר(하다르·권위, NMS, NMS,majesty, 시 104:1).

5) הִפָּה(히파 · 입혔더라, VPAMZS, 대하 3:9 등).

6) לְבִינִי(릅비시니 · 입히시니, 욥 10:11).

7) עִבְרִי(이브리 · 히브리, 욘 1:9 등).

저편에서 온 이라는 뜻과 함께. 하나님은 우리에게 보여 주시려 옷 입으셨다. 광채와 권위와 존귀를 옷 입으셨다.

우리들이 가장 많이 사용하는 말이 아빠 이모 엄마이다. 이 말들이 모두 히브리어서 그대로 있다. 아비나 우리들이 아비라 하는 발음이 같다. 우리나라에서 아비 아빠, 심지어 아내도 남편을 향하여 "아빠"라 한다.

어른들은 다른 이에게 자기 아들딸을 이름하여 애비 · 애미라 소개하기도 한다. 히브리어 아비[1]가 있다. 예수도 하나님을 아바[2]라 하였다. 아바[3]는 성경에서 656회 사용되며 아비가 60회[4] 이상이다.

우리나라에서 어머니의 언니나 동생을 이모라 하는데 성경 이모[5] 이마[6]는 어머니로 번역되어 있다. 이러한 발음상에서 유사성 혹은 일치성은 히브리어가 우리나라 말과 연관이 깊은 유추이다.

우리나라나 옛 이스라엘에서는 다 같이 사람이 죽으면 베옷을 입고 곡을 한다. 산소마다 돌 제단이 있다.

---

1) אָבִי(아비 · 내 부친은, 왕상 12:11).

2) 막 14:36.

3) אָב(아브).

4) 창 17:4, 5, 27:27, 41, 35:18, 37:4, 10, 33, 35, 42:35, 43:2, 28, 44:19, 20, 22, 25, 27, 31, 48:9, 17, 19, 49:28, 50:15; 출 2:18, 20, 22:17; 민 11:12, 12:14, 30:4, 5, 16; 신 22:16; 삿 11:39, 14:10, 19:3, 4, 5, 6, 8, 9; 삼상 10:2, 12, 14:27, 삼하 10:2; 왕상 13:12, 4:19; 대상 22:10, 26:10, 28:6; 대하 4:16; 욥 38:28, 42:15; 시 103:13; 잠 3:12; 사 22:21, 38:19; 렘 22:15, 31:29; 겔 5:10, 18:2.

5) אִמּוֹ(이모 · 어머니, 창 24:67; 신 14: 21 등).

6) אִמָּהּ(이마 · 어머니, 창 24:28; 신 21:13).

비가 오지 않으면 기우제를 지낼 때 장작을 쌓아놓고 소를 잡아 올려놓아 불을 지르며 제사 지냈다. 무덤 양식 · 돌담을 쌓은 일은 아직도 이스라엘 북부나 중부 일부에서는 돌담으로 지은 집이다. 제사를 지낼 때도 마찬가지로 돌 제단을 쌓는다. 우리나라 또한 돌을 쌓은 집에서 살았으며 제사를 지낼 때 단을 쌓았다강화도 마니산의 참성단. 제사를 드릴 때는 잔을 세 번 돌린 후 제상에 올려놓는다.

유대인의 장례방식은 상주들이 베옷을 입고 베로 건을 만들어 쓴 뒤 향 피우며 대나무를 짚고 곡[1] 했다.

이스라엘에서 사람 수를 셀 때에 여자들에 대한 수의 기록이 빠진다. 가장 이스라엘 전통이 남아 있는 베두인이나 우리나라 사람 또한 남녀유별과 남존여비사상이 유별나다. 베두나에서는 아이를 못 낳거나 딸만 낳으면 이혼조건이었던 옛 풍습이 있었다. 이곳 처녀들 또한 예전의 조선시대 처녀들처럼 머리를 길게 땋는다. 결혼하면 머리를 틀어 위에 올린다. 이 풍습 또한 같다. 여인들이 물동이를 머리에 이는 모습과 외출 시에 얼굴을 가리는 풍습은 고대 우리나라에서 귀한 아낙네들의 풍속이었다. 이스라엘 인들도 농경 법으로 쟁기 · 도리깨 등을 사용하고 불집게 · 순가락 · 놋그릇을 사용[2]하였다.

---

1) 창 37:34; 역상21:16.

(5). 제사법과 생활과 사상

매운 음식과 부추 그리고 아주 깊고 맑은 물에만 사는 이스라엘 잉어=향어 등을 즐겨 먹었다.

유월절은 인류역사상 가장 오래된, 3500년이란 전통을 가진 이스라엘의 명절이다. 우리들은 오천년의 역사를 가진 민족이다. 우리나라 사람들 또한 동지에 팥죽을 쑤어 먹는다. 풍습으로는 각 방의 문설주를 비롯하여 장독과 헛간 등에 뿌렸다. 팥은 색이 붉어 양색=陽色이므로 음귀를 쫓는 데 효과가 있다고 믿는다. 동짓날 팥죽은 히브리인들의 유월절 행사의 일부이다. 우리들은 고사 지낼 때 고사떡을 붉은 팥 설기로 한다.

이스라엘 사람들은 하얀 세마포를 입으며 가장 귀하게 여긴다. 우리나라 사람들도 백의민족이다. 하얀[1] 옷 세마포[2]옷을 입는다. 예수님은 세마포를 입으시고 우리 죄를 싹싹[3] 씻어[4] 내신[5]다. 늘 가는베[6]를 입으시고 하나님께서 기뻐하시는[7] 일을 하셨다. 우리는 예수님으로 하여 시시[8]덕 거리며 기뻐함에 타[9]며 예수심[10]

---

2) 열하25:14.

1) 수메르 사람들은 우루의 신전을 에바바르(하얗다, 깨끗하다, 등)라 불렀다. 태양과 밝음과 사회 정의, 인간의 마음이 깨끗함을 하얀 색깔로 표현하였다. 우루 신은 셈어의 샤마쉬, 히브리어 쉐메쉬이다.

2) שׂוּשׂ(수스 · 즐거이, 시 119:162).

3) שָׁשְׁא(솨솨).

4) 창 7: 6; 출 20: 9, 25: 32; 민 1: 46; 수 6: 3; 욥 5: 19; 겔 16: 4 등.

5) 겔 39: 2.

6) שֵׁשׁ שֵׁשִׁי(쉐쉬 쉐스· 가는 베, 겔 16: 13).

7) שָׂשׂ יְהוָה..יָשִׂישׂ יְהוָה(사스 여호와..여사수, 신 28: 63).

으로 기뻐하고[1] 또 기뻐서[2] 어쩔 줄 모른다. 나의 죄를 대신하여 돌아가신 하나님의 아들로 하여 대신 살아난 기쁨이 이 세마포가 지닌 기쁨의미이다. 곧 흰 베옷을 의미한다. 우리들은 부모님이나 가족이 돌아가면 이 베옷을 입었다. 우리는 죽는다는 말을 돌아가셨다라고 한다. 우리의 고어도 여섯[3]인데 하나님은 여섯째 날에 쉬시[4] 우리도 여섯째 날에 하던 일을 멈추고 쉰다. 십자가에 예수님이 돌아가시었다.

우리들은 흰옷을 좋아하고 조상이 죽으면 굵은 배옷을 입는다. 이스라엘 사람들 또한[5]같다. 우리나라는 백의민족[白衣民族]이다. 유대인 또한 흰 옷을 즐겨 입는다. 유월절에 남자들은 모두 흰 두루마기를 입고 그리심 산의 꼭대기에 올라가 제사를 올린다. 흰 두루마기는 외출을 하거나 제사에 참여하는 조선시대의 선비들의 흰옷과 같다. 흰 옷은 예복이다. 이스라엘 민족의 제사장은 지성소에 들어갈 때 예복 흰 세마포 모시옷[6]을 입었다. 우리나라도 두루마기를 입고 예절을 갖춘다.

---

8) שִׂישׂ(시시, 애 4: 21).
9) תָּשִׂישׂ(타시스 · 기뻐하리로다, 시 35: 9).
10) 기뻐하며 יְשֻׂשׂוּם(예수심, 사 35: 1).
1) יָשִׂישׂ(야시스, 사 62: 5).
2) וְשָׂשׂ(베사스, 사 66: 14).
3) ja~sws: 진태하, Op>cit. 279.
4) שָׂשָׂה(쉬솨).
5) 에 4:1; 사 22:12;렘 6:26; 겔 27:31,
6) 레16:4.

우리나라 사람들은 모자 쓰기를 좋아했다. 이상하게 여긴 중국인은 이미 4천 여 년 전에 중국의 회남자에 "동방에 군자의 나라가 있으니 목덕이 어질어 군자의 나라가 있는데 그 나라 사람들이 모자를 쓰고 띠를 띠고 칼을 찼으며"[1]라 하였다. 조선시대의 양반들은 방안에서까지 갓을 쓰고 감투를 썼고 하인들도 초립을 썼다. 아이들이나 아녀자들까지도 모자를 썼다. KBS에서 황금나라의 비밀, 신라 황남대총 연구자[2]들은 한민족의 기원이 신라의 고도 경주시내의 대릉원에서 출토된 유물의 기원[3]과 무관하지 않다.

신라의 금관은 기원이 19세기에서 20세기 초 유라시아 샤먼들과 동일 · 알타이 공화국의 우코크 평원에서 발견된 무덤이 신라초기 돌연 출연한 무덤양식인 적석목곽분[4]과 동일하다 했다. 당시 출토된 유물의 대다수가 당시 지중해와 흑해연안에서 사용하던 것과 동일함을 실물과 비교, 제시했다. 이스라엘 앞 바다에 있는 사이프러스 지역에서 출토된 유물과 신라 황남대총에서 발굴된 다. 세계에서의 우리나랏말 붐은 우연한 일이 아니다.

이스라엘 사람들에게는 중요한 세 개의 절기[5]가 있

---

1) 淮南子, 東方有君子之國 東方木德仁故 有君子之國也 其人冠 劍…… 淮南子 形訓.

2) 2009. 4. KBS.

3) 1973. 7. 6.

4) 積石木槨墳.

다. 애급에서 탈출한 것을 기념하는 유월절[1]이 있다. 이 때 먹는 팟죽은 우리들의 팥죽 끓어 이것을 집 안에 곳곳이 뿌리고 액땜용으로 사용과 같다. 첫 열매를 드린 날로부터 50일째 되는 날을 기념하는 칠칠절[2]·하나님과 동행한 광야생활을 추억하며 메시야를 기다리는 초막절[3]이 있다. 이스라엘 사람들은 아직도 음력을 사용한다. 그들의 달력은 우리보다 한 달을 앞서가기 때문에 그들의 7월 15일은 우리의 음력 8월 15일이 된다. 니산월, 즉 정월 보름에 그들이 애급을 탈출하여 일곱 번째 안식일이 지난 다음날, 즉 50일째 되는 날에 둘째 절기인 칠칠절, 즉 오순절=7×7+1=50을 지켰다.

일곱 번째 맞는 달 보름달을 기념하여 티쉬리월 15일에 세 번째 절기인 초막절, 감사절을 지켰다. 유대인들의 초막절은 7월=*Tishri*월 15일이다.

유대인의 절기는 7이라는 숫자와 관련된다. 유대력으로 7월 15일인 성경의 초막절은 음력 8월 15일에 지켜지는 우리나라의 추석과 항상 같은 시기, 같은 날짜다.

---

5) 신 16:16.

1) 출 12:11, 21, 27, 43, 48, 34:25; 레 23:5; 민 9:2, 4, 5, 6, 10, 12, 13, 14, 28:16, 33:3; 신 16:1, 2, 5; 수 5:10, 11; 왕하 23:21, 23:22, 23; 대하 30:1, 2, 5, 15, 17, 18, 35:1, 6, 7, 8, 9, 11, 13, 16, 17, 18, 19; 스 6:19, 20; 겔 45:21; 마 26:2, 17, 18, 19; 막 14:1, 12, 14, 16; 눅 2:41, 22:1, 7, 8, 11, 13,15, 16; 요 2:13, 23; 요 6:4, 11:55, 12:1, 13:1, 18:28, 39, 19:14; 행 12:4; 고전 5:7; 히 11:28.

2) 출 34:22; 민 28:26; 신 16:10, 16; 대하 8:13.

3) 레 23:34; 신 16:13, 16, 31:10; 대하 8:13; 스 3:4; 슥 14:16, 18, 19; 요 7:2.

2. 음력 8월 15일의 차례와 성경의 7월 15일

이러한 근거로 하여 가장 친근한 우리들의 말이 저 멀리 히브리어와 연관이 있다는 사실을 가장 인정하게 한다. 그 이유는 유대력이 우리나라의 음력 보다 한 달이 늦기 때문이다. 우리나라의 추석과 성경의 초막절은 항상 그 날짜의 때가 일치한다. 두 곳 유대력에서나 우리나라 달력에서 윤년이 든 해에만 한 달의 차이 난다.

남 왕국 유다에서는 7월 15일을 초막절로 지켜[1)]왔다. 왕국의 분열 이후 여로보암 왕 때부터 북왕국 이스라엘에서는 이 7월 초막절을 8월 15일로 바꿔서 지켰다[왕상 12:32]. 우리나라의 추석인 8월 15일은 북 왕국의 날짜와 일치한다. 추석의 때는 남 왕국의 7월 15일의 때와 같다. 이스라엘 사람들은 아직도 음력을 사용한다. 그런데 그들의 달력은 우리보다 한 달을 앞서가기 때문에 그들의 7월 15일은 우리 음력 8월 15일이다.

세계 모든 나라들 가운데 음력 8월 15일을 최대의 명절로 지키는 나라는 이스라엘과 우리나라뿐이다. "이스라엘 자손에게 고하여 이르라 칠월 십오일은 초막절이니 여호와를 위하여 칠일 동안 지킬 것이라"[레 23:34] 하였다. 일본에도 음력 8월 15일이 명절이었으나 양력으로 바꾸었다. 우리나라의 추석과 구약의 초막절은 두

---

1) 레 16:29; 민 19:1, 왕상 8:2.

절기 모두 의미뿐만 아니라 때와 날짜가 서로 같다. 달력상의 날짜는 다르지만 절기상의 날짜는 항상 동일 · 달밤을 즐기는 저녁 행사 · 명절에 고향을 찾으며 조상을 기억하는 풍습 · 추수한 곡식으로 하나님께 감사제를 드린다.

우리나라에는 비빔밥문화가 있다.[1] 음식자료 여럿을 넣어 주위를 돌려가면서 충분히 싸 비비[2]면 음식이 한결 맛이 있기 때문이다. 주위를 여러 번 돌려 밥을 비벼먹은 비빔밥은 우리나라의 명절 추석에서 제사 지낸 다음 먹는 비빔밥이다.

우리나라의 추석은 음력으로 8월 15일이고 이스라엘의 초막절과 같다. 단지 그들의 일력으로는 7월 15일이지만 날자 수만 다를 뿐 시기가 같다.[3] 우리나라의 음력월은 태양의 길이가 가장 짧은 동지점에다 두고 이때부터 낮의 길이가 점차 길어지기 시작하는 달이다. 로마력인 양력은 우리나라의 음력보다 한 달이 빠르고 유대력은 같은 음력이지만 음력보다 한 달이 더 느리게 오기에 음력과 같다.[4] 이스라엘이 하나님께 드린

---

1) 이인식,「성경과 추석」(2), 월간『기독교교육』(서울: 대한기독교교육협회, 2003), 6월호.

2) סָבִיב(싸비비, 시 44:14; 레 9:18; 욥 22:10).

3) 우리나라의 음력월은 청나라 초기에 독일의 예수 교단의 선교사이며 천문학자인 아담 샤알(Adam Schall 1591~1666)이 제정했다는 연구가 있다.

4) 음력 정월 초하루로 맞추어 그 달을 자월(子月)로 사용하는 음력월을 중국은 왕조가 바뀔 때마다 기원전 2200년경 하 왕조는 인(寅)월을 정월로 · 은 왕조는 축(丑)월을 정월로 · 주 왕조는 자(子)월을 정월로 · 진시황 때는

헌물은 곡식이 아니라 열매, 즉 추수해 드린 올리브와 무화과 그리고 포도열매이다. 우리나라도 갖가지 열매를 갖추어 제사를 지낸다. 성묘를 하고 조상 숭배 신앙을 가지며 모든 감사를 먼저 조상께 드린다. 우리나라 문화는 한가위 문화이다. 우리나라의 추석은 음력 8월 15일인데 가장 달이 둥근 때는 아니다. 실제 8월 15에는 햇곡식 수확전이다.

예배에는 아침과 저녁 예배[1)]가 있다. 절기 행사에는 저녁 행사가 있다. 달이 동산에서 떠오르는 시각의 초막절 행사는 일곱 가지로 뻗은 촛불로 성전을 밝히고 그 촛불 밑에서 함께 횃불 춤을 추는 춤 놀이 · 이스라엘 여인들의 뜰에서는 15계단을 내려가면서 계단마다 시편 노래 한 곡씩을 부르며 함께 내려가는 춤 놀이를 한다. 행사[사 20:29]는 7일 동안이나 밤을 즐겼다. 우리나라 사람들은 달을 중심으로 한 문화를 즐긴다. 추석의 달맞이 · 횃불놀이와 민족의 대 이동은 유대인들이 세계 속에 흩어지며 디아스포라들이 매년 조상과 고향을 찾는다. 유월절은 유대력으로 7월 14일 저녁부터 21일 저녁까지 흰 옷을 입고 출 애급의 역사 재현을 축제로 밤을 세운다. 추석[2)] 자료[3)]에 본 민족 대이동 때다.

해(亥)월을 정월로 고쳐 썼다. 한(漢)나라는 동지가 지난 두 번째 달인 인월(寅月)을 정월로 고쳐서 약 2200년 동안 사용한다.

1) 우리나라는 오늘날도 철저히 화목제사 · 감사제사 · 성일준수 · 성전존중 · 십자가 · 저녁기도회 · 심야기도회 · 새벽기도회를 실시하고 있다.

2) 이인식, 「성경과 추석」(2), 월간 『기독교교육』(서울: 대한기독교교

제3절 한국인이 복을 받는 이유는 따로 있다

1. 우리말과 히브리어는 닮았다

~ 2023년 현재 5월 15 현재

왜 우리나라 문화와 이스라엘 문화의 동일성이 드러나고 있는지에 대한 근원 밝히기의 관심1)은 처음은 단순하게 시작한 히브리어 읽기에서였다. 본 연구자가 문학 언어에 관심을 가지면서 하나님의 축복으로 얻어진 현재의 히브리어 성경에서 그 발음상의 닮은꼴은 부지기수라는 사실에 놀랐다. 이 엄연한 사실은 히브리인을 성경에서 멀리서 물 건너왔다는 학설과 관련 그 연관

육협회, 2003), 6월호 · 우리나라의 현재의 음력 달력은 조선조 효종 4년(1653년)부터 사용하고 있는 음력이다.

3) 음력월은 중국 명나라 말~ 청나라 초기에 당시 예수의 교단의 선교사였던 아담 샤알(Adam Schall, von Bell 1591~1666),독일인 천문학자, 신학자는 병자호란 때 청나라에 볼모로 잡혀갔던 소현 세자를 개종시켜 예수를 믿게 했던 사람이다. 아담 샤알이 중국에 있을 당시 청나라에서는 대진경교유행중국비(大秦景敎流行中國碑)라는 거대한 비석이 1000년 동안이나 땅속에 묻혀 있다가 발굴이 되었다(1625년).

기독교가 당시 당 태종 9년 서기 635년에 당시 중국의 수도인 장안에 정식 외교를 통해 들어왔고 들어 온지 100년이 되기 전에 퍼져 전국 13개도와 130개 교구와 358개 주에 모두 교회를 짓고, 대덕(주교)을 파송하는 당나라의 대표적 국교가 된 때의 장관은 아담 샤알이다. 당시 음력 달력을 개편하여 24절기를 제정할 때 바로 경교비문에 나타난 기독교 문화와 성경의 절기(유대력)는 우리의 음력을 중심한 우리나라의 추석과 유대인의 초막절과 날짜가 일치한다.

1) 당나라 말기 희종 왕 때(875년) 희생된 경교도기독교)가 약 3만 명임으로 중국에 유대인들이 살고 있다는 증거는 우리나라와 중국과의 긴밀성이 된다. 유대인의 절기문화인 초막절이 경교와 그 문화를 통해 우리나라에 일찍이 전해지면서 우리의 추석이 되었다고 이인식 목사는 말하고 있다.

성을 타당성으로 보면서 더욱이 발음 모음이 후기에 붙은 역사적 사실에서 더욱 확신이 선다.

우리나라는 단기 4344년의 역사를 가지고 있다. 누가 주장[1])하였던지 또는 왜 그러한가를 따지기 전에 엄연하게 히브리 성경에서 발견되는 많은 언어들의 발음이 우리나랏말과 히브리어가 그 공통점이 많다. 곧 우리가 늘 상 쓰는 우리말이 하나님이 가장 좋아하시는 언어라는 확신은 성경을 읽으면 읽을수록 아직도 늘어난다. 그 중에서도 남을 존경하는 말들 자체가 우리나라언어의 더욱 큰 자랑인데 바로 성경에 발견되는 사실이다.

한국 · 슈메르 · 이스라엘의 역사의 긴밀성은 우리가 그 원조가 되는 슈메르와 이스라엘의 역사를 역사적으로 한 연구들에서 이 발음문제가 아닌 사실로 입증하려 하였지만 본 연구자는 그 보다는 발음의 닮은꼴로 하여 우리가 복을 받는 이유가 따로 있다는 사실이다. 심지어는 우리나라에서 금기시 되고 있는 언어들까지도 히브리어서 찾아볼 수 있다.

발견되고 또 발견되는 우리나랏말과 히브리어의 닮은꼴 발견의 설레임과 흥분에 찬 기대는 우리말 사투리를 더 많이 알고 있을 경우 그 수는 엄청나게 더 불어날 것이다.

---

1) 문정창, 『한국 · 슈메르 · 이스라엘의 역사』 (서울: 한뿌리, 2008) · 문정창(文定昌, 일본식 이름: 文山定昌, 1899년 ~ 1980년)은 일제 강점기의 관료이며, 대한민국의 역사학자이다. 본관은 남평(南平), 호는 백당(柏堂).

2. 닮음 찾기

~ 이 장에서의 차례는 한글 기준 가나다 순서이다.

1). 우리나라 말과 히브리어와의 발음 닮음 1

(1). ㄱ음가 시작의 우리말과 히브리어와의 발음 닮음

* 가!와 히브리어(이하 히브리어라는 말 생략) 가=קח=קַח가[1]! 같은 뜻으로 라멧 to 부정사 역할의 라가=לקח라가 취하여 =לָקַח라가 취하여[2]: 상대방에게 가라는 명령어 가!이다. 나가이다. 가=קח가 취하여 가의 라멧형 부정사! 우리나랏말 나가~ 명령어와 같은 나가=לקח라가이다.

* 가나인과 가나안이=가나니=ני…כנעני=כְּנַעֲנִי캐나니[3]: …이 · 그이 가나족속 히위족속 등을 개나니 브리시 히위[4] 가나안 사람을 כנעני캐나니 가나안 사람=כְּנַעֲנִי캐나니 가나안 사람 캐나니[5]라 한다. 이이 저이 그이의 이와 אמרי아모리이 아로리인=אֱמֹרִי아모리이 아모리인[6] 히브리이의 이는 우리나라 사람들이 사람을 '그이'라 '저이'함과 같다. 가나아니[7]의 '이'와 '니'는 그 족속을 의미한다.

---

1) קַח(가! · 취하여 · VQMMYS~너는 가!:창 2:22, 5:24, 20:3, 24:4, 7, 40, 27:36, 45, 31:1; 출 4ㅣ6; 레 4:6, 12:4, 14:6; 호 1:2 등.

2) לָקַח(라가).

3) כְּנַעֲנִי(캐나니 · 가나안 사람이, 슥 14:21).

4) כְּנַעֲנִי פְּרִזִּי חִוִּי(캐나니 브리스 히위, 신 20:17).

5) כְּנַעֲנִי(캐나니 · 가나안 사람이, 슥 14:21).

6) אֱמֹרִי(에모리이 · 아모리인, 민 21:32; 시 136:19).

7) כְּנַעֲנִי(가나아니 · 가나안인, 민 21:3).

* 가담과 가담=קדם=קדם=קָדַם[가담 영접][1]: 어디에 가담하는 일은 함께 하는 일 좋은 생각으로 받아들인다 이다. 가담=קדם=קָדַם[가담 영접] 가담 · 저희가 영접하다.

* 가라와 가라=קרא[가라]=קָרָא[가라][2]명령어다. 갈래=קלי=קָלִי[갈래][3]: 명령어 가라=קרא[가라 가라]=קָרָא[가라 가라] · 하나님이 시키시는 일을 하러 가라! 또 가리아 가리아=קריא[가리아 명령이행자 갈 사람]=קריא[가리아 명령이행자 갈 사람][4] 부름을 받은 자! 하나님이 보내신 사람 일은 하나님이 마무리 하신다.

* 가로대와 가로티[…이라하고]=קרֵאתִי[가로티 …이라하고]=קָרָאתִי[가로티 …이라하고][5]: 우리말 가로대가 있다. 히브리어 가로티[…이라하고]=קרֵאתִי[가로티 …이라하고]=קָרָאתִי[가로티 …이라하고] 혹은 가라트[부르짖다]=קרֵאת[가라트 부르짖다]=קָרֵאת[가라트 부르짖다][6]…이라하고, 부르짖다이다. 성경의 가로티나 가라트 모두 하나님 말씀에 대한 전달 '…'이다.

* 가름이와 카르미[포도원]=כרמי=כַּרְמִי[가르미 나의 포도원][7]: 우리나랏말 가름이는 바로 머리의 가름마를 떠 올린다.

---

1) קָדַם(가담·저희가 영접,VPACZP,they met, 느, 13:2).

2) קָרָא(카라·소리지르다: 창 41:43), 부르고(창 41:45, 52; 출 1:18, 35:30; 슥 7:13), 말하다(창 41:51, 50:11; 시 3:2, 4), 칭하다(신 15:2), 공포하다(출 32:5), 외치다(슥 7:7) 등

3) קָלִי(갈래).

4) קריא קְרִיא(가리아 가리아 · 부름을 받은 자, 민 26:9).

5) קָרָאתִי(가로티 · 이라하고, 슥 11:7 등).

6) קָרֵאת(카라트 · 부르짖다, 렘 3:4).

7) כַּרְמִי(카르미 · 나의 포도원, 아 1:6, 8:12).

카르미=כרמי=כַּרְמִי[가르미]는 나의 포도원 즉 내게 분할된 나의 가름이다. 멀리 뛸 수 있는 힘을 주시는, 곧 말씀으로 주시는 포도원이 있다.

* 가 알아 가마와 가아르가만[자줏빛]=כארגמן[가아르가만 자줏빛]=כְּאַרְגָּמָן[가아르가만 자줏빛][1]: 우리나라 사람들은 '가 알아 가마'라 말 할 때가 있다. 히브리어 가아르가만[자줏빛]=כארגמן[가아르가만 자줏빛]=כְּאַרְגָּמָן[가아르가만 자줏빛]은 말씀 안에서 중심을 잡아 하나님의 영광을 나타내는 자줏빛의미다. 그 영광 색은 자줏빛이다. 짙은 보라색 계열이다.

* 가랑이와 개라이브[다리 가랑이]=כרעיו[가래이브 가랑이 다리]=כְּרָעָיו[가래이브 가랑이 다리][2]: 우리나라 속담에 뱁새가 황새 따라 가다가 가랑이 찢어진다는 속담이 있다. 개라이브[가랑이 다리]=כרעיו[가래이브 가랑이 다리]=כְּרָעָיו[가래이브 가랑이 다리]가 비슷하다. 거의 같다.

* 가봐와 가봐[죽은 상태]=גוע[가봐 죽은 상태]=גָּוַע[가봐 죽은 상태][3]: 상대방에게 하나님이 가 봐라 하신 때는 죽은 상태다. 오는 게 아니라 하나님이 가봐=גוע[가봐]=גָּוַע[가봐][4] 하실 때는 대기 상태, 잠 자는 상태다. 성경은 죽은 상태를 잠을 잔다한다.

* 가보랬다와 속죄소=카포레트[속죄소]=כפרת[카포레트 속죄소]

---

1) כְּאַרְגָּמָן(가아르가만 · 자줏빛, 아 7:6).
2) כְּרָעָיו(개라이브 · 다리, 출 29:17브).
3) גָּוַע(가봐 · 죽은 상태, 민 17:12).
4) קָוָה(가바 · 대기하다, 창 1:9).

=כַּפֹּרֶת카포레트 속죄소[1]: 속죄소=가 보랬다 이다. 그 속죄소=하카포레트그 속죄소=הכפרת하카포레트 그 속죄소=הַכַּפֹּרֶת하카포레트 그 속죄소[2]이다. 꼭 가 봐야 할 곳은 그 속죄소이다. 그 결과 그의 백성은 정결[3] 해진다. 속죄소는 씻어지고 덮여진다.[4] 역청[5]을 안팎에 칠하였음[6]으로 속죄[7]하여지게 된다. 죄를 뉘우치면 배 갚아[8] 주신다. 그분과 나의 계약 관계[9]이다.

* 가질과 가잘억지로 빼앗다=גזל억지로 빼앗다=גָּזַל억지로 빼앗다[10]: 우리말 '가질'은 가질 것의 미래형이다. 억지로 빼앗다=가잘빼앗다=גזל억지로 빼앗다=גָּזַל억지로 빼앗다 · 강제로 취하다. 가진다는 것은 남의 것을 강제로 가진다이다. 주인은 하나님이라는 뜻이다.

* 가짜와 가짜싫어하노라=קצה가짜 싫어하노라=קָצָה가짜 싫어하노라[11]: 정말 거짓말 같이 우리나랏말 가짜와 하나님이 싫

---

1) כַּפֹּרֶת(카포레트 · 속죄소, 출 25: 17, 22, 37: 6).

2) 그 속죄소 הַכַּפֹּרֶת(하카포레트 · 그 속죄소. 출 25: 18, 19, 20, 20, 21, 22, 26: 34, 30: 6, 31: 7, 35: 8, 12, 37: 7, 8, 9, 39: 35, 40: 20; 레 16: 2, 13, 14, 15; 민 7: 89; 대상 28: 11.

3) 레 4: 26, 31; 5: 13.

4) אֶת־הַתֵּבָה וְכָפַרְתָּ(에트-히데바 베기파레다, 창 6: 14).

5) 역청 בַּכֹּפֶר(바코페르 · 역청, 창 6: 14).

6) 창 6: 14).

7) לְכַפֵּר(레카페르 · 속죄하시려고, 민 31: 50),

8) בַּכֹּפֶר(바케파르 · 덮다, 창 6: 14).

9) Silvia Lington, The term ברית in the Old Testament Part Ⅳ *OTE*, 118~143(창 12: 2, 17: 7; 출 6: 7; 삼상 1: 2, 삼하 7: 9, 11, 13, 16, 23: 1~7; 시 89, 132장).

10) גָּזַל(가잘 · 억지로 빼앗다 · 강제로 취하다, 창 21:25; 레위 6:4 등).

11) קָצָה(카짜 · 싫어하노라, VQAFZS, loatheth, προσώθισεν, 민 21:5).

어하시는=가짜 싫어하노라=קצה 가짜 싫어하노라=קָצֶה 가짜 싫어하노라가 같다. 하나님이 싫어하시는 일은 인간 냄새가 솔솔 나는 종말, 끝의 의미가 있다.

* 간과 간 동산=גן 간 동산=גַּן 간 동산1): 간은 '가서 있는'의 현재형. 간 동산=גן 간 동산=גַּן 간 동산은 하나님 동산에 은혜 갚으러 간다.

* 갈과 갈 우물=גל 갈 우물=גַּל 갈 우물2) : 우리말에 갈이 있다.: 간다의 미래형. '갈'은 우물=갈 우물=גל 갈 우물=גַּל 갈 우물이다. 우물=갈은 땅 속에서 물이 퐁퐁 솟는다. 은혜 갚으려 갈 일로 퐁퐁 솟는다.

* 갈라와 갈라 사로잡아 가고=גלה 갈라 사로잡아 가고=גָּלָה 갈라 사로잡아 가고3): 이쪽과 저쪽으로 갈라 사로잡아 갈라 사로잡아 가고=גלה 갈라 사로잡아 가고=גָּלָה 갈라 사로잡아 가고이다. 나의 신부=칼라 나의 신부야=כלה 칼라 나의 신부야=כַּלָּה 칼라 나의 신부야4)이다. 나의 신부는 나의 내 동산에 있어 세상과 갈라진다. 신부는 하나님의 백성이어서 세상과 갈라진다.

* 갈림과 갈림 물결=גלים 갈림 물결=גַּלִּים 갈림 물결5): 이곳과 저곳 갈림 물결=גלים 갈림 물결=גַּלִּים 갈림 물결길이다.

* 감과 가다=감 이미=גם 감 이미=גַּם 감 이미6): 가다의 전성

---

1) גַּן(간 · 동산이요, 아 4:12).
2) גַּל(갈 · 우물, 아 4:12).
3) גָּלָה(갈라 · 사로잡아가고, 왕하 25:11).
4) כַּלָּה(칼라 · 나의 신부야, 아 5:1).
5) גַּלִּים(갈림 · 물결, wave, 슥 10:11).
6) גַּם(감 · 이미, 말 2:1).

명사형=감! =גם감 이미=גַם감 이미은 은혜를 갚으러 말씀 속에 빠져 감이다.

* 감에와 십자가를 향해 가메일어나서=קמתי가메 일어나서=קַמְתִּי가메 일어나서1): 우리말에 '감에'라는 말이 있다. 성경은 가는 의미를 일어나서 앞으로 십자가를 향해 감에 가메일어나서=קמתי가메 일어나서=קַמְתִּי가메 일어나서다.

* 값과 갑스값 은금=כסף갑스 값 은금=כֶּסֶף갑스 값 은금2): 값이다. 값어치 값 은금 지시=갑스값 은금=כסף갑스 값 은금=כֶּסֶף갑스 값 은금이다.

* 갓과 가브갓 둘레=גב가브 갓 둘레=גַּב가브 갓 둘레3): 가에 즉 둘레 가브갓 둘레=גב가브 갓 둘레=גַּב가브 갓 둘레이다. 은혜를 갚는 둘레, 범위다.

* 갚아라와 가바르이기었사오니=גבר가바르 이기었사오니=גָּבַר가바르 이기었사오니4): 갚아라라는 말이 있다. 가봐르이기었사오니=גבר가바르 이기었사오니=גָּבַר가바르 이기었사오니 기본형 이기었아오니=가브루이기었사오니=גברו=가바르 이기었사오니גָּבְרוּ가바르 이기었사오니5)이다. 은혜를 갚는 일은 이기는 일이다.

* 같이와 협력=카사르같이 협력 =קשר카사르 협력=קָשַׁר카사르 협력6): 고조선 시대의 대동강 변 기왓장에서 카사 같이 협

---

1) קַמְתִּי(가메티 · 일어나서, 아 5:5).
2) כֶּסֶף(케셒 · 은금, 값, 창 13:2; 대상 21:22).
3) גַּב(가브 · 둘레, 겔 1:18).
4) גָּבַר(가바르).
5) גָּבְרוּ(가브루, · 이기었아오니 · 시 65:4;).
6) קשר(카사르 · 협력).

력=קשר카사르 협력=קָשַׁר카사르 협력가 발견되었다. 카사루같이 협력=קשר카사르 같이 협력=קָשַׁר카사르 같이 협력[1] '같이'이다.

* 같은과 가탄작은 젊은=קטן가탄 작은 젊은=קָטָן가탄 작은 젊은[2]: 우리말 '같은'은 히브리어 קטן가탄 작은 젊은=קָטָן가탄 작은 젊은이다! 다윗이 골리앗을 이기러 나갈 때는 청년 가탄젊은=קטן가탄 작은 젊은=קָטָן가탄 작은 젊은[3] 때다. 요셉이 형들을 만날 때에도 가탄작은 젊은=קטן가탄 젊은=קָטָן가탄 젊은[4] 때다.

* 갯불과 겟불변방 영토=גבול겟불 변방 영토=גְּבוּל겟불 변방 영토[5]: 속언 갯불도 없다가 있다. 주어지는 배당이 아무것도 없다이다. 겟불변방 영토=גבול겟불 변방 영토=גְּבוּל겟불 변방 영토[6]은 우리말 갯불 아무것도 주어지지않는다 뜻!

* 거짓말과 카자브거짓말=כזב카자브 거짓말=כָּזָב카자브 거짓말[7]: 거짓말 카자브거짓말=כזב카자브 거짓말=כָּזָב카자브 거짓말 한국말 사투리 거짓발이 있다.

* 계심과 계쉠비=גשם계쉠 비=גֶּשֶׁם계쉠 비[8]: 존댓말 계심을 계쉠비=גשם계쉠 비=גֶּשֶׁם계쉠 비에서 찾을 수 있다. 비에 하나님 계심이다. 매우 매우[9] 많은 양의 비가 하늘에

---

1) קָשַׁר(카사르 · 협력, 잠 3:3).
2) קָטָן(가탄 · 작은 · 젊은, 대상 12:15).
3) הַקָּטָן(하가탄 · 말째, D.AMS, · the youngest, 삼상 17:14).
4) הַקָּטָן(하가탄 · 말째, D.AMS, · youngest, 창 44:26).
5) גְּבוּל(겟불 · 변방, 경계선, 영토, 민 20: 16, 17, 23; 창 10: 19).
6) גְּבוּל(겟불 · 변방, 경계선, 영토, 민 20: 16, 17, 23; 창 10: 19).
7) כָּזָב(카자브 · 거짓말, lies, 잠 14: 5).
8) גֶּשֶׁם(계쉠 · 비, 창7: 12).

서 내린다.[1] 우리말에 큰 비가 내림을 하나님이 노했다로 표현한다. 하늘에 하나님 뜻으로 비가 내린다.

* 구멍과 구멍=굼맞구멍=גומץ굼맞 구멍=גּוּמָץ굼맞 구멍[2]: 구멍=굼맞구멍=גומץ굼맞 구멍=גּוּמָץ굼맞 구멍이다.

* 고 高와 고=גאה=גֵּאָה고[3]: 한자

어 높을 고高높을=고아높을=גאה고아 높을=גֵּאָה고아 높을은 히브리어 높다높을 高=고높을 高=גאה고아 높을 高=גֵּאָה고아 높을 高.

* 고마우리와 고마르갚다 보응=גמל고마르 갚다 보응=גָּמַל고마르 갚다 보응[4]: 고마우리=고마르갚다 보응=גמל고마르 갚다 보응=גָּמַל고마르 갚다 보응 고므림=גמלים고므림 갚다=גֹּמְלִים고므림 갚다=갚는 것[5]과 보답할꼬=타그므로히보답할꼬=תגמולוהי타그므로히 보답할꼬=תַּגְמוּלוֹהִי타그므로히 보답할꼬[6]. 앞 ת 타[7] 접두격 조사를 빼면 그마오리=고마우리이다. 아브라함의 이삭이 젖을 떼고=바이가마르젖을 떼고=ויגמל바이가마르 젖을 떼고=וַיִּגָּמַל바이가마르 젖을 떼고[8]이다. 앞 접속전치사 ו 바[9]가 덧붙었고 바로 이어오는 이 יי[10]는 하나님이 지금도 진행하고 계시

9) מאד מאד(메우다 메우다 · 아주 많이, 창 7: 19).

1) 즐겁게 안식할 날, 『한영성경전서』 (서울: 생명의 말씀사, 2001), 57장

2) גּוּמָץ(굼마쯔 · 구멍, 전 10:8).

3) גֵּאָה(고아 · 높고, 출 15:1).

4) גָּמַל(고말·갚다, 보응하다).

5) גֹּמְלִים(고므림 · 갚는 것을, VQPAMP, how..reward, 대하 20:11).

6) תַּגְמוּלוֹהִי(타그무로히 · 보답할꼬, 시 116:12) ·

7) תַּ(타, 시 116:2).

8) וַיִּגָּמַל(바이가마르 · 젖을 떼고, 창 21: 8).

9) וַ(바 · 그리고, 창 21:8).

10) יִ(이).

는 의미[1]다. 접두형 관사를 제하고 나면 보답 고마르젖을 떼고=גמל고마르 젖을 떼고=גָּמַל고마르 젖을 떼고[2]다. 백성아 여호와께 이같이 보답하느냐의 티그메루보답하느냐[3]이다. 접두사 티=ת[4]를 제하면 그메루이다. 고마루이다. 은혜 갚겠다 고맙다이다.

* 곰국과 고임열방=גים고임 열방=גוֹיִם고임 열방[5]: 한국음식문화에 곰국이 있다. 오랫동안 고기뼈다귀를 달여 먹는 곰국이다. 곰은 고임의 준말이다. 푹 고은 것 즉 정성을 다한다이다. 한국어에 괴임 고임을 받는다라는 말이 있다. 사랑을 받는다이다. 사랑을 받는다는 지극정성으로 돌봄을 받는다 보호 받는다 이다. 고임=גים=גוֹיִם고임은 쌍수이다. 하나님이 앞에서 이끄시는 대로 따라가면 하나님의 백성이 된다. 어른을 섬기는 이 고임 · 괴임 · 사랑 받는다가 민족=고임=גים고임=גוֹיִם고임[6]이다. 야곱 자손이 여러 민족을 섬긴다에 하고임=הגים=הַגּוֹיִם하고임[7]이 있다. 정관사 하=ה[8] 빼면 고임이다.

* 골과 골 구속=גאל골 구속=גָּאַל골 구속[9], 골랐다구속하신=ת

1) 창 21:8).
2) גָּמַל(고마르 · 보답, 창 21:8).
3) תִּגְמְלוּ(티그메루 · 보답하느냐, 신 32:6).
4) תִּ(티).
5) גּוֹיִם(고임 · 열방, 시 79: 1).
6) גּוֹיִם(고임 · 민족) · הַגּוֹיִם(하고임 · 그 민족, 출 34: 24).
7) הַגּוֹיִם(하고임 · 민족을, 출 48: 19).
8) הַ(하).
9) גָּאַל(골 · 구속).

גאל골랐다 구속하신=גָּאַלְתָּ골랐다 구속하신1) : 골은 구속 의미다.

골맡기라=גל골 맡기라=גֹּל골 맡기라2): 우리말에 운동장에서 골을 넣는다와 골로 간다는 말도 있다. 맡기라가 골골 맡기라=גל골 맡기라=גֹּל골 맡기라다. 굴리다의 굴릴=갈랄=גלל갈랄=גֹּלֵל갈랄3) 기본형이다. 구속하다=골=גאל골=גָּאַל골의 기본형 골르다구속하신=גאלת골랐다 구속하신=גָּאַלְתָּ골랐다 구속하신는 하나님에 의해 골라지고 굴려진다. 그 분에 의해 골라진 것은 은혜를 갚는 기회를 얻는 일이고 이 일을 잘 굴리는 일은 맡은 자의 몫이다. 은혜 갚는 일이다.

* 곡식과 고지르곡식=קציר고지르 곡식=קָצִיר고지르 곡식4): 곡식=고지르곡식=קציר고지르 곡식=קָצִיר고지르 곡식이다.

* 골라와 골라=גולה=גּוֹלָה골라5) 골랐다=גלותת=גָּלוּת골랐다6) : 물건 혹은 사람을 골라=גולה=גּוֹלָה골라라는 말이 있다. 사로잡힘=골랐다=גלותת=גָּלוּת골랐다의미이다. 하나님의 명에 사로잡히어=골라잡아=גולה צוה골라 잡아 하나님의 명령으로 사로잡힘=גּוֹלָה צָוָה골라 잡아 하나님의 명령으로 사로잡힘7)이다. 은혜를 갚으려 사로잡혀 코로 숨 쉬니 향기가 난

---

1) גָּאַלְתָּ(골르타 · 구속하신, VQAMYS, thow hast redeemed, ὃν ἐλυτώρωσῳ, 출 15:13).

2) גֹּל(골 · 맡기라, 잠 16:3).

3) גֹּלֵל(갈랄, 맡기라, 잠 16:3).

4) קָצִיר(고지르 · 곡식, 신 24:19).

5) גּוֹלָה(골라 · 사로잡힌 · 사로잡힘, 왕하 왕하 24:15, 16; 대상 5:22; 겔 1:1; 슥 14:2 등).

6) גָּלוּת(갈루트 · 사로잡다 · 감금)

7) גּוֹלָה צָוָה(골라자바 · 하나님의 명으로 사로잡힘).

다. 성경에 고라롯트=גולות[골라롯트 제비]=גוֹרָלוֹת[골라롯트 제비]1)가 있다. 제비는 강남 갔다가 봄에 돌아와 봄소식을 골라준다. 알려준다.

* 곳과 곳=고데스[성소]=קדש[고데스 성소]=קֹדֶשׁ[고데스 성소]2): 곳은 곳=고데스[성소]=קדש[고데스 성소]=קֹדֶשׁ[고데스 성소] 지성소=성소=거룩 뜻이다. 경상도 지방 사투리 =곳=고데!

* 커다랗다와 그다라트[커다랗다]=גדלה[그다라 커다랗다]=גְדלוֹת[그다랗다 커다랗다]3): 게돌=גדלה[게돌 크더라]=גְדֻלָה[게돌 크더라] 기본 גדלות[게도로트 커다랗다]=גְדלוֹת[게도로트 커다랗다] 기본형 가돌=גדול[가돌 크다]=גָּדוֹל[가돌 크다]4)과 변형 크더라=גדלה=גְדֻלָה[그도라 크더라]5)다. 옛 백제 당시 나라 이름이 구다라=크더라=גדלה=גְדֻלָה[크더라]이다. 큰 나라 커다랗다는 위를 향하여 올라가면서 보답하는 뜻이다. 광명=핫가돌=הגדול=הַגָּדֹל[핫가돌 광명]6)에서 정관사 ה 하를 빼면 가돌로 빛이 점점 더 커지는 큰 광명의 뜻이다.

* 그루터기와 은혜 갚으려는 목=가르그로터[목]=גרגרות[가르그로터 목]=גַּרְגְּרוֹת[가르그로터 목]7): 길게 목 느리는 은혜 갚으려는 목=가르그로터[목]=גרגרות[가르그로터 목]=גַּרְגְּרוֹת[가르그로

---

1) גּוֹרָלוֹת(고라로트 · 제비, 대상 24:31) גּוֹרָל(고랄 · 제비, 대상 24:7). .
2) קֹדֶשׁ(고데쉬 · 지성소 · 성소 · 거룩, 출 2:3; 민 18:3; 민 28:7등 등).
3) גְּדוּלוֹת(그도로트 · 커다랗다, 대상 17:21; 욥: 5:9).
4) גָּדוֹל(가돌 · 크다, 출 32:10, 11 등).
5) גְּדֹלָה(게돌 · 크더라, 출 32:30, 31).
6) הַגָּדֹל(핫가돌 · 큰, 창 1:16).
7) גַּרְגְּרוֹת(가르그로트, 목 3:22).

터 목 나무 한 그루터기의 삶으로 은혜 갚으려 목을 길게 느린다. 가르케로티이하목=גרגרתיך=גַּרְגְּרֹתֶיךָ게르케로티이하 목1) 느린다.

* 그늘과 그늘=그림자=제렐그늘=צלל제렐 그늘=צֵלֶל제렐 그늘2): 그늘=향기 내음=그림자=제렐그늘=צלל제렐 그늘=צֵלֶל제렐 그늘 향기 내음.

* 그릇과 담는 그릇=구랏그릇=גלת구랏 그릇=גֻּלַּת구랏 그릇3): 무엇을 담는 그릇=구랏그릇=גלת구랏 그릇=גֻּלַּת구랏 그릇이다. 은혜 갚는 삶의 그릇!

* 끝과 끝=긋트끝=קצות긋트 끝=קְצוֹת긋트 끝4) 끝=가제=קצה가제 갓 끝=קְצֵה가제 갓 끝5): 끝이 갓으로도 쓰인다. 끝=가제갓=קצה가제 갓 끝=קְצֵה가제. 끝=긋트끝=קצות가제 갓 끝=קְצוֹת긋트 끝 끝에 향기가 남아 있다.

* 귀 기울이심 마크쉬빔귀 기울이심=מקשיבים마크쉬빔 귀 기울이심=מַקְשִׁבִים마크쉬빔 귀 기울이심6): 그대가 귀 기울이심=마크쉬빔=מקשיבים마크쉬빔 귀 기울이심=מַקְשִׁבִים마크쉬빔 귀 기울이심 말씀으로 점철 된 삶이다.

* 구부린다와 구프닫다=גוף구프 닫다=גּוּף구프 닫다7)린다:

---

1) גַּרְגְּרֹתֶיךָ(게르게로테이타 · 목, 잠 1:1, 3:2, 22).
2) צֵלֶל(제렐 · 그늘 · 그림자, 욥 40:22, 아 2:17, 렘 6:1).
3) גֻּלַּת(굴랏트 · 그릇, 전 12:6) 기본형은 גֻּלָּה(굴라 · 그릇, 수 15:19; 삿 1:15 등).
4) קְצוֹת(게조트 · 끝이다, 출 39:16, 17).
5) קְצֵה(가제 · 끝에, 신 14:28), קֵץ(게즈 · 끝, 신 15:1, 시 119:96).
6) מַקְשִׁבִים(마크쉬빔 · 귀를 기울이니, 아 8:13).
7) גּוּף(구프 · 닫다, 느 7:3).

구부린다와 굽이굽이 구불구불은 닫다=구프[닫다]=גוף[구프 닫다]=גּוּף[구프 닫다]이다. 은혜 갚는 일과 입을 동격으로 한다.

* 굴러굴러와 바퀴=갈르갈르[바퀴]=גלגל[갈르갈르 바퀴]=גַּלְגַּל[갈르갈르 바퀴]1): 바퀴 굴러굴러 간다. 오직 은혜 갚기 위해 바귀가 갈르갈르[바퀴]=גלגל[갈르갈르 바퀴]=גַּלְגַּל[갈르갈르 바퀴]가 굴러굴러간다. 바퀴[갈르갈르]=갈르갈르[바퀴]=גלגל[갈르갈르 바퀴]=גַּלְגַּל[갈르갈르 바퀴]2)

굴릴라와 굴릴라[변경]=גלילה[굴릴라 변경]=גְּלִילָה[굴릴라 변경]3): 머리 굴릴라=굴릴라[변경]=גלילה[굴릴라 변경]=גְּלִילָה[굴릴라 변경] 숨 쉬려고 머리를 굴리는 일 역시 머릿속에서 생각하는 의미다.

* 꿈과 꿈[일어나라]=קום[꿈 일어나라]=קוּם[꿈 일어나라]4): 꿈 일어나라[꿈]=꿈[일어나라]=קום[꿈 일어나라]=קוּם[꿈 일어나라].

* 꿈이와 꿈이[일어나]=קומי[꿈이 일어나]=קוּמִי[꿈이 일어나]5): 일어나[꿈이]=꿈이[일어나]=קומי[꿈이 일어나]=קוּמִי[꿈이 일어나]6) 일어나라7). 말씀으로 잘 산 사람은 꿈이[일어나] קומי[꿈이 일어나]=קוּמִי[꿈이 일어나] 일어난 사람이다.

* 그대로와 고대르[고대르 옹위]=גדר[고대르 옹위]=גֶּדֶר[고대르 옹

1) גַּלְגַּל(갈르갈르 · 바퀴, 전 12:6).
2) גָּלַל(갈랄 · 굴리다, 창 29:3; 수 5:9 등).
3) גְּלִילָה(글릴라 · 변경, 수 13:2; 겔 47:8).
4) קוּם(쿰 · 일어나라, 출 32: 1; 수 7: 10; 삿 7: 15; 사 58:12).
5) קוּמִי(쿠미 · 일어나서, 아 2:10)와 אָקוּמָה(아쿠마 · 내가 일어나서).
6) קוּם(쿰 · 일어나라, 출 32: 1; 수 7: 10; 삿 7: 15; 사 58:12).
7) 상동.

위[1]): 수보하는 자라 옹위, 둘러싸는.

* 기쁘네와 미쁘네[자손]=מבני[미쁘네 자손]=מִבְּנֵי[미쁘네 자손2)]: 정말 미쁘네=מבני[미쁘네 자손중에]=מִבְּנֵי[미쁘네 자손중에] 자손 중에 말씀 안에 들어간 삶이 미쁘네[자손중에]=מבני=מִבְּנֵי[미쁘네 자손중에]! 말씀 사모하여 말씀이 안에 들어오니! 미쁘네=מבני[미쁘네 자손중에]=מִבְּנֵי[미쁘네 자손중에].

* 기뻐와 깃브아트[산]=גבעת[깃브아트 산]=גִּבְעַת[깃브아트 산3)] 깃브아=גבעה[깃브아 산]=גִּבְעָה[깃브아 산4)]: 백성이 하나님의 향기를 들고 머리로 숨을 쉬니 머릿속이 말씀으로 가득 차 기쁘다=산에 오르니 기쁘다=גבעת[깃브아트 산]=גִּבְעַת[깃브아트 산]. 산 준령이니 기쁨이 극도에 달해 있다.

* 깃나다와 동산=깃나트[동산]=גנת[깃나트 동산]=גִּנַּת[깃나트 동산5)]: 깃나다! 백성이 은혜를 갚는 동산= 깃나트=גנת=גִּנַּת[깃나트 동산].

* 낄낄거리다와 낄[즐거워 하소서]=גיל[낄낄 즐거워 하소서]=גִּיל[낄낄 즐거워 하소서6)]: 즐거워 낄낄대다=גיל[낄낄 즐거워 하소서]=גִּיל[낄 즐거워 하소서]. 기뻐하리이다=아낄라[기뻐하리이다]=אגילה[아낄라 기뻐하리이다]=אָגִילָה[아낄라 기뻐하리이다7)] 정말 기뻐 낄낄 거리다.

---

1) גדר(고대르 · 둘러싸다. 옹위, 수보하는 자라 할 것이며, 사 58:12).
2) מִבְּנֵי(미쁘네 · 자손 중에는, P.NMSG, of the son of, 스8:1),
3) גִּבְעַת(깃브아트 · 산, 아 4:6).
4) גִּבְעָה(깃브아 · 산 · 준령, 기본형).
5) גִּנַּת(깃나트 · 동산, 아 6:11).
6) גִּיל(낄 · 즐거워 하소서, 시 32:11, 51:10)와 גִּיל(낄 · 기뻐하다, 욜 1:23; 습 3:17).
7) אָגִילָה(아낄라 · 기뻐하리이다, VQICXS, I will rejoice, 시 9:15).

(2). ㄴ음가 시작의 우리말과 히브리어와의 닮음

* 나와 나=נא 나 참으로=נָא 나 참으로[1]: 우리말에 나가 있다. 나=נא 나 참으로[2] 내가 영원하다이다. 참으로=נָא 나 참으로다. 나=아노니=אנכי=אָנֹכִי 아노히 나[3] 내가 영원한 곳으로=가는=안 어디로=אן 안 어디로=אָן 안 어디로[4]과 하나님의 아드님이 굳건히 지키는 일=키=כי 키 그렇기 때문에=כִּי 키 그렇기 때문에[5]의 복합어. '나'는 성경에서 하나님만이다. 영원한 나=참으로 나=נא 나 참으로=נָא 나 참으로[6]. 시적 아이러니의 법칙으로 곧 인간인 나는 날것, 설구워 진[7] 의미다. 하나님에게 적용될 때에는 영원한 참 나이다.

아름답구나=나우 아름답구나=נאוו 나우 아름답구나=נָאווּ 나우 아름답구나[8] 바로 나우 아름답구나 아름다운 이 자존감으로 산다.

* 나가와=라카 제거=לקה 나가 제거=לְקַה 나가 제거[9]: 보기 싫은 대상에게 나가! 명령. 제거 나가=נכה 나가 제거=נָכָה 나가 제거[10]는 발로 차고 때리다이다. 화나는 대상에게 나가아=נגע=נָגַע 나가! 나가아=נגע=נָגַע 차고 때리고=나가흐=נגח=נָגַח 나가 찌르다[11] 나가=לְקַח 나가! 나가흐=נגה 나가.

---

1) נָא(나 · 참으로, 아 7:9).
2) נָא(나 · 참으로, 아 7:9).
3) אָנֹכִי(아노히 · 나, 욘 1:9).
4) אָן(안 · 어디로, 삼상 10:14; 욥 8:2).
5) כִּי(키 · 그렇기 때문에, 창 1:4, 2:3; 출 3:2 등).
6) נָא(나 · 참으로, 아 7:9).
7) 출 12:9).
8) נָאווּ(나우 · 아름답구나, 아 1:10).
9) לְקַה(라카 · 제거, 취하여, 슥 11:7, 10, 13 등).
10) נָכָה(나가 · 기본형, 치다 · 때리다, 아 5:7).

* 나가다와 나아가드알게하다=נגד=נָגַד나아가드 알게하다1): 앞으로 나가다와 나아가다알게하다=נגד나아가드 알게하다=נָגַד나아가드 알게하다2)=전하다=그대로. 십자가의 예수님 뺨=라카테흐=רקתך=רַקָּתֵךְ라카테흐 뺨3)보고 나아가다.

* 나그네와 나가르이방인=נגר나가르 이방인=נֵכָר나가르 이방인4): 라게르객=לגר라게르 객=לַגֵּר라게르 객5)와 나그리=נכרי나그리 이방인=נָכְרִי나그리 이방인6)=이방인네가르=네가르이방인=נגר네가르 이방인=נֵכָר네가르 이방인7). 나그네는 은혜 갚으려는 마음으로 있는 사람이다. 아버지가 자녀들이 말을 잘 듣지 않을 때에 나가라한다. 이방인이 되라는 거다. 그런데 문법상 앞 단어 영원하다의 뜻인 나=נ나의 라=ל라를 빼면 가라이다. 나그네게르=게르나그네=גר게르 나그네=גֵּר게르 나그네8) 나그네다. 구르=גר구르 나그네=גור구르 나그네 나그네이다. 임시로 머무는 나그네9)는 하나님 뜻 전하는 무리이다. 그동안의 은혜를 갚으려 다니는 자이다.

한국에 있는 계림의 경우도 나그네게르=게르나그네=גר게

---

11) נָגַח(나가흐 · 찌르다, 출 21:28; 왕상 22:11 등).

1) נָגַד(나아가드 · 알게하다 · 전하나, 신 5:5).

2) נֶגֶד(네게드 · 나가다, 민 25:4). נֶגֶד(내게드 · 향하여, 단 6:10).

3) רַקָּתֵךְ(라카테흐 · 뺨, 아 6:7).

4) נֵכָר(네가르 · 이방인, 삼하 22:45, 46).

5) לַגֵּר(라게르 · 객, 신 24:21).

6) נָכְרִי(나그리 · 이방인, 신 14:21, 15:3; 왕상 8:43).

7) נֵכָר(네가르 · 이방인, 삼하 22:45, 46).

8) גֵּר(게르 · 나그네, 출 23:12; 말 3:5).

9) 창 12:10, 21:3, 32:4, 35:27; 출 6:4; 삿 17:7, 19:6; 시 105: 23, 120:5; 사 11:4, 54:15 등.

르 나그네=גֵּר게르 나그네1)이다. 앞의 나=נ나를 빼면 나그네=계림=גרים게림=גֵּרִים게림2)이다. 신라시대 경주 이름 계림이 있다. 백성의 이동경로경력이다. 나그네=베하게르3)도 앞의 베=ו 이음전치사와 숨 쉬는 뜻의 헤=ה 접두사를 빼면 '게르 나그네 발음 원어다. 객미게라=미게라객=מגרד미게라 객=מְגֵרָד미게라 객4)=미=מ를 빼면 게라이다. 다니면서 하나님 뜻을 전하는 존재다. 나그네 생활 130년이라 잠깐 왔다가 가는 인생이다.

* 나가서와 나가스접근하다=נגש나가스 접근하다=נָגַשׁ나가스 접근하다5): 나가스접근하다=נגש=나가스 접근하다נָגַשׁ나가스 접근하다 나가서 자신을 낮추고 나간다.

* 나감과 나감보수=נקם나감 보수=נָקָם나감 보수6): 바깥으로 나감=נקם=נָקָם나감 영원하게 그분께서 꿰뚫어주시는 변하지 않는 일.

* 나데다와 나디브귀한=נדיב나디브 귀한=נָדִיב나디브 귀한7): 나디브=נדיב=נָדִיב나디브는 귀한 자다. 유별나게 나데는 이는 하나님의 뜻을 가슴에 두어 귀한 자다.

* 내려가다와=내리다=נרדה=נֵרְדָה내리다8): 내리다=רדה

---

1) וְהַגֵּר(베하게르 · 나그네, 출 23:12), 나그네 מְגוּר(마고르 · 나그네, 창 47:9).

2) גֵּרִים(게림 · 나그네, 출 22:21, 23:9).

3) וְהַגֵּר(베하게르, 출 23:12).

4) מְגֵרָד(미게라 · 객, 신 24:14).

5) נָגַשׁ(나가스 · 접근하다, 신25:1 등).

6) נָקָם(나감 · 보수, NMS, vengence, ἐκδικήσεως. 신 32:25).

7) נָדִיב(나디브 · 귀한, 아 6:12 · 귀한 자의, 아 7:2).

נ=נֵרְדָה[내리다]는 바벨 무리들이 모의하는 헛된 꿈을 흩어지게 성삼위일체께서 같이 하늘에서 내리다.

* 나르자와 나르자[우리가 달려가리라]=נרוצה[나르자 우리가 달려가리라]=נָרוּצָה[나르자 우리가 달려가리라]1): 나르자[우리가 달려가리라]=נרוצה=נָרוּצָה[나르자 우리가 달려가리라].

* 나서와 나싸으[진행하여]=נסע[나싸으 진행하여]=נָסַע[나싸으 진행하여]2) : 진행하여[나싸으]=נסע[나싸으 진행하여]=נָסַע[나싸으 진행하여] 우리의 길을 간다3) 하나님 안에서 중심을 잡는 눈이 되자! 말씀으로 앞으로 나가면 눈으로 보인다.

* 내빼서와 네페쉬 하야=נפש חיה=נֶפֶשׁ חַיָּה[네페쉬 하야 생명]4): 말씀의 입술로 살아간 평안하였음=바이나파쉬=וינפש=וַיִּנָּפַשׁ[바이나파쉬 평안하였음]5) 바이나파쉬=וינפש=וַיִּנָּפַשׁ[바이나파쉬 혼]6)이 살아 나쁜 구렁텅이에서 내뺀다.

* 나빠와 나바으=נבע=נָבַע[나바으 토하다]7): 나뻐=나바으=נבע=נָבַע[나바으]는 악 의미다. נבע=נָבַע[나바으] 나빠 토한다.

* 나빠와 나빠흐[잃다]=נפח[나빠흐 잃다]=נָפַח[나빠흐 잃다]8): 나빠

---

8) נֵרְדָה(내리다 · 우리가 내려가서, καὶ καταβάντες, let us go dawn, 창 11:7).

1) נָרוּצָה(나루자 · 우리가 달려가리라, 아 1:4).

2) נָסַע(나싸으 · 진행하여, 민 21:4),

3) J. 와인그린, 김재관역, 『수정판 구약성서 히브리어완성』(서울: 기독교문서선교회, 1999), 149.

4) נֶפֶשׁ חַיָּה(네페쉬 하야 · 생명, 창 1: 30).

5) וַיִּנָּפַשׁ(바이나파쉬 · 평안하였음, 출 31:17).

6) נֶפֶשׁ(네빼스 · 혼, 욥 6:11).

7) נָבַע(나바으 · 토하다, 시 59:7;잠 15:28, 18:4)와 נְבָלָה(느발라 · 악, 시체, 레 5:2) נַבְלוּת(나블루트·수치, 악, 호, 2:10).

8) נָפַח(나빠흐 · 잃다, 끊다, 렘 15:9; 말 1:13).

지는 이유는 말씀 전하기의 입을 다물어 버려서이다. 나빠 나빠흐=נפח[나빠흐]=נָפַח[나빠흐] · 잃다 · 끊다 · 나빠.

* 낫아와 나사아[사하였나이다]=נשא[나사아 사하였나이다]=נָשָׂא[나사아 사하였나이다]1): '나았다' 낫아=נשא=נָשָׂא[나사아] 나삿다=나사타=נשאת=נָשָׂאתָ[나사타 사하셨나이다.]2) 하나님이 사하셔서 낫았다.

* 나서마와 나쉬마[호흡 생명]=נשמה[니쉬마 호흡 생명]=נְשָׁמָה[니쉬마 호흡 생명]3): 숨 쉬는 일은 하나님이 우리 앞에 나서마 하시어 우리가 힘을 얻고 살아가게 된다. 하나님 말씀을 전해야 하는 입.

* 나시어와 나시아[족장]=נשיא[나시아 족장]=נָשִׂיא[나시아 족장]4): 족장이 하는 일은 마을을 하나님 뜻에 맞게 다스리도록 하는 사역이다. 족장 나시아[우두머리]는=נשיא[나시어 우두머리]=נָשִׂיא[나시어 우두머리]5)로서 방백 내심[방백]=נשים=נָשִׁים[내심]6)은 나실인=나지르[나실인]=נזיר[나지르 구별]=נָזִיר[나지르 구별]7)과는 구별된다.

* 나아와 나아=נאה[나아 아름다고]=נָאָה[나아 아름다워]8) 초원의 전원생활을 할 수 있다.

---

1) נָשָׂא(나사아 · 사하셨다) 기본형은 변형 נָשָׂאתָ(나사타 · 사하셨나이다, 시 32:5).

2) נָשָׂאתָ(나사타 · 사하셨나이다, 시 32:5).

3) נְשָׁמָה(니쉬마 · 호흡·생명, 욥 4:9).

4) נָשִׂיא(나시아 · 족장, 민 3: 32, 7:30).

5) נָשִׂיא(나시아 · 방백, 우두머리, 창 17"20).

6) נָשִׁים(내심 · 방백, 창 17:20).

7) נָזִיר(나지르 · 구별된, 민 6:1).

8) נָאָה(나~아~ · 아름답다 · 초장 · 목장 · 집, 사 93:5; 시 23:2; 애 2:2; 욥 1:19등).

* 나아가서와 나아가서=נגש=נָגַשׁ[나아가서][1]:는 히브리어와 우리말과 같다. 의미는 만나리라! '나아가서'이다.

* 나아와 나아르[젊다]=נער[나아르 젊다]=נַעַר[나아르 젊다][2]: 다윈이 골리앗과 싸우겠다가 나섰을 때 블레셋 사람이 업신여겨 바라볼 때 젊음 나아르[젊음]=נער[나아르 젊음]=נַעַר[나아르 젊음]으로 나아갔다.

* 낳아라와 나아라[처녀]=נערה[나아라 처녀]=נַעֲרָה[나아라 처녀][3]: 심 봉사 눈 뜨게 하는 값으로 딸 심청이가 나아라[나아라 처녀]=נערה[나아라 처녀]=נַעֲרָה[나아라 처녀][4] 하자 해결되었다. 정관사 하=ה[하]를 붙여 הנערה[하나아라 처녀의]=הנער[하나아라 처녀의][5] 힘은 강렬하였다. 심 봉사 눈이 나아졌다. 젊은 청년들이 나아르 나아라[젊음의 힘]=נער נערה[나아르 나아라 젊고 젊음]=נַעַר נַעֲרָה[나아르 나아라 젊고 젊음][6]이 위대하기까지 하다.

* 나아봐라와 나아바르[깨끗]=נבר[나아바르 깨끗]=נָבָר[나아바르 깨끗][7]: 우리나라사람들은 상대방을 향하여 병이 '나아봐라' 이젠 그만 병이 나아봐라 깨끗해져 봐라 한다.

* 나 봐와 나아 봐[어룸더윤]=נאוה[나 바 어룸더윤]=נָאוָה[나 바 어룸더윤][8]: 정말 아름다운 나 바=נאוה=נָאוָה[9] 아름다운 눈

---

1) נָגַשׁ(나아가스 · 나아가서, 신 20: 2).
2) נַעַר(나아르 · 젊고, a youth, 삼상 17:42).
3) נַעֲרָה(나아라 · 처녀, 신 22:15, 16).
4) הַ(하)가 붙어 הַנַּעַר הַנַּעֲרָה(하나르 하나라 · 처녀의, 신 22:15, 16, 22:20, 21).
5) הַנַּעַר הַנַּעֲרָה(하나르 하나라 · 처녀의, 신 22:15, 16, 22:20, 21).
6) נַעַר נַעֲרָה(나아르 나아라 · 청년, 아이, 창 14:24).
7) נָבָר(나아바르 · 깨끗한 자, 시 18:27).

가진 나 봐=נאוה=נָאוָה나 바[1] 고운=나 봐=נאוה=נָאוָה나 바[2]야! 말씀을 가진 나 봐 마땅하니=아름다우니=아름답구나=나 봐=נאוה=נָאוָה나 바[3] 너의 고움=나 봐=נאוה=נָאוָה나 봐[4].

* 나서버렸다와 나솨프트주께서 일으키시메=נשפת나솨프트 주께서 일으키시메=נָשַׁפְתָּ나솨프트 주께서 일으키시메[5]: 주께서 일으키시메 내가 나서버렸다=나쉐프=נשף=נָשֶׁף나쉐트[6] 기본형 나쉐프트=נשפת=נָשַׁפְתָּ나솨프트 주께서 일으키시메[7] 하나님 바람이 그의 입으로 나왔다. 주의 바람은 브르하아주의 바람=ברוחך브르하아 주의 바람=בְרוּחֲךָ브르하아 주의 바람[8] 하나님이 부른 바람이다.

* 낳아, 낳았다와 나히타주께서 인도하시고=נחית=נָחִיתָ나히타 주께서 인도하시고[9] 나하선구자=נָחָה나하 선구자[10]: 선구자=나하=נָחָה나하 선구자로 나를 낳아 내가 히타=נחית=נָחִיתָ나히타 선구

---

8) נָאוָה(나바 · 마땅하니 · 아름다우니, 아 1:5).
9) נָאוָה(나베 · 아름답구나, 아 2:14).
1) נָאוָה(나베 · 어여쁘고, 아 4:3).
2) נָאוָה(나바 · 너의 고움이, 아 6:4).
3) נָאוָה(나베 · 어여쁘고, 아 4:3).
4) נָאוָה(나바 · 너의 고움이, 아 6:4).
5) נָשַׁפְתָּ(나솨프타 · 주께서 일으키시메, VQAMYS, Thow didst blow with. απεστείλας. 출 15:10).
6) נָשֶׁף(나쉐프).
7) נָשַׁפְתָּ(나솨프타 · 주께서 일으키시메, VQAMYS, Thow didst blow with. απεστείλας. 출 15:10).
8) בְרוּחֲךָ(브루하하 · 주의 바람을, P. NFS.MYS. thy wind, τό πνέμα σόύ, 출 15:10).
9) נָחִיתָ(나히타 · 주께서 인도하시고, VQAMYS, Thou~hast led forth, ὡδήγησας, 출 15:13).
10) נָחָה(나하 · 인도, 선구자).

[자]1) 사역을 한다.

* 나서겠다와 나사크[나서다]=נסך[나서크 나서다]=נָסַךְ[나서크 나서다]2): 내가 나서겠다 נסכתי[나서겠디]=נָסַכְתִּי[나서겠디] 말씀으로 둘러싸인 일을 위해 나서겠다.

* 나오느라와 느오느하[위엄]=נאונך[느오느하 위엄]=נְאוֹנְךָ[느오느하 위엄]3): 파도위엄 나오느라 נאונך[느오느하 위엄]=נְאוֹנְךָ[느오느하 위엄] 파도의 위엄 물결이 요동친다. 노 저어 나오느하=נאונך=נְאוֹנְךָ[느오느하 위엄]4) 하나님의 무기 말씀 파도.

* 나빠와=나파흐[쇠약 잃다]=נפח[나파흐 쇠약 잃다]=נָפַח[나파흐 쇠약 잃다]5): 나빠 쇠약하여 기절하다. 나빠[쇠약]=נפח[나파 쇠약]=נָפַח[나파 쇠약]해도 입만 살아있다.

* 나비야와 나비야[선지자]=נביא[나비아 선지자]=נָבִיא[나비아 선지자]6): 나비야 나비야 이리 날아오너라 선지자=나비야=נביא=נָבִיא[나비아 선지자]. 하나님 일 나폴나폴 나비아.

* 나올과 나울[신기다]=נעול[나올 신기다]=נָעוּל[나올 신기다]7): 나올 시어가 서정주 「집신」 싯귀에 있다. 신기는 일=나올[신기다]=נעול[나올 신기다]=נָעוּל[나올 신기다]. 영원히 눈으로 보

1) נָחִיתָ(나히타 · 주께서 인도하시고, VQAMYS, Thou~hast led forth, ὡδήγησας, 출 15:13).

2) נָסַךְ(나사크 · 나서다)를 기본형으로 하는 נָסַכְתִּי(나사케티 · 세웠다, VQACXS, have~set, 시 2:6).

3) נָאוֹן(느온 · 위엄) 기본형으로 하는 느오느하 נְאוֹנְךָ(느오느하 · 위엄 · 주의권능으로, NMS.MYS, thine excellency, τῆς δόζησού, 출 15:7).

4) 나잘 נָזַל(나잘)을 기본형으로 하는 노즐림 נֹזְלִים(노즐림 · 파도가, VQPAMP, the floods, τὰ ὕδατα, 출 15:8).

5) נָפַח(나파흐 · 잃다, 쇠약하여 기절, 렘 15:9).

6) נָבִיא(나비아 · 선지자, 신 13:4, 6; 겔 2:5).

7) נָעוּל(나올 · 잠근 · 신기다 · 덮히다, 아 4:12)).

이는 일은 그대가 내 마음에 오는 일이다.

* 나음과 나엠[아름다운]=נעם=נָעֵם[나엠 아름다운1)]: 이것보다 저것이 나음이다. 아름다음은 나음=נעם=נָעֵם[나엠 아름다운]이다. 나았다=נעמת[나았다 나음]=נָעַמְתְּ[나았다 나음2)] 눈으로 보인 말씀이 가장 아름다운 십자가다.

* 나타내누와 나타내누[나타내지]=נתנו[나타내누 나타내지]=נְתַנּוּ[나타내누 나타내지3)]: 나타나는 일은 십자가!이다.

* 나팔과 나팔[비파 현악기]=נבל=נֵבֶל[나팔 비파 현악기4)]: 나팔=네~벨[비파 현악기]=נבל[네~벨 비파 현악기]=נֵבֶל[네~벨 비파 현악기5)]. 말씀 소리=현악기=나팔[비파 현악기]=נבל=נֵבֶל[네~벨6)]이다. 나팔=נפעל=נִפְעַל[니펠7)] 말씀이 눈으로 보여 말씀사역 속에 풍덩 빠진다.

* 나하르와 나하르 나하르=נהר נהר[나하르 나하르 강 강]=נָהָר נָהָר[나하르 나하르 강 강8)]: 너울 너울 흘러가는 물길, 백제시대 한강 이름은 욱리하=우나하르[강]=ונהר=וְנָהָר[우나하르 강9)] 우나하르=우리나라 나하르는 강의 뜻이다. 우리나

---

1) נָעֵם(나엠 · 아름다운, 아 7:6).

2) נָעַמְתְּ(나았다 · 나음 · 아름다운, 아 7:7),

3) נְתַנּוּ(나타내누 · 우리가 나타내니, 토하고, 아 7:14).

4) נבל(네~벨 · 비파 · 현악기, 삼상 10:5).

5) נבל(네~벨 · 비파 · 현악기, 삼상 10:5).

6) נָפַל(나아팔 · 쓰러지다 · 무너지다 · 엎드러지다, 창 4:6; 레 11:38; 삼상 26:12; 대하 29:9; 사 3:8; 겔 6:4).

7) נִפְעַל(니팔 · 단순수동).

8) נָהָר נָהָר(나하르 나하르 · 강 강, 신 11: 24).

9) וְנָהָר(우나하르 · 욱리하)이다. 물이 모이고 모이다의 히브리어는 נָהָר וְנָהָר(나하르 우나하르 · 강 그리고 또 강).

라= 우나하르강=ונהר우나하르 강=וְנָהָר우나하르 강 더불어 오랫동안 숨을 쉬는 우리! 백제시대 한강 이름은 '욱리하'이다. נהר나하르 강 강은 우리나라=우나하르강=ונהר우나하르 강=וְנָהָר우니하르 강1)이다. 우리나라 강이다. 물이 모이고 모이는 우리나라 말씀이 모이고 모이는 우리나라이다.

＊ 나 할과 나할라기업=נחלה나할라 기업=נַחֲלָה나할라 기업2): 유업, 기업이 내할기업 נחל나할 기업=נַחַל나할 기업 졸졸 흐르는 시냇물처럼 말씀 안에서 열심히 일한다. 예수 안에서 일 할래! 시냇물이 졸졸 흐르며 졸랑졸랑 앞 물을 따라가며 부지런을 떤다. 졸졸 흐르며 산천을 적신다. 소소한 일에 열심 하면 큰 일을 한다.

＊ 나 원 별 일이다와 니빌라오트기이한 일=נפלאות니빌라오트 기이한 일=נִפְלָאוֹת니빌라오트 기이한 일3): 말씀으로 이루어진 나 원 별일=니빌라오트기이한 일=נפלאות=נִפְלָאוֹת니빌라오트 기이한 일. 기본형 별나=폴라기이한 일=פלא별 나 기이한 일=פָּלָא별 나 기이한 일=한국어=별 나!

＊ 나의 방패시오와 막으니=마기니방패시오니=מגני마기니 나의 방패시오니=מָגִנִּי마기니 나의 방패시오니4): 막은=마근=מגן=מָגֵן마근 방패5) 막아주시는 주님 안의 삶이다.

＊ 나타났다의 나타난=נתך나탄 나타난=נָתַךְ나탄 나타

1) וְנָהָר(우나하르 · 욱리하).
2) נַחֲלָה(나할라 · 기업, 시 136:21).
3) נִפְלָאוֹת(니빌라오트 · 기이한 일을, 시 98:1).
4) מָגִנִּי(마기니 · 나의 방패시요, NMS.CXS, my bucker, 시 18:3).
5) מָגֵן(마간, 방패, NMS, buck).

난[1]: 백제 근초고왕 어릴 때 별명이 나투2010년 연말 KBS 2TV 근초고왕 어라하 [왕]이다. 나타=נתך=נָתַךְ나타흐 하나님이 나타내 나태푸=נטפו=נָטְפוּ나태푸 나타난[2]이신, 주의 권능으로 나타나 구제하신=나타난나톤 티텐구제=נתון תתן=נָתוֹן תִּתֵּן나타난나톤 티텐 구제[3] 힘! 근초고왕 어릴 때 별명 나투2010년 연말에 방송된 KBS 2TV 드라마이다. 하나님이 나타구제=נתך나타 구제=נָתַךְ나타 구제하였다. 기본형 나탄=נתן=נָתַן나탄 주셨도다[4]이다. 예언=나트푸=נטפו=נָטְפוּ나타 나트푸 예언[5].

* 너를 이끌어와 에느하카내가 너를 이끌어=אנהגך나하카 내가 너를 이끌어=אֶנְהָגֲךָ나하카 내가 너를 이끌어 나하카=נְהַגֲךָ나하카 내가 너를 이끌어[6]: 나하카는 나랑의 사투리! 아나하카 אנהגך=אֶנְהָגֲךָ에느하카 내가 너를 이끌어=אנהגך=אֶנְהָגֲךָ에느하카 아나하카의 아=א아 묵음이어서 나하카로 읽는다. 나란 말씀으로 숨 쉬는 일을 도와주는 존재다. 예수님 '나하카 나랑, 너를 이끌어=אנהגך=אֶנְהָגֲךָ에느하카 나하카[7] 내가 너를 이끌어.

---

1) נָתַךְ(나타 · 나타난 것, 욥 10:10).
2) נָטְפוּ(나트푸 · 예언하다, 아 5:5).
3) נָתוֹן תִּתֵּן(나아톤 티텐 · 구제, 신 15:10).
4) ①. 나탄 · 주셨도다; 시 115: 16; 전 3: 11; 왕상 8: 56; 신 8: 10; 스 1: 2; 수 6: 16; 대하 32: 29; 시 78: 24, 147: 13, 61: 5, 21: 2, 4; 렘 32: 22) 등등
5) נָטְפוּ(나트푸 · 예언하다, 아 5:5).
6) אֶנְהָגֲךָ(애느하카 · 내가 너를 이끌어, 아 8:2).
7) אֶנְהָגֲךָ(애느하카 · 내가 너를 이끌어, 아 8:2).

* 낚일라와 낚일라 나길라우리가 기뻐하며=נגילה=נָגִילָה나길라 우리가 기뻐하며1): 낚일라=נגילה=נָגִילָה나길라 기뻐하며! 서로가 서로에게 엮여지며 기쁜 일로=낚일라=נגילה=נָגִילָה나길라 기뻐하며 말씀으로 서로 낚일라=נגילה=נָגִילָה나길라 기뻐하며!

* 납시어와 내 마음에 납시어내 마음에=נפשי낲쉬 내 마음에=נַפְשִׁי낲쉬 내 마음에2) : 임금님이 납시내 마음에 =נפשי=נַפְשִׁי낲쉬 내 마음에 납시어 그 분이 나 대신 십자가지심에서이다. 우리나랏말 고어에 '납시어' 존칭어 내 마음에=납시=נפשי=נַפְשִׁי낲쉬 내 마음에 오시어.

* 낮이 익어와 나즈키라낮이 익어=נזכירה=נַזְכִּירָה나즈키라 낮이 익어3): 낮이 익어나즈키라=נזכירה나즈키라 낮이 익이=נַזְכִּירָה나즈키라 낮이 익이 같이 하나님 은혜 소망한다. 말씀으로 사는 날의 소망이다. 우리말 '낮이 익어'의 익어=나즈키라=נזכירה=נַזְכִּירָה나즈키라 낮이 익어 기억하며 하나님 은혜 소망한다.

* 내가 간 이와 내 동산에 레간니내 동산=לגני레간니 내 동산=לְגַנִּי레간니 내 동산4): 하나님 동산에 하나님 백성들이 은혜 갚는 곳 레간니=לגני=לְגַנִּי레간니 동산=내 동산이다. 하나님만의 동산이다.

* 내게도와 내게드앞에서=נגד내게드 앞에서=נֶגֶד내게드 앞에서5):

---

1) נָגִילָה(나길라 · 우리가 기뻐하며, 아 1:4).
2) נַפְשִׁי(낲쉬 · 내 마음에, 아 1:7).
3) נַזְכִּירָה(나즈키라 · 낮이 익어 · 우리가 기억하며, 아 1:4).
4) לְגַנִּי(레간니 · 내 동산에, 아 5:1).
5) נֶגֶד(내게드 · 앞에서, 시 138:1).

은혜 갚는 가슴이 내게도=내게드=נגד=נֶגֶד[내게드 앞에서]이다. 우리나랏말 '향하여'가 내게드[앞에서]이다. נגד=נֶגֶד[내게드 앞에서]라는 말이 있다. 나아가다=נגד=נֶגֶד[나아가드 알게하다]1) · נגד=נֶגֶד[내게드 알게하다]2) 하나님 기운 십자가의 뺨=라카테흐=רקתך=רַקָּתֵךְ[라카테흐 뺨]3).

* 내게도와 배필=내게도[배필]=נגדו=נֶגְדּוֹ[내게도 배필]4): 배필=내게도[배필]=נגדו=נֶגְדּוֹ[내게도 배필]이다. 배필은 말씀으로 은혜 갚는 가슴. 은혜 평생 갚는 대상이다. 내게도=נגדו=נֶגְדּוֹ[내게도]5) '배필' 짝이다.

* 내게 와와 여자=내게 와[여바]=נקבה[내게 와 여바]=נְקֵבָה[내게 와 여바]6): 내게 와[여자]=נקבה[내게 와 여자]=נְקֵבָה[내게 와 여자] · 햇빛이 따뜻이 비치는 남쪽을 봐, 내게 와[여자]=נקבה[내게 와 여자]=נְקֵבָה[내게 와 여자]7) 사랑하는 여인 귀중한 존재 내게 와=내게 와[여자]=נקבה[내게 와 여자]=נְקֵבָה[내게 와 여자]8)

* 내셨다와 태초에=내시었다=레시어트[태초에]=ראשית[레시어트 태초에]=רֵאשִׁית[레시어트 태초에]9): 하나님은 당신의 뜻을 태초에=내시었다[태초에]=레시어트[태초에]=ראשית[레시어트 태초에]=

---

1) נֶגֶד(나아가드 · 알게하다 · 전하다, 신 5:5).
2) נֶגֶד(내게드 · 향하여, 단 6:10).
3) רַקָּתֵךְ(라카테흐 · 뺨, 아 6:7).
4) נֶגְדּוֹ(내게도 · 배필, 창 2: 18).
5) נֶגֶד(내게드 · 목전에서, 시 23:5).
6) נְקֵבָה(내게바 · 여자, 창 5:2).
7) וּנְקֵבָה(운내게바 · 그리고 여자, 창 1:27).
8) וּנְקֵבָה(운내게바 · 그리고 여자, 창 1:27).
9) רֵאשִׁית(레시어트 · 태초에, 창 1:1).

רֵאשִׁית레시어트 태초에. 어른이 무엇을 희망하시는 표현 '바라셨다'다. 하나님이 우리 인간에게 바라셨다=베레쉬트 태초에=בראשית베레시어트 태초에=בְּרֵאשִׁית베레시어트 태초에 태초에!

* 내다버려와 버리다=내다부니버리니=רדפני레다푸니 버리니=רְדָפֻנִי레다푸니 버리니1): 우리가 잘 내다버리=레다푸니버리니=רדפני=רְדָפֻנִי레다푸니 버리는 것은 입술과 가슴과 머리다. 기본형 라다프버리다=רדף라다프 버리다=רָדַף라다프 버리다.

* 내다봐=내다바즐거이 드림=נדבה네다바 즐거이 드림=נְדָבָה네다바 즐거이 드림2): 앞을 즐거이=내다봐 그러면 즐거워! 말씀 듣고 즐거이 헌신 하니 마음이 배 나 되어 즐거워 헌신=베히테나데브즐거이 헌신=בהתנדב네히테나데브 즐거이 헌신3) 즐겁다. 헌신=앞을 내다 봐=נדבה네다바 즐거워하는 마음=נְדָבָה네다바 즐거워하는 마음4) 즐거이 하는 마음이다. 정성을 다하여 상대방을 섬기면 내가 높아진다. 헌신으로 נדב나데 즐거이하는5) 즐거운 일 내다 봐=נדבה=נְדָבָה내다봐 즐거이 드림6) · 즐거이 드림=בהתנדב배나나데보 · 즐거이 헌신 앞에 붙는 בהת베히테 문법상 붙은 과거형 ת테 테, ה히, ב테 · 하나님 안에서 즐거이 נדב네다바 삿 5:2 나데 봐! 하나님 앞

---

1) רְדָפֻנִי(레다푸니 · 버리니, 시 119:86, 161). 기본형 רדף(라다프).

2) נְדָבָה(네다바 · 즐거이 드림, 출 35:29).

3) בְּהִתְנַדֵּב(베히테나데브 · 즐거이 헌신, 삿 5:2).

4) 앞에 붙는 בְּהִתְ(베히테)는 모두 문법상 붙은 과거형 תְ(테), הִ(히), בְּ(베 · 하나님 안)일 뿐 즐거이 נָדַב(나데하, 삿 5:2)만 남게 되어 내다봐이다.

5) נָדַב(나데하, 삿 5:2) הַמִּתְנַדְּבִים(함미테나데빔 · 하나님께 즐거이 헌신, 삿 5:9), ם(엠 · 복수의미)과 앞부분의 הַמִּתְ(함미테)를 빼면 즐거이 헌신 נְדַב(나데비 · 즐거이 헌신).

6) נְדָבָה(네다봐 · 즐거이 드림, 출 35:29).

에서 즐거이 나데는 일이 참 신기하다. 정성을 다하여 상대방을 섬기면서 마음이 자유로움을 말한다. 나덴다, 왜 그렇게 나데느냐? 유난을 떤다.

하나님께 즐거이 헌신함=함미테나대봄[하나님께 즐거이 헌신]=המתנדבים[함미테나대봄 하나님께 즐거이 헌신]=הַמִּתְנַדְּבִים[함미테나대봄 하나님께 즐거이 헌신]1). ם[엠 · 복수의미]과 앞부분의 함미테=המת=הַמִּתְ[함미테]를 빼면 '즐거이 헌신' 나데 보[즐거이 헌신]=נדבה=נְדָבָה[나데보 즐거이 헌신]는 일이다.

* 내 모자와 모자=맞추어=내모자아하[모자]=אמצאך[에모자아하 모자]=אֶמְצָאֲךָ[에모자아하 모자]2): 에모자아하[모자]=אמצאך[에모자아하 모자]=אֶמְצָאֲךָ[에모자아하 모자] 머리에 중요해 모자를 쓴 내 모자아하! 맞추=모자[모자]=מצא[모자 맞추어]=מְצָא[모자 맞추어]3) 쓰고 너를 살피고 베풀꺼야! 나 보다는 남에게 맞춰 사는 은혜를 입고 사는4)일이 내 모자=에모자아하[모자]=מצאךא[에모자아하 모자]=אֶמְצָאֲךָ[에모자아하 모자]5). 기본형 모자[모자]=מצא[모자 입었다]=מְצָא[모자 입었다]6)=모자이티=מצאתי[모자이트 내가 입었고]7) 아모자아흐 아 모자=אמצאך[에모자아하 내가 너를 만날 때에]=צָאֲךָ אֶמְ[에모자아하 내가 너를 만날 때에]8) 내가 너를 만날 때에 그에

---

1) הַמִּתְנַדְּבִים(함미테나데빔 · 하나님께 즐거이 헌신, 삿 5:9).
2) אֶמְצָאֲךָ(에모자아하 · 모자, 아 8:1).
3) מְצָא(모자 · 맞추어, 신 19:7 맞추어(신 19:7) · 입었다(에 5:8).
4) 아 8:1.
5) אֶמְצָאֲךָ(에모자아하 · 모자, 아 8:1).
6) מְצָא(모자 · 입었다, 에 5:8).
7) מצאתי(모자이티 · 내가 입었고, VQACXS, I have found, 에 5:8).
8) אֶמְצָאֲךָ(아모자아흐 · 내가 너를 만날 때에, VQICXS,MYS, when I

맞추어 은혜를 베푼다.

* 각기 종류대로와 내미네=레미네=למינה레미네 각기 종류대로=לְמִינָהּ레미네 각기 종류대로1): 내미네 말씀이 잘 지켜지도록 하나님이 그의 세계를 각기 종류대로 내미네=레미네=למינה레미네 각기 종류대로=לְמִינָהּ레미네 각기 종류대로 그의 창조물을 각기 종류대로 =내미네!

* 내게도와 내게도from me=נגד내게드 from me=נֶגֶד내게드 from me2): 내게도=נגד=נֶגֶד내게드 사랑이 넘쳐나 내게도from me=נגד=נֶגֶד내게드 from me3) 사랑으로 오는 은혜가 있네! 말씀으로 차 있어 늘 은혜네.

* 내미나와 내미나=למינה=לְמִינָהּ내미나4): 내미나=מינה ל=לְמִינָהּ내미나 늘 하나님 말씀으로 나에게 내미나=מינה ל=לְמִינָהּ내미나 은혜로운 말씀 언제나 숨 쉬게 למינה=יןָהּ לְמִ내미나!

* 내자와 내자끌어내다=נֵצֵא내자 끌어내다5): 우리말은 찬 신비롭다. 우리말 내자가 그리고 =נֵצֵא내자 끌어내다가 향기다. 향기를 끌어내자! 잘 쓰자! 향기다. 하나님에게 있는 향기를 나에게 오도록 내자=נֵצֵא내자 끌어내다!

* 너울과 덮은=너울=나울덮은=נעול나울 덮은=נָעוּל나울 덮

should find thee, 아 8:1).

1) לְמִינָהּ(레미네 · 각기 종류대로, 창 1:12).
2) נֶגֶד(내게드 · from me, 아 6:5).
3) מִנֶּגְדִּי(민네게디 · 향하여, 아 6:5).
4) לְמִינָהּ(레미나 · 그 종류대로, 창 1:24, 25).
5) נֵצֵא(내재 · 끌어내다, 아 7:12).

은1): 성당 미사때 쓰는 너울[덮은]=נעול[나울 덮은]=נָעוּל[나울 덮은] 쓰고 미사 드린다. 바다너울 נעול=נָעוּל[나울 덮은] 말씀이 눈으로 보이는 바다 파도.

* 넓어와 라합[넓어]=רחב[라합 넓어]=רָחַב[라합 넓어] 라바[번성하여]=רבה[라바 번성하여]=רָבָה[라바 번성하여]2): 랍비와 라합[넓어]=רחב=רָבָה[라바] 라합[넓어]=רחב=רָחַב[라합 넓어]=רבה=רָבָה[라바 번성하여] 하나님의 사람들 구해 주고 구원 받은 라합 생각은 라하바트=רחבת=רַחֲבַת[라하바트 광활하고]3).

* 넓어야와 넓어야=르바야[넓어야]=רויה[르바야 넓어야]=רְוָיָה[르바야 넓어야]4): 마음이 넓어야=르바야[넓어야]=רויה=רְוָיָה[르바야 넓어야] 마음이 넓어=르바야[넓어야]=רויה=רְוָיָה[르바야 넓어야]의 יה[야]5) 여호와=יְהוָה[여호와]약자. 야! 야! 늘 우리의 축복 하나님 부르기 르바야=רויה=רְוָיָה[르바야 넘치나이다]. 아주 넓으신 분 큰 분 여호와!

* 내 앞에와 내 앞에=레파네[내 앞에]=לפני[레파네 내 앞에]=לְפָנַי[레파네 내 앞에]6): 오 그대가 내 앞에=레파네[내 앞에]=לפני[레파네 내 앞에]=לְפָנַי[레파네 내 앞에] 말씀으로 내 앞에=레파네[내 앞에] לפני[레파네 내 앞에]=לְפָנַי[레파네 내 앞에].

* 네게와 네게=레그[네게]=לך[레그 네게]=לָךְ[레그 네게]7): 하나

---

1) נָעוּל(나울 · 덮은, 아 4:12).
2) רָבָה(라바 · 우르부 · 번성하여, VQMMYP, καὶ πληθυνέσθε, 시 51: 3).
3) רַחֲבַת(라하바트 · 광활하고, 대상 4:40).
4) רְוָיָה(르바야 · 넘치나이다, 시 23:5).
5) יָהּ(야).
6) לְפָנַי(레파네 · 내 앞에 있구나, 아 8:12).

님은 늘 말씀하신다. 네게 먹이신 것=봐야 이길레=바야 아킬레카네게 먹이신 것=ויאכלך봐야아킬레카 네게 먹이신 것=וַיַּאֲכִלְךָ 봐야아킬레카 네게 먹이신 것1) 이기게 먹여 주시었다. 네게=레그네게=לך=לְךָ네게2) 모두 네게라는 말이 붙어 있다.

* 내마누라와 내미누=למינו=לְמִינוּ3): 내미누=למינו=ו=לְמִינ네미누 내미는 분깃 종류 말씀 내미는 일.

* 니나누와 니나누=난네누=רננו=רַנְּנוּ난네누4): 닐니리야 닐니리야 니나누 즐거워하다=니나누=난네누=רננו=רַנְּנוּ난네누 니나누의 니는 너이고 나는=אני=אֲנִי아니 아니 · 나이다. 알고 있니의 준말 아니다. 우리=누=נו=נוּ누5) 우리이다. 너와 나와 우리의 한 마당은 예수님이 머리 안에 든 사람은 영원히 사는 우리다 예레낸누!6) 여럿이서 즐거이 노래하며=배래낸누=ורננו=וְרַנְּנוּ배래낸누7) 노래하면서=비렌나=ברננה=בִּרְנָנָה배래낸나8)!

노래할지어다=예레넨누즐거이 노래할지어다=ירננו=예레넨누 즐거이 노래할지어다יְרַנְּנוּ예레넨누 즐거이 노래할지어다9) 즐거이 노래하

---

7) לְךָ(레그 · 네게, 슥 9:12; 아 7:14, 8:12).
1) וַיַּאֲכִלְךָ(비야아킬레가 · 네게 먹이신 것, 신 8: 3).
2) לְךָ(레그 · 네게, 슥 9:12; 아 7:14, 8:12).
3) לְמִינוּ(레미누 · 분깃, 창 1:10).
4) רַנְּנוּ(란네누 · 즐거워 하다, 시 33:1, 47:2)의 נוּ(누)는 우리 נוּ..(누, 창 43:2, 3, 4, 7, 8, 21, 22; 시 46:7 등).
5) נוּ(누 · 우리).
6) יְרַנְּנוּ(예레넨누 · 즐거이 노래할지어다, 시 98:8),.
7) וְרַנְּנוּ(베레넨누 · 즐거이 노래하며, 시 98:4).
8) בִּרְנָנָה(비렌나 · 노래하면서, 시 100:2).
9) יְרַנְּנוּ(예레넨누 · 즐거이 노래할지어다, 시 98:8),.

며=베레넨누즐거이 노래하며=ורננו=베레넨누 즐거이 노래하며וְרַנֵּנוּ베레넨누 즐거이 노래하며1) · 노래하면서=비렌나노래 하면서=ברננה=וְרַנֵּנוּ비렌나 노래 하면서2) 노래하면서!

* 노래와 나아봐노래=נבא나아봐 노래=נָבָא나아봐 노래3): 아픈 사람을 향하여 '나아 봐노래' 신령한 노래=나아바아=נבא나아봐 노래=נָבָא나아봐 노래이다.

* 노래와 마샬=마샬노래를=משל마샬 노래를=מָשָׁל마샬 노래를4): 고조선 시대 유물 대동강 변 기왓장에 노래=마샬노래를=משל마샬 노래를=מָשָׁל마샬 노래를로 기록. 노래로 번역되어 있다. 그들과 더불어 잘 맞아 노래를 함께!

* 놓아와 노아두고=נחה노하 두고=נָחָה노하 두고5): 노아=נחה=נָחָה노하 두고6)는 휴식과 위로 말씀이다. 홍수 때의 נחה=נָחָה노하 두고 휴식 아람 10대 족장이다. 위로 · 안위 · 휴식 의미이다.

* 높아와 높아=노파높은 곳=נפה노파 높은 곳=נָפָה노파 높은 곳7): 높아=높아=노파높은 곳=נפה노파 높은 곳=נָפָה노파 높은 곳 늘 말씀을 입으로 말하기를 소망하면 높아진다. 말씀을 지붕 안에 가두어 두면 나빠잃다=נפח나파흐 잃다=נָפַח나파흐 잃

1) וְרַנֵּנוּ(베레넨누 · 즐거이 노래하며, 시 98:4).
2) בִּרְנָנָה(비렌나 · 노래하면서, 시 100:2).
3) נָבָא(나아바아 · 노래, 대상 25: 1, 2, 3).
4) מָשָׁל(마샬, 노래를, 민 23: 7, 18, 24: 3, 15, 20, 21, 23; 사 14: 4.
5) נָחָה(노하 · 두고. 왕상 10:26).
6) נֹחַ(노아흐 · 노아).
7) נָפָה(노파 · 높은 곳, 수 11:2, 12:23; 왕상 4:11; 사 30:28).

다1)진다. 숨 쉼=헤ה헤 숨 쉴 수 있어 높아진다. 지붕=헤트지붕=ח헤트 지붕으로 덮어 지붕 안에 갇히면 말씀이 가두어진다. 숨 쉼=헤ה헤는 입을 늘 열어서 하나님 말씀을 전하면 높아진다. 후자 말씀을 가두면 나빠진다.

* 높았다와 노팟다꿀 송이 높은 곳=נפת높았다 꿀 송이 높은 곳=נֹפֶת높았다 꿀 송이 높은 곳2): 노팟다꿀 송이 높은 곳=נפת노팟다 꿀 송이 높은 곳=נֹפֶת노팟다 꿀 송이 높은 곳. 십자가에 높이 달렸다 높았다=נפת=נֹפֶת높았다3) 입을 열어 말씀을 전하는 자는 하나님이 높이 올리시고 이 입술을 꿀 송이라고 한다.

* 놋과 놋쉬트놋=נחושת놋쉬트 놋=נְחוֹשֶׁת놋쉬트 놋4): 놋쇠는 조상들이 밥을 담아 먹던 그릇을 만드는 놋=놋쉬트놋ת נחוש놋쉬트 놋=נְחוֹשֶׁת놋쉬트 놋

뱀=나하쉬뱀=נחש나하쉬 뱀= נָחָשׁ나하쉬 뱀5). 끝자 십자가 의미 타브=ת타브6)만 더 붙여 놋쇠 한다. 불 뱀에 물린 자들이 쳐다보게 되면 치유 받는다. 뱀=나하쉬=뱀נחש=나하쉬 뱀נָחָשׁ나하쉬 뱀7) · 놋쉬 נחוש놋쇠.

* 놀라와 노라두렵게=נורא노라 두렵게=נוֹרָא노라 두렵게8): 놀

1) נָפַח(나빠흐 · 잃다, 끊다, 렘 15:9).
2) נֹפֶת(네페트 · 꿀송이 · 높은 곳, 아 4:11; 수 17:11).
3) נֹפֶת(네페트 · 꿀송이 · 높은 곳, 아 4:11; 수 17:11).
4) נְחוֹשֶׁת(놋쉬트 · 놋, 출 30:18, 31:4, 35:5; 왕하 25:13).
5) נָחָשׁ(나하쉬 · 뱀).
6) 최명애, 『알기 쉬운 성경 히브리어 기초와 그 의미』(서울: 쿰란출판사, 2005), 147.
7) נְחוֹשֶׁת(놋쉬트 · 놋, 출 30:18, 31:4, 35:5; 왕하 25:13).
8) נוֹרָא(노라 · 두렵게, 습 2:11).

라두렵게=נורא노라 두렵게=נוֹרָא노라 두렵게는 말씀이 내게 있어 마음이 두려워지기까지 한다. 노라두렵게=נוֹרָאוֹ노라 두렵게 하나님이 두렵게 함으로써 놀라게 된다.

* 누이와 루히그의 바람=רוחי루히 그의 바람=רוּחִי루히 그의 바람1): 누이=루히그의 바람=רוחי루히 그의 바람=רוּחִי루히 그의 바람! '누히'가 그의 바람=루히그의 바람=רוחי루히 그의 바람=רוּחִי루히 그의 바람 · 그의 바람. 그 하나님의 바람을 우리는 누누히 말했거니와!.

* 누워와 누아흐안식=נוח누아흐 안식=נוּחַ누아흐 안식2): 누아흐안식=נוח누아흐 안식=נוּחַ누아흐 안식 누워 안식한다. 따뜻한 방에 누워의 누아흐안식는 그의 지붕 안에 드는 안식이다. '눕다' 기본형의 누워=안식누아흐=누아흐안식=נוח=נוּחַ누아흐 안식3)이다.

* 누이시와 그가 나를 누이시니=야르비제니그가 나를 누이시니=ירביצני야르비제니 그가 나를 누이시니=יַרְבִּיצֵנִי야르비제니 그가 나를 누이시니4): 그가 나를 누이시니=야르비제니=ירביצני=יַרְבִּיצֵנִי야르비제니 그가 나를 누이시니 눕히다 · 쉬게 누이시니=야르비제니그가 나를 누이시니=ירביצני야르비제니그가 나를 누이시니=יַרְבִּיצֵנִי야르비제니그가 나를 누이시니의 미래형 יַ야 하나님 자를 빼면 '르비제니'로 한국어 누이시니 언어에 근접한다.

---

1) רוּחִי(루히 · 그의 바람, 욥 6:4, 21:4; 사 26:9, 38:16 등).
2) נוּחַ(누아흐 · 안식, 욥 3:26).
3) נוּחַ(누아흐 · 안식, 욥 3:26).
4) יַרְבִּיצֵנִי(야르비제니 · 그가 나를 누이시니, 시 23:2).

우리나랏말 '…시니'는 존칭발음. 그대가 나를 누이시니=야르비제니그가 나를 누이시니=ירביצני야르비제니 그가 나를 누이시니 난 편안하다. 누이시니 누비시니 말씀이 누비시니!

* 눈과 눈눈=נון눈 눈=נוּן눈 눈[1]: 하늘에서 내리는 눈과 사람과 생물들의 눈! 히브리어 눈눈=נון눈 눈=נוּן눈 눈 모두 반복리듬 ㄴ과 히브리어 눈=ן눈 눈과 눈=נ눈은 물고기다. 물고기 표시로 믿는 사람들은 서로 소통한다.

* 니 뱃네와 니 뱃네우리는 세울 것이요=נבנה니 뱃네 우리는 세울 것이요=נִבְנֶה니 뱃네 우리는 세울 것이요[2]: נבנה=נִבְנֶה니 뱃네 우리는 세울 것이요 몸속이나 마음속에 נִבְנֶה니 뱃네 우리는 세울 것이요!

* 뉘우치다와 뉘우침=노함뉘우침=נחם노함 뉘우침=נֹחַם노함 뉘우침[3]: 히브리어 뉘우침=노함뉘우침=נחם노함 뉘우침=נֹחַם노함 뉘우침 뉘우침이다.

* 내가 너를 비교하였구나와 닮았다=담미티흐내가 너를 비교하였구나=דמיתיך담미티흐 내가 너를 비교하였구나=דִּמִּיתִיךְ담미티흐 내가 너를 비교하였구나[4]: 가슴을 잘 간직하는 모습이 닮았다 우리말 닮았다를 떠 올리는 담미티흐내가 너를 비교하였구나=דמיתיך담미티흐 내가 너를 비교하였구나=דִּמִּיתִיךְ담미티흐 내가 너를 비교하였구나.

* 님과 함께=임WITH=עם임 WITH=עִם임 WITH[5]: 임이다.

---

1) נוּן(눈 · 눈, 여호수아의 아버지, 왕상 16:34).
2) נִבְנֶה(니벤네 · 우리는 세울 것이요, 아 8:9).
3) נֹחַם(노함 · 뉘우침, 호 13:14).
4) דִּמִּיתִיךְ(담미티흐 · 내가 너를 비교하였구나 , 아 1:9) ·
5) עִם(임·함께, P. with, 대하 2:13).

가장 사랑하는 사람=임=עם=עִם임 WITH=עם임 WITH=עִם임 WITH은 함께 의미다. 임아!의 높임말 임하=עמך=עִמְּךָ임하[1]=님이시여! 용비어천가 125장에 임하가 붙어 있는 소망사 "…하"다.

* 님금하[2]와 하나님=엘로하=אלוח=אֱלוֹהַ엘로하[3]의 하: 님금하=하나님=엘로하=אלוח=אֱלוֹהַ엘로하! 아내=마누라 = 마눌하! 마는 하늘에서 내려준 말씀 뜻이고 눌은 우리라는 뜻이며 하는 최대 존칭 마누라는 평안히 쉴 곳!

* 누은과 루은=לון=לוּן누은[4]: 주무시고 가시라는 롯의 천사를 향한 간절한 바램 누은=לון=לוּן누은 주무시고이다. 우리말 누은이다. 온 밤을 휴식!

* 노래와 마샬=마샬노래를=משל마샬 노래를=מָשָׁל마샬 노래를[5]: 고조선 시대 유물 대동강 변 기왓장에 노래=마샬노래를=משל마샬 노래를=מָשָׁל마샬 노래를로 기록. 노래로 번역되어 있다. 그들과 더불어 잘 맞아 노래를 함께!

---

1) עִמְּךָ(임하·당신을, P.MYS, thee, 대하 20:6).
2) 許雄註解, 『龍飛御天歌』(서울: 정음사, 1979), 125장 처음. 님금하...
3) אֱלוֹהַ(엘로하, 시 18:32).
4) לוּן(룬 · 주무시고, χαὶ καταλύσατε, 창 19:2).
5) מָשָׁל(마샬, 노래를, 민 23: 7, 18, 24: 3, 15, 20, 21, 23; 사 14: 4.

(3). ㄷ음가 시작의 우리말과 히브리어와의 발음 닮음

* 다아그[고기]=דג[다아그 고기]=דָּג[다아그 고기1)] : 다아그=דג[다아그]=דָּג[다아그]는 고기다. 상대방에게 무엇을 달라할 때 가슴으로 은혜를 갚는 다아그 고기다. 하나님 믿는 백성들을 고기로 표시한다.

* 달라와 다라쉬가 있다. 은혜를 갚는 일 곧 가슴으로 간절히 간구[다라쉬]=다라쉬[간구]=דרש[다라쉬 간구]=דָּרַשׁ[다라쉬 간구2)]가 있다.

* 데무드와 담과 형상=데무트=דמות=דְּמוּת[다무트 형상3)]: 담=דם[담 피]=דָּם[담 피4)]는, 사람의 피를 말한다. 형상=데무드[형상]=דמות[데무트 형상]=דְּמוּת[데무트 형상]는 사람의 모습이다. 성부 성자 성령 셋이 형상=다무트=דמות=דְּמוּת[데무트5)]로 하나님의 형상을 만들었다.

* 닿다와 다아트[재능]=דעת[다아트 재능]=דַּעַת[다아트 재능6)]:다아트[재능]=을 가진 사람은 דעת[다아트 알기]=דַּעַת[다아트 알기7)] 가슴이 눈에 보이도록 십자가를 알게 되었다.

* 담았다와 눈물[다아마 알기]=담아=다므아[눈물]=דמעה[다므아]

---

1) דָּג(다아그 · 고기, 시 8:9).

2) דָּרַשׁ(다라쉬 · 간구, 대하 20:3) ·

3) דְּמוּת(데무트·형상대로) בִּדְמוּת(비두멋다·형상대로, in the lijeness, P,NFSG, κατ εἰκονα, 창 5:1).

4) דָּם(담 · 피, 겔 19:10).

5) דִּמְּתָה(담므타 · 같고, 아 7:8)와 דְּמוּת(데무트 · F, 모양 · 형상, 창 1:26, 5:1, 시 58:4, 겔 1:5, 단 10:16).

6) דַּעַת(다트 · 재능, 알기, 창 2:9).

7) דַּעַת(다트 · 재능, 알기, 창 2:9).

눈물=דְּמְעָה다므아 눈물[1] 눈물베디므아트=베디므아타눈물=ודמעתה 베디므아트 눈물=וְדִמְעָתָהּ베디므아트 눈물[2]: 가슴에 담았다. 눈물=담아=다아마=דמעה다므아 눈물=דְּמְעָה다므아 눈물=다마트=דמעת=דִּמְעַת다마트 눈물 마음에 눈물을 담았다.

* 다아와 모두=다아서로=דא다아 서로=דָּא다아 서로[3]: 다아=דא=דָּא다아 서로 살이 닿아, 모두!

* 따뜻과 다윋=דוד다비드 다윋=דָּוִד다비드 다윋[4]: 우리나랏 말에 따뜻하다라는 말이 있다. 따뜻하다는 사랑하다이다. 도드=다윋=דוד=דָּוִד다윋![5] 달렛=ד 달렛달렛과 달렛=ד 달렛이 두 번 글자이다. 따뜻한 가슴과 가슴이 합친 다윋=닿았다![6]이다. 두 사람이 결혼하는 과정은 따뜻한 마음이 가슴에 닿아 사랑한다. 다윋 이름은 사랑하다 뜻이 있다. 도드=דוד=דּוֹד=דד도드[7] 사랑하는 가슴 돋이![8] 사랑 가슴이 돋으=도드=דוד=דּוֹד=דד도드면 젖가슴이 볼록. 사랑하는 연인끼리 사랑이 도드=דוד=דּוֹד=דד도드면 온 세상이 밝아!

* 달라와 달라=דלה=דַּלָּה달라[9]: 무엇을 달라=דלה=דַּלָּה

---

1) דְּמְעָה(디므아 · 눈물, 애 2:2).
2) וְדִמְעָתָהּ(베디므아타 · 눈물, 애 2:2).
3) דָּא(다아 · 서로, 단 4:30).
4) דּוֹד(דד)(도드).
5) דָּוִד(다비드).
6) 참조: 창 30: 14; 민 11: 26; 삼상 16: 13; 삼하 5: 3; 룻 4: 17, 22; 아 1: 14, 16; 2: 8, 9, 10.
7) דּוֹד(דד)(도드).
8) דּוֹדִי(도디 · 사랑 · 연인, 친구, 아저씨, 뜨겁다).
9) דַּלָּה(달라 · 빈천한, 왕하 25:12).

달라 사람은 빈천한 사람이다.

* 들어감과 맞보아=מבוא=מָבוֹא 마보아[1]: 들어가는=맞보아=מבוא=מָבוֹא 마보아 들어간다.

* 담과 담=דם=דָם 담[2]: 마음 혹은 몸속에 무엇이 들어서 있는 묵중한 느낌 피=담=דם=דָם 담 담은 마음 상처로 피가 뭉쳐 된 한이다. 슬픔이 있다. 담[3]이 들었다.

* 담아와 담아=דמה=דָמָה 담아[4]: 마음에 담아는 생각 담아=דמה=דָמָה 담아이다.

* 닮아와 담마=דמה=דָמָה 담마 같아여라[5]: 우리는 서로 닮아=דמה=דָמָה 닮아 담마 예수님을 닮아 십자가에 달리는 마음으로 살아야 한다.

* 달리고와 달라그 달리고=דלג=דָלַג 달라그 달리고[6]: 달리고=달라그 달리고=דלג 달라그 달리고=דָלַג 달라그 달리고는 은혜 갚으려산을 넘어 달리고 달리고 오는 가슴이다. 아주 빨리 매달라그 달리고=מדלג 메달레그 달리고=מְדַלֵּג 메달레그 달리고[7] 오는 중이다.

* 돋아와 돋아=도다 그 사랑하는 자=דדה 도다 그 사랑하는 자=הַדֹּד 도다 그 사랑하는 자[8]: 가슴에 젖이 두 개 돋아있다. 성경

---

1) מָבוֹא(맙보아 · 들어가는, 왕하 16:18; 렘 26:10).
2) דָם(담 · 담, 피, 피흘림, 겔 19:10) ·
3) דָם(담 · 피, 출 12:7; 신 19:6, 13, 21:7).
4) דָמָה(담아 · 생각 · think, 에 4:13).
5) דָמָה(담마 · 같아여라, 아 8:14).
6) דָלַג(달라그 · 달리고, 아 2:8).
7) מְדַלֵּג(메달레그 · 달리고, 아 2:8).
8) הַדֹּד(돋아 · 그 사랑하는 자, 아 8:5).

은 그 의미를 사랑하는 자로 한다. 매우 사랑하면 가슴이 돋아난다. 사랑하는 자가 젖가슴 돋아=도다=דדה=돋아 그 사랑하는 자 דֹּדָה돋아 그 사랑하는 자 사랑모습을 드러낸다. 나의 사랑하는 자=도데흐나의 사랑하는 자=דודך도데흐 나의 사랑하는 자=דּוֹדֵךְ도데흐 나의 사랑하는 자1) 네 사랑이=도다이흐네 사랑이=דדיך=דֹּדַיִךְ도다이흐 네 사랑이2) 키스하려 네 입술 불쑥 나와=시프토타이흐네 입술이 불쑥 나온=שפתתיך쉬프토타이흐 네 입술이 불쑥 나온=שִׂפְתוֹתַיִךְ쉬프토타이흐 네 입술을 불쑥 나온3) 돋아 나왔네! 사랑이 돋아나면 십자가에 달리게 된다.

*다드와 젖꼭지=돋아=도드젖꼭지=דד다드 젖꼭지=דַּד다드 젖꼭지4): 돋아젖꼭지=דד다드다드 젖꼭지=דַּד다드 젖꼭지=젖꼭지=돋아=도드=דד=דַּד도드=싹이 돋아.

* 돋임과 도딤나의 사랑하는 사람들이=דודים도딤 나의 사랑하는 사람들이=דּוֹדִים도딤 나의 사랑하는 사람들이5): 나의 사랑하는 사람들=돋임=도딤도딤 나의 사랑하는 사람들이=דודים도딤 나의 사랑하는 사람들이=דּוֹדִים도딤 나의 사랑하는 사람들이, 사랑하는 가슴 가진 사람들의 모임!

* 돋이와 도디나의 사랑דודי도디 나의 사랑=דּוֹדִי도디 나의 사랑6): 사랑 돋이나의 사랑=דודי도디 나의 사랑=דּוֹדִי도디 나의 사랑

---

1) דודך(도데흐 · 나의 사랑하는 자가, 아 5:9, 6:1, 1).
2) דֹּדַיִךְ(도다이흐 · 네 사랑이, 네 사랑은, 아 4:10).
3) שִׂפְתוֹתַיִךְ(시프토타이흐 · 네 입술은, 불쑥나온, 아 4:11) .
4) דד(다드 · 돋아, 젖꼭지).
5) דודים(도딤 · 나의 사랑하는 사람들이, 아 5:1).
6) דודי(도디 · 나의 사랑, 돋이, 아 5:2, 8:13, 14).

이다.

* 데서와 9=테솨아=תשע=תֵּשַׁע테솨아[1]: 되었을 때 다 되었어 수 9=됐어=테솨아9=תשע테솨아 9=תֵּשַׁע테솨아 9는 10 곧 완전에 다다르기 바로 전 됐어이다. 성경은 됐어=התשוע됐어=תְּשֻׁעָה됐어하신다. 수 9=아홉은 글자 10에 가까이 왔다이다. 다 돼었어이다. 완전히 이루어지는 일에 다다랐다. 하나님의 아들 예수님의 십자가에 달림을 보는 일이다.

* 더럽다와 더럽다=다바불결한 물건=דוה다바 불결한 물건=דָּוָה다바 불결한 물건[2]: 불결한 물건이다. 하나님 은혜로 숨을 쉬지 않는 일은 더럽다.

* 다니다와=데리고=데레흐다니다=דרך데레흐 다니다=דֶּרֶךְ데레흐 다니다[3]: 다니다=데리고=데레흐다니다=דרך데레흐 다니다=דֶּרֶךְ데레흐 다니다. 몸이 당신의 가슴으로 다니는 일 그 분이 인도하시어 데리고 다니다.

* 단비와 르비빔단비=רביבים르비빔 단비=רְבִיבִים르비빔 단비[4]: 그 분의 은혜가 내 몸을 비비며 내리는 비! 단비=르비빔단비=רביבים르비빔 단비=רְבִיבִים르비빔 단비=그 분의 머리가 내 안에 들도록 물이 내리는 단비이다. 비빔이라는 발음을 보여 주는 이 단비=르비빔단비=רביבים르비빔

1) תֵּשַׁע(테사아 · 九, 왕하 25:8).
2) דָּוָה(다바 · 불결한 물건, 사 30:22).
3) דֶּרֶךְ(데레흐 · 다니다 · 길 · 인도하시고, 왕상 8:36; 잠 4:11).
4) רְבִיבִים(르비빔 · 단비, 신 32:2; 시 64:10; 렘 3:3, 14:22; 미 5:7).

[단비]=רְבִיבִים[르비빔 단비]1)이다. 하나님의 은총을 비비고 비비면 단비가 되나보다.

* 달라 달라와 물을 충분히 달라=달라 달라=ה דלה דל=דְלָה דְלָה[달라 달라]2): 자꾸만 그분의 가슴에 매달리면 사랑이 내린다. 물을 충분히 달라=달라 달라[물을 충분히]=ה דל דלה=דְלָה[달라 달라 물을 충분히] דְלָה[달라 달라 물을 충분히] 가슴물, 말씀을 갖고 싶은 소망! 머리=달라 달라=דלה דלה[달라 달라 물을 충분히]=דְלָה דְלָה[달라 달라 물을 충분히]3). 달라! 그대 가슴을 나에게 주오, 곧 사랑을 주오!

* 달려와 그분=나무에 달리니라=달라[나무에 달리니라]=לה ת[달라 나무에 달리니라]=תָלָה[달라 나무에 달리니라]4): 그분=나무에 달리니라=달려=달라[나무에 달리니라]=תלה[달라 나무에 달리니라]=תָלָה[달라 나무에 달리니라]! 십자가 달려!

* 다르와 금과 은으로 만든 화반석=다르[금 은으로 만든 화반석]=דר[다르 금 은으로 만든 화반석]=דַר[다르 금 은으로 만든 화반석]5): 금은으로 만든 화반석이 다르이다. דר=דַר[다르]에 베=ב[베]6)가 붙어 반석=베드로=בדר=בְדַר[베다르]다: 베드로를 예수님은 반석이라 하셨다. 배드로7)는 하나님 집 안의

---

1) בּוּרְבִ״בִים(비르비빔 · 또 단비로, P.NMP, with showers, καὶ ὡσεὶ νίφε τοσ. 신 32:2, 시 65:11l).

2) דְלָה דְלָה(달라 달라 · 물을 충분히, 출 2:19).

3) דְלָה(달라 · 머리, 아 7:6).

4) תָלָה(달라 · 나무에 달리니라, 창 40:19, 22, 에 9:14).

5) דַר(다르 · 금 은으로 만든 화반석 · 흰색).דָר(다르 · 대대로, 단 4:3, 34).

6) בְ가 붙던지 וְ가 붙던지 모두 접두사 역할을 한다.

7) וְדַר(베다르).

귀중한 반석이다.

＊ 딛으며와 티드르흐밟는=תדרך티드르흐 밟는=תִּדְרֹךְ티드르흐 밟는1): 하나님께서 여호수아에게 요단강을 발로 티드르흐밟는=תדרך티드로흐 밟는=תִּדְרֹךְ티드로흐 밟는 일을 허락하여 여호수아는 요단당을 딛으며 건넜다.

＊ 다발과 말씀=다발말씀=דבר다바르 말씀=דָּבָר다바르 말씀2): 다발말씀=דבר다바르 말씀=דָּבָר다바르 말씀! 말씀 전하는 여선지자 이름이 드보라=דבר드보라=דְּבוֹרָה드보라3)다. 말씀다발 드보라말씀다발=דבורה말씀다발 드보라=דְּבוֹרָה말씀다발 드보라는 바락과 같이 전쟁에서 승리!

＊ 되어와 되어=되리라=티흐예=תהיה=תִּהְיֶה티흐예4): 무엇이 되어=되리라=티흐예=תהיה=תִּהְיֶה티흐예 십자가를 준비하는 그 분의 일이다.

＊ 됐으이와 이제 아홉 번째=이제 됐으이=테시이=תשיעי=תְּשִׁיעִי테시이5): 이제 아홉 번째=이제 됐으이=테시이=תשיעי=תְּשִׁיעִי테시이. 아홉 번째=이제 됐으이=테시이=תשיעי=תְּשִׁיעִי테시이 아홉 번째.

＊ 데려다와 테리디네가 낳을 것이며=תלדי테리디 네가 낳을 것이며=תֵּלְדִי테리디 네가 낳을 것이며6): 하나님 가슴을 이 세상에

1) תִּדְרֹךְ(티드르흐 · 밟는, VQIFZS, shall tread, 수 1:3).
2) דָּבָר(다바르 · 말씀).
3) דְּבוֹרָה(삿 4: 4, 5, 6, 9, 10, 14, 5: 1, 7, 12, 15).
4) תִּהְיֶה(티흐예 · 되리라, 대상 11:2).
5) תְּשִׁיעִי(테쉬이 · 아홉번째, 대상 12:12:13).
6) תֵּלְדִי(데르디 · 네가 낳을 것이며, 창 3:16).

테리디[네가 낳을 것이며]=תלדי[테리디 네가 낳을 것이며]=תֵּלְדִי[테리디테리디 네가 낳을 것이며] 자식을 낳는 일! 자식 낳는 비법!

* 두다 임과 합환체=두다임[합환체]=דוראים[두다임 합환체]=ם דוּדָאִי[두다임 합환체]1): 사랑의 묘약 합한체=두다임[합환체]=אים דוד[두다임 합환체]=דוּדָאִים[두다 임 합환체]. 가슴에 두다 임! 의역 서로 가슴을 맞부딪히어 사역하는 일이다. 집안의 아내와의 일심동체임을 말한다.

* 드셉니다와 디솨네타[바르셨으니]=דשנת[디솨네타 바르셨으니]=נְתָ דִּשַּׁ[디솨네타 바르셨으니]2): 그 분은 가슴이 무너지도록 사랑을 바르셨으니. 땅에 풀이 잘 자라도록 하시었다. 바르셨으니=디솨네타[바르셨으니]=דשנת[디솨네타 바르셨으니]=דִּשַּׁנְתָּ[디솨네타 바르셨으니!]

* …다와 …ת[타]: 우리나랏말은 문장이 반드시 "…다"로 끝난다. 하나님의 뜻이 개입된 끝 "…ת[타]" 우리말 …다이다.

---

1) דוּדָאִים(두다임 합환채, NMP, mandrakes of, εανδραγορών, 창 30:14).
2) דִּשַּׁנְתָּ(디솨네타 · 바르셨으니, 시 23:5).

(4). ㄹ음가 시작의 우리말과 히브리어와의 발음 닮음

* 로브 love와 라브=לבח라브아흐 마음=לְבַח라브아흐 마음[1]: 우리가 아주 좋아하는 사랑한다는 말 love 서로 마음이 전해지는 사이 로브 love=라브마음=לבח라브아흐 마음=לְבַח라브아흐 마음이다.

1) לְבַח(라브아흐 · 마음, 왕상 8:23).

(5). ㅁ음가 시작의 우리말과 히브리어와의 발음 닮음

* 마와 마[말씀]=מה[마 말씀]=מַה[마 말씀][1]: 우리들은 만나면 마.., 하며 '마..'를 붙여 말을 시작한다. 문법으로는 앞에 …마가 붙으면 분사법이다. 말씀사모=מה[마 말씀]=מַה[마 말씀] 마를 제일 처음 놓아서이다. 마[말씀]사모=מה[마 말씀]=מַה[마 말씀]의 마=맴=מ[마 물 말씀][2]으로 늘 언어에 제일 먼저 놓이는 문법으로 한다. 말씀으로부터=움[어찌]마=ומה[움마 어찌]=וּמַה[움마 어찌][3]도 단어 앞에 놓이어 מה[마 말씀]=מַה[마 말씀]이다.

* 마누라와 마노아흐[접촉할 곳]=מנוח므[므누하 접촉할 곳]=מָנוֹחַ[마노아흐 접촉할 곳][4] 므누하=מנוחה[므누하 쉴 곳 평안 한 곳]=מְנוּחָה[므누하 쉴 곳 평안 한 곳][5]: 우리마누라=마노아흐[쉴 곳 평안 한 곳]=מנוח[므누하 쉴 곳 평안 한 곳]=מָנוֹחַ[마누하]=접촉할 곳=안식처=평안=므누하=מנוח[므누하 쉴 곳 평안 한 곳]=מְנוּחָה[므누하 쉴 곳 평안 한 곳]안식 얻기! 하나님으로부터 온 쉴 수 있는 집 안이다.

* …마라와 마라=마르[…마라]=מר[마르 하지마라]=מַר[마르 하지마라][6]: 그렇게 ..하지 마라=마르=מר[마르 하지마라]=מַר[마르 하지마라]이다. 듣지 않으면 쓴=מר[쓴]=מַר[쓴] 악이다. 쓴 물이다.

---

1) מָה(마) 말씀; *HAL*, 522.

2) מה(마, 창 32: 27) · מה 무엇을(창 37: 15) · מה 무엇(수 15: 18) · מה 무엇을(왕상 3: 5, 대하 1: 7) 등 מה 무엇이 357회 · מה 무엇을 138회.

3) 어찌 וּמַה(움마, 욥 6:11).

4) מָנוֹחַ(마노아흐 · 접촉할 곳 · 평안한 곳 · 안식처, 창 8:9; 룻 3:1; 사 28:12).

5) מְנוּחָה(므누하 · 쉴 곳 · 평안한 곳, 창 49:15; 민 10:33 등) ·

6) מַר(마르 · 쓴, 사 5: 20).

=메 하마림=מי המרים[메 하마림 하지마라]=מֵי הַמָּרִים[메 하마림 하마림]1). 아이들이 잘 못 만졌을 때 메! 소리친다.

* 마름과 마롬[높은데서]=מרום[마롬 높은데서]=מָרוֹם[마롬 높은데서]2): 옛날 짚으로 지붕을 잇고 그 위에 올리는 용마름이 있었다. 마롬은 높은데서 뜻이다.

* 매사로와 메사르[정직]=מישר[메사르 정직]=מֵישָׁר[메사르 정직]3): 메사르는 정직하게 하시는 일이다.

* 마시게와 마시게[마시게]=משקה[마시게 마시게]=מַשְׁקֵה[마시게 마시게]4): 한국어와 히브리어가 같다. 마시게 후~=מַשְׁקֵהוּ[~마시게 후~]5) 마시킴=משקים=מַשְׁקִים[마시킴 마시우게]6) 하신다.

* 마셔와 마아세[일함]=מעשה[마아세 일함]=מַעֲשֶׂה[마아세 일함]7): 일함=마셔=마아세=מעשה=מעשה=מַעֲשֶׂה[마아세] 그 분의 마음을 읽는다. 말씀을 눈으로 가져오게 하시는 하나님임을 알아 열심히 일하는 일 물 마심=마셔=마아세=מעשה=מעשה=מַעֲשֶׂה[마아세]마셔!

* 마 예쁘게 돋아와 마 예뻐 도다이흐=מה ~ יפו דדיך=מַה~ יָפוּ דֹדַיִךְ[마~예쁘 도다이흐]8): 마 예뻐 도다이흐=מה ~ יפו דדיך=מַה~ יָפוּ דֹדַיִךְ[마~예쁘 도다이흐 어찌 내 사랑이] 돋아=참

---

1) מֵי הַמָּרִים(메 하마림 · 쓴 물, 민 5: 18).
2) מָרוֹם(마롬 · 높은데서, 시 148:2).
3) מֵישָׁר(메사르 · 정직 · 공평, 아 1:4) · מֵישָׁרִים(메사림 · 마땅하니라, 아 1:4).
4) מַשְׁקֵה(마시게 · 마시게, 창 40:1).
5) מַשְׁקֵהוּ(마시게후 · 술 맡은 자 마시게, 창 40:13).
6) מַשְׁקִים(마시킴 · 술 맡은 자, 창 40:2, 9, 20, 21, 23, 41:9).
7) מַעֲשֶׂה(마아세 · 일함)를 기본형으로 하는 מַעֲשֶׂיךָ(마아세하 · 너의 행사를, NMP.MYS, thy works, 잠 3:16).
8) מַה~ יָפוּ דֹדַיִךְ(마~예쁘 도다이흐 · 어찌 네 사랑이 그리, 아 1:10).

으로 네 사랑은 승하구나=마~토부 도다이호=טבו דדיך ~ דדיך=מה טבו ~מָה마~토브 도다이호 네 사랑은 승하구나[1] 마 이게 누구인가=미 ~ 좋다=זאת ~ זֹאת=מה ~ מִה미~조에트[2] 이게 누구인가 마 예뻐[3] 움마 나왔다[4] 아름다워=요프 야피타=יפיפית=יְפִיפִיתָ토요프야피타[5] 아름다워요!

* 마음과 메임마음=מעים메임 마음=מֵעַים메임 마음[6]: 마음=맴마음의 사투리=메임마음=מעים메임 마음=מֵעַים메임 마음 눈으로 보는 맴이지! 마음이 말씀에 메여=메임=מעים메임 마음=ים מֵעַ메임 마음이다.

* 맞 재 봐와 마재봐기둥으로=מצבה마재봐 기둥으로=מַצֵּבָה마재봐 기둥으로[7]: 얼굴을 맞 재봐, 서로 실력을 맞 재 봐=기둥으로=맞 재 봐=마재봐기둥으로=מצבה마재봐 기둥으로=מַצֵּבָה마재봐 기둥으로 기둥이다. 기둥으로 올린 힘겨루기의 맞재봐.

* 마카와 마카딤=מגדים메카딤 귀한 실과가 경상도 사투리; 모두 다 임=מְגָדִים메카딤 귀한 실과가 경상도 사투리; 모두 다 임[8]: 귀한 실과 마카 다 임=메카딤=מגדים메가딤=מְגָדִים메가딤 말씀 은혜의 눈으로 나타난 과일!

---

1) דֹּדַיִךְ טֹּבוּ ~מַה(마~좋게 도다이호 · 참으로 네 사랑은 승하구나, 아 1:10).

2) זֹאת ~ מִה(미~조트 · 이게 누구인가, 아 6:10).

3) יָּפוּ~ מַה(마~ 야푸 · 아름다운가, 아 7:2).

4) אַהֲבָה נָּעַמְתְּ~ וּמַה(움마~나으마트 아하바 · 사랑아 어찌 그리 화창한지, 아 7:7).

5) יָפְיָפִיתָ(요프야피다 · 왕은 아름다와, 시 45:2).

6) מֵעַים(메임 · 마음, 아 5:4).

7) מַצֵּבָה(마재봐 · 기둥으로, NFS, for a pillar, 창 28:22).

8) מְגָדִים(메카딤 · 귀한 실과가, 아 7:14).

* 마 타이르와 마 타이르니=깰지어다=마 테오르깰지어다=תעררו ~ מה=마~테오르 깰지어다 תְּעֹרְרוּ ~ מַה마~테오르 깰지어다1)=: 마 타이르니=깰지어다=마 테오르=תעררו ~ מה마~테오르= תְּעֹרְרוּ ~ מַה마~테오르! 말씀 사모 깰지어다 깰지어다! 일어나라!

* 막가와 마카살륙=מכה마카 살륙=מַכָּה마카 살륙2): 우리말 막가파 폭력배=살육=막카=마카살륙=מכה마카 살륙=מַכָּה마카 살륙 막가며 살육.

* 막대와 지팡이=막대지팡이=מטה마태 지팡이니이다=מַטֶּה마태 지팡이니이다3): 지팡이=막대=מטה마태 지팡이니이다=מַטֶּה마태 지팡이니이다 막대 막대기 하나님 지혜 들고 있는 지팡이다.

* 지팡이와 주의 지팡이=쉬프테하주의 지팡이=שבטך쉬프테하 주의 지팡이=שִׁבְטְךָ쉬프테하 주의 지팡이4): 주의 지팡이=쉬프테하주의 지팡이=שבטך쉬프테하 주의 지팡이=שִׁבְטְךָ쉬프테하 주의 지팡이 지팡이. 주의 지팡이는 말씀 지팡이!

* 막 파와 재앙=막패=막 파=마그파재앙=מגפה마그파 재앙=מַגֵּפָה마그파 재앙5): 땅을 막 파=마그파=מגפה마그파 재앙=מַגֵּפָה마그파 재앙 막 파는 일은 재앙을 불러 오는 일이다.

* 많아와 마나 셀 수 없이=많아=마나 מנה마나 수를 셀

1) תְּעֹרְרוּ ~ מַה(마 ~ 테오루 · 타이르노니 깰지어다, 아 8:4).

2) מַכָּה(막카 · 살륙, 삼상 4:10).

3) מַטֶּה(마태·NMS·지팡이니이다, ραβδος, 출 4:2).

4) מִשְׁבַטְךָ(미쉬프테하·주의 지팡이, 시 23:4). 앞에 מִ는 말씀으로 문법 분사역할이다.

5) מַגֵּפָה(막파 · 재앙, 슥 14:15).

수 없이=מָנַד마나 수를 셀 수 없이1): 아브라함이 롯에게 땅을 마음대로 가질 자유를 주자 하나님은 아브라함에게 자손이 많아=마나 מנד마나=מָנַד마나지게 하셨다.

* '말을'과 춤=말을=마홀춤=מחול마홀 춤=מָחוֹל마홀 춤2): 마음에 있는 말을=마홀춤=מחול마홀 춤=מָחוֹל마홀 춤 춤 춰 보세요! 말로 춤 춰 봐요!

* 맛나와 믄노아흐맛나=מנוח믄노아흐 맛나=מָנוֹחַ믄노아흐 맛나3): 음식이 믄노아흐맛나=מנוח믄노아흐 맛나=מָנוֹחַ믄노아흐 맛나4)게다. 쉴 곳에서 쉬는 마음의 안식처에서 먹는 음식은 맛나다. 포만감은 하나님 말씀으로 사는 휴식이다.

* 맑은과 샘이로구나=맑은=마으얀샘이로구나=מעין마으얀 샘이로구나=מַעְיָן마으얀 샘이로구나5): 말씀이 있는 맑은 샘물이다. 눈에는 맑은 샘물이 흐른다. 이 샘에서는 마음이 맑은 눈을 가진 사람만이 먹을 수 있는 샘이 있다. 눈이 맑은 사람은 은혜를 갚으려 맑은 샘물로 졸졸 흐른다.

* 맛있음과 단 포도주=맛있음=마에시스맛있음 단 포도주=מעסים마에시스맛있음 단 포도주=מְעָסִים마에시스 맛있음 단 포도주6): 단 포도주=맛있음=마에시스맛있음 단 포도주=מעסים마에시스 맛있음 단 포도주=מְעָסִים마에시스 맛있음 단 포도주 그 맛이 착 붙어서 맛

---

1) מָנַד(많아 · 수를 셀 수, number, ἐξαριθμῆσαι 창 13: 16).
2) מָחוֹל(마홀·춤, NMS, dancing, 시 30:12).
3) מָנוֹחַ(만노아흐 · 쉴곳 · 안식처, 창 8:9; 룻 3:1).
4) מְנֻחוֹת(믄누호트 · 쉴만한, 시 23:2).
5) מַעְיָן(마으얀 · 샘이로구나, 아 4:12).
6) מְעָסִים(마에시스=맛있음 · 단 포도주 · 하나님의 말씀, 아 8:2).

있음! 하나님 말씀 맛이 좋다.

* 맛좋다와 무교병=맛좋다=마조타무교병을=מצות마조타 무교병을 מַצּוֹת마조타 무교병을1): 말씀에 절제하며 먹는 무교병=맛좋다=마조타무교병을=מצות마조타 무교병을=מַצּוֹת마조타 무교병을 계명 지키는 일 מַצּוֹת마조타 무교병을. 하나님 계명 맛좋다.

* 맛닥드린다의 측량=마다드측량=מדד마다드 마다드 측량=מְדַד마다드 측랭 2): 마다드=מדד마다드 측량=מְדַד마다드 측량 측량한다. 원근 잴신 21:2 측량마다드3) 마다드마다드 측량=מדד마다드 측량=מְדַד 마=מ=מְ마가 하나님으로부터 오는 말씀이고 마다드=מדד마다드 측량=מְדַד마다드 측량의 다드=דד다드=דַד다드는 같은 글자 가슴과 가슴을 맞 닥 드리는 일이다. 가슴과 가슴을 마주한 사람은 하나님께 가까이 가는 마음 곧 측량이 되는 일이다.

* 맛보아와 지경=맛보아=마보아지경=מבוא마보아 지경=מְבוֹא마보아 지경4): 지경=맛보아=마보아지경=מבוא마보아 지경=מְבוֹא마보아 지경느낀다.

* 맛불과 홍수=맛불홍수=מבול마불 홍수=מַבּוּל마불 홍수5): 홍수=맛불홍수=מבול마불 홍수=מַבּוּל마불 홍수을 놓아 하나님은 이 세상에 죄가 창궐하지 않도록 홍수맛불로=맛불홍수

---

1) מַצּוֹת(마조트; 무교병을, 왕하 23:9).
2) מְדַד(마다드 · 측량, 민 35:5).
3) 겔 40:20, 24, 41:3 등등).
4) מְבוֹא(마보아 · 지경, 대상 4:39).
5) מַבּוּל(맙불 · 홍수): George V. Wigram, 『구약 성구사전: *The Koreans Hebrew and Chaldee Concordance of the Old Testament*』, 김만풍 역(서울: 기독교 문화협회, 1993), 845.

=מבול마불 홍수=מַבּוּל마불 홍수 놓으셨다.

* 맞아와 만남=마자만나=מצא마자 맞아 만나=מְצָא마자 맞아 만나[1])와 하나님이 경고마싸=맞싸하나님이 경고=משא마싸 하나님이 경고=מַשָּׂא마싸 하나님이 경고[2]): 하나님이 대상을 맞아=마자맞아 만나=מצא맞아 마자 만나=מְצָא맞아 마자 만나와 맞 싸 부치며 맞싸=משא마싸 하나님이 경고=מַשָּׂא마싸 하나님이 경고 경고[3])하매 영향이 미치며=봐 이 모자우후=바이무자우후=מצאהו바이므자우후=וַיִּמְצָאֵהוּ바이므자우후[4]).

* 맞았다우와 맞았다우=므자티후미치메 만났고=מצאתיהו=므자티후 미치메 만났고מְצָאתִיהוּ므자티후 미치메 만났고[5]): 내가 그대를 맞았다우=므자티후 미치메 만났고=מצאתיהו므자티후 미치메 만났고מְצָאתִ므자티후 미치메 만났고!

* 맞으리와 맞으리아으=마즈리아으씨=מזריע마즈리아흐 씨=מַזְרִיעַ마즈리아흐 씨[6]): 맞으리아으=마즈리아으씨=מזריע마즈리아흐 씨=מַזְרִיעַ마즈리아흐! 찬기파랑가讚耆婆郞歌의 아으 자△ㅅ 가지 노파 서리 몯누올 花判화반이여[7])가 있다. 기파랑을 그리워함은 기파랑의 드높은 화랑정신에서이다. 누구를 맞는다는 것은 그리움이 자라는 씨가 된다. 맞으리아으

---

1) מְצָא(마자 · 만남, 신 22:23).
2) מַשָּׂא(맞싸 · 하나님이 경고. 사 13:1, 14:28, 15:1, 17:1, 19:1 21:1, 21:13, 22:1, 23:1, 30:6; 말 1:1등.
3) מְצָאַתְנוּ(메자테누난 · 하나님께서 온 경고, 민 20:14).
4) וַיִּמְצָאֵהוּ(바이므자우후 · 미치메, 대상 10:3).
5) מְצָאתִיהוּ(므자티후 · 만났고, 아 5:6).
6) מַזְרִיעַ(마즈리아으 · 씨, 창 1:11).
7) 梁柱東, 『古歌연구』(訂補版)(서울: 박문서관, 1960), 318.

=마즈리아으씨=מזריע마즈리아흐 씨=מַזְרִיעַ마즈리아흐 씨 맞으리아으

＊ 맞으니아 므자우니 향기 나는 씨 나를 만나매 맞으니=므자우니맞으니나를 만나매=מצאני므자우니 나를 만나매=מְצָאֻנִי므자우니 나를 만나매1) 맞이하는 즉 그리워하면 그에게서 향기가 난다.

＊ 맛있다와 잔치=맛있다=미쉬테잔치=משתה미쉬테 잔치=מִשְׁתֶּה미쉬테잔치2): 우리는 식탁미쉬테3)에 앉아 향연을 베풀며 잔치=맛있다잔치=미쉬테잔치=משתה미쉬테잔치=מִשְׁתֶּה미쉬테잔치 맛있다 한다. 빵집을 바리케트라 한다. 향연으로 먹을거리가 풍부하다 뜻이다.

＊ 맞 재고와 아주 많이 섞은=하 맞재고=חמזג하 마재고 섞은=חַמָּזֶג하 마재고 섞은4): 아주 많이 하 맞재고=חמזג하 마재고 섞은=חַמָּזֶג하 마재고 섞은!

＊ 맞추다와 므주드요세=מצוד므주드 요세=מְצוּד므주드 요세5): 그대와 맞추다=므주드요세=מצוד므주드요세=מְצוּד므주드 나를 지켜주는 보루이시다. 요세시이니다. 하나님 말씀 향기 안 요세시니이다=맞추다=므주드요세=מצוד므주드 요세=מְצוּד므주드 요세.

1) מְצָאֻנִי(므자우니 · 나를 만나매, 아 5:7).
2) מִשְׁתֶּה(미쉬테 · 잔치. banquet,단 5:10)
3) מִשְׁתֶּה(미쉬테 · 식탁 · 향연 πότον, 창 19:3).
4) חַמָּזֶג(하맞재그 · 섞은, 아 7:3).
5) מְצוּד(므주드·요세)가 있으며 본문은 וּמְצוּדָתִי(움므주다티·나의 요세시요.C.NFS.CXS, and my fortless. 시 18:3).

* 맞춤과 바른 맞춤=매쑤힘[바른]=משחים[메쑤힘 바른]=מְשֻׁחִים[메쑤힘 바른]1): 맞춤=바른[메쑤힘]=메쑤힘[바른]=משחים[메쑤힘 바른]=מְשֻׁחִים[메쑤힘 바른] 기본형 마솨[바른]=משח[마솨 바른]=מָשַׁח[마솨 바른]2)! 말씀에 정진!

* 맡아와 지파[마타]=마타[지파]=מטה[마타 지파]=מַטֶּה[마타 지파]3): 지파=맡아[지파]=마타[지파]=מטה[마타]=מַטֶּה[마타]=지파4) 별로 분담한다. 교훈을 내가 맡아=מטה[마타 지파]=מַטֶּה[마타 지파] 일 하라는 기회를 그가 주신다. 하나님이 비를 내리는 일은 선물을 맡아[지파]=마타[지파]=מטה[마타 지파]=מַטֶּה[마타 지파] 분담하는 것이다. 지파를 맡는다.

* 맡아 놔와 마타나[선물]=מתנה[마타나 선물]=מַתָּנָה[마타나 선물]5): 물건을 맡아 놔[선물]=מתנה[마타나 선물]=מַתָּנָה[마타나 선물] 재물=맡아놓다=마타노트=מתנת[마타노트]=מַתָּנֹת[마타노트]6) 재물 맡아 놔[선물]=מתנה[마타노트 선물]=מַתָּנָה[마타노트 선물] 청지기 개념이다.

* 맡아 모으다와 마테임모드[태를 낳은 양]=מתאימות[마테임모트 태를 낳은 양]=מַתְאִימוֹת[마테임모트 태를 낳은 양]7): 태를 낳은 양 맡아 놓는 일이 자물쇠[르자마테흐]=לצמתך[르자마테흐 · 너울 · 자물쇠]=לְצַמָּתֵךְ[르자마테흐 · 너울 · 자물쇠]8)이다. 자물쇠로 모든

---

1) מְשֻׁחִים(맺추임 · 바른, 출 29:2).
2) מָשַׁח(마아솨 · 바른, 출 29:2).
3) מַטֶּה(마테 · 지파, 민 13:8, 9, 11, 12, 13, 14, 34:14, 15.
4) מַטֶּה(마테 · 지파, 민 20:11).
5) מַתָּנָה(마타나아 · 선물, 민 18:6, 7).
6) מַתָּנֹת(마타노트 · 맡아놓다, 재물, 창 25:6; 시 68:19).
7) מַתְאִימוֹת(마테임모트 · 태를 낳은 양, 아 6:6).
8) לצמתך לְצַמָּתֵךְ(르자마테흐 · 너울 · 자물쇠, 아 6:7)..

물건이 말씀으로 잘 막아져 있으니 보장된다 뜻!

* 메꾸라와 메코라샘=מקרה메코라 샘=מְקֹרָהּ메코라 샘1): 향기 맡는 샘=메코라샘=מקרה메코라 샘=מְקֹרָהּ라메코라 샘. 샘은 더러움을 메꾸는 일이다. 여성명사 향기다. 메코르=מקור메코르=מְקוֹר메코르2): 메코르=מקור=מְקוֹר메코라는 샘을 말씀으로 채우라! 하나님 교훈 받는 샘!

* 매우와 100=메아100=מאה메아 100=מֵאָה메아 1003): 100메아=מאה메아 100=מֵאָה메아 100 100의 반복=מאות מאות메오트 메오트 100 מאות=מאות מֵאוֹת메오트 메오트 1004). 100의 2회 반복 매우 많다 뜻이다.

* 더욱 더욱과 메오드 메오드5):메오드 메오드= 더욱 더욱=מאד מאד메오드 메오드 더욱 더욱=מְאֹד מְאֹד더욱 더욱

* 맴매와 우리의 물맴메누=맴매누우리의 물=מימינו=맴메누 우리의 물מֵימֵינוּ맴메누 우리의 물6): 글자에 물이 두 번 쓰이고 사이에 하나님의 손이 두 번씩 우리의 물이다. 2회반복은 하나님과 예수님 부 분 상징한다.

우리말에 아가보고 무얼 먹을 때 맘 마 먹자하고 잘못 먹을 때 맴매~ 한다. '우리'라는 말은 히브리어 우

---

1) מְקֹרָהּ(메코라 · 샘, her fountain) · W. L. Reed, 「fountain」 *IDB*, ed.(1962)

2) מְקוֹר(메코르 · 샘, 잠 13: 14, 14: 27, 16: 22).

3) מֵאָה(매아 · 백, 창 26:12; 삿 8:10; 대상 12:38; 신 34:7).

4) מֵאוֹת(메오트). וְעִמּוֹ אַרְבַּע מֵאוֹת(브임모 아르바 메오트 이쉬 · 사백명을 거느리고, C.P.MZS NFP NMS, and with him four hundred men, καὶμετ αὐτὐ τετρακόσιοι ἄνδρες, 창 33:1).

5) מְאֹד מְאֹד(메오드 메오드 · 더욱 더욱, 창 7: 19, 30:43).

6) מֵימֵינוּ(맴메누 · 우리의 물, 애 5:4).

리=누=נו[누]=נוּ[누]이다.

* 맺다와 열매맺다=메투[죽으니라]=מתו=[메투 죽으니라]מְתוּ[메투 죽으니라]1): 삶 마감하는 일 죽으니라이다. 열매=맺다=맺투[죽으니라]=מתו=[메투 죽으니라]מְתוּ[메투 죽으니라].

* 맺아와 맞으리아호[맺는]=מזריע[마즈리아호 맺는]=מַזְרִיעַ[마즈리아호 맺는]2): 열매 맞으리아호[맺는]=מזריע[마즈리아호 맺는]=מַזְרִיעַ[마즈리아호 맺는]! 씨가 자라=제라[씨]=זרע[제라 씨]=זֶרַע[제라 씨]3) 하나님으로부터 온 말씀4) 잘 자라 열매 맺아=맞으리아[씨맺는]=맞으리아호[씨맺는]=מזריע[마즈리아호 씨맺는]=מַזְרִיעַ[마즈리아호 씨맺는]!

* 먹을과 먹을[마아칼]=마아칼[먹을]=מאכל[마아칼 먹을]=מַאֲכָל[마아칼 먹을]5): 음식 먹을[마아칼]=마아칼=מאכל[마아칼 먹을]=מַאֲכָל[마아칼 먹을]. 먹기에=메크아콜[먹기에]=מככל[메크아콜 먹기에]=מֵכָּל[메크아콜 먹기에]6) 먹는 일은 물, 말씀 먹기에!

* 맞이와 마시아으[기름부음]=משיח[마쉬아으 기름부음]=מָשִׁיחַ[마쉬아으 기름부음]7): 예수님 메시아다. 메시아으[기름부음]=마시아으[기름부음]=משיח[마쉬아으 기름부음]=מָשִׁיחַ[마쉬아으 기름부음] 구세주! 예수 지칭이다.

* 모아다와 회의=모에드[회의]=מועד[모에드 회의]=מוֹעֵד[모에드]

---

1) מתו(메투 · 죽으니라, 대상 10:6, 7).
2) מַזְרִיעַ(마즈리아 · 맺는, 창 1:12).
3) זֶרַע(제라 · 씨, 자라, 창 1:12).
4) מִ(마 · 하나님으로부터 온 말씀, 창 1:12).
5) מַאֲכָל(마갈 · 먹을, 창 2:9; 시 74:14).
6) מִכְּכֹל(메크아콜 · 먹기에, 시 102:4).
7) מָשִׁיחַ(마쉬아흐 · 기름부음 받은, 시 2;2).

[회의]1): 사람들의 회의=모에드=מועד[모에드 회의]=מוֹעֵד[모에드 회의] 회의를 하는 일은 가슴이 모이는 일이다. 기본형 야아드[모이다]=יעד[야아드 모이다]=יָעַד[야아드 모이다]2) 하나님 손과 가슴! 회의는 마음에 품고 있는 일을 말하는 게 눈에 보이는 일이다. 앞 접미사 맴=מ[멤]은 그로부터라는 의미이다. 절대자가 눈으로 보이게 한 결과이다.

＊ 몰아와 위엄[모라]=모라[위엄]=מורא[모라 위엄]=מוֹרָא[모라 위엄]3): 그에게 힘 몰아[위엄]=위엄[모라]מורא[모라 위엄]=מוֹרָא[모라 위엄] 위엄!

＊ 모았도다와 정한절기[모아도트]=모아도트[정한절기]=מועדות[모아도트 정한절기]=מוֹעֲדוֹת[모아도트 정한절기]4): 4절기 모아다[정한것]=מועד[모아다 정한 것]=מוֹעָד[모아다 정한 것]5) 4계절 정한절기=모모아도트=מועדות[모아도트 정한절기]=מוֹעֲדוֹת[모아도트 정한절기] 말씀 바라보이도록 모아 두었다.

＊ 모레와 내일=모레=모하르[내일 來日]=מחר[모하르 來日]=מָחָר[모하르 來日]6): 내일=모레[來日]=מחר[모하르 來日]=מָחָר[모하르 來日] 모레는 내일 다음날 이튿날[모하라트]=모하라트=מחרת[모하라트 이튿날]=מָחֳרָת[모하라트 이튿날] 모래다7). 말씀 안에 머리를 들이

---

1) מוֹעֵד(모에드 · 회의, 출 29:4, 30, 30:26, 31:7).

2) יָעַד(야아드 · 모이다, 스트롱 넘버 3259).

3) מוֹרָא(몰아 · 위엄, τὰ Θαυμάσια, 신 34. 12).

4) מוֹעֲדוֹת(모아도트 · 정한 절기, 대하 8:13).

5) מוֹעָד(모아드 · 정한 것, 정한 시간, 사 14:31)이 있고 מוֹעֵד(모에드 · 절기, 계절, 모임, 창 1:14, 17:21; 민 15:3 등).

6) מָחָר(모하르 · 내일, 출 32:5).

7) מָחֳרָת(모라트 · 이튿날, 출 32:6).

미는 일이다.

* 모시겠니와 나를 인도하라[모시케니]=모시겠니 [나를 인도하라]=모시케니=משכני[모시케니 나를 인도하라]=מָשְׁכֵנִי[모시케니 나를 인도하라] 모시겠니1): 물로 연단되어 하나님을 영원한 힘이 되게 네가 인도하라이다. 우리말에 네가 모시겠니?가 있다.

* 모심과 구원=모심[구원자들을]=מושעים[모시임 구원자들을]=מוֹשִׁעִים[모시임 구원자들을]2) 모시어와 구원자=모시아으=מושיע[모시아으]=מוֹשִׁעַ[모시아으 구원자]3): 어른을 잘 모셔야 구원자가 된다. 모시임[구원자]=מושעים[모시임 구원자]=מוֹשִׁעִים[모시임 구원자]4)이 구원자다. 모시이에흐[네 구원자]=מושיעך[모시이에흐 네 구원자]=מוֹשִׁיעֵךְ[모시이에흐 네 구원자]5) 훌륭한 구원자=구원=모시임=מושעים[모시임]=מוֹשִׁעִים[모시임 구원자들을]6) · 구원자[모시아으]=모시아으[구원자]=מושיע[모시아으]=מוֹשִׁעַ[모시아으 구원자]7) · 구원자=모시이에흐 [구원자]=מושיעך[모시이에흐 구원자]=מוֹשִׁיעֵךְ[모시이에흐 구원자].8)

* 모아둠과 모아딤[시차]=מואדים[모아딤 시차]=מוֹאֲדִים[모아딤 시차]9): 글자그대로 풀이는 말씀을 바라 가슴에 모아둠=모

---

1) מָשְׁכֵנִי(모시겠니 · 너는 나를 인도하라,아 1:4).
2) מוֹשִׁעִים(모시임 · 구원자들을, 느 9:27).
3) מוֹשִׁעַ(모시아으 · 구원자, 삿 3:9, 15; 왕하 13:5).
4) מוֹשִׁעִים(모시임 · 구원자들을, 느 9:27).
5) מוֹשִׁיעֵךְ(모시이에카 · 네 구원자, 사 60: 16).
6) מוֹשִׁעִים(모시임 · 구원자들을, 느 9:27).
7) מוֹשִׁעַ(모시아으 · 구원자, 삿 3:9, 15; 왕하 13:5).
8) מוֹשִׁיעֵךְ(모시이에흐 · 네 구원자, 사 60: 16).
9) מוֹאֲדִים(모아딤 · 시차, 창 1:14).

아딤[시차] 말씀을 모아둠으로써 가슴이 가득 차 좋다.

* 모자와 맞추어[모자]=모자[맞추어]=מצא[모자 맞추어]=מָצָא[모자 맞추어]1): 은혜 입는 일=맞추어[모자]=모자=מצא[모자 은혜를 입었고]=מָצָא[모자 은혜를 입었고]2). 은혜 입는 일 발견=맞추어=모자=מצא[모자 발견]=מָצָא[모자 발견]3)는 하나님 향기 발견 머리에 왕관을 쓴다. 은혜 입는 일=맞추어=모자=מצא=מָצָא[모자 구할 마음이 생겼나이다]4) 쓰고 베푼다. 우리 어른들은 옛날부터 머리에 갓을 썼다. 은혜 입는 일=맞추어[모자]=모자[맞추어]=מצא[모자 맞추어]=מָצָא[모자 맞추어]5) 알다, 살피다, 베푸다이다. 은혜 입었다[모자티 헨]=모자티 헨[모자티 헨 은혜 입었다]=מצאת חן[모자티 헨 은혜 입었다]=מָצָאתִי חֵן[모자티 헨 은혜 입었다]6). 하나님 향기를 발견하여 사는 일은 왕관을 쓰는 일이다. 왕관을 맞추어 모자=מצא[헨 맞추어]=מָצָא[모자 맞추어]7)쓴다.

* 모자 에헴과 노정 따라=모자에헴[그 진행하는 것]=מוצאיהם[모자에헴 그 진행하는 것]=מוֹצָאֵיהֶם[모자에헴 그 진행하는 것] 모자에헴8): 모자 쓰고 에헴 하며 노정 따라 그 진행하는 것을 히브리어로 모자에헴=מוצאיהם=מוֹצָאֵיהֶם[모자 모자에헴 그 진행하는 것]이라 한다. 늘 말씀 곁에서 노정을 따라 에

---

1) מָצָא(모자 · 맞추어, 신 19:7).
2) מָצָא(모자) 기본형은 מָצָאתִי חֵן(헨 모자티 · 은혜를 입었고, 에 5:8).
3) מָצָא(모자아 · 모자, 발견, 대상, 4:40).
4) מָצָא(모자아 · 모자, 구할 마음이 생겼나이다, 대상 17:25).
5) מָצָא(모자 · 맞추어, 신 19:7).
6) מָצָאתִי חֵן(헨 모자티 · 은혜를 입었고, 에 5:8).
7) מָצָא(모자 · 맞추어, 신 19:7; 대상 17:25).
8) מוֹצָאֵיהֶם(모짜에헴, 그 진행하는 것을, 민 33: 2).

헴[1])하며 발행하여=나서=נסע=נָסַע[나서]나서[2])면 길이 환히 뚫린다. 이스라엘 백성들은 늘 물 곁에서 물을 마시고 노정 따라 가며=마셔 에헴=[노정따라마셔에헴 노정따라]=לְמַסְעֵיהֶם[레마셔에헴 노정따라][3]) 걸었다. לְמַסְעֵיהֶם의 לְ[레]는 영어 to에 해당한다. 목적성이다. 머물렀다가 다시 나서=נסע[나싸 발행]=נָסַע[나싸 발행][4])며 바이수=ויסעו[바이수 발행]=וַיִּסְעוּ[바이수 발행][5])하였다. 하나님께로 갔다. 질 따라 나서 걸었다.[6])

* 마셔라와 십일조=마셔라=마아쉐르=מעשר=מַעֲשֵׂר[마아쉐르 십일조][7]): 십일조=마아쉐르[십일조]=מעשר[마아쉐르 십일조]=עֲשֵׂר מַ[마아쉐르 십일조]. 다 바치고도 사는 일은 하나님이 하나님의 백성에게 베푸는 기적이다.

* 몰아서와 일감=기업=몰아서=모라사=מורשה[모라사 기업]=מוֹרָשָׁה[모라사 기업][8]): 일감[모라사]과 기업[모라사]이 히브리어로 모라사=מורשה[모라사 기업]=מוֹרָשָׁה[모라사 기업]이다. 하나님이 일감을 몰아서 주셨다.

* 목졸랐다와 깊이[므졸라트]=므졸라트[깊이]=מצולת=מְצוֹלֹת[므졸라트 깊이][9]): 하나님이 애급군대를 바닷물 깊숙이 넣은

---

1) לְמַסְעֵיהֶם(레마세에헴 · 노정을 따라, 민 33: 2) .
2) נָסַע(나싸)는 바 있어 וַיִּסְעוּ(바이스우 · 발행하여, 민 33, 3, 6~48).
3) לְמַסְעֵיהֶם(레마세에헴 · 노정을 따라, 민 33: 2).
4) נָסַע(나싸, 발행, וַיִּסְעוּ(바이스우 · 발행하여, 민 33, 3, 6~48).
5) וַיִּסְעוּ(바이스우 · 발행하여, 민 33, 3, 6~48).
6) 민수기 33장 6절 부터~ 48까지 계속된다.
7) מַעֲשֵׂר(마아세르 · 십일조, 말 3:10).
8) מוֹרָשָׁה(모라사 · 기업. NFS, the inheritance of, 신 33:4).
9) מְצוֹלֹת(므졸라트 · 깊이,출 15:4).

일이 므졸라트=מצולת=מְצוֹלָת므졸라트 깊이이다. 깊음에비므졸로트=비므졸로트깊음에=ומצולת=בִמְצוֹלֹת비므졸로트 깊음에[1] 넣었다. 앞의 접두전치사 비를 빼면 므졸로트이다. 우리말에 목졸랐다는 비어가 있다. 글자풀이로는 이 의미를 바다 깊이 말씀 향기를 맡으러 들어가는 일로 한다.

* 못써와 버리다모아쓰=모아스버리다=מאס모아쓰 버리다=מָאַס모아쓰, 버리다[2]: 그 분은 우리를 버리다=모아스=מאס모아쓰=מָאַס모아쓰 못써이다. 하나님은 못 써 하시면서도 버리지 아니하신다. 녹여버리다=못써 버리다=מסה=מָסָה못써 버리다 소멸하다 녹이다[3] 하나님이 녹여 버리신다.

* 몰아와 공포모라=모라공포=מורח모라 공포=מוֹרָח모라 몰이[4]: 태풍이 공포=몰아=모라공포=מורח모라 공포=מוֹרָח모라 공포몰아 몰아치자 마음이 콩알만 해 졌다.

* 몰랐댄다와 본토몰레데트=몰레데트본토=מולדת몰레데트 본토=מוֹלֶדֶת몰레데트 본토[5]: 우르 사람들은 하나님=본토몰레데트=몰레데트본토=מולדת몰레데트 본토=מוֹלֶדֶת몰레데트 본토 몰랐댄다! 아브라함이 살던 우르=본토몰레데트=몰레데트본토=לדת
מו몰레데트 본토=מוֹלֶדֶת몰레데트 본토 곧 아브라함이 하나님 몰랐던 곳이 우르이다.

---

1) בִמְצוֹלֹת(비므졸로트 · 깊음에, P.NFP, imto the bottom, εἰς βυθον, 출 15:6).

2) מָאַס(모아스 · 버리다. VQIMZS, will cast away, 욥 8:20).

3) מָסָה(못써 · 녹여버리다, 젖다, 소멸하다. 수 14:8; 시 6:6, 39:11, 147:18).

4) מוֹרָח(모라 · 공포, 욜 2:23).

5) מוֹלֶדֶת(몰레데트 · 본토, 창 11:28, 12:1).

* 문과 달렸다=델레트[문]=דלת[달레트 문]=דֶּלֶת[달레트 문1)]: 문이 달렸다 십자가에 달렸다. 달렸다=문[델레트]=델레트[문]=דלת[달레트 문]=דֶּלֶת[달레트 문]!

* 무기력과 무기력[무가]=무가[무기력]=מוג[무가 무기력]=מוּג[무가 무기력2)]: 무기력[무가]=무가[무기력]=מוג[무가 무기력]=מוּג[무가 무기력] 무기력=무가=מוג=מוּג[무가3)] 실신하다이다. 기본형 부드럽게 하시다=모그게나[모그게나 부드럽게 하시고]=מגגנה[모그게나 부드럽게 하시고]=מֹגְגֶנָּה[모그게나 부드럽게 하시고] 모그게나4) 하나님이 손을 탁 쳐서 묽고 부드럽게 하신다.

* 묻자오니와 묻자오니 · 만나서 묻기를 하고=묻자우니=므자우니=מצאוני[무자우니 만나서 묻기를 하고]=מְצָאוּנִי[무자우니 만나서 묻기를 하고5)]: מצאוני[무자우니 만나서 묻기를 하고]=מְצָאוּנִי[무자우니 만나서 묻기를 하고] 묻자오니 어떻게 하면 하나님의 향기가 나나요 מצאוני[무자우니 만나서 묻기를 하고]=מְצָאוּנִי[무자우니 만나서 묻기를 하고] 묻자오니?

* 묻다와 무트[죽음]=מות[무트 죽음]=מוּת[무트 죽음6)]: 땅에 묻다 무트=מות[무트 죽음]=מוּת[무트 죽음]는 완전한 죽음이 아니

---

1) דֶּלֶת(델레트 · 문, 전 12:4), דְּלָתֶיךָ(델라테이하 · 네 문을, 사 26:20).

2) מוּג(무가 ·무기력하다 · 실신하다)를 기본형으로하는 תְּמֹגְגֶנָּה(트모그게나 · 부드럽게 하시고, 시 65:11).

3) מוּג(무가 ·무기력하다 · 실신하다)를 기본형으로하는 תְּמֹגְגֶנָּה(트모그게나 · 부드럽게 하시고, 시 65:11).

4) תְּמֹגְגֶנָּה(트모그게나 · 부드럽게 하시고, 시 65:11).

5) מְצָאוּנִי(므자우니 · 만나서 묻기를 하고, 아 3:3).

6) מוּת(무트, 창 21: 16;; 출 14: 12; ; 수 2: 12; 룻 1: 17; 삼상 15: 35; 삼하 3: 29, 6: 23, 삼하 20: 왕하 15: 5; 대하 26: 21; 욥 7: 15; 시 73: 4, 116: 15; 전 7: 1, 8: 8 등등.

다. 성경에 의하면, 죽어가고 있는 중이어서 살려 주실 분이 필요하다. 완전히 죽은 것은 주검이다. 시체이다. 우리나랏말에 땅 속에 묻다라는 말이 있다. 성경에 무드셀라가 있다. 어원이 죽다이다. 셀라는 모두 세나간 다이이다. 죽어야 산다는 무드셀라는 969세까지 살았다. 9는 목표를 바짝 눈앞에서 바라보며 소망하는 뜻이고, 중간에 60 곧 합하여 960는 피골이 상접한 상태까지 간 나이이다. 영원한 삶을 위해 몸부림 친 날이다. 구약에서 죽음문제는 죽어가고 있는 현재형이다. 예수님은 죽은 사람을 보고 잔다라 하셨다. 죽기를 각오하고 힘을 합할 때 살아남는다. 악을 위해서는 이 말이 사용되지 않는다. 악은 힘을 합할 수 없다. 악은 분리 뜻1) 이 있다.

* 뭉글게와 무케[둥글어서]=מקי[무케 둥글어서]=מִקֵּי[무케 둥글어서]2): 무케[둥글어서] =מקי[무케둥글어서]=מִקֵּי[무케둥글어서]!

* 미끄럽다와 도피[미크라트]=미크라트[도피]=מקלת[미크라트 도피]=מִקְלַת[미크라트 도피]3): 잘 피하는 사람은 미끄러운 사람이다. 도피[미크라트]=미크라트[도피]=מקלת[미크라트 도피]=מִקְלַת[미크라트 도피] 미꾸라지처럼 잘 빠져 나간다 뜻이다.

* 미리푸네와 앞에서[미리프네]=미리프네[앞에서]=מלפני[미리프

---

1) 이영지, 『오감도의 구조와 상징에 관한 연구』 명지 대학교 대학원 박사 학위 논문(서울, 명지 대학교, 1985), 분리구조.

2) הַמִּקִּי(하무케 · 둥글어서, 아 7:2).

3) מִקְלַת(미크라트 · 도피, 민 35:25, 26, 27).

네 앞에서=מִלִּפְנֵי미리프네 앞에서1): 말씀을 먼저 알리려 꽃이 미리푸네=미리프네앞에서=מלפני미리프네 앞에서=מִלִּפְנֵי미리프네 앞에서! 한국 목련이 봄을 알려 주려 미리 피네=미리푸네앞에서=미리프네앞에서=מלפני미리프네 앞에서=מִלִּפְנֵי미리프네 앞에서! 앞에서 말씀을 위한 입이 미리 알려준다. 입의 사역이다.

* 미쁘다와 미프타의지할 주=מבטח미프타 의지할 주=מִבְטָח미프타 의지할 주2): 하나님 말씀에 든 지혜에 의지할 수 있어서 정말 미쁘다=מבטח미프타 의지할 주=מִבְטָח미프타 의지할 주! 기쁘다의 좀 더 고상한(?) 말 미쁘다! 미쁘다=מבטח미프타 신용=מִבְטָח미프타 신용! 의지할 주 신용이 있는 하나님 말씀 지혜로 의지하매 미쁘다!

* 미쁘다와 너울 속의미빠아드=미빠아드너울 속의=מבעד미빠아드 너울 속의=מִבַּעַד미빠아드 너울 속의3): 너울 속의 여인 보고 마음이 미빠아드=מבעד미빠아드 너울 속의=מִבַּעַד미빠아드 너울 속의. 너울 속=미바아드 레지마테흐=מבעד לצמתך미바아드 레자마테흐=מִבַּעַד לְצַמָּתֵךְ미바아드 레자마테흐 너울 속의4) 여자보고 마음이 미쁘다다.

* 믿거들랑과 망대미그달=미그달망대=מגדל미그달 망대=מִגְדָּל미그달 망대5): 망대=미그달망대=מגדל미그달 망대=מִגְדָּל미그달 망

1) מִלִּפְנֵי(미리프네 · 앞에서, 대상 16:33).

2) מִבְטָח(미쁘타흐 · 신용 · 의지할 주, 시 65:6).

3) מִבַּעַד לְצַמָּתֵךְ(미쁘 레잠마테하 · 너울 속의, 아 6:7) · מִבְּנוֹת.(미쁘노트 · 여자들의, 아 10).

4) מִבַּעַד לְצַמָּתֵךְ(밒빠 레잠마테하 · 너울 속의, 아 6:7).

5) מִגְדָּל(믿그달 · 망대, 아 7:5).

대! 망대미그달=מגדל미그달 망대=מִגְדָּל미그달 망대.

＊ 믿나와 예물믿나=믿나예물=민느하=מנחה민느하 예물=מִנְחָה민느하 예물1): 예물=나를 믿느냐=מנחה민느하 예물=מִנְחָה민느하 예물! 예물!

＊ 믿어봐라와 광야미드바르 미드바르광야=מדבר미드바르 광야=מִדְבַּר미드바르2): 광야미드바르=믿어보라=미드바르광야=מדבר미드바르 광야=מִדְבַּר미드바르 광야 거친들! 광야의 삶을 하나님 말씀으로 산다는 것은 아주 믿어봐라!3)! 음 믿어 보레흐=וּמִדְבָּרֵיךְ르움미드바레흐 네 입4) 믿어봐라 알린다. 거친들 הַמִּדְבָּר르움미드바레흐 네 입하미드바르거친들=하미드바르거친들 הַמִּדְבָּר하미드바르 거친들도 지날 수 있을 거야!5) 음 믿어 보레흐=움미드바레=ומדבריך움미드바르=וּמִדְבָּרֵיךְ움미드바르 네 입6) 네 입으로 말씀 전해봐!

＊ 믿으라켔다와 의지하고미드라케트=미트라페케트=מתרפקת미드라페케트 의지하고=מִתְרַפֶּקֶת미드라페케트 의지하고7): מִתְרַפֶּקֶת미드라페케트! 의지하고 믿으라 했다.

＊ 믿어보랐데이와 주의 말씀을=믿어보랐데이=미드브로테이하주의 말씀을=מדברתיך미드브로테이하 주의 말씀을=דְּבָרֶתֶיךָ

---

1) מִנְחָה(민나 · 예물, 대상 16:29).
2) מִדְבַּר(미드바르 · 광야, 민 13:26, 26:65; 대상 12:8; 시 136:16; 말 1:1, 3).
3) הַמִּדְבָּר(하미드바르 · 거친들, 아 3:6).
4) וּמִדְבָּרֵיךְ(움미드바레흐 · 네 입은, 아 4:3).
5) הַמִּדְבָּר(하미드바르 · 거친들, 아 3:6).
6) וּמִדְבָּרֵיךְ(움미드바레흐 · 네 입은, 아 4:3).
7) מִתְרַפֶּקֶת(미트라페케트 · 의지하고, 아 8:5).

מִ미드브로테이하 주의 말씀을1): 주의 말씀 믿어보랐데이=미드브로테이하주의 말씀을=מדברתיך미드브로테이하 주의 말씀을=מִדְּבָרֶתֶיךָ미드브로테이하 주의 말씀 말로 말씀으로 춤추기! 말씀 믿으면 마음에 춤이 절로 일어난다.

* 밀매 올라와 밀매 올라와=물이 오르매 밀메 올라=밀마을라=מלמעלה밀마을라 물이 오르며=מִלְמַעְלָה밀마을라 물이 오르며2): 밀매 올라와=מלמעלה밀마을라 물이 오르며=מִלְמַעְלָה밀마을라 물이 오르며3)물이 불어서 십 오 규빗이 올라 밀매 올라와=밀마을라=מלמעלה밀마을라 오르며=מִלְמַעְלָה밀마을라 오르며 밀매 오르매4) 하나님 손으로 밀마을라=מלמעלה밀마을라 오르며=מִלְמַעְלָה밀마을라 오르며 바다 옆 높은 산이 다 덮이며 물이 불어서 십 오 규빗이 오르매 산들이 다 덮이도록 올라!

기본형 높이=말=מעל말 높이=מַעַל말 높이5)이다. 높이다. מִלְמַעְלָה밀마을라의 미=מ=מִ미는 접두사이다. 때문에 바다를 다스리시는 하나님 물 말씀으로 밀매 말씀이 올라온다. 높이=말=מעל마알 높이=מַעַל마알 높이 올라 하나님의 위력이 나타난다.

물은 번제 드려지기 위해6) 존재한다. 하나님이 물을 밀매 올라와=מלמעלה밀마을라=מִלְמַעְלָה밀마을라 hither, the higher

---

1) מִדְּבָרֹתֶיךָ(미드브로테이하 · 주의 말씀을, P.NFP.MYS, thy words, ἀπὸ τῶν λόγων αὐτου, 신 33:3).

2) מִלְמַעְלָה(밀메올라 · 물이 오르는 것, 창 7: 20).

3) 창 7: 19~20.

4) מִלְמַעְלָה(밀매올라 · 오르매, 창 7: 20).

5) 윗부분 · 높이 מַעַל(마알).

6) 창 7: 20.

part로 from above 문법 P.P.AB.H(전지차. 전치사. 부사. 방향전치사 이스라엘 백성들이 물을 무사히 건너고 애급군대는 물에 잠기었다. 하나님의 물이 사역하였다.

* 밀어 가보다와 수레마르케보트=마르케보트수레=מרקבות마르케보트 수레=מַרְכָּבוֹת마르케보트 수레[1]: 수레=마르케보트=מרקבות마르케보트 수레=מַרְכָּבוֹת마르케보트 수레 밀어가보다!

* 밑 봤다와 미바아드=מבעד미바아드=מִבַּעַד미바아드 속[2]: 속미바아드=מבעד미바아드 속=מִבַּעַד미바아드 속.

* 밎져라와 미쯔라애급=מצרה미쯔라 애급=מְצָרָה미쯔라 애급[3]: 미쯔라애급=מצרה미쯔라 애급=מְצָרָה미쯔라 애급 환난이 많은 곳=애굽=미쯔라임=מִצְרַיִם미쯔라임 애급 출 9:4이다.

* 밑 봐 놓았다와 미브노트=מבנות미브노트 여자들=מִבְּנוֹת미브노트 여자들[4]: מבנות=מִבְּנוֹת미브노트 미브노트 여자들. מבנות미브노트 미브노트 여자들=מִבְּנוֹת미브노트 미브노트 여자들.

* 밑과 미타하트밑=מתחת미타하트 밑=מִתַּחַת미타하트 밑[5]: מתחת미타하트 밑=מִתַּחַת미타하트 밑 바닥이다

* 밑져봐와 미쯔베아호=מזבה미쯔베아호 하나님 안에 있기 소망=מִזְבֵּהַ미쯔베아호 하나님 안에 있기 소망[6]: 소망=미쯔베아호=מזבה

---

1) מַרְכָּבוֹת(마르케보트 · 수레, 아 6:12).
2) מִבַּעַד(밑봐아드 · 속, 아 6:7).
3) מְצָרָה(미찌라 · 환난에서, P,NFS 잠 12:13), מִצְרַיִם(미쯔라임 · 애급, Egypt, τῶν Αἰγυπτιών, NE, 출 9:4).
4) מִבְּנוֹת(미쁘노트 · 여자들의, 아 3:10).
5) מִתַּחַת(미타하트 · 밑에다 · 바닥, 창 1:7, 4:25, 22:13; 레위 14:42).
6) מִזְבֵּהַ(미쯔바아호 · 하나님 안에 있기 소망, 출 29:18, 20, 21, 25, 35:15 등).

מז미쯔베아흐 하나님 안에 있기 소망=מִזְבֵּהַ미쯔베아흐 하나님 안에 있기 소망 본전인 일은 하나님에게 나아가 단 앞에 엎드리는 일이다. 손해 볼 일 없다. 밑져봐라! 또한 밑져봐야 본전이다. 밑져봐야=미쯔베아흐=מזבה미쯔베아흐 하나님 안에 있기 소망=מִזְבֵּהַ미쯔베아흐 한다. 하나님에게 나아가는 단 앞에 엎드리는 일은 손해 볼 일이 없다.

* 밑 써 봤다와 재판=밑 써 봤다=미쓰파트=משפט미쓰파트=מִשְׁפָּט미쓰파트[1]: 밑져봤다=미쓰파트는 재판 의미다. 말씀으로 알려주는=밑 써 봤다=미쓰파트=משפט=מִשְׁפָּט! 동쪽=밑져라=미쯔라흐=מזרח미쯔라흐=מִזְרָח미쯔라흐[2] 동쪽.

* 밑닿았다와 미타하트미타하트 끝=מתחת미타하트 끝=מִתַּחַת미타하트 끝[3]: 아래=מתחת미타하트 끝=מִתַּחַת타하트 끝 아래[4] 우리 발음 그대로 밑타하트타하트 끝의 밑 *mit*[5]은 십자가를 지는 일[6]이다. 밑 닿았다=밑타하트=מתחת미타하트 끝=מִתַּחַת미타하트[7]= 가장 깊은 곳=닿았다=타흐티트=תחתית타흐티트=תַּחְתִּית타흐티트 가장 깊은 곳[8] 닿았도다는 십자가의미 글자 타브=ת가 세 번이나 반복 된다. 가장 깊은 곳 배 닿았

1) מִשְׁפָּט(미쓰파트 · 재판, 신 25:1).
2) מִזְרָח(미쯔라흐 · 동쪽, 말 1:11).
3) מִתַּחַת(밑타트 · 아래, 창 35:8 등).
4) תַּחַת(다트 · 끝, 민 3:41, 45) · תַּחְתִּית(타흐티트 · 가장 깊은 곳, 신 32: 22) · בְּתַחְתִּיּוֹת(베타흐요트 · 깊은 곳, 시 63: 9) · תַּחְתִּיָּה(타흐티이흐 · 깊은 곳, 시 86: 13), תַּחַת(다하트 · 밑에, 신 25:19).
5) 진태하, op.cit. 305.
6) 닿았다 תַּחַת(다하트 · 닿았다, 아 8:4).
7) מִתַּחַת(미타트 · 아래, 창 35:8 등).
8) תַּחְתִּית(타흐티트 · 가장 깊은 곳, 신 32: 22).

다도다=베타흐티요드=בתחתיות베타흐티요트=בְּתַחְתִּיּוֹת베타흐티요트 가장 깊은 곳[1]는 배 닿았다. 가장 깊은 곳 닿는=베타흐티요드=בתחתיות베타흐티요트 가장 깊은 곳=בְּתַחְתִּיּוֹת베타흐티요트 가장 깊은 곳 배닿았도다! 깊은 곳=타흐티이흐=תחתיה타흐티요 깊은 곳=תַּחְתִּיָּה타흐티요 깊은 곳[2] 깊은 곳=끝=닿았다=타하트타하트 깊은 곳=תחת타하트 깊은 곳=תַּחַת타하트 깊은 곳[3]다. 끝=닿았다=תחת타하트 下=תַּחַת타하트 下 끝=下=밑[4]에 닿았다.

1) בְּתַחְתִּיּוֹת(베타흐요트 · 깊은 곳, 시 63: 9).
2) תַּחְתִּיָּה(타흐티이흐 · 깊은 곳, 시 86: 13).
3) תַּחַת(다하트 · 밑에, 신 25:19; 아 8:4).
4) 진태하, op.cit. 305.

(6). ㅂ음가 시작의 우리말과 히브리어와의 발음 닮음

* 바라와 창조=봐라=ברא=בָּרָא바라 창조[1] 내 안에 든 머리를 창조=봐라=ברא=בָּרָא바라 창조그분이 이 세상을! 그 분이 정말 창조하셨다 보레=בֹרֵא보레 보라=בֹרֵא보레 보라[2] 보래! 바타바라=בטח바타 바라=בָטַח바타 바라[3] 의미가 한꺼번에 겹쳐지는 봤다와 바라돠 세계는 바로 하나님이 이 세상을 만들어 놓으시고 그의 백성들에게 그가 만든 세계를 바라봐라=봐아라=보레=ברא=בֹרֵא보레 바라하시었다. 창세기 제일 처음 하나님이 바라셨다 바라=ברא בראשית=בָּרָא בְּרֵאשִׁית베레시트 바라 태초에 창조[4]이다.

* 바로와 찬송을 부르러 가자=바로=바루찬송을 부를지어다=ברוך=בָּרוּךְ바루 찬송을 부를지어다[5]: 바로의 사투리 찬송=바루찬송을 부를지어다=ברוך=בָּרוּךְ바루 찬송을 부를지어다=찬송을 부르러 가자!

* 밝아와 입술을 조심하여 열자 바로=파카=פקה열다=פָּקַח파카 열다[6]: 눈 밝아 보이게 입술을 조심하여 열자 바로=파카열다=פקה파카 열다=פָּקַח파카 열다[7]이다. 뵈는 게[8] 밝디 밝아[9] 좋다. 히브리어 פקה파카 열다=פָּקַח파카 열다 밝아

---

1) בָּרָא(바라 · 창조 1:1).
2) בֹרֵא(보레아, 보라, 암 4:13).
3) בָטַח(바타 · 바라, 욥 6:20).
4) בְּרֵאשִׁית בָּרָא(베레시트 바라 · 창조 1:1).
5) בָּרוּךְ(바루 · 찬송을 부를 지어다, Blessed, δὐλογηένοσ. 신 33:20).
6) פָּקַח(파카 · 열다).
7) פֹּקֵחַ(보케아흐 · 여호와께서 눈을 여시며, 시 146:8).
8) וְנִפְקְחוּ(베니프케후 · 밝아, 창 3:5).

기본형에 본문 보게하=פקחח포게하 보게하 보게하는 여호와께서 눈을 여시며 뜻으로 입술을 조심하라신다.

* 봐와 바=בא봐 그가 오는 구나=בָּא봐 그가 오는 구나[1]: 그가 오는 구나 봐=봐=בא봐 그가 오는 구나=בָּא봐 그가 오는 구나 봐 그가 오는 구나! 맑고 깨끗한 머리 귀중한 그가 오는구나 봐라=ברה=בָּרָה봐라 귀중히 여기는[2] 나의 소중한 이를 봐 이 안에 넣음=나를 쾌락하게 하는구나=봐타아누김=בתענוגים=בַּתַּעֲנוּגִים봐타아누김 쾌락하게 하는 구나[3]. 기분이 좋아 쾌락하다. 우리말 봐=בא=בָּא봐 봐는 눈에 보이는 실체를 확인하라 명령 봐=בא봐 그가 오는 구나=בָּא봐 그가 오는 구나[4] 봐 와=וה=וָה봐=여호와=יְהוָה여호와가 숨 쉬게 해 주시는 뜻이다. 그 의미는 십자가에 그 분이 달리도록 한 못의 역할 사역이다. 바로 그가 하나님의 손의 역사이신 예수님을 통해서 하신 하나님의 존재를 눈으로 보이게 된 그 분이 있게 한 사역이다. 봐, 그대로이다.

* 바꾸니와 베꼬누베꼬니 그리하면 이루리라=ויכנו베꼬니 그리하면 이루리라=וְיִכֹּנוּ베꼬니 그리하면 이루리라[5]: 그리하면 이루리라=베꼬누=ויכנו베꼬니 그리하면 이루리라=וְיִכֹּנוּ베꼬니 그리하면 이루리라 하나님 손으로 우리를 중심 잡아 주시리라! 잠언 16장 3

---

9) וַתִּפָּקַחְנָה(바티파카흐나 · 이에 밝아, 창 3:7).

1) בָּא(봐 · 그가 오는 구나, 아 2:8, 4:16, 5:1).

2) בָּרָה(바라 · 귀중히 여기는, 아 6:9).

3) בַּתַּעֲנוּגִים(봐타안누김 · 쾌락하게 하는 구나, 아 7:7).

4) בָּא(봐 · 그가 오는 구나, 아 2:8, 4:16, 5:1).

5) וְיִכֹּנוּ(베꼬누 · 그리하면 이루리라, CVNIMZP, and shall be established, 잠 16:3).

절 너희 일을 여호와께 맡기라 그리하면 이루리라=כנו
וי=וַיִּכֹּנוּ 베꼬니 그리하면 이루리라 그리하면 너의 경영하는 것이
이루리라 골 엘~여호와 마셔 바꾸니=그리하면 이루리
라.

* 바보와 브에바 원수 ואיבה 브에바 원수=וְאֵיבָה 브에바 원수[1]:
하나님과 원수 맺는 바보=브에바 원수 ואיבה 브에바 원수=בָה
וְאֵי 브에바 원수. 원수 맺는 마음=바보=ואיבה 브에바 원수=וְאֵיבָה
브에바 원수 원수를 맺는 일은 나를 가두는 일이다.

* 보께로와 바보케르 바보케르=בבקר בבקר=בַּבֹּקֶר ר
בַּבֹּקֶ 바보케르 바보케르 아침마다[2]: 아침마다 바보케르 바보케르=바보케
르 바보케르 아침마다=בבקר בבקר 바보케르 바보케르 아침마다=בֹּקֶר
בַּ בַּבֹּקֶר 바보케르 바보케르 아침마다 향이 있음으로 그대를 위해
향을 살랐다. 아침마다 별나게 보께로 라보께로=벨라보
케르 라보케르=לַבֹּקֶר וְלַבֹּקֶר 벨라바보케르 라바보케르 아침마다[3]
그대 향이 있어 문을 열어요. 그대가 하시는 일을 본
나는 주의 일을 하죠. 바보 온달은 백제를 지키었죠!

* 일어나서와 시키마=נשכימה=נַשְׁכִּימָה 나 쉬키마 우리가 일찍
일어나서~가서[4]: 나 시키마=נשכימה=נַשְׁכִּימָה 나 쉬키마 우리가 일찍
일어나서~가서=נשכימה=נַשְׁכִּימָה 나 쉬키마 우리가 일찍 일어나서~가서!
일찍 일어나 마음을 가다듬고 말씀 상고의 새벽기도!

---

1) וְאֵיבָה(브에바 · 원수, 창 3:15).
2) בַּבֹּקֶר בַּבֹּקֶר(바보케르 바보케르 · 아침마다, 출 16:21).
3) וְלַבֹּקֶר לַבֹּקֶר(벨라보케르 라보케르 · 아침마다, 대상 9:27) .
4) נַשְׁכִּימָה(나쉬키마 · 우리가 일찍 일어나서~가서, 아 7:13),

하나님이 시키시는, 예수님이 시키시는 일이다.

* 바람과 브라암=בראם[브라암 창조하셨고]=בְּרָאם[브라암 창조하셨고1)] · 하 바람[브라암 창조하셨고]=하 바람=הבראם=הַבְּרָאם[하바람2)]이 있다. 우리말 바람과 히브리어가 발음이 같다. 스스로 살찌게 하노니=레하브리아켐=להבריאכם=לְהַבְרִיאֲכֶם[레하브리아켐 스스로 살찌게 하노니3)] · 창조하며=우리 앞에 놓으셨다=우보레아=וורא=וּבוֹרֵא[우보레아 창조하셨다.4)] 보레아=ברא=בֹּרֵא[보레이 보라5)]이다. 우리말은 보라와 봐라와 바다가 고어에서는 바다이다. ברא=בָּרָא[보레이 보라6)].

* 바라던 이와 바라던이=피르아토니=פרתוני=פִּרְעָתוֹנִי[피르아토니 사람7)]: 늘 피르아토니[피르아토니 사람]=פרתוני[피르아토니 사람]=פִּרְעָתוֹנִי[피르아토니 사람]! 제사장 브니야 계열에 속하는 비라돈 사람 무엇무엇 하던 이.

* 바르게와 바르=בר[바르 바르게]=בַּר[바르 바르게8)]: 바르[바르게]=בר[바르 바르게]=בַּר[바르 바르게] 앉아라! 그러면 귀중히 여김을 받을 거야! 바라그[축복]=바라그[바라그 축복]=ברך[바라그 축복]=בָּרַךְ[바라그 축복9)] 축복과 찬송과 복 의미다.

---

1) בְּרָאם(브라임 · 창조하셨고, 창 5:2; 수 17:18).
2) הַבְּרָאם(하바라암 · 그들이 창조되던, 창 5:2).
3) לְהַבְרִיאֲכֶם(레하브리아켐 · 스스로 살찌게 하노니, 삼상 2:29.
4) וּבוֹרֵא(우보레아 · 창조하며, 사 45:7; 겔 21:19.
5) ברא(보레아, 보라, 암 4:13).
6) בָּרָא(바라 · 창조 1:1).
7) פִּרְעָתוֹנִי(피르아토니·사람, 대상 27:14).
8) בַּר(바르 · 정직하게, 귀중히 여기는, 아 6:9).
9) בָּרַךְ(바라그 · 축복, 창 14: 14); .וַיְבָרְכֵהוּ(봐이바르게후·그가 축복하여, καὶ ηὐλογησεν, 창 14:19), וּבָרוּךְ(우바루흐 · 찬송할지어다, καὶ εὐλογητοσ,

＊ 봐 아파와 봐 아파[사랑]=באהבה=בְּאַהֲבָה[바아하바 사랑1)]: 아파가 바로 성경에서 봐 아파=באהבה=בְּאַהֲבָה[바아하바 사랑] 나를 사랑하시는 하나님이다. 봐 아파=באהבה=בְּאַהֲבָה[바아하바 사랑2)]: 서로 사랑하는 사람들은 서로 봐 아파=באהבה[바아하바 사랑]=בְּאַהֲבָה[바아하바 사랑]한다. 사랑은 서로 아파하는 사이이다. 당신을 너무 사랑하는 마음 봐 아파이다. 봐 아파=באהבה[바아하바 사랑]=בְּאַהֲבָה[바아하바 사랑]. 봐=ב 글자 두 번 숨 쉼의 헤=ה 두 번 숨 쉼 글자 2번이다. 성경은 유난히 이 두 번의미를 강조한다. 예수님과 하나님 아버지 사이를 성경은 꾸준하게 2회 반복한다.

＊ 봐 애 아 사라와 바예아스루하=ויאשרוה[바예아스루하 복된 자라하고]=וַיְאַשְּׁרוּהָ[바예아스루하 복된 자라하고3)]: 바예아스루하[바예아스루하 복된 자라하고]=ויאשרוה[바예아스루하 복된 자라하고]=וַיְאַשְּׁרוּהָ[바예아스루하 복된 자라하고] 복된 자다. 하나님의 아드님 손으로 전해주는 소식이 복된 자에 대해서이다.

＊ 봐 놓았다와 바노트[딸]=בנות=בָּנוֹת[바노트 딸4)]: 바노트=בנות[바노트 딸]=בָּנוֹת[바노트 딸] 딸을 봐 놓았다.

＊ 봐 솟아 님과 바소사님[백합화가운데서]=וששנים[바소사님 백합화가운데서]=בַּשּׁוֹשַׁנִּים[바소사님 백합화가운데서5)]: 예수님 백합화 가

창 14:20).

1) בְּאַהֲבָה(바아하바, 사랑, 아 8:7).
2) בְּאַהֲבָה(바아하바 · 사랑과 바꾸려 할지라도, 아 8:7).
3) וַיְאַשְּׁרוּהָ(바예아스루하 · 복된자라하고, 아 6:9).
4) בָּנוֹת(바노트 · 딸, 대상 4:27).
5) בַּשּׁוֹשַׁנִּים(봐솟아님 · 백합화가운데서, 아 4:5).

운데서 와 솟아 님=וששנים바소사님 백합화가운데서=בְשֹׁשַׁנִּים 바소사님 백합화가운데서 예수님. 영원한 하나님의 손이 나에게 솟앙나게 하시는 백합화가운데서 계순 분.

* 밖과 바깥=페타흐바깥=פתח페타흐 바깥=פֶּתַח페타흐 바깥1) 타흐바깥=פתח페타흐 바깥=פֶּתַח페타흐 바깥 글자풀이로 보면 입이 끝났다 말의 사역이 끝났다. 입과 관련된 것이 문이미지 문밖=페타흐 페타흐 바깥=פתח페타흐 바깥=פֶּתַח페타흐 바깥 바깥 문밖=미페타흐=מפתח=מִפֶּתַח미페타흐 문밖2)이다. 말씀 하페테하문밖=הפתחה하페테하 문밖=הַפֶּתְחָה하페테하 문밖3) 말씀을 문밖에다 내 놓아라! 그래야 말씀이 움직인다.

* 봐 너 알림과 바느알림신을 신는=בנעלים바느알림 신을 신는=בַּנְּעָלִים바느알림 신을 신는4): 바느알림=בנעלים바느알림 신을 신는=בַּנְּעָלִים바느알림 신을 신는 너 알림!

* 바라고와 바라흐 바루흐바라고 바라는 축복=ברך ברוך=בָּרוּךְ בָּרַךְ바라흐 바루흐 축복5): 축복에 축복=바라고 바라는=ברך ברוך바라흐 바루흐 축복=בָּרוּךְ בָּרַךְ바라흐 바루흐 축복=축복을 몸에 바르고 하나님만 생각하며 찬송을 늘 입에 바르고=즐거이 노래=ברוך=בָּרוּךְ바라흐 바루흐 찬송하리로다6) 하다보면 하나님에 의해 살아진다. 즐거이 노래 부르며

---

1) פֶּתַח(페타흐 · 문밖, 창 19: 11),
2) מִפֶּתַח(미페타흐 · 문밖, 출 12: 23, 민 16: 18).
3) הַפֶּתְחָה(하페테하 · 문밖, 창 19: 6) .
4) בַּנְּעָלִים(바느알림 · 신을 신은, 아 7:2).
5) בָּרַךְ(바라그 · 축복하다, 복을 빌다, 수 24:10; 신 7:14; 시 66:8).
6) בָּרוּךְ(바루하 ·찬송하리로다, VQPP, Blessed be, 시 66:20)).

하나님 일을 하다 보면 삶이 행복해진다. 우리말에 … 을 바라고 바라는 이라는 말이 있다. 동시에 축복하는 일은 좋은 일을 몸에 바르고=바리쿠송축=ברכו바루쿠 송축=בָּרְכוּ바루쿠 송축[1] 사는 일이다. 하나님만 생각 복을 바르는 일이다. 하나님에 의해 복이 발라지는 일이다.

* 바리바리와 바리살진=בריא바리 살진=בָּרִיא바리 살진[2]발라 아주 많이 하 발랐다=하브라오트=הבראות=הַבְּרִאוֹת하브라오트 살진 하 발랐다 아주 많이 발랐다[3]: 바리=בריא바리 살진=בָּרִיא바리 살진 실어서 아주 많이 발랐다=הבראות하브라오트 살진=הַבְּרִאוֹת하브라오트 살진. 하나님 집안에서 오직 머리를 들어 그만 바라보며 살다 보니 바리 바리 실은 하나님이 주시는 복이 내게 왔다. 새로 결혼하는 색시가 물건을 바리바리 싣고 시집간다. 히브리어 기본형 바리=בריא바리 살진=בָּרִיא바리 살진와 변형 아주 많이 발랐다=하브라오트살진=הבראות하브라오트 살진=הַבְּרִאוֹת하브라오트 살진에서 처음의 하=ה는 우리말에 하 많아서의 하이다. 하나님을 찬송하면 하나님이 나에게 바리바리 하 많이 복을 주신다.

* 바라셨다와 בראשית베레시트 태초에=בְּרֵאשִׁית베레시트 태초에[4]: 그분은 בראשית=בְּרֵאשִׁית베레시트. בראשית=בְּרֵאשִׁית베

---

1) בָּרְכוּ(바르구 · 송축하다 · 복을 빌다, P.D.NMS, O bless, 시 66:8).
2) בָּרִיא(바리 · 살진, 창 41:20).
3) הַבְּרִאוֹת(하베리오트 · 살진, 창 41:20),
4) בְּרֵאשִׁית(베레쉬트 · 태초에, 창 1:1).

[레시트] 바라셨다에서 처음의 ב 바가 접두사를 빼면 레시트=내시었다가 된다. 내 놓으신 것이다. 기본형이 레시어트[태초에]=ראשית[레시어트 태초에]=רֵאשִׁית[레시어트 태초에] 내시었다[1])이다. 창세기 제일 첫장에 하나님이 우리 인간에게 처음으로 바라셨다[태초에]=בראשית[베레시트 태초에]=בְּרֵאשִׁית[베레시트 태초에] 하나님이 바라셨던 일을 처음으로 이 세상을 내시었다고 창세기 1장 1절부터 시작된다.

* 바싹 말라와 바사르[말라]=בשר[바사르 바싹 말라]=בָּשָׂר[바사르 바싹 말라2)]: 우리말에는 바싹 말라라는 말이 있다. 히브리어 바사르=בשר[바사르 바싹 말라]=בָּשָׂר[바사르 바싹 말라]가 있다.

* 벼락과 복=바라카[복]=ברכה[바라카 복]=בְּרָכָה[바라카 복3)]: 복=벼락=베라카[복]=ברכה[바라카 복]=בְּרָכָה[바라카 복]는 동사 강의형 일 때는 계속해서 무릎을 꿇다. 즉 복을 빌다이다. 복은 하나님을 찬양[4]) 하는 일로 찬양받기 위해 무릎 꿇음이다. 복은 하나님을 통하여 얻어지는 것[5])이다. 벼락[6]) 부자라는 말이 있다. 축복이 우박=벼락임=베라킴[우박]=ורקים[베라킴 우박]=וְרָקִים[베라킴 우박!7)] 무지한 어머니들은 딸들을 향하여 경상북도 영주 발음으로 베라먹을

---

1) ראשית(레시어트 · 태초에, 창 1:1).

2) בָּשָׂר(바사르, 살, 창 2: 23; 대상 11:1).

3) ברכה(베라카 · 무릎을 꿇다 동사 ברך(바라크)에서 유래하였는데 하나님을 향하여 무릎을 꿇을 때 찬양하다(창 9: 26, 24: 27).

4) 느 9: 5.

5) 창 12: 2.

6) בָּרָק(바락 · 벼락, 슥 9:14)과 בְּרָכָה(벼락카 · 축복이, 슥 8:13).

7) ורקים(베라킴)이나 우박 בָּרָק(바락, 시 18:14).

년이라 야단친다. 사실은 딸이 복을 받는다는 의미이다. 참으로 놀라운 일이다. 복은 바라카[복]=바락=ברכה[바라카 복]=בְּרָכָה[바라카 복]1): 복=ברכה[바라카 복]=בְּרָכָה[바라카 복] 무릎을 꿇다. 하나님을 향하여 무릎을 꿇을 때 찬양2) 동사가 강의형일때 계속해서 무릎을 꿇다. 즉 복을 빌다라는 의미로 쓰인다. 복은 하나님을 송축하는=바라쿠[바라쿠 송축할지어다]=ברכו=[바라쿠 송축할지어다]בָּרְכוּ[바라쿠 송축할지어다]3) 복은 하나님 송축을 통하여 얻어진다.4) 인간 행복은 하나님 그로 말미암는다.

하늘에서 천둥치는 벼락이 בָּרָק[바락 · 벼락] 벼락 바락[바라크 벼락]=בָּרָק[바라크 벼락]5)이다. 축복이 브라카[벼락]=ברכה[브라카 벼락]=בְּרָכָה[브라카 벼락]6)이다. 벼락임=우브라킴[벼락]=וברקים[우브라킴 벼락]=וּבְרָקִים[우브라킴 바락]7)이다. 벼락부자라는 말이 한국에 있다. 벼락이나 우박 모두 벼락[바락]=ברק[바락 벼락]=בָּרָק[바락 벼락]8) 발음이다. 우리말에 발악한다라는 말이 있다.

* 밖에서와 바카쉬트예후[내가 그를 찾아도]=בקשתיהו=[바카쉬트예후 내가 그를 찾아도]בִּקַּשְׁתִּיהוּ[바카쉬트예후 내가 그를 찾아도]9): 밖에

---

1) ברכה(베라카 · 무릎을 꿇다 동사 ברך(바라크)에서 유래하였는데 하나님을 향하여 무릎을 꿇을 때 찬양하다(창 9: 26, 24: 27).
2) 느 9: 5.
3) בָּרְכוּ(바라쿠 · 송축할지어다, 느 9: 5).
4) 창 12: 2.
5) בָּרָק(바락 · 벼락, 슥 9:14).
6) בְּרָכָה(벼락카 · 축복이, 슥 8:13).
7) וּבְרָקִים(우브라킴 · 출 19:16; 시 18:15, 77:19.
8) בָּרָק(바락, 시 18:14).
9) בִּקַּשְׁתִּיהוּ(바카스티후 · 내가 그를 찾아도, 아 5:6).

서=바카쉬[찾으리라하고]=בקש[바카쉬 찾으리라하고]בָּקַשׁ[바카쉬 찾으리라하고]1) 찾을 사람을 찾았으나 찾지 못한다. בקשתיהו=[바카쉬트예후 내가 그를 찾아도]2) 사랑이 없다. 다만 십자가에 달린 예수님이 보일뿐이다. 사랑은 거리에 있는 것이 아니라 안, 마음 안에 있다. 집안으로 들어가야 안에 사랑이 있다.

* 받다와 믿다[바타흐]=바타흐[믿다]=בטח[바타흐 믿다]=בָּטַח[바타흐 믿다]3): 하나님 집안에 들어 지혜를 믿다[바타흐]=바타흐[믿다]=בטח[바타흐 믿다]=בָּטַח[바타흐 믿다]. 우리말 받다가 있다.

* 밭과 여인=딸[바트]=בת[바트 딸]=בַּת[바트 딸]4): 여인이나 딸이나 모두 딸[바트]=בת[바트 딸]=בַּת[바트 딸]이다. 밭 여인=딸=밭=ת=בת=בַּת[바트]5)이다. 밭6)이에요! 우리말에는 곡식을 심어 먹을 수 있는 땅을 밭이라고 한다. 또 여인을 밭=בת=תבַּ[바트]7)이라 한다. 물론 여인, 딸 의미도 같이 있다. 히브리어여인=딸=밭=בת[바트 딸]=בַּת[바트 딸]이다. 안식[쉬브 휴식]=쉬브[쉬브 휴식]=שבע[쉬브 휴식]=שָׁבַע[쉬브 휴식]8)와 연결된다. 쉽다의 쉬브나 혹은 여인에게서 남성은 쉬어가는 행위를 쉽이

1) בָּקַשׁ(바카쉬 · 찾으리라 하고, 구하고자 하여, 대상 4:39; 아 3:2).
2) בִּקַּשְׁתִּיהוּ(바카스티후 · 내가 그를 찾아도, 아 5:6).
3) בָּטַח(바타흐 · 믿다, 삿 26:36).
4) בַּת:창 30:21; 출 2:7; 레 18:11, 22:12; 신 25: 1, 18; 대상 2:49.
5) בַּת(밭 · 딸, 왕하 18:2) · בַּת(밭 · 안식, 시 51:2, 창 30:21; 출 2:7; 레 18:11, 22:12; 신 25: 1, 18; 대상 2:49. בַּת(밭 · 딸, 말 2:11).
6) בַּיִת(바트, 창 7: 1, 12: 1, 14, 14: 14.
7) 창 30:21; 출 2:7; 레 18:11, 22:12; 신 25: 1, 18; 대상 2:49.
8) שָׁבַע(솨바 · 휴식, 시 51:2).

라 한다. 우리말에 쉬어라는 말이 있다. 안식 · 쉴 수 있는 의미가 여자이다. 그리고 밭은 딸의 의미이다. 집=바이트집=בית바이트 집=בַּיִת바이트 집[1]가 있다. 여자와 쉬는 일과 연계된다. 남성들이 여성을 집안에 들여서 사는 결혼은 남성들이 여성에게서 쉴 수 있기 때문이다. 안정과 평화와 앞으로의 일하기 위한 축척 장소이다.

* 배로 내는과 잉태브하로네=브헤로네흐잉태=והרנך브하로네 잉태=וְהֵרֹנֵךְ브하로네 잉태[2]: 여인들은 아이를 잉태=브헤로네흐브하로네 잉태=והרנך브하로네 잉태=וְהֵרֹנֵךְ브하로네 잉태 한다. 새생명이 태어날 때는 머리부터 나오며 머리가 숨쉬기를 바라 한 생명이 나온다. 잉태브하로네=브헤로네흐잉태=רנך וה브하로네 잉태=וְהֵרֹנֵךְ브하로네 잉태.

* 뱉아놓다와 낳았으니잉태=바테레드낳았으니 잉태=ותלד낳았으니 잉태=וַתֵּלֶד바테레드 낳았으니[3] : 아기를 낳았으니잉태=뱉아놓다=바테레드낳았으니 잉태=ותלד낳았으니 잉태=וַתֵּלֶד낳았으니 잉태. 물론 아기를 낳다와 잉태는 선후가 다르지만 어쨌듯 히브리어에서 그 유사언어를 발견하는 일이다. 낳았으며=바티흐예나낳았으며=ותהינה바티흐예나 낳았으며=וַתִּהְיֶינָה바티흐예나 낳았으며[4]가 있다. 여인은 늘 무엇을 뱉아놓는다. 아이를 뱉아 놓는다. 이상시 9호에서는 매끈매끈한 입으로

---

1) בַּיִת(바트, 집, 안, 창 6:14, 7:1).
2) וְהֵרֹנֵךְ(브헤로네흐 · 잉태, 창 3:16).
3) וַתֵּלֶד(바테레드 · 낳았으니, 대상 4:6).
4) וַתִּהְיֶינָה(바티흐예나 · 낳았으며, 대상 7:26).

뱉아 놓는다 하였다.

> 매일같이열풍이불드니드듸여내허리에큼직한손이와닷는다. 황폴한지문골작이로내땀내가슴여드자마자쏘아라. 쏘으리로다. 나는내소화기관에묵직한총신을늣기고내담으론입에맥근맥근한총구를늣긴다.그러드니나는총쏘으듯키눈을감이며한방총탄대신에참나의입으로무엇을내여배앗헛드냐.
>
> ~ 「시제 9호」

히브리어에 아주 재미있는 표현 베노트여자들아=בנות브노트 여자들아=בְּנוֹת브노트 여자들아1): 여인은 아기를 베 놓다=베노트여자들아=בנות브노트 여자들아=בְּנוֹת브노트 여자들아!. 히브리어와 한국어의 연결은 여인은 남편의 집에 영원히 들어 아이를 배 놓다 이다. 우리말에 아이를 베 놓다라는 말이 있다. 임신과 관련된다. 히브리어 בנות브노트 여자들아 =בְּנוֹת브노트 여자들아 베 노트는 여자들아 · 집 안에 영원히 있기로 성경은 번역한다.

* 배 아래쪽과 배 아래쪽=베아르제누우리 땅에=בארצנו베아르제누 우리 땅에=בְּאַרְצֵנוּ베아르제누 우리 땅에2): 우리 땅에베아르제누=베아르제누우리 땅에=בארצנו베아르제누 우리 땅에=בְּאַרְצֵנוּ베아르제누 우리 땅에! 우리말에 배 아래쪽이라는 말이 있다. 히브리어 베아르제누우리 땅에=בארצנו베아르제누 우리 땅에=בְּאַרְצֵנוּ베아르제누 우리 땅에 우리말과 히브리어의 근사치이다.

---

1) בְּנוֹת(베노트 · 여자들아, 아 1:5, 3:11, 2:6, 8:4) .

2) בְּאַרְצֵנוּ(베아르제누 · 우리 땅에, 아 2:12).

땅에라고 번역된다. 베아르제누를 우리 땅에라고 번역 한다.

* 배 아프다와 배 아프다 사랑하여=베아하바아토 사랑하여=ואהבת 베아하바아토 사랑하여=וְאָהַבְתָּ 베아하바아토 사랑하여[1]: 사랑하여 배 아프다=베아하브타 사랑하여=ואהבת 베아하바아토 사랑하여=וְאָהַבְתָּ 베아하바아토 사랑하여! 성경은 요나단이 다윗을 자기 생명 같이 사랑한다는 표현을 וְאָהַבְתָּ 베아하바아토 사랑하여라 한다. 발음이 우리나랏말 배 아프다와 유사하다. 사랑하심을 인하여=메아하베드 메아하바트 사랑하심을 인하여=מאהבת 메아하바트 사랑하심을 인하여=מֵאַהֲבַת 메아하바트 사랑하심을 인하여[2]도 있다. 사랑하심을 인하여는 하나님에게서 온다. 하나님이 너를 사랑하시느라 아파=아하브하 너를 사랑하시고=אהבך 아하브하 너를 사랑하시고=אֲהֵבְךָ 아하브하 너를 사랑하시고[3].

* 뱉아내누와 페타헤누 우리의 문=פתחינו=페타헤누 우리의 문 פְּתָחֵינוּ 페타헤누 우리의 문[4]: 우리의 문=페타헤누 우리의 문=פתחינו 페타헤누 우리의 문=פְּתָחֵינוּ 페타헤누 우리의 문=뱉아내누! 우리말에 뱉아내누라는 말이 있다. 히브리어 우리의 문=페타헤누 우리의 문=פתחינו=페타헤누 우리의 문 פְּתָחֵינוּ 페타헤누 우리의 문 우리의 문으로 번역되었다.

* 타 베게니와 어머니의 팔을 아가에게 태베게니=בני

1) וְאָהַבְתָּ(베아프타 · 사랑하여, 창 22: 2; ; 레위 19: 18; 신 6: 5, 11: 1).
2) מֵאַהֲבַת(메아하베드 · 사랑하심을 인하여, 신 7: 8).
3) אֲהֵבְךָ(아파 · 너를 사랑하시고, 신 7: 13).
4) פְּתָחֵינוּ(페타헤누 · 우리의 문, 아 7:14).

תחבק태베게니=תְּחַבְּקֵנִי태베게니 나를 안았었으리라1): 어머니가 어머니의 팔을 아가에게 타 베게니=תחבקני태베게니 나를 안았었으리라=תְּחַבְּקֵנִי태베게니 나를 안았었으리라 아가가 잘 잔다. 십자가를 지는 마음=어머니의 팔을 아가에게 태베게니나를 안았었으리라=תחבקני태베게니 나를 안았었으리라=תְּחַבְּקֵנִי태베게니 나를 안았었으리라! 오른손 어머니의 팔을 아가에게 태베게니=בקני תח태베게니 나를 안았었으리라=תְּחַבְּקֵנִי태베게니 나를 안았었으리라이다. 성경은 나를 안았었으리라로 번역!

* 벤네와 벤네아들들이=בני=בְּנֵי벤네 아들들이2): 아이를 벤네아들들이=בני벤네 아들들이=בְּנֵי벤네 아들들이 뱄네! 한 명도 아니고 여러 아들들을 벤네! 하나님의 집 안에서 혜택을 받은 자 사랑 벤네! 우리말에 벤네라는 어머니의 잉태 말이 말이 있다. 히브리어 벤네아들들이=בני벤네 아들들이=בְּנֵי벤네 아들들이는 하나님의 집 안에 영원히 있게 하시는 혜택을 받은 뜻이다.

* 버리셔와 버리셔=폐레쉬=פרש=폐레쉬פֶּרֶשׁ폐레쉬3): 이 똥 버리셔=폐레쉬똥=פרש=폐레쉬 똥=פֶּרֶשׁ폐레쉬 똥 폐레쉬 똥 버리셔! 글자풀이로는 입으로 머리에 든 것을 버리폐레쉬 똥! 우리나라 사람들은 어떤 물건을 상대방에게 버리셔라고 말을 한다. 히브리어 버리셔=폐레쉬똥=פרש=폐레쉬

---

1) תְּחַבְּקֵנִי(타베게니 · 나를 안았었으리라, 아 8:3).
2) בְּנֵי(벤네 · 아들들이, 아 1:5).
3) פֶּרֶשׁ(폐레쉬 · 똥 · 거름 · 인분, 출 29:14; 레위 4:11, 8:17; 민 19:5; 말 2: 3).

똥פֶּרֶשׁ페레쉬 똥 페레쉬는 똥 · 거름 · 인분의 뜻이다. 주인이 버린 똥이다.

* 벗었더니와 파솨트티내가 벗었더니=פשטתי파솨트티 내가 벗었더니=פָּשַׁטְתִּי파솨트티 내가 벗었더니[1]: 몸에 있는 무엇을 벗었더니 마음이 가볍다. 성경진리는 내가 몸에 있는 것을 버렸더니에서 마음과 몸이 가벼워진다고 한다. 바로 십자가를 베앝았더니 마음이 가벼워져간다. 십자가를 지고 났더니 마음이 가볍다이다. 예수님의 사랑실천경험이다. 벗었더니=파솨트티내가 벗었더니=פשטתי파솨트티 내가 벗었더니=פָּשַׁטְתִּי파솨트티 내가 벗었더니 벗었다=파쇠트=פשת=פָּשֵׁת파쇠트 벗기다가[2] 파쇠트벗기다가 입으로 다 말하다가 일종의 고백이다. 다 말해버리는 것이 벗었다이다.

* 망할레와 중병=망할레=마할라중병=מחלה마할라 중병=מַחֲלֶה마할라 중병 마할라중병[3]와 중병=타할루=תחלוא타할루=תַּחֲלוּא타할루 중병[4]: 하나님이 중병이 들게 할 때 너 망할레=마할라중병=מחלה마할라 중병=מַחֲלֶה마할라 중병 망할래? 중병들레? 생명 다할레=타할루=תחלוא타할루 중병=תַּחֲלוּא타할루 중병 다 할레? 물으신다. 이 병이 히브리어로 중병=망할레=마할라중병=מחלה마랄라 중병=מַחֲלֶה마랄라이다. 생명 다할레=תחלוא타할루 중병=תַּחֲלוּא타할루 중병중병이다. 타할루임질

1) פָּשַׁטְתִּי(파솨트티 · 내가 벗었더니, 아 5:3)와 פָּשֵׁת(파쇠트 · 벗기다가, 대상 10:8).

2) פָּשֵׁת(파쇠트 · 벗기다가, 대상 10:8).

3) מַחֲלֶה(마할레·중병, 대하 21:15).

4) תַּחֲלוּא(타할루·중병, 대하 21:19).

병=תחלואים타할루임 질병=תַּחֲלוּאִים타할루임 질병1) 생명이 다할루임은 하나님으로부터 오는 말씀이 몸 안에 들어가기를 바라는 일, 곧 말씀대로 이루어짐이다. 하나님 뜻이 있어야 중병도 든다. 다 할레루임은 십자가지는 마음이 드는 때이다. 병이 들면 마음이 겸손해 진다. 죽음에 이르는 병으로 이 세상을 떠날 대는 십자가를 지는 마음이 된다. 십자가 지는 마음이 된다.

* 빼어나와 빼어나=베나와=ונאוה베나와 아름다우니=וְנָאוָה베나와 아름다우니2): 우리나라 경치는 빼어나다. 아름다우니 베어나와! 우리말에 빼어나다라는 말이 있다. 아름다우니=빼어나와아름다우니=베나와아름다우니=ונאוה베나와 아름다우니=וְנָאוָה베나와 아름다우니.

* 베고 가 봄과 베코케빔별들=וכוכבים베코케빔 별들=וְכוֹכָבִים베코케빔 별들3): 베개 베고 가 봄베코케빔 별들=베코케빔베코케빔 별들=וכוכבים베코케빔 베코케빔 별들=וְכוֹכָבִים베코케빔 베코케빔 별들! 하늘의 별들이 아름답다. 참으로 시적인 문구다. 잠자는 도구 베개 베고 가 봄, 별들 안이다. 별들은 밤에 배개 배고 가 봄으로써 아름다운지 모른다.

* 배개다와 베개다=בגד베개다 의복=בֶּגֶד베개다 의목4): 우리말에 몸에 무엇이 붙어 베개다라고 한다. 히브리어 의

---

1) תַּחֲלוּאִים(타할루임·질병, 신 29:22, 대하 21:19, 시 103:3, 렘 14:18, 16:4).

2) וְנָאוָה(베나와, 아름다우니, 아 1:5).

3) וְכוֹכָבִים(베고케빔 · 별들, 시 8:3).

4) בֶּגֶד(베개드 · 의복, 신 24:7; 슥 14:14).

복이 베개다[의복]=בגד[베개다 의복]=בֶּגֶד[베개다 의복] 의복이다. 글자풀이로는 은혜 갚는 가슴 안이다. 은혜를 갚으려 입고 다니는 게 옷이다.

*베 짤렘과 베짤렘[형상]=בצלם[베짤렘 형상]=בְּצֶלֶם[베짤렘 형상]1): 우리말에 의복을 만들기 위해가 베 짤렘[형상]이다. 똑 같이 히브리어 베짤렘[의복] =בצלם[베짤렘 의복]=בְּצֶלֶם[베짤렘 의복]이다. 배 짤려면 이미 마음의 향기가 포올폴 난다. 우리말에 베짤려는가하고 의사를 물을 때 베 짤렘?한다. 베짤렘[의복]=בצלם[베짤렘 의복]=בְּצֶלֶם[베짤렘 의복] 형상대로이다. 우리 모습은 하나님형상대로 태어났다. 하나님의 형상을 베잘레모[형상]=בצלמו[베짤렘]=형상בְּצַלְמוֹ[베잘레모 형상]2)이다.

* 보께로와 보께로[보께로 아침에 경작하는 일]=בקר[보께로 보께로 아침에 경작하는 일]=בֹּקֶר[보께로 아침에 경작하는 일]3): 경상도 사투리에 보니를 보께로라 한다. 아침 일찍 일어나 보께로 하나님이 나에게 베풀어 준 일이 있다. 감탄하며 그 분 집 안에 들어간다. 바로 일찍 일어나 일을 하는 일이다. 히브리어 보께로[보께로 아침에 경작하는 일]=בקר[보께로 아침에 경작하는 일]=בֹּקֶר[보께로 아침에 경작하는 일]. 아침에 일어나 보니 하나님이 경작해 놓으신 하늘의 태양은 떠오르며 빛나고 맑은 공기 그리고 지저귀는 새 소리! 일을 시작할 마음이 솟는다. 하나님 따라 모두 아침에 일어나 일터

1) בְּצֶלֶם(베젤렘 · 곧 형상대로, 창 1:27).
2) בְּצַלְמוֹ(베잘레모 · 자기 형상, 창 1:27).
3) בֹּקֶר(보케르 · 아침 · 경작하는 일, 전 11:6; 사 17:11, 50:4; 겔 12:8).

로 가 일 한다.

*보네하자와 브네하제[우리로 보게 하라]=ונחזה[브네하제 우리로 보게 하라]=וְנֶחֱזֶה[브네하제 우리로 보게 하라]1): 보네 하제=브네하제[우리로 보게 하라]=ונחזה[브네하제 우리로 보게 하라]=וְנֶחֱזֶה[브네하제 우리로 보게 하라] 그 분와 우리 사이에만 일어나는 일이다. 우리 말에 보네하제라는 말이 있다. 눈으로 서로 보며 같이 할 수 있는 일이 있다.

*보쌈과 향기=보쌈=בשם[보쌈 향품]=בֶּשֶׂם[보쌈 향품]2), 향품=보쌈임=브쌈밈=בְשָׂמִים[보쌈임 향품들]3): 보쌈 해 온 향품들이 가득하다. 하나님 안에서 신앙인이 낮게 엎드리면 물이 가득 든다. 말씀이 가득 든다. 히브리어 향 품 בשם[보쌈 향품]=בֶּשֶׂם[보쌈 향품]보쌈 속에는 말씀이 가득 들어 있다.

*보아와 보아[보시기에]=ביא[보아 보시기에]=בוֹא[보아 보시기에]4): 보아[보시기에]=ביא[보아 보시기에]=בוֹא[보아 보시기에] 보아라는 말은 가까이 이르러 보시기에이다.

* 봐와 봐=바[주를]=בך[바흐 주를]=בָּךְ[바흐 바흐]5): 하나님 당신이다. 우리나라사람들은 친한 상대를 향해 이 봐 한다. 바흐[주를]=בך[바흐 주를]=בָּךְ[바흐 주를]. 이 바가 주님의 의미로 번역되어 있다. 그럼으로써 우리 민족의 말은 복을 받는 언어이다. 주를 늘 부르니까!

---

1) וְנֶחֱזֶה(브네하제 · 우리로 보게하라, 아 7:1).
2) בֶּשֶׂם · בשם(보쌈, 아 4:16).
3) בְשָׂמִים(브삼밈 · 향 품, 아 4:16).
4) בוֹא(보아 · 보시기에 · 왕하 24:9, 19).
5) בָּךְ(봐, P. MYS, 주를, on thee, 시 637).

* 보이네와 보이네=브에네[뵈네]=בעיני[브에네 뵈네]=בְּעֵינֵי[브에네 뵈네]1): 하나님이 좋아 하시는 일이 브에네=בעיני[브에네 뵈네]=בְּעֵינֵי[브에네 뵈네] 뵈네! 아들=뵈네=בני[브에네 뵈네]=בְּנֵי[브에네 뵈네]2) 하나님 아들 뵈네! 하나님이 만드신 내 눈3)안에 뵈네! 우리말 보이네와 뵈네가 있다. 말이나 뜻조차 같다. 여호와 보시기에 좋고 나쁨에 따라 선악이 결정된다. 아들 בני[베네 아들 자손]=בְּנֵי[베네 아들 자손] 베네4)이다.

* 뵈오려와 베오할 모에드=באחל מועד[베오할 모에드 회막]=בְּאֹהֶל מוֹעֵד[베오할 모에드]5): 회막 안으로, 뵈오할 모에드=באחל מועד[베오할 모에드 회막]=בְּאֹהֶל מוֹעֵד[베오할 모에드 회막] 하나님이 그의 백성을 모아 말씀을 전하는 회막이다.

* 뵈오시임과 베호시임[그들을 구원하리니]=והושיעם[베호시임 그들을 구원하리니]=וְהוֹשִׁיעָם[베호시임 그들을 구원하리니]6): 그 분이 우리에게 베호시임[그들을 구원하리니]=והושעם[베호시임 그들을 구원하리니]

---

1) בְּעֵינֵי(브에네, 뵈네 · 보시기에 · 왕하 24:9, 19).

2) בְּנֵי(베네 · 아들은, 자손, 대상 2:1, 3, 30, 32, 33).

3) עֵי(에 · 눈, 하나님이 만들어 놓은 눈).

4) בְּנֵי(베네 · 아들은, 자손, 대상 2:1, 3, 30, 32, 33).

5) בְּאֹהֶל מוֹעֵד(베오할 모에드 회막: 출 27: 21, 28: 43, 29: 4, 10, 11, 30, 32, 42, 43, 44, 30: 16, 18, 20, 26, 36, 31: 7, 33: 7, 8, 9, 10, 11, 38: 8, 30, 39: 32, 39: 40, 40: 2, 6, 7, 12, 22, 24, 26, 29, 30, 32, 34, 35; 레 1: 1, 3, 5, 3: 2, 8, 13, 4: 4, 5, 4: 7, 14, 16, 18, 6: 16, 26, 30, 8: 3, 4, 31, 33, 35, 9: 5, 23, 10: 7, 9, 12: 6, 14: 11, 23, 15: 14, 29, 16: 7, 16, 17, 20, 23, 33, 17: 4, 5, 6, 9, 19: 21, 24: 3; 민 1: 1, 2: 2, 17, 3: 7, 8, 25, 38, 4: 3, 4, 15, 23, 25, 28, 30, 31, 33, 35, 37, 39, 41, 43, 47, 6: 10, 13, 18, 7: 5, 89, 8: 9, 15, 19, 22, 24, 26, 10: 3, 11: 16, 26, 12: 4, 14: 10, 16: 18, 19, 42, 43, 50, 17: 4, 18: 4, 6, 21, 22, 23, 31, 19: 4, 20: 6, 25: 6, 27: 2, 31: 54; 신 31: 14; 수 18: 1, 51; 삼상 2: 22; 삼하 7: 6; 왕상 8: 4; 대상 6: 32, 9: 21, 23: 32; 대하 1: 3, 6, 13, 5: 5)

6) וְהוֹשִׁיעָם(베호시임 · 그들을 구원하리니, 슥 9:16).

=וְהוֹשִׁיעֵם베호시임 그들을 구원하리니! 그 분이 나에게 뵈오시임에 내 구원문제가 이루어지나이다. 뵈오시임은 존칭어다.

* 베푸다와 베피내 입에=בפי베피 내 입에=בְּפִי베피 내 입에1): 여호와를 항상 송축하기를 내 입에 베피내 입에=בפי베피 내 입에=בְּפִי베피 내 입에 버릇처럼 한다. 늘 찬송하면서 사는 생활이다.

* 빼았았다와 빼앗았다=페사투=פשת페사투 침범하였는지라=פָּשַׁת페사투 침범하였는지라2): 침범하는 일을 히브리어 뺏았았침범하였는지라=베사투=פשת페사투 침범하였는지라=פָּשַׁת페사투 침범하였는지라다. 입도 뻥긋 못하게 빼앗았다=페사투침범하였는지라=שת פ페사투 침범하였는지라=פָּשַׁת페사투 침범하였는지라.

* 베 짤래와 베짤려니우리의 형상을 따라=וצלמנו=베짤려니 우리의 형상을 따라בְּצַלְמֵנוּ베짤려니 우리의 형상을 따라3): 삼베로 형상=베짤려니베짤려니 우리의 형상을 따라=וצלמנו베짤려니 우리의 형상을 따라בְּצַלְמֵנוּ베짤려니 우리의 형상을 따라 형상=짤렘=젤렘형상=צלם짤렘 형상=צֶלֶם짤렘짤렘 형상4)이다. 기본형 צלם짤렘 형상 형상.

* 베네와 베네자손의=בני베네 자손의=בְּנֵי베네 자손의5): 베누베네=בְּנוּ בְּנֵי베누 베네!6) 아이를 베누 베네. 아이를 만들다이

---

1) בְּפִי(베피 · 내 입에, 시 34: 1).

2) פָּשַׁת(보사트) 기본형을 가진 וַיִּפְשְׁטוּ(바이페스투 · 침범하였는지라, 대상 14:9).

3) בצלמנו(베잘레메누 · 우리의 형상을 따라, in our image, κατ εἰκόννα ἡμετέραν, 창 1:26).

4) צֶלֶם(젤렘 · 형상, 창 1:26).

5) בְּנֵי(베네 · 자손의, 출 35:1, 4; 민 13:24).

6) בָּנוּ בְּנֵי(베누 베네 · 인생, 창 11: 5).

다. 성경은 인생으로 번역되었다. 영원히 살게 만드는 일이 아이다. 우리말에 방금 태어나 아이가 하는 짓을 배냇짓이라 한다. 히브리어 בן벤=בֵּן벤[1]은 아들의미이다. 인생=בני브네=בְּנֵי브네[2]는 자손과 인생으로 번역!

* 뷘나봐와 뷘나봐그의 보기에=בעיניו뷘나봐 그의 보기에=בְּעֵינָיו뷘나봐[3]: 뵈였나봐그의 보기에=בעיניו뷘나봐 그의 보기에=בְּעֵינָיו뷘나봐 그의 보기에! 그 보기에 안에 드는게 보이시었나봐다.

* 뱃살과 뱃사르고기=בשר베사르 고기=בָּשָׂר베사르 고기[4]: 살덩어리 고기 덩어리בשר뱃사르 고기=בָּשָׂר뱃사르 고기이다. 우리말 뱃살이다.

* 보와 보=בו보 그의 안에=בּוֹ보 그의 안에[5]: 그의 보그의 안에=안에 안긴 삶은 행복하다. 보는 손을 쫘악 편 상태의 보=בו보 그의 안에=בּוֹ보 그의 안에이다. 음식 덮을 때의 보는 싹 펴져서 음식을 덮는다. 우리나라 아이들은 서로 내기를 할 때 가위 바위 보한다. בו보 그의 안에=בּוֹ보 그의 안에는 그의 안에 뜻이다.

* 보라고와 보라크송축할지어다=ברך보라크 송축할지어다=בָּרֵךְ보라크 송축할지어다[6]: 송축할지어다 나를 보라고=보라크송축할지어다=ברך보라크 송축할지어다=בָּרֵךְ보라크 송축할지어다.

---

1) בֵּן(벤 · 아들, 민 13:9, 10).
2) בְּנֵי(베네 · 자손의, 출 35:1, 4; 민 13:24).
3) בְּעֵינָיו(벤나봐· 그의 보기에, 아 8:10).
4) בָּשָׂר(벳사르, 고기, 출 29:14).
5) בּוֹ(보 · 그의 안에, 창 3:3, 4:7, 37:10).
6) בָּרֵךְ(보라크 · 송축할지로다, 대상 16:1).

* 보쌈과 보쌈[향품]=בשם[보쌈 향품]=בֹּשֶׂם[보쌈 향품]1) 그의 백성과의 관계가 향기의 관계인고로 백성이 향 품이 된다. 향품 베사밈=בְּשָׂמִים[베사밈]2): 향 품 보쌈=בשם[보쌈 향품]=בֹּשֶׂם[보쌈 향품]3)도 있고 하보셈[그 향품]=הבשם[하보셈 그 향품]=הַבֹּשֶׂם[하보셈 그 향품]도 있고 베솨마임=בְּשָׂמִים[베솨마임 향품안]도 있다. 이 보쌈에 대하여는 우리나라에서는 당집 아래 서 있는 아름다운 여인을 보쌈해가서 결혼생활을 영위하는 결혼제도가 있었다. 향기를 가져간 의미다.

* 보아와 보다[보아]=בוא[보아 보다]=בוֹא[보아 보다]4): 보다나 보아나 본다는 의미의 동일성이다.

* 왔지와 와티=באתי=בָּאתִי[바티]5): ㅇ음가와 b 음가가 서로 넘나든다. 보아=בוא=בוֹא[보아]는 와 *he came*6)이다. 왔지 봤지= 왔지=באתי[바티]=בָּאתִי[바티]는 그가 왔다7)이다. 우리에게서 넘어간 왔어 왔지 행사 일본에서 진행된다.

* 뽀게와 뽀케아으=בקע[뽀케아으 분리]=בָּקַע[뽀케아으 분리]8): 장작을 도끼로 뽀게9)다. 뽀게=뽀케아으=בקע=בָּקַע[뽀케아으]도

1) הַבֹּשֶׂם(하보셈 · 향 품, 아 6: 2).

2) בְּשָׂמִים(베삼밈 · 향 품이요, 아 4:14).

3) הַבֹּשֶׂם(하보셈 · 향 품, 아 6: 2) · בְּשָׂמִים(베삼밈 · 향 품, 아 8: 14) · הַבֹּשֶׂם(하보셈 · 향기로운, 아 6: 2) · בְּשָׂמִים(베삼밈 · 향기로움, 아 8: 14) · בְּשָׂמִים(베삼밈 · 향 품이요, 아 4:14).

4) בוֹא(보아 · 보다 · 와서, 왕상 10:7, 7:16).

5) בָּאתִי(봐티 · 와서, 왕상 10:7).

6) 김영진, 『성서히브리어』(서울:올람하타낙, 2001), 88.,

7) 김영진, 『성서히브리어』(서울:올람하타낙, 2001), 88.,

8) בָּקַע(뽀케아으 · divides 창 7: 11; 출 14: 6; 전 10: 9; 시 78: 15; 사 35: 6).

9) 통나무로 된 조각, 일명 장작을 도끼로 갈라지게 한다.

우리말에 있다. 장작을 도끼로 갈라 나누다 뽀게아으[뽀게]=בקע[뽀케아으 뽀게]=בָּקַע[뽀케아으 뽀게]! 우리말 뽀개는 나누다이다.

* 보시니와 바야라[보시니]=ויירא[바야라 보시니]=וַיַּרְא[바야라 보시니]1): 우리말에 보시니라는 말이 있다. 히브리어로는 바야라[보시니]=ויירא[바야라 보시니]=וַיַּרְא[바야라 보시니]이다.

* 부드러움과 바토림[부드러움]=בתרים[바토림 부드러움]=בְּתָרִים[바토림 부드러움]2) : 처녀의 아름다이 땋은 머릿결이 부드럽다. בתרים[바토림 부드러움]=בְּתָרִים[바토림 부드러움]이다. 하나님의 말씀이 많이 들어 있으면 머릿결이 부드럽다. 우리말과 비교되는 부드러움은 바토림[부드러움]=בתרים[바토림 부드러움]=בְּתָרִים[바토림부드러움]이다. 하나님 말씀이 많이 들어 있으면 사람이 부드럽다.

* 부르와 푸르=פור[푸르]=פּוּר[푸르]3) 부림=פורים[푸림 부림절]=פֻּרִים[푸림 푸림절]4): 우리말에 부르다라는 말이 있다. 하나님을 향하여 부르=פור[푸르 부르]=פּוּר[푸르 부르] 짖는다. פורים[푸림 부림절]=פֻּרִים[푸림 부림절]5)절이 있다. 에스더는 현명하게 자기의 남편 왕에게 잘 부르짖어 유대인이 승리하는 부림절을 모르드게로 하여금 만들게 했다.

* 부수어와 부숴=부스[밟다]=בוס[부스 밟다]=בּוּס[부스 부스 밟다]6): 부숴=בוס[부스]=בּוּס[부스]는 깨뜨려 버려라!의 의미이

---

1) וַיַּרְא(바이라 · 보시니, 창 1:31)
2) בְּתָרִים(바토림 · 땋은 머리털로. 이 1:10).
3) פּוּר(푸르 · 부르 9:26, 32).
4) פֻּרִים(푸림 · 부림절 · 에 9:26, 32).
5) פֻּרִים(부림절 · 에 9:26, 32).

다. 부숴=בוס[부스 밟다]=בּוּס[부스 밟다]1) 밟아 버리다. 깨트려라는 의미의 쇠부루=שברו[쇠부루 깨트려]=שִׁבְרוּ[쇠부루 깨트려]가 있다. 부숴2)버리다이다.

* 부탁과 히스바으티[부탁]=השבעתי[히스바으티 부탁]=הִשְׁבַּעְתִּי[히스바으티 부탁]3):부탁[히스바으티]=השבעתי[히스바으티 부탁]=הִשְׁבַּעְתִּי[히스바으티 부탁]4)이다.

* 불쑥 튀 나와와 네 입술[시프토타이흐]=시프토타이흐[네 입술]=שפתתיך[시프토타이흐 네 입술]=שִׂפְתֹתַיִךְ[시프토타이흐 네 입술]5): 말씀 전하느라 입술은 불쑥 튀나와!

* 불 살라버리고의 살라버..와 살라버=사르프[불 사르고]=שרף[사르프 불 사르고]=שָׂרַף[사르프 불 사르고]6): 사르프[불 사르고]=שרף[사르프 불 사르고]=שָׂרַף[사르프 불 사르고] 불 살라버린다는 말이 우리에게 있다. 세로푸=שרפו=[사르푸 우리가 사르고]=שְׂרָפוּ[사르푸 우리 무리가 사르고]7)도 있고 שרף וישרף שרף=וַיִּשְׂרֹף שָׂרַף[사라프 베사리프 불 살라버리고]8)도 있다. 앞의 '베'를 빼면 사라프 곧 살라버리다의 사라버이다. ושרפו=וְשָׂרְפָ[베사리푸 사르고]9) 베사

---

6) בּוּס(부쓰 · 밟다, 밟아 버리다)가 있다. שִׁבְרוּ(쉬브루 · 깨트려, 왕하 25:13, 시 44:5, 60:12, 108:13; 잠 27:7; 사 14:19, 25, 63:6, 18; 렘 12:10; 겔 16:6, 22; 슥 10:5.

1) 시 44:5, 60:12, 108:13; 잠 27:7; 사 14:19, 25, 63:6, 18; 렘 12:10; 겔 16:6, 22; 슥 10:5.

2) שִׁבְרוּ(쉬브루 · 깨트려, 왕하 25:13).

3) הִשְׁבַּעְתִּי(히스바으티 · 내가 부탁한다, 아 8:4).

4) הִשְׁבַּעְתִּי(히스바으티 · 내가 부탁한다, 아 8:4).

5) שִׂפְתֹתַיִךְ(시프토타이흐 · 네 입술은 · 불쑥나온, 아 4:3) ·

6) שָׂרַף(사르프 · 불사르고, 출 29:14; 왕상 13:2; 왕하 25:9).

7) שְׂרָפוּ(사르푸 · 무리가 사르고, 수 6:24).

8) שָׂרַף וַיִּשְׂרֹף(사아라프 바이세로프 · 불 살라버리고. 왕하 25:9).

라프타=ושרפת[베사르파]=וְשָׂרַפְתָּ[베사르파 불 살라버리다1)] 청춘을 불살라버린 십자가 사건!

* 부여와 베여호와=ביהוה[베여호와]=בְּיְהוָה[베여호와2)]: 우리나라 부여에 얽힌 이야기가 있다. 백제 12대 왕의 딸 이름은 부여화이다. 이 부여화는 히브리어 부여화에서 찾아진다. 올브라이트는 고유명사에 와우=ו[와]를 고대형의 아담 아내 이름 하와3)라 했고 레이젤은 하야=היה[하야4)]라 했다. 연결 음 부여와가 된다. 베여호와=ביהוה=בְּיְהוָה[베야웨5)]· בְּיְהוָה[베야웨]의 בְּ[베]는 접두사이니 빼면 여호와이다. 이 고유명사의 와우=ו[와우]를 고대형의 아담 아내 이름 하와=חוה[하와6)]라 했고 레이젤*Dr. M. Reisel*도 하야=היה=הָיָה[하야] 하야라 했다. 기본형은 하와=הוה[하와] 하와7)이다.

* 비누와 비누[생각하라]=בינו=[비누 생각하라]בִּינוּ[비누 생각하라8)] .

---

9) וְשָׂרַפְ(베사르푸 · 사르고, 겔 16:41).

1) וְשָׂרַפְתָּ(베사라프타 · 불살라버리다 ,신 13: 17).

2) בְּיְהוָה(베야웨 · 여호와 안).

3) חוה(하와) · Albright, *Contributions to Biblical Archaeology and Philology*, p.374; M. Noth, *Exodus*(Philadelphia: The Westminster Press, 1962), 44.

4) הָיָה(하야) 기본형 הוה: Dr. M. Reisel, *The Mysterious Name of Y · H · W · .H*(Assen: Royal van Goreun Ltd, 1957), 12.

5) בְּיְהוָה(베야웨 · 여호와 안).

6)Albright, *Contributions to Biblical Archaeology and Philology*, p.374; M. Noth, *Exodus* (Philadelphia: The Westminster Press, 1962), 44.

7) Dr. M. Reisel, *The Mysterious Name of Y · H · W · .H* (Assen: Royal van Goreun Ltd, 1957), 12.

8) בִּינוּ(비누 · 생각하라, VQMMYP, consider, σύνετε, 신 32:7).

생각하라는 말은 히브리어 비누[생각하라]=בינו=[비누 생각하라]נוּ בִּי[비누 생각하라]이다. 비누는 누구나 늘 씻는 일상사에서 사용한다. 생각하라는 명령은 억누르지 않고 사알하는 일이다. 하나님의 집안에서 아비에게 사알 사알 물어 잘 여쭙고 그러면서 늘 비누로 손을 씻으며 살아가는 신앙인은 하나님이 사랑하시는 존재이다. 더러움을 씻는 영적 일은 비누가 담당한다. 하나님이 우리의 마음이 다칠까봐 사알사알 말씀하시는 부드러운 속삭임이다. 하나님이 주신 은혜는 이 물을 통해 씻는 길을 비누로 열어준다. 우리들의 삶에서도 사람의 마음을 씻는 일이다. 물에 마음을 씻는 일의 비누가 있다.

비누를 사알사알 묻히어 생각해요
비누가 생각하라 뜻에요 억누르지
말아요 비누=בינו[비누] · 생각하라
방울 방울방울 날아요

집안의 어른에게 물어요 서두르지
말아요 비누로만 누비어 들어봐요
잘 여쭤 문대어 봐요 부드러운 속삭임

물에민 녹아나요 물이 말씀에요
먼저는 물어보고 그리고 문질러요
사알살 마음이 녹는 부드러운 느낌요

날마다 입느라고 하얀 옷 내 옷 위에
낀 때가 날로 익어 저리로 저리 끼고
그래서 나의 빨랫감 비누에게 다가 가

손으로 옴팍옴팍 빠르게 비벼비벼
그리움 뛰다뛰다 싹싹싹 비벼비벼
옷걸이 올라앉으며 달콤 내음 파악팍

풍기는 그리움의 내음을 반겨주며
날이며 날마다로 달콤한 부드러움
그리운 단 비누 내음 기분 좋다 으으음

– 이영지 「비누 내음」

* 비빔과 라비브[단비]=רבבי[라비브 단비]=רְבִיב[라비브 단비]1): = 라비브[단비]=רבבי[라비브 단비]=רְבִיב[라비브 단비]가 내려요! 비르비빔[단비]=ברביבים[비르비빔 단비]=בִּרְבִיבִים[라비브 단비]2) 안=ב[비] 3회, 하나님의 손=י[이] 2회이다. 그만큼 하나님의 안과 하나님 아들의 손이 강조된다. 그러기에 비가 내리면 모든 식물이 잘 자라고 사람에게는 하나님의 말씀이 잘 내리면 그 사람은 사람다운 사람이 된다. 글자를 보면 비! 세차게 잠깐 단비이다가 내리는 소낙비도 된다. 비비 마음껏 맞을 수 있는 비의 반복리듬3)이다.

하나님이 주시는 단비는 단비[라비브]=라비브[단비]=רבבי[라비브 단비]=רְבִיב[라비브 단비]4)이다. 또 단비[비르비빔]=비르비빔[또 단비로]=ברביבים[비르비빔 또 단비로]=בִּרְבִייבִים[비르비빔 또 단비로]5)이다.

---

1) רְבִיב(라비브 · 단비).

2) בִּרְבִיבִים(비르비빔 · 또 단비로, P.NMP, with showers, καὶ ώσεὶ νιφετοσ. 시 65:11).

3) 아카드어와 히브리어는 밀접하다. 반복 리듬 언어 예는 라카라크(stork) · 살사루(crieket) · 발바루(jackal) · 판파누(chamber for god) · 단다누(all~powerful) · 캄캄마타(ring) 등.

4) רְבִיב(라비브 · 단비).

5) בוּרְבִייבִים(비르비빔 · 또 단비로, P.NMP, with showers, καὶ ώσεὶ νιφετοσ. 신 32:2, 시 65:111).

단비로 채소가 잘 자란다. 비비라는 말과 같이 반복 언어의 가장 오래된 아카드어가 찾아 진다. 아카드어와 히브리어는 밀접하다. 반복 언어 예는 라카라크(*stork*) · 살사루(*crieket*) · 발바루(*jackal*) · 판파누(*chamber for god*) · 단다누(*all~powerful*) · 캄캄마타(*ring*) 등[1]이 있다.

* 비빔과 소낙비르비빔가 르비빔소낙비=רביבים르비빔 소낙비=רְבִיבִים르비빔 소낙비[2]: 소낙비가 비비며 내린다. 르비빔=רביבים르비빔 소낙비=רְבִיבִים르비빔 소낙비 소낙비다. 우리말에 비빔이라는 말이 있다. 소낙비르비빔 히브리어 르비빔소낙비=רביבים르비빔 소낙비=רְבִיבִים르비빔 소낙비이다. 그분의 생각이 내 속으로 들어오다가 소낙비 뜻이다.

* 비슷하다와 비스나타년 해=בשנת비스나타 년 해=בִּשְׁנַת비스나타 년 해[3]: 우리말 비슷하다가 있다. 히브리어 비슷하다=비스나타년 해=בשנת비스나타 년 해=בִּשְׁנַת비스나타 년 해. 년, 해 해의 년 해살이는 하나님 안에서 부서지며 사는 나날!

* 비싸다와 베솨타이흐유방=ושדיך베솨타이흐 유방=וְשָׁדַיִךְ베솨타이흐 유방[4] 나의 유방은=비싸다=ושדי비사다이=וְשָׁדַי비사다이[5] 비싸다: 유방은 비싸다=베솨타이흐=솨타이흐 '네 유방은'!

---

1) 엄원식 편, 「아카드어 문법」(대전: 침례신학대학교출판부, 1997), 69:.

2) רְבִיבִים(르비빔 · 소낙비, 시 72:6),

3) בִּשְׁנַת(비스나트 · 년, 해, 슥 1:1).

4) וְשָׁדַיִךְ(베솨타이흐 · 네 유방은, 아 7:8).

5) וְשָׁדַי(브사다이 · 나의 유방은, 아 8:10).

* 빛어와 브잘르메누=בצלמנו=브잘르메누 우리의 형상을 따라 =בְּצַלְמֵנוּ브잘르메누 빛다우리의 형상을 따라1): 3위 세분 형상 브잘르메누닮음=בצלמנו=브잘르메누 닮음בְּצַלְמֵנוּ브잘르메누 닮음 성 3위 하나님 형상 닮음이 우리 모습이다. 예수님이다. 성삼위 형상 빛어 낼 모닮음=브잘레모닮음=בזלמו브잘메모 우리의 형상을 따라=בְּזַלְמוֹ브잘메모 우리의 형상을 따라2) 빛어 낼렘=צלם ב브잘렘 형상이다. 형상*in the image of* 성삼위 브잘르메누우리 형상 따라 사람 만들어=בצלמנו=브잘르메누 우리 형상 따라 사람 만들어= בְּצַלְמֵנוּ브잘르메누 사람 만들어 주었다.

* 비트네와 비트네흐허리=בטנך비트네흐 허리=בִּטְנֵךְ비트네흐 허리3): 말씀 듣느라 허리비트네흐 비트네흐허리=בטנך비트네흐 허리=בִּטְנֵךְ비트네흐 허리4) 하나님 안의 지혜자 모습이다.

* 비켜와 비크아平地의 平=בקעה비크아 平地의 平=בִּקְעָה비크아 平地의 平5): 비크아=בקעה비크아 平=בִּקְעָה비크아 平 바벨탑 사건 관계 이야기: 그들은 몰래 비켜 앉아 바벨탑을 쌓는다. 히브리어 비켜=비크아平地의 平=בקעה비크아 平地의 平=בִּקְעָה비크아 平地의 平는 무슨 일을 나쁘게 도모할 때 몰래 비켜 앉아, 일을 꾸미는 바벨탑의 사건은 하나님처럼 되려 몰래 비켜 앉아 모의하였다.

---

1) בצלמנו(브잘르메누 · 우리의 형상을 따라, 닮음. 창 1:25).
2) בזלמו(브잘레모 · P.NMS.MZS, in his own image, 창 1:27):
3) בטנך(비트네흐 · 허리, 아 7:3).
4) בטנך(비트네흐 · 허리, 아 7:3).
5) בקעה(비크아 · 평지의 평, 창 11:2).

(7). ㅅ음가 시작의 우리말과 히브리어와의 발음 닮음

＊ 사나와 솨나=שנה=שָׁנָה솨나 년 해[1]: 사람은 왜 사나=솨나=שנה솨나 년, 해=שָׁנָה솨나 년, 해는 해수 등 다양하다. 나이 먹어[2]가는 의미와 자녀를 낳는 일을 창세기 5장은 전부 사나=솨나년 해=שנה솨나 년 해=שָׁנָה솨나로 한다. 우리나랏말에 "왜 사나"란 말도 이 부류에 속한다. 사나=솨나=שנה솨나=נָה솨나שָׁ를 한 번만 사용되면 연세이다. 사람의 산 연륜은 솨님=שנים=솨 님 년 해=שָׁנִים솨님솨 님 년 해이다. 산 삶을 말한다.

＊ 사다와 사다밭=שדה사다 밭=שָׂדֶה사다 밭[3]: 밭을 사다=השד사다 밭=שָׂדֶה사다 밭. 솨다이흐밭 유방=שדיך=שָׁדַיִךְ사다이흐 유방[4] 이 넓은 세상! 밭=사다=שדה사다 밭=שָׂדֶה사다 밭는 밭이다. 전능자=שדי=שַׁדַּי사다이 전능자[5]다.

＊ 사람과 사룸[6]: 사람언어는 슈메르어와 아카드어[7]에 있다. 아가드인들은 수메르인들로부터 음절~부호 뿐만 아니라 단어~부호표의문자도 인수 받았다. 아카드어 šarrum사람이 있다. 사람왕 šarrum사람 king이다. 아카드

1) שָׁנָה שָׁנָה(솨나 솨나 · 해, 신 14: 22, 15:12; 에 9:21, 27, 창 5:3, 5, 8, 9, 10, 11, 12, 13, 14, 15 등).

2) שָׁנִים(솨님 · 햇수).

3) שָׂדֶה(사데 · 밭, 신 24:19; 렘:32:8; 슥 10:1).

4) שָׁדַיִךְ(솨다이흐 · 네 유방은, 아 4:5,7:9)와 הַשָּׂדֶה(하사데 · 유방, 아 7:`4) שַׁדַּי(솨다이 · 전능자, 욥: 6:4, 14).

5) שַׁדַּי(솨다이 · 전능자, 욥: 6:4, 14).

6) 엄원식 편, 「아카드어 문법」(대전: 침례신학대학교출판부, 1997), 39:

7) 엄원식 편, 「아카드어 문법」(대전: 침례신학대학교출판부, 1997), 39:

어 단어~부호로 LUGAL혹은 LUGAL~um이나 음절에 따라서 ša~ar~ru~um, šar~ru~um, šar~rum사람이 있다.

* 사르르와 중심=배꼽=솨르리흐배꼽=שררך솨르리흐 배꼽=שָׁרְרֵךְ솨르리흐 배꼽1): 솨르리흐배꼽=שררך솨르리흐 배꼽=שָׁרְרֵךְ솨르리흐 배꼽 중심 배꼽의미.

* 사모와 쉐모님80=שמונים쉐모님 80=שְׁמוֹנִים쉐모님 802): 우리나라에서는 스승의 부인을 존경 의미로 사모님이라 한다. 80도 같은 뜻으로 기름짐=사모님=쉐모님80 사모님=שמונים쉐모님 80=שְׁמוֹנִים쉐모님 80이다. 남편 덕에 영광지위를 누린다. 기름진 여인 사모님이다! 들으라=솨모아으=שמוע솨모아으 들으라=שָׁמוֹעַ솨모아으 들으라3)가 있다.

* 사모했던과 싀므아흐트기쁨=שמחת싀므아흐트 기쁨=שִׂמְחַת싀므아흐트 기쁨4):사모했던=싀므아흐트기쁨=שמחת싀므아흐트 기쁨=שִׂמְחַת싀므아흐트 기쁨모했던 내 마음은 늘 기쁨으로 가득 차 있다. 히브리어 기쁨=싀므아흐트=שמחת싀므아흐트 기쁨=שִׂמְחַת싀므아흐트 기쁨이다.

* 싸멘과 쉐멘기름진=שמן쉐멘 기름진=שֶׁמֶן쉐멘기름진 5): 말씀만으로 싸멘=쉐멘=שמן쉐멘=שֶׁמֶן쉐멘 삶은 기름진 삶이다. 우리말 싸멘, 싸멘=쉐멘=שמן=שֶׁמֶן쉐멘!

---

1) שָׁרְרֵךְ(솨르리흐 · 중심 · 배꼽, 아 7:3)

2) שְׁמוֹנִים(쉐모님 · 팔십, 기름진, 창 5: 26).

3) שָׁמוֹעַ(솨모아으 · 들으라, VQNA, deligently שִׁמְעוּ(쉬므우 · 너희는 들으라, VQMMYP, hear, 욥 13:17).

4) שִׂמְחַת(싀므아흐트 · 기쁨, 아 3:11).

5) שֶׁמֶן(쉐멘 · 기름진, 시 23:5).

＊ 쏴 바와 쏴 바영예=שבח솨바 영예=שָׁבַח솨바 영예!1): 영예로움을 하나님 영광으로 쏴 바르고 사는 삶은 그 분의 아들이다. 쏴 바라!는 명령이 있다. 히브리어 영예=쏴바=שבח=שָׁבַח솨바 영예 영예는 하나님이 그의 아들을 희생물로 하심을 보여주신다 이다.

＊ 싸비비와 사비브주위를 여러번 둘러=סביב사비브 주위를 여러번 둘러=סָבִיב사비브 주위를 여러번 둘러2): 우리말에 싸비비어라는 말이 있다. סָבִיב סָבִיב사비브 사비브3) 두 번 반복한다. 뜻은 사면이다. 이 두 번 반복 금물의 금과 은물의 은=זָהָב זָהָב자하브 자하브 of gold in gold 금물의 금과4) כֶּסֶף כֶּסֶף케세프 케세프 of silver in silver 은물의 은과5) 성경은 두 번 반복을 재미 들인다. 사비브 사비브=סביב סָבִיב사면 사비브 사비브 주위를 여러번 돌리어 포획 사면6) 옹위하시는 하나님 사랑이 우리를 두르시어 주위를 여러 번 둘러 하나님 은혜 우리를 돌아다사비브 주위를 여러번 돌리어 포획니시며 옹위=사비브주위를 여러번 돌리어 포획=סביב사비브 사비브 주위를 여러번 돌리어 포획=סָבִיב사비브 사비브 주위를 여러번 돌리어 포획7) 하시어 우리는 살아간다.

우리나라 사람들은 비빔밥 문화권속에서 산다. 음식

1) שָׁבַח(솨바 · 영예, 대상 16:35).

2) סָבִיב(싸비비 · 주위를 여러번 돌려, 레 9:18; 욥 22:10), סָבִיב(싸비비 · 사면에 있는, 슥 14:14).

3) סָבִיב סָבִיב(싸비브 싸비브 · 사면, 렘 8:11),

4) זָהָב זָהָב(자하브 자하브 of gold in gold 금물의 금과 · 사면, 렘 52:19),

5) כֶּסֶף כֶּסֶף(케세프 케세프 of silver in silver 은물의 은과 렘 52:19),

6) סָבִיב סָבִיב(싸비브 싸비브 · 사면, 렘 8:11),

7) סָבִיב(사비브 · 옹위, 아 3:7).

자료 여럿을 충분히 싸 비비면 음식이 한결 맛이 있다.

* 사아르 사아르=하사하르 알~예흐사르=הסהר אל~יחסר=הַסַּהַר אַל~יֶחְסָר[하사아르 알~예흐사르 물이 넘치지 않도록][1]: 물이 넘치지 않도록 사알사알 붓는다. 히브리어 물이 넘치지 않도록=하사하르 알~예흐사르=הסהר אל~יחסר[하사아르 알~예흐사르]=הַסַּהַר אַל~יֶחְסָר[하사아르 알~예흐사르].

* 사알과 솨아르[문]=שער[사아르 문]=שַׁעַר[사아르 문][2]: 문 닫을 땐 사알 닫으세요! 이 언어는 사아르 사알짝이라는 시어로도 탄생된다. 히브리어 문=솨아르=שער[사아르 문]=שַׁעַר[사아르 문] 문이다.

* 쏴아암과 사아암[향기]=סם[사아암 향기]=סַם[사아암 향기][3]: 향기가 쏴암 몰려온다. 향기로 쌈을 싸면 말씀이 향기=사아암=סם[사아암 향기]=סַם[사아암 향기] 들어온다. 시인들은 시를 지을 때에 향기가 싸아암 난다라고 시를 짓기도 한다.

* 쏴아와 =솨하르[아침 햇빛 향기]=שחר=שַׁחַר[솨하르 아침 햇빛 향기][4]: 아침 햇빛 향기 쏴아 아침 햇빛 향기=솨하르=שחר[솨하르 향기]=שַׁחַר[솨하르] 아침빛 몰려온다. 우리말에 아침빛이나 햇빛이나 향기가 바람이 쏴아 몰려 온다 라는 말을 한다. 아침 햇빛 향기=솨하르=שחר=שַׁחַר[솨하르 아침빛]!

* 싸잡아와 함께 가져가다=쉬자브[싸잡아]=שזב[쉬자브]=שָׁזַב[쉬]

---

1) הַסַּהַר אַל ~ יֶחְסָר(하사하르 알 ~ 예흐사르 · 가득히 부은, 아 7:3).
2) שַׁעַר(사아르 · 문, 신 22:24, 24:14).
3) סַם(쌈 · 향, 출 37:29).
4) שַׁחַר(솨하르 · 아침빛, 아 6:10).

자브1): 우리말에 싸잡아 함게 가져간다는 말이 있다. 히브리어 함께 가져가다=쉬자브싸잡아=שזב=שָׁזַב쉬자브 건져내다 인도하다 건져내다! 그 분이 구원하기 위하여 · 인도하기 위하여 가져간다.

* 삯과 삯=쇄카르=שכר삯=שָׂכָר쇄카르 삯 · 2): 삯 우리말에는 삯이라는 말이 있다. 일을 해주고 받는 삯=쇄카르삯=שכר쇄카르 삯=שָׂכָר쇄카르 삯 삯 우리민족=색족강상원이다.

* 씹과 쉬비이안식=שביעי쉬비이 안식=שְׁבִיעִי쉬비이 안식3): 일곱째 십 씨비이안식=שביעי쉬비이 안식=שְׁבִיעִי쉬비이 안식 . 일곱째 날에 안식하시니라 안식쇄바트=쇄바트안식=שַׁבָּת쇄바트 안식=שבת쇄바트 안식 안식에서 찾는다. 일곱째쉬비이 안식=쉬비이안식=שביעי쉬비이 안식=שְׁבִיעִי쉬비이 안식일곱째쉬비이 안식다.

* 시메와 주의 이름쉬메하 이름=쉬메하이름=שמך쉬메하 이름=שִׁמְךָ쉬메하 이름4): 주의 이름쉬메하=쉬메하이름=שמך쉬메하 이름=שִׁמְךָ쉬메하 이름! · 주의 이름이다. 주의 이름=쉬메하이름=שמך=שִׁמְךָ쉬메하 이름. 주일날 예수님 일하시고 그 분 쉬매!

* 잡았다와 잡았다쇄하트 잡으려=쇄하트쇄하트 잡으려=שחט쇄하트 잡으려=שָׁחַט쇄하트 잡으려5): 잘게 부수어 하나님 지붕아래 넣는 지혜를 아브라함은 아들을 하나님께 바치는 날로

---

1) שָׁזַב(쉬자브·건져내다, 인도하다, 단 3:28)..
2) שָׂכָר(스카르 · 삯, 신 24:16).
3) שְׁבִיעִי(쉬비이 · 일곱째): הַשְּׁבִיעִי(하쉬비 · 일곱째, D.ANOMS, seventh, τήν εβδόμην , 창 2:3).
4) שִׁמְךָ(쉬메 · 주의 이름이 · 시 8:1, 9).
5) שָׁחַט(쇄하트 · 잡으려, 창 22:10).

잡았다. 우리말에 무엇을 싹둑 자른다는 말이 있다. 성경 원문에 아브라함과 이삭 관련한다. 잡으려=솨하트잡으려=שחט솨하트 잡으려=שָׁחַט솨하트 잡으려 한 지혜이다.

* 산에서 신나와 나뭇가지=베산네신나이브잡으려=בסנסניו=בְּסַנְסִנָּיו베산네신나이브 잡으려, 나뭇가지[1]: 산에 있는 나무 가지는 산에서 신나 온 산을 두른다. 우리나라의 산에서 신나는 것은 나무 가지이다. 나뭇가지=베산네신나이브=בסנסניו베산네신나이브 나뭇가지=בְּסַנְסִנָּיו베산네신나이브 나뭇가지!

* 살 놈과 솰롬평화=שלום솰롬 평화=שָׁלוֹם솰롬 평화[2]: 평화를 위해 살 놈=살롬평화=שלום솰롬 평화=שָׁלוֹם솰롬 평화! 우리말 살 놈. 평화=살놈=살롬평화=שלום솰롬 평화=שָׁלוֹם솰롬 평화 · 평화 살롬이다.

* 살라와 쉘라=שלה쉘라 무기=שֶׁלַח쉘라 무기[3]: 오래 살라 하시매 지붕 아래로 들어와 당신에게서 나는 것을 살려가요! 히브리어 무기=쉘라=שלה쉘라 무기=שֶׁלַח쉘라 무기 기본형은 무기, 병기이다. 네게서 나는 것은=쉘라이흐=שלחיד=שְׁלָחַיִד쉘라이흐 네게서 나는 것[4] 쌍수, 네게서 나는 것이 있다.

* 살아 주와 살아 주=사르주번성=שרצו솨르주 번성=שָׁרְצוּ솨르주 번성[5]: 제발 살아 주! 나를 위해 살아 주! 누구를 시

1) בְּסַנְסִנָּיו(베산네신나이브 · 가지를, 아 7:9).
2) שָׁלוֹם(살롬 · 평화, 시 147:14; 사 52:7).
3) שֶׁלַח(쉘라 · 기본형, 무기, 병기, 아 4:13).
4) שְׁלָחַיִד(쉘라이흐 · 쌍수, 네게서 나는 것은, 아 4:13).
5) שָׁרְצוּ(사르주 · 번성하여, 창 1:21).

켜서 그렇게 사래로 하시지 않고 직접 살아 하시매 값진 값으로 산다. 사랑하는 사람들을 위해 우리나라 사람들은 대상을 향하여 살아 주라 애원한다. 히브리어 살아주 살아 주=사르주[번성]=שרצו[솨르주 번성]=שָׁרְצוּ[솨르주 번성] 살아주 · 번성이다. 살으레의 준말 사래=שרי=שָׂרַי[사래] 1)라 하나님이 직접 말씀, 번성=살아=사라=שרה[솨르 번성]=שָׂרָה[사라 번성] 살아2) 사라 · 번성하라 하시었다. 의미 그대로 살아 뜻이다. 번성개념이다.

* 살과 문=솨르[문]=שער=שַׁעַר[솨르 문]3): 門은 늘 사르르 열어야죠! 우리나랏말에 문은 사르르 열어라 라는 말이 있다. 그리고 門 살이라는 말이 있다. 히브리어 문=솨르=שער=שַׁעַר[솨르 문] 문!

* 살놈이다와 살롬타이흐[의복 향기]=שלמתיך[살롬타이흐 네 의복]=שַׂלְמֹתַיִךְ[살롬타이흐 네 의복]4): 살 놈은 다 입어! 그래야 말씀이 나타나요! 의복으로 가려져 살 놈이다. 속어 향기의 네 의복=살롬타이흐[네 의복]=שלמתיך[살롬타이흐 의복]=שַׂלְמֹתַיִךְ[살롬타이흐 의복] · 네 의복이다.

* 살아서와 소레쉬[뿌리]=שרש=שֹׁרֶשׁ[소레쉬]5): 뿌리가 살아서=소레쉬[뿌리]=שרש=שֹׁרֶשׁ[소레쉬 뿌리] · 뿌리가 살아서 꽃이 피고 열매가 맺고.

---

1) שָׂרַי(사래, 창 7:15).
2) שָׂרָה(사라 · 번성, 창 7:15).
3) שַׁעַר(솨르 · 문, 출 38:15).
4) שַׂלְמֹתַיִךְ(살롬타이흐 · 네 의복, 아 4:12).
5) שֹׁרֶשׁ(소레쉬 · 뿌리, 욥 18:16).

* 살라와 셀르아반석=סלעי=סַלְעִי셀르아 반석[1]: 살라반석![2] 모나지 말고 둥글게 살라 살아라 사랑으로 살아라. 살라! 히브리어 셀르아=סלעי=סַלְעִי셀르아 반석 · 나의 반석이시오이다. 둥글게 너무 모나지 않는 반석의 삶을 살아라! 사랑으로 살아야하는 삶을 하나님이 명령한다.

* 살라버렸다와 살라버렸=사라프=שרפ=שָׂרַף사라프[3]: 다 살라버렸=사라프=שרפ=שָׂרַף사라프[4]다. 사르프분향[5] 살라버리는 일이다. 향이 퍼질꺼야! 우리나랏 말에 무엇을 태워바릴 때 살라버렸다 한다. 이 같은 뜻의 히브리어 사라프 שרפ사라프 불 기본형에 성경본문 하였더라=바이스레푸~로=לו ~ושרפו=וַיִּשְׂרְפוּ~לוֹ바이스레푸～로[6]는 하였더라로 번역되었다. 살라버린다의 분향=스레파=שרפה=שְׂרֵפָה스레파 분향[7]이다. 분향이다.

* 싸고 자파싸고=צפה자파 싸고=צָפָה자파 싸고[8]: 하나님께서 싸고 · 쌌다. 백성들은 잘 싸여 산다.

* 싸매와 사메아흐즐거워하며=שמח=שָׂמֵחַ사메아흐 즐거워하며[9] .

---

1) סַלְעִי(셀르이·나의 반석이시오, NMS.CXS, mt buckler, 시 18:3).

2) סֶלַע(셀라으·반석) 기본형에 본문 סַלְעִי(셀르이·나의 반석이시오, NMS.CXS, mt buckler, 시 18:3).

3) שָׂרָף(사라프, 불, 민 21:6, 사 14:29).

4) וַיִּשְׂרְפוּ~ל(바이스푸~로, 하였더라, P.MZS CW.VQIMZP, for him~and they made, 역대하 16:14).

5) שְׂרֵפָה(스레파·분향, NFS, a~burning, 역대하, 16:14).

6) וַיִּשְׂרְפוּ~לוֹ(바이스푸~로, 하였더라, P.MZS CW.VQIMZP, for him~and they made, 역대하 16:14).

7) שְׂרֵפָה(스레파 · 분향, NFS, a~burning, 역대하, 16:14).

8) צָפָה(자파 · 싸고 · 쌌으며, 출 37:4, 11)와 צִפָּנְתָּ(자판타 · 주께서 품으셨다, 욥 10:13)가 있다. 기본형은 צָפַן(자판).

즐거워하며=사메아흐=שמח=שָׂמֵחַ사메아흐 즐거워하며1) · 싸매고 즐거워하며!

* 살았다와 살았다=솨레트성직자=שרת=שָׁרֵת솨레트 성직자2): 우리는 깨끗한 삶으로 살았다=솨레트성직자=שרת=שָׁרֵת솨레트 성직자 살았다. 섬기며 에 살았다봉사.3) 그가 나를 살리는 삶이기에. 그리고 살았다4)로 발음되는 털의 의미도 있다. 살아 있는 잎이나 모든 것들은 그 털이 살아 보송보송하고 이쁘다. 사람이 어느 곳에 살았다와 누구와 더불어 살았다 혹은 행복하게 살았다라고 한다.

살았다=솨레트=שרת솨레트 성직자=שָׁרֵת솨레트 성직자5)=성직자의 섬기는 일이다. 바로 성직자의 삶이다. 봉사하는=예솨레투봉사=ישרתו=יְשָׁרְתוּ예솨레투 봉사6) 봉사하는 삶은 예사로 늘 남을 봉사하는 삶은 내가 죽지 않고 사는 일이다. 남을 위해 봉사하는 삶은 나를 살리는 일이다.

* 삼아야와 사마거기=שמה솨마 거기=שָׁמָּה솨마 거기7): 하나님나라를 든든한 기둥 삼아=사마거기=שמה=שָׁמָּה솨마 거기 섬기며 고향삼아! 우리나랏말에 짚신 삼아, 아들 삼아 등의 ....삼아가 있다. 히브리어 삼아=사마거기=שמה=שָׁמָּה솨마

---

9) שָׂמֵחַ(사메아흐 · 즐거워하며, 대하 23:13).
1) שָׂמֵחַ(사메흐 · 즐거워하며, 대하 23:13).
2) שָׁרֵת(솨레트 · 성직자 · 봉사, 대하 4:14).
3) יְשָׁרְתוּ(예솨레투 · 봉사하는데, 민 4:12, 14).
4) שַׂעֲרַת(살았다 · 털이, 욥 4:15).
5) שָׁרֵת(솨레트 · 성직자 · 봉사, 대하 4:14).
6) יְשָׁרְתוּ(예솨레투 · 봉사하는데, 민 4:12, 14).
7) שָׁמָּה(사마 · 거기, 신:4:14; 아 8:5)와 שְׁמַע(사마아 · 듣다, 신 13: 9).

[거기]거기 삼아! 그리고 들다이다. 삼아=사마[들다]=שמה=שָׁמָּה[솨마 들다] 들다는 본향 의미와 들다 의미가 함께 있다. 하나님 나라 관심이다.

* 삼아서와 쉐메쉬[해]=שמש[쉐메쉬 해]=שֶׁמֶשׁ[쉐메쉬 해]1): 그대 쉐메쉬[해]=שמש=שֶׁמֶשׁ[쉐메쉬 해], 우리나랏말에 아들 삼아서 산다는 말이 있다. 쉐메쉬[해]=שמש=שֶׁמֶשׁ[쉐메쉬 해]이다.

* 삼았더니와 사마트니[나로 이르게]=שמתני=שַׂמְתַּנִי[사마트니 나로 이르게]2): 그대를 마음의 위로로 삼았더니=사마트니[나로 이르게]=שמתני=שַׂמְתַּנִי[사마트니 나로 이르게] 나로 여기에 이르게 하였구나! 내가 살아!

* 삶아와 살마=שלמה=שַׂלְמָה[살마 삶아]3) 옷 입힘=삶은=살몬=שלמון[살몬 삶은]=שַׂלְמוֹן[살몬 삶은]4): 빨래를 삶아 깨끗이 하다. 보아스 아버지 이름이 살몬이다. 옷을 입힘=삶은=שלמון=שַׂלְמוֹן[살몬 삶은] 옷 입히려 삶아! 살마[삶아]=שלמה=שַׂלְמָה[살마 삶아]이다. 그 분이 주시는 옷을 늘 잘 삶았다 함5)을 고백 잘 삶아=살마[삶아]=שלמה=שַׂלְמָה[살마 삶아]6) 옷을 입힘=삶은=살몬[삶은]=שלמון=שַׂלְמוֹן[살몬] 사는 삶은 옷이 잘 쌂아=שלמה[살마 쌂아]=שַׂלְמָה[살마 쌂아] 쌂아 지는 일이다. 예루살렘 본래 이름이 살렘7)이다. 시를 쓰는 여유의

---

1) שֶׁמֶשׁ(쉐메쉬 · 해, 시 148:3; 말 1:11 등).

2) שַׂמְתַּנִי(사마트니 · 나로 이르게 하였구나, 아 6:12),

3) שַׂלְמָה(삶아, 신 29:4).

4) שַׂלְמוֹן(살몬 · 옷을 입힘).

5) שַׂלְמֹתֵיכֶם(살모타켐·옷이, NFP.MYP, τα ἱματια ὑμῶν, your clothes, 신 29:4).

6) שַׂלְמָה(쌀마).

평화와 행복한 마음이 있다. 그 분이 주신 옷을 잘 입고 흐르며 사는 삶 하나님 사랑 받아 사는 삶이다.

* 삼월과 3월=시완[3월]=סיון[시완 3월]=סִיוָן[시완 3월]1)월: 3월은 꽃 피고 새가 웃는다. 히브리나라의 3월은 우리의 5~6월이다. 3월 이 좋은 3월은 히브리어 3월=시완[3월]=סיון=סִיוָן[시완 3월] 월이다.

* 삼으니와 사무니[삼았음이라]=שמני=שְׁמֵנִי[사무니 삼았음이라]2): 그대를 나의 주인으로 삼으니 말씀으로 늘 있게 된다. 히브리어 שמני=שְׁמֵנִי[사무니 삼았음이라] · 삼았음이다. 물 · 말씀으로 연단하시는 그 분을 삼으심이다.

* 샀다와 샀다=솨타[마시다]=שתה[솨타 마시다]=שָׁתָה[솨타 마시다]3): 잘 샀다=솨타=שתה=שָׁתָה[솨타 마시다] 샀다! 우리말에 샀다라는 말이 있다. 기본형은 마시다이다. 사는 일은 마시는 일이다.

* 썩을과 솨콜[멸망]=שכל[솨콜 멸망]=שָׁכֹל[솨콜 멸망]4): 멸망=썩을=솨콜=שכל[솨콜 멸망]=שָׁכֹל[솨콜 멸망]! 우리나라 속어로 썩을 놈이라는 말이 있다.

* 새기어 놓다와 스카아루로트[무늬]=שקערורת=שְׁקַעֲרוּרֹת[솨콜스카아루로트 무늬 마음에 새기어 놓다]5): 마음에 새기어 놓다.

---

7) שָׁלֵם(살렘).
1) סִיוָן(시완 · 3월, 에 8:9).
2) שְׁמֵנִי(사무니 · 삼았음이라, 아 1:6, 아 8:12).
3) שָׁתָה(사타 · 기본형, 마시다, 아 5:1).
4) שָׁכֹל(소골 · 썩을 · 멸망, 신 32:25).
5) שְׁקַעֲרוּרֹת(스카아루로트 · 무늬, 레위 14:37).

스카아루로트=שקערורת=שְׁקַעֲרוּרֹת 솨콜스카아루로트 무늬 마음에 새기어 놓다! 스카아루로트=שקערורת=שְׁקַעֲרוּרֹת 솨콜스카아루로트 무늬 무늬이다. 마음에 새기어 놓다. 무늬이다.

* 새벽과 쉐프 새벽=שף=שֶׁף 쉐프 여명 새벽1): 여명=새벽=쉐프=שף 쉐프 여명 새벽=שֶׁף 쉐프 여명 새벽 새벽 일찍 일어나 하나님께 마음을 다 털어 놓다. 우리나랏말 새벽은 히브리어 נשף 내쉐프=네쉐프=여명이다. נשף 내쉐프=네쉐프에서 네=נ 네는 니팔동사법이다. 접두어다. 이를 제하면 쉐프이다. 새벽이다.

* 세게 아파와 쉐아하바 사랑하는 자야=שאהבה 쉐아하바 사랑하는 자야=שֶׁאָהֲבָה 쉐아하바 사랑하는 자야2): 정말 세게 아파, 사랑하는 자야=쉐아하바 사랑하는 자야=שאהבה 쉐아하바 사랑하는 자야=שֶׁאָהֲבָה 쉐아하바 사랑하는 자야 세게 아파! 사랑함으로 아하바=אהבה 아하바 사랑함으로=אַהֲבָה 아하바 사랑함으로3) 아파!

* 세게 쬐어서=자빠뜨리니=쉐자파트니 쬐어서=ששפתני=שֶׁשְּׁזָפַתְנִי 쉐자파트니 쬐어서4): 쉐쉐자파트니=ששפתני=שֶׁשְּׁזָפַתְנִי 쉐자파트니 쬐어서 자빠뜨리니 입 열었다. 우리말에 세게 자빠뜨리니라는 말이 있다.

* 세다와 햇수=세다=쉐테임=שתים 쉐테임 햇수=שְׁתַּיִם 쉐테임 햇수5): 하나 둘 세다 나이가 들어갔다. 숫자 세더라! 히

---

1) נֶשֶׁף(네쉐프 · 여명, 시 119:147) נֶשֶׁף(네쉐프)에서 נֶ(네)는 접두어의 성격이므로 이를 제하면 쉐프.

2) שֶׁאָהֲבָה(쉐아하바 · 사랑하는 자야, 아 1:7).

3) אַהֲבָה(아하바아 · 사랑하므로, 아 6: 8).

4) שֶׁשְּׁזָפַתְנִי(쉐쉐자파트니 · 쬐어서, 아 1:5).

브리어 햇수=세다=쉐테임[랫수]=שתים=שְׁתַּיִם[쉐테임 햇수] · 햇수이다.

* 세 봤다와 흰머리=세봤다=쉐봐트[흰 머리]=שיבת=שֵׂיבַת[쉐바트 흰 머리]1): 우리말에 머리가 쉐 버렸다. 혹은 흰머리를 세어 봤다 라는 말이 있다. 히브리어 흰머리=쉐봐트[흰 머리]=שיבת=שֵׂיבַת[쉐버투 흰 머리]의 기본형 흰머리=שֵׂיבָה[쉐바트 흰 머리]이다.

* 셋이와 셋=쉐스=שש=שֵׁשׁ[쉐스 6]2): 기쁨은 단 둘이가 아니라 셋[쉐스 6]이 3) 누리는 일이다. 예수님이 입으셨던 세마포도 셋이4)라 했고 즐거이도 솟아서5)이다. 여섯째 날 =쉐스[6]=שש=שֵׁשׁ[쉐스 세마포 6]=ששת=שֵׁשֶׁת[쉐샛] 쉐셋이다. 곧 ש이 3이 두 번 모이어 기쁨의미다. 한국에서는 우리 셋이라는 말을 사용한다. 사실은 여섯째 날 예수님 날 의미이다. 그를 통해 구원받으니 기뻐 뛰다=쉐스=שש=שֵׁשׁ[쉐스 기쁨]기쁨 의미가 쎄다.

예수님 입으셨던 세마포도=쉐스[세마포]=שש[쉐스]=שֵׁשׁ[쉐스]쉐스6)다. · 세마포는 즐거이라는 뜻이다. 소쉬=שוש=שׂוֹשׂ[소쉬 세마포] 6=쉐쉣=ששת[쉐샛 6]=שֵׁשֶׁת[쉐샛 6]7) · 기쁨=즐거이=

5) שְׁתַּיִם(쉐테임 · 햇수, 왕하 21:1).

1) שֵׂיבַת(쉐바트 · 흰머리로, NFSG, the glay hairs of, το γῆρας, 창 44:31).

2) 육=6: 창 7: 6, 11, 15, 8: 13.

3) שֵׁשׁ(쉐스, 창 7: 6, 11, 15, 8: 13.

4) שֵׁשׁ(쉐스 · 세마포, 출 39:29).

5) שׂוֹשׂ(소스, 시 119:162), וּשֵׂשׂ(수스 · 즐거이, 시 119:162).

6) שֵׁשׁ(쉐스 · 세마포, 출 39:29).

수스 즐거이=שוש 수쉬 즐거이=שׂוֹשׂ 수쉬 즐거이 · 즐거이=기쁨이다.

* 소와 소르 소=שר 소르 소=שׁר 소르 소[1]: 소르=שר=שׁר 소르 소 소로 농사를 짓는다. 농사지을 때에 필요한 동물 소가 소르이다.

* 소리와 소리=코리 소리=קולי=קוֹלִי 코리[2]: 소리=코리=קולי 코리 소리=קוֹלִי 코리 소리 소리를 고래고래지른다. 코르 소리=קול=קוֹל 콜 소리 고래고래 소리[3] 지른다. 문법상 ㄱ과 ㅅ은 넘나 든다. 하나님이 음성=베콜=וקול 베콜 음성=וְקוֹל 베콜 음성[4]을 하나님 집안으로 통해 하신다. 우리나랏말에 소리라는 말과 고래고래소리를 지른다 라는 말이 있다. 히브리어 소리=코리=קולי 베콜 음성=קוֹלִי 코리 소리이다. 하나님이 음성으로 대답하실 때도 וְקוֹ 베콜 음성이다. 브=ב 브는 접두사역할임으로 브=ב 브를 빼면 콜이다.

* 소문과 들음=소문=쉐무아 소문=שמועה=שְׁמוּעָה 쉐무아 소문[5] 소문임=השמעים 하소므임 들음이로다=הַשְּׁמָעִים 하소므임 들음이로다[6]: 들음=소문=쉐무아=שמועה=שְׁמוּעָה 쉐무아이다. 우리말 소문. 히브리어 소문=쉐무아 소문=שמועה=שְׁמוּעָה 쉐무아 소문 쉐무아 소문! 히브리어 소문임=השמעים=הַשְּׁמָעִים 하소므임

---

7) שׁשׁת(쉐쉣 · 6, 출 31:17).
1) שׁר(소르 · 소, NMS, the ox, 욥 24:3; 잠 14:4).
2) קוֹלִי(코리 · 소리,시 119:149).
3) קוֹל(콜 · 소리, 출 24:3).
4) בְּקוֹל(브콜 · 음성으로, P.NMS, by a voice, φωνή, 출 19:20).
5) שְׁמוּעָה(쉐무아, 소문, 왕상 10:7).
6) הַשְּׁמָעִים(하소문임 · 들음이로다, 왕상 10:8).

소문1) 아주 크게 난 소문=하소문임 · 널리 퍼진 소문.

* 쏘았다와 솨하트잡으니라=שחט솨하트 잡으니라=שָׁחַט솨하트 잡으니라2): 잡으니라.

* 솟아와 솟아=소솨기쁨=שש소솨 기쁨=שָׂשׂ소솨 기쁨3): 기쁨이 솟아=שש=שָׂשׂ소솨 기쁨 솟아 백합화=솟았는=소솬=ששן소솬 백합꽃=שֻׁשַׁן소솬 백합꽃4) 백합꽃이 솟아났다=소솨니트=שושנת=שׁוֹשַׁנַּת소솨니트 백합화로구나5) 솟아나=שושנה=שׁוֹשַׁנָּה소솨나 백합화 같구나6) 솟아나 솟아남=소솨님=שושנים=שׁוֹשַׁנִּים소솨님 백합화같고7) 백합화 피었다. 우리말 솟아가 있다. 히브리어 기쁨=솟아=소스=שש=שָׂשׂ소스 기쁨 솟아 · 기쁨8)이다. 백합화=수산=ששן백합화=שֻׁשַׁן수산 백합화9)도 있다. 솟아났다=소솨나트=שושנת=שׁוֹשַׁנַּת소솨나트 · 백합화=솟아나=소솨나=שושנה=שׁוֹשַׁנָּה소솨나솟아나 · 백합화 같구나10) 백합화 같고=솟아남=שושנים=שׁוֹשַׁנִּים소솨님 모두 온 몸을 다 희생하여 주신 분에 의해 솟아나는 기쁨이다. 백합화 표시는 여섯=쉐스6=שש6=שֵׁשׁ611) 부호가 오른쪽에 붙을 때는 여섯 의

---

1) הַשְּׁמֻעִים(하소문임 · 들음이로다, 왕상 10:8).
2) שָׁחַט(솨하트 · 잡으니라, 대히 35:1).
3) שָׂשׂ(소스·기쁨, VQAMZS, he rejected, ηὐφρανθη, 신 30:9).
4) שֻׁשַׁן(수산 · 백합화, 아 2:1).
5) שׁוֹשַׁנַּת(소솨나트 · 백합화로구나, 아 2:1).
6) שׁוֹשַׁנָּה(소솨나 · 백합화같구나, 아 2:2).
7) שׁוֹשַׁנִּים(소솨님 · 백합화 같고, 아 5:13).
8) שָׂשׂ(소스·기쁨, VQAMZS, he rejected, ηὐφρανθη, 신 30:9).
9) שֻׁשַׁן(수산 · 백합화, 아 2:1).
10) שׁוֹשַׁנָּה(소솨나 · 백합화같구나, 아 2:2).
11) שֵׁשׁ(쉐스 · 여섯, 대하 1:3; 아 5: 12).

미인 쉐스=שש쉐스 6=שֵׁשׁ쉐스 6이다.

* 솔로몬과 쉴로모=שלמה=שְׁלֹמֹה쉴로모 하나님 말씀사모[1]: 왜 원문 쉴로모=שלמה=שְׁלֹמֹה쉴로모를 우리는 솔로몬=מה של쉴로모 솔로몬이라 할까요. שלמה쉴로모 솔로몬 쉴로모=למה ש쉴로모 솔로몬=שְׁלֹמֹה쉴로모 솔로몬은 하나님 말씀 사모이다. שלמה쉴로모 솔로몬=שְׁלֹמֹה쉴로모 솔로몬이 사랑하였던 여인=술람=술람미트술람=שלמית술람미트 술람=שֻׁלַמִּית술람미트 술람[2] 솔로몬과 술람 이 둘은 모두 여성명사. שלמית술람미트 술람미트는 말씀대로 이루어진 뜻이다. 아마 영어에서 למה ש쉴로모가 솔로몬으로 번역 된 데에서일거다. 히브리어는 쉴로모 שלמה쉴로모는 하나님 말씀 사모! 솔로몬이 사랑하였던 술람미트=שלמית술라미트 인종여성명사이다. 그래서 솔로몬과 슬라미트는 같은 언어이다. שלמית술라미트는 말씀대로 이루어진 뜻이다.

* 실어와 시르가마=סיר=סִיר시르 가마[3]: 가마에 실어 시집보낸 우리풍속에서도 있다. 히브리어 시르가마=סיר시르 가마=סִיר시르 가마에 신부를 태워 실어간다.

* 수랏상과 밥상=수르한=שלחן=שֻׁלְחָן수르한[4]: 마치 술 한 잔 어감이 든다. 임금님이 수랏상을 드시고. 우리나라의 옛 임금님이 잡수시는 밥상을 수랏상이라 하였다.

---

1) שְׁלֹמֹה(쉴로모 · NE · 명사 · 하나님 말씀 사모, 아 8:12).
2) שֻׁלַמִּית(술라미트 · Age · 인종여성명사).
3) סִיר(시르 · 가마. 왕하 25:14).
4) שֻׁלְחָן(수르한 · 밥상, 시 23:5; 단 11:27).

히브리어 밥상=수르한[밥상]=שלחן[수르한 밥상]=שֻׁלְחָן[수르한 밥상] 한상이다.

* 쉬이 쉬이와 **שובי שובי שובי שובי**=שׁוּבִי שׁוּבִי שׁוּבִי שׁוּבִי[수비 수비 수비 수비]1): 쉬이 쉬이 쉬이 쉬이 돌아오세요! 쉬이 쉬이 돌아오라 돌아오라 돌아오라 돌아오라! 이 수비가 쉽게라는 의미는 훈민정음에서 밝혀진다. 한글을 모두 쉽게 익힐 수 있다. 수비라 표현된 쉽다이다.

* 쉰나 이흐와 쌍수=쉰나 이흐=**שניך**=שִׁנַּיִךְ[쉰나이흐 이빨]2); 음식이 먹을 수 없게 된 표시를 쉰나=쉰나이흐**שניך**[쉰나이흐 이빨]!로 표현한다. 히브리어 쉰나 이흐=**שניך**=שִׁנַּיִךְ[쉰나이흐 이빨]은 먹을 수 없는 표시이다.

* 쉬랬다와 쉬랬다=거무스럼할지라도[쉐무쉬하르호렛트]=쉐무쉬하르호렛트[거무스럼할지라도]=**שחרחרת**=שְׁחַרְחֹרֶת[쉐무쉬하르호렛트 거무스럼할지라도]3): 집안에서 푹 쉬랬다. 히브리어 쉬랬다=쉬하르호렛트[거무스럼할지라도]=**שחרחרת**[쉐무쉬하르호렛트 거무스럼할지라도]=שְׁחַרְחֹרֶת[쉐무쉬하르호렛트 거무스럼할지라도] · 글자풀이로 지붕안에 있는 검은 머리 곧 가장 안식하기 좋은 여자라는 뜻이다. 결국 슬람미 여인은 아내의 자리로서 가장 적합한 여자이다. 슬람미 여인과 솔로몬 모두 같은 명사 솔로몬[쉴로모]=쉴로모[솔로몬]=**שלמה**[솔로몬]=שְׁלֹמֹה[쉴로모 솔로몬 여성명]

---

1) שׁוּבִי שׁוּבִי שׁוּבִי שׁוּבִי(수비 수비 수비 수비 · 돌아오라 돌아오라 돌아오라 돌아오라, 아 7:1).

2) שִׁנַּיִךְ(쉰나이흐, 쌍수 즉 윗 이와 아랫이, 아 4:2).

3) שְׁחַרְחֹרֶת(쉬하르호렛트 · 거므스름할지라도, 아 1:5).

사1) 술람미술라미트=술라미트술람미=שלמית=שְׁלַמִּית술라미트 술람미2) 모두 여성명사형이다. 원문에 의거한다고 할 때 하나님의 사랑하는 백성 의미이다.

* 씌웠더와 씌잇터라씌운=שעטרה씌잇터라 씌운=שֶׁעִטְּרָה씌잇터라 씌운3): 행복이 씌잇터라씌운=שעטרה씌잇터라 씌운=שֶׁעִטְּרָה씌잇터라 씌운! 우리말에 눈꺼풀에 씌었더라는 말이 있다. 바로 서로 사랑하는 연인을 두고 눈에 대상의 결점이 안 보인 상태이어서 결혼했다는 말이 있다. 히브리어 씌었더라=씌잇터라씌운=שעטרה씌잇터라 씌운=שֶׁעִטְּרָה씌잇터라 씌운 · 씌운은 눈으로 보인 감동이다.

* 슬기와 슬기=쇄케아흐슬기=שכח=שֵׂכַח쇄케아흐 슬기4): 우리나랏말에는 슬기라는 말이 있다. 슬기=쇄케아흐=שכח=שֵׂכַח쇄케아흐 슬기 · 슬기이다. 분골쇄신 중심 잡다.

* 시로와 시로=쉬르시=שיר쉬르 시=שִׁיר쉬르 시5): 쉬르시=שיר쉬르 시=שִׁיר쉬르 시 마음을 쏟아낸 시! 쉬르시=שיר쉬르 시=שִׁיר쉬르 시로 찬양하라! 시인들은 시로 마음을 쏟아낸다. 쉬르시=שיר쉬르 시=שִׁיר쉬르 시 쉬르 · 찬송이다. 우리나라에 시루 떡이 있다. 찬송하라=시루=שירו쉬루 시=שִׁירוּ시루 찬송6) · 찬송하라!

---

1) שְׁלֹמֹה(쉴로모·NE·고유명사).
2) שְׁלַמִּית(술라미트·Age·인종명사).
3) שֶׁעִטְּרָה(씌잇터라 · 씌운, 아 3:11).
4) שֵׂכַח(사케아흐 · 슬기, wise 잠 14:35).
5) שִׁיר(쉬르 · 찬송, 시 98:1; 아 1:1).
6) שִׁירוּ(쉬루 · 찬송하라, 시 98:1).

＊ 시로 하시림과 시르 하시림=שיר השירים[쉬르 하시림]=שִׁיר הַשִּׁירִים[쉬르 하시림]1): 하나님은 시로 하시림 아가의 마음으로! 우리말에 하다의 존칭어 하시다가 있다! 히브리어 시로 하시림=שיר השירים[쉬르 하시림]=שִׁיר הַשִּׁירִים[쉬르 하시림] 아가서의 아가이다. 그분에 대한 마음이다.

＊ 씨익과 씨익=스호크[웃음 씩]=שחוק[스호크 웃음 씩]=שְׂחוֹק[스호크 웃음 씩]2): 하나님이 욥의 입술에 씩 씨익=스호크[웃음 씩]=שחוק=שְׂחוֹק[스호크 웃음 씩] 웃음이 나오게 하시었다.

＊ 쉬메와 쉬메[주의 이름]=שמך[쉬메 주의 이름]=שִׁמְךָ[쉬메 주의 이름]3): 하나님이 쉬메=שמך[쉬메 주의 이름]=שִׁמְךָ[쉬메 주의 이름]. 주의 이름 주의 말씀이 있는 곳에서 쉬 메 마음이 느긋하다. 아름다운 곳! 시메 산골의 시메가 있다. 우리말 너는 나를 마음에 심었니라고 시적으로 표현할 수 있다. 시멘니[너는 나를 품고]=שימני[시멘니 너는 나를 품고]=שִׂימֵנִי[시멘니 너는 나를 품고]4)이다.

＊ 실컷과 아쉬케하=אשקך[아시케하 나는 마시웠겠고]=אַשְׁקְךָ[아시케하 나는 마시웠겠고 아 8:2]5): 나는 네게 물이 되어 실컷=שקך א[아시캐하 마시웠겠고]=אַשְׁקְךָ[아사캐하 마시웠겠고 아 8:2]유추언어 마시웠셌고로 들린다. אַ는 묵음이다. אשקך=אַשְׁקְךָ[아스키하 마시웠겠고]. אַ[아]는 묵음이다. 고로 실컷의 한국 언어와 유사

---

1) שִׁיר הַשִּׁירִים(시르 하시림 · 아가, 아 1:1).
2) שְׂחוֹק(스호크·웃음, with laughing,NMS, 욥 8:21)
3) שִׁמְךָ(쉬메 · 주의 이름, 시 8:1,9).
4) שִׂימֵנִי(시멘니 · 너는 나를 품고, 아 8:6).
5) אַשְׁקְךָ(아쉬케카 · 나는 네게 마시웠겠고, 아 8:2).

하다. 노아가 포도주에 취했다 표현으로 마시다실컷 마시다 쉐카르마시다=שכר쉐카르 마시다=שָׁכַר쉐카르 마시다1)이다.

＊ 쉬심과 60쉬심=쉬심60=ששים쉬심 60=שִׁשִּׁים쉬심 602): 60=쉬심=ששים쉬심 60=שִׁשִּׁים쉬심 60 쉬심! 예수님이 일 하실 때에 하나님은 쉬신다. 우리말 쉬심 말은 어른을 향한 존대어 쉬심이다. 히브리어 쉬심60 60쉬심=쉬심=ששים쉬심 60=שִׁשִּׁים쉬심 60! 60이면 한 생애가 한 번 간 세월이다. 이 예순은 예수님의 이름과 유사하다.

＊ 쉬어와 쉬브아7 일곱=שבעה쉬브아 일곱=שִׁבְעָה쉬브아 일곱3): 우리들은 휴일에 쉬어라고 권한다. 히브리어 쉬브아일곱가 있다. 안식 날은 7일째 주일이다. 일곱 일곱=쉬브아 쉬브아쉬브아 쉬브아 7 7=שבעה שבעה쉬브아 쉬브아 7 7=שִׁבְעָה שִׁבְעָה쉬브아 쉬브아 7 74) 2회 리듬의 경우 일곱 의미 외에도 실컷 먹이는 의미가 있다. 휴식의미이다.

하나님으로부터 예수님까지 진리의 족보 순서는 하나님으로 시작 예수님까지이다.

하나님[1] ⟶ 아담[2] ⟶ 셋[3] ⟶ 에노스[4] ⟶ 가이난[5] ⟶ 마할랄렐[6] ⟶ 야렛[7] ⟶ 에녹[8] ⟶ 무드셀라[9] ⟶ 레멕[10] ⟶ 노아[11] ⟶ 셈[12] ⟶ 아박삿[13] ⟶ 가이난[14]⟶ 살라[15] ⟶ 헤버[16] ⟶ 벨렉[17] ⟶ 르우[18] ⟶ 스룩[19] ⟶ 나홀[20] ⟶ 데라[21] ⟶ 아브라함[22] ⟶ 이삭[23] ⟶ 야곱[24] ⟶ 유다[5] ⟶ 베레스[26] ⟶ 헤스론[27] ⟶ 아니[28] ⟶ 아미나답[29] ⟶ 나손[30] ⟶ 살

1) שָׁכַר(쉐카르, · 마시다, 창 9:21).
2) שִׁשִּׁים(쉬심 · 60, 민 3:50; 왕하 25:19; 대상 16:38; 대하 3:3).
3) שִׁבְעָה(쉬브아 · 일곱, 창 7:1, 4).
4) שִׁבְעָה שִׁבְעָה(쉬브아 쉬브아 · 일곱, 창 7:2, 3).

몬[31] ⇢ 보아스[32] ⇢ 오벳[33] ⇢ 이새[34] ⇢ 다윗[35] ⇢ 나단[35] ⇢ 맛다다[37] ⇢ 멘나[38] ⇢ 멜레아[39] ⇢ 엘리아김[40] ⇢ 요남[41] ⇢ 요셉[42] ⇢ 유다[43] ⇢ 시므온[44] ⇢ 레위[45] ⇢ 맛닷[46] ⇢ 요림[47] ⇢ 엘리에서[48] ⇢ 예수[49] ⇢ 에르[50] ⇢ 엘마담[51] ⇢ 고삼[52] ⇢ 앗디[53] ⇢ 멜기[54] ⇢ 네리[55] ⇢ 스알디엘[56] ⇢ 스룹바벨[57] ⇢ 레사[58] ⇢ 요아난[59] ⇢ 요다[60] ⇢ 요섹[61] ⇢ 서머인[62] ⇢ 맛다디아[63] ⇢ 마앗[64] ⇢ 낙개[65] ⇢ 에슬리[66] ⇢ 나훔[67] ⇢ 아모스[68] ⇢ 맛다다[69] ⇢ 요셉[70] ⇢ 안나[71] ⇢ 멜기[72] ⇢ 레위[73] ⇢ 맛닷[74] ⇢ 헬리[75] ⇢ 요셉[76] ⇢ 예수[77](눅 3:23-38)

* 씻김과 씨김[씻김]=סגים[씨김 씻김]=סְגִים[씨김 씻김]1): 발음과 의미 똑 같이 씻김=סגים=סְגִים[씨김 씻김]! 우리 민속 씻김=סגים[씨김 씻김]=סְגִים[씨김 씻김] 씻김 · 씻김이다. 기본형 씨그=סיג=סִיג[씨그] 하나님이 둘로 싸 보호하심이다.

* 씻지와 씻지=라하쯔[씻지]=רחץ[라하쯔 씻지]=רָחַץ[라하쯔 씻지]2) 씻지3): 물로 씻지=라하쯔[씻지]=רחץ=רָחַץ[라하쯔 씻지] 씻지 아니하면 성물도 먹지 못한다. 우리말에 씻지라는 말이 있다. 히브리어 물로 씻지 이레하쯔 ירחץ[이레하쯔 씻지] 이레하쯔 · 씻지=רָחַץ[라하쯔 씻지]가 있다. ירחץ[이레하쯔 씻지]는 미래완료형 용법으로 글자 앞에 י[이]가 놓였을 뿐이다.

* 세어봐와 7년=세어봐=쉐바[7]=שבע[쉐바 7년]=שֶׁבַע[쉐바 7년]4): 매 칠년 마다 세어봐! 우리말에 무엇을 상대방에게 세봐라 말한다. 히브리어 7년=쉐바 쇄나=שבע שנה=

---

1) סְגִים(씻김 · 씻김, 시 119:119)이 있다. 기본형은 סִיג(씨그).

2) רָחַץ(라하쯔 · 씻지, 레 22: 6).

3) יִרְחַץ(이레하쯔 · 씻지, 레 17: 16)가 있다. 몸을 물로 씻지 רָחַץ(라하쯔 · 씻지, 레 22: 6).

4) שֶׁבַע שָׁנָה(쉐바 쇄나 · 7년, 신 15:1)을 기본형으로 하는 שֶׁבַע~שָׁנִים(쉐바~쇄님 · 매 7년, 신 15:1).

שָׁנָה שֶׁבַע쉐바 솨나1) · 매 7년=שנים ~שבע쉐바~ 솨님 7년 쉐바~ 솨님2) 매 7년!

* 수비녀겨와 수부=שב=שָׁב수브 돌아갔더라3): 한글이 세계적으로 우수한 이유는 수비녀겨ᄉᆔᄫᅵᅇᅧ겨의 ᄉᆔᄫᅵ 누구나 익힐 수 있는데 있다. 하나님께로 돌아오는 일도 아주 수비=수부쉬운의 고어=שב수브 쉬운=שָׁב수브 쉬운 쉬운 아주 쉬운 =하시브아주 쉬운4) 쉬운 일이다. 우리나랏말에 쉽다 · 수이쉬운 수비라는 말은 한글 창제 반포 문에 나오는 ᄉᆔᄫᅵᅇᅧ겨의 ᄉᆔᄫᅵ이다. 하나님께로 돌아오기 수부 שב수브=שָׁב수브수부다. 쉬운 쉬분 일이다. 회복=하 쉬워=하쉬브회복=השוב하쉬브 회복=הֵשִׁיב하쉬브 회복5)이다. 회복=하 쉬워=하쉬브회복=השוב하쉬브 회복=הֵשִׁיב하쉬브 회복6) 회복이다. 언어 앞 하=ה하는· 접두 정관사다. 기본형 쉬어=수비쉬운=שב수비 쉬운=שָׁב수비 쉬운이다.

* 숨과 숨가지다=שם숨 가지다=שָׂם숨 가지다7) 시무할찌어다=שימו=시무 할찌어다שִׂימוּ시무 할찌어다8): 숨가지다=שם숨 가지다=שָׂם숨 가지다 숨 쉬어야 사람은 살아간다. 숨을 쉬는 일은 내가 할

---

1) שָׁנָה שֶׁבַע(쉐바 솨나 · 7년, 신 15:1).

2) שָׁנִים~שֶׁבַע(쉐바~ 솨님 · 매 7년, 신 15:1).

3) שָׁב(수부 · 돌아갔더라, 창 18:33).

4) הֵשִׁיב(하쉬브 · 회복한, 왕하 14:28), וַיָּשָׁב(바요쉐브 · 회복하였더라, 왕하 13:25).

5) הֵשִׁיב(하쉬브 · 회복한, 왕하 14:28).

6) וַיָּשָׁב(바요쉐브 · 회복하였더라, 왕하 13:25).

7) שָׂם(숨 · 숨 · 가지다 · 소유하다 · 기버하다 · 7761).

8) שִׂימוּ(시무 · 할찌어다, VQMMYP, make, 시 66:2).

일을 할찌어다=시무[할찌어다]=שרמו=[시무 할찌어다]שִׁרְמוּ[시무 할찌어다] 새해 맞이 시무식은 숨 쉬는 날이다. 히브리어 숨[할찌어다]=שם[시무 할찌어다]=שֵׁם [숨 할찌어다]. 숨 쉬는 일은 자신을 연단하여 물의 사역 말씀 전하는 기쁜 날이다.

* 세세와 세마포[쉐쉐]=쉐쉐[세마포]=שש[쉐쉐 세마포]=שֵׁשׁ[쉐쉐 세마포]1): 세세세.. 아침바람 찬바람에.. 기뻐 뛰며 세마포[쉐쉐]=쉐쉐[세마포]=שש[쉐쉐 세마포]=שֵׁשׁ[쉐쉐 세마포]! 예수님도 세마포를 입으시며 쉐세[세마포] 하시었다. 우리나라 노래에 세세세... 아침바람 찬바람에....의 민요가 있다.

히브리어 쉐쉐[세마포]=שש[쉐쉐 세마포]=שֵׁשׁ[쉐쉐 세마포]. 즐거이, 기뻐하다[소스]=소스[즐거이 기뻐하다]=שש[소스 즐거이 기뻐하다]=שָׂשׂ[소스 즐거이 기뻐하다]=שָׂשׂ[소스 즐거이 기뻐하다]2), 솟았다=쉐솨트=ששת=שֵׁשֶׁת[쉐솨트 6]3), 즐거이=수스=שוש[수스 즐거이]=שֻׂשׂ[수스 즐거이]4) 등이 기쁨 의미이다. 예수님이 입으셨던 세마포[쉐스]=쉐스[세마포]=שש[쉐스 세마포]=שֵׁשׁ[쉐스 세마포]5)이다.

* 시들어 버린다와 곡식이 시들시들[시드폰]=시드폰[곡식이 시들]=שדפון[시드폰 곡식이 시들]=שִׁדָּפוֹן[시드폰 곡식이 시들]: 곡식이 시들 시들어 버린6) 날의 농부 마음! 우리말에는 시들어 버린다라는 말이 있다. 히브리어 곡식이 시들시들[시드폰]

---

1) שֵׁשׁ(쉐스 · 세마포, 출 39:29).

2) שׂוֹשׂ(소스 · 기뻐하다, 신 28:63, 30:9, 시 119:14,119:162, 사 65:18, 66:10; 애 4:21).

3) שֵׁשֶׁת(쉐쉣 · 6, 출 31:17).

4) שָׂשׂ(수스 · 즐거이, 시 119:162).

5) שֵׁשׁ(쉐스 · 세마포, 출 39:29).

6) שִׁדָּפוֹן(쉬드폰 · 곡식이 시들, 왕상 8:37).

=시드폰곡식이 시들=שרפון시드폰 곡식이 시들=שִׁדָּפוֹן시드폰시드폰 곡식이 시들.

* 시메와 시메하이름=שמך시메하 이름=שְׁמָהּ시메하 이름1): 이름=시메하이름=שמך=שְׁמָהּ시메하 이름 이름 혹은 대상에 대한 존칭 시메하=שמך=שְׁמָהּ시메하 이름의 ך=ךּ하는 여호와를 부르는 호칭. 한국의 용비어천가 125장 임금 의미 님금하2)가 있다. 임금님이여의 최대 존칭호격 백제왕 어라하! 우리나라 남편들은 아내를 마누라라 한다. 마눌 하이다. 쉬메하=שמך=שְׁמָהּ쉬메하 이름이다. 하나님에 대한 최대 존칭어다. 한국 고어 시메 산이 있다. 하나님이 있는 산이라는 뜻이다. 시메는 시골이라는 뜻이다. 고향이라는 의미이다. 고향은 하나님이 계시는 곳이다. 사랑하는 사람이 있는 곳이다.

* 시녀와 쉬프하타시녀=שפחתה쉬프하타 시녀=שִׁפְחָתָהּ쉬프하타 시녀3): 그 시녀=쉬프하타=שפחתה=쉬프하타 그 시녀שִׁפְחָתָהּ쉬프하타 그 시녀 시녀=휴식하다.

1) שְׁמָהּ(쉬메하 · 이름, 시 8:1, 9).

2) 허웅 『龍飛御天歌』(서울: 정음사, 1973), 337.

3) שִׁפְחָתָהּ(쉬프하타 ·그 시녀, NFS.FZS, her maid, τὴν παιδίκην αὐτῆς, 창 30:9).

2). 우리나라 말과 히브리어와의 발음 닮음 2

(8). ㅇ음가 시작의 우리말과 히브리어와의 발음 닮음

* 아!와 정녕[아흐]=아흐[정녕 지키리이다]=אך[아흐 정녕 지키리이다]=אַךְ[아흐 정녕 지키리이다]1): 우리말 감탄 아!는 정녕 내가 지키리이다[아흐]=아흐 [지키리이다]=אך [지키리이다]=אַךְ [지키리이다]이다. 이 아!는 우리나라 찬기파랑 "아흐 잣가지노파"=잣가지 높아 싯구가 있다.

* 아가라와 여물지 못한=아카라[여물지 못한 미숙한]=עקרה[아카라 여물지 못한 미숙한]=עֲקָרָה[아카라 여물지 못한 미숙한]2): 아직 미숙한 아가이다.

* 아가리와 먹다[아칼]=아칼[먹다]=אכל[아칼 먹다]=אָכַל[아칼 먹다]3): 아가리 속어! 아가리는 우리말에 있다. 히브리어 먹이와 관련 총 843회4) 사용, 먹은 것[먹은 것]=아가르타[먹은 것]=אכלת[아카르타 먹은 것]=אָכַלְתְּ[아카르타 먹은 것]5) 먹은 입!

* 아 네와 말하여[아네]=아네[말하여]=ענה[아네 말하여]=עָנָה[아네 말하여]6): 우리는 대답할 때 아 네 말 그대로 히브리어 말

---

1) אַךְ(아흐 · 성녕, 시 23:6.

2) עֲקָרָה(아가라 · 여물지 못한, 잉태치 못한, AFS, στεῖρα, barren, 창 11:30.

3) אָכַל(아칼 · 먹다 781회) · 먹어버리다 · אֹכֶל(오켈 · 양식 · 식물) · אָכְלָה(오클라 · 연료 · 고기) · אֹכֶל(아갈 · 음식을 먹는 일 , 민 11: 21; 신 4: 29) · אֲכִילָה(아킬라 · 먹이, 왕상 19:8.

4) George V. Wigram,『구약 성구사전: *The Koreans Hebrew and Chaldee Concordance of the Old Testament*』, 김만풍 역(서울: 기독교문화협회, 1993). 90~97.

5) אָכַלְתְּ(아가르타 · 먹은 것도, VQAMYS, 잠 23: 9).

하여아 네=아네말하여=ענה아네 말하여=עָנָה아네 말하여이다.

* 아~나 대답아나=아나대답=ענה아나 대답=עָנָה아나 대답1): 대답아나=아나대답=ענה아나 대답=עָנָה아나 대답2)는 응답의 의미다. 아 나 바로 나 우리 민요에 아 나 농부야 말 들어!

* 아나와 아나나 영원하다=אנה아나 나 영원하다=אָנָּה아나 나 영원하다3) · 그 분은 아나 나영원하다고 하신다. 하나님이 나아나=아나나=אנא아나 나=אָנָּא아나 나4)로 영원한 나임을 드러내신다. 나란 하나님은 숨쉬기를 원하시는 하나님 나아나=아나나=אנא아나 나=אָנָּא아나 나5)이라 하신다. 여호와의 글자에서 바로 그 숨 쉬기를 원하는 일이 예수님임을 드러내는 여호와=יְהוָה예흐바 여호와다.

* 아나니와 응답하다아나니=아나니=ענני아나니 응답하다=עָנֵנִי아나니 응답하다6): 아나니 눈으로 보아 아나니! 우리나랏글 문어체 아나니가 있다. 응답하다아나니=아나니응답하다=ענני아나니 응답하다=עָנֵנִי아나니 응답하다.

* 아노니와 아노히나=אנכי아노히 나=אָנֹכִי아노히 나7) · 하나님이 말씀하시기를 나를 지켜가는 힘을 아노히나=אנכי아노히 나=אָנֹכִי아노히 나라신다. 내 아들 때문이다.

---

6) עָנֵה(아네 · 말하여, VIPAMS, 단 4:16).
1) עָנָה(아~나 · 대답, 욥 2:4, 6:1).
2) עָנָה(아나 · 기본형, 응답, 아 5:6).
3) אָנָּה(아~나 · 나) .
4) אָנָּא(아나아 · 나).
5) אָנָּה(아나아 · 나).
6) עָנֵנִי(아나니 · 응답하다, 아 5:6).
7) אָנֹכִי(아노히 · 나),

* 아비와 아비[아브]=아브[아비]=אב[아브 아비]=אַב[아브 아비]1): 아버지의 낮춤말 아비=아브[아비]=אב[아브 아비]=אַב[아브 아비]이다. 이 아브는 성경 전체에서 656회이며 아비=אבי[아비] 만도 60회2) 이상이다. 우리의 가장 친숙한 아버지 · 아비이다. 우리나라 부모들은 자기 아들을 대상에게 알릴 때 아비라 한다. 부모가 아들을 부를 때 아비야=אביה[아비야 아비야]=אָבִיָה[아비야 아비야]3) 한국 고어와 같다.4)

* 아비도와 이브두[섬기며]=עבדו[이브두 섬기며]=עִבְדוּ[이브두 섬기며]5): 섬기며=이브두[섬기며]=עבדו[이브두 섬기며]=עִבְדוּ[이브두 섬기며] 아카드어에 아비6)가 있다. 우리 어른들은 아비도 잘 있느냐 한다. 섬기며 뜻을 지닌 이브두[섬기며]=עבדו[이브두 섬기며]=עִבְדוּ[이브두 섬기며] 아가드 언어에서 아비(*father of*)7)다.

* 아담과 사람[아담]=아담[사람]=אדם[아담 사람]=אָדָם[아담 사람]8): 하나님이 최초로 지은 아담[사람]=אדם[아담 사람]=אָדָם[아담 사람] 한 사람! 우리말 아담하다가 있다. 히브리어 사람[아담]=아

---

1) אַב(아브 · 아비).

2) 창 17:4, 5, 19:36, 27:27, 41, 35:18, 37:4, 10, 33, 35, 42:35, 43:2, 28, 44:19, 20, 22, 25, 27, 31, 48:9, 17, 19, 49:28, 50:15; 출 2:18, 20, 22:17; 민 11:12, 12:14, 30:4, 5, 16; 신 22:16; 삿 11:39, 14:10, 19:3, 4, 5, 6, 8, 9; 삼상 10:2, 12, 14:27, 삼하 10:2; 왕상 13:12, 4:19; 대상 22:10, 26:10, 28:6; 대하 4:16; 욥 38:28, 42:15; 시 103:13; 잠 3:12; 사 22:21, 38:19; 렘 22:15, 31:29; 겔 5:10, 18:2.

3) אָבִיָה(아비야 · 아비야, 민 30:17; 신 22:21).

4) 진태하, op.cit., 389.

5) עִבְדוּ(이브두 · 섬기며, 시 100:1).

6) father of: 엄원식 편, 「아카드어 문법」(대전: 침례신학대학교출판부, 1997)., 68.

7) 엄원식 편, 「아카드어 문법」(대전: 침례신학대학교출판부, 1997), 68.

8) אָדָם(아담 · 사람, 창 4:25, 5:2, 3, 5; 대상 1:1; 사 22:6).

담사람=אדם아담 사람=אָדָם아담 사람 · 최초 사람이다.

* 아따와 주께서 말씀하시니아따=아따주께서 말씀하시니=אתה=אַתָּה아따 주께서 말씀하시니1): 주께서 말씀하시니아따=아따주께서 말씀하시니=אתה아따 주께서 말씀하시니=אַתָּה아따 주께서 말씀하시니 처음과 끝 모두 전부이티 전부=이티전부=אתי이티 전부=אִתִּי이티 전부 · 전부2) 받아라! 우리나랏말에 상대방을 향하여 물건을 전해주려 할 때 아따 받아라 한다. 히브리어 아따=אתה아타 전부=אַתָּה아타 전부 · 다 받아라 말씀하시니이다. 에트=אֵת에트 전부 에트는 상대방을 향하여 전부 준다는 뜻이다. 말씀을 전하려고 처음부터 끝까지 있는 이 권능 전부이티=이티전부=אתי이티 전부=אִתִּי이티 전부 · 전부 · 처음과 끝, 전부 받아라!

* 아드님과 증거아드=아드증거=עד아드 증거 : 만들어 지는 근거: '이스라엘아 들으라 우리 하나님 여호와는 오직 하나인 여호와시니=אֶחָד에하드 하나 יְהוָה여호와 אֱלֹהֵינוּ엘로헤이누 오지 하나인 יְהוָה여호와 여호와 יִשְׂרָאֵל이스라엘 이스라엘 שְׁמַע쉐마아 들으라3)에서 들으라쉐마아=쉐마아들으라=שמע쉐마아 들으라=שְׁמַע쉐마아 들으라의 ע아인과 אֶחָד에하드 하나의 ד달레트를 한데 모아 된 עד아드이다. 증거라 번역되었다. 글자풀이는 눈으로 보

---

1) אַתָּה(아따 · 주께서 말씀하시니, 시 119:151).

2) אִתִּי(이티 · 처음과 끝의 연계형, 전부, 아 4:8).

3) אֶחָד | יְהוָה אֱלֹהֵינוּ יְהוָה יִשְׂרָאֵל שְׁמַע(쉐마아 이스라엘 엘로헤이누 여호와 | 에하드, 신 6: 4).

여준 가슴의 아들[1] 증거[2]는 말 이음표 -아드가 항상 붙는 עד[아드 증거][3] 우리말 아들이다.

* 아들과 아드=עד[아드 증거]=עֵד[아드 증거][4]: 아드=עד=עֵד[아드] 아드는 성경의 시적 표현 그대로 하늘에서 땅으로 내려오는 하나님의 일을, 눈으로 보아 가슴에 넣어 믿는 증인[5]이다. 무리[6] 무리들[7]이다. ~아드=עד[아드 증거]=עֵד[아드 증거]는 하늘과 땅 까지 내려오는 연결선[8]이다.

* 아빠야와 아빠야=אביה=אָבִיָה[아빠야 즐겨하다][9]: 즐겨하다[아빠야]=אביה[아빠야]=אָבִיָה[아빠야] 우리 아빠야! 우리나라 사람들은 자기 남편을 아빠라 하기도 하고 자녀들도 아버지를 아빠라 부른다. 물론 히브리어 근거하면 즐겨하다[아빠야]=아빠야[즐겨하다]=אביה[아빠야 즐겨하다]=אָבִיָה[아빠야 즐겨하다]다. יה[야]=יָה[야]는 절대자의 약자이다. אב[아브 아버지]=אָב[아브 아버지]이다. 그러므로 아버지 하나님 아바아버지이다.

이에 대한 추가설명은 얌을 위하여=라얌=לים[라얌 얌을 위하여]에서 다비드 토시오(David Toshio)는 ים[얌] 얌 · yam

---

1) הָעֵדֻת(하에두트 · 증거) ~עֵד(아드 · 증거).

2) הָעֵדֻת(하에두트 · 증거, 출 26: 34, 27: 21, 30: 6, 26, 36, 31: 7, 39: 35, 40: 5; 레 24: 3; 민 7: 89.

3) ~עֵד(아드 · 증거).

4) עֵד(아드 · 증거),

5) 출 23: 1; 레 5: 1; 민 5: 13, 35: 30 이하 생략.

6) 출 3: 1; 신 20: 9; 수 6: 26; 삿 4: 7, 5: 21 이하 생략

7) 대하 13: 4, 15: 2; 욥 16: 10; 잠 5: 14; 겔 30: 10 이하 생략.

8) 출 23: 1; 레 5: 1; 민 5: 13, 35: 30 이하 생략.

9) אָבִיָה(아빠야)이다. 즉 절대적한 분에 대한 경외이다. 히브리어 אָבָה(아바 · 즐겨하다 · 원하다 · 기뻐하다, 신 1:25).

을 아카드어와 관련 바다를 ayabba[1)]라 한다 하였다.

* 아래 봐와 에르봐 하체=ערבוה=עֶרְוָה 에르봐 하체[2)]: 히브리어 하체 에르봐=에르봐 하체=ערבוה=עֶרְוָה 에르봐 하체 다. 우리말에 아랫도리라는 말이 있다. 히브리어 하체 에르봐=아래봤다=에르바트 하체=ערות 에레바트 하체[3)] · 하체다. 머리로부터 끝까지 다 봤다! 의미다. 그만큼 아랫도리 중요!

* 아버지와 아버지 아브디=아브디 아버지=עבדי 아브디 아버지=י עָבַד 아브디 아버지[4)]: 히브리어 아버지 아브디=아브디 아버지=עבדי 아브디 아버지=עַבְדִּי 아브디 아버지 종의 의미도 있다. 심한 말로 아버지는 자녀의 종?이다. 내 종=아버지=아브디 아버지=די עב 아브디 아버지 עַבְדִּי 아브디 아버지 다. 아버지는 늘 집안에 가슴을 둔 사람이다.

* 아버님과 아비헴 너의 조상=אביהם 아비헴 너의 조상=אֲבִיהֶם 아비헴 너의 조상[5)]: 아버님 존칭 아버님=아비헴 너의 조상=יהם

---

1) David Toshio. Tsumura, 57: In Amarna Akkadian, the sea is always referred to in forms of *ayabba*(EA 74~20, 9: 47, 105: 13, 114: 19, 151~42, 288: 33, 340: 6), never spelt as *ta~am~tu*(except in Adapa text [356: 50 & 51] which is written in a standard Akkadian), I owe this information to DR. R. S. Hess. See also CAD, A · 1(1964), 221(also in Mari & SB literary text), W.F. Albright & W. L. Moran, 「Rib~Adda of Byblos and the Affairs of Tyre(EA 89)」 JCS 4(1950), 167; cf JA Knudtzin, *Die Ei~Amarna~Tafeln: mit Einleitung und Erläuterungen.* II(Aalen: Otto Zeller, 1915), 1528 on Tâmtu. It might be postulated that the Sumerian loan word *ayabba*(<=a~ab~ba) in West Semitic experienced the following Phonological change: a~뮤~ba=>*ayabba*>a(yabba>(a)yabba>(a)yamba>yamm~>yūm. For EA 89, see now W. L. Moran, *Les Lettes d'El~Amama: Correspondance diplomatique 여 pharaon* (LAPO 13: Paris: Cerf, 1987), 277~8.

2) עֶרְוָה(에르바 · 하체, 창 9:22).

3) עֶרְוַת(에레바트 · 하체, 창 9:22, 23).

4) עֶבֶד(아브디 · 내 종, 대상 17:4).

אב[아비헴 너의 조상]=אֲבִיהֶם[아비헴 너의 조상]. 너희 조상이다. 어머니가 자기 아들을 아범!이라 아가드에서 발견[1]된다.

* 아 보다와 봉사=아 보다[봉사]=עבודה[아보다 봉사]=עֲבוֹדָה[아보다 봉사][2]: 아 보다 애 보다 아기 보다. 봉사=아 보다=עבודה[아보다 봉사]=עֲבוֹדָה[아보다 봉사] · 봉사 · 노역이다. 우리나라 경상도 말에 아 보다라는 말이 있다. 곧 애 보다 즉 아기 돌보다이다.

* 아셔라와 아세르[옳다]=אשר[아쉐르 옳다]=אָשֵׁר[아쉐르 옳다][3]: 옳음=아세르[옳다]=אשר[아쉐르 옳다]=אָשֵׁר[아쉐르 옳다]는 옳음의 강조를 알린다. 우리나라 높임말 아셔라가 있다.

* 아시다와 아시타[행하사]=עשית[아시타 행하사]=עָשִׂיתָ[아시타 행하사][4]: 그 분이 행하사[아시타] 아들의 희생을 행하사[아시타]=עשית[아시타 행하사]=עָשִׂיתָ[아시타 행하사]!

* 아시데와 아스테=עשתי=עַשְׁתֵּי[아스테 11번째][5]: 아시데! 이미 아시데! 우리말에 아시데 라는 존칭어가 있다. 히브리어 아시테[아11번째]=עשתי[아시테 11번째]=עַשְׁתֵּי[아시테 11번째]가 있다. 열한 번째 아들 요셉. 이상시 시제 4호는 거꾸로 숫자가 각기 11회 반복, 천부경은 一 자가 11회 반복 일어나라 의미 숫자로 의미기호화 시적 이미지수다.

---

5) אֲבִיהֶם(아비헴 · 너희 조상, 대상 24:19).

1) 엄원식 편, abum(father) 「아카드어 문법」(대전: 침례신학대학교출판부, 1997), 68.

2) עֲבוֹדָה(아보다 · 봉사 · 노역, 창 29:27; 출 5:9 등).

3) אָשֵׁר(아쉐르 · 옳다, 잠 3:18).

4) עָשִׂיתָ(아시타 · 행하사, 대상 17:20).

5) עַשְׁתֵּי(아스테 · 열한 번째, 대상 12:14).

＊ 아시듯과 아쉬트[내가 되게 하고]=אשית[아쉬트 내가 되게 하고]=אָשִׁית[아쉬트 내가 되게 하고][1]: 아시듯! 존칭어 우리말! 히브리어 내가 되게 하고[아쉬트]=אשית=אָשִׁית[아쉬트 내가 되게 하고]다.

＊ 아우에게와 아히이카[아우에게]=אחיך[아히이카 아우에게]=אָחִיךָ[아히이카 아우에게][2]: 아히이카[아우에게]=אחיך[아히이카 아우에게]=אָחִיךָ[아히이카 아우에게]받이다. 아우와 아후타[아우]=אחות[아후타 아우]=אָחוֹת[아후타 아우][3]도 있다. 우리나라에서는 동생을 아우라 한다. 히브리어 형제 · 아우 · 형 · 동생 아아흐=아~흐=אח 아~흐!

＊ 아줌마와 아줌마[힘이 되어]=עצמה[아즘마 힘이 되어]=עָצְמָה[아즘마 힘이 되어][4]: 아줌마 힘내세요! 아줌마[힘이 되어]=עצמה[아즘마 힘이 되어]=עָצְמָה[아즘마 힘이 되어] 향기의 물을 내는 당신이여! 결혼한 여성 아줌마! 음식을 만드는 사람의 뜻을 지닌 아줌마[힘이 되어]=עצמה[아즘마 힘이 되어]=עָצְמָה[아즘마 힘이 되어]다. 음식을 만드는 여자[강상원 박사 논리]다.

＊ 아람과 아람=ערם[아람 쌓아놓은 것]=עֲרֵם[아람 쌓아놓은 것][5]: 단=쌓아놓은=ערם[아람 쌓아놓은 것]=עֲרֵם[아람 쌓아놓은 것].[6] 우리말에 한 아람이라는 말이 있다. 히브리어 단 · 쌓아놓은=아람=ערם[아람 쌓아놓은 것]=עֲרֵם[아람 쌓아놓은 것]이다.

---

1) אָשִׁית(아쉬트 · 내가 되게 하고, 창 3:15).
2) אָחִיךָ(아히이카 · 아우에게, 형제에게, 신 15:2, 7, 9).
3) אָחוֹת(아호트 · 아우다, 매제, 대상 4:3).
4) עָצְמָה(아즘마 · 힘이 되어, NFS, 사 49:29, 47:9; 나 3:9.
5) עֲרֵם(아람 · 단 · 쌓아놓은 것, 아 7:3).
6) עֲרֵמַת(아르마트 · 단 같구나, 아 7:3).

* 아팠다와 아바드가 있다. 멸망[아바드]=아바드[멸망]=אבד[아바드 멸망]=אָבַד[아바드 멸망][1]: 아바드[멸망]=אבד[아바드 멸망]=אָבַד[아바드 멸망]! 아팠도다[아바드티]=אבדתי[아바드티 아팠도다 죽으면 죽으리라]=אָבַדְתִּי[아바드티 아팠도다 죽으면 죽으리라][2]! 죽어도 좋다이다. 우리말에 죽도록 아팠다라는 말이 있다.

* 아래와 아르아[아래]=ארע[아르아 땅]=אֲרַע[아르아 땅][3]: 아르아[땅]=ארע[아르아 땅]=אֲרַע[아르아 땅] 아래 땅! 밑=바닥=아르이트[아래이다 밑바닥]=ארעית[아래이다 밑바닥]=אַרְעִית[아래이다 밑바닥][4].

* 아래 봐와 아래 봐[하체]=ערבה[아래 하체]=עֶרְבָּה[아래 하체][5]: 아래 봐[하체]=ערבה[아래 하체]=עֶרְבָּה[아래 하체]. 하체 글짜뜻은 눈과 머리 모두 숨 쉬라!

* 아래쪽과 아래쪽[에레쯔 땅]=ארץ[에레쯔 땅]=אֶרֶץ[에레쯔 땅][6]: 땅[에레쯔 땅]=ארץ[에레쯔 땅]=אֶרֶץ[에레쯔 땅]. 에르아[아래]=ארעא[에르아 아래]=אַרְעָא[에르아 아래][7] 땅이 있다.

* 아시리와 十[십]=아시리[아시리 十]=עשירי[아시리 十]=עֲשִׂירִי[아시리 十][8]: 그 분이 아시리[十]=עשירי[아시리 十]=עֲשִׂירִי[아시리 十]!

우리나랏말에 아시리 미래형 존칭어가 있다. 히브리어 עשירי[아시리 十]=עֲשִׂירִי[아시리 十]보호해주신다는 뜻이다.

---

1) אֲבַד(아바드 · 멸망. 에 4:16).
2) אָבַדְתִּי אֲבַדְתִּי(아바드티 아바드티 · 죽으면 죽으리라, 에 4:16).
3) אֲרַע(아라 · 아래 · 땅, 스 5:11; 렘 10:11).
4) אַרְעִית(아르이트 · 바닥 · 밑, 단 6:24).
5) עֶרְבָּה(에르바 · 하체, 창 9:22).
6) אֶרֶץ(에레쯔 · 땅, 창 1:2 등).
7) אַרְעָא(아래아 · 땅, NFS.D, 단 4:19).
8) עֲשִׂירִי(아시리 · 십 · 열 번째, 신 23:3; 왕하 25:1; 대상 12:12).

이십=에스림[20]=עשרים[에스림 20]=עֶשְׂרִים[에스림 20] 1).

＊ 아아싸와 아아싸[행하신]=עשה[아아싸 행하신]=עָשָׂה[아아싸 행하신] 2): 아아싸[행하신]=עשה[아아싸 다 같이 잘 해보자]=עָשָׂה[아아싸 다 같이 잘 해보자]! 아아싸! 즐거움. 에헤디야, 어얼싸 좋다, 얼시구 좋다! 하나님이 행하시는 일 보며! 잘 해보자 아아싸 한다. 하나님이 만드셨다! 받는 즐거움 아아싸=עשה[아아싸 다 같이 잘 해보자]=עָשָׂה[아아싸] 3) 아아싸[아아싸 다 같이 잘 해보자]=עשה[아아싸 다 같이 잘 해보자]=עָשָׂה[아아싸 다 같이 잘 해보자] 아세~아타아[이적을 행하신]=אתה ~ עשה[아세~아타아 이적을 행하신]=אַתָּה ~ עָשָׂה[아세~아타아 이적을 행하신] 4) · 아아세[이적행하신]=עשה[아아세 이적행하신]=עָשָׂה[아아세 이적행하신] 5) 이적들을 행하신[에트 엘르아아싸]=עשה אל ~את[에트 엘르아아싸]=אֱלֹעָשָׂה ~אֵת[에트 엘르아아싸] 6)

＊ 아싸리와 아쉐르[십일조]=עשר[아쉐르 십일조]=עָשַׂר[아쉐르 십일조] 7): 십일조[아쉐르]=아쉐르[십일조]=עשר[아쉐르 십일조]=עָשַׂר[아쉐르 십일조] 아싸리 그렇게 하고 말지 · 아싸리 그렇게 하자는 사투리가 우리에게 있다.

---

1) עֶשְׂרִים(에스림 · 이십, 출 38:26; 민 3:47).

2) עָשָׂה(아아싸) עָשָׂה(아아싸 · 행하신, 신 3: 21) · עָשָׂה(아아싸 · 여호와께서 행하시고, 애 2: 17) · עָשָׂה(아아싸 · 행하시는, 단 9: 14) · אַתָּה ~ עָשָׂה(아세~아타아 · 우리에게 행하시려니와, 삿 10: 15) · עָשָׂה(아아싸 · 이적들을 행하신, 수 24: 17) · אֱלֹעָשָׂה ~אֵת(에트 엘르아아싸 · 행하시는 하나님, 대상 2: 39).

3) עָשָׂה(아아싸 · 행하신, 신 3: 21).

4) אַתָּה ~ עָשָׂה(아세~아타아 · 우리에게 행하시려니와, 삿 10: 15).

5) עָשָׂה(아아싸 · 이적들을 행하신, 수 24: 17).

6) אֱלֹעָשָׂה ~אֵת(에트 엘르아아싸 · 행하시는 하나님, 대상 2: 39).

7) עָשַׂר(아싸르)는 עַשֵּׂר תְּעַשֵּׂר(아세르 테아세르 · 마땅히 너는 십일조를, 신 14: 22).

* 아유..와 향기로운 내음새[레아흐 니호아흐]=레아흐 니호아흐[향기로운 내음새]=ריח נחוח[레아흐 니호아흐 향기로운 내음새]=רֵיחַ נִיחֹחַ[레아흐 니호아흐 향기로운 내음새]1): 향기 아유! · 아으! 감탄 향기[레아흐 니호아흐] 레아흐 니호아흐[향기]=ריח נחוח[레아흐 니호아흐 향기로운 내음새]=רֵיחַ נִיחֹחַ[레아흐 니호아흐].

* 아나와 아나[나]=אנא[아나 나]=אָנָּא[아나 나]2): 우리말에 아나 농부야 말들어!의 아나가 있다. 상대방에게 무엇을 줄 때의 속어로 아나 받아라!의 아나[나] 나[아나]=אנא[아나 나]=אָנָּא[아나]3)나[아나]=아나[나]=אנא[아나 나]=אָנָּא[아나 나]4) 오 당신께 구한 나=아나=אנא[아나 응답]=אָנָּא[아나 응답]5) 아나 · 응답하며 두 팔로 상대방을 안아 보는 몸짓이다. 안아 본다라는 말이 우리에게 있다. 사랑으로만 무엇을 전달하여 주는 내용이 담긴 아나[안아] 상대방을 안아준다와 잘 받으라!

* 아멘과 아멘[아멘]=אמן[아멘 아멘]=אָמֵן[아멘 아멘]6): 아멘! 정말로 그렇다면 할 수 없지 뭐! 여호와 뜻에 무조건 따르는 순종.

* 아무리~나와 이므리~나[그렇고 말고]=אמרי~נה[이므리~나 그렇고 말고]=אִמְרִי~נָה[아므리~나 그렇고 말고]7) 예 아멘! 순종 아멘[이므]

---

1) רֵיחַ נִיחֹחַ(레아흐 니호아흐 · 향기로운 냄새, 출 29:25).

2) אָנָּא(아나아 · 나)와 אָנָּה(아나아 · 나) · אָנָּה(아나 · 오 당신께 구한다, 욘 1: 14) · עָנָה(아나 · 응답하여, 출 24:3).

3) אָנָּא(아나아 · 나).

4) אָנָּה(아나 · 오 당신께 구한다, 욘 1: 14).

5) עָנָה(아나 · 응답하여, 출 24:3).

6) יֵאָמֵן(예아멘·원컨대 굳게 하옵소서, VNIMZS, let~be established, 대상 1:9) ·

리~나 그렇고 말고=אמרן이므리~나 그렇고 말고 אָמֵן아멘. 아멘은 정말로 그렇다면 할 수 없지 뭐의 뜻으로 여호와의 뜻에 무조건적으로 따르는 순종이다. 원컨대 굳게 하옵소서예아멘=예아멘원컨대 굳게 하옵소서=יאמן예아멘 원컨대 굳게 하옵소서=יֵאָמֵן예아멘 원컨대 굳게 하옵소서[1] 예아멘 · 원컨대 굳게 하옵소서!

* 아무나와 아무나진실로=אמנה아므나 진실로=אָמְנָה아므나 진실로[2]: 진실로아므나=아무나진실로=אמנה아므나 진실로=אָמְנָה아므나 진실로 하나님께 나아오면 구원을 받는다. 내가 말씀으로 영원하기를 바라는 하나님! 아무나진실로[3] 백성[4]은 말씀으로 다스려지는 사람들이다. 진실로 누구나 하나님께 나아오면 구원을 받는다. 기본형 진실로아므나=아무나진실로=אמנה아므나 충성 진실=אָמְנָה아므나 충성 진실[5] 백성움밈=움밈백성=אמים움밈 백성=אֻמִּים움밈 백성 백성은 말씀으로 다스려지는 사람들이다.

* 아무데나와 아므타니놀라운=אימתני아므타니 놀라운=אֵימְתָנִי아므타니 놀라운[6]: 누구든지 말씀에 따르면 아무 때나 תני

7) אֱמָרִי־נָא(이므리~나· 원컨대 하라 하니라) VQMFYS, Say~ I pray thee, εἰπὸν~οὖν ὅτι, 창 12:13.

1) יֵאָמֵן(예아멘·원컨대 굳게 하옵소서, VNIMZS, let~be established, 대상 1:9) ·

2) אָמְנָה(아므나 · 진실로, 욥 9:2)

3) אֱמוּנָה(에므나, 충성, 진실, 출 17:12; 신 32:4; 삼상 26:23; 왕하 12:15, 22:7; 대상 9:22, 26, 9:31; 대하 19:9, 31:12, 15, 18, 34:12; 시 33:4, 37:3, 96:13, 98:3, 100:5,

4) אֻמִּים(움밈 · 백성).

5) 출 17:12; 신 32:4; 삼상 26:23; 왕하 12:15, 22:7; 대상 9:22, 26, 9:31; 대하 19:9, 31:12, 15, 18, 34:12; 시 33:4, 37:3, 96:13, 98:3, 100:5,

6) אֵימְתָנִי(에므타니 · 아무데나, 놀라운, 단 6:7).

אימ아무때나 내가 내 아들로 말씀에 영원하도록 하리라!
* 아무라도와 에무나토성실=אמונתו에무나토 성실=אֱמוּנָתוֹ에무나토 성실1): 성실에무나토=에무나토성실=אמונתו에무나토 성실=אֱמוּנָתוֹ에무나토 성실 아무라도 말씀 안에서 성실하라!

* 아무리와 아마르너를 사랑하시고=אמר아마르 너를 사랑하시고=אָמַר아마르 너를 사랑하시고2): 너를 사랑하시고아마르=אמר아마르 너를 사랑하시고=אָמַר아마르 너를 사랑하시고.

* 아비다와 아비다종=עבידה아비다 종=עֲבִידָה아비다 종3): 종아비다 아비다종=עבידה아비다 종=עֲבִידָה아비다 종4) 우리아버지들은 자식한테 전화할 때 아비다라 한다. 우리 문화어 자식 이기는 부모가 없다 속담과 일치.

* 아버지여와 아브대하주의 종=עבדך아브대하 주의 종=עַבְדְּךָ아브대하 주의 종5): 주의 종아브대하=아브대하주의 종=עבדך아브대하 주의 종=עַבְדְּךָ아브대하 주의 종 아버지여! 임금님이여! 언어 둘 모두 '하'6)가 있다. 동일성이다. 우리나라 말 아버지여아브대하=아브대하아버지여=עבדך아브대하 아버지여=עַבְדְּךָ아브대하 아버지여 '하'는 『용비어천가』7) 125장 "님금하"의 '하'와

---

1) אֱמוּנָתוֹ(에무나토 · 성실을, 시 98:3).

2) אָמַר(아마르 · 너를 사랑하시고, 말. 슥 1:3).

3) Frederick E. Greenspahn, *An Introduction to Aramaic* (America: Society of Biblical Leterature Atlanta, Georgia, 1946), 21.

4) עֲבִידָה(아비다 · 아비다) · Frederick E. Greenspahn, *An Introduction to Aramaic*(America: Society of Biblical Leterature Atlanta, Georgia, 1946), 21.

5) עַבְדְּךָ(아브데하 · 주의 종, 대상 17:24).

6) לְפָנֶיךָ(레파네하 · 주앞에서, 대상 17:27).

7) 보물 제1463호, 명칭 용비어천가(龍飛御天歌), 분 류 기록유산 · 전적류 · 목판본 · 왕실본, 수량 · 면적 3권3책,2권2책, 소재지: 계명대 동산도서

같다. 임금님이여이다. 이 '하'는 레파네하=לפנך=לְפָנֶיךָ레파네하 주 앞에서1)이다.

* 아서와 불에쉬=에쉬불=אש에쉬 불=אֵשׁ에쉬 불. 바에쉬불=באש바에쉬 불=בָּאֵשׁ바에쉬 불2): 모세가 떨기나무가 불에 타지 않는 모습을 보고 가까이 가려 하자 그 분은 아서, 아서라! 모세야 가까이 오지 말라! 불에쉬=에쉬불=אש에쉬 불=אֵשׁ에쉬 불 · 바에쉬불=באש바에쉬 불=בָּאֵשׁ바에쉬 불 상대방에게 그렇게 못하도록 할 때 아서!라는 말이 있다.

* 아시레와 아세레복=אשרי아세레 복=אַשְׁרֵי아세레 복3): 복아세레=아시레복=אשרי아세레 복=אַשְׁרֵי아세레 복 행복아쉐레=아쉐레행복=אשרי아쉐레 행복=אַשְׁרֵי아쉐레 행복!4) 우리말에 아시라는 말이 있다. 복 주시는 분을 아시라 의미다.

* 아심과 아심 내가..되게 하리니=אשים=אשים=אָשִׂים아심 내가 되게 하리라5): 그 분이 아심아심 내가 되게 하리라=אשים아심 내가

관, 서울 종로구 서울역사박물관, 시대: 조선시대, 소유자(소유단체) 계명대학교, 서울역사박물관 관리자(관리단체) 계명대학교, 서울역사박물관.

『용비어천가(龍飛御天歌)』는 훈민정음訓民正音이 창제된 후 정음(正音)으로 기록된 최초의 문헌임과 동시에 『월인천강지곡(月印千江之曲)』과 함께 조선시대 악장(樂章) 문학의 대표적 작품으로 평가되고 있는 책으로써, 세종조의 국어학과 서지학 연구에 중요한 자료; 계명대학교 소장 『용비어천가』는 전10권 중 권8~권10의 3권으로 자체(字體)는 조선초기에 유행한 조맹부(趙孟頫)의 송설체(松雪體)로 판각, 판심(版心)에는 조선초기 형식~흑구(黑口)에 내향흑어미(內向黑魚尾)가 있어 초간본으로 추정, 그러나 장차(章次)에 몇 군데 오각과 수정한 흔적이 있음 ~ 초판본 책판의 수정을 거쳐 인출한 것으로 유추.

1) לְפָנֶיךָ(레파네하 · 주앞에서, 대상 17:27).
2) אֵשׁ · בָּאֵשׁ(에쉬 · 바에쉬, 불, P.D.NFS, with fire, πυλι, 출 3:2).
3) אַשְׁרֵי(아세레 · 복, 신 33: 29; 시 1: 1; 잠 3: 13).
4) אַשְׁרָה(아쉐라 · 행복한, 신 7: 5; 삿 6: 25).
5) אָשִׂים(아심 · 내가..되게 하리니, 슥 12:3).

되게 하리라=אֲשִׁים아심 내가 되게 하리라! 우리를 위해 하나님은 내가 되게 하리라 하시었다.

* 아프리다와 아프리다나누어 지다=אפרדה아프리다 나누어 지다=אִפְרְדָה아프리다 나누어 지다1) 머리 입술 가슴으로 나누어 지다!

* 안내하니와 안네헤니인도하시는도다=ינהני안네헤니 인도하시는도다=יַנְחֵנִי안네헤니 인도하시는도다2) : 안네헤니인도하시는도다=ינהני안네헤니 인도하시는도다=יַנְחֵנִי안네헤니 인도하시는도다 그 분의 손으로 직접 안내하시는도다. 히브리어 인도하시니안내할레니=안내할레니인도하시니=ינהלני안내할레니 인도하시니=יְנַהֲלֵנִי안내할레니 인도하시니3)! 나아할인도하시도다=נהל나아할 인도하시도다=נָהַל나아할 인도하시도다4) 인도하다 · 보호하다 · 지도하다!

* 안아 봐와 아나봐온유 겸손=ענבה아나봐 온유 겸손=עֲנָוָה아나봐 온유 겸손5): ענבה아나봐 온유 겸손=עֲנָוָה아나봐 온유 겸손 다른 사람을 겸손으로!

* 알과 알위에=על위에=עַל알 위에6): 알위에=על알 위에=עַל알 위에 알은 하나님 위하여 번제 드려지는 의미를 지닌다.

* 알아와 알아=אראה알아 아라=אֶרְאֶה알아 아라7): 우리말에

---

1) אִפְרְדָה(아프리다·나누어지다).
2) יַנְחֵנִי(안네헤니 · 인도하시는도다, 시 23:3).
3) יְנַהֲלֵנִי(안내할레니 · 인도하시니, 시 23:2).
4) נָהַל(나아할 · 인도하다 · 보호하다 · 지도하다 · 5095).
5) עֲנָוָה(아나봐 · 온유, 겸손, 삼하 22:36; 잠 15:33, 22:4; 습 2:3).
6) עַל(알 · 에게 · 위에 · 인하여, 창 1:2, 6:1; 슥 14:2 등).
7) וְאֶרְאֶה · 보리라(브에르아, VQICXS, and see, ὀφομαι, 출 3:3) 이다. 앞의 접두사 וְ(브)를 빼면 알아이다.

'알아'라는 말이 있다. 성경은 모세가 겁도 없이 떨기나무에 불이 붙지 않는 광경을 보며 가서 알아보려 할 때 발음이 אראה[알아 아라]=אֶרְאֶה[알아 아라] 이다.

* 알아와 에레[보이더라]=אראח[에레 보이더라]=אֶרְאֶח[에레 보이더라]1): 에라=אראח[에레 보이더라]=אֶרְאֶח[에레 보이더라]는 우두머리2)가 되는 때이다. 무엇을 보는 일은 내가 머리가 되는 때이다. 기본형 라아 ראח[라아 보다]이다.

* 아레와 아하르[후]=אחר[아하르 후]=אַחַר[아하르]3): אחרי[아하레 후]=אַחֲרֵי[아하레 그 후]4): 히브리어 아하르는 후라는 뜻이다. 아레는 그 후라는 뜻이다.

* 아프다와 아하프다[사랑]=אהבת[아하브다 사랑]=אָהַבְתָּ[아하브다 사랑]5) 아파[사랑]=אהבה[아하브다 사랑]=אַהֲבָה[아하브다 사랑]6): אהבת[아하브다 사랑]=אָהַבְתָּ[아하브다 사랑] 하나님이 우리를 사랑함이 배아하브타[사랑하여]=ואהבת[베아하브타 사랑하여]=וְאָהַבְתָּ[베아하브타 사랑하여]7) 매아하베트=מאהבת=מֵאַהֲבַת[매아하베트 사랑하심을 인하여]8) 내 사랑하는 아들이 십자가에 달려야 하니 매우 아아하베트[사랑하심이]. 정말 아하브드[사랑] אהבך[아하브드 사랑].

한국의 일반적인 가정에서는 부인이 자기 남편을 향

---

1) אֶרְאֶח(에레 · 보이더라, 슥 5:1 등).
2) רָאָח(라아 · 보다).
3) אַחַר(아하르 · 그 후, 민 25:13).
4) אַחֲרֵי(아하레 · 후에, 창 5:4; 왕하 14:22; 신 31:27).
5) אָהַב(아하브 · 사랑, 창 37: 3, 4; 신 4: 37, 11: 1.
6) אַהֲבָה(아파 · 사랑, 신 10:14;아 2: 4, 7, 3: 10; 아 2:4).
7) וְאָהַבְתָּ(베아프타 · 사랑하여, 창 22: 2; ; 레위 19: 18; 신 6: 5, 11: 1.
8) מֵאַהֲבַת(메아페트 · 사랑하심을 인하여, 신 7: 8).

해 아빠, 아이들도 아빠라 부른다. 너무 사랑하여 일어난 가정의 일은 사랑하여베 아프타=배아프다사랑하여=ואהבת베 아프타 사랑하여=וְאָהַבְתָּ베 아프타 사랑하여1)이다. 기본형 아파 אהב사랑 아하브사랑2) · 사랑 곧 내가 숨 쉬는 공간이다. 구약에서 일인칭은 하나님이다. 사랑아하브=아파사랑=הבה א아하바 사랑=אַהֲבָה아하바 사랑3) 아파 아하바아! 사랑이다.

* 아파와 아하바아파 사랑=אהבה아파 사랑=אַהֲבָה아파 사랑아파4): 사랑아하바아=אהבה아하바아 사랑=אַהֲבָה아하바아 사랑 아파한다. 참음아아파=아아파사랑=אפ아파 사랑=אַפ아아파 사랑 아아파5)도 참는 일이다. 아파하는 일은 그에게 엎드리어아파 아파임=아파임엎드리는=אפים아파임 엎드리는=אַפַּיִם아파임 엎드리는6) 리는 일아파임이다.

* 아파림과 아파림새끼=עפרים아파림 새끼=עֳפָרִים아파림 새끼7): 새끼아파림=새끼=עפרים아파림 새끼=עֳפָרִים아파림 새끼 눈으로 입으로 머리로 감싸 안으며 어미들은 새끼들을 보호한다. 혹시 아프면 어미도 아파한다.

* 알아와 아라거두다=ארה알아 거두다=אָרָה알아 거두다8): 아라

---

1) אַהֲבַת(아파타, 사랑, 렘 2:2).
2) אָהַב(아하브 · 사랑)창 37: 3, 4; 신 4: 37, 11: 1..
3) אַהֲבָה(아하바아 · 사랑은, 아 8:6).
4) אַהֲבָה(아하바 · 그 사랑이, 아 2: 4, 3: 10) · אַהֲבָה(아하바아 · 사랑은, 아 8: 6) · אַהֲבָה(아하바아 · 사랑함으로, 아 2: 5).
5) אַפ(아프 · 참음, 창 19: 1).
6) אַפַּיִם(아파임 · 엎드리어, δροω, 창 19: 1).
7) עֳפָרִים(아파림 · 새끼, 아 7:5).
8) אָרָה(아라 · 기본형, 거두다, 아 5:1), .

거두다=ארה알아 거두다=אָרָה알아 거두다! 알았지와 아리티=ריתי א=אֲרִיתִי아리티 거두고1): 거두고=알았지=아리티거두고=אריתי 아리티 거두고=אֲרִיתִי아리티 거두고!

* 알라와 알라이흐하나님이=עליך알라이흐 하나님이=עָלַיִךְ 알라이흐 하나님이2): עליך=עָלַיִךְ알라이흐 하나님이!3):일라지극히 높으신=אה על일라 지극히 높으신=עִלָּאָה일라 지극히 높으신4) 지극히 높으신 그 분이 눈으로 보이는 일이다.

* 알과 알=איל=אַיִל알 어린5): 우리말에 알이 있다. 이 알은 여자의 자궁 속에 든 아이이다. 생명체다. 수많은 정자 중 여자의 자궁 속에서 여자의 난자와 결합 알이다. 우리말 아이를 나왔나? 알을 낳았나이다. 알이 바깥으로 나와 어린아이가 된다. 서로 사랑하는 사람들이 서로 합하여 아=अ아 산스크리트어가 제시하듯이 엄마와 아빠가 만나 만들어 아 감탄하자 고맙다고 아이는 아 하고 운다. 이 아이 알아이=어린아이알=איל알 아이=אַיִל 알 아이이다.

* 알라면과 알라모트처녀=עלמות알라모트 처녀=עֲלָמוֹת알라모트 처녀 알라모트6): 처녀알리마=알리마처녀=עלמה알리마 처녀=עַלְמָה알리마 처녀는 말씀을 알리고파 하는 사람이다. 처녀

---

1) אֲרִיתִי(아리티 · 거두고, 아 5:1)..
2) אֱלָהָא(알라· 하나님이, the God, 단 3:32).
3) עָלַיִךְ(알라이흐 · 너의 머리는, 아 7:6).
4) עִלָּאָה(일라· 지극히 높으신, high, 단 3:32).
5) אַיִל(알) 기본형을 가진 어린 הָאֵילִים(하알림 · 그 어린, 아 2:17).
6) עֲלָמוֹת(알라모트 · 처녀들이, 아 1:3).

의 존재는 말씀을 먹고 싶어 하는 그리고 알려하는 존재이다. 물을 먹고 싶어 하는 처녀[알리마]=알리마[처녀]=עלמה[알리마 처녀]=עַלְמָה[알리마 처녀][1]이다. 처녀들은 알라모트[처녀들]=עלמות[알라모트 처녀들]=עֲלָמוֹת[알라모트 처녀들]이다. 말씀을 알리고파 하는 무리들이 처녀들이다. 시녀들[알라모트]=עלמות[알라모트 시녀들]=עֲלָמָה[알라모트 시녀들][2].

* 알아 봐와 아르바[넷]=ארבה[아르바 넷]=אַרְבָּה[아르바 넷][3]: 사방[넷]=넷[아르바]=아르바[넷]=ארבה[아르바 넷]=אַרְבָּה[아르바 넷]. 사십은 아르바임[40]=ארבעים[아르바임 40]=אַרְבָּעִים[아르바임 40][4]이다. 이삭은 나이 사십에 리브가 맞아! 알아보는 때다. 알아봐아[5]: 명령형이 있다. 알아봐 ארבע[아르바 넷] 우리말과 같다. ארבעה[아르바아 넷 四][6] 사방팔방 알아봐다.

* 알아야와 에르야[벌거벗은]=עריה[에르야 벌거벗은]=עֶרְיָה[에르야 벌거벗은][7]: 무엇을 알아야 하는 일은 벌거벗은 상태를 안다는 의미가 숨겨져 있다. 한국 고시[古詩] 「헌화가」에 아니 부끄러워하시면 꽃을 꺾어 드리리다[8] 하였다. 이때 부끄러워아니하시면의 숨은 뜻은 벌거벗은 상태이다. 알아야[벌거벗은]=에르야[벌거벗은]=עריה[에르야 벌거벗은]=עֶרְיָה[에르

1) עַלְמָה(알라마 · 기본형, 아 1:3).
2) עֲלָמוֹת(알라모트 · 시녀, 아 6:8).
3) אַרְבָּה(아르바 · 넷, 창 18: 29; 느 7:43).
4) אַרְבָּעִים(아르바임 · 사십, 창 26:20),
5) אַרְבָּעָה(아르바아 · 四, 창 2:10; 출 37:3, 13; 민 25:9, 29:23.
6) 창 2:10; 출 37:3, 13; 민 25:9, 29:23.
7) עֶרְיָה(에르야 · 벌거벗은, 겔 16:7; 미 1:11; 합 3:9).
8) 양주동, 『古歌연구』 보정판(서울: 박문서관, 1950), 223.

야 벌거벗은 시적 표현 안다는 것은 벌거벗음의 관계이다.

* 암만과 암만공교한 장식=אמן암만 공교한 장식=אָמָן암만 공교한 장식 암만[1]: 우리말 암만은 상대방의 행동이나 말에 동의하는 말로 '암만'한다. 아무렴 그렇지 그렇고 말고!

* 앗과 =앋디르앋디르 위대=אדיר=אַדִּיר앋디르 위대[2]: 주님의 뜨거운 가슴 앗! 뜨거워! 하나님 위대하심! 우리들 입에서 쏟아지는 말들은 모두 하나님에 대한 경이로움과 찬양이니 어찌 우리가 복을 받지 않으리요! 우리나라 사람들은 놀라는 최대의 발음을 앗!으로 한다. 히브리어 위대앋디르=앋디르앗 위대=אדיר앋디르 위대=אַדִּיר앋디르 위대 아=א 발음은 거의 나지 않는 앗! 하나님에 대한 위대하심에 경이로움 표시 감탄이다. 우리나랏말들 대부분 특히 아=א 발음은 하나님에 대한 경이로움과 찬양!

* 앗따와 아타주님=אתה아타 주님=אַתָּה아타 주님[3]: אתה앗따 그 사람! אתה아타 주님 선물 받아라! 우리는 주님을 큰 선물로 받았다. אתה앗따 주님 선물 받아라! אתה앗따 주님 선물 주님이다.

* 앞에서와 아페쓰끝=אפסי아페쓰 끝=אַפְסִי아페쓰 끝[4]: פסי א아페쓰 끝=אַפְסִי아페쓰 끝 앞에서 둘러싼다. 글자풀이로 입으로만 둘러싸면 망한다이다.

---

1) אָמָן(암만 · 공교한 장식의, 아 7:2).
2) אַדִּיר(앋디르 · 위대, 아름다움, 시 8:1, 9).
3) אַתָּה(아타 · 너, 주, NPMYS, thou, σύ, 창 28:13, 시 5:5).
4) אַפְסִי(아프씨 · 끝·, 시 67:8; 사 47:8).

* 야와 야여호와의 약자=יה야 여호와의 약자=יָהּ야 여호와의 약자1): 여호와의 약자=야야 여호와의 약자=יה야 여호와의 약자=יָהּ야 여호와의 약자 יה야야! 정말 우리가 복 받는 이유는 우리는 늘 이 야!로 상대방을 불러서이다. 그 만큼 바라보는 대상을 존경하는 마음이어야 한다. 바로 하나님을 부르는 소리라니! 그런데 우리는 싸울 때 어디 대고 야! 하느냐며 덤벼들기도 한다. 그만큼 야는 존경대상이다. 히브리어 여호와 יְהוָה여호와 하나님의 축약형 יה야 여호와의 약자=יָהּ야 여호와의 약자2) 야 · 여호와여=야=יה=יָהּ야.

* 야와 야=..י=יָ야야3): 누나야! 여보야! 소월 시 엄마야 누나야! 성경은 히스기야 엘리야 에레미야! 야=י야 야=여호와 약자! 한국인이 복 받는 이유가 있다. 우리는 여호와를 부르는 축복된 생활을 한다.

* 야릇하다와 라으야티나의 사랑=רעיתי라으야티 나의 사랑=רַעְיָתִי라으야티 나의 사랑4): 사랑을 느끼는 마음이 야릇하다! 나의 사랑=야릇하다=라으야티나의 사랑=רעיתי=רַעְיָתִי라으야티 머리와 눈에 가득하니! 라으야티나의 사랑=רעיתי라으야티 나의 사랑=רַעְיָתִי라으야티 나의 사랑! 야릇하디=야릇하지! · 나의 사랑!

* 야호와 여호와하나님 יהוה여호와 하나님=יְהוָה여호와 하나님

1) יְהוָה의 축약형 יה(야 · יָהּ · 여호와여, 출 15: 2: 시 89: 9).
2) יְהוָה의 축약형 יה(야 · יָהּ · 여호와여, 출 15: 2: 시 89: 9).
3) יָ(야).
4) רַעְיָתִי(라으야티 · 나의 사랑, 아 2:13, 6:4).

여호와: 야호! 산에 올라 메아리친 여호와! 성경은 7000번이나 יְהוָה[여호와]라 한다. 성경에는 יהוה[여호와 하나님]=יְהוָה[여호와 하나님] 향기가 가득하다. 향기는 향기[니호와흐]=니호아흐[니호와흐 향기]=ניחוח[니호와흐 향기]=נִיחֹחַ[니호와흐 향기]라 기록한다. 숨 쉼 표시 ה[헤]와 지붕 표시 ח[헬]가 구분된다. 여호와 글자에 있는 ה[헤]는 숨 쉼 표시이고 ניחוח[니호와흐 향기]=נִיחֹחַ[니호와흐 향기]의 ח[트]는 지붕! 하나님 집안향기난다.

여호와의 숨 쉼=헤=ה[헤]는 하나님으로 하여 숨 쉼 살아있음이 퍼져 나가는 외부적인 의미이다. 반면 향기는 지붕=헤트=ח[헤트]는 있어서 텐트 안이다. 안에서 하나님의 일이 역사하는 현재진행형 냄새 향기이다.

이 내부와 외부 차이는 모세와 기름부음이라는 글자에서도 찾아진다. 모세מֹשֶׁה[모쉐 물에서 건져짐]=물에서 건짐 의미다. 기름부음은 마샤=מָשַׁח[마쉐 기름부음]=기름부음이다. 차이는 외부와 내부로 전자는 하나님의 숨 쉬게 하여 이어지는 생명체다. 절대자 능력이 외부로 나가 대상을 숨 쉬게 한다. 기름부음은 내부에 절대자의 능력 임함!

물 위에 운행하시는 영은 바람과 향기가 있다. 사람이 살아 있음은 몸 속에 바람 곧 하나님의 천사가 들어 있다. 바람은 천사[히 1:7]이다. 사람 몸속에 70% 이상 물이다. 이 위에 하나님의 영이 있다. 몸속에 있는 물은 살아서 향기를 가진다. 움직인다. 늘 움직이는 물은 향기의 바람을 가진다. 하나님의 사람들은 몸에서 향기

난다. 말에서 향기가 난다. 행동에서 향기가 난다.

향기 남과 향기 나지 않음의 차이가 있다. 움직이는 동적 향기의 존재이거나 그렇지 않음이다. 물이 움직이지 않으면 향기가 나지 않는다. 바람의 냄새는 바람 원리에 의해 갈 데까지 곧 끝까지 가서야 멈춘다. 곧 어디에 닿는다. 바람이 닿았다다하트=תחת다하트 닿았다=תַּחַת다하트 닿았았다[1]. 바람이 밑에 닿왕다=מתחת미타하트 닿왕다=מִתַּחַת미타하트 닿왕다[2]. 바람을 가진 물이 닿아서[3] 꽃이 핀다.

하나님이 꽃 피라해꽃=פרח피라해 꽃=פֶּרַח피라해 꽃[4] 꽃이 피었다. 성경 꽃이 페라헤그의 꽃=פרחיה페르헤 그의 꽃=פְּרָחֶיהָ페르헤 그의 꽃 하나님의 꽃!

* 여호와는 바람과 깊은 관련이 있다. 원래는 히브리어에 발음부호를 붙이지 않는 원문으로 보면 여호와라고 읽을 때는 이 여호와라는 말을 바람 소리다. 살아 일어나는 사람의 숨 쉼 덩어리 표시 여호와=יהוה흐=וָה흐 야훼와 אהיה으흐 에흐예=אֶהְיֶה에흐예다. 숨 쉼은 첫사의 소리 바람은 천사히 1:7이다. אהיה으흐=אֶהְיֶה에흐예의 손=י요드 표시는 한국어문장표시에서 흔 히 볼 수 있다. 따옴표다. 예수님의 표시이다. 우리민족이 복받는 증거이다.

---

1) תַּחַת(타하트 · 산 아래, ὑπό, under 출 24:4, 32:19; 렘 3:6), (대신에 ἀτι instead of 창 4:25, 22:13, 30:15,; 출 21:16; 레 14:42; 삼하 19:13),

2) מִתַּחַת(미타하트 · 아래, ἦν ὑπυκάτω, were under 창 1:7) מִתַּחַת(미타하트 · 하, ὑπυκάτω, from under, 창 1:17).

3) תַּחַת(타하트 · 산 아래, ὑπό, under 출 24:4, 32:19; 렘 3:6),

4) פֶּרַח(페라흐 · 꽃, 화초, 번성, פְּרָחֶיהָ · 그의 꽃, his flower, καὶ τα κρίνα 출 26:31,

그 분이 나를 양쪽에서 보호하시어 살아 있다.

① יְהוָה 여호와 לַיהוָה 라여호와, 창 4:3, 8:20

② אֶהְיֶה 에흐예

③ יִהְיֶה 에흐예·הָיָה동사의 VQIMZS3인칭 남성단수, he shall be, εσται, 그를 여기라, 레 1:8

④ אֲנִי יְהוָה 아니 여호와 · 나는 여호와니라, the ἐγώ LORD레 18:2, 4, 5, 6, 21, 19:2, 3, 10, 12, 14, 16, 19, 25, 28, 30, 32, 33, 34, 36, 20: 7, 8, 24, 26, 22:9, 16, 30, 31, 32 등

나는 스스로 있는 자 · 에흐예=אֶהְיֶה 에흐예 · 나는 생명이 있게 하는 자[1]

예흐예=יִהְיֶה 이흐예·하야=הָיָה 하야 동사의 VQIMZS3인칭 남성단수, hath, he shall be, εσται, 그를 여기라, 레 21:8, 17, is 레위기 21:19

여호와 글자와 나는 스스로 있는자=에흐예에서 찾아진다. 숨 쉼=ה 헤 자리 ① ② ③ ④의 예다. 두 번의 숨 쉼 ה 헤이다. 하나님과 예수님 두 분이 성경 문장 전체에 있기 때문이다. 하나님과 예수님 연결은 여호와=יְהוָה 여호와의 ה 헤이다. 연결고리 못=ו=וְ 바브이 있다. 예수님의 손에 박힌 못이다. 때문에 십자가 사건의 설명이 가능하다. 못=ו=וְ 바브 못이 있는 여호와=יְהוָה 여호와 글자다. ② 에흐예=היה=אהיה=אֶהְיֶה 에흐예와 ③ 에흐예=היה=אהיה=אֶהְיֶה 에흐예 공통점 역시 두 번의 숨 쉼=ה=הְ 헤다. 이 동일성에도 불구하고 엄청난 차이는 예=י=יִ 예와 에=א=אֶ 에이다. ② 에=א=אֶ 에 אֶהְיֶה 에흐예 '나는 스스로 있는 자' ③ יִהְיֶה 이흐예의 두 번의 손 표시로 한 동사 우리말 그대로 하여=하야=היה 하야의 현재형 '나는 스스로 있는 자'다. 그의 아들의 못

---

1) יה + אֶהְיֶה: Wilelm Rudolph, Hosea, Kommentar zun Alten Testament(Gütersloher: Verlargshaus Gerd Nohn, 1966), 54: 호세아는 יְהוָה(여호와) 대신 אֶהְיֶה(에흐예)를 사용하였다. 이 학설은, 김이곤, "고난신학 맥락에서 본 여호와 신명 이해," 『구약 성경의 고난신학』, 『한국신학논집』 11(천안: 한국신학 연구소, 1989), 55-83 참조.

박힘 십자가 사건으로 인한 우리의 살아있음 현재는 두 번의 반복도 모자라 현재 원어 문법이 제시하는 하나님의 손=요드=י[예]는 성경 원문 단어 첫머리에 놓이어 현재진행형접두어 사역을 한다. 사역은 천사의 움직임이다. 바람은 천사[히 1:7]이다. 여호와와 하나님과 아드님 예수는 세상 바다 파도 바람이 잦은 날에 "나는 여호와니라" 아니 여호와=אֲנִי יְהוָה[아니 여호와]1) 이다.

성경에서 יהוה[여호와]=יְהוָה[여호와]는 7000번이나 반복된다. 내가 여호와라=אני יהוה[아니 여호와]=אֲנִי יְהוָה[아니 여호와]로 말씀하시며 우리 갈 길을 인도한다. 증거=아드=עֵד[아드 증거]님이 있다. 이스라엘아 들으라 우리 하나님 여호와는 오직 하나인 여호와시니2)에서이다. 들으라[쉐마아]=שמע[쉐마아 들으라]=שְׁמַע[쉐마아 들으라]의 끝 자 '아=ע[아]와 문장 끝 자 에하드=אחד=אֶחָד[에하드]의 드=ד[드]가 합쳐 아들=아드=עֵד[아드]3)=증거4)이다. 바람은 천사[히 1:7]이다. 예수님이 거느리신다.

* '일어나!=인나!의 말씀사역 인나=일어나! 우리말 일=日=싏[동국정운]=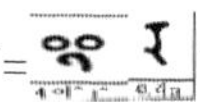[실담어=일]5)어나 기록이 동국정운에 있다. 오로지 힘 내=은나=ȅna[인나 일어나]6) 일어나라!

---

1) אֲנִי יְהוָה(아니 여호와, 레 22:30, 31, 32).

2) שְׁמַע יִשְׂרָאֵל יְהוָה אֱלֹהֵינוּ יְהוָה | אֶחָד(쉐마아 이스라엘 엘로헤이누 여호와 | 에하드, 신 6: 4).

3) -עֵד(아드 · 증거).

4) הָעֵדֻת(하에두트 · 증거, 출 26: 34, 27: 21, 30: 6, 26, 36, 31: 7, 39: 35, 40: 5; 레 24: 3; 민 7: 89.

예수께서 자기를 나타(인나 · ἵνα)내지 말라고 많이 경고하시니라(막 3:12)
이에 열둘을 세우(인나 · ἵνα)셨으니 이는 자기와 함께 있게 하시고 또 보내서 전도도 하며(막 3:14)

'…야 인나' 일어나 움직이라! 용기와 희망과 기쁨을 주는 말이 우리에게 있다. 자식들을 일으켜 세우는 말의 사역 "어서 인나! 밥 먹어야지! 학교가야지! 공부해야지!" 말씀 사역이 있다. 어른님들의 위대한 바람 사역이다. 인나 ἵνα[1] 손잡아! 일어나! 그 분 아드님은 38년 된 앉은뱅이더러 일어나! 걸어라! 흔나![2] 인나! 일어나! 하셨다. 헬라성경은 하나를 은나^ena^라한다. 숫자 1=一^한자 1 표ㅋ시^이다. 천부경은 일어나라며 1을 11번사용하여 일어나라 바로서라를 서로 권고하며 지킨다. 일어

---

5) 

6) 스테반 원어성경 上(서울: 원어성서원 · 2000. · 627 · 레 8:26; 민 29:2; 5 · 8(2) · 10 · 16 · 19 · 20 · 22 · 25 · 28 · 31 · 34 · 36(2) · 38 · · .

1) 인나 · ἵνα, 마 9:6, 26:41: GREEK~ENGLISH NEW TESTAMENT(1971, 21).

2) ग ga घ gha न na ङ ṅa ञ ña ण ṇa ड ḍa द da ध dha ढ ḍha र ra ल la ऋ ṛ · r̥ ॠ ṝ · r म ma व va ब ba भ bha स sa ष ṣa श śa ऌ 4 अ a आ ā इ i ई ī उ u ऊ ū य ya ḷ · l ॡ ḹ · ḹ ए e · ē ऐ ai ओ o औ au ज ja झ jha च ca छ cha क ka ख kha ट ṭa ठ ṭha त ta थ tha प pa फ pha ह ha.

나는 민족으로 서로 응원하고 권고하고 알려준다. 일어나! 인나![1] 일1 ㄱ[2]어나! 일어나서![3] 일어서! *arise*! 일=읈우리말 일어나의 고어어나! 은나ëna![4] 그래서 우리는 합하여 일어 '섰다' '스짜'[5]로 외친다. 어른들은 잉태의 일을 아내 혹은 며느리에게 애기가 섰다! 한다.

* 야곱과 야곱=יעקב야곱=יַעֲקֹב야곱: 곱빼기, 2배의 곱 야곱! 우리나랏말 곱빼기, 하나님을 눈으로 보고 내 안에 넣은 2배의 곱=יפקב야곱=יַעֲקֹב야곱 야곱!

* 약간과 아간잔=אגן아간 잔=אַגָּן아간 잔[6]: 아간=אגן아간 잔=אַגָּן아간 잔 약간 물이 물그릇에 담겨 있다. 물은 천지지만 우리는 그릇에 약간 담아 사용할 뿐이다. 말씀은 사방 천지에 놓여 있지만 말씀을 그릇에 담아 사용 아간잔=אגן아간 잔=אַגָּן아간 잔 · 잔 · 물그릇이다.

* 어르신과 어라하엘라하=엘라하어라하=אלהיא엘라하 어라하=אֱלָהַיָּא엘라하 어라하[7]: 어르신!의 원형이 어라하이다. 어른신의 근거 백제 근초고왕 명칭 어라하가 있다. 엘라하=

---

1) êna 스테반 원어성경 上(서울: 원어성서원 · 2000언. · 627 · 레위기 5:7,

2) 온 땅에 구음이 하나 ëv(은나)이요 언어가 하나ëv(은나)이었더라(창 11: 1);
http: · blog.daum.net · paulsong · 15863203 ·

3) 산스크리트어와 한민족사투리 부로그:
http://www.blog.daum.net · paulsong · 15863203.

4) 스테반 원어성경 上(서울: 원어성서원 · 2000. · 627 · 레 8:26; 민 29:2; 5 · 8(2) · 10 · 16 · 19 · 20 · 22 · 25 · 28 · 31 · 34 · 36(2) · 38 · · .

5) 강상원, 『東國正韻 실담어 註釋』(서울: 明倫學術院 · 2018), 97.

6) אַגָּן(악간 · 잔 · 물그릇, 아 7:3).

7) אֱלָהַיָּא(엘라하 · 어라하, 렘 10:11).

אלהיא엘라하 어라하는 하나님 엘=אל엘 하나님=אֱל엘 하나님 엘과 여호와의 약자 야=יא=יָא야 그리고 소망사 하=ה하가 같이 어울려 어라하=엘라하이다. 여기에서 '하' 하=ה하이다. 백제 12대왕의 딸 이름 부여화가 있다. 어라하=엘라하어가장 높으신 어르신=אלהיא엘라하 어르신=אֱלָהָיא엘라하 어르신 백제 근초고왕의 이름이 어라하이다. 백제 12대왕 딸 이름 부여화다. 주변에 근거자료는 얼마든지 있다.

* 어른과 에론지극히 높은 자=עליון에론 지극히 높은 자=עֶלְיוֹן에론 지극히 높은 자[1]: 높으신 분 어른 어르신이다. 히브리어 지극히 높은 자=에론지극히 높은자=עֶלְיוֹן=עליון에론 지극히 높은자이다. 어르신! 신이라는 말이 덧붙여져서 어르신이다. 지극히 높으신 분 두 번 반복 하나님과 예수님!

* 여보와 여보=요보우와서=יבו요보우 와서=יָבוּ요보우 와서[2], 들어올 것이요=여보=요보아들어 올 것이요=יבא요보아 들어 올 것이요[3]: 들어오세요=여보=요보우와서=יבו=요보우 와서יָבוּ요보우 와서[4] 들어오세요. 우리나라에서는 남편이나 아내를 부를 때의 여보! 한다. 보아=בוא보아 와서=בּוֹא보아 와서 기본형이다. 여보=요보우와서=יבו=요보우 와서יָבוּ요보우 와서[5], 들어와=여보=요보우들어 올 것이요=יבו=요보우 들어 올 것이요יָבוּ요보우

---

1) עֶלְיוֹן(에론 · 지극히 높은 자, the Most high, ὁ ὕψυστος, 신 32:8).
2) יָבוּ(요보우 · 와서, 출 35:10, 21).
3) יָבֹא(요보아 · 들어 올 것이요, 신 23:12).
4) בּוֹא(보아)를 기본형으로 יָבוּ(요보우 · 와서, 출 35:10, 21) · יָבֹא(요보아 · 들어 올 것이요, 신 23:12).
5) יָבוּ(요보우 · 와서, 출 35:10, 21).

들어 올 것이요1) 타보아[내가 들어가서]=תבוא[타보아 내가 들어가서]=תָּבוֹא[타보아 내가 들어가서]2).

* 에흐와 슬픔=에흐[슬픔]=איך[에흐 슬픔]=אֵיךְ[에흐 슬픔]3): 절망적인 에흐[슬픔]! 어찌[에고고]=에고고[어찌]=איככה[에고고 어찌]=אֵיכָכָה[에고고 어찌]4) 에고고! 절망적인 슬픔 에고고!

* 에비다와 에베드[종]=עבד[에베드 종]=עֶבֶד[에베드 종]5): 종[에베드 종]=사역자[에베드 종]=에베드[종]=עבד=עֶבֶד[에베드 종 사역자]! 아이뿐만 아니라 어른의 사상이나 그 분을 그대로 닮아가는 일이다. 우리나라 아버지들은 자기 자식에게 전화할 때 에비다라 한다. 종[에베드]=사역자[에베드 종]עבד[에베드 종]=עֶבֶד[에베드 종]는 크게 나아가서는 사랑하는 자들이 담당할 몫이다. 배 속에 아이 가진 것을 애베다라 한다. 히브리어 종[에베드]=사역자[에베드 종] 에베드 [종]=עבד[에베드 종]=עֶבֶד[에베드 종] · 신하 · 신복이다.

* 에비와 에비욘[빈한한]=אביון[에비온 빈한한]=אֶבְיוֹן[에비온 빈한한]6): 아기가 무엇을 잘 못 만지려 할 때 아기에게 에비 한다. 에비다!라고도 한다. 무엇을 잘 못 만지려 할 아기에게 하지 에비!라고 왜치며 급히 말린다. =에비혼[빈한한]=אביון[에비온 빈한한]=אֶבְיוֹן[에비온 빈한한].

---

1) יָבֹא(요보아 · 들어 올 것이요, 신 23:12).
2) תָּבוֹא(타보아 · 네가 이르르니, 욥: 5:26).
3) אֵיךְ(에그 · 슬픔, 렘 2:1)와 אֵיכָכָה(에카카 · 어찌, 아 5:3).
4) אֵיכָכָה(에카카 · 어찌, 아 5:3).
5) עֶבֶד(에베드 · 종 · 사역자, 창 19:2; 창 44:33; 수 9:8 등).
6) אֶבְיוֹן(에비온 · 빈한한, 신 24:14).

* 야 미느라와 야미느하주의 오른 속으로=ימינך야미느하 주의 오른 손=יְמִינְךָ야미느하 주의 오른 손1): 하나님의 오른 손야미느하, 주의 오른 손야미느하=야미느하주의 오른 손=ימינך야미느하 주의 오른 손=יְמִינְךָ야미느하 주의 오른 손 주의 오른손 은 애급 군대가 몰려오자 그 분 옳은 손이 그들을 물속에 넣었다. 주의 오른 손야미느하=야미느라주의 오른 손=ימינך야미느하 주의 오른 손=יְמִינְךָ야미느하 주의 오른 손 주 오른손!

* 여기와 여기애카=에카여기=איכה애카 여기=אֵיכָה애카 여기2): 에카여기=איכה애카 여기=אֵיכָה애카 여기 하나님이 역사하시는 여기!

* 여리고와 예리호여리고=יריחו예리호 여리고=יְרִיחוֹ예리호 여리고3): 아주 여린 백성들이 여리고를 하나님의 힘으로 얻어 향기를 차지한다. 여리고 יריחו예리호 여리고4)의 어근은 바람 רוח루아흐 바람5)이다. 향기 ריח루레아흐 향기6)와 레아흐향기 · 제물을 바칠 때에 나는 향기이다.

* 여자와 잇샤아내=אשה잇샤 아내=אִשָּׁה잇샤 아내7): 여자8)는 말씀을 잉태하는 존재이다. 생명의 씨알이 여자에게 들

---

1) יָמִין · יְמִינְךָ(야민 · 야미느하, 주의 오른손, NFS.MYS, Thy light hand, Θεζία σου. 출 15:6).
2) אֵיכָה(애카 · 곳을, 아 1:7).
3) יְרִיחוֹ(예리호 · 여리고).
4) יְרִיחוֹ(예리호 · 여리고).
5) רוּחַ(루아흐 · 바람 · 영).
6) 창 8: 21; 출 29: 15; 레 1: 9.
7) אִשָּׁה(잇사 · 아내, 창:3:2; 대하 20:13 등).
8) אִשָּׁה(잇사 · 아내, 창:3:2; 대하 20:13 등).

어와 향기를 발하는 여자1)다. 생명 나심 נשיהם[나심 생명2)]으로 하여 인류가 늘어난다. 여자=아내[잇샤]=אשה[잇샤 아내]=אִשָּׁה[잇샤 아내3)] 생명의 씨알 남자가 들어와 여자의 가치!4) 나심5)이 있다. 인류가 늘어나는 현상의 '느심' 이다. 존칭어다.

* 여리다와 소녀[야레다]=야레다[소녀]=ילידה[야레다 소녀]=יַלְדָּה[야레다 소녀6)] 여릿: 여자아이[야레다]=야레다[소녀]=ילידה[야레다 소녀]=יַלְדָּה[야레다 소녀]이다. 남자아이는 야룻[남자아이]=ילרות[야룻 남자아이]=יַלְרוּת[야레다 소녀7)]이다. 남자 아이들은 늘 야룻하게, 지꽃다. 청년아이들은 열매 열었다이다. 하나님의 손이 그 진가를 보이기 때문이다. 우리말에 여리다와 여릿이라는 말이 있다. 야레다=ילידה=יַלְדָּה[야레드 소녀 여자아이] 야레다 여자아이[야레다 소녀], 청년 · 남자아이=야룻[야룻 남자아이]=ילרות[야룻 남자아이]=יַלְרוּת[야룻 남자아이] 야룻, 남자아이이다. 여리다의 소녀나 여자 그리고 열렸다=열매=남자아이 · 청년이다.

* 여호와=יְהוָה[여호와=]ה5+ו6+ה5+י10=26의 반 13자리가 예

---

1) 최명애, 『알기 쉬운 성경 히브리어 기초와 그 의미』 (서울: 쿰란출판사, 2005), 113.

2) נְשֵׁיהֶם(느쉐헴, NFP,MZP, their wives, 대하 20:13).

3) אִשָּׁה(잇사 · 아내, 창:3:2; 대하 20:13 등).

4) 최명애, 『알기 쉬운 성경 히브리어 기초와 그 의미』 (서울: 쿰란출판사, 2005), 113..

5) נְשֵׁיהֶם(느쉐헴, NFP,MZP, their wives, 대하 20:13).

6) יַלְדָּה(야레다 · 소녀, 창 34:4, 욜 3:3, 슥 8:5.

7) יַלְדוּת(야룻 · 청년, 시 110:3; 전 11:9, 10) · יְלִיד(여릿, 창 14:14; 레 22:11).

수님 자리이다. 여호와 이름은 아브라함 때에는 전능자 엘 샤다이로 알려 주었지만 490년이 지나서야 모세에에게 알려 준다 하시면서 야훼 יְהוָה여호와여호와=스스로 있는 에흐예=אֶהְיֶה에흐예[1])라 하시었다.

십자가를 진 예수의 이름표에서 יְהוָה여호와가 밝혀진다. 예수님 이름표= ישע הנצרי ומלך היהודי예수아으 하나자레 베멜레그 하유다=יֵשׁוּעַ הַנָּצְרִי וּמֶלֶךְ הַיְּהוּדִי예수아으 하나자레 베멜레그 하유다에서이다. 유대왕 나사렛 예수 이름표 단어 앞 글자만 모으면 יהוה여호와=יְהוָה여호와이다. 하나님과 예수 곧 여호와와 예수의 동일성 예이다. 하나님의 사랑하시는 아들=아드=עַד아드이다. 이스라엘아 들으라 우리 하나님 여호와는 오직 하나인 여호와시니[2]) 하신다.

예수님 자리는 41대이고 14대 14대 14대로 이어지는 예수 족보 41회째[3])자리이다. 왜 14대 14대 14대로 하느냐 하는 문제는 다윗의 이름 דָוִד다윗의 수치는 4+6+4=14에서 찾아진다. 다윗의 자손 예수다.

14대+ 14대+ 14대는 다윗=דָוִד다윗의 수치 4+6+4=14이다. 다윗의 자손 예수라 성경은 말하고 있다. דָוִד다윗 수

---

1) יה + אֶהְיֶה: Wilelm Rudolph, Hosea, Kommentar zun Alten Testament(Gütersloher: Verlargshaus Gerd Nohn, 1966), 54: 호세아는 יְהוָה(여호와) 대신 אֶהְיֶה(에흐예)를 사용하였다. 이 학설은, 김이곤, "고난신학 맥락에서 본 여호와 신명 이해," 『구약 성경의 고난신학』, 『한국신학논집』 11(천안: 한국신학 연구소, 1989), 55-83 참조.

2) שְׁמַע יִשְׂרָאֵל יְהוָה אֱלֹהֵינוּ יְהוָה | אֶחָד(쉐마아 이스라엘 엘로헤이누 여호와 | 에하드, 신 6: 4).

3) ..ל(라메드 · ..을 위하여, 창 1: 1-2: 3)는 41회의 반복리듬에서이다. 예수님의 족보는 41회째(마 1: 16)이다.

치 4=דּ다 + 6=ו위 + 4=ד드= 14이다. 예수님 족보는 족보 14대 ~다시 14대 ~다시 14대의 그리스도 자리로 이어진다. 예수 그리스도 14마 1:17[1]대이다. 예수 그리스도 14마 1:17[2]대 마법이다.

예수 증거[3] 하나님의 아들[4]=아드=עֵד아드 아들[5]이다. 여호와 ה ו ה י(여호와)= 5 + 6 + 5 + 10=26의 하나님 고유의 수치의 반이 되는 아들의 수치 13 수數치다. 이 13 수치는 사랑= אַהֲבָה아하바 사랑. 사랑 수치 13[6]이다. 13=ה5+ בָ2+ הֲ5+ א1이다. 미국국기 성조기별이 13으로 구성되어 있다.

예수자리는 13대째이고 그리스도는 14대이다.

[* 신약 기록의 예수님 족보(아브라함 → 다윋까지 14대)]

① 믿음의 조상 Aβραάμ: אַבְרָהָם(아브라함, 창 17: 5; 출 3: 6, 마 1: 2)
② 아브라함이 낳음, 웃음, 이삭 Ισαάκ: יִצְחָק(이쯔하크, 창 17: 19, 마 1: 2)
③ 이삭이 낳음, 발꿈치, 반석, 야곱 Ἰακώβ: יַעֲקֹב(야코프, 창 25: 26; 마 1: 2)
④ 야곱이 낳음, 실존 소망, 유다 Ἰούδας: יְהוּדָה(예후다, 창 29: 35 ; 마 1: 2)

---

1) 야곱은 마리아의 남편 요셉을 낳았으니 마리아에게서 그리스도라 칭하는 예수가 나시니라(마 1:16). 그런즉 모든 대 수가 아브라함부터 다윋까지 열 네 대요 다윋부터 바벨론으로 이거할 때까지 열 네 대요 바벨론으로 이러한 후부터 그리스도까지 열 네 대러라(마 1:17)

2) 야곱은 마리아의 남편 요셉을 낳았으니 마리아에게서 그리스도라 칭하는 예수가 나시니라(마 1:16). 그런즉 모든 대 수가 아브라함부터 다윋까지 열 네 대요 다윋부터 바벨론으로 이거할 때까지 열 네 대요 바벨론으로 이러한 후부터 그리스도까지 열 네 대러라(마 1:17)

3) הָעֵדֻת(하에두트 · 증거, 출 26: 34, 27: 21, 30: 6, 26, 36, 31: 7, 39: 35, 40: 5; 레 24: 3; 민 7: 89.

4) הָעֵדֻת(하에두트 · 증거) -עֵד(아드 · 증거).

5) -עֵד(아드 · 증거).

6) וּמַה נָּעַמְתְּ- אַהֲבָה(움마-나으마트 아하바 · 사랑아 어찌 그리 화창한지, 아 7:7).

⑤ 유다가 낳음, 떠오름, 베레스 φάρες: פֶּרֶץ(페레쯔, 창 38: 29; 마 1: 3)
⑥ 르우벤이 낳음, 뜰, 마당, 헤스론 Ἐσρώμ: חֶצְרוֹן(헤쯔론, 창 46: 9; 마 1: 3)
⑦ 헤스론이 낳음, 높음, 람 Ἀράμ: רָם(람, 대상 2: 9; 마 1: 4)
⑧ 람이 낳음, 자원하는 백성, 아미나답 Ἀμινδάβ: עַמִּינָדָב(아미나다브, 대상 2:10, 마 1: 4)
⑨ 아미나다브가 낳음, 경험으로 배운, 나손 Ναασσών: נַח.다וֹן(나흐숀, 민 1: 7; 마 1: 4)
⑩ 나손이 낳음, 옷 입음, 살몬 Σαλμών: שַׂלְמוֹן(쌀몬, 룻 4: 20; 마 1: 4)
⑪ 살몬이 낳음, 기둥, 보아스 Βόες: בֹּעַז(보아즈, 룻 4: 21; 마 1: 5)
⑫ 보아즈가 낳음, 섬기는 것, 오벳 Ὠβήδ: עוֹבֵד(오베드, 룻 4: 17; 마 1: 5)
⑬ 오베드가 낳음, 다윗의 아버지,이새 Ἰεσσαί: יִשַׁי(이솨이, 룻 4: 17, 마 1: 5)
⑭ 이새 낳음, 끓는 가슴, 다스리다, 다윋 Δαυίδ: דָּוִד(다비드, 룻 4: 20; 마 1: 6
- 아브라함에서 다윋까지 14대(마 1: 2-1: 6)

아브라함 → 다윋까지의 14대까지이다. 다시 이어지는 성경에서의 14대이다.

[* 신약 기록의 예수님 족보(솔로몬 → 여고냐까지 14대)]

① 다윋 낳음, 평화로운, 솔로몬 Σολομώνα: שְׁלֹמֹה(쉐로모, 삼하 5: 14,마 1: 6)
② 솔로몬이 낳음, 백성의 넓힘, 르호보암 Ῥοβοάμ: רְחַבְעָם(레하브암, 왕상 11: 23; 마 1: 7)
③ 르호보암이 낳음 아들, 실존을 소망하는 양육 아비야 Ἀβιά: אֲבִיָּה(아비야, 삼상, 8: 2; 마 1: 7)
④ 아비야가 낳음 아들, 치료, 아사 Ἀσάφ: אָסָא(아싸, 마 1: 8)
⑤ 아사가 낳음, 판결자, 여호사밧 Ἰωσαφάτ: יְהוֹשָׁפָט(예호솨파트, 삼하 8:16; 마 1: 8)
⑥ 여호사밧이 낳음, 여호와께서 높이심, 요람 Ἰωράμ: יְהוֹרָם(예호람, 왕하 8: 16, 마 1: 8)
⑦ 요람이 낳음, יהוה 위엄, 웃시야 Ὀζίαν: עֻזִּיָּה(우지야, 대상 6: 24, 마 1: 8)
⑧ 웃시아 낳음, 여호와 완전하심, 요담 Ἰωαθάμ: יוֹתָם(요탐, 삿 9: 5, 마 1: 9)
⑨ 요담이 낳음, 기업, 아하스 Ἀχάζ881: אָחָז(아하즈,, 왕하 15: 38, 마 1: 9)
⑩ 아하스가 낳음, 여호와로 강해짐, 주의 강하심, 히스기야 Ἐζεκίαν: חִזְקִיָּה(히즈키야, 왕하 16: 20, 마 1: 9)
⑪ 히스기야가 낳음, 망각, 므낫세 Μανασσῆς: מְנַשֶּׁה(메나쉐, 창 48: 1, 마 1: 10)
⑫ 므낫세 낳음, 확고, 아몬 Ἀμών: אָמוֹן(아몬, 왕상 22: 26, 대상 4: 14, 마 1:10)
⑬ 아몬의 아들, 여호와께서 기초를 두심, 요시아 Ἰωσίας: יֹאשִׁיָּה(요시야, 왕상 13: 2, 마 1: 11)

⑭ 여호와께서 세우심, 여고냐 Ἰεχονίαν : יְכָנְיָה(예콘야, 마 1: 11)
- 솔로몬에서 여고냐까지(마 1: 6-1: 11)

* 14대로 이어진 예수님의 족보 설명이다.

[* 신약 기록의 예수님 족보(스알디엘 → 그리스도까지 14대)]

① 여고냐가 낳음, 주께 간구, 스알디엘 Σαλαθιήλ: שְׁאַלְתִּיאֵל(쉐알티엘, 대상 3: 17; 학 1: 1; 마 1: 12)
② 스알디엘이 낳음, 혼합되어 황폐해짐, 스룹바벨 Ζοροβαβέλ: זְרֻבָּבֶל(제루바벨, 학 1: 1; 슥 4: 6; 마 1: 12)
③ 스룹바벨이 낳음, 영광스럽게 양육함, 아비훗 Ἀβιούδ10: אֲחִיהוּד(아히후드, 대상 8: 3, 마 1: 13)
④ 아비훗낳음, 일어남의 하나님, 일어섬 전능자, 엘리야김 Ἐλιακίμ: אֶלְיָקִים(엘야킴, 왕하 18: 18, 마 1: 13)
⑤ 엘리야김이 낳음, 도움, 아소르 Ἀζώρ: עַזּוּר(아주르, 겔 11: 1, 마 1: 13)
⑥ 아소르가 낳음, 의로움, 사독 Σαδώκ: צָדוֹק(짜도크, 삼하 8: 17; 대상 6: 8; 마 1: 14)
⑦ 사독이 낳음, 실존을 소망하여 일어섬, 아킴 Ἀχίμ: יוֹקִים(요킴, 왕하 23:34; 렘 37: 1; 단 1: 1; 대상 4: 22; 예수아가 낳음: 12: 10 · 사독 낳음, 마 1: 14)
⑧ 아킴이 낳음, 위엄 있는 전능자, 엘리웃 Ἐλιούδ: אֵל־הוּ(엘리훗, 민 23: 18; 마 1: 14)
⑨ 엘리훗이 낳음, 하나님은 돕는 자, 엘르아살 Ἐλεάζαρ: אֶלְעָזָר(엘아자르, 출 6: 23; 레위 10: 6; 마 1: 15)
⑩ 엘르아살이 낳음, 선물, 맛단 Ματθάν: מַתָּן(마탄, 왕하 11: 18; 대하 23: 17; 마 1: 15)
⑪ 맛단이 낳음, 발꿈치, 야곱 Ἰακώβ: יַעֲקֹב(야아코브, 창 25: 26, 36; 대상 3: 24; 마 1: 15)
⑫ 야곱이 낳음, 더하고 더하다, 요셉 Ἰωσήφ: יֹסֵף(야싸프, 창 30: 24; 욥 42: 10; 마 1: 16)
⑬ 요셉이 낳음, 여호와께서 구원하심, 예수 Ἰησοῦς: יְהוֹשֻׁעַ(예호슈아, 출 17: 9; 출 33: 11; 슥 3: 1; 마 1: 16)
⑭ 그리스도 ! Χριστοῦ, 창 31: 13; 삼상 15: 1; 왕상 19: 16; 레 4: 3; 왕상 2: 10; 단 9: 25; 마 1: 17)(마 : 12-1: 17)
- 바벨론이거에서 그리스도까지(제사장 사독스알디알에서 그리스도까지)

성경이 제시하는 14대 14대 14대의 숨겨진 비밀은 바로 히브리어 다윋 דָּוִד다윋의 수리 4+6+4=14에서이다.

다윋의 자손 예수의 디엔에이다.

다윋의 자손 예수 족벌 예수 자리는 13대이고 그리스도 자리는 14대이다. 인류의 죄를 사하시려 그의 독생자 아들을 십자가에 희생 제물로 드린 그리스도 사랑자리 14대이다.

사랑을 성경은 사랑=아파=아하파^{사랑}=אהבה$^{아하파\ 사랑}$=אַהֲבָה$^{아하파\ 사랑}$ · 사랑[1]으로 한다. 수치 13이다. ה$^{하\ 5\ 아}$ + בָ$^{파\ 2파}$ + הֲ$^{하\ 5\ 하}$ + אַ$^{아\ 1\ 아}$=[2] 13이다. 아파아=아하파=אאַהֲבָה^{아하파} · 사랑אַ$^{아가서\ 2:4,\ 7,\ 3:19,\ 2:4}$ 사랑이다. 예수님이 십자가에 돌아가시면서 아하파하시며 절규하셨었다. 사랑 아하브=אַהֵב$^{아하브\ 사랑}$이다.

하나님 수학[3] 8 ב$^{2\ 브}$ + הֵ$^{5\ 하}$ + אַ$^{아\ 1\ 아}$=8이다. 창세기 1장 1절의 '하나님=אֱלֹהִים(1+30+5+10+40=86)'과 '그리고-וְאֵת(6+1+400=407)'와 '하늘=הַשָּׁמַיִם(5+300+40+10+40=395)'=888[4]의 8 수이다. 888은 신약

---

1) אַהֲבָה(아하파 · 사랑, 신 10:14;아 2: 4, 7, 3: 10; 아 2:4).

2) אַהֲבָה(아하파 · 사랑, 신 10:14;아 2: 4, 7, 3: 10; 아 2:4).

3) Don Kistler, 『하나님의 수학: *The Arithmetic of God*』, 서휘웅 옮김(서울: 섬광문화사, 1992), 67-69.

4) Vernon Jenkins MSc, *Technical Journal 1993 The Ultimate Assertion Evidence of Supernatural Disign in the Divine Prologue*

(CEN Tech. J., vol. 7(2), 1993, pp. 184-196: *The Ultimate Assertion*: בראשת.ברא.הים.אל.את.השמים.ואת.הארץ: והארץ. *Evidence of Supernatural Design in the Divine Prologue*. VERNON ... by some divine superglue, is a structure of pure number.

'태초에-בְּרֵאשִׁית(2+200+1+300+10+400=913)'+'하나님이-אֱלֹהִים(1+30+5+10+40=86)' =999 '창조하시니라- בָּרָא(1+200+2=203) + 그리고-אֵת(1+400=401)+'하늘-הַשָּׁמַיִם(5+300+40+10+40=395)=999''하나님이-אֱלֹהִים(1+30+5+10+40=86)' + 땅 הָאָרֶץ(5+1+200+90=296)+'하늘-הַשָּׁמַיִם(5+300+40+10+40=395)= 777'

시대의 그리스어의 예수 ζ(10) + η(8) + σ(200) + ο(70) + υ(400) + ς(200)=888이다. 예수 사랑 8 숫자 신학은 8 '부함' 마방진 수가 이를 뒷받침 한다. 성경은 사랑이야기이다.

성경은 원문에 예=י[예]를 어두에 많이 둔다. 이 예=י[예]가 어두에 놓여 예수 사역을 의미한다. 얼라 다 됐다[너를 낳은 자]=옐러더태하[너를 낳은 자]=ילדתך[얼라 다 됐다 너를 낳은 자]=יְלָדְתֶךָ[얼라 다 됐다 너를 낳은 자] 생물 만들기 영의 바람은 바람 원리에 의해 갈 데까지 곧 끝까지 가서야 멈춘다. 곧 닿는다. 바람이 닿았다[산아래]=תחת[닿았다 산아래]=תַּחַת[닿았다 산아래]1). 바람이 밑에 닿왔다=מתחת[밑 닿왔다 아래]=מִתַּחַת[밑 닿왔다 아래]2). 바람으로 물이 닿아서3) 생명체가 파랗게[밑 닿왔다]=פרח=פֶּרַח[페라해]4) 하나님이 명령하셔서 그의 꽃=פרחיה[페르헤 그의 꽃이]=פִּרְחֶיהָ[페르헤 그의 꽃이] 파랗다.

성경은 한 개의 단어를 똑 같이 사용하여 최소 두 개의 의미로 나눈다. 하나님으로 번역된 엘로힘=אלהים=אֱלֹהִים[엘로힘]이다. 일어나는 힘이 바람을 타고 절대자가 바라는데로 이루어진 일은 처음부터 하나님이 바라셨다 바라셨다=בראשית=בְּרֵאשִׁית[베레쉬트 최초에, 창 1:1]다. 바라=א

---

1) תַּחַת(타하트 · 산 아래, ὑπό, under 출 24:4, 32:19; 렘 3:6), (대신에 ἀντι instead of 창 4:25, 22:13, 30:15,; 출 21:16; 레 14:42; 삼하 19:13),

2) מִתַּחַת(미타하트 · 아래, ἦν ὑποκάτω, were under 창 1:7) מִתַּחַת(미타하트 · 하, ὑποκάτω, from under, 창 1:17).

3) תַּחַת(타하트 · 산 아래, ὑπό, under 출 24:4, 32:19; 렘 3:6),

4) פֶּרַח(페라흐 · 꽃, 화초, 번성, פִּרְחֶיהָ · 그의 꽃, his flower, καὶ τα κρίνα 출 26:31,

בר=כָּרָא바라 창조 창 1:1서서 천지 창조다. 어둠위에 신바람이 거기 계신다. 시인의 위대함은 신의 소리 들을 때 시를 쓴다. 절대자 신은 사람을 구원한다. 시인사역은 '…'라고 말씀 전한다. 로고성경 말씀전하기이다. 마음을 다하고 정성을 다하는 바람시인에게 하나님은 "내가 반드시 너를 복주고 복주며 너를 번성케 하고 번성케 하리라"히브리서, 6:14라고 하셨다. 시인사역! 시를 읽는 이들로 하여금 '…라고' 전한다.

＊ 어라하와 엘라야신들=אלהיא=אֱלָהַיָּא엘라하 신들 어라하[1]: 하나님=אלהיא=אֱלָהַיָּא엘라야 엘라하 어라하 엘라하 · 신들! 백제시대 왕 근초고왕 명칭 어라하 왕! 백제시대 왕 명칭 어라하!

＊ 예사나와 잘찌라도잘찌라도=예사나=ישנה=יְשֵׁנָה예사나 잘찌라도[2]: 예사나=ישנה=יְשֵׁנָה예사나!

＊ 예수다와 예수아토구원해 주는 이=ישעתו예수아토 구원해 주는 이=יְשֻׁעָתוֹ예수아토 구원해 주는 이[3]: ישעת예수아토 구원해 주는 이=יְשֻׁעַת예수아토 구원해 주는 이[4]다.

＊ 예수님과 예쉐님구원의=ישנים예쉐님 구원의=יְשֵׁנִים예쉐님 구원의[5] 예솨님구원의=ישנים예쉐님 구원의=יְשֵׁנִים예쉐님 구원의[6] 기뻐=

---

1) אֱלָהַיָּא(엘라하 · 신들, 렘 10:11)의 יָא(야)의 아(알레프 · 하나님의 법을 알고파 배우는 나)는 소망사 הַ(하 · 소망사)에 놓여 나라는 존재는 하나님을 알고파 배우기를 소망함을 말한다. 이 때 אֱל(엘라 · 하나님).

2) יְשֵׁנָה(예사나 · 잘찌라도, 아 5:2).

3) יְשֻׁעָתוֹ(예슈아토 · 그 구원을, 시 98:2).

4) יְשֻׁעַת(예수다 · 구원하는 것을, NFSG, the galvation of, 대하 20:17).

5) יְשֵׁנִים(예쉐님 · 자는 자의, 아 7:10).

예수심예수심 기뻐=יששום예수심 기뻐=יְשֻׂשׂוּם예수심 기뻐1) 예수심!

＊ 예쁘다와 야파티예쁘다=יפתי야파티 예쁘다=יָפָתִי야파티 예쁘다2): 정말 야쁘다=יפתי야파티 예쁘다는 예수님 따라 하는 일이다. 야쁘다=יפתי야파티 예쁘지 어여쁘고=יפה=יָפָה야파 어여쁘고3), 아름다운지=야푸아름다운지=יפו=יָפוּ야푸 아름다운지4) 아리따움=예삐아리따움=יפי=יְפִי예피 아리따움5) 아리따움, יפה예피 아름답다 예뻐아름답다6) 예페, 아름다운이 야뻐 아름다운아름다운=예페아름다운=יפה예페 아름다운=יָפֶה예페 아름다운7) 예뻐, 예쁘다예포트 아름답고=יפת예포트 아름답고=יְפֹת예포트 아름답고8) 미혹예프테=예쁘데예프테 미혹=예프데미혹=יפתה예프테 미혹=יִפְתֶּה예프테 미혹9) 예쁘데, 아름다운 여자예파타=예쁘다아름다운 여자=예파타예파타 아름다운 여자=יפת예파타 아름다운 여자=יְפַת예파타 아름다운 여자10). 예수님 입안 말씀 안이다. 참으로 야뿌 아름다운지11)야뿌 예쁘다. 말씀 전해 예쁘다.

---

6) יְשָׁנִים(예솨님 · 묵은것으로 번역, 아 7:14).

1) יְשֻׂשׂוּם(예수숨, 기뻐, 사 35: 1).

2) יָפָתִי(야파티 · 예쁘지, 나의 어여쁜자야, 아 2:10, 13) · 예뻐 יָפָה(야파 · 어여쁘고, 아 1:15, 16, 4:7, 6:4, 10) · יָפוּ(야푸 · 아름다운지, 아 4:10) · יְפִי(예피 · 아리따움) · יָפֶה(예페 · 아름답다) · יָפֶה(야페 · 아름다운, 신 21:11; 아 1:16) · יְפֹת(예포트 · 아름답고, 창 41:4) · יִפְתֶּה(예쁘테 · 미혹, 신 11: 16) · יְפַת(예파타 · 아름다운 여자, 신 21:11)가 있다. 예수님 입안이라는 뜻 예뿌 יָפוּ(야뿌, 아 4:10).

3) יָפָה(야파 · 어여쁘고, 아 1:15, 16, 4:7, 6:4, 10).

4) יָפוּ(야푸 · 아름다운지, 아 4:10).

5) יְפִי(예피 · 아리따움),

6) יָפֶה(예페 · 아름답다) .

7) יָפֶה(야페 · 아름다운, 신 21:11; 아 1:16).

8) יְפֹת(예포트 · 아름답고, 창 41:4).

9) יִפְתֶּה(예쁘테 · 미혹, 신 11: 16).

10) יְפַת(예파타 · 아름다운 여자, 신 21:11).

* 예수레나와 예수레나보겠느냐=ישרנה예수레나 보겠느냐=יֶשְׁרְנָה예수레나 보겠느냐1): 그 사람이 보겠느냐=예수레나보겠느냐=ישרנה예수레나 보겠느냐=יֶשְׁרְנָה예수레나 보겠느냐 그의 아들 예수로 하여 사람들이 영원히 살게 하시는 예수레나!

* 옛 꿈과 옛꿈은=예쿠믄다시 일어나게=יקומון=יְקוּמוּן예쿠문 다시 일어나게2): יקומון예쿠문 다시 일어나게! 옛꿈은=예쿠믄=יקומון예쿠문 다시 일어나게=יְקוּמוּן예쿠문 다시 일어나게 다시 일어나라!

* 어둡다와 어둡다=에파타어둡다=עיפתה에파타 어둡다=עֵיפָתָה에파타 어둡다3): 정말 어둡다=에파타어둡다=עיפתה=עֵיפָתָה에파타 어둡다.

* 어린아이가 없는=아리리어린아이가 없는=ארירי=אֲרִירִי아리리 어린아이가 없는4): 어린아이가 없는 마음상태의 아픔 미래형=아리리어린아이가 없는=ארירי아리리 어린아이가 없는=אֲרִירִי아리리 어린아이가 없는 마음이 아리리! 어린애가 있으면=올림어린아이=עוללים올림 어린아이=עוֹלְלִים올림 어린아이5) 올림! 올림·어린아이 마음의 올림이다.

* 애들과 양떼=애들에=애드레양떼=עדרי=עֶדְרֵי애드레 양떼6): 우리 애들에 עדרי애드레 양떼=עֶדְרֵי애드레 양떼 애들에

---

11) יָפוּ(야뿌 · 아름다운지, 아 4:10).
1) יֶשְׁרְנָה(예수레나 · 보겠느냐, VQIMZS.FZS, 욥 17:15).
2) יְקוּמוּן(예꾸믄 · 다시 일어나게, ἀναστεσ αὐτν, 신 33:11).
3) עֵיפָתָה(에파타 · 어둡다, 욥: 10:22).
4) אֲרִירִי(아리리 · 어린애가 없는, 창 15:1렘 22:30).
5) עוֹלְלִים(올림 · 어린아이 · 신자, 시 8:3).

나는 산다. 눈으로 가슴으로! 우리말에 애들에가 있다. 히브리어 애드레는 양떼다. עדרי애드레 양떼=עֶדְרֵי애드레 양떼 양떼이다.

* 엄마와 엄마=이모자기 어머니의=אמו이모 자기 어머니의=אִמּוֹ 이모 자기 어머니의1): 엄마=이모이모 자기 어머니의=אמו이모 자기 어머니의=אִמּוֹ이모 자기 어머니의 이모가 왜 좋으냐면 말씀을 바라시니까. 우리나라 경북 지방에 자기를 낳아준 어머니를 부를 때 엄마라 한다. 어미, 어머니 · אם=אֵם앰 母2) 모친이다. 이모=אמו이모 자기 어머니의=אִמּוֹ이모 자기 어머니의 말씀을 바라는 자, 곧 남편을 바라는 자다.

* 없어와 엡스=אפס엡스 없어=אֶפֶס엡스 없어3): 엡스없어=אפס 엡스 없어=אֶפֶס엡스 없어!

* 애먹다와 에메트true=אמת애메트 true=אֱמֶת애메트 true4): 참=에메트true=אמת애메트 true=אֱמֶת애메트 true 진리를 찾으려! 우리나랏말에 애먹다 참=에메트true=אמת애메트 true=אֱמֶת애메트 true.

* 애타는과 아이타르호위하다=עטר아아타르 호위하다=עָטַר아아타르 호위하다5): 관을 씌우시며=아이타르호위하다=עטר아아타르

---

6) עֶדְרֵי(애드레 · 양떼, 아 1:7).

1) אִמּוֹ(이모, 母, 자기 어머니의, 창 43:29, 출 34:26; 신 14: 21, 창 21:21, 24:67, 28:7).

2) 창 모 母, 2:24, 3:20, 20:12, 21:21, 24:28, 53, 55, 67: 27:11, 13, 14, 29, 28:2, 5, 7, 29:10, 30:14; 출 2:8; 신 21:18, 22:6 등).

3) אֶפֶס(엡스 · 없고, 왕하 114:26).

4) אֱמֶת(애매트 · 참, true, 신 22:20).

5) עָטַר(아아타르 · 관을 씌우시다 · 호위하시다, 시 5:8, 8:5).

호위하다=עֲטַר아아타르 호위하다아아타르 **עטר**애타르 애~타는 마음으로 관 씌우고, 호위하며 그가 그의 사역자들을 사랑하신다.

* 에..예와 에흐예스스로 있는자 그렇게 하지요=**אהיה**에흐예 스스로 있는자 그렇게 하지요=אֶהְיֶה에흐예 그렇게 하지요1): 이 에흐예를 성경은 스스로 있는자라 번역한다.

* 에헤야와 에흐예=**אהיה**=אֶהְיֶה에흐예 스스로 있는자 에흐예2): 내가 내 손으로 너를 숨 쉬게 할거야. 에헤야 좋기도 좋다 그 분이 숨 쉬게 하시니! 에헤야~~~ 흥겨운 후렴구가 붙는다. 숨을 쉼=헤=**ה**헤가 2회로 에흐예=**היה** **א**에흐예 스스로 있는자=אֶהְיֶה에흐예 스스로 있는자붙어 나의 아들의 손으로 너를 숨 쉬게 하였다 뜻을지닌다. 기본형 **היה**하야 하야 역시 **ה**헤가 2회다. 양쪽에 숨 쉬는 의미의 하 발음이 있고 가운데 하나님의 손이 있어 하여이다. 사역은 아드님이 하신다.

* 여쭈어보외다와 여쭈어보외다주의 손가락으로=에쯔브오테이=**אצבעתיך**=**אֶצְבְּעֹתֶיךָ**에쯔브오테이 주의 손가락으로3): 손가락으로=여쭈어보외다=에쯔브오테이=**אצבעתיך**=**אֶצְבְּעֹתֶיךָ**에쯔브오테이 주의 손가락으로 여쭈어보외다! 우리말 여쭈어보외다. 여쭈어보외다=에쯔브오테이=**אצבעתיך**에쯔브오테이 주의 손가락으로=**אֶצְבְּעֹתֶיךָ**에쯔브오테이하 · 여쭈어보외다. 주 손가락으로!

---

1) אֶהְיֶה(에흐예 · 내가.. 되랴, 아 1:7).
2) אֶהְיֶה(에흐예, 출 3:14).
3) אֶצְבְּעֹתֶיךָ(에쯔브오테이하 · 주의 손가락으로, 시 8:3).

* 예와 예스=יֵשׁ=ישׁ 예스 여섯 예스1) 여섯2)=שׁשׁ 쉐스 쉐스 쉐스 여섯3)에 예=י 예 예를 앞에 붙이면 예수이다. 예=י 예는 항상 단어 앞에 붙어 하나님의 오른손이 지금도 우리를 인도하심을 드러내는 현재진행형이다. 하나님 명령 구원이 ישׁע 야솨 י=יֶשַׁע 야사4)예사로 늘 있다!

* 요새다와 요사드 세우심이여=יסד 요사드 세우심이여=יָסַד 요사드 세우심이여 요새다5): 세우심이여=יסדה=예사다 세우심이여 יְסָדָהּ 예사다 세우심이여 예사다6) 눈으로 가슴의 마음속이 늘 보이게 하신!

* 오와 오늘 욤=욤 오늘 날=יום 욤 날=יוֹם 욤 날 날이 날7) 마다 하늘 향하여 눈을 들며 ו 오 오: 날=욤 오=ו 오! 오늘이 날! 계림유사에 금일왈 오날8)이다.

* 그제와 제! 기멜=ג 기멜 기멜이라 발음하는 이 보답 그9)와 이러하니 제=זה 제 제10)와 합하여 그 날이다. 지난날은 은혜를 보답 하는 날들 긋그제 또한 이 뜻의

---

1) יֵשׁ(예스 · 계시다, 시 58:12).
2) 창 7: 6, 11, 15, 8: 13.
3) שֵׁשׁ(쉐스 · 여섯).
4) יֶשַׁע(야솨아).
5) 기본형 יָסַד(요사드).
6) יְסָדָהּ(예사다 · 세우심이여, 시 24:2)
[כִּי הוּא עַל ~ יַמִּים יְסָדָהּ וְעַל נְהָרוֹת יְכוֹנְנֶהָ
(키 후아 알~ 얌밈 예사다 베 알 네하로트 예콘네하 · 시 24:2)]
그리고 יִסַּדְתָּ(예사타 · 세우심이여, 시 8:3).
7) יוֹם(욤 · 날).
8) 今日曰烏捺.
9) ג(기멜 · 보답).
10) זֶה(제 · 이러하니, 출 29:1; 신 14: 7, 15:2, 10, 21:20).

중복이다.

* 오냐와 오냐 응답=ענה 오냐 응답=עָנָה 오냐 응답 오냐[1] 만나다 오니야=אניה 오니야 만나다 오니야[2]: 배 위로 올라가는 때를 오냐로 하나님이 답하신다. 잘 하였다 오냐=ענה 오냐 만나다 하신다. 오냐아=אניה 오니야다. 숨 쉬게 된다.

요나가 배 밑층으로 내려간 배는 사판=ספן 사판 밑으로 내려간 배[3]이다. 막다른 골목에서 희망하는 배=세피나=ספינה 세피나 밑으로 내려간 배=סְפִינָה 세피나 밑으로 내려간 배[4]다. 그 배=하스피나 그 배=הספינה 하스피나 그 배=הַסְּפִינָה 하스피나 그 배[5] 하나님을 거역한 배다.

* 옳아와 오라 빛 낮=אורה 옳아 빛 낮=אוֹרָה 옳아 빛 낮[6]: 옳아=오라 빛 낮=אורה 옳아 빛 낮=אוֹרָה 옳아 빛 낮 빛에 나오라!

* 오라와 오라흐 길 도로=ארח 오라흐 길 도로=אֹרַח 오라흐 길 도로[7]: 내 머리 속으로 빛=오라=ארח 오라흐 길 도로=אֹרַח 오라흐 길 도로 오라 내 길로 오라!

* 오래도록과 레도로트 오람=לדרת עולם 레도로트 오람 오래도록=לְדֹרֹת עוֹלָם 레도로트 오람 오래도록[8]: 레도로트 오람=לם לדרת עו 레도로트 오람 오래도록=לְדֹרֹת עוֹלָם 레도로트 오람 오래도록

---

1) עָנָה(오나 · 응답, 말 2:12).
2) אֳנִיָּה(오니야 · 만나다 · 접근하다, 윗 층의 배 욘 1: 3; 사 43: 11).
3) סְפָן(사판 · 배, 욘 1:5).
4) סְפִינָה(세피나, 배, 욘 1: 5).
5) הַסְּפִינָה(하스피나 · 내려갔을 때의 그 배, 욘 1: 5).
6) אוֹרָה(오라 · 빛 · 낮 · 영광, 왕하 4:39; 에 8:16; 시 139:12).
7) אֹרַח(오라흐 · 도로, 길, 시 119:101).
8) לְדֹרֹת עוֹלָם(레도로트 오람 · 영세까지, 창 9:12).

오래도록 마음의 십자가 지고 눈으로 바라 볼 수 있어!

* 오르와 오르빛=אור오르 빛=אוֹר오르 빛1): אור오르 빛ר=וֹ=א오르 빛이다. 글자풀이는 내 머리이다. 빛이다. 그 분이 빛이다. 그 분은 이 빛 큰 광명으로 낮을 주관하시자2) 빛이 점점 많아져서 밤의 어둠이 없어진다.

* 오시어와 오시아으=אושיע=אוֹשִׁיעַ오시아으 내가 구원하여3): 오시와요! 오시아으=אושיע오시아으 내가 구원하여=אוֹשִׁיעַ오시아으 내가 구원하여.

* 오심과 오심지켜 행함=עשים오심 지켜 행함=עֹשִׂים오심 지켜 행함4) 오심: 오심=עשים오심 지켜 행함=עֹשִׂים오심 지켜 행함 온다의 높임말 오심이다. 내가 눈으로 보게 오심이다. 오심=עשים오심 지켜 행함=עֲשִׂים오심 지켜 행함오심이다. 눈으로 보이게 עשים오심 지켜 행함=עֹשִׂים오심 지켜 행함5) 오셔6) 사랑하는 이가 오셔! 기본형은 아싸=עשה아싸 행하다=עָשָׂה아싸 행하다이다. 신나는 일이다. עֹשֶׂה오셔 행하셔7) 모습을 보여주시려 עשה오셔 행하셔=עֹשֶׂה오셔 행하셔8) 행하시는 עשה오세 행하시는=עֹשֶׂה오세

---

1) אוֹר(오르 · 빛 · 밝힘 · 광선 · 계몽).

2) אֶת~הַמָּאוֹר הַגָּדֹל(에트~하마오르 핫가돌 렘멤메셀레트 하욤, 창 1: 16).

3) אוֹשִׁיעַ(오시아으 · 내가 구원하여, 슥 8:13).

4) עֹשִׂים(오심 · 지켜 행함, 제사를 드림, 왕하 17:32, 34, 41; 에 9:27 렘 8:612).

5) עֹשִׂים(오심 · 지키라, 연하여 지켜, VQAMP, 에 9:21, 27) ·עֹשֵׂה(오쎄 · 행하시며, 시 103: 6) · עֹשֶׂה(오쎄아 · 행하시는, 삼상 12: 16) · עֹשֵׂה(오쎄아 · 행하시는, 암 9: 12).

6) עֹשֶׂה(오쎄 · 행하시며, 시 103: 6) · עֹשֶׂה(오쎄아 · 행하시는, 삼상 12: 16) · עֹשֶׂה(오쎄아 · 행하시는, 암 9: 12).

7) עֹשֶׂה(오쎄 · 행하시며, 시 103: 6).

8) עֹשֶׂה(오쎄아 · 행하시는, 삼상 12: 16).

행하시는[1] 그분!

＊ 올람과 올람영원히=עולם올람 오래 영원히=עוֹלָם올람 오래 영원히 올람[2]: 오래 영원히=올람=עולם올람 오래 영원히=עוֹלָם올람 오래 영원히 올람! 나에게 영원히 올람? 하나님으로부터 온 진리에 올람.

＊ 올라와 올라오는=עלה올라 오는=עֹלָה올라 오는 올라[3]: 오는=올라=עלה올라 오는=עֹלָה올라 오는 천국 가는 길이다. 위로=올라=עלה올라 오는=עֹלָה올라 오는 간다. 눈으로 보고 싶어서 올라간다. 무엇을? 그곳에서 무한한 희망의 길을 보여주시는 하나님이 올레 하고 손짓을 하기 때문에 올라간다. 우리나라에 올레 길과 헨드폰 까지 올레이다. 하나님에게로 올라=עלה올라 그 낳은 자의=עֹלָה올라 그 낳은 자의.[4] 모세는 하나님이 부르시매 시내 산으로 올라 하나님께로 향[5]하였다. 마음과 정성을 다하여 인도하여 낸=하올라인도하여 낸=העלה하올라 인도하여 낸=הֶעֱלָה하올라 인도하여 낸[6] 아주 많이 올라갔다!

＊ 올라 타와 올라 타올라가서 이르러=עלתה올라타 올라가서 이르러=עָלְתָה올라타 올라가서 이르러 올라 타[7]: 올라가서 이르러=

1) עשה(오쎄아 · 행하시는, 암 9: 12).
2) עוֹלָם(올람 · 영원히, 신 13: 17).
3) עֹלָה(올라 · 오는, 아 3:6).
4) ליולדתה(레욜라디타 · 그 낳은 자의, 라 6:9).
5) 시 74: 23.
6) הֶעֱלָה(헤엘라 · 인도하여 낸, 왕하 17:36).
7) עָלְתָה(올라타 · 올라가서 이르러 · 창 2:8).

올라 타올라가서 이르러=עלתה올라타 올라가서 이르러=עָלְתָה올라타 올라가서 이르러 올라타는 일은 바로 올라가서 눈으로 확인하는 일이다. 라합이 그의 집에 들어온 두 사람에게 갈 길을 안내 해 준 일이 올라가서 이르러 올라 타올라가서 이르러=עלתה올라타 올라가서 이르러=עָלְתָה올라타 올라가서 이르러 올라타 예수님의 가문에 들어간다.

* 올라타이브와 올라타 이브자기 누각=עליותיו올라타이브 자기 누각=עֲלִיּוֹתָיו올라타이브 자기 누각 올라타이브[1]: 시편 104편 물에 그분이 자기누각에 올라타 이브=עליותיו올라타이브 자기 누각=עֲלִיּוֹתָיו올라타이브 자기 누각 올라 타이브! 이유는 그 분이 땅을 풍족하기 위해서!

* 올라와 올라너는 올라가서 עלה올라 너는 올라가서=עֲלֵה올라 너는 올라가서 올라[2].

* 올랐다와 올라트번제=עלת올라트 번제=עֹלֹת올라트 번제[3]: *

* 나알림과 라알림라알림 산양을 위하여=לעלים라알림 산양을 위하여=לַיְּעֵלִים라알림 산양을 위하여 라알림[4]은 그 분의 영원하심을 알리는 일[5]이다. 그 분의 아드님이 제물로 드려지며 우리가 영원히 살 수 있도록 하시려는 일을 보여주시는 일이다. 결국 우리의 삶도 보여주기 위해 사는 일

---

1) עֲלִיּוֹתָיו(올료타이브·자기누각의, his chambers, 시 104: 3).

2) עֲלֵה(올라 · 너는 올라가서, 신 3:27; 시 18:10).

3) עָלְתָה(올레트 · came up, 창 41:22) · 번제 עֹלַת(올라트 · 번제, 민 29: 6, 6) · עֹלֹת(올로트 · 번제, 창 8: 20) · עֹלֹת(올로트 · 번제로, 창 8: 20).

4) לַיְּעֵלִים(라알림 · 산양을 위하여, P.D.NMP, for the wild goats, 시 104:18).

5) פֹּעַל(포알 · 노동).

이다.

올람과 올람[영원히]=עלם[올람 영원히]=עוֹלָם[올람 영원히] 올람1) 하고 물으시는 분 따라 희생하는 모습이 오버랩 된다.

* 올림과 올림[어린아이 신자]=עוללים[올림 어린아이 신자]=עוֹלְלִים[올림 어린아이 신자] 올림2): 편지를 다 쓰고 끝에다 올림이라 쓰는 한국인의 풍습이 있다. 어린아이[올림]=עוללים[올림 어린아이 신자]=עוֹלְלִים[올림 어린아이 신자]은 어린아이, 신자다. 어린아이와 같지 아니하면 천국에 들어올 수 없다.

* 옳소와 오쎄[오쎄 행하시며]=עשה=עֹשֶׂה[오쎄 행하시며] 오쎄3): 아아싸 옳소! 하나님이 하시는 일=오쎄[행하시며]=עשה[오쎄 행하시는]=עֹשֶׂה[오쎄 행하시며]!

* 올랐다와 올라트[번제]=עלת[올라트 번제]=עֹלַת[올라트 번제] 올라트4): 번제[올라트]=올라트[번제]=עלת[올라트 번제]=עֹלַת[올라트 번제] 싹이 올랐다.5) 성공하여 번제[올라트]=올라트[번제]=עלת[올라트 번제]=עֹלַת[올라트 번제] 올랐다. 이삭이 번제[올라트]=올라트[번제]=עלת[올라트 번제]=עֹלַת[올라트 번제] 올렸다. 날마다 커 하나님 바라보는 눈으로 십자가에 번제[올라트]=올라트[번제]=עלת[올라트 번제]=עֹלַת[올라트 번제] 올렸다.

* 올라와 올라[올라가서]=עלה[올라 올라가서]=עֲלֵה[올라 올라가서] 올

---

1) עוֹלָם(올람· 영원히) · לְעוֹלָם(레올람· · 영원히, P.NMS, for ever, 시 104. 31).

2) עוֹלְלִים(올림 · 어린아이 · 신자, 시 8:3).

3) עשה(오쎄 · 행하시며, 시 103: 6) · עֹשֶׂה(오쎄아 · 행하시는, 삼상 12: 16) · עֹשֶׂה(오쎄아 · 행하시는, 암 9: 12).

4) עלת(올라트 · 번제, 왕하 16:15).

5) עלת(오로트 · 이삭이 나오고, 창 41:5).

라1) 번제=올레트=עלת=עֹלֶת 올레트2): 제사를 드리려 너는 올라가서=올라 번제=עלה 올라 번제=עֲלֵה 올라 번제! 번제 잎사귀3)가 햇빛 따라 올라!

* 옳았다와 오라르티하= עוררתיך=עוֹרַרְתִּיךָ 오라르티하 내가 너를 깨웠노라4): 내가 너를 깨웠노라!=오라르티하=עוררתיך=עוֹרַרְתִּיךָ 오라르티하 오라르티하 내가 너를 깨웠노라 너답게 옳았다 내가 너를 깨우는 일!

* 요 나와 비둘기=요나=יונה 요나 비둘기=יוֹנָה 요나 비둘기 요나5)는 비둘기. 평화 원하는 비둘기=요나=יונה 요나 비둘기=יוֹנָה 요나 비둘기 요 나다.6)

* 요새와 요셉=יוסף 요셉 요사이=יוֹסֵף 요셉 요사이 어떠십니까? 오로지 하나님을 바라 돌아다니며 입을 여는 요사이=요셉=יוסף 요셉=יוֹסֵף 요셉 요사이 요새 거민 옆에서 오로지 하나님 일만 요셉=יוסף 요셉 요셉 요사이.

* 욕하다와 요카=יכח 요카 책망함이뇨=יָכַח 요카 책망함이뇨 욕하7): 늘 나무라는 책망=욕하 책망함이뇨=יָכַח 요카 책망함이뇨.

---

1) עָלָה(올라 · 너는 올라가서, 신 3:27; 시 18:10). עָלָה(올라, 느 8:15)는 עֲלֵי(알레), וַעֲלֵי(바알레), וַעֲלֵי(바알레), וַעֲלֵי(바엘레), וַעֲלֵי(바알레, 느 8:4).

2) עָלֹת(올레트 · came up, 창 41:22) · עֹלַת(올라트 · 번제, 민 29: 6, 6). · 노아 홍수 후에 그에게 עלת(올로트 · 번제, 창 8: 20) · עלת(올로트 · 번제로, 창 8: 20). .

3) עָלֶה(알레 · 잎사귀, 창 2: 6, 8: 11) · וַעֲלֵהוּ(베올레후 · 잎사귀, 창 3:7, 8:11; 시 1:3; 렘 8:13) · וְהֶעָלֶה(베하올레 · 그 잎사귀, 렘 8: 13) · לְעֹלָה(레올라 · 번제로, 창 22: 2; 레 1: 3).

4) עוֹרַרְתִּיךָ(오라르티하) · 내가 너를 깨웠노라, 아 8:5).

5) יוֹנָה(요나 · 비둘기, 아 5:2).

6) יוֹנָתִי(요나티 · 비둘기, 아 6:9).

7) 기본형 יָכַח יכח(욕하 욕하)의 변형 יוֹכִיחַ הוֹכֵחַ(욕키아흐 혹카아이흐 · 책망함이뇨, 욥, 6:25).

* 와르르와 아루루저주=ארור아루루 저주=אָרוּר아루루 저주와르르 아루루1): 저주=와르르 ארור아루루 저주=אָרוּר아루루 저주 아루루 와르르 저주로 무너진!

* 왔어와 홮스저희는 도모하여 이르기를, 찾았어=חפש홮스 저희는 도모하여 이르기를, 찾았어=חָפַשׂ홮스 저희는 도모하여 이르기를, 찾았어2): 스왔어! 그래 우리 한 지붕 아래서 하고 싶은 말을 우리 다 해보자! 서로 가까이 하고 싶어 말을 다 하고 싶어 찾아 왔어! 왔어! 지금도 일본에서는 왔어 행사가 해마다 열린다. 대동강 변 기왓장에서 이 언어가 찾아졌다.

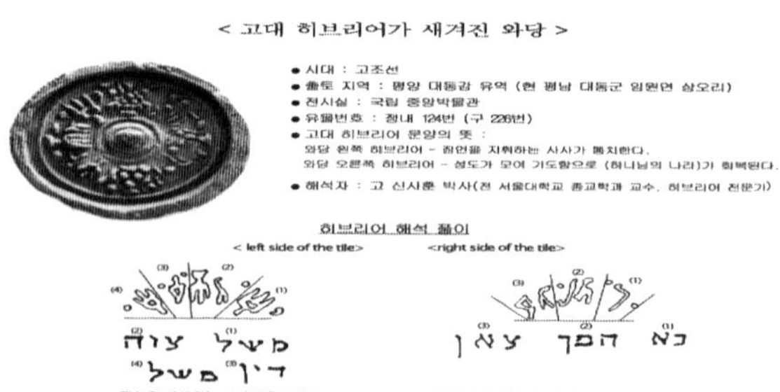

* 없어와 엡스없음=אפס엡스 없음=אֶפֶס엡스 없음3):없음=엡스=אפס=אֶפֶס엡스! 없음! 입으로 나불거리는 일은 멸망하는 일이다.

1) אָרוּר(아루루 · 저주를 받아, 창 3:15).

2) חפש=חָפַשׂ(홮스 · 저희는 도모하여 이르기를, 찾았어, 시 64:6; 잠 2:4; 습 1:2).

3) אֶפֶס(엡스 · 없음, NMS, καὶ εκλελοιπότας 신 32:36).

* 에고와 에코부르짖음=איכה에고 부르짖음=אֵיכָה에고 부르짖음 에고1): 에코부르짖음=איכה에고 부르짖음=אֵיכָה에고 부르짖음 절망 상태의 부르짖음!

* 에헤야와 에헤야에헤야 나로 살게 하소서=אהיה에헤야 나로 살게 하소서=אֶהְיֶה에헤야 나로 살게 하소서 에헤야2): 에헤야=אהיה=אֶהְיֶה에헤야 에헤야 나로 살게 하소서! 우리나라 민요 후렴 에헤야! 간절히 살고 싶은 마음.

* 엠과 엠=אם=אֵם엠3): 어미 우리말 엄마이다.

* 우리와 우리=עורי···עורי···עורי···עורי=עוּרִי..עוּרִי..עוּרִי..עוּרִי우리…우리…우리…우리4): 우리=עורי···עורי···עורי···עורי=עוּרִי..עוּרִי..עוּרִי..עוּרִי우리…우리…우리…우리 하나님이 빛을 주심=우리야= אוריה=אוּרִיָּה우리야 하나님이 빛을 주심!5) 하나님의 눈 안에 내가 들어! 우리야 עורי우리=אוּרִי우리 우리!6)

* 아나와 아나누우리는=אנחנו아나누 우리는=אֲנַחְנוּ아나누 우리는 아나누7): 우리는=אנחנו아나누 우리는=אֲנַחְנוּ아나누 우리는 아나누.

* 오목과 오목오목하게 파였다=עמק오목 오목하게 파였다=עָמֹק오목

---

1) אֵיכָה(에바 · 어찌, 신 32:30).

2) אֶהְיֶה(에헤예 · 나로 살게 하소서, 시 50:21, 119:17).

3) אֵם(엠· 에미· 어미/ ם(호환상 떰)אֵ(이모)= 엄마이다. 이모· 어미, NFS.MZS, τῇ μητρι αὐτοῦ, his mother. 창 44:20).

4) 우리 נוּ(누 · 우리, 시 46:1)이다. 히브리어는 깰찌어다 깰찌어다..깰찌어다 깰찌어다 עוּרִי..עוּרִי..עוּרִי..עוּרִי(우리 우리..우리 우리, 삿 5: 12).

5) אוּרִיָּה(우리야 · 하나님이 빛을 주심, 삼하 11:3, 6, 7, 8, 9, 10, 11, 12, 14, 15, 16, 17, 21, 24, 26, 12:9, 10, 15, 23:39; 왕상 15:5; 대상 11:41; 스 8:33; 느 3:4.이하생략.

6) עוּרִי(우리 · 일어나라, 아 4:16).

7) אֲנַחְנוּ(아나누 · 우리는, 시 100:3).

오목하게 파였다1): 땅이 오목하게 파였다עמק오목 오목하게 파였다=עָמֹק오목 오목하게 파였다.

* 웃으마와 우스마즐거워하라ושמחה우스마 즐거워하라=וּשְׂמַחָה우스마 즐거워하라 웃으마2): 즐거워하라=웃으마우스마 즐거워하라=ושמחה우스마 즐거워하라=וּשְׂמַחָה우스마 즐거워하라 웃으마!

* 우스워와 솨아수아이즐거워=שעשעי솨아수아이 즐거워하라=שַׁעֲשֻׁעַ솨아수아이 즐거워하라 우스워3): 정말 즐거워=우스워=솨아수아이즐거워하라=שעשעי솨아수아이 즐거워하라=שַׁעֲשֻׁעַ솨아수아이 즐거워하라 주의 말씀이 즐거워 죽겠다. 글자 앞에 아=א아가 덧붙어 내가 즐거워하며 에썼다우스워=אשתעשע에스다아솨아 즐거워하며=אֶשְׁתַּעֲשָׁע에스다아솨아 애썼다 우스워4) 즐거워지는 일은 예수님이 십자가를 지시며 웃음을 엣다 주시어서이다. 애썼다라는 발음이 찾아진다. 우리에게 웃음이 있는 이유이다. 그 분이 십자가를 지심으로서이다.

* 울라와 울라이혹시 … 할지 모르겠다=אולי울라이 혹시 … 할지 모르겠다=אוּלַי울라이 혹시 … 할지 모르겠다..할지 모르겠다 울라이5): 가만둬라 혹시=울라이=אולי울라=אוּלַי울라 울라!

* 움마 사나워와 움뭐사나이브=ומשנאיו움뭐 사나이브 미워하는 자=וּמְשַׂנְאָיו움뭐 사나이브 미워하는 자6): 미워하는 마음=움

---

1) עָמֹק(오목 · 우묵하게 파였다, 레위 13:22, 32, 34).
2) וּשְׂמַחָה(우스마 · 즐거워하라, C.VQMMYS, and rejoice, 잠 5:18).
3) שַׁעֲשֻׁעָי(솨아수아이 · 즐거워 함, 시 119:77, 92).
4) אֶשְׁתַּעֲשָׁע(에스타아솨아 · 즐거워하며, 시 119:16).
5) אוּלַי(울라이 · 혹시, ..할지 모르겠다, 습 2:3).
6) וּמְשַׂנְאָיו(움뭐사나이브 · 미워하는자의, καὶ οἱ μυσούντεσ αὐτόν, 신 33:11).

뭐사나이브=ומשנאיו움뭐 사나이브 미워하는 마음=וּמְשַׂנְאָיו움뭐 사나이브 미워하는 마음 움마 사나워!

* 이렇게와 예레카이흐이렇게=ירכיך예레카이흐 이렇게=יְרֵכֶיךָ예레카이흐 이렇게[1]: 이렇게예레카이흐=예레카이흐이렇게=ירכיך예레카이흐 이렇게=יְרֵכֶיךָ예레카이흐 이렇게 이렇게.

* 이레와 7일=여호와 이레7일=יהוה יראה7일 여호와 이레=יְהוָה יִרְאֶה7일 여호와 이레 여호와 이레[2]: 7일=여호와 이레=יהוה יראה7일 여호와 이레=יְהוָה יִרְאֶה여호와 이레 여호와 이레 하나님이 눈동자 같이 보살피는 7일=평생 여호와 이레=יהוה יראה7일 여호와 이레=יְהוָה יִרְאֶה7일 여호와 이레 하나님이 7일 동안, 평생 동안 보호하신. 기본형 바라보다라아 돌보다=돌보다라아=ראה라아 돌보다=רָאָה라아 돌보다[3] 하나님 능력의 손이의 이=י이[4]가 앞에 붙어 7=이레=יראה=יִרְאֶה이레[5] 영원 의미하 이레 7=이레=יראה=יִרְאֶה이레 7일 하나님이 하나님의 백성들을 돌보신 일곱과 7=יראה=יִרְאֶה이레는 영원 의미다. 일주일 7일 연속은 영원 의미이다. 7일 동안=쉬브아트 암밈=שבעת ימים=שִׁבְעַת יָמִים쉬브아트 암밈[6] · 아주 많이 세어 보아의 7일=하세뫄이=השביעי=הַשְּׁבִיעִי하세뫄이 아수 많이 세어보아[7]. 이레마다 아주 많이 세어

---

1) יְרֵכֶיךָ(예레카이흐 · 이렇게, 아 7:2).
2) יְהוָה יִרְאֶה(예흐바 이레아 · 하나님이 눈동자 같이 보살피는, 창 22: 14).
3) רָאָה(라아 · 바라보다, 돌보다).
4) י(이 · 하나님의 손 · 예수님의 손).
5) יִרְאֶה(이레 · 이레, 창 22:14).
6) שִׁבְעַת יָמִים(쉬브아트 암밈 · 이레; 삼상 11: 3, 13: 8 이하 생략).

보아도=레쉐보아트 하야임=לשבעת הימים레쉐보아트 하야임 이레마다 와서=לְשִׁבְעַת הַיָּמִים레쉐보아트 하야임 이레마다 와서1) 칠십 이레=77일 세보고 세보아도=שבעים שבעים=שִׁבְעִים עִים שָׁבֻ쇄부임 쉬브임 77, 칠십이레 77, 칠십이레 세 봄 세 봄2) · 7 일마다, 이레마다 세어봄 שבעים=שָׁבֻעִים쇄부임 7, 7, 7… 이레 마다3) · 아주 많이 세어 봄하쇄부임=השבעים하쇄부임 아주 많이 세어봄=הַשָּׁבֻעִים하쇄부임 아주 많이 세어봄4) · 아주 많이=하쇄부 아으=השבוע=הַשָּׁבוּעַ하쇄부아으 7… 7을 여러번 세어보아하 세 보 아5) 이레 7 의미는 평생 하나님이 돌보신다는 뜻이다.

* 타이르고와 타이로흐주께서 베푸시고=תערך타이로흐 주께서 베푸시고=תַּעֲרֹךְ타이로흐 주께서 베푸시고 주께서 베푸시고6); 그 분은 늘 우리를 타이르고=타이로흐주께서 베푸시고=תערך타이로흐 주께서 베푸시고=תַּעֲרֹךְ타이로흐 주께서 베푸시고 타이르신다.

* 이래 하자와 이레하즈씻고=ירחץ이레해즈 씻고=יִרְחַץ이레하즈 씻고 씻고 계시는7):이래 하자! 씻고 있자 "washing"! 지금도 하나님이 하나님의 백성들의 죄를 씻기고=이레 하즈씻고=ירחץ이레하즈 씻고=יִרְחַץ이레하즈 씻고 이레해자. 씻기 고=봐이레하쯔=וירחץ=וַיִּרְחַץ봐 이레하자.8) 우리말에 이레

7) הַשְּׁבִיעִי(하스비이이 · 이레, 삼하 12: 18).
1) לְשִׁבְעַת הַיָּמִים(레쉬브아트 하야임 · 이레마다 와서, 대상 9: 25).
2) שָׁבֻעִים שִׁבְעִים(쇄부임 쉬브임 · 77, 칠십이레, 단9: 24).
3) שָׁבֻעִים(쇄부임 · 이레, 단 9: 25).
4) הַשָּׁבֻעִים(하쇄부임 · 이레, 단 9: 26).
5) הַשָּׁבוּעַ(하쇄부아 · 이레, 단 9: 27).
6) תַּעֲרֹךְ(티이로흐 · 주께서 베푸시고, 시 23:5).
7) יִרְחַץ(VQIMZS, 이레하쯔 · 씻고 계시는, 레 1: 9, 13, 9: 14).

해줄게 이레해주라는 말이 있다. 이레 해주씻기는=ירחצו=이레해주 씻기는יִרְחֲצוּ이레해주 씻기는 이레 해주![1] 미 완료형 복수 문법이다. 진행형이다. 씻겨 지면서 죽기를 면한다. 하나님이 우리를 씻기시기에 우리는 죽기 면한다.

* 이루사와 이루사=ירשה이루사 기업으로=יְרֻשָּׁה이루사 기업으로[2]: 기업이 이루사토기업=ירשת이루사토 기업=יְרֻשַּׁת이루사토 기업[3] 우리말 그대로 그 분이 이루시다가 기업이다. 따라서 기업은 내가 이루는 것이 아니라 그 분이 이루신다.

* 이르드니와 이르드푸니따르리니=ירדפוני이르드푸니 따르리니=יִרְדְּפוּנִי이르드푸니 따르리니[4]: 나는 그대를 따르리니 아름다운 싯구 따르리니=이르드푸니따르리니=ירדפוני이르드푸니 따르리니=ירדפונ이르드푸니 따르리니=יִרְדְּפוּנִי이르드푸니.이르러 덮으니.

* 임과 임만일=אם임 만일=אִם임 만일[5]: 만일 뜻, 임이다.

* 임과 ים=יִם임 임: 임은 반드시 같이 어울려 쌍수임[6]이다. 복수 임[7]과 더불어 할 때도 임[8]이다. 더불어 하는 님과 함께이다. 임과 함께=임with=עם임 with=עִם임 with 임[9]: 우리에게 가장 선호도 높은 임=עם임 with=עִם임

---

8) וַיִּרְחַץ(바이레하쯔 · 씻기고 있는, 창 43: 31; 삼하 12. 20).
1) יִרְחֲצוּ(이레하쭈 · 씻기는, 신 21:6).
2) יְרֻשָּׁה(이루사 · 기업으로, 신 3:20)
3) יְרֻשָּׁה(이루사 · 기업으로, 신 3:20)
4) יִרְדְּפוּנִי(이르드푸니 · 따르리니, 시 23:6).
5) אִם(임· 만일, 'Eav, if. 창 44:31).
6) יִם(임·쌍수표시).
7) ים는(임· 같이 어울려서).
8) עִם(임·더불어).
9) עִם(임 · 함께, 왕하 14:22; 대상 4:23).

with 임이다. 임은 혼자만의 임이 아니다. 우리 עם임 with=עַם임 with 임1) 함께 더불어 선한 마음을 같이하는 우리 임with 말씀 같이 있어 임이다. 가장 사랑하는 임아=임하님이여=עמך임하 님이여=עִמְּךָ임하 님이여2)이다 · 당신과 나 모든 것을 함께 한 임3)이여! 생명의 은혜를 내가 내 모자 안에 넣는 은혜를 받는다. 예수님 말씀으로부터=임님=ים임 님=יָם임 님과 더불어 선한 마음 생애!

* 임 하!와 함께=עמך=עִמְּךָ임마4) 임마누엘=עמנואל=임마누엘 임마누엘: 임마! 임마누엘=עמנואל=עִמָּנוּאֵל임마누엘 임과 함께. 엘=אל=אֵל엘은 하나님5), 누=נו=נוּ누 누는 우리 · 임마=עמ=עִמָּ임마 임마=עמ=עִמָּ는 너와 함께. 임과 함께, 우리와 함께 עמנו=עִמָּנוּ임마누 임마누엘=עמנואל=עִמָּנוּאֵל임마누엘은 하나님이 우리와 함께. 너와 그리고 우리 모두 하나님과 함께. 친한 사이끼리 임마! 너와 함께 임마=מ ע=עִמָּ임마 함께이다.

* 이삭과 이쯔하크이삭=יצחק이쯔하크 이삭=יִצְחָק이쯔하크 이삭6): 우리가 먹고 사는 자료의 벼 이삭 발음 이삭은 아

1) עם(임 · 우리, 왕하 18:27).

2) עמך(임하·당신을, P.MYS, thee, 대하 20:6).

3) ים(임 · 생명, 잠 8:35).

4) עמך(임마 · 너와 함께, 민 11:16, 17; 신 2:7, 22:29).

5) 엄원식, 『구약성서배경학』(대전: 침례신학교출판부, 2005)., 175.: 엘은 가나안 신들 가운데 최고의 신, 엘은 히브리어와 우가릿어에서 신을 지칭한다. 아카드어로는 일루(ilu), 아랍어로는 일라(ilha)로서 정관사가 붙으면 알라(Allha)이다. 엘은 셈어에서 원래 일룸(ilum)으로 주격 어미 우(u)가 떨어져 히브리어에서 엘이 된 것이다. 이 엘 신은 기원전 26세기경 추측된 설형문자에서 발견된다. 다른신들에 비해 뛰어난 신으로 기원전 기원전 30세기 후반과 20세기 전반에 형성: Albright op. cit., p. 104.

브라함의 아들 이삭이쩨하크יצחק이쩨하크 이삭=יִצְחָק이쩨하크 이삭 웃는 의미 이삭이쩨하크이다. 아브라함이 하나님에게 절대 순종할 때에 그 보답으로 이삭 웃음이 주어졌다. יצחק 이쩨하크 이삭=יִצְחָק이쩨하크 이삭이삭의 이삭 곧 하나님=י이로 하나님 웃음, 기분이 좋고=צחק쩨하크 조크 좋고의 웃음=צְחָק쩨하크 조크 좋고의 웃음! 하나님이 넘치도록 주시는 יצחק=יִצְחָק 이삭이 향기다. 젖을 주다=요나크=ינק=יֹנֵק요나크 하나님이 먹도록 해주는 의미다.

벼 이삭의 이삭의 웃음이 있다. 아브라함의 아들 יצחק=יִצְחָק이삭 이삭의 이=י이 하나님이 웃음을 가져오게 하셨다다. 기본형 좋고이다. 흔히 쓰는 조크이다. 하나님이 의롭게 하시기에 기분 좋고이다. 웃는다. 요짜크=יָצָק=יִצַּק요자크 하나님이 넘치도록 향기 주시어 그 냄새가 향기롭다. 영원히 먹도록 해 준=젖요나크=요나크젖=ינק요나크=יֹנֵק요나크 젖. 젖을 주다하카크=하카크젖을 주다=חקק하카크 젖을 주다=חָקַק하카크 젖을 주다1).

* 일컬어와 이름을 짓나이크라=이크라일컬어 이름을 짓나=יקרא이크라 이름을 짓나=יִקְרָא이크라 이름을 짓나2): 우리에게 일컬어 라는 말이 있다. יקרא이크라 이름을 짓나=יִקְרָא이크라 이름을 짓나! · 이름을 짓나!

* 입으리와 히브리이브리 입으리 이쁘리=이브리히브리=עברי이

6) יִצְחָק(이쩨하크 · 이삭, 창 22: 3).
1) חָקַק(하카크, 삿 5: 14, 젖을 주다 · 교육시켜서).
2) יִקְרָא(이크라! · 이름을 짓나 · VQIMZS, he would call, 창 2:19).

브리 히브리=עִבְרִי이브리 히브리1): 히브리이브리 입으리 이쁘리=이브리입으리 이쁘리=עברי이브리 입으리 이쁘리=עִבְרִי이브리 입으리 이쁘리 입으리나 입으리나 모두 우리말이다. 히브리인은 물 건너 왔다 했다. 바로 우리민족의 한 뿌리가 되는 히브리인이다. 왜냐하면 슈메르 민족이 우리민족이기 때문이다. 성경의 우리말의 잔뿌리가 그대로 있다. 히브리=이브리=입으리 발음이다. 혹은 이쁘리도 된다. 옷과 관련되는 이브리 히브리는 하나님 을 늘 옷 입고 다니는 민족이다. 물 건너 온 이들이 이브리, 이쁘리다. 하나님은 우리에게 보여 주시려 옷 입으셨다. 광채와 권위와 존귀로 옷 입으리=라바셔타입으셨다=לבשת라부셔타=입으셨다=לָבַשְׁתָּ라부셔타=입으셨다 히브리=이브리=이쁘리 עברי이브리 입으셨나이다=עִבְרִי이브리 입으셨나이다 입으셨나이다2). 존귀=הוד=הוֹד호드3) 호드 · 존귀의 숨쉬기를 바라는 가슴하다르 권위=권위하다르 =하다르권위=הדר하다르 권위=הָדָר하다르 권위4) 하다르 · 권위의 옷으로 숨 쉬는 가슴 옷을 입으셨다. 그의 사랑하는 백성이 숨 쉴 수 있게 해 주시려 바로 본인임을 드러내시려 옷 입으셨다. 그 분이 우리를 입히다, 입히시니히파=히파입혔더라=הפה히파 입혔더라=הִפָּה히파 입혔더라 .

---

1) עִבְרִי(이브리 · 히브리, 욘 1:9 등).

2) לָבַשְׁתָּ(라바셨다 · 입으셨나이다, VQAMYS, thou art clothed with, 시 104:1) 주께서 입으시며 לָבַשְׁתָּ(라바셨다·입으셨나이다, VQAMYS, thou art clothed with, 시 104:1).

3) הוֹד(호드·존귀, NMS, honer, 시 104:1).

4) הָדָר(하다르·권위, NMS, NMS,majesty, 시 104:1).

입혔더라1)하시고 입히시니=룹비니=לביני2)룹비니 · 입히시니 마음으로 입히시니, 입으리=히브리=עברי=עִבְרִי이브리3)이 우리 천손민족이다.

* 있어와 예수 יש=יֵשׁ예쉬4): 예수 yes. 우리나라 여인들은 남편이 멀리 떠나 있더라도 항상 같이 있음을 저녁마다 떠나간 사람을 위해 밥을 놋그릇에 담아 아랫목 이불 속에 넣어 따끈하게 했다. 아내들은 늘 그 자리에 있다. 있어=예수 יש=יֵשׁ예쉬이다.

* 이씨와 이쉬남자=איש이쉬 남자=אִישׁ이쉬 남자5): 남자들은 걸핏하면 이씨 이씨 하고 언성을 높인다. 이 이씨이쉬 남자=איש이쉬 남자=אִישׁ이쉬 남자 남자! 남자=이씨이쉬 남자=איש이쉬 남자=אִישׁ이쉬, איש이쉬 이 남자, 하나님 손으로 연단된 특별한 족속 남자는 하나님 아닌 다른 사람에게 지배받기를 싫어한다.

모세의 노래에는 하나님을 용사라 한다. 용사 איש이쉬 남자6)다. 여호와의 정의를 여호와는 용사시니 그의 이름이시라=שמו יהוה מלהמה איש יהוה=שְׁמוֹ יְדוָה מִלְחָמָה ש אִי יְדוָה여호와 이쉬 밀하마 여호와 쉐모7) 용사 "이쉬"이다. 하나

---

1) הִפָּה(히파 · 입혔더라, VPAMZS, 대하 3:9 등).

2) לְבִינִי(룹비시니 · 입히시니, 욥 10:11).

3) עִבְרִי(이브리 · 히브리, 욘 1:9 등).

4) יֵשׁ(예쉬 · 있어, 창 31:29; 신 16:9) · יֵשַׁע(예솨) · יֵשַׁע(예솨 · 구원자) · יְשׁוּעָה(예슈아 · 구원, 시119:155) · יָשַׁע(야솨아)로 יֵשַׁע(예솨) · יֵשַׁע(예솨 · 구원자).

5) אִישׁ(이쉬 · 남자, NMS, one, ἕκαστοσ, 창 32:25).

6) אִישׁ(이쉬 · 용사의 사, NMSG, συντρίβῶν. 출 15: 3.

님의 말씀이 세워지는 지붕아래에서의 존재 예수 용사이다. 눈으로 보이는 분 용사 이쉬 예수다. 여호와는 이름을 위해서 존재하시는 분이고 그 존재는 인간의 현존, 곧 하나님이 성육신 하신 분이다. 한국남자들은 "이쉬! 이쉬! 라는 말을 잘 한다. 예수님과 하나님과의 관계는 하나님의 존재가 세상 예수님이시다.

* 있으라 엘과 이스라엘=יִשְׂרָאֵל[이스라엘]1):이스라엘=רָאֵל יִשְׂ[이스라엘]에는 하나님이 계시어 안전과 평화가 깃든다. 신라시대『유서필지』2)에 이시거늘 · 이시옵고 · 이시어든 있으라! יִשְׂרָאֵל[이스라엘] · 있으라 엘이다.

* 있으라죠와 이스르주=ישרצו=יִשְׁרְצוּ[이스르주 번성케 하라]3): 번성하라[이스르주 번성케 하라]=이스라 주[번성케 하라]=ישרצו =[이스르주 번성케 하라]יִשְׁרְצוּ[이스르주 번성케 하라] 이스르주 · 번성케 하라!

여호와는 용사시니 여호와는 그의 이름이시로다 7) דוָה אִישׁ מִלְחָמָה יְהוָה שְׁמוֹ :(여호와 이쉬 밀하마 여호와 쉐모: 여호와는 용사시니 여호와는 그의 이름이시로다· NE NMSG NFS NE NMS.MZS, the LORD is a man of war war the LORD is his name, κύριος συντρίβύν κύριος όνομα αύτο, 출 15:3)

1) יִשְׂרָאֵל(이스라엘 · 있으라 엘).

2) 유사와 서리가 꼭 읽어야 할 책『儒胥必知』중 이두(吏讀) 해설 지침. 1권 1책(56장)에 〈이두휘편〉 추가. 문체 중 이서지체(吏胥之體)는 〈이두휘편 吏讀彙編〉 자수별(字數別) 이두 분류 244종의 이두의 읽는 방법표기.

3) יִשְׁרְצוּ(이스르주 · 번성케하라, 창 1:20).

(9). ㅈ음가 시작의 우리말과 히브리어와의 발음 닮음

*자와 제제 이것이니=זה제 이것이니=זֶה제 이것이니[1]: 자 여러분! 자=이것이니제=זה제 이것이니=זֶה제 이것이니 자! 우리들은 청중에게 말 할 때, 혹은 대상을 향하여 자라고 하는 바, =제이것이니=זה제 이것이니=זֶה제 이것이니[2] 자! 자 여러분!

* 짜와 메마른쯔히하 메마른=צחיחה쯔히하 메마른=צְחִיחָה쯔히하 메마른[3]: 메마른=쯔이하짜 메마른=צחיחה쯔히하 메마른=צְחִיחָה쯔히하 메마른 우리말에 물이 묻은 물건을 짜내 물기를 없어지게 한다. 물 짜 내 메마른=짜내 쯔이하짜 메마른=צחיחה쯔히하 메마른=צְחִיחָה쯔히하 메마른 · 메마른=צחצחה쯔히하 메마른 · 마른 향기.

* 작은과 노인자칸=זקן자칸 노인 작은=זָקֵן자칸 노인 작은[4]: 히브리어 =זקן자칸 노인 작은=זָקֵן자칸 노인 작은! 장로는 몸을 낮추고 신도들을 잘 인도 זקן자칸 인도하느라 작은 몸매에 얼굴에 주름이 자글자글 · 째글째글 · 쭈글쭈글 · 쪼글쪼글 · 찌글찌글하도록 정성을 다하여 어려움을 잘 통과 하였다.

* 자고로와 자고로기억할지니라=זכור자고르 기억할지니라=זָכוֹר사고르 기억할지니라[5]: זכור자고르 기억할지니라=זָכוֹר자고르 기억할지니라 기억할찌니라!

---

1) זֶה(제 · 이것이니, 신 14: 7, 15:2, 10).
2) זֶה(제 · 이러하니, 출 29:1; 신 14: 7, 15:2, 10, 21:20).
3) צְחִיחָה(쯔이하 · 메마른, 시 68:6).
4) זָקֵן(자칸 · 노인, 창 43:27; 왕하 4:14).
5) זָכוֹר(자고르 · 기억할찌니라, 신 24:9, 18).

* 자기와 자가르[남자]=זכר[자가르 남자]=זָכוֹר[자가르 남자]1): 하나님께서 만드신 자기=남자[자가르]=זכר[자가르 남자]=זָכוֹר[자가르 남자] 이다. 반면 이 남자의 짝 여자는 내게와[여자]=נקבה[여자 내게와]=נְקֵבָה[여자 내게와]2)이다. 만드샤=낳으셔=נעשה=נַעֲשֶׂה[나아셔 만드셔]3) 만드셔 새 하늘과 새 땅4)을 알게5)하는 존재이다. 자기야와 남자=기억의 존재 자카르[남자]=זכר[자카르 남자]=זָכָר[자카르 남자]6)는 우리말로도 자기야이다. 자기는 연장[남성]을 지키는 머리를 가졌다. 대부분 부부들은 상대방을 향하여 자기야!라고 부른다. 남자=기억=자코르זכר[자카르 남자]=זָכָר[자카르 남자 신 4:16] 연장 가진 남자.

* 자나와 자나[음란]=זנה[자나 음란]=זָנָה[자나 음란]7): 음란[음란]=זנה[자나 음란]=זָנָה[자나 음란 행음]이다.

* 자빠트리니와 לי למה עזבתני=אלי אלי לָמָה עֲזַבְתָּנִי אֵלִי אֵ[엘리 엘리 라마 아자브타니=하나님 하나님 어찌하여 나를 버리시나이까]8). עזבתני =עֲזַבְתָּנִי[아자브타니]는 버리셨다의 완료형! 아자브타니, 사박다니: 주님은 십자가에서 돌아가시며 “엘리 엘리 라마 사박다니” 나의 하나님 나의 하나님 어찌하여 나를 버

---

1) זָכָר(자가르 · 남자, NMS, male, ἀρσεν, 창 1:27).
2) נְקֵבָה(내게봐 · 여자, NFS, female, Θῆλυ, 창 1:27).
3) נַעֲשֶׂה(나아셔 · 만드셔, VQICXP. Letus made, Ηόιησωμεν, 창 1:26).
4) καινοὺς δε οὐρανοὺς καὶ γῆν(카이우라노우스 데 카이 겐 · 새 하늘과 새 땅, new heavens and earth, 벧 후 3:13).
5) ἐγνώκατε(에그누카테 · 알게, ye have known, 요 일 2:13).
6) זָכָר(자카르 · 남자 · 기억, 창 1: 27, 32: 13).
7) זָנָה(자나 · 음란, 호 1:2).
8) אֵלִי אֵלִי לָמָה עֲזַבְתָּנִי(엘리 엘리 라마 아자브타니 · , 시 22:1).

리셨나이까! 다윗도 אלי אלי למה עזבתני 엘리 라마 아 자빠트리니. 우리나랏말 자빠트리니거 있다. 히브리어 =עֲזַבְתָּנִי אֵלִי אֵלִי לָמָה=엘리 엘리 라마 사박다니=나의 하나님 나의 하나님 어찌하여 나를 버리셨나이까! 예수님 십자가에서의 부르짖음!

* 자라와 디히 네 씨자라=זרעך자라 네 씨=זַרְעֲךָ자라 네 씨1)와 자손자람 자손=זרעם자람 자손=זַרְעָם자람 자손2): 자손=종족=자르오자손 종족=זלע자르오 자손 종족=זַלְעַ자르오 자손 종족3) 이스라엘 백성들이 먹은 만나는 씨 같고도=케제라씨 같고도=כְּזֶרַע케째라 씨 같고도4)인데 접미사 כְּ 케를 빼면 זֶרַע제라 씨 제라 역시 씨와 종자5)이다. 씨와 종자 לזרע레째라 씨와 종자도 같은 법칙이 적용된다. 씨=זרעך=זַרְעֲךָ자라 싹.

* 짠, 사랑하는 자=향기=짜흐향기=צח짜흐 향기=צַח짜흐 향기 사랑하는 자의 향기6) · 사랑하는 자=사랑하는 자의 모습=짜흐=צח=צַח: 그대를 만나 마음이 짠하다. 사랑하는 자의 모습 자7) 그대 내음이 아 좋아! 하나님의 도와주시고 보살펴 주시는 빛이 내려 쬐이는 때! 새벽의 우물의 향기같은 사랑하는 자의 모습=향기=짜흐=צח=צַח짜흐 코로 냄새 맡으며 아 좋다!

---

1) זַרְעֲךָ(자라 · 네 씨가, 창 22:17).
2) זַרְעָם(자람 · 자손, 에 9:27).
3) זַלְעַ(자르오 · 종족을, 에 10:3).
4) כְּזֶרַע(케제라 · 씨 같고도, 출 16:30).
5) לַזֶּרַע(레째라 · 종자, 창 47:24).
6) צַח(clear · 사랑하는 자의 모습, 사 18: 4).
7) צַח(clear · 사랑하는 자의 모습, 사 18: 4).

이스라엘 백성들이 하나님을 만나는 때 · 새벽이다. 향기=짜흐=צחה=צַחֶה[짜흐] 짜흐 · 그의 돌보심이 빛으로 내려 쬐니 צחה[짜흐] 좋아.

*잘 됐고와 의[義]=자타크[의]=צדק[자타크 의]=צַדַק[자타크 의]1): 잘 됐고 의 자타크=צדק[자타크 의]=צַדַק[자타크 의] 향기가 그의 가슴에서 나와 기쁨이 솟아나! 향기 맡는 기쁨! 제대로와 의[義]=제데흐[제데흐 의]=צדך[제데흐 의]=צֶדֶךְ[제데흐 의]2): 의[義]=제데흐=צדך=צֶדֶךְ[제데흐] 제대로 된 세상에는 의[義]가 있다. 히브리 발음 크나 흐는 같다.

* 잘라와 어두움=그림자[젤랄]=젤랄[어두움 그림자]=צלל[젤랄 어두움 그림자]=צֵלֶל[젤랄 어두움 그림자]3): 근심을 צלל[젤랄 어두움 그림자] 잘라! 아주 하 잘라냄=הצללים[하잘라림 아주 하 잘라냄]=הַצְּלָלִים[하잘라림 아주 하 잘라냄]4)으로써 향기가 진동해요! 근심이 צַל[잘라]쩰랄이다. 어두움이 צלל[잘라]쩰랄이다. 아주 잘라내는 일도 하잘라냄=הצללים=הַצְּלָלִים[하잘라림] · 잘라내는 일은 말씀 향기를 아주 많이 들여 마시는 일이다.

* 잘라먹어버렸다=צלמות=צַלְמָוֶת[잘르마베트 음침한 골짜기]5)와 음침한 골짜기: 잘라 먹었다! 잘라먹었다의 끝발음은 묻다6)는 말씀으로 끝장나는 일이다. 잘라먹었다. 잘

---

1) צַדַק(자다크 · 의, 신 25:1 등).
2) צֶדֶךְ(제데흐 · 의, 시 23:2 등).
3) צֵלֶל(쩰랄 · 기본형, 어두움, 아 4:6).
4) הַצְּלָלִים(하쩰라림 · 그림자가, 아 4:6).
5) צַלְמָוֶת(잘르마베트 · 음침한 골짜기,시 23:4).
6) מוּת(무트 · 묻다).

라뭇다경상도 사투리. 잘라먹었다=잘르마베트=צַלְמָוֶת=צלמות=צַלְמָוֶת잘르마베트 음침한 골짜기. 잘르마베트=צלמות=צַלְמָוֶת잘르마베트의 מוּת=מָוֶת마베트의 묻다=무트=מות=מוּת무트 죽다.

* 잡아와 자바=זבח자바 제사=זָבַח자바 제사[1]: 자바=זָבַח자바 제사[2] 제사 지내다. 나쁜 것=잡아=자바=זבח=זָבַח자바 생축을 잡아 제사[3] 향기를 내 집안으로 끌어들인다. 하나님의 명령으로 잡아=자바제사를=זבח자바 제사를=זָבַח자바 제사를[4] · 제사=지베헤제사를=זבחי지베헤 제사를=זִבְחֵי지베헤 제사를[5] · 제사=잡아=쩨바=זבח=זָבַח쩨바 제사를 쩨바[6]는 생축을 잡아=티제바=תזבח=תִּזְבַּח티제바 생축을 잡아[7] וזבחת베자바트 우양을 잡았다=וְזָבַחְתָּ베자바트 우양을 잡았다[8] 익숙하여잡아=자바익숙하여=צבה자바 익숙하여=צָבָה자바 익숙하여[9].

* 잡아 내어와 잡아내어=자바레흐=צוארך=צַוָּארֵךְ자바레흐 잡아내어[10]: 사람에게 있는 신체의 일부분 목은 하나님

1) זָבַח(자바 · 잡아, 동물을 살육하다~ 제사에서, 스트롱넘버 2076)이다. זָבָה(자바 · 잡아) · זָבַח(쩨바아 · 제사를, 창 31:54; 삼상 9:12; 왕하 10:19;사 57:7; 호 6:6) · זִבְחֵי(지베헤 · 제사를, 시 27:6) · זְבַח(쩨바 · 제사를, 시 50:14, 23).

2) תִּזְבַּח(티제바 · 생축을 잡아, 신 12: 15) · וְזָבַחְתָּ(베자바트 · 우양을 잡았다, 신 12: 21).

3) צָבָה(자바 · 익숙하여, 대상 12:9).

4) זָבַח(쩨바아 · 제사를, 창 31:54; 삼상 9:12; 왕하 10:19;사 57:7; 호 6:6).

5) זִבְחֵי(지베헤 · 제사를, 시 27:6).

6) זְבַח(쩨바 · 제사를, 시 50:14, 23).

7) תִּזְבַּח(티제바 · 생축을 잡아, 신 12: 15).

8) וְזָבַחְתָּ(베자바트 · 우양을 잡았다, 신 12: 21).

9) צָבָה(자바 · 익숙하여, 대상 12:9).

10) צַוָּארֵךְ(자바레흐 · 목이, 아 1:10).

의 향기를 잡아 내어=잡아내어=자바레흐[목]=צוארך[자바레흐 목]=צַוָּארֵךְ[자바레흐 목]목이다. 하나님 백성1)의 목이 아름답다. 머리에서 향기가 내려온다.

* 잡아내려와 짭바아르 신부의 목=צואר[짭바아르 목]=צַוָּאר[짭바아르 목]2)이다. 하나님의 신부는 하나님의 향기를 많이 받아 내리기 위하여 존재한다. 하나님의 백성 신부를 칼라[신부]=כלה[칼라 신부]=כַּלָּה[칼라 신부]3)라 한다. 신부가 향기로운 것은 하나님 말씀을 잡아내려 목이 מצורניך[미짜베로나이흐 미짜베로나이흐 목]=מִצַּוְּרֹנָיִךְ[미짜베로나이흐 목]4) 향기롭다.

* 잡아와 만군=자바[만군]=צבא[자바 만군]=צָבָא[자바 만군]5) 만군=쩨비오트[만군]=צבאות[쩨바오트 만군]=צְבָאוֹת[쩨바오트 만군]6):

하나님 군대 만군의 여호와7)가 나를 잡았다. 만군=자

1) כַּלָּה(칼라 · 며느리 · 신부 · 하나님의 백성, 아 4:8).

2) צַוָּאר(짭바아르 · 목, 아 4:9).

3) כַּלָּה(칼라 · 며느리 · 신부 · 하나님의 백성, 아 4:8).

4) מִצַּוְּרֹנָיִךְ(미짜베로나이흐 · 기본형 צַוָּאר(짭바아르 · 목, 아 4:9).

5) צָבָא(잡아 · 만군, 슥 14:21).

6) צְבָאוֹת(쩨바오트 · 만군의, 슥 14:21, 말 3:14, 19, 21).

7) 삼상 1:3, 11, 4:4, 15:2, 17:45; 삼하 5:1; 왕하 3:14; 대상 11:9, 17:7, 24; 시 24:10, 46:7, 11, 48:8, 59:5, 69:6, 80:4, 7, 14, 19, 84:1, 84:3, 8, 12, 89:8; 사 1:9, 24, 2:12, 3:1, 15, 5:7, 9, 16, 24, 6:3, 5, 8:13, 8:18, 9:7, 13, 19, 10:16, 23, 24, 26, 33, 13:4, 13, 14:22, 23, 24, 27, 17:3, 18:7, 19:4, 12, 16, 17, 18, 20, 25, 21:10, 22:5, 22:12, 14, 15, 25, 23:9, 24:23, 25:6, 28:5, 22, 29, 29:6, 31:4, 5, 16, 37:32, 39:5, 44:6, 45:13, 47:4, 48:1, 51:15, 54:5; 렘 2:19, 5:14, 6:6, 9, 7:3, 21, 8:3, 9:7, 15, 17, 10:16, 11:17, 20, 22, 15:16, 16:9, 19:3, 11, 15, 20:12, 23:15, 16, 36, 25:8, 27, 28, 29, 32, 26:18, 27:4,27:18, 27:19, 21, 28:2, 28:14, 29:4, 29:8, 17, 21, 25, 30:8, 31:23, 31:35, 32:14, 15, 18, 33:10, 12, 35:13, 35:17, 18, 19, 38:17, 39:16, 42:15, 18, 43:10, 44:2, 44:7, 11, 25, 46:10, 18, 25, 48:1, 48:15, 49:5, 7, 26, 35, 50:18, 50:25, 31, 33, 34, 51:5, 14, 19, 33, :57, 58; 호 12:5; 암 3:13, 4:13, 5:14, 15, 16, 27; 6:8, 14, 9:5; 미 4:4; 나 2:13, 3:5; 합 2:13; 습 2:9, 10; 학 1:2, 5, 7, 9, 14, 2:4, 6, 7, 8, 9, 11, 17, 23; 슥 1:3, 4, 6, 12, 14, 16, 17, 2:8, 9,

바만군=צבא자바 만군=צָבָא자바 만군1)주시는 능력!

* 잡아라와 쟈바레흐큰 구원=צוארך쟈바레흐 큰 구원=צַוָּארֵךְ쟈바레흐 큰 구원2): 큰 구원 צַוָּארֵךְ쟈바레흐 큰 구원! 잡아라!

* 잡아 놨지와 내가 쌓아둔 것=잡아놨지=자파느티내가 쌓아둔=צפנתי자파느티 내가 쌓아둔=צְפַנְתִּי자파느티 내가 쌓아둔3): 자파느티=잡아놨지!

* 재다와 재다기다리다=צדא재다 기다리다=צְדָא재다 기다리다4): 기다리다=재다기다리다=צדא재다 기다리다=צְדָא재다 기다리다!

* 제비야와 제비야암사슴=צביה제비야 암사슴=צְבִיָּה제비야 암사슴5): 암사슴=제비야암사슴=צביה제비야 암사슴=צְבִיָּה제비야 암사슴 제비야! 암사슴의 향기를 전해주어! 예수님 향기 맡는 제비야 암사슴제비야 암사슴=제비야암사슴=צביה제비야 암사슴=צְבִיָּה제비야 암사슴 제비야6) · 암사슴!

* 제자와 제자후예=צאצא제자 후예=צֶאֱצָא제자 후예7): 내 향기가 나는 후예제자=제자후예=צאצא제자 후예=צֶאֱצָא제자 후예 제자! צא제자.

11, 3:7, 9, 10, 4:6, 9, 5:4, 6:12, 15, 7:3, 4, 9, 12, 13, 8:1, 2, 3, 4, 6, 7, 9, 11, 14, 18, 19, 20, 21, 22, 23, 9:15, 10:3, 12:5, 13:2, 7, 14:16, 17, 21; 말 1:4, 6, 8, 9, 10, 11, 13, 14, 2:2, 4, 7, 8, 2:12, 16, 3:1, 5, 7, 10, 11, 12, 14, 17, 4:1, 4:3

1) צָבָא(잡아 · 만군, 슥 14:21).
2) צַוָּארֵךְ(쟈바레흐 · 큰 구원 · 네 목은, 아 4:4).
3) צְפַנְתִּי(자파느티 · 내가 쌓아둔 것이로구나, 아 7:14).
4) צְדָא(재다 · 기다리다, 단 3:14).
5) צְבִיָּה(제비야 · 암사슴, 아 7:4).
6) צְבִיָּה(제비야 · 암사슴, 아 7:4).
7) צֶאֱצָא(제자 · 제자, 욥, 5:25),

* 졸라와 괴롭히다[졸라]=졸라[괴롭히다]=צרר[졸라 괴롭히다]=צָרַר[졸라 괴롭히다]1): 목[졸라]=졸라[졸라 괴롭히다]=צרר[졸라 괴롭히다]=צָרַר[졸라 괴롭히다] · 괴롭히다 · 사방에서 들이닥친 원수.

* 좋다와 조오트[좋다]=זאת[조오트 좋다]=זֹאת[조오트 좋다]2): 정말 이것=조오트[좋다]=זאת[조오트 좋다]=זֹאת[조오트 좋다] 좋다! 이것, this. 우리나랏말· 좋았다. 짜호트[좋았다]=צחות[짜오트 좋았다] 짜호트 · 좋았다[분명히] · 분명히[좋았다]3). 여호와의 감찰하심을 빛으로 내려 쬐이는 일광을 받는 시간은 좋았다. 짜호트=צחות[짜오트 좋았다] 좋았다. 하나님 향기 말씀으로 기적이 일어나는 때이다. 바로 하나님 천지 창조 좋아=좋아=토브[좋아]=תוב[토브 좋아]=תּוֹב[토브 좋아]4) 선한 하나님 향기 기적[토브]=토브[선한]=תוב[토브 선한]=תּוֹב[토브 선한]좋아!5) 새벽 우물 향기 좋아!

* 좋아라와 쪼하르[오정]=오정[쪼하르]=צחר[쪼하르 오정]=צֹהַר[쪼하르 오정]6): 아이 좋아라 향기로 숨을 쉬니! 하늘을 바라볼 수 있는 문이 있으니! 노아가 지은 배는 하늘로 향하여 그 문이 열려 있다. 아이 좋아라=오정=צחר[쪼하르 오정]=צֹהַר[쪼하르 오정] 좋아라7) 12시 정오에 햇빛이 정면으로

---

1) צָרַר(조라르 · 괴롭히다 · 사방에서 들이닥치다 · 원수, 민 33:55; 시 8:2, 23:5 등).
2) זֹאת(조오트 · 이것, this, 아 3:6. 7:8).
3) צְחוֹת(짜호트 · 좋았다 · 분명히. 사 32: 4).
4) תּוֹב 토브 · 선한, 말 2:17).
5) תּוֹב(토브 · 선한, 말 2:17).
6) צֹהַר(쪼하르 · 오정, 창, 창 6: 16).
7) צֹחַר(조하르 · 오정, 아 1:7).

비치니! 우리나라에는 좋아라는 말이 있다. 좋아라=오정=צחר[쪼하르 오정]=צֹהַר[쪼하르 오정] 쪼하르가 있다. 하늘로 향한 지붕이며 노아가 지은 배는 하늘로 향하여 그 문이 열려 있었다. 오정에 하늘의 태양이 정면에 비친다. 시간은 낮 12시이다.

* 좋아와 좋아[선한]=툐바[선한 좋아]=טובה[툐바 선한]=טוֹבָה[툐바 선한 좋아]1): 우리나라 고어 됴타[툐바 좋다 선한], 됴븐[좋은 선한] 툐바[좋아 선한]2) 그대로 좋아 우리말 좋은이다. 선한=좋아=툐바[좋아 선한]=טובה[툐바 좋아 선한]=טוֹבָה[툐바 좋아 선한] 좋으[툐브 좋으 선한]=툐브[툐브 좋으 선한]=תוב[툐브 좋으 선한]=תוֹב[툐브 좋으 선한]3) תוב[툐브 좋으 선한]=תוֹב[툐브 좋으 선한]4) 토브 · 선[善]이다.

* 좋~다와 이것[조오트]=조오트[이것]=זאת[조오트 이것]=זֹאת[조오트 이것]5): 우리나라언어리듬에 좋~다가 있다. 이것[조오트]=조오트[이것]=זאת[조오트 이것]=זֹאת[조오트 이것] · 이것, this이다.

* 조아려와 낮은[쪼아르]=쪼아르[낮은]=צער[쪼아르 낮은]=צָעִר[쪼아르 낮은]6): 우리말에 머리를 조아려라는 말이 있다. 문지기가 머리[쪼아르 낮은] 조아려 향기를 낸다. 여기에서 향기라 함은 글자가 지닌 뜻에서이다. 우리들이 어른 앞에

1) טוֹבָה(툐바 · 좋아, 민 14:7; 욥 9:25).
2) טוֹבָה(툐바 · 좋아, 민 14:7; 욥 9:25).
3) תוֹב(토브 · 좋은, 창 1:4, 10, 12, 18, 21, 25, 31).
4) טוֹב(토브 · 선한, 창 2:9; 출 2:2; 신 1:35, 5:33; 욥 10:3; 시 135:3; 사 7:15).
5) זֹאת(조오트 · 이것, this, 아 3:6),
6) צָעִר(쪼아르 · 낮은 · 비천한 · 작은 자 들, 낮은, 욥 14:21; 렘 30:19; 슥 13:7) ·

서 머리 조아려 말을 아뢰는 일은 향기를 내는 일이다. 머리 조아림 **צצארים**[쪼아림 낮게]=**צְעָרִים**[쪼아림 낮게] 쪼아림.

* 쪽팔려와 싸팔[멸시]=**שפל**=**שָׁפָל**[싸팔 멸시1)]: 멸시[싸팔]=싸팔[멸시]=**שפל**[싸팔 멸시]=**שָׁפָל**[싸팔 멸시] 우리말에 씨팔 속어가 있다. 쪽팔림[쏴팔림]=쏴팔림[멸시]=**שפלים**[쏴팔림 멸시]=**שְׁפָלִים**[쏴팔림 멸시2)] 속어이다. 체면이 말이 아니다.

* 주리와 주리[나의 바위시오]=**צורי**[주리 나의 바위시오]=**צוּרִי**[주리 나의 바위시오3)]: 내가 주리다. 향기 나는 머리의 바위를 주리다. 나의 바위시오[주리]=주리[나의 바위시오]=**צורי**[주리 나의 바위시오]=**צוּרִי**[주리 나의 바위시오].

* 지랄과 자랄[방탕]=**זלל**[자랄 방탕]=**זָלַל**[자랄 방탕4)]: 속언 지랄과 방탕[자랄]=자랄[방탕]=**זלל**[자랄 방탕]=**זָלַל**[자랄 방탕].

* 지랄한다와 나병[짜라아트]=짜라아트[나병]=**צרעת**[짜라아트 나병]=**צָרַעַת**[짜라아트 나병5)]:나병[짜라아트]=짜라아트[나병]=**צרעת**[짜라아트 나병]=**צָרַעַת**[짜라아트 나병]

* 자기로와 자카르[기억하라]=**זכר**=[자카르 기억하라]**זָכַר**[자카르 기억하라6)]: 기억하라[자카르]=**זכר**=[자카르 기억하라]**זָכַר**[자카르 기억하라]!

* 지팽이와 쉬벳트[지팽이]=**שבת**[쉐벳트 지팽이]=**שֵׁבֶת**[쉐벳트 지팽이7)]: 지팽이=**שבת**=**שֵׁבֶת**[쉐벳트]이다. 단련된 자만이 짚을 수

1) 기본형 שָׁפַל(싸팔)로 하는 שְׁפָלִים(쏴팔림 · 낮아져서, 멸시, 삼하 6:22; 말 2:9).

2) שְׁפָלִים(쏴팔림 · 낮아져서, 멸시, 삼하 6:22; 말 2:9).

3) צוּרִי(주리·나의 바위시요, NMS.CXS, mt strength, 시 18:3).

4) זָלַל(자랄 · 방탕, 신 21:20).

5) צָרַעַת(짜라아트 · 나병, 레위 13:2),

6) זָכַר(자카르 · 기억하라, 전 12:1).

있다. 쉬벳트[지팽이]=שבת[쉐벳트 지팽이]=שֵׁבֶת[쉐벳트 지팽이]. 지파 · 왕의 권위이다. 뭉쳐진 한 단체의 의미로 단련된 같은 뜻을 지닌 단체이다.

* 쪼매와 조매오트[아주 조금 나오는]=צמחות[조매오트 아주 조금 나오는]=צְמָחוֹת[조매오트 아주 조금나오는]1): 아주 조금 나오는=조매오트=צמחות=צְמָחוֹת[조매오트]2) 싹이 나왔다. 나온 싹이 쪼맣다.3) 물 향기다. 기본형 צמה[쪼마 · 싹튼 나오는]=조매오트=צמחות[조매오트 아주 조금 나오는]=צְמָחוֹת[조매오트 아주 조금 나오는]!

* 재미롭다와 재미로트[노래]=זמירות[재미로트 노래]=זְמִירוֹת[재미로트 노래]4): 노래[자미르]=זמיר[자미르 노래]=זָמִיר[자미르 노래]5) 노래[자마르]=זמר[자마르 노래]=זָמַר[자마르 노래]6):~ 시, 찬미, 노래로 손가락들로 튕긴다는 개념이다. 음성에 맞추어 재미의 사투리 자미7) 악기로 찬미하며 노래한다. 우리말에 있는 자미 혹은 재미라는 말이 히브리어로도 음성에 맞춘 악기!8)

---

7) שֵׁבֶת(쉐벳트 · 지팽이 · 지파 · 왕이 권위, 시 23;4).

1) צְמָחוֹת(조매호트 · 나오는, 창 41:5).

2) צָמַה(쪼마 · 싹튼).

3) צְמָחוֹת(조매호트 · 나오는, 창 41:5).

4) זְמִירוֹת(재미로트 · 재미롭다).

5) זָמִיר(자미르 · 노래함, 아 2:12).

6) זָמִיר(자미르 · 노래함, 아 2:12), זָמִיר(자미르 · 재미로), זָמַר(자미르), זְמִירָה(재미라).

7) זְמִירוֹת(재미로트 · 재미롭다).

8) שָׂמֵחַ(사메아흐 · 즐거워하며, 대하 23:13).

(10). ㅊ음가 시작의 우리말과 히브리어와의 발음 닮음

참으로와 찬양한다의 자마르찬양한다=זמרו자므루 찬양한다=זַמֵּר자므루 찬양한다1): 자마르찬양한다=זמרו자므루 찬양한다=זַמֵּר자므루 찬양한다의 찬양하는 일은 모든 다른 일을 제쳐놓고 참으로 하나님일 만을 힘쓰는 일이다. 우리나랏말에 참으로라는 말이 있다. 찬양하다를 기본형으로 하는 가지를 친다 의미까지 있는 자마르찬양한다=זמרו자므루 찬양한다=זַמֵּר자므루 찬양한다는 모든 다른 일을 제쳐놓고 그리고 잘라버리고 참으로 하나님일 만을 위해 찬양하는 일이다.

* 치마와 시믈라=שמלה시믈라 의복=שִׂמְלָה시믈라 의복2): 우리나라의 여인들이 입는 한복 치마는 길고 12폭이다. 이 한복 치마를 히브리어로 시믈라 שמלה시믈라 의복 치마=שִׂמְלָה시믈라 의복 치마라 한다.

---

1) זָמַר(자마르 · 가지를 친다 · 잘라낸다· 찬양하다)를 기본형으로 하는 자므루 זַמְּרוּ(자므루 ·찬양하고, VPMMYP, Sing forth 시 66:2).

2) שִׂמְלָה(시므라 · 의복을, 신 21:13, 22:3).

*-ㅋ음가 시작의 우리말과 히브리어와의 발음 닮음

* 칸과 미쉬칸[성막]=משכן[미쉬칸 성막]=מִשְׁכָּן[미쉬칸 성막]1): 절대자를 모신 칸 성막=미쉬칸=משכן=מִשְׁכָּן[미쉬칸 성막]!

* 켜 펴라와 켜펴라=크펠라[한쪽 같구나]=כפלה[크펠라 한쪽 같구나]=כְּפֶלָה[크펠라 한쪽 같구나]2): 켜 펴라=크펠라[한쪽 같구나]=כפלה[크펠라 한쪽 같구나]=כְּפֶלָה[크펠라 한쪽 같구나] 켜 펴라 그리하면 너의 입술을 지키리라!

* 코와 코[권능]=כח[코 권능]=כֹּחַ[코 권능]3): 권능=코[권능]=כח[코 권능]=כֹּחַ[코 권능]4)이다.

* 코베임과 코베임[도적질]=קבעים[코베임 도적질]=קְבַעִים[코베임 도적질]5): 도적질하였으므로=코베임[도적질]=קבעים[코베임 도적질]=קְבַעִים[코베임 도적질]!은 눈 뜨고도 코베임! 코베임은 권능을 도적질당한 일이다. 도적질하였으므로=코배임=קבעים[코베임 도적질]=קְבַעִים[코베임 도적질]이다.

* 코리아와 꿀과 여호와=יְהוָה[여호와]6): 우리나라의 이름은 코리아로 통한다. 코리아란 이름을 유추하는 강상원 박사는 시골지방에 꿀을 꾸리야 하고 말하는 데서

---

1) מִשְׁכָּן(미쉬칸 · 성막, 출 38:21).
2) כְּפֶלָה(크펠라 · 한 쪽 같구나, 아 4:3).
3) כֹּחַ(코 · 권능, in power, ἐνἰσχὐ, 출 15:6),
4) כֹּחַ(코 · 권능, in power, ἐνἰσχὐ, 출 15:6),
5) קְבַעִים(코베임 · 도적질하였으므로, 말 3:9).
6) קְבַעִים(코베임 · 도적질하였으므로, 말 3:9).

달고 맛있은 의미를 지닌 고향을 코리아라 한다 하였다. 가장 좋은 먹을거리가 있는 고향 꿀이야 → 꾸리아 → 꼬리아 → 코리아라는 것이다. 고향 이미지이다. 성경에 κυρίου마 3:3가가 있다. 수 억 만 년 전 언어 悉曇文字실담문자 中天竺중천축 Siddam alphabet: Kuru~rian=Kuiya= Ariyan race=Korean 구려句麗 고려高麗 구루句漏 located in the most northern ranges of the Hima^laya 사라진 무제국無帝國 동이족 언어[1]에 우리 나라 이름이 등장한다. 겨레 Kuru, 겨레 Korea[2]다. "쿠리에 쿠리에λ ἐγών μοι κύριε κύριε 레곤 모 쿠리에 쿠리에 마 7:21" 쿠리에 쿠리에κύ ριε κύριε 레곤 모 쿠리에 쿠리에(마 7:22)[3] 코리아다. 부여나 고려가 가지고 있는 원시어소 크다의미이다. 쿠리에 · 쿠리오스 41회신명기 28장[4]도 있다.

* 크게 쉬려고 핀[5]과 송이 같고=크에쉬케로트 하게펜=כאשכלות הנפן=כְּאֶשְׁכְּלוֹת הַגֶּפֶן크에쉬케로트 하게펜 송이같고[6]: 크게 핀 송이=크에쉬케로트 하게 펜=שכלות הנפן

1) 강 상원 · 「사라진(沈沒) 무제국~東夷族에 母國」(서울: 朝鮮世宗太學院 · 2013). · 82.

2) 강 상원 · 「사라진(沈沒) 무제국~東夷族에 母國」(서울: 朝鮮世宗太學院 · 2013). · 82.

3) 마태 17: 12, 15: λέγων κύριε, 등 등. דבר λόγοι(신 28:69)

4) יְהוָה:κύριος(쿠리오스· 신 28:1, 8, 8, 11, 12, 13, 21, 22, 24, 25, 27, 28, 35, , 37, 48, 49, 52, 53, 59, 61, 63, 63, 64, 65, 68, 69), κύριός(쿠리호스· 신 28:20, 36), κυρίου(쿠리우· 신 28:1, 2, 9, 10, 15, 45, 62; 신 29:9), κυρίῳ(쿠리우· 신 28:47) κύριον(쿠리온· 신 28:58), κύριος ὁ Θεός σου(쿠리오스 호 데오스 수· 신 28:7, 9, 11),

5) כְּאֶשְׁכְּלוֹת הַגֶּפֶן(크에쉬케로트 하게펜 · 송이 같고, 아 7:9).

6) כְּאֶשְׁכְּלוֹת הַגֶּפֶן(크에쉬케로트 하게펜 · 송이 같고, 아 7:9).

כָּאֶשְׁכְּלוֹת הַגֶּפֶן=כא[크에쉬케로트 하게펜]이다.

* 크마와 키=크오마태흐[키]קומתך[크오마태흐 키]=קוֹמָתֵךְ[크오마태흐 키]1): 키=크오마태흐[키]קומתך[크오마태흐 키]=קוֹמָתֵךְ[크오마태흐 키] 키 크마! 염려 마! 잘 통과해서 말씀으로 답 할께!

* 클라와 클라[저주]=קללה[클라 저주]=קְלָלָה[클라 저주]2): 우리 말의 대화체 클라가 있다. 큰일 난다의 대화체 줄임말 클라이다. 경상도 사투리에 큰일 난다를 클라로 말한다. 클라[저주]=קללה[클라 저주]=קְלָלָה[클라 저주]이다.

---

1) קוֹמָתֵךְ(크오마테흐 · 키, 아 7:8).
2) קְלָלָה(클라 · 저주, 신 11:28, 29:26).

ㅌ음가 시작의 우리말과 히브리어와의 발음 닮음

＊ 타이르다와 주께서 베푸시고=타이르하=תעלך=תַּעֲלֹךְ 타이르하[1]: 하나님이 그에게 타이르[2]며 태우리다![3] 감동시키다. 바른 길로 갈 것을 타이른다. 주께서 베푸시고이다. 일어나다=감동시키다=타이루=תעירו=תָּעִירוּ 타이루 · 감동시키다=태오레루=תעוררו=תְּעוֹרְרוּ 태오레루.

＊ 타 보니와 가자=타보이=תבאוי=תָּבֹאִי 타보이[4], 타본: 십자 안에 타 보며 가자 타 본[5]이는 명철을 얻는다. 십자가 안에 마음 들여=타보이=תבאוי=תָּבֹאִי 타보이[6]! 소 · 말 · 기차 등을 타 보아! 명철=타분=תבון=תָּבוּן 타분[7].

＊ 탐과 완전=탐마=טמא=טָמֵא 탐마[8]: 하나님, 주님처럼 되려 완전=탐마=טמא=טָמֵא 탐마 탐내는 일은 정말로 큰 일이다. 완전한 자=닮으려=닮았디=타마티=תמתי=תַּמָּתִי 탐마티[9] 탐내는 일은 불가능하다. 하나님의 아들이 실행한 완전한 사랑을 탐 마=탐마=טמא=טָמֵא 탐마 탐내지 말라.

＊ 탈과 이슬=탈=תל=טַל 탈[10]: 탈이 이슬이다. 그대 이슬

---

1) תַּעֲלֹךְ(타아로흐 · 주께서 베푸시고, 시 23:5),
2) תָּעִירוּ(타이루 · 일어나다 · 감동시키다, 아 2:7, 3:5, 8:4).
3) תְּעוֹרְרוּ(태오레루 · 태우려, 일어나다 · 감동시키다, 아 2:7).
4) תָּבֹאִי(타보이 · 가자, 아 4:8).
5) תָּבוּן(타분 · 명철, 잠 19).
6) תָּבֹאִי(타보이 · 가자, 아 4:8).
7) תָּבוּן(타분 · 명철, 잠 19).
8) תָּם(탐 · 순전하고, 욥 1:8, 2:3).
9) תַּמָּתִי(탐마티 · 나의 완전한 자야, 아 5:2).
10) טַל(탈 · 이슬, 창 27:28; 슥 8:12 등).

이 내려온다. 이슬=탈=תל=תַל탈 · 이슬이다.

* 탈나와 고난=탈나=תלאה=תְּלָאָה탈라1): 우리말에 탈나라는 말이 있다. 고난=탈 나=תלאה=תְּלָאָה탈라!

* 덮어서와 취득하다=타파스=תפש=תָּפַשׂ타파스2): 잘 연습하여 취득하다=타파스=תפש=תָּפַשׂ타파스 덮어서 자격증을 따 봤어! 취득하다=타파스=תפש=תָּפַשׂ타파스 타파스 · 취득하다 · 잡다이다.

* 뎁힐라와 기도=뎁혀라=테필라=תפלה=תְּפִלָּה테필라3) · 영광=덮어라=티프아라=תפארה티프아라4): 기도=테필라=תפלה=תְּפִלָּה테필라! 영광으로 덮어라=티프아라=תפארה티프아라 덮어라! 삶의 방을 기도=뎁혀라=테필라=תפלה=תְּפִלָּה테필라 뎁혀라! 방을 따뜻하게 뎁혀라 · 덮는 일은 기도하는 일이다. 영광=티프아라=תפארה티프아라 티프아라다.

* 타보다와 복=타보다=타보타=תבואתה=תָּבוֹאתָה타보다5): 차 타보다. 바로 복=타보다=타보타=תבואתה=תָּבוֹאתָה타보다.

* 타봐와 방주=타봐=테바=תבה=תֵּבָה테바 테바6): 십자가 방안에 들여놔 방주=타봐=테바=תבה=תֵּבָה테바 타 봐!

---

1) תְּלָאָה(탈라 · 고난, 민 20: 14).

2) תָּפַשׂ(타파스 · 취득하다 · 잡다, 신 21:19; 렘 40:10).

3) תְּפִלָּה(테필라 · 기도, 삼하 7:27; 왕상 8:28; 왕하 19:4; 대하 6:19;합 3:1 등).

4) תִּפְאָרָה(티프아라 · 영광 · 아름다운 일, 출 28:2; 신 26:19; 잠 4:9; 사 3:18).

5) תָּבוֹאתָה(타보다 · 복이 임할지어다, ελθοισαν, lrt the blessing come, 신 33"16).

6) תֵּבָה(테바 · 방주 · 배 · 창 6: 14).

모세가 타봤던=타봐트=תבת=תֵּבַת[타바트] 타 봤던.1) 배나 기차 타봐 · 타봤다. תבה=תֵּבָה=테바 · 방주 · 배. 모세의 갈대상자=타봤던=타봐트=תבת=תֵּבַת[타바트 갈대상자]2)다. 그 갈대상자=아주 많이 타봤다=하 타 봤다=하테바트=התבת=הַתֵּבַת[하테바트] 하 타 봤다3)이다. 방주=타봐=테바=תבה=תֵּבָה[테바] 타봐 · 방주4)이다.

* 탐에와 쌍태=탐에=타메=תאמי=תָּאֳמֵי[타메]5): 하나님 말씀 쌍태=탐에=타메=תאמי=תָּאֳמֵי[타메] 탐에, 하나님 말씀에 쌍태=탐에=타메=תאמי=תָּאֳמֵי[타메] 탐에.

* 태우메와 쌍둥이=태움에=테오매=תאומי=תְּאוֹמֵי[태오매]6): 말씀을 쌍둥이=태움에=테오매=תאומי=תְּאוֹמֵי[태오매] 영화롭다. 테우메와 테오메=תאומי=תְּאוֹמֵי[테오메] 테오메7):

---

1) תֵּבַת(테바트 · 갈대상자, 출 2: 3) · הַתֵּבַת(하테바트 · 그 갈대상자, 출 2: 5) · תֵּבָה(테바 · 방주) · 슈메르판에서 방주는 마구로구트(magurgur)이다. 아주 큰 배, 거대한 배의 一의미[(A. Poebel, *Historical Texts*(Phila, 1914, 59)] 셈어 바벨론 홍수 단편(The Semitic Babylonian Deluge Fragment)에서도 나타난다. 어구 엘립푸 라비루(디겨 rabitu)는 커다란 선박, 혹은 배로 의미된다. 길가메쉬 서사시에서는 나룻배, 선박, 배는 엘립푸(eliu)로 에칼루(êkallu, 토판 VI: 95)이며 수메르어에서 파생있다. 이 배는 문자적으로 커다란 길을 의미하며 궁전들 및 신전들과 관련하여 나타난다.

2) תֵּבַת(테바트 · 갈대상자, 출 2: 3).

3) הַתֵּבַת(하테바트 · 그 갈대상자, 출 2: 5).

4) 슈메르판에서 방주는 마구로구트(magurgur)이다. 아주 큰 배, 거대한 배의 一의미[(A. Poebel, *Historical Texts*(Phila, 1914, 59)] 셈어 바벨론 홍수 단편(The Semitic Babylonian Deluge Fragment)에서도 나타난다. 어구 엘립푸 라비루(디겨 rabitu)는 커다란 선박, 혹은 배로 의미된다. 길가메쉬 서사시에서는 나룻배, 선박, 배는 엘립푸(eliu)로 에칼루(êkallu, 토판 VI: 95)이며 수메르어에서 파생있다. 이 배는 문자적으로 커다란 길을 의미하며 궁전들 및 신전들과 관련하여 나타난다.

5) תָּאֳמֵי(타메 · 쌍태, 아 7:4).

6) תְּאוֹמֵי(테오매 · 쌍둥이 · 쌍태, 아 4:).

7) תְּאוֹמֵי(테오매 · 쌍둥이 · 쌍태, 아 4:5).

쌍태=쌍둥이 · 말씀 태우매 쌍둥이가 되었어라!

* 탓과 너는 억울해서=탓에=타테=תטה=תַטֶּה타테1): 너는 억울해서=탓에=타테=תטה=תַטֶּה타테 탓하는 일은 억울하게 생각해서 그런 거야!

* 토하와 외모가 아름다운=예파트 토아르토해=תאר~יפת=יְפַת~תֹּאַר예파트 토아르토해2): 외모가 아름다운=예파트 토아르토해=תאר~יפת=יְפַת~תֹּאַר예파트 토아르토해 예쁘게 토하여진 여인의 아름다움! 배출=통째=토째=תוצא=תּוֹצָא토째 토째 · 배출 통째3) 향기가 쏟아지는!

* 토해 봐와 혐오=토해 봐=토에봐=תועבה=תּוֹעֵבָה토에봐 토에 봐4): 정말 나쁜 것을 혐오=토해 봐=토에봐=תועבה=תּוֹעֵבָה토에봐 토해 봐! 토하려고=토아클=תאכל=תֹּאכַל토토아클 가증한 것을 토하려고5). 가증한=토해 뱉아=토아바트=תועבת= תּוֹעֲבַת토아바트 토해 뱉아!6)

* 트여보겠니와 열어 젖혀=트여보겠니=트하브게니=תחבקני=תְּחַבְּקֵנִי트하브게니 트하브게니7): 열어 젖혀=트여보겠니=트하브게니=תחבקני=תְּחַבְּקֵנִי트하브게니 트하브게니 트여보겠니! 열어젖혀 보겠니!

---

1) תַטֶּה(타테하 · 너는 억울하게, 신 24:17).
2) יְפַת~תֹּאַר(예파트 토아르 · 외모가 아름다운, 신 21:11).
3) תּוֹצָא(토째 · 배출, 창 1:12).
4) תּוֹעֵבָה(토에바 · 가증한 · 혐오, 겔 6:12; 말 2:11).
5) תֹּאכַל(토아클루 · 가증한, 신 14: 10).
6) תּוֹעֲבַת(토아바트 · 가증한, 신 7:25).
7) תְּחַבְּקֵנִי(트하브게니 · 열어젖혀, 아 8:3).

* 특히와 그가 사모하는구나=트쉬카트=תשקתו=תְּשֻׁקָתוֹ 트시카토 트쉬카토[1]: 그가 사모하는구나=트쉬카트=תשקתו=תְּשֻׁקָתוֹ 트시카토 그가 십자가를 사모하는구나!

1) תְּשֻׁקָתוֹ(트쉬카토 · 그가 사모하는구나, 아 7:11).

(11). ㅋ음가 시작의 우리말과 히브리어와의 발음 닮음

* 카=קח[카 취하여]=קַח[카 취하여]1)! 같은 뜻으로 라멧 to 부정사 역할의 라가=לקח[라가 취하여]=לָקַח[라카 취하여]2): 우리말로는 나가이지만 히브리어는 ㅋ 발음 קח[카 취하여]와 לקח[라카]가 있다.

* 가나인과 캐나니=כנען=כְּנַעֲנִי[캐나니]3): 한국인들은 가나인이라 하지만 원래 발음은 캐나니이다.4) כנעני[캐나니 가나안 사람]=כְּנַעֲנִי[캐나니 가나안 사람] 캐나니5)라 한다.

* 카담[영접]=קדם[카담 영접]=קִדֵּם[카담 영접]6): 영접하는 일을 히브리인들은 ㅋ발음의 카담이라 한다

* 카라[소리지르다]=קרא[카라 소리지르다]=קָרָא[카라 소리지르다]7)명령어다. 칼래=קלי=קָלִי[갈래]8): 카라=קרא[카라 소리지르다]=קָרָא[카라 가라] 카리아=קריא[카리아 명령이행자 갈 사람]=קריא[카리아 명령이행자 갈 사람]9) 이 크 발음들은 한국에서 ㄱ 발음으로 혼동하여 사용한다.

* 카로티[…이라하고]=קראתי[카로티 …이라하고]=קָרָאתִי[카로티 …이라

---

1) קַח(가! · 취하여 · VQMMYS~너는 가!:창 2:22, 5:24, 20:3, 24:4, 7, 40, 27:36, 45, 31:1; 출 4ㅣ6; 레 4:6, 12:4, 14:6; 호 1:2 등.

2) לקח(라가).

3) כְּנַעֲנִי(캐나니 · 가나안 사람이, 슥 14:21).

4) כְּנַעֲנִי פְּרִזִּי חִוִּי(캐나니 브리스 히위, 신 20:17).

5) כְּנַעֲנִי(캐나니 · 가나안 사람이, 슥 14:21).

6) קִדֵּם(가담·저희가 영접,VPACZP,they met, 느, 13:2).

7) קָרָא(카라·소리지르다: 창 41:43), 부르고(창 41:45, 52; 출 1:18, 35:30; 슥 7:13), 말하다(창 41:51, 50:11; 시 3:2, 4), 칭하다(신 15:2), 공포하다(출 32:5), 외치다(슥 7:7) 등

8) קָלִי(갈래).

9) קריא קָרִיא(가리아 가리아 · 부름을 받은 자, 민 26:9).

하고1): 우리말 가로대가 있다. 히브리어 카로티…이라하고=י קראת카로티 …이라하고=קָרָאתִי카로티 …이라하고 혹은 카라트부르짖다=קראת카라트 부르짖다=קָרָאת카라트 부르짖다2)…부르짖다이다.

* 카르미포도원=כרמי카르미 나의 포도원=כַּרְמִי카르미 나의 포도원3): 카르미가 포도원 의미이다. 카르미=כַּרְמִי=כרמי카르미는 나의 포도원 즉 내게 분할된 몫이다.

* 카포레트속죄소=כפרת카포레트 속죄소=כַּפֹּרֶת카포레트 속죄소4): 속죄소다. 그 속죄소=하카포레트그 속죄소=הכפרת하카포레트 그 속죄소=הַכַּפֹּרֶת하카포레트 그 속죄소5)이다.

* 카짜싫어하노라=קצה카짜 싫어하노라=קָצָה카짜 싫어하노라6):하나님이 싫어하시는=카짜싫어하노라=קצה카짜 싫어하노라=קָצָה카짜 싫어하노라이다.

* 카메일어나서=קמתי카메 일어나서=קַמְתִּי카메 일어나서7): 성경은 가는 의미를 일어나서 앞으로 십자가를 향해 감에를 카메일어나서=קמתי카메 일어나서=קַמְתִּי카메 일어나서라 한다.

* 캅스값 은금=כסף캅스 값 은금=כֶּסֶף캅스 값 은금8):값 은금 지시=캅스값 은금=כסף캅스 값 은금=כֶּסֶף캅스 값 은금라 한다.

---

1) קָרָאתִי(가로티 · 이라하고, 슥 11:7 등).
2) קָרָאת(카라트 · 부르짖다, 렘 3:4).
3) כַּרְמִי(카르미 · 나의 포도원, 아 1:6, 8:12).
4) כַּפֹּרֶת(카포레트 · 속죄소, 출 25: 17, 22, 37: 6).
5) 그 속죄소 הַכַּפֹּרֶת(하카포레트 · 그 속죄소. 출 25: 18, 19, 20, 20, 21, 22, 26: 34, 30: 6, 31: 7, 35: 8, 12, 37: 7, 8, 9, 39: 35, 40: 20; 레 16: 2, 13, 14, 15; 민 7: 89; 대상 28: 11.
6) קָצָה(카짜 · 싫어하노라, VQAFZS, loatheth, προσώθισεν, 민 21:5).
7) קַמְתִּי(가메티 · 일어나서, 아 5:5).
8) כֶּסֶף(케셒 · 은금, 값, 창 13:2; 대상 21:22).

* 카사르같이 협력 =קשר카사르 협력=קָשַׁר카사르 협력1): 고조선 시대의 대동강 변 기왓장에서 카사같이 협력=קשר카사르 협력=קָשַׁר카사르 협력가 발견되었다. 카사루같이 협력=קשר카사르 같이 협력=קָשַׁר카사르 같이 협력2) '같이'이다.

* 카탄작은 젊은=קטן카탄 작은 젊은=קָטָן카탄 작은 젊은3): 히브리어 קטן카탄 작은 젊은=קָטָן카탄 작은 젊은이다! 다윗이 골리앗을 이기러 나갈 때는 청년 카탄젊은=קטן카탄 작은 젊은=קָטָן카탄 작은 젊은4) 때다.

* 카자브거짓말=כזב카자브 거짓말=כָּזָב카자브 거짓말5): 거짓말 카자브거짓말=כזב카자브 거짓말=כָּזָב카자브 거짓말이 있다.

* 크트끝=קצות크,트 끝=קְצוֹת크트 끝6) 카제=קצה카제 갓 끝=קָצֶה카제 갓 끝7): 카제갓=קצה카제 갓 끝=קָצֶה카제. 끝에 향기가 남아 있다.

* 쿰일어나라=קום쿰 일어나라=קוּם쿰 일어나라8): 꿈 일어나라꿈=꿈일어나라=קום쿰 일어나라=קוּם쿰 일어나라.

* 쿠미일어나=קומי쿰이 일어나=קוּמִי쿰이 일어나9): 일어나쿰이=쿠미일어나=קומי쿰이 일어나=קוּמִי쿰이 일어나10) 일어나라11).

---

1) קשר(카사르 · 협력).
2) קשר(카사르 · 협력, 잠 3:3).
3) קָטָן(가탄 · 작은 · 젊은, 대상 12:15).
4) הַקָּטָן(하가탄 · 말째, D.AMS, · the youngest, 삼상 17:14).
5) כָּזָב(카자브 · 거짓말, lies, 잠 14: 5).
6) קְצוֹת(게조트 · 끝이다, 출 39:16, 17).
7) קָצֶה(가제 · 끝에, 신 14:28), קֵץ(게즈 · 끝, 신 15:1, 시 119:96).
8) קוּם(쿰 · 일어나라, 출 32: 1; 수 7: 10; 삿 7: 15; 사 58:12).
9) קוּמִי(쿠미 · 일어나서, 아 2:10)와 אָקוּמָה(아쿠마 · 내가 일어나서).
10) קוּם(쿰 · 일어나라, 출 32: 1; 수 7: 10; 삿 7: 15; 사 58:12).

(12). ㅌ음가 시작의 우리말과 히브리어와의 발음 닮음

* 토다감사의 기도=תדה토다 감사의 기도=תֹּדָה토다 감사의 기도[1]: 찬양=토다기도=תדה토다 기도=תֹּדָה토다 기도 십자가 소망!

* 테솨아9=תשע=תְּשַׁע테솨아[2]: 되었을 때 다 되었어 수 9=됐어=테솨아9=תשע테솨아 9=תְּשַׁע테솨아 9는 10 곧 완전에 다다르기 바로 전 됐어이다. 수 9=아홉은 글자 10에 가까이 왔다이다. 다 돼었어이다. 완전히 이루어지는 일에 다다랐다. 하나님의 아들 예수님의 십자가에 달림을 보는 일이다.

* 탈라나무에 달리니라=תלה탈라 나무에 달리니라=תָּלָה탈라 나무에 달리니라[3]: 그분=나무에 달리니라=탈라나무에 달리니라=תלה탈라 나무에 달리니라=תָּלָה탈라 나무에 달리니라! 십자가 달려!

* 티드르흐밟는=תדרך티드르흐 밟는=תִּדְרֹךְ티드르흐 밟는[4]: 하나님께서 여호수아에게 요단강을 발로 티드르흐밟는=תדרך티드로흐 밟는=תִּדְרֹךְ티드로흐 밟는 일을 허락하여 여호수아는 요단 당을 딛으며 건넜다.

* 토도트감사 찬송 하는 자의=תודת토도트 감사 찬송 하는 자의=תּוֹדֹת토도트 감사 찬송 하는 자의 [5]: 즐거움으로 찬송하는 자=돋

---

11) 상동.

1) תֹּדָה(토다 · 감사의 기도 · 사은 · 찬양, 레 7:12, 13, 15; 22:29; 수 7:19; 대하 29:31, 33:16; 스 10:11 등) ·

2) תְּשַׁע(테사아 · 구, 왕하 25:8).

3) תָּלָה(달라 · 나무에 달리니라, 창 40:19, 22, 에 9:14).

4) תִּדְרֹךְ(티드르흐 · 밟는, VQIFZS, shall tread, 수 1:3).

5) 기본형 돋아 תדה(토다) 본문 תּוֹדֹת(토도트 · 감사 찬송하는 자의, 느 12:31).

았다=토도트감사 찬송 하는 자의=תודת토도트 감사 찬송 하는 자의=תוֹדַת토도트 감사 찬송 하는 자의. 싹이 나올 때 즐거움으로 감사=돌았다=토도트감사 찬송 하는 자의=תודת토도트 감사 찬송 하는 자의=תוֹדַת토도트 감사 찬송 하는 자의.

* 티흐예되리라=תהיה티흐예 되리라=תִּהְיֶה티흐예 되리라[1]: 무엇이 되어=되리라=티흐예되리라=תהיה티흐예 되리라=תִּהְיֶה티흐예 되리라 십자가를 준비하는 그 분의 일이다.

* 테시이아홉번째=תשיעי테시이 아홉번째=תְּשִׁיעִי테시이 아홉번째[2]: 이제 아홉 번째=이제 됐으이=테시이아홉번째=תשיעי테시이 아홉번째=תְּשִׁיעִי테시이 아홉번째.

* 테리디네가 낳을 것이며=תלדי테리디 네가 낳을 것이며=תֵּלְדִי테리디 네가 낳을 것이며[3]: 하나님 가슴 이 세상에 테리디네가 낳을 것이며=תלדי테리디 네가 낳을 것이며=תֵּלְדִי테리디테리디 네가 낳을 것이며!

* 토라법=תורה토라 법=תּוֹרָה토라 법[4]: 돌아=법=토라법=התור토라 법=תּוֹרָה토라 법. 사람이 죽었을 때 돌아가. 법=토라법=תורה토라 법=תּוֹרָה토라 법 하나님께 돌아오다.

* 티라두려워=תירא티라 두려워=תִּירָא티라 두려워[5] : 십자가에 달릴 일이 티라두려워=תירא티라 두려워=תִּירָא티라 두려워 하는 마음을 보인 분 예수!

---

1) תִּהְיֶה(티흐예 · 되리라, 대상 11:2).
2) תְּשִׁיעִי(테쉬이 · 아홉번째, 대상 12:12:13).
3) תֵּלְדִי(데르디 · 네가 낳을 것이며, 창 3:16).
4) תּוֹרָה(토라 · 법, 출 12:49; 대상 16:39).
5) תִּירָא(티라 · 두려워, 겔 2:6)이다. 또 תִּירְאִי(티르이 · 두려워, 욜 2:20).

(13). ㅍ음가 시작의 우리말과 히브리어와의 발음 닮음

말씀 전하는 자에 대한 하나님의 축복! 이스라엘의 존재성은 말씀전하기이다. 문자적으로는 입과 관련한 פ[페]다. 말씀 전하는 기독교 진리비밀이 입에 있다.

* 파다와 파다[구속]=פדה[파다 구속]=פָּדָה[파다 구속]1): 속량=구속=파다[구속]=פדה[파다 구속]=פָּדָה[파다 구속]!

* 파라와 파라[번성]פרה[파라 번성]=פָּרָה[파라 번성]2): 번성=파라 פרה[파라 번성]=פָּרָה[파라 번성] 파라: 파라!

* 파임과 파님[얼굴]=פנים[파님 얼굴]=פָּנִים[파님 얼굴]3): 얼굴=파임=파님[얼굴]=פנים[파님 얼굴]=פָּנִים[파님 얼굴] 우리말 얼의 굴!

* 파아라아와 파아라아[생육 번성]=פרה[파아라아 생육 번성]=פָּרָה[파아라아 생육 번성]4):파아라아[생육 번성]=פרה[파아라아 생육 번성]=פָּרָה[파아라아 생육 번성] 잘자라 파라트=פרת[파라트 열매맺다]=פָּרַת[파라트 열매맺다]5) 프르죠=프르즈[창성]=פרץ[프르즈 창성]=פָּרַץ[프르즈 창성]6)!

* 파다와 창대=파다=파타=פתה=פָּתָה[파타]7): 창대.

* 팔랄[기도]=פלל[팔랄 기도]=פָּלַל[팔랄 기도]8)과 기도: 기도=팔랄=פלל=פָּלַל[팔랄]. 간절한 기도 절로절로=팔랄=פלל=פָּלַל[팔랄].

* 펴다와 속량=펴다=포다[속량]=פדה[포다 속량]=פָּדָה[포다 속

---

1) פָּדָה(파다 · 속량 · 구속, 신 24:18).
2) פָּרָה(파라 · 페루 · 번성, VQMMYP, βύζάνεσθε, 창 9:7).
3) פָּנִים(파님 · 얼굴, 겔 1:7등).
4) פָּרָה(파아라아 · 생육 · 번성 · 흥왕, 출 1:7; 시 72:7; 사 11:1. 흥왕).
5) פָּרַת(파라트 · 열매맺다 호 13:15).
6) פָּרַץ(프로쯔 · 창성, 출 1:12),
7) פָּתָה(파타 · 파다 · 창대케 하사, 창 9:27).
8) פָּלַל(팔랄 · 기도, 역대하, 6:21).

량[1]: 펴다. 문을 열어=속량=펴다![2]

* 퍼렇게와 파르하[움이 돋았는지]=פרחה[파르하 움이 돋았는지]=פָּרְחָה[파르하 움이 돋았는지][3] : 움이 돋았는지 푸르겠지=페라게쯔=פרקץ=פְּרַשׂפֶּרְקֵץ[페라게쯔]! 번성=פרצו=פָּרְצוּ[파르주] 푸르죠! 푸르요=피르요[실과]=פרו[피르요 실과]=פִּרְיוֹ[페피르요 실과][4] 푸르요 열매들이 푸르요.

* 펴서와 파라스[펴고]=פרש[파라스 펴고]=פָּרַשׂ[파라스 펴고][5]: 쫘악 펴서!

* 포사[퍼지어]=פשה[포사 퍼지어]=פָּשָׂה[포사 퍼지어][6]와 퍼져: 하나님 입으로 펴샤.

* 펼치다와 페라드[펼치다]=פרד[페라드 펼치다]=פְּרָד[페라드 펼치다][7]: 페라드[펼치다]=פרד[페라드 펼치다]=פְּרָד[페라드 펼치다] 하나님이 네 강 펼치다.

* 폈다와 포타[문을 열다]=פתח[포타 문을 열다]=פָּתַח[포타 문을 열다][8]: 입이 얼마나 중요한지 십자가를 말하는 입을 문을

---

1) פָּדָה(포다 · 속량, 신 21:6).

2) פָּתַח(포다 · 문을 열매, 아 5:5)

3) פָּרְחָה(파르하 · 움이 돋았는지 · 깨졌는지, 아 7:13). פֶּרְקֵץ(페라게쯔) 기본형의 변형 פָּרְצוּ(파르수 · 번성, 대상 4:38).

4) פִּרְיוֹ(피르요 · 실과, 아 8:12).

5) פָּרַשׂ(파라스 · 펴고, 민 4:8; 겔 2:10 등).

6) פָּשָׂה(포사 · 퍼지어, 레위 13:5, 14:48 등), פָּשָׂה(파아사 · 퍼지는, 레 13:7, 22, 51, 53).

7) פָּרַד(페라드 · 펼치, 창 2: 14) 참조: פֹּרִיָּה(시 128: 3; 잠 18: 20) · מִפְּרִי(창 3: 2) · עַל~פַּלְגֵי(시 1: 3) · פִּרְיָמוֹ(시 21: 10), פְּרִי)시 127: 3) · פְּרָת(창 2: 14; 렘 51: 63).

8) פָּתַח(포타 · 문을 열다, 아 5:5)가 있다. 또 פִּתַּח(피타 · 퍼졌는지, 아 7:13)가 있다. 폈다 פְּתָחֵינוּ(프타헤누 · 우리의 문 앞에는, 아 7:14).

열다=폈다=포타 문을 열다=פתח 포타 문을 열다=פָּתַח 포타 문을 열다 폈다라 한다.

* 페와 페 입술=פה 페 입술=פֶּה 페 입술1): 입술이 입술=페 입술=פה 페 입술=פֶּה 페 입술 페. 무엇을 입에서 뱉아 낼 때 패 한다. 비웃거나 혹은 장난조로 피=פי 피=פִּי 피 한다.

* 패내와 외모=페내 나타나는 사역=פני 페내 나타나는 사역=פְּנֵי 페내 나타나는 사역2): 무엇을 페내페내 나타나는 사역=פני 페내 나타나는 사역=פְּנֵי 페내 나타나는 사역 입 사역!

* 퍼가다와 벌=파카드 벌=פקד 파카드 벌=פָּקַד 파카드 벌3):벌.

* 패리와 열매=패리 열매=פרי 패리 열매=פְּרִי 패리 열매4): 논에 나락이 패리! 열매=과일=패리=פרי 패리 열매=פְּרִי 패리 열매! 열매 맺는 일로 입술 אפרת 에브랏 열매맺다5).

* 파르르와 순=파르하=הפרחה 하파르하 순이 낫는가=הַפָּרְחָה 하파르하 순이 낫는가6): 순이 났는가! 순=파르하=הפרחה 하파르하 순이 낫는가 하파르하 파아란 순이 올라!

* 포르르와 지포르 새=צפור 지포르 새=צִפּוֹר 지포르 새7): 날아라! צפור 포르르! 새=צפור 지포르 새=צִפּוֹר 지포르 새 시 4:17

---

1) פֶּה(패 · 입술)와 פֵּאָה(페아아 · 끝, 겔 48: 1) · פָּאָה(파아 · 뿌리다, 신 32: 26,출 4: 10; 수 1: 8; 잠 13: 2.

2) פְּנֵי(패내 · 나타나는 사역 · 외모 · 표면 · 창 1:2, 2:6, 6:1)가 있다. פָּנָה(파나 · 대면 · 확인, 창 18:22; 사 53:6).

3) פָּקַד(파카드 · 벌, 사 27:1).

4) פְּרִי(패리 · 열매, 과일, 창 3:2)가 있다. פְּרִיָּה(피랴 · 열매, 슥 8:12),

5) אֶפְרָת(에브랏 · 열매를 맺다, 창 35:16).

6) פָּרְחָה(파르하 · 순이 났는가, 아 6:11).

7) צִפּוֹר(짚포르 · 새, 시 8:9).

영어 fowl 이다.

* 포데기와 포대구속하시나니=פודה포데 구속하시나니=פּוֹדֶה포데 구속하시나니[1] 포대구속하시나니=פודה포데 구속하시나니=פּוֹדֶה포데 구속하시나니 포데기에 잘 싸서 보호.

* 퍼져와와 퍼져=푸즈흩어져서=פוץ푸즈 흩어져서=פוּץ푸즈 흩어져서[2]: 푸즈흩어져서=פוץ푸즈 흩어져서=פוּץ푸즈 흩어져서 퍼져 그의 일 하다.

* 입으로 풀과 푸하말할=פוח푸하 말할=פוּח푸하 말할[3]: 입으로 기울고=푸하=פוח=פוּח푸하 푸하시며 세게 푸하실 그 때 어둠이 사라진다.

* 푸르게와 푸르게=페레그강=פלג페레크 강=פֶּלֶג페레크 강. 강 푸르게[4]: 페레그페레크 강=פלג페레크 강=פֶּלֶג페레크 강. 강 푸르게 시냇가 파랗게시냇가에[5] 나뭇잎 입술들 은혜를 조잘조잘 읊으며!

* 피어라와 페라꽃이 있어=פרח페라 꽃이 있어=פֶּרַח페라 꽃이 있어[6]: 움이 돋아=페라꽃이 있어=פרח페라 꽃이 있어=פֶּרַח페라 꽃이 있어 파르하아움이 돋아=פרחה파르하아 움이 돋아=פָּרְחָה파르하아 움이 돋아 파르라니움이 돋아[7] 페라=פרח=פֶּרַח페라 꽃이 페라!

---

1) פּוֹדֶה(포데·구속하시나니, VQPA, redemeth, 시 34:23).
2) פּוּץ(푸즈 · 흩어져서, 창 11:9).
3) שֶׁיָּפוּחַ(쉐야푸하흐 · 말할, 기울고, 아 4:6).
4) פֶּלֶג(페레그 · 강, 시 65: 10).
5) עַל־פַּלְגֵי(알~ 파르게 · 시냇가에, 시 1:3).
6) פֶּרַח(페라 · 꽃이 있어, 출 37:18, 19, 20).
7) פָּרְחָה(파르하아 · 움이 돋았, 아 7:13).

(14). ㅎ음가 시작의 우리말과 히브리어와의 발음 닮음

* 하! 헤: 우리들은 숨을 하!..ה헤 숨구멍 숨을 쉬는 숨구멍! ה헤를 지닌 히브리어 성경은 정관사 접두어..ה헤로 단어 첫시작을 하는 경우 숨을 쉬게 해 주시는 분의 의미가 부각된다. 이 ה헤는 동시에 하나님이나 예수님의 첫 글자시작 의미의 ה헤다. 성경은 살아 있는 문장이 되게 하는 이 ה헤와 י요드로 신비의 성경이 말씀대로 이루어지게 한다.

* 하! 좋다와 하조아트이=הזאת하짜호트 이=הַזֹּאת하짜호트 이1): 하조아트이=הזאת하짜호트 이=הַזֹּאת하짜호트 이 얼씨구 하 좋다. 연장 역할 하 좋았다 이다.

* 하고마는과 호크마지혜=חכמה호크마 지혜=חָכְמָה호크마 지혜2): 하나님이 원하는 지혜호크마=호크마지혜=חכמה호크마 지혜=חָכְמָה호크마 지혜다. 지혜사람이다.

* 하고파와 소망티크바=티크바티크바 소망=תקוה티크바 소망=תִּקְוה티크바 소망3): 티크바소망=תקוה티크바 소망=תִּקְוה티크바 소망는 이 단어 끝 소망사 ה하 숨쉼이 덧붙는 하티크바하티크바 소망=התקוה하티크바 소망=הַתִּקְוָה하티크바 소망4)의 처음과 끝에 소망사 ה하 가 두 번 덧붙어 십자가를 정말 잘 지는

---

1) הַזֹּאת(하짜호트 · 이. 신 31: 30).

2) חָכְמָה(호크마 · 지혜, συνέσεώς, 신 34:9.

3) תִּקְוה(티크바 · 소망, 스토롱 넘버 8615) 기본형을 가진 הַתִּקְוָה(하크파 · 소망을 품은, 슥 9:12).

4) תִּקְוה(티크바 · 소망, 스토롱 넘버 8615) 기본형을 가진 הַתִּקְוָה(하크파 · 소망을 품은, 슥 9:12).

일이 정말 하고픈 일!

* 하게와 하게절기=חג하게 절기=חַג하게 절기 기본형이 본문에서 בחגך베하게하 지킬때에=בְּחַגֶּךָ베하케하 지킬때에[1]: 향기가 코로 스미니 하 좋은 절기다. 칠칠절=하게 하셔부렀다=하게 하 사 부었다= ובחג השבעות=וּבְחַג הַשָּׁבֻעוֹת우베하그 하솨부오트 칠칠절[2]. 칠칠절은 하게 하셔부렀다이다. 배로 하여 하 싸 부었다! 초막절=하게 하 꾯다=וּבְחַג הַסֻּכּוֹת우베하그 하수코오트 초막절[3]은 정말 하게 하시니 온통 머릿속에 절기를 잘 하게 은혜를 받아 기분이 좋다.

* 하게 마와 하케마당신의 지혜=חכמה하케마 당신의 지혜=חָכְמָה하케마 당신의 지혜[4]: 지혜는 말씀의 중심에 서게 하게 마!

* 하기다와 하기다보답하는 가슴 하기다=הגידה하기다 보답하는 가슴 하기다=הַגִּידָה하기다 보답하는 가슴 하기다[5]: 보답하는 가슴 하기다로 의지를 보인다. 하기야이르렀는데=הגיע하기야 이르렀는데=הַגִּיעַ하기야 이르렀는데[6] 나가만지다=נגע나가 만지다=נָגַע나가 만지다[7] 만지기만 하면 은혜 갚는 나날이 된다.

* 하나하려와 하나하르강=הנהר하나하르 강=הַנָּהָר하나하르

---

1) בְּחַגֶּךָ(베하게하 · 지킬 때에, 신 16: 14).

2) וּבְחַג הַשָּׁבֻעוֹת(우베하그 하솨부오트 · 칠칠절, 출 16: 16: καὶ ἐν τῇ ἑορτῇ τών ἑβδομάδων · 카이 엔 테 에오르테 톤 엡도마돈).

3) וּבְחַג הַסֻּכּוֹת · 초막절(우베하그 하수코오트, 출 16: 16: καὶ ἐν τῇ ἑορτῇ τής σκηνοπηγίας · 카이 엔 테스 스켄스페기아스).

4) חָכְמָה(하게마 · 당신의 지혜. 왕상 10:8).

5) הַגִּידָה(하기다 · 고하라, 아 1:7).

6) הַגִּיעַ(하기아으 · 이르렀는데, 아 2:12).

7) נָגַע(나가아 · 만지다 · 미치다).

[강][1]: 강 하나하르[강]=הנהר[하나하르 강]=הַנָּהָר[하나하르 강] 하나하려 강은 숨 쉬며 움직인다.

* 하나님과 엘로힘[하나님]=אלהים[엘로힘 하나님]=אֱלֹהִים[엘로힘 하나님] 하나님[2]:

[* 창세기(1:1~2:3)에서의 엘로힘 33회)]

(1) 하나님이 אֱלֹהִים(엘로힘, 창 1: 1)
(2) 하나님의 אֱלֹהִים(엘로힘, 창 1: 2)
(3) 하나님이 אֱלֹהִים(엘로힘, 창 1: 3)
(4) 하나님의 אֱלֹהִים(엘로힘, 창 1: 4)
(5) 하나님이 אֱלֹהִים(엘로힘, 창 1: 4)
(6) 하나님이 אֱלֹהִים(엘로힘, 창 1: 5)
(7) 하나님이 אֱלֹהִים(엘로힘, 창 1: 6)
(8) 하나님이 אֱלֹהִים(엘로힘, 창 1: 7)
(9) 하나님이 אֱלֹהִים(엘로힘, 창 1: 8)
(10) 하나님이 אֱלֹהִים(엘로힘, 창 1: 9)
(11) 하나님이 אֱלֹהִים(엘로힘, 창 1: 10)
(12) 하나님의 אֱלֹהִים(엘로힘, 창 1: 10)
(13) 하나님이 אֱלֹהִים(엘로힘, 창 1: 11)
(14) 하나님의 אֱלֹהִים(엘로힘, 창 1: 12)
(15) 하나님이 אֱלֹהִים(엘로힘, 창 1: 14)
(16) 하나님이 אֱלֹהִים(엘로힘, 창 1: 16)
(17) 하나님이 אֱלֹהִים(엘로힘, 창 1: 17)
(18) 하나님의 אֱלֹהִים(엘로힘, 창 1: 18)
(19) 하나님이 אֱלֹהִים(엘로힘, 창 1: 20)
(20) 하나님이 אֱלֹהִים(엘로힘, 창 1: 20)
(21) 하나님이 אֱלֹהִים(엘로힘, 창 1: 21)
(22) 하나님의 אֱלֹהִים(엘로힘, 창 1: 21)
(23) 하나님이 אֱלֹהִים(엘로힘, 창 1: 22)
(24) 하나님이 אֱלֹהִים(엘로힘, 창 1: 24)
(25) 하나님이 אֱלֹהִים(엘로힘, 창 1: 25)

---

1) הַנָּהָר(하나하르 · 강, 창 2:14).
2) אֱלֹהִים(엘로힘),

(26) 하나님의 אֱלֹהִים(엘로힘, 창 1: 25)
(27) 하나님이 אֱלֹהִים(엘로힘, 창 1: 26)
(28) 하나님이 אֱלֹהִים(엘로힘, 창 1: 27)
(29) 하나님의 אֱלֹהִים(엘로힘, 창 1: 27)
(30) 하나님이 אֱלֹהִים(엘로힘, 창 1: 28)
(31) 하나님이 אֱלֹהִים(엘로힘, 창 1: 29)
(32) 하나님의 אֱלֹהִים(엘로힘, 창 1: 31)
(33) 하나님이 אֱלֹהִים(엘로힘, 창 2: 2)

성경은 엘로힘을 33회로 한다. 예수님 지상 나이와 동일하다. 창세기 33장 11절에서는 하나님=엘로힘 하나님=אלהים 엘로힘 하나님=אֱלֹהִים 엘로힘 하나님의 엘=אל 알레프[1]는 알레[2] 하나님 진리를 배우고 익히면 1000년 동안 왕 노릇한다. 알레프=1000=א 알레프 알레프 1000=אלף 알레프 א 1000=אָלֶף 알레프 א 1000[3] 하나님을 배우고 익히며 우리가 살면 긍정적인 삶 예쉬[4]가 주어진다. 은혜를 주시어서[5]다.

* 하나 하시와 하나하시 뱀=הנחש 하나하시 뱀=הַנָּחָשׁ 하나하시 뱀[6]: 하나 하시라는 뱀의 유혹에 넘어간 하와 남편 아담까지 낭패하게 한다. 하나하시 뱀=הנחש 하나하시 뱀=הַנָּחָשׁ 하나하시 뱀 하나하시[7]라는 우리 일상에서 누구나 한자리 준

---

1) אָלֶף(알레프, 잠 22: 25, 욥 15: 5, 33: 33) · אֶלֶף(엘레프, 출 20: 6; 삼상 18: 7; 왕상 3: 4).
2) אָלֶף(알레프, 잠 22: 25; 욥 15: 5, 33: 33) · אֶלֶף(엘레프, 출 20: 6; 삼상 18: 7; 왕상 3: 4).
3) אָלֶף(알레프, 잠 22: 25; 욥 15: 5, 33: 33) · אֶלֶף(엘레프, 출 20: 6; 삼상 18: 7; 왕상 3: 4).
4) יֵשׁ(예쉬 · 예수, 창 33:11).
5) חַנַּנִי(하나니 · 내게 은혜를 베푸셨고, 창 33:11).
6) הַנָּחָשׁ(하나하시 · 뱀이, 창 3:13).
7) הַנָּחָשׁ(하나하시 · 뱀이, 창 3:13).

다면 덥석 받았다가 낭패를 당하는 일이다.

* 하나는과 하난은혜를 베풀다=חנן하난 은혜를 베풀다=חָנַן하난 은혜를 베풀다1): 진짜 은혜 하나는=하난하난 은혜를 베풀다=חנן하난 은혜를 베풀다=חָנַן하난 은혜를 베풀다은 은혜 속에서 마음과 삶이 하나로 일치하는 은혜를 받는 하나=하난=חנן하난 은혜를 베풀다=חָנַן하난 은혜를 베풀다 내꺼다. 그가 내게 은혜를 배풀어 야 내꺼=야흐느카그가 네게 은혜를 베푸시며=יחנך야흐느카 그가 네게 은혜를 베푸시며=יְחָנְךָ야흐느카 그가 네게 은혜를 베푸시며2) 인생!

* 하였다와 하으타하고=היתה하으타 하고=הָיְתָה하으타 하고3): 양쪽에 숨 쉼 언어가 있어서 하나님이 숨 쉬게 하기에 숨을 쉰다. 숨 쉬게 하는 일은 두 분 곧 양쪽 ה헤…ה헤로 하여 하나님과 예수님 두 분을 강조한다. 성경은 2회 리듬을 계속 유지 하나님과 예수님으로 두분강조!

* 하다트와 놀라다=하다트놀라다=חתת하다트 놀라다=חָתַת하다트 놀라다4): 그 분이 하시는 일 보며 화다닥 놀라!

* 하 닿음과 하툼봉한=חתום하툼 봉한=חָתוּם하툼 봉한5): 물에 하툼봉한=חתום하툼 봉한=חָתוּם하툼 봉한 하 닿음! 말씀에 잘 닿음! 잘 닿았다의 하 닿음이다.

* 하더라와 위엄하다라=הדר하다라 위엄=הָדָר하다라 위엄6): 위

---

1) חָנַן(하난 · 은혜를 베풀다, 사 30: 18).
2) יְחָנְךָ(야흐느카 · 그가 네게 은혜를 베푸시며, 사 30:19).
3) הָיְתָה· 하고, 창 1:2 출 3:14; 레 26:12.
4) חָתַת(하다트 · 놀라다, 신 31: 8).
5) חָתוּם(하툼 · 봉한, 아 4:12).
6) הָדָר(하다르 · 위엄, κάλλος, glory, 신 33:17).

엄[하다라]=הדר[하다라 위엄] 정말 그렇게 위엄 보이시게 하더라.

* 하라와 하라[진노]=חרה[하라 진노]=חָרָה[하라 진노]1): 하라는 진노 חרה[하라 진노]=חָרָה[하라 진노]!

* 하려므나와 하리모님[석류나무]=הרמנים[하리모님 석류나무]=הָרִמֹּנִים[하리모님 석류나무]2): 하리모님[석류나무]=הרמנים[하리모님 석류나무]=הָרִמֹּנִים[하리모님 석류나무]!

* 하루와 하루아흐[그 신]=הרוח[하루아흐 그 신]=הָרוּחַ[하루아흐 그 신]3): 하루아흐[그 신]=הרוח[하루아흐 그 신]=הָרוּחַ[하루아흐 그 신] 그의 머리 안에 있는 계획대로 우리는 하루하루 살아간다. 하루하루 살아가는 것은 기적 같은 신의 일이다.

* 하루와 하루쯔[부지런한 자]=חרוץ[하루쯔 부지런한 자]=חָרוּץ[하루쯔 부지런한 자]4): 부지런한 자는 하루하루를 잘 살아 평생을 잘 살아간다.

* 하르르와 하르레림[암양]=הרחלים[하르레림 암양]=הָרְחֵלִים[하르레림 암양]5): 암양을 하르레림이라 한다. 쌍태를 낳은 암양에게 바람이 하르르 불면 암양 털이 하르르!

* 하르르 부니와 하르히부[나를 놀래게 하시니]=הרהיבני[하르히부니 나를 놀래게 하시니]=הִרְהִיבֻנִי[하르히부니 나를 놀래게 하시니]6): 하르하르 부니 숨 쉬어요.

---

1) חָרָה(하라 · 진노하다, 삼하 24:1; 민 11:1 등).
2) הָרִמֹּנִים(하리모님 · 석류나무, 아 6:11).
3) הָרוּחַ(하루아흐 · 그 신, 겔 1:20 등).
4) חָרוּץ하루쯔 · 부지런한 자, AMS, the dilight, 잠 21:5).
5) הָרְחֵלִים(하르레림 · 암양, 아 6:6).
6) הִרְהִיבֻנִי(히르히부니 · 나를 놀래게 하니, 아 6:5),

* 하드와 에하드하나=אחד에하드 하나=אֶחָד에하드 하나 에하드1): 우리나랏말 하나에하드=에하드하나=אחד에하드 하나=אֶחָד에하드 하나 에하드 이 첫글자 에 א는 묵음으로 하나가 바로 우리말 하다2)이다. 히브리어 하나=에하드=אחד=אֶחָד에하드 에하드ONE3)에서 찾아진다. 우리나랏말 하나이다.

* 하하라와 산하르 산에에=하하르산에=ההרה하하라 산에=הָהָרָה하하라 산에4): 나무 하러의 이 하러가 산이다. 하=ה=הָ하가 하나 더 붙어 산하하라에=하하르하하라 산에=ההרה하하라 산에=הָהָרָה하하라 산에. 산에를 성경은 하하러 간다고 하고 있다. 바로 숨을 하하쉬도록 하기 위에 산에 오른다.

* 하마와 하마물러 갔네=חמק하마 물러 갔네=חַמַּק하마 물러 갔네5): 물러갔네하마=하마물러 갔네=חמק물러 갔네=חַמַּק물러 갔네 물러갔네!

* 그렇게 하마와 하마하님하나님의 군대=חמחנים하마하님 하나님의 군대=חֲמַחֲנַיִם하마하님 하나님의 군대6): 하나님의 군대=하마하님이다. 하마하님하나님의 군대=חמחנים하마하님 하나님의 군대=חֲמַחֲנַיִם하마하님 하나님의 군대 하마하님! 하나님의 군대!

* 하 만날과 하마느을자물쇠=המנעול하마느울 자물쇠=הַמַּנְעוּל하마느울 자물쇠7): 사랑하는 사람8)하 정말로 만날 날 위해

---

1) אֶחָד(에하드 · 하나, 창 1:3).
2) 진태하, 『鷄林類事 연구』(서울: 탑출판사, 1975), 273~274.
3) חֲדָה(하다· one, AFS, 단 4:16).
4) הָהָרָה(하하라 · 산에, 수 2:22): 기본형 הַר(하르) · 산.
5) חַמַּק(하마 · 물러갔내, 아 5:6).
6) חֲמַחֲנַיִם(하마하님 · 하마하님 · 하나님의 군대, 아 7:1).

말씀을 기다리는 눈빛! 하마느울자물쇠=המנעול하마느울 자물쇠=הַמַּנְעוּל하마느울 자물쇠 물, 말씀을 기다리는 눈빛!

* 하 믿어봐라와 하미드바르광야=המדבר하미드바르 광야 거친들=הַמִּדְבָּר하미드바르 광야 거친들1): 거친들이라도 하믿어봐라=아주 정말 많이 믿어봐라 거친 들에서도 잘 살아날 것이다. 하 믿어봐라! 정말 믿어봐라!

* 하시다와 사쉐데그 밭과=השדה하쉐데 그 밭과=הַשָּׂדֶה하쉐데 그 밭과2): 잘 살아가라 השדה하쉐데 밭=הַשָּׂדֶה하쉐데 밭 밭3)!

* 하시도와 하시도(다)그 인자하심이=חסדו=하스도 그 인자하심이 חַסְדּוֹ하스도 그 인자하심이4): 인자하심이 우리를 인도하시도다=חסדו하스도 그 인자하심이=חַסְדּוֹ하스도 그 인자하심이!

* 하시라와 하시라=השירה하시라 노래=הַשִּׁירָה하시라 노래5): 노래=하시라 노래가 하시라다.

* 하 스미니와 하스미이니=아주 깊숙이 스미이니=하스미이니=השמיעיני=הַשְׁמִיעִינִי하스미이니 나로 듣게하려므나6): 아주 잘 스미니! 나로 듣게 하려므나!

* 하 아파와 하아바아=האהבה하아바아 사랑=הָאַהֲבָה하아바아 사랑7): 너무 아파! האהבה하아하바아 사랑=הָאַהֲבָה하아하바아 사랑.

---

7) הַמַּנְעוּל(하만울 · 문 · 자물쇠, 아 5:5).
8) הַמַּנְעוּל(하만울 · 문 · 자물쇠, 아 5:5).
1) הַמִּדְבָּר(하미드바르 · 거친들, 아 8:5).
2) הַשָּׂדֶה(하솨다 · 밭과, 대상 16:32).
3) הַשָּׂדֶה(하솨다 · 밭과, 대상 16:32).
4) חַסְדּוֹ(하스도 · 그 인자하심이, 대상 16:34, 41; 시 98:3, 100:5).
5) הַשִּׁירָה(하시라 · 노래의, 신 31:9).
6) הַשְׁמִיעִינִי(하스미이니 · 나로 듣게 하려므나, 아 8:13).

* 하아파아와 하아하바아[사랑]=האהבה[하아하바아 사랑]=הֲבָה הָאַ[하아하바아 사랑하는 자1)]: 슬픈 마음=하아바아[사랑하는 자]=בה האה[하아바아 사랑하는 자]=הָאַהֲבָה[하아바아 사랑하는 자] 마음 하아파!

* 하여와 생명[하야]=하야[생명]=היה[하야 생명]=הָיָה[하야 생명2)]: 그렇게 생명[하야]=하야[생명]=היה[하야 생명]=הָיָה[하야 생명] 생명이 있게 되었다.

* 하욤=היום[하욤 오늘날]=הַיּוֹם[하욤 오늘날3)]: 오늘날이 하욤[오늘날]이다. 하욤=היום[하욤 사는 동안]=הַיּוֹם[하욤 사는 동안]!

* 하 예뻐와 극히 어여쁜 자야=하예뻐[하야파 극히 어여쁜자야]=היפה[하야파 극히 어여쁜자야]=הַיָּפָה[하야파 극히 어여쁜자야4)]: 히브리어 하야파는 극히 어여쁜 자야!이다.

* 하올라와 하올라[번제와]=העלה[하올라 번제와]=הָעֹלָה[하올라 번제와5)]: 번제가 히브리어로 하올라이다.

* 하자와 하자[살피다]=חזה[하자 살피다]=חָזָה[하자 살피다6)]: 하자!라는 발음 히브리어 뜻은 앙망과 살피다와 보다보다이다. חזא[하자아 앙망]=חָזָא[하자아 앙망7)].

* 하자고와 하자고[견고하게]=חזק[하자고 견고하게]=חָזַק[하자고 견고

---

7) הָאַהֲבָה(하아아하바아 · 사랑이, 아 8: 7).

1) הָאַהֲבָה(하아하바 · 사랑하는 자가, 아 3:5, 8:4).

2) הָיָה(하야 · 생명 · 있어, 아 8:11).

3) וֹם(호환이 안되어서 띄어 씀)הַיּ(하욤 · 오늘날, 느 1:11)과 חַיִּים(하염 · 사는 동안에, 왕상 8:40).

4) הַיָּפָה(하야파 · 하예뻐 · 극히 어여쁜 자야, 아 6:1).

5) הָעֹלָה(하올라 · 번제와, 역대상, 16:2).

6) חָזָה(하자 · 앙망하다 · 살피다, 욥 15:17: 잠 22:29; 합 1:1 등)와 חָזָא (하자아 · 보다 · 주었나니, 단 2:8; 스 4:14).

7) חָזָא(하자아 · 보다 · 주었나니, 단 2:8; 스 4:14).

하게1): 마음을 강하게 하자고권능=הזק하자고 권능=חָזַק하자고 권능 하시는 이의 권능2) 하나님의 뜰에서 그의 일을 견고하게 하자고!

* 하 좋았다와 하조아트…이=הזאת하조아트 …이=הַזֹּאת하조아트 …이3): 하 좋았다…이=הזאת하 좋았다 하조아트 …이=הַזֹּאת하 좋았다 하조아트 …이! 아주 좋았다=הזאת하 좋았다 아주 좋았다=הַזֹּאת하 좋았다 아주 좋았다!=하 좋았다.

* 하제와 하제내일=הזה하재 내일=הַזֶּה하재 내일4): 내일의 옛말 하제내일=הזה하재 내일=הַזֶּה하재 내일!

* 하타푸아흐와 하타푸아흐사과나무=하타푸아흐사과나무=חתפוח하타푸아흐 사과나무=חַתַּפּוּחַ하타푸아흐 사과나무5): 감탄사 하 타 푸 아흐가 사과나무다. 에덴동산 사과나무하타푸아흐 사과나무=חתפוח하타푸아흐 사과나무=חַתַּפּוּחַ하타푸아흐 사과나무 에덴동산에 펼쳐졌다. 에덴동산의 사과나무에는 하나님의 말씀이 풍부하다. 지붕아래서 펼쳐 친 말씀이 풍부하다. 에덴동산의 말씀이 풍부하다.

* 하 크더라와 하그더라이 큰 일을=הגדולה하그더라 이 큰 일을=הַגְּדוּלָּה하그더라 이 큰 일을6): 아주 크더라 큰일을 하다.

* 하 하와 生하하=하하生=החי하하 生=הַחַ하하 生 하하生7):

---

1) חָזַק(하자크 · 견고하게, 삼하 16:21; 대하 25:8; 시 136:12; 슥 8:13 등).
2) הַחֲזָקָה(하하자고 · 권능, τὴν κραταιάν. 신 34:12) .
3) הַזֹּאת(하조아트 · 이, 대상 17:20).
4) הַזֶּה(하제 · 이제, 출 1:18; 에 1:18).
5) חַתַּפּוּחַ(하타푸아흐 · 사과나무, 아 8:5).
6) הַגְּדוּלָּה(하그두라 · 이 큰 일을, 대상 17:19).

生이 웃음 하하이다. הַחַ[하하] 하하 하 하 나의 삶이 하하! 웃음 나는 生[하하]=하하[生]=החי[하하 生]=הַחַ[하하 生].

* 할 놈과 꿈=할놈=할롬[꿈]=חלום[할롬 꿈]=חֲלוֹם[할롬 꿈] 할롬1): 요셉은 한 바탕 할 놈 꿈[할롬 꿈]=할롬[할롬 꿈]=חלום[할롬 꿈]=חֲלוֹם[할롬 꿈] 하할놈=הַחֲלוֹם[하할놈 꿈]2) 크게 할 놈.

* 할렐과 할렐[찬송]=הלל[할렐 찬송]=הָלַל[할렐 찬송]3): הלל[할렐 찬송] 할렐루야 찬송으로 숨쉬기 위해 몸부림친다. הלל[할렐 할렐 찬송]은 찬송이고 חלל[할랄 욕]4)은 욕이다. 지붕이 뚫려 숨 쉬며 할렐루야 찬송하고 지붕이 막혀 있으면 숨쉬지 못하여 죽을 지경이므로 부르짖는다. 전자는 삶의 목적이 하늘을 향하여 하나님을 찬양하는 일이고 반대로 하늘을 향하지 않으면 마음에 불만이 가득하다.

* 할렐루야 할렐루우야 하나님 할렐루야[찬양]=הלל והו ~יה[할렐루후~야 찬양]=הַלְלוּהוּ~יָהּ[할렐루후~야 찬양]5) · הַלְלוּהוּ~יָהּ의 ~יָהּ는 여호와의 약자이다. הללו ~אל=הַלְלוּ~אֵל[할렐루~엘 하나님을 찬양하며]6) הללוהו=הַלְלוּהוּ[할렐루후 그를 찬양할지어다!]7) 다할라=트할라=תהלה=תְּהִלָּה[트할라 찬송]. 찬송이=우트힐라=ותהלה=וּתְהִלָּה[우트힐라 찬송이]8). 찬송 …할=הלל=[…할

---

7) הַחַ(하하 · 生 · 산, 창 1:20, 21; 레 16:21 등).
1) חֲלוֹם(할롬 · 꿈).
2) הַחֲלוֹם(하할롬 · 꿈을, D.NMS, dream, τοὼ ἐνὑπνἰοὑ, 창 37:5).
3) הָלַל(할 · 찬송).
4) חָלַל(할랄 · 욕).
5) הַלְלוּהוּ~יָהּ(할렐루후~야 · 할렐루야, 시 150:1).
6) הַלְלוּ~אֵל(할렐루~엘 · 하나님을 찬양하며, 시 150:2) .
7) הַלְלוּהוּ(할렐루후 · 그를 찬양할지어다, 시 69:35, 150:2, 3, 4, 5).

[찬송]1) 찬송은 숨쉬기 위해 몸부림치는 일이다. 찬송과 욕 חלל[할랄] 구별은 ה[하 숨쉼]와 헷드=ח[헷드 지붕] 차이다. 하늘을 향하여 마음이 뚫려 있으면 하나님을 찬양함이고 하늘을 향하지 않으면 욕이다. 목소리를 합하여 할렐루~야= יה ~ הללוהו=הַלְלוּהוּ~יָהּ[할렐루후~야 찬송할지어다]2)! 할렐루~엘=אל~ הללו[할렐루~엘]3) · 그를 찬양할지어다=할렐루후=הללוהו=הַלְלוּהוּ[할렐루후]4). 할렐루와 할렐루 ~야= יה ~ הללו=הַלְלוּ~יָהּ[할렐루~야] ! 할렐루~야=הללו~יה=הללו~יָהּ=לוּ~יָהּ הַלְ[할렐루~야]5)이다. 할렐루~야=사람들이 그를 칭찬하는구나! 기본형 바람=루아흐=רוע=רוּעַ[루아흐]6). 찬송 הלל[할랄] · 빛나다! 어두에 ה[하]가 붙어 즐거이 부를지어다=하아리우=הריעו=הָרִיעוּ[하아리우]7)! 알렐누=עלינו=עָלֵינוּ8)[알렐누] 당신을 찬양!

* 할라고 할라흐[행하다]=הלך[할라고 행하다]=הָלַךְ[할라고 행하다]9): 할라고=הלך=הָלַךְ[할라흐] · 숨 쉬려고 중심을 잡다. 할라고 숨 쉴 구멍으로 들어가다=할라고[고르게 분배하다]=חלק[할라고]

---

8) וּתְהִלָּה(우트힐라·찬송이, C.NFS, and to praise, 대상 20:22).

1) 할הַלֵּל(할 · 찬송).

2) הַלְלוּהוּ~יָהּ(할렐루후~야 · 할렐루야, 시 150:1).

3) הַלְלוּ~אֵל(할렐루~엘 · 하나님을 찬양하며, 시 150:2) .

4) הַלְלוּהוּ(할렐루후 · 그를 찬양할지어다, 시 69:35, 150:2, 3, 4, 5).

5) הַלְלוּ~יָהּ(할렐루~야, 시 113: 1, 9, 115: 18, 116: 19, 117: 2).

6) רוּעַ(루아흐 · 바람, 시 100:1).

7) הָרִיעוּ(하아리우 · 즐거이 부를지어다, 시 100:1).

8) עָלֵינוּ(알렐누 · 우리에게, 미 3:11).

9) הָלַךְ(할라흐 · 다니다, 숨쉬려고 산책하다, 할려고 중심을 잡다, וַיִּתְהַלֵּךְ 바이트할레흐, 거닐다가, 삼하 11:2).

고르게 분배하다=חָלַק[할라고 고르게 분배하다]1): 무엇 할라고=חלק=חָלַק[할라고]. 집을 세우려고 좁은 길로 들어가다. 할라그=הלך=הָלַךְ[할라그 행하다]2) 행하다.

* 할려보나와 할레보나[유향]=הלבונה[할레보나 유향]=הַלְּבוֹנָה[할레보나 유향]3): 유향[할려보나]=할려보나[유향]=הלבונה=הַלְּבוֹנָה[할려보나]!

* 함과 함[뜨거움]=חם[함 뜨거움]=חָם[함 뜨거움]4): 뜨거움=함=חם=חָם[함 뜨거움].

* 헤벌레와 하벨[헛되다]=הבל[하벨 헛되다]=הֶבֶל[하벨 헛되다]5): 헛되다=헤벌레 웃는 일 헛된 일일 경우가 많다. הבל[하벨 헛되다]=הֶבֶל[하벨 헛되다]이다.

* 헤메다와 헤메다[아름다운]=חמדה[헤메다 아름다운]=חֶמְדָּה[헤메다 아름다운]6): 양쪽에 숨 쉼 언어 ה…ה가 있다. 아름다운 일은 양쪽에 숨쉴 수 있어 마음이 푹 빠져 있는 일이다.

* 한 밑천잡았다와 오분의 일=⅕=함미씨[⅕]=חמישי[함미씨 ⅕]=חֲמִישִׁי[함미씨 ⅕] 함미씨 57): 한밑천 잡았다! 한밑천=⅕=חמישי[함미씨 ⅕]=חֲמִישִׁי[함미씨 ⅕] 오분의 일이다. 하나님이 시키시는 일을 하나님이 그만 두라 하실 때 까지 열심

---

1) חָלַק(할라크 · 고르게 분배하다, 분정하신, ἀπένειμεν 신 4:19).
2) הָלַךְ(할라그 · 행하다, 왕상 3:6, 8:25; 슥 9:14).
3) הַלְּבוֹנָה(할레보나 · 유향의, 아 4:6).
4) חָם(함 · 뜨거운, 창 6:10, 9:12, 10:1, 6, 20 등).
5) הֶבֶל(하벨 · 헛되다, 전 1:1).
6) חֶמְדָּה(헤메다 · 아름다운, 사 2:11).
7) חֲמִישִׁי(함미씨, 오분의 일, 레위 22:14).

히 하는 일은 한 밑천 잡는 일은 오분의 일=⅕을 가지는 일이다. 함미씨[⅕]=המישי[함미씨 ⅕]=חֲמִישִׁי[함미씨 ⅕]!

* 해 배 안에 와 나를 이끌어 들이시니=해비아니=הבטאני[해비아니 나를 이끌어 들이시니]=הֱבִיאַנִי[해비아니 나를 이끌어 들이시니]1): 나를 이끌어 들이시니=해비아니=הבטאני[해비아니 나를 이끌어 들이시니]=הֱבִיאַנִי[해비아니 나를 이끌어 들이시니] 배 안에 · 나를 이끌어 들이시니!

* 해 삼아서와 그 해=해 삼아서=하사메스[그 해]=חשמש[하사메스 그 해]=הַשֶּׁמֶשׁ[하사메스 그 해]2): 물이 연단된다. 해 삼아서=하사메스[그 해]=חשמש[하사메스 그 해]=הַשֶּׁמֶשׁ[하사메스 그 해].

* 했네 헨네주=הנצ=הֵנֵצוּ[헨네주 꽃이 피었는가]3): 했네 주[꽃이 피었는가]=הנצ[헨네주 꽃이 피었는가]הֵנֵצוּ[헨네주 꽃이 피었는가] 했네! 주 꽃이 피었는가!

* 햇블라와 힛블라[애쓴]=חבלה[힛블라 애쓴]=חִבְּלָה[힛블라 애쓴]4): 의지로 햇블라=חבלה[힛블라 애쓴]=חִבְּלָה[힛블라 애쓴]5) · 애쓴 말씀!

* 허벌레와 하발[쇠함]=חבל[하발 쇠함]=חֻבַּל[하발 쇠함]6): 힘이 든다. 힘이 모자라 쇠하였으며=후발라=חבלה[후발라 쇠하였으며]=חֻבָּלָה[후발라 쇠하였으며]7) · 쇠함이다.

---

1) הֱבִיאַנִי(해비아니 · 나를 이끌어 들이시니, 아 1:4).
2) הַשֶּׁמֶשׁ(하사메스 · 그 해, 1:5).
3) הֵנֵצוּ(헨네주 · 꽃이 피었는가, 아 6:11).
4) חִבְּלָה(힛블라 · 애쓴, 아 8:5).
5) חִבְּלָה(힛블라 · 애쓴, 아 8:5).
6) חֻבַּל(하발 · 쇠함) חֻבָּלָה(후발라 · 쇠하였으며, VUAFZS, 욥 17:1) .

* 헤매와 하브헤마[짐승]=הבהמה[하브헤마 짐승]=הַבְּהֵמָה[하브헤마 짐승]1): 온 산에 짐승[하브헤마]=하브헤마[짐승]=הבהמה[하브헤마 짐승]=הַבְּהֵמָה[하브헤마 짐승] 헤메는 짐승! 목표 잃어버리고 헤메는 짐승!

* 해 제킨다와 히즈키[힘이 되신]=חזקי[히즈키 힘이 되신]=חִזְקִי[히즈키 힘이 되신]2): 히즈키는 지붕아래서 연장으로 해제키는 기술! 나의 힘이 되신 이!

* 헬렐렐과 할랄라=הלל=הַלֵּל[할랄랄 칭찬을 받으려니와]3): 우리들을 칭찬을 받으면 헬렐렐 한다. 기분 좋아와 칭찬을 받으려니와 합하여=할랄라=הלל[할랄랄 칭찬을 받으려니와]=הַלֵּל[할랄랄 칭찬을 받으려니와] · 칭찬을 받으려니와.

* 헐어서와 호라수[헐어서]=חרסו=[호라수 헐어서]חָרְסוּ[호라수 헐어서]4): 헐어서[호라수]=호라수[헐어서]=חרסו[호라수 헐어서]=חָרְסוּ[호라수 헐어서]5) · 헐어서가 히브리어로 호라수이다.

* 혼내와 혼내[진치고]=חנה=חֹנֶה[혼내 진치고]6): 윗사람이 아랫사람을 혼내[진치고]=חנה[혼내 진치고]=חֹנֶה[혼내 진치고]! 긍휼이 여기소서=혼내니=חנני=חָנֵּנִי[혼내니 긍휼히 여기소서]7) 긍휼히 여

---

7) חָבַל(하발 · 쇠함) חִבְּלָה(후발라 · 쇠하였으며, VUAFZS, 욥 17:1) .

1) הַבְּהֵמָה(하브헤마 · 짐승, 창 3:14).

2) חִזְקִי(히즈키·나의 힘이 되신, NMS, CXS, my strenth, 시 18:2).

3) הַלֵּל(할랄라·칭찬을 받으려니와, VUIMZS, 잠 12:8).

4) חָרְסוּ(호라수 · 헐어서, 왕상 19:10).

5) חָרְסוּ(호라수 · 헐어서, 왕상 19:10).

6) חֹנֶה(혼내·진치고, VQPA, encampeth, tl 34:8)·

7) חָנֵּנִי(혼내니·긍휼히 여기소서, CVQMMYS.CXS, Have mercy upon me, 긍휼히 여기소서.시 1:6).

기소서!

* 홀에비와 호렙마른=חרב호레브 마른=חָרֵב호레브 마른[1]: 홀에비=חרב호레브 마른=חָרֵב호레브 마른 하나님 일하는 사람. 가정을 꾸리지 않고 혼자 호레브마른=חרב호레브 마른=חָרֵב호레브 마른. 마른. 하나님의 지붕 안에서 하나님 일 하는 머리!

* 흠씬과 르씨세=רסיסי=רְסִיסֵי르씨세 방울방울[2]: 땀에 흠씬 젖어 방울방울 달린! 땀에 흠씬 젖어 땀방울이 방울방울=르씨세=רסיסי르씨세 방울방울=רְסִיסֵי르씨세 방울방울 방울방울!

* 흩어지나와 흩어지려니우트푸제이니=우트푸제이니우트푸제이니 흩어지려니=ותפוצין우트푸제이니 흩어지려니=וּתְפוּצֶין우트푸제이니 흩어지려니[3]: 우리말 흩어지려니와 히브리어 우트푸제이나흩어지려니=ותפוצין우트푸제이니 흩어지려니=וּתְפוּצֶין우트푸제이니 흩어지려니뜻과 발음 유사.

* 힘과 힘=הים=הִים힘 힘: 힘=הים=הִים힘 힘=אלהים엘로힘 하나님=אֱלֹהִים엘로힘 하나님의 הים힘과 הִים힘 힘 곧 하나님을 믿는 백성에겐 하나님의 힘이 있다. 하나님 일 하려 힘을 얻는 우리나랏말 힘은 그 분 때문이다. 힘 내! 힘 내! 사랑하는 아내의 "여보 힘 내"에 남편은 천하를 얻는 힘으로 새롭게 일어선다.

---

1) חָרֵב(호렙 · 마른, HE.H, even to Horeb, χωλεβ, 출 3:1).
2) רְסִיסֵי(르씨세 · 방울 방울, 아 5:2).
3) וּתְפוּצֶין(우트푸제이나 · 흩어지려니와, 슥 13:7).

우리들이 하나님이 좋아하시는 언어를 늘 써서 복 받는 일이 성경 원문에서 검증[1]되고 검증[2]되어 진 많은 예[3]를 들어 보았다.

---

1) 이영지, "우리나랏말과 히브리어의 상관성," 『말씀과 문학』 17호(서울: 창조 문학사, 2009, 겨울), 50~68.

2) 이영지, 우리나랏말과 히브리어는 닮았다(청주대: 전국국어교육학회발표대회, 2010. 6.19) · "물은 생명이다," 「한국크리스천문학」(서울: 한글, 2012 봄호)268~271.

3) 이영지, 『물(מַיִם · 마임)의 초월성과 현실성과 회복성 연구~사랑의 U리듬을 중심으로』 서울 기독 대학교 대학원 철학박사 학위 논문(서울: 서울 기독 대학교, 2008).

제12장 이스라엘

제1절 이스라엘

1. 바라보는 눈

1). 눈의 특성

사람은 누구나 눈을 가지고 있다. 상대방을 바라볼 때는 눈으로 바라본다. 눈으로 상대방을 바라보면 상대방의 마음을 읽을 수 있다. 눈이 거울이므로, 마음의 거울은 그 눈빛을 읽을 수 있다. 이에 시인은 바라보는 대상을 시로 쓴다.

진정으로 사랑하는 눈을 가지면 상대방을 치유할 수 있다. 진심으로 상대방을 위한 마음이 가슴 깊은 곳에시 우러나오면 자연직으로 상내방의 마음을 따늣하게 하고 이 따뜻함을 느끼는 상대방이 자연이 따라와 그의 마음을 치유하는 빛이 나오게 된다. 이 빛은 행복함 그 빛이다. 행복한 마음의 눈이 된 사람은 다른 사람에게 행복의 바이러스를 펴게 하는 마력을 지닌다. 따뜻하게 바라보는 마음은 하늘로 상달되어 하늘에서 그 뜻을 이루어 준다. 서로 눈빛만 보아도 그 사람을 알 수 있다. 눈빛 속에 마음이 들어 있기 때문이다. 눈은 하늘에서 내려 받은 마음의 눈이다. 그러기에 시인은 의태어[1] 시를 쓴다. 시조의 경우는 정제된 리듬 안에서 자유로울 수 있는 다양한 의태어로 절제된 마음을 드러낸다.

시는 짧은 게 특징이다. 사람은 눈으로 보며 마음에 축적된 이미지로 시를 쓴다. 눈에 대한 언어표시 히브리어 쌍수 아인[2]이 있다. 눈 두 개다. 보이는 것의 정확도를 위해서 하나님이 눈을 두 개 주신 것이다. 눈 두 개로 하여 사람은 현실 넘어서의 또 다른 세계를 보는 내면의 의미를 알게 된다.

눈의 생물학적 특징은 홍채와 동공을 제외하고 눈 전체를 감싸는 흰색 부분 각막이 눈으로 들어오는 빛을 굴절시켜 수정체로 보낸다. 수정체는 각막과 함께 빛을 모으는 굴절기관으로 수정체를 둘러싼 모양 근의 수축과 이완으로 수정체 두께가 조절되어 가깝거나 먼 거리에 초점을 맞춘다. 각막으로 들어온 빛이 굴절되어 굴절제와 간상제와 추상체가 있는 망막에 상이 거꾸로 비치게 되면 눈 뒤쪽에 시신경 신경섬유다발을 통해

---

1) 이영지, “이상의 시 「오감도의」 의 구조” 『국어국문학』 93(국어국문학회, 1985)., 329~365.

2) עַיִן(아인·눈).

뇌로 전달하고 섬유 다발 중 간상체가 추상체가 없어 상이 보이지 않는 부분을 맹점과 시신경을 통해 뇌로 정보가 전달되며 정보를 파악한다. 하나님이 만드신 사람의 눈은 양안시兩眼視다. 양쪽 눈에 비치는 상을 하나로 합쳐 거리를 가늠한다. 몸을 돌리지 않고서 보이는 거리를 보게 된다.

성경은 봄의 문제, 곧 눈과 관련한 정의를 내리고 있다. 나를 본 자는 아버지를 보았거늘 어찌하여 아버지를 보이라 하느냐[1] 하였다. 예수께서 길을 가실 때에 날 때부터 맹인 된 사람을 보신지라 제자들이 물어 이르되 랍비여 이 사람이 맹인으로 난 것이 누구의 죄로 인함이니까 자기니이까 그의 부모니이까 예수께서 대답하시되 그에게서 하나님이 하시는 일을 나타내고자 하심이라[2] 했다.

보내심을 받은 자[3]를 바라보는 눈[4]은 히브리어로 아인이다. 그런데 성경은 백성 · 민족 · 열방 · 만민 · 국민 · 만국 · 열국을 암 밈[5] 소경이미지로 한다. 왜 백성과 민족과 열방과 국민과 만국과 열방이 다 소경이미지를 지닐까.

---

1) 요 14:9 하.
2) 요 9:1~3.
3) 요 9:7.
4) 요 9:26.
5) עַמִּים(암밈).

(1). 눈멂과 눈 뜸

참으로 아름다운 세상을 바라보는 눈이 멀면 얼마나 안타까울까. 우리나라의 심청 이야기는 심청이가 물에 빠지면서 아버지 눈을 떠 주게 된다. 눈과 물은 밀접하다. 성경은 사람을 소경이미지로 하고 눈을 물 이야기로 접근한다.

훈민정음에 어리석은 백성이라고 기록됨과 성경은 다수인원을 소경으로 본다. 유명한 사울이야기는 사울이 예수님의 제자들을 결박하여 죽이려 하자 갑자기 아무것도 보이지 않게 된다. 오히려 사람의 손에 끌려 다메섹으로 가서 사흘 동안이나 지내[1]다가 하나님께 돌아오면서 다시 눈이 떠진다.[2]

성경은 눈[3]과 우물[4]표기를 아인[5]으로 한다. 노아 홍수 때 큰물이 하늘에서 내려오는 하늘우물이 눈[6]으로 표시된다. 하나님을 향한 시선 우물곁[7]이나 우물에[8]와 우물가[9] 모두 눈으로 표시된다. 이러한 우물과 눈의 히브리어 동일시는 아브라함이 하나님에게 절대

---

1)(행 9:1~9).

2)(행 26:18).

3) עַיִן(아인·눈).

4) עֵין(엔).

5) עַיִן.

6) עֵי(엔).

7) עַל~עֵין הַמָּיִם(알~엔 함마임·우물곁에, 창 24: 13).

8) הָעַיְנָה(하아예나·우물에, 창 24: 16).

9) עַל~הָעַיִן(알~하아인·우물가, 창 24: 30).

순종할 때에 아들, 웃음의미를 지닌 이삭이 주어지자 브엘세바 우물(well) 또한 눈[1)]으로 바꾸어진다. 아브라함이 하늘에 순종할 때 이삭웃음이 주어지고 이 웃음을 늘 웃는 웃음으로 바꾸어 진다. 하나님은 보는 눈[2)]을 그에게 달아 주신다.

하나님을 경외하는 일로 우물곁 그 약대 곁에[3)]선 이삭의 아내 얻기도 아브라함의 종과 라반이 만나는 장면이 그 우물[4)]과 우물가[5)]에서 눈 마주치기로 시작된다. 리브가가 물 항아리를 어깨에 메고 우물물을 얻으려 우물[6)]가에 설 때 샘[7)]은 눈이 된다. 이 샘은 이삭이 아브라함의 우물이기에 아버지우물이므로 다시 산다.

눈 언어가 어휘 처음에 올 때는 '아시리'로 미래형 존칭인데 아시리[8)]는 20[9)] 의미다. 눈과 관련해서는 구원자[10)]를 들 수 있다. 곧 이스라엘 백성들이 꿈을 버리지 않고 눈을 들어 하늘을 쳐다보는 의미가 히브리어 글자에 그 흔적을 남긴다.

---

1) עין(엔).
2) עין(엔).
3) על~הגמלים(알~ 하겜마림·약대곁에, 창 24: 30).
4) על~העין(알~하아인·그 우물, 창 24: 29).
5) על~העין(알~하아인·우물가, 창 24: 30).
6) העינה(하아인나·그 우물, 창 24: 45).
7) על~עין המים(알~엔 함마임, 창 24: 43).
8) עשירי(아시리·십, 신 23:3; 왕하 25:1).
9) עשרים(에스림·이십, 출 38:26; 민 3:47).
10) ישענו(예쉬엔누·구원) 대상 16: 35; 시 65: 5, 68: 20, 79: 9, 85: 4, 95: 1.

(2). 하나님 백성이 되는

민족 · 국민 · 백성의 히브리어 עמים=עַמִּים[암밈 민족 국민 백성]1)의 처음 눈=아=ע[아]가 있다. 그것도 생명의 물 ם מי[마임]글자 앞에 ע아=ע[아 눈] 눈이 붙어서이다. 이이야기가 성경에 있다. 하나님 백성 만들기를 명령받은 야곱은 눈앞에 나뭇가지를 벗겨 얼룩얼룩하게 하고 바라보아 양들 모습이 거의 얼룩얼룩하게 되는 기적이 일어났다. 바라보는 일로 이스라엘 백성수를 늘여갔다. 일상에 무엇을 바라보며 마음을 비추이면 그 모양이 형상화2)하여 나타난 하나님 바라봐 그대로 되는 눈을 지닌 백성과 국민 모두 물 사역자3)가 된 예증이다. 하나님의 모습 그대로 닮으려 늘 하나님 바라보면 하나님 사랑이 인간의 마음에 비추어 하나님을 닮은 아름다운 하나님 백성이 된다.

이 암밈이라는 히브리어의 뜻은 하나님을 닮은 눈에 눈물이 가득 고이는 백성 암 밈4)이다. 보답하는 백성5) 일 때 축복, 그들의 눈물, 물 가운데 하나님은 계시면서6) 자기 백성들의 마음을 읽고 소원을 들어 주신다.

시인은 눈으로 보는 모든 사물들을 의태어로 들어내

---

1) עַמִּים(암밈·민족).

2) 에모토 마사루·양억관 옮김, 『물은 답을 알고 있다』(서울: 나무심는 사람, 2003).

3) עַמִּים(암밈·민족).

4) עַמִּים(암밈·민족).

5) גּוֹיִם(고임·민족).

6) אֻמִּים(움밈·민족).

그 아름다움을 시로 써서 하나님께 보고한다. 이것이 시인의 사명이다. 시를 쓰는 사인은 악인이 있을 수 없다. 시는 세상을 아름다운 눈으로 바라보면서 지어지기 때문이다.

하나님이 예수님을 보내시어 이 세상을 구원하시었듯이 시도 시인을 통하여 아름다움으로 이 세상을 탄생시키고 이 시를 읽는 독자들은 마음의 평안과 위로와 새로 일어설 힘을 얻는다. 시인의 위대한 힘은 한 줄의 시가 다른 사람을 죽음에서 살게 하고 고통에서 벗어나는 힘이 있다.

시인은 아름다운 눈으로 단 몇 줄의 시를 지으려 밤을 지세우고 그리고 여행을 하고 이해타산 없이 남을 도와주며 시인으로 살기를 희망한다. 우리나라는 시인이 많다. 아름다운 사람들이 많다. 대한민국은 희망이 있다. 아름다운 꽃 한 송이를 보기 위하여 시의 여행을 다니며 아름다운 눈빛 하나를 만나기 위하여 시인들은 시 쓰기를 멈추지 않는다. 이 아름다운 하나님이 주신 눈빛으로 아름다운 사랑을 많이 하려 한다. 이 시인에게는 할 일이 있다. 밤 잠 않자고 시를 지어 낮에 발표한다.

삼국유사[1]에 있는 경주 한기리의 여인 희명은 아들

---

1) 慶德大王, 漢岐里女希明之兒, 生五捻而忽盲, 一日其母抱兒, ?芬皇寺左殿北壁畵 千手大悲前, 令兒作歌禱之, 遂得明, 其詞曰~ 漢岐里女希明之兒. 生五稔而忽盲. 一日其母抱兒詣芬皇寺左殿北壁畫千手大悲前. 令兒作歌禱之. 遂

이 생후 다섯 해 만에 갑자기 눈이 멀게 되자 분황사 좌전에 있는 천수대비의 벽화 앞에서 아이로 하여금 이 노래를 부르게 하여 마침내 밝음을 얻는다. 십구체 향가[1] 희명希明의 기록은 희명이 분황사 좌전에 있는 천수대비의 벽화 앞에서 아이로 하여금 이 노래를 부르게 하여 마침내 밝음을 얻었다는 10구절로 나누어진다. 10구체 향가인 향찰은 천 개의 손과 그 손바닥마다 박혀 있는 천 개의 눈 천수천안[2]의 관음 앞에 두 눈이 없는 나에게 눈을 주실 것을 애원하는 종교적 신심으로써 구제를 노래한 일연 찬시[3]가 있다.

국민이나 민족 그리고 만민과 백성 모두가 소경[4] 이

得明. 其詞曰. 膝肹古召旀 二尸掌音毛乎支內良 千手觀音叱前良中 祈以支白屋尸置內乎多 千隱手叱千隱目肹 一等下叱放一等肹除惡攴 二于萬隱吾羅一等沙隱賜以古只內乎叱等邪 阿邪也 吾良遺知支賜尸等焉 放冬矣用屋尸慈悲也根古 塔像 第四 芬皇寺千手大悲 盲兒得眼,『三國遺事』卷三: 希明의 「禱千手觀音歌」 신라 향가의 하나. 신라 경덕왕 때 희명(希明)이 지어 <삼국유사> 권3 분황사천수대비맹아득안조(芬皇寺千手大悲盲兒得眼條)에 전하였다. <千手觀音歌>.<천수대비가(千手大悲歌)>.도천수대비가(禱千手大悲歌)>.<맹아득안가(盲兒得眼歌)> 등이라고도 하였다.

1) 신라 경덕왕 때의 십구체(十句體) 향가 《도천수대비가(禱千手大悲歌)~10구체 <분황사천수대비(芬皇寺千手大悲맹아득안조(芬皇寺千手大悲盲兒得眼條) 이두문(吏讀文)

2) 千手千眼.

3) 一等沙隱賜以古只內乎叱等邪阿邪也 吾良遺知支賜尸等焉 放冬矣用屋尸慈悲也根古 讚曰竹馬葱笙戲陌塵 一朝雙碧失瞳人 不因大士廻慈眼 虛度楊花幾社春

4) עמים(암밈·국민 · 소경 · 민족 · 만민) 창 27: 29; 신 1: 28, 2:21, 25, 4: 19, 7: 6, 14, 16, 10: 15, 14: 2, 28: 3: 16, 19, 20: 16, 28: 64, 32: 8; 레 20: 24; 왕상 9: 7; 대상 16: 8; 대하 7: 20 ; 에 9: 2; 욥 36: 31; 시 7: 18, 18: 47, 33: 10, 47: 3, 67: 3, 5, 49: 1, 57: 9, 66: 8, 68: 30, 96: 3, 10, 99: 1, 2 102: 22, 105: 20 ; 사 8:9, 25: 7, 49: 22, 51: 4, 5, 62: 10, 63: 6; 겔 25: 7, 36: 15, 39: 27; 미 4: 3; 합 2: 5, 8, 13; 호 10: 10; 욜 2:6; 슥 12: 6)

미지다. 이들 전체 대표 한 사람도 소경[1]이고 보면 사람은 눈 먼 존재다. 우리는 흔히 사랑에 눈이 멀어라 말한다. 이 이유를 하나님의 일을 나타내기 위함[2]이라는 논문[3]에서도 찾아진다. 그런데 눈 떠지는 일을 구

1) 백성 한 사람(출 1: 20, 18: 13, 20: 21, 24: 2) · 이방신을 좇을 백성 הָעָם(하암·백성, 신 27: 25, 신 31: 16) · 요단강을 건너는 이스라엘 백성 הָעָם(하암·백성, 수 4: 10) · 애굽 땅에서 나와 할례를 받는 백성 הָעָם(하암·백성, 수 5: 5) · 여리고 성을 무너뜨리는 백성 הָעָם(하암·백성, 수 6: 5) · 물을 먹으려 무릎을 꿇은 백성 הָעָם(하암·백성, 삿 7: 6) · 장막으로 보내지는 백성 הָעָם(하암·백성, 삼상 13: 2) · 사울을 좇은 백성 הָעָם(하암·백성, 삿 13: 7) · 사울을 떠나 흩어진 백성 הָעָם(하암·백성, 삿 13: 11) · 집으로 돌아간 백성 הָעָם(하암·백성, 대상 16: 43) · 여호와의 명하신 바를 지켜야 할 백성 הָעָם(하암·백성, 대하 23: 6) · 사악을 행한 백성 הָעָם(하암·백성, 대하 27: 2) · 자기 기업으로 삼으신 백성 הָעָם(하암·백성, 시 33: 12) · 주의 얼굴빛에 다니면서 즐거운 소리를 아는 백성 הָעָם(하암·백성, 시 89: 15) · 여호와의 진노로 불에 타는 백성 הָעָם(하암·백성, 사 9: 19) · 깨닫지 못하는 백성 עַמִּי(암미·백성, 사 1: 3) · 영광을 무익과 바꾸는 백성 עַמִּי(암미·백성, 렘 2: 1) · 잃어버린 양떼의 백성(렘 50: 6) · 패역한 백성 וְעַמִּי(베암미·백성, 렘 5: 23) · 자기 권력으로 다스리는 제사장 עַמִּי(암미·제사장, 렘 5: 31) · 여호와의 규례를 알지 못하는 백성 עַמִּי(암미·백성, 렘 8: 7, 사 1: 3) · 하나님을 아는 백성 עַמִּי(암미·백성, 사 52: 6) · 우상을 섬기는 모든 백성 כָל~הָעָם(콜~하암·모든 백성, 신 27: 15) · 부모를 경홀히 여기는 모든 백성 כָל~הָעָם(콜~하암·모든 백성, 신 27: 16) · 그 이웃의 지계표를 옮기는 모든 백성 כָל~הָעָם(콜~하암·모든 백성, 신 27: 17) · 소경에게 길을 잃게 하는 모든 백성 כָל~הָעָם(콜~하암·모든 백성, 신 27: 18) · 고아나 과부의 송사를 억울케 하는 저주의 모든 백성 כָל~הָעָם(콜~하암·모든 백성, 신 27: 19) · 무죄 자를 죽이려고 뇌물을 먹는 백성 כָל~הָעָם(콜~하암·모든 백성, 신 27: 25) · 말씀을 실행치 아니하는 모든 백성 כָל~הָעָם(콜~하암·모든 백성, 신 27: 26)

2) 너희는 놀라고 놀라라 너희는 소경이 되고 소경이 되라 그들의 취함이 포도주로 인함이 아니며 그들의 비틀거림이 독주로 인함이 아니라 대저 여호와께서 깊이 잠들게 하는 신을 너희에게 부어주사 너희의 눈을 감기셨음이니 눈은 선지자요 너희를 덮으셨음이니 머리는 선견지리 그러므로 모든 묵시가 너희에게는 마치 봉한 책의 말이라 그것을 유식한 자에게 주며 이르기를 그대에게 청하노니 이를 읽으라 하면 대답하기를 봉하였으니 못하겠노라 할 것이요 또 무식한 자에게 주며 이르기를 그대에게 청하노니 이를 읽으라 하면 대답하기를 나는 무식한다 할 것이니라 주께서 가라사대 이 백성이 입으로는 나를 가까이하며 입술로는 나를 존경하나 그 마음은 내게서 멀리 떠났나니 그들이 나를 경외함은 사람의 계명으로 가르침을 받았을 뿐이라 그러므로 내가 이 백성 중에서 기이한 일 곧 기이하고 가장 기이한 일을 다시 행하리니 그들 중의 지혜자의 지혜가 없어지고 명철자의 총명이 가리워지리라 화 있을진저 자기의 도모를 여호와께 깊이 숨기려 하는 자요 그 일을 어두운데서 행하며 이르기를 누가 우리를 보랴 누가 우리를 알랴 하니(사 29:9~15).

원자 예수[1]로 한다. 예수아[2]와 예솨[3] 예수[4] 존재[5] 구원자[6] 구원[7] 한 결 같이 진행형이다. 예수의 첫 글자 하나님의 오른 손은 늘 히브리어 성경문장에서 한 단어의 첫 자로 오는데 여호와께서 내일 너희 가운데 기사를 행하시리라![8] 행하시기를[9] 원하노라 하시었다. 성경 구약은 미래진행형으로 우리를 위해! 글자[10]가 다름 아닌 예수님 몸이 부서지도록 까지 하나님이 그의 백성을 인도하시는 미래 곧 현재진행형이다. 입안에서 잘게 씹히시어 먹히시는 예수님은 그의 십자가에서 그의 백성들이 그의 말씀을 잘 듣고 잘게 씹도록 먹히시었다. 하나님은 십자가상에서 그의 몸에서 물과 피를 다 쏟아버리도록 하시[11]었다. 그 분은 선히 여기시는 대로 내게 행[12]하시고 행하시기[13]를 원하시나이다. 행하시던[14]이다. 행하시는[15] 분을 보라!

---

3) R. E. O. White,『누가신학연구』, 김경진 역(서울: 한국로고스연구원, 1995), 137.

1) יֶשַׁע(예솨·구원) 어원(기원) : KHCCOT 3467에서 유래TWOT : 929a.

2) יְשׁוּעָה(예수아·구원, 시 119:155). יָשַׁע(야솨아·구원)

3) יָשַׁע(야솨아·구원).

4) יֶשַׁע(예솨·구원).

5) יֵשׁ(예쉬·존재, 창 23:8).

6) יֶשַׁע(예솨·구원자).

7) יְשׁוּעָה(예슈아·구원, 시 119:155).

8) יַעֲשֶׂה(야세·행하시리라, 수 3: 5).

9) יַעֲשֶׂה(야세·행하시기를, 삼하 10: 12).

10) שֶׂה(세·양).

11) הַשִּׁשִּׁי(하쒸쒸·표백).

12) יַעֲשֶׂה(야세·행하시옵소서, 삼하 15: 26) .

13) יַעֲשֶׂה(야세·행하시기를, 대상 19: 13).

14) יַעֲשֶׂה(야세·행하시던, 사 64: 3).

2). 눈으로 보라

(1). 눈으로 보라

너희는 가만히 서서 여호와께서 오늘날 너희를 위하여 행하시는1)일을 눈으로 바라보라!

하나님 아들 예수가 지금도 우리를 위해 일하시는 우리의 구원2)을 보라! 하나님 구원3)이시고 또 구원4)이시고 또 구원5)이신 이를 보라! 나의 구원6) 나의 구원자7) 나에게로 오시는 구원을 보라! 구원의 구원8)까지 이르는 우리의 구원을 보라! 노아는 여호와의 눈 안에9) 있는 은혜를 발견하고 120년 동안 하늘만 바라보며 우물 깊이를 만들었다. 여호와의 선히 여기심10) 눈 안에11) 들어 그대의 눈에12) 들어 보라!

---

15) יַעֲשֶׂה(야세·행하시는 것은, 전 3: 14).

1) יַעֲשֶׂה ~ אֲשֶׁר(아쉐르~야아세르·너희를 위하여 행하시는, 출 14: 13).

2) יִשְׁעֵנוּ(예쉬엔누·구원)대상 16: 35; 시 65: 5, 68: 20, 79: 9, 85: 4, 95: 1.

3) יְשׁוּעָתִי((예쉬아티·구원 시 28: 8, 88: 1, 89: 26).

4) יִשְׁעֶךָ(예쉬아가·구원. 삼하 22: 36; 시 51: 14, 69: 13).

5) תְּשׁוּעָה(테슈아·구원, 왕하 13: 17).

6) יִשְׁעִי(예쉬이·구원, 삼하 22: 3, 47; 시 18: 2, 18: 46, 25: 5, 27: 9, 합 3: 18).

7) יוֹשְׁעָה(예슈아·구원, 시 119:155).

8) יֵשׁ(예쉬·구원) · הֲיֵשׁ(하예쉬·구원, 출 17: 7) · יְהוֹשֻׁעַ(여호수아·구원~'Ιησού ς, 출 24: 13, 15, 32: 170.

9) בְּעֵינֵי(브에네·눈 안에, 창 6: 8).

10) בְּעֵינֵי יְהוָה(베에네 여호와·여호와의 선히 여기심, 민 24: 1).

11) בְּעֵינֵי(베에네·눈 안에, 창 6: 8).

12) בְּעֵינַיִךְ(베에나이하·그대의 눈에, 창 16: 5, 6).

(2). 눈이 뜨여지는 사람은

깊음의 샘들[1]이 솟게 해 보라! 눈을 열어 샘[2]이 솟아나게 해 보라! 하늘의 창 열려 나온 물[3] 위에 배가 뜨는 일[4]을 보라!

하나님이 백성을 사랑하는 눈 깊이가 있는 배 안(U)이다. 하나님 깊음의 샘[5]이다. 노아 홍수로 인류 전멸[6]때 하나님은 하나님의 백성을 사랑의 물로 살렸다.[7] 눈으로 간절히 바라 눈 떠지면 '그리로' 삼아[8] 등불 들고 눈의 아들 여호수아[9]는 하나님 거울삼아[10] 이스라엘 땅 기업을 얻었다. 십일조 · 그들 손의 거제 · 서원제 · 낙헌 예물 · 우양의 처음 낳은 것들을 내는 일을 거울삼아[11] · 순종 나날들[12] · 말씀의 날들[13] · 여호수아 날들[14] 등불[15]이다.

---

1) כָּל־מַעְיְנֹת תְּהוֹם(콜~마예노트 테홈·모든 깊음의 샘들, 창 7: 11).

2) עֵין הַמַּיִם(엔 함마임·샘).

3) 창 7: 11.

4) Nelson Glock, *Hesed in the Bible, Trans Alfred Cottschalk*(Cincinnati: The Eabrew Union College Press, 1967), 79~83.

5) מַעְיְנֹת(마에예노트·깊음의 샘, 창 7: 11).

6) Charless Burton, *Lectures on the Deluge and the World After the Flood*(London: Hamilton, Adams, & co., 1845), 21.

7) 람스(Bernard Ramms)가 주장한 노아 홍수 전 이미 사람의 분포설; Bernard Ramms, *The Christian View of Science and Scripture*,(Grand Rapids: Wm. B. Ferdmans Pub. Co, 1954), 239.

8) שָׁמָּה(솨마·그리로).

9) יְהוֹשֻׁעַ(여호수아으·여호수아).

10) שָׁמָּה(솨마·그리로, 신 1: 38, 39).

11) שָׁמָּה(솨마·그리로, 신 12: 6).

12) 신 5: 33.

13) 렘 33: 14.

(3). 눈과 물고기

눈과 물고기는 같은 뜻이다. 눈의 아들 여호수아1)에서 발견되어 진다. 물고기 뜻을 지닌 예수 그리스도, 하나님의 아들 구세주의 머리글자가 모이어 물고기 의미를 지닌 예수와 관련되어 진다. 예수 그리스도는 ÏXΘYΣ로 Ïησού[예수] χριστού[크리스토] Θεός[에오스] Υυἰός[위오스] Σ이다. 물고기는 히브리어 눈 נ ן[눈, 눈] 글자 둘이다. 예수님 믿는 표시도 물고기로 한다.

우선 물고기 표시는 신라 수로왕 능에서 발견된다. 인간 물고기를 낚는 청년 예수는 하나님 사랑의 실천을 한 후 물과 피를 다 쏟으시고 십자가에 달리셨다.2) 예수 이야기는 '벤허'영화에서 벤허에게 얼굴이 알려지지 않는 이가 물을 건낸다. 사마리아 여인에게 예수는 물을 건낸다.3) 사막을 통과할 때의 하나님은 그의 백성을 위해 바위에서 물이 흘러나게 하였다. 물과 눈과 물고기 관련은 물 솟는 일4)을 눈으로 본다. 샘의 근원5)에서 솟아나는 물은 하나님이 그의 백성들을 목마르지 않게6) 하기에 이 물을 보며 먹는7)일이다. 물 먹

---

14) 수 11: 18.
15) כָּל־הַיָּמִים(콜~하야암임·항상 있게, 왕상 11: 36).
1) 대상 7: 27/
2) 막 15: 25, 27; 갈 2: 20; 요일 5: 6, 8.
3) 요 4: 14, 15.
4) 사 48: 21.
5) 사 49: 10.
6) 계 7: 16.

는 기적을 체험하는 일을 눈으로 보는 일[1]은 이 거친 세상에서 행복해 지는 하나님 백성에게만[2] 있는 일이다. 백성들 향기는 눈에서 난다.

하나님의 비밀스러운 일을 성경은 올람[3]이라 한다. 눈으로 은혜를 입고 그 은혜를 나누어 주는 일에 영원히[4] 눈을 높이 들어 물, 말씀 그대로 영원히 살려[5] 언제나[6] 예수님 자리[7] 주위를 맴도며[8] 그를 바라보고

---

7) 손원영, Ibid.

1) Augustine, Homilies of John, Second Homily, 2.

2) 순종으로 하여 이스라엘 백성들이 얻은 축복의 결과는 모압땅 평지에서 가나안 입성준비(여호수아 1장)로 그들은 여리고 탐정을 하였으며(여호수아 2장) 요단강 한가운데 제사장이 서 있는 것은 홍해의 사건을 경험하지 못한 2세대들에게는 절대체험이었으며 때문에 건넌 후(3장) 두 기념비를 세웠다(4장).

3) עוֹלָם(올람·영원).

4) לְעוֹלָם(레올람·영원을 위하여).

5) לְעוֹלָם(레올람·영원을 위하여).

6) לְעוֹלָם(레올람·영원을 위하여) [* 표 16:*영원히'와 '대대로'와 '항상'으로 번역된 '날들']

① לְעֹלָם(레올람·영영히, 왕상 10: 9·항상, 욥 7: 16)

② לְעוֹלָם(레올람·영영히, 출 19: 9, 21: 6, 32: 13; 시 30: 12, 33:11, 37: 27, 28·영영토록, 시 12: 8, 29: 10·영원히, 시 31: 1, 78: 69, 103: 9, 104: 31, 105: 8, 111: 5, 119: 89, 93, 98, 111, 144, 145: 1 146: 6, 10, 103: 9·영구 시 72: 19)

③ כִּי לְעוֹלָם(키~레올람·영영히.이여, 시 112: 6)

④ לָעַד(레아드·영원까지, 시 19: 10·영원히, 22: 26, 111: 3, 10, 12: 3, 9)

⑤ לְעוֹלָם וָעֶד(레올람·영영히 바에드, 시 9: 6)

⑥ לְחָק~עוֹלָם(레하크~올람·영영한 응식으로, 민 18: 8, 11, 19)

⑦ לְדֹר וָדֹר(레도르 바도르·대대로, 사 34: 17)

⑧ לְעוֹלָם לְדֹר וָדֹר(레올람 레도르 바도르·대대로 영원히, 시 79: 13)

⑨ לְדֹרֹתָם(레도도탐·대대로 지키라, 창 17: 9·대대로, 출 12: 42, 27:21, 출 30: 8, 10, 21, 31: 16; 레 17: 7; 대상 8: 28·그들의 대대 로, 민 15: 38)

⑩ לְדֹרֹתֵיכֶם(레도로테켐·대대로, 창 17: 12; 출 12: 17; 레 29: 42·너희 대대로, 출 16: 33, 민 35: 29)

⑪ לְתֹלְדוֹתָם(레토레도템·대대로, 대상 8: 28, 9: 34)

⑫ עוֹלָם לְדֹרֹתֵיכֶם(올람 레도도테켐·너희 대대로 영원한, 출 40: 15; 레 3: 17, 7: 36, 23: 13, 14, 21, 41, 레 24: 3·이는 너희의 대대에 영원한, 민

그대로 따라 그의 백성이 영원[1]히 사는 일이다. 푸른 세상을 만드는 일[2]이다. 늘 올람[3]하며 눈을 높이 들어 물, 곧 말씀의 사역으로 하는 번제 일이다. 인간은 하나님께 번제들이기 위해 존재한다. 증거궤[4]의 증거[5] · 증거[6]와 아들[7]에서 이스라엘아 들으라 우리 하나님 여호와는 오직 하나인 여호와시니[8]의 큰 글자 모음 곧 '증거' 아들[9]이 처음과 끝[10] 글자 모여 증거[11]로 제시한다. 아들이라는 글자는 홀로 쓰이지 아니하고[12] 비밀스러운 영원[13]을 믿는 사람들이 가지는 일이다.

우리들 아들[14]을 눈으로 본다. 가슴에 아들이 있다.

18: 23)

⑬ עוֹלָם לְדֹרֹתָם(올람 레도도탐·대대로 영영히, 출 40: 15).

7) 41회: 창 1: 1~2: 3.

8) '..ל'(라메드).

1) עוֹלָם(올람·영원).

2) Yl, Hwan Jin, *The Biblical Herew 'Olam'("Afterworld") in Time and Space: The Spatoal use of a Temporal Term*(Ann Arbor: U · M · I, 2002), 62~92.

3) עוֹלָם(올람·영원)의 עַל(알·위).

4) אֲרוֹן הָעֵדוּת(아론 하에두트·증거궤).

5) הָעֵדוּת(하에두트·증거, 출 25: 22, 26: 33, 40: 3, 21; 레 16: 13; 수 4: 16).

6) הָעֵדֻת(하에두트·증거, 출 26: 34, 27: 21, 30: 6, 26, 36, 31: 7, 39: 35, 40: 5; 레 24: 3; 민 7: 89).

7) עֵד(이드·증기).

8) שְׁמַע יִשְׂרָאֵל יְהוָה אֱלֹהֵינוּ יְהוָה | אֶחָד(쉐마아 이스라엘 엘로헤이누 여호와 | 에하드, 신 6: 4).

9) עַד(아드).

10) אוֹת(오트·표징, 출 31: 17).

11) עַד(아드·증거).

12) George H. Van Kooten, *The Creation of Heaven and Earth*(Leiden: Brill, 2005), 61:

13) עוֹלָם(올람·영원히),

14) עֵד(에드·증거).

모두[1]모이어 말씀 뵈오려 모두[2] 하나님 증인 아들[3] 있는 곳에 여럿이[4] 무리[5]지어 와서 서로 바라보며 즐거워하며 밤낮을 보내며 증인[6]이 된다. 무리[7]의 무리들[8] 모이어, 안 믿는 이들[9]에게 믿으라 전한다. 가슴

---

1) מוֹעֵד(모에드·회, 신 1: 1).

2) בְּאֹהֶל מוֹעֵד(베오할 모에드·회막. 출 27: 21, 28: 43, 29: 4, 10, 11, 30, 32, 42, 43, 44, 30: 16, 18, 20, 26, 36, 31: 7, 33: 7, 8, 9, 10, 11, 38: 8, 30, 39: 32, 39: 40, 40: 2, 6, 7, 12, 22, 24, 26, 29, 30, 32, 34, 35; 레 1: 1, 3, 5, 3: 2, 8, 13, 4: 4, 5, 4: 7, 14, 16, 18, 6: 16, 26, 30, 8: 3, 4, 31, 33, 35, 9: 5, 23, 10: 7, 9, 12: 6, 14: 11, 23, 15: 14, 29, 16: 7, 16, 17, 20, 23, 33, 17: 4, 5, 6, 9, 19: 21, 24: 3; 민 1: 1, 2: 2, 17, 3: 7, 8, 25, 38, 4: 3, 4, 15, 23, 25, 28, 30, 31, 33, 35, 37, 39, 41, 43, 47, 6: 10, 13, 18, 7: 5, 89, 8: 9, 15, 19, 22, 24, 26, 10: 3, 11: 16, 26, 12: 4, 14: 10, 16: 18, 19, 42, 43, 50, 17: 4, 18: 4, 6, 21, 22, 23, 31, 19: 4, 20: 6, 25: 6, 27: 2, 31: 54; 신 31: 14; 수 18: 1, 51; 삼상 2: 22; 삼하 7: 6; 왕상 8: 4; 대상 6: 32, 9: 21, 23: 32; 대하 1: 3, 6, 13, 5: 5

3) עֵד(에드·증인).

4) הָעֵדָה(하에다·회중가운데서, 민 26: 9).

5) בַּעֲדַת(바다트·무리 가운데, 민 26: 9).

6) 출 23: 1; 레 5: 1; 민 5: 13, 35: 30; 신 17: 7, 19: 15, 18, 31: 21; 수 24: 22; 삿 11: 10; 룻 4: 9, 10, 11; 욥 16: 19; 시 35: 11, 89: 37; 잠 6: 19, 12: 17, 14: 5, 25, 19: 5, 9, 28, 21: 28, 24: 28; 사 8: 2, 43: 9, 10, 12, 44: 8, 9; 렘 32: 10, 12, 25, 44, 42: 5; 마 18: 16, 26: 60, 65; 막 14: 63; 눅 11: 48, 24: 48; 행 1: 8, 2: 32, 3: 15, 5: 32, 6: 13, 7: 58, 10: 39, 41, 13: 31, 22: 5, 15, 20, 26: 16; 롬 1: 9; 고전 15: 15; 고후 13: 1; 빌 1: 8; 살전 2: 10; 딤전 5: 19, 6: 12; 딤후 2: 2; 히 10: 28, 12: 1; 벧전 5: 1; 계 1: 5, 2: 13, 3: 14, 11: 3, 17: 6.

7) 출 3: 1; 신 20: 9; 수 6: 26; 삿 4: 7, 5: 21, 9: 31; 삼하 2: 30, 3: 21, 10: 7; 왕상 16: 17, 20: 13; 왕하 9: 17; 대상 6: 31, 9: 20, 15: 3, 19: 8; 대하 14: 11, 15: 9, 16: 6, 20: 12, 24, 28: 5, 32: 6; 스 8: 15; 느 12: 31, 13: 3; 욥 16: 7; 욥 31: 33; 사 17: 2, 49: 21, 63: 3; 렘 23: 1, 2, 31: 8; 애 2: 22; 겔 7: 13, 16: 40, 21: 23, 26: 7, 29: 19, 30: 15, 32: 3, 12, 16, 18, 20, 25, 34: 2, 8, 10, 38: 6, 13, 39: 11; 단 8: 25, 11: 11, 12, 44; 호 8: 5; 미 2: 12; 마 5: 1, 9: 23, 25, 36, 13: 36, 14: 14, 15, 19, 22, 23, 15: 10, 32, 35, 39, 21: 46, 27: 20; 막 2: 4, 4: 36, 6: 34, 36, 45, 46, 7: 14, 17, 33, 8: 2, 6, 12: 12, 15: 11; 눅 5: 3, 6: 10, 8: 4, 19, 9: 12; 요 7: 12, 11: 42; 행 11: 26, 13: 45, 14: 18, 19, 15: 30, 17: 13, 19: 35, 21: 27, 24: 12; 고후 2: 3, 5, 7: 13; 빌 1: 4, 7, 8, 2: 26; 살전 1: 2; 벧전 5: 2.

8) 대하 13: 4, 15: 2; 욥 16: 10; 잠 5: 14; 겔 30: 10, 38: 7; 단 6: 11, 15; 마 7: 28; 눅 11: 14.

과 가슴으로 대대로[1] 물려가며 대대로[2] 이어지며 대대로[3] 이어진다. 소경이 보는 일[4]은 눈 먼 자가 다시 보게[5]되는 날이다. 그리스도를 떠나 있다가 이제 눈 뜨는 일[6]이다. 어둠에서 예수님의 빛이 비친[7] 회복[8]은 어두운 감옥에서[9] 눈 뜨는 이적[10]이다. 눈 밝게[11] 치유[12]빛으로 나아가[13] 눈으로 보[14]는 일이다. 고침 받는[15]날[16] 하나님이 좋아하실[17] 풀들이 살고[18] 빛이 있는 낮[19]), 생물이 살아,[20] 보기 좋은 때[21]다. 저녁이 되고 아침이 되는 여섯째 날[22]이다.

---

9) 신 23: 3, 28: 46; 삼상 3: 13, 14; 삼하 7: 24.

1) ד+ד의 לדר דר는 ד+ד의 글자의 뜻처럼 족장대대로לתלדותם(레토레도도템·족장대대로, 대상 8: 28).

2) לתלדותם(레토레도도템·두목 대대로, 대상 9: 34).

3) לדר דר(레도르 도르·대대로, 출 3: 15).

4) 눅 7:21~22.

5) 눅 4:18.

6) 존 칼빈, 『성경주석 16 공관복음』(서울: 성서원, 1989), 222.

Bock, John, 409.

8) 박윤선, 『성경주석 공관복음』(서울: 영음사, 1996), 145.

9) R. C. H. Lenski, 『누가복음(상)』(서울: 백합출판사, 1981), 222.

10) 김득중, 『대한기독교서회 창립 100주년 기념 성서주석 33 누가복음 1』(서울: 대한기독교서회, 1993), 260.

11) 알버트 반즈, 『신구약 성경주석 누가복음』, 한재석 역(서울: 크리스찬서적, 1988), 82.

12) 마 7:21~22 18:35~43.

13) 행 28:18.

14) 눅 18:35~43.

15) 사 6:9~10,

16) 행 28:25~27.

17) 창 1:4.

18) 창 1:12.

19) 창 1:18.

20) 창 1:21.

21) 창 1:25.

제2절 눈과 깊은 샘과 우물

1. 눈과 깊은 샘과 우물

샘과 눈과의 연관성 찾기는 같은 글자 엔=עַיִן[엔·눈·샘물] 이어서이다. 깊은 물은 마르지 아니한다. 보는 눈의 깊이가 깊어지면 하나님을 만난다. 히브리 우주상에서 바다 깊이에는 하나님의 거대한 힘이 솟아오르는 샘의 원천[1]이 있다. 샘물[2]은 하나님 맡아 두시었다. 맡아 놨다[3]가 바로 샘물 히브리어다. 눈 언어와 샘과 동일시 되는 이 바다 깊이의 먹을 물은 깊은 하늘 창이 열리어 수직으로 내려왔기 때문이다. 바다 속 깊은 물[4]은 더러운 물[5]이 아니다. 더러운 물은 깊고[6] 깊은 물[7]이 아니다. 깊은 물[8]은 바다의 샘[9]에 있고 바다들[10]의 깊음이 가진 샘[11]물은 맑은 샘물[12]이다. 바로 수

---

22) 창 1:28.

1) 이원희 편저, Ibid.

2) מַעְיְנֹת(마에노트, 창 8: 2).

3) עֵינֹת(에노트 마임·샘물, 출 15: 26).

4) מַעְיְנֹת תְהוֹם(마에노트 테홈·깊은 물).

5) לְוּצֻלָה(라쭐라·더러운 물, 느 9: 11; 시 69: 15; 사 44: 27; 욘 2: 3).

6) בְמַעֲמַקֵּי~מַיִם(벰마암케~마임·깊은 물, 시 69: 3).

7) וּמִמַּעֲמַקֵּי~מָיִם(움밈마암케~마아임·깊은 물, 시 69: 15).

8) מַעְיְנֹת תְהוֹם(마에노트 테홈·깊은 물, 창 7: 11).

9) עִינוֹת תְהוֹם(이노트 테홈·깊은 물, 잠 8: 28).

10) יַמִּים(얌밈·바다들).

11) עִיְנוֹת תְהוֹם(이에노트 테홈·샘들, 잠 8: 28).

12) מַעְיְנֹת(마에노트·샘들, 창 8: 2).

직성의 직립성이 지닌 신의 능력1) 물이다. 수직성2) 깊이3)는 비밀스러움4)이 있다. 수직성5)인 물6)은 하늘 뜻을 알아야 얻을 수 있다. 사랑하는 자의 마음이 담겨 맑은 물이다.

사람 마음이 물에 아름답게 비추이는 샘물7)은 눈과

---

1) David Toshio. Tsumura, *The Earth and Water in Genesis 1 and 2: A Linguistic Inuuestigation*, JSOTSS 62~63(JSOT, 1 9 8 9), 62~63.

2) John Peter Olson, 「Water Works」 *ABD*, 885

3) תְּהוֹם(테홈).

4) [1] תְּהוֹם is not "Canaanite" According to Day, " both תְּהוֹם and Tiamat are derived from a common Semitic root and the fact that Ugritic thm(cf. 1. 100: 1) is "comparable" to Hebrew term is common Semitic, there is no reason thy the term should be taken particularly as" Canaanite." It should be also noted that Hebrew תְּהוֹם is a morphologically older form than the assumed Ugaritic form, tahāmu, If the Hebrew term were a loan word from this "Canaanite" divine name and had been depersonified subdewuently, one would expect the Hebrew term to be something like תְּהוֹם existed in "Southem" Canaanite language. However, there is no evidence that such a form was a divine name. Therefore it is very unlikely that that Hebrew תְּהוֹם is a borrowing form a Canaanite divine name.

[2] תְּהוֹם~not Depersonification: Day explains that תְּהוֹם in Gen 1: 2 is "not a divine personality to God" and it is used "to denote the ompersonal watery mass which covered the world before God brought about the created order. " However, he holds that the term did denote "a mythical personlity" a long time ago and suggests that the תְּהוֹם is a depersonification of the original Canannite divine name.

However, as noted above, since the Hebrew term תְּהוֹם is most probably a common noun in origin like the Ugaritic, Akkadian and Eblaite terms, there is no strong reason why we should take תְּהוֹם as a depersonification of the original divine name.

[3] The Canaanite Sea ~dragon is Yam, not תְּהוֹם.

5) David Toshio. Tsumura, 83, 53. For example, at Evla(VE~134'=mee 4, 79: r.111: 8'~9') the Sumerian the sea [a~ab is identified once with tihām(a)tum "sea" and once with bù~la~tum(·bu'ratum·"well, cisten") in Eblate. In body of water. It may be that the Mesopotamian Timat came to be understood as the representative of only the salt~water sea, particularly with the "earlier" Canaanite or "northern" tradition of conflict between the storm and the sea(ym)".

6) Ibid, 65.

눈이 마주해 말씀[1]이 담겨있는 샘물[2]이다. 하나님 볼 줄 아는 물[3]이다. 여호와의 선히 여기심[4]을 보는 눈에만 보이는 물[5]이다. 은혜[6] 물이다. 은혜 아는 자만이 먹는 축복[7]의 물이다. 보호받으며[8] 솟는 샘[9] 물이다. 은혜[10]를 느끼는 눈[11]에 사랑[12]이 깊어[13] 든 물[14]이다. 물[15] 위에 떠[16]지는 삶이다. 사랑하는 눈과 눈이 마주하는 물 그 사랑 깊은 샘[17]에서 노아는 하나님의 은혜로 바다에서 살아 아브라함으로 이어지고 또 아브라함은 아들 바친 신앙 깊이로 이삭에게 줄 이삭의 우물[18]을

---

7) מַעְיְנֹת(마엔노트, 창 8: 2).

1) 아 1: 15, 5: 12, 7: 4.

2) מַעְיְנֹת(마에이노트·샘물, 창 8: 2; 시42: 7).

3) מַעְיְנֹת תְּהוֹם(마에에노트 테홈·깊은 물, 창 7: 11).

4) בְּעֵינֵי־יְהוָה(베에네 여호와·여호와의 선히 여기심, 민 24: 1).

5) N. Wyatt, 「Water, water everywhere..」 *The Mythic Mind: Essays on Comology and Religion in Ugaritic and Old Testament Literature*(London: Equinox, 2005), 222.

6) 창 6~8.

7) 9: 1~4.

8) עַיִן(아인·창 24: 30) · אֶל־הָעַיִן(엘 하아인·우물에, 창 24: 42) · הָעַיְנָה(하아이나·우물물, 창 24: 45).

9) מַעְיְנֹת(마예노트, 창 8: 2).

10) בְּעֵינֵי יְהוָה(베에네 여호와·여호와의 선히 여기심, 민 24: 1).

11) בְּעֵינֵי(베에네·눈 안에, 창 6: 8).

12) בְּעֵינַיִךְ(베에나이하·그대의 눈에, 창 16: 5, 6).

13) כָּל־מַעְיְנֹת תְּהוֹם(콜~마예노트 테홈·모든 깊음의 샘들, 창 7: 11).

14) עֵין הַמַּיִם(엔 함마임·샘).

15) 창 7: 11.

16) Nelson Glock, *Hesed in the Bible, Trans Alfred Cottschalk*(Cincinnati: The Eabrew Union College Press, 1967), 79~83.

17) מַעְיְנֹת(마에예노트·깊음의 샘, 창 7: 11).

18) עַיִן(엔).

파 약대 곁에[1)] 우물[2)]을 두어 우물가[3)]에 온 여인을 며느리로 맞는다. 우물[4)]의 중요성 때문에 이삭은 아브라함이 값 주고 산 우물을 팠고 승리 때도 우물[5)]을 파고 다툼일 때는 우물[6)]을 온전히 떠나[7)] 브엘세바에 단 쌓고 하나님 이름을 불렀다.

우물곁에서 야곱은 양들을 만드는 비법[8)]으로 얼룩진 양[9)]을 낳게 한다. 이스라엘 백성 늘리기[10)]는 우물곁에서[11)]다. 보는 눈과 샘물[12)]관계는 생명들의 풍요[13)] 관계이다. 샘물과 눈[14)]의 동일성[15)] 하나님을 바라보아[16)] 눈이 밝아지고[17)] 그에게 눈 돌릴 때 하나님은 찾는다.[18)]

---

1) עַל~הַגְּמַלִּים(알~ 하겜마림·약대곁에, 창 24: 30) .
2) עַל~הָעַיִן(알~하아인·그 우물, 창 24: 29).
3) עַל~הַעַיִן(알~하아인·우물가, 창 24: 30).
4) הָעַיְנָה(하아인나·그 우물, 창 24: 45).
5) רחבוֹת(르호봇·우물, 창 26: 22).
6) 창 26: 20~21.
7) 창 26: 23.
8) 창 30: 39, 41.
9) 창 30: 41~42.
10) 이훈구, Ibid.
11) 창 30: 32, 35, 39, 31: 10, 12.
12) Ibn Habib, עַין יעקב(ברפורב: הוצאסהורב, 1927), 1~1830.
13) Divid Bidney, *Myth, Symbolism, and Truth*, John B. Vickery 『*Mith and Literature*』 (University of Nebraska Press, 1973)., 12~13.
14) עַיִן(아인·샘물).
15) עַיִן(아인·샘, 신 33: 28) · אֶל~מַעְיַן מֵי(엘~마에얀 메·샘물까지, 수 15: 9) · בְּעַיִן(바아인·샘 안에, 삼상 29: 1) · מַעְיְנֵי~מַיִם(마에예네·모든 샘을, 왕하 3: 19) · מַעְיַן~מַיִם(마으얀·모든 샘들을, 왕하 3: 25) · הַעַיִן(하아인·그 샘, 느 2: 14, 3: 15).
16) 시 121: 1.
17) 사 35: 1.
18) Robert Louis Wilken, 82.

2. 이스라엘의 의미 찾기

1). 눈물

(1). 이스라엘 야곱

야곱은 우물곁에서 하나님을 간절히 아주 간절히 바라 밤을 세기까지 바라면서부터 이스라엘이 되었다. 야곱 아버지가 야곱에게 너의 형들이 세겜에서 양을 치니 그리 가보라고 했을 때 야곱은 그리 하겠나이다 했다. 이 때 히브리어가 힘내니=הנני=הִנֵּנִי[힌내니 내가 그리하겠나이다]1)이다. 이 안에 눈=물고기=נ[눈] נ[눈] 물고기 두 마리가 있다.

이스라엘이라는 이름에는 이스라엘이라는 나라가 있고 야곱이 밤새 천사와 씨름하여 얻은 이름 이스라엘이 있다. 성경에서 야곱은 늘 야곱이라는 이름으로 불리는데 다만 요셉=יוסף=יוֹסֵף[요셉]과 관련할 때는 이스라엘이라 하였다. 야곱이 밤새 천사와 씨름하면서 이스라엘이라는 이름을 얻기까지에는 눈물이 등장한다. 17세 소년으로 팔려가면서 시작되는 이야기 울음, 즉 눈물과 관련하여 진다. 눈물이미지는 첫째 눈[雪]~~물[水], 눈이 녹으면 물과 눈[目] ~ 물[水]로 슬프거나 기쁘면 눈에서 나는

---

1) הנני(힌네니 · 내가 그리하겠나이다,Qcxs, Here I am, Ἰδοὺ ἐγώ, 내가 그리하겠나이다, 창 37:13).

눈물. 눈물은 너무 슬퍼도, 너무 기뻐도 그러기에 눈은 마음의 거울이다.

눈물이 많은 신앙영웅은 요셉이다. 아버지 야곱, 이스라엘이 여러 아들들 중에 제일 사랑하여 요셉에게 채색 옷을 입히고 특별대우를 함으로써 형들이 주는 미움으로 인한 눈물이 있었다. 더하여 꿈에 형들이 요셉을 향하여 절한다는 이야기로 죽이려 한다. 해와 달과 열한 별 까지 요셉을 향하여 절을 한다는 꿈 이야기는 바로 성경철학이 지닌 일어섬의 주제이다. 천부경도 그러하고 이상시 시제 4호도 그러하다.

아버지 이스라엘이 형들이 양치는 곳에 가 보라 한다. 요셉은 순수하게 양들을 찾아 기쁜 마음이었지만 형들은 요셉이 오자 곧 죽이기로 한다. 그렇지만 루우벤이 죽이지는 말고 구덩이[1]에 넣자 하여 그대로 구덩이에 밀어 넣어 진다. 17세 소년 요셉 יוסף=יוֹסֵף요셉은 하나님 바라기로 살아나는 인물이다. 죽이지는 말자는 루우벤에 의하여 형제동의를 얻어 다시 구덩이에서 끌어 올려지고[2] 미디안 상인들에게 20은으로 살아나지만 다시 팔려[3]간다. 이렇고도 하나님께서는 형통한 자[4]로 하시사 여호와의 복이 그의 집에 미친[5]다. 보디발 아

1) 37:23절).
2) 27절.
3) 창 37:36.
4) 창 39:2.
5) 창 39:5.

내의 끈질긴 유혹으로 요셉[1]은 옥에 갇히고[2] 옥 안에서 제반 사무를 처리[3]한다.

어려운 꿈 해석을 해 주었지만[4] 여전히 감옥에 있다가 왕의 꿈 해석으로 풀려[5] 나와 왕으로부터 명을 받아 애급 온 땅을 총리[6]한다. 30세! 23년 만에 총리! 예수가 그의 공 사역을 할 때 나이가 30세[7])다. 야곱 이스라엘 집안의 가난이 겹쳐 곡식을 구하려 애급으로 오는 형들을 만나 형들을 3일간 가두다가 3일 만에 그들을 풀어주며 "나는 하나님을 경외하노니 너희는 이같이 하여 생명을 보전하라[8] 한다. 10형제들의 죄의 고백[9]과 요셉의 눈물[10] 범벅은 막내 베냐민을 데려오는 조건으로 시므온이 갇히고 이 말을 들은 야곱[11]은 울며 겨자 먹기 식으로 베냐민을 보내는[12] 결심[13]으로 온 가족이 애급으로 오는 계기가 된다. 온 가족이 모여 울고 또 우는 혈육의 정[14]은 웃음의 눈물[15]이다.

---

1) 창 39:9~13.
2) 창 39:20.
3) 창 39:21~22.
4) 창 40:23.
5) 창 41:14.
6) 창 41:40~43.
7) 창 41:46.
8) 창 42:18.
9) 창 42:22,
10) 창 42:24.
11) 창 42:36.
12) 창 42:37.
13) 창 43:14.
14) 창 43:23~24). 요셉=יוסף=יוֹסֵף이 아우 베냐민을 보고 마음이 타는 듯

이처럼 사람 이스라엘과 나라이름 이스라엘의 밀접성은 이제 구속사적 의미로 크게 그 의미를 전환하면서 이스라엘이 마침내 웃으면서 같이 사는 공동생활이 이어진다. 이러한 의미의 신학적 접근은 요셉이 애굽으로 팔려올 때 요셉의 나이가 17세였는데 그 아비 야곱이 애굽에 산 연한도 17년이다. 이때의 17 리듬은 하나님의 영광1)의 구속사적 의미로 연결된다. 여호와 ה ו ה י=5 + 6 + 5 + 1 + 0=17로 수치의 합은 5 + 6 + 5 + 10=26이다. 26은 13의 2회 리듬인데 아하브 사랑의 값이 13 수 값 ה[아 5] + בָ[파 2] + הֲ[하 5] + א[아 1]2) 13이다. אַהֲבָה[아하파 · 사랑, 아 2:4, 7, 3:10; 아 2:4] 사랑이다. 별 13개는 다윗과 관련된다.

야곱은 17세에 하나님 사역이 그려진다. 아리스토텔레스는 17이 시와 음악의 비례라 하였다. 에레미야는, 은 17세겔로 하나멜의 밭을 샀고3), 이사야서에서는 창조 ברא[바라 창조] 17회4) 신성수5)가 있다.

야곱은 요셉의 두 아들 중 동생 에브라임에 더 축복

함으로 급히 울 곳을 찾아 안방으로 들어가서 울고(창 43:30).

15) 창 43:34, 44:45, 45:27, 46:7, 46장 39.

1) כְּבֹדֶךָ(켑보데하·영광, 출 33: 18의 수치는 17.

2) אַהֲבָה(아하파 · 사랑, 신 10:14;아 2:4, 7, 3:10; 아 2:4).

3) 렘 32: 9.

4) בָּרָא(바라·창조, 사, 40: 21, 26, 28, 41: 20, 42: 5, 43: 1, 7, 15, 45: 7, 7, 8, 12, 18, 48: 7, 54: 16, 65: 17, 65: 18).

5) 엄원식, “구약 성경의 수비학(數秘學)에 대한 탐구,” 『福音과 實踐』 21(대전: 침례 신학 대학교, 1998). 436~ 443.

한다. 야곱의 사랑했던 아내 라헬이 죽은 곳이 에브랏이며 요셉의 둘 째 아들 에브라임 모두 사랑의 의미로서이다. 입술로 하나님 말씀을 전해서이다. 요셉 역시 같은 의미를 지닌 야곱과 더불어 하나님 말씀을 전해야 하는 의미이다. 레아 보다 라헬을 사랑한 하나님의 뜻, 곧 말씀 전하는 자에 대한 하나님의 축복! 이스라엘의 존재성은 말씀전하기이다. 문자적으로는 입과 관련한 פ페다. 말씀 전하는 기독교 진리는 눈물 흘린 이야기로 얼룩진다. 말씀전하는 하나님의 가문이다.

라헬이 죽은 곳이 베들레헴[1] · 예수 탄생지 · 야곱의 축복 장소[2] · 요셉 또한 샘 곁의 무성한 가지라 그 가지가 담을 넘었도다 이스라엘 반석 목자가 나타[3] 나 백성이 흘리는 눈물[4] 닦아줄 말씀전하기 샘 곁이다.

---

1) 창 48:7.

2) 창 48:19.

3) 창 49:22~24.

4) ① 형들이 요셉의 옷 곧 그 입은 채색옷을 벗기고 그를 잡아구덩이 던지니(창 37:23~24) ② 그들이 요셉을 구덩이에서 끌어 올리고(창 37:27) ③ 그를 이스마엘 사람들에게 팔매(창 37:27) ④ 그가 그 자기옷을 찢고 굵은 베로 허리를 묶고 오래도록 그 아들을 위하여 애통하니(창 37:33~34) ⑤ 음부에 내려 아들에게로 가리라하고 그 아비가 그를 위하여 울었더라(창 37:35) ⑥ 여호와께서 함께 하므로 형통한 자가 되어(창 39:2) ⑦ 요셉이 그 옷을 자기 손에 버려두고 도망하여 나감(창 39:9~13) ⑧ 이에 요셉의 주인이 그를 잡아 옥에 넣으니(창 39:20) ⑨ 죄수를 다 요셉의 손에 맡기고 그 제반 사무를 요셉이 처리하고(창 39:21~22) ⑩ 술 맡은 관원장이 요셉을 기억지 않고 잊었더라(창 40:23) ⑪ 바로가 보내어 요셉=יוסף=יוֹסֵף을 부르매 그들이 급히 그를 옥에서 낸지라(창 41:14) ⑫ 바로가 그로 전국을 총리하게 하였더라(창 41:40~43) ⑬ 요셉이 장자의 이름을 므낫세라 하였으니 하나님이 나로 나의 모든 고난과 나의 아비의 온 일을 인저버리게 하셨다 함이라(창 41: 51) ⑭ 루우벤이 그들에게 대답하여 가로되 내가 너희더러 그 아이에게 득죄하지 말라고 하지 아니하였느냐 그래도 너희가 듣지 아니하였느니라 그러므로 그의 피 값을 내게 되었도다 하니(창 42:22) ⑮요셉은 그들을

(2). 시인의 눈물

요셉은 눈물을 많이 흘렸다. 눈물은 시학에서 정화의 역할이다. 이스라엘 의미를 알려주는 일이다. 기독교 시인의 시학이다.

이영지 시조에 정서적인 눈물[1]이 자주 등장한다.

떠나가서 울고 다시 돌아와서(창 42:24) ⑯ 야곱 이스라엘은 다시 울게(창 42:36) ⑰ 너희가 나로 나의 자식들을 잃게 하도다 요셉도 없어졌고 시므온도 없어졌거늘 베냐민을 또 빼앗아 가고자 하니 이는 다 나를 해롭게 함이로다(창 42:36) ⑱ 요셉=יוסף=יוֹסֵף이 아우 베냐민을 보고 마음이 타는 듯 함으로 급이 울곳을 찾아 안방으로 들어가서 울고(창 43:30) ⑲ 요셉이 방성대곡하니(창 44:45:2).

⑲ 동생 베냐민의 목을 안고 우니 베냐민도 요셉=יוסף=יוֹסֵף의 목을 안고 우니라(창 45:14~14)

⑳ 이와 같이 야곱이 그 아들들과 손자들과 딸들과 손녀들 곧 모든 자손을 데리고 애급으로 갔더라(창 46:7)

㉑ 요셉=יוסף=יוֹסֵף이 수레를 갖추고 고센으로 올라가서 아버지 이스라엘을 맞으며 그에게 보이고 그 목을 어긋맞겨 안고 얼마동안 울매(창 46:39)

㉒ "22 요셉=יוסף=יוֹסֵף은 무성한 가지 곧 샘 곁의 무성한 가지라 그 가지가 담을 넘었도다. 23 활쏘는 자가 그를 학대하여 그를 쏘며 그를 군박하였으나 24 요셉=יוסף=יוֹסֵף의 활이 도리어 건강하며 그의 팔이 힘이 있으니 야곱의 전능자의 손을 힘입음이라 그로부터 이스라엘의 반석이 목자가 나도다(창 49:22~24)

1) 여성의 눈물 속에는 抗 비아그라성 신호전달 물질이 담겨 있어서 여성이 흘리는 눈물에 남성의 성적 흥분(sexual arousal)과 테스토스테론 수준을 감소시키는 화학신호가 있다는 것이다. 이스라엘 바이츠만 과학연구소의 인지신경과학자 노암 소벨 박사(Science 1월 6일호)는 최근 마우스의 눈물에 성특이적 페로몬(sex~specific phermone)이 존재(GTB2010070056, 참고논문 #2)한다는 것이다.

인간의 눈물에 담긴 화학적 신호는 미국 라이스대학교에서 인간의 후각을 연구하는 데니스 첸 박사연구진은 여성들에게 슬픈 영화를 혼자 보게 하고, 눈물이 나올 경우 바이알에 담이 연구진 24명 남성들에게 여성의 눈물과 식염수가 담긴 바이알을 주고 냄새를 맡게 했다는데 눈물을 냄새 맡은 남성들은 식염수를 냄새 맡은 남성들에 비해 여성의 성적 매력을 낮게 나타났다는 것이다. 단 눈물을 냄새 맡은 남성들의 감정은 변하지 않은 것으로 나타났다는 것이다. 50명의 남성들에게 눈물 또는 식염수를 냄새 맡게 한 성적 흥분정도를 측정하는 생리학적 검사에서 눈물을 냄새 맡은 남성들은 식염수를 냄새맡은 남성들에 비해 성적 흥분정도가 감소하고 테스토스테론 농도가 저하한 것으로 밝혀졌다는 것이다. 16명의 남성들을 여성의 눈물이나 식염수에 노출시키고 fMRI를 이용하여 그들의 두뇌활성을 측정한 결과 눈물을 냄새맡은 남성들은 성적 흥분을 관장하는 영역의 활성이 감소한 것으로 확인되었다는 것이다. 눈물이 성(性)에 미치는 영향을 아드 비거호에츠 박사는

하늘로 올라올라 눈물을 다 뿌리고 내려와 쓰러질듯 마음에 몰래몰래 안으로 들어오자 곧 녹아버린 그리움

- 이영지 「첫눈의 사랑사람」[1]에서

가만히 비가 되는
넌 나의 하얀 운명
정말로 눈물눈썹
하늘이 그립도록
마음의
진주 꽃으로
하얀 기둥 달았다

- 이영지 「넌 나의 하얀 운명」[2]에서

장 미 비 밤을 샌 다

장 미 비
꽃잎바다
아 예 예 그 리 움 을 눈물로 달아버린

입술의 꽃물로
서서
베실베실 웃는다

웃음의
소리
장미
두 손을
모 아 들 여 그 리 움 뜨 는 법을

- 이영지 「장미 비」[3]에서

눈물은 사회적 연대감을 증진시키고 상대방을 배려하는 행위를 유도하는 것으로 생각되어 왔으나 그렇지 않다는 것이다. 로버트 프로빈 박사는 울음이 상대방의 공격성을 감소시킬 수 있다.`는 것이고 테스토스테론은 적대감과 관련이 있기 때문에, 눈물을 이용하여 상대방의 테스토스테론을 감소시켜 공격성을 누그러뜨리는 것은 진화적 적응의 결과일 수 있다.

1) 이영지, 『하나님의 행복한 연출』(서울: 영예문학, 2004), 73.

2) 이영지, 『행복의 물을 먹으며, 사랑으로』(서울: 영예문학, 2008), 55.

3) 이영지, 『행복함에 든 사랑받으세요』(서울: 문학방송, 2010).

시조「첫눈의 사랑사람」에서 눈물 묘사의태어는 '하늘로 올라올라 눈물을 다 뿌리고' 있다. 하늘에 '올라올라' 의태어는 하늘 중간쯤이 아니라 하늘 끝이라는 의미를 '하늘하늘'의태어이다. 이 올라올라는 올라 2회 리듬은 결정적인 2회가 아니라 무한히 반복될 수 있는 리듬의 축약이다. 따라서 시조 작품 화자의 대상은 절대자이다. 이 시적 대상의 절대자는 땅으로 내려옴으로써 사람들을 구원한다는 목적이 은유되어 있다. 더구나 '쓰러질듯 마음에 몰래몰래 안으로 들어오자 곧 녹아버린'다. 사랑으로 인한 눈물이다. 문학특유어의인 그리움이라는 형용사 안에 들어 있다.

그리움은 사랑이 전제될 때 솟아나는 마음의 감동이다. 이영지의「넌 나의 하얀 운명」에서 비는 일반 비에서 마음으로 닥아 오는 운명적인 빗물이 된다. 말씀이다. 하늘이 그리울수록 마음의 기쁨이 된 시적 화자의 마음은 진주 꽃으로 눈물눈썹을 만들고 있다. 마음의 세계는 그냥 머무는 것이 아니라 하얀 기둥을 달았다. 그리고「장미비」에서는 눈과 눈물과 그리움의 관계를 모두 물로 한다. 이 물=눈물의 등가를 이루는 등가등식은 동시에 사랑이라는 추상명사와의 등가이다. 따라서 이 3자의 동일시는 시가 갖는 은유에 다중의미로서 눈물의 의태어를 외연으로 하면서 사랑이라는 시의 내포를 가지는 대표적인 형식적 비평방법이 주는 결과이다.

바슐라르의 역동적 상상력의 삼 단계에 색채에 의해 의태어의 기본의미를 참고할 수 있다. 밤을 새는 이유가 대상을 위하여서다. 때문에 막연한 의미의 시의 애매성을 풀기 위하여 '꽃잎바다'로 그 의미를 확대한다. 사랑의 그리움은 단순한 사람들의 그리움 대상이 아니라 입술이 관련 말씀 전하기이다. 대상을 위하여 꽃잎바다의 사랑크기 '입술의 꽃물로 서서' 있다.

> 입술의 꽃물로
> 서서
> 베실베실 웃는다
>
> 웃음의
> 소리
> 장미
> 두 손을
> 모 아 들 여 그 리 움 뜨 는 법을
>
> – 이영지 「장미 비」[1]에서

이때의 입술은 말하는 입술이다. 그러므로 입에서 나오는 말씀이다. 따라서 이 시적 화자는 시인 자신이 아니라 절대자의 입술로 그 의미를 이동한다. 이동하며 웃는 웃음은 눈물을 가진 자이되 겉으로는 말씀을 전하면서 시적 특유의 여성화자, 곧 시의 아름다움을 위하여 하는 표현기법을 쓰고 있다. 사람은 특별한 일,

1) 이영지, 『행복함에 든 사랑받으세요』(서울: 문학방송, 2010).

특히 시인에 눈에 비치는 일에 감동으로 감동을 받은 일을 시에 묘사한다. 눈물을 흘리는 이미지는 직접적인 눈물을 흘리지 않더라고 마음의 감사와 슬픔이 시인의 시를 통해 절대자의 뜻과 시적 화자의 동일성으로 시적 폭을 확대한다.

눈과 눈 마주하면 그 안에 샘이 있어
맑은 물 흐르듯이 마음이 흐르면서
하늘을 날아오르는 말하기가 보인다

- 이영지 「눈으로 말해요」

눈은
하나님의 눈 안에 든 은혜 발견[1])을 읽지요
우리 둘 마주하면 너무기뻐 사랑의 불이 일어나요
우리 둘 눈을 마주치면 눈을 읽어요
아가가 엄마 눈을 보듯
엄마의 눈에서 사랑을 발견하고 웃듯
눈으로 말해요
알아 들어요
엄마의 사랑 눈을 보면 오늘이 안심되듯

아름다운 것만 보이지요
꽃술의 아름다운
꽃들은 사랑하는 이의 눈만 보려
꽃잎으로 덮어요
가만히 들여다보아야 보이는
비밀번호를 누르면 되요
행복함에
든 사랑 받으세요

- 이영지 「눈 마주치기」

---

1) 창 6:.8.

더 깊은
하늘 샘을 눈目이라 한다지요
더 깊은 땅의 샘을 눈이라 한다지요
그대의 눈 안에 나를 넣어 주신
날에는

하늘의
맑은 물이 퐁퐁퐁 내리지요
땅에서 맑은 샘이 퐁퐁퐁 오르지요
그대의 눈 안에 나를 넣어 주신
날에는

온 몸에
초롱초롱 맑은 눈 달리네요
눈물이 눈 안에 나를
넣어 주신 날에는

– 이영지 「그대의 눈 안에」

눈은
하나님 눈 안에 든 사랑을 보라[1]고 한다
날마다 눈을 뵙네[2]요
하나님을 뵙네요
하나님 눈에 사랑이 든 눈빛을 뵙네요

은혜를 뵀네[3]요
행복함에 든
눈[4]으로
참 생명의 말씀을 놓아[5]
위로 자가 되어
120년 살려고 하나님의 배를 만드네요

---

1) 창 6:8.
2) בְּעֵינֵי(벤네 여호와·여호와께, 창 6:8).
3) בְּעֵינֵי(벤네 여호와·여호와께, 창 6:8).
4) נוּן(눈, 물고기, 영생·히브리글자의 의미).
5) נֹחַ(노아흐·노아, 창 6:9).

매우 매우[1] 많이많이
은혜가 많았다[2]하라 시기에
고마워[3]
맑은 물이 몸속에서 휘돌아 흐르도록
은혜를 벴네[4]요
눈이 내리면
아픈 가슴이 눈 녹듯이
하늘에서 하나님의 눈이 내리네요
선하신 눈물이 내리네요
눈물이 비가 되어 내리네요
비에 계시[5]는 은혜가 내리네요

단비가 내리네요
애급 군대에게 맞불[6]로 밀매 올라[7]온

말씀 깊이[8] 좌정하신
영광[9] 받으신 이의

---

1) מְאד(메우다·많은, 창13: 13, 17: 2, 20, 30: 43, 47: 27, 왕하 10: 4, 에 4: 4, 시119: 167)는 수메르 어로는 šar2, 그리스어로 saros, 아카드어로는 마아두 ma~ a~ du, 히브리어는 메우다다. 이 뜻은 '많은'이며 예를 들면 왕 계보에서 한 왕이 3600x8년을 통치했다는 것이다. 8번의 큰 숫자의 햇수를 통치했다는 것은 수메르어로는 샤르 šar2~ ussu다. 샤르=3,600. 우쑤=8 즉 한 왕의 통치기간으로6x8년 혹은 60x8년으로 계산한다. 노아가 산 햇수가 950년인데 900년대는 100년 단위의 제일 높은 수다. 수메르 왕 계보를 이오 수메르 법으로 보면 엔멘루안아의 3,600x12, 또한 창 13: 13, 17: 2, 20, 30: 43, 47: 27; 왕하 10: 4; 에 4: 4; 시 119: 167에서 그 최상급을 의미한다.

2) מַעְיְנֹת(마에노트·샘들, 창 7: 11, 8:2; 잠 8:28).

3) גָּמַל(고마르·보답, 창 21:8).

4) בְּעֵינֵי(벤네 여호와·여호외께, 칭 6:8).

5) גֶּשֶׁם(게쉼·비, 창7: 12.

6) הַמַּבּוּל מַיִם(함마불 마임, 창 6: 17) · וְהַמַּבּוּל מַיִם(베함마불 마임·홍수, 창 7: 6) · מֵי הַמַּבּוּל(메 함마불·홍수, 창 7: 7) · וּמֵי הַמַּבּוּל(움메 함마불·홍수, 창 7: 10) · הַמַּבּוּל(함마불·홍수, 창 7: 17, 9: 28, 10: 1, 32) · מִמֵּי הַמַּבּוּל(밈메 함마불·홍수, 창 9: 11) · מֵי הַמַּבּוּל(메 함마불·홍수, 9: 28), · לַמַּבּוּל(람마불·홍수를 위하여, 시 29: 10).

7) מִלְמַעְלָה(밀매 올라·오름, upward, 창 7: 20).

8) 창 7: 19~20.

9) כְּבֹדֶךָ(켑보데하·영광, 출 33: 18의 수치는 17.

사랑을 뵙네요

– 이영지 「눈으로 뵙네요」

나의 사랑하는 눈에게
고맙다

두 눈을 주시어
눈[1]은 영생과 물고기
바다
물고기처럼 많이 오래오래 살아라
눈[2]에는 눈과 눈 사이에 하나님의 능력이
눈과 눈 사이에 눈이 있어 옆 볼 사이가 없어요
한 눈 팔 사이가 없어요

은혜를 받으려고요
노아[3]에게 바닷물 위에서 살아남게
바닷물 위에서도 살아남는 위로 자
120년 배를 만들어
매우 매우[4] 사랑하시기에
하나님 눈[5]안에서
은혜를 뵀네[6]요

노아를 사랑하시는 눈을 뵙네[7]요
은혜가 많았다[8]고
눈[9]으로 말 하네요

행복함에 든

---

1) נ(눈).
2) עַיִן(아인).
3) נֹחַ(노아흐·노아, 위로자창 6:9).
4) מְאֹד מְאֹד(메우다 메우다·아주 많이, 창 7: 19).
5) עַיִן(창 6:8).
6) בְּעֵינֵי(벤네 여호와·여호와께, 창 6:8).
7) בְּעֵינֵי(벤네 여호와·여호와께, 창 6:8).
8) מַעְיְנֹת(마에노트·샘들, 창 7: 11, 8:2; 잠 8:28.
9) נִין(눈·장구하리라, 수 1:1; 시 72:17).

그대 눈[1]으로
맑은 물이 들어와 그대 몸 속에서 휘돌아 흐를 거에요
눈처럼 내릴 거에요
아픈 가슴이 눈 녹듯이
하늘에서 눈이
선하신 눈 물이
눈과 마주하며 말씀[2]에 몸을 담그네요.

비에 계시[3]어 단비이네요
눈 안에 든 사랑으로 밤 가는지 낮 가는지

이 두 눈을
이 두 눈을 잘못보아 한 눈이 없어지게 하지 말하주세요
– 이영지 「사랑하는 눈에게」

저희들은 원래 소경[4]
저는 백성을 대표하는 소경[5]입니다.

---

1) נוּן(눈, 물고기, 영생·히브리글자의 의미).

2) 아 1: 15, 5: 12, 7: 4.

3) גֶּשֶׁם(게쉠·비, 창 7: 12).

4) עַמִּים(암밈·국민 · 소경 · 민족 · 만민, 창 27: 29; 신 1: 28, 2:21, 25, 4: 19, 7: 6, 14, 16, 10: 15, 14: 2, 28: 3: 16, 19, 20: 16, 28: 64, 32: 8; 레 20: 24; 왕상 9: 7; 대상 16: 8; 대하 7: 20 ; 에 9: 2; 욥 36: 31; 시 7: 18, 18: 47, 33: 10, 47: 3, 67: 3, 5, 49: 1, 57: 9, 66: 8, 68: 30, 96: 3, 10, 99: 1, 2 102: 22, 105: 20 ; 사 8:9, 25: 7, 49: 22, 51: 4, 5, 62: 10, 63: 6; 겔 25: 7, 36: 15, 39: 27; 미 4: 3; 합 2: 5, 8, 13; 호 10: 10; 욜 2:6; 슥 12: 6)

5) 백성 한 사람(출 1: 20, 18: 13, 20: 21, 24: 2) · 이방신을 좇을 백성 הָעָם(하암·백성, 신 27: 25, 신 31: 16) · 요단강을 건너는 이스라엘 백성 הָעָם(하암·백성, 수 4: 10) · 애급 땅에서 나와 할례를 받는 백성 הָעָם(하암·백성, 수 5: 5) · 여리고 성을 무너뜨리는 백성 הָעָם(하암·백성, 수 6: 5) · 물을 먹으려 무릎을 꿇은 백성 הָעָם(하암·백성, 삿 7: 6) · 장막으로 보내지는 백성 הָעָם(하암·백성, 삼상 13: 2) · 사울을 좇은 백성 הָעָם(하암·백성, 삿 13: 7) · 사울을 떠나 흩어진 백성 הָעָם(하암·백성, 삿 13: 11) · 집으로 돌아간 백성 הָעָם(하암·백성, 대상 16: 43) · 여호와의 명하신 바를 지켜야 할 백성 הָעָם(하암·백성, 대하 23: 6) · 사악을 행한 백성 הָעָם(하암·백성, 대하 27: 2) · 자기 기업으로 삼으신 백성 הָעָם(하암·백성, 시 33: 12) · 주의 얼굴빛에 다니면서 즐거운 소리를 아는 백성 הָעָם(하암·백성, 시 89: 15) · 여호와의 진노로 불에 타는 백성 הָעָם(하암·백성, 사 9: 19) · 깨닫지 못하는 백성 עַמִּי(암미·백성, 사 1: 3) · 영광을 무익과 바꾸는 백성 עַמִּי(암미·백성, 렘 2: 1) · 잃어버린 양떼

소경인 저는
눈에 물을 가졌습니다
눈이 둘[1]이어서 눈물이 배니이다
얼굴이 비치는 눈물이 나이다
눈물이 흐릅니다

어께를 토닥토닥 두드리시는 위로자
하나님의 맑은 물이 눈 속에서 휘돌아 흐릅니다
아픈 가슴이 눈 녹듯이 내립니다
아픈 눈이 눈 녹듯이 뜨다

못 볼 것을 매우 매우 많이 볼 뻔한 저에게
선하신 눈물이 내립니다
나를 건지시려 맞불[2] 놓으시고
올라[3]오시어
나를 은혜로 건지시는

눈이 내립니다
하늘에서 비가 내립니다
비 눈 물이 내립니다
- 이영지 「소경인 저에게 비 눈 물이 내리나이다」

의 백성(렘 50: 6) · 패역한 백성 וְעַמִּי(베암미·백성, 렘 5: 23) · 자기 권력으로 다스리는 제사장 עַמִּי(암미·제사장, 렘 5: 31) · 여호와의 규례를 알지 못하는 백성 עַמִּי(암미·백성, 렘 8: 7, 사 1: 3) · 하나님을 아는 백성 עַמִּי(암미·백성, 사 52: 6) · 우상을 섬기는 모든 백성 הָעָם~ כָל(콜~ 하암·모든 백성, 신 27: 15) · 부모를 경홀히 여기는 모든 백성 הָעָם~ כָל(콜~ 하암·모든 백성, 신 27: 16) · 그 이웃의 지계표를 옮기는 모든 백성 הָעָם~ כָל(콜~ 하암·모든 백성, 신 27: 17) · 소경에게 길을 잃게 하는 모든 백성 הָעָם~ כָל(콜~ 하암·모든 백성, 신 27: 18) · 고아나 과부의 송사를 억울케 하는 저주의 모든 백성 הָעָם~ כָל(콜~ 하암·모든 백성, 신 27: 19) · 무죄 자를 죽이려고 뇌물을 먹는 백성 הָעָם~ כָל(콜~ 하암·모든 백성, 신 27: 25) · 말씀을 실행치 아니하는 모든 백성 הָעָם~ כָל(콜~ 하암·모든 백성, 신 27: 26)

1) עַיִן(아인·눈, 쌍수).

2) הַמַּבּוּל מַיִם(함마불 마임, 창 6: 17) · וְהַמַּבּוּל מַיִם(베함마불 마임·홍수, 창 7: 6) · מֵי הַמַּבּוּל(메 함마불·홍수, 창 7: 7) · וּמֵי הַמַּבּוּל(움메 함마불·홍수, 창 7: 10) · הַמַּבּוּל(함마불·홍수, 창 7: 17, 9: 28, 10: 1, 32) · מִמֵּי הַמַּבּוּל(밈메 함마불·홍수, 창 9: 11) · מֵי הַמַּבּוּל(메 함마불·홍수, 9: 28), · לַמַּבּוּל(람마불·홍수를 위하여, 시 29: 10).

3) מִלְמַעְלָה(밀매올라·오름, 창 7: 20).

아픈 가슴이 눈 녹듯이
하늘에서 눈이 내리네요
선하신 눈 물이 내리네요
눈과 만나
마주하며, 몸을 .
은혜의 단비로 적시며
하나님을 뵙네요
하나님의 눈에 사랑이 든 눈빛을 뵙네요

고루고루 주시는 눈
아픈 가슴이 눈 녹듯이 하는 사랑
하늘에서 눈이 내리네요
선하신 눈 물이 내리네요

씻음을 받으세요
보라 시트[1]를
깔아주시니

- 이영지 「행복함에 든 사랑 받으세요」

파도가 일며 물이 둘로 나뉘어
하나님의 키보드

하늘의 물과 땅의 물로
17일에 시작되어 17일에 끝[2] 내신이여
여호와[3]17로 수치의 합은 ה ו ה י 5 + 6 + 5 + 10=26이여
신성수[4]여
주의 영광[5]의 17이여
맞불[6]놓으신 이여
하나는 빼어버리라고 하신이여

---

1) בְּרֵאשִׁית(베레시트·창조하셨다, 창 1:1.

2)(창 7: 11, 8: 4)

3) ה ו ה י(יְהוָה)=5 + 6 + 5 + 1 + 0=.

4) 엄원식, "구약 성경의 수비학(數秘學)에 대한 탐구," 『福音과 實踐』 21(대전: 침례 신학 대학교, 1998). 436~ 443.

5) כָּבֵד(켑보데하·영광, 출 33: 18).

6) 창 7: 7, 10, 17, 9: 11, 28, 10: 1, 32, 시 29: 10.

엣따 하고 던져진 홍수[1)]

홍수[2)]에도
언약을 세우신이여
홍수[3)]로 멸하지 아니하시려고
홍수[4)]에 빠지지 않게
노아는 홍수[5)]후 삼백 오십년으로 홍하고 살이 쩌서

아들들로 맞불[6)]을 낳아
셈은 일백세 곧 홍수[7)] 후 아르박삿을 낳았고
좋으심을 보이신 이여
맞물[8)] '맙부딜'이여
움마![9)] 씻기시네 어쩔 것이여
움마! 씻어버리실[10)]이여
보라 시트[11)]를 깔아주신 이여
나의 눈이며
하나님의 참 말씀주심 안에 내가 있나이다
　　　　　　　　　　- 이영지 「행복함에 든 사랑 받으세요」

저희 눈은 두 개입니다
눈은 쌍수입니다.
눈은[12)]다 샘입니다.
신라시대 희망의 아이 두 눈이 멀어지자
그 어머니가 벽에 벽화를 보고 한 눈이라도 달라하였지만
저는 두 눈이 아직 멀쩡합니다

---

1) אֶת ~ הַמַּבּוּל ~ מַיִם(에트 ~ 하맙불 ~ 마임, 출 6:17).
2) וּמֵי ~ הַמַּבּוּל(우메~ 하맙불, 창 7:10).
3) מִמֵּי ~ הַמַּבּוּל(밈메 하맙불, 창 9:11).
4) לַמַּבּוּל(레맙불, 창 9:15).
5) הַמַּבּוּל(하맙불, 창 9:28.
6) הַמַּבּוּל(하맙불, 창 10:32).
7) הַמַּבּוּל(하맙불, 창 11:10)
8) מַיִם לַבְמֵי(마임 랍빔, 시 32:6).
9) וּמָחָה(움마하·씻기신, 사 25: 8).
10) וּמָחִיתִי(움마히티·씻어버릴 일, 왕하 21: 13).
11) בְּרֵאשִׁתי(베레시트·창조하셨다, 창 1:1).
12) עַיִן(아인·샘.

신라시대 '지은'이는 두 눈이 멀은 어머니를 봉양하려
옆 집 일을 하여 손이 거칠어졌지만
제 손은 아직 너무 보드랍습니다
심 봉사의 딸 심청이 아버지 눈을 밝게하려
 바다에 뛰어 내렸지만 저는 아직 아무것도 안했습니다.
성경에 눈은 쌍수이고
이 눈을 영원히 간직하라 하나님이 눈을 주셨습니다.
눈은 아인입니다 샘 입니다

두 눈과 영생 사이에 하나님의 손이
계십[1]니다
맑은 물이 눈 물이 있습니다.
눈을 가만히 들여다 봅니다
마음의 바다에 눈이 비치어 뜹니다
말 한마디 하지 않아도 알아보는 눈이 있습니다.

비에 실 눈 물 비를 맞나이다.
하늘에서 내리는 비를 맞습니다
눈[2] 샘물에 들어 맑은 물을 마십니다
하늘 안에 많[3]은 물을 먹나이다
바다 깊숙이에도 많[4]은 눈 물을 먹나이다

매우 매우 많은 사람들 두 눈 사이에서
때로는 눈 물 흘리시며 눈 녹듯이 하나씩 사랑을 떼어주는
선한 눈 물
눈
이스라엘 백성을 눈 물 방울로 씻으시며
눈 물 방울 하나씩 녹이신이여
물
보라 시트[5]를 깔으신 이여

- 이영지 「눈망울 눈방울」

---

1) גֶּשֶׁם(게쉼·비, 창7: 12)니.
2) עַיִן(아인·눈, 창 6:8).
3) מַעְיְנֹת(마에노트·샘들, 창 7: 11, 8:2; 잠 8:28).
4) מַעְיְנֹת(마에노트·샘들, 창 7: 11, 8:2; 잠 8:28).
5) בְּרֵאשׁתי(베레시트·창조하셨다, 창 1:1).

아리스토텔레스는 17을 시와 음악의 비례, 에레미야는, 은 17세겔로 하나멜의 밭을 샀고[1], 이사야서는 창조 바라[2]가 17회 사용[3]되었다.

하나님의 깊숙한 눈에 드신 맑은 말씀[4] · 바다 깊숙이 먹을 수 있는 참 생명의 말씀의 샘들[5]에서 하나님의 은혜를 발견한다. 하나님의 물이 담긴 배에 물이 깊이[6]는 말씀이다. 바다에 깊이 들어 있는 샘들[7]에는 먹을 수 있는 물이 있다. 깊고 맑은 샘들[8]은 잘 살필 수 있는 자만이 그 속의 물을 먹을 수 있다.

하늘에는 땅으로 내려오는 눈이 있다.
하나님 눈이 있다 땅에는 하늘 보는
사람 눈 수직성[9]으로 진동하는 울림이

하늘 창 깊은 하늘 열리어 하늘 깊음
샘물이 하늘 아래 내려와 바다 깊이

---

1) 렘 32: 9.

2) בָּרָא(바라·창조).

3) בָּרָא(바라·창조, 사, 40: 21, 26, 28, 41: 20, 42: 5, 43: 1, 7, 15, 45: 7, 7, 8, 12, 18, 48: 7, 54: 16, 65: 17, 65: 18).

4) מַעְיְנֹת תְּהוֹם(마에노트 테홈·깊은 물, 창 7: 11).

5) עִינוֹת תְּהוֹם(이노트 테홈·깊은 물, 잠 8: 28)

6) מַעְיְנֹת תְּהוֹם(마에노트 테홈·깊음, 창 7: 11)

7) עִיְנוֹת תְּהוֹם(이에노트 테홈·샘들, 잠 8: 28).

8) מַעְיְנֹת(마에노트·샘들, 창 8: 2).

9) David Toshio. Tsumura, 83, 53. For example, at Evla(VE~134'=mee 4, 79: r.111: 8'~ 9') the Sumerian "the sea [a~ ab is identified once with tihām(a)tum "sea" and once with bù~ la~tum(·bu'ratum·"well, cisten") in Eblate. In body of water. It may be that the Mesopotamian Timat came to be understood as the representative of only the salt~ water sea, particularly with the "earlier" Canaanite or "northern" tradition of conflict between the storm and the sea(ym)".

거기에 솟아나오는 샘물깊이 맑아라

하나님 백성들과 마주한 맑디맑은
눈끼리 마주하는 물이다 두 개의 물
서로의 눈물방울이 마주하는 두 눈이

물로서 이야기다 말씀[1]의 파도일면
물 두 개 갈라지며 보트가 지나가면
두 개로 갈라지면서 비치느라 햇빛이

두 개로 갈라진다 물 두 개 하늘과 땅
하늘의 물과 땅의 물둘이 가벼운 물
하늘로 오르는 날에 마음의 꿈 올리며
땅으로 내리는 날에 마음의 꿈 내리며

– 이영지 「하늘에서 내려오는 눈」

바다나 강에 있는 물결무늬[2]는 늘 긴 끈을 만들면서 중앙 중심으로 두 개로 갈라진다. 하물며 빛조차도 어두운 곳에 빛을 집어넣었을 때 이 빛이 둘로 나누어진다는 경이로운 사실은 성경이 언제나 이 둘을 강조하는 의미와 긴밀하다. 바로 예수님을 나타내기 위한 성경의 큰 뜻이 있다. 그러기에 이 세상은 모든 것이 둘로 갈라진다. 동서남북과 하늘과 땅으로 갈라진다. 두 개로 갈라지는 일은 물도 쌍수이고 눈도 쌍수이고 샘도 쌍수이다. 이 때 샘과 눈은 같은 언어를 사용한다.

---

1)(아 1: 15, 5: 12, 7: 4).

2) Gerald L. Schroeder, 「Water Waves Passing through Two Sizes of Harbor Openings」 *The Science of God*(New York: Brodway Books, 1998.), 149~ 151.

2). 24장로와 144000명

(1). 12개월의 우두머리와 24 장로

12제자나, 12사도나, 12지파나 신약의 12제자에 대한 이 12명을 강조한다. 그리고도 더 나아가 신약에서는 24장로와 또 144,000에 대한 언급을 한다. 성경의 다빈도 현상인 이 12수리와 24장로와 144,000명에서 24장로[1]를 보좌에 앉으신 이 앞에 엎드려, 세세토록 사시는 이에게 경배하는 이로 한다. 자기의 면류관을 보좌 앞에 던지며 절대자에게 감사와 존경과 경배를 드리는 24장로들이다. 이 24장로들은 하나님 앞에 자기 보좌에 앉은 24장로들이 엎드려 얼굴을 대고 하나님께 경배[2]한다. 구약에서의 24장로와 관련한 24,000명은 각각 12달에 걸쳐 골고루 그 우두머리가 정해질 때 드러난다. 하나님의 일이 동서남북으로 퍼지는 하나님의 일을 문서, 시로 전하는 일은 한 곳만이 아닌 동서남북의 모두에서 이루어지면서 144.000명이 된다. 우두머리를 중심으로 한 144.000명이 되는데 요한계시록이 제시하는 인원과 하이퍼성 연결이다.

24장로의 구체성은 각각의 우두머리와 12지파의 관장이름을 나열[3]하여 총 24명을 제시한다. 성경은 24장

---

1) 계 4:10,
2) 계 11:16
3) 대상 37:16~22,

로를 내세운다.

성경은 숫자에 대하여 7에서부터 시작하여 70 그리고 7000번은 물론이려니와 6과 관련한 여섯째 날과 더불어 12이며 그리고 12의 2회 리듬이 되는 24 등 유달리 2회를 강조한다. 성경은 시가 지니는 은유법에 의해 그분의 뜻을 나타내려 한다.

① 1월 ~ 정월의 반장[1]은 야소보암이다. 글자의미소는 하나님의 손으로 연단된 자의 눈을 가진 왕 사역자이다. 이 사역은 우두머리를 강조한다. 그 반열에 24,000명을 둔다.

② 2월 ~ 2월의 반장[2]은 도데와 마글롯[3]이다. 글자의미소는 가슴에 돋는 일을 말한다. 하나님의 말씀만으로 마음에 도달하는 일을 하는 왕 사역 반열에 24,000명을 둔다.

③ 3월 ~ 3월 군대의 셋째 장관[4] 이름은 브나야[5]이다. 글자의미소는 하나님 집안에 들어 영원히 숨 쉬게 되는 영광을 누리는 명령을 연단하는 우두머리이다. 말하자면 명령장관이다. 그러기에 30인 중에 위에 있는 용사라 하였다. 후사가 보이는데 하나님 말씀 따라 하는 가슴을 가진 아들 암미사밧이 주어진다. 그 반열에 24,000명을 둔다.

④ 4월 ~ 4월 넷째 장관[6] 이름은 아사엘[7]이다. 글자의미소는 눈으로 보이는 사실의 우두머리 사람이다. 그러기에 30인 중에 위

---

1) עַל הַמַּחֲלֹקֶת הָרִאשׁוֹנָה לַחֹדֶשׁ הָרִאשׁוֹן(알 하마로케트 하리소나 라호데쉬 하로손 · 정월 첫반의 반장은, 대 상 27:2) 이름은 יָשָׁבְעָם(야소브암, NE, 대상 27:2).

2) וְעַל הַמַּחֲלֹקֶת חֹדֶשׁ הַשֵּׁנִי(우알 하하로케트 하호데쉬 하쉐니 · 2월, 대상 27:4).

3) דּוֹדַי וּמִקְלִיתם(도다이 우 미글리트, NE, 대상 27:4).

4) שַׂר הַצָּבָא הַשְּׁלוּשִׁי לַחֹדֶשׁ הַשְּׁלוּשִׁי(사르 하제바 하슬리쉬 호데쉬 하슬리쉬 · 3월, 대상 27:5).

5) בְּנָיָהוּ(브나야후, NE, 대상 27:4).

6) הָרְבִיעִי לַחֹדֶשׁ הָרְבִיעִי(하르비이 라호데쉬 하르비 · 4월 넷째 장관, 대상 27:7).

7) עֲשָׂה~אֵל(아사헬, NE, 대상 27:7).

에 있는 용사라 하였다. 후사를 하나님 말씀 따라 하는 가슴을 가진 아들 스바다니로 한다. 그 반열에 24,000명을 둔다.

⑤ 5월 ~ 5월 다섯째 장관[1] 이름은 삼훗[2]이다. 글자의미소는 끝까지 연단하여 가는 우두머리 사람이다. 그러기에 30인 중에 위에 있는 용사라 하였다. 반열에 24,000명을 둔다.

⑥ 6월 ~6월 여섯째 장관[3] 이름은 이라[4]이다. 글자의미소는 눈으로 보게 하시는 우두머리 나이다. 곧 예수의 의미가 내포된 반열에 24,000명을 둔다.

⑦ 7월 ~7월 일곱째 장관[5] 이름은 헬레쯔[6]이다. 글자의미소는 하나님의 지붕걸기의 우두머리 향기이다. 곧 일곱째 날은 그리스도의 날인데 이 분은 세상과 하나님 나라를 이은 분이다. 따라서 신앙인도 이러한 소명이 주어지는 사역자이다. 이 반열에 24,000명을 둔다.

⑧ 8월 ~8월 여덟째 장관[7] 이름은 십브게[8]이다. 글자의미소는 하나님사역이 풍성해지는 우두머리이다. 곧 여덟째 날은 제 8일의 의미로 부활절 다음날 상징이다. 우리말에서 사모님 의미에 해당되는 바 주인은 따로 있는데 덩달아 같이 영광을 누리는 의미이다. 혜택을 받는 이미지이다. 이 반열에 24,000명을 둔다.

⑨ 9월 ~9월 아홉째 장관[9] 이름은 아비에셀[10]이다. 글자의미소는 인간의 성숙됨을 보여주는 우두머리이다. 곧 아홉 번 째 날은 제 9일의 의미로 아주 노련하고 성숙된 인간의 모습을 보여주는 의미이다. 이 반열에 24,000명을 둔다.

---

1) הַחֲמִישִׁי לַחֹדֶשׁ הַחֲמִישִׁי(하미쉬 라호데쉬 하미쉬 · 5월 다섯째 장관, 대상 27:8).

2) שַׁמְהֻת(삼훗, NE, 대상 27:8).

3) הַשִּׁשִּׁי לַחֹדֶשׁ הַשִּׁשִּׁי(하쉬쉬 라호데쉬 하쉬쉬 · 6월 여섯째 장관, 대상 27:9).

4) עִירָא(이라, NE, 대상 27:9).

5) הַשְּׁבִיעִי לַחֹדֶשׁ הַשְּׁבִיעִי(하스비 라호데쉬 하스비 · 7월 일곱째 장관, 대상 27:10).

6) חֶלֶץ(헬레쯔, NE, 대상 27:10).

7) הַשְּׁמִינִי לַחֹדֶשׁ הַשְּׁמִינִי(하스마나 라호데쉬 하스미니 · 8월 여덟째 장관, 대상 27:11).

8) סִבְּכַי(십브개, NE, 대상 27:11).

9) הַתְּשִׁיעִי לַחֹדֶשׁ הַתְּשִׁיעִי(하트쉬이 라호데쉬 하트쉬이 · 9월 아홉째 장관, 대상 27:12) .

10) אֲבִעֶזֶל(아비에젤, NE, 대상 27:12).

⑩ 10월 ~10월 열째 장관[1] 이름은 마하레[2]이다. 글자의미소는 하나님 말씀으로 숨쉬는 사람 우두머리이다. 곧 우리의 삶은 말씀으로 사는 사람이고 그 중에서 이를 실천하는 사람이다. 이 반열에 24,000명을 둔다.

⑪ 11월 ~11월 열한째 장관[3] 이름은 브나야[4]이다. 글자의미소는 하나님 집안에 영원히 있는 하나님, 아들 예수의 사역을 의미소로 한다. 아들 곧 열 한 번째는 아들이 아버지의 대를 이어 하나님 일을 하는 의미이다. 이 사람은 히브리어 그대로 바라던 이[5]의 의미를 지닌다. 한글 그대로 '바라던이'다. 이 바라던 사람은 입으로, 머리로 눈으로 보이는 십자가를 지실 영원한 사람이라는 의미소를 지닌다. 이 반열에 24,000명을 둔다.

⑫ 12월 ~12월 열두째 장관[6] 이름은 헬데[7]이다. 글자의미소는 하나님의 가슴을 가진 사역이라는 의미이다. 곧 열 두 번째는 넓은 가슴을 가진 아량 있는 사역자이다. 하나님의 일을 하는 사역자는 사역자의 가슴이어야 한다. 이 반열에 24,000명을 둔다.

성경은 12개월로 나누고 각기 우두머리를 두었으며 각기 24.000명을 두었다. 시적 아름다운 은유법을 이 세계는 각기 여러 곳, 바로 한국에는 12폭 치마라는 아름다운 문화가 있다. 그리고 물건을 한 다발로 묶을 때 10개가 아닌 12개로 한다. 일 년 열 두 달이 있다.

---

1) הָעֲשִׂירִי לַחֹדֶשׁ הָעֲשִׂירִי(하아쉬리 라호데쉬 하아쉬리 · 10월 열 번 째 장관, 대상 27:13).

2) מַהְרַי(마흐래, NE, 대상 27:13).

3)עַשְׁתֵּי~עָשָׂר לַחֹדֶשׁ לְעַשְׁתֵּי~עָשָׂר(아스테 라호데쉬 르아스테 · 11월 열 한 번째 장관, 대상 27:14).

4) בְּנָיָה(브나야, NE, 대상 27:14).

5) פִּרְעָתוֹנִי(피르아토니).

6) הַשְּׁנֵים עָשָׂר לִשְׁנֵים עָשָׂר הַחֹדֶשׁ(하스넴 아사르 라스넴 아사르 하호데쉬 · 12월 열 두 번째 장관, 대상 27:15).

7) חֶלְדַּי(헬데, NE, 대상 27:15).

(2). 12지파의 지도자

ㄱ. 지파지도자 12명

이스라엘을 관할하는 12지파의 지도자는 각기 1명씩 총 12명이 있다. 따라서 이 12명과 장관 12명이 합하여 24명이 된다. 요한계시록의 24장로와 연결된다.

①. 루우벤 사람: 관장: 첫째 아들 루우벤 사람 관장 나기드[1] 엘리에제르[2] 는 가르치는 역할을 담당한다. 지도자 나가드[3]는 앞으로 나가다라는 말 그대로 앞으로 나가다라는 뜻이다. 가르치는 선생은 앞으로 나가는 일만 한다. 따라서 루우벤이 의미하는 머리로 집안에 있는 곧 첫째 아들의 사람 나가다 는 선지자 역할이다. 레아는 야곱의 아들 루우벤을 낳고 여호와께서 나의 괴로움을 권고하셨으니 이제는 내 남편이 나를 사랑하리로다로 앞으로 나아갈 일만 남았다.

②. 시므온 사람: 관장: 둘째 아들 시므온 사람 관장 스바다[4]는 입의 지혜를 가진 자로 가르치는 역할을 담당한다. 따라서 시므온이 의미하는 설득하는 역할을 하는 둘째 아들의 사람이다. 앞에서서 보이는 대상을 입으로 잘 설득하는 역할이다. 레아는 야곱의 아들 시므온을 낳고 여호와께서 나의 총[5]이 없음을 들으셨으므로 내게 이도 주셨다 하였다. 곧 야곱이 레아를 미워하므로 하나님이 위로하고자 시므온을 주셨다이다. 우리나랏말에 '…을 심은'이라는 말이 있다. '심다' '심은' 설득하는 역할임을 성경은 말하고 있다.

③. 레위 사람: 관장: 셋째 아들 레위 사람 관장 하사비[6]는 숨쉬도록 상대방을 가르치는 역할을 담당한다. 따라서 레위가 의미하는 하나님의 목적을 달성하려는 역할을 하는 레위는 몸소 실천

---

1) נָגִיד(나기드 · 관장, NMS, the ruller, 대상 27:16).
2) אֱלִיעֶזֶר(엘리에제르).~
3) נָגַד(나가드 · 선포, 시 9:11).ㄴ
4) שְׁפַטְיָה(스바다 · 관장, NMS, the ruller, 대상 27:16).
5)사랑받지 못함, 미워함.
6) הֲשַׁבְיָה(하사바 · 관장, NMS, the ruller, 대상 27:17).

하는 일을 보여주는 역할이다. 레아는 야곱의 아들 레위를 낳고 세 아들을 주었으니 남편과 함께 연합하리라 하였다. 곧 연합의 히브리어 라바[1] 기본형에 본문 일라베[2]로 남편과 연합하여 일을 낸다. 하나님이 강력하게 역사하심으로 숨 쉬게 되는 온전한 화합을 희망. 빌리다의 뜻과 빌려주다의 뜻이 같이 있어서 연합이란 내게 있는 것을 주기도하고 또 없으면 빌려서라도 서로 함께한다. 곧 연합이란, 서로 힘을 합치기 위하여 상부상조한다.

④. 아론 자손: 관장: 아론의 자손 관장 사독[3]은 향기 나는 가슴이 되도록 잘 통과하는 방법을 가르치는 역할 담당이다. 따라서 사독이 의미하는 통과 방법을 가르치어 제사장으로서 번제단과 향단을 설치하도록 명령하는 아론가문에서 사독은 성전에서 제사장의 직분을 행했다.

⑤. 유다 사람 관장: 야곱의 넷째 아들 유다 사람 관장 엘리후[4]는 숨 쉬는 방법을 상대방을 가르치는 역할 담당한다. 하나님이 숨 쉬도록 해 주기의 유다 사람 엘리후는 유다의 형이다. 먼저 레아는 야곱의 아들 유다를 네 번째로 낳고 이제는 여호와를 찬송하리로다 하였다. 직접적인 유다의 형은 아니다. 레아는 유다를 낳고 이제는 찬송하리로다에 주목하여 보면 파암 야다[5] 기본형에 본문에서 축제할 때 '야 다 파앙'하고 축포를 터트리는 일이다. '이제는 찬송하리로다'[6] 내가 간절히 마음으로 바라던 일이 그대로 입으로, 눈으로 보이게 된 일이 하나님의 뜻이다. 즐거움을 억제하지 못하는 분위기다.

⑥. 잇사갈 사람: 관장: 잇사갈이라는 이름은 레아의 아들 루우벤이 어미를 위하여 합한체를 주므로 야곱과의 사이에 아들 잇사갈을 다섯 번째로 얻는데 이 잇사갈이라는 이름은 레아가 그녀의 시녀를 야곱에게 주었으므로 그 값으로 얻은 이름이다. 잇사갈[7]은 하나님의 손으로 연단되고 연단되어 중심을 잡는 머리가 된다.

이 잇사갈 사람 관장 오므리[8]는 눈으로 보이도록 하나님의 일

---

1) לָוָה(라바 · 연합).

2) יִלָּוֶה(일라베 · 연합하리로다, VNIMZS, will be joined 창 29:34).

3) צָדוֹק(사독 · 관장, NMS, the ruller, 대상 27:17).

4) אֱלִיהוּ(엘리후 · 관장, NMS, the ruller, 대상 27:18).

5) יָדָה פַּעַם(파암 야다).

6) אוֹדֶה הַפַּעַם(오데 하파암 · 이제는 찬송하리로다, D.NFS VHICXS, now will I praise 창 29:35).

7) יִשָּׂשכָר(잇사갈 · 잇사갈, NE, Issachal, Ισσαχαρ, 창 29:18).

을 오므리며 잘 가르치는 역할을 담당한다. 따라서 하나님이 사람의 마음속에 들어 있어 행동으로 나타나게 가르치는 잇사갈 사람 오므리는 왕으로 추대된 이력을 가진다.

⑦. 스불론 사람: 관장: 스불론이라는 이름은 레아가 야곱과의 사이에 아들 스불론을 여섯 번째로 얻고 레아는 하나님이 나에게 후한 선물을 주시었다 하여 스불론[1]이라하는데 지키고 수호하는 책임을 끝까지 하도록 가르치는 역할의 뜻이다. 스불론 사람 관장은 이스마야[2]로 늘 말씀의 일이 눈에 보이도록 하나님의 일을 잘 가르치는 역할 담당이다.

⑧. 납달리 사람: 관장: 납달리라는 이름은 라헬의 시녀 빌하와 야곱과의 사이에 아들 납달리를 두 번째로 얻자 형과 경쟁하여 이기었다. 납달리[3] 뜻은 물고기처럼 하나님 안에서 자유로울 수 있음을 가르치는 역할이다. 납달리 사람 관장 여레못[4]은 늘 말씀이 머리에 가득하도록 가르치는 역할을 담당한다.

⑨. 에브라임 사람: 관장: 에브라임이라는 이름은 요셉의 가문으로 에브라임은 요셉에서 예수님으로 이어지는 영적 이스라엘의 열매 맺는 가문이다. 이세의 줄기에서 한 싹이 나며 그 뿌리에서 한 가지가 나서[5] 된 요셉의 둘째아들이다. 야곱으로부터 축복을 받는 이스라엘의 반석이신 목자가 나오는 요셉[6]이다. 애급 땅에 노예로 팔려온 요셉이 애급의 유력한 제사장의 딸 아스낫과 사이에서의 둘째 아들 에브라임이다. 에브라임[7] 뜻은 영적 계보가 되는 이유를 배워 온전히 입으로 전하는 법을 가르치는 역할이다.

에브라임 사람 관장은 호세아[8]는 하나님 안에서 연단되는 눈이 되는 법을 가르쳐 선민회복의 창성함을 담당한다. 기원전 8세기의 북이스라엘 선지자이다. 요셉의 줄기에서 여호수아도 나오고 호세아도 나오고 예수님도 이 지파에서 나온다.

---

8) עָמְרִי(오므리 · 관장, NMS, the ruller, 대상 27:18).
1) זְבֻלוּן(스불룬 · 스불론, NE, Zebulun, 창 29:19).
2) יִשְׁמַעְיָהוּ(이스마야 · 관장, NMS, the ruller, 대상 27:19).
3) נַפְתָּלִי(낲달리 · 납달리, NE, Naphtali, Νεφθαλι 창 29:8).
4) יְרִימוֹת(예리못 · 여레못, 관장, NMS, the ruller, 대상 27:19).
5) 사 111, 10.
6) 창 49:22, 24.
7) אֶפְרַיִם(에프라임 · 에브라임, NE, Ephraim, τὸν Εφραιμ 창 41:52)·
8) הוֹשֵׁעַ(호세아 · 호세아, 관장, NMS, the ruller, 대상 27:20).

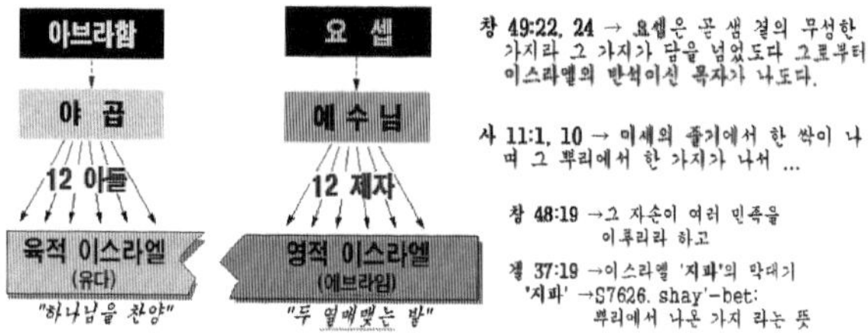

그가 가라사대 네가 나의 종이 되어 ①야곱의 지파들을 일으키며 이스라엘 중에 보전된 자를 돌아오게 할 것은 오히려 경한 일이라 내가 또 너로 ②이방의 빛을 삼아 나의 구원을 베풀어서 땅 끝까지 이르게 하리라 (사 49:6)

⑩. 므낫세 반지파: 관장: 므낫세는 애굽 땅에 노예로 팔려온 요셉이 애굽의 유력한 제사장의 딸 아스낫 사이에서의 첫째 아들 므낫세[1]이다. 요셉의 지나온 괴로운 세월을 잊는 의미 므낫세. 이의 반지파 요엘[2]은 여호와를 증명하는 선지자 역할이다. 다른 또 하나의 므낫세 반지파 관장: 나머지 반지파 잇도[3]는 하나님의 오른손 가슴을 열어놓고 계심을 바라는 마음을 가리키는 선지자, 사랑스러운 자로 바벨론 포로에서 제 1차로 귀환한 제사장의 한 사람으로 가시바의 족장이다

⑪. 베냐민 사람: 관장: 라헬의 둘째아들 베냐민[4]은 믿을만한 아들이라는 뜻[5]이며 유일하게 야곱이 붙여준 이름, 하나님 집안에서의 말씀역사가 있음을 가르치는 역할이다. 에브라임 지파와 유다 지파의 중간역할로 남북 간의 길이는 짧고 동서간의 길이가 긴 지역을 분배받는다. 벧엘, 여리고, 예루살렘지역이다. 베냐민 사람 관장은 야아시엘[6]로 하나님의 손이 역사하심을 눈으로 보이도록 가르치는 역할을 담당한다. 하나님은 행하신다는 뜻을 가지며 다윗왕 치세시[7] 사람이다.

⑫. 단 사람: 관장: 단지파의 백성들은 단일 혈통을 유지하기 위해 아모리 사람들과 접촉하지 않았다. 게셀(Gezer)에 단지파 백성들만 모여 살면서 농경문화를 일으켰으며 또한 돌기둥을 세우는

1) מְנַשֶּׁה(므낫세 · 므낫세, NE, Manassch Μαvασση 창 41:51).
2) יוֹאֵל(요엘 · 요엘, NE, Joel, 대상 27:20).~
3) יִדּ(잇도, NE, Iddo, 대상 27:21).
4) בִּנְיָמִין(베냐민 · 베냐민, NE, Benjamin, Βενιαμιν 창 29:18).
5) 창 35:!8.
6) יַעֲשִׂיאֵל(야아시엘 · 야아시엘, 관장, NMS, the ruller, 대상 27:21).
7) B.C. 1010~970년.

고인돌 문화도 성행했다. 단지파의 제사장으로 아얄론 성읍에 거하던 모세의 손자 요나단의 자손들은 에브라임이나 베냐민 또는 유다의 진영으로 뿔뿔이 흩어져 '은(銀) 천백(千百)'과 관련한 일이 가나안의 에브라임 산지에서 발생한다. 요나단은 단 지파에 속한 아얄론 성읍에 출생한다. 라이스에 도착한 5만 명의 단 지파 백성들은 그곳을 라이스라고 부르지 아니하고 선조 단의 이름을 따서 단 성읍[1)]이라고 명명하였다. 가슴의 영원한 뜻을 지닌 단 지파는 숨겨진 족속이다. 단 사람 관장 아사엘[2)]은 하나님의 연장이 우두머리임을 눈으로 보이게 되는 일을 가르치는 역할을 담당한다. 하나님의 드러나심이 된다. 아사엘[3)]은 하나님이 도우셨다는 의미를 지닌다. 다윈 시대 24반열 중 제 11반열에 속하는 궁중 악사로서, 헤만의 아들[4)]이다. 웃시엘[5)]이라고도 언급된다.

퍼즐로 놓이면서 세상의 보편적 진리를 노출시킨다.

ㄴ. 다윋 재산 관리 사역 12명

① 다윋왕의 곳간 ~ 에디엘의 아들 아스마웻은 다윋 왕의 곳간[6)] 성경은 이름에다 십자가 타브 ת(타브 · 십자가)를 덧붙인다.

②. 밭과 성읍과 촌과 산성의 곳간[7)] ~ 웃시야의 아들 요나단

③. 밭가는 농부를 거느렸고[8)] ~ 글룹의 아들 에스리

---

1) 사사기 18장 29절; 이스라엘에게서 태어난 그들의 조상 단의 이름을 따라 그 성읍을 단이라 하니라 그 성읍의 본 이름은 라이스였더라.

2) עֲזַרְאֵל(아사렐 · 아사렐, 관장, NMS, the ruller, 대상 27:22).

3) Azarel.

4) 대상25:18.

5) 대상 25:4.

6) וְעַל אֹצְרוֹת הַמֶּלֶךְ עַזְמָוֶת(브알 오즈로트 하멜레크 아즈모트 · 왕의 곳간을 맡았고, C.P NMP D.NMS ME, And over treasures the king's was Azmaveth, 대상 27:25).

7) וְעַל הָאֹצָרוֹת בַּשָּׂדֶה בֶּעָרִים וּבַכְּפָרִים וּבַמִּגְדָּלוֹת(브알 하오즈로트 바사데 베아림 우바크페림 우밤말르도트 · 밭과 성읍과 촌과 산성의 곳간을 맡았고, C.P D.NMP P.D.NMS P.D.HFP C.D.NMP C.P.D.NMP, And over the treasures in the field in the cities and in the villages and in the casttled, 대상 27:25).

④. 포도원을 맡았고[1] ~ 라마사람 시므이
⑤. 포도주 소산 포도주 곳간을 맡았고[2] ~ 스밤사람 삽디
⑥. 광야의 뽕나무와 감람나무를 맡았고[3] ~ 게델 사람 바알 하난
⑦. 기름곳간을 맡았고[4] ~ 요아스
⑧. 샤론에서 먹이는 소떼를 맡았고[5] ~ 샤론 사람 시드레
⑨. 골짜기에 있는 소떼를 맡았고[6] ~ 아들레 아들 샤밧
⑩. 약대를 맡았고[7] ~ 이스마엘 사람 오빌
⑪. 나귀를 맡았고[8] ~ 메로놋 사람 에드야
⑫. 양떼를 맡았고[9] ~ 하갈사람 야시스

---

8) ועל עשי מלאכת השדה לעבדת האדמה(브알 오세 믈레케 하사데 라아보데트 하아다마 · 밭가는 농부를 거느렸고, C.P VQPAMPG NFSG D.NMS P.NFSG D.NFS, And over them that did the work of the field for tillage of the groumd, 대상 27:26).

1) ועל ~ הכרמים שמעי הרמתי(브알 – 하크라밈 쉬므이 하라마티 · 라마사람 시므이는 포도원을 맡았고, C.P DNMP NE D.AGe, And over the vineyards was Shimei the Ramathite, 대상 27:27).

2) ועל ~ שבכרמים לאצרות היין זבדי השפמי(브알 – 쉐바크라밈 르오즈로트 하야인 삽디 하쉽미 · 스밤사람삽디는 포도원의 소산 포도주곳간을 맡았고, C.P R.P.D. NMP P.NMPG D.NMS NE D.AGe, over the increase of the vineyards for –cellars the winr was Zabdi the Shiphmite, 대상 27:27).

3) ועל ~ הזיתים והשקמים אשר בשפלה בעל חנן(브알 – 하제팀 브하시크밈 아쉐르 바스펠라 바알 하난 · 게델 사람 바알 하난은 광야의 감람나무와 뽕나무를 맡았고, C.P D.NMP C.D.BFP R P.D.NFS NE NE, and over the olive trees and the sycomore that rere in the low plains was Bal ~Hanan, 대상 27:28).

4) ועל ~ אצרות השמן יועש(브알 – 조로트 하쉐멘 요아스 · 요아스는 기름곳간을 맡았고, C.P NMPG D.NMS NE, and over the cellars oil was Joash, 대상 27:28).

5) ועל ~ הרעים בשרון שטרי(브알 – 하바카르 하로임 바사론 쉬트레, C.P D.NMS D.VQPAMP P.D. NE NE, and over the that fed in Sharon was Shitrai, 대상 27:29).

6) ועל ~ הבקר עמקים שפת(브알 – 하바카르 하마킴 솨파트, C.P D.NMP NE , and over the berds that were in the valleys was Shaphat the son of Adlai, 대상 27:29).

7) ועל ~ הגמלים הישמעלי אוביל(브알 – 하그마림 오빌 하이스므엘리, C.P D.NMP NE D. AGe, over also the camels, 대상 27:30).

8) ועל ~ האתנות יחדיהו המרנתי(브알 – 하아토노드 예후드후 하메로노티, C.P D.NFP NE D. AGe, and over asess the was Jahdeiah thr Meronotite, 대상 27:30).

9) ועל ~ הצאן יזיז ההגרי(브알 – 하존 야지즈 하하그리, C.P D.NFS NE D.AGe, And over the floeks was Jazir the Haherite, 대상 27:31).

한국에는 이 12수리를 중심한 한 더미로 12개를 한 묶음으로 한다. 한국 여인들은 12폭 치마를 입었다. 남자들은 여인네에게 정표로 이 12폭 치마에 아름다운 그림을 그려 주었다. 일 년 열두 달은 물론이려니와 열두 시인 크럽도 있고 예수님의 제자는 12인이었다. 가롯 유다가 배반하여 12명 제자명단에서 빠지고 한 명이 모자랄 때에 1명을 보충하여 12명을 채웠다. 한결같이 12지수의 신화소이다.

ㄷ. 인 맞은 자 12,000명의 12배 144,000

①. 유다지파 중에 인 맞은 자가 일만이천이요(계 7:5)
②. 르우벤 지파 중에 일만이천이요(계 7:5)
③. 갓지파 중에 일만이천이요(계 7:5)
④. 아셀지파 중에 일만이천이요(계 7:6).
⑤. 납달리지파 중에 일만이천이요(계 7:6)
⑥. 므낫셋지파 중에 일만이천이요(계 7:6).
⑦. 시므온지파 중에 일만이천이요(계 7:7).
⑧. 레위지파 중에 일만이천이요(계 7:7).
⑨. 잇사갈지파 중에 일만이천이요(계 7:7).
⑩. 스불론지파 중에 일만이천이요(계 7:8).
⑪. 요셉=יוסף=יוֹסֵף지파 중에 일만이천이요(계 7:8).
⑫. 베냐민지파 중에 인 맞은 자가 일만이천이요(계 7:8).

성경은 열두 지파를 인 맞은 지파라 하면서 일만 이천으로 12지파와 똑 같은 인원을 배정한다. 이 열두 지파의 12000을 곱하여져서 144,000이라는 인원이 나오고 하나님의 일을 하는 군사로 인식되고 있다. 이 144,000명은 하늘나라에 들어가는 선택된 자로 한다. 선택된 자는 고정된 인물이 아니다. 누구나 선택된 자가 될 수 있다. 성경의 버릇은 비록 하나님이 선택된 이스라엘이라 하더라도 이스라엘이 우상을 섬길 때 가차 없이 회초리를 휘두르셨다. 그러나 다시 뉘우치면 하나님이 용서하시었다. 사랑하시는 이의 가슴은 넓다.

한국여인들의 치마는 유독 넓어서 12폭이다. 아내가 되는 여인의 치마폭은 넓어서 일테면 남편이 더러는 잘못을 저질러도 폭넓은 치마폭으로 넓혀 주는 엄마의 넓은 품이다.

ㄹ. 여호수아의 분배 12

모세는 땅 분배를 하였고 여호수아는 나머지를 분배하여 모두 성읍과 촌락들을 12곳으로 나눈다.

①. 루우벤 자손의 기업(수 13:15~22)
②. 갓 자손의 기업(수 13:24~27)
③. 시므온 자손의 기업(수 19:1~8)
④. 잇사갈 자손의 기업(수 19:17~23).
⑤. 갈렙 자손의 기업(수 15:21~63)
⑦. 아셀 자손의 기업(수 19:25~31)
⑧. 납달리 자손의 기업(수 19:33~39)
⑨. 에브라임 자손의 기업(수 17:15)
⑩. 므낫세 자손의 기업(수 13:30~32)
⑪. 베냐민 자손의 기업(수 18:11:26)

⑫. 단 자손의 기업(수 19: 41~48)

레위 족속에게는 재산이나 땅이 주어지지 않았지만 이스라엘 자손 중에서 얻은 성읍이 48성읍이나 되었다. 이 각 성읍 사면에 넓은 들이 있었고 모든 성읍이 다 그러하였더라.[1]

גל אל~ יְהוָה מעשיך ויכנו מחשבתיך
כל פעל יְהוָה למענהו וגם~ רשע ליום רעה(너의 행사를 여호와께 맡기라 그리하면 너의 경영하는 것이 이루리라 잠 16:3)[2]

ㅁ. 여호와 찬송에 24 아들들

다윋은 아삽의 여두둔과 헤만으로 하여 여호와 찬송하기를 큰 자나 작은 자나 스승이나 제자를 무론하고 일례로 제비뽑아 직임을 얻은 매번 12인으로 한 24(아삽~ 아들 중 4명~삭굴 · 요셉 · 느다냐 · 아사렐라~/여두둔~ 아들 중 6명~그달리야 · 스리 · 여사야 · 하사뱌 · 닷디디아/헤만~ 아들 중 14명~북기야 · 맏다냐 · 웃시엘 · 스브엘 · 여리못 · 하나냐 · 하나니 · 엘리아다 · 깃달디 · 로암디에셀 · 요스브가사 · 말로디 · 호달 · 마하시옷)아들들로 수금과 비파와 제금으로 신

1) 수 21:41~42.
2) גֹּל אֶל~ יְהוָה מַעֲשֶׂיךָ וְיִכֹּנוּ מַחְשְׁבֹתֶיךָ
כֹּל פָּעַל יְהוָה לַמַּעֲנֵהוּ וְגַם~ רָשָׁע לְיוֹם רָעָה 잠언 16:3절.

령한 노래를 하게 한다.

① 첫째: 제비 뽑힌: 1째 아삽의 아들 요셉(역대상 25:9)
② 둘째: 그달리야니 저와 그 형제와 아들 12인(역대상 25:9)
③ 세째: 삭굴이니 그 아들과 형제와 12인(역대상 25:10)
④ 네째: 이스리니 그 아들과 형제와 12인(역대상 25:11)
⑤ 다섯째: 느다냐니 그 아들과 형제와 12인(역대상 25:12)
⑥ 여섯째: 북기야니 그 아들과 형제와 12인(역대상 25:13)
⑦ 일곱째: 여사렐라니 그 아들과 형제와 12인(역대상 25:14)
⑧ 여덟째: 여사야니 그 아들과 형제와 12인(역대상 25:15)
⑨ 아홉째: 맛다냐니 그 아들과 형제와 12인(역대상 25:16)
⑩ 열째: 시므이니 그 아들과 형제와 12인(역대상 25:17)
⑪ 열한째: 아사렐이니 그 아들과 형제와 12인(역대상 25:18)
⑫ 열둘째: 하사뱌니 그 아들과 형제와 12인(역대상 25:19)
⑬ 열세째: 수바엘이니 그 아들과 형제와 12인(역대상 25:20)
⑭ 열네째: 맛다디야니 그 아들과 형제와 12인(역대상 25:21)
⑮ 열다섯째: 여레못이니 그 아들과 형제와 12인(역대상 25:22)
⑯ 열여섯째: 하나냐니 그 아들과 형제와 12인(역대상 25:23)
⑰ 열일곱째: 요스브가사니 그 아들과 형제와 12인(역대상 25:24)
⑱ 열여덟째: 하나니니 그 아들과 형제와 12인(역대상 25:25)
⑲ 열아홉째: 말로디니 그 아들과 형제와 12인(역대상 25:26)
⑳ 스무째: 엘리아다니 그 아들과 형제와 12인(역대상 25:27)
㉑ 스물한째: 호딜이니 그 아들과 형제와 12인(역대상 25:28)
㉒ 스물둘째: 깃달디니 그 아들과 형제와 12인(역대상 25:29)
㉓ 스물셋째: 마하시옷이니 그 아들과 형제와 12인 (역대상 25:30)
㉔ 스물넷째: 로암디에셀이니 그 아들과 형제와 12인 (역대상 25:31)

3). 행복한 이야기

(1). 이새의 줄기에서

이사야서는 예수님 이야기를 이끌어내며 야짜 יצא= יֵצָא야짜 이끌어내며[1)]한다. 이새[2)]는 예수님이 손을 높이 든 형상이다. 이새의 줄기가 가자=גֶּזַע계자으 줄기[3)]하여 나타난다. 접두사 '미'가 더 붙어 하나님의 말씀이 있었기 때문으로 한다.

여호와께서 여호와를 2회 반복하며 여호와의 신을 '루아흐 여호와'[4)]라 하신다. '루아흐' 3회 루아흐 루아흐 루아흐[5)] 별 무늬자리리듬이다. 예수님 자리다. 여러 천사들 중 택하여 지신 예수님은 하나님 보호를 받으며 여호와[6)] 이름을 두신다. '비나'[7)]라는 총명자이며 하고마[8)]시는 지혜자이다. 하나님의 손으로 일하신다. 아짜[9)]하시며 지식은 닿아 있다.[10)] 아니[11)] 아무나[12)] 따라할 수 없는 일을 하신다.

---

1) יֵצָא(야자 · 이끌어내다, 사 11:1).
2) יִשַׁי(이새, 사 11:1).
3) גֶּזַע(계자으 · 줄기, 사 11:1).
4) רוּחַ יְהוָה רוּחַ(루아흐 여호와 루아흐, 사 11:2).
5) רוּחַ…רוּחַ…רוּחַ(루아흐…루아흐…루아흐, 사 11:2).
6) יְהוָה(여호와, 사 11:3).
7) בִּינָה(비나 · 총명, 사 11:2).
8) חָכְמָה(하그마 · 지혜, 사 11:2).
9) עֵצָה(에자 · 모략, 사 11:2).
10) דַעַת(다아트 · 지식, 사 11:2).
11) עָנָו(아나브 · 겸손, 사 11:4).
12) אֱמוּנָה(아무나 · 성실, 사 11:5).

이리가 머리를 조아려1) 구부리고 호랑이가 같이 염소 곁에 눕는다. 이새의 줄기에서 새 싹으로 난 지혜자를 성경은 아름답고 예쁜 분으로 표시한다. 이 표현을 성경은 닿았도다 תַּחְתִּיּוֹת[다했도다 깊은 곳 AFP 겔 26:10]로 표시한다. 지혜의 아름다움이 있다. 성경은 이 지혜를 예쁘다는 표현을 한다. 하나님을 잘 섬기는 자세를 지혜라 한다. 우리말 예삐 발음이 있다.

①. 나는 온전히 아름답도다 겔 27:3
אֲנִי כְּלִילַת יֹפִי[아니 켈레라트 예삐]

יְפִי[예삐 어여삐 NMS겔 beauty] כְּלִילַת[켈레타트 온전히 AFSG of perpect] אֲנִי[아니 온전히 AFSG I am]

②. 네 지혜의 아름다운 것 겔 28:7
יְפִי חָכְמָתֶךָ 예삐 하크마테하 네 지혜의 예쁜 것 the beauty of thy wisdom

חָכְמָתֶךָ[하크마테하 네 지혜의 NFS.MYS] יְפִי[예삐 아름다운 NMSG]

③. 지혜가 충족하여 온전히 아름다왔도다 겔 28:12

מָלֵא חָכְמָה וּכְלִיל יֹפִי 말레아 하크마 우크릴 예삐

יְפִי[예삐 어여삐 NMS beautv] וּכְלִיל[우크릴 온전히 C.AMSG and perfect in] חָכְמָה[하크마 지혜가 NFS wisdom.] מָלֵא[말레아 충족하며 AMSG full of]

1) זְאֵב(조아브 · 이리, 사 11:6).

속삭이듯 네움 여호와 하시며 부드럽게 말씀하심의 하나님 지혜이다. 예수님이 지혜자이다. 속삭이듯 말씀하시었다.[1]

다윗의 끓는 가슴에서 "다윗의 자손 예수여" 어떻게[2]의 길은 절절한 사랑표시다.

> ① 때문에 여호와가 말씀하시고 말씀하셨다 אמר יְהוִה···נאם ~ יְהוִה
> כה코아마르 여호와..네움~여호와. 암 2: 6~16
> ② 때문에 여호와가 말씀하시고 말씀하셨다 אמר יְהוִה···.נאם ~ יְהוִה
> כה코아마르 여호와..네움~여호와, 암 3: 12~16
> ③ 여호와가 말씀하시기 시작하시고 말씀하셨다 ר יְהוִה···נאם~יְהוִה
> ויאמ바이오마르 여호와..네움 여호와, 암 8: 2~16

하나님은 처음엔 부드럽게 말씀 하실[3] 이 때를 잘 잡아[4] 우리 인간도 한 지붕 아래서 입을 서로 연단하여 입을 맞추어 지혜자 사역을 할 수 있다.

성경에는 시온이 있다. 북쪽이라는 뜻이다. 미세한 광선을 층층이 겹치고 그 위에 안개를 뿌려서 오로라처럼 빛의 아름다움이 있다. 지구와 태양의 거리로 인한 태양에서 지구로 날아오는 입자들이 대기와 마주치며 빛을 낸다. 이처럼 서로 사랑하는 관계에서는 빛이 있다. 그 방법은기도이다. 성경은 기도의 즐거움을 '유

---

1) אָמַר..אָמַר(아마르..아마르 · 말씀하시고..말씀하신, 민 26: 1, 27: 6, 31: 25).

2) מִי(미 · 어떻게).

3) דָּבַר..אָמַר(다바르..아마르 · 말씀하신, 민 27: 15, 28: 1).

4) מִשְׁפָּחָה(미스파하하 · 가족, 민 26: 5~6).

쾌' εὔχή[유쾌 약 5:15] εὔχεσΘε [유쾌스데 기도하라 VMPAVP 약 5:16] 유쾌로 한다.

①. 기도하라 약 5:15
εὔχεσΘε[유쾌스데 VMPQVP]

εὔχεσΘε[유쾌스데 plary ye VMPQVP]

②. 서원이 행 18:18. 21:23
εὔχήν[유쾌헨 서원이 a vow NAFFS]

③. 기도 약 5:15

εὔχή [유쾌 기도는 prear NNFS]

εὔχή [유쾌 기도는 prear NNFS]

참 신기한 세상이다. 서로 어울려 들어나는 강한 사랑이 있다. 움직임이다. 물체 이 세상 모든 만물이 동적 이동을 가진다. 살아 있다. 움직인다. 이 움직임은 사랑이다. 물에 사랑한다는 전해주면 별 모양을 보인다. 움직인다. 지혜자가 넣어준 움직임이다. 하나님이 가장 싫어하시는[1] 일은 가짜[2]이다. 기쁜 마음이 아닌 상태에서 하나님 일을 히는 일은 가짜이다. 이스라엘 백성들이 불 뱀에 물리며 모세에 기도 요청하자 하나님 허락으로 모세는 기도한다. 들어주시는 하나님이다.

---

1) 민 21:5.

2) קָצְרָה(카짜 · 싫어하노라, VQAFZS, loatheth, προσώΘισεν, 민 21:5: 기본형 קוּץ(쿠우쯔 · 지친).

(2). 3분의 1에 대하여

하나님의 엄청난 비밀을 말하려는 이 3/1에 대하여는 먼저 하나님 집에 들 수 있는 사람에 대하여 이다. 이들은 다름 아닌 하나님 일을 하는 사역자들이다. 구약에서는 제사장과 레위사람 곧 입번한 사람과 백성들의 구분이다. 백성들이 아닌 제사장과 레위사람 곧 입번의 이 입번은 히브리어로 보[1]이다. 한국 사람들은 보쌈 한다는 말을 자주 한다. 그리고 일상적인 습관으로 식사문제인데 밥과 반찬을 정성스럽게 만들어 상대방이 먹을 수 있도록 보자기를 덮어 두었다.

성경에서 '입번'으로 번역된 히브리어는 하나님이 데려온 사람이다. 하나님이 자기 일을 하시려 데려온 사람이 입번한 사람이다. 이 사람들에게는 삼분의 일씩 사역이 주어지는데 하나님의 일을 하도록 선택받는 자의 삼분의 일은 문을 지키고 삼분의 일[2]은 왕궁에 있고 삼분일은 기초 문에 있으라 하였다. 이와는 달리 일반 백성들은 여호와의 전 뜰에 있을 지라[3] 하였다. 이 뜰은 히브리어로 하제로[4]이다. 하자고 권유하는 곳으

---

1) בּוֹא(보·데려오다).

2) 삼분의 일에 대한 용어: 성읍을 에워싸는 날이 차거든 너는 터럭 삼분지 일은 가지고 성읍사방에서 칼로 치고 삼분지 일은 바람에 흩으라(에스겔 5:2)/ 너의 가운데서 삼분지 일은 온역으로 죽으며 기근으로 멸망할 것이요 삼분지 일은 너의 사방에서 칼에 엎드러질 것이며 삼분지 일은 내가 사방에 흩고 또 그 뒤를 칼을 빼리라 (에스겔 5:12)

3) 대하 23:5.

4) חָצֵר(하쩨르·뜰).

로 향기 나는 지붕 안이다. 그럼으로 이곳으로 들어가기 위한 하나님의 일을 하는 이들이 있는 문 하십[1)]시요 하는 이 안에 들어와 숨 쉴 수 있는 곳이다. 그럼에도 이 궁은 베베트[2)]라는 곳으로 아무나 들어오는 곳이 아니다. 십자가 안에 있는 자 하나님 안에 있는 자라 하였다.[3)] 하나님의 옳은 손이 둘레에 싸고 있어서다.

하나님을 믿는 백성들은 선지자나 제사장이나 목사들이 하는 사역인 문을 지키거나 왕궁에 있을 수 없다는 역설이다. 다만 일반 백성들은 하나님 전 뜰에서 숨 쉬는 일일 뿐이다. 이 원리에 의하면 삼분의 일 영역은 하늘도 하나님의 일을 3분의 1 사역하는 이들의 것이고 땅도 하나님의 일을 하는 3분의 1 사역자들의 것이고 사람들의 우두머리도 하나님의 일을 하는 3분의 1 사역자이다.

일반 백성과 하나님 일 하는 사람들의 엄연한 구분이 있다. 백성들의 일은 삼분지의 그 어느 것에도 해당되지 않고 다만 하나님의 일을 눈으로 바라보기만 하면 된다는 이 엄청난 역설은 바로 하나님의 백성을 하나님이 얼마나 사랑 하시는 지의 사랑이야기이다.

이 삼분지 일 분리는 일찍이 한국에는 삼대목이 있

1) הַסִּפִּים(하시핌·D.NMP, the doors, 대하 23:4).

2) בְּבֵית(베베트·P.NMSG, shall be in the house, 대하 23:5).

3) הַיְסוֹד(하예소드·P.NMSG D.NFS, qt gate of the foundation, 대하 23:5).

으며 시조문학의 3장이 있으며 천지인 3이 있으며 이 원리로 한글은 만들어 졌다. 노자 사상에서도 인간이 머무는 자리가 있음을 분별하라고 일러둔다. 곧 겸손의 의미를 삼분의 일로 하고 있다. 나를 낮추는 겸손은 세상에 살아있는 무리가 삼분의 일이요, 죽어있는 무리가 삼분의 일이요, 살아 있으면서 죽은 자리로 가는 무리가 또한 삼분의 일[1]이다.

나의 욕심을 버리는 3분의 1 사역에 머문다. 예기[2]의 악기[3]에서 음[4]은 사람의 마음에서 생기는 것으로 마음에서 울려나오는 소리[5]라 했다. 이사야는 아침마다 봐 보께로보아의 사투리[6] 학자의 혀를 하나님이 내게 주사 나로 곤핍한 자를 말로 어떻게 도와 줄 줄을 알게 하시고 아침마다 깨우치신다 했다. 에스겔 선지자는 아침마다 와 보니[7] 흠 없는 어린 양 하나로 번제를 갖추어 나 여호와께 드리라 하시매 그대로 하였다. 아침마다 봐 보니[8] 이것과 함께 드릴 소제를 갖추되 곧 밀가

---

1) 출생지사, 생지도십유삼, 사지도십유삼, 인지도생동지사지자역십유삼, 부하고, 이기생지후(出生人死, 生之徒十有三, 死之徒十有三, 人之徒生動之死地者亦十有三, 夫何故, 以其生之厚) 老子 50章.

2) 禮記.

3) 樂記.

4) 音.

5) 凡音者生於人心者也. 樂者音之所由生也, 基本在人心感於物也 太極(周者曰, 無極而太極, 邵者曰, 道而太極, 又曰心爲太極(「性理大全書」) 卷 35, 3. 易學啓蒙 2의 '易有太極에 대한 설명.

6) בְּבֹקֶר בְּבֹקֶר(바보케르 바보케르 · 아침마다, 사 50:4).

7) בְּבֹקֶר בְּבֹקֶר(바보케르 바보케르 · 아침마다, 겔 46:13).

8) בְּבֹקֶר בְּבֹקֶר(바보케르 바보케르 · 아침마다, 겔 46:14).

루 에바 육분지 일과 기름 삼분지 일을 섞으라 하시매 그대로 하였다. 아침마다 봐 보께로[1] 어린 양과 밀가루와 기름을 갖추어 드리는 번제를 삼으라 하매 그대로 하였다. 스바냐 선지자는 아침마다 봐 보께로[2] 여호와가 자기의 공의를 나타내시라 하였다.

아침 일찍 일어나는 자는 한 세상을 살아가는 일에 성공하는 사람이다. 아침마다 지혜를 얻는 방법이 나오기에 그러하다. 더구나 세 시간 단위의 진리는 한국음식의 감주를 담을 때도 세시간만에 감주가 되는 일이 일어난다. 하물며 사람이 음식을 먹어 배 속에서 피가 되고 살이 되는 이치의 진기한 일은 무엇으로 설명할 수 있으랴! 건강한 공기를 마시고 적당량의 운동을 하다보면 신체가 건강하여 지는 이 엄청난 이치를 어떻게 과학적으로 설명할 수 있는가. 다만 하나님이 하시는 일을 신기한 눈으로 바라보며 찬양할 뿐이다. 이처럼 하나님을 믿는 자들의 삶은 바라보며 좋아하며 몸속에 엔돌핀을 만들기만 하면 되는 일이다.

이처럼 참 진리와 거짓진리의 이야기는 신앙인에게는 그 마음의 순수성과 하나님을 믿는 마음으로 이 세상을 아름답게 살 수 있는 길이 열린다. 확실하게 하나님을 믿는 백성들이 사는 방법을 제시한다.

---

1) בַּבֹּקֶר בַּבֹּקֶר(바보케르 바보케르 · 아침마다, 겔 46:15).
2) בַּבֹּקֶר בַּבֹּקֶר(바보케르 바보케르 · 아침마다, 습 3:5).

* 박사학위 영문초록

* 부록 · 문학박사학위논문 영문 초록

Abstract

A Study on the Structure and Symbol of the Poetry of O˜Gam˜Do

Lee, Young Ji

Department of Theology

The Graduate School

Meoung ji University

Supervised by Professor

Hong, Moon Pyo

by Lee, Young˜ ji

번역 김선기 언어학자

O˜Gam˜Do오감도 is a kind of pictorial poetry based upon the principles of the constructive of o(looking up) and Gam(looking down). The eternity is symbolized by the closely continuous structure rom the number one to fifteen. The basic structure of the O˜Gam˜Do in its repletions and intergenerational. The characteristics of this poetry structure lies in its shit from its structures of this poetry structural repetitions of numbers 1, 2, 3, 4 according to the poetic dictions and oedipus dictions and poetic lines develope into the birth of a child, a new father, the man who does not fight, reversely the number returns to zero.

The separation structures of numbers 5, 6, 7, 8 leads to the oppositions of pairs, left and right, mail and female, you and I, thus searcher being in the universe. At the same time the separation itself becomes into the solution of non~beings.

The numbers 9~15 he tries to show the formal intergration in which as tenses the present is strongly emphasized. Thus past, present and future are intergrade into present and it is nothing but the reliant of identity of tree~partitions. In O~Gam~Do intergenerational comprises the wholes of the repetition structure and separation structures. This is the true understanding as to the structure of intergenerational of both structures of repetitions and separations.

The repetitions structures and the separation structure in the relations of opposition and the structure of intergrade become the structure of unification by its nature of intergrade.

The opposition structures from numbers 1 to 5 show the opposition structures numbers 2 and 6 rise and fall, numbers 3 and 7, holies and vulgarity. numbers 4 and 8 transect and daily struggles.

These opposition structures, though they lack the nature of unification but in the non~similarity still we can see the opposition between heaven and earth and in number 9 we find a kin of unification of plus and minus(Im and Yang).

The unification structure of number 9 become the generative unification. Such a universality o unification makes ossible the numbers 13, 14. Thus it extends to the degree of harmony between life and death. Thus intergenerational unification of the number 15 we are ble to obtain some conclusion. such a Ri Shang's technique of three demand is related his idealism of harmony.

Ha mythological symbolism of his poetry O˜Gam˜Do consists of transcend symbolism and common symbolism, eventually resurrection symbolism.

Im number 1, 2, 3, 4 of the transcendental symbolism in the number 1. The child who does not know sorts o fear, The eternal child, the child who knows how use the power o the multitude, who is able to break through the blind lane. In the number 2, he shows the another whom I become, who is awakened to the eternal life. The father who transient the era, the father with humanism, that is, the divine father. In number 3 the man is described as he long history of man, who builds u the holy world. He is symbolized as he who reaps the autumn harvest. In number 4 he symbolizes the medical doctor in charge who is able to lenthen the lives, who know how to cure deseases who is to correct ills of the society, who is able to correct them, In O˜Gam˜Do which seems to represent the deeds of the original man as the transient symbolism in numbers 1, 2, 3, 4, have the absolute meaning. Out of the common men one man makes end evouers to serve others and reaches to the height o heaven. This is why the filial bird crow seems to have been chosen as the title of his poetry. Filiality is based upon to serve one's parents, but at length he able to look down upon. This is the heavenly benevolence and this symbolizes the divine being.

In numbers 5, 6, 7, 8 the common symbolism is presented. In

numbers 5 the ego who has lost his or her self. The ego who is trying to ind his foot rints. He who is trying to seek ater his hiding place. In number 6 the solitude which comes from the misunderstandings among neiboughers. This unbearable sorrows when we are outcasted without reasonable faults. Two individuals when become distantly separated. In number 7 two opponents their arts being topsyturby, every denial being their privilages and rotten summer is symbolized. In number 8 the repetitions o opperations, deficient this sort of topsyturby can not be long.

Charateristics of such common daily symbolism show intergration, unification, oppositions reveal front and back. left and right constradistions. The common daily structure gives expression to helplessness, desperateness. The root of this trasgidy of mankind truly come from not knowing to show their respects to their elders or refusal towards devisee benignity.

From the number 9 to 15 symbolism o cycles the ego recovers the complete the absolute being. It symbolizes the warm spring of man who devotes to the divine being.

Such return of the most human ego in numbers, 10, 11, 12 symbolic that by giving to others, you will be able to possess him or her absolutely and be able to relieve. Such a thorough cyclic symbolism uses the butter fils, floods abd sky as the symbols as spring, summer and autumn. The world which Ri Shang stives to achieve through his poetic dictions is not the darkness, but brightness., symbolism o repetitions aims at man eforts of man is nothing but the love for ego, that being very important, neither giving up nor shunting strife for survival. Even while looking at the fallen leaves still you are waiting for the miracles of Jesus Christ.

Ri Shang was truly victorious over his faraway o his early life. At last he regained his ego and became a sort o the absolute being through he was such a man who knew how to bend his knees to others and yet he made great eorts to ind out his Ego.

Truly Ri Shang through his O˜Gam˜Do what did he show us his proposal in connection with his poetry?

Ri Shang won over his internal darkness ound out his ego as a changed his personality. Through his reawakening of his ego and secured his quality of opportune and received his ego. However, since he tried to disregard the outward appearance he had to suer, but God helped him out. Recovery of ego is such an impoptant thing, so that our heavenly father forgive us our mistakes. His O˜Gam˜Do clearly shows us his conviction of recovering human ego.

His concerns about his relatives were great. He believed in the greatness o his love towards his relatives and he also believed in longevity from such a faith and pratie. His thoughts were based nearing the fundamental theory of birth of man. Particularly he deeply rented his indifferences towards his relatives. Once he tried to leave the matter to the will of God.

It is of my oily that through the poetry, O˜Gam˜Do we are able to see and understand his spirit and through reflected in the continuous symbolism of the O˜Gam˜Do. The symbolism towards his broad love to man, the religion of the holly society is his ultimate object to cure the cure the ills of frustrations, uneasiness and tensions. The symbolism of poetic reveals his will of eternity. His never bending will of asking as the question, what is the true nature of man is well symbolized in his poetry. He tried to express the relation man to nature as the blind lane. He also he symbolized the maturity as the autumn. The relation man and nature is likened as winter. Even though he denies the present world and yet his negation of it does not necessary his mean darkness. Ri Shang who understand man as being cossumate, when he is harmonious with the course of nature and yet he understand man as the most valuable being, when he is struggling as the most lonesome being.

Ri Shang who led an unfortunate life in this earthly world, and yet he smade us to understand him as mythological being, best reflected in Poetry, O˜Gam˜Do.

* 부록 · 철학박사학위논문 영문 초록

One of the Study on the Water מַיִם Mayim · Water with His transcendency and the common life and Return: U relation to LORD in Old Testament's Loving Rhythm

Lee, Young Ji

Department of Theology

The Graduate School

Seoul Christian University

Supervised by Professor

Min, Dae Hoon

by Lee, Young~ ji

This thesis is one of the Study on the Water מַיִם Mayim · Water with His transcendency and the common life and Return: U relation to LORD in Old Testament's Loving Rhythm

The purpose of this study is to demonstrate that God is willing to express his love through water מַיִם Mayim · Water · a Hebrew word meaning 'water' moving twice.

Ha my critical method of myth by Northrop Frye consists of transcendental and common, eventually resurrectional symbolism of the water by God. God expresses through good water, as marks of the hidden creator. This thesis is based mainly on Genesis 1: 2~2: 3 and refers to other verses regarding water in the Old Testament.

Firstly, in this thesis is the elements of the dual number

approach and historic study and mythic criticism approach were employed as the method of research. Secondly, critic method of myth is the conception of water changing that God expresses, like this: transcendental supernaturality ~מה(maa · what) ⇢ מן (maan · maana, Torah) · practicality of the common ~מה(maa · why) ⇢ למה(laamma · moving for God's people)·obeyed form מי(mi · which) ⇢ אָמֵן אָמֵן(aamen aamen · thank and thank) and equable form mean U rhythm or jar or waterpot.

Thirdly, Critic method of myth shows water as rhythmic transcendency his Powers that God expresses through water, like this: מים(mayim · water) ⇢ שָׁמַיִם(soamaayim · sky). In appearance dual number מים exists in both words but ש. The almighty God can do everything without water, through his transcendency, like this:

* The table 9: 3+(3+1) from on מים + שָׁמַיִם

	ש	
	מ	
ם	י	מ
	ם	

The table 9 [7=3+(3+1)] means the meeting of three letters ם + י + מ drawing a horizontal line with four letters ם + י + מ + ש drawing a lengthwise, which results in Gold Law rhythm. The destruction of city Jerico is to spread the sweet fragrant according to the will of the LORD.

Fourthly, the basic word(ימים) changes on one hand with vowel symbol '◌ָ' into days ימים and on the other with vowel symbol 'ㅁ' into seas ימים. Mythological criticism shows that the two words ימים(yammim · seas) and ימים(yaamim · days) mean the Victory of the LORD through the common life of Israel, like this:

* a table 12: seas and days meeting form

	י		
	מ		
ם	י	מ	י
	ם		

* The table 12 represents Victory to the right direction and goodness making six rhythm ם · ם, מ · מ, י · י of the victory mark V, י of the LORD. And תבה(tay˜baw · His boat), אניה (on˜ee˜yaw · His ship) shows externally Noah's Ark and Jonah's ship respectively but internally washing away of sin and covering his with his everlasting

Love. And עד˜עולם(ad˜olawm · forever), לדר ודר(ledore badore · forever) and לדרתם(ledodtam · forever) mean the LORD leads surely his people to the days without night though 'ל'.

Fifthly, critic method of myth shows also that water as rhythmic revival that is return form from the sinful nature following the chapter III, IV, but V is different that's, like this:

* a table 19. brothership image * a table 20. sweet smell image

ב
ל אח נ
ר

מ
ל צח נ
א

* a table 21. wisdom image * a table 22. hopeful image

מ
ל קח נ
ר

ע
ל יה נ
ן

These are meeting form of the אח and צח and קח and יה in Old Testament. These four forms are focused on two letter and their wishing for the Loving God.

Lastly, my study concludes here, I wish my study would be useful for those who will study on the living love of water in the O. T.

The Key Words:

Rhythmical מים(water) · twicerhythm· · ל · אֵת · sky · fountain·well·stream·river · eye· ark · ship · waterpot · jar · right · אח · צח · קח · יה.

□ 저자 약력

문학박사 철학박사 시인 시조시인 문학예술인

□ 대표저서

저서: 『한국시조문학론』1989 『한국시조시학연구』2019 『시조문예미학』2019 『이상시연구』1989 1997 『이상시학연구』2019 『시조창작리듬론』1998 『한국시조작품창작리듬론연구』2020 『물에 대한 신학과 문학의 비교연구』2008 『물의 신학과 문학』2013 『이상시학李箱詩學 일어나라』2023 『물마임의 시학』2023

시조집: 『하오의 벨소리』1989 『행복의 순위』1997 『행복행내님네』1998 『일곱 금촛대 위에 행복』1999 『행복보라』2000 『두 천년을 사는 행복』2001 『키스하지 않은 결혼의 행복』2002 『하나님의 행복한 연출』2007 『행복의 물을 먹으며, 사랑으로』2008 『사랑이랑 행복이랑』2015. 『사랑비비행복』2015 『알았아와요 이브』2016 『장미와 앵두』2019 『나비누이시학』2022 『잉어이랑』2023 『약시藥詩』2023 『그냥 좋아』2023

교보지정도서등록:

『이상시학』2022

전자시집:

『행복함에 든 사랑받으세요』2013 『행복코를 맞대고 사랑우산을 쓰면』2011 『행복잔찰랑사랑찰랑』2013 『드림행복』2013 『햇살보쌈』2013 『사랑너는』2014 『사랑비비』2014 『첫사랑이』2016 『알았아와요 이브』2016 『사랑사과』2016 『사랑일기 포오란 사랑두께』2016 『꽃과 나비의 사랑』2018 『행복콩』2021 『행복만나』2021 『행복들이』2021 『꽃길전화』2021 『행복몸이 숨쉬는』2021 『사랑바다행복바다』2021 『복숭아 꽃덩이』2022 『행복한 별아 모이라』2022 『아가야 우리는』2022 『황홀타』2023

전자저서:

『물은 생명이다의 문학과 신학의 비교』2012 『한국인이 복을 받는 이유는 따로 있다』[2012] 『이상 시 오감도의 구조와 상징』[2013] 『한국시조작품창작리듬론』[2020]『개정판 이상시학 연구』[2022] 『우리 시조문학의 마방진 미학』[2022]

전자수필집:

『행복에 대하여』[2015] 『추석선물』[2015]

비디오북:

『사랑비비』[2017] 『사랑너는』[2018] 『첫사랑이』[2018] 『사랑일기포오란사랑두께』[2019] 『사랑사과』[2019] 『햇살보쌈』[2013] 『사랑비비』[2014] 『알았아와요 이브』[2016] 『꽃과 나비의 사랑』[2018] 『행복콩』[2021] 『행복만나』[2021] 『행복들이』[2021]『꽃길전화』[2021] 『행복몸이 숨쉬는』[2021]『사랑바다행복바다』[2021]『복숭아 꽃덩이』[2021]『행복한 별아모이라』[2021] 『아가야 우리는』[2021]

학위논문:

문학박사: 이상 시「오감도의 구조와 상징에 관한 연구」명지대학교[1985]

철학박사:「물(מַיִם)의 초월성과 현실성과 회복성에 관한 연구」[2008] –사랑의 U리듬을 중심으로」서울기독대학교

물[마임]의 시학

2023년 7월 5일 초판 발행
저 자 이 영 지
발행인 신 용 호
발행처 창조문학사
서울 서대문구 홍은동 397-26 동천아가데미 5층
등록번호 제1-263호
전화 374-9011, Fax 374-5217
공급처 한국출판협동조합 전화 716-5616~9

ISBN 89--7734-798-4

30000원